रसरत्नसमुच्चय

श्रीसिंहगुप्तसून्वष्टाङ्गहृदयकर्तृश्रीवाग्भटाचार्यकृत

रसरत्नसमुच्चय

(हिन्दीभाषाटीकासहित)

VOL. - II

वैद्यराज शंकरलाल हरिशंकर

BKP

भारतीय कला प्रकाशन

दिल्ली (भारत)

संशोधित संस्करण : 2006

प्रकाशक : **सी०पी० गौतम**
भारतीय कला प्रकाशन
3421-ए, द्वितीय तल, नारंग कलोनी,
त्रीनगर, दिल्ली-110035
फोन : (O) 32967505, 27393083, (R) 32492129

ISBN : 81-8090-091-6 (Set)

लेजर टाईप सेटिंग :
ए-वन ग्राफिक्स
जेडी-18सी, द्वितीय तल,
पीतमपुरा, दिल्ली-88

मुद्रक : **बीडीएच प्रिंटर** द्वारा सलासर इमेजिंग सिस्टम, दिल्ली

विषयानुक्रमणिका

Vol. - II

सप्तदशोऽध्यायः।

मूत्रकृच्छरोग

''व्यायामतीक्ष्णौषधरूक्षमद्यप्रसंगनित्यद्रुतपृष्ठयानात्।
आनूपमांसाध्यशनादजीर्णात्स्युर्मूत्रकृच्छ्राणिनृणां तथाष्टौ।।

अधिक परिश्रम करने से अत्यन्त तीक्ष्ण पदार्थ या औषधियों के सेवन करने, रुक्ष पदार्थों के अधिक खाने से, अत्यन्त मद्यपान करने से, अतिशय स्त्रीप्रसंग करने, अधिक दौड़ने और घोड़ा आदि की सवारी करने से अथवा अनूपदेश के जीवों का मांसाहार करने, भोजन के ऊपर भोजन करने से और अजीर्ण होने से मनुष्यों के मूत्रकृच्छरोग उत्पन्न होता है। यह वात पित्तादि दोषभेद से आठ प्रकार का होता है।

लघुलोकेश्वर रस

मृतसूतस्य भागैकं चत्वारः शुद्धगंधकात्।
पिष्ट्वा वराटकं तेन रसपादं च टंकणम्।।१।।
क्षीरैः पिष्ट्वा मुखं रुद्धवा वराटांश्चान्ध्रयेत्पुटेत्।
स्वांगशीतं विचूर्ण्याथ लघुलोकेश्वरो रसः।। २।।
चतुगुजारसश्चायं मारिचैकोनविंशतिः।
जातिमूलपलैकं तु अजाक्षीरेण पेषयेत्।।
शर्कराभावितं चानु पीत्वा कृच्छ्रहरं परम्।।३।।

रस सिन्दूर १ भाग और शुद्ध गन्धक ४ भाग, दोनों की कज्जली करके कौड़ियों के भीतर भर लेवे और पारे से चौथाई भाग सुहागे की

खील को दूध में पीसकर उससे कौड़ियों का मुँह बन्द करके सुखा लेवे। उन कौड़ियों को निकालकर बारीक चूर्ण करके रख ले। इसको लघुलोकेश्वररस कहते हैं। इस रस को चार २ रत्ती परिमाण लेकर २१ मिरचों के चूर्ण में मिलाकर सेवन करे और पीछे से चार तोले चमेली की जड़ के चूर्ण को बकरी के दूध में पीसकर उसमें खाँड डालकर पान करे। यह रस मूत्रकृच्छरोग को दूर करने के लिए अत्यन्त श्रेष्ठ है। ।।१-३।।

सामान्य उपचार

गोक्षुरस्य कषायं तु सघृतं पाययेन्निशि।
पाण्डूरफलमूलं च भूम्यामलकमूलिका।।
वंशस्य पेटकार्याश्च मूलं पिष्ट्वा जलं पिबेत्।।४।।
शुक्लपिण्याकपिच्छिल्लीचूर्णमुष्णेन वारिणा।
पिबन्विमुच्यते रोगान्मूत्रकृच्छात्सुदारुणात्।।५।।
शतावरीरसे पिष्ट्वा तुत्थसूतार्कपिष्टिका।
पाचिता कटुतैलेन मूत्रकृच्छ्रे प्रशस्यते।।६।।
विदारी गोक्षुरं यष्टीं कसेरुं च समं पचेत्।।७।।
तं कषायं षिबेत्क्षौंद्र रसभस्म युतं तथा।
मूत्र कृच्छ्रहरं ख्यातं सप्ताहात्पित्तसंभवम्।।८।।
तिलापामार्गकदलीपलाशयवकाण्डकान्।
दग्ध्वा तद्भस्म तोयेन वस्त्रपूतं च कारयेत्।।९।।
तं पचेत्तोयशोषांतं ततश्चूर्णं द्विगुंजकम्।
दापयेदविमूत्रेण शर्कराकृच्छ्रहृद्भवेत्।।१०।।

गोखुरू के काढ़े को घी में मिलाकर रात्रि में पान कराने से मूत्रकृच्छ रोग दूर होता है अथवा धौं वृक्ष की जड़, भुईं आमले की जड़ बाँस की जड़ और पेटारी वृक्ष की जड़ इन सबको समान भाग लेकर जल में पीसकर पान करे तो मूत्रकृच्छ रोग में विशेष लाभ होता है।

अथवा सफेद तिलों की खल और लसौडे के पत्तों का चूर्ण दोनों को समान भाग लेकर मन्दोष्ण जल के साथ सेवन करने से रोगी दारुण मूत्रकृच्छ्र रोग से मुक्त हो जाता है। किम्बा तूतिया, ताम्र भस्म और पारदपिष्टी तीनों को समभाग लेकर शतावर के रस में खरल करके सरसों के तेल में पकायें। फिर उसको उपयुक्त मात्रा से दूध, शीतल जल अथवा शहद के साथ सेवन करे। यह प्रयोग मूत्रकृच्छ्र रोग में अत्यन्त उपयोगी है। या विदारीकन्द, गोखुरू, मुलैंठी और कसेरू, चारों को समान भाग लेकर चतुर्भागावशिष्ट क्वाथ बनावे। उस क्वाथ में शहद और आधी रत्ती परिमाण पारे की भस्म मिलाकर पान करने से पित्तजन्य मूत्रकृच्छ्ररोग एक सप्ताह में ही नष्ट हो जाता है। अथवा तिल-चिरचिटा, केला, ढाक और जौ इन सबकी शाखाओं को जलाकर भस्म कर लें। उस भस्म को पानी में घोलकर और वस्त्र में छानकर पानी को मन्दमन्द अग्नि से पकावे। जब सब पानी जल जाय और चूर्णमात्र शेष रह जाय तक उसको उतारकर शीशी में भरकर रख लेवे। इस चूर्ण को दो-दो रत्ती परिमाण लेकर भेड़ के मूत्र के साथ सेवन करायें। यह औषध-शर्करायुक्त मूत्रकृच्छ रोग को दूर करने के लिये अत्यन्त उपयोगी है॥४-१०॥

अश्मरी (पथरी रोग)

कटौ कुक्षिप्रदेशे च शूलं प्रथमतो भवेत्।
पश्चाद्रोधो ज्वलन्मूत्रमश्मरीरोगलक्षणम्॥ ११॥

प्रथम कमर और पेडू में पीड़ा होना, फिर मूत्र का अवरोध होना, अथवा बहुत जोर लगाने पर थोड़ा थोड़ा मूत्र का आना और दाह होना ये सब पथरी रोग के सामान्य लक्षण हैं॥११॥

पाषाणभेदी रस

रसं द्विगुणगंधेन मर्दयित्वा प्रयत्नतः।
वसुः पुनर्नवा वासा श्वेता ग्राह्या प्रयत्नतः॥ १२॥
तदद्रवैर्भावयेदेनं प्रत्येकं तु दिनत्रयम्।
पक्कं मूषागतं शुष्कं स्वेदयेज्जलयंत्रतः॥१३॥

पाषाणभेदी नामायं नियुंजीतास्य वल्लकः।
गोपालकर्कटीबीजं भूम्यामलकमूलिका॥१४॥
कुलत्थक्वाथतोयेन पिष्ट्वा तदनुपाययेत्॥१५॥

पारा १ तोला और गन्धक २ तोले लेकर दोनों को एकत्र मर्दन करके कज्जली कर लें। फिर आक की जड़, विषखपरा अडूसा और विष्णुक्रान्ता इन औषधियों के रस में कज्जली को क्रम से तीन-तीन दिन तक भावना देकर गोला बना लें। उसको मूषा में बन्द करके भाण्डपुटके द्वारा अग्नि दे। जब गोला बिलकुल शुष्क हो जाय तब उसको निकालकर स्वेदनीयंत्र में अधर लटकाकर ३ घंटे तक स्वेद देवे फिर सुखाकर खरल कर लें। इस रस को प्रतिदिन दो २ रत्ती परिमाण सेवन करावे और ऊपर से खीरा या ककड़ी के बीजों के और भुई आमले के जड़ के समान भाग चूर्ण को कुलथी के क्वाथ में पीसकर उसका अनुपान करावे। अथवा कुलथी के काढ़े में एक रत्ती पाषाणभेदी रस को घोटकर पान कराये। इस रस को पाषाणभेदी कहते हैं। यह पत्थर को भी भेदन करके बाहर निकाल देता है॥१२-१५॥

द्वितीय पाषाणभेदी रस

रसेन सितवर्षाभ्वा रसं द्विगुणगंधकम्॥१६॥
घृष्टं पचेच्च मूषायां द्वौ माषौ तस्य भक्षयेत्।
पातालकर्कटीमूलं कुलत्थोदैः पिबेदनु॥१७॥
गोकंटकसदाभाद्रमूलक्वाथं पिबेन्निशि।
अयं पाषाणभिन्नामा रसः पाषाणभेदकः॥१८॥
गोक्षुरबीजसमुत्थं चूर्णमविक्षीरसंयुक्तम्।
रसवरमिश्रं पिबतश्चूर्णीभूत्वाऽश्मरी पतति॥१९॥

पारा १ भाग और गन्धक २ भाग दोनों की कज्जली करके उसको श्वेत पुनर्नवा के रस में घोटकर गोला बना लें। उस गोले को मूषा में बन्द करके भाण्डपुट में रखकर ३ घंटे तक मन्द मन्द अग्नि के द्वारा पकायें। स्वाँग शीतल होने पर गोले को निकालकर बारीक चूर्ण कर लें। उस चूर्ण

को दो-दो मासे परिमाण लेकर पाताल गरुडी की जड़ के क्वाथ और कुलथी के क्वाथ के साथ सेवन करे और रात्रि में गोखुरू तथा कुम्भेर की जड़ के साथ सेवन करे। यह पाषाण भेदी रस पत्थर के समान कठिन पथरी को भी भेदन करके निकाल देता है। अथवा इस रस को दो-दो मासे की मात्रा से गोखुरू के बीजों के चूर्ण और भेड़ के दूध के साथ सेवन करे तो भी पथरी चूर्ण-चूर्ण होकर बाहर निकल जाती है॥१६-१९॥

त्रिविक्रमरसः

मृतताम्रमजाक्षीरैः पाक्ष्यं तुल्यं गते द्रवे।
तत्ताम्रं शुद्धसूतं च गंधकं च समं समम्॥२०॥
निर्गुंड्यत्थद्रवैर्मर्द्यं दिनं तद्गोलमंध्रयेत्।
यामैकं वालुकायंत्रे पाच्यं योज्यं द्विगुंजकम्॥२१॥
बीजपूरस्य मूलं तु सजलं चानुपाययेत्।
रसस्त्रिविक्रमो नाम्ना मासैकेनाश्मरीप्रणुत्॥२२॥

ताम्रभस्म और बकरी के दूध को समान भाग लेकर पकायें। जब दूध सब जल जाय और भस्ममात्र शेष रह जाय तब उसमें शुद्ध पारा और शुद्ध गन्धक प्रत्येक ताम्र भस्म के बराबर २ भाग में मिलाकर निर्गुण्डी के रस में एक दिन तक घोटकर गोला बना लें। उस गोले को घडिया में बन्द करके वालुका यन्त्र में रखकर एक प्रहर तक पकायें। स्वाङ्गशीतल होने पर उसको निकाल कर बारीक चूर्ण कर लें। इस रस को २ रत्ती परिमाण सेवन करके ऊपर से बिजौरे नींबू की जड़ को जल में पीसकर उसके रस का अनुपान करे। यह त्रिविक्रम रस इस प्रकार नित्य सेवन करने से एक महीने में ही पथरी रोग को नष्ट कर देता है॥२०-२२॥

आनंदभैरवीवटी

तिलापामार्गकाण्डं च कारवेल्ल्या यवस्य च।
पलाशकाष्ठसंयुक्तं सर्वं तुल्यं दहेत्पुटे॥२३॥

तन्निष्कैकमजामूत्रैर्वटीं चानंदभैरवीम्।
पाययेदश्मरीं हंति सप्ताहान्नात्र संशयः॥२४॥

तिल, चिरचिटा, करेला और जौ इन चारों के पञ्चाङ्ग को और ढाक की शाखाओं को समान भाग लेकर सुखा लें। फिर सबको एक हाँडी में बन्द करके भस्म कर लें। उस भस्म को बकरी के मूत्र में खरल करके तीन-तीन मासे की गोलियाँ बना लें। इन गोलियों को प्रतिदिन बकरी के मूत्र के साथ सेवन कराने से एक सप्ताह में पथरी रोग निस्सन्देह नष्ट होता है॥२३-२४॥

सामान्य उपाय

पाण्डूरफलिकामूलं जलेनैवाऽश्मरीहरम्।
मधुना च यवक्षारं लीढं स्यादश्मरीहरम्॥२५॥
हरिद्रागुडकर्षैकं चारनालेन वा पिबेत्।
वंध्याकर्कोटकीकंदं भक्ष्यं क्षौद्रसितायुतम्॥
अश्मरीं हंति नो चित्रं रहस्यं हि शिवोदितम्॥२६॥

धौं वृक्ष की जड़ को जल में पीस कर पान करने से पथरी रोग दूर होता है। जवाखार को शहद में मिलाकर चाटने से भी पथरी दूर होती है। अथवा हल्दी १ तोला और गुड १ तोला लेकर दोनों को काँजी में पीसकर पान करे, अथवा बाँझककोडे के कन्द को सुखाकर चूर्ण करके उसको मिश्री और शहद में मिलाकर सेवन करे। इनमें से प्रत्येक प्रयोग अश्मरी रोग को नष्ट करने वाला है, इसमें कोई आश्चर्य नहीं है। ये प्रयोग शिवजी महाराज के कहे हुए हैं, इनको सदैव गुप्त रखना चाहिये॥२५-२६॥

प्रमेह रोग

शोषस्तापोंगकार्श्यं च बहुमूत्रत्वमेव च।
अस्वास्थ्यं सर्वगात्रेषु तत्प्रमेहस्य लक्षणम्॥२७॥

शरीर की रस, रक्तआदि धातुओं का शुष्क होना, ज्वर अथवा दाह होना, शारीरिक अङ्गों का प्रतिदिन कृश होना, पेशाब का अधिक आना, और संपूर्ण शरीर में शिथिलता या पीड़ा का होना ये सब प्रमेह रोग के

लक्षण हैं। "शारीरिक परिश्रम न करना, दिन में सोना, दही, दूध, ग्राम्यजीवों का मांस और कफ कारक पदार्थों का अधिक सेवन, अधिक बैठे रहना, भोजन पर भोजन करना, अजीर्ण रहना और अधिक स्त्री प्रसंग करना इत्यादि अनेक कारणों से प्रमेह रोग होता है। और वह वातादि दोष भेदों से २० प्रकार का होता है"।।२०।।

चन्द्रप्रभावटी

बोलं जातिफलं मधूकयुगलं सारं तथा खादिरं
कर्पूरामलकी शठी बहुसुता घोंटाम्लसारस्थिराः।
कासीसं भवबीजदाडिमसहा सर्वं समं कल्कितं
प्रत्येकं दधिदुग्धलांगलिरसैस्तुंबस्य मुद्गस्यच।।२८।।
रसेन भावितं तस्य गुटिका संप्रकल्पिता।
जयेच्चन्द्रप्रभा नाम तीव्रान्मेहादिकान्गदान्।।२९।।

बोल, जायफल, मुलैठी, महुआ, खैरसार, कपूर, आमले, कचूर, शतावर, गोरखमुंडी, अम्लवेत, शालपर्णी, हीराकसीस की भस्म, शिवलिंगी के बीज, अनार और घीग्वार इन सब औषधियों को समान भाग लेकर एकत्र चूर्ण कर लें। फिर दही, दूध, कलिहारी की जड़, तोंबी (लौकी) और मूँग इन प्रत्येक के रस में क्रम से एक २ बार भावना देकर तीन २ रत्ती की गोलियाँ बना लें। ये गोलियाँ अल्पकाल में ही प्रमेह आदि भयंकर रोगों को नष्ट करती हैं।।२८-२९।।

प्रमेहगजसिंहरस

चांडालीराक्षसीपुष्परसमध्वाज्यटंकणम्।
रसं समांशोपरसं समं हेम्ना विमर्दितम्।।३०।।
समांशं पूतिलोहं वा मूषायां विपचेत्क्रमात्।
प्रमेहगजसिंहोयं रसः क्षौद्रैर्द्विमाषकम्।।३१।।

पारा, गन्धक, सानक बर्क और बङ्गभस्म चारों को समान भाग लेकर प्रथम पंचगुरिया के फूलों के रस में घोटकर मूषा में बन्द करके कुक्कुट पुट दें। फिर रतनज्योत के फूलों के रस में तथा शहद, घी और सुहागा इन प्रत्येक के साथ क्रम से एक बार घोटकर पृथक्-पृथक्

कुक्कुट पुट दें। इस रस को दो २ मासे परिमाण शहद में मिलाकर सेवन करे। यह रस प्रमेह रूप गज को नष्ट करने के लिये सिंह के समान है॥३०-३१॥

महाविद्यागुटी

मर्दितं किंशुकरसः कांतनागाभ्रपारदम्।
कषायैः स्विन्नमाकुल्या वालुकायंत्रपाचितम्॥३२॥
राजावर्तशिलाधातुताप्यमंडूरमाक्षिकैः।
तुल्थवैक्रांतकासीसैः समैः सर्वैरिमैः समम्॥३३॥
आधारी कृष्णमूला तु कपित्थः श्रावणी हिमम्।
नारिकेलस्य मूलानां मुस्ताचंदनसारयोः॥३४॥
काकजंबूप्रसूनानां रसैः सह विमर्दयेत्।
गुटिकां भक्षयेत्तस्य माषद्वितयसंमिताम्॥३५॥
धात्रीरसं चानुपिबेन्नाकुलीचूर्णमात्रया।
रात्रौ धात्रीरसं देयं महाविद्याप्रमेहजित्॥३६॥

कान्तलोह भस्म, सीसे की भस्म, अभ्रक भस्म, और पारद भस्म चारों को समान भाग लेकर ढाक के पत्तों के रस में खरल करे। फिर नकुलकन्द के काढ़े में एक भावना देकर वालुकायन्त्र में पकायें। इसके पश्चात् राजावर्त्त की भस्म, शुद्ध मैनसिल, स्वर्णमाक्षिक भस्म, मण्डूर भस्म, रूपामाखी की भस्म, तूतिया, वैक्रान्तमणि की भस्म और कसीस इन सबको समान भाग लेकर एकत्र खरल कर लें और इस औषधि को उपर्युक्त वालुकायन्त्र में पकाई हुई औषधि के साथ सम परिमाण में लेकर मिला लें। फिर शतावर, सारिवा, कैथ, गोरखमुण्डी, पद्माख नारियल की जड़, नागरमोथा, चन्दन, खैरसार और छोटी जामुन के फूल इन औषधियों के रस में क्रम से एक-एक बार भावना देकर दो-दो मासे की गोलियां बना लें। इस रस की प्रतिदिन एक-एक गोली सेवन कर ऊपर से नकुलकन्द का चूर्ण मिलाकर आमलों के रस का अनुपान करे। इस प्रकार इन गोलियों को सेवन करने से सर्वप्रकार के प्रमेह दूर होते हैं॥३२-३६॥

मेहध्वान्तविवस्वान् रस

वीर्यं पुरोरेर्बलिमभ्रसंज्ञ जंबीरनीरेण। विमर्द्य भस्म।
रसार्धभागेन ददीत शुल्बं सर्वं ततो गोपयसा विमर्द्य।।३७।।
खर्जूरमत्स्यंडिकहंसपादी द्राक्षेण सत्त्वेन गुडूचिकायाः।
मांसी शिवाकर्कटरूच्यदंती बीजैस्तदीयैः सलिलैर्विमर्द्य।।३८।।
ततो रसः सिद्ध्यति वल्लमस्य शुक्रप्रमेहे सति शाल्मलीनाम्।
मूलांबुना वा कुसुमांवुना वा दद्यात्पयोभक्तकमत्र योग्यम्।।३९।।
क्षौद्रेण दुर्नाम्नि तथाश्मरीषु गवां पयोभिर्निखिलप्रमेहे।।४०।।

पारा, गन्धक और अभ्रक तीनों को समभाग लेकर जम्बीरी नींबू के रस में खरल करे, फिर उसमें पारे से आधा भाग ताम्र भस्म मिलाकर गाय के दूध के साथ खरल करके सुखा लें। इसके पश्चात् खजूर, मिश्री, लाल लज्जालु, दाख, गिलोय का सत्त्व, जटामांसी, हरड, काकडासिंगी, तुलसी के पत्ते और दन्ती के बीज (जमालगोटा) इन समस्त औषधियों के रस अथवा क्वाथ में क्रम से एक-एक बार मर्दन करके सुखा लें। फिर बारीक चूर्ण करके शीशी में भरकर रख दें। इस प्रकार यह रस सिद्ध होता है। शुक्रगत प्रमेह के होने पर इस रस को दो-दो रत्ती परिमाण लेकर सेमल की मुसली के क्वाथ अथवा सेमल के फूलों के रस के साथ व्यवहार करे। इसके सेवन करने पर दूध, भात का पथ्य दें। अर्शरोग में इस रस को मधु के साथ तथा पथरी रोग और अन्य सब प्रकार के प्रमेहों में गोदुग्ध के साथ प्रयोग करना चाहिये।।३७-४०।।

उमाशम्भु रस

रसाभ्रकौ तुत्थसमानभागौ जंबीरनीरैस्त्रिदिनं विमर्द्य।
कुर्वीत मूषाकुहरे निवेश्य वह्नौ ततस्तस्य पुटानि सप्त।।
बीजाह्वमुष्काक्ष युगैश्चतस्त्रःस्युर्भावना द्वे ककुभात्रिवारम्।।४१।।
यष्टीसिताकेतकजीररंभा खर्जूरिका जाति-दलः प्रतिस्त्वम्।
एवं हि सिद्धस्य रसस्य वल्लो मधुप्रयुक्तः सहसा शिशूनाम्।।४२।।

संतापशोषौ बलहीनतां च तृषां च वासासलिलैः प्रमेहान्।
निवर्तयेद्द्रासरसप्तकेन दुग्धौदनं स्यादिह भोजनाय॥४३॥
नीरेण बब्बूलनप्रवालान्निषेव्य तैः शर्करया समन्वितैः।
सर्वप्रमेहान्विनिहंति दत्तो दिनत्रयं विंशतिवत्सरस्य॥४४॥
अन्नं ससर्पिः समितं प्रयोज्य दिनानि सप्त त्रिगुणानि चात्र।
वरामधुभ्यां सहितस्य यस्य पंचाधिका वत्सरविशतिः स्यात्॥४५॥
हैयंगवीनेन गवां च पथ्यं त्रिसप्तसंख्यानि दिनानि कार्यम्।
प्रस्विन्नगोधूमरसेन हंति सत्रिंशदब्दस्य दिनत्रयेण॥४६॥
अन्नं ससर्पिः सगुडं हि देयं मध्विक्षुखण्डैस्त्रिदिनं विधातुम्।
अंगानि सम्यग्विनिदाघसंघगतानि खानि स्फुटनं ददीत॥४७॥
चिंचागुडाभ्यां युतमन्नमस्मिन्द्राक्षादिनीरेण विमिश्रितं सत्।
दिनत्रयं लंघनजंविशोषं विनाशयेद्गोस्तनिकासिताभ्याम्॥४८॥
पथ्यं देयमुमाशंभौ वासुदेवेन निर्मिते।
पातु जगति कृपया मेहध्वांतविवस्वति॥४९॥

पारा और अभ्रक ये दोनों समान भाग और दोनों के बराबर तूतिया लेकर सबको जम्बीरी नींबू के रस में ३ दिन तक खरल करके गोला बना लें। उस गोले को सुखाकर मूषा में बन्द करके कुक्कुट पुट दें। इस प्रकार नींबू के रस में बार बार घोटकर ७ कुक्कुट पुट दें। पश्चात् उस गोले को चूर्ण करके बिजौरा नींबू, मोरवा, बहेडा और आमले इन चारों औषधियों के रस में क्रम से एक एक बार भावना दें। एवं अर्जुन की छाल के काढ़े में २ बार और मुलैठी, मिश्री केवड़ा, जीरा, केला, खजूर और चमेली के पत्ते इन सबके रसों में क्रम २ से तीन तीन बार भावना दें। फिर उसको सुखाकर बारीक चूर्ण करके शीशी में भरकर रख दें। इस प्रकार सिद्ध किये हुए इस रस को प्रतिदिन २ या ३ रत्ती परिमाण शहद में मिलाकर सेवन करना चाहिये। बालकों के सन्ताप, शोष, दुर्बलता और तृषा को शीघ्र दूर करता है और अडूसे के रस के साथ सेवन करने

से सब प्रकार के प्रमेहों को एक सप्ताह में नष्ट कर देता है। इस पर दूध और भात का भोजन करना चाहिये। २० वर्ष की अवस्था वाले मनुष्य को बबूल की कोमल और हरी पत्तियों के स्वरस में खांड डालकर उसके साथ यह रस सेवन कराये। इससे ३ दिन में सब प्रकार के प्रमेह नष्ट होते हैं। इसके सेवन करने पर २१ दिन तक घृत और मिश्री मिलाकर भात का भोजन करे। २५ वर्ष की अवस्था वाले व्यक्ति को यह रस त्रिफले के चूर्ण और शहद के साथ सेवन करना और गाय के मक्खन तथा मिश्री के साथ २१ दिन तक पथ्य देना चाहिये। ३० वर्ष की अवस्था वाले मनुष्य को यह रस उबाले हुए गेहुंओं के रस के साथ ३ दिन तक सेवन कराये और पूर्ववत् पथ्य देवें तो ३ दिन में ही प्रमेह दूर हो जाता है। इस रस को सेवन करते समय घी, गुड़, भात, मधु, खांड या ईख का रस इत्यादि शीतवीर्य और स्निग्ध पदार्थों का आहार करना चाहिये। अन्यथा इस प्रकार पथ्य न करने से सम्पूर्ण अंगों में दाह और पीड़ा होती है तथा आँख, नाक कान, मुँह, गुदा, लिंग आदि स्थानों से रक्ताभाव होने लगता है। इस रस पर लंघन करने से यदि धातुशोष आदि उपद्रव उत्पन्न हो जायँ तो इमली के रस में गुड डालकर पन्ना बनाकर उसके साथ भात का भोजन करायें और द्राक्षादि गणकी औषधियों के क्वाथ में मिश्री मिलाकर पान करायें। अथवा केवल दाख और मिश्री सेवन करायें इस प्रकार उपचार करने से ३ दिन में शोष रोग दूर हो जाता है। इस उमाशम्भु रस को श्रीवासुदेवाचार्य ने जगत् का कल्याण करने की इच्छा से निर्माण किया है। यह प्रमेह रूप अन्धकार को विनाश करने के लिये सूर्य के समान प्रभावशाली है।।४१-४९।।

रसेन्द्रनाग रस

नागं कपालमध्ये कृत्वा चाग्निं विशोध्येत्क्रमशः।
चिंचाकवचक्षारं स्वल्पं स्वल्पं विकीर्य कुंतेन।।
पारदभागं[1] सीसं घृष्ट्वा घृष्ट्वा विचूर्णितं सम्यक्।।५०।।
तिलयुक्खादन्मधुना तरवटबीजेन मिश्रितं क्रमशः।

मेहगणार्तिविशेषं सपीटकं कुष्ठमनिलं च॥
हंत्यल्पदिनाभ्यासात्सुपथ्ययोगाद्रसेंद्रनागोऽयम्॥५१॥

सीसे को एक खीपरे में डालकर और चूल्हे पर चढ़ाकर गलावे, जब वह गलकर रस रूप हो जाय तब उसमें थोड़ा थोड़ा इमली की छाल का खार डालता जाय और करछी से चलाता जाय। इस प्रकार ९ घंटे तक उक्त खार को जारण करे। फिर स्वांग शीतल होने पर सीसे में उससे चौथाई भाग शुद्ध पारा मिलाकर उत्तम प्रकार से खरल करके खूब बारीक चूर्ण कर लेवे इस रस को उपयुक्त मात्रा से तिलों के और चकवड के बीजों के चूर्ण तथा शहद में मिलाकर सेवन करे। यह रसेन्द्र नाग रस थोड़े दिनों सेवन करने और उत्तम पदार्थों का पथ्य लेने से सर्वप्रकार के प्रमेह, उनकी भिन्न भिन्न प्रकार की पीड़ायें, प्रमेह पिडिका, कुष्ठ और वातजन्य रोगों को नष्ट करता है॥५०॥५१॥

मेहशत्रु रस

कांताभ्रमंडूरहरीतकीनां विचूर्णितानां
क्रमशः शरांशेकम्[२]। रसेन भूतांशमयो
दशाशं द्वात्रिंशदष्टोत्तरमुत्तमायाः॥५२॥
श्लक्ष्णं मृदित्वा गुलिकां विधाय तक्रेण
पीतं तलपोटकस्य। बीजं च तेषां द्विगुणं
प्रकल्प्य मेहामयान्हंति स मेहशत्रुः॥५३॥

कान्तलोह भस्म, अभ्रकभस्म, मण्डूरभस्म, हरड का चूर्ण और पारे की भस्म ये प्रत्येक उत्तरोत्तर क्रम से बढ़ाकर लें, लोहभस्म १० भाग और दुद्धी घुँघुची की जड़ ४० भाग लेकर सबकी एकत्र बारीक खरल करके दो दो मासे की गोलियाँ बना लें। उनमें से प्रति दिन दोनों समय एक गोली चकवड के बीजों के चूर्ण और तक्र में मिला कर सेवन करे। चूर्ण गोली से दुगुना लेना चाहिये। यह रस सम्पूर्ण प्रमहों को निस्सन्देह दूर करता है॥५२॥५३॥

कासीसबद्ध रस

कासीसं कृष्णनागं क्षितिधररुधिरं नीलमभ्रं सुकांत।
हेमांगं भूमिसारं सलिलरिपुदलं मेहतिष्यारिबीजम्।
गोरेखा चारिमेदः क्षितिरुहसहितं श्वेतगुंजांघ्रिबीजं[३] का-
पित्थासृग्विमिश्रंक्षितिफलसहितंरोहिणी चाक्षमिश्रम्।।५४।।
सर्वं संपिष्य तोये करिविजयभुवान्मोदकानक्षमात्रान्
कुर्यात्तक्रेण देयं क्षपयति निखिलं मूत्ररोगं त्रिरात्रात्
[४]सप्ताहाद्भ्रांतिनाशंतृषमतिबहुलांहंतिपक्षाद्विधत्तेमासा-
त्सर्वांगवृद्धिं मुनिभिरभिहितो मेह्न[५] कासीसबद्धः।।५५।।

शुद्ध कसीस, नाग भस्म, गेरू, काला अभ्रक, कान्तलोहा, स्वर्णमाक्षिक भस्म, शिलाजीत,समुद्रशोष के पत्ते, करञ्जबीज, गोखरू, दुर्गन्धखैर, अर्जुन वृक्ष की जड़, सफेद चोंटली और चोंटली की जड़, कैथ का गूदा, केशर, हरी मूँग, मँजीट और बहेड़ा इन सब औषधियों को समान भाग लेकर एकत्र बारीक चूर्ण कर लें। इस चूर्ण को कचनार के रस में घोटकर एक-एक तोले के लड्डू बना ले। इन लड्डूओं को तीन दिन तक तक्र के साथ सेवन करने से सब प्रकार के प्रमेह रोग नष्ट होते हैं। ७ दिन तक सेवन करने से चित्त की भ्रान्ति और १५ दिन सेवन करने से अत्यन्त प्रबल तृषा दूर होती है। एक मास पर्यन्त इस रस को सेवन करने से शरीर के सम्पूर्ण अङ्गों की वृद्धि और रक्त मांस आदि धातुओं की पुष्टि होती है। इस कासीसबद्ध रस को मुनियों ने प्रमेहरोगियों के हित के लिये वर्णन किया है।।५४-५५।।

भीमपराक्रम रस

तुल्याभ्यां रसगंधाभ्यां कृत्वा कज्जलिकां त्र्यहम्।
द्रावयित्वाऽऽयसे पात्रे मृदुना बदराग्निना।।५६।।
निरुत्थमष्टमांशेन सीसभस्म विनिक्षिपेत्।
संमिश्र्य कदलीपत्रे निक्षिप्य तदनंतरम्।।५७।।

आकृष्य परिपिष्ट्वाथ सीसभस्मप्रमाणतः।
कांताभ्रसत्त्वयोर्भस्म राजावर्तकभस्म च॥५८॥
परिशुद्धं च गोमूत्रे शिलाजतु निधाय च।
खल्वे निक्षिप्य तत्सर्वं यत्नेन परिमर्दयेत्॥ ५९॥
तुल्यगुंजाकुलीबीजचूर्णकल्कोत्थवारिणा।
कतकां घ्रकषायेण निंबपत्ररसेन च॥ ६०॥
ततः संशोष्य संचूर्ण्य क्षिप्त्वा लोहस्य भाजने।
त्रिफलानां कषायेण सप्तधा परिभावयेत्॥६१॥
आकुलीबीजबर्बूरनिर्यासौ भृष्टचूर्णितौ।
समौ रससमौ कृत्वारसेन सह मर्दयेत्॥६२॥
इति सिद्धरसः सौऽयं भवेद्भीमपराक्रमः।
नामतः सर्वमेहघ्नो दृष्टप्रत्ययकारकः॥६३॥
वलद्वयमितो ग्राह्यो जलैः पर्युषितैः सह।
पथ्यं मेहोचितं देयं वर्ज्यं सर्वं विवर्जयेत्॥६४॥

पारा और गन्धक दोनों को समान भाग लेकर तीन दिन तक खरल करके कज्जली कर लें। उसको लोहे की कढ़ाई में डालकर बेर की लकडियों की मन्द मन्द अग्नि के द्वारा पिघलावे। उसको रस के समान पतला हो जाने पर कज्जली से अष्टमांश सीसे की निरुत्थ भस्म डाले और करछी से अच्छी तरह मिलाकर उसको पूर्ववत् केले के पत्ते पर डालकर पर्पटी तैयार कर लें। पश्चात् पर्पटी को चूर्ण करके उसमें सीसे के बराबर-बराबर भाग कान्तलोह भस्म, अभ्रक का सत्त्व राजावर्त्त की भस्म और गोमूत्र में शुद्ध की हुई शिलाजीत डालकर उत्तम प्रकार से खरल करे। इसके अनन्तर चोंटली की जड़ और नकुलकन्द के बीजों का चूर्ण दोनों को समान भाग लेकर जल के साथ पीसकर कल्क कर ले।

उस कल्क के वस्त्रपूत रस में तथा निर्मली की जड़ के क्वाथ और नीम के पत्तों के रस में उक्त रस को क्रम से एक २ बार भावना देकर सुखा लें। फिर चूर्ण करके लोहे के खरल में डालकर त्रिफले के काढ़े में सात बार भावना दें। इसके पश्चात् नकुलबन्द के बीजों का चूर्ण और बबूल का गोंद दोनों को रस के समान भाग लेकर भूनकर चूर्ण कर लें, उस चूर्ण को त्रिफले के काढ़े में ७ बार भावना देकर सुखा लें और उपयुक्त रस के साथ समभाग में मिलाकर खूब बारीक खरल करें। इस प्रकार यह भीमपराक्रम नामक रस सिद्ध होता है। यह सर्वप्रकार के प्रमेहों को नष्ट करने वाला और प्रत्यक्ष विश्वासप्रद फल को देने वाला है। इसको प्रतिदिन दो २ रत्ती परिमाण बासी जल के साथ सेवन करना चाहिए। इस पर प्रमेह रोग में कहे हुए उपयोगी पदार्थों का पथ्य देना और समस्त त्याज्य पदार्थों का परित्याग करना चाहिए।। ५६-६४।।

संजीवन रस

निक्षिप्य पातनायंत्रे त्रिशद्वाराणि पातयेत्।।६५।।
समाहरेद्रसं सम्यक्पातनायंत्रके मृतम्।
मृते रसे क्षिपेत्तुल्यं भूपालावर्तभस्मकम्।।६६।।
निरुत्थं त्रपुभस्मापि निक्षिपेदष्टमांशतः।
ततो निंबदलद्रावैस्त्रिशदारं हि भावयेत्।। ६७।।
ततः संशोष्य संचूर्ण्य क्षिपेद्वरकरण्डके।। ६८।।
संजीवनीयं खलु वल्लमानो निशाकुलीचूर्णयुतः
सतक्रः। निहंति सर्वानपि मेहरोगान्नृणां
नितांतं कुरुते क्षुधां च।।६९।।

शुद्ध पारा ४ तोले और शुद्ध सीसा ४ तोले दोनों को एकत्र खरल करके ऊर्ध्वपातन यन्त्र में डालकर उड़ावे। सीसा नीचे की हांडी में पड़ा रहे और पारा उड़कर ऊपर की हांडी की तली में जा लगे। इस प्रकार ३० बार पारे को उड़ावे और प्रत्येक बार चार २ तोले सीसा मिलाता जाय। जब पारे की उत्तम प्रकार से भस्म हो जाय तब उसको निकालकर

उसमें ४ तोले राजावर्त्त की भस्म और ६मासे जस्त की निरुत्थ भस्म मिलाकर नीम के पत्तों के रस के साथ ३० बार भावना दें। फिर सुखाकर और पीसकर उत्तम शीशी में भरकर रख दें। इस रस को प्रतिदिन दो रत्ती की मात्रा से हल्दी के चूर्ण, नकुलकन्द के बीजों के चूर्ण और तक्र के साथ सेवन करना चाहिये। यह रस मनुष्यों के सब प्रकार के प्रमेहों को नष्ट करता है और क्षुधा को उत्पन्न करता है।।६५- ६९।।

मेहमर्दन रस

शुद्धसीसोद्भवं भस्म निर्व्यूढं व्योम्नि सप्तधा।
ततो विचूर्ण्य तन्मध्ये कांतभस्म समं क्षिपेत्।।७०।।
गोमूत्रकशिलाधातुद्रवेण परिमर्दयेत्।
शोषयित्वा विचूर्ण्याथ क्षिपेन्नागकरण्डके।।७१।।
मेहमर्दननामायं दिष्टो भालुकिना खलु।
गुंजाद्वयमितो देयो निंबामलकसंयुतः।।७२।।
निहन्ति सकलान्मेहान्सर्वोपद्रवसंयुतान्।
तत्तद्रोगहरैर्द्रव्यैः सर्वरोगनिबर्हणः।
रोगानुरूपं दातव्यं पथ्यमत्र यथोचितम्।।७३।।

शुद्ध सीसे की निरुत्थ भस्म ४ तोले और अभ्रक भस्म ४ तोले दोनों को एकत्र पानी के साथ घोटकर गोला बना ले। उस गोले को शरावसम्पुट में बन्द करके वाराहपुट देवे। इस प्रकार सात बार वाराहपुट दे। प्रत्येक पुट के अन्त में चार-चार तोले सीसे की भस्म मिलाकर घोटता जाय। इसके पश्चात् उक्त औषधि को खरल करके उसमें समान भाग कान्तलोहे की भस्म मिलाकर गोमूत्र में घोटी हुई शिलाजीत के रस में एक बार भावना देकर सुखा लें। फिर बारीक खरल करके सुन्दर शीशी में भरकर रख दें। इस मेहमर्दनरस को श्रीमालुकी नामक आचार्य ने वर्णन किया है। इसको नीम के पत्तों और आमलों के छः २ मासे चूर्ण के साथ सेवन करायें। मात्रा दो २ रत्ती परिमाण। यह रस सम्पूर्ण उपद्रवों सहित सर्वप्रकार के प्रमेहों को शीघ्र नष्ट करता है तथा भिन्न-भिन्न

रोगनाशक अनुपानों के साथ प्रयोग करने से समस्त रोगों को दूर करता है। इस पर रोगानुसार उपयुक्त पथ्य देना चाहिए।।७०-७३।।

रामबाण रस

त्रपुणा निहतं तारं स्वर्णं नागहतं तथा।
मृतसूतं तयोस्तुल्यं मर्दयेद्दिवसत्रयम्।। ७४।।
आकुलीमूलजैः क्वाथैः शोषयित्वा मुहुर्मुहुः।
ताप्यवैक्रांतराड्वर्त्तभस्म सर्वसमं क्षिपेत्।।७५।।
विमर्द्य बलिना सर्वं षोढा तुषपुटैः पचेत्।
आकुलीबीजबर्बूरक्वथितैर्भावयेत्त्रिधा।।७६।।
तं रसं परिचूर्ण्याथ स्थापत्येत्कूपिकोदरे।
गुडूचीसत्त्वसंयुक्तो वल्लमात्रो रसस्त्वयम्।।७७।।
निहंति सकलं मेहं मोहध्वांतमिवेश्वरः।
बाणवद्रामचंद्रस्य सज्जनस्येव भाषितम्।।७८।।
न याति जातु मोघत्वं रामबाणो रसोत्तमः।। ७९।।

जस्ते के द्वारा भस्म की हुई चाँदी, और सीसे के द्वारा भस्म किया सुवर्ण ये दोनों समान भाग और दोनों की बराबर पारे की भस्म लें। सबको एकत्र मिलाकर नकुलबन्द की जड़ के काढ़े में तीन दिन तक खरल करे और प्रतिदिन सुखा ले। फिर उसमें सोनामाखी, वैक्रान्तमणि और राजावर्त्तकी भस्में समस्त रस के बराबर भाग मिलाकर खरल करे। इसके पश्चात् उपर्युक्त रस का चौथाई भाग शुद्ध गन्धक डालकर जल के साथ खरल करके गोला बना लें। उसको सुखा कर शरावसम्पुट में बन्द करके धानों की भूसी से भरी हुई हाँडी में रखकर पकावे। इस प्रकार १६ पुट दे और प्रत्येक पुट के अन्त में चतुर्थांश गन्धक मिलाता जाय। फिर नकुलबन्द के बीज और बबूल की छाल दोनों को एकत्र क्वाथ बनाकर उसमें उक्त रस को तीन दिन तक भावना देकर सुखा लें। फिर बारीक पीसकर शीशी में भरकर रख दें। इस रस को प्रतिदिन प्रातः सायंकाल एक दो रत्ती परिमाण लेकर गिलोय के सत्त्व में मिलाकर

सेवन करे। यह रस सब प्रकार के प्रमेहों को इस प्रकार शीघ्र नष्ट करता है, जैसे ईश्वरमोहरूप अन्धकार को तत्काल विनाश कर देता है। रामचन्द्र के बाण के समान और सत्पुरुषों के वाक्य के समान यह रामबाण रस कदापि निष्फल नहीं जाता। यह सम्पूर्ण रसों में उत्तम रस है।।७४-७९।।

राजमृगांक रस

सुवर्णं रजतं कांतं ताम्रं त्रपु ससीसकम्।
भस्मीकृत्वा च तत्सर्वं क्रमवृद्ध्या कृतांशकम्।।८०।।
ब्योमसत्वभवं भस्म सर्वैस्तुल्यं प्रकल्पयेत्।
कज्जली सूतराजस्य सर्वैरेतैः समांशिकाम्।।८१।।
प्रद्राव्य लोहभस्माथ पूर्वभस्म विनिक्षिपेत्।
काष्ठेनालोड्य तत्सर्वं सद्रवं हि समाहरेत्।।८२।।
ततो विचूर्ण्य तत्सर्वं सप्तवारं विभावयेत्।
आकुलीबीजसंभूतक्वाथलेहेन यत्नतः।।८३।।
रुद्धं तन्मल्लमूषायां सर्वे संस्वेदयेच्छनैः।
इतिसिद्धो रसेंद्रोयं चूर्णितः पटगालितः।।८४।।
कांतपात्रस्थितोरात्रो जलै स्त्रिफलसंयुतैः
वल्लद्वयमितः प्रातर्दातव्या मेहरोगिणाम्।।८५।।
मृगचारिमुनींद्रेण मेहव्यूहविनाशनः।
निर्दिष्टोयं[6] रसो राजमृगांक इति कीर्तितः।।८६।।
दीपनः पाचनो वृष्यो ग्रहणीपाण्डुनाशनः।
तापघ्नो[7] रुचिकृत्सर्वरोगघ्नो योगसंयुतः।।८७।।

स्वर्ण भस्म १ तोला, रौप्य भस्म २ तोले, कान्तलोह भस्म ३ तोले, ताम्रभस्म ४ तोले, जस्त की भस्म ५ तोले, सीसे की भस्म ६ तोले, अभ्रक के सत्त्व की भस्म सबकी बराबर अर्थात् २१ तोले और समस्त औषधियों के बराबर २ भाग पारे और गन्धक की कज्जली लें। प्रथम कज्जली को लोहे की कढ़ाई में द्रवीभूत करके उसमें लोह भस्म डालकर करछी से मिला दे, फिर अन्य समस्त धातुओं को क्रम २ से

डालता जाय और लकड़ी से चलाता जाय। जब सब भस्में मिलकर एकमएक हो जायें तब शीतल करके बारीक चूर्ण कर लें। इसके बाद उस चूर्ण को नकुलबन्द के बीजों के अवलेह के समान गाढ़े काढ़े में ७ बार भावना देकर गोला बना लें। उस गोले को सुखाकर मल्लमूषा में बन्द करके बालुकायन्त्र में रखकर मन्द-मन्द अग्नि के द्वारा तीन घंटे तक स्वेद दे। स्वांगशीतल होने पर रस को बारीक पीसकर कपडछान करके शीशी में भरकर रख दे। इस प्रकार यह रस सिद्ध होता है। इस रस को प्रतिदिन रात्रि के समय दो-दो रत्ती परिमाण लेकर कान्तलोह पात्र में त्रिफले के काढ़े के साथ खरल करके ढककर रख दे। फिर प्रातः काल प्रमेह रोगियों को सेवन कराये। इस रस को मृगचारि मुनि ने निर्दिष्ट किया है। इसको राजमृगांक कहते हैं। यह रस सब प्रमेहों को नष्ट करने वाला है तथा जठराग्नि को दीपन करने वाला, पाचक, वीर्यवर्द्धक, संग्रहणी, पाण्डुरोग और ज्वरनाशक, रुचिकारक और भिन्न भिन्न अनुपानों के साथ सेवन करने से सम्पूर्ण रोगों को नाश करता है।।८०-८७।।

मेहहर रस

राजावर्तस्य रत्नस्य भस्म गंधकसाधितम्।
हतं चभस्मना तेन घनसत्त्वं च कांतकम्।। ८८।।
निहतं तेन सूतं च तत्तन्मारणकैः सह।
सर्वतुल्येन सूतेन तावता गंधकेन च।।८९।।
कज्जल्या कृतया सार्धं पूर्वभस्मानि योजयेत्।
त्रिदिनं मर्दयित्वा तु मूषायां विनिरुध्य च।।९०।।
पंचाढकमितैः शालितुषैश्च पुटमाचरेत्।
स्वांगशीतं समाहृत्य भावयेत्तदनन्तरम्।।९१।।
आकुलीमूलबबूरबीजगुंजाजटोद्भवैः।
कषायैरष्टवाराणि पटचूर्णं विधाय च।।९२।।
विनिक्षिपेत्करण्डांते यत्नेन स्थापयेत्ततः।
तत्तन्मेहहरैर्द्रव्यैः संयुक्तो रसराडयम्।।९३।।

निहंति सकलान् रोगान्दुरात्मोपकृतीरिव।
अयं हि सर्वरोगघ्नो भेषजेषु प्रशस्यते॥९४॥
धार्मिकेषु च सर्वेषु दयावानिव मानवः।
रसोयं नंदिना दिष्टः प्रकृष्टो मेहहारिषु॥९५॥

गन्धक के द्वारा की हुई राजावर्त्त की भस्म ४ तोले, राजावर्त्तकी भस्म के द्वारा भस्म किया हुआ अभ्रक का सत्त्व ४ तोले, राजावर्तकी भस्म के द्वारा ही भस्म किया हुआ कान्तलोह ४ तोले, और कान्तलोह की भस्म के द्वारा की हुई पारद भस्म ४ तोले, शुद्ध पारा १६ तोले और शुद्ध गन्धक १६ तोले और शुद्ध गन्धक १६ तोले ले। प्रथम पारे और गन्धक की कज्जली करके उसमें उपर्युक्त समस्त भस्में मिलाकर तीन दिन तक खरल करके गोला बना लें। गोले को मूषा में बन्द करके कपरौटी करके सुखा लेवे। उसको ५ आढक परिमाण शालिधानों की भूसी से भरे हुई हाँडी में रखकर पुट दे। स्वांगशीतल होने पर गोले को निकालकर बारीक चूर्ण कर ले। फिर नकुलकन्द की जड़, बबूल के बीज और घुंघुची की जड़ इन तीनों के एकत्र बनाये हुए क्वाथ में उक्त चूर्ण को आठ बार भावना देकर सुखा लें और बारीक पीसकर कपडछान करके शीशी में भरकर यत्नपूर्वक रख दें। इस रस को प्रमेहनाशक भिन्न भिन्न अनुपानों के साथ सेवन कराना चाहिए। यह रस सर्वप्रकार के प्रमेहों को इस भाँति शीघ्र नष्ट करता है जैसे दुरात्माओं के किये हुए उपकार शीघ्र नष्ट हो जाते हैं। यह रस सम्पूर्ण रोगों का नाश करनेवाला है। इसलिये यह समस्त औषधियों में श्रेष्ठ गिना जाता है, जैसे धार्मिक पुरुषों में दयालु मनुष्य उत्तम माना जाता है। इसको श्रीनन्दि नाम वाले आचार्य ने वर्णन किया है। यह रस सम्पूर्ण प्रमेहनाशक औषधियों में अत्यन्त उत्कृष्ट है॥८८-९५॥

उदयभास्कररसः

पारदं भागमेकं तु गंधकं टंकणं[८] तथा।
अभ्रकं लोहमेवं तु भागमेकं पृथक् पृथक्॥९६॥

शिलाधातुस्तथा भागमम्लवेतसभागकम्।
कट्फलं भागमेकं तु वंगेन सह मेलयेत्॥९७॥
रसकं[१] पंचमूत्रेण दिनानि त्रीणि मर्द्दयेत्
सर्वमेकत्र संयोज्य जंबीर रससंयुतम्॥९८॥
मर्दयेद्दिनचत्वारि खल्वके बुद्धिमान्भिषक्।
मूषिकालेपनं कुर्यान्मांसीगोक्षुरसंयुतम्॥९९॥
मर्दयेच्च यथायोग्यं दिनानामेकविंशतिः।
पुटमध्ये परिस्थाप्य कुक्कुटीमात्रके दहेत्॥१००॥
शीतलं तं समादाय भावयेच्च यथाक्रमम्।
कुमारी चित्रकं व्योषं जातीफलहियावली॥१०१॥
विषमुष्टिं नखं चाम्लवेतसं परिमर्दयेत्।
शोषं कृत्वा यथायोग्यं दिनमेकं पृथक्पृथक्॥१०२॥
तं सिद्धं वल्लमात्रं तु दापयेद्बुद्धिमान् भिषक्।
प्रमेहे मधुना युक्तं प्रयोज्यं भिषजां वरैः॥१०३॥
शर्करार्द्रकसंयुक्तं रक्तपित्ते प्रयोजयेत्।
त्रिंशद्दिनानि दातव्यं शूले च त्रिफलाजलैः॥१०४॥
मधुना चातिसारस्य सितया श्वासकासयोः।
क्षीरेण चाग्निमांद्यस्य तैलकांजिकसंयुतम्॥
सिद्धनाथेन संप्रोक्तो नाम्ना ह्युदयभास्करः॥१०५॥

उदयभास्कर रस

पारा, गन्धक, सुहागा, अभ्रक, लोहा, शिलाजीत, अम्लबेत, कायफल और बंग इन सबको एक २ तोला लें और पंचमूत्र में ३ दिन तक घोटकर शुद्ध किया हुआ खपरिया सबके बराबर भाग लें। सबको एकत्र मिलाकर जम्बीरी नींबू के रस में ४ दिन तक खरल करे। फिर बालछड़ और गोखरू के काढ़े में २१ दिन तक खरल करके उस कल्क का मूषा के भीतर लेप कर सुखा लें और कपरौटी करके कुक्कुट पुट में रख कर अग्नि दें। स्वांगशीतल होने पर औषधि को निकालकर बारीक चूर्ण

कर लें। फिर उसको घीग्वार, चीता, त्रिकुटा, जायफल हड, साँकर, कुचला, नख और अम्लबेंत इन औषधियों के पृथक् पृथक् रस में क्रम से एक-एक दिन तक खरल करके सुखा लें और सूक्ष्म चूर्ण करके शीशी में भरकर रख दें। इस प्रकार यह रस तैयार होता है। वैद्य इस रस को एक-एक रत्ती परिमाण सेवन करायें। वैद्यों को यह रस प्रमेह रोग में मधु के साथ, रक्तपित्त में खाँड और अदरक के रस के साथ, शूल रोग में त्रिफले के काढ़े के साथ, अतिसार में मधु के साथ, श्वास और खाँसी में मिश्री तथा दूध के साथ और मन्दाग्नि रोगों में तैल, काँजी आदि अम्ल पदार्थों के साथ तीस-तीस दिन तक व्यवहार कराना चाहिये। इस उदयभास्कर नामक रस को श्रीसिद्धनाथ आचार्य ने कहा है।।९६-१०५।।

हिमांशुरसः

रसस्य कर्षमादाय खल्वे निक्षिप्य बुद्धिमान्।
रक्तागस्त्यप्रसूनस्य स्वरसेन विमर्दयेत्।।१०६।।
सप्तवारं तथा साधुश्वेतदूर्वारसेन च।
निष्कद्वयं टंकणं च कर्षं खादीरसारतः।।१०७।।
कर्पूरं रसतुल्यं च सर्वमेकत्र मर्दयेत्।
यावच्चिक्कणतां यादि युक्त्या चंदनवारिणा।।१०८।।
हरेणुमात्रान्वटकाञ्छायां परिशोषितान्।
प्रातः सायं च सेवेत मध्याह्ने च विशेषतः।।१०९।।
निशायां च विशेषेण सेवनीयः प्रयत्नतः।
एतद्धि मेहनुद्द्रव्यं मुखशोषहरं परम्।।११०।।
सोमरोगहरं सर्वपिटिकानाशनं मतम्।
हिमांशुनामतः ख्यातं तृष्णादाहनिवारकम्।।१११।।

शुद्ध पारे को १ कर्ष लेकर खरल में डालकर लाल अगस्तिया के फूलों के रस में ७ बार भावना दें, फिर सफेद दूब के रस में सात भावना दें। इसके पश्चात् उसमें सुहागा ८ मासे, खैरसार १ तोला, और भीमसेनी कपूर १ तोला डालकर सबको उत्तम प्रकार से मर्दन करे। फिर चन्दन के जल के साथ घोटे। जब वह घुटते-घुटते खूब चिकना हो जाय तब

मटर की बराबर गोलियाँ बनाकर छाया में सुखा लें। इन गोलियों में से प्रतिदिन प्रातः, सायंकाल, मध्याह्न में और विशेषकर रात्रि में एक २ गोली सेवन करे। और प्रमेह नाशक पदार्थों का अनुपान तथा पथ्य करे। यह रस सब प्रकार के प्रमेह, मुखशोष, सोमरोग, सर्वप्रकार की प्रमेह, पिडिकाओं, और तृष्णा, दाह आदि सम्पूर्ण उपद्रवों को निवारण करता है। इसको हिमांशुरस कहते हैं।।१०६-१११।।

वसन्तकुसुमाकर रस

द्वौ भागौ हेमभूतेश्च गगनं चापि तत्समम्।
लोहस्य च त्रयो भागाश्चत्वारो रसभस्मनः।।११२।।
वंगभस्म त्रिभागं स्यात्सर्वमेकत्र कारयेत्।
प्रवालं मौक्तिकं चैव रससाम्येन योजयेत्।।११३।।
भावना गव्यदुग्धेन इक्षुवासारसेन च।
हरिद्रावारिजेनापि मोचकंदरसेन च।।११४।।
शतपत्ररसेनैव मालत्याः कुसुमेन च।
उशीरद्वयनीरेण सप्त सप्त च संख्यया।।११५।।
पश्चान्मृगमदा भाव्यं सुसिद्धो रसराड्भवेत्।
कुसुमाकरविख्यातो वसंतपदपूर्वकः।।११६।।
गुंजामात्रं ददीतास्य मधुना सर्वमेहजित्।
क्षयकासतृषाश्वासरक्तपित्तविषार्तिजित्॥
सिताचंदनसंयुक्तश्चाम्लपित्तादिरोगनुत्।।११७।।

सुवर्णभस्म २ भाग, अभ्रकभस्म २ भाग, लोह भस्म ३ भाग, पारे की भस्म ४ भाग, बंगभस्म ३ भाग, प्रवालपिष्टी ४ भाग और मौक्तिक पिष्टी ४ भाग लेकर सबको एकत्र खरल कर लें। फिर गाय का दूध, ईख का रस, अडूसे का रस, हल्दी का क्वाथ, केले के कन्द का रस, कमल के फूलों का रस, चमेली के फूलों का रस, खस और सुगन्ध वाले का रस इन प्रत्येक रसों में क्रम से सात-सात बार भावना देकर सुखा लें। फिर कस्तूरी के रस में एक भावना दें। इस प्रकार यह रस

तैयार होता है। इसको वसन्तकुसुमाकर कहते हैं। इस रस को एक-एक रत्ती की मात्रा से मधु के साथ सेवन करायें। यह रस सब प्रकार के प्रमेह क्षय, खाँसी, श्वास, तृषा, रक्तपित्त और विष की पीड़ा इन सब रोगों को दूर करता है। और चन्दन के क्वाथ तथा मिश्री के अनुपान के साथ देने से अम्लपित्तादि रोगों को नष्ट करता है।।११२-११७।।

सर्वमेहान्तक रस

पारदभस्म शिलाजतु कृष्णा लोहमल-
स्त्रिफलाकुलिबीजम्। ताप्यनिशारजतो
पलकांतव्योषरजः खपुरश्च कपित्थान्।।११८।।
सर्वमिदं परिचूर्ण्य समांशं भावित-
भृंगरसं दिवसादौ। विंशतिवारमिदं
मधुलेहं विंशतिमेहहरं हरिदृष्टम्।।११९।।

पारे की भस्म, शिलाजीत, पीपल, मंडूरभस्म त्रिफला नकुलकन्द के बीज, सोनामाखी की भस्म, हल्दी, रौप्यभस्म, सूर्यकान्तमणि की भस्म, त्रिकुटे का चूर्ण, अभ्रक भस्म, शुद्ध गूगल, और कैथ इन सबको समान भाग लेकर एकत्र चूर्ण कर लें। फिर भाँगरे के रस में २० बार भावना देकर सुखा लें और खरल करके रख दें। इस रसको प्रतिदिन प्रातः काल मधु के साथ २० दिन तक सेवन करने से बीसों प्रकार के प्रमेह दूर होते हैं। यह रस श्रीहरि नामक आचार्य का प्रत्यक्ष अनुभव किया हुआ है।।११८-११९।।

मेहारि रस

सूतं बाहुमितं बलीं शशिमितं संमर्द्य तत्कज्जलीं
कृत्वा कृष्णहिरण्यतोयसहितां संमर्द्य घस्त्रं पुनः।
कूप्यामभ्रककालिकां सुपिहितां मृत्स्नांशुकैः सप्तभिः
संवेष्ट्यत्रिदिनं विशोष्य लवणापूर्णे क्षिपेद्भाण्डके।।१२०।।
दग्ध्वा यामचतुष्टये च शिशिरां भित्त्वा च तां कूपिका
तं सूतं द्विलवं लवं च गगनं लोहं लवं मर्दयेत्।
सिद्धो वल्लमितः सिता च मधुना वत्सादनीसत्त्वतो
नोचेत्क्षौद्रकणायुतश्च तरसा सर्वप्रमेहाञ्जयेत्।।१२१।।

रोगाधीश्वरपाण्डुकामलहरिद्राभत्वपित्तोद्भवा-।
न्सर्वांश्च प्रदरामयान्विजयते मेहारिनामा रसः॥
भक्तं गोपयसायुतं च ससितं मांद्यावरोधेन व।
देपं पथ्यमिदं प्रमात्मकजनादन्यच्चवा दीयते॥१२२॥

पारा २ भाग, और गन्धक १ भाग दोनों को एकत्र खरल करके कज्जली कर लें। उस कज्जली को काले धतूरे के रस में १ दिन तक घोट कर आतसी शीशी में भर दें और शीशी के मुँह को काली अभ्रक के पत्रों से बन्द करके उस पर सात बार कपरौटी करें और तीन दिन तक तीक्ष्ण धूप में सुखायें। फिर नमक से भरे हुए मटके में शीशी को गले पर्यन्त गाढ़कर ४ प्रहर तक अग्नि दें। स्वाङ्गशीतल होने पर शीशी को तोड़कर रस को निकाल लें। इस प्रकार सिद्ध की हुई पारे की भस्म २ भाग अभ्रकभस्म १ भाग और लोह भस्म १ भाग सबको एकत्र खूब बारीक खरल करके शीशी में भरकर रख दें। इस रस को दो रत्ती परिमाण लेकर मिश्री मधु और गिलोय के सत्त्व में मिलाकर अथवा शहद और पीपल के साथ सेवन करे। यह मेहारि रस सर्व प्रकार के प्रमेह रोग, राजयक्ष्मा, पाण्डु, कामला, हलीमक, पित्तजन्य रोग और सम्पूर्ण प्रदर रोग इन सबको बहुत शीघ्र नष्ट करता है गोदुग्ध में मिसरी डालकर भात के साथ बलानुसार पथ्य दे अथवा सुज्ञ वैद्य के वचनानुसार अन्य उपयुक्त पथ्य का प्रयोग करे॥१२०-१२२॥

भस्मसूतं मृतं कांतं मुण्डभस्म शिलाजतु।
ताप्यं शुद्धं शिलाव्योषं त्रिफलांकोलबीजकम्॥१२३॥
कपित्थरजनीचूर्णं समं संभाव्य भृंगिना।
त्रिंशद्वारं विशोष्याथ मधुयुक्तं लिहेत्सदा॥
निष्कमात्रं हरेन्मेहाबद्धो रसो महान्॥१२४॥
महानिंबस्य बीजानि षणिनष्कं पेषितानि च।
पलतंडुलतोयेन घृतनिष्कद्वयेन च।
एकीकृत्य पिबेच्चानु हंति मेहं चिरंतनम्॥१२५॥

पारे की भस्म, कान्तलोह की भस्म, मुण्डलोह की भस्म, शिलाजीत स्वर्णमाक्षिक भस्म, शुद्ध मैनसिल, त्रिकुटा, त्रिफला, अंकोल के बीज कैथ का गूदा और हल्दी का चूर्ण सबको सम भाग लेकर भांगरे के रस में ३० भावना देकर सुखा लें। फिर बारीक चूर्ण करके शीशी में भरकर रख दें। इसको प्रतिदिन एक-एक निष्क (४ मासे) परिमाण, शहद में मिलाकर सेवन करे। यह रस समस्त प्रमेहों को नाश करने के लिये अत्यन्त श्रेष्ठ है। यदि २ तोले बकायन के बीजों को ४ तोले चावलों के पानी में पीसकर और उसमें ८ मासे घृत डालकर उसके साथ इस रस को पान करे तो यह रस बहुत पुराने प्रमेह को भी नष्ट कर देता है।।१२३-१२५।।

हरिशंकर रस

मृतं सूताभ्रकं तुल्यं धात्रीफलनिजद्रवैः।।१२६।।
सप्ताहं भावयेत्खल्वे रसोऽयं हरिशंकरः।
माषमेकां वटीं खादेन्नीलमेहप्रशांतये।।१२७।।
पूर्वयोगानुपानं स्यादसाध्यं साधयेत्क्षणात्।।१२८।।

पारद भस्म और अभ्रकभस्म दोनों को समान भाग लेकर आमलों के स्वरस में ७ दिन तक भावना दें। फिर एक २ मासे की गोलियां बना लें। उनमें से प्रतिदिन एक-एक गोली उपयुक्त अनुपान के साथ सेवन करे। नील प्रमेह को शमन करने के लिये यह रस अत्यन्त उपयोगी है। पूर्वोक्त अनुपानों में से किसी उचित अनुपान के साथ इन गोलियों को सेवन करने से यह असाध्य प्रमेह को भी शीघ्र आरोग्य कर देता है।।१२६-१२८।।

सामान्य उपचार

रसस्य भस्मना तुल्यं वंगभस्म समाहरेत्।
मधुना लेहयेत्प्राज्ञो वातमेहप्रशांतये।।१२९।।
मुद्गामलकयूषेण पथ्यं देयं सतक्रकम्।
तिलपिण्डीं चतक्रेण पक्त्वादद्यान्न हिंगुकम्।।१३०।।

घृतं बहु न दद्याच्च तिलतैलेन भोजयेत्।
मार्कंडीचूर्णमादाय सगुडं खादयेन्निशि॥१३५॥
ताम्रेण तुर्यभागेन कुर्वीत रसपिष्टिकाम्।
गोक्षुरस्य द्रवे चैव निक्षिपेत्सप्तकद्वयम्॥१३२॥
निंबुमध्ये विनिक्षिप्यस्वेदयेत्कांजिकेऽहनि।
निंब्बंतरे विनिक्षिप्य वक्त्रे संधारयेन्निशि॥१३३॥
रक्तमेहेपि भस्मैव वंगस्य मधुना चरेत्।
शुक्रमेहप्रशांत्यर्थं हरिद्रा चूर्णसंयुतम्॥१३४॥

पारे की भस्म और वंगभस्म दोनों को समान भाग लेकर शहद के साथ सेवन कराने से वातजनित प्रमेह दूर होता है। वैद्य इस पर मूंग का और आमलों का यूष तक्र के साथ पथ्य रूप से दें। प्रमेह में काले तिलों की खल को छाछ के साथ पकाकर सेवन करायें। किन्तु हींग बिल्कुल न दें और घृत भी अधिक सेवन न करायें। केवल तिल के तेल में खाद्य पदार्थों को सिद्ध करके भोजन करायें अथवा भारंगी के चूर्ण को गुड़ में मिलाकर रात्रि में भक्षण करायें। पारे की भस्म ४ भाग और ताम्र भस्म १ भाग दोनों के एकत्र बारीक पिट्ठी पीसकर उसको गोखरू के काढ़े में १४ दिन तक भावना दें। फिर उस पिट्ठी को एक नींबू में भरकर और कांजी से भरे हुए दोला यन्त्र में नींबू को अधर लटकाकर १ दिन तक स्वेद दें। फिर उसको पीसकर शीशी में भरकर रख दें। जब आवश्यकता हो तब उस औषधि को अल्प परिमाण में लेकर नींबू में भरकर रात्रि के समय मुख में धारण करे। इससे प्रमेहरोग नष्ट होता है। रक्तजनित प्रमेह में केवल वंगभस्म को ही मधु के साथ सेवन करने से उपकार होता है शुक्रजन्य प्रमेह को शमन करने के लिये हल्दी का चूर्ण, बंगभस्म और शहद मिलाकर सेवन करें॥१२९-१३४॥

मधुमेहापनुत्त्यथ समालार्जुनचूर्णकम्।
वंगभस्मसमायुक्तं खादयेच्छर्करायुतम्॥१३५॥

शाल्मलीद्रुतमादाय पापयेन्मधुना सह।
बोलबद्धं रसं जग्ध्वा रक्तमेहाद्विमुच्यते॥१३६॥
बीजकस्य कषायं च पिबेदनु सबोलकम्।
श्लेष्मातमूलजक्वाथं सघृतं निशि पाययेत्॥१३७॥
कूष्माण्डस्य रसं वेल्लखण्डयुक्तं तु पाययेत्।
स्त्रियं वा रुधिरस्त्रावामामदुग्धेन पाययेत्॥१३८॥
तुवरीमूलंमुद्घृष्टं सम्यक् शर्करयान्वितम्।
पिबेत्तंडुलतोयेन रक्तस्त्रावाद्विमुच्यते॥१३९॥
पिष्ट्वा कार्पासतक्रे रसधरणदृशा तुल्यनागं कपित्था-
न्निर्यासं पंचनिष्कं निहितशतजलारातिबीजं च पश्चात्।
पिण्डान्कृत्वाथ तेन प्रतिदिनमथ तत्पिण्डमेकं कपित्था-
न्निर्यासं पादनिष्कं मथितमधुयुतं मेहजालं रुणद्धि॥१४०॥

मधुमेह रोग को नष्ट करने के लिये भुईं आमला और अर्जुन की छाल का चूर्ण और वंगभस्म तीनों को समान भाग लेकर खांड में मिला कर मधुमेह रोगी को सेवन करायें। सेमल के रस को मधु के रस को मधु के साथ पान कराने अथवा बोलबद्ध रस को सेवन कराने से रोगी रक्त प्रमेह से शीघ्र मुक्त हो जाता है। इस पर विजयसार के क्वाथ को बोल चूर्ण डालकर अनुपान करना चाहिये। अथवा बहेडे की जड़ के काढ़े को घृत मिलाकर रात्रि में पान करायें तो प्रमेह दूर होता है। पेठे का रस, वायविडंग का चूर्ण और खांड तीनों को एकत्र मिलाकर सेवन कराने से प्रमेह रोग, और पेठे के रस को कच्चे दूध के साथ पान कराने से स्त्रियों का रक्तस्त्राव रोग नष्ट होता है। अड़हर को चावलों के धोये हुए पानी में घिसकर उसमें खांड डालकर पान करने से रक्तस्त्राव अथवा रक्तप्रमेह शान्त होता है। अथवा कपास के फूलों को मट्ठे में पीसकर कल्क कर ले उसको १$\frac{१}{२}$ तोला लेकर उसमें सीसे की भस्म १$\frac{१}{२}$ तोला कैथ का रस २० मासे और अगस्तिया के बीजों का चूर्ण २० मासे परिमाण डालकर सबको खूब अच्छे प्रकार से खरल करके एक-एक

मासे की गोलियां बना लें। उनमें से प्रतिदिन प्रातः सायंकाल एक-एक गोली कैथ के काढ़े के साथ सेवन करे और ऊपर से मट्ठे में शहद मिलाकर अनुपान करे। इस प्रकार सेवन करने से यह औषधि सब प्रकार के प्रमेहों को बहुत शीघ्र नष्ट कर देती है। सोमरोग, श्वेतप्रदर और प्रमेह पिडिकाओं की चिकित्सा भी प्रमेहरोग के समान ही करनी चाहिये।।१३५-१४०।।

इति श्रीवाग्भट्टाचार्यविरचिते रसरत्नसमुच्चये भाषाटीकायां सप्तदशोऽध्यायः समाप्तः।।१७।।

संदर्भ :

१. नागं पादरसाभ्रमित्यपि पाठः।
२. समांशमित्यपि पाठः।
३. अहीत्यपि पाठः।
४. सप्ताहात्कल्कनाशमित्यपि दृश्यते।
५. देहिनां गुल्मरोगेत्यपि पाठः।
६. निर्दोषोयमित्यपि पाठः।
७. आमघ्नोपिक्वचित्पुस्तके।
८. तगरमिति पाठोऽप्यत्रपुस्तके।
९. रसं च इत्यपि पाठोपलभ्यते। रसकंपञ्चभागं च त्र्यहे मूत्रेण मर्दयेदित्यपि पाठः।

अष्टादशोऽध्यायः

विद्रधिरोग

अन्त्रैरध्युषितोष्णशुष्कपरुषैरन्यैरसृग्दूषणै-
वक्त्रैर्वा शयनादिभिस्तनुभृतामंतर्बहिर्वोस्थितः।
मेदस्त्वक्पलकंडरास्थिरुधिरं[1] गाढं प्रदूष्यकृतोवृत्तः
स्यादथवाऽऽयतोऽधिकरुजः शोथस्त्वसौविद्रधिः॥१॥

बासी, अत्यन्त गरम, सूखे हुए कठिन और रुधिर को दूषित करने वाले अन्नों को खाने से अथवा प्रकृति विरुद्ध या देशकाल विरुद्ध आहार विहार करना, दिन में अधिक शयन करना, आदि अनेक कारणों से मनुष्यों के भेद (चर्बी), त्वचा, मांस कण्डरा, अस्थि और रुधिर अत्यन्त दूषित हो जाते हैं, इसलिये शरीर के किसी भाग में भीतर या बाहर गोल अथवा लम्बी आकृति वाली सूजन हो जाती है। उसमें अत्यन्त पीड़ा होती है, इसको विद्रधिरोग कहते हैं। यह वात पित्तादि दोषभेद से अनेक प्रकार का होता है॥१॥

सर्वेश्वर पर्पटी रस

रसोपरसलोहानि कार्षिकाणि पृथक् पृथक्।
तेषु लोहानि सर्वाणि पाषाणाः कठिनास्तथा॥२॥
घनसत्त्वं च तत्सर्वं भस्मीकृत्य प्रयोजयेत्।
रत्नानि वल्लतुल्यानि भस्मीकृत्य च सर्वशः॥३॥
एभिश्चतुर्गुणः सूतो गन्धस्तस्माच्चतुर्गुणः।
कृत्वा कज्जलिकां ताभ्यां क्षिपेल्लोहस्य भाजने॥४॥

प्रदाव्य बदरांगारैर्निपेत्तदनंतरम्।
रसोपरसलोहानां रत्नानामपि सर्वशः॥५॥
चूर्णं भस्म च निक्षिप्य काष्ठेनाऽऽलोड्य मेलयेत्।
ततश्च षोडशांशेन मिश्रयित्वाऽरुणं विषम्॥६॥
गोमयोपरि निक्षिप्ते निक्षिपेत्कदलीदले।
पत्रेणान्येन रंभायाः समाच्छाद्य प्रयत्नतः॥७॥
कराभ्यां चिपटीकृत्य क्षिपेदुपरि गोमयम्।
ततः शीतं समाहृत्य चूर्णयित्वा च पर्पटीम्॥८॥
विनिक्षिपेत्करण्डान्तः संपूज्य रसभैरवम्[१]।
सर्वेश्वराभिधानेयं पर्पटी परिकीर्तिता॥९॥
सर्वलोकहितार्थाय नंदिनेयं विनिर्मिता।
रक्तियुक्त समानेय मरिचार्द्रसमन्विता॥१०॥
विद्रधौ षट्प्रकारायां देया वर्ध्मसु सप्तसु।
क्षयरोगेषु सर्वेषु पाण्डुरोगे विशेषतः॥११॥
ग्रहणी रोगभेदेषु गुल्मेष्वष्टविधेषु च।
मूलरोगेष्वशेषेषु प्लीहायां यकृदामये॥१२॥
प्रमेहे सोमरोगे च प्रदरे जठरार्तिषु।
विशेषेण च मंदाग्नौ सर्वेष्वावर्तकेषु च॥१३॥
अनुक्तेष्वपि रोगेषु तत्तदौचित्ययोगतः।
रसोऽयं खलु दातव्यः शिवतुल्यपराक्रमः॥१४॥
यद्यद्द्रव्यमसात्म्यं हि जनानामुपजायते।
तत्सर्वं सात्म्यमायाति रसस्यास्य निषेवणात्॥१५॥
दुःसाध्यो विद्रधिर्मासाच्छांतिमायाति निश्चितम्॥१६॥

रस (अभ्रक, वैक्रान्तमणि, सोनामाखी, रूपामाखी इनकी भस्में, शुद्ध शिलाजीत, तथा नीलाथोथा, चपल और खपरिया की भस्म,) उपरस (शुद्ध

गन्धक, गेरू, कसीस, फटकरी, हरताल, मैनसिल, सुरमा, मुर्दासंग), धातुयें (सोना, चाँदी, ताँबा, लोहा, सीसा, बंग, काँसा और पीतल इनकी भस्में) और अभ्रक की सत्त्व की भस्म ये प्रत्येक एक २ तोला परिमाण तथा समस्त रत्न (माणिक, मोती, मूँगा, पन्ना, पुखराज, हीरा, नीलम, वैदूर्य मणि और गोमेदमणि इन सबकी भस्में) एक एक रत्ती परिमाण लें। इन सब भस्मों से चौगुना शुद्ध पारा और पारे से चौगुनी शुद्ध गन्धक लेकर प्रथम पारे और गन्धक की कज्जली कर लें। उस कज्जली को लोहे की कढ़ाई में डालकर बेरी के कोयलों की अग्नि के द्वारा पिघलायें। जब कज्जली पिघलकर रस के समान पतली हो जाय तब उसमें उपर्युक्त समस्त भस्में डालकर लकड़ी के डंडे से मिला दें। फिर उसमें सम्पूर्ण औषधि का सोलहवाँ भाग रक्त वर्ण का शुद्ध वत्सनाभ डालकर सबको डंडे से चलाकर एकमएक कर दें। पश्चात् गाय के गोबर के ऊपर केले का पत्ता रखकर उस पर कज्जली को ढाल दें और तत्काल उसके ऊपर केले का दूसरा पत्ता ढककर और उसके ऊपर गोबर रखकर हाथों से थपथपा दें। स्वांगशीतल होने पर पर्पटी को निकालकर खूब बारीक चूर्ण कर लें और रस भैरव का पूजन करके शीशी में भरकर रख दें। इसको सर्वेश्वर पर्पटी रस कहते हैं। इसको समस्त संसार के हित के लिये श्रीनन्दिनाम वाले आचार्य ने निर्माण किया है। यह रस एक-एक रत्ती परिमाण लेकर मिर्चों के चूर्ण और अदरक के रस में मिलाकर सेवन करना चाहिये। इस रस को ६ प्रकार की विद्रधि, ७ प्रकार का वर्ध्मरोग, सब प्रकार का क्षय, पांडुरोग, विशेषकर संग्रहणी, आठ प्रकार का गुल्मरोग, सब प्रकार का अर्शरोग, प्लीहा, यकृत विकार, प्रमेह, सोमरोग, प्रदररोग, उदर की पीड़ा, अग्नि की मन्दता, सम्पूर्ण आवर्त्तक रोग अन्यान्य समस्त अनुक्त रोगों में भी तत्तद्रोगानुसार अनुपान के साथ प्रयोग करना चाहिये। यह रस शिव के समान पराक्रमी है। इस रस के सेवन करने से मनुष्यों के प्रकृतिविरुद्ध पदार्थ भी उनकी प्रकृति के अनुकूल पड़ने लगते हैं। एवं अत्यन्त कृच्छ्रसाध्य विद्रधिरोग इसके सेवन से एक महीने में अवश्य नष्ट हो जाता है॥२-१६॥

शंखपाण्डूर रस

हरिद्राकंदमंकोलतण्डुलं गंधकं गुडम्।
मूलानि च महाभेर्याः पृथगर्धपलान्वितम्।।१७।।
तुत्थं च पंचपलिकं नारीस्तन्येन पेषितम्।
लिप्तं नालांध्रमूषासु धमनात्सत्त्वमाहरेत्।।१८।।
शस्तं क्षाररसेष्वेतत्पोटल्याः पचनादनु।
घृतेनावर्तिते तस्मिन्निष्कद्वितयसंमिते।।१९।।
प्रवेशितं निष्करसं महाजंबीरनीरजम्।
अम्लात्पिष्ट शरावांतर्लिप्तं मृद्वस्त्रद्रितम्।।२०।।
अधरोत्तरदत्तानां भ्रष्टानामाढके स्थितम्।
वालुकानां तथाभूतैः खारीपरिमितैस्तुषैः।।२१।।
पक्वं शीतीकृतं क्षुण्णमष्टौ निष्कानि खर्परात्।
चत्वारि सुरभिस्थूलघनवर्तुलनीरुजाम्।।२२।।
पीताभानां सगर्भत्वाद्वराटानां च षोडश।
अम्लस्य सार्धप्रस्थस्य श्लक्ष्णपिष्टानि पात्रयोः।।२३।।
जंबीरमूलिकाकल्केनांतर्लिप्तानिलिप्तयोः।
पचेच्छुष्ककरीषाणामर्धभारेण सूतकम्।।२४।।
कृष्णवर्णोऽनुपक्वोऽसौ सुपक्वः शंखपांडुरः।
काचशंखमये पात्रे धारणीयः सुरक्षितः।।२५।।
पटचूर्णवशात्सर्वानामयान्विनियच्छति।।२६।।

हल्दी, अंकोल के बीज, गन्धक, गुड और महाभेरी नामक औषधि की जड़ ये प्रत्येक दो दो तोले और तूतिया २० तोले लेवे। सबको एकत्र कूट पीसकर स्त्री के दूध में खरल करके उस कल्क का लम्बी नालवाली अन्धमूषा में लेप कर दे। फिर उसको सुखाकर कोयलों की अग्नि में फूँके। इस प्रकार फूँकने से जो सत्त्व निकले उसको ग्रहण करके कपड़े की पोटली में बाँधकर क्षार पदार्थ और गोमूत्र आदि से भरे हुए दोलायन्त्र में अधर लटकाकर स्वेद दें। इसके पश्चात् उस सत्त्व को

खरल करके सुखा लेवे। इस प्रकार तैयार किया हुआ तूतिया का सत्त्व ८ मासे और शुद्ध पारा ४ मासे लेकर दोनों को घी में मिलाकर खट्टे नींबू के रस में एक दिन तक घोटे। फिर उसका शरावसम्पुट के भीतर प्रलेप करे ऊपर से कपरौटी करके सुखा लेवे। पश्चात् तपाकर शीतल किये हुए। एक आढक परिणाम बालु से भरे हुए यन्त्र में सम्पुट को गाड देवे और इसके नीचे ऊपर एक खारी परिमाण (४०९६ तोले) धानों की भूसी रखकर अग्नि दें। जब औषधि पककर स्वांगशीतल हो जाय तब उसको निकालकर बारीक चूर्ण कर लें। उसमें खपरिया ३२ मासे, राल, कटहल, नागरमोथा, मटर और कूठ इन प्रत्येक का चूर्ण सोलह २ मासे और वजनदार पीली कौड़ियों का चूर्ण ६४ मासे मिलाकर। 1½ प्रस्थ परिमाण नींबू के रस में खूब बारीक खरल करे। जब सब रस शुष्क हो जाय तब उसकी बड़ी-बड़ी गोलियाँ बना लें। इसके पश्चात् शरावसम्पुट में जम्बीरी नींबू की जड़ के कल्क का लेप कर और सुखा कर उसमें उक्त गोलियों को रखकर कपरौटी कर दें। फिर उसको सुखाकर अर्धभार परिमाण (४००० तोले) सूखे उपलों की अग्नि में रखकर फूँके। स्वांगशीतल होने पर औषधि को निकालकर बारीक खरल कर लें। यह रस सब कच्चा रह जाता है तब काले रंग का होता है और उत्तम प्रकार से परिपक्व हुआ रस तब शंख के समान श्वेत रंग का होता है। इसको खूब बारीक पीसकर कपड़े छान करके काँच की शीशी या शंख के पात्र में रखना चाहिये यह रस सम्पूर्ण रोगों को विनाश करता है।।२१-२६।।

सामान्य उपाय

वरुणावल्कलक्वाथैर्हिंगुकासीससैंधवम्।
शिलाजतुसमायुक्तमसाध्यं विद्रधिं जयेत्।।२७।।
क्वाथं शिग्रुवचाश्वत्थं हिंगुसैंधवचूर्णितैः।
संयुक्तं पाययेच्छांत्यै विद्रधीरोगपीड़ितम्।।२८।।
(पाठामूलस्य कर्षैकं पिबेत्तण्डुलवारिणा।
दुस्साध्यो विद्रधिर्मासात् शान्तिमाप्नोति निश्चितम्)

वरनाकी छालका काढा बनाकर उसमें हींग, कसीस और सैंधा नमक इन तीनों का चूर्ण समान भाग ओर किंचित् शिलाजीत डालकर

सेवन करने से असाध्य विद्रधि रोग भी शान्त होता है। अथवा सहिंजना, वच और पीपल की छाल इनके क्वाथ को हींग और सैंधे नमक का चूर्ण मिलाकर पान करायें तो रोगी विद्रधि रोग की पीड़ा से शीघ्र मुक्त हो जाता है चावलों के जल के साथ १ तोला पाठे की जड़ पीने से एक मास में असाध्य विद्रधिरोग निश्चय से नष्ट हो जाता है।।२७-२८।।

वृद्धि अथवा अन्त्रवृद्धि रोग

वातारि रस

रसभागो भवेदेको द्विगुणो गंधको मतः।
त्रिभागा त्रिफला ग्राह्या चतुर्भागश्च चित्रकः।।२९।।
गुग्गुलः पंचभागः स्यादेरंडस्नेहमर्दितः।
क्षिप्त्वात्र पूर्वकं चूर्णं पुनस्तेनैव मर्दयेत्।।३०।।
गुटिकां कर्षमात्रां तु भक्षयेत्प्रातरेव हि।
नागरैरण्डमूलानां क्वाथं तदनु पाययेत्।।३१।।
अभ्यज्यैरण्डतैलेन स्वेदयेत्पृष्ठदेशकम्।
विरेके तेन संजाते स्निग्धमुष्णं च भोजयेत्।।३२।।
वातारिसंज्ञको ह्येष रसो निर्वातसेवितः।
मासेन सुखयत्येव ब्रह्मचर्यपुरःसरः।।३३।।

पारा १ भाग, गन्धक २ भाग, गन्धक २ भाग, त्रिफला (हरड, बहेडा और आमला ये तीनों समभाग मिले हुए) ३ भाग, चीता ४ भाग और शुद्ध गूगल ५ भाग लें। प्रथम गूगल को अण्डी के तेल में घोटकर फिर उसमें अन्यान्य औषधियों का चूर्ण डालकर खरल करे। यदि आवश्यकता जान पड़े तो और जरासा तेल डालकर एक २ कर्ष की गोलियाँ बना लें। उनमें से प्रतिदिन प्रातः काल एक २ गोली खिलाकर ऊपर से सोंठ और अण्ड की जड़ का क्वाथ पान करायें। इसके पश्चात् पीठ के ऊपर अण्ड के तेल की मालिश करके सुहाता-सुहाता सेंक करे। इस प्रकार करने से जब रोगी को विरेचन (दस्त) हो जाय और भूख लगे तब उसको स्निग्ध और उष्ण पदार्थों का भोजन करायें। इस वातारि रस को वायुरहित स्थान

में सेवन करे। एक मास पर्यंत ब्रह्मचर्य धारण करके इस रस को सेवन करने से अन्त्रवृद्धि वाला रोगी अवश्य आरोग्य लाभ करता है।।२९-३३।।

सामान्य उपचार

चूर्णं दारुहरिद्राया गवां मूत्रैस्त्रिनिष्ककम्।
चित्रं चिरोत्थितां हंति अंत्रवृद्धिं न संशयः।।३४।।
रसो वतारिनामा यः सोऽत्र देयः पिबेदनु।।३५।।
एरण्डतैलकर्षैकं गवां क्षीरं पलद्वयम्।
अण्डवृद्धिहरं ख्यातं मासमात्रान्न संशयः।।३६।।
विजयागुटिकां रात्रौ स्वल्पमात्रां च भक्षयेत्।
कर्षैकं तिलतैलं च पलैकं चार्द्रकद्रवम्।।
यः पिबेत्प्रातरुत्थाय तस्यांऽतर्वृद्धिहृद्भवेत्।।३७।।
गोमूत्रैरण्डतैलं च छागमांसरसं तथा।
त्रिफलाक्वाथतुल्यांशं तैलशेषं तु पाचयेत्।।
तत्तैलं तु पिबेत्कर्षमंत्रवृद्धिप्रशांतये।।३८।।
दध्यारानज मदिराभातुलुंग रसैः समैः।
ताम्रचूडरसैस्तुल्यं तैलं वा घृतमेव वा।।३९।।
स्नेहशेषं पचेत्सर्वं तत्पिबेदंत्रवृद्धिवृजित्।।४०।।
अंत्रवृद्धिहरं पाने मयूरतित्तिराद्रसम्।
वार्ताकं कुक्कुटं पक्त्वा तद्रसं पानभोजने।।४१।।
योजयेदंत्रवृद्ध्यार्तो शममाप्नोति नान्यथा।।४२।।

दारु हल्दी के १ तोला चूर्ण को गोमूत्र में मिलाकर पान करने से चिरकाल से उत्पन्न हुआ अन्त्रवृद्धि। (अण्डकोषों का फूलना) रोग अवश्य दूर होता है। अथवा उपर्युक्त वातारि रस को सेवन करके ऊपर से २ पल गोदुग्ध में १ तोला अण्डी का तेल मिलाकर पान करे। इस प्रकार इस रस को एक महीने तक सेवन करने से अन्त्रवृद्धि रोग निस्सन्देह नष्ट होता है। अथवा रात्रि में विजयावटी को अल्पमात्रा से भक्षण करे और प्रातः काल में एक कर्ष परिमाण तिल के तेल को एक

पल अदरक के रस में मिलाकर पान करे। यह प्रयोग भी अन्त्रवृद्धि रोग को हरने वाला है। किम्वा गोमूत्र, अण्डी का तेल और बकरे के मांस का रस ये तीनों समान भाग और तीनों की बराबर त्रिफले का क्वाथ लेकर सबको एकत्र मिलाकर पकायें। जब पकते पकते तेल मात्र शेष रह जाय तब उसको उतारकर छान लें। इस तेल को प्रति दिन एक-एक कर्ष परिमाण पान करने से अन्त्रवृद्धि रोग शान्त होता है। या दही, काँजी, मद्य, बिजौरे नींबू का रस और मुर्गे का मांस रस ये सब समान भाग और सब के बराबर तेल अथवा घृत लें और सबको एकत्र करके पकायें। जब पककर तेल अथवा घृतमात्र शेष रह जाय तब उतार कर छान लें। यह तेल या घृत प्रतिदिन एक २ तोला सेवन करने से अन्त्र वृद्धि को दूर करता है। मोर अथवा तीतर का मांस रस पान करना भी अन्त्रवृद्धि में विशेष उपयोगी है। बैंगन और मुर्गे के मांस को एकत्र पकाकर उसके रस को खान पान में व्यवहार करने से अन्त्रवृद्धि रोगी की पीड़ा शीघ्र शमन होती है। इन उपचारों के न करने से इस रोग से मुक्त होना दुर्लभ है।।३४-४२।।

गुल्मरोग

उद्गारबाहुल्यपुरीषबंधतृप्त्यक्षत्वांत्र-
विकूजनानि। आटोपमाध्मानमपक्त्य-
शक्तिरासन्नगुल्मस्य वदंति चिह्नम्।।४३।।

गुल्मरोग के उत्पन्न होने से पहले निम्नलिखित लक्षण होते हैं, जैसे—अधिक डकारों का आना, मलबद्धता का होना, भूख का न लगना, अरुचि का होना, असमर्थता का होना, पेट में आँतों का कूजना (अर्थात् गुडगुड शब्द का होना), पेट का अफरना या फूलना, अपान वायु का अवरोध होना, मन्दाग्नि, भोजन का न पचना और बल का ह्रास होना इत्यादि।।४३।।

गन्धकादिपोटलीरस

गंधकं तालकं ताप्यं शिलाह्वं पिप्पलीकृते।
कषाये भावयेत्स्नुह्याः क्षीरे मूत्रे च सप्तशः।।४४।।

निष्कार्धमस्याः पोटल्याः स्यादर्धसाज्यमाक्षिकम्।
प्रयोज्यं सयकृत्प्लीह्नि पंचकोलपलाशिना॥४५॥
वर्षा भूः कारवी शौंडी सूची चव्यवचाऽसनम्।
तिलाक्षियुतमाबाणानिशाकर्कंधुसूकरी॥
रक्तागस्त्येंदुरेखाब्दनीलज्योतिरयोमृतम्॥४६॥
वल्कलं बहुवल्लर्याः कृष्णकांबोजिकाफलम्।
गवाक्षीरजनीकृष्णा निंबवेल्लकटिल्लकम्॥४७॥
मानिकांशं पृथक् क्षुण्णं तुल्यं भूशर्कराघृतम्।
त्रिफलाबीजतैलेन भावितं कर्षसंमितम्॥४८॥
प्राह्ले घृतेन मध्याह्ले गुडेन मधुना निशि।
पादं पादार्धमात्रं पोटल्याश्च रजो भवेत्॥४९॥
हैयंगवीनशाल्यत्रकृष्णगोक्षीरवर्तिनः।
एवं वर्षत्रयं कुर्वन्यस्याद्वलीपलितोज्झितः॥५०॥
प्रत्यहं मंडलं खादेत्पथ्यं त्यक्त्वा ततः परम्।
इच्छाहारबिहारी च सहस्त्रायुर्भवेन्नरः॥५१॥

गन्धक, हरताल, सोनामाखी और मैनसिल इन चारों को समान भाग लेकर पीपल के क्वाथ, थूहर के दूध और गोमूत्र में क्रम से सात सात बार भावना देकर सुखा लें। फिर बारीक चूर्ण करके रख ले। इस पोटली रस को दो-दो मासे परिमाण प्रतिदिन दो-दो मासे घृत और शहद में मिलाकर सेवन करे और ऊपर से पंचकोल तथा ढाक की हरी छाल का क्वाथ पान करे। यह प्रयोग-यकृत विकार और प्लीहारोग से युक्त गुल्मरोग में विशेष उपकार करता है। इसके अतिरिक्त यह रस निम्नलिखित औषधियों के अनुपान के साथ सेवन किया जा सकता है। जैसे पुनर्नवा, काला जीरा, पीपल, दाभ की जड़, चव्य, वच, विजयसार, तिलसहित तिलों की अक्षि (जिसमें से तिल निकलते हैं वे छिल्के) सरफोंका हल्दी, बेर, बाराही कन्द लाल अगस्त, सोमलता, सुगन्धवाला, नीलकान्तिवाले लोह की भस्म, शतावर की छाल, काली चोंटली, इन्द्रायन की जड़,

हल्दी, पीपल, नीम की छाल, वायविडङ्ग और करेला ये सब औषधियाँ एक-एक सेर परिमाण लेकर सबको एकत्र कूट पीसकर बारीक चूर्ण कर लें। फिर उस चूर्ण को समान भाग मानकन्द के घृत में मिलाकर त्रिफले के द्वारा सिद्ध किये हुए तेल में भावना दें। इस प्रकार तैयार की हुई यह औषध एक तोला और गन्धकपोटलीरस २ मासे अथवा ४ मासे दोनों को प्रतिदिन प्रातः काल में तो घृत के साथ सेवन करे, मध्याह्नकाल में गुड़ के साथ और रात्रि में उपर्युक्त मात्रा से ही मधु के साथ सेवन करे। इस पर मक्खन शालिधानों का भात, काली गाय का दूध आदि स्निग्ध पदार्थों का पथ्य सेवन करता हुआ मनुष्य यदि इस औषध को ३ वर्ष तक बराबर भक्षण करे तो बलीपलित आदि रोगों से मुक्त हो जाता है। किसी भी रोग को निवारण करने के लिए यह औषधि ४० दिन तक बराबर सेवन करे और तभी तक पथ्य भी रक्खे। फिर पथ्य को छोड़कर यथेच्छ रूप से आहार विहार करे। इस रस को निरन्तर सेवन करने वाला मनुष्य १००० वर्ष तक जीवित रह सकता है।।४४-५१।।

वंगेश्वर रस

भस्मसूंत वंगभस्म पलैकैकं प्रकल्पयेत्।
गन्धकं मृतताम्रं च प्रत्येक च पलं पलम्।।५२।।
अर्कक्षीरौदन मर्द्यं सर्वं तद्गोलकीकृतम्।
रूद्ध्वा तद्भूधरे पाच्यं पुटकैन समुद्धरेत्।।५३।।
एष वगेश्वरो नाम प्लीहगुल्मोदरापहः।।५४।।
घृतैर्गुंजाद्वयं लेह्यं निष्कं श्वेतपुनर्नवा।
गवां मूत्रैः पिबेच्चानु रजनीं वा गवां जलैः।।५५।।

पारे की भस्म, बंगभस्म, गन्धक और ताम्रभस्म ये प्रत्येक औषधि चार २ तोले परिमाण लेकर सबको आक के दूध में एक दिन तक खरल करके गोला बना लें। उसको शरावसम्पुट बन्द करके कपरौटी कर मधुरयन्त्र में पकावे। स्वांगशीतल होने पर गोले को निकालकर बारीक चूर्ण कर लें। इस रस को दो २ रत्ती परिमाण लेकर प्रतिदिन घृत में

मिलाकर सेवन करे और ऊपर से श्वेतपुनर्नवा की ४ मासे जड़ को या हल्दी का गोमूत्र में पीसकर अनुपान करे। इस रस के सेवन से प्लीहा, गुल्म और उदरसम्बन्ध्री समस्त रोग दूर होते हैं।।५२-५५।।

शिखिवाडवरस

मारितं सूतताम्राभ्रं गंधकं माक्षिकं समम्।
मर्दयित्वार्द्रकद्रावैर्यवक्षारयुतैर्दिनम्।।५६।।
त्रिगुंजं भक्षयेन्नित्यं नागवल्लीदलेन च।
वातगुल्महरः ख्यातो रसोयं शिखिवाडवः।।५७।।
विडंगं दाडिम हिंगुसैंधवैलासुवर्चलम्।
मातुलुंगरसैः पिष्टा कर्षैकं सुरया सह।। ५८।।
वातगुल्महरं देयमनुपानं सुखावहम्।।५९।।

पारदभस्म, ताम्रभस्म, गन्धक और सोनामाखी की भस्म, इन सबको समान भाग लेकर अदरक के रस में जवाखार डालकर उसके साथ एक दिन तक खरल करे। फिर सुखाकर बारीक चूर्ण करके कपडछान कर लें। इस रस को प्रतिदिन तीन-तीन रत्ती परिमाण पान में रंखकर सेवन करे। यह शिखिवाडव रस वातगुल्म को नष्ट करने के लिए अत्यन्त प्रसिद्ध है। इस रस को सेवन करने के पश्चात् वायविडङ्ग दाडिमी, हींग, सैंधानमक, इलाइची और कालानमक इन सबको समान भाग लेकर बिजौरे नींबू के रस में खरल करके उस कल्क को एक २ तोला परिमाण लेकर कुमार्यासव के साथ सेवन करे। वातगुल्म को हरने के लिए इस अनुपान का देना अत्यन्त हितकर है।।५६-५९।।

दीप्तामररस

शुद्धं सूतं समं गंधं सूतांशं मृतताम्रकम्।
शाकवृक्षोत्थपंचांगद्रवैर्मर्द्यं दिनत्रयम्।।६०।।
दिनं सार्पाक्षिजैर्द्रावै रूद्ध्वा गजपुटे पचेत्।
पंचधा भूधरे चाथ चूर्णं जेपालतुल्यकम्।।६१।।

द्विगुंजं भक्षयेच्चाज्यैः पित्तगुल्मप्रशांतये।
द्राक्षाहरीतकी क्वाथमनुपानं प्रकल्पयेत्॥
रसो दीप्तामरो नाम पित्तगुल्मं नियच्छति॥६२॥

शुद्ध पारा, गन्धक और ताम्रभस्म तीनों को समान भाग लेकर सागौन वृक्ष के पंचाग के काढ़े में ३ दिन तक खरल करे। फिर एक दिन नकुलबन्द के रस में घोटकर गोला बना लें। उसको शरावसम्पुट में बन्द करके गजपुट में पकावे। इसी प्रकार नकुलबन्द के रस में घोट घोटकर पाँच बार भूधरपुट दें। स्वाँगशीतल होने पर गोले को निकालकर बारीक चूर्ण कर ले। उसमें समान भाग जमालगोटों का चूर्ण मिलाकर खूब बारीक खरल कर ले। यह रस पित्तजन्य गुल्म को शमन करने के लिए अत्यन्त उपयोगी है। इसकी दो-दो रत्ती की मात्रा से घृत में मिलाकर भक्षण करे। और दाख तथा हरड़ के क्वाथ का अनुपान करे। यह दीप्तामर रस पित्त गुल्म को अवश्य दूर करता है।६०-६२॥

विद्याधररस

गंधकं तालकं ताप्यं मृतताम्रं मनः शिलाम्।
शुद्धं सूतं च तुल्यांशं मर्दयेद्द्रावयेद्दिनम्॥६३॥
पिप्पल्यास्तु कषायेण भावयेत्स्नुग्भवेन च।
निष्कार्धं भक्षयेत्क्षौद्रैर्गुल्मं प्लीहं विनाशयेत्॥६४॥
रसो विद्याधरो नाम गोमूत्रं च पिबेदनु॥६५॥

गन्धक, हरताल, सोनामाखी, ताम्रभस्म, मैनसिल और शुद्ध पारा सबको समान भाग लेकर पीपल के काढ़े में एक दिन तक मर्दन करे। फिर थूहर के दूध में एक दिन भावना दें तो यह विद्याधर रस सिद्ध होता है। इस रस को प्रतिदिन दो २ मासे परिमाण शहद में मिलाकर सेवन करने से गुल्म और प्लीहा रोग दूर होता है। इसके ऊपर गोमूत्र का अनुपान करना चाहिये।॥६३-६५॥

रक्तोदरकुठार रस

पारदं शिखितुत्थं च जैपालं पिप्पली समम्।

आरग्वधफलान्मज्जा वज्रीदुग्धेन भावयेत्॥
सूक्ष्ममात्रां वटीं खादेत्स्त्रीणां हन्याज्जलोदरम्॥६६॥
चिंचाफलरसं चानु पथ्यं दध्योदनं हितम्।
रक्तोदरकुठारोपि कठिनं रेचयत्ययम्॥६७॥

शोधित पारा, नीलाथोथा, जमालगोटा, पीपल और अमलतास की फली का गूदा इन सबको समान भाग लेकर थूहर के दूध में खरल करके छोटी छोटी गोलियाँ बना लें। इन गोलियों को नियम पूर्वक सेवन करने से स्त्रियों का जलोदर रोग नष्ट होता है। इस पर इमली के रस का अनुपान और दही-भात का पथ्य सेवन करना उपयोगी है। जब पेट में रक्त जम गया हो या रक्तगुल्म हो तो इस रस को उपयुक्त मात्रा से सेवन करायें। यह रस अत्यन्त तीक्ष्ण विरेचन के द्वारा उस रक्त को निकालकर पेट को साफ कर देता है॥६६-६७॥

वैश्वानररस

विष्णुक्रांता च जैपालं लांगली सुरदालिका।
यवचिंचाम्बुसारेण तासां द्विगुणगंधकम्॥६८॥
पक्षं विमर्दितं सूतं स्वेदयेन्मृदुनाऽग्निना।
गुल्मे गुंजात्रयं चास्य सोष्णां बुघृतसैंधवम्॥६९॥
वातजे कफजे लिह्यान्मध्वार्द्रकसमन्वितम्।
ससितामाक्षिकं पैत्ते सोऽय वैश्वानरो रसः॥७०॥

विष्णुक्रान्ता, जमालगोटा, कलिहारी और देवदाली लता ये प्रत्येक औषधि एक-एक तोला और सबसे दुगुनी गन्धक और गन्धक की बराबर पारा लेकर प्रथम दोनों की कज्जली कर लें फिर उस कज्जली में अन्याय औषधियों के चूर्ण को मिलाकर जौ, पकी हुई इमली और सुगन्धवाला इनके क्वाथ में १५ दिन तक खरल करे। इसके पश्चात् उसका गोला बनाकर उसको मन्द मन्द अग्नि के द्वारा कुक्कुट पुट दें। स्वांगशीतल होने पर औषधि को निकालकर बारीक चूर्ण कर लें। इस रस को तीन-तीन रत्ती की मात्रा से सेवन करे। वातजनित गुल्म में यह

रस-घृत और सैंधे नमक में मिलाकर भक्षण करे और ऊपर से मन्दोष्ण जल का अनुपान करे, कफजन्य गुल्म रोग में मधु और अदरक के रस के साथ सेवन करे और पित्तजनित गुल्म में मिश्री और मधु के साथ सेवन करे।।६८-७०।।

अग्निकुमाररस

जैपालगंधाश्मरसत्रयाणां फलत्रयस्यापि कटुत्रयस्य।
मूत्रे गवां षोडशभागमाने भागान्नवैकत्र दिनत्रयं च।।७१।।
विमर्द्य तेषां बदरप्रमाणां बद्ध्वा वटीमुष्णजलानुपानात्।
एकात्र युक्ता सहसा निहंति सा रेचयित्वा मलजालमादौ।।७२।।
गुल्मं यकृत्पाण्डुविबंधशूलं मांद्यं ज्वरं चाथ जलोदरं च।
अग्नेः कुमारः सहसा निहन्यादुद्दीपितो दीप इवांधकारम्।।७३।।

अग्निकुमार रस

जमालगोटे, गन्धक, पारा, हरड, बहेडा, आमला, सोंठ, मिर्च और पीपल, प्रत्येक औषधि का चूर्ण एक-एक तोला लेकर सबको एकत्र मिला लें, फिर उसको १६ तोले गोमूत्र में तीन दिन तक खरल करके छोटे बेर की बराबर गोलियाँ बना लें। उनमें से प्रतिदिन एक एक गोली मन्दोष्ण जल के साथ सेवन करे। ये गोलियाँ प्रथम विरेचन के द्वारा संचित मल को एकदम बाहर निकाल फेंकती हैं, फिर शीघ्र ही गुल्म, यकृत, पाडुरोग, मलबद्धता, शूल, मन्दाग्नि, ज्वर, और जलोदर इन सब व्याधियों को नष्ट कर देती हैं। यह रस इन रोगों का इस प्रकार तत्काल नष्ट करता है, जैसे प्रज्वलित दीपक अन्धकार को सहसा विनाश कर देता है।।७१-७३।।

सर्वांगसुंदररस

शुद्धमभ्रं रसं गधं मेलयित्वा समांशकम्।
तालमूलीरसैर्मर्द्यं कल्कं संपादयेच्छुभम्।।७४।।
तत्कल्कं कूपिकामध्ये कृत्वा वक्त्रं निरुंधयेत्।
खटिन्या मुखमाच्छाद्य मृदा खर्परसंज्ञया।।७५।।

कूपिकां लेपयेत्सर्वां शोषयेदातपे खरे।
कूपिकां भूमिगर्तायां कृत्वा तां पुटयेत्ततः॥७६॥
कूपिकां मर्दयेत्कृत्स्नां खटिन्या सह संयुताम्।
त्रिभिः क्षारैस्तु तच्चूर्णं पंचभिर्लवणैस्तथा॥७७॥
त्र्यूषणं त्रिफला हिंगु पुरमिंद्रयवास्तथा।
गुंजाकिनी तथा चित्रमजमोदा यवानिका॥७८॥
एतानि समभागानि समादाय विचूर्णयेत्।
योजयेत्सह सूतेन ततः सिद्ध्यति सूतकः॥७९॥
सिद्धसूतस्य पर्णेन माषं सर्वरुजापहम्।
भक्षयेत्प्रातरुत्थाय रसःसर्वांगसुंदरः॥८०॥
उष्णोदकानुपानं तु पाययेच्चुलुकद्वयम्।
भक्षयेदेकवारं तु द्विवारं न कथंचन॥८१॥
दिनमध्ये वारमेकं दातव्यो भिषजा रसः।
शीतोदकं सकृद्देयं तृडभावेप्यहर्निशम्॥८२॥
भोजने वर्जयेत्तत्र शाकाम्लं द्विदलं तथा।
तैलाभ्यंगं ब्रह्मचर्यं वर्जयेच्छयनं दिवा॥८३॥
हितं तत्सेवयेत्पथ्यमहितं च विवर्जयेत्।
अनेनैव प्रकारेण योजयेत्प्रतिवासरम्॥८४॥
यस्त्वचेतनतां याति सन्निपाती कथंचन।
तस्य नातिप्रयोक्तव्यो रसो यत्नाद्भिषग्वरैः॥८५॥
देवाग्निऋषिविप्रांश्च कुमारीयो[illegible]नीगणान्।
पूजयित्वा यथाशक्त्या सेव्यः प्राणेश्वरो रसः॥८६॥
गुल्मं चाष्टविधं वातं शूलं च परिणामजम्।
सन्निपातज्वरं चैव प्लीहानमपकर्षति॥८७॥

कामलां पाण्डुरोगं च मंदाग्निं ग्रहणीं तथा।
शिववत्सेवितो हंति रसः प्राणेश्वरस्त्वयम्॥८८॥

शुद्ध अभ्रक, पारा और तीनों को समान भाग लेकर मुसली के रस में खरल करके कल्क कर लें। उस कल्क को आतशी शीशी में भरकर खड़िया मिट्टी से शीशी का मुँह बन्द कर दें और खीपरों की मिट्टी के द्वारा कपरौटी करके तीक्ष्ण धूप में सुखा लें। फिर जमीन में एक गड्ढा खोदकर उसमें शीशी को रखकर यथाविधि भूधरपुट देवे। स्वांगशीतल होने पर शीशी को फोड़कर उसमें से रस को निकाल लें उस रस में जवाखार, सज्जी, सुहागा, पाँचों नमक, त्रिकुटा, त्रिफला, हींग, गूगल, इन्द्रजौ, घुंघुची, चीता, अजमोद और अजवायन, इन सब औषधियों के समान भाग चूर्ण को मिलाकर खूब बारीक खरल करे। इस प्रकार यह सर्वांङ्गसुन्दर रस सिद्ध होता है। यह सम्पूर्ण रोगों का नाश करने वाला है। इसको प्रतिदिन प्रातः काल एक-एक मासे परिमाण पान में रखकर सेवन करे और ऊपर से दो चुल्लू उष्ण जल का अनुपान करे। इसको दिन भर में केवल एक बार ही भक्षण करे, दुबारा कदापि सेवन न करे। इस रस को सेवन करने के पश्चात् तृषा न लगने पर भी रोगी को दिन रात में एक बार शीतल जल अवश्य पान करायें। इस पर भोजन में शाक, अम्लपदार्थ और दो दल वाले अन्न (दाल) तथा दिन में शयन करना इस सबको त्याग देना चाहिये। एवं शरीर में तेल की मालिश करना, ब्रह्मचर्य को धारण करना, हितकर पदार्थों का आहार विहार और अहितकारी पदार्थों का परित्याग करना चाहिये। इसी क्रम से प्रतिदिन इस रस को और पथ्यापथ्य का व्यवहार करे। जो सन्निपात रोगी कदाचित् बेहोश हो जाय तो उसको यह रस अधिक मात्रा में नहीं देना चाहिये देवता, अग्नि, ऋषि, ब्राह्मण, कन्या, योगिनी और रुद्रगण आदि का यथा शक्ति पूजन करके इस रस को सेवन करे तो प्राणों की रक्षा होती है। यह रस यथाविधि सेवन करने से आठों प्रकार के गुल्म, वातरोग, शूल, परिणाम शूल, सन्निपात ज्वर, प्लीहा, कामला, पाण्डुरोग, मन्दाग्नि, संग्रहणी आदि व्याधियों को शीघ्र नष्ट करता है जिस प्रकार शंकर भगवान्

की सेवा करने वाला मनुष्य सम्पूर्ण सांसारिक दुःखों से मुक्त हो जाता है। उसी प्रकार यह रस प्राणों की रक्षा करता है॥७४-८८॥

गुल्मनाशन रस

गंधकं रसतुल्यं च द्विभागः सैंधवस्य च।
त्रिभागं टंकणं प्रोक्तं चतुर्भागं च तुत्थकम्॥८९॥
पंचमं तु वराटं स्यात्षड्भागं शंखमेव च।
वह्निमूलकषायेण चिरबिल्वरसेन च॥
आर्द्रकस्य रसेनात्र प्रत्येकं तु पुटत्रयम्॥९०॥
तत्समं मारिचं चूर्णं शाणार्धं भक्षयेन्नरः
पंचगुल्मं क्षयं श्वासं मंदाग्निं चाशु नाशयेत्॥९१॥

गन्धक और पारा दोनों को एक २ भाग लेकर कज्जली कर लें। फिर सैंधा नमक २ भाग, सुहागा ३ भाग, शुद्ध तूतीया ४ भाग, कौडी की भस्म ५ भाग और शंख भस्म ६ भाग लेकर सबको एकत्र मिलाकर चीते की जड़ के काढ़े में खरल करके तीन बार कुक्कुटपुट दें। फिर करंज के रस में प्रत्येक बार घोंटकर ३ कुक्कुटपुट देवे। पश्चात् अदरक के रस में घोटकर ३ कुक्कुट पुट दें। पश्चात् अदरक के रस में घोटकर ३ बार कुक्कुट पुट दें। स्वांगशीतल होने पर औषधि को निकालकर उसमें समान भाग मिर्चों का चूर्ण डालकर खरल कर लें। इस रस को प्रतिदिन दो मासे परिमाण जल के साथ सेवन करे। यह पाँच प्रकार के गुल्म, क्षय, श्वास, खाँसी, मन्दाग्नि आदि रोगों को शीघ्र दूर करता है॥८९-९१॥

सामान्य उपाय

पंचांगदेवदाल्यास्तु चूर्णकर्षं शिवांबुना।
मासमात्रं पिबेद्यस्तु प्लीहा तस्य करोति किम्॥९२॥
लवणं रजनी राजी प्रत्येकं पलपंचकम्।
चूर्णितं निक्षिपेद्भाण्डे शततक्रपलान्विते॥९३॥
त्रिदिनं मुद्रितं रक्षेत्पश्चात्पंचपलं सदा।
पित्वा विनाशयेत्प्लीहं त्रिसप्ताहान्न संशयः॥९४॥

समूलपत्रमेरण्डं रुद्ध्व भाण्डे पुटे पचेत्।
तत्कर्षं पलगोमूत्रैः पीतं प्लीहविनाशनम्॥९५॥
शरपुंख्यर्कयोर्मूलं चिरं दंतैश्च चर्वितम्।
गिलितं नाशायेत्प्लीहं यवागूपानमाचरेत्॥९६॥
वज्रक्षारं तु कर्षैकं भक्ष्यं प्लीहविनाशनम्।
कांजनीमूलचूर्णं वा निष्क्रमात्रं सदा पिबेत्॥
सुरया कांजिकैर्वाऽथ हंति प्लीहं चिरंतनम्॥९७॥
प्लीहानां पृष्ठदेशे तु रक्तस्त्रावं च कारयेत्।
अर्कक्षीरं ससिंधूत्थं क्षिपेत्तत्र रुजापहम्॥९८॥
तिलक्वाथो गुडं चाज्यं व्योषं भार्ङ्गीरजोन्वितम्।
पानं रक्तभवे गुल्मे नष्टपुष्पे तु योषितः॥९९॥
देवदारुकणा भार्ङ्गी शुंठी करंजवल्कलम्॥१००॥
चूर्णं तिलानां क्वाथेन रक्तगुल्महरं भवेत॥१०१॥

यदि मनुष्य देवदालीलता (वंदाल) के पञ्चाङ्ग के चूर्ण को प्रतिदिन एक एक तोला परिमाण लेकर हरड के काढ़े के साथ एक महीने तक सेवन करे तो प्लीहा उसका कुछ भी अनिष्ट नहीं कर सकती और शीघ्र शान्त हो जाती है अथवा समुद्र नमक, हल्दी और राई प्रत्येक को पाँच-पाँच पल लेकर चूर्ण करके एक घड़े में भर दें और उसमें १०० पल तक्र (छाछ) डाल दें। फिर मुँह को ढककर और मिट्टी से ल्हेसकर तीन दिन तक रखा रहने दें। चौथे दिन से उस तक्र को प्रतिदिन पाँच-पाँच पल परिमाण पान करे तो एक सप्ताह में प्लीहारोग निस्सन्देह दूर हो जाता है। या अण्ड की जड़ और पत्तों को एक हाँडी में बन्द करके भाण्ड पुट की विधि से पकाकर भस्म कर ले। उस भस्म को एक-एक तोला परिमाण लेकर एक पल गोमूत्र के साथ पान करने से प्लीहा रोग नष्ट होता है। किम्वा सरफोंका और आक की जड़ को बहुत देर तक दाँतों से चाब चाब कर उनके रस को पान करे या उक्त दोनों ज़ड़ों के रस की यबागू बनाकर सेवन करे तो प्लीहा रोग नाश होता है।

अथवा वज्रक्षार को एक-एक तोला प्रतिदिन सेवन करे या कचनार की जड़ के चूर्ण को चार-चार मासे लेकर प्रतिदिन मद्य अथवा काँजी में मिलाकर सेवन करे तो बहुत दिनों का पुराना प्लीहा रोग भी नष्ट हो जाता है। प्लीहा (तिल्लीवाले) रोगियों की पीठ में फस्त खुलवाकर रक्त निकलवावे और उस स्थान में सैंधे नमक को आक के दूध में पीसकर भर दें तो पीड़ा कर भर दे तो पीड़ा सहित प्लीहा रोग दूर होता है। त्रिकुटा और भारंगी के समान भाग चूर्ण को तिलों के काढ़े में अथवा गुड और घृत में मिलाकर पान करने से स्त्रियों के रक्तगुल्म में और नष्ट आर्त्तव में विशेष प्रकार का होता है। देवदार, पीपल, भारंगी, सोंठ, और करंज की छाल इन औषधियों के समान भाग लेकर चूर्ण कर तिलों के काढे के साथ पान करने से रक्तज गुल्मरोग नष्ट होना है। ।।९२-१०१।।

शूलरोग

अग्निमुख रस

मृतसूताभ्रकं ताम्रं गंधकं चाम्लवेतसम्।
विषं फलत्रयं तुल्यं सर्वं मर्द्यं दिनावधि।।१०२।।
विषमुष्टिर्जया वासा विजया रक्तशाकिनी।
बृहती च महाराष्ट्री धत्तूरः पद्मपत्रकः।।१०३।।
नागवल्ली शमी जंबूभाव्यमेभिर्द्रवैस्त्र्यहम्।
समांशं पंचलवणं दत्त्वाऽऽर्द्रकरसेन च।।१०४।।
दिनं पेष्यं ततः कुर्याद्वटिकां चणमात्रकाम्।
भक्षयेद्वातशूलार्तः सोऽयमग्निमुखो रसः।।१०५।।
हरितकी प्रतिविषा हिंगु सौवर्चलं वचा।
कलिंगेंद्रयवास्तुल्यं पाययेदुष्णवारिणा।।१०६।।
कर्षैकमनुपानं स्याद्वातशूलहरं परम्।
चिंचाक्षारं जलैः पीतं शूलं शांतिमवाप्नुयात्।।१०७।।

पारे की भस्म, अभ्रक भस्म, ताम्र भस्म, गन्धक, अमलबेत, शुद्ध वत्सनाभ और त्रिफला इन सबको समान भाग लेकर एक दिन तक

खरल करे। फिर कुचला, अरणी, अडूसा, भाँग, लाल शाकिनी, बड़ी कटेरी, जलपीपल, धतूरा, कमल के पत्ते पान, छौंकर वृक्ष के पते और जामुन के पत्ते इन प्रत्येक के रस में उक्त चूर्ण को क्रम से तीन-तीन दिन तक भावना दें। फिर समान भाग मिश्रित पांचों नमकों को अदरक के रस में डालकर उसके साथ एक दिन खरल करके चने की बराबर गोलियां बना लें। वातजनित शूल रोगी को इस रस की एक गोली सेवन कराकर ऊपर से हरड अतीस, हींग, काला नमक, वच, मीठा इन्द्रजौ और कडवा इन्द्रजौ इन सबके समान भाग चूर्ण को १ तोला परिमाण लेकर मन्दोष्ण जल के साथ सेवन करायें। यह रस वातज शूल को नष्ट करने के लिये परमोपयोगी है। इसके अतिरिक्त इस रस के ऊपर इमली के खार को जल के साथ पान करने से भी शूल रोग शान्त होता है।।१०२-१०७।।

त्रिनेत्ररसः

खण्डितं हारिणं श्रृंगं स्वंर्णं शुल्वं मृत रसम्।
दिनैकं चार्द्रकद्रावैर्मर्द्यं रुद्ध्वा पचेत्पुटे।।
त्रिनेत्राख्यो रसः सोयं माषं मध्वाज्यकैर्लिहेत्।।१०८।।
सधवं जीरकं हिंगु मध्वाज्याभ्यां लिहेदनु।
पक्तिशूलहरं ख्यातं मासमात्रान्न संशयः।।१०९।।
टंकणं मूर्छितं सूतं यवक्षारं समं समम्।
चूर्णितं भक्षयेन्माषं मधुना पक्तिशूलनुत्।।११०।।
जंबूमांसाज्ययोर्यूषमनुपानं पिबेत्सदा।।१११।।

हिरन के सींगका चूर्ण, सुवर्णभस्म, ताम्रभस्म और पारदभस्म चारों को समान भाग लेकर एक दिन तक अदरक के रस में खरल करके कुक्कुट पुट दें। इस प्रकार यह त्रिनेत्ररस सिद्ध होता है। इसको प्रतिदिन एक-एक मासा परिमाण मधु और घृत में मिलाकर सेवन करे। ऊपर से सैंधा नमक, जीरा और हींग इनके समान भाग चूर्ण को शहद और घी में मिलाकर अनुपान करे। इस विधि से इस रस को एक महीने तक सेवन करने से परिणाम शूल अवश्य नष्ट होता है। अथवा सुहागा, पारे की भस्म और जवाखार तीनों को समान भाग लेकर एकत्र चूर्ण करके

एक-एक मासा परिमाण, शहद में मिलाकर अनुपान रूप से सेवन करे। या गीदड के मांस का यूष और घृत का अनुपान करे तो परिणाम शूल शान्त होता है।।१०८-१११।।

चिन्तामणि रस

सूतेन गंधं द्विगुणं विमर्द्य कोरंट-
निंबूत्थरसैर्दिनं तत्। चिंचोद्भवक्षार-
रसेन चैकं दिनं च गोलं रविसंपुटस्थम्॥११२॥
लिप्त्वा मृदा शुष्कमतीव कृत्वा सामुद्र-
यत्रेण पुटं ददीत। उद्धृत्य शीत रसपाद-
भागं प्रक्षिप्य गंधं विपचेन्मनाक् च॥११३॥
विषं च दत्त्वा रसपादभागं लोहस्य
पात्रेऽथ कृशानुतोयः। रसस्तु चिंता-
मणिरेष उक्तो वातारितैलेन समाक्षिकेण॥११४॥
वल्लेन मानं प्रददीत चाम्लं तैलं च
शीतं परिवर्जयेच्च। हंति गुल्मं सहा-
ध्मानं तूनीं प्रतितुनीमपि॥११५॥

पारा १ भाग और गन्धक २ भाग लेकर दोनों की कज्जली कर लें। फिर उसको पीली कटसरैया का क्वाथ नींबू का रस और इमली के खार का रस इन प्रत्येक क्रमशः एक-एक दिन तक खरल करके गोला बना लें। उस गोले को ताँबे के सम्पुट में बन्द करके कपरौटी कर सुखा लें। उस सम्पुट को लवण यन्त्र में रखकर ९ घंटे तक अग्नि दें। स्वांगशीतल होने पर रस को निकालकर उसमें चौथाई भाग शुद्ध गन्धक मिलाकर कुछ देर तक पकायें। इसके पश्चात् उस रस को लोहे के खरल में डालकर उसमें चौथाई भाग शुद्ध वत्सनाभ मिला कर चीते के रस के साथ घोटे और कुछ देर पकाकर बारीक चूर्ण कर लें। इसको चिन्तामणि रस कहते हैं। इसको एक-एक रत्ती परिमाण लेकर अण्डी के तेल और शहद के साथ देना चाहिये। एवं तैल, अम्लपदार्थ और शीतल पदार्थों का

परित्याग करना चाहिये। यह रस-गुल्म, अफरा, तूनी और प्रतूनी रोग को नष्ट करता है॥११२-११५॥

शूलकेशरी रस

शुद्धं सूतं द्विधा गंधं यामैकं मर्दयेद्दृढम्।
द्वयोस्तुल्यं शुद्धताम्रसंपुटे तन्निरोधयेत्॥११६॥
ऊर्ध्वाधो लवणं दत्त्वा मृद्भाण्डे धारयेद्भिषक्।
रुद्ध्वा गजपुटे पाच्यं स्वांगशीतं समुद्धरेत्॥११७॥
संपुटं चूर्णयेत्कृत्स्नं पर्णखण्डे द्विगुंजकम्॥
भक्षयेत्सर्वशूलार्तो हिंगु शुंठीं च जीरकम्॥११८॥
वचां मरिचकं चूर्ण्य कर्षमुष्णजलैः पिबेत्।
असाध्यं नाशयेच्छूलं रसोऽयं शूलकेसरी॥११९॥

शुद्ध पारा १ भाग और शुद्ध गन्धक २ भाग दोनों की कज्जली करके उसको एक प्रहर तक खरल करे। फिर कज्जली की बराबर शुद्ध ताम्र का सम्पुट बनवाकर उसमें कज्जली को भर देवे और सम्पुट को उत्तम प्रकार से बन्द करके कपरौटी कर सुखलावे। फिर उसको एक हाँडी में रखकर उसके नीचे, ऊपर समुद्र नमक भर देवे और हाँडी का मुँह बन्द करके गज पुट में पकायें। स्वांगशीतल होने पर सम्पुट को निकाल कर उसका खूब बारीक चूर्ण करके शीशी में भरकर रख दें। इस रस को प्रतिदिन दो रत्ती परिमाण पान में रखकर सेवन करे और ऊपर से हींग, सोंठ, जीरा, वच और मिर्चों को समान भाग लेकर चूर्ण करके उसमें में से एक २ तोला उष्ण जल के साथ सेवन करे तो सब प्रकार का शूल रोग दूर होता है। यह रस असाध्य शूल को भी शीघ्र विनाश कर देता है॥११६-११९॥

मृतोत्थापन रस

अभ्रं ताम्रं तथा लोहं प्रत्येकं मारितं पलम्।
सुसंस्कृतं सर्वमेतद्गुह्णीयात्कुशलो भिषक्॥१२०॥
आज्ये पलद्वादशके दुग्धे तत्स्वरसंख्यके।
पक्त्वा तत्र क्षिपेच्चूर्णं सुपूतं घनतंतुना॥१२१॥

विडंगत्रिफलावह्नित्रिकटूनां तथैव च।
पिष्ट्वा पलोन्मितानेतान्यथासंमिश्रतां नयेत्॥१२२॥
ततः पिष्ट्वाशुभे भांडे स्थापयेत्तद्विचक्षणः।
आत्मनः शोभने चाह्नि पूजयित्वागुरुं रविम्॥१२३॥
घृतेन मधुना मद्यैः पाययेन्माषकादिकम्।
अष्टौ माषान्क्रमेणैव वर्धयेत्तत्समाहितः॥१२४॥
अनुपानं च दुग्धेन नारिकेलोदकेन वा।
जीर्णं शर्करशाल्यन्नमुद्गमांसरसादयः॥१२५॥
रसपानाऽविरुद्धानि द्रव्याण्यन्यानि योजयेत्।
हृच्छूलं पार्श्वशूलं च आमवातं कटिग्रहम्॥१२६॥
गुल्मशूलं शिरःशूलं यकृत्प्लीहानमेव च।
अग्निमांद्यं क्षयं कुष्ठं कासंश्वासं विचर्चिकाम्॥
अश्मरीं मूत्रकृच्छ्रं च योगेनानेन साधयेत्॥१२७॥

उत्तम प्रकार से संस्कार करके भस्म किया हुआ अभ्रक, ताँबा और लोहा प्रत्येक को एक-एक पल लेकर १२ पल घृत और १२ पल दूध में मिलाकर लोहे की कढ़ाई में पकायें। पकते पकते जब सब दूध जल जाय और घृत मात्र शेष रह जाय तब नीचे उतार कर उसमें वायविडंग, त्रिफला, चीता और त्रिकुटा इन सबको चार-चार तोले लेकर कूट पीसकर कपड़े में छान करके डाल दें, फिर खूब बारीक खरल करके शीशी में भरकर रख दें। प्रथम शुभ दिन में अपने गुरु और सूर्य देव का पूजन करके वैद्य इस रस को पहले दिन एक मासा क्रम से परिमाण, घृत, मधु अथवा आसव के साथ सेवन करायें। फिर क्रम से प्रतिदिन एक-एक मासे की मात्रा बढ़ाकर ८ मासे की मात्रा तक दें इसके पश्चात् यथेष्छ मात्रा से इस रस को सदैव सेवन करे और दूध अथवा नारियल के जल का अनुपान करे। औषधि के जीर्ण हो जाने पर खाँड मिलाकर शालि चावलों का भात, मूँग का यूष और मांस रस आदि का पथ्य दें। इसके अतिरिक्त अन्यान्य उपयोगी रस, पान आदि पदार्थों को प्रयोग करे। इस प्रकार इस रस के सेवन करने से हृदय शूल, पार्श्वशूल

आमवात, कटिपीडा, गुल्म, शूल, सिर का शूल, यकृत और प्लीहा के विकार, मन्दाग्नि, क्षय, कुष्ठ, श्वास, खाँसी, विवर्चिका, अश्मरी और मूत्रकृच्छ्र ये सब रोग दूर होते हैं॥१२०-१२७॥

क्षारताम्ररस

रसेन ताम्रस्य दलानि लिप्त्वा
गंधेन ताम्रद्विगुणेन पश्चात्।
वस्त्रेण बद्ध्वाऽथ समुद्रजेन
क्षारत्रयेणापि च वेष्टयित्वा॥१२८॥
मृदा च संलिप्य पुटं ददीत
दलानि ताम्रस्य विचूर्णयेत।
धत्तरचित्रार्द्रकटुत्रयैश्च
विमर्दयेत्तत्त्रिगुणप्रमाणम्॥१२९॥
कलाप्रमाणेन विषं दत्त्वा
वल्लंददीतास्य च वातशूले॥१३०॥

पारा १ भाग, गन्धक २ भाग और शुद्ध तांबे के कंटकवेधी पत्र ३ भाग लेकर प्रथम पारे और गन्धक की कज्जली कर लें। फिर कज्जली को नींबू के रस में घोटकर ताँबे के पत्रों पर उसका लेप कर दे और उनको कपड़े में बाँधकर पोटली बना लें। इसके पश्चात् एक सम्पुट में समुद्र नमक, जवाखार, सज्जी और सुहागा भरकर बीच में पोटली को गाड़ दें। सम्पुट को बन्द करके उस पर कपरौटी कर गजपुट में पकायें। स्वांगशीतल होने पर पत्रों को निकाल कर बारीक चूर्ण कर लें। फिर धतूरा चीता, अदरक और त्रिकुटा इन सबके एकत्र सिद्ध किये हुए क्वाथ में उक्त चूर्ण को ३ दिन तक खरल करे। चौथे दिन उसमें सोलहवाँ भाग शुद्ध वत्सनाभ मिलाकर १ दिन तक मर्दन करे। इस रस को वातज शूल में प्रयोग करना चाहिये मात्रा १ रत्ती अनुपान शहद और पीपल॥१२८-१३०॥

शूलान्तक रस

भस्म सूतस्य खस्यापि पलमेकं पृथक् पृथक्।
ताम्रभस्म पले द्वे तु गंधकस्य पलत्रयम्॥१३१॥

हरितालस्य कर्षांशं विमलं हेमाक्षिकम्।
पलार्धं हलिनीकंदं नागवंगौ पलार्धकौ॥१३२॥
चतुष्पलं तु त्रिवृतमेतत्सर्वं विचूर्णयेत्।
भूधात्रीस्वरसेनैव भावयेत्सप्तधा भिषक्॥१३३॥
तथा दंतीद्रवैर्वल्लं दद्यादार्द्रकवारिणा।
तेन कोष्ठे विशुद्धे तु दधिभक्तं तु भोजयेत्॥
सर्वाणि शूलानि हरेद्रसः शूलांतको मतः॥१३४॥

पारे की भस्म ४ तोले, अभ्रकभस्म ४ तोले, ताम्र भस्म ८ तौले, गन्धक १२ तोले, हरतालभस्म १ तोला, रूपामाखी की भस्म और सोना माखी की भस्म एक-एक तोला कलिहारी का कन्द २ तोले, सीसे की भस्म १ तोला, बंगभस्म १ तोला और निसोथ १६ तोले इन सबको एकत्र चूर्ण करके भुईं आमले के स्वरस में ७ दिन तक भावना दें। फिर दन्ती के क्वाथ में ७ दिन तक भावना देकर सुखाकर बारीक चूर्ण कर लें। इस रस को एक एक रत्ती परिमाण, अदरक के रस के साथ सेवन करना चाहिये। इस रस को सेवन करने पर जब रोगी को दस्त होकर पेट साफ हो जाय तब उसको दही भात का आहार करायें। यह रस सब प्रकार के शूल रोग को विनाश करता है॥१३१-१३४॥

अग्निमुखरस

पारदं माक्षिकं ताम्रं कृष्णाभ्रं गंधकं त्रयम्।
मणिमंथं विषं हिंगु त्वग्निशाकंधुकांचनान्॥१३५॥
रक्तमारीषनिर्गुंडीमहाराष्ट्र्याढरूषकैः।
जयाजयंतीनिर्यासैस्तथा च विषतिंदुकैः॥१३६॥
मर्दितं कुक्कुटपुटे पचेदग्निमुखाह्वयः।
अष्टगुंजामितः सोयं प्रयोज्यः साज्यनागरः॥१३७॥
हिंगुसौवर्चलोष्णांबुयुतो वा गुल्मशूलनुत्॥१३८॥

पारा, सोनामाखी की भस्म, ताम्रभस्म, अभ्रक भस्म, गन्धक सैंधा

नमक, काला नमक, विरियासंचर नमक, वत्सनाभ, हींग, चीता, बेर और कचनार इन सब औषधियों को समान भाग लेकर एकत्र बारीक चूर्ण कर लें। फिर लाल चौलाई, निर्गुण्डी, जल, पीपल, अडूसा, भाँग, अरणी और कुचला इन प्रत्येक औषधियों के रस अथवा क्वाथ में क्रम से एक एक बार भावना देकर गोला बना लें, उसको यथाविधि सम्पुट में बन्द करके कुक्कुट पुट दें। स्वांगशीतल होने पर गोले को निकालकर बारीक चूर्ण कर लें। इस रस को आठ २ रत्ती परिमाण लेकर घृत और सोंठ के चूर्ण के साथ सेवन करे, अथवा हींग और काला नमक के चूर्ण तथा उष्ण जल के अनुपान के साथ प्रयोग करे। यह अग्निमुखरस सेवन करते ही वातगुल्म और शूलरोग को नष्ट करता है।।१३५-१३८।।

त्रिनेत्र रस

रसताम्रगंधकानां त्रिगुणोत्तरवर्धितांशानाम्।
अम्लेन मर्दितानां पुटपक्वानां निषेवितं भस्म।।१३९।।
गुंजाप्रमाणमार्द्रकसिंधूत्थचूर्णसंयुक्तम्।
एरण्डतैलमाक्षिकमथ वा पटुहिंगुजीरकोपेतम्।।१४०।।
शमयति शूलमशेषं तत्तद्रसभावितं बहुशः।
उपचूर्णैरनुपानैस्तैस्तैः सहितं कफानिलार्तिहरम्।।१४१।।
एतच्च हरिण श्रृंगं मृतकांचनटंकणोपेतम्।
सघृतमधु पक्तिशूलं शमयति शूलं त्रिनेत्ररसः[३]।।१४२।।

शुद्ध पारा १ भाग, ताम्रभस्म, ३ भाग और शुद्ध गन्धक ९ भाग तीनों को एकत्र किसी अम्लपदार्थ के रस में घोटकर कुक्कुट पुट देकर भस्म कर लें। इस भस्म को एक-एक रत्ती की मात्रा से अदरक के और सैंधे नमक के चूर्ण के साथ अथवा अण्डी के तेल और मधु में मिलाकर या सैंधा नमक, हींग और जीरा इनके साथ सेवन करे। अथवा उपर्युक्त विधि से तैयार की हुई भस्म को उक्त औषधियों के रस में भावना देकर उन्हीं-उन्हीं औषधियों के चूर्ण के साथ सेवन करे तो कफ वायु तथा कफ और वात जन्य शूल शान्त होता है। यह त्रिनेत्र रस हिरन के सींग

की भस्म, सुवर्णभस्म, सुहागे की खील, घृत और मधु के साथ मिलाकर सेवन करने से परिणाम शूल को तथा अन्यान्य दोषों से उत्पन्न हुए शूल रोग को नष्ट करता है।।१३९-१४२।।

उदयभास्कररस

तोलतुल्यं रसं शुद्धं गंधकं तच्चतुर्गुणम्।
विधाय कज्जलीं श्लक्ष्णां ततो निंबुकवारिणा।।१४३।।
तस्य कल्कं प्रकुर्वीत खल्वे यामचतुष्टयम्।
द्वितोलमथ ताम्रस्य तनुपत्राणि सर्वशः।।१४४।।
कल्केन तेन निंबूकरसेनाप्लाव्य खल्वके।
स्थापयेदातपे तीव्रे पिण्डीकृत्य ततःपरम्।।१४५।।
मूषामध्ये निरुध्याथ कुक्कुटाख्यैस्त्रिभिः पुटैः।
पचेच्चुल्ल्यां विनिक्षिप्य चुल्लीपरिमितोपलैः।।१४६।।
तत आकृष्य समर्द्य करण्डे तं विनिक्षिपेत्।
रसोऽयं सर्वरोगघ्नो नृणामुदयभास्करः।।१४७।।
हंति शूलानि सर्वाणि तमांसीव दिवाकरः।
पर्णखण्डिकया सार्धं देयश्चेत्यपरे जगुः।।
पथ्यं रोगोचितं देयं रसस्यानुचितं त्यजेत्।।१४८।।

शुद्ध पारा १ तोला और गन्धक ४ तोले लेकर दोनों को खूब बारीक खरल करके कज्जली कर लें फिर उस कज्जली को ४ प्रहर तक नींबू के रस में खरल करके कल्क कर लें। इसके पश्चात् शुद्ध ताँबे के दो तोले सूक्ष्म पत्रों के ऊपर उक्त कल्क का लेप करके उन पत्रों को खरल में डालकर इतना नींबू का रस भर दें, जिससे वे पत्र रस में डूब जायँ। फिर उनको तीक्ष्ण धूप में रखकर सुखायें। जब सब रस शुष्क हो जाय तब पत्रों को घोटकर गोला बना लें। उसको मूषा में बन्द करके कुक्कुटपुट के द्वारा पकायें। स्वांगशीतल होने पर पत्रों को निकालकर खरल करके उनके ऊपर पूर्ववत् कज्जली के कल्क का लेप कर और नींबू के रस में डुबोकर तथा सुखाकर फिर उसी प्रकार पुट दे। इस प्रकार तीन बार कुक्कुट पुट दें। फिर रस को निकालकर बारीक खरल

करके शीशी में भरकर रख दें। यह उदय भास्कर रस मनुष्यों के सम्पूर्ण रोगों का विनाश करने वाला है। सब प्रकार के शूल रोग को इस प्रकार नष्ट करता है, जैसे सूर्य अन्धकार को। इसको उपयुक्त मात्रा से पान में रखकर सेवन करायें, ऐसा अनेक रसायनाचार्यों का मत है। तथा रोग के अनुकूल पदार्थों का पथ्य दें और प्रतिकूल पदार्थों को त्याग दें। इस रस में जमीन में गड्ढा खोदकर कुक्कुटपुट का यन्त्र जितना बड़ा हो, उतना ही बड़ा चूल्हा बनाकर उसमें कुक्कुटपुट का यन्त्र रखकर उसमें औषधि भरकर और उसका मुँह बन्द करके चूल्हे में ऊपर तक उपले भरकर अग्नि जलायें।।१४३-१४८।।

शूलगज केसरी रस

पलप्रमाणसूतेन बलिना द्विगुणेन च।
शुद्धत्रिपलतालेन कृत्वा कज्जलिकां त्र्यहम्।।१४९।।
पलमानेन कर्तव्यं शुद्धताम्रस्य संपुटम्।
पिधानपात्रसंग्रस्ततलपात्रास्यवत्खलु।।१५०।।
कज्जलीं संपुटस्यांतर्निदध्यात्तदनंतरम्।
अधस्तादुपरिष्टाच्च संपुटस्याऽऽक्षिपेत्खलु।।१५१।।
आकण्ठं पटुचूर्णं तु निधाय च निरुध्य च।
विशोष्य गजसंज्ञेन पुटेन पुटयेत्ततः।।१५२।।
पटचूर्णं विधायाथ सिंधुमध्ये विनिक्षिपेत्।
पथ्यार्द्रकरसोपेतो वल्लमानेन सेवितः।।१५३।।
रसो निःशेषशूलघ्नः स्याच्छूलगजकेसरी।।१५४।।

पारा ४ तोले, गन्धक ८ तोले और शुद्ध हरताल १२ तोले लेकर तीनों को ३ दिन तक एकत्र खरल करके कज्जली कर लें। फिर चार तोले शुद्ध ताँबे का सम्पुट बनवाकर उसकी तली में कज्जली भर दें और उसके ऊपर ऐसा ताँबे का ढक्कन ढके जो सम्पुट की तली में जा लगे। फिर सन्धियों को बन्द करके उसको एक हाँडी में रखकर सम्पुट के नीचे ऊपर सैंधे नमक का इतना चूर्ण रखे जो हाँडी के कण्ठ तक जा

जाय फिर हाँडी का मुँह बन्द करके कपरौटी कर सुखा लें और गजपुट के द्वारा अग्नि दें। स्वाँगशीतल होने पर सम्पुट को निकाल कर खूब बारीक खरल करके और कपड़े में छानकर शीशी में भरकर रख दें। यह शूलगजकेसरी रस १-१ रत्ती परिमाण, हरड और अदरक के रस के साथ सेवन करने से सर्व प्रकार के शूल को विनाश करता है।।१४९-१५४।।

क्षारताम्र

पलमितमृतशुल्बं तन्मितं गंधचूर्णं
वसुमितपलमानं तिन्तिणीक्षारचूर्णम्।
त्रयमिदमभिदिष्टं क्षारताम्राख्यमेत-
द्धरति सकलशूलं पीतमुष्णोदकेन।।१५५।।

ताम्रभस्म ४ तोले, शुद्ध गन्धक ४ तोले, और इमली का खार ३२ तोले इन तीनों को एकत्र मिलाकर एक दिन तक खरल करे। इसको क्षारताम्र रस कहते हैं। यह रस मन्दोष्ण जल के साथ पान करने से समस्त शूलों को दूर करता है।।१५५।।

ताम्राष्टक

हिंगु व्योषं मधुकरुचकं तिंतिणीक्षारताम्रं
सर्वं चैतन्मसृणमृदितं पीतमुष्णोदकेन।
क्षिप्रं शूलं क्षपयति नृणां तीव्रपीडासमेतं
ध्वांतं भानोरिव समुदयः साधु ताम्राष्टकं हि।।१५६।।

हींग, सोंठ, मिर्च, पोपल, महुआ, लवण, इमली का खार और ताम्रभस्म इन सब औषधियों को समान भाग लेकर एक दिन तक खूब बारीक खरल करके कपड़े में छान लें। फिर इसको प्रतिदिन उपयुक्त मात्रा से गरम जल के साथ सेवन करे। शूल रोगियों के अत्यन्त तीव्र वेदना युक्त शूल को यह रस इस प्रकार शीघ्र नष्ट कर देता है जैसे सूर्य का प्रकाश अन्धकार को। यह ताम्राष्टक रस शूल रोगियों के लिये बहुत अच्छा है।।१५६।।

बडवानलगुटिका

तालं ताप्यं कनककुनटीकांतगंधार्कसूतै-
स्तुल्यांशैस्तैररुणमधुरं दीप्यकं सर्वतुल्यम्।
एतैः सर्वैस्त्रिकटु च समं कज्जलीकृत्य सर्वं
हिंग्वंभोभिर्मुनिमितदिनैर्भावयेत्सप्तकृत्वः॥१५७॥
जयंत्याःकाकमाच्याश्च निर्गुण्डयाश्चार्द्रकस्य च।
स्वरसैर्भावयेत्पिष्ट्वा सकृदेव दिनेदिने॥
कर्त्तव्या मरिचैतुल्याछायाशुष्कास्तुगोलिका॥१५८॥
हंत्येष वडवानलाख्यगुटिका संसेसिक्तोष्णांबुना
सर्वं शूलगदं कृमिं च सकलं वैषम्यवृत्तिं क्षुधः।
मंदाग्निं ग्रहणीगदं श्वयथुरुक्पाण्डुं च गुल्मार्शसी
वात श्लेष्मगदं तथोदररुजं श्वासं च कासं ज्वरम्॥१५९॥

शुद्ध हरताल, सोनामाखी की भस्म, धतूरे के बीज, शुद्ध मैनसिल, कान्तलोहभस्म, गन्धक, ताम्रभस्म, पारा और लाल वत्सनाभ ये सब समान भाग, अजमोद सबकी बराबर और इन समस्त औषधियों के बराबर त्रिकुटा लेकर प्रथम पारे और गन्धक की कज्जली कर लें। फिर सबको एकत्र खरल करके हींग के रस में ७ दिन तक ७ बार भावना दें। इसके पश्चात् अरणी, मकोय, निर्गुण्डी और अदरक इन प्रत्येक के स्वर में एक-एक दिन तक भावना देकर खूब बारीक खरल करके काली मिर्च के बराबर छोटी-छोटी गोलियाँ बनाकर छाया में सुखा लें। ये गोलियाँ मन्दोष्ण जल के साथ सेवन करने से सब प्रकार के शूल, कृमिरोग, क्षुधा की विषमता, मन्दाग्नि, संग्रहणी, सूजन, पाण्डुरोग, गुल्म, अर्श, वातकफजन्य रोग, उदरसम्बन्धी रोग, श्वास खासी, और ज्वर इन सब व्याधियों को शीघ्र नष्ट करती हैं॥१५७-१५९॥

अग्निकुमाररस

रसगंधकयोःकृत्वा कज्जलीं तुल्यभागयोः।
पादांशममृतं दत्त्वा शुक्तिभस्म[४] कलांशकम्॥१६०॥

हंसपादीरसैः सम्यङ् मर्दयित्वा दिनत्रयम्।
स्थूलगोलं ततः कृत्वा परिशोष्य खरातपे॥१६१॥
निरुध्य वालुकायंत्रे क्रमपुष्टेन वह्निना।
पचेदेकमहोरात्रं स्वतः शीतं विचूर्ण्य च॥१६२॥
तुल्यांशममृतं दत्त्वा मर्दयेदार्द्रकद्रवैः।
विलिप्यस्थालिकामध्येततोन्यस्थालिकोदरे॥१६३॥
पलार्धममृतं क्षिप्त्वा रसस्थालीं च तन्मुखे।
न्युब्जां दत्त्वा दृढं रुद्ध्वा चुल्ल्यामारोप्ययत्नतः॥१६४॥
यामं प्रज्वालयेदग्निं विचूर्ण्य तदनंतरम्।
करण्डके विनिक्षिप्य स्थापयेदतियत्नतः॥१६५॥
रसो ह्यग्निकुमाराख्यो दिष्टो मंथानभैरवैः॥१६६॥
हन्यादत्यग्निमांद्यं ज्वररुजमखिलं वातजातं क्षयार्तिं
शोफाढ्यंपाण्डुरोगंकफजनितगदान्प्लीहगुल्मंगुदार्तिम्
सर्वांगीणं च शूलं जठरभवरुजं खंजतां पंगुलत्वं
सर्वांश्चासाध्यरोगान्हरिरिव दुरितं रक्तगुल्मंवधूनाम्॥१६७॥

पारे और गन्धक को चार-चार तोले लेकर दोनों को एकत्र खरल करके कज्जली कर लें। उसमें शुद्ध मीठा तेलिया २ तोले और सीप की भस्म ६ मासे डालकर लाल लज्जालु के रस के साथ ३ दिन तक खरल करके गोला बना लें। उसको तेज धूप में सुखा कर सम्पुट में बन्द करके वालुका यन्त्र में क्रम से मन्द, मध्य और तीक्ष्ण अग्नि देते हुए २४ घंटे तक पकायें। स्वांगशीतल होने पर गोले को निकालकर बारीक चूर्ण करके उसमें समान भाग शुद्ध मीठा तेलिया डालकर अदरक के रस के साथ खरल करके कल्क कर लें। फिर ताँबे के एक कटोरे में उस कल्क का लेप करके सुखा लें और ताँबे के दूसरे कटोरे में २ तोले शुद्ध मीठा तेलिया रखकर उसके ऊपर रस के कल्क का कटोरा उल्टा करके ढक दें और उस सम्पुट की सन्धियों को बन्द करके चूल्हे पर चढ़ाकर १ प्रहर तक अग्नि जलायें। स्वांगशील होने पर सम्पुट में से रस को निकाल कर खूब बारीक खरल करके शीशी में भरकर रख दें।

इसको अग्नि कुमार रस कहते हैं। श्री मन्यानभैरव नामक योगी ने इसको वर्णन किया है। इस रस के सेवन करने से अत्यन्त मन्दाग्नि, सब प्रकार के ज्वर, वातव्याधि, क्षयरोग, सूजन, पाण्डुरोग, कफजन्य रोग, प्लीहा, गुल्म, अर्श, सर्वशरीरगत शूल, उदरसम्बन्धी रोग, खंजता और पंगुता ये सब रोग शीघ्र नष्ट होते हैं। यह रस सर्व प्रकार के असाध्य रोगों और स्त्रियों के रक्तगुल्म को इस प्रकार विनाश कर देता है, विष्णु भगवान् की सेवा करने से सम्पूर्ण पाप तत्काल नष्ट हो जाते हैं॥१६०-१६७॥

शूलहरक्षार

वंध्या लांगलिकामूलं शंखं तु द्विगुणं तयोः।
त्रयाणां भावयेच्चूर्णं त्र्यहं जंबीरजद्रवैः॥१६८॥
रुध्याद् गजपुटे पच्यात्तत्क्षारं मरिचैर्घृतैः।
कर्षमात्रं पिबेच्छूली तत्क्षणात्सुखमाप्नुयात्॥१६९॥

बाँझककोडे का कन्द ४ तोले, कलिहारी का ४ तोले और शंख का चूर्ण ५ तोले लेकर तीनों को एकत्र पीसकर जम्बीरी नींबू के रस में ३ दिन तक भावना दें। फिर उसको गोला बनाकर सम्पुट में बन्द करके गजपुट में पकायें। स्वांगशीतल होने पर गोले को निकालकर बारीक चूर्ण करके रख लें। इस क्षार को एक-एक कर्ष परिमाण, मिर्चों के चूर्ण और घृत में मिलाकर सेवन करने से शूल रोगी तत्काल शूल की पीड़ा से मुक्त होकर आरोग्य लाभ करता है॥१६८-१६९॥

क्षारवटी

अमृतं मेघभस्माथ शंखं चिंचासुभस्करम्।
क्रमादिद्वगुणितं कृत्वा तत्तुल्यं च कटुत्रयम्॥१७०॥
तुलसीभृंगराजोत्थमातुलुंगार्द्रकद्रवैः।
भावितं बहुशश्चूर्णं रजो वा गुटिकापि वा॥१७१॥
गुंजामात्रं तु सेवेत गुल्मशूलान्विनाशयेत्।
मंदाग्निं ग्रहणीमर्शो रक्तगुल्ममरोजकम्॥
एषा क्षारवटी नाम्ना कृशदेहेषु युज्यते॥१७२॥

शुद्ध वत्सनाभ १ तोला, अभ्रकभस्म २ तोले, शंखभस्म ४ तोले, इमली का खार ८ तोले, ताम्रभस्म १६ तोले और त्रिकुटे का चूर्ण ३१ तोले लें। सबको एकत्र खरल करके तुलसी, भाँगरा, बिजौरा नींबू और अदरक इन औषधियों के रस में क्रम से एक २ दिन तक भावना देकर गोलियाँ बना लें अथवा सुखाकर चूर्ण कर लें। इस वटी या क्षार को एक २ रत्ती परिमाण प्रतिदिन सेवन करने से गुल्म, शूल, मन्दाग्नि, संग्रहणी, अर्श रक्तगुल्म, अरुचि आदि समस्त रोग नाश होते हैं। यह क्षारवटी दुर्बल मनुष्यों को सेवन कराने से उनका विशेष उपकार करती है॥१७०-१७२॥

सामान्य उपाय

शंबूकं त्र्यूषणं पंच लवणानि मृतायसम्।
समांसं पेषयेन्मूत्रैः कृष्णाजस्य दिनाविधि॥
भक्षयेत्कर्षमात्रं तु परिणामाख्यशूलनुत्॥१७३॥
इंद्रवारुणिकामूलं कटुत्रयसमन्वितम्।
पिबेदुष्णांबुना हंति शूलमत्यंतदुःसहम्॥१७४॥
भूदारुवटमूलं च शूलजित्सोष्णवारिणा॥१७५॥
सद्योभवं हरेच्छूलं लवणं वारनालकैः।
घृतेन सैंधवं वाऽथ उष्णतोयैः सुवर्चलम्॥१७६॥

शंखभस्म, त्रिकुटा, पाँचों नमक, लोहभस्म इन सबको समान भाग लेकर काले बकरे के मूत्र में एक दिन तक खरल करके सुखा लें। इस औषध को प्रतिदन एक-एक कर्ष परिमाण सेवन करने से परिणामशूल नष्ट होता है। अथवा इन्द्रायन की जड़ और त्रिकुटे के चूर्ण को समान भाग लेकर उष्ण जल के साथ सेवन करने से अत्यन्त दारुण शूल शमन होता है। या काली जीरी, देवदारु और बड़ की जड़ इन तीनों के समान भाग चूर्ण को गरम जल के साथ व्यवहार करे तो शूल रोग दूर होता है। अथवा काँजी के साथ समुद्र नमक को या घी के साथ सैंधे नमक को किम्वा उष्ण जल के साथ काले नमक के चूर्ण को सेवन करने से शूल रोग तत्काल नष्ट होता है॥१७३-१७६॥

कार्श्यरोग (दुर्बलता)

अमृतार्णव रस

रसभस्म त्रयो भागा भागैकं हेमभस्मकम्।
सर्वांशममृतासत्त्वं सितामध्वाज्यमिश्रितम्॥१७७॥
दिनैकं मर्दयेत्खल्वे माषैकं भक्षयेत्सदा।
कृशानां कुरुते पुष्टिं रसोयममृतार्णवः॥१७८॥
अश्वगंधापलार्धं च गवां क्षीरैः पिबेदनु॥१७९॥

पारे का भस्म ३ भाग, सुवर्ण भस्म १ भाग और गिलोय का सत्त्व सबकी बराबर भाग लेकर सबको एकत्र एक दिन तक खरल करे। फिर उसको प्रतिदिन एक-एक मासे परिमाण लेकर मिश्री, घी और शहद में मिलाकर सेवन करे। यह अमृतार्णवरस कृश मनुष्यों के शरीर को अत्यन्त पुष्ट करता है। इस रस को सेवन करने के पश्चात् दो तोले असगन्ध चूर्ण का गोदुग्ध के साथ अनुपान करे॥१७७-१७९॥

पूर्णचन्द्र रस

मृतसूताभ्रलोहं च शिलाजतु विडंगकम्।
ताप्यं क्षौद्रं घृतं तुल्यमेकीकृत्य विमर्दयेत्॥१८०॥
पूर्णचंद्ररसो नाम्ना माषैकं भक्षयेत्सदा।
शाल्मलीपुष्पचूर्णं च क्षौद्रैः कर्षं पिबेदनु॥१८१॥
दुर्बलो बलमाप्नोति मासैकेन यथा शशी।
कृशानां बृंहणं देयं सर्वं पानान्नभेषजम्॥
निद्रा चैव दिवारात्रौ छागमांसाशनं तथा॥१८२॥

रससिन्दूर, अभ्रक, लोहभस्म, शिलाजीत, वायविडंग और सोनामाखी की भस्म सबको समान भाग लेकर एकत्र खरल कर लें। इसको पूर्णचन्द्ररस' कहते हैं। इस रस को प्रतिदिन एक-एक मासा परिमाण मधु और घृत के साथ भक्षण करे और ऊपर से सेमल के फूलों के १ तोला चूर्ण को शहद में मिलाकर चाटे। इस रस के सेवन करने से दुर्बल मनुष्य एक महीने में ही इस प्रकार बलवान, पुष्ट और कान्तिवान् होता है, जैसे पूर्णमासी का पूर्ण चन्द्रमा। इसको सेवन करने पर दुर्बल मनुष्यों

को सब प्रकार के अन्न, पान, औषधियाँ आदि ऐसे पदार्थ दें जो पौष्टिक और वीर्यवर्द्धक हो। तथा बकरे का मांस भोजन करायें और दिन रात में यथेच्छरूप से शयन करने दें।। १८०-१८२।।

स्थौल्यरोग (मेद का बढ़ना)

वडवाग्निमुख रस

शुद्धं सूतं मृतं ताम्रं तालं बोलं समं समम्।
अर्कक्षीरैर्दिनं मर्द्यं क्षौद्रैर्लेह्यं द्विगुंजकम्।।१८३।।
वडवाग्निमुखो नाम स्थौल्यंतुंदं नियच्छति।
पलं क्षौद्रं पलं तोयमनुपानं पिबेत्सदा।।१८४।।
तवादौ पंचकर्माणि लंघनाद्यैरुपाचरेत्।
आर्द्रकं मधुना खादेन्मेदोनिलकफाञ्जयेत्।।१८५।।

शुद्ध पारा, ताम्र भस्म, शुद्ध हरताल और हीराबोल चारों औषधियों को समान भाग लेकर आक के दूध में एक दिन तक खरल करके सुखाकर चूर्ण कर लें। फिर उसमें से प्रतिदिन दो-दो रत्ती लेकर शहद में मिलाकर चाटे। और एक पल शहद को एक पल जल में मिलाकर सदैव अनुपान रूप से पान करे। यह रसस्थूलता (शरीर का अधिक मुटापा) और तोंद का बढ़ना इन सब विकारों को शीघ्र दूर करता है। इस रसको सेवन कराने से पहले रोगी को वमन, विरेचनादि पंचकर्मों के द्वारा शुद्ध करके लंघनादि उपचार करायें, फिर इस रस को अदरक के रस और शहद में मिलाकर सेवन करायें तो मेद धातु का बढ़ना तथा धातु और कफ सम्बन्धी समस्त विकार दूर होते हैं।।।१८३-१८५।।

अग्नि कुमार रस

गंधकेन द्विकर्षेण शुद्धसूतेन तावता।।१८६।।
विधाय कज्जलीं सूक्ष्मामेकवासरमर्दनात्।।
कर्षमात्रं विषं दत्त्वा मर्दयित्वा दृढंपुनः।।१८७।।
हंसपादीरसैस्तैर्वा स्तोकं स्तोकं मुहुर्मुहुः।
कुडवार्धमितैः पश्चाद्गोलं कृत्त्वा विशोष्य च।।१८८।।
काचकूप्यां विनिक्षिप्य शुल्बनाडीं पिधाय च।
देवी शास्त्रे पुनः प्रोक्तं विषं कर्षं विचूर्णितम्।।१८९।।

ऊर्वाधो गोलकनां हि काचकूप्यां विनिक्षिपेत्।
निक्षिपेत्कज्जलीं मध्ये यतश्चाग्र्यं प्रजायते॥१९०॥
ततश्च द्व्यंगुलोत्सेधं मृदा कूपीं विलिप्य ताम्।
विशोष्य वालुकायंत्रे यंत्रवर्गप्रकाशिते॥१९१॥
अधोमुखींघटीं क्षिप्त्वा क्षिपेदुपरि वालुकाम्।
निरुध्य भाण्डवक्त्रं च चुल्ल्यामारोप्य यत्नतः॥१९२॥
वह्निं प्रज्वालयेत्साध दिनं क्रमविवर्धितम्।
स्वांगशीतलमाकृष्य सह ताम्रेण मर्दयेत्॥१९३॥
पलार्धं मरिचं सूक्ष्मं कर्षार्धं वत्सनाभजम्।
विनिक्षिप्य विमर्द्याथ क्षिपेद्रम्यकरण्डके॥१९४॥
नंदिना तु समुद्दिष्टं रसतुल्यं मरीचकम्।
वत्सनाभं तु कर्षांशं मिश्रयेत विचूर्ण्य तत्॥१९५॥
निर्दिष्टोऽग्निकुमारको रसवरो देव्या तथा नंदिना
सेव्यो वैद्ययशः प्रभूतफलदश्चानाहविध्वंसनः।
सद्यः पाचनदीपनो रुचिकरः शीघ्रं तथाष्ठीलिकां
सामांच ग्रहणीं हरेत्कफरुजः कंठामयध्वंसनः॥१९६॥
बल्यो भोजनतोयभक्ष्यसुखदः श्रेष्ठो रसानां प्रभु-
मन्दाग्निं कफवातजं क्षयगदं निःशेषशूलामयान्।
श्वासं कासगदं तथा कफरुजं स्थौल्यं च पाण्डुं तथा
शोफंवातगदं तथाखलुरतीतुल्योऽर्धपर्णान्वितः॥१९७॥
कणया सितयाज्येन दातव्योऽसौ महारसः।
प्रत्यष्ठीलादिरोगेषु जलकूर्मगदेषु च॥
नंदिना तु पुनः प्रोक्तस्तत्तद्रोगहरौषधैः।
निहंति सकलान्रोगान्दुष्पत्नीव मनोरथान्॥१९८॥
रसजनितविदाहे शीततोयाभिषेको
मलयजघनसारालेपनं मंदवातः।
तरुणदधिसितात्तं नारिकेलीफलांभो
मधुरशिशिरपानं शीतमन्यच्च शस्तम्॥१९९॥

सौभाग्यं मेघनादांघ्रिसितामधुकचंदनम्।
तुषोदकेन दातव्यं सर्वस्मिन् रसवैकृते॥२००॥
छर्द्यां तृष्णासु दातव्यं कपित्थं वा सितान्वितम्।
कुमारीगिरिलेपश्च सर्वांगीणः प्रशस्यते॥२०१॥
क्षीरं मधुसितोपेतं क्वाथो वाऽमृतबंधुकः।
उपचारा अमी सर्वे प्रशस्ता रसतापिनाम्॥२०२॥
रसस्याग्निकुमारस्य प्रभावं वेत्ति तत्त्वतः।
गिरिजा नंदिकेशो वा यद्वा नारायणःस्वयम्॥२०३॥

शुद्ध पारा और शुद्ध गन्धक दोनों को दो-दो कर्ष दो-दो तोले लेकर एक दिन तक एकत्र खरल करके कज्जली कर ले। उसमें एक कर्ष शुद्ध मीठा तेलिया मिलाकर लज्जालु[७] का ८ तोले परिमाण बारम्बार थोड़ा थोड़ा-थोड़ा रस डालकर खूब बारीक खरल करे। फिर गोला बनाकर सुखा लें इसके पश्चात् देवीशास्त्रोक्त विधि के अनुसार काँच की आतशी शीशी में प्रथम १ कर्ष शुद्ध वत्सनाभ के चूर्ण में से आधा चूर्ण डालकर उसके ऊपर उक्त गोले को रखे और वत्सनाभ का शेष आधा चूर्ण गोले के ऊपर रखकर शीशी के मुँह को शुद्ध ताँबे के पत्रों की डाट से बन्द कर लें। फिर शीशी के ऊपर दो-दो अँगुल ऊँची कपरौटी करके धूप में सुखा कर उसको बालुयंत्र में रखे। उस यंत्र में इतना रेता भरे कि शीशी का गला रेते से बाहर निकला रहे। फिर उक्त यन्त्र का मुँह बन्द करके उसको चूल्हे पर चढ़ाकर डेढ़ दिन (३६ घंटे) तक क्रम २ से अग्नि की वृद्धि करता हुआ पकायें। स्वांगशीतल होने पर शीशी में से गोले को निकालकर ताम्रपत्रों सहित खरल कर लें। इसके पश्चात् उसमें मिरचों का चूर्ण २ तोले और वत्सनाभ का चूर्ण ६ मासे डालकर एक दिन तक खूब बारीक खरल करके सुंदर शीशी में भरकर रख दें। किन्तु इस विषय में नन्दि नामक आचार्य का मत है कि ताम्रपत्रों सहित समस्त रस की बराबर मिर्चों का चूर्ण और वत्सनाभविष एक कर्ष परिमाण चूर्ण करके मिलाना चाहिये। इस अग्नि कुमार नामक उत्तम रस को श्री

पार्वती देवी के निर्दिष्ट करने के पश्चात् श्रीनन्दि नामक आचार्य ने वर्णन किया है। यह रस सभी मनुष्यों के सेवन करने योग्य है। वैद्यों के लिये अतुल यश और प्रभूत फल के देने वाला है। यह रस अफारे को नष्ट करने वाला, तत्काल पाचक, अग्नि को दीपन करने वाला, रुचि कारक, तथा अष्ठीलिका, आमयुक्त संग्रहणी, कफजनित व्याधि और कण्ठगत समस्त रोगों को विनाश करने वाला है। इसके अतिरिक्त अत्यन्त बल कारक, तथा खान पान भक्ष्य, भोज्य आदि पदार्थों में रुचि उत्पन्न कर सुखप्रदान करने वाला है। यह श्रेष्ठ रस सम्पूर्ण रसों का राजा है। अतएव मन्दाग्नि, कफ और वातजन्य रोग, क्षयरोग, सब प्रकार के शूलरोग, खाँसी, श्वास, कफ के रोग, स्थूलता, पाण्डुरोग, सूजन, वातव्याधि आदि सम्पूर्ण रोगों को समूल नष्ट करता है। आधे पान में रखकर खाने से यह अत्यन्त कामोद्दीपन करता है। प्रत्यष्ठीलादि वातरोगों में और देशदेशान्तरों के जलदोष से उत्पन्न हुए रोगों में इस रस को पीपल का चूर्ण, मिश्री और घृत में मिलाकर देना चाहिये। श्रीनन्दि आचार्य का मत है कि इस रस को भिन्न भिन्न रोगों में तत्तद्रोगनाशक औषधियों के अनुपानों के साथ सेवन कराने से यह रस सब प्रकार की व्याधियों को इस प्रकार शीघ्र ध्वंस कर देता है, जैसे दुराचारिणी स्त्री मनोरथों को निष्फल कर देती है। इस रस के सेवन करने से शरीर में दाह होने पर शीतल जल से स्नान करना, चन्दन और कपूर का लेप करना, शीतल, मन्द, सुगन्ध वायु का सेवन करना, ताजे दही में मिश्री मिलाकर खाना, नारियल का जल पीना, मधुर और शीतल पदार्थों का पान करना, इत्यादि सब प्रकार के शीतल उपचार करने चाहिये। रसजनित सम्पूर्ण विकारों में सुहागा, चौलाई की जड़, मिश्री, मुलैठी और चन्दन इन सबको समान भाग लेकर काँजी में पीसकर सेवन करे। यदि इस रस के सेवन से वमन होती हो अथवा अत्यन्त तृषा लगती हो तो कैथ के रस को मिश्री मिलाकर पान करायें और रोगी के समस्त शरीर में घीग्वार के गूदे का लेप करे। एवं मधु और मिश्री मिलाकर दुग्ध पान करायें अथवा गिलोय और दुपहरिया के पञ्चाङ्ग का काढ़ा पिलायें। इस रस के सेवन करने से सन्तप्त हुए

मनुष्यों के लिये ये सभी उपचार उपयोगी हैं। इस अग्नि कुमार रस के प्रभाव को यथार्थ रूप से शिव और पार्वती अथवा विष्णु भगवान् जानते हैं।।१८६-२०३।।

अम्लपित्त रोग

अम्लोद्गारवमी हस्तपादहृत्कुक्षिदाहता।
अम्लपित्ते मुखं तिक्तं भवेच्छूलमरोचकम्।।२०४।।

अम्लपित्त रोग में- खट्टी डकारों का आना, वमन होना, हाथ, पाँव, हृदय और कुक्षि (कोख) स्थान में जलन होना, मुँह में कड़ुवापन, शूल और अरुचि इत्यादि लक्षण होते हैं।।२०४।।

लीलाविलास रस

शुद्धसूतं शुद्धगंध मृतं ताम्राभ्ररौप्यकम्।
तुल्यांशं मर्दयेद्यामं रुद्ध्वा लघुपुटे पचेत्।।२०५।।
अक्षधात्रीहरीतक्या क्रमवृद्ध्या विपाचयेत्।
जलेनाष्टगुणेनैव ग्राह्यमष्टावशेषितम्।।२०६।।
अनेन भावयेत्सर्वं पूर्वसूतं पुनः पुनः।
पंचविंशतिवारं च तावता भृंगजैंद्रवैः।।२०७।।
शुष्कं तच्चूर्णितं खादेत्पंचगुंज मधुप्लुतम्।
रसोलीलाविलासोऽयमम्लपित्तं नियच्छति।।२०८।।

शुद्ध पारा, शुद्ध गन्धक, ताम्र भस्म अभ्रक भस्म, और चाँदी की भस्म सब को समान भाग लेकर ३ घंटे तक एकत्र खरल करके सम्पुट में बन्द करके कुक्कुट पुट के द्वारा लघुपुट दें। फिर बहेडा १ भाग, आमले २ भाग और हरड ३ भाग लेकर तीनों को आठ गुने जल में पकाकर अष्ठमांशावशिष्ट क्वाथ बनायें। इस क्वाथ के साथ उपर्युक्त रस को क्रम से २५ बार भावना दें। फिर इसी प्रकार भाँगरे के रस में २५ बार भावना देकर सुखा लें। और बारीक चूर्ण करके रख लें। इस रस को प्रतिदिन पाँच २ रत्ती, परिमाण, शहद में मिलाकर सेवन करे। इसके सेवन से अम्लपित्तरोग शीघ्र दूर होता है।।२०५-२०८।।

ताम्रद्रुति रस

पलं नैपालशुल्बस्य पत्राणि सुतनूनि च।
कृत्वा कंटकवेध्यानि कारयेत्तदनंतरम्॥२०९॥
कर्षैकं द्विगुणं ग्राह्य क्रमात्सूतकगंधयोः।
मर्दितव्यं शिलाखल्वे रसैर्दंतशठस्य वै॥२१०॥
तत्कल्कं पंकवत्कृत्वा तेन पर्णानि सर्वशः।
लेपयित्वा शिलाखल्वे स्थापयेदातपे खरे॥२११॥
यामैकेन समुद्धृत्य द्रवीभवति नान्यथा।
वांतिं विरेचनं कृत्वा शुद्धकायो यथाविधि॥२१२॥
पूजयित्वासुरान्वैद्यान्विप्रान्हेमांबरादिभिः।
तां द्रुतिं मधुसर्पिभ्यां रक्तिकामाषकादिभिः॥२१३॥
लीढ्वा तत्र पिबेत्तक्रं धान्याम्लकमथापि वा।
जीर्णे सायं समश्नीयाच्छाल्यन्नं तु पुरातनम्॥२१४॥
सेव्यमानं निहंत्येतदम्लपित्तं सुदारुणम्।
कासं क्षयं तथा शोषमर्शांसि ग्रहणीं तथा॥२१५॥
कामलां पाण्डुरोगं च कुष्ठान्येकादशैव च
रक्तपित्तं सखालित्यं शूलं चैवोदराणि च॥२१६॥
वातरोगं प्रतिश्यायं विद्रधिं विषमज्वरम्।
संतताभ्यासयोगेन वलीपलितनाशनम्॥२१७॥
ताम्रवत्कुरुते देहं सर्वव्याधिविवर्जितम्।
जीवेद्वर्षशतं साग्रं द्वितीय इव भास्करः॥२१८॥

४ चार तोले नेपाली ताँबे के सूक्ष्म और कंटकवेधी पत्र कर ले, फिर पारा १ तोला और गन्धक २ तोले लेकर दोनों को एकत्र खरल करके कज्जली कर लें। उस कज्जली को पत्थर के खरल में डालकर जम्बीरी नींबू के रस में घोटकर कीचड़ के समान कल्क कर लें। उस कल्क का उक्त ताम्र पत्रों के ऊपर लेप करके उनको पत्थर के खरल में रखकर तीक्ष्ण धूप में तपायें। इस प्रकार एक प्रहर तक तपाने से ताँबे की द्रुति हो जाती है। किन्तु इससे अल्पसमय में द्रुति होना असम्भव है।

फिर उसको खरल में निकाल कर शीशी में भरकर रख दें। रोगी प्रथम वमन, विरेचनादि के द्वारा यथाविधि शरीर की शुद्धि करके फिर देव, ब्राह्मण और वैद्यों को वस्त्राभरणादि से पूजकर इस द्रुति को सेवन करे। इसको प्रतिदिन एक रत्ती से लेकर ८ रत्ती तक अपने बलाबल के अनुसार उपयुक्त मात्रा से शहद और घृत में मिलाकर सेवन करे और ऊपर से छाछ अथवा काँजी का अनुपान करे। इस औषधि के जीर्ण हो जाने पर सायंकाल में रोगी को पुराने शालि चावलों के भात का भोजन करना चाहिये। इस प्रकार निरन्तर सेवन करने से यह द्रुति दारुण अम्लपित्त रोग, खाँसी, क्षय, शोष, अर्श, संग्रहणी, कामला, पाण्डुरोग, ११ प्रकार के कुष्ठ, रक्तपित्त, खालित्य, शूल, उदररोग, वातरोग, प्रतिश्याय, बिद्रधि, विषमज्वर आदि समस्त व्याधियों को नष्ट करती है। एवं वली और पलितरोग दूर होता है। यह द्रुति रोगी को सम्पूर्ण आधिव्याधियों से मुक्त करके उसके शरीर को ताम्र के समान दृढ़ और कान्तिमान कर देती है। इस औषध का सदैव अभ्यास करने से मनुष्य १०० वर्ष पर्यन्त जीता है और दूसरे सूर्य के समान तेजवान होता है।।२०९-२१८।।

कूष्माण्ड खण्डलेह

कूष्माण्डोत्थरसस्य सत्पलशतं तुल्यं गवां क्षीरकं
धात्री चूर्णपलाष्टकंलघु पचेद्यावद्द्रवे पण्डितम्।
धात्रीतुल्यसितं पलार्धममृतं तल्लेपकं लेहयेत् ख्यातं
कूष्माण्डखण्डं क्षपयतिनितरामम्लपित्तं समग्रम्।।२१९।।

पेठे का स्वरस १०० पल और गाय का दूध १०० पल लेकर दोनों को एकत्र मिलाकर मन्द मन्द अग्नि से पकायें। पकाते समय उसमें ८ पल आमलों का चूर्ण डाल दें। जब वह पककर मावा (खोवा के) समान गाढ़ा हो जाय तब ८ पल मिश्री की चासनी बनाकर उसमें वह मावा और दो तोले शुद्ध वत्सनाभ डालकर अवलेह बना लें। इसको कूष्माण्डखण्डलेह कहते हैं। इस अवलेह को नित्य नियमपूर्वक सेवन करने से सब प्रकार का अम्लपित्त रोग शीघ्र नष्ट होता है।।२१९।।

सामान्य उपाय

अम्लपित्ते तु वमनं तदंते मृदु रेचनम्।
ऊर्ध्वगं वमनैर्हन्यादधोगं रेचनैर्जयेत्।।२२०।।

तिक्तभूयिष्ठमाहारं पानं चापि प्रकल्पयेत्।
अम्लपित्ते च वमनं पटोलारिष्टवारिभिः॥
विरेचनं त्रिवृच्चूर्णं मधुधात्रीफलैर्भवेत्॥२२१॥

अम्लपित्त रोग में प्रथम वमन करायें, फिर हल्का सा जुल्लाब दें। ऊर्ध्वगत अम्लपित्त हो तो उसको वमन के द्वारा और अधोगत अम्लपित्त हो तो विरेचन के द्वारा दूर करने का उपाय करे। इसके अतिरिक्त तिक्त (कड़वे) रस वाले पदार्थों का आहार विहार करे तथा स्वरस, क्वाथ आदि भी तिक्त रस वाली औषधियों के ही सेवन करे। अम्लपित्त में पटोल पात और नीम के पत्तों के रस से वमन करायें और निसोथ के चूर्ण अथवा मुलैठी और आमलों के चूर्ण द्वारा विरेचन करायें॥२२०-२२१॥

पित्तरोग

पित्तान्तक रस

मृतसूताभ्रमुण्डार्कतीक्ष्णमाक्षिकतालकम्।
गंधकं च भवेत्तुल्यं यष्टीद्राक्षाऽमृताद्रवैः॥२२२॥
जलमण्डपिकावासाद्रवैः क्षीरविदारिजैः॥
दिनैकं मर्दयेत्खल्वे सिताक्षौद्रयुता वटी॥२२३॥
निष्कमात्रं निहंत्याशु पित्तं पित्तज्वरं क्षयम्।
दाहं तृष्णां भ्रमं शोषं वेगात्पित्तांतको रसः॥२२४॥
सिता क्षीरं पिबेच्चानु यष्टीं सितान्वितां जलैः।
पिबेद्वा पित्तशांत्यर्थं शीततोयेन चंदनम्॥२२५॥

पारद भस्म, अभ्रक भस्म, लोहभस्म, ताम्रभस्म, तीक्ष्णलोहभस्म सोनामाखी की भस्म, हरतालभस्म और शुद्ध गन्धक इन सबको समान भाग लेकर एकत्र खरल कर ले। फिर मुलैठी, दाख, गिलोय, जलकुम्भी, अडूसा और क्षीरविदारीकन्द इन औषधियों के रस में उस चूर्ण को क्रम से एक-एक दिन तक घोटकर चार २ मासे की गोलियाँ बना लें। इनमें से प्रतिदिन एक-एक गोली मिश्री और शहद में मिलाकर सेवन करे। यह रस पित्त, पित्तजन्य ज्वर, क्षय, दाह, तृषा, भ्रम, शोष आदि सम्पूर्ण विकारों को शीघ्र नष्ट करता है। इस रस को सेवन करने के पश्चात् दूध

में मिश्री डालकर पान करे, अथवा मुलैठी का जल के द्वारा कल्क बनाकर वस्त्र में उसका रस निचोड़कर उस रस को मिश्री डालकर पान करे। अथवा पित्त को शान्त करने के लिये चन्दन को शीतल जल में घिसकर पान करे॥२२२-२२५॥

दशसारचूर्ण

यष्टी द्राक्षा फलं धात्र्या एला चंदन वालकम्।
मधूकपुष्पं खर्जूरं दाडिमं पेषयेत्समम्॥२२६॥
सर्वतुल्या सितायोज्या पलार्धं भक्षयेत्सदा।
दशसारमिदं ख्यातं सर्वपित्तविकारजित्॥२२७॥
मेहतृष्णाऽरतीश्चैव दाहं मूर्च्छां ज्वरं जयेत्॥२२८॥

मुलैठी, दाख, आमले, इलायची, चन्दन, सुगन्धवाला महुवे के फूल, खजूर और दाडिमी सबको समान भाग लेकर एकत्र कूट पीसकर चूर्ण लेवे। इसको दशसार चूर्ण कहते हैं। यह चूर्ण प्रतिदिन दो-दो परिणाम सेवन करने से सब प्रकार के पित्त के विकारों को दूर करता है, तथा प्रमेह, तृषा, अरुचि, दाह, मूर्च्छा, ज्वर आदि अनेक रोगों को शमन करता है॥२२६-२२८

इति श्रीवाग्भटाचार्य विरचिते रसरत्नसमुच्चये भाषाटीकायां अष्टादशोऽध्यायः समाप्त॥१८॥

संदर्भ :

१. असृग्पाठोप्यन्यत्र पुस्तके।
२. रसमेषजमिति पाठोपि।
३. सूतं गंधं निम्बपालाशतोयैः पिष्ट्वा यामं ताम्रचक्रेण बद्ध्वा। भस्मीभूतं लोककिट्टं समानं दद्यांद्गंधं क्षुद्रशंखं च तुल्यम्। भाव्यं सर्वं पूर्ववद्यामयुग्मं दद्यात्पुष्ट्यै रोचने दीपेन च शूले पाण्डौ अल्पके रोगराजे कासे श्वासे गुल्ममेहे ज्वरेषु। अर्शोरोगप्रयोज्यः सतः प्राणरक्षाभिधायी। इत्यन्यत्र पुस्तके।
४. शुल्बभस्मेत्यन्यपुस्तकस्थः पाठोपि साधुः।
५. मूल के अनुसार तुल्यभाग घृत और मधु मिला मर्दन करना ऐसा अर्थ होता है।
६. एष पाठः अन्यत्र पुस्तके नोपलभ्यते।
७. हंसराज।

एकोनविंशोऽध्यायः

उदररोग

उदरं सजलं यस्य सदोषं बलिवर्जितम्।
श्वयथु पादयोःशोफः स्याज्जलोदरलक्षणम्॥१॥
उदरं वातसंपूर्णं सव्यथं व कृशांगता।
मुहुर्मुहुः श्वसित्येव तद्वातोदरलक्षणम्॥२॥

जिस मनुष्य का पेट पानी से भरा हुआ और वातादि दोषों से युक्त दिखाई दे तथा जिसके उदर में बली न पड़ती हों और समस्त शरीर में विशेषकर पैरों पर सूजन हो तो जलोदर के लक्षण जानने चाहिये। यदि रोगी का पेट वायु से फूला हुआ हो, उदर में पीड़ा होती हो, सम्पूर्ण अंग दुर्बल होते चले जाते हों और रोगी बारम्बार अधिक श्वास लेता हो तो वातोदर के लक्षण जानने चाहिये॥१॥२॥

उदरघ्न रस

जीमूतलोहरसगंधशिलालताम्रव्योष
ग्निकुष्ठ मुशलीविषदीप्यचूर्णम्।
निंबूकनीरलुलितं गुटिकीकृतं तद्भुक्त
निशासु मधुना सकलोदरघ्नम्॥३॥

अभ्रक भस्म, लोह भस्म, पारा, गन्धक, शुद्ध मैनसिल, शुद्ध हरताल, ताम्र भस्म, त्रिकुटा, चीता, कूठ, मुसली, शुद्ध वत्सनाभ और अजमोद इन औषधियों को समान भाग लेकर बारीक चूर्ण कर के कपडछान कर ले। फिर नींबू के रस में घोंटकर एक-एक मासे की गोलियाँ बना लें।

इन गोलियों को प्रतिदिन रात्रि में मधु के साथ सेवन करने से सर्वप्रकार का उदररोग नष्ट होता है।।३।।

विनोद विद्याधर रस

रसेंद्रबलिटंकणैः सजयपालबीजैः समैः।
रसः सुमृदितो भवेत्खलु विनोदविद्याधरः।।४।।
पयोगुडयुतो हरेत्सकलरेचनीयामयाञ्।
ज्वरं च जठरामयान्गुदगदं सशूलं नृणाम्।।५।।
सम्यग्विरचनाभावे मुद्गक्वाथं पिबेदनु।
भेदाधिक्ये पिबेत्तक्रं बबूराणां त्वचो रसम्।।६।।

पारा, गन्धक, सुहागा और जमालगोटे के बीज इन सबको समान भाग लेकर एक दिन तक खरल करके खूब बारीक चूर्ण कर लें। जो रोग केवल जुलाव लेने से ही शान्त हो जाते हैं, उन रोगों में इस विनोद-विद्याधर रस का प्रयोग करना अत्यन्त उपयोगी है, इस रस को उपयुक्त मात्रा से सेवन कर ऊपर से गुड मिलाकर दुग्धपान करे। इसके सेवन से जुलाब होकर सब विकार दूर हो जाते हैं। यह रस मनुष्यों के ज्वर, उदररोग, अर्श और शूल की पीड़ा इन सब रोगों को नष्ट करता है। इस रस के सेवन करने पर यदि अच्छे प्रकार के दस्त न हो तो मूँग की दाल का यूष पान करे। और विरेचन के अधिक होने पर तक्र अथवा बबूल की छाल का क्वाथ पान करे।।४-६।।

सुरेचनक रस

अष्टौ निस्तुषदंतिबीजमपि चेच्छुंठ्यास्त्रयो गंधका-
द्द्वौ च द्वौमरिचस्य टंकणरसं चैकैक भागं पृथक्
गुंजामात्रमिदं सुरेचनकरं देयं च शीतांबुना
शौंफ गुल्मजलोदरं प्रशमयेत्प्लीहामयघ्नं परम्।।७।।

छिल्के रहित और शोधित जमालगोटे ८ तोले, सोंठ ३ तोले, शुद्ध गन्धक २ तोले, मिरच २ तोले, सुहागा १ तोला और शुद्ध पारा १ तोला लेकर सब औषधियों को एकत्र चूर्ण करके खूब बारीक खरल कर लें। इस रस को आवश्यकता पड़ने पर शीतल जल के साथ एक-एक रत्ती

परिमाण दे। इसके सेवन से अच्छे प्रकार जुलाब होकर शोथ, गुल्म, जलोदर, प्लीहा आदि व्याधियाँ शमन हो जाती हैं।।७।।

मृत्युञ्जय रस

द्विक्षारं त्र्यूषणं पंचलवणं शतपुष्पिकाम्।
समभागमिदं सर्वं पटचूर्णं समाचरेत्।।८।।
तत्समौरसगंधौ[1] च कृत्त्वा कज्जलिकां शुभाम्।
सर्वमेकत्र संमेल्य मर्दयेद्दिवसत्रयम्।।९।।
अयं मृत्युंजयो नाम्ना रसः शीघ्रफलप्रदः।
कथितो मलयार्येण संनिपातहरः परः।।१०।।
सन्निपाते प्रयोक्तव्यो रक्तिकापंचमात्रकः।
चित्रकार्द्रकसिंधूत्थकटुभिर्वा समन्वितः।।११।।
पीततोय त्रिदोषार्तं निर्वाते वासयेत्ततः।
पथ्यं दध्योदनं देयं याचमानाय नान्यथा।।
गुणो न जायते यस्य तस्य देयो रसः पुनः।।१२।।
हन्याद्वातगदं तथा कफगद मन्दानलत्वं ज्वरं
शूलंसर्वमहामयाञ्जठरजां पीडां यकृत्पाण्डुताम्।
शोफं गुल्मरुजं तथा ग्रहणिकां प्लीहामयं विड्ग्रहं
वांतिं गुल्मकृतांसकासमभितः श्वासंच हिक्कामपि।।१३।।
आदौ सर्वोदराणां च देयमुक्त विरेचनम्।
गोमूत्रैर्वाऽथ गोक्षीरैर्योज्यमेरण्डतैलकम्।।१४।।
कर्षमात्रं प्रयत्नेन शुद्धे देयो रसः पुनः।।१५।।

दोनों खार (जवाखार, सज्जी) त्रिकुटा (सोंठ, मिर्च, पीपल), पांचों नमक और सोंफ ये प्रत्येक औषधि एक २ तोला लेकर बारीक चूर्ण करके कपड़े में छान लें। फिर समस्त चूर्ण के बराबर समान भाग पारा और गन्धक लेकर दोनों की कज्जली कर लें। उस कज्जली में उक्त चूर्ण को मिलाकर तीन दिन तक अच्छे प्रकार से खरल करे। मृत्युञ्जय नामक रस को श्रीमलयार्थ नामक विद्वान ने वर्णन किया है। यह रस–शीघ्र

शुभफल प्रदान करने वाला और सन्निपात को हरने वाला है। इसको सन्निपातम पांच २ रत्ती परिमाण लेकर चीता, अदरक, सैंधानमक और मिर्च इन चारों के समान भाग चूर्ण अथवा क्वाथ के साथ प्रयोग करे। सन्निपात रोगी को यह रस सेवन कराकर ऊपर से थोड़ा सा शीतल जल पिला दें और वातरहित स्थान में रखे। इस रस के सेवन करने पर जब रोगी भोजन मांगे तब उसको दही, भात का पथ्य दें। यदि उपयुक्त मात्रा में इस रस के देने से रोगी को कोई असर न हो तो उसको उतने ही परिमाण में यह रस फिर दें। यह रस-वातसम्बन्धी और कफ सम्बन्धी सम्पूर्ण रोग, मन्दाग्नि, ज्वर, शूल, बड़ी-बड़ी दारुण व्याधियां उदर सम्बन्धी सब रोग और पीड़ा, यकृत् विकार, पाण्डुरोग, शोथ, गुल्मरोग, खाँसी, श्वास, हिचकी, संग्रहणी, प्लीहा, मलबद्धता, और गुल्म के द्वारा उत्पन्न हुई वमन इत्यादि सम्पूर्ण रोगों को समूल नाश करता है। सर्व प्रकार के उदर रोगों में प्रथम रोगी को गोमूत्र के साथ अथवा गोदुग्ध के साथ एक तोला अण्डी का तेल पान कराकर हलका जुलाब देना चाहिये कोठे के शुद्ध हो जाने पर फिर इस रस को सेवन करायें॥८-१५॥

त्रैलोक्यसुन्दर रस

शुद्धं सूतं तथा गंधं मृताभ्रं सैंधवं विषम्।
कृष्णजीरं विडंगं च गुडूचीसत्त्वचित्रकम्॥१६॥
एलाचैव यवक्षारं प्रत्येकं स्याद्रसार्धकम्।
दिनं निर्गुंडिकाद्रावैर्बीजपूररसैर्दिनम्॥१७॥
मर्दयेच्छोषयेत्सम्यक् रसस्त्रैलोक्यसुंदरः।
गुंजाद्वयं घृतैर्लेह्यो वातोदरकुलांतकः॥१८॥
पलमेकं चित्रमूलं द्विगोमूत्रैश्चतुर्जलैः।
पाच्यं यावद्द्रवेत्कल्कं घृतंकल्कं च योजयेत्॥१९॥
पलैकं च यवक्षारं क्षिप्त्वा पक्त्वाऽवतारयेत्।
तत्कर्षैकं पिबेच्चानु स्निग्धमुष्णं च भोजयेत्॥२०॥

शुद्ध पारा १ तोला तथा शुद्ध गन्धक, अभ्रक भस्म, सैंधानमक, शुद्ध वत्सनाभ, काला जीरा, वायविडंग, गिलोय का सत्त्व, चीता, इलायची,

और जवाखार यह प्रत्येक औषधि छः-छः मासे लें। सबको एकत्र पीसकर सिह्मालूके रस में और बिजौरे नींबू के रस में क्रम से एक-एक दिन तक खरल करके सुखा लें। यह त्रैलोक्य सुन्दर रस वातजनित उदररोग को समूल नष्ट करने वाला है। इसको प्रतिदिन दो-दो रत्ती परिमाण घृत में मिलाकर सेवन करे। फिर चीते की जड़ का चूर्ण ४ तोले, गोमूत्र ८ तोले और पानी १६ तोले लेकर तीनों एकत्र करके पकायें। जब सब जल जाय और कल्क मात्र शेष रह जाय तब उसमें समान भाग घृत और ४ तोले जवाखार डालकर उत्तम प्रकार घृत को सिद्ध करे। इस घृत को एक २ तोला परिमाण लेकर अनुपान रूप से सेवन करे और स्निग्ध तथा उष्ण पदार्थों का आहार करे॥१६-२०॥

महावह्निरस

चतुः सूतस्य गंधोऽष्टौ रजनी त्रिफला शिवा[२]
प्रत्येकं च द्विभागं स्यात्त्र्यूषजीरकदंतिकाः॥२१॥
प्रत्येकमष्टभागं स्यादेकीकृत्य विचूर्णयेत्।
जयंतीस्नुक्पयोभृंगवह्निवातारितैलकैः॥२२॥
प्रत्येकेन क्रमाद्भाव्यं सप्तवारं पृथक्पृथक्।
महावह्निरसो नाम निष्कमुष्णजलैः पिबेत्॥२३॥
विरेचनं भवेत्तेन तक्रभक्तं ससैंधवम्।
दिनांते भोजयेत्पथ्यं वर्जयेच्छीतलं जलम्॥२४॥
नाभ्युत्तरे जलस्त्रावं कुर्याद्धंति जलोदरम्।
सर्वोदरहरं योज्यं गुडनागरयोः पलम्॥२५॥

पारा ४ तोले, गन्धक ८ तोले, हल्दी २ तोले, त्रिफला २ तोले, हरड २ तोले, त्रिकुटा ८ तोले, जीरा ८ तोले, और दन्ती की जड़ ८ तोले लेकर सबको एकत्र करके बारीक चूर्ण कर लें। इस चूर्ण को अरणी कार रस, थूहर का दूध भाँगरे का रस, चीते की जड़ का क्वाथ और अण्डी का तेल इन प्रत्येक के साथ उत्तरोत्तर क्रम से सात-सात बार भावना दें। इस रस को नित्य चार-चार मासे परिमाण सेवन कर उष्ण जल का अनुपान

करे। इसके सेवन से जब दस्त हो जायँ तब रोगी को सायंकाल में तक्र में सैंधा नमक मिलाकर उसके साथ भात का भोजन करायें। इस पर शीतल जल का उपयोग नहीं करना चाहिये। एवं नाभि नीचे के भाग में आपरेशन करवाकर जल निकलवायें। इस प्रकार उपचार करने से अल्पकाल में ही जलोदर रोग दूर हो जाता है। इस रस को सेवन करने के पश्चात् १ तोला सोंठ के चूर्ण को तीन तोले गुड में मिलाकर अथवा समान भाग सोंठ और गुड को खाने से सब प्रकार के उदर रोग नष्ट होते हैं।।२१-२५।।

वैश्वानररस

रसगंधकताम्राणि शिलाजित्कांतलोहकम्।।२६।।
त्रिकटुश्चित्रकं कुष्ठं निर्गुंडी मुसली विषम्।
अजमोदा च सर्वेषां द्वौ द्वौ भागौ प्रकल्पयेत्।।२७।।
चूर्णीकृत्य ततः सर्वं निंबक्वाथेन भावयेत्।
एकविंशत्प्रकारेण भृंगराजेन सप्तधा।।२८।।
मधुना गुटिकां शुष्कां रजन्यां तु प्रदापयेत्।
वैश्वानराभिधो योगो जलोदरविशोषणः।।२९।।

शुद्ध पारा, गन्धक, ताम्रभस्म, शिलाजीत, कान्तलोहभस्म, त्रिकुटा, चीता, कूट, निर्गुण्डी, मुसली, शुद्ध वत्सनाभ, और अजमोद इन सब औषधियों को दो दो तोले लेकर एकत्र चूर्ण करके उस चूर्ण को नीम के काढ़े में २१ बार भावना दें। फिर भाँगरे के रस में ७ बार भावना देकर गोलियाँ बनाकर सुखा लें। इन गोलियों को उपयुक्त मात्रा से मधु में मिलाकर रात्रि में सेवन करायें। यह वैश्वानर रस जलोदर को शुष्क करने के लिये अत्यन्त उपयोगी है।।२६-२९।।

उदयमार्त्तण्ड रस

पलोन्मितस्य शुल्बस्य सूक्ष्मपत्राणि कारयेत्।
तत्समं गंधकं दत्त्वा खल्वे सर्वं विनिक्षिपेत्।।३०।।

जंबीररससंयुक्तं दिनं घर्मे निधापयेत्।
ततः शुल्वे द्रवीभूते रसकर्षं नियोजयेत्॥३१॥
तत्सिद्धमुदरे योज्यं शोफे चैव भगंदरे।
नाम्ना तूदरमार्तंडरस एष प्रकीर्तितः॥३२॥

प्रथम ४ तोले शुद्ध तांबे के बारीक कंटक वेधी पत्र बनवायें फिर ४ तोले गन्धक को नींबू के रस में घोटकर उसमें ताम्र पत्रों को डालकर और नींबू का रस भरकर तीक्ष्ण धूप में रख दें। इस प्रकार एक दिन तक धूप में रखने से ताम्र की द्रुति हो जाती है। उसमें १ तोला पारा मिलाकर रख लें। इसको उदयमार्त्तण्ड रस कहते हैं। इस रस को समस्त उदर रोग, सूजन और भगन्दर रोग में प्रयोग करने से शीघ्र लाभ होता है॥३०-३२॥

सूर्य प्रभागुटिका

भार्ङ्गीवह्निजयायुगाभ्रकदलीपाठावचारोचना-
श्चव्यं पत्रकचित्रकं त्रिकटुकं क्षारद्वयं गंधकम्।
त्रायंतीहरबीजकेसरि विषद्वंद्वं लवंगं कणा
कुष्ठं शल्यफलं फलत्रययुतं फेनः समुद्रादपि॥३३॥
ब्रह्मबीजं लताबीजं बालबिल्वं विरूढकम्।
लवणानि तथा पंच जात्यादिकुसुमाष्टकम्॥३४॥
वातारितैलेनैतेषां कल्पिता भिषजां वरैः।
एषा सूर्यप्रभा नाम गुटिकाऽग्निप्रदीपनी॥३५॥

भारंगी, भिलावे, भाँग, अरणी, अभ्रक भस्म, केले का कन्दु, पाढ, वच, गोरोचन, चव्य, तेजपात, चीता, सोंठ, मिरच, पीपल, जवाखार, सज्जी, गन्धक, त्रायमाणा, पारा, केसर, शुद्ध वत्सनाभ, सर्पाविष, लौंग, पीपल, कूठ, ताड के फल, त्रिफला, समुद्रफेन, ढकपन्ना, लताकस्तूरी, कच्चाबेल, गिलोय, पाँचों नमक, जुही, चमेली, मोगरा, मौलसिरी, गुलाब, कनेर, महुवा और वरुण वृक्ष इन सबके फूल ये सब औषधियाँ समान भाग लें। प्रथम पारा और गन्धक की कज्जली करके, फिर अन्य सब औषधियों का एकत्र बारीक चूर्ण करके कज्जली में मिला लें और सबको अण्डी के तेल में खरल करके छोटी छोटी गोलियां बना लें। यह

सूर्य प्रभा गोलियां उपयुक्त मात्रा से सेवन करने से जठराग्नि को अत्यन्त दीपन करती हैं। और उदरसम्बन्धी समस्त रोगों को नष्ट करती हैं।।३३-३५।।

वज्रक्षार

सामुद्रं लवणं काचं यवक्षारं सुवर्चलम्[३]।
टंकणं स्वर्जिकाक्षारस्तुल्यं चूर्णं विभावयेत्।।
अर्कक्षीरैः स्नुहीक्षीरैरातपे भावयेत्त्र्यहम्।।३६।।
अर्कपत्रं लिपेत्तेन रुद्ध्वा चांतःपुटे पचेत्।
तत्क्षारं चूर्णयित्वाऽथ त्र्यूषणं त्रिफलारजः।।३७।।
जीरकं रजनीं वह्निं चव्यकं स्यात्समं समम्।
क्षारार्धमेतदर्धं च एकीकृत्य प्रयोजयेत्।।३८।।
अग्निमांद्येष्वजीर्णेषु भक्ष्यं निष्कद्वयं द्वयम्।
वाताधिक जलैः कोष्णैघृतैः पित्ताधिके हितम्।।३९।।
कफे गोमूत्रसंयुक्त मारनालैस्त्रिदोषजे।
वज्रक्षारमिदं सिद्धं स्वयं प्रोक्तं पिनाकिना।।४०।।
सर्वोदरेषु गुल्मेषु शोफशूलेषु योजयेत्।।४१।।

समुद्र नमक, सैंधा नमक, कचिया नमक, जवाखार, काला नमक, सुहागा और सज्जी इन सबको समान भाग लेकर बारीक चूर्ण कर लें। फिर उस चूर्ण को आक के दूध में थूहर के दूध में तीन दिन तक घृत में रखकर भावना दें। इसके पश्चात् उसका गोलासा बनाकर उसको आक के पत्तों से लपेटकर कुक्कुट पुट में पकायें। स्वांगशीतल होने पर उस क्षार को पीस कर उसमें त्रिकुटा, त्रिफला, जीरा, चीता और चव्य इन सब औषधियों के समान भाग चूर्ण को कपड़े में छान करके क्षार से आधा भाग या चौथाई भाग परिमाण मिलाकर खूब बारीक खरल करे। इस प्रकार यह वज्रक्षार सिद्ध होता है। यह सिद्ध रस है, इसलिये इसको स्वयं शंकर भगवान ने वर्णन किया है। इसको प्रतिदिन मन्दाग्नि तथा अजीर्ण रोग में आठ-आठ मासे परिमाण जल के साथ सेवन करे। वाताधिक्य रोग में उष्ण जल के साथ, पित्त प्रधान रोग में घृत के साथ,

क़फजन्य व्याधि में गोमूत्र के साथ और सन्निपात में काँजी के साथ सेवन करने से विशेष उपकार करता है। इसके अतिरिक्त सब प्रकार के उदर रोग, गुल्म, शोथ और शूलरोग में भी इसको प्रयोग करना चाहिये॥३६-४१॥

सामान्य उपाय

खादिरं देवदारुं च कर्षं गोमूत्रतः पिबेत्।
उदरं पांडुरोगं च हंति शूलं च प्लीहकम्॥४२॥
दिनैकं पिप्पलीचूर्णं स्नुहीक्षीरेण भावयेत्।
निष्कं जलोदरं हंति महिषीमूत्रतः पिबेत्॥४३॥

खैरसार (कत्था) और देवदारु दोनों को एक तोला लेकर एकत्र पीसकर गोमूत्र के साथ पान करे। इससे उदर रोग, पाण्डुरोग, शूल और प्लीहारोग नष्ट होता है। एवं पीपलों के चूर्ण को थूहर के दूध में एक दिन तक खरल करके चार २ मासे की गोलियाँ बना लें। इन गोलियों को भैंस के दूध के साथ सेवन करने से जलोदर रोग अवश्य दूर होता॥४२-४३॥

पाण्डुरोग

विवर्णता शरीरे स्याच्छ्वयथुः कार्श्यमेव च।
सत्त्वहानिरथाऽऽलस्यं पाण्डुरोगस्य लक्षणम्॥४४॥

शरीर में विवर्णता का होना; अर्थात् वर्ण का पीला पड़ते जाना, सूजन का होना, दुर्बलता का बढ़ना, बल का ह्रास होना और आलस्य का रहना ये सब पाण्डुरोग के लक्षण हैं॥४४॥

हंसमण्डूर

मण्डूर मर्दयेच्छ्लक्ष्णं गोमूत्रेऽष्टगुणे पचेत्।
त्र्यूषणं त्रिफला मुस्ता विडंगं चव्यचित्रकौ॥४५॥
दार्वी ग्रंथी देवदारु तुल्य तुल्यं विचूर्णयेत्।
घृतं मण्डूरतुल्यं च पाकांते मिश्रयेत्ततः॥४६॥
भक्षयेत्कर्षमात्रं च जीर्णांते तक्रभोजनम्।
पाण्डुरोगं हलीमं च ऊरुस्तंभं च कामलाम्॥
अर्शांसि हंति नो चित्रं हंसमंडूरकाह्वयम्॥४७॥

मण्डूर को खूब बारीक पीसकर आठगुने गोमूत्र में पकायें जब पककर गोमूत्र सब जल जाये और मण्डूर गाढ़ा हो जाये तब उसमें त्रिकुटा, त्रिफला, नागरमोथा, वायविडङ्ग, चव्य, चीता, दारुहल्दी, पीपलामूल और देवदारु तथा घी सबको समान भाग लेकर चूर्ण करके मण्डूर के बराबर भाग डालकर मन्द मन्द अग्नि से पकायें। उत्तम प्रकार से परिपाक हो जाने पर उसकी एक-एक तोले की गोलियाँ बना लें। इन गोलियों को प्रतिदिन नियमित रूप से भक्षण करे और औषधि के जीर्ण हो जाने पर तक्र के साथ भात का भोजन करे। यह हंस मण्डूर अल्पकाल में ही पाण्डुरोग, हलीमक, ऊरुस्तम्भ, कामला और अर्श इन सब रोगों को निस्सन्देह नष्ट करता है।।४५-४७।।

कालविध्वंसरस

शुद्धसूतं हेमतारं ताम्रं तुल्यं च मर्दयेत्।
जंबीरनीरसंयुक्तमातपे मर्दयेद्दिनम्।।४८।।
सर्वतुल्यं पुनः सूतं क्षिप्त्वा पिष्टं प्रकल्पयेत्।
धत्तूरफलमध्ये तु दोलायंत्रे त्र्यहं पचेत्।।४९।।
धत्तूरोत्थद्रवैरेव यंत्रं पूर्य पुनः पुनः।
आदाय बंधयेद्वस्त्रे इष्टिकायंत्रगं पचेत्।।५०।।
जंबीरैर्गंधकं पिष्ट्वा अधश्चोर्ध्वं च दापयेत्।
तुल्यं पुनः पुनर्देयं रुद्ध्वा लघुपुटे पचेत्।।५१।।
षड्गुणे गंधके जीर्णे तत्तुल्यं मृतलोहकम्।
दत्त्वा मर्द्यं दिनैकं च कंटकार्या द्रवैर्दृढम्।।५२।।
रुद्ध्वाथ करिषाग्निस्थकपोताख्यपुटे पचेत्।
पुनर्मर्द्यं पुनर्भाव्यं त्रिवारं पूर्वजैर्द्रवैः।।५३।।
बृहत्युत्थद्रवैस्तद्वत्त्धिामर्द्य पुटेत्त्रिधा।
वह्न्यर्कनक्तमालानां पृथग्द्रावैर्द्विधा द्विधा।।५४।।
मर्द्यं रुद्ध्वा पुटेत्तद्वद्दशांशं वत्सनाभकम्।
दत्त्वा तस्मिन्विचूर्ण्याथ गुंजामात्रं प्रयोजयेत्।।५५।।

कालविध्वंसनो नाम रसः पाण्डूवामयापहः।
अभयाऽथ गवां मूत्रैः पिष्ट्वा चानुप्रदापयेत्॥५६॥

शुद्ध पारा, सुवर्णभस्म, रौप्यभस्म और ताम्रभस्म इन चारों को समान भाग लेकर जम्बीरी नींबू के रस में धूप में रखकर एक दिन तक खरल करे। फिर उसमें समस्त औषधि के बराबर पारा मिलाकर खूब बारीक खरल करे। उस कज्जली को धतूरे के फलों के भीतर भरकर उनको दोलायन्त्र में अधर लटकाकर और उस यन्त्र में धतूरे का रस भरकर तीन दिन तक पकायें। जब रस सूख जाय तब उसमें बार-बार और रस डालता जाय। फिर चौथे दिन उन फलों को निकालकर वस्त्र में बाँधकर इष्टिकायन्त्र में रखकर पकायें। स्वांगशीतल होने पर उन फलों को लेकर जम्बीरी नींबू के रस में घोटकर गोला बना लें। इसके पश्चात् उस रस के समान भाग, गन्धक को नींबू के रस में घोटकर सम्पुट में नीचे ऊपर उक्त गन्धक का लेप करके बीच में गोला रख दें और सम्पुट को बन्द कर ऊपर से कपरोटी करके लघु कपोतपुट दें। इस प्रकार बारम्बार समान भाग गन्धक डालकर ६ बार कपोतपुट दें गन्धक में जारण करने के पश्चात् उस रस में समान भाग लोह भस्म मिलाकर कटेरी के रस में एक दिन तक खरल करके गोला बना लें। उस गोले को शराव सम्पुट में बन्द करके आरने उपलों की अग्नि के द्वारा कपोत पुट में पकायें। इस प्रकार कटेरी के रस में ३ बार मर्दन करके ३ बार पुट दें। पश्चात् बड़ी कटेरी के रस में ३ बार मर्दन करके ३ बार कपोतपुट देवे। फिर चीता, आक और अमलतास इन औषधियों के रस में क्रम २ से दो-दो बार खरल करके दो दो बार पुट दें। (इन औषधियों में से पहल जिसका पुट देना हो उसके रस में दो बार दिन में घोटकर रात्रि में दो बार पुट दें इसी प्रकार अन्य औषधियों में पुट दें इसके अनन्तर उस रस में १० दशभाग शुद्ध वत्सनाभ मिलाकर एक दिन तक खूब बारीक खरल करके शीशी में भरकर रख दें। इस रस को प्रतिदिन एक २ रत्ती परिमाण प्रयोग करे और इस पर हरड को गोमूत्र में पीसकर

अनुपान रूप से दें। यह कालबिध्वंसन रस पाण्डुरोग को समूल नष्ट करने वाला है॥४८-५६॥

पञ्चानन रस

मृतं कातं सुवर्णं च शुल्बताराभ्रभस्मकम्।
पृथगक्षमितं सर्वं-पटचूर्णकृतं मुहुः॥५७॥
रसगंधककज्जल्या तुल्यया सह मर्दितम्॥
सार्धद्विपलमानेनताप्यचूर्णेन मर्दितम्॥५८॥
द्विपलं मूषिकामध्ये विनिक्षिप्यालचूर्णकम्।
ततस्तु कज्जलीं क्षिप्त्वा मनोह्वां तावतीं क्षिपेत्॥५९॥
ततो निरुध्य यत्नेन परिशोष्य पुटेन्निशि।
पुटेन गजसंज्ञेन स्वतः शीतं विचूर्णयेत्॥६०॥
चतुर्गुणेन गंधेन निर्मितां रसकज्जलीम्।
क्षिप्त्वा पूर्वरसे लुंगवारिणा परिमर्दयेत्॥६१॥
पचेत्क्रोड पुटेनैव दशवारंमतः परम्
एवं तालककज्जल्या दशवारं टेत्ततः॥६२॥
ततश्च मृतवैक्रांतभस्मना च कलांशतः।
ततो विचूर्ण्य यत्नेन करंडांतर्विनिक्षिपेत्॥६३॥
अयं पंचाननो नामदेवराजेन कीर्तितः।
श्रेष्ठः सर्वरसेंद्रेषु महारससमो गुणैः॥६४॥
पथ्यासूरणशुंठीभिः सघृताभिर्निषेवितः।
सर्वान्पाण्डुगदान्हंति कृतघ्न इस सत्कृतिम्॥६५॥
यक्ष्माणं जठरं हलीमकरुजं वातार्तिविड्बंधनं
कुष्ठं च ग्रहणीं ज्वरातिसरणं श्वासं च कासारुची।
श्लेष्मव्याधिमशेषतो गलगदान्दुर्नाममंदाग्नितां
मेहं गुल्मरुजंचकिंबहुगिरा हन्यात्सतांस्तान्गदान्॥६६॥

सेव्यमाने रसे चास्मिन्बिल्वमेकं च वर्जयेत्।
स्वस्थः सर्वं समश्नीयाद्गदी पथ्यं गदापहम्।।६७।।

कान्तलोहभस्म, सुवर्णभस्म, ताम्रभस्म, चाँदी की भस्म, और अभ्रक भस्म इन सब भस्मों को पृथक् पृथक् एक-एक तोला लेकर खूब बारीक खरल करके वस्त्र में छान लें। फिर ढाई २ तोले पारे और गन्धक की कज्जली करके उसमें उपर्युक्त भस्मों को मिलाकर मर्दन करे। फिर १० तोले स्वर्णमाक्षिक भस्म डालकर खूब बारीक खरल करे। इसके पश्चात् एक मूषा में ८ तोले शुद्ध हरताल का चूर्ण बिछाकर उसके ऊपर उक्त कज्जली को रखे और उसके ऊपर ८ तोले शुद्ध मैनसिल का चूर्ण रखकर मूषा को बन्द करके कपरौटी कर सुखा लें। उस सम्पुट को रात्रि के समय वातरहित स्थान में रखकर गजपुट के द्वारा पुट दें। स्वाङ्गशीतल होने पर रस को निकाल कर खरल कर लें। इसके उपरान्त एक भाग पारा और ४ भाग गन्धक की कज्जली करके उसको पूर्वोक्त रस में समान भाग मिलाकर बिजौरा नींबू के रस में १ दिन तक घोटकर वाराहपुट दें। इस प्रकार बारंबार कज्जली मिलाकर और नींबू के रस में घोटकर १० बार बाराहपुट दें। फिर १ भाग पारद और ४ भाग हरताल की कज्जली करके उसको उपर्युक्त रस के बराबर भाग में मिलाकर और नींबू के रस में घोटकर उक्त विधि से वाराहपुट दें। इस प्रकार प्रत्येक बार हरताल की कज्जली मिला मिलाकर और नींबू की रस में घोटकर १० बार बाराह पुट दे। इन पुटों को देने के अनन्तर उक्त रस को १ दिन तक खरल करके उसमें १६वां भाग वैक्रान्त मणि की डालकर मैदा के समान खूब बारीक खरल करके शीशी में भरकर रख दे। इस पंचानन रसको श्रीदेवराज आचार्य ने वर्णन किया है। यह सम्पूर्ण रसों में श्रेष्ठ और महारस (१८ संस्कार किये हुए पारद) के समान गुणकारी है। इस रस को हरड़ जिमीकन्द और सौंठ के चूर्ण तथा घृत के साथ एक या दो परिमाण सेवन करे। यह सर्वप्रकार के पाण्डुरोगों को इस प्रकार शीघ्र नष्ट कर देता है, जैसे कृतघ्न मनुष्य दूसरे के उपकारों को एकदम भूल जाता है। एवं यक्ष्मा रोग, उदररोग, हलीमक, वातरोग, मलबद्धता, कुष्ठरोग, संग्रहणी, ज्वरातिसार, श्वास, खाँसी, अरुचि, कफ के रोग, गलगण्ड, कण्ठमाला, अर्शमन्दाग्नि प्रमेह और गुल्मरोग अधिक

क्या इनके अतिरिक्त अन्यान्य सम्पूर्ण रोगों को विनाश करने के लिए यह रस अत्यन्त शक्तिशाली है। इस रस के सेवन करने पर केवल बेल को त्याग देना चाहिये। और स्वस्थ होने पर सब प्रकार के आहार विहार करे। परन्तु जब तक शरीर पूर्ण रूप से स्वस्थ न हो और यह रस सेवन किया जाता हो तब तक रोगनाशक पथ्य पदार्थों का उपयोग करे।।५७-६७।।

आरोग्यसागर रस

एकैकपलगंधाश्मरससंभवकज्जलीम्।
तस्या मध्ये द्विपलिकं ताप्यं तालं पलोन्मितम्।।६८।।
पलमात्रां मनोह्वां च पलमभ्रकभस्मकम्।।
सुखस्पर्शस्य कर्षं च निक्षिप्य परिमर्द्य च।। ६९।।
मूषामध्ये विनिक्षिप्य पिनद्धांतर्मुखी ततः।
पत्रेण शुद्धताम्रस्य निर्मलेन त्रिकर्षिणा।।७०।।
मूषा मृद्भिः सवस्त्राभिः परिरुध्य यथा दृढम्।
परिशोष्य गिरिंडैश्च पुटेद्गजपुटेन हि।।७१।।
स्वांगशीतं समुद्धृत्य खोटीभूतं विचूर्णयेत्।।
गंधतालशिलाचूर्णैः सहितं खल्वचूर्णकम्।।७२।।
पुटेत्क्रोडपुटे चैव दशवारं ततः परम्।
क्षिपेद्विंशतिभागेन वक्रांत भस्मतां गतम्।।७३।।
विमर्द्य गालितं कृत्वा क्षिपेद्रौप्यकरंडके।
आरोग्यसागरो नाम रसोऽतिगुणवत्तरः।।७४।।
हन्यात्पाण्डुमरोचकं गुदगदं वातं च पित्तं कफं।
गुल्माध्मानकशोफरोगमथ च श्वासं शिरोर्तिं वमिम्।
अत्यर्थानलमंदतां गुरुमुदावर्तं विचित्रज्वरान्
रोगानप्यपरान्रतिद्वयमितः सूतो मरीचाज्यवान्।।७५।।

चार तोले पारद और ४ तोले गन्धक की कज्जली करके उसमें स्वर्णमाक्षिक भस्म ८ तोले, हरताल ४ तोले, मैनसिल ४ तोले, अभ्रकभस्म

४ तोले और स्फटिकमणि की भस्म १ तोला डालकर अच्छे प्रकार से खरल करके गोला बना लें। उस गोले को मूषा में रखकर उसके मुँह को शुद्ध ताँबे के ३ तोले पत्रों के द्वारा बन्द करके ऊपर से कपरौटी करके सुखा लें। उस मूषा को गजपुट में रखकर उपलों की अग्नि के द्वारा पकायें स्वांगशीतल होने पर मूषा में से रस को निकालकर बारीक चूर्ण कर लें। फिर इस रस में गन्धक, हरताल और मैनसिल का चार-चार तोले चूर्ण मिलाकर खरल करके वाराहपुट दें। इस प्रकार १० बार वाराहपुट दें और प्रत्येक पुट के अन्त में गन्धक, हरताल और मैनसिल का चूर्ण डालकर खरल करता जाय। इसके पश्चात् उसमें बीसवाँ भाग वैक्रान्तमणि की भस्म मिलाकर खूब बारीक खरल करके वस्त्र में छान लें और चाँदी की शीशी में भरकर रख दें। इसको आरोग्यसागर रस कहते हैं। यह अन्य रसों की अपेक्षा अधिक गुणवान् है। इस रस को प्रतिदिन दो दो रत्ती परिमाण मिर्चों के चूर्ण और घृत में मिलाकर सेवन करे। यह रस पाण्डुरोग, अरुचि, अर्श आदि गुदा के रोग, वात, पित्त और कफ के भिन्न भिन्न रोग, गुल्म, आध्मान, शोथ, श्वास, शिर की पीड़ा, वमन, अत्यन्त अग्नि की मन्दता, भयंकर उदावर्त्त और विविध प्रकार के ज्वर इन सब रोगों को तथा अन्यान्य रोगों को भी शीघ्र नाश करता है।।६८-७५।।

पाण्डुपङ्कशोषण रस

ताम्रभस्म रसभस्म गंधकं वत्सनाभमथ तुल्यभागतः।
वह्नितोय परिमर्दितं पचेद्यामपादमथ मंदवह्निना।।७६।।
रक्तिकायुगलमानतो भवेच्छोफपाण्डुघनपंकशोषणः।।७७।।

ताँबे की भस्म, पारे की भस्म, गन्धक और शुद्ध मीठा तेलिया सबको समान भाग लेकर चीते की जड़ के काढ़े में खरल करके चूल्हे पर चढ़ा कर पौन घंटे तक मन्द मन्द अग्नि के द्वारा पकायें। जब रस बिल्कुल शुष्क हो जाय तब नीचे उतारकर बारीक खरल कर लें। इस रस को नित्य दो दो रत्ती परिमाण सेवन करे। इसके सेवन से सूजन, पाण्डु आदि रोग इस प्रकार शीघ्र नष्ट हो जाते हैं जैसे वर्षाऋतु की कीचड़ सूर्य की किरणों के द्वारा तत्काल शुष्क हो जाती है।।७६-७७।।

पित्तपाण्ड्वरि रस

रसस्य भागश्चत्वारो लोहस्याष्ट प्रकीर्तिताः।
वह्निमुस्ताविडंगानां त्रिकुटत्रिफलस्य च॥७८॥
भागास्त्वनेकशो ग्राह्याः कुटजस्य तथाऽपरः।
चूर्णयित्वा ततः सर्वं मधुना गुटिकाः किरेत्॥
एकैकां भक्षयेत्प्रातः पित्तपांड्वपनुत्तये॥७९॥

पारद भस्म ४ तोले, लोहभस्म ८ तोले तथा चीता, नागरमोथा, वायविडङ्ग, त्रिफला और कुड़े की छाल ये प्रत्येक औषधि तीन-तीन तोले लें। प्रथम पारे की भस्म और लोह भस्म को एकत्र खरल करे, फिर अन्यान्य औषधियों को एकत्र कूट पीसकर और भस्म में मिलाकर शहद के साथ खरल करके दो-दो रत्ती की गोलियाँ बना लें। इनमें से प्रतिदिन प्रातः सायंकाल एक-एक गोली भक्षण करे। यह गोलियाँ पैत्तिक पाण्डुरोग को शमन करने के लिये अधिक उपयोगी हैं॥७८-७९॥

त्रैलोक्यसुन्दर रस

रसगंधकलीहाभ्रगुडूचीसत्त्वसूकरः।
त्रिफलाशिग्रुमूलानि भृंगसारेण भावयेत्॥८०॥
त्रैयोक्यसुंदरः सोऽयं सघृतक्षौद्रशर्करः।
मृगांकवत्पथ्यभुजः पांडुशोषं नियच्छति॥८१॥
युतः किंचिद्घृतक्षौद्रगुडतित्तिरिगुग्गुलेः।
त्रिनेत्राख्यो रसो योज्यःशोषे तोयानुपानतः॥८२॥

पारा, गंधक, लोहा, अभ्रक, गिलोय का सत्त्व, वाराहीकन्द, त्रिफला और सैंजने की जड़ इन सबको सम भाग लेकर एकत्र कूट पीसकर भाँगरे के रस में भावना दे। फिर सुखाकर बारीक चूर्ण करके रख ले। इस रस को प्रतिदिन उपयुक्त मात्रा से घृत, मधु और खाँड में मिलाकर सेवन करे और मृगाङ्करस के समान पथ्य करे तो पाण्डुरोग और शोष (क्षय) रोग दूर होता है। यदि पाण्डु शोषरोग में इस रस को सेवन कराकर ऊपर से त्रिनेत्ररस को किंचित् घृत, मधु, गुड़, तीतर का मांस

और गूगल के साथ अनुपान रूप से सेवन कराये और थोड़ा सा शीतल जल पिला दे तो भी शीघ्र लाभ होता है।। ८०-८१।।

जयपाल रस

रसं गंध मृतं ताम्रं जयपालं च गुग्गुलुम्।।
समांशमाज्यसंयुक्तां गुटिकां कारयेन्मिताम्।। ८३।।
एकैकां खादयेद्वैद्यः शोफपांड्वापनुत्तये ।
देवदाल्यास्तु पंचागचूर्णं क्षीरेश्च वा जलैः ।।८४।।
निष्कमात्रं पिबेनित्यं मासात्पाण्डुगदापहम्।।८५।।

पारा, गन्धक, ताम्रभस्म, शुद्ध जमालगोटे और शुद्ध गूगल सबको समान भाग लेकर घृत के साथ खरल करके एक-एक रत्ती की गोलियाँ बना लें। वैद्य इनमें से प्रतिदिन एक गोली सेवन कराये। ये गोलियाँ शोथ और पाण्डुरोग को नष्ट करने के लिए विशेष उपयोगी हैं। अथवा यह गोली सेवन करके ऊपर से देवदाली (बंदाल) के पंचाग का चूर्ण चार मासे परिमाण दूध के साथ या पानी के साथ नित्य सेवन करे तो एक महीने में पाण्डुरोग दूर हो जाता है।।८३-८५।।

पाण्डुहारी हरीतकी

कोरंटो भृंगराजश्च शतावरीपुनर्नवे।
एते सप्तपला ग्राह्याः प्रत्येकं सूक्ष्मचूर्णिताः।।८६।।
एतत्क्वथे पचेत्सम्यग्घरीतक्याः शतत्रयम्।
षष्ट्यधिकं ततः शुष्कं गव्यदुग्धेन पाचयेत्।।८७।।
शोषयित्वा शनैर्हृत्वा वटिकाभिः प्रपूरयेत्।
रसस्य त्रिपलं तत्त्वा गंधके त्रिपलात्मके।।८८।।
पक्त्वाथ पातयेत्पत्रे चूर्णयित्वा ततः पुनः।
गुडूचीसत्वमादाय शुष्कं सप्तपलात्मकम्।।८९।।
चूर्णयित्वा ततः सर्वं मधुना गुटिकाः किरेत्।

तास्तु सूत्रे समाबध्वा मधुभांडे विनिक्षिपेत्।।
एकैकां भक्षयेन्नित्यं शुष्कपांण्डुविनाशिनीम्।।९०।।

पीली कटसरैया, भाँगरा, शतावर और विषखपरा यह प्रत्येक औषधि सात-सात पल लेकर एकत्र चूर्ण करके अठगुने जल में पकायें। चतुर्थांश जल शेष रहने पर उतारकर छान लें। उस क्वाथ में ३६० बड़ी बड़ी हरडों को डालकर उत्तम प्रकार से पकायें। फिर उनको सुखाकर गोदुग्ध में पकायें। (दूध इतना डाले, जिसमें सब हरडें डूब जायँ और चतुर्थांश दूध शेष रहने तक पकायें।) इसके पश्चात् हरडों को सुखाकर और उनकी गुठलियाँ निकालकर उनके भीतर निम्नलिखित गोलियाँ भर दें। बारह-बारह तोले पारे और गन्धक को कज्जली करके उसको लोहे की कढ़ाई में पकाकर केले के पत्ते के ऊपर पर्पटी ढालकर पीस लें। उसमें ७ पल गिलोय का शुष्क सत्त्व डालकर मधु के साथ खरल करके ३६० गोलियाँ बना लें। उनमें से एक-एक गोली एक-एक हरड के भीतर रखकर सब हरडों को अलग-अलग डोरे से बाँध दें। फिर उनको मधु से भरे हुए एक पात्र में डाल दें। उसमें इतना शहद हो जिसमें कि सब हरडें डूब जायँ। पश्चात् उस पात्र का अच्छे प्रकार से मुँह बन्द करके रख दें। एक महीने के बाद उनमें प्रतिदिन एक-एक हरड भक्षण करे। यह हरितकी शोष (क्षय) और पाण्डुरोग को विनाश करने वाली है।।८६-९०।।

विजयावटिका

पलत्रयं हरीतक्याश्चित्रकस्य पलत्रयम्।
एलात्वक्पत्रमुस्तानां भागोऽर्धपलिको मतः।।९१।।
रेणुकार्धपलं प्रोक्तं तदर्धं नागकेसरम्।
व्योषं च पिप्पलीमूलं विषं च पलमात्रकम्।।९२।।
रसः पलो पलो गंधः सूक्ष्मचूर्णानि कारयेत्।
पुरातने गुडे पक्व तुलार्धे तद्विनिक्षिपेत्।।९३।।
हिमस्पर्शे तु मृद्नीयाद्घृतेनाऽऽक्त्वा करं बुधः।
बदरास्थिप्रमाणेन विजयागुटिका मता।।९४।।

निशायां खादयेदेनां शोफपाण्डुविनाशिनीम्॥
टंकणं मेघनादं च भक्षयेद्वेगशांतये॥९५॥

हरड की बकली ३ पल, चीते की जड ३ पल, एवं इलायची, दारचीनी, तेजपात और नागरमोथा ये प्रत्येक दो दो तोले रेणुका २ तोले, नागकेसर १ तोला, तथा त्रिकुटा, पीपलामूल, शुद्ध वत्सनाभ, पारा और गन्धक ये प्रत्येक चार-चार तोले लेकर प्रथम पारे और गन्धक की कज्जली कर लें। फिर अन्य सब औषधियों को एकत्र कूट पीसकर बारीक चूर्ण कर लें। और कज्जली आदि सबको एकत्र मिश्रित करके ५० पल पुराने गुड़ में मिलाकर पकायें। जब गुड पककर गाढ़ा हो जाय तब नीचे उतारकर शीतल होने पर हाथों में घी चुपड़कर उसको अच्छे प्रकार से मसले और छोटे बेर के बराबर गोलियाँ बना लें। वैद्य इनमें से प्रतिदिन रात्रि के समय एक-एक गोली पानी के साथ सेवन करायें। ये गोलियाँ शोथ और पाण्डुरोग को विनाश करती हैं। इन गोलियों के सेवन करने से यदि किसी समय शरीर में गरमी मालूम हो तो उसके वेग को शमन करने के लिये चौलाई के रस में सुहाग को पीसकर भक्षण करे॥९१-९५॥

कामलारोग

दग्धमांसरुधिरास्त्रपित्ततः कामला भ्रमतृषाविदाहिनी।
पीतनेत्रमलवत्युपेक्षया शोफयुग्भवति कुंभकामला॥९६॥

जब रक्त और पित्त के अधिक प्रकुपित होने से शरीर के किसी अङ्ग से अत्यन्त रक्तस्राव होता है तब रोगी के मांस और रुधिर जलने (अर्थात् सूखने) लगते हैं। उस समय रोगी को चक्कर आते हैं, तृषा लगती है और शरीर में अत्यन्त दाह होती है। यह कामला रोग के लक्षण हैं। कामला रोग पाण्डुरोग का एक भेद है। इस रोग की तुरन्त उपयुक्त चिकित्सा न करने से रोगी के नेत्र और मल पीले पड़ जाते हैं। और सूजन उत्पन्न हो जाती है तब इसको कुम्भकामला कहते हैं॥९६॥

(काललोह शाकलेन वाथवा तन्मलेन सह तिन्तणीदलम्। साधिताम्बुसकलं विनाशयेत् स्थौल्यपांडुगदशोफकापहम्॥ इत्यधिकपाठोऽन्यत्र पुस्तके॥)

कामलाप्रणुद्रस

तीक्ष्णमाक्षिककांताभ्रशुल्बसूतकतालकम्।
देवदालीरसे पिष्टं वालुकायंत्रमूर्तिम्॥९७॥
अमृतोत्पलकह्लारकंदद्राक्षासमन्वितम्।
पिष्टं यष्ट्यम्भसा क्षौद्रसिताभ्यां कामलाप्रणुत्॥९८॥

तीक्ष्णलोह की भस्म, सोनामाखी की भस्म, कान्तलोह की भस्म, अभ्रकभस्म, ताम्रभस्म, पारदभस्म और शुद्ध हरताल इन सबको समान भाग लेकर देवदाली के रस में खरल करके गोला बना लें। उसको शरावसम्पुट में बन्द करके वालुकायन्त्र में रखकर एक प्रहर तक पकायें। जब स्वाङ्गशीतल हो जाय तब उस गोले को निकालकर बारीक चूर्ण कर लें। फिर उसको गिलोय, भंबूले, लाल कमल का कन्द, दाख और मुलैठी इन औषधियों के रस अथवा क्वाथ में क्रम से एक एक बार खरल करके सुखा लें। इस रस को प्रतिदिन एक-एक रत्ती परिमाण शहद और मिश्री में मिलाकर सेवन करने से कामला रोग नष्ट होता है॥९७-९८॥

त्रियोनि रस

ताम्रस्य तुर्यभागेन रसेनोत्प्लुत्य लेपयत्।
निंबुद्रावेण संयोज्य सूर्यतापे विनिक्षिपेत्॥९९॥
ऊर्द्ध्वाधो गंधकं दत्त्वा पाचयेदतियत्नतः।
मत्स्याक्षीमभितो दत्त्वा मृत्सनया संनिरुध्य च॥
यामद्वयं सुपक्वं च स्वाङ्गशीतं समुद्धरेत्॥१००॥
गुंजामात्रं ददीतास्य साभयं गुडसंयुतम्।
त्रियोन्याख्यो रसोह्येष शोफपाण्ड्वपनोदनः॥१०१॥

ताँबे के कंटकवेधी पत्र ४ तोले और पारा १ तोला दोनों को खरल में डालकर अच्छे प्रकार से घोटे। जब समस्त ताम्र पत्र पारद से लिप्त हो जायँ तब उस खरल में नींबू का इतना रस भरकर जिसमें कि वे पत्र अच्छे प्रकार से डूब जायँ तीक्ष्ण धूप में रख दें। जब वह सब रस सूख

जाय तब एक सम्पुट में नीचे, ऊपर गन्धक का चूर्ण और उसके बीच में उक्त ताम्रपत्र रखकर गजपुट द्वारा पकायें। स्वांगशीतल होने पर उन पत्रों को निकालकर बारीक पीस लें। फिर उस चूर्ण को मछेछी घास के रस में खरल करके गोला बनाकर सुखा लें, फिर उसके ऊपर मछेछी के कल्क का दो २ अँगुल ऊँचा लेप करके और सुखाकर उसको सम्पुट में रखे और कपरौटी के द्वारा अच्छे प्रकार से बन्द करके दो प्रहर तक बालुकायन्त्र में पकायें। जब स्वांगशीतल हो जाय तब गोले को निकाल कर बारीक पीसकर शीशी में भरकर रख दें। इस रस को नित्यप्रति एक २ रत्ती परिमाण लेकर हरडों के चूर्ण और गुड के साथ सेवन करायें। यह त्रियोनि नामक रस शोथ, पाण्डुरोग और कामलारोग को समूल नष्ट करने वाला है।।९९-१०१।।

कामेश्वर रस

पलं सूतं पलं गंधं वज्री पथ्या त्रयं त्रयम्।
मुस्तैलापत्रकानां च प्रतिसार्य पलं क्षिपेत्।।१०२।।
त्र्यूषणं पिप्पलीमूलं विषं चैव पलं पलम्।
नागकेसरकर्षैकं रेणुकार्धपलं तथा।।१०३।।
पुरातनगुडेनैव तुलार्धेन विपाचयेत्।
मर्दयेत्कन्याकाद्रावैर्यामैकांतं घृतेन च।।१०४।।
गुटिकां बदराभां तु कारयेद्भक्षयेन्निशि।
शोफपांडुहरः सोऽयं रसः कामेश्वरःस्वयम्।।१०५।।

पारा ४ तोले, गन्धक ४ तोले, थूहर का चूर्ण १२ तोले, हरड का चूर्ण १२ तोले, नागरमोथा, इलायची, तेजपात, त्रिकुटा, पीपलामूल और शुद्ध वत्सनाभ इन प्रत्येक का चूर्ण चार २ तोले, नागकेसर १ तोला और रेणुका २ तोले इन सब औषधियों को एकत्र कूटपीसकर कपड़े में छान लें। फिर ५० पल पुराने गुड़ में मिलाकर पकायें। जब पककर वह अवलेह के समान हो जाय तब शीतल करके उसको एक पहर तक घीग्वार के रस में घोटे। अन्त में हाथों में घी चुपड़कर और उसको खूब मसलकर छोटे बेर के

बराबर गोलियाँ बना लें। इनमें से प्रतिदिन रात्रि में एक २ गोली भक्षण करे। यह रस सूजन और पाण्डुरोग को हरने वाला है।।१०२-१०५।।

सिन्दूर भूषणरस

शुद्धसूतं च सिंदूरं पलैकैकं विमर्दयेत्।
वासारसेन यामैकं तेन कुर्याच्च चक्रिकाम्।।१०६।।
सुपक्वां कारयेन्मूषामुत्तानां द्वादशांगुलाम्।
तन्मध्ये गंधकं शुद्धं क्षिपेत्पलचतुष्टयम्।।१०७।।
पूर्वोक्तांचक्रिकां तत्र क्षिप्त्वाऽथ प्रपुटेल्लघु।
जीर्णे गंधे समुद्धृत्य चक्रिकां तां विचूर्णयेत्।।१०८।।
चूर्णाद्दशगुणं योज्यं मृतं लोहं च मर्दयेत्।
लशुनेन दशांशेन चणमात्रा वटीः किरेत्।।
वातपाण्डुहरः सिद्धो रसः सिंदूरभूषणः।।१०९।।
पिबेच्चानु ह्यपामार्गस्यैरंडस्य च मूलिकाम्।
तक्रैः पिष्ट्वाऽथ कर्षैकं हंति पाण्डुं सकामलम्।।११०।।

शुद्ध पारा ४ तोले और रस सिन्दूर ४ तोले दोनों को अडूसे के रस में एक प्रहर तक खरल करके टिकिया बना लें। फिर उत्तम प्रकार से पकाई हुई १२ अंगुल ऊंची मूषा के भीतर ४ पल शुद्ध गन्धक को बिछाकर उसके ऊपर उक्त टिकिया को रखकर मूषा का मुँह बन्द करके लघु कुक्कुटपुट दें। गन्धक के उत्तम प्रकार से जीर्ण हो जाने पर उस टिकिया को निकालकर बारीक चूर्ण कर लें। इसके पश्चात् उसमें समस्त चूर्ण से दश गुनी लोह भस्म मिलाकर खरल करे। फिर समस्त औषधि का दशांश लहसुन मिलाकर जल के साथ खूब बारीक खरल करके चने के बराबर गोलियाँ बना लें। इस प्रकार यह सिन्दूर भूषण रस तैयार होता है। यह वातजपाण्डुरोग को दूर करने के लिये अत्यन्त प्रसिद्ध है। इस रस को प्रतिदिन एक गोली खाकर ऊपर से चिरचिटे की और अण्ड की जड़ को एक कर्ष परिमाण तक्र में पीसकर अनुपान रूप से सेवन करे तो कामला युक्त पाण्डुरोग नष्ट होता है।।१०६-११०।।

सुधापंचकरस

कंसेन पिष्टः शिलया सहितः पाचितो रसः।
हताभ्यां तीक्ष्णताम्राभ्यां युतो हंति हलीमकम्॥१११॥

काँसे की भस्म, मैनसिल भस्म, पारे की भस्म, तीक्ष्णलोह भस्म और ताम्र भस्म इन पाँचों भस्मों को समान भाग लेकर एकत्र खरल करके उपयुक्त मात्रा से उचित अनुपान के साथ सेवन करने से हलीहक पाण्डरोग नष्ट होता है॥१११॥

मुस्तादि चूर्ण

मुस्ताऽमृताचित्रकयष्टिपिप्पलीविडंग शुंठीत्रिफलैर्यथोत्तरम्।
चूर्णं सहायोरजसा च सयुतं समाक्षिकं पाण्डुगदापहं परम्॥११२॥

नागरमोथा, गिलोय, चीता, मुलैठी, पीपल, वायविडङ्ग सोंठ, त्रिफला, लोहभस्म और सोनामाखी की भस्म इन सबको समभाग लेकर एकत्र चूर्ण कर लें। यह चूर्ण उपयुक्त मात्रा में सेवन करने से पांण्डुरोग को नष्ट करने के लिये परम उपयोगी है॥११२॥

सामान्य उपाय

अपामार्गं शमीमूलं पिष्ट्वा तक्रेण पाययेत्।
कामलां श्वयथुं पाण्डुं कर्षमात्रं नियच्छति॥११३॥

चिरचिटे की जड़ और छोकरवृक्ष की जड़ दोनों को एक तोला परिमाण लेकर मट्ठे में पीसकर पान करायें। यह प्रयोग कामला, पाण्डुरोग और सूजन को निवारण करता है॥११३॥

इति श्रीवाग्भटाचार्यविरचिते रसरत्नसमुच्चये भाषाटीकायामेकोनविंशोऽध्यायः समाप्तः ॥१९॥

संदर्भ :

१. रसगन्धाभ्रैरिति पाठः।
२. शिला पाठोच्यन्यत्र पुस्तके।
३. नवकमिति पाठोपि।

विंशोऽध्यायः

विसर्परोग

विसर्पजिद्रस

कांतगंधकतीक्ष्णाभ्रविषतप्यसमन्वितः।
वंध्याककोर्टकीकंदे पक्वसूतो विसर्पजित्॥१॥

पारा और गन्धक की कज्जली, तीक्ष्णलोह की भस्म अभ्रक भस्म, वत्सनाभ और स्वर्णमाक्षिक भस्म सब औषधियों को समान भाग लेकर एकत्र खरल कर लें। फिर कज्जली को बाँझक कोडे के कन्द में छिद्र करके भर दें और उसको बन्द करके ऊपर से कपरौटी कर कुक्कुट पुट में पकायें। स्वांगशीतल होने पर उसको खरल करके शीशी में भरकर रख दें। यह रस विसर्प रोग को नष्ट करने वाला है। इसको योग्य मात्रा से उपयुक्त अनुपान के साथ सेवन करे॥१॥

विसर्पनाशनतैल

एरंडतुंबिनीनिम्बबाकुचीचक्रमर्दकम्।
तिक्तकोशातकीबीजमंकोल्लश्चंबुबीजकम्॥२॥
गोमूत्रदधिदुग्धैस्तु भावयेत्तिलजेन च।
मूत्रेणाजाप्रसूतेन तैलं पातालयंत्रजम्॥
विसर्पं नाशयत्याशु श्वेतकुष्ठं च तत्क्षणात्॥३॥

अण्डी के बीज, कडवी तोम्बी के बीज, नीम की निबौली, बापची, चकंवड के बीज, कडवी तोरई के बीज, अंकोल के बीज और (छोटी एरण्ड) के बीज इन औषधियों को समान भाग लेकर बारीक चूर्ण कर लें। उस चूर्ण को गोमूत्र गाय के दही दूध और बकरी के मूत्र में क्रम

से एक-एक बार भावना देकर सुखा लें। फिर उसको तिल के तेल में मिलाकर पातालयन्त्र के द्वारा तेल को सिद्ध करे। यह तैल सदैव मालिश करने से विसर्प और श्वेतकुष्ठ रोग को अल्पकाल में ही विनाश कर देता है।।२।।३।।

विसर्पहरतैल

एरण्डतुंबीकटुनिंबचक्रमर्दोत्थबीजानि च सोमराजी।
अंकोल्लबीजानिसमानि कृत्वा पातालयंत्रेण सुतैलमेषाम्।
प्रगृह्य तेनाऽथविमर्दयीत विसर्पकादीनिमृतिं प्रयांति।।४।।

अण्डी के बीज, कडवी तोंबी के बीज, कुटकी, वायविडङ्ग, नीम की, निबौली, चकबड के बीज, बाबची ओर अंकोल के बीज, सबको समान भाग लेकर बारीक चूर्ण कर लें। उस चूर्ण को तिल के तेल में मिलाकर पातालयन्त्र के द्वारा तेल को खींच लें। इस तेल की मालिश करने से विसर्प आदि रोग शमन होते हैं।।४।।

कुष्ठरोग (कोढ)

पादयोःश्वयथुस्तोदो गलंत्यंगुलयो यदि।
नासिकास्वरयोर्भंगो गलत्कुष्ठस्य लक्षणम्।।५।।
श्वित्रं तु कृष्णमरुणं मरुदस्त्रगामि
पित्तेन रोमसतनं च विदाहितां च।
मांसांश्रितं बहुसितं कफतः सकण्डू
मेदोगतं बलवदेव यथोत्तरं स्यात्।।६।।

पैरों में सूजन होना, सुई चुभोने सरीखी पीड़ा होना, हाथ पाँव की अँगुलियों का गलना, नासिका और स्वर का भङ्ग होना यह गलित कुष्ठ के लक्षण हैं। वातज श्वेतकुष्ठ काला होता है। रक्तजनित अथवा रक्तगत कुष्ठ लाल होता है। पित्तजनित श्वेतकुष्ठ में बाल गिरने लगते हैं, और शरीर का रंग पीला पड़ जाता है। मांसगत कुष्ठ में अत्यंत दाह होता है। कफ से उत्पन्न हुआ कुष्ठ अत्यन्त श्वेत होता है और भेद (चर्बी) में स्थित श्वेतकुष्ठ में खुजली बहुत होती है। उपर्युक्त श्वेतकुष्ठ उत्तरोत्तर क्रम से अधिक बलवान् (अर्थात् चिकित्सा द्वारा असाध्य) होते हैं।।५-६।।

वातकुष्ठहर रस

विपचेद्गंधकमध्ये घनपिष्टीं शुल्बपिष्टीं वा।
संकोच्य गोलकोऽयं शमयति वातोत्थकुष्ठानि।।७।।

पारा १ तोला और अभ्रकभस्म १ तोला दोनों को एकत्र खूब अच्छे प्रकार से घोटकर पिट्ठी सी बना लें। फिर ४ तोले गन्धक को अग्नि पर पिघलाकर उसमें उक्त पिट्ठी को डालकर करछी से चलायें और मन्द मन्द अग्नि से पकायें। जब सब रस पिघलकर एकम एक हो जायँ तब पूर्वोक्त विधि के अनुसार ढालकर पर्पटी तैयार कर लें। इसके पश्चात् उसका बारीक चूर्ण करके और जल के साथ खरल कर एक २ रत्ती की गोलियाँ बना लें। अथवा इस रस में अभ्रक भस्म के अतिरिक्त ताम्र भस्म डालकर पर्पटी बना लें। ये गोलियाँ नियमानुसार सेवन करने से वातज कुष्ठ को शमन करती हैं।।७।।

पित्तकुष्ठहर रस

कालाभ्रकस्य संकोचो घृतगंधकपाचितः।।८।।
व्योषाग्निवेल्लत्वङ्मुस्ताव्याधिघातविषैः समः।
त्रिगुणः प्राणदो रेणुः पंचाशन्मृतकांचनम्।।९।।
बदरास्थिमितो मूत्रेणाजेन गुटिकीकृतः।
नाशनः पित्तकुष्ठानामेकविंशतिवासरात्।।१०।।

काले अभ्रक की भस्म १ तोला और पारा १ तोला दोनों की एकत्र पिट्ठी पीसकर और चार तोले गन्धक में पिघलाकर पर्पटी ढाल लेवे। पर्पटी बनाते समय और गन्धक पिघलाते समय कढ़ाई में थोड़ा-थोड़ा घी चुपड़ दें। फिर पर्पटी को पीसकर उसमें त्रिकुटा, चीता, वायविडङ्ग, दालचीनी, नागरमोथा, अमलतास और शुद्ध वत्सनाभ इन सब औषधियों का समान भाग मिश्रित चूर्ण पर्पटी के बराबर भाग पारद भस्म पर्पटी से तिगुना भाग और सुवर्ण भस्म ५० रेणु लेकर मिला दें और बकरी के मूत्र में खरल करके बेर की गुठली के बराबर गोलियां बना लें। यह गोलियां प्रतिदिन प्रातः सायंकाल २१ दिन तक सेवन करने से ही पित्तजनित कुष्ठ को नष्ट कर देती है।।८-१०।।

कफकुष्ठहर रस

कनकाभ्रकसंकोचस्तैलगंधकपाचितः।
विषव्योषाब्दवेल्लत्वक्तुल्यस्त्रिगुणचित्रकः॥
गुजामानोजमूत्रेण पिण्डितः श्लेष्मकुष्ठनुत्॥११॥

सुवर्णभस्म १ तोला अभ्रक भस्म १ तोला, पारा १ तोला तीनों को एकत्र खरल करके पिट्ठी बना लें। फिर कढ़ाई में तेल चुपड़कर उसमें ६ तोले गन्धक को पिघलायें। जब वह अच्छे प्रकार से पिघल जाय तब उसमें उक्त पिट्ठी और थोड़ा सा तेल डालकर कुछेक पका करके पर्पटी तैयार कर लें। फिर चूर्ण करके उसमें वत्सनाभ, त्रिकुटा नागरमोथा, वायविडंग और दालचीनी, इन सबका समभाग मिश्रित चूर्ण पर्पटी के बराबर भाग और चीते की ज़ड़ का चूर्ण पर्पटी से तिगुना भाग मिलाकर बकरी के मूत्र में घोटकर एक-एक रत्ती की गोलियां बना लें। इस रस की प्रतिदिन प्रातः और सायंकाल एक-एक गोली सेवन करने से कफजन्य कुष्ठ नष्ट होता है॥११॥

सन्निपातकुष्ठहर रस

तीक्ष्णाभ्रहेमसंकोचस्तैलगंधकपाचितः॥१२॥
तालताप्यविशालाग्निबोलपाठाजटाविषैः।
शृंगीटंकणयष्टयाह्वसिंदुवारैः समन्वितः॥१३॥
रसेन श्रृंगवेरस्य बद्धो बदरसंनिभः।
छायाविशोषितः कुष्ठं निहन्यात्सन्निपातजम्॥१४॥

लोहभस्म, अभ्रक भस्म, सुवर्ण भस्म और पारा चारों को एक २ तोला लेकर एकत्र बारीक खरल कर लें। पश्चात् कढ़ाई में तेल चुपड़ कर उसमें ८ तोले गन्धक को पिघलायें फिर उसमें उक्त भस्में तथा थोड़ा सा तेल डालकर मन्द मन्द अग्नि से कुछ देर पका करके पर्पटी ढाल दें। तदनन्तर पर्पटी को बारीक पीसकर उसमें शुद्ध हरताल, सोनामाखी की भस्म, इन्द्रायन की जड, चीता, बीजबोल, पाढ, बालछड, वत्सनाभ, काकडासिंगी, सुहागा, मुलैठी और सिह्मालु इन सबको समभाग लेकर बारीक चूर्ण कर ले। यह चूर्ण पर्पटी के बराबर भाग लेकर मिलायें और अदरक के रस में घोटकर बेर के बराबर गोलियाँ बनाकर छाया में सुखा लें। इस रस के सेवन से सन्निपातजनित कुष्ठ नाश होता है॥१२-१४॥

विजयरस (गुटिका)

रसभस्म च मंधाश्म विशाला कुष्ठक विषम्।
रेणुका पिप्पलीमूलं बाकुची विशतिंदुकम्॥१५॥
अश्वगंधा पलाशास्थि व्योषादिनवकं वचा।
गुडेन गुटिकां कुर्यात्समेन मधुमिश्रिताम्॥१६॥
तां भक्षयेत्सितासर्पिः क्षीरशाल्यन्नभाग्भवेत्।
यवौदनं वा भुंजानो ब्रह्मचर्यपरायणः॥१७॥
खादेत्तापे सिताधान्यसर्पिर्नागबलारजः।
वटिका विजयाख्येयं सप्त कुष्ठान्नियच्छति॥१८॥

पारे की भस्म, गन्धक, इन्द्रायन की जड़, कूठ, वत्सनाभ, रेणुका, पीपलामूल, बावची, कुचला, असगन्ध, ढकपन्ना, सोंठ, मिर्च, पीपल, गजपीपल, पीपलामूल, चव्य, चीता, अजमोद, जीरा और वच इन सब औषधियों को समान भाग लेकर एकत्र कूट पीसकर बारीक चूर्ण कर लें। उस चूर्ण को समान भाग गुड में मिलाकर एक-एक मासे की गोलियाँ बना लें। उनमें से एक-एक गोली प्रतिदिन शहद में मिलाकर सेवन करे। इस पर मिश्री, घी, दूध, शालिचावलों का भात, अथवा जौ का दलिया आदि पदार्थों का आहार करे और ब्रह्मचर्य का पालन करे। यदि इस रस के सेवन से गरमी अधिक मालूम हो तो खाँड का शर्बत बनाकर, उसमें शालिधानों की खीलें, घी और गंगेरन का चूर्ण डालकर, पान करे। इस रस को विजया वटी कहते हैं। यह वटी सात प्रकार के कुष्ठ को निवारण करती है॥१५-१८॥

सर्वेश्वररस

पालीकं ताम्रगंधाभ्रं कर्षांशं लोहपारदम्।
स्नुह्यर्कक्षीरवातारिजंबीरोशीरवारिभिः॥१९॥
मर्दितं वालुकायंत्रे स्वेदयेद्दिवसत्रयम्।
कर्षं कणाया निष्कं च विषस्यास्मिन्विनिक्षिपेत्॥
एष सर्वेश्वरः सद्यो गुंजामात्रः प्रसुप्तिजित्॥२०॥

ताम्रभस्म, गन्धक, अभ्रक भस्म प्रत्येक चार-चार तोले, लोहभस्म

और शुद्ध पारा एक-एक तोला, सबको एकत्र खरल करके थूहर के दूध, आक के दूध, अण्ड की जड़ के क्वाथ, जम्बीरी नींबू के रस और खस के काढे में क्रम से एक-एक बार खरल करके गोला बना लें। उसको सम्पुट में बन्द करके वालुकायन्त्र में रखकर ३ दिन तक पकायें। स्वांगशीतल होने पर गोले को निकालकर बारीक चूर्ण कर लें। उस चूर्ण में पीपल १ तोला और वत्सनाभ ४ मासे परिमाण डालकर एक दिन तक खरल करे। इस प्रकार यह सर्वेश्वर रस सिद्ध होता है। यह रस एक-एक रत्ती परिमाण सेवन करने से सुप्त कुष्ठ को शीघ्र दूर करता है।।१९-२०।।

सुप्तकुष्ठारि रस

गधो रसश्च कटुतैलशृतो मृतोऽर्को
व्योषाग्निवेल्लविषभेद्यभयावचाभिः।
ज्वालामुखीरसविमर्दितमाक्षिकाढ्यः
पीण्डीकृतः शमयति स्थिरसुप्तकुष्ठम्।।२१।।

सरसों के तेल में शुद्ध किया हुआ गन्धक, पारदभस्म, ताम्रभस्म, त्रिकुटा, चीता, वायविडंग, वत्सनाभ, गोमूत्र में शुद्ध किया हुआ जमालगोटा, हरड, वच और कलिहारी के रस में घोटकर शुद्ध की हुई सोनामाखी की भस्म इन सम्पूर्ण औषधियों को समान भाग लेकर एकत्र पीसकर और कलिहारी के रस में खरल करके एक-एक रत्ती की गोलियाँ बना लें। इस रस को सेवन करने से दीर्घ काल से उत्पन्न हुआ सुप्तकुष्ठ शीघ्र शमन होता है।।२१।।

प्रतापलंकेश्वर रस

विपादिकाघ्नं रसगंधटंकणं सताम्रकुष्ठायसपिप्पलीरजः।।
विमर्दितंकांचनपत्रवारिणा प्रतापलंकेश्वरसंज्ञितोरसः।।२२।।

पारा, गन्धक, सुहागा, ताम्रभस्म, कूठ, लोहभस्म और पीपल का चूर्ण इन औषधियों को समभाग लेकर कचनार के पत्तों के रस में खरल करके सुखा लें। फिर बारीक चूर्ण करके कपड़े से छान लें। इसको प्रतापलंकेश्वर रस कहते हैं। इस रस की एक-एक गोली मधु में मिलाकर सेवन करने से विपादिका नामक कुष्ठ नष्ट होता है।।२२।।

कुष्ठनाशन रस

रसगंधकताप्यार्कशिलाजत्वम्लवेतसम्।
अष्टमांशगुडं साज्यमाक्षिकं स्याच्छतारुषि॥२३॥

पारा, गन्धक, सोनामाखी की भस्म, ताम्रभस्म, शिलाजीत, और अम्लवेंत सबको समान भाग लेकर बारीक चूर्ण कर लें। फिर उसमें आठवाँ भाग गुड मिलाकर एक-एक रत्ती की गोलियाँ बना लें। इनमें से एक-एक गोली घी और मधु में मिलाकर प्रतिदिन खाने से शतारुषि नामक कुष्ठ में शीघ्र लाभ होता है॥२३॥

कुष्ठजित् अथवा कृष्णमाणिक्य रस

हेममाक्षिकगंधाश्मतीक्ष्णकांताभ्रकं समम्।
द्विगुणं हरवीर्यं च दशमांशं च सक्तुकम्॥२४॥
मंजिष्ठादिकषायेण वालुकायंत्रपाचितम्।
कृष्णमाणिक्यसंकाशमिदं भस्मैव कुष्ठजित्॥२५॥

शुद्ध सोनामाखी, गन्धक, तीक्ष्णलोह, कान्तलोह और अभ्रक की भस्म ये प्रत्येक समभाग अर्थात् एक-एक तोला, पारा १० तोले और सक्तुक विष समस्त औषधियों का दशवाँ भाग लेकर सबको एकत्र खरल करके मंजिष्ठादि गण की औषधियों के क्वाथ में २४ घंटे तक घोटकर सुखा लें। फिर उसको शीशी में भरकर ऊपर से कपरौटी करके ३६ घंटे तक बालुकायन्त्र में पकायें। स्वांगशीतल होने पर शीशी को फोड़कर रस निकाल लें और खरल करके रख दें। यह रस कृष्णमाणिक्य रस के समान गुणकारी है इसलिये इसको कृष्णमाणिक्य कहते हैं। इस प्रकार तैयार की हुई यह एक प्रकार की पारद भस्म है। इसको सेवन करने से सब प्रकार के कुष्ठ नष्ट हो जाते हैं॥२४-२५॥

तालेश्वर रस

हरितालपले द्वे द्वे द्रंक्षणे रसगंधयोः।
कुर्कुटीपत्रसारेण पिष्टं ताम्रमयोरजः॥२६॥
पंचशो मर्दितं धात्रीकुर्कुटीरसमाक्षिकैः।
वर्षाभूचित्रपत्राढ्यं मूषागर्भे निवेशितम्॥२७॥

पाचितं भूधरे संस्थं पर्णखण्डेन भक्षयेत्।
हिंगुजंबीरवातारितैलैः पवनपीडितैः॥२८॥
माधूकसारसिंधूत्थवचाव्योषैर्हृतौजसि।
शोफे भक्तांबुना कुष्ठे घृतेन पयसाऽथ वा॥२९॥
धारोष्णेनार्द्रकस्यापि कामलायां रसेन च।
रसस्तालेश्वराख्योयं सर्वकुष्ठहरः परः॥३०॥

शुद्ध हरताल ८ तोले, पारा ४ तोले, गन्धक ४ तोले, बंदाल के पत्तों के रस में घोटकर की हुई ताम्रभस्म ४ तोले और लोहभस्म ४ तोले इन सब औषधियों को एकत्र खरल करके आमलों के रस, बंदाल के रस और मधु में क्रम से पाँच-पाँच बार भावना देकर गोला बना लें। उस गोले के ऊपर पुनर्नवा और चीते के पत्तों का दो-दो अँगुल ऊँचा कल्क लपेटकर मूषा में रक्खे, और कपरौटी करके भूधरयन्त्र में पकावे। स्वांगशीतल होने पर गोले को निकालकर बारीक पीस लेवे। इस रस को प्रतिदिन एक-एक रत्ती पान में रखकर सेवन करे। किन्तु वात व्याधि वाले रोगी को यह रस हींग के चूर्ण, नींबू के रस और अण्डी के तेल में मिलाकर सेवन करना चाहिये और रोगी की ओजधातु का ह्रास हो गया हो तो मुलैठी का सत, सैंधानमक, वच और सौंठ, मिरच, पीपल इन सबके समान भाग मिश्रित चूर्ण के साथ यह रस प्रयोग करना चाहिये। सूजन में चावलों के पानी के साथ कुष्ठ में घृत अथवा धारोष्ण दूध के साथ, और कामला रोग में अदरक के रस के साथ, इस रस को व्यवहार करना चाहिये। यह तालेश्वर रस सब प्रकार के कुष्ठों को हरनेवाला है॥२६-३०॥

महातालेश्वर रस

तालताप्यशिलाटंकरसेंद्रलवणं समम्।
तालकादिद्विगुणं ताम्र मृतं तद्वच्च गंधकम्॥
अम्लेन पंचशः पिष्टं जंबीरस्य पुटे पचेत्॥३१॥
लोहचूर्णस्य चत्वारो भागाः सिद्धरसस्य षट्।
अष्टौ[1] नेपालताम्रस्य गंधकेन हतस्य च॥३२॥

जंबीराम्लेन तत्सर्वं मर्दितं पुटपाचितम्।
एकत्रिंशांशगरलं माषद्वितयसंमितम्॥३३॥
मदनेन वमिं कुर्याद्विरेकं पथ्ययाऽपि च।
शुद्धः संशोधन कुर्वन्मध्ये मध्ये च भक्षयेत्॥३४॥
सन्निपाते मधुकेन व्योषेण पवने हितः॥३५॥
ग्रहणीकामलापाण्डुगुल्मार्शांसि हलीमकम्।
क्षयं च शमयत्येष महातालेश्वरो रसः॥३६॥

शुद्ध हरताल, सोनामाखी की भस्म, शुद्ध मैनसिल, सुहागा, पारा और समुद्रनमक ये प्रत्येक एक-एक भाग, ताम्रभस्म २ भाग और गन्धक २ भाग, सबको एकत्र मिलाकर जम्बीरी नींबू के रस में पाँच बार भावना देकर भूधरपुट में पकावे। स्वाँगशीतल होने पर रस को निकालकर खरल कर ले। इसके पश्चात् उपर्युक्त विधि से तैयार किया हुआ यह रस ६ भाग, लोहभस्म ४ भाग और गन्धक के द्वारा मारे हुए ताँबे की भस्म ८ भाग इन तीनों को नींबू के रस में घोटकर गोला बनाकर सुखा ले और उसको भूधरपुट में पकावे। फिर खरल करके उसमें ३१वाँ भाग शुद्ध वत्सनाभ मिलाकर बारीक पीस ले। इस रस को प्रतिदिन क्रम से एक २ रत्ती की मात्रा बढ़ाता हुआ दो मासे पर्यन्त सेवन करे। इसके सेवन करने पर बीच में कभी कभी इस रस को बन्द करके वमन और विरेचन के द्वारा मैनफल के द्वारा वमन कराकर और हरड के द्वारा जुलाब देकर कोठे को शुद्ध कर लेना चाहिये। इस शुद्धि के पश्चात् फिर इस रस को सेवन करे। इस प्रकार से जब तक पूर्ण आरोग्य लाभ न हो तब तक बराबर सेवन करे। इसको सन्निपातज कुष्ठ में महुवे के काढे के साथ और वातजकुष्ठ में त्रिकुटे के चूर्ण के साथ देने से विशेष उपकार होता है। यह महातालेश्वर रस भिन्न भिन्न अनुपानों के साथ सेवन किया जाने से संग्रहणी, कामला, पाण्डुरोग, गुल्म, अर्श, हलीमक और क्षय इन सब रोगों को नष्ट करता है॥३१-३६॥

कनकसुन्दर रस

समतुलकनकोत्थव्योमसत्त्वोत्थपिष्टीं
द्विगुणबलिसमेतां गोलमध्ये विपाच्य।

त्रिकटुदहनवेल्लैर्वत्सनाभार्धभागै रस-
समनवशृंगीदारुयुक्तैः समस्तेः॥३७॥
अजसलिलविदिष्टैर्गुंजया तुल्यगोलः
कुपितकफसमुत्थं हंति कुष्ठं गरिष्ठम्।
तदपरमथ वातश्लेष्मजत्वग्विकारं
गुदगदमपि सर्वं वह्निमांद्यं सुनिंद्यम्॥३८॥
तुष्टेन शंभुनादिष्टः सोऽयं कनकसुंदरः।
त्वग्विकारविनाशाय कुबेराय महात्मने॥३९॥

सुवर्ण की पिट्ठी, और अभ्रकसत्व की पिट्ठी दोनों समान भाग और इन दोनों की बराबर गन्धक, सबको एकत्र मिलाकर खूब बारीक खरल करे। फिर शराबसम्पुट में बन्द करके भूधरपुट में पकावे। इसके पश्चात् उसमें-त्रिकुटा, चीता, वायविडंग, और वत्सनाभ इन चारों को समान भाग मिश्रित चूर्ण उक्त रस से आधा भाग और नवीन काकडासिंगी तथा देवदारु का चूर्ण रस के बराबर भाग लेकर मिला ले, और बकरे के मूत्र में खरल करके एक-एक रत्ती की गोलियाँ बना लें। यह रस निरन्तर सेवन करने से कफ के प्रकोप से उत्पन्न हुए दारुण कुष्ठ को शीघ्र नष्ट करता है। इसके अतिरिक्त वातकफजन्य त्वचा के विकार, सब प्रकार के अर्श और अत्यन्त मन्द जठराग्नि आग्नि व्याधियों को शमन करता है। इस कनक सुन्दर रस को एक बार प्रसन्न हुए महादेवजी ने, त्वचा के विकारों को शमन करने के लिए कुबेर से कहा था॥३७-३९॥

हरिबोलांकुश रस

घनभवमृतसत्त्वं कांतलोहार्कभस्म
त्रिगुणरससमेतं तुल्यगंधेन युक्तम्।
समतुलकृतमेभिष्टंकणं ताप्यचूर्णं
हरिदलमथ बोलं खण्डसंज्ञं मनोज्ञम्॥४०॥

अभ्रक की भस्म का सत्त्व, कान्तलोहभस्म और ताम्रभस्म तीनों को समान भाग लें और तीनों भस्मों के बराबर पारा और पारे की बराबर गन्धक ले। प्रथम पारे और गन्धक की कज्जली करके उसमें उक्त तीनों भस्मों को मिलाकर खरल करे। फिर सुहागा, सुवर्ण-माक्षिकभस्म, नीले

थोथे की भस्म, बोल ओर शुद्ध खाँड इन पाँचों को समान भाग लेकर एकत्र पीसकर चूर्ण कर लें। यह चूर्ण उपर्युक्त रस के बराबर भाग लेकर उसमें मिलाकर १ दिन तक खरल करे। इस रस को उपयुक्त अनुपान के साथ सेवन करने से सब प्रकार के कुष्ठों में लाभ होता है।।४०।।

त्रिपुरान्तक रस

रससममृतशृङ्गं शृङ्गवेरं विडङ्गं
मधुरदहन पाठा सिंदुवारं च वंध्या।
त्रिफलकनकबीजं ऋद्धिवृद्धी निशे द्वे।
छगलसलिलपिष्टं सर्वमेतेन जाता।।४१।।
लघुबदरबीजस्थूलगोली नरांणा
हरति पवनपित्तश्लेष्मसंजातकुष्ठम्।।४२।।
उक्तस्त्रिपुरया पूर्वे रसोऽयं त्रिपुरांतकः।
सर्वदोषोत्थकुष्ठघ्नः कृपानिघ्नमनस्कया।।४३।।

पारे की भस्म, सींग की भस्म, अदरख, वायविडंग, मुलैठी, चीता, पाढ, सिह्मालू, बाँझककोडा, त्रिफला, धतूरे के बीज, ऋद्धि, वृद्धि, हल्दी, और दारुहल्दी इन सब औषधियों को समान भाग लेकर बारीक चूर्ण कर ले। फिर बकरी के मूत्र में खरल करके छोटे बेर की गुठली के बराबर गोलियाँ बना लेवे। इन गोलियों को नित्य सेवन करने से मनुष्यों के वात, पित्त और कफ इन तीनों दोषों से उत्पन्न हुआ कुष्ठ दूर होता है। पूर्वकाल में दयालु प्रकृतिवाली श्रीत्रिपुरादेवी ने इस त्रिपरान्तक रस को वर्णन किया है। यह रस सब प्रकार के दोषों से उत्पन्न हुए कुष्ठरोग को विनाश करने वाला है।।४१-४३।।

विश्वहितरस

रसेंद्रलिप्तताम्रस्य पत्रं गंधकमारितम्।
तत्ताम्रं पलमात्रं हि पलमात्रं तु यावकम्[२]।।४४।।
पलं चूर्णितशुद्धालं मर्दयेत्तु दिनत्रयम्।।
इति सिद्धो रसः प्रोक्तो नाम्ना विश्वहितो मतः।
वल्लाभ्यां तुलितं सेव्यो मरीचघृतसंयुतः।।४५।।

शुद्ध तांबे के चार तोले कंटकवेधी पत्रों को और दो तोले पारे को एकत्र खरल करे। जब समस्त पारा पत्रों में अच्छे प्रकार से लिप्त हो जाएँ तब उनकी सम्पुट के भीतर २ तोले गन्धक के बीच में रखकर गजपुट में पकावे। स्वांगशीतल होने पर पत्रों को निकालकर बारीक पीस लें। फिर उस भस्म से आधा भाग गन्धक मिलाकर नींबू के रस में खरल करके गजपुट दें। इस प्रकार २० बार पुट देकर सिद्ध की हुई ताम्रभस्म ४ तोले, जवाखार ४ तोले और शुद्ध हरताल ४ तोले तीनों को एकत्र मिलाकर ३ दिन तक खरल करे। इस प्रकार यह रस तैयार होता है। यह सम्पूर्ण विश्व का हित करने वाला कहा जाता है। इसको प्रतिदिन दो २ रत्ती की मात्रा से मिरचों के चूर्ण और घृत में मिलाकर सेवन करना चाहिये इससे सब कुष्ठ दूर होते हैं।।४४-४५।।

दशसारसूत रस

पालिकं व्योषसूताग्निगंधकं सफलत्रयम्।
काकोदुंबरिकाक्षीरैर्मर्दितं गुटिकी कृतम्।।४६।।
माषप्रमाणं सक्षौद्रं कुष्ठार्शःश्वासकासजित्।।४७।।

सोंठ, मिरच, पीपल, पारा, चीता, गन्धक, हरड, बहेड़ा, और आमला इन औषधियों को समभाग लेकर प्रथम पारे गन्धक की कज्जली करे, फिर अन्य औषधियों को एकत्र चूर्णकर उसमें कज्जली को डाल करके कठूमर के दूध में खरल करे और एक-एक मासे की गोलियां बनाकर सुखा लें। इनमें से प्रतिदिन एक-एक गोली शहद में मिलाकर खाने से कुष्ठ, अर्श, श्वास, और खांसी ये सब रोग नष्ट होते हैं।।४६-४७।।

कुष्ठकुठार रस

रसस्य कर्षं कर्षौ द्वौ गंधकात्कज्जलं तयोः।
तिलपर्ण्यलिमुण्डीनां स्वरसैः कृतभावनम्।।४८।।
कर्षकर्षवचाधात्रीकणातीक्ष्णकृमिच्छिदान्।
शाणं विषस्य कर्षार्धं जीरकस्य सितस्य च।।४९।।
पलार्धं मृतताम्रस्य तथा शुंठ्याश्च मर्दितम्।
भृंगांभसि घटे स्निग्धे पचेच्चणकसंमिताः।।५०।।

वटिकाः कुष्ठविश्वाग्नित्रिफलासैंधवान्विताः।
कुर्यात्कुष्ठकुठाराख्यो रसोऽयं सर्वकुष्ठजित्॥५॥

पारा १तोला और गन्धक २ तोले दोनों की कज्जली करके उसको लाल चंदन, अरणी और गोरखमुण्डी इन प्रत्येक के स्वरस में क्रम से एक-एक बार भावना दें। फिर वच, आमले, पीपल तीक्ष्णलोहभस्म और वायविडंग ये प्रत्येक औषधि एक-एक तोला, शुद्ध वत्सनाभ ४ मासे, सफेद जीरा ६ मासे, ताम्रभस्म २ तोले और सोंठ, २ तोले इन सब औषधियों को एकत्र कूटपीस कर कज्जली में मिलाकर खरल करे। इसके पश्चात् एक चिकने घड़े में भांगरे का रस भरकर उसमें उक्त कज्जली को डालकर पकावे। जब समस्त रस जल जाय तब नीचे उतारकर उसकी चने के बराबर गोलियां बना लें। इस रस की प्रतिदिन एक से लेकर चार गोली तक कूट, सोंठ, चीता और त्रिफला इन औषधियों के समान भाग मिश्रित चूर्ण के साथ सेवन करे। यह कुष्ठकुठाररस सब प्रकार के कुष्ठों को नष्ट करता है।।४८-५१।।

वज्रशेखर रस

विष्णुक्रांता घनरसः सपाक्षी शंखपुष्पिका।
गोजिह्वा क्षीरिणी नीली ब्रह्मवृक्षो रुदंतिका॥५२॥
निचुलः काकमाची च रसैरेषां विमर्दितम्।
पक्वं तुषकरीषाग्नौ रसाद्द्विगुणगंधकम्॥५३॥
पर्पटीसवत्पक्वं खसत्वेनारुणेन च।
पृथग्गंधकतुल्येन ताप्येन च रसांघ्रिणा॥५४॥
कृतावापं वरीमुंडीहस्तिकर्ण्यमृतालिकाः।
मूर्वाविदार्याश्च रसैर्मर्दितं घृतमिश्रिताम्॥५५॥
कषाये दशमूलस्य विपक्वं लेहतां गतम्।
रततुल्यत्रिजाताग्निव्योषयष्ट्याह्वसंयुतम्॥५६॥
स्निग्धभांडगतं कुष्ठी क्षयी च कृतशोधनः
मंजिष्ठादिकषायस्य कृत्वा मांसं निषेवणम्॥
माषप्रमाणं सेवेत रसोऽयं वज्रशेखरः[३]॥५७॥

शुद्ध पारा १ तोला और शुद्ध गन्धक २ तोले लेकर दोनों की कज्जली कर लें। फिर उसको विष्णुक्रान्ता (कोइल), चुरनहार, नाकुलीकन्द, शंखपुष्पी, गोजिया, दुद्धी, नीलवृक्ष, ढकपन्ना, रुद्रवन्ती, बेंत और मकोय इन प्रत्येक के रस में क्रम से एक-एक बार खरल करके गोला बना लें। उसको सम्पुट में बन्द करके गढे में भूसी की राशि में रखकर उपलों की अग्नि में पकावे। स्वांगशीतल होने पर गोले को निकालकर बारीक चूर्ण कर लें। उस चूर्ण में दो तोले गन्धक डालकर खरल कर ले और कढ़ाई में घी चुपड़कर उसमें उक्त रस को डालकर पिघलावे। जब वह अच्छे प्रकार से पिघल जाय तब उसमें अभ्रक भस्म २ तोले, लाल वत्सनाभ २ तोले और स्वर्णमाक्षिक भस्म ३ मासे डालकर करछी से सबको एकमएक करके पर्पटी तैयार कर लें। शीतल होने पर उसको खरल करके शतावर, गोरखमुंडी, हस्तिकन्द, गिलोय, अरणी, मूर्वा और विदारीकन्द इन औषधियों के रस में क्रम से एक २ बार भावना देकर सुखा ले। फिर उस रस को घृत में मिलाकर दशमूल के काढे के साथ पकावे। जब वह पककर अवलेह के समान गाढ़ा हो जाय तब उसमें इलायची, दालचीनी, तेजपात, चीता, सोंठ, मिरच, पीपल, और मुलैठी इन औषधियों का एक-एक तोला चूर्ण डालकर सबको घोटकर एकम एक कर लें और शीतल होने पर एक-एक मासे की गोलियाँ बनाकर छाया में सुखा लें। फिर उनको घी के चिकने बर्त्तन में भरकर रख दें। प्रथम वमन, विरेचनादि के द्वारा शारीरिक शुद्धि करके फिर कुष्ठरोगी अथवा क्षयरोगी मंजिष्ठादि क्वाथ के साथ इस रस की एक-एक गोली सेवन करे। इस प्रकार निरन्तर एक महीने तक इस रस को सेवन करने से समस्त कुष्ठ और क्षय आदि रोग नष्ट होते हैं।। ५२-५७।

दद्रुकुष्ठविद्रावण रस

अथवा पंचाङ्गकृतावटी या नागार्जुनवटी।
रसगंधकताप्यालकांतकृष्णाभ्रभस्मकम्।
हिंगुलं मधुकं कुष्ठं सर्वं समविभागिकम्।।५८।।
अम्लवेतसतोयेन त्रिदिनं परिमर्दयेत्।
विशोष्याज्यमधुभ्यां च मृदित्वा त्रिदिनं पुनः।।५९।।

दत्त्वा जीर्णं गुडं तुल्यं कोलास्थिप्रमितावटीः
छायाशुष्काः प्रकुर्वीतः शंभुमग्रे च पूजयेत्॥६०॥
इयं हि पंचांगकृताभिधाना
नागार्जुनोक्ता गुटिका च नूनम्।
सर्वाणि कुष्ठानि विचर्चिका च
दद्रूणि विद्रावयति क्षणेन॥६१॥

पारा, गन्धक, सोनामाखी की भस्म, शुद्ध हरताल, कान्तलोहभस्म अभ्रक भस्म, शुद्ध सिंगरफ, मुलैठी और कूठ इन सब औषधियों को समान भाग लेकर अमलबेंत के रस में ३ दिन तक खरल करके सुखा लें। फिर घृत और शहद के साथ ३ दिन तक खरल करके उसमें औषधि के समान भाग पुराना गुड मिलाकर झरबेर की गुठली के बराबर गोलियाँ बना लें और छाया में सुखाकर गोलियों को प्रथम श्री शंकर-भगवान् का पूजन करके सेवन करें। इस दद्रुकुष्ठविद्रावण रस को अथवा पंचांगकृत नामक वटी को श्री नागार्जुनाचार्य ने वर्णन किया है। ये गोलियां सब प्रकार के कुष्ठ, विचर्चिका और दाद इन सब रोगों को क्षण भर में निस्सन्देह दूर कर देती हैं।॥५८-६१॥

माणिक्यतिलक रस

रसगंधकताप्यालकांततीक्ष्णाभ्रभस्मकम्।
हिंगुलं मधुकं कुष्ठं सर्वं समविभागिकम्॥६२॥
शतमूलीनिजद्रावैर्मंजिष्ठादिकषायतः।
त्रिदिनं त्रिदिनं सम्यक् परिमर्द्य विशोष्य च॥६३॥
ततस्तु पक्वमूषायां सन्निरुद्ध्यातियत्नतः।
प्रक्षिप्य वालुकायंत्रे प्रपुटेद्दिवसद्वयम्॥६४॥
माणिक्यतिलको नाम रसो नासत्यकीर्तितः।
एष कुष्ठं हरत्याशु सन्मित्रमिव हृद्व्यथाम्॥६५॥

पारा, गन्धक, सोनामाखी, हरताल, कान्तलोह, तीक्ष्ण लोह और अभ्रक इनकी भस्म, सिंगरफ, मुलैठी और कूठ इन सबको समान भाग लेकर एकत्र खरल करके शतावर के रस में और मंजिष्ठादि क्वाथ में

तीन २ दिन तक घोटकर सुखा लें। फिर उसको एक मजबूत शीशी में भरकर ऊपर से कपरौटी करके दो दिन तक बालुकायन्त्र में पकायें। स्वांगशीतल होने पर रस को निकालकर बारीक चूर्ण कर लें। इस माणिक्य तिलक रस को अश्विनी कुमार जी ने कहा है। यह रस सेवन करते ही सम्पूर्ण कुष्ठों को इस प्रकार शीघ्र नष्ट करता है, जैसे सच्चा मित्र मित्र की मानसिक वेदना को तत्काल शमन कर देता है॥६२-६५॥

परहितरस

श्वेतपाठा जटा श्वेता श्वेता चैव पुनर्नवा।
पिष्टा जलेन तत्कल्कैः प्रकुर्यान्नालमूषिकाम्॥६६॥
स्थालीमध्ये च तां क्षिप्त्वा क्षिपेत्संशोधितं रसम्।
क्षिपेदुपरि संपेक्ष्य द्व्यञ्जलिप्रमितं पटु॥६७॥
पिधानं तन्मुखे दत्त्वा सन्निरुध्याऽतियत्नतः।
अधस्ताज्ज्वालयेद्वह्निं पिधान्यामंबु निक्षिपेत्॥६८॥
यामत्रितयपर्यंतं जातेऽथ शिशिरे ततः
क्रोडकेशैः समाकृष्य मृतं पारदमाहरेत्॥६९॥
न चेदेतावता भस्म पुनरेव पुटेद्रसम्॥७०॥
तद्भस्मातिविषं विषं कृमिहरं व्योषोत्तमा गंधजं
चूर्णे द्वादशहाटकं खलु गुडो द्वात्रिंशदंशोन्मितः।
तत्सर्वं परिचूर्णितं प्रतिदिनं वलैश्चतुर्भिर्मितं
चेत्थं हंति समस्तरोगनिवहं नागं गरुत्मानिव॥७१॥
विशेषात्सर्वकुष्ठघ्नो रसोऽयं परिकीर्तितः।
ख्यातः परहितो नाम्ना भानुना भूरिभानुना॥७२॥

सफेद फूल की पाढ, सफेद चोंटली और सफेद पुनर्नवा तीनों औषधियों को जल के साथ पीसकर कल्क कर लें। उसकी नालवाली लम्बी मूषा बनाकर सुखा लें। फिर उसको एक लम्बे कलशे में रखकर मूषा के भीतर शोधित पारा भर दे और मूषा के ऊपर ३२ तोले सैंधा नमक पीसकर डाल दें। वह मूषा कलश के भीतर नमक में ४ अंगुल परिमाण दबी रहे, इस प्रकार रक्खे। फिर क्लश के मुँह पर पीतल का

सीधा कटोरा ढककर सन्धियों को बन्द कर दे और कलश पर कपरौटी करके सुखा लें। पश्चात् उसको चूल्हे पर चढ़ाकर नीचे अग्नि जलावे और उस ढके हुए कटोरे में जल भर दें। इस प्रकार तीन प्रहर तक पकावे। जब स्वांगशीतल हो जाय तब कटोरे की तली में जमी हुई पारे की भस्म को सूअर के बालों से अथवा पतले तार से छुटा लेवे। यदि समस्त पारदभस्म न हुआ हो अथवा पारा कुछ कच्चा रहा गया हो तो फिर उसी प्रकार दुबारा पुट देवे। इस प्रकार तैयार की हुई पारे की भस्म, अतीस, वत्सनाभ, वायविडंग, त्रिकुटा, चोंटली की जड़ और गन्धक ये प्रत्येक औषधि एक-एक तोला, सुवर्ण भस्म १२ तोले और गुड़ ३२ तोले लेकर सबको एकत्र खरल कर ले। इस रस को प्रतिदिन चार रत्ती परिमाण सेवन करे। यह रस समस्त रोग समूह को इस प्रकार शीघ्र नष्ट कर देता है, जैसे गरुड़ सर्प को तत्काल भक्षण कर लेता है। विशेषकर यह रस सम्पूर्ण कुष्ठों को नाश करने के लिए कहा गया है। इस रस को परहित कहते हैं। इसको सूर्य के समान अत्यन्त प्रतापशाली श्रीभानु आचार्य ने वर्णन किया है।।६६-७२।।

तालकेश्वर रस

वीर्य पुरारेहिह नागतुल्यं
भागद्वयं चाप्यथ तालकस्य।
शुद्धेन नागेन रसो विशुद्धो
विमर्दनीयो हरितालकं च।।७३।।
मूत्रं गवां षोडशभागमानं नि
धाय भाण्डेऽथ पिधाय तस्मिन्।
दीपाग्निना तत्परिशोष्य सर्वं
मूत्रं ततस्तालकशुद्धता स्यात।
ततस्तु जंबीररसेन सर्वे
विमर्दनीयं त्रिदिनं त्रिवारम्।।७४।।
भाव्यं कुमार्याःसलिलेन भृंग
वज्राह्वकंदेन च वारयुग्मम्।
कुष्ठे ददीतास्य रसस्य वल्ल

त्र्यं रसैरार्द्रकजैर्विजेतुम्॥७५॥
शाखासु पक्क त्वमथो सुषुप्तिं
स्तंभं च मन्यास्वस्थ मण्डलानि।
गवां पयः शर्करया समेतं स्तं
भातिरेके सतिसंनियोज्यम्॥७६॥
औदुंबरं हंति सितामधुभ्यां
कृष्णं च कुष्ठं त्रिफलारसेन।
गुडर्द्रकाभ्यां गज चर्मसिध्म
विचर्चिकास्फोटविसर्पदद्रून्॥७७॥
निहंति पाण्डुं विविधां विपादीं
सरक्त पित्तं कटुकी सिताभ्याम्।
रोगेषु सर्वेष्वपि वासराणि
त्रिसप्तसंख्यानि रसः प्रदेयः॥७८॥
रसप्रयोगावसितौ सुषुप्त्यां
काथं पिबेच्छिन्नरुहासनोत्थम्।
मासद्वयं मुद्गघृतान्वितांन्न
पथ्यं ततोदुंबरभेषजान्ते॥७९॥
अगानि पंचानि पलोन्मितानि
दद्यादरिष्टस्य तथाऽऽढकीनाम्।
क्वाथेन युक्तंसघृतौदनं च
पथ्याय कृष्णोप्यथकृष्णवर्णे॥८०॥
रसावसाने सितया समेतां
पादोस्मितामामलकीं प्रदद्यात्।
अन्नं समुद्गं सघृंतं नियोज्यं
मासद्वयं स्यादथ वा विचिह्नम्॥८१॥
रसप्रयोगवसितौ प्रंयुज्या
दगानिपच स्त्रवनिः सृतानि

पादो मितानीह च मासयुग्मं
पथ्याय दुग्धौदमनमाददीत॥८२॥
स्यात्तालकेशाख्यरप्रयोगे
तक्रं हि मांस च विवर्जनीयम्॥८३॥

शुद्ध पारा १ भाग, मारण किया हुआ सीसा १भाग और शुद्ध हरताल २ तोले लें। प्रथम सीसे के साथ पारे को मिलाकर २४ घंटे तक घोटे। जब समस्त पारा सीसे में अच्छे प्रकार से मिल जाय तब सीसे को शुद्ध हुआ जाने। फिर हरताल को एक कपड़े में बाँधकर पोटली बना लें और उसको दोलायन्त्र में अधर लटकाकर उसमें हरताल से १६ गुना गोमूत्र भर दें। फिर उस यन्त्र के मुँह को ढककर उसके नीचे दीपक की लौ के समान मन्द-मन्द अग्नि जलायें। जब सब गोमूत्र जल जाय तब हरताल को शुद्ध हुआ जानकर उसमें से निकाल लें। इसके पश्चात् उपर्युक्त रस और हरताल को एकत्र खरल करके जम्बीरी नींबू के रस में तीन दिन तक घोटे। फिर घीग्वार के रस की ३, भाँगरे के रस की दो-दो और शकरकन्दी के रस की दो-दो भावना देकर सुखा लें और बारीक चूर्ण करके रख लें। कुष्ठ रोग में इस रस की तीन २ रत्ती परिमाण अदरख के रस के साथ देने से कुष्ठरोग नष्ट होता है। शरीर के हाथ पाँव आदि शाखा प्रशाखाओं (अंगुलियों आदि) के पक जाने पर उनमें से पानी झड़ता हो, सुन्नी हो गई हो, मन्या नाडी जकड़ गई हो, मण्डल कुष्ठ (शरीर में लाल २ चकत्ते पड़ गये) हों और शरीर की सन्धियां जकड़ गई हों तो इस रस को गाय के दूध में खांड मिलाकर उसके साथ दें। यह रस मिश्री और मधु के साथ सेवन करने से औदुम्बर कुष्ठ को, त्रिफले के रस के साथ देने से काले कुष्ठ को और गुड़ और अदरक के साथ प्रयोग करने से गजचर्म, श्वेतकुष्ठ, विचर्चिका विस्फोटक, विसर्प और दद्रु इन सब प्रकार के कुष्ठ रोगों को नष्ट करता है। एवं कुटकी के चूर्ण और मिश्री के साथ इस रस को सेवन करने से पाण्डुरोग, अनेक प्रकार की विपादिका और रक्तपित्त रोग दूर होता है। सब प्रकार के रोगों में इस रस को २१-११ दिन तक सेवन कराना चाहिये सुषुप्तिरोग (शरीर के किसी भाग का सुन्न पड़ जाना)में इस रस को सेवन करने के बाद गिलोय और विजय सार के क्वाथ का अनुपान

करे। इस प्रकार रस को सेवन करते हुए दो महीने तक मूँग के यूष में घृत डालकर उसके साथ भात का भोजन करे। औदुम्बर कुष्ठ में यह रस सेवन करने के पश्चात् नीम के पंचाग का ४ तोले क्वाथ पान करे और अड़हर की दाल, घृत तथा भात का पथ्य सेवन करे। कृष्णवर्ण के कुष्ठ में इस रस पर एक तोला परिमाण मिश्री और आमलों के चूर्ण का अनुपान करे और मूँग के यूष तथा घृतसहित भात का आहार करे। इस प्रकार २ महीने तक पथ्य रखता हुआ मनुष्य इस रस को सेवन करे। अथवा जब तक रोगी के शरीर का वर्ण उज्ज्वल न हो जाय तब तक बराबर इस रस को पथ्यसहित सेवन करे। किसी प्रकार के भी कुष्ठ में इस रस को प्रयोग करने के पश्चात् दो महीने तक प्रतिदिन एक २ तोला नीम के पंचाग का चूर्ण सेवन करे और दो महीने तक दूध भात का पथ्य रक्खे। इस तालेश्वर रस का प्रयोग समाप्त करने पर एक महीने तक (मट्ठा) का परित्याग कर देना चाहिये॥७३-८३॥

खगेश्वररस

पलेन[४] प्रमितः सूतः पलेन प्रमिता वसा।
खगः पलमितः[५] सर्व मर्दयेदर्जुनद्रवैः॥८४॥
गोलीकृत्य विशोष्याथ गोलं कूप्यां निरुध्य च।
ततस्तां सुदृढे भाण्डे भूषां क्षिप्त्वा निरुध्य च।
पचेत्सार्धदिनं पश्चात्स्वांगशीतं विचूर्णयेत्॥
खगेश्वरो रसो वल्लप्रमितं कुटजान्वितः[६]॥८६॥
श्वेतकुष्ठं निहंत्याशु श्वासकासगदानपि।
सघृतः पित्तजं कुष्ठं मधुना मेहमेव च॥
पथ्यं दोषानुरूपेण बुद्धेन[७] मुनिनोदितम्॥८७॥

पारा ४ तोले, गन्धक ४ तोले और शुद्ध नीलाथोथा ४ तोले सबको अर्जुन की छाल के काढ़े में खरल करके गोला बनाकर सुखा लें। उस गोले को आतशी शीशी में रखकर ऊपर से कपरौटी करके सुखा लें और वालुकायन्त्र में रखकर डेढ़ दिन, अर्थात् ३६ घंटे तक पकावे। स्वांगशीतल होने पर गोले को निकाल कर बारीक चूर्ण कर ले। यह रस प्रतिदिन एक २ रत्ती परिमाण लेकर कूड़े की छाल की चूर्ण या क्वाथ के सेवन

करने से श्वेतकुष्ठ, खाँसी, श्वास आदि रोगों को शीघ्र नाश करता है। घृत के साथ सेवन करने से पित्तजकुष्ठ को और मधु के साथ देने से प्रमेह रोगों को दूर करता है। इसके सेवन करने पर दोषानुसार पथ्य करे। इस रस को श्रीबुद्ध मुनि ने कहा है।।८४-८७।।

कुष्ठनाशन रस

सूतभस्म द्विनिष्कं स्याद्गंधकं च चतुष्पलम्।
सार्धं चतुष्पलं चित्रं चतुर्विंशत्पलं भवेत्।।८८।।
बाकुचीबीजचूर्णस्य द्वादशैव मरीचकम्।
सर्वमकत्र संयोज्य निष्कद्वितयसंमितम्।।८९।।
मधुना लेहयेत्प्रातः सर्वकुष्ठविनाशनः।।९०।।

पारे की भस्म ८ मासे, गन्धक १६ तोले, चीते की जड़ १८ तोले बावची का चूर्ण २४ पल और मिर्चों का चूर्ण १२ पल लेकर सबको एकत्र खरल कर लें। फिर इस रस को प्रतिदिन प्रातःकाल दो २ निष्क परिमाण लेकर शहद के साथ सेवन करे। यह रस समस्त कुष्ठों को विनाश करने वाला है।।८८-९०।।

आरोग्यवर्द्धिनी गुटिका

रसगंधकलोहाभ्रशुल्बभस्म समांशकम्।
त्रिफला द्विगुणा योज्या त्रिगुणं तु शिलाजतु।।९१।।
चतुगुणं पुरं शुद्धं चित्रमूलं च तत्समम्।
तिक्ता सर्वसमा ज्ञेया सर्व संचूर्ण्य यत्नतः।।९२।।
निंबवृक्षदलांभोभिर्मर्दयेद्द्विदिनावधि।
ततश्च वटिकाः कार्या राजकोलफलोपमाः।।९३।।
मंडलं सेविता सैषा हंति कुष्ठान्यशेषतः।
वातपित्तकफोद्भूताञ्ज्वरान्नानाप्रकारजान्।।९४।।
देया पंचदिने जाते ज्वरे रोगे वटी शुभा।
पाचनी दीपनी पथ्या हृद्या मेदोविनाशिनी।।९५।।
मलशुद्धिकरी नित्यं दुर्धर्षक्षुत्प्रवर्तिनी।
बहुनात्र किमुक्तेन सर्वरोगेषु शस्यते।।९६।।

आरोग्यवर्धनी नाम्ना गुटिकेयं प्रकीर्तिता।
सर्वरोगप्रशमनी श्रीनागार्जुनयोगिना॥९७॥

एक-एक तोला पारा और गन्धक की कज्जली, लोहा, अभ्रक और तांबे की भस्म ये प्रत्येक एक-एक तोला, त्रिफला सबसे दुगुना, शिलाजीत तिगुना, शुद्धगूगल चौगुना और चीते की जड़ भी चौगुनी लें। एवं कुटकी सम्पूर्ण औषधियों के बराबर भाग लेकर सबको एकत्र कूट पीसकर बारीक चूर्ण कर लें। फिर उस चूर्ण को नीम के पत्तों के काढे में दो दिन तक खरल करके छोटे बेर के बराबर गोलियां बना लें। ये गोलियां निरन्तर ४० दिन तक सेवन करने से सब प्रकार के कुष्ठों को नष्ट करती हैं। एवं वात, पित्त, कफ इन तीनों दोषों से तथा अन्यान्य कारणों से उत्पन्न हुए विविध प्रकार के ज्वरों को निर्मूल करती हैं। ज्वर में पांच- पांच दिन के बाद इस रस की एक गोली दें। ये गोलियां अत्यन्त पाचक, अग्नि को दीपन करने वाली, सब प्रकार के रोगों में और हृदय के लिए हितकारी, मेदवृद्धि को विनाश करने वाली, मल को शुद्ध करने वाली और अत्यन्त भूख को लगाने वाली हैं। अधिक कहने से क्या ये गोलियां समस्त रोगों में श्रेष्ठ कही जाती हैं। इस आरोग्यवर्द्धिनी गुटिका को श्रीनागार्जुन योगी ने वर्णन किया है। यह वटी सम्पूर्ण रोगों को शमन करने वाली हैं॥९१-९७॥

नारायणरस

रसभस्मसमानेन गंधकेन समन्वितम्।
तुल्यभागपुरोपेतं तुल्यत्रिफलयाऽन्वितम्॥९८॥
वातारितैलसंयुक्तं सेव्यं कर्षार्धसंमितम्[८]।
मासेन नाशयेत्कुष्ठं दुःसाध्यमपि देहिनाम्॥९९॥
क्षयं भगंदरं शूलं मूलं गुल्मं च पाण्डुताम्।
ग्रहणीं च महाघोरां मंदाग्निमपि दुस्तरम्॥१००॥
एवं विधान्महारोगान्विनिहंति न संशयः[९]।
श्लेष्मरोगान्हरेत्सर्वान् रसोनारायणाभिधः[१०]॥१०१॥

पारद १ तोला और गन्धक १ तोला और गन्धक १ तोला दोनों की कज्जली करके उसके साथ शुद्ध गूगल २ तोले और त्रिफले का चूर्ण

४ तोले मिलाकर खरल कर ले। इस रस को प्रतिदिन छः २ मासे परिमाण अण्डी के तेल के साथ सेवन करे। इसको एक महीने तक निरन्तर सेवन करने से मनुष्यों के अत्यन्त कष्टसाध्य कुष्ठ भी नाश हो जाते हैं। यह नारायण रस-क्षय, भगन्दर, शूल, अर्श, गुल्म, पाण्डु, घोर ग्रहणी और दुस्तर मन्दाग्नि, इसी प्रकार के अन्यान्य भयंकर रोगों और सर्व प्रकार के कफ के रोगों को दूर करता है।।९८-१०१।।

मेदिनीसार रस

पलत्रयं मृतं लोहं मृतं शुल्बं पलत्रयम्।
भृंगराजांबुगोमूत्र त्रिफलाक्वत्रिथितैः पृथक्।।१०२।।
पुटेत्रिवारं यत्नेन ततस्तस्मिन्विनिक्षिपेत्।
अत्यम्लकांजिके पश्चात्पचेद्याम चतुष्टयम्।।१०३।।
ततश्च तुल्यगंधेन पुटानां विंशतिं ददेत्।
पलमात्रं मृतं सूतं रुद्रांशममृतं तथा।।१०४।।
कटुत्रयं समं सर्वैः पिष्ट्वा सम्यग्विधारयेत्।
रसोयं मेदिनीसारो नंदिना परिकीर्तितः।।१०५।।
सेवितो वल्लमानेन घृतत्रिकटुकान्वितः।
हंति कुष्ठानि सर्वाणि श्वित्राणि विविधानि च।।१०६।।
गुल्म प्लीहामयं हिक्कां शूलं कुक्ष्यामयं तथा।
उदावर्तं महावातं कफं मंदानलं तथा[११]।।१०७।।
सर्पादिकं विषं घोरं व्रणं लूतां भगंदरम्।
विद्रधिं चांत्रवृद्धिं च शिरस्तोदं च नाशयेत्।।१०८।।

लोहभस्म १२ तोले, ताम्रभस्म १२ तोले, दोनों को एकत्र पीसकर भाँगरे के रस में खरल करके गजपुट दें। फिर गोमूत्र में और उसके पश्चात् त्रिफले के काढे में खरल करके एक-एक बार गजपुट में पकायें। फिर उसको लोहे की कढ़ाई में डालकर उसके नीचे मन्द मन्द अग्नि जलायें और थोड़ी-थोड़ी बहुत खट्टी काँजी डालकर घोटे। इस प्रकार चार प्रहर तक पकायें। इसके पश्चात् उस रस में समान भाग गन्धक मिलाकर २० बार वाराहपुट दें और प्रत्येक पुट के अन्त में पहले पुट

के समान गन्धक मिलाता जाय। तद़नन्तर उसमें पारे की भस्म ४ तोले, शुद्ध मीठा तेलिया ११वाँ भाग और समस्त औषधियों के बराबर त्रिकुटे का चूर्ण डालकर खूब बारीक खरल करके शीशी में भरकर रख दें। इस मेदिनीसार रस को श्रीनन्दि आचार्य ने निर्दिष्ट किया है इसको सदैव एक-एक रत्ती की मात्रा से त्रिकुटक चूर्ण और घृत में मिलाकर सेवन करना चाहिये। यह रस सब प्रकार के कुष्ठ, विविध प्रकार के श्वेत कुष्ठ, गुल्भ प्लीहा, हिचकी, शूल, कुक्षिगत शूल उदावर्त्त, वातव्याधि, कफरोग, मन्दाग्नि, सर्पादि जीवों के भयंकर विष, भगन्दर विद्रधि, अन्त्रवृद्धि और शिर की पीडा इन सब व्याधियों को नाश करता है।।१०२-१०८।।

जन्तुघ्नीगुटिका रस

सूतगंधौ समौ ताभ्यां मंडूरं सप्तमांशतः।
विधाय कज्जलीमाखुकर्ण्या संमर्दयेद्द्व्यहम्।।१०९।।
ततो मण्डूरमानेन क्षुद्रदीप्य विनिक्षिपेत्।
आरुष्करकषायेण दिनमेकं विमर्दयेत्।।११०।।
ब्रह्मबीजं समुद्रस्य फलं जातीफलं तथा।
विषतिंदुकबीजं च ताप्यं सर्वं समांशकम्।।१११।।
विडंगं सममेतैश्च सूक्ष्मचूर्णं प्रकल्पयेत्।
रसतुल्यं हि तच्चूर्णं रसेन सह मेलयेत्।।११२।।
वासा[१२] च निंबत्वग्वंशो वेल्लव्योषांबुदं तथा।
एषा क्वाथेन सप्ताहं त्र्यहं मूर्वाटके[१३] रसे।।११३।।
भावयित्वा चणप्रायाः कर्तव्या वटिकाः शुभाः।
अश्वनिंबादिजक्वाथे प्रदत्तैका वटी शुभा।।११४।।
पातयेज्जठराज्जंतून्सर्वदेहगदान्हरेत्।
कुष्ठजंतून्निहंत्याशु[१४] द्वित्रिवारप्रयोगतः।।११५।।

पारा और गन्धक को समान भाग लेकर कज्जली कर लें उसमें सातवाँ भाग मण्डूर भस्म को खरल करके मूसाकानी के रस में दो दिन तक घोटे। फिर मण्डूर के बराबर उसमें अजवायन डालकर भिलावों के काढे में एक दिन तक खरल करे।पश्चात् ढाक के बीज, समुद्रफल,

जायफल, कुचला, स्वर्णमाक्षिक भस्म और वायविडंग इन सब औषधियों को समान भाग लेकर बारीक चूर्ण कर लें। यह चूर्ण उक्त रस के साथ बराबर भाग मिलाकर अडूसा, नीम की छाल, बाँस के अंकुर, वायविंडग, त्रिकुटा और नागरमोथा इन औषधियों के एकत्र बनाये क्वाथ में ७ दिन तक भावना दे और ३ दिन तक मूर्वा के रस में भावना दें। फिर चने के बराबर गोलियाँ बनाकर सुखा लें। उनमें से प्रतिदिन एक २ गोली बकायन, नीम आदि कड़वी औषधियों के काढे के साथ दें। ये गोलियाँ उदरस्थ जन्तुओं को निकालकर शीघ्र बाहर फेंक देती हैं। कुष्ठ के जीवाणुओं को दो तीन बार प्रयोग करने पर ही नष्ट कर देती हैं और समस्त देहगत रोगों को शीघ्र विनाश करती हैं।। १०९-११५।।

धन्वन्तरि रस

सूतगंधार्कसौभाग्यकंकुष्ठं रक्तचन्दनम्।
कणा चैतानि तुल्यानि मर्दयेल्लुंगवारिणा।।११६।।
एकाहमथ संशोष्य स्थापयेदतियत्नतः।
रसो निःशेषकुष्ठघ्नो धन्वंतरिरिति स्मृतः।।११७।।
निर्दिष्टः शंभुना सर्वरोगभीतिविनाशनः।
पथ्याघृतयुतो वायुं सिंधुविश्वान्वितोऽपिवा।।११८।।

पारा, गन्धक, ताम्रभस्म, सुहागा, कंकुष्ठ, लालचन्दन और पीपल इन सबको समान भाग लेकर बिजौरे नींबू के रस में एक दिन तक खरल करके सुखा ले। फिर पीसकर शीशी में भरकर रख दें। यह धन्वन्तरिजी का कहा हुआ रस सम्पूर्ण कुष्ठों को विनाश करने वाला है। सम्पूर्ण व्याधियों के भय को दूर करने वाले इस रस को श्रीशंकर भगवानं ने निर्दिष्ट किया है। इसको वायु के विकार में अथवा वातज कुष्ठ में हरड और घृत के साथ अथवा सैंधानमक और सौंठ के साथ सेवन करना चाहिए।।११६-११८।।

वज्रधार रस

वज्रासूताभ्रहेम्नां च भस्म योज्यं समं समम्।
सर्वांशं तालकं तुल्यं शिग्रुधत्तूरजद्रवैः।।११९।।

मर्धैः स्नुह्यर्कजैः क्षीरैर्दिनैकं चाथ भावयेत्।
सप्ताहं बाकुची तैलेस्तन्माषैकं तु भक्षयेत्॥१२०॥
वज्रधारो रसः ख्यातः सर्वकुष्ठनिकृंतनः॥१२१॥

हीरे की भस्म, पारद भस्म, अभ्रक भस्म और सुवर्ण भस्म चारों को समान भाग लेकर और चारों भस्मों के बराबर हरताल लेकर सबको एकत्र खरल कर ले। फिर सैंजने के रस, धत्तूरे के पत्तों के रस, थूहर के दूध और आक के दूध में क्रम से एक एक दिन तक भावना दे। फिर सुखाकर बावची के तेल में ७ दिन तक खरल करे। इसको प्रति दिन एक-एक मासा परिमाण सेवन करने से सब प्रकार के कुष्ठ निर्मूल होते हैं। इसको वज्रधार रस कहते हैं॥११९-१२१॥

महातालेश्वर रस

तालं ताप्यं शिला सूतं शुद्धं सैंधवटंकणम्।
समांश चूर्णयेत्खल्वे सूर्तादिद्वगुणगंधकम्॥१२२॥
गंधतुल्यं मृतं ताम्रं जंबीरैर्दिनपंचकम्।
मर्द्यं षड्भिः पुटेः पाच्यं भूधरे संपुटोदरे॥१२३॥
पुटे पुटे द्रवैर्मर्द्यं सर्वमेतत्तु षट्पलम्।
द्विपलं मारितं ताम्रं लोहभस्म चतुष्पलम्॥१२४॥
जंबीराम्लेन तत्सर्वं दिनं मर्द्यं पुटेल्लघु।
त्रिंशदंशं पुरं चास्मिन्क्षिप्त्वा सर्वं विचूर्णयेत्॥१२५॥
मंहिष्याज्येन संमिश्रं निष्कार्धं भक्षयेत्सदा।
मध्वाज्यैर्बाकुचीचूर्णं कर्षमात्रं लिहेदनु॥१२६॥
सर्वकुष्ठं निहंत्याशु महातालेश्वरो रसः॥१२७॥

शुद्ध, हरताल, सोनामाखी की भस्म, शुद्ध मैनसिल, शुद्ध पारा, सैंधा नमक और सुहागा ये प्रत्येक औषधि एक २ भाग, गन्धक २ भाग और ताम्रभस्म २ भाग लेकर सबको एकत्र खरल कर लेवे। फिर जम्बीरी नींबू के रस में पाँच दिन तक मर्दन करके गोला बनाकर सुखा लें। उसको शरावसंपुट में बन्द करके भूधरपुट में पकावे। इस प्रकार ६ बार भूधरपुट देवे और प्रत्येक पुट के अन्त में नींबू के रस में घोटता जाय। इस विधि

से तैयार किया हुआ यह रस २४ तोले, ताम्र भस्म ४ तोले और लोहभस्म १६ तोले सबको एक दिन तक जम्बीरी नींबू के रस में घोटकर लघुपुट देवे। फिर उसमें ३० वाँ भाग शुद्ध गूगल डालकर एक दिन तक खरल करके शीशी में भरकर रख दे। इस रस को सदैव दो २ मासे परिमाण, भैंस के घी में मिलाकर सेवन करे और पीछे से बावची के एक तोले चूर्ण को शहद और घृत में मिलाकर अनुपान रूप से चाटे। यह महातालेश्वर रस सब प्रकार के कुष्ठों को बहुत शीघ्र नष्ट करता है।।१२२-१२७।।

कुष्ठकुठार रेस

सूतभस्मसमं गंधं मृतायस्ताम्रगुग्गुलुः
त्रिफला विषमुष्टी च चित्रकश्च शिलाजतु।।१२८।।
इत्येवं चूर्णितं कुर्यात्प्रत्येकं निष्कषोडश।
चतुः षष्टिकरंजस्य बीजचूर्णं प्रकल्पयेत्।।१२९।।
चतुः षष्टि मृतं ताम्रं मध्वाज्याभ्यां विलोडयेत्।
स्निग्धभाण्डगतं खादेद्द्विनिष्कं सर्वकुष्ठजित्।।१३०।।
रसः कुष्ठकुठारोऽयं गलत्कुष्ठनिकृंतनः।
पथ्यं त्रिमधुरं देयं तदभावे गुडौदनम्[१५]।।१३१।।
पातालगरुडीमूलं मधुपुष्पी च धान्यकम्।
सितया भक्षयेत्कर्षमतितापप्रणुत्तये।।
लिह्यान्नागबलामूलं मध्वाज्यैर्वातितापनुत्।।१३२।।

पारे की भस्म, गन्धक, लोहभस्म, ताम्रभस्म, गूगल, त्रिफला, कुचला, चीता और शिलाजीत ये प्रत्येक सोलह-२ निष्क (एक निष्क चार मासे का होता है), करंज के बीजों का चूर्ण ६४ निष्क, और ताम्रभस्म, ६४ निष्क लेकर सबको एक दिन तक एकत्र खरल करके चिकने बर्तन में भरकर रख दें। इस रस को दो-२ निष्क परिमाण मधु और घृत में मिलाकर सेवन करे। यह कुष्ठ कुठार रस सब प्रकार के कुष्ठों को निवारण करता है। इसके ऊपर दूध, मिश्री, और मधु इन तीनों के साथ हितकर पदार्थों का पथ्य दें और इनके अभाव में गुड़, भात का पथ्य दें। यदि इस रस के सेवन से शरीर में अधिक दाह हो तो उसको शमन करने के लिये पातालगरुडी की जड़, मुलैठी और धनियाँ इन सबके

एक तोला चूर्ण को मिश्री में मिलाकर सेवन करे तो वमन, अत्यन्त ताप, दाह आदि उपद्रव दूर हो जाते हैं॥१२८-१३२॥

स्वर्णक्षीररस

हेमाह्वां पंचपलिकां क्षिप्त्वा तक्रघटे[16] पचेत्।
तक्रे जीर्णे समुद्धृत्य पुनः क्षीरघटे[17] पचेत्॥१३३॥
क्षीरे जीर्णे समुद्धृत्य जलैः प्रक्षाल्य शोषयेत्।
तच्चूर्णितं पंचपलं मरिचानां पलद्वयम्॥१३४॥
पलैकं मूर्च्छितं सूतमेकीकृत्य तु भक्षयेत्।
निष्कैकं सुप्तकुष्ठार्तः स्वर्णक्षीररसो ह्ययम्॥१३५॥

स्वर्ण जीवन्ती की जड़ को २० तोले मोटा मोटा कूटकर के १६ गुने तक्र (मट्ठा या छाछ) में मिलाकर एक घड़े में भरकर पकायें और समस्त तक्र जल जाय तब उस औषधि को १६ गुने दूध में दूसरे घड़े में भरकर पकायें। दूध के जल जाने पर उसको जल से धोकर सुखा लें। फिर उसका बारीक चूर्ण करके वह चूर्ण ५ पल लें। मिर्चों का चूर्ण २ पल और मूर्च्छित पारा १ पल लेकर सबको एकत्र खरल कर लें। यदि सुप्तकुष्ठ (शरीर के किसी अङ्ग में सुन्नी होना) वाला रोगी इस रस को प्रतिदिन चार २ मासे परिमाण उपयुक्त अनुपान के साथ सेवन करे तो सुप्तकुष्ठ शीघ्र नष्ट होता है॥१३३-१३५॥

त्रैलोक्यविजय रस

सूतभस्म समं गन्धं मृतायस्ताम्रगुग्गुलुः।
त्रिफला विषमुष्टीश्च चित्रकश्च शिलाजतु॥१३६॥
वरुणाम्लेन संचूर्ण्य प्रतिनिष्कद्वयं द्वयम्।
क्षिपेत्तस्मिन्विशोष्याथ क्रमान्निष्कं सदा लिहेत्॥
त्रैलोक्यविजयश्चासौ सर्वकुष्ठहरो रस॥१३७॥

पारे की भस्म, गन्धक, लोहभस्म, ताम्रभस्म गूगल, त्रिफला, कुचला, चीता और शिलाजीत, प्रत्येक औषधि को आठ आठ मासे परिमाण लेकर वरुण नामक काँजी के साथ खरल करके सुखा लें। फिर बारीक पीसकर शीशी में भरकर रख दें। इस रस को प्रतिदिन चार चार मासे सेवन करे। यह त्रैलोक्य विजय रस सम्पूर्ण कुष्ठों को हरने वाला है॥१३६-१३७॥

द्वितीय त्रैलोक्यविजय रस

रसं गन्धं विषं तालं स्वर्णक्षीरी रुदंतिका।
वरुणाम्लेन संचूर्ण्य प्रतिनिष्कद्वयं द्वयम्॥
त्रैलोक्यविजयः सर्वकुष्ठघ्नो निष्कमात्रया॥१३८॥

शुद्ध पारा, गन्धक, वत्सनाभ, हरताल, स्वर्णजीरी और रुदन्ती ये प्रत्येक औषधि आठ-२ मासे लेकर वरुण काँजी में सबको खरल करके सुखा ले। यह रस भी प्रतिदिन चार २ मासे परिमाण सेवन करने से समस्त कुष्ठों को नाश करता है॥१३८॥

कुष्ठान्तपर्पटी रस

पलक शुद्धसूतस्य कर्षैकं शुद्धगंधकम्।
गंधतुल्यं मृतं ताम्रं सूतांशं मर्दयेद्विषम्॥१३९॥
सर्वतुल्यं पुनर्गंधं दत्त्वा किंचिद्विघट्टयेत्।
घृताभ्यके लोहपात्रे पच्याद्यावद्द्रवीभवेत्॥१४०॥
रंभापत्रे पटे वाथ पातयेत्यपर्पटीं तदा।
माषैकं चूर्णितं खादेद्गजचर्म नियच्छति॥
निष्कैकं बाकुचीचूर्णं लेहयेदनुपानकम्॥१४१॥

शुद्ध पारा, ४ तोले शुद्ध गन्धक १तोला, ताम्रभस्म १ तोला, और शुद्ध वत्सनाभ ४ तोले लेकर सबको एकत्र खरल कर ले। फिर समस्त रस के बराबर गन्धक मिलाकर खरल करे। इसके पश्चात् लोहे की कढाई में घृत चुपड़कर उसमें रस को डालकर मन्द मन्द अग्नि द्वारा पिघलावे। जब रस पिघलकर पतला हो जाय तब उसको केले के पत्ते अथवा कपड़े के ऊपर ढालकर पर्पटी तैयार कर लें। शीतल होने पर बारीक चूर्ण करके शीशी में भरकर रख दें। इस रस को प्रतिदिन एक-२ मासा परिमाण सेवन करे और ऊपर से चार मासे बावची के चूर्ण को शहद में मिलाकर अनुपान करे तो गजचर्म कुष्ठ दूर होता है।

कासीसबद्ध रस

पलं रसं हि कासीसैर्युतं पंचगुणैः सह।
मर्दयेद्यामपर्येतमर्जुनस्य त्वचो रसैः॥१४२॥

शरावसंपुटे रूद्ध्वा पुटेत्क्रोडपुटेन हि।
रसः कासीसबद्धोऽयं मधुना वल्लतुल्यकः॥१४३॥
शाणबाकुचिकायुक्तः सेवितो हंति निश्चितम्।
त्रिभिर्मासैः किलासं हि दद्रूण्यपि विशेषतः॥ १४४॥

पारे की भस्म ४ तोले और शुद्ध हीराकसीस २० तोले दोनों को एकत्र पीसकर अर्जुन की छाल के काढ़े में एक प्रहर तक खरल करे। फिर गोला बनाकर उसको शरावसम्पुट में बन्द करके वाराहपुट के द्वारा पुटपाक करे। यह कासीसबद्ध रस कहलाता है। इसको प्रतिदिन एक-२ रत्ती परिमाण लेकर चार मासे बावची के चूर्ण और शहद में मिलाकर सेवन करे। इस प्रकार तीन महीने तक इस रस के सेवन करने से किलास कुष्ठ और विशेषकर दद्रकुष्ठ अवश्य नष्ट होता है।।१४२-१४४॥

सर्वेश्वर रस

शुद्धसूतं चतुर्गंधं खल्वे यामं विमर्दयेत्।
मृतताम्राभ्रलोहानि हिंगुल च पलं पलम्॥१४५॥
सुवर्णं रजतं चैव प्रत्येकं दशनिष्ककम्।
माषैकं मृतवज्रं च तालसत्त्वं पलद्वयम्॥१४६।
जंबीरोन्मत्तवासाभिः स्नुह्यर्कविषमुष्टिभिः।
मर्द्यं हयारिजैर्द्रावैः प्रत्येकेन दिनं दिनम्॥१४७॥
एवं सप्तदिनं मर्द्यं तद्गोलं वस्त्रवेष्टितम्।
वालुकायंत्रगं स्वेद्यं त्रिदिनं लघुनाऽग्निना॥१४८॥
आदाय चूर्णयेत्सूक्ष्मं पलैकं योजयेद्विषम्।
द्विपलं पिप्पलीचूर्णं मिश्रं सर्वेश्वरो रसः॥१४९॥
द्विगुंजं भक्षयेत्क्षौद्रैः सुप्तमंलकुष्ठजित्।
बाकुचीं देवदारुं च कर्षमात्रं सुचूर्णितम्॥ १५०॥
लिहेदेरंडतैलेन ह्यनुपानं सुखावहम्।
गुग्गुलुं योगराजं वा योज्यं मंडलशांतये॥१५१॥

शुद्ध पारा १ तोला और शुद्ध गन्धक ४ तोले दोनों को एक प्रहर तक खरल करके कज्जली कर लें। फिर उसमें ताम्रभस्म, अभ्रक-भस्म,

लोहभस्म और शुद्ध सिंगरफ ये प्रत्येक चार २ तोले, सुवर्ण-भस्म १० निष्क (१ तोला ४ मासे) चाँदी की भस्म १० निष्क, हीरे की भस्म १ मासा, और हरतालभस्म ८ तोले इन सबको मिलाकर जम्बीरी नींबू, धतूरा, अडूसा, थूहर, आक, कुचला और कनेर इन औषधियों के स्वरस अथवा क्वाथ में क्रम से एक एक दिन तक खरल करे। इस प्रकार ७ दिन तक सातों औषधियों के रस में घोटकर गोला बनाकर सुखा ले।

उस गोले को वस्त्र में लपेटकर सम्पुट में बन्द करे कपरौटी करे और बालुकायन्त्र में रखकर मन्द-मन्द अग्नि के द्वारा ३ दिन तक पकाये। स्वांगशीतल होने पर गोले को निकालकर बारीक चूर्ण कर ले। उस चूर्ण में शुद्ध वत्सनाभ ४ तोले और पीपल का चूर्ण ८ तोले मिलाकर खरल कर ले। इस प्रकार यह सर्वेश्वर रस सिद्ध होता है। इस रस को प्रतिदिन दो २ रत्ती परिमाण शहद में मिलाकर सेवन करे और ऊपर से बावची और देवदारु के एक तोला चूर्ण को अण्डी के तेल में मिलाकर अनुपान करे तो सुप्तकुष्ठ और मण्डलकुष्ठ दूर होता है। मण्डल कुष्ठ को शान्त करने के लिए इस पर योगराज गूगल का अनुपान करना बहुत ही उपयोगी है।।१४६-१५१।।

श्वित्रारि रस

कासीसरगंधानि मदयेत्सुरसारसैः।
संपुटे पुटयेद्दत्त्वा शार्ङ्गीमधरोत्तराम्।।१५२।।
सर्वमेतच्च संचूर्ण्य तडुलान्दश सप्त वा।
आरभ्य वर्धयेद्यावत्पंचषष्टिक्रमेण हि।।
अनुपानाय मध्वाज्यं दध्याज्यं नवनीतकम्।
धात्र्यार्द्रकरसैश्चैव तिंदुकं कदलीफलम्।।१५४।।
श्वित्रारिसंज्ञितो ह्येष श्वित्रकुष्ठनिषूदनः।।१५५।।

शुद्ध हीरा कसीस पारा और गन्धक इन तीनों को समान भाग लेकर तुलसी के पत्तों के रस में घोटकर गोला बना ले। फिर एक सम्पुट में नोनिया घास को पीसकर ऊपर नीचे उसकी लुगदी रक्खे और उसके बीच में उक्त गोले को रखकर कपरौटी करके भूधर पुट में पकावे। स्वांगशीतल हो जाने पर उस गोले को निकालकर बारीक चूर्ण कर ले।

इस रस को प्रथम दिन ७ चावल की मात्रा से सेवन करना शुरू करे फिर प्रतिदिन क्रम से एक-दो चावल की मात्रा बढ़ता हुआ ६५ चावल तक मात्रा बढ़ाये। फिर हमेशा इतनी ही मात्रा से सेवन करे इस पर शहद घृत दही घृत या मक्खन अथवा आमले और अदरख के रस का अनुपान करे और सुपक्क तेंदू के फल व केले की फली का पथ्य सेवन करे। इस प्रकार सेवन करने पर श्वित्रारि रस श्वेतकुष्ठ को शीघ्र नष्ट करता है। जब सम्पूर्ण रोग नष्ट हो जाय और रस का सेवन बन्द करना हो तो प्रतिदिन एक-२ चावल भर मात्रा घटाता जाय तब ७ चावल तक आ जाय तब छोड़ दें।।१५२-१५५।।

चन्द्रप्रभावटिका रस

पिष्टो निंबुकगोमयूरसलिलैः[१८] सार्धो रसो गंधका-
न्मूषायां घननादपिण्डसहितं पक्वं करीषे तिलान्।
बाकुच्याश्च फलानि गोजलकृता चंद्रप्रभेति श्रुता
श्वित्रं तक्रभुजो निहंति वटिकाः क्षाराम्लतैलं त्यजेत्।।१५६।।

गन्धक ४ तोले और पारा ६ तोले दोनों को कज्जली करके उसको नींबू के रस गोमूत्र और चिरचिटे के रस में क्रम से एक २ बार खरल करके गोला बना लें। फिर चौलाई की जड़ के कल्क का उस गोले के ऊपर दो २ अँगुल ऊँचा लेपकर के सुखा ले। और उसको मूषा में बन्द करके ऊपर से कपरौटी कर आरने उपलों की अग्नि के द्वारा भूधरपुट में पकायें। स्वांगशीतल होने पर गोले को निकालकर सूक्ष्म चूर्ण कर लें। फिर उसमें तिल और बावची का चूर्ण रस के बराबर भाग मिलाकर गोमूत्र के साथ खरल करके चने के समान गोलियाँ बना ले। इस रस को चन्द्रप्रभा वटिका कहते हैं। ये गोलियां सेवन करते समय छाछ और भात का भोजन करे और क्षारवाले तथा अम्लपदार्थ और तैल आदि का परित्याग कर दे तो श्वेतकुष्ठ दूर होता है।

किलासनाशन रस

रसद्विगुणगंधकं त्रिगुणताम्रलिप्तं पचेद्-
गृहीतमनुकज्जलीं खदिरवाकुचीनिंबजैः[१९]।

रसैः पुट विपाचितं समलयाकषायं[२०] पिबे-
त्किालसमरुणं सितं जयति शुद्धतक्राशिनः॥१५७॥

पारा १ भाग, गन्धक २ भाग और तांबे के कंटकवेधी पत्र ३ भाग लेकर प्रथम पारे गन्धक की कज्जली कर ले उसको नींबू के रस में घोट कर पत्रों के ऊपर लेप कर दे। उन पत्रों को शराबसम्पुट में बन्द करके गजपुट में पकावे। स्वांगशीतल होने पर पत्रों को निकालकर खैर के रस में घोटकर गजपुट दे। फिर एक गजपुट बावची के रस में घोटकर और एक पुट नीम की छाल के रस में घोटकर दे। फिर बारीक खरल कर ले। इस रस को उपयुक्त मात्रा से सेवन कर ऊपर से बावची का क्वाथ पान करे और छाछ भात आदि का पथ्य करे तो लाल श्वेत कुष्ठ दूर होता है।

उदयादित्य रस

शुद्धसूतं द्विधा गन्धं मर्द्यं कन्याद्रवैर्दिनम्।
तद्गोलं हंडिकामध्ये ताम्रपात्रेण रोधयेत्॥१५८॥
सूतकात्त्रिगुणेनैव शुद्धेनाधोमुखेन वै।
पार्श्वे भस्म निधायाऽथ पात्रेऽर्धे गोमयं जलम्॥१५९॥
किंचित्किञ्चित्प्रदातव्यं चुल्लयां यामद्वयं पचेत्।
चंडाग्निनोद्धृत्य ततः स्वांगशीतं विचूर्णयेत्॥१६०॥
काकोदुंबरिकावह्नित्रिफलाराजबृक्षकम्।
विडंगं बाकुचीबीजं क्वाथयेत्तेन भावयेत्॥१६१॥
दिनैकमुदयादित्यौ रसो भक्ष्यो द्विगुंजकः।
खदिरस्य कषायेण बाकुचीबीजचूर्णकम्॥१६२॥
तुल्यं मृद्वग्निना पिण्डं जातं यावत्पचेल्लघु।
त्रिनिष्कं तद्रविक्षीरैः[२१] क्वाथैर्वा त्रैफलैरनु॥१६३॥
त्रिदिनांते भवेत्स्फोटः सप्ताहे वा न संशयः।
नीलीं गुंजां च कासीसं धत्तूरं हंसपादिकाम्॥१६४॥
सूर्यावर्तं चाम्लपर्णीं तुल्यं पिष्ट्वा प्रलेपयेत्।
स्फोटस्थाने प्रशांत्यर्थं सप्तरात्रं पुनः पुनः॥
श्वेतकुष्ठं निहंत्याशु साध्यासाध्यं न संशयः॥१६५॥

शुद्ध पारा ४ तोले और शुद्ध गन्धक ८ तोले लेकर दोनों की एकत्र कज्जली करके एक दिन तक घीग्वार के रस में खरल करे। फिर उसका गोला बनाकर सुखा ले और उस गोले को एक हाँडी में रखकर हाँडी के मुँह पर १२ तोले शुद्ध ताम्रपत्रों की एक कटोरी बनवाकर औंधी करके ढक दें। फिर उसकी सन्धियों को चिकनी मिट्टी से ल्हेसकर कटोरी को चारों तरफ राख से दाब दे। इससे पहले उस हाँडी के आधे हिस्से में गोबर का रस भर दें। फिर हाँडी के ऊपर ढक्कन ढककर उसमें एक छेद कर देवे और उसको चूल्हे पर चढाकर दो प्रहर तक तीक्ष्ण अग्नि के द्वारा पकावे। और हाँडी पर ढके हुए पात्र में थोड़ा-थोड़ा जल डालता जाय। स्वांगशीतल होने पर ताँबे की कटोरी सहित गोले को निकालकर बारीक पीस लें। इसके पश्चात् उसको कठूमर की जड़, चीते की जड़, त्रिफला, अमलतास, वायविडंग और बावची इन प्रत्येक के क्वाथ में एक-२ दिन तक भावना देकर सुखा ले और सूक्ष्म चूर्ण करके रख ले। इस रस को प्रतिदिन दो दो रत्ती परिमाण सेवन करे और इसके ऊपर निम्नलिखित औषध का अनुपान करे। खैर के काढे में समान भाग बावची के चूर्ण को पीसकर गोला बना लें उसको सम्पुट में बन्द करके मन्द-२ अग्नि के द्वारा लघुपुट में पकायें। फिर चूर्ण करके उसको एक तोला लेकर आक के दूध अथवा त्रिफले के काढे में मिलाकर सेवन करे। इस रस के सेवन करने से तीसरे दिन अथवा सात दिन के बाद श्वेतकुष्ठ के स्थान में फोड़ा उत्पन्न होता है, उसके ऊपर नील, चोंटली, कसीस, धतूरा, लाल लज्जालु, हुलहुल और अम्लनोनिया इन सबको समान भाग लेकर जल के साथ पीसकर लेप करे। इस प्रकार सात दिन तक बारम्बार लेप करने से वह फोड़ा शान्त हो जाता है और साध्य अथवा असाध्य सब प्रकार का श्वेतकुष्ठ निस्संदेह शीघ्र दूर होता है॥१५८-१६५॥

श्वित्रान्तक रस

सूते पले भूधरयंत्रमध्ये संजारयेद्गधपलं ततश्च।
सूतेन गंधस्य पलत्रयं च दत्त वाथ निंबूत्थरसैर्विमर्द्य॥१६६॥
स्वर्णाह्वि काबाकुचिकाग्निभृंग कोरंटनीरैः परिमर्दयेत।
दिनैकमेकं कटुतुंबिनीजलैर्मर्द्यं ततः काजकूपिकांतः॥१६७॥

निक्षिप्य भाण्डे सिकतोदरांतर्यामद्वयं स्वेदयतं ततश्च।
ददीत वल्लद्वयमस्य कृष्ण पर्णेन सार्धं त्वथ वा तदर्धम्।।१६८।।
पलाशमूलं त्वनुपाययीत तक्रेण सार्धं च ददीत पथ्यम्।
उष्णं क्षिपेत्तैलविमर्दितं च स्फोटा यदि स्युः सहसा च गात्रे।।१६९।।
पलत्रयं गंधकभृंगकृष्णतिलोत्थतैलं कटुतुंबिनी च।
भल्लाततैलं कटु निंबबीजं सर्वं समानं परिभावयेत।।१७०।।
त्रिः सप्तकं भृंगरसैः कृतोयं स्वेतारियोगः समुपैति सिद्धिम्।
पलार्धमानेन ददीत चामुं सिताघृताक्तं दिनजन्मकाले।।१७१।।
विवर्जयेत्सूरणमाषमांसवृंताकमुद्गानि कषायकादि।
कुमार्गज[२२] तीनुरकक्षसागरैर्वरुष्टिका भास्करलोकभाषया।।
कल्कीकृतं यन्मधुना च संयुतं करोति तारं भ्रमरप्रभं च तत्।।१७२।।

एक मूषा में चार तोले पारा भरकर उसके ऊपर एक दूसरी मूषा ऐसी रखे जो पहली मूषा के भीतर घुस जाय और ऊपर वाली मूषा की तली में छिद्र करके उसमें चार ४ तोले गन्धक भरकर उसका मुँह बन्द कर दें फिर कपरौटी करके उसको भूधरयन्त्र में रखकर आरने उपलों की अग्नि के द्वारा गन्धक जारण करें। स्वांगशीतल होने पर नीचे की मूषा में से रस को निकालकर उसमें १२ तोले गन्धक मिलाकर नींबू के रस के साथ एक दिन तक खरल करके सुखा लें। फिर मालकांगनी, बावची, चीता, भाँगरा, पीली कटसरैया और कडवी तोंबी इन औषधियों के रस में क्रम से पृथक्-पृथक् एक-२ दिन तक खरल करे। फिर सुखाकर उसको काँच की शीशी में भरकर और शीशी का मुँह बन्द करके उस पर कपरौटी करके सुखा लें। फिर उस शीशी को बालुकायन्त्र में रख उसके गले पर्यन्त रेता भरकर ६ घंटे तक तीक्ष्ण अग्नि द्वारा पकायें। स्वाङ्गशीतल होने पर शीशी को फोड़कर उसमें से रस को निकालकर बारीक चूर्ण कर लें। इस रस को प्रतिदिन दो दो रत्ती अथवा एक-२ रत्ती परिमाण नागरबेल के पान के साथ दें, ऊपर से ढाक की जड़ के काढे का अनुपान करायें और ताजे मट्ठे के साथ भात का पथ्य दें। यदि इस रस के सेवन से कुष्ठस्थान में गरमी और दाह मालूम हो तो तिल के तेल की मालिश करे। यदि शरीर में एकदम फोड़े निकल

आयें या छाले पड़ जाये तब गन्धक, काला भाँगरा, काले तिलों का तेल, कडवी तोंबी, भिलावों का तेल और नीम की निंबौली इन सब औषधियों को १२ तोले लेकर प्रथम एकत्र खरल कर लें, फिर २१ दिन तक भाँगरे के रस में घोटकर सुखा लें। इस प्रकार तैयार की हुई इस औषध को श्वेतारियोग कहते हैं। इस औषध को प्रतिदिन प्रातः काल दो २ तोले परिमाण लेकर मिश्री और घृत में मिलाकर सेवन करायें। इससे उक्त फोड़े या छाले अल्पकाल में ही नष्ट होकर श्वेत कुष्ठ दूर होता है। यदि श्वित्रान्तक रस का सेवन न हो सके तो केवल इस श्वेतारियोग का सेवन करने से भी श्वेत कुष्ठ दूर हो जाता है। इस रस अथवा चूर्ण के सेवन करने पर जिमींकन्द, उड़द, मांस, बैंगन, मूँग, कषैले पदार्थ और अन्यान्य हानिकर पदार्थों का सर्वथा परित्याग कर देना चाहिये। इस रस के सेवन करते समय कुष्ठ के ऊपर निम्नलिखित औषधियों का प्रलेप भी करते रहना चाहिये। पतंग शरफोका, समुद्र शोष, बावची, आक की जड़ और कोइले की जड़ इन सबका कल्क करके शहद में मिलाकर प्रलेप करने से चाँदी भी भौंरे के समान काली हो जाती है, फिर श्वेत कुष्ठ की तो बात ही क्या है॥१६६-१७२॥

श्वित्रकुष्ठारि रस

रसगंधकतुत्थार्कबाकुचीक्वाथमर्दितम्।
सेवितं सोमतैलेन श्वित्रकुष्ठं नियच्छति॥१७३॥

पारा और गन्धक की कज्जली, तूतिया की भस्म और ताम्र भस्म सबको समान भाग लेकर बावची के क्वाथ में एक दिन तक खरल करके बावची के तेल के साथ सेवन करे तो श्वेतकुष्ठ दूर होता है॥१७३॥

स्नुह्यादि तैल

स्नुह्याः कुडवं पयसः प्रस्थं दुग्धस्य नारिकेरस्य।
गंधकविषयोः कर्षं पारदकर्षं च साधु संयोज्यम्॥१७४॥
खरतरकिरणातापात्पक्वं तैलं विलेपितं प्राज्ञैः।
कुष्ठकिटिभेऽपहंति प्रबलं च समीरणं हन्यात्॥१७५॥

एक तोला पारा और १ तोला गन्धक लेकर दोनों की कज्जली करके उसमें १ तोला वत्सनाभ मिलाकर उस कज्जली को १६ तोले

थूहर के दूध और १ प्रस्थ नारियल के जल के साथ पत्थर के खरल में खूब अच्छे प्रकार से घोटे। फिर उसमें ३२ तोले तेल डालकर खरल को तीक्ष्ण धूप में रख दें। जब समस्त जल शुष्क हो जाय और तेलमात्र शेष रह जाय तब उसको छानकर शीशी में भरकर रख दें। इस तेल की मालिश करने से किटिभ कुष्ठ आदि सामान्य कुष्ठ और प्रबल वातव्याधि शान्त होती है।।१७४-१७५।।

आरग्वधादि तैल

आरग्वधरसो गुंजाबकुचीगंधकत्रयैः।
सरसैः कंगुणीतैलं जयेतिसध्ममुदुंबरम्।।१७६।।

अमलतास का रस, घुंघुची, बावची, गन्धक, हरताल, मैनसिल और पारा इन सबको सम भाग लेकर एकत्र खरल करके चौगुने मालकांगनी के तेल में डालकर तेल को पकायें। यह तेल सिध्मकुष्ठ उदुम्बर कुष्ठ को दूर करता है।।१७६।।

गन्धपिष्टी तैल

विपक्वा कटुतैलेन पामाहृद्गंधपिष्टिका।।१७७।।

गन्धक को अमलतास के रस में घोटकर सरसों के तेल के साथ मिलाकर तेल को पकायें। इस तेल को मलने से खुजली दूर होती है।।१७७।।

सर्वकुष्ठान्तकृत्तैल

कृष्णाभ्रकं बलिवसां नीलज्योतीरसं रसम्।
कंगुणीनिंबकार्पासतैलं चाऽयसि मर्दयेत्।।१७८।।
तन्नयेत्सर्वकुष्ठानि बहिरंतश्च मर्दितम्।।१७९।।

काली अभ्रक की भस्म, गन्धक और पारा तीनों को समान भाग लेकर प्रथम पारा और गन्धक की कज्जली कर ले, फिर उसमें अभ्रक की भस्म मिलाकर बावची के रस में एक दिन तक खरल करे। इसके पश्चात् उसमें चौगुना बावची का रस और पारा, गन्धक अभ्रक इन प्रत्येक से चौगुना मालकाँगनी का तेल, नीम का तेल और बिनौलों का तेल डालकर लोहे के खरल में खूब घोटे, फिर चूल्हे पर चढ़ाकर पकायें और तेल मात्र अवशिष्ट रहने पर उतार लें। इस तेल को पान करने और मालिश करने से सम्पूर्ण कुष्ठ नाश होते हैं।।१७८-१७९।।

कुष्ठविद्रावण तैल

द्वात्रिंशत्पलबाकुची शृतजलद्रोणांघ्रिशेषे चतु-
र्विंशत्या दनुजस्य कांतरसयोर्निषकः पृथक् पंचभिः।
तांबूलीरसमर्दितैस्तिलभवप्रस्थं शृतं चिक्कणे
पाके सत्यवतार्य कल्कसहितं धान्ये द्विपक्षं क्षिपेत्॥१८०॥
तत्क्षीरान्नाशिना पीतं लिप्तं कुष्ठकुलान्तकम्।
स्वित्रं दाहजम श्वेतं रूपमूलं च लुंपति॥१८१॥

बावची को ३२ पल लेकर एक द्रोण परिमाण जल में पकायें, चतुर्थांश जल शेष रहने पर उतारकर छान लें। फिर गन्धक २४ पल, पारा ५ निष्क और कान्तलोह भस्म ५ निष्क लेकर सबको पानों के रस में घोटकर कज्जली कर लें। इस कज्जली को और एक प्रस्थ तिल के तेल को उपर्युक्त काढे में डालकर पकायें। जब पककर तेल मात्र शेष रह जाय तब उसको उतारकर किसी मिट्टी के चिकने बर्तन में अथवा शीशी में भरकर और उसको मुँह को अच्छे प्रकार से बन्द कर धानों के ढेर में गाड़ कर रख दें। एक महीने के बाद उसको निकालकर छान लें। इस तेल को पान करने और मर्दन करने से एवं दूध, भात का भोजन करने से समस्त कुष्ठ समूल नष्ट हो जाते हैं। विशेषकर श्वेतकुष्ठ, दाहजनित मण्डलकुष्ठ, काला कुष्ठ ये सब दूर हो जाते हैं॥१८०-१८१॥

वज्रतैल

वज्रक्षीरं रविक्षीरं धत्तूरं चित्रकद्रवम्।
महिषीविड्भवं द्रावं सर्वांशं तिलतैलकम्॥१८२॥
पचेत्तैलावशेषं तु तत्तैलं प्रस्थमात्रकम्।
गंधकाग्निशिलातालं विडंगाऽतिविषाविषम्॥१८३॥
तिक्तकोशातकीकुष्ठं वचा मांसी कटुत्रयम्।
दारुहरिद्रा यष्ट्याह्वं सज्जीक्षारं च जीरकम्॥१८४॥
कर्षांशं देवदारुं च चूर्णं तैले विमिश्रयेत्।
वज्रतैलमिदं ख्यातं मर्दनात्सर्वकुष्ठनुत्॥१८५॥

थूहर का दूध, आक का दूध, धतूरे के पत्तों का रस, चीते की जड़

का क्वाथ, भैंस के गोबर का रस ये सब समान भाग और सबके बराबर तिल का तेल लेकर सबको एकत्र करके पकायें। तेल मात्र शेष रहने पर उतार कर छान लें। इस प्रकार किया हुआ यह तेल एक प्रस्थ, गन्धक चीता, मैनसिल, हरताल, वायविडंग, अतीस, वत्सनाभ, कड़वी तोरई, कूठ, वच, बालछड़, त्रिकुटा, दारुहल्दी, मुलैठी, सज्जी, जीरा और देवदारु इन सब औषधियों का एक-२ तोला बारीक चूर्ण लेकर सबको तेल में अच्छे प्रकार से मिला दें। इसको वज्रतैल कहते हैं। यह नित्य मालिश करने से सब प्रकार के कुष्ठों को नष्ट करता है॥१८२-१८५॥

महाभल्लात तैल

यत्नाद्द्विखण्डितं कुर्याद्भल्लातशतपंचकम्।
क्षिप्त्वा पच्याच्छनैर्वह्नौ तैले द्वादशपालिके॥१८६॥
यावत्तरंति ते पक्त्वा तत्तैलं पाचयेत्पुनः।
मधुपाके तु संप्राप्ते ह्यवतार्य तु तत्क्षणात्॥१८७॥
सर्वकुष्ठं निहंत्याशु महाभल्लाततैलकम्॥१८८।

पांच सौ भिलावों के छोटे-छोटे टुकड़े करके उनको १२ पल तेल में डालकर मन्द-मन्द अग्नि के द्वारा शनैःशनैः तेल को पकावे। जब वह भिलावे के टुकड़े पककर तेल में तैरने लगें तब उसको उतारकर छान लेवे। फिर थोड़ी देर तक उसको मन्द-मन्द अग्नि से पकाकर शीतल होने पर शीशी में भरकर रख देवे। यह महाभल्लाततैल प्रतिदिन मर्दन करने से समस्त कुष्ठों को शीघ्र विनाश करता है॥१८६-१८८॥

महामार्त्तण्ड तैल

शाकं निंबांकोलवह्निराजवृक्षाक्षस्नुग्भवम्।
गर्भशुष्कं शुभं खण्ड नारिकेलं प्रियालकम्॥१८९॥
वातारिचक्रमर्दस्य बीजं बाकुचिजं तथा।
समं पातालयंत्रेण तैलं ग्राह्यं प्रयत्नतः॥१९०॥
प्रस्थौ द्वौ तिलतैलस्य कुष्ठचूर्णं पलद्वयम्।
स्वर्णक्षीरीपलैकं च क्षिप्त्वा पक्त्वाऽवतारयेत्॥१९१॥
पूर्वतैले चतुष्प्रस्थे तैलीभूते विनिक्षिपेत्।

महामार्तण्डतैलं हि लेपात्कुष्ठं नियच्छति॥
अतिकण्डूं कृमि पाकं स्फोटकानि च नाशयेत्॥१९२॥

(१) सागौन वृक्ष के बीज, नीम की निबौली, अंकोल के बीज, चीता, अमलतास, बहेडा, थूहर का दूध, सूखा हुआ नारियल, शुद्ध खांड, चिरौंजी, अण्डी के बीज, चंकबंड के बीज और बाबची के बीज, इन सब औषधियों को समान भाग लेकर एकत्र कूट पीसकर बारीक चूर्ण कर लेवे। इस चूर्ण को चौगुने तिल के तेल में मिलाकर पाताल यन्त्र के द्वारा यथाविधि तैल चौगुने तिल के तेल में मिलाकर पातालयन्त्र के द्वारा यथा विधि तैल निकाल देवे। (२) फिर २ प्रस्थ तिल का तेल लेकर उसमें कूठ का चूर्ण ८ तोले और स्वर्णक्षीरी का चूर्ण ४ तोले डालकर पकावे। जब पककर तेलमात्र शेष रह जाय तब उसे उतारकर छान लेवे। इस प्रकार सिद्ध किये हुए इन दोनों तेलों में से नं० १ का तेल ४ प्रस्थ और दूसरे नं० का तेल २ प्रस्थ एकत्र मिलाकर शीशी में भरकर रख देवे। इसको महामार्त्तण्ड तेल कहते हैं। इसका प्रतिदिन लेप करने से कुष्ठरोग दूर होता है। एवं अत्यन्त खुजली, कुष्ठ के कृमि, पका हुआ कुष्ठ और कुष्ठ के फोड़े ये सब नष्ट हो जाते हैं॥१८९-१९२॥

श्वित्रारि तैल

अंकोलनिंबनिर्गुंडीपत्रकाष्ठाद्यथोचितम्।
पातालयंत्रविधिना तैलं श्वित्रनिबर्हणम्॥१९३॥

अंकोल के बीज, नीम के पत्ते और निर्गुण्डी का पञ्चाङ्ग सबको समान भाग लेकर चूर्ण कर लेवे। इस चूर्ण से चौगुना तिल का तेल लेकर सबको एकत्र मिलाकर पाताल यन्त्र के द्वारा तेल खींच लेवे। इस तेल के मलने से श्वेतकुष्ठ दूर होता है॥१९३॥

कुष्ठारितेल

नारिकेरं हरिद्रे द्वे बाकुची वचया सह।
अक्षभृंगकभल्लातं शाककाष्ठं च कांचनम्॥१९४॥
एतानि समभागानि तैलं पातालयंत्रतः।
संगृह्य लेपयेत्तेन कुष्ठाष्टादशनाशनम्॥१९५॥

सूखा नारियल, हल्दी, दारुहल्दी, बावची, बच, बहेडा, भाँगरा, भिलावे,

सागौन की छाल और धतूरे के बीज इनको समान भाग लेकर चूर्ण करके चौगुने तेल में मिलाकर पातालयन्त्र की विधि से तेल निकाल लें इस तेल का लेप करने से अठारहों प्रकार के कुष्ठ नाश होते हैं।।१९४-१९५।।

कुष्ठामयघ्नगण

मंजिष्ठाघनदारुकुष्ठखदिरश्रेष्ठावचाबाकुची-
पाठापर्पटराजवृक्षकटुकायष्टयाह्वमूर्वानिशाः।
त्रायंतीकिटिमारवेल्लवृषकं निंबामृतावत्सकं
काकोली सदुरालभाच परमः कुष्ठामयघ्नो गणः।।१९६।।

मंजीठ, नागरमोथा, देवदारु, कुष्ठ, खैर, मेदा, (या स्थल कमल), वच, बावची, पाढ, पित्तपापडा, अमलतास, कुटकी, मुलैठी, मूर्वा, हल्दी, त्रायमाण, अजवायन, वायविडंग, अडूसा, नीम की छाल, गिलोय, कुडे की छाल, काकोली और धमासा इन सब औषधियों के समूह को कुष्ठामयघ्न गण कहते हैं। इस गण की समस्त औषधियों को अथवा किसी औषधि को खाने से या इनका तेल बनाकर मलने से कुष्ठरोग नष्ट होता है।।१९६।।

महानिम्बादि चूर्ण

महानिंबस्य सारेण मर्दितां गंधपिष्टकाम्।
अमृताबाकुचीकांतात्रिफलाचूर्णसंयुताम्।।१९७।।
भक्षयेदायसे न्यस्तां कुष्ठे पाणितलोन्मिताम्।
सा कुर्याल्लेपनात्कांतिं षणमासाद् वृद्धिमायुषः।।१९८।।

आठ तोले गन्धक को बकायन के गोंद के रस में घोटकर पिट्ठी, सी बना लें। उसमें गिलोय, बावची, मंजीठ और त्रिफला इन चारों औषधियों के दो २ तोले चूर्ण को डालकर खूब बारीक खरल करे। फिर सुखाकर लोहे के बर्तन में भरकर रख दें। इस चूर्ण को प्रतिदिन एक तोला परिमाण लेकर १० तोले पानी में मिलाकर रात्रि के समय लोहे के पात्र में करके रख दें और प्रातः काल में उसको सेवन करे और इस चूर्ण को पानी में मिलाकर कुष्ठ के ऊपर लेप भी करे। इस प्रकार इस चूर्ण को ६ महीने तक सेवन करने से कुष्ठ रोग दूर होकर शरीर कान्तिवान् हो जाता है और आयु की वृद्धि होती है।।१९७-१९८।।

सर्वकुष्ठांकुश चूर्ण

मुशलीबाकुचीबीजं निर्गुंडीमूलतुल्यकम्।
मध्वाज्याभ्यां लिहेत्कर्षमिदं स्यात्सर्वकुष्ठनुत्॥१९९॥

मुसली, बावची के बीज, और निर्गुण्डी की जड़ तीनों को समान भाग लेकर चूर्ण करके कपड़े में छान लें। इस चूर्ण को एक तोला लेकर शहद और घृत में मिलाकर सेवन करे। यह चूर्ण सम्पूर्ण कुष्ठों को नाश करने वाला है॥१९९॥

श्वित्रनाशन चूर्ण

निवपत्रनिशाकृष्णाबाकुचीबीजकं समम्।
चूर्णयित्वा पिबेद्दुग्धैः प्रभाते श्वित्रनाशनम्॥२००॥

नीम के पत्ते, हल्दी, पीपल और बावची के बीज चारों को समभाग लेकर बारीक चूर्ण करके कपड़े में छान लें। इस चूर्ण को प्रतिदिन प्रातःकाल दूध के साथ पान करने से श्वेतकुष्ठ दूर होता है॥२००॥

श्वेतकुष्ठहर चूर्ण

उदुंबरस्य मूलानि चित्रमूलं च निंबजम्।
अवल्गुजस्य बीजानि चूर्णयित्वा विचक्षणः॥२०१॥
उष्णेन वारिणाऽक्षांशं सेवितं क्षीरभोजिना।
कृमिजालं श्वेतकुष्ठं सहसा तद्विनिर्हरेत्॥२०२॥

गूलर की जड़, चीते की जड़, नीम की जड़ की छाल, और बावची के बीज इन सबको समान भाग लेकर बारीक चूर्ण कर ले। इस चूर्ण को प्रतिदिन एक-२ तोला परिमाण लेकर गरम जल के साथ सेवन करे और दूध-भात का भोजन करे तो कुष्ठ के जीवाणु और श्वेतकुष्ठ सहसा नष्ट होता है॥२०१-२०२॥

कुष्ठ में सामान्य उपाय

सर्वेषां कुष्ठिनामादौ षंचकर्माणि कारयेत्।
पक्षे पक्षे च वमनं मासि मासि विरेचनम्॥२०३॥
षण्माषे च शिरामोक्षो नस्यं सप्तदिनांतरे।
इदं चिरस्थिते कार्यं कुष्ठे स्वल्पेऽल्पशः क्रिया॥२०४॥

कुष्ठ रोगियों को सबके पहले वमन, विरेचन, नस्य आदि पञ्चकर्मों

के द्वारा शुद्ध करना चाहिये। उनको पन्द्रह २ दिन में वमन करायें, एक २ महीने में जुल्लाव दें, छः २ महीने के बाद फस्त खुलवाकर रक्तस्राव करायें और सात-२ दिन के बाद नस्य देना चाहिये। किन्तु ये सब क्रियायें चिरकाल के पुराने कुष्ठ में करनी चाहिये और अल्पकाल के सामान्य कुष्ठ में तो सामान्य उपचार करने चाहिये।।२०३-२०४।।

प्रलेपादि

मर्दितो मूलकक्षारस्यार्द्रकस्य च वारिणा।
शमयेद्गंधपाषाणः पिष्टः सिध्मं विलेपनात्।।२०५।।
वराटपिष्टी जंबीरनीरार्द्रा वाऽतपे धृता।
मयूरमोक्षकक्षारं मेष शृंगीरसो रसः।।
त्रिक्षारद्विनिशाव्योषशुल्बं लेपेन दद्रुजित्।।२०६।।
चतुर्थांशेन ताम्रस्य भस्मना सक्तुकेन च।
कृतावापो हरेत्कुष्ठं चर्माख्यं पर्पटीरसः।।२०७।।
मेघनादामृतानीलीगदाः कृष्णतिला मधु।
अश्वगंधाऽमृतं चैतैर्युक्ता गंधककज्जली।।२०८।।
उद्वर्तनेन षण्मासाद्गजचर्मविनाशिनी।।२०९।।
निर्गुंडीतैलमध्वाज्यकुमारीशाल्मलीरसः।
यवो गंधकपिष्टश्च लेपः कुष्ठक्षयापहः।।२१०।।

(१) गन्धक को मूली के खार में और अदरक के रस में क्रम से एक एक बार खरल करके कुष्ठ पर लेप करने से सिध्मकुष्ठ शमन होता है। (२) जम्बीरी नींबू के रस में कौडिया की पिट्ठी सी पीसकर धूप में रख दें और उसमें चिरचिटा और मोखा वृक्ष का खार, मेढासिंगी का रस, पारा, जवाखार, सज्जी, सुहागा, हल्दी, दारुहल्दी, त्रिकुटा और ताम्र भस्म ये प्रत्येक कौड़ी की पिट्ठी के बराबर डालकर एक दिन तक धूप में रखा रहने दें फिर नींबू के रस में घोटकर कुष्ठ पर लेप करे। इससे दद्रु कुष्ठ दूर होता है। (३)-पूर्वोक्त पर्पटी रस (४) भाग, ताम्रभस्म १ भाग और लाल वत्सनाभ १ भाग लेकर सबको जल के साथ खरल

करके प्रलेप करने से चर्मकुष्ठ शान्त होता है। (४) चौलाई की जड़ गिलोय, नील, कूठ; काले तिल, मुलैठी, असगन्ध मीठा तेलिया और पारे गन्धक की कज्जली सबको एकत्र खरल करके रख लें, इस चूर्ण को प्रतिदिन शरीर पर मर्दन करने से ६ महीने में गजचर्म कुष्ठ नाश होता है। (५) निर्गुण्डी की जड़, तेल, शहद, घृत, घीग्वार का रस, सेमल का रस, जौ और गन्धक सबको समान भाग लेकर बारीक खरल कर लें। यह प्रयोग नित्य मर्दन करने से कुष्ठ और क्षय को दूर करता है॥२०५-२१०॥

गुंजाचित्रकशंखचूर्णरजनीभल्लातकं लांगली-
स्नुक्क्षीरोत्तमकन्यकाघनरवाधूमोद्गमः सूतकः।
गोमूत्रैडगजं विडंगमरिचं सक्षौद्रखारीजलं
पामादद्रुविर्चिकाकिटिभजित्कण्डूघ्नमुद्वर्तनात्॥२११॥
कुष्ठं च कांचनीतैलैर्मर्द्याल्लिप्य सुघर्षितम्।
कुमारीसैंधवं लेप्यं शुष्कं कंडूहरं परम्॥२१२॥
सैंधवेन महामुण्डीलेपो हति विपादिकाम्॥२१३॥
शिलाशंभुबीजं वरं कुष्ठगंधं मरीचं तथा
जीरकं देवधूपम्। निशा सर्पिषा मर्दितं
मंदवारे हरेत्कायकण्डूव्रणस्फोटगंडान्॥२१४॥

(६) चोंटली, चीता, शंख, चूना, हल्दी, भिलावे, कलिहारी, थूहर का दूध, सफेद चोंटली की जड़, घोग्वार का गूदा, चौलाई की जड़ घर का धुआँ, पारा, गोमूत्र, चकवड के बीज, वायविडङ्ग, मिर्च और शहद इन सब औषधियों के समान भाग खारी पानी में पीसकर सुखा लें। इस चूर्ण को शरीर पर मर्दन करने से अथवा पानी में घोटकर उबटन करने या लेप करने से खुजली, दाद, विर्चिका, श्वेतकुष्ठ कण्डू आदि समस्त त्वचा के विकार नष्ट होते हैं। (७) कूठ को कचनार के तेल में घोटकर लेप करने या घर्षण करने से अथवा घीग्वार के रस में सैंधा नमक मिलाकर लेप करने से सूखी खुजली दूर होती है। (८) गोरखीमुण्डी और सैंधे नमक को एकत्र पीसकर लेप करने से विपादिका रोग (पैरों की बिबाइयों का फटना) शान्त होता है। (९) मैनसिल, पारा वत्सनाभ,

कूठ, गन्धक, मिर्च, जीरा, देवदारु और हल्दी सबको एकत्र चूर्ण करके कपड़े में छान लें फिर घृत में मिलाकर शनैश्चर के दिन शरीर पर मर्दन करे। यह प्रयोग सूखी खुजली, व्रण, फोड़े, गूमड़े आदि सम्पूर्ण विकारों को दूर करता है॥२११-२१४॥

अल्पं श्वेतं निघृष्यादौ रक्तमण्लपल्लवैः।
शिलापामार्गभस्मापि लिप्त्वा श्वित्रं विनाशयेत्॥२१५॥
लेपो वांऽवालतैलेन कांचन्या कांजिकेन वा।
गुंजाफलाग्निमूलं च लेपितं श्वेतकुष्ठजित्॥२१६॥
गंधकाश्वत्थरुचकश्वेतसूरणटंकणाः
तिलपुष्पं च तत्क्षारः सप्तधा गोजलाप्लुतः॥२१७॥
तत्कर्षं मधुना श्वित्री तैलाद्यामं खरातपे।
विकृते पतिता ह्येवं स्फोटाः स्युस्तान्वरोदकैः॥२१८॥
सिंचेत्तुर्यदिनाल्लिप्ते नितंदुलतालकैः।
गोतक्रे कोद्रवान्नाशी सप्ताहाच्छ्वित्रजित्खलु॥२१९॥
रसटंकणगंधार्कपिप्पलीकुष्ठचंदनम्॥
कुष्ठावध्वंसनो लेपो मातुलुंगांबुमर्दितः॥२२०॥

(१०) श्वेत कुष्ठ को प्रथम लाल पुनर्नवे के पत्तों से कुछ देर रगड़कर उसके ऊपर मैनसिल और चिरचिटे की भस्म को पानी में मिलाकर लेप करने से श्वेत कुष्ठ नष्ट होता है। (११) अंकोल के तेल की मालिश करने से अथवा कचनार की छाल को काँजी में पीसकर लगाने से अथवा चोंटली और चीते की जड़ को पानी में पीसकर प्रलेप करने से श्वेतकुष्ठ दूर होता है। (१२) गंधक पीपल की छाल, सफेद चोंटली, जिमींकन्द सुहागा, तिलों के फूल, और तिलों का खार इन सबको चूर्ण करके गोमूत्र सात बार भावना देकर सुखा लें। कुष्ठ रोगी इस चूर्ण को प्रतिदिन एक एक तोला परिमाण लेकर शहद में मिलाकर सेवन करे और शरीर पर तेल की मालिश करके एक प्रहर तक तीक्ष्ण धूप में बैठा रहे। इस प्रकार इस औषध को ३-४ दिन तक सेवन करने से कुष्ठ के स्थान में छाले पड़ जाते हैं, उनको त्रिफले के पानी से धोयें और उनके फूट जाने पर हल्दी और हरताल को चावलों के जल में

पीसकर लेप करे एवं कोदों के भात का गाय के मट्ठे के साथ आहार करे। इस प्रकार ७ दिन इस प्रयोग को व्यवहार करने से एक सप्ताह में श्वेतकुष्ठ नाश हो जाता है।। (१३) पारा, गन्धक, सुहागा, ताम्र भस्म, पीपल, कूठ और चन्दन इन औषधियों को समान भाग लेकर बारीक चूर्ण करके विजौरे नींबू के रस में खरल कर लें। यह मरहम प्रतिदिन प्रलेप करने से सब प्रकार के कुष्ठों को शीघ्र नष्ट कर देता है।।२१५-२२०।।

कृमिरोग

ज्वरो विवर्णता शूलं हृद्रोगः श्वसनं भ्रमः।
भक्तद्वेषोऽतिसारश्च संजातक्रिमिलक्षणम्।।२२१।।

पेट में कृमियों (कीड़ों) के उत्पन्न हो जाने और उनका उपद्रव होने पर ज्वर का आना, शरीर का वर्ण विकृत होना, शूल, हृदयरोग, श्वास, चक्कर आना, भोजन में अरुचि और दस्तों का होना इत्यादि लक्षण उत्पन्न होते हैं। ये कृमिरोग के लक्षण हैं।।२२१।।

अग्नितुण्ड रस

उदराध्माननुत्यर्थं रस ह्येष निगद्यते।।२२२।।
अग्नितुण्डेति विख्यातः सर्वोदरगदापहः।
रसगंधाजमोदानां कृमिघ्नब्रह्मबीजयोः।।२२३।।
एकद्वित्रिचतुष्पंचभागान्सविषतिंदुकान्।
संचूर्ण्य मधुना सर्वं गुटिकां कृमिनाशिनीम्।।२२५।।
खादयित्वानुतोयं च मुस्तानां कृमिशांतये।।
आखुपर्णीकषायं च शर्करां पिब सर्वथा।
कृमिज्वरोपशांत्यर्थं[२३] खण्डामलकमत्ति वा।।२२६।।
स जग्ध्वैवं पर्पटीं च स्नुहीरसं पिबेदनु।
स्नुहीरसं विना कश्चिच्छेत्तुं जंतून्न शक्नुयात्।।२२७।।

उदर रोग अफरा और कृमि रोग आदि उदर सम्बन्धी व्याधियों को नष्ट करने के लिये नीचे अग्नितुण्ड रस कहा जाता है। यह रस सम्पूर्ण उदर रोगों का नाश करने के लिये अत्यन्त प्रसिद्ध है। पारा १ भाग गन्धक २ भाग, अजमोद ३ भाग, वायविडङ्ग ४ भाग, ढाक के बीज ५ भाग और

कुचला १५ भाग सबको एकत्र चूर्ण करके शहद के साथ घोंटकर दो-२ मासे की गोलियाँ बना लें। कृमिरोग को शमन करने के लिये इस रस की प्रतिदिन एक-२ गोली खा कर ऊपर से नागरमोथे का क्वाथ पान करे, अथव मूषाकानी के क्वाथ को खाँड डालकर पान करे। यदि कृमिरोग और ज्वर दोनों उपद्रव एक साथ हों तो उसको दूर करने के लिये इस रस की गोली खाकर ऊपर से खण्डामलक अवलेह सेवन करे अथवा प्रथम पर्पटी रस को खाकर पीछे से थूहर के रस का अनुपान करे। थूहर के रस को पान किये बिना कोई भी औषध जन्तुओं को नष्ट नहीं कर सकती। इसलिये कोई भी कृमिनाशक औषध सेवन करने पर थूहर के रस का अनुपान अवश्य करना चाहिये। यह रस कीड़ों को नष्ट करने के लिये अत्यन्त उपयोगी है।।२२२-२२७।।

कीटमर्द रस

शुद्धसूतं शुद्धगंधमजमोदा विडंगकम्।
विषमुष्टी ब्रह्मबीजं क्रमादुक्तगुणं भवेत्।।२२८।।
चूर्णयेन्मधुना लेह्यं निष्कैकं कृमिजिद्भवेत्।
कीटमर्दो रसो नाम मुस्तातोयंपिबेदनु।।२२९।।

पारा १ भाग, गन्धक २ भाग, अजमोद ३ भाग, वायविडंग ४ भाग कुचला ५ भाग और ढकपन्न ६ भाग लेकर सबको एकत्र चूर्ण कर लें। इस चूर्ण को प्रतिदिन चार २ मासे परिमाण लेकर शहद में मिलाकर सेवन करे और ऊपर से नागरमोथे के क्वाथ का अनुपान करे। यह कीटमर्द रस सब प्रकार के कृमियों को नष्ट करने वाला है।।२२८-२२९।।

कृमिघ्न रस

रसस्य निष्कमादाय गंधकं तत्समं कुरु।
ताम्रं देहि तदर्धं च पंचांग शाकवारिणा।।२३०।।
मर्द्यादेकदिनं रात्रौ क्षिपेत्तत्रैव यत्नतः।
क्षीरिणीक्वाथमादाय तथा कुरु दिनांतरे।।२३१।।
दत्त्वा लघुपुटं पंच जयपालान्विमर्दयेत्।
देहि गुंजाद्वयं चास्य साज्यं शूलच्छिदे तथा।।२३२।।

पारा ४ मासे, गन्धक ४ मासे और ताम्रभस्म २ मासे तीनों को एकत्र मिलाकर सागौन के पंचांग के काढे में एक दिन तक खरल करे, फिर रात्रि के समय उसमें थूहर का थोड़ा सा क्वाथ डालकर रख दे और दूसरे दिन अच्छे प्रकार से घोटकर गोला बना लें। उसको लघुपुट के द्वारा पकाकर बारीक चूर्ण कर लें। फिर उसमें ५ जमालगोटे डालकर खूब बारीक खरल कर लें। इस रस को दो दो रत्ती की मात्रा से घृत में मिलाकर देना चाहिये। यह रस कृमियों को नष्ट करने और उनके निकलते समय होने वाले शूल को शमन करने के लिये अत्यन्त उपयोगी है।।२३०-२३२।।

कृमिहर रस

शुद्धसूतं चेंद्रयवमजमोदा मनःशिला।
पलाशबीजं तुल्यांशं देवदाल्या द्रवैर्दिनम्।।२३३।।
मर्दयेद्भक्षयेन्नित्यमाखुकर्णीकषायकम्।
सितायुक्तं पिबेच्चानु क्रिमिपातो भवत्यलम्।।२३४।।

शुद्ध पारा, इन्द्रजौ, अजमोद, मैनसिल और ढाक के बीज इन सबको समान भाग लेकर बारीक चूर्ण करके देवदाली के रस में एक दिन तक खरल करे। फिर सुखाकर बारीक चूर्ण करके रख लें। इस रस को प्रतिदिन उपयुक्त मात्रा सेवन कर ऊपर से मूषाकानी के क्वाथ को मिश्री मिलाकर पान करे। इस रस के सेवन से निस्सन्देह समस्त कृमि मरकर शरीर से बाहर निकल पड़ते हैं।।२३३-२३४।।

सामान्य उपचार

अजमोदाफलास्थीनि क्षीरिणीरसगंधकम्।
आखुपर्णीरसं खादेत्सताम्रं कृमिशूलनुत्।।२३५।।
मधुमिश्रनिंबपल्लवसत्त्वयुतो यदा सूतः।
कृमिसंघातान्नाशयति त्रिभिरहोभिरसौ।।२३६।।

अजमोद, त्रिफले की मींगी, थूहर का रस, पारा और गन्धक सबको समभाग लेकर बारीक पीसकर कपड़े में छान लें। इस रस को और ताम्र भस्म को उपयुक्त परिमाण में लेकर मूसाकासी के रस के साथ सेवन करे। इससे कृमिजनित उपद्रव और शूल नष्ट होता है। अथवा पारे की भस्म दो रत्ती और नीम की कोमल कोंपल का रस दोनों को

शहद में मिलाकर सेवन करे। यह प्रयोग तीन दिन में ही सम्पूर्ण कृमि समूह को नाश कर देता है।।२३५।।२३६।।

।। इति श्रीवाग्भटाचार्यविरचिते रसरत्नसमुच्चये भाषाटीकायां विंशोऽध्यायः समाप्तः२०।।

संदर्भ :

१. उभौ इति पाठोऽपि।
२. चाभ्रकमित्यपि पाठः।
३. चन्द्रशेखरेति पाठोऽपि।
४. पलद्वयमितेति पाठोऽपि।
५. पञ्चपलेति पाठोऽपि।
६. कट्डकान्वितः।
७. दुग्धेन।
८. चपलोन्मितामिति पाठोऽपि।
९. विकृत च व्रंणं चापि ज्वरानपि विशेषतः। षण्मासेन जरामृत्युवलिपतंपलित हरेत्। इत्यधिकपाठः।
१०. नरनारायणाभिधः।
११. विकलं ग्रहं मन्दोन्मादं कर्णदंतव्यथां तथा इति पाठोऽधिकः।
१२. पाषाण इति पाठोऽपि।
१३. दूर्वालकद्रवौरीति पाठोऽपि।
१४. दुष्ट।
१५. जलौदनम्
१६. पुटे।
१७. पुटे।
१८. सलिलेनार्धो।
१९. भृङ्गजैः।
२०. कठममरसलयु मलयापदेनापि त्रिवृताग्रहणमेव।
२१. तद्गवांक्षीरेः।
२२. उमागजंतीक्षणकृत्यसागरैर्वसुदिशेति पाठो अन्यत्र पुस्तके।
२३. हृदि ज्वालोपशान्त्यर्थमिति पाठोऽपि।

एकविंशोऽध्याय:

आठ महारोग

वातव्याध्यश्मरीकुष्ठमेहोदरभगंदराः।
अर्शांसि ग्रहणीत्यष्टौ महारोगाः प्रकीर्तिताः॥१॥

वातरोग,पथरी, कुष्ठ, प्रमेह, उदररोग, भगन्दर, अर्श और संग्रहणी ये आठों महारोग कहलाते हैं॥१॥

शीतवात

तत्रानेकेऽनिलगदाः शीतवातादयः स्मृताः।
हिमवंति हि गात्राणि रोमाञ्च ज्वरितानि च॥
शिरोक्षिवेदनाऽऽलस्यं शीतवातस्य लक्षणम्॥२॥

इनके वायु के अनेक रोग शीतवात आदि कहे जाते हैं। शरीर के अवयवों का शीतल होना, रोमांच और ज्वर का होना, सिर और नेत्रों में पीड़ा का होना आलस्य का रहना आदि शीतवात रोग के लक्षण हैं॥२॥

वातारि रस

रसभागो भवेदेको गंधको द्विगुणो मतः।
त्रिभागा त्रिफला ग्राह्या चतुर्भागश्च चित्रकः॥३॥
गुग्गुलुः पंचभागः स्यादेरण्डस्नेहमर्दितः।
क्षिप्त्वात्र पूर्वकं चूर्णं पुनस्तेनैव मर्दयेत्॥४॥
गुटिका कर्षमात्रां तु भक्षयेत्प्रातरेव हि।
नागरैरण्डमूलालनां क्वाथं तदनुपाययेत्॥५॥
अभ्यज्यैरण्डतैलेन स्वेदयेत्पृष्ठदेशकम्।

विरेके तेन संजाते स्निग्धमुष्णं च भोजयेत्॥६॥
वातारिसंज्ञको ह्येष रसो निर्वातसेवितः।
मासेन सुखयत्येव ब्रह्मचर्यपुरः सरम्॥७॥
विजयागुटिकां रात्रौ स्वल्पमात्रां तु भक्षयेत्॥८॥

पारा १ भाग, गन्धक २ भाग, त्रिफला ३ भाग, चीता ४ भाग, और शुद्ध गूगल ५ भाग लें। पहले गूगल को अण्डी के तेल में खरल करे, फिर उसमें से अन्यान्य औषधियों का चूर्ण डालकर खरल करे। और एक २ तोले की गोलियाँ बनाकर सुखा लें। इनमें से प्रतिदिन प्रातःकाल एक गोली सेवन करके सोंठ और अण्ड की जड़ का क्वाथ पान करे। पीठ के ऊपर अण्डी के तेल की मालिश करके हल्का-हल्का सेंके। इस उपचार के करने से जब रोगी को दस्त हो जाय तब उसको स्निग्ध और उष्ण पदार्थों का भोजन करायें। इस रस को सेवन करते समय वातरहित स्थान में रहे और ब्रह्मचर्य का पालन करे तो एक महीने में ही रोगी शीतवातादि रोग से मुक्त होकर सुख को प्राप्त होता है। इस पर रात्रि में पूर्वोक्त विजयावटी को अल्प मात्रा में सेवन करे॥३-८॥

शीतारि रस

रसेन गंधं द्विगुण प्रगृह्य पुनर्नवावह्निरसैर्विमर्द्य।
पक्वार्कपत्रोत्थरसेन पश्चाद्विपाचयेदष्टगुणेन यत्नात्॥९॥
रसार्धभागेन विषं च दत्त्वा विपाचयेद्वह्निजलैः क्षणं तत्।
शीतारिसंज्ञो हि रसोऽयमस्य वल्ल तदर्धं यदि वाऽऽर्द्रकेण॥१०॥
मरीचचूर्णेन घृतप्लुतेन सेवेत मासं सघृतं च पथ्यम्॥११॥

पारा १ भाग, गन्धक २ भाग लेकर दोनों की कज्जली करके उसको पुनर्नवा और चीते के रस में अलग २ खरल करके सुखा लेवे। फिर उस कज्जली को पके हुए आक के पत्तों के अठगुने रस में यत्नपूर्वक पकावे। जब रस शुष्क हो जाय तब नीचे उतारकर शीतल होने पर उसमें पारे से आधा भाग वत्सनाभ डालकर और चीते के रस में भावना देकर फिर कुछ देर तक पकावे। और शीतल हो जाने पर बारीक चूर्ण करके रख दें। इसको प्रतिदिन एक २ अथवा आधी २ रत्ती परिमाण

अदरख के रस, मिरचों के चूर्ण और घृत में मिलाकर सेवन करे। इस प्रकार एक महीने तक इस रस को सेवन और घृतसहित पथ्य पदार्थों का आहार करने से शीतवातादि रोग दूर होते हैं।।९-११।।

स्पर्शवात

अगेषु तोदनं प्रायो दाहं स्पर्शं नविंदति।
मंडलानि च दृश्यंते स्पर्शवातस्य लक्षणम्।।१२।।

समस्त शरीर में सुई चुभोने की सी पीड़ा और दाह का होना, स्पर्श का ज्ञान न होना, और शरीर पर लाल लाल चकत्तों का पड़ना ये सब स्पर्शवात के लक्षण हैं।।१२।।

सर्वेश्वर रस

कर्षमात्र रसस्य स्याल्लोहहिंगुलयोरपि।
भावस्वद्गगनयोश्चापि गंधकस्य पलं मतम्।।१३।।
व्योषगंधकताराणां[१] प्रत्येकं तु पलं पलम्।
निंबुद्रावेण संमर्द्य भावयेत्सप्तधा पृथक्।।१४।।
हेमार्कस्नुक्पयोवासाहयारिविषमुष्टिभिः।
पिण्डित बालुकायंत्रे स्वेदयेद्दिवसत्रयम्।।९५।।
कर्षमात्रं तु पिप्पल्या निष्कमात्रं विषस्य च।
संचूर्ण्य दापयेदत्र रसे सर्वेश्वराभिधे।।१६।।
गुंजामात्रं ददीतास्य स्पर्शवातापनुत्तये।।१७।।

पारा, लोहा, सिंगरफ, ताँबा और अभ्रकभस्म ये प्रत्येक एक २ तोला, गन्धक ८ त्रिकुटा ४ तोले और चाँदी की भस्म ४ तोले सबको एकत्र मिलाकर नींबू के रस में ७ बार भावना दे। फिर धतूरे का रस, आक का दूध, थूहर का दूध, अडूसे का रस, कनेर का रस और कुचले का रस इन प्रत्येक रसों में क्रम से पृथक्-पृथक् सात बार भावना देकर गोला बना ले। उसको सम्पुट में बंद करके ३ दिन तक बालुका यंत्र में पकाये। स्वांगशीतल होने पर चूर्ण करके उसमें पीपल का चूर्ण १ तोला और शुद्ध वत्सनाभ ४ मासे डालकर खूब बारीक खरल करे और शीशी

में भरकर रख दे। इस रस को प्रतिदिन एक-२ रत्ती परिमाण सेवन कराना चाहिये। यह रस स्पर्श वात को शान्त करने के लिए बड़ा उपयोगी है।।१३-१७।।

अर्केश्वर रस

रसेन गंधं द्विगुण प्रमर्द्य
ताम्रस्य चक्रेण[२] सुतापितेन।
आच्छाय भूत्या तु ततः प्रयत्नाच्
चक्रीं विलग्नं च रसं प्रगृह्य।।१८।।
विचूर्ण्य तद्द्वादशधाऽर्कदुग्धैः
पुटेत वह्नि त्रिफलाजलैश्च।
संभावितोऽर्केश्वर एष सूतो
गुंजाद्वयं चास्य फलत्रयेण।।
ददीत मासत्रितयेन सुप्तवाता
द्विमुक्तो हि भवेद्धिताशी।।१९।।

पारा १ भाग और गन्धक २ भाग लेकर दोनों की कज्जली कर लें। उसको एक हांडी में रखकर उसके मुँह पर तीन भाग शुद्ध ताँबे की टिकिया बनाकर ढक दे, फिर सन्धियों को बन्द करके उस हाँडी को उपलों की राख में दाबकर ६ घंटे तक तीक्ष्ण अग्नि दें। स्वांगशीतल हो जाने पर उक्त टिकिया को उसमें लगे हुए रस को लेकर खूब बारीक खरल कर ले। फिर उसको आक के दूध में घोलकर गजपुट में पकायें। इस प्रकार प्रत्येक बार आक के दूध में घोटकर बारह बार गजपुट दे। फिर चीते के और त्रिफले के रस में क्रम से एक-२ बार भावना देकर सुखा लें। और खरल करके शीशी में भरकर रख लें। यह अर्केश्वर रस कहलाता है। इसको प्रतिदिन दो दो रत्ती परिमाण लेकर त्रिफले के चूर्ण के साथ दें। इस प्रकार इस रस को तीन महीने तक सेवन करने से और पथ्य पदार्थों का आहार करने से मनुष्य सुप्तवातरोग से मुक्त हो जाता है।।१८-१९।।

स्पर्शवातघ्न रस

तालं रसेनाष्टगुणं [३]जयांशंविमर्द्यंयत्नाद्गुलि कांगुडेन।
निबद्ध्य तां सेवय मासयुग्मं दिनोदयेस्पर्शविकारशांत्यै।।२०।।

पारा १ भाग, हरताल ८ भाग और अरणी की जड़ ८ भाग लेकर

प्रथम पारे और हरताल की कज्जली कर ले, फिर उसमें अरणी की जड़ का चूर्ण और समस्त औषधि के बराबर गुड़ डालकर बारीक खरल करे और दो-२ मासे की गोलियाँ बना कर रख ले। इन गोलियों को प्रतिदिन प्रातःकाल सेवन करे। स्पर्शवात (सुन्नी) को शमन करने के लिए यह रस विशेष उपयोगी है॥२०॥

गन्धाश्मगर्भ रस

गन्धं रसेनाष्टगुणं विमर्द्य कृशानुतो
येन विपाचयेत्। मृद्वग्निना लोहमये-
ऽथ पात्रे विषेण पश्चादथ सिद्धिमेति॥२१॥
गंधाश्मगर्भो हि रसोऽस्य सर्वस्पर्शप्रणु-
त्य भज वल्ल्युग्यम्। सक्षीरमन्नं सघृतं
च भोज्यं वर्ज्यं च सर्वं परिवर्जनीयम्॥२२॥

पारा १ भाग और गन्धक ८ भाग दोनों की कज्जली करके उसको लोहे की कढाई में डालकर चातक काढे के साथ मन्द मन्द अग्नि से पकाये। जब समस्त क्वाथ शुष्क हो जाय तब कज्जली को नीचे उतारकर उसमें पारे के बराबर शुद्ध वत्सनाभ मिलाकर खूब खरल करे। इस प्रकार यह गन्धाश्म गर्भ रस सिद्ध होता है। सब प्रकार के स्पर्शवात रोगों को शमन करने के लिए इस रस को सेवन करे। मात्रा-दो दो रत्ती परिमाण। इस पर दूध भात और घृत का सेवन करना चाहिये। और सम्पूर्ण त्याज्य पदार्थों को त्याग देना चाहिये॥२१-२२॥

द्वितीय गन्धाश्मगर्भ रस

गंधकं चूर्णितं कृत्वा सूक्ष्मवस्त्रेण बध्य च।
भाण्डे गोदुग्धकं दत्त्वा प्रावृतं खर्परेण च॥ २३॥
अग्नि प्रज्वालयेदूर्ध्वं पश्चाच्छीतं समुद्धरेत्।
गंधकाष्टकभागेन रसं दत्त्वाऽथ पाचयेत्॥२४॥
मृद्वग्निना शीतमुभावुत्तार्योत्तार्य यत्नतः॥
यावद्रंधकरूपस्य पूर्वस्य ह्यन्यथा भवेत्॥२५॥

सप्तगुंजं ददीतास्ययावत्स्यादेकविंशतिः
प्रत्यहं तु हरीतक्या गुंजा देयैकविंशतिः॥२६॥
सक्षीरं सघृतं चान्नं भोजयीत सशर्करम्।
निर्वाते चावतिष्ठेत कम्पस्पर्शापनुत्तये॥
गंधाश्मगर्भसंज्ञोयं योगिभिः परिकीर्तितः॥२७॥

एक हांडी या पतीली में दूध भरकर उसके मुँह पर एक सफेद पतला कपड़ा बांध दे और उसके ऊपर ८ तोले गन्धक को चूर्ण करके रख दे, फिर उसके ऊपर एक सकोरा उल्टा करके ढक दे और सकोरे के ऊपर अग्नि जलाये । इस प्रकार से जब समस्त गन्धक पिघलकर दूध में जा पड़े तब शीतल होने पर उसको दूध में से निकालकर पीस लें। उस गन्धक में १ तोला पारा मिलाकर लोहे की कढाई में डाल करके मन्द मन्द अग्नि से पकायें। जब गंधक पिघलकर पारा और गन्धक दोनों एकम एक हो जायें तब उसको नीचे उतारकर शीतल कर लें। फिर उसको पिघलाकर ठंडा करे। जब तक गन्धक का पूर्व रूप न बदल जाय तब तक गन्धक को बारम्बार पिघलाकर शीतल करे। इसके पश्चात् उसको सुखाकर बारीक चूर्ण कर लें। इस रस को पहले दिन सात रत्ती परिमाण सेवन करे। फिर दूसरे दिन ८ रत्ती, और तीसरे दिन ९ रत्ती, इस क्रम से प्रतिदिन एक २ रत्ती मात्रा बढ़ाकर सेवन करे। जब २१ रत्ती तक मात्रा हो जाय तब प्रतिदिन इक्कीस २ रत्ती परिमाण लेकर २१-२१ हरडों के चूर्ण के साथ रोग आरोग्य होने तक सेवन करे। और जब इस रस को बन्द करना हो तब प्रतिदिन एक २ रत्ती मात्रा घटाता चला जाय, जब ७ रत्ती पर आ जाय तब छोड़ दे। इस पर घी, दूध और खांड के साथ भात का भोजन करायें। इसको सेवन कराते समय वातरहित स्थान में रहे तो यह रस कम्पवात और स्पर्शवात को नष्ट करता है। इस रस को योगी पुरुषों ने वर्णन किया है॥२३-२७॥

स्पर्शवातारि रस

पलाशबीजोत्थरसेन सूतं गंधेन युक्तं त्रिदिनं विमर्द्य।
श्लक्ष्णींकृते तद्विषमुष्टिबीजं संयोजनीयं च कलाप्रमाणम्॥२८॥

मासत्रयं निष्कमितं प्रयत्नात्स्पर्शप्रणुत्यै खलु सेवयेत॥२९॥

पारा और गन्धक दोनों को एक-२ भाग लेकर कज्जली कर ले, फिर ढाक के बीजों के रस में तीन दिन तक खरल करके चौथे दिन उसमें १६ वाँ भाग कुचलों का चूर्ण मिलाकर खूब बारीक खरल करे। इस रस को प्रतिदिन चार-२ मासे की मात्रा से सेवन करे। तीन महीने तक बराबर इसको सेवन करने से स्पर्शवात रोग नाश हो जाता है॥२८-२९॥

स्पर्शवातान्तकृद्बटी

अष्टौ भागा रसस्य स्युर्विषतिदोर्दशैव तु।
गंधकस्य दश द्वौ च कटुत्रिफलयोस्त्रयः॥
वह्निचित्रकमुस्तानां वचाश्वगंधयोरपि॥३०॥
रेणुकाविषकुष्ठानां पिप्पलीमूलनागयोः।
एकैकस्तु भवेद्भाग एकः कल्प्योऽयसस्तथा॥३१॥
चतुर्विंशद्गुडस्यात्र वटिका चणकाकृतिः।
क्रमेणैवानुसेवेत स्पर्शवाताऽपनुत्तये।३२॥

पारा ८ भाग, कुचला १० भाग, गन्धक १२ भाग, मिरच ३ भाग, त्रिफला ३ भाग, एवं अरणी, चीता, नागरमोथा, वच, असगन्ध रेणुका वत्सनाभ, कूठ पीपलामूल, सौंठ और लौह भस्म यह प्रत्येक औषधि एक-एक भाग ले और गुड़ २४ भाग लें। प्रथम सब औषधियों को एकत्र बारीक चूर्ण करके फिर गुड़ में मिलाकर चने के समान गोलियाँ बना लें। इन गोलियों को प्रकृति के अनुकूल न्यूनाधिक मात्रा में सेवन करने से स्पर्शवात् नष्ट होता है।३०-३२॥

स्पर्शवातारि तैल

त्रिगंधकं तुत्थकमश्वगंवाहयारिनागा शृतिवायसीनाम्।
मूलानि संचूर्ण्य सुभाण्डके च तैलं क्षिपेत्तेन चतुर्गुणेन॥३३॥
पक्वार्कपत्रोत्थ रसेन पश्चाद्विपा चयेदष्टगुणेन यत्नात्।
तत्स्पर्शवाताय भवेद्धि तेलं विलेपयेत्तेन च तत्प्रदेशम्॥३४॥

गन्धक, हरताल, मैनसिल, तूतिया, असगन्ध, कनेर, नागकेसर और

कौआ ठोडी की जड़ इन सब औषधियों को समान भाग लेकर बारीक चूर्ण करके कल्क बना ले। फिर कल्क से चौगुना तेल और पके हुए आक के पत्तों को रस अठ गुना लेकर सबको एक बर्तन में भरकर यथाविधि तेल को पकायें। यह तेल स्पर्शवात (सुन्नी) को नष्ट करने के लिए विशेष उपयोगी है। इसको शरीर में जहाँ स्पर्शवात की पीड़ा हो वहाँ खूब अच्छे प्रकार से मालिश करे।।३३-३४।।

सामान्य उपाय

मूलं पिबेद्राजतरोः शरीरं मासद्वय तेन विलेपयेत[४]।। ३५।।
यद्वा सूचूर्णीकृतचक्रमर्दबीजं सुगोमूत्र परिप्लुतं च।
अर्कस्नुहीक्षीरनिशा द्वयेन युक्तं भजेन्मण्डलमामयांतम्।।३६।।
हियावलीक्वाथविपाचितं च स्पर्शप्राणाशा यददोत्रीगंधम्।
हियावलीकंदविलेपनाच्च स्पर्शप्रदेशः क्षयमेति यत्नात्।।३७।।
यवानिकासिद्धघृतेन वापि स्पर्शप्रणाशायविलेपयेत।
अर्कोत्थदुग्धेन विलेपनाच्च स्फोटीभवेत्तस्य ततः प्रदेशः।।३८।।
घृतेन चोक्तेन विलेपनाद्वा स्पर्शो लयं याति च तत्क्षणेनः।
यद्वाहिनीसूरणकं सिताञ्च स्पर्शांतकः स्यात्खलु लेपनेन।।३९।।
आदौ शिरामोक्षणतो रसेंद्र विलेपन चापि नियोजयंति।।४०।।

(१) अमलतास की जड़ का स्वरस अथवा क्वाथ दो महीने तक पान करे और उसी को शरीर पर मालिश करे तो स्पर्शवात् दूर होता है। (२) चकबड़ के बीजों को गोमूत्र में पीसकर उसमें आक का दूध, थूहर का दूध, हल्दी और दारुहल्दी का चूर्ण मिलाकर उडद के बराबर गोलियाँ बना लें। इन गोलियों को ४० दिन तक सेवन करने से स्पर्शवात रोग नष्ट होता है। (३) अथवा हल्दी, तेजपात, दालचीनी और इलायची इनका क्वाथ बनाकर पान करे और हल्दी के कन्द को पानी में पीसकर शरीर पर मालिश करे। यह प्रयोग स्पर्शवात को नष्ट करने के लिए बड़ा उपयोगी है, (४) अजवायन के कल्क के साथ घृत को सिद्ध करके शरीर पर मलने से स्पर्शवात रोग शान्त होता है। (५) शरीर पर आक

के दूध की मालिश करने से स्पर्शवात के स्थान में (अर्थात् जहाँ सुन्नी होती वहाँ) छाले पड़ जाते हैं उन पर उक्त अजवायन घृत का लेप करने से छालों सहित स्पर्शवात् (सुन्नी) रोग क्षण भर में नष्ट हो जाता है। (६) असगन्ध जिमीकन्द और मिश्री तीनों को एकत्र जल में पीसकर लेप करने से स्पर्शवात शमन होता है। (७) अथवा प्रथम सुन्नी की जगह फस्त खुलवाकर वहाँ का दूषित रक्त निकलवा दे। फिर पारे की भस्म को घी में मिलाकर मालिश करे तो स्पर्शवात रोग शीघ्र नाश हो जाता है॥३४-४०॥

रक्तवात रोग

पादयोश्च भवेत्तापः श्वयथुश्च प्रजायते।
रक्तच्छायशरीरे च रक्तवातस्य लक्षणम्॥४१॥

पैरों में दाह होना, सूजन का होना, और समस्त शरीर में रक्त का वर्ण काला पड़ जाना इत्यादि वात रक्त के अनेक लक्षण होते हैं॥४१॥

सामान्य उपाय

त्रियोनिरसगुंजैकां प्रथमं दापयेद्भिषक्।
हरितक्यामलक्यौ च गुडुचीं कटुकां तथा॥
पंचांगानि च निंबस्य चूर्णयित्वा च पाययेत्॥४२॥
कोकिलाक्षस्य मूलानि गुडुचीं नागरं तथा।
क्वथयित्वा रजन्यां तु पाययेदतिशीतलम्॥४३॥
अग्रे शिरा विमोक्षार्थं यवचिंचाविरेचनम्।
वांतिमंकोलबीजेन देवदालीजलेन वा॥४४॥
सूरणं माषवृंताकं राजिकादि विवर्जयेत्॥४५॥

वातरक्त रोग में वैद्य पहले कहे हुए त्रियोनि रस को एक-२ रत्ती परिमाण सेवन कराकर ऊपर से हरड, आमले, गिलोय, कुटकी और नीम का पंचाङ्ग इन सबका काढा बनाकर पान करायें। अथवा तालमखाने की जड़, गिलोय सोंठ और हल्दी इनका क्वाथ बनाकर खूब शीतल करके पान करायें। इस रोग में प्रथम अंकोल के बीजों का चूर्ण अथवा

देवदाली का क्वाथ पान कराकर वमन करायें और भुईं आमले का क्वाथ पान कराकर विरेचन करायें। इसके पश्चात् फस्त खुलवा कर निकलवायें। वातरक्त के रोगी को जिमीकंद, उड़द, बैंगन, राई आदि पदार्थ सर्वथा त्याग देने चाहिये।।४२-४५।।

आमवात रोग

कट्यां व्यथा भवेन्नित्यं संधिषु श्वयथुर्भवेत्।
उत्थानेप्यसमर्थत्वमामवातस्य लक्षणम्।।४६।।

प्रतिदिन कमर में पीड़ा होना, सन्धि स्थानों (जोड़ों) में सूजन होना और उठने बैठने में असमर्थता होना यह सब आम वात रोग के लक्षण हैं।।४६।।

सामान्य उपाय

एरण्डतैलसंयुक्तं वातारिरसमेव च।
आमवातप्रशांत्यर्थं ददीतोष्णेन वारिणा।।४७।।
आमानिलस्यास्य रसोनिलारिश्चैरण्डतैलेन सकौशिकेन।
कटुत्रयेणापि सगंधकेन वल्लैकमानं परिषेवयेत।।४८।।
आमवातगजेंद्रस्य शरीरवन चारिणः।
एक एवाग्रणीर्हंता एरण्डस्नेहकेसरी।।४९।।

आमवात रोग को शान्त करने के लिये वातारि रस को अरण्डी के तेल में मिलाकर गरम पानी के साथ सेवन करायें। अथवा आमवात के रोगी को अनिलारि रस, गूगल और अरण्डी के तेल में मिलाकर अथवा त्रिकुटा और शुद्ध गन्धक एक-२ रत्ती परिमाण सेवन करे। शरीर रूपी जंगल में विचरने वाले, आमवात रूपी गजेन्द्र को नष्ट करने के लिये केवल अण्डी का तेल रूप सिंह ही सर्वश्रेष्ठ है।।४७-४९।।

अपस्मार रोग

मूर्च्छा शरीरस्य भवेदकस्माद्गात्रेषु कम्पश्च मुखे च फेनः।
एवं त्वपस्मारगदं विदित्वा नियोजयेत्पर्पटिकाख्यसूतम्।।५०।।

मनुष्य को अकस्मात् मूर्च्छा (बेहोशी) आना, सम्पूर्ण शरीर का काँपना, मुख में से झागों का निकलना और वायु की अधिक प्रबलता के कारण शरीर का ऐंठना, संज्ञाशून्य हो जाना आदि लक्षणों के द्वारा अपस्मार रोग का निदान करके वैद्य रोगी को उपर्युक्त पर्पटीरस सेवन करायें।।५०।।

सामान्य उपाय

[६]पर्पटीरसगुंजे द्वे ब्राह्मीरससमन्विते।
खादयेद्रोगिणं वैद्योऽपस्मारानिलशांतये।।५१।।
ब्राह्मीशुंठी वचा कुष्ठं नीलोत्पलससैंधवम्।
पिप्पलीमपि संचूर्ण्य ब्राह्मीद्रावेण भावयेत्।।५२।।
सप्तधा नवनीतेन पचेत्क्षिप्त्वा घृतं शुचि।
वराहकर्णरक्तेन कर्कोट्या नस्यमाचरेत्।।५३।।
शुष्कां गवाक्षीमादाय घृष्टं कांस्यं च कंबलम्।
गोघृतेनाऽऽयसं पिष्ट्वाऽप्यागते नस्यमाचरेत्।।५४।।
श्वेतापराजिताबीजं विजयाबीजमेव च।
नरमूत्रेण संपिष्य नस्यं दद्याद्भिषग्वरः।।५५।।
उन्मत्तकशुनोस्थीनि घृष्ट्वा तेनैव वा कुरु।
श्वेताषराजितामूलं कर्णे बद्ध्वा सदा बुधः।।
निगुण्डीमूलकं जग्ध्वा ह्यपस्माराद्विमुच्यते।।५६।।

वैद्य, अपस्मार रोग को शयन करने के लिये रोगी को, दो दो रत्ती परिमाण पर्पटीरस ब्राह्मी के स्वरस अथवा क्वाथ में मिलाकर सेवन करायें। अथवा ब्राह्मी, सोंठ, वच, कूठ, नीलकमल, सैंधा नमक और पीपल इनको समान भाग लेकर एकत्र चूर्ण करके ब्राह्मी के रस में ७ बार भावना दें। फिर उस कल्क को ब्राह्मी के रस में डालकर उसके साथ नैनी घृत को अथवा शुद्ध घृत को मिलाकर पकायें। अथवा सूअर के कान के रक्त में अथवा बांझककोडे के रस में घृत को मिलाकर पकावे। जब घृत उत्तम प्रकार से पककर सिद्ध हो जाय तब उसके नस्य

दें। अथवा ब्राह्मी के रस में सिद्ध किये हुए घृत में सूअर के कान का रक्त अथवा बाँझककोडे का रस डालकर नस्य दें। अथवा ब्राह्मी के रस में सिद्ध किये हुए घृत को कुछ गरम करके उसकी २-३ बूँदें नाक में टपकायें और बाँझककोडे के कन्द को सूअर के कान के रक्त में भावना देकर सुखा लें फिर बारीक पीसकर नस्य दें तो अपस्मार रोग नष्ट होता है। अथवा सूखी इन्द्रायन की जड़ को काँसी के बर्तन में घिसकर नस्य दें। अथवा मुर्दे की सफेद खोपड़ी छाती आदि अवयवों पर घिसकर नस्य दें, इससे अपस्मार रोग नष्ट होता है। अथवा लोहभस्म को गाय के घृत में खरल करके नस्य दें इससे अपस्मार का दौरा होने पर भी लाभ होता है। या सफेद अपराजिता के बीजों को और भाँग के बीजों को मनुष्य के मूत्र में पीसकर वैद्य रोगी को नस्य दें। अथवा पागल कुत्ते की हड्डी को पानी में घिसकर नस्य दें। किम्वा श्वेत अपराजिता की जड़ को सदैव रोगी के कान में बाँधे और निर्गुण्डी की जड़ के चूर्ण को सेवन करायें तो रोगी अपस्मार रोग से मुक्त हो जाता है।।५१-५६।।

उन्माद रोग

बहुकृत्वः प्रलापश्च विस्मृतिः कार्यवस्तुषु।
हति धावति सर्वत्रोन्मादवातस्य लक्षणम्।।५७।।

बहुत बकना, किसी कार्य और किसी वस्तु का स्मरण न रहना, दूसरों को मारना और जहाँ तहाँ दौड़े दौड़े फिरना ये सब उन्मादवात रोग (पागल मनुष्य) के लक्षण हैं।।५७।।

माहेश्वर धूप

श्रीवेष्टं दारुबाह्लीकं मुस्ता कटुकरोहिणी।
सर्षपा निंबपत्राणि मदनस्य फलं वचा।।५८।।
बृहत्यौ सर्षनिर्मोकः कार्पासास्थि यवास्तुषाः।
गो शृंगं खररोमाणि बर्हिपिच्छं बिडालविट्।।५९।।
छागरोमघृतं चेति बस्तमूत्रेण भावयेत्।
एष माहेश्वरो धूपः सर्वग्रहनिवारणः।।६०।।

लोबान, देवदारु, हींग, नागरमोथा, कुटकी, सरसों, नीम के पत्ते, मैनफल, वच, कटेरी, बड़ी कटेरी, साँप की कैंचुली, बिनौलों की गिरी, जौ की भूसी, गाय का सींग, गधे के बाल, मोरपंख, बिल्ली का विष्ठा, बकरी के बाल और बकरी का घी इन सबको समान भाग लेकर एकत्र कूट पीसकर चूर्ण करके, फिर बकरे के मूत्र में भावना दें। यह माहेश्वर धूप सब प्रकार की ग्रहबाधाओं को दूर करती है।।५८-६०।।

सामान्य उपाय

पर्पटीरसगुंजाष्टौ धत्तूराद्बीजपंचकम्।
गोघृतेन च संयोज्य खादेदुन्मादशांतये।।६१।।
सघृतं माषमण्डं वा पाययेद् घृतदुग्धकम्
निम्बतैलं समुद्धृत्य स्वभ्यज्यापादमस्तकम्।।६२।।
गुर्वन्नं प्रायशो दद्याच्छुष्कमांसं च वर्जयेत्।
बद्ध्वापि रक्षयेत्तावद्यावच्छांतिं स गच्छति।
माहेश्वराख्यधूपं च दापयेत्सततं निशि।।६३।।

पर्पटीरस ८ रत्ती और धतूरे के बीज ५ दानों को एकत्र पीसकर गाय के घी में मिलाकर सेवन करने से उन्माद रोग (पागलपन) दूर होता है। अथवा उड़दों के माण्ड को उड़दों की पिट्ठी के रस को घी मिलाकर पान करायें, या घी को दूध में मिलाकर पान करायें। नीम की निबौलियों का तेल निकालकर उसको सिर से लेकर पैरों तक शरीर पर मले। और रोगी को प्राय: गुरुपाकी अन्न का भोजन करायें, किन्तु सूखा मांस कदापि न दें। उन्माद रोगी को तब तक बाँधकर रखे, जब तक रोग बिल्कुल आराम न हो जाय। उसको उपर्युक्त माहेश्वर धूप प्रतिदिन रात्रि में देनी चाहिये।।६१-६३।।

एकाङ्ग वातरोग

एकस्मिन्देहदेशे च तोदः कार्श्यं चलात्मता।
हिमस्पर्शश्च दृष्येतैकांगवातस्य लक्षणम्।।६४।।

शरीर के किसी एक भाग में सुई चुभोने के समान पीड़ा होना

प्रतिदिन शरीर का दुर्बल होना, अंग का फड़कना और वह स्थान स्पर्श करने से शीतल मालूम होना ये एकांग वात के लक्षण जान लें।।६४।।

वडवानल रस

शुल्बं तालकगंधकौ जलनिधेः फेनाग्निगर्भाशयैः
कांतायोलवणानि हेमवचयोर्नीलांजनं तुत्थकम्।
भागो द्वादशको रसस्य तदिदं वज्रांबुघृष्टं शनैः
सिद्धोदयं वडवानलो गजपुटे रोगानशेषाञ्जयेत्।।६५।।
आर्द्रकस्य द्रवैश्चामुं दशवाराणि भावयेत्।।६६।।
दिनद्वयं चित्रकस्य द्रावेणैव तु भावयेत्।
पादांशममृतं दत्त्वा चित्रद्रावैः क्षणं पचेत्।
मात्रया योजयेच्चानु दशमूल शृतं पयः।।६७।।
वात श्लेष्मप्रधाने च दद्यात्र्यूषणचित्रकम्।
स्वेदं च कटुतुंबिन्या प्रयुंजीतातियत्नतः।।६८।।
दाहं च जयया[१०] कुर्याच्छीतवातं च वर्जयेत्।।६९।।

ताम्रभस्म, शुद्ध हरताल शुद्ध गन्धक, समुद्रफेन, सूर्यकान्तमणि की भस्म, लोहभस्म, पाँचों नमक, सूवर्णभस्म, वच, काला सुरमा, तूतिया और पारा इन बारहों औषधियों को समान भाग लेकर प्रथम पारे गन्धक की कज्जली कर ले, फिर सब औषधियों को चूर्णकर कज्जली में मिलाकर के थूहर के रस की एक भावना दें और गजपुट में रखकर पकायें। स्वांगशीतल होने पर औषधि को निकालकर बारीक पीस लें। फिर अदरक के रस में १० बार भावना देकर दो दिन तक चीते के रस में घोटे। इसके पश्चात् उसमें चौथाई भाग शुद्ध मीठा तेलिया मिलाकर कुछ देर चीते के क्वाथ में पकायें। इस प्रकार यह वडवानल रस सिद्ध होता है। यह सम्पूर्ण रोगों को हरने वाला है। इसको उपयुक्त मात्रा से दशमूल के काढे में पकाये हुए दूध के साथ दें। इससे एकाङ्गवात दूर होता है। एकांगवात में वायु और कफ की प्रबलता होने पर इस रस को त्रिकुटा और चीते के चूर्ण के साथ प्रयोग करे। एकांग वात के रोगी को कड़वी

तोंबी चूर्ण की पोटली से स्वेद देना चाहिये और भाँग की पोटली से सेंक करना चाहिये। रोगी को समस्त शीतल पदार्थ व उपचार और खुली वायु का सेवन त्याग देना चाहिये।।६५-६९।।

मार्तण्डेश्वर रस

समताप्ययुतं शुल्बं पलविंशतिमानकम्।
प्रध्मातं हि चतुर्वारं खण्डयित्वा ततश्चरेत्।।७०।।
तत्तुल्यं माक्षिकोपेतं पुटेद्विंशतिवारकम्।
गंधकेन पुटेत्तावद्गृह्णीयात्तत्पलं[११] ततः।।७१।।
क्षिपेत्पलमितं तत्र गंधकेन हतं रसम्।।७२।।
शाणमात्रं मृतं वज्रं सर्वमेकत्र मर्दयेत्।
इति सिद्धो रसेंद्रोऽयं मार्तंडेश्वरनामवान्।।७३।।
कीर्तितो लोकनाथेन लोकानां हितकाम्यया।
मरीचघृतसंयुक्तः सेवितो मण्डलाधतः।।७४।।
वाताद्यष्टमहारोगाञ्छ्वासकासयुतं क्षयम्।
हलीमकं च पांडुं च ज्वरानपि सुदुस्तरान्।।७५।।
इत्यादिकगदान्सर्वान्विनाशयति निश्चितम्।
करोति दीपनं तीव्रं दीपानलशतोपमम्।।७६।।
संनिपातं जयत्याशु व्योषार्द्रकसमन्वितः।
सर्वसौख्यकरो नृणां स्त्रीणां वंध्यत्वनाशनः।।७७।।

सुवर्णमाक्षिक का चूर्ण २० पल और शुद्ध ताँबे के कंटकवेधी पत्र २० पल (८० तोले) लें। एक हाँडी में ऊपर, नीचे सोनामाखी का चूर्ण और बीज में ताम्रपत्र रखकर उस पर कपरौटी करके ४ प्रहर तक भट्टी में पकायें। शीतल होने पर पत्रों को निकालकर खरल करे। इस प्रकार सोनामाखी के चूर्ण के साथ ताम्र पत्रों को चार बार फूंके। फिर तामभस्म के बराबर सोनामाखी का चूर्ण प्रत्येक बार मिलाकर और प्रत्येक बार काँजी में पीसकर २० बार गजपुट दें। इसके पश्चात् ताम्रभस्म का जितना वजन हो

उतने ही पल गन्धक उसमें मिलाकर और काँजी में घोटकर पूर्ववत् २० गजपुट दें। फिर उसको बारीक पीस कर ४ तोले परिमाण लेकर उसमें गन्धक के द्वारा जारण किया हुआ पारा ४ तोले और हीरे की भस्म ४ मासे मिलाकर खूब बारीक खरल करे और कपड़े में छान करके शीशी में भरकर रख दें। इस प्रकार यह मार्त्तण्डेश्वर रस सिद्ध होता है। इसको श्रीलोकनाथ जी ने समस्त लोकों का कल्याण करने की इच्छा से वर्णन किया है। यह रस प्रतिदिन मिर्चों के चूर्ण और घृत में मिलाकर २० दिन तक सेवन करने से वातव्याधि, कुष्ठ प्रमेह आदि आठों महारोग, श्वास, खाँसी, क्षय, हलीमक, पाण्डुरोग और भयंकर ज्वर इत्यादि सम्पूर्ण व्याधियों को अवश्य नाश करता है। जठराग्नि को सैकड़ों दीपकों के तेज के समान प्रदीप्त करता है। इस रस को त्रिकुटा और अदरक के रस के साथ सेवन करने से सन्निपात शीघ्र दूर होता है। मनुष्यों को सब प्रकार का शारीरिक सुख प्राप्त होता है और स्त्रियों का वन्ध्यत्व दोष नाश होता है।।७०-७७।।

चतुःसुधारसः

समभागे शुभे हेम्नि निर्व्यूढं ताप्यमुत्तमम्।
शतधा शतधा रौप्ये शुल्बे च शतवारकम्।।७८।।
इत्थं सिद्धामंदबीजं पृथगक्षप्रमाणतः।
समावर्त्य तदेकत्र रसे पञ्चपलात्मके।
वक्ष्यमाणप्रकारेण जारयेदतियत्नतः।।७९।।
तप्ते खल्वे रसं दत्त्वाबीजं निष्कमितं तथा।
मर्दयेदतियत्नेन भवेद्यावद्दिनत्रयम्।।८०।।
पूर्वोक्तकच्छपे यंत्रे वक्ष्यमाणबिडान्विते।
वक्ष्यमाणप्रकारेण बीजमेवमशेषतः।।८१।।
बलिकासीसकव्योमकांक्षीसौवर्चलैः समैः।
चक्रांगीरससंभिन्नैः शतधा बिडमत्र तत्।।८२।।
एवं जारितसूतेन पलमात्रेण तावता।
गंधकेन च कर्त्तव्या सुस्निग्धा वरकज्जली।।८३।।

लोहपात्रे घृतोपेतां द्रावयेत्तां तु कज्जलीम्॥८४॥
तुल्यसत्त्वाभ्रभसितं क्षिप्त्वा संमिश्र्य सर्वशः।
रंभापत्रे विनिक्षिप्य कुर्यात्पर्पटिकां शुभाम्॥८५॥
विचूर्ण्य पर्पटीं सम्यग्वेक्रांतस्त्रिंशदंशतः।
निक्षित्य हिंगुतोयेन शतधा परिभावितम्॥८६॥
निरुध्य मल्लमूषायां स्वेदयेदतियत्नतः।
पुनः संचूर्ण्य यत्नेन करण्डे विनिवेशयेत्॥८७॥
हन्यात्सर्वमरुद्गदान्क्षयगदं पाण्डुं च नष्टाग्निता
निर्वीर्यत्वमरोचकं त्वजरणं शूलं च गुल्मादिकम्।
अष्टा चैव महागदानतितरां व्याधिं सशोषं[१२] क्षणा-
द्धुक्तो मुद्गमितश्चतुः सुधरसः स्वस्थोचितो भूभूजाम्॥८८॥
मूलकं वर्जयेदस्मिन् रसे नान्यत्तु किंचन।
त्रिवारमेकवारेण[१३] बुभुक्षां जनयेद् ध्रुवम्॥८९॥

बढ़िया सोने को लेकर उसमें समान भाग सोनामाखी का चूर्ण मिलाकर मूषा में बन्द करके फूँके। जब सोनामाखी का समस्त चूर्ण उड़ जाय और सुवर्णमात्र शेष रह जाय तब मूषा को ठंडा करके फिर उस सुवर्ण में समान भाग सोनामाखी का चूर्ण मिलाकर मूषा में फूँके। इस प्रकार बारम्बार सोनामाखी का चूर्ण मिला २ कर १०० बार सुवर्ण को फूँके। फिर उसको सम्हालकर रख दें। इसके पश्चात् जितना सोना लिया हो उतनी चाँदी लेकर उसमें समभाग सोनामाखी का चूर्ण मिलाकर उसी विधि से १०० बार चाँदी को फूँके और फिर संभालकर रख दें। इसी विधि से ताँबे में समान भाग सोनामाखी का चूर्ण मिला मिलाकर १०० बार फूँके और संभालकर रख दें। इस प्रकार तैयार की हुई धातुओं को धातुबीज कहते हैं। जिस धातु को १०० बार फूँककर बीज सिद्ध किया जाता है। वह बीज उसी धातु के नाम से पुकारा जाता है, जैसे सोने का सुवर्ण बीज, चाँदी का रौप्यबीज आदि। उपर्युक्त विधि से तैयार किया हुआ सुवर्ण बीज १ तोला, रौप्यबीज १ तोला और ताम्रबीज १ तोला

लेकर तीनों को एकत्र करके खूब बारीक खरल करे। फिर एक तप्तखल्व में २० तोले पारा और ३ मासे यह धातुबीज डालकर ३ दिन तक बड़े यत्न के साथ मर्दन करे और खरल के नीचे मन्द मन्द अग्नि जलाता जाय फिर उसमें २० तोले निम्नलिखित बिड डालकर तब तक मर्दन करे। जब तक पारा मिलकर एकम एक हो जाय। फिर यन्त्राध्याय में कहे हुए कच्छपयन्त्र में इस पारे को डालकर बीज को जारण करे। फिर पारे में ३ मासे बीज और २० तोले बिड को ३ दिन तक मर्दन करके कच्छपयन्त्र में जारण करे। इस प्रकार प्रत्येक बार बीज और बिड डाल-डाल कर १२ बार जारण करे। फिर गन्धक, कसीस, अभ्रक, फटकरी और विरिया संचरनमक इनको पारे के समान भाग लेकर कुटकी के रस में खरल करके पारे में मिलाकर और तीन मासे बिड डालकर जारण करता जाय। इस प्रकार सौ बार उक्त औषधि और बिड मिलाकर १०० बार जारण करे। इस विधि से जब ३ तोले बीज का जारण हो जाय तो इसको बीजजारित पारा कहते हैं। इस प्रकार जारण किया हुआ पारा ४ तोले और शुद्ध गन्धक ४ तोले लेकर दोनों की एकत्र कज्जली कर लें। फिर लोहे की कढ़ाई में घी चुपड़कर उसमें कज्जली को डालकर पिघलायें जब वह अच्छे प्रकार से पिघल जाय तब उसमें ८ तोले सहस्त्रपुटित अभ्रक डालकर करछी से मिला दें और केले के पत्ते पर ढाल कर पर्पटी तैयार कर लें। शीतल हो जाने पर उसको बारीक पीसकर उसमें ३०वाँ भाग वैक्रान्तमणि की भस्म मिलाकर हींग के रस में सौ बार भावना दें और मल्लमूषा में बन्द ३ घंटे तक मन्द मन्द अग्नि से पकायें। स्वांगशीतल होने पर इसको बारीक चूर्ण करके शीशी में भरकर रख दें। इस रस को प्रतिदिन एक-२ मूँग के बराबर सेवन करे यह रस सब प्रकार के वातरोग, क्षय, पाण्डु, मन्दाग्नि, वीर्य की हीनता, अरुचि, अजीर्ण, शूल, गुल्म; आठों महारोग और धातुशोष आदि अत्यन्त भयंकर व्याधियों को तत्काल नष्ट करता है और राजाओं के स्वास्थ्य को सुरक्षित रखने के लिये अत्यन्त उपयोगी है। यह निर्वीर्य मनुष्य को वीर्यवान् बनाता है। इस रस के सेवन करने पर केवल मूली नहीं खानी चाहिये और सब चीजें खानी चाहिये। यह रस तीन दिन अथवा १ दिन खाने से ही अग्नि को अत्यन्त दीपन कर खूब भूख लगाता है।।७८-८९।।

सर्ववातारि रस

गंधकसद्द्विगुणं तालं तालकाद्द्विगुणा शिला।
शिलाया द्विगुणं ताप्यं ताप्याच्च द्विगुणं रसम्॥९०॥
खल्वयेत्सर्वमेकत्र यावत्स्याद्दिनसप्तकम्।
सर्वस्याष्टमभागेन दत्त्वा रक्तामृतं शुभम्॥९०॥
विषतिंदुकजैर्द्रावैः पिष्ट्वा गोलकमाचरेत्।
विशोष्य वालुकायंत्रे अंध्रद्दिवसद्वयम्॥९२॥
स्वांगशीतलमुद्धृत्य तुल्यहिंग्वष्टकान्वितम्।
भावयेद्बीजपूरस्य सप्तवारं रसेन हि॥९३॥
सप्तवारं रसैः शुंठ्या चित्रमूलस्य वारिणा।
इतिसिद्धो रसेंद्राऽयं सर्ववातारिसंज्ञकः॥९४॥
घृतेन सहितो लीढो वल्लद्वयमितो नृभिः।
निहंत्यशीतिवातार्तीर्गुल्मानष्टविधानपि॥९५॥
चतुर्विधं च मंदाग्निं शूलानुदरजान् क्रिमीन्।
आध्मानं च तथा हिक्कां मूढवातं च विड्ग्रहम्॥९६॥

गन्धक १ भाग, हरताल २ भाग, मैनसिल ४ भाग, सोनामाखी ८ भाग, और पारा १६ भाग लेकर सबको एकत्र करके सात दिन तक खरल करे। फिर सम्पूर्ण रस का आठवाँ भाग लाल वत्सनाभ मिलाकर कुचले के रस में खरल करके गोला बना ले। उसको सुखाकर मूषा में बन्द करके दो दिन तक बालुकायंत्र में पकायें। स्वांगशीतल होने पर गोले को निकाल कर चूर्ण कर लें। उसमें हिंग्वष्टक चूर्ण (सोंठा, मिर्च, पीपल, अजमोद, जीरा काला, जीरा, सैंधा नमक और हींग इन सबको समान भाग चूर्ण को हिंग्वष्टक चूर्ण कहते हैं) को समान भाग मिलाकर बिजौरा नींबू के रस में सात बार भावना दें, फिर सात भावना सोंठ के रस में और ७ भावना चीते के रस में देकर सुखा लें। इस प्रकार यह सर्ववातारि रस तैयार होता है। इसको प्रतिदिन दो २ रत्ती परिमाण घृत में मिलाकर सेवन करना चाहिये। यह रस अस्सी प्रकार के वात रोग आठ प्रकार के गुल्मरोग चार प्रकार की मन्दाग्नि, सब प्रकार के उदर

सम्बन्धी शूल, कृमिरोग, अफरा, हिचकी मूढवात और मलबद्धता इन सब रोगों को नष्ट करता है।।९०-९६।।

वातविध्वंसन रस

मृतमभ्रकसत्त्वं च कांस्यं शुल्बं हि माक्षिकम्।
गंधकं तालकं सूतं भागोत्तरविवर्धितम्।।९७।।
तत्सर्वं कज्जलीकृत्य वातारि स्नेहसंयुतम्।
मर्दयेत्सप्तदिवसं गोलीकृत्य तु यत्नतः।।९८।।
निंबुद्रावेण संपिष्टातालकल्केन लेपयेत्।
अर्धांगुलदलं चैव परिशोष्य प्रयत्नतः।।९९।।
प्रपचेद्वालुकायंत्रे यामानां द्वादशावधि।
पटचूर्णं विधायतद्भावयेत्तदनंतरम्।।१००।।
पंचकोलकचित्रांघ्रिवरुणादिकषायतः।
दशमूलकषायेण शृंगवेररसेन च।।१०१।।
रक्तामृतं कलांशेन दत्त्वा निष्पिष्य यत्नतः
स्थूलकोलास्थितुलितां छायाशुष्कां वटीं किरेत्।।१०२।।
तत्तद्रोगहरैर्द्रव्यैर्नृणां देया सदा हिता।
हन्यादशीतिधा भिन्नान्वातजातान्महागदान।।१०३।।
गुल्मानष्टविधांश्चापि शूलानष्टविधानपि।
जठरस्य रुजः सर्वास्तथा च मलनिग्रहम्।।१०४।।
आध्मानकमथानाहं विषूचीं मंदवह्निताम्।
आमदोषानशेषांश्च गुल्मं छर्दिं च दुर्धराम्।।१०५।।
ग्रहणीं श्वासकासौ च कृमिरोगमशेषतः।
हन्यात्सर्वांगसदनं मन्यास्तंभं च वाजिनाम्।।१०६।।
ज्वर चैवाऽतिसारे च मूलरोगे त्रिदोषजे।
पथ्यं रोगानुरूपेण दापनीयं भिषग्वरैः।।१०७।।

श्रीमता नंदिना प्रोक्तो वातविध्वंसनोरसः।
क्षुधार्थिभिः सदा सेव्यः सर्वाहारपरैर्नरैः॥१०८॥

अभ्रक सत्त्व १ भाग, कांसे की भस्म २ भाग, ताँबे की भस्म ३ भाग, सोनामाखी की भस्म ४ भाग, गन्धक ५ भाग, हरताल ६ भाग, और पारा ७ भाग, इस क्रम से प्रत्येक औषधि को एक-२ भाग बढ़ाकर लें। सबको एकत्र खरल करके कज्जली कर लें फिर उसको अण्डी के तेल में ७ दिन तक घोट कर गोला बना लें। उस गोले के ऊपर नींबू के रस में घोटकर कल्क की हुई हरताल का आधा अंगुल ऊँचा लेप करके सुखा लें। फिर गोले को अण्ड के पत्तों में लपेटकर शरावसम्पुट में बन्द करके १२ प्रहर तक वालुकायंत्र में पकायें। स्वांगशीतल होने पर गोले को निकाल कर बारीक चूर्ण करके कपड़छन कर लें। फिर उसको पंचकोल का क्वाथ, चीते की जड़ का क्वाथ वरुणादि गण की औषधियों का क्वाथ, दशमूल का काढा और अदरक का रस प्रत्येक में क्रम से एक २ बार भावना देकर १६वाँ भाग लाल वत्सनाभ डालकर खूब बारीक खरल करे और दो २ रत्ती की गोलियाँ बनाकर छाया में सुखा लें। ये गोलियाँ भिन्न भिन्न रोगनाशक भिन्न भिन्न अनुपानों के साथ रोगियों को सेवन करानी चाहिये। अस्सी प्रकार के भिन्न भिन्न वातरोग, आठों महारोग, आठ प्रकार का गुल्म, आठ प्रकार का शूल, सब प्रकार का उदर रोग, मलबद्धता, अफरा, आनाह, विषूचिका, मन्दाग्नि, आमदोष, गुल्म, वमन, दुस्तर संग्रहणी, श्वास, खाँसी, सम्पूर्ण कृमिरोग, सर्वाङ्गगत पीडा, नाडी का जकड़ जाना और मनुष्याक अतिरिक्त घोड़ों की नाडी का जकड़ जाना इन समस्त व्याधियों को यह रस शीघ्र नष्ट करता है। ज्वर, अतिसार, अर्शरोग और सन्निपात में इस रस को रोगानुसार अनुपान के साथ देना चाहिये और तदनुसार ही पथ्य दिलवाना चाहिये। इस वातविध्वंसन रस को श्रीनन्दि आचार्य ने वर्णन किया है। खूब भूख लगने की इच्छा वाले और सब प्रकार के भारी व हल्के पदार्थों का आहार विहार करने वाले मनुष्यों को यह रस सदैव सेवन करना चाहिये॥९७-१०८॥

वृकोदरी वटी (रस)

सूतगंधकतीक्ष्णाभ्रैः सताप्यैः समभागिकैः।
रसांशमपरं सर्वं षट्कोलं जीरकद्वयैम्॥१०९॥
सौवर्चलं ससिंधूत्थं विडंगं च हरीतकी।
अम्लवेतसकं सर्वं बीजपूरांतुमर्दितम्॥
गुटिकास्तेन कल्केन कार्याः कोलास्थिमात्रकाः॥११०॥
योगिन्या बहुघातिनामयुतया त्रैलोक्यविख्यातया
निर्दिष्टा हि वृकोदरीति गुटिका सोष्णांबुनासेविता।
निःशेषानिलदोषशोषजरुजः श्लेष्मामरोगोद्भवं
मंदाग्निग्रहणीं चतुर्विधमहाजीर्णं च तूर्णं जयेत्॥१११॥

प्रभावती वटी

पारा, गन्धक, लोहा, अभ्रक और सोनामाखी सबको समान भाग लेकर एकत्र खरल कर लें। फिर उसमें सोंठ, मिरच, पीपल, पीपलामूल, चव्य, चीता, जीरा, काला जीरा, काला नमक, सैंधा नमक, वायविडङ्ग, हरड और अम्लबेंत इन प्रत्येक के चूर्ण को पारे के बराबर भाग लेकर समान भाग से मिला दें और बिजौरे नींबू के रस में घोटकर छोटे बेर की गुठली के बराबर गोलियाँ बना लें। इन गोलियों को त्रिलोकी में प्रसिद्ध बहुघाती नामक योगिनी ने निर्दिष्ट किया है। यह वृकोदरी वटी प्रतिदिन गरम जल के साथ सेवन करने से सब प्रकार के वात रोग, शोषरोग, आमविकार, मन्दाग्नि, संग्रहणी और चार प्रकार का भयंकर अजीर्ण इन सम्पूर्ण रोगों को शीघ्र दूर करता है॥१०९-१११॥

हेमाभ्रालकतीक्ष्णताप्यकमलाश्चैषां समं सप्तकं
सूतं च द्विगुणं विशोधनवधूस्नुग्वह्निसौभांजनात्॥
पाठासूरणसिंदुवार विजयैरण्डद्रवैर्मर्दितं
तैलं कंगुणिगंधकं कटुभवे कल्के वटीं कल्पयेत्॥११२॥
प्रभावतीति कथिताऽऽर्द्रकद्रावैर्निषेविता।
ततश्चानुपिबेत्तोयं दशमूलप्रसाधितम्॥११३॥

सपिप्पलीकं पिबतो जलं जये-
न्मरुद्विकारानुदराण्यपस्मृतिम्॥११४॥

सुवर्णभस्म, अभ्रकभस्म, हरतालभस्म, लोहभस्म, सोनामाखी की भस्म और मण्डूरभस्म ये प्रत्येक एक २ भाग और पारा २ भाग इन सबको एकत्र खरल करके असवरग, थूहर, चीता, सैंजना, पाढ, जिमींकन्द, सिह्मालु, भाँग और अण्ड की जड़ इन प्रत्येक औषधि के स्वरस या क्वाथ में क्रम से पृथक्-पृथक् घोटकर सुखा लें फिर मालकांगनी के तेल, गन्धक के तेल और सरसों के तेल में अलग २ खरल करके दो २ मासे की गोलियाँ बना लें। इस रस को प्रभावती वटी कहते हैं। इस रस की प्रतिदिन एक २ गोली अदरक के रस के साथ खाकर ऊपर से दशमूल का काढा पिये अथवा दशमूल के काढे में पीपल का चूर्ण डाल कर पान करे तो वायु के विकार उदररोग और अपस्मार रोग दूर होते हैं॥११२-११४॥

स्वच्छन्दभैरव रस

तीक्ष्णाऽयस्कांतगोदंतमाक्षिकैर्मार्दितो रसः॥
समांशगंधकः पक्वो हंडिकायंत्रमध्यगः॥११५॥
व्योषाग्निमंथसुरसाकंद शृंग्यभयाविषैः।
समैः समं त्र्यहं मुंडीनिर्गुण्डीरसपिण्डितः॥११६॥
सेवितः शमयेद्वातान्नाम्ना स्वच्छंदभैरवः।
विशेषाद्वातरक्तं च द्विवल्लं चार्द्रकर्ददेत्॥११७॥

तीक्ष्ण लोह की भस्म, कान्तलोहभस्म, गोदन्ती हरताल, सोनामाखी की भस्म, पारा और गन्धक सबको समान भाग लेकर एकत्र खरल करके कज्जली कर ले। उसको शरावसम्पुट में बन्द करके ऊपर से कपरौटी कर भाण्डपुट में रखकर तीन घंटे तक पकायें। स्वांगशीतल होने पर औषधि को निकालकर बारीक चूर्ण कर लें। उसमें त्रिकुटा, अरणी की जड़, तुलसी, सुहागा, काकडासिंगी, हरड और वत्सनाभ इन समस्त औषधियों को समान भाग लेकर बारीक चूर्ण करके रस के बराबर भाग मिला दें और गोरखमुंडी तथा निर्गुण्डी के रस में क्रम से तीन २ दिन तक भावना

देकर दो दो रत्ती की गोलियाँ बना लें। इन गोलियों को प्रतिदिन अदरक के रस के साथ सेवन कराना चाहिये। यह स्वच्छन्द भैरव रस सेवन करते ही वातरोग और विशेषकर वात रक्त रोग को शान्त करता है।।११५-११७।।

अन्य स्वच्छन्दभैरव रस

शुद्धं सूतं मृतं लोहं ताप्यगंधकतालकम्।
पथ्याग्निमंथनिर्गुंडीत्र्यूषणं टंकणं विषम्।।११८।।
तुल्यांशं मर्दयेत्खल्वे दिनं निर्गुंडिकाद्रवैः।
मुण्डीद्रावैर्दिनैकं तं द्विगुंजं वटकीकृतम्।।११९।।
भक्षयेत्सर्ववातार्तो नाम्ना स्वच्छंदभैरवम्।।१२०।।

शुद्ध पारा, लोहभस्म, सुवर्णमाक्षिक की भस्म, गन्धक, हरताल, हरड, अरणी, निर्गुण्डी, त्रिकुटा, सुहागा और वत्सनाभ सबको समान भाग लेकर एकत्र चूर्ण करके निर्गुण्डी के रस में एक दिन तक खरल करे। दूसरे दिन गोरखमुंडी के रस में घोटकर उसकी दो दो रत्ती की गोलियाँ बना लें। सब प्रकार की वातव्याधि से पीड़ित रोगी को यह स्वच्छन्द भैरव रस सदैव सेवन करना चाहिये।।११८-१२०।।

वडवानल रस

सूतहाटकवज्रार्ककांतभस्म समाक्षिकम्
तालं नीलांजनं तुत्थमधिफेन समांसिकम्।।१२१।।
पंचानां लवणानां तु भागैकैकं विमर्दयेत्।
वज्रक्षीरैर्दिनैकं तु रुद्ध्वा तं भूधरे पुटेत्।।१२२।।
माषैकं चाद्रकद्रावैर्लेहयेद्वडवानलम्।
पिप्पलीमूलजं क्वाथं सपिप्पल्यनुपाययैत्।
धनुर्वातं दण्डवातं शृंखलाकम्पवातनुत्।।१२३।।

पारा, सुवर्ण भस्म, हीरे की भस्म, ताम्र भस्म, कान्तलोह भस्म, सोना माखी की भस्म, हरताल, काला सुरमा, तूतिया, समुद्रफेन, सैंधा नमक काला नमक, समुद्र नमक, विरियासंजर नमक, और कंचिया नमक इन

सबको एक-२ तोला लेकर एकत्र कूट पीसकर बारीक चूर्ण कर लें। फिर उस चूर्ण को थूहर के दूध में एक दिन तक मर्दन करके गोला बना ले और उसको सम्पुट में बन्द करके भूधर यन्त्र में रखकर पकायें। स्वांगशीतल होने पर गोले को निकाल कर बारीक पीस लें। इस रस को प्रतिदिन एक-२ मासा परिमाण अंदरक के साथ सेवन करे और ऊपर से पीपल का चूर्ण मिलाकर पीपल मूल का क्वाथ पान करे। इसके सेवन से धनुर्वात, दण्डवात, शृंखलावात और कम्पवात नष्ट होता है।।१२१-१२३।।

त्र्यम्बकेश्वर रस

सूतकस्य पलं पञ्च पलैकं ताम्र चूर्णकम्।
जंबीराणां द्रवैः पिष्टं सूततुल्यं च गंधकम्।।१२५।।
नागवल्लीदलैः पिष्टं ताम्रपिष्टं प्रकल्पयेत्।
रुद्ध्वा लघुपुटैः पच्याद्भूधरे यामपञ्चकम्।।१२५।।
आदाय चूर्णयेत्तुल्यैस्त्र्यूषणैः सममिश्रितैः।
अर्धांगकम्पवातार्तो भक्षयेच्च द्विगुंजकम्।।१२६।।

शुद्ध पारा २० तोले, ताम्रभस्म ४ तोले और शुद्ध गन्धक २० तोले लेकर प्रथम पारे गन्ध की कज्जली कर ले फिर उसमें ताम्रभस्म डालकर जम्बीरी नींबू के रस में खूब खरल करे फिर सुखाकर पानों के रस में घोटकर गोला बना लें। उस गोले को ताँबे के सम्पुट में बन्द करके भूधरयंत्र में रखकर पाँच प्रहर तक लघु पुट दें। स्वांगशील होने पर गोले को लेकर चूर्ण कर लें और उसमें समान भाग त्रिकुटे का चूर्ण मिलाकर बारीक खरल कर लें। यह रस प्रतिदिन दो दो रत्ती परिमाण सेवन करने से अर्धाङ्गवात और कम्पवात की पीड़ा को शमन करता है।।१२४-१२६।।

गगनगर्भावटी (रस)

सूताभ्रं तीक्ष्णताम्रं च मृतं तालकगंधकम्।
भार्ङ्गी शुंठी वचा धान्यकम्पिल्लं चाभया विषम्।।१२७।।

मर्द्यं पर्पटकद्रावैर्निष्कैकां भक्षयेद्वटीम्।
वात श्लेष्महरा ह्याशु वटी गगनगर्भिता॥१२८॥

पारा, अभ्रक, लोहा, हरताल, गन्धक, भारंगी, सोंठ, वच, धनियाँ, कबीला, हरडा और वत्सनाभ सबको समान भाग लेकर बारीक चूर्ण करके पित्तपापडे के रस में घोटकर चार २ मासे की गोलियाँ बना लें। यह गोलियाँ वात और कफ के रोगों को तत्काल नाश करने वाली हैं॥१२७-१२८॥

वातगजांकुश रस

मृतं सूतं मृतं लोहं गंधकं तारमाक्षिकम्।
मथ्याभृंगीविषव्योषमग्निमंथं च टंकणम्॥
तुल्यं खल्वे दिनं मर्द्यं मुंडीनिर्गुंडिजद्रवैः॥१२९॥
द्विगुंजां वटिकां खादेत्सर्ववातप्रशांतये।
साध्याऽसाध्यं निहंत्याशु रसो वातगजांकुशः॥१३०॥

पारदभस्म, लोहभस्म, गन्धक, रूपामाखी की भस्म, हरड, भारंगी वत्सनाभ, त्रिकुटा, अरणी और सुहागा सबको सम भाग लेकर खरल कर ले। फिर गोरखमुंडी और निर्गुण्डी के रस में क्रम से एक-२ दिन तक भावना देकर दो-२ रत्ती की बना ले। फिर प्रतिदिन एक-२ गोली सेवन करे। सब प्रकार की वातव्याधि को शान्त करने के लिये इस रस का उपयोग करना चाहिये। यह वातगजांकुश रस साध्य व असाध्य सर्व प्रकार के वातरोग को शीघ्र नष्ट करता है॥१२९-१३०॥

शतावरी गुग्गुलु

शतावरी गुडूची च सारणी गोक्षुरः कणा।
शताह्वा दीप्यका रास्ना ह्यश्वगंधा च शंखिका॥१३१॥
कर्चुरो नागरश्चैते चूर्णनीयाः समांशकाः।
एतैः सर्वैः समो ग्राह्योगुग्गुलुर्महिषाख्यकः॥१३२॥
खंडयित्वा घृतेनाऽऽर्द्रं पूर्वचूर्णं विनिक्षिपेत्।
संमर्द्य सर्पिषा गाढं कर्षार्धं गुलिकां किरेत्॥१३३॥

शतावर, गूगल, गन्धप्रसारणी, गोखुरू, पीपल, सोंफ, अजवायन, रास्ना, असगन्ध, शंखपुष्पी, कचूर और सोंठ इन सबको समान भाग,

लेकर बारीक चूर्ण कर लें। इस समस्त चूर्ण के बराबर भैंसिया गूगल लेकर प्रथम उसको कूटकर घृत के साथ खरल करे, फिर उसमें उक्त औषधियों का चूर्ण डालकर घृत के साथ घोटे। जब वह अच्छे प्रकार से घुटकर मलाई के समान चिकना हो जाय तब छः-छः मासे की गोलियाँ बना लें। यह गोलियाँ एकांग आदि वातव्याधि में विशेष हितकारी हैं।।१३१-१३३।।

योगराजगुग्गुलु

पिप्पली पिप्पलीमूल चव्यचित्रकनागरैः।
पाठाविडंगेन्द्रयवहिंगु भार्गीवचान्वितैः।।१३४।।
सर्षपाऽतिविषाजाजीरेणुकाकृष्णजीरकैः।
गजकृष्णाजमोदाभ्यां कटुकामूर्वमिश्रितैः।।१३५।।
समभागान्वितैः सर्वैस्त्रिफला द्विगुणाभवेत्।
त्रिफलासहितैरेतैः समभागस्तु गुग्गुलः।।१३६।।
एतच्चूर्णीकृतं सर्वं मधुना च परिप्लुतम्।
योगराजमिमं विद्वान्भक्षयेत्प्रातरुत्थितः।।१३७।।
अर्शांसि वातगुल्मं च पाण्डुरोगमरोचकम्।
नाभिशूलमुदावर्तं प्रमेह वातशोणितम्।।१३८।।
कुष्ठं क्षयमपस्मारं हृदोगं ग्रहणीगदम्।
महांतिमग्निसादं च श्वासकासभगंदरम्।।१३९।।
रेतोदोषाश्च ये पुंसां योनिदोषाश्च योषिताम्।
निहन्यादाशु तान्सर्वान्दुर्वारान्न च संशयः।।१४०।।
एष निष्परिहरोऽस्ति पानभोजनमैथुने।
सतताभ्यासयोगेन वलीपलितनाशनः।।
सर्वव्याधिविनिर्मुक्तो जीवेद्वर्षशतत्रयम्।।१४१।।
क्षीराज्यरसभुक्तानां दोषधातुमलोचितम्।
बुभुक्षितो मात्रयाऽन्नमद्यादग्गुग्गुलुसेवकः।।
प्रमेहं योगराजोऽयं दृष्टं दृष्ट्या जयेदिति।।१४२।।

पीपल, पीपलामूल, चव्य, चीता, सोंठ, पाढ, वायविडंग, इन्द्रजौ, हींग, भारंगी, वच, सरसों, अतीस, जीरा, रेणुका, काला जीरा, गजपीपल, अजमोद, कुटकी और मूर्वा ये सब औषधियाँ समान भाग और सबसे दुगुना त्रिफला लेकर सबको एकत्र कूट पीसकर बारीक चूर्ण कर ले। फिर इस समस्त चूर्ण के बराबर शुद्ध भैंसिया गूगल लेकर सबको एकत्र मिश्रित करके शहद के साथ खूब अच्छे प्रकार से खरल करे। विद्वान लोग इस योग को योगराज गूगल कहते हैं। इसको प्रतिदिन प्रातः काल उपयुक्त मात्रा में सेवन करने से सम्पूर्ण अर्शरोग, वातजगुल्म, पाण्डुरोग, अरुचि, नाभिशूल, उदावर्त, प्रमेह वातरलए कुष्ठ, क्षप अपस्मार संग्रहणी, अत्यन्त प्रबल मन्दाग्नि, श्वास, खाँसी, भगन्दर, पुरुषों के वीर्य सम्बन्धी सम्पूर्ण दोष और स्त्रियों के योनि सम्बन्धी समस्त विकार शीघ्र नष्ट होते हैं। इसके अतिरिक्त यह गूगल सब प्रकार के दुस्साध्य रोगों को निस्संदेह नष्ट करता है। इस पर खान पान, मैथुनादि में किसी प्रकार का भी परहेज करने की आवश्यकता नहीं है। इस गूगल को निरन्तर सेवन करने से बली और पलितरोग दूर होता है और मनुष्य सम्पूर्ण व्याधियों से मुक्त होकर ३०० तीन सौ वर्ष तक जीता है। योगराज गूगल को सेवन करने वाला मनुष्य दोष, धातु, मल और प्रकृति के अनुकूल भूख लगने पर दूध, घी, मांसरसादि पदार्थ, भात आदि को यथोचित मात्रा से सेवन करे यह योग राज गूगल प्रमेहरोग को अवश्य दूर करता है। यह प्रत्यक्ष अनुभव है।।१३४-१४२।।

द्वितीय योगराज गुग्गुलु

चित्रकं पिप्पलीमूलं यवानी कारवी तथा।
विडंगान्यजमोदाश्च जीरकं सुरदारु च॥१४३॥
वचैला सैंधवं कुष्ठं रास्ना गोक्षुरधान्यकम्।
त्रिफला मुस्तकव्योषत्वगुशीरं यवाग्रजम्॥१४४॥
तालीसपत्रं पत्रं च सूक्ष्मचूर्णानि कारयेत्।
एतानि समभागानि तावन्मात्रं च गुग्गुलुम्॥१४५॥
संमर्द्य सर्पिषा गाढं स्निग्धे भांडे विनिक्षिपेत्।
भक्षयेत्कर्षमात्रं च वातरोगान्विनाशयेत्॥१४६॥

ततो मात्रां प्रयुंजीत यथेष्टाहारसेवनात्।
योगराज इति ख्यातो योगोऽयममृतोपमः॥१४७॥
आमवाताद्व्यवातादीन्कृमिदुष्टव्रणानपि।
प्लीहगुल्मोदरानाहदुर्नामानि विनाशयेत्॥१४८॥
अग्निं च कुरुते दीप्तं तेजोवृद्धिबलं तथा॥१४९॥

चीता, पीपलामूल, अजवायन, काला जीरा, वायविडंग, अजमोद, जीरा, देवदारु, वच, इलायची, सैंधा नमक, कूठ, रास्ना, गोखुरू, धनियाँ, त्रिफला, नागरमोथा, त्रिकुटा, दालचीनी, खस, जवाखार, तालीसपत्र और तेजपात इन सब औषधियों को समान भाग और इन सबके बराबर शुद्ध गूगल लें। सबको एकत्र कूट पीसकर घृत के साथ खूब बारीक खरल करे। फिर घी के चिकने बर्तन में भरकर रख दें। इस गूगल को प्रतिदिन एक-२ तोला परिमाण सेवन करे और यथेष्टरूपसे आहार विहार करे। यह योगराज गूगल अमृत के समान हितकारी है। यह आमवात आदि समस्त वातरोग, कृमिरोग, दुष्टव्रण, प्लीहा, गुल्म, उदररोग, आनाह, और बवासीर इन सब रोगों को विनाश करता है तथा जठराग्नि को अत्यन्त दीपन, और तेज व बल की वृद्धि करता है॥१४३-१४९॥

षडङ्ग गुग्गुलु

रास्नामृतादेवदारुशुंठीवातारितुल्यकम्।
गुग्गुलुं सर्वतुल्यांशं कुट्टयेद् घृतवासितम्॥
कर्षांशं भक्षयेच्चानु ख्यातः षडगगुग्गुलुः॥१५०॥

रास्ना, गिलोय, देवदारु, सोंठ और अण्ड की जड़ सबको समान भाग लेकर बारीक चूर्ण कर लें। उस समस्त चूर्ण के बराबर भाग शुद्ध गूगल लेकर सबको एकत्रित करके घृत के साथ खरल करे। इसको षडङ्ग गुग्गुलु कहते हैं। फिर उसमें से प्रतिदिन एक तोला परिमाण सेवन करे॥१५०॥

विजयभैरव तैल

धान्याम्लपिष्टसुरभित्रयसूतलिप्त-
तैलाक्तदीप्तपटवर्तिमुखात्प्रवृत्तम्।

कम्पोत्तराञ्जयति पानविलेपनाभ्यां
वातामयान्विजयभैरवनामतैलम्॥१५१॥

गन्धक, हरताल, मैनसिल और पारा चारों को समान भाग लेकर कज्जली कर लें। फिर उसको काँजी में मैदा के समान बारीक पीसकर एक कपड़े के ऊपर फैलाकर बत्ती बना लें। उस बत्ती को एक दिन तक तीक्ष्ण धूप में सुखाकर दूसरे दिन सरसों के तेल में भिगोकर जलायें और उसके नीचे एक बर्तन रख दें। उस बर्तन में जो तेल टपके उसको ग्रहण कर लें। इसको विजय भैरव तैल कहते हैं। यह तैल पान करने और मर्दन करने से कम्प आदि समस्त वात रोगों को शीघ्र दूर करता है॥१५१॥

सूत तैल

रसतालशिलागंधं सर्वं कुर्यात्समांशकम्।
चूर्णयित्वा ततः श्लक्ष्णमारनालेन मर्दयेत्॥१५२॥
लेपयित्वा तु कल्केन सूक्ष्मवस्त्रं ततः परम्।
तैलाक्तां कारयेद्वर्तिमूर्ध्वं भागे प्रदीपयेत्॥१५३॥
वर्त्यधःस्थापिते पात्रे तैलं[१४] पतति शोभनम्।
लेपयेत्तेन मात्राणि भक्षयेदातुरस्तथा॥१५४॥
नाशयेत्सूततैलं तद्वातरोगाननेकधा।
बाहुकंपं शिरःकंपं जंघाकंपं ततः परम्॥१५५॥
एकांगं[१५] च तथा वातं हंति रोगाननेकधा।
रोगशांत्यै सदा देयं सूततैलमिदं[१६] शुभम्॥१५६॥

पारा, हरताल, मैनसिल और गन्धक चारों को समान भाग लेकर बारीक चूर्ण कर लें, फिर काँजी में अथवा नींबू के रस में घोटकर एक मलमल के कपड़े के ऊपर लेप करके बत्ती बना लें उसको सुखाकर तैल में भिगोकर एक सिरे से जलायें और उसके नीचे एक बर्तन रख दें। उस बर्तन में जो तैल गिरे उसको लेकर शरीर पर मर्दन करे और भक्षण करे। यह सूततैल अनेक प्रकार के वातरोगों को नष्ट करता है। जैसे बाहु का

काँपना, सिरका काँपना, जंघाकम्प, एकांगवात, इसी प्रकार के अन्यान्य वातरोगों को शान्त करने के लिये इस तेल को सदैव प्रयोग करना चाहिये॥१५२-१५६॥

द्वितीय विजयभैरव तैल

रसगंधशिलातालं दिनं संचूर्ण्य कांजिकैः।
लिप्त्वा वस्त्रैः कृतां वर्ति तैलाक्तां ज्वालयेत्पुनः॥१५७॥
तद्भूतं संग्रहेतैलधः पात्रे धृते सति।
तत्तैललेपितं पत्रं नागवल्ल्याश्च भक्षयेत्॥१५८॥
बाहुकम्पं शिरःकंपमेकांगं जानुकम्पनम्।
नाशयेद्भक्षणाल्लेपात्तैलं विजयभैरवम्॥१५९॥

पारा,गन्धक, मैनसिल और हरताल चारों को समान भाग लेकर एकत्र खरल करके कज्जली कर लें। फिर उसको एक दिन तक काँजी में घोटकर कपड़े के ऊपर लेप करके सुखा लें। फिर बत्ती बना उसको तिल के तेल में भिगोकर जलायें। और उसके नीचे एक बर्तन रखकर उसमें टपकते हुए तैल को संग्रह करे। इस तैल को पान के ऊपर लगाकर प्रतिदिन भक्षण करे। इस तैल को नियमानुसार भक्षण करने और मर्दन करने से बाहुकम्प, शिरःकम्प, शिरःकम्प, एकाङ्ग वात, जानुकम्प आदि सम्पूर्ण वातरोग नाश होते हैं॥१५७-१५९॥

आनन्दभैरव घृत

एरण्डतैलं त्रिफला गोमूत्रं चित्रके विषम्।
सर्पिषा सहितं पक्त्वा सर्वांगं तेन मर्दयेत्॥१६०॥
त्वग्वातघ्नं महाश्रेष्ठं घृतमानंदभैरवम्।
लशुन सैंधवं तैलमनुपानं प्रकल्पयेत्॥१६१॥

अण्डी का तेल, त्रिफला, गोमूत्र, चीता और वत्सनाभ सबको समान भाग लेकर एकत्र कूट पीसकर कल्क कर लें। उस कल्क के बराबर घी और घी से चौगुना पानी लेकर सबको एकत्रित करके यथाविधि घृत को पकायें। इस घृत को समस्त शरीर पर मर्दन करने से

त्वचागत वात रोग नष्ट होता है। इस घृत को यदि भक्षण करना हो तो पान में लगाकर भक्षण करे अथवा शहद में और अदरक के रस में मिलाकर चाटे और ऊपर से लहसुन को तेल में भूनकर उसमें सैंधा नमक मिलाकर अनुपान करे। यह आनन्द भैरव घृत त्वचा सम्बन्धी वातरोगों को शमन करने के लिये परम उपयोगी है॥१६०-१६१॥

सामान्य उपाय

पर्पटीरसगुंजाष्टौ पूर्वप्रोक्तं च गुग्गुलम्।
कर्षार्धं खादयेत्साज्यमेकांगानिलशांतये॥१६२॥
एरण्डबह्निशुंठीनां गुडूच्याश्च कषायकम्।
अनुपानाय दातव्यं चणकक्वाथमेव वा॥१६३॥
नलिकायंत्रयोगेन सर्जतैलं समुद्धरेत्।
तदभ्यंगप्रयोगेण वातो दुष्टः प्रशाम्यति॥१६४॥
अष्टगुंजामितं खादेदेकांगे पर्पटीरसम्।
अर्धकर्षं घृतेनानुयोगराजं च गुग्गुलुम्॥१६५॥
धूमसारं वरा यष्टी टंकणं पत्रकं विषम्।
तुल्यं गुंजाद्वयं खादेदामवातप्रशांतये॥१६६॥
निर्गुंडीमूलचूर्णं तु कर्षं तैलेन लेहयेत्।
संधिवातः कटीवातः कंपवातश्च[१७] शाम्यति॥१६७॥
रक्तस्यैरण्डमूलस्य कर्षं घृष्ट्वा जलः पिबेत्।
सर्ववातहरं श्रेष्ठं भग्नवाते विशेषतः॥१६८॥
इंद्रवारुणिकामूलं मागधीगुडसंयुतम्।
भक्षयेत्कर्षमात्रं तत्संधिवातहरं भवेत्॥१६९॥
मृतं सूतं मृतं तीक्ष्णं मर्दयेत्कटुकीद्रवैः।
चणमात्रां वटीं खादेत्सर्वांगैकांगवातनुत्॥१७०॥

एकांग वात को शान्त करने के लिये प्रतिदिन आठ-२ रत्ती परिमाण पर्पटीरस और छः-२ मासे पूर्वोक्त शतावर गुग्गुल घृत में मिलाकर सेवन करायें। और इसके ऊपर अनुपान के लिये अण्ड की

जड़, चीता, सोंठ और गिलोय का क्वाथ अथवा चनों का क्वाथ दें। अथवा नलीयन्त्र के द्वारा राल का तेल निकालकर उसकी मालिश करने से दूषित वात शमन होता है। एकांगवात की पीड़ा में रोगी को आठ-२ रत्ती परिमाण पर्पटीरस सेवन कर ऊपर से छः मासे योगराज गूगल घृत में मिलाकर खानी चाहिये, घी के दीपक की लौ से पारी हुई स्याही, त्रिफला, मुलैठी, सुहागा, तेजपात और शुद्ध वत्सनाभ इन सबको समान भाग लेकर एकत्र खरल कर लें। फिर उसमें से प्रतिदिन दो-दो रत्ती परिमाण सेवन करे तो आमवात रोग शान्त होता है। एक-२ तोला निर्गुण्डी की जड़ के चूर्ण को तेल में मिलाकर चाटने से सन्धिगत वात, कटिवात और कम्पवात दूर होता है। लाल अण्ड की जड़ को एक तोला लेकर पानी में घिसकर पान करे। यह प्रयोग सम्पूर्ण वातरोगों को हरने वाला और भग्नवात में विशेष उपयोगी है। इन्द्रायन की जड़ का चूर्ण ३ मासे, पीपल का चूर्ण ३ मासे और गुड ६ मासे सबको एकत्र मिलाकर भक्षण करने से सन्धिगत वात दूर होता है। अथवा पारे की भस्म और तीक्ष्ण लोह की भस्म दोनों को समान भाग लेकर कुटकी के रस में खरल करके चने के बराबर गोलियाँ बना लें। इन गोलियों को हमेशा सेवन करने से सर्वाङ्गगत वात अथवा एकांग स्थित बात की पीड़ा नष्ट हो जाती है॥१६२-१७०॥

वातरक्त

संधिष्वनिलरक्ताभ्यां शोफोन्तर्बहिराश्रितः।
छर्दिज्वराऽरुचिकरो भवेद्वातास्रसंज्ञकः॥१७१॥

वायु और रक्त के दूषित होने से जब सन्धि स्थानों के, भीतर और बाहर सूजन हो जाती है, और वमन, ज्वर, अरुचि आदि उपद्रव होते हैं तब उसको वातरक्त रोग कहते हैं॥१७१॥

चन्द्रावलेह

एलायाश्चतुला ग्राह्या जल द्रोणे विपाचयेत्।
अष्टभागाऽवशिष्टं तु शर्करार्धतुलां क्षिपेत्॥१७२॥
शतावर्या विदार्याश्च गाक्षीरं चाढकं पृथक्।
लेहवत्साधिते तस्मिन्द्राक्षामधुकपिप्पली:॥१७३॥

त्रिजातकं च खर्जूरं चंदनद्वयसारिवा।
मुस्तापद्मकह्लीबेरधात्री चोत्पलचोरकम्॥१७४॥
एतेषां पलमादाय क्षिपेत्क्षीयाश्चतुष्पलम्।
क्षौद्रप्रस्थेन संयुक्तं लेहयेत्प्रातरुत्थितः॥१७५॥
पित्तोन्मादविकारेषु शिरोभ्रमणमूर्छिते।
हस्तपादांगदाहे पित्तरक्तोत्तरावृतौ॥
छर्दिकासक्षये पांडौ चंद्रवच्चंद्रभाषितम्॥१७६॥

चार सौ ४०० तोले इलायची को एक द्रोण जल में डालकर पकाये। अष्टामांशजल शेष रहने पर उस क्वाथ को उतारकर छान ले। फिर उसमें खांड २०० तोले, शतावर का रस १ आढक (२५६तोले) विदारीकन्द का रस १ आढक और गाय का दूध १ आढक डालकर मन्द मन्द अग्नि से पकायें। जब समस्त रस पकते-पकते अवलेह के समान गाढा हो जाय तब नीचे उतारकर उसमें निम्नलिखित औषधियों का कपड़छान किया हुआ बारीक चूर्ण डालकर मिला दें। दाख, मुलैठी, पीपल, त्रिजातक, खजूर, चन्दन, लाल चन्दन सारिवा, नागरमोथा, पद्माख सुगन्धवाला, आमले, कमलकन्द और भटेउर इन सब औषधियों का चूर्ण चार-२ तोले, वंशलोचन १६ तोले और शहद एक प्रस्थ डालकर अच्छे प्रकार से मिला दें फिर घी के चिकने बर्तन में भरकर रख दे। इस अवलेह को प्रतिदिन प्रातः काल रोगानुसार अनुपान के साथ यथोचित मात्रा से सेवन करे। यह अवलेह-पितरोग, उन्माद रोग, शिर की पीड़ा, भ्रम, मूर्च्छा हाथ पांव आदि अंगों की दाह, पित्त और रक्त के विकार से उत्पन्न हुए रोग, वमन, खांसी, क्षय और पाण्डु इन सब रोगों में शीघ्र उपकार करता है। इसके सेवन से मनुष्य चन्द्रमा के समान कान्तिवान होता है। इस चन्द्रावलेह का चंद्रदेव ने वर्णन किया है॥१७२-१७६॥

अमृतप्राश चूर्ण

ऐलेयकं समूलं हि मुद्गपर्णी तथैव च।
शतावरी विदारी च वाराहीकंदमेव च॥१७७॥
मधुकं चमधूकं च तुगाक्षीरी चगोस्तनी।
एतानि द्विपलांशानि चूर्णीकृत्य पृथक् पृथक्॥१७८॥

सरलं चंदनं चोचमुत्पलं कुमुदं जलम्।
काकोली क्षीरकाकोली द्वे मेदे जीवकर्षभौ॥१७९॥
एतेषां चार्धपलिंक प्रत्येक शर्करायुतम्।
ऐलेयक[१८] विदारी च वाराही मुद्गपर्णिका॥१८०।
एतेषां स्वरसैः शुद्धैः शतावयाश्च भावितम्।
एतत्सर्वं समाहृत्य छायाशुष्कं तु सप्तधा॥१८१॥
इक्ष्वामलकयोः क्षौद्रैर्भावि सप्तधा पुनः।
पयसा तु पिबेत्प्रातर्यथाग्निबलवान्नरः॥१८२॥
अंगदाहं शिरोदाहं रक्तपित्तं सुदारुणम्।
शिरोक्षिकम्पभ्रमणमित्यादिकगदाञ्जयेत्॥१८३॥

इलायची का पंचाग, मुगवन, शतावर, विदारीकन्द, वाराहीकन्द, मुलैठी, महुआ, वंशलोचन, और दाख ये प्रत्येक औषधि आठ-२ तोले, धूपसरल, चन्दन, दालचीनी, कमल, कुमोदिनी, सुगन्धवाला, काकोली, क्षीरकाकोली, मेदा, महामेदा, जीवक, ऋषभक और खाँड ये प्रत्येक दो-दो तोल लें। इन सब औषधियों को एकत्र कूटपीसकर बारीक चूर्ण कर लेवे। फिर उस चूर्ण को इलायची का पचाङ्ग, विदारीकन्द, वाराहीकन्द, मुगवन और शतावर इन औषधियों के स्वरस में क्रम से सात सात बार भावना दे और सात-२ बार छाया में सुखायें। इसके पश्चात् ईख का रस, आमलों का रस और शहद तीनों को समान भाग लेकर एकत्र मिश्रित करके उसमें सात बार भावना दें। और सात बार छाया में सुखायें। इस चूर्ण को मनुष्य प्रतिदिन प्रातः काल अपनी जठराग्नि के बलाबल के अनुसार दूध के साथ सेवन करे। यह चूर्ण शरीर की दाह, सिर की दाह, दारुण रक्तपित्त, सिर और नेत्रों का कम्प, भ्रम आदि समस्त वातव्याधियों को दूर करता है॥१७७-१८३॥

ऐलेयकतैलम्

ऐलेयकस्य स्वरसमाढकं तु भिषग्वरः।
कुमार्याः स्वरसं शुद्धं चतुष्प्रस्थं तु कारयेत्॥१८४॥
आमलक्याः शतावर्या रसं प्रस्थद्वयं पृथक्।
तैलाढकसमायुक्तं क्षीरद्रोणविमिश्रितम्॥१८५॥

चोचं मलयजं वारि सरलं कुमुदोत्पलम्।
द्वे मेदे मधुकं द्राक्षा तुगाक्षीरी मधूलिका॥१८६॥
काकोली क्षीरकाकोली जीवकर्षभकावुभौ।
मृगनाभ्यजगंधा च शशांकश्च पृथक् पृथक्॥१८७॥
एतेषां चार्धपलिकं श्लक्ष्णं चूर्णं विनिक्षिपेत्।
एतत्सर्वं समालोड्य मंदं मंदाग्निना पचेत्॥
समुहूर्ते सुनक्षत्रे नववस्त्रेण पीडयेत्॥१८८॥
शिरोनेत्रविकारेषु नस्यं स्यात्कर्णयोजितम्।
अभ्यंगोद्वर्तनालेपैः शिरोभ्रमणकम्पनुत्॥१८९॥
अंगदाह शिरोदाहं नेत्रदाहं च दारुणम्।
विसर्पकविकारांश्च मूर्ध्नि जातान्बहून्व्रणान्॥ १९०॥
आस्यशोषं भ्रमं चैव नाशयेन्नात्र संशयः।
ऐलेयकमिदं तैलं प्रशस्तं पित्तरोगिणाम्॥१९१॥

इलायची [११]का स्वरस या काढ़ा १ आढक (२५६ तोले) घीग्वार का स्वरस ४ प्रस्थ, आमलों का स्वरस २ प्रस्थ, शतावर का रस २ प्रस्थ, तेल१ आढक और दूध १ द्रोण परिमाण लें। सबको एकत्र मिलाकर मन्द मन्द अग्नि से पकायें और उसी समय उसमें दालचीनी, चंदन, सुगन्धवाला, धूपसरल, कुमोदिनी, कमल, मेदा, महामेदा, मुलैठी, दाख, वंशलोचन, मूर्वा, काकोली, क्षीरकाकोली, जीवक ऋषभक, कस्तूरी और वनतुलसी, इन औषधियों के दो-२ तोले बारीक चूर्ण को डाल दें। जब पकते-पकते समस्त रस जल जाय और तेलमात्र शेष रह जाय तब उतारकर नवीन वस्त्र में छान लें और उसमें दो नीले कपूर डालकर शीशियों में भरकर रख दें। इस तेल को उत्तम मुहूर्त्त और शुभ नक्षत्र में व्यवहार करे। शिर के रोग और नेत्र सम्बन्धी रोगों में इस तेल की नस्य दे अथवा कान में डाले। इसको मालिश, उबटन, प्रलेप आदि उपचारों के प्रयोग करने से सिर में चक्कर आना, कम्प, शरीर की दाह, शिर का दाह, दारुण नेत्रों की दाह, विसर्परोग, सिर में होने वाले अनेक प्रकार के व्रण मुखशोष और भ्रम ये सब रोग निस्सन्देह नाश होते हैं। यह तैल पित्तरोगियों के लिये अत्यन्त हितकारी है॥ १८४-१९१॥

ऐलेयसर्पि

ऐलेयकस्य स्वरसे घृतं क्षीरं समं पचेत्।
चंदनं मधुकं द्राक्षा मधूकं च तुगा सिता॥ १९२॥
ऐलेयकमिदं [२०]सर्पिः सर्वपित्तविकारजित्।
वातपित्तविकारघ्नं शिरोभ्रमणकंपनुत्॥१९३॥

चन्दन, मुलैठी, दाख, महुआ वंशलोचन और मिश्री ये प्रत्येक औषधि चार-२ तोले लेकर सबको २४ तोले इलायची के स्वरस में पीसकर कल्क बना लेवे, उस कलक को २४ तोले घी और २४ तोले दूध में मिलाकर यथाविधि घृत को सिद्ध करे। इसको ऐलेयक घृत कहते हैं। यह पित्त के समस्त विकारों को तथा वातपित्त के रोग, शिरोरोग, भ्रम और कम्प इन सब रोगों को नष्ट करता है॥१९२-१९३॥

सामान्य उपाय

त्रिनेत्राख्यं रसं खादेद्वातशोणितपीड़ितः।
वातास्त्रजिच्छूलगजकेसर्युदयभास्करः॥१९४॥
पूर्वोक्तपर्पटी योज्या सर्वेष्वावरणेषु च।
सर्वरोगहिता चैव नाम्ना सर्वेश्वरी शुभा॥१९५॥
ऐलेकस्य स्वरसे सक्षीरां शर्करां पिबेत्।
क्वाथं वा शर्करायुक्तं शिरोभ्रमणकम्पनुत्॥१९६॥

वातरक्त वाला रोगी त्रिनेत्ररस शूलगजकेसरी रस अथवा उदय-भास्कर रस को सेवन करे तो वातरक्त से शीघ्र मुक्त हो जाता है। सब प्रकार के वातरक्तरोग में और एवं पित्तरोग सन्धिगत रोगों में पूर्वोक्त सर्वेश्वर पर्पटी रस प्रयोग करना चाहिये। यह पर्पटी समस्त रोगों में हितकारी है। इलायची के स्वरस में दूध और खाँड मिलाकर पान करे अथवा इलायची के काढ़े में खाँड डालकर पान करे तो शिर का घूमना, कम्प आदि वातरोग नष्ट होते हैं॥१९४-१९६॥

इति श्रीवाग्भटाचार्यविरचिते रसरत्नसमुच्चये भाषाटीकायां एकविंशोऽध्यायः समाप्तः॥२१॥

संदर्भ :

१. इदं श्लोकार्धकं करलिखितपुस्तकेनास्ति।
२. पत्रैण।
३. जपां चेति पाठोऽपि।
४. पंचार्कतैलम्। मूलैः सपुष्पैः फलपत्रसाररर्कस्य निष्पीड्य रसाढके तु। भूपीलुका वह्निपुनर्नवानां तुरंगगंधार्तगलस्य मूलं निर्गुण्डिकायाश्च तथैव शिग्रोर्मूलानि विद्वान्पृथगाददीत। एला लवंगं तगरं च कुष्ठं ससैन्धवं कर्षमित्तं पृथक्स्यात्। स्नुक्क्षीरपिष्ठाजपयोगद्विभागं प्रस्थेन तैलस्य पचेद्विपक्वं। पंचार्कतैलं प्रवदन्ति तज्ज्ञाः श्रोणीगतान् संधिगता न्निहन्ति अभ्यंजनैश्च त्रिभिरेवसद्यो वातोत्थरोगांश्चिरजातशीतिः॥१॥ द्वितीयं पंचार्कतैलम्। अर्कस्य शुष्कपचांङ्गमाढकं विपचेज्जले । चतुर्गुणे वह्निशिग्रनिर्गुंड्यग्निपीलुकं। वर्षाभूवाजि-गन्धार्तगलं तेषां पृथक् पृथक्। मूलानि कुंडवांशाग्रिचतुर्भागावशेषितैः। तैलप्रस्थं कषायेऽस्मिन् द्विप्रस्थं पयसस्तथा। एलात्वक्कुष्ठ सिन्धूत्थतगरं कार्षिकं पृथक्। स्नुकक्षीर कुडवं दत्त्वा शनैर्मंदाग्निनापचेत् तदस्याभ्यंजनेनैव निहन्यादाशुसंधिगान् सर्वान्वा- तोत्थरोगांश्च कटिपार्श्वगतांस्तथा। ब्रुवान्ति तज्ज्ञाः पञ्चार्कतैलं श्रेष्ठं समीरणुत्॥२॥ इदं तैलद्वयं करलिखितपुस्तकेऽधिकम्॥
५. अकस्माज्जायते मृर्च्छा विकम्पश्च शरीरके। मुखान्निर्यातिफेनं च वातापस्मारलक्षणम्।
६. गुञ्जाष्टाविति पाठोऽपि।
७. काञ्चकम्।
८. वलिं गोघृतेनाथेति पाठोऽपि।
९. वंदकम्।
१०. जंघयोरिति पाठः।
११. यावत्पलमितं भवेत्।
१२. अशेषान्।
१३. रूपेण।
१४. ते सर्वे विलयं पांति तत्रलेपान्नसंशयः।
१५. पेयं।
१६. तैलं विजयभैरवम्।
१७. शिरोवस्तश्च।
१८. एल वालुक नामगन्धद्रव्य।
१९. एल वालुक।
२०. एल वालुक सुगन्धद्रव्य विशेष।

द्वाविंशोऽध्यायः

वन्ध्याचिकित्सा

भेदा वंध्याऽबलानां हि नवधा परिकीर्तिताः।
तत्राऽऽदिवंध्या प्रथमा पापकर्मविनिर्मिता॥१॥
रक्तेन च पृथग्दोषैः समस्तैः पंचधा भवेत्।
भूतदेवाभिचारैश्च तिस्रो वंध्याः प्रकीर्तिताः॥२॥
पुमानपि भवेद्वंध्यो दोषैरेतैश्च शुक्रतः।
गर्भस्रावी स्मृता पूर्वं मृतवत्सा द्वितीयका॥३॥
तृतीया स्त्रीप्रसूतिः स्यात्काकवंध्या सकृत्प्रसूः॥४॥

बन्ध्या (बाँझ) स्त्रियों के नौ भेद कहे गये हैं। उनमें पहली (१) आदिवन्ध्या है, जो पूर्वसंचित पापकर्मों के कारण होती है। दूसरी (२) रक्तबन्ध्या होती है वह स्त्री रक्त के विकृत होने अथवा ऋतुस्राव के दूषित होने से या गर्भाशय में रक्त के सूख जाने से बन्ध्या होती है। तीसरी (३) वातबन्ध्या होती है। उसका गर्भाशय वायु के प्रकुपित होने से शुष्क रुक्ष और संकुचित हो जाता है। (४) पित्तवन्ध्या होती है। उसके गर्भाशय में पित्त (गरमी) का विशेष उपद्रव हो होने से रज और वीर्य का सम्मिश्रमण नहीं होता। यदि कदाचित् हो जाय तो तुरन्त अथवा थोड़े दिनों में ही उसका स्राव हो जाता है। पांचवीं (५) काकवन्ध्या होती है जो स्त्रियाँ किसी प्रकार का भी परिश्रम नहीं करतीं उनके शरीर में भुक्त पदार्थों की चर्बी विशेष रूप से बनती है, इससे उन स्त्रियों का शरीर देखने में तो पुष्ट मालूम होता है, परन्तु आभ्यन्तर यन्त्र निर्बल होते

हैं। कारण, चर्बी का दबाव पड़ने से रक्त का संचार अच्छे प्रकार से नहीं होता, अतएव कोई अवयव पुष्ट नहीं हो सकता और प्रतिदिन उदर सम्बन्धी भागों और विशेषकर गर्भाशय के ऊपर चर्बी का बहुत बोझ पड़ने से गर्भ को पोषण करने का प्रत्येक सूक्ष्म मार्ग रुक जाता है, इस कारण उस स्त्री के गर्भ नहीं रहता और जो कभी रह जाता है तो शीघ्र गिर जाता है।(६) त्रिदोष वन्ध्या होती है। इस स्त्री के उपर्युक्त वात पित्त, कफ इन तीनों दोषों के थोड़े-थोड़े उपद्रव होते हैं, इसलिये ऐसी स्त्री के कभी गर्भ ही नहीं रह सकता। यदि कदाचित् ऐसा हो जाय तो गर्भस्थ शिशु मर जाता है। (७) भूतवन्ध्या, (८) देववन्ध्या और (९) अभिचारवन्ध्या कही जाती हैं। ये तीनों प्रकार की स्त्रियाँ भूतादि का आवेश देवता का आवेश होने और शत्रु द्वारा किये गये तन्त्र मन्त्र के प्रभाव से बन्ध्यत्व को प्राप्त होती है। ऐसी स्त्रियों के कदाचित गर्भस्थिति हो जाय तो कन्या उत्पन्न होती है। उपर्युक्त दोषों से पुरुष भी नौ प्रकार के वन्ध्यत्व को प्राप्त होता है। कारण वे नौ दोष उसके वीर्य में समा जाते हैं। उक्त नौ प्रकार की वन्ध्या स्त्रियों से आदिवन्ध्या के गर्भस्राव हो जाता है और दूसरी से लेकर छठी तक बन्ध्या स्त्री के बालक जन्मतेही मर जाते हैं। सातवीं, आठवी और नवीं वन्ध्यास्त्रियों के कन्यायें ही उत्पन्न होती हैं, इसलिये ये भी वन्ध्या कहलाती हैं। जिस स्त्री के एक बार सन्तान उत्पन्न होकर फिर गर्भ स्थित नहीं होता, वह काकवन्ध्या कहलाती है॥१-४॥

जयसुन्दर रस

सुवर्णं रजतं ताम्रं ताप्यसत्त्वं च वैकृतम्।
एकैकं निष्कमानेन संशुद्धं परिमारितम्॥५॥
एतच्चतुर्गुणं सूतं सूताद्द्विगुणगंधकम्।
मर्दयेल्लक्ष्मणातोयैर्बंधुजीवरसैरपि॥६॥
काचकूप्यां ततः क्षिप्त्वा ताम्रपात्रं मुखे न्यसेत्।
विलिंपेदभितः कूपीमंगुलोत्सेधया मृदा॥७॥
विशोष्य च पुटं दद्याद्भूमौ निक्षिप्य कूपिकाम्।

गजाख्यपुटपर्याप्तिः शाणकर्षमितोत्पलैः।
स्वांगशीतं विचूर्ण्याथ भावयेल्लक्ष्मणाद्रवैः॥८॥
सप्तवारं विशोष्याऽथ करण्डांतर्विनिक्षिपेत्।
अश्वगंधारजोयुक्तस्ताम्रगोक्षीरसंयुतः॥९॥
सेवितो गुजया तुल्यः सितया च रसोत्तमः।
मासत्रयप्रयोगेण वंध्या भवति पुत्रिणी॥१०॥
पुत्रिण्यै स्नानशुद्धायै जरत्कौशिकचक्षुषी।
गव्याज्येनच संसाध्य तत्तदानीं हि भोजयेत्॥११॥
ऋतावृताविदं देयं यावन्मासत्रयं भवेत्।
रसेंद्रः कथितः सोऽयं चंपकारण्यवासिभिः॥१२॥
पूर्णामृताख्ययोगींद्रैर्नामतो जयसुंदरः।
सेवितेऽस्मिन्रसेस्त्रीणां न भवेत्सूतिकागदः॥१३॥
भवेत्पुत्रश्च दीर्घायुः पंडितो भाग्यमण्डितः॥१४॥

सुवर्णभस्म, चाँदी की भस्म, ताम्रभस्म, सोनामाखी की भस्म, और वैक्रान्तमणि की भस्म ये प्रत्येक चार-२ मासे, शुद्ध पारा १६ मासे और शुद्ध गन्धक ३२ मासे लें। प्रथम पारे, गन्धक की कज्जली करके उसमें समस्त भस्मों को मिला लें। फिर लक्ष्मणा (सफेद कटेरी) के और दुपहरिया वृक्ष के पत्तों के रस में क्रम से एक-२ बार खरल करके सुखा लें। इसके पश्चात् उसका गोला बनाकर काँच की आतशी शीशी में रखे और उसके मुँह पर ताँबे का पतला पत्र ढक दें और शीशी के चारों तरफ एक-२ अँगुल ऊँची कपरौटी करके सुखा लें। फिर उस शीशी को गजपुट में रखकर और उसको सवा सवा तोले के उपलों से ढककर अग्नि दें। स्वाङ्गशीतल होने पर गोले को निकालकर बारीक चूर्ण कर लें, फिर लक्ष्मणा के रस में सात बार भावना दें और सात बार सुखा लें। फिर बारीक खरल करके शीशी में भरकर रख दें। इस रस को प्रतिदिन एक-२ रत्ती परिमाण लेकर असगन्ध के चूर्ण, लाल गाय के दूध और मिश्री के साथ सेवन करे। इस प्रकार इस उत्तम रस को तीन महीने तक निरन्तर सेवन करने से वन्ध्या स्त्री पुत्रवती होती है। पुत्रोत्पत्ति की इच्छा

से जो स्त्री इस रस को सेवन करती हो तो जब जब वह ऋतुमती हो तभी-तभी स्नानशुद्धी के पश्चात् उसको वृद्ध उल्लू के दोनों नेत्र गाय के घी में अच्छे प्रकार से तलकर भोजन करायें। और भूख लगने पर एक बार सादा और हल्का आहार करे। इस प्रकार पथ्यसहित इस रसको तीन महीने तक सेवन करे। इस रस के सेवन करने पर स्त्रियों के कभी प्रसूतरोग नहीं होता और दीर्घायुषी, विद्वान् तथा भाग्यवान् पुत्र उत्पन्न होता है। इस जयसुन्दर रस को चम्पकारण्य निवासी श्रीपूणामृत योगी ने वर्णन किया है।।५-१४।।

रत्नभागोत्तर रस

वज्रं मरकतं पद्मरागं पुष्पं च नीलकम्।
वैडूर्यं चाथ गोमेदं मौक्तिकं विद्रुमं तथा।।१५।।
पंचगुंजामितं सर्वं रत्नं भागोत्तरं परम्।
तत्तंत्रोक्तविधानेन भस्मीकुर्यात्प्रयत्नतः।।१६।।
सर्वस्मादष्टगुणितं भस्म वैक्रांतसंभवम्।
तत्तुल्यं ताप्यजं भस्म तद्वद्विमलभस्म च।।१७।।
सर्वतस्त्रिगुणां तुल्यां रसगंधककज्जलीम्।
सर्वमेकत्र संमर्द्य छागीदुग्धेन दद्व्यहम्।।१८।।
विधाय पर्पटी यत्नात्परिचूर्ण्य प्रयत्नतः।
वंध्याकर्कोटकीचूर्णक्वाथेन परिमर्दयेत्।।१९।।
काननोत्पलविंशत्या पुटेत्षोडशवारकम्।
एवं रसो विनिष्पन्नो रत्नभागोत्तराभिधः।।२०।।
महावंध्यादिवंध्यानां सर्वासां संततिप्रदः।
देवीशास्त्रे विनिर्दिष्टः पुंसां वंध्यत्वरोगनुत्।।२१।।
सोऽयं पाचनदीपनो रुचिकरो वृष्यस्तथा गर्भिणी-
सर्वव्याधिविनाशनो रतिकरः पाण्डुप्रचंडार्तिनुत्।
धन्यो बुद्धिकरश्च पुत्रजननः सौभाग्यकृद्योषितां
निर्दोषः स्मरमंदिरामयहरो योगादशेषार्तिनुत्।।२२।।

हीरा ५ रत्ती, पन्ना ६ रत्ती, माणिक ७ रत्ती, पुखराज ८ रत्ती, नीलम ९ रत्ती, वैदूर्यमणि १० रत्ती गोभेदमणि ११ रत्ती, मोती १२ रत्ती और मूंगा १३ रत्ती इस प्रकार इन सब रत्नों को क्रम से उत्तरोत्तर भाग बढ़ाकर लें और शास्त्रोक्त विधि से सबकी भस्म कर लें। इन समस्त रत्नों की भस्म से अठगुनी वैक्रान्तमणि की भस्म, अठ गुनी ही सोनामाखी की भस्म और उसी की बराबर रूपामाखी की भस्म तथा सम्पूर्ण भस्मों से तिगुनी पारे और गन्धक की कज्जली लें। सबको एकत्र मिलाकर दो दिन तक बकरी के दूध में खरल करे। फिर उसको कढ़ाई में पिघलाकर पूर्वोक्त विधि से पर्पटी तैयार कर लें। जब वह शीतल होकर सूख जाय तब बारीक चूर्ण कर लें। पश्चात् उस चूर्ण को बाँझककोडे के काढे में घोटकर गोला बनाकर सुखा लें। उस गोले को शरावसम्पुट में बन्द करके २० उपलों की अग्नि में पुटपाक करे। फिर बाँझककोडे के क्वाथ में घोटकर पुट दें। इस प्रकार १६ बार पुट दें और प्रत्येक पुट के अन्त में बाँझककोडे के रस में घोटे। इन समस्त पुट को बारीक खरल करके पश्चात् उस रस को शीशी में भर दें। इस प्रकार यह रत्नभागोत्तर रस सिद्ध होता है। इस रस के सेवन से महावन्ध्या, आदिवन्ध्या आदि सभी प्रकार की वन्ध्याओं के वन्ध्यत्व दूर होकर उनके सन्तान उत्पन्न होती है। और पुरुषों के वीर्य विकार के कारण उत्पन्न हुआ वन्ध्यत्व दोष भी नष्ट हो जाता है, ऐसा देवी शास्त्र में कहा है। यह रस अत्यन्त पाचक, अग्निदीपक, रुचिकारक, वीर्यवर्द्धक गर्भिणी स्त्रियों की सम्पूर्ण व्याधियों को नाश करने वाला, रतिशक्ति को बढ़ाने वाला और भयंकर पाण्डुरोग को नष्ट करने वाला है। बुद्धि को बढ़ाने वाला पुत्र को उत्पन्न करने वाला और स्त्रियों के सौभाग्य की वृद्धि करने वाला यह रस धन्य है। भिन्न-भिन्न अनुपानों के साथ सेवन करने से यह सम्पूर्ण रोगों को तथा काम वासना के विकारों को दूर करता है। यह रस निर्दोष है, इसलिये इनके सेवन से कोई हानि नहीं होती, लाभ ही होता है।।१५-२२।।

चक्रिकाबन्ध रस

गंधकः पलमात्रश्च पृथगक्षौ शिलालकौ।
त्रिदिनं मर्दयित्वाऽथ विदध्यात्कज्जलीं शुभाम्।।२३।।

विषाणाकारमूषायां कज्जलीं निक्षिपेत्ततः।
द्विपलस्य च ताम्रस्य तन्मुखे चक्रिकां न्यसेत्॥२४॥
सन्निरुध्यातियत्नेन संधिबंधे विशोषिते।
ततः करिपुटार्धेन पाकं सम्यक् प्रकल्पयेत्॥२५॥
स्वतः शीतं समुद्धृत्य चक्रिकां परिचूर्णयेत्।
स्थापयेत्कूपिकामध्ये वस्त्रेण परिगालिताम्॥२६॥
रसोऽयं चक्रिकाबंधस्तत्तद्रोगरौषधैः।
दातव्यः शूलरोगेषु मूले गुल्मे भगंदरे॥२७॥
ग्रहण्यामग्निमांद्ये च विद्रधौ जठरामये।
नागोदरे तथैवोपविष्टके जलकूर्मके॥२८॥
स्कंदेनामंदकृपया त्रैलोक्यत्राणहेतवे।
चक्रिकाबंधनामायं प्रसूत स्त्रीगदापहः॥२९॥

शुद्ध गन्धक ४ तोले, मैनसिल १ तोला और हरताल १ तोला तीनों को एकत्र मिलाकर तीन दिन तक खरल करके कज्जली कर लें। उस कज्जली को सींग के समान आकार वाली लम्बी मूषा में भरकर उसके मुँह पर ८ तोले शुद्ध ताँबे की टिकिया बनाकर ढक दें और सन्धिबन्द करके ऊपर से कपरौटी कर सुखा लें। फिर उसको अर्द्ध गजपुट में रखकर उत्तम प्रकार से पुटपाक करे। स्वांगशीतल होने पर तांबे की टिकिया को निकाल कर बारीक चूर्ण कर लें और वस्त्र में छानकर शीशी में भरकर रख दें। यह चक्रिकाबन्ध रस भिन्न-भिन्न रोगनाशक अनुपानों के साथ निम्नलिखित रोगों में प्रयोग करना चाहिये। शूलरोग, अर्श, गुल्म, भगन्दर, संग्रहणी, मंदाग्नि विद्रधि, उदररोग, गर्भपात, मूढगर्भ, जलोदर आदि रोगों में इस रस के सेवन से विशेष उपकार होता है। त्रिलोकी की रक्षा के निमित्त श्रीस्वामीकार्त्तिकेय ने बड़ी कृपा करके यह रस वर्णन किया है। यह प्रसूता स्त्रियों के समस्त रोगों को दूर करने वाला है॥२३-२९॥

वर्द्धमानरस

पलार्धप्रमिते स्वर्णे ताम्रं दत्त्वाऽक्षमात्रकम्।
निर्वापयेच्छतं वारं निक्षिप्य शुकपिच्छकम्॥३०॥
ततश्च जारणायंत्रे सूत्रस्थानसमीरिते।
जारणातैलसंयुक्तं जीर्णषड्गुणसंयुतम्॥३१॥
रस हि द्विपलं दत्त्वा जारणा विधियोगतः।
जारयित्वा ततः पश्चात्पिष्टं सूतं प्रयत्नतः॥३२॥
सूत्रप्रोक्तेष्टिकायंत्रे स्वेद्यावेष्ट्य च वाससा।
मातुलुंगरसैः पिष्टं चतुर्निष्कमितं दनुम्॥३३॥
ऊर्ध्वं च विधायाऽथ जारयित्वा चतुर्गुणाम्।
तमादाय रसं सम्यग्विचूर्ण्य परिगाल्य च॥३४॥
षष्ठांशेन मृतं वज्रं समं वैक्रांतकं स्मृतम्।
निक्षिप्य लिंगिकापत्ररसैरापूर्य वासरम्॥३५॥
पुटेद् द्वादशवाराणि मध्वा द्वादशकोपलैः।
बंधुजीवरसेनाऽथ लक्ष्मणास्वरसेन च॥३६॥
पुनः संचूर्ण्य सपूज्य योगिनीपितृदेवताः।
पुत्रिण्याः पूर्णिमायाश्च पूजिताया विधानतः॥३७॥
इति कृत्वाऽऽप्नुयाद्गर्भं षण्मासाऽभ्यंतरे खलु।
आदिवंध्यादिका वंध्या याश्चान्या दुष्टयोनयः॥३८॥
प्राप्नुयुर्जीविपुत्रं हि भाग्यसौभाग्यसंयुतम्।
पुंसामपिच वंध्यत्वमल्परेतस्त्वमेव च॥३९॥
बीजदोषा विचित्राश्च विनश्यंति न संशयः॥४०॥
ब्रह्मज्योतिर्मुनिवरमतो वर्धमानो रसोऽयं
बंध्यारोगं हरति सकलं योनिदोषानशेषान्।
सूतीरोगानपि बहुविधान्दुःखसाध्यान्समस्ता-
न्रोगानन्यानपि रसवरो योगयुक्तो निहन्यात्॥४१॥

२ दो तोले सुवर्ण में १ तोला शुद्ध तांबा डालकर गलायें। फिर उसमें ३ तोले शुद्ध नीलाथोथा डालकर चलायें। जब तीनों रस पिघलकर एक रूप हो जायँ तब नीचे उतारकर शीतल कर लें। इस प्रकार तीनों रसों को १०० बार शीतल करे। फिर बारीक चूर्ण करके लहसुन के रस में घोटकर गोला बना लें। पश्चात् १२ अंगुल ऊँची और इतनी ही लम्बी, चौड़ी लोहे की दो मूषा तैयार करायें। उनमें से एक की तली में १ छेद कर दें और दूसरी बिना छेद की रखे फिर सूत्रस्थान में कहे हुए जारणायन्त्र में छः गुने गंधक के साथ जारण किये हुए ८ तोले पारे की क्षार तैल (पाताल यन्त्र के द्वारा खींचा हुआ) और लहसुन के रस में घोटकर बिना छेद वाली मूषा में भर दें और दूसरी छेद वाली मूषा में उपर्युक्त स्वर्ण आदि का गोला रखे। पारे की मूषा के ऊपर सुवर्ण के गोले वाली मूषा को अच्छी तरह जमाकर रखे। फिर एक चौड़े मुँहवाली हांडी में उस मूषा के सम्पुट को रख दें और उसमें इतना पानी भर दें जिसमें पारे की मूषा डूबी रहे। फिर उस हांडी के ऊपर दूसरी हांडी औंधा मुँह करके इस प्रकार ढके कि उसका मुँह नीचे की हांडी के मुँह में धस जाय। फिर दोनों हांडियों के मुँह पर कपरौटी करके सुखा लें और ऊपर की हांडी की तली के ऊपर भैंस के दूध में चूना और मण्डूर मिलाकर उसकी पाली बना लें। फिर उस यन्त्र को चूल्हे पर चढ़ाकर नीचे लकड़ियों की अग्नि जलायें और उसके ऊपर आरने उपलों की और अग्नि की क्रम से वृद्धि करता चला जाय। इस प्रकार १५ घंटे तक अग्नि दें। स्वांगशीतल होने पर यन्त्र को खोलकर मूषा में से रस को निकाल लें। इस प्रकार जारण करने से पारा, सुवर्ण और ताम्र को ग्रस जाता है। यह सुवर्ण ताम्रजारित पारद तैयार हुआ। इस विधि से जारण किये हुए पारे को बारीक पीसकर पूर्व नवें अध्याय में कहे हुए इष्टिकायन्त्र में चार बार गन्धक के साथ जारण करे अर्थात् जमीन में एक छोटा सा गड्ढा खोदकर उसमें ८ अँगुल लम्बी चौड़ी एक ईंट रखे और उस ईंट में १ चौकोर गड्ढा कर दें। फिर भैंस के दूध में चूना और मण्डूर मिलाकर उसी गड्ढे के चारों ओर एक-२ अंगुल ऊँची पाली बना दें और उसके ऊपर १ तोला पूर्वोक्त स्वर्णताम्र जारित पारा रखकर

ईंट की पाली के ऊपर सफेद कपड़ा बांध दें। उसके ऊपर बिजौरे नींबू के रस में घोटी हुई १६ मासे गन्धक रखे और ऊपर से एक सकोरा ऐसा ढके जो ईंट के ऊपर अच्छी तरह से जम जाये, फिर मिट्टी से सन्धि लेप करके उसके ऊपर उपलों की मन्द-२ अग्नि दें। इस प्रकार बारंबार पारे से चौगुनी गन्धक को जारण करके उस रस को लेकर बारीक चूर्ण कर लें और वस्त्र में छान लें। इसके पश्चात् पारे का जितना वजन हो उसका छठा भाग हीरे की भस्म और उतनी ही वैक्रान्तमणि की भस्म पारे में मिलाकर शिवलिंगी के रस में १ दिन तक घोटकर गोला बना लें। उसको सुखाकर शरावसम्पुट में बन्द करके १२ उपलों की अग्नि में पकायें। इसी प्रकार शिवलिंगी के रस में १२ बार घोटकर १२ बार पुट दें। फिर शहद में घोट २ कर १२ पुट दें। १२ बार दुपहरिया के पत्तों के रस में घोटकर और १२ बार सफेद कटेरी के रस में घोटकर पुट दें। इस प्रकार कुल ४८ पुट देने के पश्चात् रस को खूब बारीक पीसकर कपड़े में छान करके शीशी में भरकर रख दें। प्रथम योगिनी, पितृगण, देवता, पुत्रवती और पतिव्रता स्त्रियों का यथाविधि पूजन करके फिर इस रस को सेवन करना प्रारम्भ करे। नियमानुसार इस रस का ६ महीने पर्यन्त सेवन करने से आदिवन्ध्या आदि सभी प्रकार की वन्ध्या स्त्रियाँ और सभी प्रकार की दूषित योनि वाली स्त्रियाँ गर्भवती हो जाती हैं और वे दीर्घजीवी, भाग्यवान् और प्रतापी पुत्र को उत्पन्न करती हैं। इस रस के सेवन से पुरुषों के वीर्य विकार के कारण उत्पन्न हुआ वन्ध्यत्व दोष, और अल्पवीर्यत्व दोष भी दूर हो जाता है। इसके अतिरिक्त इस रस के द्वारा विविध प्रकार के वीर्यविकार निस्सन्देह नाश हो जाते हैं। यह वर्धमान रस ब्रह्म ज्योति नामक मुनीश्वर का अनुभव किया हुआ है। यह रस सब प्रकार के बन्ध्यत्व रोग, सम्पूर्ण योनिरोग, अनेक प्रकार के प्रसूतरोग और स्त्री पुरुषों के अन्य सभी कष्टसाध्य रोगों को भिन्न भिन्न अनुपानों के साथ सेवन करने से शीघ्र नष्ट करता है।।३०-४१।।

द्रुतिसार रस

युक्तं हि व्योमजद्रुत्यां तुल्यांशं स्वर्णयुग्रसम्।
पिष्टीकृतं चिरं पिष्ट्वा मल्लसंपुटके क्षिपेत्।।४२।।

निष्कमात्रं बलिं दत्त्वा शतवारं पुटेत्ततः
सम्यङ् निष्पिष्य संगाल्य करण्डांतर्विनिक्षिपेत्।।४३।।
इत्युक्तो द्रुतिसारनामकरसो वंध्यामयध्वंसनः
पुत्रीयः खलु सूतिकामयहरो वृष्यश्चिरायुः करः।
सम्यक्सिद्धबलिद्रुतिप्रकलितो गुजामितः सेवितः।
कुर्यात्तीव्रतरां क्षुधं त्वथ महारोगादि रोगाञ्जयेत्।।४४।।
मतः सर्वामयध्वंसी रसोयं हरिसूचितः।
जीवत्पुत्रप्रदः स्त्रीणां यौवनस्थैर्यदायकः।।४५।।
भूतप्रेतपिशाचानां भयेभ्योऽभयदायकः।
जडानां दोहदार्तानां मदबुद्धिमतामपि।।४६।।
मंडूकीरससंयुक्तो दातव्यो वचया सह।
जन्मवंध्याः काकवंध्या मृतवत्साश्च याः स्त्रियः।
तासां पुत्रोदयार्थाय शंभुना सूचितः पुरा।।४७।।

प्रथम ४ तोले सुवर्ण और ४ तोले पारे को एकत्र एक दिन तक खरल करे, फिर उसको ४ तोले अभ्रक की द्रुति में मिलाकर दूसरे दिन खूब बारीक पीसकर पिट्ठी सी बना लें। उस पिट्ठी को लोहे के सम्पुट में भरकर उसके ऊपर ४ मासे गन्धक रखे और सम्पुट में भरकर उसके ऊपर ४ मासे गन्धक रखे और सम्पुट के ऊपर कपरौटी करके १२ उपलों की अग्नि दें। इस प्रकार बारम्बार चार-२ मासे गन्धक डालकर १०० बार पुट दें। फिर बारीक पीसकर और वस्त्र में छानकर शीशी में भरकर रख दें। इसको द्रुतिसार रस कहते हैं। यह वन्ध्या स्त्रियों के सम्पूर्ण रोगों को नाश करने वाला, पुत्र उत्पन्न करने वाला और सूतिकारोग को हरने वाला है। एवं वीर्यवर्द्धक और आयु की वृद्धि करने वाला है। विधिपूर्वक सिद्ध की हुई गन्धक की द्रुति के साथ इस रस को प्रतिदिन एक-२ रत्ती परिमाण सेवन करने से खूब भूख लगती है और महारोग आदि बड़े-बड़े भयंकर रोग भी शीघ्र दूर हो जाते हैं। यह श्रीहरि नामक आचार्य का कहा हुआ रस समपूर्ण रोगों को विनाश करने वाला है।

स्त्रियों को जीवित पुत्र प्रदान करने वाला, यौवन को स्थिर करने वाला, तथा भूत, प्रेत, पिशाचादि के भयों को दूर कर अभय प्रदान करने वाला है। गर्भ की पीड़ा से पीड़ित स्त्रियों को और मन्दबुद्धि वाले जड़ मनुष्यों को यह रस ब्रह्मा के स्वरस और वच के चूर्ण के साथ सेवन करायें। जो स्त्रियाँ जन्म से बाँझ हों अथवा जिनके एक बार सन्तान होकर फिर गर्भ न रहता हो या जिन स्त्रियों के मरी हुई सन्तान होती हो अथवा उत्पन्न होते ही मर जाती हो उन स्त्रियों के पुत्रोत्पत्ति के लिये श्रीशंकर भगवान ने पूर्वकाल में इस रस को निर्दिष्ट किया है।।४२-४७।।

सामान्य उपाय

समूलपत्रां सपाक्षीं रविवारे समुद्धरेत्।
एकवर्णगवां क्षीरैः कन्याहस्तेन पेषयेत्।।४८।।
ऋतुकाले पिबेद्वंध्या पलार्धं तद्दिने दिने।
क्षीरशाल्यन्नमुद्गं च ह्यल्पाहारं प्रकल्पयेत्।।४९।।
उद्वेगं त्वथशोकं च दिवानिद्रां च वर्जयेत्।
न कर्म कारयेत्किंचिद्वर्जयेच्छीतमातपम्।।५०।।
एवं सप्तदिनं कुर्याद्वन्ध्या भवति गर्भिणी।
देवदालीयमूलं तु ग्राहयेत्पुष्यभास्करे।।५१।।
निष्कत्रयं गवां क्षीरैः पूर्ववत्क्रमयोगतः।
वंध्या प्रलभते गर्भंदिनं पथ्यं यथा पुरा।।५२।।
शीततोयेन संपिष्टं शरपुंखीयमूलकम्।
कर्षं पीत्वा लभेद्गर्भं पूर्ववत्क्रमयोगतः।।५३।।
नोचेदपरमासे तु कारयेत्पूर्ववत्फलम्।
पतिसंगे लभेद्गर्भं नात्र कार्या विचारणा।।५४।।
एवमेव तु रुद्राक्षं सर्पाक्षी कर्षमात्रकम्।
पूर्ववच्च गवां क्षीरैर्ऋतुकाले प्रदापयेत्।।५५।।
महागणेशमंत्रेण रक्षां तस्यास्तु कारयेत्
एवं दिनत्रयं कृत्वा वंध्या भवति पुत्रिणी।।५६।।

सुश्वेतकंटकार्याश्च मूलं तद्वच्च गर्भकृत्।
पूर्वपुत्रवती तासां कर्म तद्वच्च कारयेत्॥५७॥
पेषयेन्महिषीक्षीरैर्विष्णुक्रांतां समूलकाम्।
महिषीनवनीतेन ऋतुकाले तु भक्षयेत्॥५८॥
एवं दिनत्रयं[२] कुर्यात्पथ्यं युक्त्या च पूर्ववत्।
गर्भं प्रलभते नारी काकवंध्या सुशोभनम्॥५९॥
अश्वगंधीयमूलं तु ग्राहयेत्पुष्यभास्करे।
पेषयेन्महिषीक्षीरैः पलार्धं पाययेत्सदा।
सप्ताहाल्लभते गर्भं काकवंध्या चिरायुषम्॥६०॥

रविवार के दिन जड़ और पत्ते आदि पंचाङ्ग सहित सरहटी लता को उखाड़कर लायें और उसको एक रंग की गाय के दूध के साथ कन्या के हाथ से पिसवायें। फिर वन्ध्यास्त्री ऋतुस्नान के पश्चात् उस औषध को प्रतिदिन दो-२ तोले परिमाण सेवन करे। इसके ऊपर दूध शालिचावलों का भात, मूँग का यूष आदि लघुपाकी पदार्थों का अल्प आहार करे। एवं उद्वेग, शोक, दिन में सोना आदि को त्याग देना चाहिये। ऐसी स्त्री से कोई भी मेहनत का काम नहीं कराना चाहिये। और अधिक शीत तथा अधिक गरमी से बचाये रखना चाहिये। इस प्रकार सात दिन तक उपचार करने से वन्ध्या स्त्री गर्भवती होती है। अथवा रविवार के दिन जब पुष्य नक्षत्र हो तब देवदाली (बंदाल) लता की जड़ को लाकर पूर्वोक्त विधि से अर्थात् एक रंगी गाय के दूध में कन्या के हाथ से पिसवाकर ऋतुमती स्त्री को स्नान के पश्चात् सात दिन तक एक-२ तोला परिमाण सेवन करायें और पूर्ववत् पथ्य दें तो वन्ध्या स्त्री गर्भ को धारण करती है। या सरफोके की जड़ को प्रतिदिन एक-२ तोला लेकर शीतल जल के साथ पीसकर सात दिन तक पान करे और उपर्युक्त पदार्थों का पथ्य सेवन करे तो वन्ध्या स्त्री गर्भवती होती है। यदि कदाचित् पहले महीने में गर्भ न रहे तो दूसरे महीने में ऋतु स्नान के बाद फिर उक्त विधि से इस औषध को ७ दिन तक सेवन करे, पथ्य रखे और पति के साथ सहवास करे तो अवश्य गर्भ उत्पन्न होता है। इसी

प्रकार छः मासे रुद्राक्ष और सर ६ मासे सरहटी के पंचांग को लेकर दोनों को एक वर्ण वाली गाय के दूध में कन्या के हाथ से पिसवाकर ऋतुस्नान के समय वन्ध्या स्त्री को सेवन करायें और महागणेश मन्त्र से उसकी रक्षा करे। इस प्रकार ३ दिन तक इस औषधि को व्यवहार करने से वन्ध्यास्त्री पुत्रवती होती है। अथवा सफेद कटेरी की १ तोला जड़ को इकरंगी गाय के दूध में कन्या के हाथ से पिसवाकर ऋतुस्नान के बाद ३ दिन तक पान कराने और पूर्वोक्त पदार्थों का पथ्य देने से वन्ध्यास्त्री पुत्रवती होती है। विष्णुक्रान्ता (सफेद कोयल) के १ तोला पंचांग को भैंस के दूध में पीसकर और भैंस के नोनी घी में मिलाकर ऋतुमती स्त्री को स्नान के पश्चात् सेवन करायें और युक्तिपूर्वक पूर्वोक्त पदार्थों का पथ्य दें। इस प्रकार तीन दिन तक इस औषध का प्रयोग करने से काकवन्ध्या स्त्री गर्भवती होकर उत्तम सन्तान को प्राप्त करती है। अथवा रविवार के दिन पुष्य नक्षत्र में असगन्ध की जड़ को लाये और भैंस के दूध में पीसकर प्रतिदिन दो-२ तोले परिमाण ऋतुमती स्त्री को पान करायें। सात दिन तक इसको सेवन करने से काकवन्ध्या स्त्री गर्भ धारण करके दीर्घायु पुत्र को उत्पन्न करती है।।४८-६०।।

शिवोक्त तान्त्रिक प्रयोग

गर्भः संजातमात्रस्तु पक्षान्मासाच्च वत्सरात्।
म्रियते द्वित्रिवर्षैर्वा यस्याः सा मृतवत्सका।।६१।।
तत्र योगं प्रकुर्वीत यथा शंकरभाषितम्।।६२।।
मागशीर्षेऽथ वा ज्येष्ठ पूर्णायां लेपिते गृहे।
नूतनं कलशं पूर्णं गंधतोयेन कारयेत्।।६३।।
शाखाफलसमायुक्तं सर्वरत्नसमन्वितम्।
सुवर्णमुद्रिकायुक्तं षट्कोणे मण्डले स्थितम्।।६४।।
तन्मध्ये पूजयेद्देवीमेकांतानामविश्रुताम्।
गंधपुष्पाक्षतैर्धूपदीपैर्नैवेद्यसंयुतैः।
अर्चयेद् भक्तिभावेन मद्यैर्मांसैः समत्स्यकैः।।६५।।

ब्राह्मी माहेश्वरी चैव कौमारी वैष्णवी तथा।
वाराही च तथा चैंद्री षट्पत्रेषु च मातृकाः॥
पूजयेन्मंत्रलिंगे ह्रीमोंकारैर्नामसंयुतेः॥६६॥
दधिभक्तेन पिण्डानि सप्तसंख्यानि कारयेत्।
षट्संख्या षट्सु पत्रेषु आहृत्य कल्पयेत्पृथक्॥६७॥
उल्लेख्य सप्तकं पिण्डं शुचिस्थाने बहिः क्षिपेत्।
तैर्भुक्तैर्गृहमाग गच्छेच्चाक्राग्रे योगमाचरेत्॥६८॥
कन्यका योगिनी रामा भोजयेत्सकुटुंबकम्।
दक्षिणां दापयेत्तासां देवताग्रे निवेद्य च॥६९॥
विसर्ज्य देवतां चाऽथ नद्यां तत्कलशोदकम्।
शकुनं वीक्षयेद्धीमाञ्शुभेन शुभमादिशेत्॥७०॥
विपरीते पुनः कुर्याद्योगं तद्वत्सुसिद्धिदम्।
प्रतिवर्षमिदं कुर्याद्दीर्घजीवी सुतो भवेत्॥७१॥
"ॐ ह्राँ ह्रीं एकांतदेवाय नमः"
अनेन मंत्रेण पूजा जपश्च कार्यः।
प्राङ्मुखः कृत्तिकाऋक्षे वंध्याकर्कोटकीं हरेत्।
तत्कंदं पेषयेत्तोये कर्षमात्रं पिबेत्सदा॥७२॥
ऋतुकाले तु सप्ताहं दीर्घजीवी सुतो भवेत्॥७३॥

जिस स्त्री के बालक जन्मते ही मर जाते हों अथवा १५ दिन में, महीने में, वर्ष में, दो वर्ष में या तीन वर्ष में मर जाते हों उसको मृतवत्सा कहते हैं। ऐसी स्त्री पर श्रीशंकर भगवान का कहा हुआ निम्नलिखित तान्त्रिक प्रयोग करना चाहिए। अगहन के या जेठ के महीने में पूर्णिमा के दिन घर को लीप पोतकर शुद्ध करे। फिर उसमें तांबा, सोना या चाँदी के नवीन कलश में सुगन्धियुक्त जल भरकर रक्खे और कलश में नवरत्न तथा सुवर्ण की मुद्रिका डालकर उसके ऊपर एक नारियल रक्खे और चारों तरफ बन्दरबाल बाँधकर उस कलश को उत्तर दिशा में ६ कोने वाले मण्डल (चौक) के बीच में स्थापन करे फिर उस मण्डल के बीच

में एकान्ता नामवाली देवी का स्थापन कर गन्ध, पुष्प, अक्षत, धूप, दीप, नैवेद्य, मद्य, मांस, मत्स्य आदि पदार्थों के द्वारा भक्तिभावना सहित "ॐ ह्ाँ ह्रीं एकान्तदेव्यै नमः" इस नाममन्त्र से षोडशोपचार पूजन करे। इसके पश्चात् षट्कोण मण्डल के प्रत्येक कोण में क्रम से ब्राह्मी, माहेश्वरी, कौमारी, वैष्णवी, वाराही,और इन्द्राणी इन ६ मातृकाओं का उपाहन करके प्रत्येक देवी के नामयन्त्र के पहले ॐ ह्रीं इस मंत्र को जोड़कर पूर्वोक्त पदार्थों से षोडशोपचार पूजन करे। फिर दही और भात मिलाकर ७ पिण्ड बनायें। उनमें से ६ पिण्ड छहों मातृकाओं के आगे एक एक करके रख दें और सातवें पिण्ड के ऊपर कुशा से या चाँदी की सलाई से ५ या ७ लकीरें खींच के उसको घर के बाहर चौराहे के पवित्र स्थान में रख दें। जब कौवे, कुत्ते आदि उस बलिदान के पिण्ड को खा जायें तब घर को आकर उक्त षट्कोण मण्डल के आगे आसन बिछाकर बैठ जायें और "ॐ ह्ाँ ह्रीं एकान्तदेव्यै नमः" इस मन्त्र का १००८ बार अथवा १०००८ बार जप करे। इसके पश्चात् कन्या, योगिनी और सौभाग्यवती स्त्रियों को कुटुम्ब सहित भोजन कराये और उनको जो दक्षिणा दे, उसको पहले देवता के आगे चढ़ाकर दे। फिर देवी देवताओं का विसर्जन करके उस सब सामग्री को और कलश के जल को नदी में डाल दें। उस समय बुद्धिमान मनुष्य जल की तरंगों को देखकर शकुन विचारे। यदि नदी में भँवर पड़ता हो और उस की लहरें अपनी तरफ आती हुई मालूम हों तो शुभ शकुन जानना चाहिये और जो इसके विपरीत लक्षण हों तो अपशकुन समझना चाहिये। अपशकुन होने पर फिर इसी प्रकार इस प्रयोग को करे। यह प्रयोग वन्ध्या स्त्रियों को निस्सन्देह पुत्र रूप सिद्धिप्रदान करता है। इस प्रयोग को प्रतिवर्ष करने से दीर्घजीवी पुत्र उत्पन्न होता है। "ॐ ह्ाँ ह्रीं एकान्तदेवतायैः नमः" इस मंत्र से पूजा और जप करना चाहिये। इस प्रयोग के पश्चात् कृत्तिका नक्षत्र में पूर्व की ओर मुँह करके बाँझककोड़े के कन्द को उखाड़कर लायें। उस कन्द को ऋतु स्नान के पश्चात् प्रतिदिन १ तोला परिमाण लेकर जल में पीसकर पान करे। इस औषध को एक सप्ताह पर्यन्त सेवन करने से और उपर्युक्त पदार्थों का पथ्य करने से बन्ध्या स्त्री के दीर्घायुषी पुत्र उत्पन्न होता है।। ६१-७३।।

गर्भिणी के रोग

गर्भिणी के रोग दूर करने और गर्भ को पोषण करने के सामान्य उपाय

अकस्मात्प्रथमे मासि गर्भे भवति वेदना।
गोक्षीरैः पेषयेत्तुल्यं पद्मकोशीरचंदनम्॥
पलमात्रं पिबेन्नारी त्र्यहाद्गर्भः स्थिरो भवेत्॥७४॥
नीलोत्पलं मृणालं च खण्डं कर्कटश्रृंगिकाम्।
गोक्षीरर्द्वितये मासि पीत्वा शाम्यति वेदना॥७५॥
श्रीखण्डं तगरं कुष्ठं मृणालं पद्मकेसरम्।
पिबेच्छीतोदकैः पिष्टं तृतीये वेदना नहि॥७६॥
नीलोत्पलमृणालानी गोक्षीरैश्च कसेरुकम्॥७७॥
पाठामुस्तावयस्थाम्बुसारि वापद्मकैः श्रृतम्।
शीतं तोयं निहंत्याशु गर्भिणीज्वरवेदनाम्॥७८॥
छिन्नाश्रीपर्णिकाक्वाथः सिताक्षौद्रयुतो हरेत्।
गर्भिणीनां ज्वरं घोरं लंकेशमिव राघवः॥७९॥
पयस्यासारिवायष्टीबलालोध्रमधूद्भवः।
दुग्धेन मिश्रितः क्वाथो हरेद्गर्भवतीज्वरम्॥८०॥
दुर्जयः सर्वरोगेषु गर्भिणीनां ज्वरः खलु।
तापो जूर्तिषु सर्वत्र विक्रियां कुरुतेतराम्॥८१॥
वृक्षकत्वग्घनो देवदारु दारुविभावरी।
गर्भिण्या अतिसारघ्नः क्वाथ एषां भवेद् ध्रुवम्॥८२॥
श्रीपर्णीयष्टिगोप्यब्ददार्वीक्वाथोऽतिसारनुत्।
बलादुरालभापाठाशुंठीमुस्ताकषायवत्॥८३॥
जातः पुनर्नवार्द्राभ्यां क्वाथः क्षीरयुतो निशि।
पीतो हरेदुदावर्तं गुल्मार्शः शोफवेदनाम्॥८४॥
घृतक्षीरगुडान्वाऽर्द्रक्वाथसिद्धेन चूर्णिताम्।
कणां संयोज्य सेवेत शोफपित्तापनुत्तये॥८५॥

पुनर्नवावचाकल्कधान्यैर्लेपोऽतिशोफनुत्।
गुडाज्यसहितं क्वाथं वर्षाभूमूलसाधितम्॥ ८६॥
उदावर्ते च शोफे च गर्भिणीं पाययेद्भिषक्।
पित्तार्तिं हंति यष्टीका द्राक्षामलकसाधिता॥८७॥
पीता दुग्धयवागूश्च गर्भिणीनामसंशयम्।
तिक्ताहरीतकी भार्ङ्गीवचाशुंठीकषायकम्॥८८॥
सगुडं पाययेद्वैद्यः श्वासकासापनुत्तये।
मरीचचूर्णं सक्षौद्रसिताज्यं कासनाशनम्॥८९॥
लाजलाकोलमज्जांबु निपीतं वांतिनाशनम्।
बालाबिल्वोद्भवः[४] क्वाथो हिक्कां हंति समाक्षिकः॥९०॥
अजमोदाश्वगन्धा च द्वे कणे जीरकं तथा।
लीढा मधुगुडोपेता निहन्युर्मंदवह्निताम्॥९१॥
बालबिल्वविदारीभिः पृश्निपर्ण्या च साधितम्।
क्षीरं क्षीरयवाग्वापि पिबेद्वातकृतामये॥ ९२॥
श्वदंष्ट्राबलयोः क्वाथो मूत्ररोगे प्रशस्यते॥९३॥
सुरदारु वयस्था च शाकबीजं च यष्टिका।
बला कृष्णतिलास्ताम्रवल्ली चाश्मंतकस्तथा॥
नीलोत्पलं वयस्था[५] च गुडूची सारिवा तथा॥ ९४॥
मधुयष्टी च पद्मं च रास्ना सारिवया सह।
काश्मर्यो वृहती क्षीरी शृंगवल्लीत्वचो घृतम्॥९५॥
मधुपर्णीबलाशिग्रुश्वदंष्ट्रापृश्निपर्णिकाः।
सितामधुकशृंगाटद्राक्षाबिसकसेरुकाः॥९६॥
सप्त श्लोकार्धनिर्दिष्टान्योगान्सप्त पयोऽन्वितान्।
पिबेत्क्रमेण मासेषु गर्भस्रावादिवारणान्॥९७॥
उशीरयष्टीसंसिद्धं गर्भिणीवातहृत्पयः।
द्राक्षायष्टिकसिद्धा च यवागूश्च तथाफला॥९८॥

बला वासा पृथक्पर्णी निर्यूहश्चापि पित्तनुत्।
सपुनश्छिन्नया युक्तो गर्भिणीकामलापहः॥ ९९॥
कासं श्वासं तथा रक्तपित्तं चाशु विनाशयेत्।
अघृतः सघृतो वापि सदुग्धो वाप्यदुग्धवान्॥१००॥
एक एव बलाक्वाथो गर्भिणीसर्वरोगनुत्॥१०१॥

गर्भ धारण होने पर पहले महीने में गर्भ में अकस्मात पीड़ा होती है, इससे गर्भस्राव होने की सम्भावना होती है। उस समय गर्भवती स्त्री पद्माख, खस और चन्दन इन तीनों को समान भाग लेकर गाय के दूध में पीसकर प्रतिदिन चार-२ तोले परिमाण सेवन करे। इस औषध को तीन दिन तक सेवन करने से गर्भ स्थिर हो जाता है। दूसरे महीनें में गर्भ में वेदना हो तो नीलकमल, कमलतन्तु, चन्दन और काकडासिंगी इन औषधियों के समान भाग चूर्ण को गाय के दूध के साथ पान करने से उक्त वेदना शान्त होती है। तीसरे महीने में चन्दन, तगर, कूठ, भसींडा और कमल केसर इन सबको समान भाग लेकर बारीक चूर्ण उसमें से प्रतिदिन चार-२ तोले चूर्ण को शीतल जल के साथ पीसकर पान करे। इस चूर्ण को तीन दिन तक पान करने से गर्भ की पीड़ा शान्त होती है।नीलकमल, भसींडा और कसेरू इन तीनों को गाय के दूध में पीसकर पान करे, अथवा पाढ, नागरमोथा, हरड, सुगन्धवाला, सारिवा और पद्माख इनका काढ़ा बनाकर शीतल करके पान करे। यह प्रयोग गर्भिणी स्त्री के स्वर और वेदना को शीघ्र दूर करता है। गिलोय और कुम्भेर की जड़ के काढ़े को मिश्री और शहद मिलाकर पान करे तो गर्भिणी स्त्रियों का घोर ज्वर इस प्रकार शीघ्र नष्ट हो जाता है जैसे राम ने रावण को तत्काल विनाश कर दिया था। क्षीरकाकोली, सारिवा, मुलैठी, खिरैंठी, लोध और महुआ इन सब औषधियों को समान भाग लेकर क्वाथ बना ले। उस क्वाथ को दूध के साथ मिलाकर पान करने से गभिर्णी स्त्रियों का ज्वर दूर होता है। गर्भिणी स्त्रियों का ज्वर सम्पूर्ण रोगों में कष्टसाध्य रोग है। गर्भिणी स्त्री की सन्धियों में ज्वर रहने से गर्भ में अनेक विकार उत्पन्न

हो जाते हैं, इसलिये उसको दूर करने का सदैव उपाय करना चाहिये। कुड़े की छाल का काढ़ा बनाकर उसको वस्त्र में छानकर फिर पकावे। जब वह पकते-पकते गाढ़ा हो जाय तब उसको देवदारु और दारुहल्दी के काढ़े में मिलाकर पान करे। यह क्वाथ गर्भिणी स्त्री के अतिसार (दस्तों) को अवश्य नष्ट करता है। कायफल, मुलैठी, गोरखमुण्डी, नागरमोथा और दारुहल्दी का क्वाथ पान करने से अतिसार रोग नष्ट होता है। अथवा खिरैंटी, धमासा, पाढ, सोंठ और नागरमोथा इनका क्वाथ पान करने से अतिसार रोग दूर होता है। पुनर्नवा और अदरख के काढे को दूध में मिलाकर रात्रि में पान करने से गर्भवती स्त्रियों के उदावर्त्त, गुल्म, अर्श, शोथ और गर्भ की पीड़ा ये सब रोग दूर होते हैं। अदरख के क्वाथ में पीपल को पीसकर पान करने और ऊपर से घी दूध और गुड़ तीनों को मिलाकर सेवन करने से गर्भिणी स्त्रियों के उत्पन्न हुआ शोथ और पित्त के विकार शान्त होते हैं। पुनर्नवा और वच दोनों को काँजी में पीसकर कल्क बनाकर लेप करने से गर्भिणी स्त्री के अत्यन्त बढ़ा हुआ शोथ दूर होता है। पुनर्नवा की जड़ का क्वाथ बनाकर उसको गुड़ और घृत में मिलाकर गर्भिणी स्त्री को पान कराने से उदावर्त और शोथरोग में शीघ्र लाभ होता है। मुलैठी, दाख और आमले इनके द्वारा दूध में सिद्ध की हुई यवागू को अथवा इन औषधियों के क्वाथ को दूध में मिलाकर पान करने से गर्भिणी स्त्रियों के पित्तजन्यरोग नष्ट होते हैं। कुटकी, हरड, भारंगी, वच और सौंठ इन सब के क्वाथ को मिलाकर पान कराने से गर्भिणी का श्वास और कास रोग दूर होता है। तथा मिरचों के चूर्ण को शहद, मिश्री और घृत में मिलाकर चाटने से खाँसी नष्ट होती है। खीलें इलायची और अंकोल की गिरी तीनों को जल में पीसकर पान करने से गर्भिणी की वमन (कै) शान्त होती है। कच्चे बेल के काढ़े को शहद मिलाकर पीने से हिचकी आना बन्द होता है। अजमोद, असगन्ध, पीपल, गजपीपल और जीरा इन सबको समान भाग लेकर बारीक चूर्ण कर लें। इस चूर्ण को एक-२ तोला परिमाण लेकर शहद और गुड़ के साथ सेवन करने से गर्भिणी स्त्रियों का मन्दाग्नि रोग दूर होकर अग्निदीपन होती है। कच्चा तेल, विदारीकन्द और पृश्निपर्णी इन

तीनों के कल्क के साथ दूध को पकायें। जब दूध का जलीय अंश जलकर वह अच्छे प्रकार से पक जाय तब उसको वस्त्र में छानकर पान करना अथवा उक्त औषधियों के क्वाथ में दूध का खीर बनाकर खाना वातरोग की शान्ति के लिए उपयोगी है। गोखुरु और खिरेंटी का क्वाथ गर्भिणी के मूत्र रोग में अत्यन्त श्रेष्ठ है। (१) देवदारु, हरड, सागौन के बीज और मुलैठी। (२) खिरेंटी, काले तिल, मजीठ और पाषाण भेद। (३) नील कमल, हरड, गिलोय, और सारिवा। (४) मुलैठी, कमल, रास्ना और सारिवा। (५) कुम्भरे, बड़ी कटेरी, विदारिकन्द, कावडासिंगी की छाल और घृत। (६) कुम्भेर, ख़िरेंटी, सैंजना, गोखुरू और पृश्निपर्णी। (७) मिश्री, मुलैठी, सिंघाडे, दाख, भसीडा और कसेरू। इन सातों प्रयोगों को, गर्भस्त्राव आदि उपद्रवों के निवारण करने के लिये क्रम २ से पहले महीने से लेकर सातवें महीने तक दूध के साथ सेवन करे। अर्थात् प्रत्येक प्रयोग की औषधियों का क्वाथ बनाकर दूध में मिलाकर एक-२ महीने तक सेवन करने से गर्भस्त्राव आदि किसी उपद्रव के होने का भय नहीं रहता। खस और मुलैठी के कल्क और क्वाथ के द्वारा सिद्ध किया हुआ दूध गर्भिणी के वातरोग को दूर करता है। दाख और मुलैठी के क्वाथ की यवागू बनाकर सेवन करने से भी वात की पीड़ा शान्त होती है। खिरेंटी, अडूसा और पृश्निपर्णी इन औषधियों का क्वाथ गर्भिणी के पित्तरोग को नष्ट करता है। और खिरेंटी, अडूसा, पृश्निपर्णी तथा गिलोय का क्वाथ गर्भिणी के कामला रोग, श्वास, खाँसी और रक्तपित्त को शीघ्र विनाश करता है। केवल एक खिरेंटी का क्वाथ ही घी और दूध के साथ अथवा बिना घी, दूध के मिलाते ही सेवन करने से गर्भिणी स्त्रियों के सम्पूर्ण रोगों को नाश करता है।।७४-१०१।।

मूढगर्भरोग

विलोमवायुना गर्भो जीवन्यदि न निःसरेत्।
स गर्भसंग इत्युक्तो मूढगर्भो मृते शिशौ।।१०२।।
स्तब्धाध्मानं शिशिरजठरं सास्यशोषं समूर्छं
गर्भास्पंदः श्वसनकमहा पूतिगंधो भ्रमार्तिः।

कृच्छोच्छासोऽसितरुचिरवपुः स्तब्धनेत्रे व्यथोग्रा
विण्मूत्रार्तिर्भवति हि मृताऽपत्यगर्भांगनायाः॥१०३॥
अकालश्वाससंयुक्ता बद्धभ्रष्टभगान्विता।
शीतांगी पूतिकोद्गारा मूढगर्भा न जीवति॥१०४॥

वायु की विषम गति के कारण यदि गर्भ जीवित रहे और बाहर न निकल सके तो उसको गर्भसंग कहते हैं और बालक की पेट में मृत्यु हो जाने पर उसको मूढ गर्भ कहते हैं। गर्भिणी स्त्री के गर्भ में बालक के मर जाने पर निम्नलिखित लक्षण होते हैं। पेट में जड़ता (कठिनता), अफरा, शीतलता, मुख का सूखना, मूर्च्छा आना, गर्भ का न फड़कना, श्वास का चढ़ जाना, श्वास में दुर्गन्ध आना, चक्कर आना, श्वासोच्छ्वास की गति का कठिनता से होना, शरीर का वर्ण नीला पड़ जाना, नेत्रों में जड़ता होना, उग्र पीड़ा का होना, मल मूत्र का अवरोध और पीड़ा होना इत्यादि मृत सन्तान वाली गर्भिणी के लक्षण हैं। अकस्मात् श्वासोच्छ्वास की गति में बाधा उपस्थित होना, योनि का एक दम संकुचित व भ्रष्ट होना, शरीर का शीतल होना, और डकार में दुर्गन्ध आना इन लक्षणों के होने पर मूढगर्भा स्त्री जीवित नहीं रहती॥१०२-१०४॥

गर्भ को प्रसव कराने के सामान्य उपाय

बीजं करञ्जसंजातं कपित्थतुलसीजटाः॥
दुग्धे पिष्ट्वा विलिप्याऽथ नाभिपत्करलेपतः॥१०५॥
सुरया वाऽहिनिर्मोकैः सम्यग्योनिप्रधूपनात्।
सुखं सूते वधूर्मूर्ध्नि स्नुक्पयः क्षेपणादपि॥१०६॥
हलिनीमूलिकानाभिगुह्यबस्तिप्रलेपिता।
विशल्यां कुरुते नारीं श्वेतपुष्पा च सा क्षणात्॥१०७॥
यष्टी लुंगजटा पिष्टा पीता सूतिकरी ध्रुवम्।
लांगलीमधुसिंधूत्थयोनिलेपात्स्रवेद्वधूः॥१०८॥
मातुलुंग्याश्च मूलं हि रंभाया वा कटिस्थितम्।
सिद्धार्थमागधीकुष्ठगोलोमीमिशिकल्कितः॥
निरूहः स्नेहपटुयुग्जरायुं पातयेत्तराम्॥१०९॥

सिद्धं सिद्धार्थकं तैलं पायौ वा स्मरमंदिरे।
अनुवासनतः शीघ्रमपरां पातयेत्तराम्॥११०॥

करंज के बीज, कैथ का गूदा और तुलसी की जड़ तीनों को दूध में पीसकर नाभि पर और हाथों पैरों में लेप करने से तुरन्त प्रसव होता है। साँप की कैचली को मद्य (आसव) में पीसकर उसकी योनि में धूनी देने से, अथवा थूहर के दूध का मस्तक पर लेप करने से स्त्री के सुख पूर्वक सन्तान उत्पन्न होता है। कलिहारी की जड़ को पानी में खूब बारीक पीसकर नाभि, योनि और पेडू में लेप करने से शीघ्र प्रसव होता है। अथवा श्वेतपुष्प की कलिहारी की जड़ को पानी में पीसकर गर्भिणी स्त्री के उक्त स्थानों में प्रलेप करने से उसके तत्क्षण इस प्रकार प्रसव हो जाता है, जैसे काँटे से काँटा शीघ्र निकल जाता है। एवं मुलैठी और बिजौरा नींबू की जड़ को पानी में पीसकर पिलाने से अवश्य प्रसव होता है। कलिहारी की जड़, शहद और सैंधा नमक तीनों को जल में पीसकर योनि पर लेप करने से स्त्री के सहज में प्रसव होता है। बिजौरा नींबू की जड़ अथवा केले की जड़ की कमर में बांधने से अथवा सरसों, पीपल, कुठ, वाराहीकन्द और अजमोद सबको पानी में पीसकर कल्क कर लें और उसको पानी में घोलकर वस्त्र में छान लें। उस जल में गरम घी और सैंधा नमक मिलाकर उसकी योनि में पिचकारी लगाने से बहुत शीघ्र प्रसव होता है। और तुरन्त खरियारी निकल जाती है। अथवा सरसों, पीपल, कूठ, वाराहीकन्द और अजमोद इन औषधियों के कल्क के साथ सरसों के तेल को पकाकर वस्त्र में छान लें। इस तेल की योनि में और गुदा में पिचकारी लगाने से एवं पान करने से स्त्री के प्रसव होकर तत्काल खरियारी निकल जाती है॥१०५-११०॥

सूतिकारोगनाशक पर्पटीरस

मंजारीमितवज्रहेमरजतैर्व्योमार्ककांतै मृतै-
र्भागैस्तूत्तरवर्धितैः समरसैर्गंधैर्द्विभागोन्मितैः।
जातः पर्पटिकारसो घृतकणायुक्तो हरेत्सर्वशः
सूतीनां हिमहागदान्गदचयं नानानुपानान्वितः॥१११॥

हीरे की भस्म १० मासे, सुवर्ण भस्म २० मासे, चांदी की भस्म ३० मासे, अभ्रक भस्म ४० मासे, ताम्रभस्म ५० मासे, कान्तलोहभस्म ६० मासे, पारा १७ तोले ६ मासे और गन्धक पारे से दुगुनी लें। प्रथम पारे और गन्धक की कज्जली करके उसमें सम्पूर्ण भस्मों को मिलाकर एक दिन तक खरल करे, फिर उस कज्जली को लोहे की कढ़ाई में पिघलाकर पूर्वोक्त विधि के अनुसार ढालकर पर्पटी तैयार कर लें। शीतल होने पर उसको बारीक पीसकर रख लें। इस पर्पटी रस को प्रतिदिन उपयुक्त मात्रा से घी और पीपल के चूर्ण में मिलाकर सेवन करने से प्रसूता स्त्रियों के सब प्रकार के भयंकर रोग दूर होते हैं। यह रस भिन्न भिन्न प्रकार के अनुपानों के साथ प्रयोग करने से महारोग आदि समस्त रोग समूहों को नाश करता है।।१११।।

सूतिकारोगनाशन रस

स्वर्णतारघनभानुतीक्ष्णकं तेषु चैकमतिमात्रमारितम्।
सूतिकासकलरोगनाशनं रोगहारि विहितानुपानतः।।११२।।

स्वर्ण भस्म, चाँदी की भस्म, अभ्रक भस्म, ताम्रभस्म और तीक्ष्ण लोहे की भस्म इन सबको समान भाग लेकर एकत्र करके एक दिन तक खरल करे। ये भस्में उत्तम प्रकार से पुट देकर तैयार की हुई होनी चाहिये। इस रस को प्रतिदिन योग्य अनुपान के साथ सेवन करने से प्रसूता स्त्रियों के समस्त रोग नाश होते हैं। विशेष अनुपान के साथ सेवन करने से अन्यान्य रोग भी दूर होते हैं।।११२।।

सौभाग्यशुण्ठी (सूतिकामृत)

अञ्जलिद्वितये तोये कंसमात्रपयोन्विते।
तुलार्धशर्करां दत्त्वा गुडपाके कृते क्षिपेत्।।११३।।
एलारिङ्गणिकावेल्लव्योषजीरकदीप्यकान्।
भृगं लवंगं बोलं च प्रत्येकं च पलं पलम्।।११४।।
मिशिः पंचपला धान्यं पलत्रयमितं तथा।
शुण्ठीमष्टपलां सम्यस्विचूर्ण्य परिमिश्रयेत्।।११५।।

एषा सौभाग्यशुण्ठीति शंभुदेवेन कीर्तिता।
सेविता द्दंति सूताया ज्वररोगमनेकधा॥११६॥
प्लीहानं मलबंधं च पाण्डुगुल्मारुचीस्तथा॥
कासश्वासकृमीनग्निमांद्यादिकगदांस्तथा॥
कायाग्निजननं ह्येतत्सूतिकामृतमुच्यते॥११७॥

जल ३२ तोले, दूध १ ओढक (२५६ तोले) और खांड ५० पल लेकर सबको एकत्र करके मन्द मन्द अग्नि से पकायें। जब उसकी उत्तम प्रकार की चासनी तैयार हो जाय तब उसमें छोटी इलायची, मुद्गपर्णी, वायविडंग, सोंठ, मिरच, पीपल, जीरा, अजवायन, भाँगरा, लौंग और बोल ये प्रत्येक औषधि चार चार तोले, सोंफ ५ पल, धनिया ३ पल और सोंठ ८ पल लेकर सबको बारीक चूर्ण करके कपड़े में छानकर डाल दें और करछी से घोटकर सबको एकमएक कर लें। इस सौभाग्यशुंठी पाक को श्रीशम्भुदेव ने वर्णन किया है। इस पाक को नियमपूर्वक सेवन करने से प्रसूता स्त्री का ज्वर शीघ्र दूर हो जाता है। इसके अतिरिक्त यह औषध प्रसूता स्त्रियों के प्लीहा, मलबद्धता, पाण्डु गुल्म, अरुचि, श्वास, खाँसी, कृमिरोग, मन्दाग्नि आदि अनेक रोगों को नष्ट करती है और शरीर में तेज उत्पन्न करती है। यह सौभाग्यशुंठी प्रसूता स्त्रियों के लिये अमृत के समान हितकारी कही जाती है॥११३-११७॥

योनिसंकोचन और स्तनदृढीकरण के सामान्य उपाय

कोरण्टकं कुलत्थं च सर्वैरेभिः शृतं जलम्॥
युक्तं शर्करया पीतं सूतीशूलज्वरापहम्॥११८॥
लोहखंडयुतं पञ्चमूलिकासाधितं जलम्।
नाशयेत्सूतिकारोगान्सवातान्विविधान्खलु॥११९॥
भूनिंबनिंबभद्राश्वगंधसप्तच्छदत्वचा।
तैलं पचेत्तदभ्यंगात्सूतिकासर्वरोगनुत्॥१२०॥
निर्गुंडीपत्रनिर्यासो गुडोजीर्णः सुरान्वितः।
सेवितस्तक्रभक्ताभ्यां योनिशूलविनाशनः॥१२१॥

निर्गताऽपि विशेद्योनिः कारलीकंदलेपिता।
इंद्रगोपाज्यलेपेन श्लथयोनिर्दृढा भवेत्॥१२२॥
माकंदमूलकर्पूरमधुभिश्च जरस्स्त्रियः।
कुरुते संवृतां योनिं कन्यकाय इवध्रुवम्॥१२३॥
श्रीपर्णीरसकल्काभ्यां तैलं सिद्धं तिलोद्भवम्।
तत्तैलं तुलिकेनैव स्तनयोःपरिदापयेत्॥१२४॥
पतितावुच्छ्रितौ स्त्रीणां भवेयातां पयोधरौ।
गजकुंभसमाकारावुन्नतौ परिमण्डलौ॥१२५॥

पीली करसरैया और कुलथी इन दोनों का काढा बनाकर शीतल करके उसको खाँड मिलाकर पान करे तो प्रसूता स्त्री का शूलयुक्त ज्वर दूर होता है। एवं लघु पंचमूल के द्वारा सिद्ध किये हुए क्वाथ को लोहखण्ड नामक रसायन के साथ प्रतिदिन सेवन करे। यह क्वाथ प्रसूता स्त्रियों के विविध प्रकार के वातसम्बन्धी विकार और प्रसूतरोगों को अवश्य नाश करता है। अथवा चिरायता, नीम की हरी छाल, नागरमोथा, असगन्ध और सतौने की छाल इन औषधियों के क्वाथ और कल्क के साथ तेल को पकाकर उसकी मालिश करे। इस तेल से प्रसूत सम्बन्धी सब रोग दूर होते हैं। निर्गुण्डी के पत्तों का स्वरस और पुराना गुड दोनों को कुमार्यासव अथवा द्राक्षासव के साथ सेवन करने से और छाछ भात का आहार करने से प्रसूता स्त्री का योनिशूल रोग नष्ट होता है। करेले को पानी में पीसकर योनि पर लेप करने से योनिकन्द रोग दूर होता है और बाहर को निःसृत योनि पुनः भीतर को प्रविष्ट हो जाती है। एवं बीरबहूटी को घृत में पीसकर लेप करने से शिथिल हुई योनि फिर दृढ़ हो जाती है। माकन्द[१] की जड़ और कपूर को शहद में पीसकर योनि में लेप करने से वृद्धा स्त्री की योनि भी संकुचित होकर कन्या की योनि के समान हो जाती है। श्रीपर्णी (कायफल) के क्वाथ और कल्क के साथ तिल के तेल को पकाकर वह तेल रुई की फुरैरी से स्तनों के ऊपर लगायें। इस तेल से स्त्रियों के अत्यन्त शिथिल स्तन भी उत्पन्न होकर हाथी के गण्ड स्थल के समान सुन्दर, ऊंचे, कठिन और गोलाकार हो जाते हैं॥११८-१२५॥

बालरोग।

माहेश्वर धूप

श्रीवेष्टदारुबाह्लीकमुस्ताकटुकरोहिणी।
सर्षपा निंबपत्राणि मदनस्य फलं वचा॥१२६॥
बृहत्यौ सर्पनिर्मोककार्पासास्थियवास्तुषाः।
गो शृङ्गं खररोमाणि बर्हिपिच्छं बिडालविट्॥१२७॥
छागरोमघृतं चेति बस्तमूत्रेण भावितम्।
एष माहेश्वरो धूपः सर्वग्रहनिवारणः॥१२८॥

लोवान, देवदारु, हींग, नागरमोथा, कुटकी, सरसों, नीम के पत्ते, मैनफल, वच, कटेरी, बड़ी कटेरी, साँप की कैंचली, बिनौले, जौ की भूसी, गाय का सींग, गधे के बाल, मोरपंख, बिलाव की विष्ठा, बकरी का रुआ और बकरी का घृत इन सबको समान भाग लेकर बकरे के मूत्र में भावना देकर धूप तैयार कर लें। यह माहेश्वर धूप कहलाती है। इसकी धूनी देने से बालकों की सम्पूर्ण ग्रहबाधा दूर होती है॥ १२६-१२८॥

विजय धूप

शैलेयगुग्गुलुरसैः सपुरप्रचण्डद्रव्यापहृत्सरलकुंदुरुभिः सकुष्ठैः।
सध्यामकैः सुरभिगंधरसैश्च धूपः सौभाग्यबुद्धिजयकृद्विजयो विवादे॥१२९॥
देवासुरोरगपिशाचपितृगृहेषु गंधर्वयक्षपिशिताशिषु च ग्रहेषु।
जीर्णज्वरेषु विहितश्च विषातुरेषु धूपोऽयमाविजयादिषु पार्थिवानाम्॥१३०॥

भूरिछरीला, शुद्ध गूगल, शिलारस, नागरमोथा, कस्तूरी, तज, असवर्ग, राल, कुन्दरु, कूठ, रोहिष तृण, कपूरकचरी, अगर और बोल इन सबको समान भाग लेकर एकत्र कूटपीसकर धूप तैयार कर लें। इस धूप की धूनी देने से बालकों के सौभाग्य और सद्बुद्धि की वृद्धि होती है। संग्राम में जय और वाद विवाद में विजय प्राप्त होती है। एवं देव, असुर, सर्प, पिशाच, पितर, ग्रह, गन्धर्व, यक्ष, राक्षस आदि समस्त ग्रहबाधाओं के होने पर तथा जीर्णज्वर और विषजनित व्यथा के होने पर इस धूप को देने से सम्पूर्ण उपद्रव शान्त हो जाते हैं। संग्राम में जाते समय विजय आदि की प्राप्ति के लिये राजाओं को यह धूप देनी चाहिये॥१२९-१३०॥

ग्रहनाशिनी गुटिका

राजीकरंजपुन्नाटशिरीषार्कनिशाद्वयम्।
प्रियंगुत्रिफलादारुहिंगुव्योषकुचंदनम्॥१३१॥
मंजिष्ठोग्राजमूत्रं च गुटिका ग्रहनाशिनी।
पाननस्याञ्जनालेपस्नानोद्वर्तनधूपनात्॥१३२॥

राई, करंज के बीज, पमार के बीज, सिरस के बीज, आक की जड़, हल्दी, दारु हल्दी, फूलप्रियंगु, त्रिफला, देवदारु, हींग, त्रिकुटा, लाल चन्दन, मँजीठ और वच इन सबको समान भाग लेकर बारीक चूर्ण करके कपड़छान कर ले। फिर उस चूर्ण को बकरे के मूत्र में खरल करके गोलियाँ बना लें। इन गोलियों को पानी में घिसकर अथवा पीसकर पान, नस्य, अंजन, प्रलेप, पानी में घोलकर स्नान करना, अथवा गोली का चूर्ण करके शरीर पर उबटन करना और उसकी धूनी देना इत्यादि उपायों द्वारा प्रयोग करने से ये गोलियाँ बालकों की सम्पूर्ण ग्रहबाधाओं को नष्ट करती हैं॥१३१-१३२॥

सामान्य उपाय

गर्भनिगतबालस्य कणास्वर्णं प्रदापयेत्।
पाषाणद्वितयं युंजयात्कांस्यभाजनमुच्चकैः॥१३३॥
तेन त्रस्तः ससंज्ञः स्याद्योनिनिर्गमपीड़ितः।
सुखोष्णैः कांजिकैर्बालं सप्रोक्ष्य द्वित्रिवारतः॥१३४॥
देयः शिरसि बालस्य घृतपिण्डो ज्वरापहः।
शिरोगतविकारघ्नो मुख्यो रक्षाकरस्तथा॥१३५॥
भक्षणं रोहिणीकल्के सिद्धं पानानुलेपतः।
ज्वरं पित्तोत्तरं हंति मुस्ताक्वाथ इवध्रुवम्॥१३६॥
अश्वत्थपल्लवैश्चांभः क्षीरं पक्वं निषेवितम्।
पित्तजातं ज्वरं तीव्रं बालानां हंतिनिश्चितम्॥१३७॥
गंधोत्पलजटा पिष्टा कटुकी नाशयेज्ज्वरम्।
सहदेवीकणाभृंगक्षौद्रं लीढं हरेच्छिशोः॥
वमिकासज्वरव्याधीन्क्षौद्रेणातिविषा तथा॥१३८॥

न्यग्रोधजंब्वाम्रशिरीषकाणां क्वाथो रसो वा नवपल्लवानाम्। पित्तातिसारज्वरवांतिमूर्छा-तृष्णानि हन्यान्मधुना शिशूनाम्॥१३९॥

तत्काल के जन्मे हुए बालक को पीपल के चूर्ण और सोने के वर्क को एकत्र पीसकर खिलायें और बालक के जन्मते ही काँसी के बर्तन (थाली या घडियाल) को पत्थरों से खूब जोर से बजायें। इस शब्द से भयभीत होकर योनि से निकलने की पीड़ा से पीड़ित और बेहोश हुआ बालक चैतन्य लाभ करता है और उस पीड़ा को भूल जाता है। इसके पश्चात् मन्दोष्ण काँजी से बालक के शरीर को दो तीन बार धोकर पोंछे। बालक के सिर पर घृत की मालिश करने से बालक का ज्वर दूर हो जाता है। सिर के समस्त विकार नष्ट होते हैं और भूत प्रेतादि की बाधा से बालक की रक्षा होती है। कुटकी के बीजों का कल्क चटाने से अथवा कुटकी का रस पान करने से और शरीर पर उसकी मालिश करने से अथवा नागरमोथे का क्वाथ पान कराने से बालकों का पित्तज्वर अवश्य दूर होता है। पीपल के कोमल पत्तों को अठगुने जल में डाल कर पकायें। एक भाग जल शेष रहने पर उसको उतार कर छान लें। उस जल को पिलाने से अथवा उस पानी के साथ दूध को पकाकर दूध मात्र शेष रहने पर शीतल करके पान कराने से बालकों का पित्त-ज्वर शान्त होता है। गन्धप्रसारणी कमलकन्द और कुटकी तीनों को जल में पीसकर वस्त्र में उसका रस निचोड़ लें। यह रस थोड़ा थोड़ा बालकों को पान कराने से उनके ज्वर को नाश करता है। सहदेई, पीपल और भाँगरा इन औषधियों के समान भाग चूर्ण को शहद में मिलाकर अथवा शहद और अतीस के चूर्ण में मिलाकर चटाने से बालकों की वमन, खाँसी, ज्वर आदि व्याधियाँ दूर होती हैं। शहद, अतीस का चूर्ण और चूने का पानी मिलाकर देने से भी उक्त रोग दूर होते हैं। बड़, जामुन, आम और सिरस इनके कोमल पत्तों का स्वरस अथवा क्वाथ लेकर उसको शहद में मिलाकर थोड़ा थोड़ा पान कराने से बालकों का पित्तातिसार, ज्वर, वमन, मूर्च्छा, तृषा आदि सम्पूर्ण उपद्रव नष्ट होते हैं॥१३३-१३९॥

मध्वंबुशृंगीपाठाब्दं रक्तातीसारहृच्छिशोः। क्षीरं सबोलं कंठोरः शिरः कफहरं शिशोः॥१४०॥

मधुकं मरिचं पिष्टं गोजलैः परिसेवितम्।
विनाशयत्ति वेगेन बालानां मूत्रविड्ग्रहम्॥१४१॥
यष्टीलोध्रकणागंधबलाशाल्मलिसारिवाः।
सुगंधा माक्षिकं चेति सिद्धंसर्पिर्निषेवितम्॥
शुष्यद्गात्रस्य बालस्य बृंहणं बलकारि तत्॥१४२॥
शंखनाभिकणापथ्यारसांजनविनिर्मिता।
वर्तिर्निहंति मधुना बालनेत्राखिलामयान्॥१४३॥
क्षीरेऽश्वगंधया ताम्रपात्रे सूतेन साधितम्।
घृतं पुष्टिकरं वर्ण्ये बलकृत्सुखकारि च॥१४४॥
श्लेवमाहृत्तालुमांसस्थः करोति कुपितः शिशोः।
तालुकण्टकमेतेन तालुदेशे च निम्नता॥१४५॥
तृष्णाातालुविपाकश्र स्तन्यद्वेषश्च विड्ग्रहः।
भ्रमास्यशोषकण्डूतिर्ग्रीवामूर्धगता वमिः॥१४६॥
अक्षिरोगादिकं चापि तत्र चोन्नीय तालुकम्।
प्रतिसार्य यवक्षारक्षौद्राभ्यामतियत्नतः ॥१४७॥
यद्वा विश्वा कणा सिंधुगोमयोत्थरसैस्तथा।
पथ्याकुष्ठवचाकल्कं स्तन्येन मधुना युतम्॥
पीतं निहंति वेगेन बालानां तालुकंटकम्॥१४८॥
प्रस्वेदान्मललेपाद्वा रक्तश्लेष्मभवो गुदे।
गुदकीटो भवेद्रोगस्तीव्रव्रणसमन्वितः॥१४९॥
शृतशीतांबुशैलेयैलूकचूर्णं मधूत्थकम्।
तेनापानव्रणं सम्यग्लेपयेद्भिषगुत्तमः॥१५०॥

सुगन्धवाला, कांकडासिंगी, पाढ और नागरमोथा इन औषधियों का क्वाथ शहद डालकर पिलाने से बालकों के खूनी दस्त बन्द होते हैं। बोल के एक रत्ती चूर्ण को दूध में मिलाकर पिलाने से बालक के कण्ठ में, छाती में और शिर में संचित हुआ कफ शीघ्र दूर होता है। महुआ

और काली मिरचों को गोमूत्र में पीसकर सेवन कराने से बालकों के मल मूत्र का अवरोध होना शीघ्र नष्ट होता है। मुलैठी, लोध, पीपल, गन्धप्रसारणी, खिरैटी सेमल की छाल, सारिवा, रायसन और शहद इन सबको समान भाग लेकर कल्क कर लें, इस कल्क के साथ यथाविधि घृत को पकाकर बालक को सेवन करावे। यह घृत शुष्क और दुर्बल शरीर वाले बालक के लिए अत्यन्त पुष्टिकारक और बलवर्द्धक है। शंख की नाभि, पीपल, हरड और रसौत सबको एक समान भाग लेकर बारीक चूर्ण करके पानी में पीस कर बत्ती बना लें। इस बत्ती को शहद में घिसकर नेत्रों में आँजने से बालकों के सब नेत्र रोग नष्ट होते हैं। असगन्ध और मूर्च्छित पारे को दूध में पीसकर उसके साथ घृत को मिलाकर ताँबे के पात्र में घृत को पकाकर सिद्ध करे। यह घृत बालकों को पुष्ट करने वाला, बल वर्ण को बढ़ाने वाला और सुख प्रदान करने वाला है। बालक के हृदय और तालु के मांस में स्थित कफ के प्रकुपित होने से तालु में गढ़ा पड़ जाता है, अर्थात् तालु बैठ जाता है इसको तालुकण्टक रोग कहते हैं। स्त्रियाँ इसको गला पड़ गया ऐसा कहते हैं। इस रोग में तृषा, तालु का पकना, दूध का न पीना, दस्त का न होना, भ्रम, मुखशोष, खुजली, गर्दन और सिर में पीड़ा, वमन, नेत्ररोग आदि अनेक उपद्रव उत्पन्न हो जाते हैं। ऐसी अवस्था में तालु को उठाकर (अर्थात् बालक की गर्दन को दोनों हाथों से सहज में पकड़कर धीरे धीरे उसको ऊपर को उठावे) जवाखार को शहद में मिलाकर बहुत धीरे धीरे तालु पर घिसे। अथवा सोंठ पीपल, सैंधानमक, गोबर का रस, हरड़, कूठ और वच इन सबको बारीक चूर्ण करके पानी में पीसकर कल्क बना ले, फिर वस्त्र में छानकर रस निचोड़ लें। उस रस को स्त्री के दूध में और शहद में मिलाकर पिलाने से बालकों का तालुकण्टक रोग शीघ्र दूर होता है। गुदा में अधिक पसीना भरने से अथवा मल के लगे रहने से रक्त और कफ के कुपित होने के कारण गुदकीट (गुदा में कीड़ों का होना) अर्थात् पछैरू रोग हो जाता है उसमें कीड़ों के काटने से बालकों की गुदा में पीड़ा, खुजली और तीव्र व्रण हो जाते हैं। इस रोग में भूरिछरीला, और एलुआ दोनों को एकत्र चूर्ण कर क्वाथ बनायें और शीतल करके

उससे गुदा को बारंबार धोवे और मोम को गरम करके गुदा के व्रणों पर लगाये॥१४०-१५०॥

त्रिफलाबदरीपत्रक्वाथेन परिषेचयेत्।
रागकण्डूमतो रक्तं जलौकाभिः समन्वितम्॥१५१॥
पित्तव्रणचिकित्सा च सकलात्र प्रशस्यते।
गुदपाके तु कर्तव्या पित्तव्रणहरा क्रिया॥१५२॥
पानप्रलेपयोः शस्तं विशेषेण रसांजनम्।
अजादुग्धेन संमिश्रय जीराकांजनचूर्णकैः॥१५३॥
जातीपत्ररसोपेतैः पूर्वप्रोक्तरसैरपि।
मुखपाके मुखं लिंपेद्बोधित्वग्घृतसारघैः॥१५४॥
जातीपत्राऽभयायष्टीमधुदार्व्या च लेपयेत्।
नाभिपाके प्रलेप्तव्यं सिक्तं तैलेन भूरिशः॥१५५॥
रजनीयष्टिकालोध्रप्रियंगूणां च कल्कतः।
चूर्णेनैषां सतैलैन नाभिपाकं शमं नयेत्॥१५६॥
अपुष्पाश्वत्थपंचांगक्वाथेनापि च कल्कतः।
सिद्धतैलप्रलेपेन कुंडलव्याधिनाशनम्॥१५७॥
हिंगुशुंठीकणापथ्यामिशीपंचामृतं[१] मतम्॥१५८॥
सर्वबालामयान्हंति पाचनं दीपनं परम्॥ १५९॥
तिक्ताग्निव्योषमालूरपथ्यारुचकहिंगुकम्।
तुल्यदुग्धं घृतं पक्वं गुल्मानाहविलंबिकाः॥१६०॥
कासं श्वासं गुदभ्रंशं विनिहंति न संशयः॥१६१॥
राजीकुष्ठनिशागेहधूमवत्सकतक्रतः।
लेपो विचर्चिकां सिध्म हंति पामा च वेगतः॥१६२॥
छिन्नाफणिज्जहंसाघ्रिभानुपत्ररसैः सह।
सस्तन्यं साधिंत तैलं लिप्तं सर्वग्रहार्तिजित्॥१६३॥
स्फूर्जकं हपुषापुष्पं हंसपादी कुरंटकम्।

करंजार्कदलस्फूर्जश्वेतपुष्पं च कल्कितम्॥
तेन संसाधितं तेलं तेनाऽभ्यंगं चरेच्छिशोः॥१६४॥
निंबाश्वत्थपलाशानां बिल्बकिंशुकयोर्दलैः।
सिद्धं सर्पिस्तथा तैलं पानाद्बालग्रहाञ्जयेत्॥१६५॥

त्रिफला और बेरी के पत्तों का काढ़ा बनाकर उससे गुदा को बारम्बार धोयें। यदि वह स्थान लाली, सूजन और खुजली युक्त हो तो वहाँ पर जोंक लगवाकर थोड़ा रक्त निकलवादे। इस रोग में विशेषकर पित्तव्रण के समान चिकित्सा करनी चाहिये और गुदा के पक जाने पर भी पित्तव्रणनाशक उपचार करने चाहिए। इसमें विशेष रूप से रसौत को पीस करके पान और प्रलेप द्वारा प्रयोग करना बड़ा ही उपयोगी है। जीरा और रसौत के चूर्ण को चमेली के पत्तों के रस में घोटकर और बकरी के दूध में मिलाकर कपड़े से छान करके रस निचोड़ लें। इस रस को पिलाने से बालक का गुदापाक और गुदकीट रोग दूर होता है। बालकों के मुँह में छाले पड़ जाने पर पीपल की अन्तर्छाल के चूर्ण को घृत और शहद में मिलाकर मुँह के भीतर लेप करे। अथवा चमेली के पत्ते, हरड़, मुलैठी और दारुहल्दी के समान भाग चूर्ण को शहद में मिलाकर लगाने से भी मुखपाक रोग दूर होता है। बालक की नाभि के पक जाने पर मोम को तेल में पकाकर बारंबार लेप करे। हल्दी, मुलैठी लोध और फूलप्रियंगू इन औषधियों के कल्क के साथ तेल को पकाकर अथवा इनके चूर्ण को तेल में मिलाकर उस तेल को नाभि पर लगाने से नाभि पाक रोग दूर होता है। फूलों के बिना पीपल के पंचांग के १० तोले काढ़े के साथ पीपल के १० तोले बीजों को पीसकर कल्क कर लें। इस कल्क के साथ १० तोले तेल को पकाकर प्रलेप करने से बालक की त्वचा में लाल-२ चकत्तों का पड़ना (पित्ती उछालना) फुन्सियों का निकलना, खुजली होना आदि सब रोग शान्त होते हैं। हींग, सोंठ, पीपल, हरड़ और सौंफ इन पाँचों को पंचामृत कहते हैं। इस पंचामृत के समान भाग चूर्ण को पंचामृत (दूध, दही, घी, शहद और खाँड) के साथ मिलाकर बालकों को थोड़ा-२ चटायें। यह पंचामृत बालकों के सम्पूर्ण रोगों को नष्ट

करता है, अग्नि को अत्यन्त दीपन करता है और अत्यन्त पाचक है। कुटकी, चीता, त्रिकुटा और कैथ की छाल, हरड़, सैंधानमक और हींग सब को समान भाग लेकर बारीक चूर्ण कर लें। इस चूर्ण के बराबर दूध और उतना ही घी लेकर सबको एकत्र करके घृत को सिद्ध करे। यह घृत पान और प्रलेप द्वारा प्रयोग करने से बालकों के गुल्म, आनाह, विलम्बिका, खाँसी, श्वास और गुदभ्रंश इन सब व्याधियों को निश्चय दूर करता है। राई, कूठ, हल्दी, घर का धुआँ और कुडे की छाल इन सबको मट्ठे में पीसकर लेप करने से विचर्चिका, श्वेतकुष्ठ और खुजलीं तत्काल दूर होती है। गिलोय, छोटे पत्तों की तुलसी और लाल रंग की लज्जालु इनको समान भाग लेकर आक के पत्तों के रस में खरल करके कल्क बना लें। इस कल्क के और दूध के साथ तेल को पकाकर मालिश करने से बालकों की सम्पूर्ण ग्रहबाधायें शान्त होती हैं। तंदू वृक्ष की जड़, हाऊबेर के फूल, लाल रंग की लज्जालु, पीली कटसरैया, करंज की जड़ आक के पत्ते और सफेद आक के फूल इन औषधियों के कल्क के साथ तेल को सिद्ध करके बालक के शरीर पर मालिश करे तो भी उक्त पीड़ायें नष्ट होती हैं। नीम के पीपल के और ढाक के कोमल पत्तों को लेकर अथवा बेल और ढाक के, पत्तों को लेकर पानी में पीसकर कल्क कर लें और वस्त्र में बाँधकर रस निचोड लें। उस रस के साथ घृत अथवा तेल को पकाकर पिलाने से बालकों की समस्त ग्रहबाधायें दूर होती हैं।।१५१-१६५।।

इति श्रीवाग्भटाचार्यविरचिते रसरत्नसमुच्चये भाषाटीकायां द्वाविंशोऽध्यायः समाप्तः ।।२२।।

संदर्भ :

१. गन्धकम्।
२. सप्तदिनं।
३. बला।
४. बला इति पाठोऽपि हस्तलिखितपुस्तके उपलभ्यते।
५. पयस्या।
६. आम्रवृक्ष।
७. ताम्रचूडांडैः परिसाधितम्।
८. तुगाचूर्णमिति पाठोऽपि।
९. निशा।

त्रयोविंशोऽध्यायः

उन्मादरोगः

आधिव्याधिकृशस्य दुर्बलतनोराहारतो वा भया-
त्पूज्यातिक्रमणाद्विषादुपविषाद्दैवादसामर्थ्यतः।
वैषम्यादपि कर्मणां हृदि मलादबुद्धेर्विधायोल्बणं
कालुष्यं हतसौख्यदुःखमथनादुन्मादमातन्वते॥१॥
संजल्पको धावति हंति चेतदुन्मा-
दवातस्य च लक्ष्य बोध्यम्॥२॥

किसी प्रकार के मानसिक अथवा शारीरिक रोग होने से शरीर के अत्यन्त कृश और दुर्बल हो जाने से, भोजन के न मिलने से, अकस्मात् भयभीत होने से, इष्ट देव की पूजा में व्यतिक्रम होने से अथवा किसी पूज्य व्यक्ति का तिरस्कार करने से, विष या उपविष के खाने से, प्रारब्ध जनित कर्मों से, सांसारिक कार्यों के करने में असमर्थ होने के कारण प्रत्येक कार्य में विषमता होने से और हृदय में किसी प्रकार का मैल अथवा दोष के संचित होने से अथवा एकदम किसी भारी हानि के होने से या स्त्री पुत्र आदि प्रियजनों की अधिक मृत्यु होने के कारण दुःख के होने से जिस मनुष्य की बुद्धि एकदम नाश हो जाती है, वह मनुष्य पागल हो जाता है। इसको उन्माद रोग कहते हैं। उन्माद रोगी बहुत बकता है, चारों ओर को दौड़ता है, मनुष्यों को मारता है, इत्यादि उन्माद वात के अनेक लक्षण होते हैं॥१-२॥

ग्रहध्नधूप

कार्पासास्थिमयूरपिच्छबृहती निर्माल्यपिण्डीतक-
त्वङ्मांसी वृषदंशविट्तुषवचाकेशाहिनिर्मोचकैः।
नागेंद्रद्विज शृंगहिंगुमरिचैस्तुल्यैस्तु धूपः कृतः
स्कंदोन्मादपिशाचराक्षससुरावेशग्रहघ्नः परम्॥३॥

कपास के बिनौले, मोरपंख, बड़ी कटेरी, शिवनिर्माल्य, तगर, तज, बालछड, अडूसे की जड़, डाँसों की विष्ठा, धानों की भूसी, बच, बाल, साँप की कैंचली, हाथी दांत, सींग, हींग और मिरच इन सबको समान भाग लेकर एकत्र कूट पीसकर धूप तैयार कर लें। इस धूप की धूनी देने से स्कंद ग्रह, उन्माद रोग, पिशाच, राक्षस, असुर और देवताओं का आवेश तथा समस्त ग्रहों की बाधा शीघ्र नष्ट होती है। यह धूप ग्रहबाधा को दूर करने के लिये परमोपयोगी है॥३॥

सामान्य उपाय

अत्रार्कमूर्त्याख्यरसस्य वल्लं धत्तूरबीजेन
समं प्रदद्यात्। मरीचचूर्णेन घृतेन
वापि पथ्यं च गुर्वन्नमिह प्रशस्तम्॥४॥
शुष्कं च शाकं परिवर्जयीत रूक्षं कषायं
बहुशीतलं च। निंबस्य तैलेन विमर्दयेत
कलेवरं क्षाम्यति तेन रोगः॥५॥
निर्गुंडिकोन्मत्तकतुंबिनीनां रसैस्तु तैलं
परिपाचयीत॥ कलेवरं तेन विलेपयेत
मासार्धतः शांतिमुपैति रोगः॥६॥

इस रोग में अर्कमूर्त्ति रस को प्रतिदिन एक-२ रत्ती लेकर धतूरे के बीजों के चूर्ण में मिलाकर सेवन करायें। अथवा मिरचों के चूर्ण और घृत में मिलाकर दें। इस पर गुरुपाकी और पौष्टिक पदार्थों का पथ्य देना चाहिये और रूखे पदार्थ, शाक, कषैले और बहुत शीतल पदार्थ त्याग देने

चाहिये। रोगी के शरीर पर नीम के तेल की मालिश करे। इससे उन्माद रोग बहुत शीघ्र शान्त होता है। अथवा निर्गुण्डी, धतूरा और कडवी तोंबी के रस में तेल को पकाकर उसकी शरीर पर मालिश करे तो यह रोग १५ दिन में शान्त हो जाता है।।४-६।।

अपस्मार (मृगी)

क्रुद्धैर्धातुभिराहते च मनसि प्राणी तमः संविश-
न्दन्तान्खादति फेनमुद्गिरति दोः पादौ क्षिपन्मूढधीः।
पश्यन् रूपमसप्क्षितौ निपतति प्रायः करोति क्रिया
बीभत्साः स्वयमेव शाम्यति गते वेगे त्वपस्माररुक्।।७।।

मनुष्य की रस, रक्त, मांसादि धातुओं के विकृत होने से अथवा स्त्री, पुत्र, धन आदि सुखों का नाश होने के कारण अत्यन्त दुःख और चिन्ता होने से अथवा कोई शारीरिक या मानसिक रोग होने से या दिल पर किसी प्रकार का आघात होने से वायु का वेग बढ़ जाता है।, उस समय उस मनुष्य की आँखों में अन्धेरा छा जाता है, और वह संज्ञाशून्य हो जाता है, दाँतों को कटकटाता है, मुँह से झागों को गेरता है, हाथ पैरों को पटकता है और बुद्धि शक्ति नष्ट हो जाती है। रोगी भयंकर रूप को देखता हुआ जमीन पर लकड़ी के समान गिर पड़ता है और प्रायः भयोत्पादक चेष्टायें करता है। फिर कुछ देर में वायु का वेग कम हो जाने पर रोग अपने आप शान्त हो जाता है।।७।।

अपस्मारनाशन रस

रसगंधशिलातुत्थकांतहेमाब्धिफेनकम्।
रजनी तेजनीबीजं कर्षमात्रं पृथग्युतम्।।८।।
निंबुद्रवांतौ तेनांतर्लिप्तां ताम्रपालरिमताम्।
पात्रीं न्युब्जां सुभाण्डांतां रुद्ध्वा खर्परिकां धृताम्।।९।।
भस्मनाऽऽपूर्य भाण्डांतर्धृत्वाऽधो द्विनिशं पचेत्।
स्वांगशीतं विचूर्ण्याथ रसोऽपस्मारनाशनः।।१०।।

वल्लमस्योदये दद्याद्वचाव्योषविडंगयुक्।
अनुदेयमजामूत्र ततोऽर्धप्रहरे गते॥११॥
सार्षपे षोडशपले तैले तत्कलितं पचेत्।
नस्यं तैलेन तेनास्य दद्यात्सव्योषकेण तु॥१२॥

पारा, गन्धक, शुद्ध मैनसिल, तूतिया, कान्तलोहभस्म, सुवर्णभस्म, समुद्रफेन, हल्दी और मालकाँगनी के बीज ये प्रत्येक औषधि एक २ तोला लेकर एकत्र खरल कर लें। फिर नींबू के रस में घोटकर गोला बना लें। पश्चात् चार तोले शुद्ध ताँबे की मूषा बनाकर उसके भीतर इस गोले को लेप करके सुखा लें। उस मूषा को एक हाँडी के भीतर औंधा मुँह करके रख दें और उस हाँडी में कण्ठपर्यन्त आरने उपलों की राख खूब दाब दाब कर भर दें, फिर ढक्कन से ढककर सभी स्थानों को बन्द करके कपरौटी कर सुखायें और चूल्हे पर चढ़ाकर दो दिन और दो रात तक बराबर पकायें। स्वाङ्गशीतल होने पर ताँबे की मूषा को निकालकर रस सहित बारीक खरल कर लें। इस रस को प्रतिदिन प्रातः काल में एक-२ रत्ती परिमाण लेकर वच, त्रिकुटा और वायविडंग के चूर्ण के साथ प्रयोग करें और आधे पहर (1½ घंटे के बाद) बकरी के मूत्र का अनुपान करायें। अथवा वच, त्रिकुटा और वायविडंग इनके कल्क को चौगुने पानी में घोलकर उसमें १६ गुने सरसों के तेल को डालकर यथाविधि तेल को पकायें। उस तेल में त्रिकुटे का बारीक चूर्ण मिलाकर उसकी रोगी को नस्य दें और दसे चार बूंद तेल रोगी की नाक में टपका दें। इस प्रकार इस रस को व्यवहार करने से अपस्मार रोग नाश होता है॥८-१२॥

प्रत्ययसूत रस

त्रिलोहपिष्टस्त्रोतोजसृष्टित्रययुतं[1] रसम्।
गंधतैले सुसिद्ध तदपस्मारहरं परम्॥
सूतकः प्रत्ययाख्योऽसौ उन्मादापस्मृती हरेत्॥१३॥

सुवर्णभस्म, चाँदी की भस्म, ताँबे की भस्म, सफेद सुरमा, पारा, गन्धक और अभ्रक इनको समान भाग लेकर प्रथम पारदादि तीनों चीज़ों की कज्जली कर लें। फिर उसमें उपर्युक्त भस्मों को और सबकी बराबर

पारे की भस्म को मिलाकर खरल कर लें। इसके पश्चात् उक्त रस को गन्धक के तेल में पकाकर उपर्युक्त मात्रा की गोलियाँ बना लें। इन गोलियों को प्रतिदिन योग्य अनुपान के साथ सेवन करायें। यह प्रत्ययसूत रस उन्माद और अपस्मार इन दोनों रोगों को शीघ्र नष्ट करता है।।१३।।

सर्वेश्वर रस

रसं नारंगमूलं च दंती पाठा पृथक् पृथक्।
पलंमेकं फेनफलमर्कमूलं तथैव च।।१४।।
पलं मृगविषाणं च त्रिफला च पलत्रयम्।
एतेषां क्वाथसंयुक्त दिनानि त्रीणि मर्दयेत्।।१५।।
अम्लवेतससंयुक्तमर्कक्षीरसमन्वितम्।
पंचपंचदिने तद्वदमरीरससंयुतम्।।१६।।
त्रिसप्तदिवसं तद्वन्मर्दयेत्सिद्धमौषधम्।
पिष्टं चित्रकनिष्क्वाथे वल्लत्रयनिषेवितम्।।
उन्मादापस्मृती हन्यादेष सर्वेश्वरो रसः।।१७।।

पारे की भस्म, नारंग की जड़, दन्ती की जड़, पाढ, पोस्त के डोडे, आक की जड़ और काले हिरन के सींग की भस्म ये प्रत्येक औषधि चार २ तोले और त्रिफला १२ तोले लें। इन सबको कूट पीसकर एकत्र बारीक चूर्ण कर लें। फिर भस्मों को छोड़कर अन्य औषधियों को एकत्र क्वाथ करके उसमें उक्त चूर्ण को डालकर तीन दिन तक खरल करे। फिर अम्लवेत के रस और आक के दूध में पाँच पाँच दिन तक भावना देकर २१ दिन तक तुलसी के रस मैं मदर्न करे फिर चीते के काढे में भावना देकर सुखा लें। इस प्रकार यह सर्वेश्वर रस सिद्ध होता है। इस रस को नित्य तीन तीन रत्ती परिमाण सेवन करने से उन्माद और अपस्मार रोग दूर होते हैं।।१४-१७।।

सामान्य उपाय

कृष्णधत्तूरपंचांगं कृष्णगोनवनीतकम्।
षड्गुणं नवनीतात्तु माषक्वाथचतुर्गुणम्।।१८।।

क्षिप्त्वा पच्याद्घृतं तत्तु पथ्यं शाकोदनादिषु।
शाकेषु काकमाची स्याद्भोजने कृष्णगोपयः॥१९॥
शतधा मारिचं चूर्णं कूष्मांडीपुष्पभावितम्।
कुर्यात्तेनैव चूर्णेन रात्रावञ्जनमाचरेत्॥२०॥
एवं नित्यं कृते यादि तृतीयदिवसे ध्रुवम्।
अपस्मारस्तथा मासं सेव्यमेतन्महौषधम्॥२१॥
उद्बद्धमानवगलव्यतिषक्तमग्नौ रज्जुं विदह्य निपुणेन
कृता मषी या। सा शीतलेन सलिलेन समं
निपीता पुंसामपस्मृतिविनाशकरी प्रसिद्धा॥२२॥
कृष्णं श्वानं स्थितमनशनं स्थापयित्वा विरेकं
पश्चाद्दध्ना सिततिलयुतं भोजनं भोजयित्वा।
तद्ग्रीवोत्था सिततिलजदीपाञ्जनं लोचनस्थं
चापस्मारं हरति विधृतं नैंबसारे शरावे॥२३॥
हेम्ना शुद्धेन संपिष्टं दशमांशरसं विषम्।
स्त्रोतोजं मर्दितं तोयैः शूलिनीदेवदालिजैः॥२४॥
गंधकस्य पचेत्तैले वटिकोन्मादनाशिनी॥२५॥
तथैव पर्पटीसूतं ब्राह्मीरसविमर्दितम्।
पर्पटीरसगुंजाष्टौ नाकुलीबीजपंचकम्॥२६॥
गोघृतेन तु संयोज्य खादेदुन्मादशांतये।
सघृतं माषमण्डं च पाययेद्दुग्ध संयुतम्॥२७॥
पर्पटीरसगुंजाष्टौ ब्राह्मीरससमन्वितम्।
खादयेद्रोगिणं वैद्यो ह्यपस्मारप्रणुत्तये॥२८॥

काली गाय का नैनी घी १ भाग, काले धतूरे का पंचांग ६ भाग और उड़दों का काढा ४ भाग लेकर प्रथम उक्त पंचांग का कल्क बनाकर

उसको और नैनी घी को उड़दों के काढ़े में डालकर यथाविधि घृत को सिद्ध करे। यह घृत रोगी को शाक, भात आदि पथ्य पदार्थों के साथ सेवन करायें। अपस्मार रोगी के लिये शाकों में मकोय का शाक और भोजन में काली गाय का दूध देना सर्वोत्तम है। मिरचों के चूर्ण को पेठे के फूलों के रस में १०० बार भावना देकर अंजन तैयार करे। इस अंजन को प्रतिदिन रात्रि के समय नेत्रों में लगाने से तीन दिन में ही अपस्मार के दौरे पड़ने कम हो जाते हैं। और एक महीने तक इस औषध को खाने तथा नेत्रों में लगाने से अपस्मार रोग अवश्य नष्ट हो जाता है। छोटे-छोटे बालकों के गले में जो सूत का काला डोरा बँधा रहता है, वह जब खूब मैला हो गया हो तब उसको लेकर अग्नि में जला लें। उसकी राख को शीतल जल में घोलकर पान करने से मनुष्यों का अपस्मार रोग नाश होता है। काले कुत्ते को एक दिन तक भूखा रखकर दूसरे दिन उसे जुल्लाव दें। अच्छे प्रकार से दस्त हो जाने पर उसको दही में सफेद तिल मिलाकर खिलायें। उस समय कुत्ते के गले में से निकली हुई लार को लेकर काले तिलों के तेल में मिलाकर दीपक में जलायें और नीम के सकोरे में उसकी स्याही पारे। उस स्याही को नेत्रों में आँजने से अपस्मार रोग दूर होता है। सोने के बर्क १० भाग, शुद्ध पारा १ भाग, वत्सनाभ १ भाग और सफेद सुरमा १ भाग सबको एकत्र मिलाकर चीते के और बंदाल के रस में एक-२ बार भावना देकर सुखा लें। फिर गन्धक के तेल में पकाकर गोलियाँ बना लें। ये गोलियाँ उन्माद रोग को विनाश करने वाली हैं। पूर्वोक्त पर्पटी रस को ब्राह्मी के रस में घोटकर सेवन करने से सब प्रकार का अपस्मार नाश होता है। पर्पटी रस ८ रत्ती और नकुलकन्द के बीज ५ रत्ती दोनों को एकत्र पीसकर गोघृत में मिलाकर सेवन करने से उन्माद रोग शान्त होता है एवं अपस्मार रोग को नष्ट करने के लिये भी वैद्य रोगी को आठ-२ रत्ती पर्पटी रस ब्राह्मी के स्वरस में घोटकर सेवन करायें और ऊपर से उड़दों के मांड में घी और दूध मिलाकर पान करायें। इस उपचार के करने से अपस्मार में शीघ्र लाभ होता है।।१८-२८।।

नेत्रामय

कृष्णे पंच नवैव संधिषु दश त्रीण्येव शुक्लेऽखिले
जाताः षोडश वर्त्मजाः खलु चतुर्विंशो दृशेर्विंशतिः।
सप्तातंकयुता चतुर्नवति रित्यक्ष्णोरशेषामया-
न्योवेत्ति व्यपहर्तुमेष विदुषामग्रेसमर्थो भवेत्॥२९॥

आँखों की काली पुतली में १४, सन्धियों में १३, सफेद पुतली में १६, पलकों में २४, दृष्टि में २० और आँखों के गोले में ७ इस प्रकार सब मिलाकर नेत्रों के ९४ रोग होते हैं। इन सम्पूर्ण रोगों को जो अच्छे प्रकार से जानता है और विविध उपायों के द्वारा उनका प्रतिकार कर सकता है वह वैद्य विद्वानों में अग्रगण्य समझा जाता है॥२९॥

ताम्रद्रुति

आर्द्रालकुचभृंगाणां रसपिष्टेन कस्यचित्।
गंधकेन समांसेन प्राग्वत्ताम्रं च मारितम्॥३०॥
ताम्राभ्रकं च तुत्थं च दशनिष्कं पृथक् पृथक्।
कंदुकस्थमिदं त्रिंशत्कर्षचूर्णितगंधकम्॥३१॥
दत्त्वाल्पशोऽग्निनाल्पेन रुद्ध्वा धूमं विसर्जयेत्।
प्रस्थांबुमर्दितस्यास्य प्रासादं निःसृतं युतम्॥३२॥
तुत्थनीरशिलाजाभ्यां कर्षांशाभ्यां विशोषयेत्।
ताम्रद्रुतिरियं साज्यमानुषीक्षीरमाक्षिकात्॥३३॥
काचार्मपिल्लाभिष्यंदव्रणशुक्रप्रणाशिनी।
तत्किट्टं दद्रुकिटिभं लेपात्पामादिकं जयेत्॥३४॥

अदरक, बडहल और भाँगरा इनमें से किसी एक औषधि के रस में गन्धक को खूब बारीक खरल कर ले। फिर गन्धक के बराबर ताँबे के सूक्ष्म पत्र लेकर उनके ऊपर गन्धक के कल्क का लेप करके पूर्ववत् गजपुट में पकायें। इस प्रकार गन्धक के सात पुट देने से ताम्रभस्म तैयार हो जाती है। इस प्रकार तैयार की हुई ताम्रभस्म १० निष्क (४० मासे), अभ्रक भस्म १० निष्क और तूतिया १० निष्क लेकर

तीनों को एकत्र खरल कर लें। फिर कढ़ाई में डालकर पिघलायें और ऊपर से १ तोला गन्धक डालकर उसको किसी बर्तन से ढँक दें और उसके नीचे मन्द-मन्द अग्नि जलायें। जब कढ़ाई में धुआँ भर जाय तब बर्तन को उघाड़कर धुआं निकाल दें और एक-२ तोला गन्धक डालकर फिर ढक दें। इस प्रकार तब तक बारम्बार करे जब तक उसमें ३० तोले गन्धक जारण न हो जाय। फिर कढ़ाई को नीचे उतारकर शीतल होने पर उस रस को ताँबे के बर्तन में भर दे और एक प्रस्थ (६४ तोले) जल डालकर खूब अच्छे प्रकार से मसलकर कुछ देर बाद उस जल को नितार लें। फिर उस बर्तन के नीचे जो औषध जम गई हो उसको लेकर सुखा लेवे। इसके पश्चात् उसमें तूतिये का पानी १ तोला और शिलाजीत १ तोला डालकर खूब अच्छे प्रकार से खरल करके धूप में रख दें। जब वह पिघलकर रस के समान पतली हो जाय तब उस द्रुति को शीशी में भरकर रख दें। इस ताम्रद्रुति को घी, स्त्री के दूध अथवा शहद में मिलाकर नेत्रों में आँजने से मोतियाबिन्दु, अर्म, पिल्ल अभिष्यन्द, व्रण, और नेत्रगत शुक्ररोग आदि नेत्रों की व्याधियाँ नष्ट होती हैं। इस द्रुति को बनाते समय उसमें से जो मैल निकले उसको शरीर लगाने से दाद, श्वेतकुष्ठ, खुजली आदि रोग दूर होते हैं।।३०-३४।।

पुनः ताम्रद्रुति (अंजन)

शुल्बं गंधकमभ्रकं च रसकं दिक्संख्यनिष्कं पृथक्
सर्वं रुद्रजटारसेन बहुशो भृंगस्यसारेण वा।
प्रायः श्लक्ष्णतरं सुमर्दितमिदं सम्यक् पुटंकारये-
त्स्थाल्यां तत्पुनरेवशीतलमिदंविन्यस्य तस्यांतरे।।३५।।
निष्कं निष्कमनंतरं परिपचेज्जीर्णं यथा गंधकं
स्यादेवं शतनिष्कमात्रमसकृत्तद्भस्म शीतं ततः।
प्रस्थेनोन्मितवारिणा विलुलितं कल्कं बिना गालितं
संगृह्यांबु तदंतरेशिखिनिभं तुत्थं सुचूर्णीकृतम्।।३६।।
कर्षोशांशितमंजनं विनिहिंत कांस्ये शोषये-
त्तां ताम्रद्रुतिमामनंति निखिलान्नेत्रामयान्नाशयेत्।।३७।।

ताम्रभस्म, गन्धक, अभ्रकभस्म और खपरिया की भस्म प्रत्येक को दश-२ निष्क लेकर एकत्र खरल करके फिर रुद्रजटा के रस में अथवा भाँगरे के रस में ३० भावना देकर मैदा के समान बारीक खरल करके गोला बना लें और उसको सुखाकर गजपुट में पकायें। स्वांगशीतल होने पर गोले को निकालकर बारीक चूर्ण करके ताँबे की कढ़ाई में डालकर चूल्हे पर चढावे और उसके नीचे मन्द मन्द अग्नि जलायें। फिर कढाई में चार मासे गन्धक डालकर लोहे की करछी से चलायें। जब कढाई में से गंधक का धुआं निकलना बन्द हो जाय तब उसमें ४ मासे गन्धक और डालकर करछी से चला दें। इस प्रकार बांरबार चार-२ मासे गन्धक डालकर चलाते हुए उसमें १०१ निष्क परिमाण गन्धक को जारण करे। फिर कढाई को नीचे उतारकर शीतल हो जाने पर उस भस्म को १ प्रस्थ पानी डालकर घोल लें। जब पानी ठहर जाय तब उसको धीरे-२ नितार लें। इसके बाद उस पात्र में पानी के नीचे जो औषधि जम गई हो उसको लेकर सुखा लें। फिर उसमें नीलाथोथा १ तोला और काला सुरमा १ तोला डालकर खूब बारीक खरल करके काँसे के बर्त्तन में भरकर धूप में रख दें। इस प्रकार करने से जब ताँबे की द्रुति हो जाय तब उसको शीशी में भरकर रख दें। यह ताम्रदुति नेत्रों में आँजने से सम्पूर्ण नेत्र रोगों को नष्ट करती है।।३५-३७।।

गन्धकद्रुति

आर्द्रकस्य रसे पिष्टं गंधकेन विमिश्रितम्।
तुत्थं तु निष्कदशकं तन्मान चाभ्रकं भिषक्।।३८।।
दशनिष्केन तन्मानं ताम्र च शकलीकृतम्।
भर्जयेत्खर्परे क्षिप्त्वा दहेत्तदनु चूर्णयेत्।।३९।।
तन्मिश्रं कुंदुकस्थेन चूर्णमेतेन भर्जयेत्।
गंधकं चूर्णितं कृत्वा कर्षे तु विधिना शनैः।४०।।
मर्दितं तज्जलप्रस्थे नीलं चापि शिलाजतु।
कर्षप्रमाणं निक्षिप्य मर्दयेद्द्रावयेत्पुनः।।४१।।

प्रसादं स्त्रावयेत्पश्चादातपे परिशोषयेत्।
गंधकद्रुतिरित्येषा सर्वनेत्रामयापहा॥४२॥
विशेषाद्व्रणकुष्ठं च पिल्लं काचं कुकूणकम्॥
जयेत्स्तन्यघृतक्षौद्रैः सर्वे तत्परिकल्पयेत्॥४३॥
व्रणान्कृच्छ्रान्सुसूक्ष्माग्रानपि शीघ्रं निवर्तयेत्।
तत्किटं दद्रुकिटिभपामादींल्लेपनाज्जयेत्॥४४॥

गन्धक १० निष्क और नीलाथोथा १० निष्क लेकर दोनों को अदरख के रस में खरल कर ले, फिर उसमें अभ्रक भस्म १० निष्क और ताँबे का चूर्ण १० निष्क परिमाण डालकर अदरख के रस में एक दिन तक घोटकर उसको मिट्टी के खोपरे में डालकर के भूने। जब समस्त जल शुष्क हो जाय तब फिर उसको अदरख के रस में खरल करके गोला बनाकर गजपुट में पकायें। स्वांगशीतल होने पर गोले को बारीक चूर्ण करके कढाई में डालकर चूल्हे पर चढायें और नीचे मन्द मन्द अग्नि जलायें। उसमें एक-२ तोला गन्धक डालता हुआ पूर्ववत् धुआँ निकालकर उसका जारण करे। जब उपर्युक्त प्रमाण के अनुसार गन्धक का जारण हो जाय तब कढाई को नीचे उतारकर शीतल होने पर उसमें ६४ तोले पानी डालकर खूब मर्दन करे। फिर नीलाथोथा १ तोला और शिलाजीत १ तोला डालकर मर्दन करे और जब पानी ठहर जाय तब उसको धीरे धीरे नितार लें। इसके पश्चात् उसको तीक्ष्ण धूप में रख दें। जब गन्धक पिघलकर रस के समान पतली हो जाय तब उस द्रुति को शीशी में भरकर रख दें। यह गन्धकद्रुति समस्त नेत्ररोगों को दूर करती है। इस द्रुति को शहद, घी अथवा दूध में मिलाकर नेत्रों में आँजने से विशेष कर नेत्रों के व्रण, कुष्ठविकार, पिल्ल, मोतियाबिन्द, कुकूणक आदि नेत्ररोग नष्ट होते हैं। यह द्रुति कठिन और सूक्ष्म अग्रभाग वाले नेत्रव्रणों को भी शीघ्र निवारण करती है। इस द्रुति को बनाते समय उसमें जो मैलं निकलता है उसको लेकर प्रलेप करने से दाद, श्वेतकुष्ठ, खुजली आदि त्वचा के विकार शान्त होते हैं॥३८-४४॥

गरुड़ाञ्जन

कतकसैंधवतुत्थरसांजनं त्रिकुटकस्फटि-

काब्दवराटकम्। त्रिपटुताम्रमयोहिम-
रोहिणी जलधिफेनवचानृकरोटिका॥४५॥
उरगपारदटंकणमञ्जनं त्रिफलया मधुकेन
च संयुतम्। करजवल्करसेन सुपेषितं
गरुडदृष्टिसमां कुरुते दृशम्॥४६॥

निर्मली, सैंधा नमक, तूतिया, रसौत, त्रिकुटा, फटकरी, नागरमोथा, कौडी, समुद्र नमक, कचिया नमक, विरियासंचर नमक, ताँबे की भस्म, लोह भस्म, कपूर, मांसरोहिणी के बीज, समुद्रफेन, वच, मनुष्य की खोपड़ी की हड्डी, सीसे की भस्म, पारा, सुहागा, सुरमा, त्रिफला और मुलैठी इन सबको समान भाग लेकर एकत्र बारीक चूर्ण करके कपड़े में छान लें। फिर इस चूर्ण को करंज की छाल के काढे में खरल करके सुखा लें, फिर बारीक पीसकर रख दें। इसको गरुडाञ्जन कहते हैं। यह अञ्जन प्रतिदिन नेत्रों में आँजने से नेत्र के सब रोगों को दूर कर दृष्टिशक्ति को गरुड की दृष्टि के समान तीव्र कर देता है॥४५-४६॥

तिमिरहराञ्जन

रसेंद्रभुजगौ तुल्यौ ताभ्यां द्विगुणमंजनम्।
ईषत्कर्पूरसंयुक्तमंजनं तिमिरापहम्॥४७॥

पारा १ भाग, सीसा १ भाग और सुरमा २ भाग लें। प्रथम सीसे को और पारे को एकत्र खरल करे, फिर उसमें सुरमा डालकर तीन दिन तक खूब घोटे। चौथे दिन उसमें थोड़ा सा कपूर मिलाकर शीशी में भरकर रख दें। यह अंजना नेत्रों में लगाने से नेत्रों के तिमिर रोग (अंधेरे) को दूर करता है॥४७॥

पटलहराञ्जन

कारवेल्लद्रवैः सार्धं सम्यग्भर्ज्या कपर्दिका।
सूतकं टंकणं लाक्षा तुल्यं जंबीरजद्रवैः॥४८॥
मर्दयेत्ताम्रपात्रे तु तस्मिन रुद्ध्वा विनिक्षिपेत्
धान्यराशौ स्थितं मासमंजनं पटलं हरेत्॥४९॥

कौड़ियों के बारीक चूर्ण को ताँबे की कढ़ाई में डालकर करेले के पंचांग के रस के साथ उत्तम प्रकार से भूने। फिर उसमें पारा, सुहागा और लाख ये प्रत्येक चीज कौड़ियों के चूर्ण के बराबर-२ भाग मिला कर जम्बीरी नींबू के रस में खरल करके गोला बना लें। उसको ताँबे के सम्पुट में बन्द करके धानों के ढेर में गाड़कर एक महीने तक रखे। इसके पश्चात् उस गोले को निकालकर बारीक चूर्ण करके नेत्रों में आंजे। यह अंजन पटलगत (पलकों के) रोगों को दूर करता है।।४८।।४९।।

रक्ताञ्जन

भृंगराजरसैर्घृष्टं पलैकं रक्तचंदनम्।
ताम्रपात्रे स्थितं भाव्यं तद्रसेन पुनः पुनः।।५०।।
शतवा भावयेद्यत्नात्पेष्य पेष्य पुनः पुनः।
मधुनाप्यंजनं हंति षड्विधं तिमिरामयम्।।५१।।

लालचन्दन के कपड़े में छान किये हुए ४ तोले चूर्ण को तांबे के बर्तन में भांगरे के रस के साथ खरल करें और सुखा लें। इस प्रकार भांगरे के रस में १०० बार भावना देकर १०० बार सुखायें फिर पीसकर शीशी में भरकर रख लें। इस अंजन को शहद में मिलाकर नेत्रों में आंजने से छः प्रकार का तिमिर रोग नष्ट होता है।।५०-५१।।

शुक्लारिवर्त्ति

शंबूकं पारदं नागं कांस्यचूर्णं रसाञ्जनम्।
समंसर्वमिदं चिंचादलद्रावेण मर्दयेत्।।५२।।
ताम्रपात्रगतां वर्ति छायाशुष्कां तुकारयेत्।
शुक्लार्म तिमिरं पिल्लं हंति सा मधुनांऽजिता।।५३।।

शंख, पारा, सीसा, कांसा और रसौत इन सबके चूर्ण को समान भाग लेकर इमली के पत्तों के रस में तीन दिन तक खरल करे। फिर छोटी छोटी बत्तियां बनाकर उनको तांबे के पात्र में रखकर छाया में सुखायें। इस बत्ती को शहद में घिसकर नेत्रों में आंजने से शुक्ल, अर्म, तिमिर, पिल्ल आदि नेत्ररोग नष्ट होते हैं।।५२-५३।।

नक्तान्ध्यहरी वर्ती

ताम्राग्र्यलवणशंखैस्तुल्या मगधोद्भवाऽथ वै धात्री।
जलपिष्टा गुलिकेयं सायंसमयांध्यमपहरति॥५४॥

नेपाली तांबे की भस्म, समुद्र नमक और शंख ये प्रत्येक एक २ भाग पीपल ३ भाग और आमले ३ भाग, सबको पानी में बारीक पीसकर बत्ती बना लें और छाया में सुखा लें। इस बत्ती को पानी में घिसकर सायंकाल के समय नेत्रों में आंजे तो रतौंधी दूर होता है॥५४॥

नवनेत्रदात्रीवर्ति

द्विरष्टौ ताम्ररजसो मधुकस्य चतुर्दश।
कुष्ठस्य द्वादशांशाः स्युर्वचायास्तु दशैव हि॥५५॥
रजतस्य तु चत्वारो द्वौ भागौ कनकस्य च।
सैंधवस्याष्टमो भागःपिप्पल्याश्च षडेव तु॥५६॥
अजाक्षीरेण संपेक्ष्य ताम्रपात्रे निधापयेत्।
अभिष्यंदमधीमथ व्रणशुक्लं कुकूणकम्॥
तिमिर पटलं काचं कण्डूं हंति विशेषतः॥५७॥

ताँबे की भस्म १६ भाग, मुलैठी का चूर्ण १४ भाग, कूठ का चूर्ण १२ भाग, वच का चूर्ण १० भाग, चाँदी की भस्म ४ भाग, सुवर्ण भस्म २ भाग, सैंधानमक ८ भाग और पीपल का चूर्ण ६ भाग लें। सबको एकत्र बारीक पीसकर बकरी के दूध में खरल करके बत्तियाँ बना लें। फिर छाया में सुखाकर और सुरमे के समान बारीक पीसकर ताँबे के पात्र में भरकर रख दें। इसको नेत्रों में लगाने से नेत्रों का दुखना, अधिमन्थ, नेत्रों व्रण, फूला, कुकूणक, तिमिर, पटल, मोतियाबिन्द विशेषकर नेत्रों की खुजली आदि सब रोग नष्ट होते हैं॥५५-५७॥

नयनरोगहरी वर्ति

कणलवणवचायुग्यष्टिताम्रैः क्रमेण-
द्विगुणधरणवृद्धैश्छागदुग्धेन पिष्टैः।

निखिलनयनरोगान् हंति वर्तिर्विशिष्टार-
जइव निशि सर्पिःक्षौद्रयुक्तं वराया॥५८॥

छोटी पीपल १ तोला, समुद्रनमक 1½ तोला, वच २ तोले, मुलैठी 2½ तोले और ताम्रभस्म ३तोले सबको एकत्र पीसकर कपड़छान करके बकरी के दूध में खरल करे। फिर बत्ती बनाकर छाया में सुखा लें। जैसे त्रिफले के चूर्ण को घी और शहद के साथ रात्रि में खाने से सम्पूर्ण रोग नाश हो जाते हैं, उसी प्रकार इस बत्ती को घी और शहद में घिसकर रात्रि में आँजने से नेत्रों के समस्त रोग नष्ट होते हैं॥५८॥

शिग्रुतैल

चिंचादलस्वरपेषितशिग्रुबीजं
कांस्ये निघृष्य परिशोष्य खरातपेन।
तैलं ततः शृतमिदं शशिपादयुक्तं
युंज्याद्व्रणार्मतिमिरे तिलमात्रमक्ष्णि॥५९॥

सैंजने के बीजों के चूर्ण को काँसे के बर्त्तन में, इमली के पत्तों के स्वर स के साथ खरल करके तीक्ष्ण धूप में रख दे। जब उसमें तेल निकलकर बहने लगे तब उसको शीशी में भरकर रख दें। इस तेल में चौथाई भाग कपूर का चूर्ण मिला दें। इस तेल को तिल मात्र नेत्रों में लगाने से नेत्रों के व्रण, अर्म तिमिर आदि रोगों में शीघ्र लाभ होता है॥५९॥

नेत्र रोग के सामान्य उपाय

शिलायां निहतं नागं रसराजप्रवेशितम्।
द्विगुणं तुत्थमीषच्च कर्पूरं द्रोणपुष्पजैः॥६०॥
रसैर्विमर्दयेद्वर्तिरेषाऽभिष्यंदनाशिनी।
कार्पासरसपिष्टेन्दुमधुशुल्बरसाञ्जनम्॥६१॥
वाताभिष्यंदजे ताम्रं तिलपर्ण्यबुमर्दितम्।
शुल्वजीमूतलोहं च सीसं च समभागिकम्॥६२॥
द्विगुणं चाञ्जनं जातीतिलपर्णीमयूरजैः।
पिष्टं निर्घृष्टदध्न्यर्के श्लेष्माभिष्यंदनाशनम्॥६३॥

रसेंद्रभुजगो तुल्यौ ताभ्यां द्विगुणमञ्जनम्।
ईषत्कर्पूरसंयुक्तं दशमाशं च सर्जकम्॥६४॥
बलानागबलाजाजीरसैस्ताम्रे दिनत्रयम्।
मर्दितं स्यादभिष्यंदे सन्निपातात्मके हितम्॥६५॥
चूर्णे तीक्ष्णस्य ताम्रस्य रसेंद्रसमचारितम्।
रसांजनं च द्विगुणं वर्षाभूरसमर्दितम्॥६६॥
शर्करामाक्षिकोपेतं पित्ताभिष्यंदसूदनम्।
नागपारदधात्रीं दुरत्नाकरससैंधवम्॥६७॥
रसांजनं कणा क्षौद्रं तांबूलीपत्रवारिणा॥
ताम्रेण मर्दितं कांस्ये पित्ताभिष्यंदमंथनुत्॥६८॥
ताम्राऽहितारररसपीतकरोहिणीन्दु-
शौण्डीरसांजननदीजपुराणकांस्यैः।
वर्तिः कृता सकलसंमतिहंसपादी-
मूलौर्निहंति नयनामयजालुमाशु॥६९॥

मैनसिल के द्वारा भस्म किया हुआ सीसा और शुद्ध पारा ये प्रत्येक एक-२ भाग और नीला थोथा २ भाग लेकर तीनों को एकत्र खरल करे। फिर उसमें थोड़ा सा कपूर डालकर द्रोणपुष्पी के रस में घोटे और बत्ती बनाकर छाया में सुखा लें। यह बत्ती पानी में घिसकर नेत्रों में लगाने से नेत्राभिष्यन्द (आँखों का दुखना) रोग दूर होता है। बिनौलों के रस में कपूर को घोटकर उसमें समान भाग ताँबे की भस्म, रसौत और शहद मिलाकर सबको ताम्रपत्र में करके लाल चन्दन के काढे के साथ खरल कर लें। वातजनित अभिष्यन्द रोग में इस औषध के लगाने से विशेष उपकार होता है। ताँबा, अभ्रक, लोहा और सीसा ये सब समान भाग और काला सुरमा सबसे दुगुना लें। इन सबको एकत्र खरल करके चमेली के पत्तों के रस, तिलों की खल के रस और चिरचिटे के रस में क्रम से एक-२ बार घोटकर बत्ती बना लें। इस बत्ती को ताँबे के बर्तन में दही के पानी के साथ घिसकर नेत्रों में लगाने से कफ जनित नेत्राभिष्यन्दरोग

नष्ट होता है। पारा १ भाग, सीसा १ भाग, काला सुरमा २ भाग, जरा सा कपूर और सबकी दशमांश राल लेकर सबको एकत्र खरल करे। फिर खिरैंटी, गंगरेन और जीरा इन प्रत्येक के रस में ताँबे के बर्तन में करके एक-२ दिन तक घोटे और बत्ती बनाकर छाया में सुखा लें। यह बत्ती सन्निपातजन्य नेत्राभिष्यन्द में लगाने से शीघ्र लाभ करती है। तीक्ष्ण लोह १ भाग, ताँबे की भस्म १ भाग, पारा २ भाग और रसौत २ भाग सबको एकत्र खरल करके पुनर्नवा के रस में घोटे, फिर बत्ती बनाकर छाया में सुखा लें। इस बत्ती को खाँड और शहद के साथ घिसकर नेत्रों में आँजने से पित्तज अभिष्यन्दरोग नाश होता है एवं सीसा, पारा, आमले, कपूर, समुद्रफेन, सैंधानमक, रसौत पीपल और शहद सबको समभाग लेकर बारीक चूर्ण कर लें। फिर उसको काँसे के बर्तन में पानी के रस के साथ ताँबे की मुसली से घोटकर बत्ती बना ले। इस बत्ती को पानी में घिसकर नेत्रों में आँजने से पित्तजनित अभिष्यन्द और पित्तज अधिमन्थरोग नष्ट होता है। ताँबा, सीसा, चाँदी,पारा, पीली कटेरी, कपूर, पीपल, रसौत, समुद्रफल और पुराने काँसे का सूक्ष्म चूर्ण सबको समान भाग लेकर एकत्र चूर्ण करके लाल लज्जालु की जड़ के रस में घोटे और बत्ती बनाकर छाया में सुखा लें। यह बत्ती जल में घिसकर नेत्रों में लगाने से नेत्रों के सम्पूर्ण रोगों को शीघ्र नाश करती है।।६०-६९।।

पारदनागरसांजनसमानदृढशिंबिमूलकं सरजम्।
सप्तदिनं चिंचादलरसपिष्टं ताम्रपात्रपर्युषितम्।।७०।।
वर्तिरनातपशुष्काऽधिमंथतिमिरार्मपिल्लशुक्लघ्नी।।
पारदनागरसांजनविद्रुमकासीसलोध्रताम्राणि।।७१।।
वृत्तत्रिकटुमैरिकसिंधूद्भवतुत्थफेनवराः।
मौक्तिकगंधिन्याभागिरिकर्णीपुत्रजीवकनकशिफाः।।७२।।
चिंचाषड्विधमौर्वलवणं पिचुमंदपत्ररसैः।
पिष्टा ताम्रे लिप्ता वर्तिः स्यादधिमंधपिल्लघ्नी।।७३।।
कर्पूरांजनसीसपारदकणातीक्ष्णानि पिष्ट्वा सकृ-
त्रंद्यावर्तसौर्वशोष्य मधुना पिष्ट्वा पुनर्भाजने।

शांङ्ग स्फाटिक एव वा विनिहितः शुक्लार्मकाचापहं
तैमिर्यं च निराकरोति सहसा नेत्रेऽञ्जनं सर्वदा॥७४॥
नेपालतुत्थटंकणतारवरात्रिकटुफेनजलजं च।
जंबीरनीरपिष्टं काचार्मस्रावतिमिरशुक्लपिल्लघ्नम्॥७५॥
रुद्धः कपर्दटंकणलाक्षाजंबीरयोर्द्रावैः।
मासं धान्ये क्षिप्तः सूतः पटलादिरोगहरः॥७६॥
स्वर्णं वराटिकासूतः सारः पूतिकपत्रजः।
नवनीतेन संयुक्ता वर्तिः पुष्पं चिरंतनम्॥७७॥
विषं धात्रीफलरसैर्दिनैकं परिभावितम्।
अंजनं शंखसहितं प्रगाढतिमिरप्रणुत्॥७८॥
शंबूकं वा वराट वा दग्ध सूक्ष्मं विचूर्णयेत्।
अंजनं नवनीतेन हंति पुष्पंचिरंतनम्॥७९॥

पारा, सीसा, रसौत, मोथातृण की मूल और राल सबको समान भाग लेकर इमली के पत्तों के रस में ७ दिन तक खरल करके कल्क कर लें। इस कल्क को ताँबे के बर्तन में ल्हेसकर रातभर ओस में रक्खा रहने दें। प्रातः काल में उसकी बत्ती बनाकर छाया में सुखा लें। इस बत्ती को पानी में घिसकर नेत्रों में लगाये तो इससे अधिमन्य, तिमिर, अर्म, पिल्ल, शुक्ल आदि नेत्र रोग नाश होते हैं। अथवा पारा, सीसा, रसौत, मूँगे की पिष्टी, कसीस, लोध, ताम्रभस्म, मांसरोहिणी, त्रिकुटा, गेरू, सैंधानमक, तूतिया, समुद्रफेन, त्रिफला, मोती, कपूरकचरी, बबूर की छाल, कोयल की जड़, जियापोता, धतूरे की जड़, इमली के बीजों की गिरी, समुद्र नमक, सैधानमक, कालानमक, बिडनमक, कचियानमक और मेंढासिंगी इन औषधियों को समान भाग लेकर एकत्र बारीक चूर्ण कर लें। उस चूर्ण को नीम के पत्तों के रस में घोटकर ताँबे के बर्त्तन में लेपकर के रात्रिभर रक्खा रहना दें। फिर प्रातः काल में उसकी बत्ती बनाकर छाया में सुखा लें। यह बत्ती नेत्रों के अधिमन्थ और पिल्लरोग

को विनाश करने वाली है। कपूर, काला सुरमा, सीसा, पारा पीपल और तीक्ष्णलोह इन समस्त औषधियों को नीम के पत्तों के रस में घोटकर सुखा लें। फिर शहद में घोटकर मैदा के समान बारीक अंजन बना लें। इस अंजन को सींग की अथवा स्फटिकमणि की बनी हुई डिबिया में भरकर रखे। इस अंजन को सदैव नेत्रों में आँजने से शुक्ल, अर्म, काच (मोतियाबिन्द) तिमिर आदि रोग शीघ्र दूर होते हैं। नैपाली ताँबा, तूतिया, सुहागा, रजतभस्म, त्रिफला, त्रिकुटा, समुद्रफेन और नागरमोथा इन सबको जम्बीरी नींबू के रस में घोटकर बत्ती बनाकर छाया में सुखा लें। यह बत्ती-पानी में घिसकर लगाने से मोतियाबिन्द, अर्म, नेत्रस्राव, तिमिर, फूला, पिल्ल इत्यादि समस्त नेत्र व्याधियों को नष्ट करती है। कौडियों में पारा भरकर उनके मुँह को लाख और जम्बीरी नींबू के रस में घोटे हुए सुहागे से बन्द करके सुखा ले। फिर उनको एक हाँडी में बन्द करके धानों के ढेर में गाड़कर एक महीने तक रक्खा रहने दें। महीने भर के बाद कोड़ियों को निकालकर बारीक चूर्ण करके कपड़छान कर लें। यह अंजन नेत्रों के पटलादि (पलकों के) रोगों के दूर करने वाला है। सोने के पत्र, कौडी और पारा तीनों को समान भाग लेकर दुर्गन्ध करंज के पत्तों के रस में खरल करके बत्तियाँ बना लें। इस बत्ती को नैनी घी के साथ घिसकर लगाने से बहुत पुराना नेत्रों का पुष्परोग, फूला नष्ट होता है। शुद्ध वत्सनाभ विष को आमलों के रस या काढ़े में एक दिन तक भावना देकर उसमें विष के बराबर शंख का चूर्ण डालकर खूब बारीक खरल करके अंजन बना लें। यह अंजन नेत्रों में लगाने से प्रबल तिमिर रोग को शीघ्र दूर करता है। शंख अथवा कौड़ी की भस्म को बारीक पीसकर कपड़छान करके अंजन तैयार करे। यह अंजन नैनी घी में मिलाकर नेत्रों में आँजने से चिरकाल के पुष्परोग (फूले) को नाश करता है।।७०-७९।।

शिग्रुमूलं वचां क्षोद्रैर्घृष्ट्वा नेत्रं प्रपूरयेत्।
निष्प्रिष्याऽऽर्द्रां निशां वाथ सद्यः शूले सुखावहः।।
श्वेत पुनर्नवामूलं जलेनांज्यं च शूलनुत्।।८०।।

श्वेत पुनर्नवामूलं घृतघृष्टं समञ्जयेत्।
जलस्रावं निहंत्याशु तन्मूलं च निशायुतम्॥८१॥
अञ्जयेद्वत्क्रोमाणि न भवंति कदाचन॥
निर्घृष्यं नृकपालं च नारीस्तन्येन चांजयेत्॥८२॥
शूलं सतिमिरं हंति पुष्पं सर्पाक्षिदुग्धतः।
बीजपूररसैर्घृष्टं विषतुल्यं शिलायुतम्॥८३॥
अंजनं करयेद्रात्रौ काचमांध्यं च नाशयेत्।
कृष्णस्याजस्य मांसांतः पिप्पलीमरिचं क्षिपेत्॥८४॥
सीवयित्वा घृतैः पच्चाद्घटिकांते समुद्धरेत्।
मध्वाज्यस्तन्यसंपिष्ट रात्र्यंधस्यांजनं हितम्॥८५॥
असकृच्छीततोयेन सिञ्चेन्नेत्राभिष्यंदजित्।
अजापित्तगतं व्योषं धूमस्थाने विशोष्य च॥८६॥
चिरबिल्वरसैर्घृष्टं रात्र्यंधस्याञ्जनं हितम्।
मरिचं मत्कुणे रक्ते रात्र्यंधहरमञ्जनम्॥८७॥
गंधकाद्द्विगुणः सूतः सौवीरं चाष्टमांशतः।
कपित्थरससंपिष्टमञ्जनं तिमिरप्रणुत्॥८८॥

सैंजने की जड़ और वच को समान भाग लेकर बारीक चूर्ण करके शहद के साथ खरल करे। इस रगड़े को नेत्रों में भरने से अथवा गीली हल्दी को जल में पीसकर नेत्रों में आँजने से नेत्रों के शूल रोग में तत्काल आरोग्य लाभ होता है। अथवा सफेद पुनर्नवा (विषखपरे) की जड़ को जल में पीसकर आँजे तो नेत्र शूल दूर होता है और श्वेत पुनर्नवा की जड़ को घी में घिसकर आँजने से नेत्रों में से जल का बहना शीघ्र दूर होता है। एवं श्वेत पुनर्नवा की जड़ और हल्दी को एकत्र जल में बारीक पीसकर नेत्रों में आँजने से मुँह के ऊपर बाल (मूँछें, दाढी कभी नहीं जमते। मनुष्य की खोपड़ी की हड्डी को स्त्री के दूध में घिसकर नेत्रों में आँजने से नेत्रों की पीड़ा और अन्धकार सा छाया सा रहना शीघ्र

दूर होता है। और नकुलकन्द को दूध में पीसकर आँजने से आँखों का फूला दूर होता है। शुद्ध मीठा तेलिया और मैनसिल दोनों को समान खूब बारीक खरल करे। इस अंजन को रात्रि में नेत्रों में आँजने से मोतियाबिन्द और रतौंधी दूर होता है। काले बकरे के मांस(खाल) के भीतर पीपल और मिरचों का चूर्ण खूब अच्छी तरह भरकर चारों तरफ से उसे सी दें। फिर उस थैली को खोलते हुए गरम घी में डालकर एक घडी तक पकावे। इसके बाद उसको निकालकर शीतल होने पर खूब बारीक खरल करके शीशी में भरकर रख दें। इस अंजन को शहद, घृत और दूध के साथ पीसकर नेत्रों में आँजे। यह अंजन रतौंधी को दूर करने के लिए विशेष उपयोगी है। बारंबार नेत्रों में शीतल जल के छींटे मारने से दुखती आँखों में विशेष लाभ होता है और फिर कभी आँखें नहीं दुखती। बकरी के पित्त के साथ त्रिकुटे को पीसकर गोला बना ले और उसको धुयें में रखकर सुखावे। खूब सूख जाने पर उसको करंज के पत्तों के रस में घोटकर अंजन तैयार कर ले। यह अंजन रतौधी को दूर करने की उत्तम औषध है। खटमल के रक्त में मिरचों की भावना देकर नेत्रों में आँजने से भी रतौंधा दूर हो जाता है। शुद्ध गन्धक १ भाग, पारा २ भाग और सफेद सुरमा ८ भाग तीनों को कैथ के रस में खरल करके प्रतिदिन नेत्रों में आँजने से नेत्रों का तिमिर (अन्धेरा) आदि सब रोग नाश होते हैं।८०-८८।।

इति श्रीवाग्भटाचार्यविरचिते रसरत्नसमुच्चये भाषाटीकायां त्रयोविंशोऽध्यायः समाप्तः ।।२३।।

संदर्भ :

१. स्रोतोजशब्देन कृष्णाञ्जनग्रहणमेव।

२. सिता।

चतुर्विंशोऽध्यायः

कर्णरोग

शूला दोषचयाभिसूतिजनिताः पञ्च प्रतीनाहरुक्
कण्डूविद्रधिपालिशोथपरिपोटोत्पातलेह्यर्बुदाः।
शोफार्शः कृमिकूचिकर्णकविदोर्युग्मन्थसंतंत्रिका-
नादः पिप्पलिदुःखवृद्धिबधिरास्ते पूतिकर्णेन च॥१॥

वात, पित्त, कफ, रक्त और सन्निपात इन दोष भेदों के द्वारा उत्पन्न होने से कर्णशूल (कान का) रोग पाँच प्रकार का होता है। प्रतीनाह, कर्णकण्डू, कर्णविद्रधि, कर्णपालि, कर्णशोफ, कर्णपोट, कर्णोत्पात, कर्णलेही, कर्णका, अर्बुद, कर्णशोथ, कर्णाश, कर्णकृमि, कूचिकर्णक, दोर्युग्म, कर्णमन्थ, तन्त्रिकानाद, पिप्पलीदुःख, कर्णवृद्धि बधिरता और पूतिकर्ण ये सब कान के मुख्य-२ रोगों के नाम हैं।॥१॥

कर्णरोगहर रस

वज्रवैक्रांतविमलतुत्थनागरसान्वितैः।
तुल्यपारदगंधाश्ममाक्षिकैः कज्जलीकृतः॥२॥
लशुनार्द्रकशिग्रूणामरण्या मूलकस्य च।
पृथग्रसैः कदल्याश्च सप्तधा परिभावयेत्॥३॥
एवं सुपिष्ट्वा वल्लेन सेवितः कर्णरोगनुत्॥४॥

हीरे की भस्म, वैक्रान्तमणिका भस्म, रूपामाखी की भस्म, शुद्ध नीलाथोथा, सीसे की भस्म, शुद्ध मीठा तेलिया, पारा, गन्धक और सोनामाखी की भस्म, इन सब रसों का समान भाग लेकर यथाविधि

मिश्रित करके कज्जली कर ले। फिर उस कज्जली को लहसुन, अदरख, सैंजने की जड़ और अरणी की जड़ इन प्रत्येक के रस में क्रम से एक बार भावना दे, फिर केले के रस की सात बार भावना देकर सुखा लें और बारीक पीसकर शीशी में भरकर रख लें। इस रस को एक-२ रत्ती परिमाण सेवन करने से सब प्रकार के कर्णरोग नाश होते हैं।।२-४।।

कर्णामयघ्न तैल

कुष्ठशुण्ठीवचाहिंगुशताह्वाशिग्रुसैंधवैः।
बस्तमूत्रैः शृतं तैलं सर्वकर्णामयापहम्।।५।।

कूठ, सोंठ, वच, हींग, सोया, सैंजने के बीज, सैंधा नमक इन सबको समान भाग, सबके बराबर तेल और समस्त औषधियों तथा तेल आदि से चौगुना बकरे का मूत्र ले। प्रथम सम्पूर्ण औषधियों को मूत्र में पीसकर कल्क कर ले, फिर उसको तेल में मिलाकर यथाविधि तेल को सिद्ध करे। यह तेल कान में डालना, मर्दन करना, पान करना आदि उपचारों के द्वारा प्रयोग करने से सब प्रकार के कान के रोगों को दूर करता है।।५।।

कृमिकर्णारि तैल

अब्धिफेनो वचा शुण्ठी सैंधवं च समं समम्।
समतैलार्द्रकद्रावैः पक्वे तस्मिन्पलद्वये।।६।।
पूर्वोक्तचूर्णं कर्षांशं क्षिप्त्वोत्तार्य सुशीतलम्।
तत्तैलं प्रक्षिपेत्कर्णे ध्रुव गोमक्षिका व्रजेत्।।७।।

समुद्रफेन, वच, सौंठ, सैंधानमक इन चारों को समान भाग लेकर चूर्ण कर लें। इस चूर्ण को एक तोला लेकर ८ तोले अदरख के रस में पीसकर ८ तोले तेल में मिलाकर तेल को उत्तम प्रकार से पकाये। पककर तेल मात्र शेष रह जाने पर उसको उतारकर शीतल हो जाने पर वस्त्र में छान लें। इस तेल की दो चार बूँदें कान में डालने से कान में गिरा हुआ मक्खी आदि जन्तु शीघ्र निकल जाता है और कान की पीड़ा शान्त हो जाती है।।६-७।।

सामान्य उपाय

कर्णशूलहरः क्षेप्यो लवणार्द्रकयो रसः।
तिलपर्णीद्रवं तैलं कोष्णं कर्णे प्रपूरयेत्॥
अर्कपत्रद्रवं तैलं पूरयेत्कर्णशूलनुत्॥८॥
लशुनस्य रसं कोष्णं पूरयेत्कर्णशूलनुत्।
मेघनादद्रवैः पूर्णे कर्णे पूयः प्रशाम्यति॥
मुशलीबाकुचीचूर्णं खादेद्बाधिर्यशांतये॥९॥
कतकं शिग्रुलवणमारनालेन पेषयेत्।
कर्णमूलस्थितं स्फोटं सोष्णलेपाद्विनाशयेत्॥१०॥
पुत्रजीवफलस्यैव मज्जा जलनिपेषिता।
लेपात्कर्णे गले कक्षे स्फोटं हंत्युरुमूलकम्॥११॥
तगरब्रह्मवृक्षस्य दंतैर्मूलानि चर्वयेत्।
रसेन श्रवणं तस्य पूरयेदतियत्नतः॥
गोमक्षिका विनिर्याति पूरणस्य विधानतः॥१२॥
मुशलीकंदचूर्णं हि महिषीनवनीततः।
लोलयेद्रोधयेद्भाण्डे धान्यराशौ निधापयेत्॥१३॥
सप्ताहादुद्धृतं लेह्य कर्णपालीं विवर्धयेत्।
चर्मचेटस्य रक्तेन लेपात्कर्णौ विवर्धते॥
वराहोत्थेन तैलेन लेपात्कर्णौ विवर्धते॥१४॥

(१) समुद्रनमक को अदरख के रस में पीसकर कुछेक गरम करके सुहाता २ कान में डालने से कान का दर्द दूर होता है।(२) तिलों की खल के रस में तेल को मिलाकर सुहाता २ कान में डाले, अथवा आक के पत्तों के रस को तेल में मिलाकर कुछ गरम करके कान में डाले तो कान की पीड़ा नष्ट होती है। (३) लहसुन के मन्दोष्ण रस को कान में डालने से कान का शूल दूर होता है। (४) चौलाई के रस को कान में डालने से कान में से पीब का निकलना बन्द होता है। (५)

मुसली और बावची के चूर्ण को समान भाग लेकर सेवन करने से बहरापन दूर होता है (६) निर्मली के बीज, सैंजने के बीज और समुद्र नमक तीनों को काँजी में पीसकर गरम करके सुहाता २ कनपटी पर लेप करने से कनपटी की सूजन व फोड़ा शमन होता है। (७) जियोपोता के फल की गिरी को पानी में पीसकर लेप करने से कान, गला तथा कोख में तथा जंघाओं की मूल में उत्पन्न हुआ फोड़ा नष्ट होता है। (८) तगर और ढाक की शाखाओं को दाँतों से चबा चबाकर उनका रस निकाले। उस रस को बड़ी सावधानी से कान में डाले इस रस के डालने से कान में गिरी हुई मक्खी आदि शीघ्र निकल जाती है। (९) मुसली को खूब बारीक पीसकर कपड़छान करके भैंस के नैनी घी में मिला लें। फिर चूने के सम्पुट में उक्त घृत का लेप करके उसको धानों के ढेर में गाड़ दें, सात दिन बाद उस सम्पुट को निकालकर उस औषध को प्रतिदिन उपयुक्त मात्रा से सेवन करे तो कान की पाली बढ़ जाती है।(१०) चिमगादड के रुधिर का लेप करने से कान की वृद्धि होती है। (११)सूअर की चर्बी का लेप करने से भी कान की वृद्धि होती है।।८-१४।।

नासागत रोग

षट पीनसाश्च मलसंचयरक्तदुष्टैः
पूयास्त्रदीप्तपिटिका र्बदपूतिनासाः।।
आस्त्रावनाहपरिशोषभृशक्षवार्शः-
पाकैरपीनसयुतैश्च गदा नसि स्युः।।१५।।

वात, पित्त, कफ इन तीनों से भिन्न भिन्न दोषों से और त्रिदोष से एवं मल के संचित होने से और रुधिर के दूषित होने से छः प्रकार का पीनस रोग दूर होता है। पानसरांग में निम्नलिखित लक्षण होते हैं। नाक में से पीब अथवा रुधिर का निकलना, दाह होना नाक में फुन्सियों का निकलना, अर्बुद का होना, दुर्गन्ध आना, पानी का झड़ना, नाक का सूजना नाक के शोषित होने से अत्यन्त सूख जाना, छींकें अधिक आना, नाक में अर्श होना और पीनस के विना भी नाक का पकना इत्यादि रोग नासिका में होते हैं।१५।।

मणिपर्पटी रस

वज्रं मरकतं पुष्पमिन्द्रनीलं सुचूर्णितम्।
रसहिंगुल गंधं च कज्जली कारयेद्भिषक्॥
द्रावयेत्तां लोहपात्रे पर्पट्याकारतां नयेत्॥१६॥
निर्गुंडीतुलसीशिग्रुधतूररविवह्निजः॥१७॥
रसैर्व्योषवरारंभासुरसैरपि भावयेत्।
आर्द्रकस्य रसेनापि सप्तधा परिभावयेत्॥१८॥
एवं सिद्धोरसो नाम्ना विख्याता मणिपर्पटी।
सेविता गुंजया तुल्या निहन्यान्नासिकागदान्॥१९॥
पथ्योपचारादिवशात्सर्वव्याधीन्विशेषतः॥२०॥

हीरे का चूर्ण, मरकत मणि (पन्ना), पुखराज, नीलम इन सबका बारीक चूर्ण, पारा, सिंगरफ, और गन्धक सबको समान भाग लेकर प्रथम पारे, गन्धक की कज्जली कर ले। फिर लोहे की कढाई में घी चुपड़कर उसमें कज्जली को डालकर मन्द मन्द अग्नि से पिघलावे। जब वह खूब पतली हो जाय तब उसमें उक्त रत्नों का चूर्ण मिलाकर उसको पूर्वोक्त विधि के अनुसारःकेले के पत्ते पर ढालकर पर्पटी तैयार कर ले। उस पर्पटी को पीसकर निर्गुण्डी, तुलसी, सैंजने की छाल, धतूरा, आक, चीता, त्रिकुटा, त्रिफला और केला इन प्रत्येक के रस में क्रम से एक २ बार भावना देकर फिर अदरक के रस में सात बार भावना दें और सुखाकर बारीक चूर्ण कर लें। इस प्रकार यह मणिपर्पटी नामक रस सिद्ध होता है। इसको प्रतिदिन एक एक रत्ती परिमाण उपर्युक्त अनुपान के साथ सेवन करे। यह रस नासिका के सम्पूर्ण रोगों को नष्ट करता है और पथ्य आदि उपचारों का विशेष रूप से पालन करने और भिन्न भिन्न अनुपानों के द्वारा प्रयोग करने से सब प्रकार की व्याधियों को दूर करता है॥१६-२०॥

सामान्य उपाय

पूयास्रमतिदुर्गंधि नासायामतितापनुत्।
कृतं नस्येन हन्यात्तच्छ्वेतजीरं सितायुतम्॥२१॥

घृताक्तं कुंकुमं घृष्टं नस्यं पीनसजिद्भवेत्।
जलेन पेषयेद्धिंगुह्यञ्जनात्कामलां जयेत्॥२२॥
तद्वत्तंडुलतोयेन ह्याकुलीमूलमञ्जयेत्।
कामलां हंति नो चित्रं नासारोगयुतोद्भवाम्॥२३॥

नाक से पीब अथवा रुधिर निकलता हो, अत्यन्त दुर्गंध आती हो और अत्यंत दाह होती है तो सफेद जीरे को पानी में पीसकर वस्त्र में छान लें, फिर उस रस में अथवा जीरे के काढ़े में मिश्री मिलाकर उसकी नस्य दे। अथवा उस रस की दो, चार बूंदें नाक में डाले। अथवा शंख, जीरा और मिश्री इन तीनों के समान भाग चूर्ण को एकत्र मिलाकर उसकी नस्य दे। इन प्रयोगों के करने से उपर्युक्त सब विकार नष्ट होते हैं। केसर को घृत में पीसकर कुछ गरम करके उसकी नस्य देने से पीनस रोग दूर होता है। हींग को जल में बारीक पीसकर नेत्रों में आँजने से नासारोग के कारण उत्पन्न हुआ कामला रोग नष्ट होता है, इसी प्रकार यदि चावलों के धोवन के पानी में नकुलबन्द की जड़ को पीसकर आँखों में आँजे तो कामलारोग अवश्य नष्ट होता है और नासिका के भी समस्त रोग आरोग्य हो जाते हैं॥२१-२२॥

मुखरोग

एको गण्डभवो गदः षडुदिता जिह्वाद्भवास्तालुजा-
श्चाष्टावष्ट च मस्तजाश्च दशनोद्भूता दशौष्ठोद्भवाः।
संत्येकादश च त्रयोदश गदा दंतस्य मूलोद्भवाः।
कण्ठेऽष्टादश चोदितावदनजा पंचाधिकासप्ततिः॥२४॥

गालों में होने वाला एक १ रोग, जिह्वा के ६ रोग, तालु के ८ रोग, मस्तक के ८, दाँतों के १०, ओठों के ११, दाँतों की जड़ों अर्थात् मसूड़ों के १३ और कण्ठ के १८, इस प्रकार सब मिलाकर ७५ मुखरोग कहे गए हैं॥२४॥

मुखरोगारि रस

ताप्याभ्रतुत्थकुनटीराजावर्तशिलाजतु।
गुग्गुलुर्हरवीर्यं च मुखरोगनिबर्हणम्॥२५॥

सोनामाखी की भस्म, अभ्रक भस्म, नीले योथे की भस्म, मैनसिल की भस्म, राजावर्त्त की भस्म, शुद्ध शिलाजीत, गूगल और पारा इन औषधियों को समान भाग लेकर एकत्र बारीक खरल कर लें। यह रस उपर्युक्त अनुपान के साथ सेवन करने से मुख के समस्त रोगों को नष्ट करता है॥२५॥

रसवटी

रूप्यादिचूर्णमादाय पिष्टीं साधय यत्नतः।
निंबुमध्ये विनिक्षिप्य दिनानां पंच धारय॥२६॥
तालचूर्णं समादाय भानुदुग्धेन भावयेत्।
तन्मध्ये गुलीकां क्षिप्त्वा पचस्व तिलतैलके॥२७॥
दोलायंत्रे निबध्यैनां यत्नेन दिवसत्रयम्।
मलापकर्षणं कृत्वा मधुभाण्डे निधापयेत्॥
मुखे धारय दंतानां दार्ढ्याय गुटिकामिमाम्॥२८॥

चांदी आदि किसी धातु का चूर्ण लेकर उसमें समान भाग पारा मिलाकर खूब बारीक पिट्ठी पीसें। फिर उस पिट्ठी को पके हुए नींबू के भीतर भरकर और अच्छे प्रकार से बन्द करके पांच दिन तक रखा रहने दें। छठे दिन नींबू में से पिट्ठी को निकालकर खूब बारीक खरल करके गोलियां बना लें। इसके पश्चात् हरताल के चूर्ण को आक के दूध में घोटकर कल्क करे, उसमें उक्त गोलियों को अच्छे प्रकार से लपेटकर तिल के तेल में पकायें। जब गोलियां पकते-२ लाल हो जायं तब उनको निकालकर दोलायन्त्र में यत्नपूर्वक अधर लटकाकर काँजी आदि पदार्थों के द्वारा तीन दिन तक स्वेद दें। इस प्रकार दोषों को दूर करके उन गोलियों को शहद से भरे हुए बर्तन में डालकर रख दें। आवश्यकता होने पर उसमें से एक गोली निकालकर मुँह में दाढ़ के नीचे दाबकर रखे। ये गोलियां दांतों को दृढ़ बनाने के लिये परम उपयोगी हैं॥२६-२८॥

महासरस्वती चूर्ण

अश्वगंधाऽजमोदा च वचा कुष्ठं कटुत्रयम्।
शतपुष्पं ब्रह्मबीजं सैंधवं च समं समम्॥२९॥
एतदर्धं वचार्धं च चूर्णितं मधुसर्पिषा।
भक्षयेत्कर्षमात्रं तु जीर्णांते क्षीरभोजनः॥३०॥
सहस्रग्रंथधारी स्यान्मूको वा वाक्पतिर्भवेत्।
महासरस्वतीचूर्णं बुद्धिजाड्ये परं हितम्॥३१॥

असगन्ध, अजमोद, वच, कूठ, त्रिकुटा, सौंफ, ब्राह्मी के बीज और सैंधानमक इन सबको समान भाग लेकर बारीक चूर्ण करके कपड़छान कर लें। फिर प्रतिदिन प्रातः और सायंकाल में इस चूर्ण को और वच के चूर्ण को छः-२ मासे लेकर शहद और घृत में मिलाकर सेवन करे और औषधि के जीर्ण हो जाने पर केवल दुग्धपान करे। इस चूर्ण के सेवन से गूँगा मनुष्य भी हजारों ग्रन्थों को स्मरण करने वाला, बृहस्पति के समान बुद्धिमान हो जाता है। यह महासरस्वती चूर्ण मन्द बुद्धिवाले मनुष्यों के लिये अत्यन्त हितकारी है॥२९-३१॥

मुखरोग और गण्डमाला आदि गले के रोगों के सामान्य उपाय

चूर्णं त्वामलकस्यैव गवां क्षीरेण पाययेत्॥
गलकीलकनुत्यर्थं विपतिंदुं सनागरम्॥३२॥
हरीतक्या च संयुक्त मुखे धारय संततम्।
बहुशो भानुदुग्धेन सैंधवेन प्रलेपनम्॥
भल्लातकरसं दत्त्वा चूर्णं चोपरि बंधयेत्॥३३॥
यः प्रातरुद्वेजयति द्विजाञ्ज्याकाष्ठेन
वज्रद्विज एष जायते।
तेनैव तैलोपहितेन मार्जनाज्जिह्वा
जहात्युद्धतपूतिगंधताम्॥३४॥
मुखपाकापनुत्यर्थं मधुनापर्पटीरसम्।
खादयेत्कृतगण्डूषो वटिकां चानुधारयेत्॥३५॥

महाराष्ट्रिकचूर्णं च चतुष्कृत्त्वो विभावयेत्।
निंबार्द्रकरसाभ्यां च गुटिका मुखशोषनुत्॥३६॥
श्वेतं पुनर्नवामूलं सर्पाक्षीमूलसंयुतम्।
उद्वर्तनं हरेत्स्त्रीणां मुखच्छायांसुदुःसहाम्॥३७॥
महिषीक्षीरसंपिष्टं रजनीरक्तचंदनम्।
कृतलेपं निहंत्याशु श्यामिकां गंडयोः स्थिताम्॥३८॥
मुखच्छायाहरं बंगभस्म स्यान्महिषीजलैः॥
गोमयस्य रसं सर्पिर्मातुलुंगं मनः शिला॥३९॥
मुखवर्णकरं श्रेष्ठं तिलकानां च नाशनम्॥
उभे हरिद्रे मंजिष्ठा घृतं गौराश्च सर्षपाः॥४०॥
पेष्या गैरिकसंयुक्ता ह्यजाक्षीरेण पाचिताः।
एतेनैव भवेद्वक्रमुदयादित्यसंनिभम्॥४१॥

आमलों के चूर्ण को गाय के दूध में पीसकर सेवन कराने से गले में उत्पन्न हुए मांस के अंकुर(अर्थात् मुँह के आने पर उत्पन्न हुए छाले) और गले का अर्श रोग दूर होता है। एवं कुचला, सौंठ और हरड़ तीनों को समभाग लेकर पानी में पीसकर गोलियाँ बना लें। इनमें से एक-२ गोली हर समय मुख में धारण करने से गले के अंकुर नष्ट होते हैं। सैंधे नमक को आक के पत्तों के रस में सात-२ बार भावना दे, फिर आक के दूध में मिलाकर उसका मुँह के ऊपर लेप करे तो गले के अंकुर दूर होते हैं। अथवा भिलावों के रस का गले के बाहर लेप करके ऊपर से चूना बुरक कर पट्टी बाँध दें। इससे गले के भीतर और बाहर दोनों प्रकार के मांसाकुर के (छाले) शान्त हो जाते हैं। जो मनुष्य प्रतिदिन प्रातः काल अरणी की हरी लकड़ी से दन्तधावन करता है उसके दाँत वज्र के समान मजबूत हो जाते हैं। और अरणी की लकडी की दतौन करके उसमें से निकले हुए तैल से जीभ को खूब रगड़ने से जीभ की भयंकर दुर्गन्ध दूर होती है। मुँह के पक जाने (अर्थात् मुँह में

छाले पड़ जाने) पर उसको शान्त करने के लिए पर्पटी रस को शहद में मिलाकर सेवन करे अथवा निम्नलिखित औषधियों के जल के कुल्ले करें या गोली मुख में धारण करें। जल पीपल के चूर्ण को चौगुने नींबू के रस में और अदरख के रस में एक-२ बार भावना देकर गोलियाँ बना लें। इन गोलियों को मुँह में डालकर रस चूसने से मुखशोषरोग नष्ट होता है। सफेद पुनर्नवा की जड़ और सरहटी की जड़ को समान भाग लेकर बारीक चूर्ण करके उसका उबटन करने से स्त्रियों के मुख की झाईं (छीप) दूर होती है। हल्दी और लाल चन्दन को भैंस के दूध में पीसकर लेप करने से गालों की कालिमा शीघ्र दूर होती है। बंगभस्म को भैंस के मूत्र में पीसकर प्रलेप करने से मुँह की झाई, छीप आदि दूर होती है। गोबर का रस, घी, बिजौरे नींबू का रस और मैनसिल का चूर्ण सबको समभाग लेकर एकत्र मिश्रित करके मालिश करने से मुख का वर्ण अत्यन्त उज्ज्वल होता है और काले-२ दाग तिल आदि सब नष्ट हो जाते हैं। हल्दी, दारुहल्दी, मंजीठ, घृत, सफेद सरसों और गेरू सबको बकरी के दूध में पीसकर गरम करके मुँह पर मालिश करने से मुख सूर्योदय के समान कान्तिमान होता है।।३३-४१।।

गोमूत्रैः क्वाथयेत्कुष्ठं बालकं सहरीतकम्।
पिष्ट्वा सर्वं वटीं कुर्यान्मुखदौर्गंध्यनाशिनीम्।।४२।।
गृहधूमारनालेय क्वाथं समधुसैंधवम्।
गोमयैः क्वाथिता पथ्या मिशी कृष्णा कणान्विता।।४३।।
वदनस्य दुरामोदं निहंति परिशीलता।
लाजा जातीफलं पूगं तुल्यं भक्ष्यं पिबेदनु।।४४।।
शीततोयं पलार्धं च आस्यवैरस्यशांतये।
निर्गुंडीमुत्पलं कंदं चर्वयेदुजिह्वके।।४५।।
ताम्रपात्रे क्षणं पाच्यमभयाचूर्णकं मधु।
करेण गुटिका कार्या दंतैर्धार्या कृमीन हरेत्।।४६।।

कासीसं हिंगु सौराष्ट्री देवदारु समं जलैः।
गुटिकां धारयेद्दंतैः कृमिशूलहरं परम्॥४७॥
विशालायाः फलं चूर्ण्य तप्तलोहोपरि क्षिपेत्।
तद्धूमादूभृष्टदंताना कीटपातो भवत्यलम्॥४८॥
जातीकोरण्टपत्रं च चर्वयेत्प्रातरुत्थितः।
स्थिराः स्युश्चलिता दंतास्तत्काष्ठैर्दन्तधावनात्॥४९॥
मूलीबीजं मुखे धार्यं दंतदार्ढ्यकरं परम्।
किंचिल्लवणसंयुक्तमारनालं विपाचयेत्॥५०॥
तेनगंडूषमात्रेण मुखवैरस्यनाशनम्।
तांबूलचूर्णदिग्धस्तु गंडूषस्तिलतैलतः॥५१॥
कांजिकैर्लवणाक्तैर्वाः गण्डूषः सुखदायकः।
पारदं विमलं ताप्यं त्रिकटुं ताम्रसैंधवम्॥५२॥
तुल्यं गवां जलैः पिष्टं सुखोष्णं लेपयेन्मुहुः।
त्र्यहेण कण्ठशालूकं गलग्रंथिं च नाशयेत्॥५३॥

कूठ और सुगन्धवाला दोनों का गोमूत्र में काढ़ा बनाकर उसमें हरडों का चूर्ण डालकर पकायें। जब वह पककर गोली बनने योग्य गाढ़ा हो जाय तब नीचे उतार कर एक-२ रत्ती की गोलियाँ बना लें। ये गोलियाँ मुख में रखने से मुख की दुर्गन्ध को दूर करती हैं। घर का धुआँसा और काँजी का एकत्र क्वाथ बनाकर उसमें शहद और सैंधानमक डालकर उसके कुल्ले करने से मुख की दुर्गन्ध दूर होती है। गाय के गोबर के रस में हरडों को पकाये, जब वे पककर खूब सीज जायँ तब नीचे उतार कर उनकी गुठली निकाल डाले। फिर उनमें सौंफ, पीपल और बावची प्रत्येक का चूर्ण हरडों के बराबर-२ मिलाकर बारीक खरल करके गोलियाँ बना लें। ये गोलियाँ मुँह में रखते ही मुख की दुर्गन्ध को नष्ट करती हैं। खीलें, जायफल और सुपारी तीनों का समान भाग लेकर चूर्ण कर लें। इस चूर्ण को प्रतिदिन दो दो तोले भक्षण कर ऊपर से शीतल जल का अनुपान करे। यह चूर्ण मुख की विरसता को शान्त करने के लिए अत्यन्त उपयोगी है। निर्गुण्डी की जड़ और कमलकन्द दोनों

को खूब चबा चबाकर उनके रस को पीने से उपजिह्वा (काग) की पीड़ा शान्त होती है। हरड़ के चूर्ण और शहद को तांबे के बर्तन में थोड़ी देर तक पकाकर गोलियों को डाढों के बीच में दाबकर रखने से दाँतों के कीड़े नष्ट हो जाते हैं। कसीस, हींग, फटकरी और देवदारू सबको समान भाग लेकर जल में पीसकर गोलियां बना लें। इनमें से एक-२ गोली दाँतों के बीच में धारण करने से कृमिजनित शूल शीघ्र दूर होता है। इन्द्रायन के सूखे जल को पीसकर लोहे के खूब तपे हुए तवे के ऊपर डालकर कीड़ा लगे हुए दाँतों व डाढ़ों में-उसके धुँए का स्वेद दे तो दाँतों में से कीड़ा अवश्य निकल पड़ता है। चमेली के अथवा पीली कटसरैया के पत्तों को प्रतिदिन प्रातः काल में चाबने से अथवा इन दोनों में से किसी एक की लकड़ी की दातौन करने से हिलते हुए दाँत जमकर मजबूत हो जाते हैं। दाँतों को अत्यन्त दृढ़ करना हो तो मूली के बीजों को मुख में धारण करना चाहिए। थोड़ा सा समुद्रनमक डालकर काँजी को कुछ देर तक पकाये, फिर वस्त्र में छानकर उसके कुल्ले करे तो मुख की विरसता दूर होती है। तिल के तेल में पानों का चूर्ण मिलाकर उसके कुल्ले करने से अथवा कांजी में सैंधानमक मिलाकर कुल्ले करने से मुख की दुर्गन्ध दूर होकर मुख शुद्ध हो जाता है। पारा, रूपामाखी, सोनामाखी त्रिकुटा, ताँबा और सैंधानमक इन सबको समान भाग लेकर गोमूत्र में पीसकर अग्नि पर कुछ देर तक मरहम सा बना लें। इसका बारंबार सुहाता-२ लेप करने से कण्ठशालूक रोग और गले की ग्रन्थियाँ तीन दिन में ही शमन हो जाती हैं।।४२-५३।।

लेपयेद्भानुदुग्धेन सैंधवं गलकीलनुत्।
महिषीमूत्र संपिष्टं लोहकिटट्‌ क्षण पचेत्।।५४।।
तेन लेपो निहंत्याशु गलरोगं सुदुः सहम्।
जलेन लेपयेत्तुल्यं काञ्चनीचित्रकं विषम्।।५५।।
सप्ताहं लेपयेत्तेन ह्यपच्यो गंडमालिकाः।
स्फुटंति नात्र संदेहः स्फोटलेपमिमं शृणु।। ५६।।
निजद्रवेण संपिष्ट मुण्डीमूलं प्रलेपनात्।।५७।।

गंडमाला: क्षयं यांति तद्रवं च पिबेज्जलम्।
ब्रह्मदंडीयमूलं तु पिष्टं तंडुलवारिणा॥५८॥
स्फुटितां हंति लेपेन गंडमाला न संशय:।
गंधकं सूतकं तुल्यमर्कक्षीरेण सैंधवम्॥५९॥
पिष्ट्वा च कांचनी मूलं लेपोऽयं गंडमालिकाम्॥
अदृश्यां स्फोटयत्याशु मुडीद्रावेण पेषितम्॥६०॥
तन्मूलं लेपयेत्तत्र त्रि:सप्ताहंप्रशांतये।
पिष्ट्वा जैपालपत्राणि स्वरसेन ततो वटी॥
छायाशुष्का प्रलेपेन गंडमालां विनाशयेत्॥६१॥
हेमतारयुत सूतं तालकं क्षीरमर्दितम्।
क्षौद्रे तिलानां तैलेन प्रस्विन्नं दंतदार्ढ्यकृत्॥
दंतदार्ढ्यप्रसिद्ध्यर्थं गुटिकां देहि सर्वदा॥
रसस्य धातुबद्धस्य चालनं वर्षणं तथा॥६२॥

आक के दूध में सैंधे नमक को पीसकर लेप करने से गले में उत्पन्न हुए कील के समान नुकीले छाले नष्ट होते हैं। लोहे के मैल को भैंस के मूत्र में पीसकर कुछ देर अग्नि पर गरम करके लेप करने से गले के सम्पूर्ण रोग शीघ्र नाश होते हैं। कचनार की छाल, चीता और वत्सनाभविष तीनों को समान भाग लेकर जल में खरल करके लेप करे। इस औषधि को ७ दिन तक प्रलेप करने से अपची और गण्डमाला अवश्य फूट जाती हैं। उनके फूट जाने पर निम्नलिखित औषधियों का लेप करे। गोरखमुंडी जड़ को गोरख मुंडी के ही रस में पीसकर लेप करने से अथवा गोरखमुंडी की जड़ के क्वाथ को पान करने से गण्डमाला रोग शीघ्र दूर होता है। ब्रह्मदण्डी की जड़ को चावलों के जल में पीसकर फूटी हुई गण्डमाला के ऊपर लेप करने से निस्सन्देह आरोग्य लाभ होता है। गन्धक, पारा, सैंधा नमक और कचनार की जड़ सबको समभाग लेकर आक के दूध में खरल करके लेप करे। यह लेप गले के भीतर शमन करने के लिये उस पर गोरख मुंडी की जड़ को

मुंडी के ही रस में पीसकर लेप करे। इस प्रकार २१ दिन बराबर प्रलेप करने से गण्डमाला आरोग्य हो जाती है। अथवा जमालगोटे के पत्तों को उनके ही स्वरस में घोटकर गोलियां बनाकर छाया में सुखा लें। ये गोलियां जल में घिसकर लेप करने से गण्डमाला को विनाश करती हैं। सोने के और चांदी के बर्क, पारा और हरताल चारों को दूध में खरल करके गोलियां बना लें। फिर उन गोलियों को तिल के तेल से भरे हुए दोलायन्त्र में अधर लटकाकर स्वेद दें। फिर शहद में डालकर रख दें। ये गोलियाँ मुख में रखने से दाँतों को अत्यन्त मजबूत कर देती हैं। दांतों को दृढ़ करने के लिये अत्यंत प्रसिद्ध उक्त गोली को अथवा किसी धातुबद्ध पारे की गोली को बारंबार मुंह में इधर-उधर चलावे अथवा उस गोली को दांतों से घिसे तो दांत खूब मज़बूत हो जाते हैं।।५४-६२।।

मस्तकरोग

शिरस्तोदाश्च षट् प्रोक्ता दोषैः सर्वास्त्रजंतुभिः।
कम्पश्चार्धावभेदश्च सूर्यावर्तोऽपि शंखकः।।६३।।

वातज, पित्तज, कफज, रक्तविकारजन्य और कृमिदोषजन्य इस तरह छः प्रकार की शिर पीड़ा होती है। इसके अतिरिक्त शिर कम्प अर्धावभेदक, सूर्यावर्त और शंखक ये चार रोग और होते हैं। इस प्रकार सबको मिलाकर मस्तक के मुख्य १० रोग होते हैं।।६३।।

शिरोरोगारि रस

मृतसूताभ्रकं तीक्ष्ण कांतं ताम्रं मृतं समम्।
स्नुहीक्षीरैर्दिनं मर्द्यं पिण्डं तन्माषमात्रकम्।।
सप्ताहात्सूर्यवर्तादीन् शिरोरोगान्विनाशयेत्।।६४।।

पारे की भस्म, अभ्रक भस्म, तीक्ष्णलोहभस्म, कान्तलोहभस्म, और ताम्रभस्म सबको समान भाग लेकर थूहर के दूध में एक दिन तक खरल करे और एक-२ मासे की गोलियाँ बनाकर छाया में सुखा लें। फिर उसमें से प्रतिदिन एक-२ गोली सेवन करे। यह रस १ सप्ताह तक सेवन करने से सूर्यवर्त्तादि सम्पूर्ण शिरोरोगों को नष्ट करता है।।६४।।

शिरोरोग के सामान्य उपाय

गिरिकर्णीफलं मूलं सदलं नस्यमाचरेत्
मूलं वा बंधयेत्कर्णं निहंत्यर्ध शिरोव्यथाम्॥६५॥
गुडं करञ्जबीजं च नस्यमुष्णजलैर्हितम्।
मरिचं भृंगजैर्द्रावैर्लेपोऽयं हंति तां रुजम्॥६६॥
कुंकुमं मधुयष्टी च सिताघृतगुणोत्तरम्।
सप्ताहेन कृते नस्ये दाहं हंति शिरोरुचाम्॥६७॥
शिग्रुपत्ररसैर्मर्द्यं मरिचं चार्धशूलनुत्।
कुंकुमं घृतसंयुक्तं नस्याद्धंति शिरोरुजम्॥६८॥
पारदं मर्दयेन्निष्कं कृष्णधत्तूरजद्रवैः॥६९॥
नागवल्लीदलैर्वाऽथ वस्त्रखण्डं प्रलेपयेत्।
तद्वस्त्रं मस्तके वेष्ट्यं धार्यं यामत्रयं बुधैः॥७०॥
यूकाः पतंति निःशेषाः सलिक्षा नात्र संशयः॥७१॥
कण्टकारीफलरसैस्तैलं तुल्यं विपाचयेत्।
जपापुष्पद्रवैर्वाऽथ तल्लेपो दारुणप्रणुत्॥७२॥
द्विनिशा नवनीतेन लेपाद्वा खण्डकेशनुत्॥७३॥
जातीपुष्पं दलं मूलं कृष्णागोमूत्र पेशितम्।
लेपोऽयं सप्तरात्रेण दृढकेशकरः परम्॥७४॥
शृंगाटत्रिफलाभृंगीनीलोत्पलमयोरजः।
सूक्ष्मचूर्णं समं कृत्वा पचेत्तैले चतुर्गुणे॥
तल्लेपेन दृढाः केशाः कुटिलाः सरला अपि॥७५॥
कीटभक्षितकेशांतः स्थानं स्वर्णेन घर्षयेत्।
यावत्सुतप्ततां याति ततो लेपमिमं कुरु॥७६॥
भल्लातकं च वृहती गुंजामूलं फलं तथा।
मधुना सह लेपेन चाम्परोगचयप्रणुत्॥७७॥

गुंजामूलं फलं चूर्णं कण्टकार्या फलद्रवैः।
तेन लेपेन हंत्याशु चांपरोगं सुदुःसहम्।।७८।।
अभ्रजीर्णरसस्तीक्ष्णं स्नुहीक्षीरं सुरायसम्।
शुल्बं च सूर्यावर्तादीञ्छिरोरोगान्विनाशयेत्।।
कटुतैलकृतं नस्यं पलितरुंषिकापहम्।।७९।।
स्नुह्यर्कक्षीरभृंगाम्बुगोमूत्रहलिनीविषैः।
गुंजाविषालामरिचैः कटुतैलं विपाचितम्।।
खलतिं शमत्यम्लपिष्टमष्टगुणं विषात्।।८०।।

(१) सफेद कोयल लता के फल, मूल, पत्र आदि पंचांग को पानी में पीसकर उसका रस निचोड़ लें। उस रस का नस्य देने से अथवा कोयल की जड़ को कान में बाँधने से आधाशीशी का दर्द और अन्याय सिर के दर्द दूर होते हैं। (२) गुड़ और करंज के बीजों को एकत्र पीसकर सुहाते-२ जल में घोलकर नस्य लेना अथवा मिरचों के चूर्ण को भाँगरे के रस में पीसकर सिर पर लेप करना आधा शीशी की पीड़ा को शान्त करने के लिए उपयोगी है। (३) केसर १ भाग , मुलैठी २ भाग, मिश्री ३ भाग और घी ४ भाग लेकर सबको कूटपीस कर एकत्र मिश्रित करके कुछेक गरमकर नस्य दे, इस प्रकार सात दिन तक नस्य देने से सिर की दाह और पीड़ा शान्त होती है। (४) सैंजने के पत्तों के रस में मिरचों को पीसकर सुखा लें। उस चूर्ण का नस्य देने से आधा शीशी की पीड़ा शमन होती है। एवं केसर को घृत में पीसकर गरम करके नस्य देने में भी आधा शीशी की पीड़ा शमन होती है। (५) चार मासे पारे को काले धतूरे के अथवा नागरपान के रस में खरल करके उसका एक सफेद कपड़े पर लेप करके सिर पर बाँधे। इस प्रकार उस वस्त्र को तीन प्रहर तक बांधे रक्खे। इससे सिर की समस्त जुयें और लीखें निकल पड़ती हैं। (६) कटेरी के फलों के रस को और तिल के तेल को समान भाग लेकर पकावे। उस तेल को सिर पर मलने से जुयें और लीखें नष्ट हो जाती हैं। (७) गुडहल के फूलों के रस की सिर पर मालिश करने से पीड़ा सहित बालों का उखड़ना बन्द होता है। (८) हल्दी और दारुहल्दी को समान भाग लेकर बारीक चूर्ण करके नैनी घी

में मिलाकर लेप करने से बालों का उखड़ना दूर होता है। (९) चमेली के फूल, पत्ते और जड़ को काली गाय के मूत्र में पीसकर सात दिन तक लेप करने से बाल अत्यन्त दृढ़ हो जाते हैं। (१०) सिंघाड़े, त्रिफला नारंगी, नीलकमल और लोहभस्म इन सबको समान भाग लेकर बारीक चूर्ण करके उसको चौगुने तेल में डालकर पकायें। उस तेल की मालिश करने से सिर के बाल अत्यन्त मजबूत, घूँघरवाले, सीधे और सुन्दर हो जाते हैं। (११) सिर में जुओं के अथवा कीड़ों के काटने से बालों की जड़ों से क्षत से हो गये हों और बाल न जमते हों तो उस स्थान को सुवर्ण से खूब घिसे जब घिसते-२ वह जगह खूब गरम हो जाय तब नीचे लिखा हुआ यह लेप करे। भिलावे बड़ी कटेरी की जड़, चोंटली की जड़ और फल इन सबको एकत्र चूर्ण करके कपड़छान कर लें। उस चूर्ण को शहद में मिलाकर सिर पर मालिश करने से चाम्परोग नष्ट होता है। (१२) अथवा चोंटली की जड़ और चोंटली के फलों के चूर्ण को कटेरी के फलों के रस में पीसकर सिर पर लेप करे। इससे दुस्साध्य चाम्परोग (जुयें आदि कृमियों के अत्यन्त काटने या बालों की जड़ें खा जाने से सिर में जो जख्म से हो जाते हैं उसको चाम्परोग कहते हैं।) भी शीघ्र दूर हो जाता है। (१३) अभ्रक के द्वारा जारण किया हुआ पारा, तीक्ष्णलोह की भस्म और ताम्रभस्म तीनों को एकत्र मिलाकर खरल कर लें। फिर यह रस २ रत्ती लेकर १ तोला लोहासव और एक या दो बूँद थूहर के दूध में मिलाकर सेवन करे। यह औषध -सूर्यावर्त आदि समस्त सिर के रोगों का विनाश करती है। (१४) सरसों के तेल की नस्य लेने से या उसकी दो चार बूंदे नाक में टपकाने से पलित (असमय बालों का पकना) और अरूंषिका (सिर से गाँठें सी पड़ जाना) रोग दूर होता है। (१५) थूहर का दूध, आक का दूध, भाँगरे का स्वरस, गोमूत्र, कलिहारी की जड, मीठा तेलिया, चोंटली, इन्द्रायन की जड़, और मिरच इन सबको लेकर बारीक चूर्ण कर ले। फिर उस चूर्ण को चौगुने सरसों के तेल और जल में मिलाकर यथाविधि तेल को पकायें। इस तेल को सिर पर मलने अथवा विष से अठगुनी काँजी लेकर दोनों को एकत्र पीसकर के मालिश करने से गंज रोग शीघ्र नष्ट होता है। और बड़े सुन्दर बाल जमते हैं।।६६-८०।।

व्रणरोग

दोषैर्द्वंद्वैः समस्तैश्च सास्त्रेस्तैरसृजाऽपि च।
व्रणभेदाहंति प्रोक्ता वैद्यशास्त्रविशारदैः॥८१॥

वात, पित्त, कफ इन तीनों पृथक् पृथक् दोषों से अथवा वातपित्त, कफपित्त, कफवात इन मिश्रित दोषों से अथवा त्रिदोष से या वात, पित्तादि दोष सहित रक्तविकार से अथवा केवल रक्त के विकृत होने से व्रण उत्पन्न होते हैं। वैद्यक शास्त्र के विद्वान् वैद्यों ने इन प्रकार व्रणों के भेद कहे हैं॥८१॥

जात्यादि घृत

जातीपत्रं पटोलं च निंबोशीरकरंजकम्।
मंजिष्ठा मधुयष्टी च तुत्थपत्रकसारिवाः॥८२॥
प्रत्येकं चूर्णयेत्कर्षं पलं द्वादश गोघृतम्।
घृताच्चतुर्गुणं तोयं पाच्यमाज्यावशेषितम्॥८३॥
तेनाभ्यंगो मर्मजातान्व्रणान्नाडीव्रणानपि।
स्त्रवंति सूक्ष्मरंध्राणि पूरयेन्नात्र संशयः॥८४॥

चमेली के पत्ते, पटोलपात, नीम के पत्ते, खस, करंज के पत्ते, मंजीठ, मुलैठी, तूतिया, तालीसपत्र और सारिवा ये प्रत्येक औषधि एक २ तोला लेकर सबको एकत्र चूर्ण कर लें। उस चूर्ण को ४८ तोले गोघृत और घृत से चौगुने (अर्थात् १९२ तोले) जल में मिलाकर यथाविधि घृत को पकायें। जब पककर घृतमात्र शेष रह जाय तब उसको उतारकर छान लें। यह घृत-शरीर पर मर्दन करने से मर्मस्थानों में उत्पन्न हुए व्रणों, नाडीव्रणों (नासूर) और रिसते हुए सूक्ष्म छिद्र वाले व्रणों को साफ करके अवश्य भर देता है॥ ८२-८४॥

सामान्य उपाय

शुल्बचूर्णं रसे जीर्णं मदयंतीपुनर्नवे।
मेष शृंगीरसश्चैतद्व्रणशोधनरोपणम्॥८५॥
पटोलीनिंबपत्रं च मधुयष्टी निशा तिलाः।

त्रिवृद्दंतीरसैः पिष्ट्वा पूरयेद्व्रणरोपणम्॥
निंबपत्रं तिलं पिष्ट्वा पूरयेन्मधुसर्पिषा॥८६॥
अपामार्गस्य पत्रोत्थरसेनाऽऽपूरयेद्व्रणम्।
किंवा तद्बीजचूर्णेन व्रणं दुष्टं प्ररोहयेत्॥८७॥
पुरातनगुडैस्तुल्यं टंकणं सूक्ष्मचूर्णितम्।
तद्वर्त्या पुरयेद्गूढं व्रणं शीघ्रतरं महत्॥८८॥
पारदस्य त्रयो भागाः कमलस्यैकविंशतिः।
जंबीराम्लेन तत्पिष्टं माणिमन्थस्य सप्त च॥८९॥
नवभिर्गंधकस्यांशैर्भृंगसारेण मर्दयेत्।
सप्ताहमातपे तीव्रे धारितं शस्त्रवल्लिखेत्॥९०॥

पारा, ताँबे का चूरा, में दही, पुनर्नवा और मेढासिंगी का रस इन सबको समान भाग लेकर प्रथम पारे के साथ ताँबे के चूर्ण को मिलाकर खरल करे, जब दोनों मिलकर एकम एक हो जायँ तब उनको उक्त औषधियों के रस में घोटकर रख लें। इस औषध को पानी में घोलकर लगाने से व्रण शुद्ध होकर शीघ्र भर जाता है। अथवा पटोल पात, नीम के पत्ते, मुलैठी, हल्दी तिल और निसोत इन सबको दन्ती के रस में पीस कर व्रण पर लगाने से व्रण शीघ्र भरकर सूख जाता है। नीम के पत्ते और तिलों को एकत्र पीसकर शहद में और घृत में मिलाकर लगाने से व्रण भर जाता है। एवं चिरचिटे के पत्तों के रस को व्रण में भरने से या चिरचिटे के बीजों के चूर्ण को व्रण (जख्म)के ऊपर बुरकाने से दुष्ट व्रण शीघ्र भर जाता है। अथवा पुराना गुड और सुहागा दोनों को समान भाग लेकर बारीक खरल करके बत्ती बना लें। इस बत्ती को बहुत पुराने और गहरे व्रण में भरने से व्रण बहुत शीघ्र भरकर सूख जाता है। अथवा पारा ३ भाग, कमल के पत्ते २१ भाग, सैंधा नमक ७ भाग और गन्धक ८ भाग लेकर प्रथम पारे को और कमल पत्रों को जम्बीरी नींबू के रस में घोटे, फिर सबको एकत्र मिलाकर भाँगरे के रस में मर्दन करे और सात दिन तक तीक्ष्ण धूप में रखा रहने दे। जब उसका रस सूखता जाय तब उसमें नींबू का और भांगरे का थोड़ा-थोड़ा रस डालता जाय। इस

प्रकार तैयार किया हुआ यह रस व्रण के ऊपर लगाने से शस्त्र क्रिया के समान व्रण को शुद्ध करके शीघ्र भर देता है॥८५-९०॥

भङ्गरोग

भंगो द्विधा निजागंतुबाह्याभ्यंतरभेदतः।
भंगेष्वेरण्डतैलेन प्रयुंज्यात्पर्पटीरसम्॥९१॥

भङ्ग रोग (हाथ, पाँव आदि अंगों का टूटना) स्वाभाविक और आगुन्तक इन भेदों से दो प्रकार का होता है। अर्थात् जन्म से ही जिसका कोई अंग टूटा हुआ हो वह स्वाभाविक और चोट आदि के लगने से जिसका कोई बाह्य अंग टूट गया हो तो वह आगन्तुक भङ्गरोग कहलाता है। भङ्गरोग में अण्डी के तेल के साथ पर्पटी रस को व्यवहार करे॥९१॥

सामान्य उपाय

वज्रीं पिष्ट्वा वालकेन प्रणुत्यै
मेषीदुग्धं कांतपाषाणतुल्यम्।
युक्तं लेपादस्थिभंगं निहंति
बाह्याभ्यंतः संस्थितं तत्क्षणेन॥९२॥

टूटे हुए अंग को जोड़ने के लिए थूहर के दूध में सुगन्ध वाला को पीसकर लेप करे, अथवा चुम्बक पत्थर को समान भाग भेड़ के दूध में खरल करके लेप करे। इससे बाहर की अथवा भीतर की टूटी हुई हड्डी तत्काल जुड़ जाती है॥९२॥

भगन्दर रोग

गुदस्य पार्श्वे पिटिकार्तिकारी शोफादि-
युक्तः स भगंदरः स्यात्॥९३॥
वृषणासनयोर्मध्ये प्रदेशो भग उच्यते।
तमेव दारयत्यस्याद्भगंदर इतिस्मृतः॥९४॥

गुदा के पार्श्वभाग (समीप) में पहले एक फुन्सी निकलती है। उसमें अत्यन्त पीड़ा, शोथ आदि अनेक उपद्रव होते हैं। फिर वह रिसने लगती है (अर्थात् उसमें से पानी सा निकलने लगता है)। उसको भगन्दर रोग कहते हैं। अण्डकोष और आसन इन दोनों के बीच के स्थान को

भग कहते हैं। यह रोग उस स्थान को विदीर्ण कर के उत्पन्न होता है, इसलिये इसको भगन्दर कहा जाता है।। ९३-९४।।

रवितापडव रस

शुद्धं सूतं द्विधा गंधं कुमारीरसमर्दितम्।
त्र्यहांते गोलकं कृत्वा हंडिकाते निरोधयेत्॥९५॥
शुद्धेन ताम्रपात्रेण तयोस्तुल्येन यत्नतः।
तद्भाण्डं भस्मनाऽऽपूर्य चुल्लयां तीव्राग्निना पचेत्॥९६॥
द्वियामांते तदुद्धृत्य चूर्णयेत्स्वांगशीतलम्।
जंबीरस्य द्रवैः पिष्ट्वा रूद्ध्वा सप्तपुटैः पचेत्॥९७॥
गुंजैकं मधुराहारं दिवा स्वप्नं च मैथुनम्।
वर्जयेच्छीतलाहारं रसेऽस्मिन् रवितापडवे॥९८॥

शुद्ध पारा १ भाग और शुद्ध गन्धक २ भाग लेकर दोनों को घीग्वार के रस में ३ दिन तक खरल करके गोला बना लें। उस गोले को सुखाकर समान भाग शुद्ध ताँबे के सम्पुट में बन्द करके हाँडी के भीतर रक्खे और हांडी को खूब अच्छी तरह राख से भरकर उस पर ढक्कन ढककर कपरौटी करे। फिर चूल्हे पर चढाकर तीव्र अग्नि के द्वारा पकायें। दोपहर तक (६ घंटे) पकने के बाद स्वांगशीतल होने पर उसको उतारकर गोले को निकालकर बारीक चूर्ण कर लें। फिर उसको जम्बीरीनींबू के रस में घोट-२ कर और सम्पुट में बन्द करके ७ बार गजपुट में पकावे। पश्चात् उसको बारीक पीसकर रख लें। इस रस को प्रतिदिन एक-२ रत्ती परिमाण सेवन करे और इस रवितापडव रस के सेवन करने के पश्चात् घृत, दुग्ध, मिश्री, भात आदि मधुर पदार्थों का आहार करे। इस पर दिन में सोना, मैथुन और शीतल पदार्थों का विहार आदि सर्वथा त्याग देना चाहिए। इस प्रकार इस रस को सेवन करने से भगन्दर रोग अवश्य नष्ट होता है।।९५-९८।।

सामान्य उपाय

आदौ सर्वप्रयत्नेन पाकं रक्षेद्भगंदरे।

स्राव्यं रक्तं व्रणे जाते जलौका वा प्रयोजयेत्॥
लांगलीकृष्णधत्तूर विषमुष्टीं प्रलेपयेत्॥९९॥
रसगंधकसिंधूत्थतुत्थनागाः सजीरकाः।
तिक्तकोशातकीसारैः पिष्टवा घ्नंति भगंदरम्॥
गुल्मोक्तचक्रिकाबद्धो भगंदरहरः परम्॥१००॥
ताम्रचूर्णं सप्तभागं भागमेकं तु पारदम्।
सैंधवं सप्तभागं च गंधकं नवभागिकम्॥१०१॥
भृंगीद्रावैः सजंबीरैः सप्ताहं घर्ममर्दितम्।
तेन लिप्तं स्फुटत्याशु यदि पक्वं भगंदरम्॥१०२॥
न शस्त्रैश्छेदयेत्प्राज्ञः स्फोटयेल्लपनादिभिः।
हरिद्रानिंबसिंधूत्थं पिष्ट्वा लिप्त्वा स्फुटत्यलम्॥
नरास्थितैललेपेन स्फुटितं शुष्यति व्रणम्॥ १०३॥
ताम्रभस्म दिनं मर्द्य मदयंतीपुनर्नवैः।
मेष श्रृंगीद्रवैस्तेन व्रणशोधनरोपणम्।१०४॥
त्रिफलाक्वाथसंयुक्तमार्जारास्थिप्रलेपनात्।
क्षालयेत्त्रिफलाक्वाथैर्हन्याद्दुष्ट भगंदरम्॥१०५॥
भूतलोत्थं पिबेच्चूर्णं खररक्तेन संयुतम्।
श्वानास्थिलेपनं कार्यं शीघ्रं हन्याद्भगंदरम्॥१०६॥

भगन्दर रोग में सबसे पहले जैसे हो वैसे इस बात का यत्न करना चाहिये कि भगन्दर पके नहीं। और जो कदाचित् वह पककर रिसने लगे और व्रण हो जाय तो शस्त्रक्रिया द्वारा अथवा जोंक लगवाकर वहां का रक्त निकलवा दे। फिर कलिहारी की जड़, काला धतूरा और कुचला इन तीनों को एकत्र जल के साथ पीसकर लेप करे। अथवा पारा, गन्धक, सैंधानमक, तूतिया, सीसा और जीरा इन सबको कडवी तोंबी के रस में खरल करके लेप करे तो भगन्दर रोग अवश्य नष्ट होता है। गुल्मरोग में कहा हुआ चक्रिकाबद्ध रस भी भगन्दर को नाश करने के लिए परम उपयोगी है। ताँबे का बारीक चूरा ७ भाग, पारा १ भाग सैंधानमक

७ भाग, और गन्धक ९ भाग सबको भाँगरे के रस में और जम्बीरी नींबू के रस में पृथक-२ खरल करके ७ दिन तक तीक्ष्ण धूप में रक्खे। इस औषध का पके हुए भगन्दर पर लेप करने से वह तत्काल फूट जाता है। बुद्धिमान वैद्य को चाहिए कि पके हुए भगन्दर को शस्त्र से कदापि छेदन न करे, बल्कि औषधियों के प्रलेप आदि के द्वारा उसको भेदन करे। हल्दी, नीम के पत्ते और सैंधानमक तीनों को पानी में पीसकर लेप करने से भगन्दर अवश्य फूट जाता है। मनुष्य की हड्डी को तीन दिन तक मैदा के समान खूब बारीक पीसकर तेल में मिलाकर लगाने से भगन्दर फूटकर शीघ्र सूख जाता है। ताम्रभस्म को मेंहदी, पुनर्नवा और मेढासिंग के रस में क्रम से एक-२ दिन तक खरल करके लेप करे। यह लेप भगन्दर के व्रण को शोधन और रोपण करने वाला है। विलाव की हड्डी को त्रिफले के काढे के साथ बारीक खरल करके लेप करने और प्रतिदिन त्रिफले के काढे से व्रण को धोने से दुष्ट भगन्दर शीघ्र नष्ट होता है। शुद्ध खपरिया को जल में पीसकर पान करे और कुत्ते की हड्डी को गधे के रुधिर में खरल करके लेप करे तो भगन्दर रोग का शीघ्र नाश होता है।।९९-१०६।।

ग्रन्थिरोग

मेदोमांसास्त्रगाः कुर्युर्वृत्तं ग्रंथितमुन्नतम्।
दोषाः शोफादिकं तत्र ग्रंथनाद् ग्रंथिमाहतम्।।१०७।।

वात, पित्त, कफ इनमें से कोई सा दोष अथवा दो दोष या तीनों दोष चर्बी, मांस और रक्त में मिलाकर शरीर के किसी भाग में गोल और ऊँची गाँठ उत्पन्न कर देते हैं। उसमें दोषानुसार शोथ, दाह, पीड़ा आदि अनेक उपद्रव होते हैं। और दोषों के गुथे रहने से वह बहुत सख्त रहती है। इसको ग्रन्थि (गाँठ) रोग कहते हैं।।१०७।।

सामान्य उपाय

अरिमेदपलाशानां ग्रंथिभस्म विमर्दयेत्।
भस्मना तेन दत्तः सन्मेदोग्रंथविनाशनः।।१०८।।

गुडूची सूरणं निष्कत्रयमुष्णांबुमर्दितम्।
मेदोवृद्धिरसात्तेन हंति रोगं च पूर्वजम्॥१०९॥
गंडमाला जयत्याशु गुल्मोक्तोदय भास्करः॥११०॥
पुत्रजीवस्य मज्जां तु जलैः पिष्ट्वा प्रलेपनात्
कालस्फोटं विषस्फोटं सद्यो हन्यात्सवेदनम्॥१११॥
ग्रंथ्यादिनिखिलान् रोगान्सर्वरोगश्रयान्हरेत्॥११२॥
संधिग्रंथिस्तापयुक्तो यदिस्यात्क्षीरं रात्रौ।
चोदनं संनिदध्यात्। पादांगुष्ठस्योग्रेदेशेषु
रक्तस्त्रावं कुर्यात्तेन शीघ्रं सुखीस्यात्॥११३॥
कक्षाग्रंथि गलग्रंथि कटिग्रंथि च नाशयेत्।
अन्यं चस्फोटकं तीव्रं पुत्रजीवो विनाशयेत्॥११४॥
गुंजापत्रं शिलां यष्टीं गवां क्षीरेण पाययेत्
तलस्फोटं निहंत्याशु मज्जा वा पुत्रजीवजा॥११५॥
विष्णुक्रांता च पेटारी कांजिकेन तु पेषिता।
कालस्फोटं हरेल्लेपादुष्टग्रंथिषु का कथा॥११६॥
पुनर्नवाऽर्काभयशिग्रुमुष्टीकरंजसिंधूत्थमहौषधं च।
गोमूत्रपिष्टं च सुखोष्णलेपाद्ग्रंथ्यर्बुदं हंत्य पचीं च सद्यः॥११७॥

(१) दुर्गन्धित खैर और ढाक के बीजों की या गाँठों की भस्म करके उसको पानी में पीसकर सेवन करने से मेद (चर्बी) जन्य ग्रंथि नष्ट होती है। (२) गिलोय का चूर्ण १ तोला और जिमीकन्द का चूर्ण १ तोला लेकर दोनों को गरम पानी में पीसकर लेप करे तो मेद की वृद्धि के कारण उत्पन्न हुई ग्रन्थि और उससे पूर्व उत्पन्न हुए रोग शीघ्र दूर होते हैं। (३) गुल्मरोग में कहा हुआ उदयभास्कर रस सेवन करने पर गण्डमाला को शीघ्र दूर करता है। (४) जियापोता की गिरी को जल में पीसकर लेप करने से मृत्युकारक फोड़ा, विषैला फोड़ा और अन्याय

पीड़ाकारक फोड़े तत्काल आराम हो जाते हैं। यह प्रलेप ग्रन्थि, अर्बुद आदि सब प्रकार की ग्रन्थियों को और उनसे सम्बन्ध रखने वाले अन्य समस्त रोगों को नष्ट करता है। (५) यदि रोगी की बगल,जाँघ आदि के सन्धिस्थानों, मर्मस्थानों में गाँठ निकल आई हो और दाह होती हो तो रोगी को रात्रि में दूध भात का भोजन करना चाहिये। और पैर के अँगूठे के अग्रभाग में छेद करके रक्त निकाल देना चाहिये। ऐसा करने से शीघ्र आरोग्य लाभ होता है। (६) केवल जियापोता की गिरी को पानी में पीसकर लेप करे तो कोख की गाँठ, गले की गाँठ, कमर की गाँठ और अन्य अनेक प्रकार के तीव्र फोड़े बहुत जल्द आराम हो जाते हैं। (७) चोटली के पत्ते, मैनसिल और मुलैठी तीनों को गोदुग्ध में पीसकर पिलाने से, अथवा जियापोता की गिरी को दूध में या पानी में पीसकर पिलाने पान कराने से विषैला और मृत्युकारक फोड़ा भी शीघ्र आराम होता है। (८) विष्णुक्रान्ता की जड़ और पेटारी वृक्ष की जड़ को काँजी में पीसकर लेप करने से कालरूप फोड़ा भी शान्त हो जाता है, फिर और दुष्ट ग्रन्थियों की तो बात ही क्या है। (९) पुनर्नवा, आक की जड़, खस, सेंजने की छाल, कुचला, करंज की जड़, सैंधानमक और सोंठ इन सबको समान भाग लेकर गोमूत्र में पीस लें, फिर गरम करके सुहाता-२ लेप करे तो ग्रन्थि अर्बुद और अपची ये सब तत्काल नष्ट होती हैं॥१०८-११७॥

अर्बुद (रसौली) के भेद

मेदो हि दोषमांसौत्थग्रंथिरूपं ततो महत्।
अर्बुदं दुष्टरुधरं स्त्रवेत्तच्छोणितार्बुदम्॥११८॥

वात पित्तादि किसी दोष के अथवा मांस के विकृत होने से जब शरीर के किसी भाग में मेद (चर्बी) धातु दूषित हो जाती है तब पहले वहाँ छोटी सी गाँठ निकलती है। वह प्रतिदिन बढ़ती-बढ़ती कुछ दिन में ही बहुत लम्बी हो जाती है। और बहुत दिनों में पककर रिसने लगती है। जब वह बिलकुल साफ हो जाती है तब आप शान्त हो जाती है।

उसको अर्बुद कहते हैं। जो अर्बुद रक्त के दूषित होने से उत्पन्न होता है, उसमें से बहुत दिन तक रक्त स्रवता रहता है। उसको शोणितार्बुद कहते हैं॥११८॥

अबुर्दहर रस

तंडुलीयकवर्षाभूनागकन्याबलारसे।
गोमूत्रे च रसः पिष्टः पुटपक्वोऽर्बुदादिजित्॥११९॥

पारे की भस्म को चौलाई, विषखपरा, नागरबेल, घीग्वार और खिरैटी के रस में क्रम से एक दो भावना देकर सुखा ले, फिर गोमूत्र में खरल करके गोला बनाकर उसके ऊपर पानों को लपेट दें। फिर उस पर दो दो अंगुल ऊँची कपरौटी करके सुखा ले और दो उपलों की अग्नि में रखकर पकायें। इस रस के सेवन से अर्बुद, रसौली आदि व्याधियाँ नष्ट होती हैं।

सामान्य उपाय

लिप्तं यवक्षार विडंगबीजं गन्धोपलस्याप्यशनैः कृतैश्च।
रक्तेन मिश्रश्च शिरीषबीजैस्तदर्बुदंशाम्यति नान्यथैव॥१२०॥

जवाखार और वायविउङ्ग के बीजों को पानी में पीसकर अर्बुद के ऊपर लेप करे और शुद्ध गन्धक को उपयुक्त मात्रा से भक्षण करे अथवा सिर के बीजों को किसी जंगली जानवर के रक्त में पीसकर लेप करे तो सब प्रकार का अर्बुद शमन हो जाता है॥१२०॥

गण्डमाला और अपची रोग

मेदोत्था गलकक्षवंक्षणतले मन्यासु वा कुर्वते।
वार्ताकीफलकोपमान्सकठिनान्गण्डान्सकंडून्मलाः।
पच्यंतेऽल्परुजः स्रवंति नितरां रुह्यंति नश्यंत्यलं
दूर्वेव क्षयवृद्धिभाजिनि नृणां सा गंडमालापची॥१२१॥

मेद के विकृत होने से दूषित हुए दोषों के कारण गला, बगल वंक्षण (हृदय) के नीचे और मन्यानाडी में कटेरी के फल के समान कठिन गाँठ उत्पन्न हो जाती है। उसमें कभी-कभी खुजली होती है और

जब दोष परिपक्व हो जाते हैं तब वह फूटकर निरन्तर स्रवती है। उसमें थोड़ी-२ पीड़ा होती है। फिर उसमें मांस के अंकुर उत्पन्न हो जाते हैं और वह सूख जाती है और फिर हरी हो जाती है। जो ग्रन्थि मनुष्य के शरीर में दूब के समान क्षय और वृद्धि को प्राप्त होती रहती है, उसको गण्डमाला कहते हैं और जो गाँठ शरीर के किसी भाग में उत्पन्न होकर बढ़ती रहती है और पकती नहीं है,उसको अपची कहते हैं।।१२१।।

गण्डमाला और अपची के सामान्य उपाय

सुरवारुण्या मूलं गोमूत्रयुतं महेन्द्रकन्या च।
अपकरोति गण्डमालां पित्तं श्लक्ष्णं च परिघृष्टम्॥ १२२॥
अर्कक्षीरजपापुष्पतैललाक्षारसैः समैः।
गंडमाला शमं याति प्रलिप्ता सप्तभिर्दिनैः॥१२३॥
पुष्ये गृहीतं गिरिकर्णिकाया मूलं सिताया गलके निबद्धम्।
गव्येन लीढं यदि वा घृतेन निहंति घोरामपचीं तदेव॥१२४॥
छुछुंदरीसाधिततैललिप्तत्रिभिर्दिनैर्नश्यति गण्डमाला॥ १२५॥
मूलिका सहदेव्युत्था रवौ ग्राह्याऽथ धारिता।
गंडमालाहरा कर्णे महादेवेन भाषिता ॥१२६॥

इन्द्रायन की जड़, नागरमोथा और घीग्वार तीनों को गोमूत्र में पीसकर पान करने से गण्डमाला रोग दूर होता है। आक का दूध, गुडहल के फूल, तेल और लाख का रस इन सबको एकत्र खरल करके लेप करने से सात दिन में गण्डमाला शान्त हो जाती है। पुष्य नक्षत्र में विष्णुक्रान्ता (सफेद कोयल) की जड़ को लाकर गले में बांधे अथवा उसके चूर्ण को गाय के घी में मिलाकर सेवन करें। इससे भयंकर अपची (रसौली) नष्ट हो जाती है। छुछुन्दरी के पंचांग के कल्क के साथ तेल को पकाकर उस तेल को लगाने से तीन दिन में ही गण्डमाला आराम हो जाती है। अथवा रविवार के दिन सहदेई की जड़ को उखाड़ कर लायें और उसको कान में बांधे तो गण्डमाला दूर होती है, ऐसा श्रीमहादेवजी ने कहा है।।१२२-१२६।।

श्लीपद रोग (पीलपाया)

सामान्य लेप

गुंजाटंकणशिग्रूमूलरजनीशम्याकभल्लातकैः
स्नुह्यर्काग्निकरंजसैंधववचाकुष्ठाऽभयालांगली।
वर्षाभूशरभूशिरीषलवणव्योषाश्वमारीविषम्
गोमूत्रैः शमयेद्विलिप्तमपचींग्रंथ्यर्बुदश्लीपदम्।।१२७।।

चोंटली, सुहागा, सैंजने की जड़, हल्दी, अमलतास, मिलायें, थूहर का दूध, आक का दूध, चीता, करंज की जड़, सैंधा नमक, वच, हरड कुठ, कलिहारी, विषखपरा, रामसर, सिरस की छाल, समुद्र नमक, त्रिकुटा, कनेर, और वत्सनाभ विष इन सब औषधियों को समान भाग लेकर गोमूत्र में खरल करके मरहम बना दें। इस मरहम के लगाने से अपची, ग्रन्थि, अर्बुद और श्लीपद आदि रोग शीघ्र नष्ट होते हैं।।१२७।।

इति श्रीवाग्भटाचार्यविरचिते रसरत्नसमुच्चये भाषाटीकायां चतुर्विंशोऽध्यायः समाप्तः ।।२४।।

पञ्चविंशोऽध्यायः।

क्षुद्ररोग

व्यंगः कच्छपनीलिकाकुनखविद्धोत्कोठकोठालसैः
कक्षारुद्धगुदप्रसुप्तिविवृताविस्फोटवल्मीकरुक्।
विस्फः स्यात्कदराऽजगल्लिजतुमण्यंधालजीराजिकाः
क्षुद्रा लांछनशर्करेति च यवप्रख्याऽग्निरोहिण्यपि॥१॥
जालाश्मगर्दभविदारिमसूरिकाभिः
सत्पद्मकंटकरुजा सहगर्दभी च।
स्याच्छर्करार्बुदमषाननदूषिकैश्च
गंडाह्वया पनसिका त्विरिवेल्लिका च॥२॥

व्यंग, कच्छप, नीलिका, कुनख, विद्ध, उत्कोठ, कोठ, अलस, कक्षार, रुद्धगुद, प्रसुप्ति, विवृता, विस्फोटक, वल्मीक, विस्फ, कदर अजगल्ली, जतुमणी, अन्धालजी, राजिका, क्षुद्रा, लाञ्छनशर्करा, यवप्रख्या, अग्निरोहिणी जाल, अश्मगर्दभक विदारी मसूरिका, पद्मकंटक, गर्दभी, शर्करार्बुद, मषक, आननदूषिका, गंडाह्वया, पनसिका और इरिवेल्लिका, ये सब क्षुद्ररोग कहे जाते हैं॥१॥२॥

क्षुद्ररोगों के सामान्य उपाय

सर्पिषा निंबचूर्णेन प्रयुक्ता पर्पटी हरेत्।
मसूरिकां क्षुद्ररोगानन्यानपि च दुस्तरान्॥३॥
तत्कालशस्त्रप्रहतः शशो यस्तस्याऽसृजा

नश्यति लिप्यमानम्। व्यंगं मुखे जातिफलस्य
बाह्यत्वचाऽथवा संततमेव लिप्तम्॥४॥
इंगुदीफलसमुद्भवमज्जा पेशिताऽतिशिशिरेण जलेन।
एकविंशतिदिनप्रविलिप्ता व्यंगमाननभवं परिमार्ष्टि॥५॥
उद्धृत्य कुनखं क्षीरं स्नुक्पर्णीटंकणं समम्।
सम्यङ् निरुद्धदाहं च मूले कृत्वा नखी भवेत्॥६॥
व्रणपूतिपूयजुष्टं नखविवरं मंक्षु रोपयत्यभया।
नानाविधैः किमेतैरास्फोता रविकुण्टकक्षीरैः॥७॥
सकुंष्ठ जीरकं तोयैः पिष्ट्वा लेपेन नाशयेत्।
पुत्रजीवस्य वा मज्जां तोयैः पिष्ट्वा प्रलेपयेत्॥८॥
शिग्रुमूलं निशातोयैः कक्षाग्रंथिहरं लिपेत्।
विषं पुनर्नवामूलं जललेपेन तं जयेत्॥९॥
सर्वेषां स्तनरोगाणां रक्तमोक्षः प्रशस्यते।
पूयपक्व स्तनो यः स्याल्लेपस्तस्यावपाटने॥१०॥
एकवीरस्य मूलं तु अजामूत्रेण लेपयेत्।
तत्क्ष्णात्स्फुटते पक्वं शस्त्रैर्वा स्फोटयेद्भिषक्॥११॥
यष्टीनिंबहरिद्राश्च निर्गुंडी धातकी समम्।
चूर्णं स्तनव्रणे देयं रोपणं कुरुते हितम्॥१२॥
मध्वाज्यैर्देवदारुं च पिष्ट्वा वर्तिं प्रकल्पयेत्।
पूयपक्वे स्तने क्षिप्त्वा रोपणं कुरुते क्षणात्॥१३॥

(१) मसूरिका में पर्पटी रस को घृत और नीम के पत्तों के चूर्ण को मिलाकर सेवन करने से मसूरिका आदि अनेक दारुण क्षुद्ररोग नाश होते हैं। (२) व्यंग रोग में जो खरगोश शस्त्र से मारा हो उसके तत्काल के निकले हुए रक्त को मुख पर मलने से अथवा जायफल के बाहर के छिलके के चूर्ण को मलने से व्यंग रोग (मुँह की झांईं) और मुँह के काले दाग दूर होते हैं। (३) हिंगोट के फलों की गिरी को अत्यन्त शीतल जल के साथ पीसकर २१ दिन तक मुख पर लेप करे तो मुँह

की झांईं, छीप आदि दूर होकर मुख सुन्दर हो जाता है। (४) कुनखी रोग में खराब नाखून को उखाड़कर थूहर का दूध, सुहागा और पृश्निपर्णी के पत्ते तीनों को समान भाग लेकर एकत्र पीसकर लुगदी बना लें और उसको गरम करके उस नाखून की जड़ में भर दें। इस प्रकार उस लुगदी के द्वारा बार बार दग्ध करने से नया नाखून निकल आता है और कुनखी रोग दूर हो जाता है। (५) नाखून में यदि व्रण हो गया हो दुर्गन्धित पीव निगलती हो और छेद हो गया हो तो हरडों को पीसकर लुगदी बनाकर उस पर बांधे और हरडों को ही भक्षण करे तो कुनखी रोग आराम हो जाता है (६) अथवा सफेद कोयल की जड़, आक की जड़ और पीली कटसरैया तीनों को दूध में पीसकर कल्क कर लें उसका रस निचोड़कर उस रस को लगाने से कुनखी रोग दूर होकर नवीन नख निकल आता है। (७) केवल हरडों का प्रयोग करने से ही कुनखी रोग नष्ट हो जाता है, फिर अन्यान्य औषधियों के प्रयोग से क्या प्रयोजन। (८) कूठ और जीरे को पानी में पीसकर लेप करने से कक्षा ग्रन्थि (बगल की गाँठ अर्थात् ककिहारी) नष्ट होती है। (९) अथवा जियापोता की गिरी को जल में पीसकर प्रलेप करे, या सैंजने की जड़ को हल्दी के पानी में पीसकर लेप करे वो कक्षाग्रन्थि आराम होती है। (१०) मीठा तेलिया और विषखपरे का जड़ को पानी में पीस करे लगाने से भी कक्षा ग्रन्थि दूर हो जाती है। (११) सब प्रकार के स्तन रोगों में शिरावेधकर रक्त प्रोक्षण कराना सर्वोत्तम उपाय है। जो स्तन पक गया हो और पीव पड़ गया हो प्रलेप करने योग्य औषधियों का लेप करके उसको फोड़ दे और पीव निकालकर साफ कर दें। (१२)एक वीर वृक्ष की जड़ को बकरी के मूत्र में पीसकर लेप करने से पका हुआ स्तन तत्काल फूट जाता है। यदि इस प्रकार से कदाचित न फूटे तो वैद्य को उसे शस्त्र क्रिया (आपरोशन) द्वारा चीर देना चाहिये। इसके पश्चात् (१३) मुलैठी, नीम के पत्ते, हल्दी, निर्गुंडी और धाय के फूल इन सबको समान भाग लेकर, एकत्र कूट पीसकर बारीक चूर्ण कर लें, इस चूर्ण को जब पका हुआ स्तन फूट जाय और पीव निकल जाय तब उसके व्रण में भरकर पट्टी बाँध दें। इससे व्रण भरकर शीघ्र आरोग्य लाभ होता है। (१४) देवदारु के चूर्ण को शहद और घृत के साथ

पीसकर बत्ती बना लें। इस बत्ती को स्तन के पककर फूट जाने और पीव निकल जाने पर व्रण के भीतर रखने से व्रण तत्काल भरकर सूख जाता है।।३-१३।।

लिंगव्याधा लोहितं स्त्रावयित्वा

पश्चाद्बोलं भक्षयेत्तस्य नुत्यै।।१४।।

उदुंबरवटाश्वत्थसाम्रजंबूत्वचः शृतम्।

जलैः क्वथं च तनैव क्षालयेल्लिंगपाकनुत्।।१५।।

कुमारीरससंपिष्टं जीरकं लेपयेद्भिषक्।

तेन दाहश्च पाकश्च शममाप्नोति निश्चितम्।।१६।।

महाशंखं जलैर्घृष्ट्वा तेन लिंगं प्रलेपयेत्।

घोंटां पूगं च वा तोयैः सारं वा खदिरोद्भवम्।।

जलैः पिष्ट्वा प्रलेपोऽय लिङ्गरोगहरं परम्।।१७।।

सुगंधकघृतैर्लेपः पक्व लिङ्गे सुखावहः।

निंबखादीरमंजिष्ठाचूर्णं चापातनं जयेत्।।१८।।

यवचिंचारसैर्घृष्टं सैधवं रोपयेद्व्रणम्।

ग्रंथिः कट्यां च जघने शममाप्नोति नान्यथा।।१९।।

शिग्रुमूलं त्वचस्तोयैः पिष्ट्वा लेपेन तं जयेत्।

कुष्ठजीरकयोर्लेपस्तोयैर्ग्रंथिप्रशांतये।।२०।।

अश्वत्थस्य त्वचो भस्म चूर्णेन सह मिश्रितम्।

नवनीतं द्वयोस्तुल्यं मर्द्यं तेनविलेपनात्।।२१।।

आसने गुदपार्श्वे च कट्यां च पिटिकां जयेत्।।२२।।

गोमूत्रे क्षालयेत्तां च लेपो बाकुचिबीजकैः।

कृत्वा कंडूं निहंत्याशु चित्रकं वा गवां जलैः।।

नरमूत्रेण सर्पाक्षीं पिष्ट्वा लेपेन तां जयेत्।।२३।।

लेपयेत्कांचनीमूलं नरमूत्रेण पेषितम्।

कंडुपामा शमं याति सर्वांगीणा न संशयः।।२४।।

शाखोटस्य त्वचस्तोयैः पक्त्वा क्वाथं समाहरेत्।
पिबेद्गोमूत्रसंतुल्यं पामार्तः सुखमाप्नुयात्॥२५॥
पादकंडुहरं कुर्यान्नवनीतेन मृंक्षणम्।
हयारिपत्रधूपेन स्वेदनं तदनंतरम्॥२६॥
पाददाहहरक्वाथे तिलादिद्विगुणबाकुची।
चूर्णिता मधुसर्पिभ्यां द्विकर्षं तत्प्रशांतये॥२७॥
पादकंडूविनोदार्थं नवनीतेन मृंक्षणम्।
पथ्याघृतेन संचूर्ण्य मर्दनं करपादयोः॥२८॥

(१५) लिंग पका गया हो तो प्रथम शस्त्रक्रिया द्वारा रक्त निकलवाकर पीछे रोगी को बोलका चूर्ण सेवन करायें। इससे लिंग व्याधि नष्ट हो जाती है। (१६) गूलर, बड, पीपल, आम और जामुन इनकी छाल को समान भाग लेकर चौगुने जल में डालकर क्वाथ बना लें। उस क्वाथ से प्रतिदिन लिंग को धोने से लिंगपाक रोग नष्ट होता है। (१७) जीरे को घीग्वार के रस में पीसकर लेप करे। इससे लिंगरोग की दाह और पाक अवश्य नष्ट होता है। अथवा (१८) बड़े शंख को जल में घिसकर लिंग पर लेप करे या बेर और सुपारी को अथवा खैरसार (कत्थे) को पानी में पीसकर लेप केर यह लेप लिंग की व्याधि को नाश करने के लिये अत्यन्त उपयोगी है (१९) लिंग पक गया हो तो उस पर सुगन्धक नामक घृत का लेप करने से शीघ्र लाभ होता है। (२०) नीम के पत्ते, खैरसार और मँजीठ इन तीनों औषधियों को समान भाग लेकर बारीक चूर्ण कर लें। इस चूर्ण को व्रण में भरने से लिंग पाक का व्रण आराम होता है। सैंधे नमक को खिरनी के रस में घोटकर लगाने से लिंग का व्रण भर जाता है। एवं कमर और जांघ में उत्पन्न हुई गांठ शमन हो जाती है। (२२) सैंजने के जड़ की छाल को दालचीनी के काढे में पीसकर लेप करे अथवा कुठ और जीरे को पानी में पीसकर लेप करे तो गांठ बैठ जाती है। (२३) पीपल के छाल की भस्म को समान भाग चूने के साथ मिलाकर दोनों के बराबर नैनी घी में खरल करके मल्हम बना लें। इस मल्हम को बार बार लगाने से आसन, गुदा के समीप और कमर में निकली हुई ग्रन्थि दूर होती है (२४) उक्त स्थानों में निकली हुई गाँठ

या फुन्सी को पहले गोमूत्र से धोयें, फिर उस पर बावची के बीजों को पानी में पीसकर उसकी पुल्टिस बनाकर बांधे, अथवा चीते की जड़ चीते के पंचांग को गोमूत्र में पीसकर पुल्टिस बनाकर बाँधे तो खुजली और गांठ आदि शान्त हो जाती है। (२५) सरहटी घास को मनुष्य के मूत्र में पीसकर लेप करने से फुन्सी या गाँठ आराम होती है। (२६) कचनार की जड़ को मनुष्य के मूत्र में पीसकर लेप करने से समस्त शरीरगत सूखी व तर दोनों प्रकार की खुजली अवश्य नष्ट होती है। (२७) सहोरा वृक्ष की छाल को जल में पकाकर क्वाथ बना लें। इस क्वाथ को गोमूत्र में मिलाकर पान करने से पामा रोगी आरोग्य लाभ करता है। (२८) पहले पैरों में मक्खन मले, फिर कनेर के पत्तों की धूप देकर स्वेद दें और कनेर के ही क्वाथ से पैरों को धोयें तो पैरों की खुजली दूर होती है। (२९) तिल १ भाग और बावची का चूर्ण-२ भाग दोनों को दो तोले शहद और घृत में मिलाकर सेवन करने से पैरों की जलन शान्त होती है। (३०) हाथ पैरों की दाह और खुजनी को शान्त करने के लिये केवल हाथों पैरों में मक्खन की मालिश करे अथवा हरड के बारीक चूर्णं को घृत में मिलाकर मालिश करें तो हाथों-पैरों की दाह और खुजली दूर होती है।।१४-२८।।

उपदंशनाशक धूप

लवंगजानां नवंवकं कर्पूरं चणसंमितम्।
दरदं तोलमानां च सर्वं खल्वे विमर्दयेत्।।२९।।
ब्रह्मवृक्षं कोकिलाक्षैः सर्वं यत्नेनमर्दयेत्।
यावत्कज्जलसंकाशं श्यामतां च तथैव हि।।३०।।
चतुर्दशसमा काया पुडिका बंधयेद्भिषक्।
रविवारे समादेया ह्यंगारे छगणोद्भवे।। ३१।।
तां निक्षिप्याऽथ संगोप्य नासिकां विवृतां नयेत्
मुखमाच्छाद्य श्वासेन यातयातेन ग्राहयेत्।।३२।।
वीटिकापूर्णवदनो द्विवारं कारयेत्सदा।
एवं सप्तदिनं कृत्वा पश्चात्स्नानादिकं चरेत्।।३३।।

पथ्यं निर्लवणं देयं जलं शीतं निषेवयेत्।
अनेन योगराजेन लिंगव्याधिः प्रशाम्यति॥३४॥

(३१) लौंग ९ रसकपूर १ चने की बराबर, सिंगरफ १ तोला, ढाक के बीज १ तोला और तालमखाना १ तोला लेकर प्रथम सिंगरफ और रस कपूर को एकत्र खरल कर ले। फिर अन्यान्य औषधियों को बारीक पिसकर कपड़छान कर लें। पश्चात् सबको एकत्र मिलाकर अच्छे प्रकार से खरल करे। जब औषधि घुटते-२ कज्जल के समान काली और खूब बारीक हो जाय तब वैद्य उसको समान भाग लेकर १४ पुडियां बना लें। फिर रविवार के दिन से उनका धूमपान करना शुरू करे। पहले निर्धूम उपले की आग के अंगारे पर एक पुड़िया डालकर उसके ऊपर एक छेदवाला ढक्कन ढक दे और उसमें नली लगाकर मुंह से धूम्रपान करके नासिका के द्वारा छोड़ दे। अथवा मुँह के ऊपर कोई कपड़ा ओढ़कर उस पुडिया को अग्नि पर डालकर श्वास द्वारा उसका धूम्रपान करे और उच्छास द्वारा छोड़ लें। अथवा १४ पुडियों की १४ गोलियाँ बनाकर सुखा लें। उनमें से प्रतिदिन प्रातः सायंकाल में एक-२ गोली चिलम में रखकर हुक्के द्वारा उसका धूम्रपान करे और नासिका द्वारा निकाल ले। इनमें से किसी विधि से भी धूमपान करने के पश्चात् कुल्ला करके ताम्बूल भक्षण करे। इस प्रकार सात दिन तक इस औषधि का धूम्रपान करके ८वें दिन स्नान आदि करे। इस पर बिना नमक का पथ्य दे और शीतल जल को सेवन कराये। इस प्रयोग के यथाविधि व्यवहार करने से लिंगव्याधि (उपदंशरोग) शीघ्र नष्ट होती है॥ २९-३४॥

क्षुद्र रोगों के सामान्य उपाय

स्फुटितत्वनिवृत्त्यर्थं यवचिंचाऽर्धपक्वया ।
शिलादिना कृते भेदे षड्गुणं च द्रवं क्षिपेत्॥३५॥
गुडगुग्गुलुसिंदूरमुशीरं गैरिकं मधु।
मदनं घृतसंयुक्तं पादस्फोटे प्रलेपयेत्॥
सप्ताहात्स्फुटितौ पादौ स्यातां पंकजसन्निधौ॥३६॥

मदनं सिक्थकं तुल्यं सामुद्रं लवणं तथा।
महिषीनवनीतेन सुतप्तं लेपनं भवेत्॥३७॥
सप्ताहात्स्फुटितौ पादौ जायेते कमलोपमौ॥३८॥
रसं गंध समं मर्द्यं द्वाभ्यां तुल्यं च कांचनम्।
दिनैकं चित्रकद्रावैः पिष्टा लेपं प्रकल्पयेत्॥३९॥
कुण्डुगंडं खुडं हंति गुल्फयोरन्तरुत्थितम्।
धात्रीफलरसक्षीरैःपानं स्यात्स्वरभंगनुत॥४०॥
देवदारुकणाव्योषशताह्वापत्रकं शिला।
वचासैंधवशिग्रूत्थमूलं पेष्यं समं समम्॥४१॥
कर्षैकं मधुसर्पिर्भ्यां मासमात्रं सदा लिहेत्।
मासैकं कर्षकर्षं च किन्नरैः सह गायति॥४२॥
सैंधवेंद्रयवं रात्रौ मरिचं चोष्णवारिणा।
पाययेत्कर्षमात्रं तु गलदाहप्रशांतये॥४३॥
करञ्जवीजमज्जां तु द्विनिष्कां चोष्णवारिणा।
गलदाहहरं खादेत्पथ्या वा क्षौद्रसंयुता॥४४॥
बलानागबलाकुष्ठत्वचां चूर्णं च लेपयेत्।
महिषीनवनीतेन स्यातां पीनौ स्थिरौ स्तनौ॥४५॥
श्यामानिशाबलाराजीलवणं क्वाथयेत्समम्।
तोयैरष्टगुणैरेव पादशेषं समाहरेत्॥४६॥
तिलतैलं क्वाथपादं तैलार्धं माहिषं घृतम्।
स्नेहशेष पचेतेन नस्येन मासमात्रकात्॥४७॥
बालादिवृद्धनारीणां यौवनं कुरुतेऽद्भुतम्॥४८॥
कुरुबत्वक्कषायेण तत्कल्केन च साधितम्।
तैलं तु वनितानां च कुचकुंभव्रणापहम्॥४९॥
शुल्बचूर्णं रसे जीर्णं मदयंतीपुनर्नवा।
मेषशृंगीरसश्चैताव्रणशोषणरोपणम्॥५०॥

कुंभी पुष्पाणि चादाय गिलयेद्रविवासरे।
यावत्संख्यानि पुष्पाणि तावद्वर्षाणिस्नायुकम्॥
न निर्याति न संदेहः सिद्धयोग उदाहृतः॥५१॥

(३२) अधपकी खिरनी की जड़ का काढ़ा बनाकर उस छः गुने क्वाथ में मैनसिलादिगण की औषधियों का चूर्ण डालकर अच्छे प्रकार से खरल करके मल्हम बना लें। पैरों के फट जाने पर अर्थात् पैरों में बिबाई हो जाने पर इस मल्हम को लगाने से शीघ्र लाभ होता है। (३३) गुड़, गूगल, सिन्दूर, खस, गेरू, मैनफल और शहद इन सबको एकत्र पीसकर घृत में मिलाकर पैरों के तलुवों में लेप करे इससे पैरों की बिबाई ७ दिन में दूर हो जाती है और पैर कमल के समान कोमल हो जाते हैं। (३४) अथवा मैनफल, मोम और समुद्र नमक तीनों को समान भाग लेकर बारीक चूर्ण कर ले फिर भैंस के नैनी घी में मिलाकर और गरम करके लेप करे तो पैरों की बिबाई या हाथ पैरों का फटना एक सप्ताह में दूर होकर हाथ पाँव कमल के समान कोमल हो जाते हैं। (३४) पारे और गन्धक को समान भाग लेकर एकत्र कज्जली कर लें। फिर कज्जली के बराबर कचनार की छाल ले कर चूर्ण करके उसको कज्जली सहित एक दिन तक चीते के काढे में खरल कर ले। इस मल्हम का लेप करने से एड़ियों के भीतर उठी हुई खुजली; गांठ और खुडरोग नष्ट होता है। (३५) आमलों के रस को दूध में मिलाकर पीने से स्वरभङ्ग (गले का बैठ जाना) रोग दूर होता है। (३६) देवदारु, पीपल, त्रिकुटा, सोंफ तेजपात, शिलाजीत, वच, सैंधा नमक और सैंजने की जड़ सबको समान भाग लेकर बारीक चूर्ण करके कपड़े में छान लें। इस चूर्ण को प्रति दिन प्रातः काल में एक-२ तोला परिमाण लेकर शहद और घृत में मिलाकर एक महीने तक सेवन करे। इसके सेवन से स्वर भंग रोग दूर होकर मनुष्य किन्नरों के समान मधुर और उच्च स्वर से गाने लगता है। (३७) गले की दाह (जलन) को शान्त करने के लिये सैंधा नमक, इन्द्रजौ और मिरचों के चूर्ण को एक-२ तोला परिमाण गरम जल के साथ रात्रि में सेवन कराने से विशेष लाभ होता है। (३८) करञ्ज के बीजों की ८ मासे

गिरी को गरम जल के साथ पीस कर पान करने से अथवा हरड के चूर्ण को शहद में मिलाकर खाने से भी गले की जलन दूर हो जाती है। (३९) खिरैटी, गंगेरन, कूठ और तज इनके बारीक चूर्ण को भैंस के नैनी घी में मिलाकर लेप करने से स्त्रियों के स्तन मोटे, सख्त और स्थिर हो जाते हैं। (४०) सारिवा हल्दी, खिरैंटी, राई और नमक सबको समान भाग लेकर अठगुने जल में पकाकर क्वाथ बनायें, चतुर्थांश जल शेष रहने पर उतारकर छान लें। उस क्वाथ में चौथाई भाग तिल का तेल और तेल से आधा भैंस का घी डालकर पकायें। जब पकते-२ सब रस जल जाय और स्नेह मात्र शेष रह जाय तब उतारकर छान लें। इस तेल को एक महीने तक नस्य द्वारा व्यवहार करने से बाला स्त्रियों को शीघ्र यौवन प्राप्त होता है। (४१) पीली कटसरैया की छाल के क्वाथ और कल्क के द्वारा तेल को सिद्ध करके लगाने से स्त्रियों के स्तनों में उत्पन्न हुआ कुम्भव्रण दूर होता है। (४२) पारे में तांबे के चूर्ण को जारण करके मेंहदी, विषखपरा और मेंढासिंगी के रस में क्रम से खरल करके मल्हम बना ले। यह मल्हम स्तनों के व्रण को भरने और सुखाने वाला है। (४३) रविवार के दिन धतूरे के फूलों को लाकर उनमें से जितनी इच्छा हो उतने फूल खायें। उस दिन मनुष्य जितने फूल खायेगा तो उतने ही वर्ष तक स्नायु रोग (नहरूआ) उत्पन्न न होगा। यह सिद्ध पुरुषों का कहा हुआ योग है, इसलिये इसमें कुछ भी सन्देह नहीं है।।३५-५१।।

श्लीपद हररस

ताम्रभस्मसमं सूतं शुद्धं मर्द्यं दिनत्रयम्।
नागवल्लीमेघनादपाठापौनर्नवद्रवैः।।५२।।
गोमूत्रे मर्दयेद्गाढं चक्रयंत्रे दिनं पचेत्।
मासैकं भक्षयेत्क्षौद्रैः श्लीपदी च पिबेदनु।।५३।।
खादिरं शल्लकीकाष्ठं क्षौद्रं चाशनकाष्ठकम्।
गवां मूत्रैः समं पिष्ट्वापिबेच्छ्लीपदनाशनम्।।५४।।

(४४) तांबे की भस्म और शुद्ध पारा दोनों को समान भाग लेकर एकत्र मर्दन करके नागर वेल के पान, चौलाई, पाढ और विष खपरा

इनके रस में तीन दिन तक खरल करे। फिर तीन दिन तक गोमूत्र में उत्तम प्रकार से मर्दन करके चक्रयन्त्र में रखकर एक दिन तक पकायें। फिर बारीक पीसकर रख लें। यदि श्लीपद (पीलपाया)रोग से ग्रस्त मनुष्य इस औषध को प्रतिदिन एक-२ मासा परिमाण, शहद में मिलाकर सेवन करे और पीछे से खैरखार, सालई की जड़ और विजयसार की जड़ तीनों को गोमूत्र में पीसकर और शहद डालकर अनुपानरूप से सेवन करे तो श्लीपदरोग नाश को प्राप्त होता है।।५२-५४।।

श्लीपदहर लेप

गुडूची कटुका शुंठी देवदारु विडंगकम्।
पिष्ट्वागोमूत्रसंयुक्तो लेपः श्लीपदनाशनः।।५५।।

(४५) गिलोय, कुटकी, सोंठ, देवदारु और वायविडंग इन सबको समान भाग लेकर गोमूत्र में पीसकर लेप करने से श्लीपद रोग दूर होता है।।५५।।

वल्मीकरोग

प्रतिमेष रस

ब्राह्मीपलाशयोः क्वाथे रीतिपत्रं विनिक्षिपेत्।
दिनद्वयं ततस्तानि पुनस्तेनैव घर्षयेत्।।५६।।
लघुभाण्डे समादाय चूर्णं कूष्मांडवारिणा।
महत्त्रिवारं कुर्वीत पुटं ककुभवारिणा।।५७।।
मर्दयित्वा पुटं दद्यादजामूत्रेण भावयेत्।
ततोप्येकं पुटं दत्त्वा तिस्रस्त्रिकटुभावनाः।।५८।।
अमर्यजाविडंगाऽग्निगोजलैरथ भावितः।
प्रतिमेषः सुसंसिद्धो रसो वल्मीकमृद्रसैः।।५९।।
वल्लत्रयमितो देयो वल्मीके तस्यमृत्स्नया।
वल्मीकं संविलिप्यैतत्कृमिसंघप्रशांतये।।६०।।

(४६) ब्राह्मी और ढाक के पंचांग के काढे में पीतल के कंटकवेधी

पात्रों को डालकर दो दिन तक रखा रहने दे। तीसरे दिन उन पत्रों को निकालकर गजपुट में पकाकर चूर्ण कर ले। फिर समस्त चूर्ण को ब्राह्मी और ढाक के काढ़े में खरल करके गजपुट में फूँके। फिर पेठे के रस में घोट घोटकर तीन बार महापुट दें। पश्चात् अर्जुन वृक्ष को छाल के काढ़े में घोंटकर एक बार गजपुट दे। फिर बकरी के मूत्र में पीसकर १ गजपुट दें। फिर त्रिकुटे की तीन भावना देकर छोटी तुलसी, बड़ी तुलसी, वायविडंग और चीता इन प्रत्येक के रस और गोमूत्र में एक-२ बार भावना देकर सुखा लें। इस प्रकार यह प्रतिमेष रस तैयार होता है। इस रसको प्रतिदिन तीन-२ रत्ती परिमाण लेकर बाँबी की मिट्टी के रस के साथ पीसकर पान करायें और बाँबी की मिट्टी को ही पीसकर लेप करे तो वाल्मीक रोग में विशेष उपकार होता है। कृमि समूह को और श्लीपद रोग को शान्त करने के लिये भी यह रस उपयोगी है।।५६-६०।।

क्षुद्ररोगों के सामान्य उपाय

रसैरुत्तरवारुण्याः सभ्रमं हंति मारुतम्।
वासानीरानुपानेन जयेत्कफसमीरणम्।।६१।।
विडंगं नागरं क्षारं काललोहरजो मधु।
यवामलकचूर्णं च योगोऽतिस्थौल्यदोषजित्।।६२।।
वरासनाग्नयः पत्रनिशाक्वाथं मधुप्लुतम्।
द्विरदस्थूलदेहोऽपि पिबेन्मासात्कृशो भवेत्।।६३।।
विपरीते रते प्राप्ते लिंगे दाहः प्रजायते।
कार्श्यं च सर्वगात्रेषु तत्प्रतीकार उच्यते।।६४।।
प्रत्यग्रस्तन्निबद्धैव लिंगे चोषणमाचरेत्।
क्षणे त्वेतस्य संजाते क्षालयेच्छीतलांबुना।।६५।।
कोलनिर्यासमादाय पाययेत्तं सशर्करम्।
शाल्मलीदूर्वयोर्मूलीरसपायसमाशयेत्।।६६।।
पुरुषव्याधिनुत्यर्थं रक्तस्त्रावो हि पृष्ठके।
भक्षणं बोलबद्धस्य मत्स्याक्षीमूललेपनम्।।६७।।

जानुरुग्ग्रंथिनुत्यर्थं यवचिंचाः प्रलेपयेत्।
सामुद्रकांजिकाभ्यां हि लेपं विधेहि सत्वरम्॥
सर्वरक्तविकारेषु बोलबद्धस्य सेवनम्॥६८॥
मेषीक्षीरं द्रवं चूर्णं कटुतुंबे विनिक्षिपेत्।
प्रलेपनेन सातत्यादस्थिभंगः प्रशाम्यति॥६९॥
स्नायुकस्यापनुत्यर्थमस्पर्शारिप्रलेपनम्।
दैवेनातिरते स्त्रीणां विषमोत्कटकासनात्॥७०॥
जायंते व्यापदो योनौ दुष्टबीजार्त्तवात्ततः।
पिष्टी तारार्कयोरेका तैले गन्धस्य पाचिता॥७१॥
सेवितामधुसर्पिभ्यां गुह्यरोगान्नियच्छति।
निंबुद्रावैः सुसंपिष्टं निंबैरण्डस्य बीजकम्॥७२॥
योनिशूलहरं पीत्वा गोलकं योनिमध्यगम्।
सोमराजीदेवदारुनिंबदारुनिशाऽसनम्॥७३॥
तक्रपिष्टं प्रलेपोयं योन्यामयहरो भवेत्।
लशुनं गृहधूमं तु विशाला सविडंगकम्॥७४॥
कण्टकारीफलं तोयैः पिष्ट्वा योनौ प्रलेपयेत्॥
कृमिशूलहरं ख्यातं सप्ताहान्नात्र संशयः॥७५॥
त्रियोनिरसगुंजैकं त्रिनिष्कमभयागुडम्।
पुष्परोधहरं खादेत्पलैकं तिलजीवनम्॥७६॥
ततः शीतोदकं क्षिप्त्वा पुष्पं स्त्रवति तत्क्षणात्।
लांगलीकंदचूर्णं वा मूलं वाप्यापमार्गजम्॥७७॥
इंद्रवारुणिमूलं वा योनिस्थं पुष्परोधनुत्।
तिलमूलकषायं वा ब्रह्मदण्डीयमूलकम्॥७८॥
यष्टीत्रिकटुकं चूर्णं क्वाथयुक्तं हि पाययेत्॥७९॥
पुष्परोधे रक्तगुल्मे स्त्रीणां सद्यः प्रशस्यते॥८०॥

चणकानां रसं चैव शृतं क्षीरं घृतेन वा।
शर्करामधुसंयुक्तं रक्तदोषहरं पिबेत्॥८१॥
तिलक्वाथो गुडं व्योषं तिलभार्ङ्गीयुतं पिबेत्।
क्वाथं रक्तभवे गुल्मे नष्टपुष्पेऽथ पाययेत्॥८२॥
ग्राह्यं कृष्णचतुर्दश्यां धत्तूरस्य तु मूलकम्।
कटीं बध्वा रमेत्स्वेच्छं न गर्भः संभवेत्क्वचित्॥८३॥
मुक्ते च लभते गर्भं पुरा नागार्जुनोदितम्॥८४॥
तन्मूलचूर्णं योनिस्थं न गर्भः संभवेत्क्वचित्॥८५॥
ऋतौ जाते क्षिपेद्योनौ तिलतैलाक्तसैंधवम्।
द्रवते तत्क्षणादेव तच्छुक्रं पुष्पितामपि॥८६॥
देवालये तु तच्चूर्णं कर्षैकं तोयपेषितम्।
पिबेद्गर्भवती नारी गर्भः स्त्रवति तत्क्षणात्॥८७॥

(४७) इन्द्रायन की जड़ के रस को प्रति दिन दो दो तोले परिमाण सेवन करने से भ्रमयुक्त वात, अर्थात् चक्करों का आना दूर होता है। एवं इन्द्रायन की जड़ और अडूसे की जड़ के क्वाथ को पीने से कफ और वात शान्त होते हैं। (४८) वायविडंग, सोंठ, जवाखार, कान्तलोह भस्म, जौ और आमले इन औषधियों के समान भाग चूर्ण को प्रतिदिन शहद में मिलाकर चाटे। यह प्रयोग अत्यन्त बढ़ी हुई स्थूलता (मुटापे) को शीघ्र दूर करता है। (४९) त्रिफला, विजयसार, चीता, तेजपात और हल्दी इनके काढ़े को प्रतिदिन शहद डालकर एक महीने तक सेवन करने से हाथी के समान स्थूल शरीर वाला मनुष्य भी कृश (दुबला) हो जाता है॥६३॥ (५०) विपरीत प्रकार से (अर्थात् स्त्री के नीचे लेटकर या गुदामैथुन, हस्तमैथुन आदि के द्वारा) मैथुन करने पर लिंग में दाह (जलन) होने लगती है और उससे संपूर्ण शरीर कृश हो जाता है। इसको दूर करने के लिये निम्नलिखित उपाय करे। (५१) प्रथम लिंग के अग्रभाग को धीरे से बाँधकर थोड़ा-थोड़ा चूसे फिर उसको शीतल जल से खूब धोयें और बेरों का क्वाथ बनाकर उसमें खाँड डालकर पान करे। अथवा सेमल की जड़ और दूबकी जड़ को समान भाग लेकर बारीक

चूर्ण करके उसकी दूध में खीर बनाकर खायें तथा पीठ के बाँस की फस्त खुलवाकर रक्त निकलवा दें। लिंग व्याधि को नष्ट करने के लिये ये अत्यन्त उपयोगी उपाय है। अथवा बोलबद्ध नामक रस को सेवन करे और मछैछी घास को पानी में पीसकर लिंग पर लेप करे। (५२) जानुओं (साँथल) में उत्पन्न हुई पीड़ा और ग्रन्थि को नष्ट करने के लिये कुम्भेर की जड़ को पानी में पीसकर प्रलेप करे। अथवा समुद्र नमक को काँजी में पीसकर लेपकरे तो जानुगत ग्रन्थि और पीड़ा शीघ्र शान्त होती है। (५३) सर्वप्रकार के रक्तविकारों में बोलबद्ध रस का सेवन करना अत्यन्त उपयोगी है (५४) कड़वी तोंबी के चूर्ण को भेड़ के दूध और चूने के पानी में पीसकर निरन्तर लेप करने से टूटी हुई हड्डी जुड़ जाती है। (५५) स्नायुक (नहरुआ) रोग को नष्ट करने के लिये धमासे को पानी में पीसकर लेप करे। (५६) प्रारब्ध वश से, अथवा अधिक मैथुन करने से, ऊँचे नीचे या कठिन आसन पर बैठने से अथवा रज और वीर्य के दूषित होने से स्त्रियों की योनि में नाना प्रकार की व्याधियाँ उत्पन्न हो जाती हैं। (५७) योनिरोग को नष्ट करने के लिये चाँदी और ताँबे की पिट्ठी को समभाग लेकर गन्धक के तेल में पकायें, फिर उसको शहद और घृत में मिलाकर सेवन करे। यह प्रयोग स्त्री तथा पुरुषों के गुह्यरोगों को शीघ्र दूर करता है। (५८) नीम की निबौली, अण्ड के बीज दोनों की गिरी को समान भाग लेकर नींबू के रस में खरल करके गोलियाँ बनाकर सुखा लें। उनमें से प्रतिदिन एक-२ गोली सेवन करने से और एक-२ गोली योनि में रखने से योनि की पीड़ा दूर होती है (५९) बाबची, देवदारु, नीम के पत्ते, दारुहल्दी और विजयसार इन सबको मट्ठे में पीसकर योनि में प्रलेप करने से योनि के सब रोग नष्ट होते हैं। (६०) लहसन, घर का धुआँ, इन्द्रायन की जड़, वायविडंग और कटेरी के फल इन औषधियों को जल में पीसकर योनि में लेप करने से योनिगत कृमि और उसकी पीड़ा एक सप्ताह में अवश्य नाश होती है। (६१) त्रियोनि नामक रस को प्रतिदिन एक-२ रत्ती परिमाण लेकर १ तोला हरड के चूर्ण और गुड़ में मिलाकर सेवन करे और ऊपर से ४ तोले तिल के तेल का अनुपान करे तो नष्ट हुआ आर्त्तव फिर होने लगता है। उक्त औषध को खाकर ऊपर से शीतल जल पीने से बन्द

हुआ ऋतुस्त्राव तत्काल फिर होने लगता है। (६२) कलिहारी की जड़ का चूर्ण अथवा चिरचिटे की जड़ का चूर्ण या इन्द्रायन की जड़ का चूर्ण इनमें से किसी एक को योनि में रखने से नष्ट हुआ ऋतु धर्म पुन:प्रवर्तित हो जाता है। (६३) ब्रह्मदण्डी की जड़ के चूर्ण को तिलों की जड़ के काढे में मिलाकर पान करायें, अथवा मुलैठी और त्रिकुटे के चूर्ण को तिलों की जड़ के काढे के साथ पिलायें तो स्त्रियों के ऋतुस्त्राव बन्द होने पर उत्पन्न हुए रक्तगुल्म रोग में शीघ्र लाभ होता है और नष्ट आर्त्तव भी फिर जारी हो जाता है। (६४) दूध में घी डाल कर अच्छी तरह औटावे। जब वह खूब ठंडा हो जाय तब उसमें चनों का स्वरस, शहद और खाँड मिलाकर पान करने से रक्तविकार दूर होता है। (६५) गुड़, त्रिकुटा, तिल और भारंगी इन सबको समान भाग लेकर बारीक चूर्ण कर ले, फिर उस चूर्ण को तिलों के काढ़े में डालकर पान कराये। इससे रक्तगुल्म में और नष्ट आर्त्तव में विशेष लाभ होता है (६६) गर्भ न रहने और गर्भस्त्राव करने का उपाय कृष्ण पक्ष की चतुर्दशी के दिन धतूरे की जड़ को लाकर उसको कमर में बाँधकर यथेच्छरूप से रमण करे तो भी स्त्री के कभी गर्भ नहीं रहता। और उस जड़ को खोलकर फिर रमण करने से गर्भ स्थित हो जाता है, ऐसा श्री नागार्जुन मुनि ने कहा है। (६७) अथवा कृष्ण चतुर्दशी के दिन धतूरे की जड़ को लाकर बारीक पीसकर कपड़े में छान कर उस चूर्ण को योनि में रखने से भी कभी गर्भ नहीं रहता। (६८) मासिकधर्म होने के बाद सैंधे नमक को तिल के तेल में मिलाकर योनि में रखे तो सम्भोग करने पर मिले हुए भी रज और वीर्य तत्काल स्खलित हो जाते हैं। (६९) यदि गर्भवती स्त्री किसी देवालय में जाकर सैंधे नमक के १ तोला चूर्ण को जल में पीसकर और तिल के तेल में मिलाकर पान करे तो तत्काल गर्भस्त्राव हो जाता है।।६१-८७।।

मंजिष्ठादि घृत

मंजिष्ठा तगरं कुष्ठं त्रिफला शर्करा वचा।
मेदा यष्टी हरिद्रे द्वे दीप्यकं कटुरोहिणी।।८८।।
पयस्या हिंगु काकोली बाजिगंधा शतावरी।।८९।।

प्रत्येकं चूर्णयेत्कर्षं द्वात्रिंशत्पलकं घृतम्।
घृताच्चतुर्गुणं क्षीरं घृतशेषं विपाचयेत्॥९०॥
योनिशूशले शुक्रदोषे गर्भिणीनां च पाययेत्॥९१॥

(७०) मँजीठ, तगर, कूठ, त्रिफल, खाँड, वच, मेदा, मुलैठी, हल्दी, दारुहल्दी, अजवायन, कुटकी, क्षीरकाकोली, हींग, काकोली असगन्ध और शतावर इन औषधियों को एक-२ तोला लेकर चूर्ण करके कल्क बना लें। उस कल्क को ३२ पल घृत और घृत से चौगुने दूध में मिलाकर पकायें। जब पककर घृतमात्र शेष रह जाय तब उतारकर छान लें। इस घृत को योनि शूल और शुक्र सम्बन्धी रोगों में पान कराने से तथा गर्भिणी स्त्रियों के रोगों में प्रयोग करने से शीघ्र आरोग्य लाभ होता है॥८८-९१॥

क्षुद्ररोगों के सामान्य उपचार

कांडमेरण्डपत्रस्य योनावष्टांगुलं क्षिपेत्।
चतुर्मासोद्भवो गर्भः स्त्रवत्येव हि तत्क्षणात्॥९२॥
निर्गुंडीद्रवसंपिष्टं चित्रमूलं मधुप्लुतम्।
कर्षं भुक्त्वा पतत्याशु गर्भो रंडाकुलोद्भवः॥९३॥
मूलं तु शरपुंखायास्तंडुलांबुप्रपेषितम्।
पाययेत्कर्षमात्रं तदतिरक्तप्रशांतये॥९४॥
स्त्रीणां रक्ते पूयके वा प्रवृत्ते सैसं चूर्णं पेटकारी-
भवं वा। दद्यात्प्रातर्मल्लखण्डेन सार्धं
दत्त्वा सूतं त्वर्कमूर्तिं घृतेन॥९५॥
योनौ शूले निंबवातारि पिष्टीं कुर्याद्यद्वा
नागकर्णोत्थमूलैः। तैलं क्वाथं व्योषयष्टि-
प्रयुक्तं दद्यात्स्त्रीणां रक्तदोषापनुत्यै॥९६॥

(७१) अण्ड के पत्तों का ८ अँगुल लम्बा डंठल लेकर उसको योनि में रखने से ४ महीने का गर्भ तत्काल गिर जाता है॥ (७२) चीते की जड़ को निर्गुण्डी के रस में पीसकर उसमें एक तोला शहद डालकर

पान कराने से विधवा स्त्री के रहा हुआ गर्भ शीघ्र पतित हो जाता है। (७३) सरफों का की जड़ को चावलों के पानी में पीसकर एक-२ तोला परिमाण सेवन कराने से स्त्रियों के अधिक रक्त का स्राव होना बन्द होता है। (७४) स्त्रियों के रक्तप्रदर या श्वेदप्रदर होने पर सीसे की भस्म और पेटकारी वृक्ष (अभाव में अरणी) के चूर्ण को उपयुक्त मात्रा से प्रतिदिन प्रातःकाल पान के साथ सेवन करायें, अथवा अर्कमूर्त्ति नामक रस को घृत के साथ सेवन कराकर तथा नीम की निबौली और अण्डी की गिरी को पिट्ठी के समान पीसकर योनि में रखने से रक्तस्राव और योनि का शूल नष्ट होता है। अथवा लाल अण्ड की जड़ के कल्क और क्वाथ के साथ तैल को पकाकर उसमें त्रिकुटा और मुलैठी का चूर्ण डालकर पान करायें। यह तैल स्त्रियों के रक्तस्राव आदि सम्पूर्ण रक्तविकारों को नष्ट करने के लिये उपयोगी है।।९२-९६।।

पुष्यानुगचूर्ण

पाठाजम्ब्वाम्रयोरस्थि शिलोद्भेदं रसाञ्जनम्।
अबष्ठां शाल्मलीं पिष्ट्वा समङ्गां वत्सकत्वचम्।।९७।।
बाह्लीकबिल्वातिविषालोध्रतोयदगैरिकम्।
शुंठी मधुकमार्द्वीकरक्त चंदनकट्फलम्।।९८।।
कट्वङ्गवत्सकानंताधातकीमधुकांजनम्।
पुष्ये गृहीत्वा संचूर्ण्य सक्षौद्रं तंडुलांबुना।।९९।।
पिबेदर्शःस्वतीसारे रक्तं यच्चोपवेशयेत्।
दोषागंतुकृता ये च बालानां तांश्च नाशयेत्।।१००।।
योनिदोषं रजोदोषं श्यावं श्वेतारुणं त्विदम्।
चूर्णं पुष्यानुगं नाम हितमात्रेयपूजितम्।।१०१।।

(७५) पाढ, जामुन और आम की गुठली, शिलाजीत, रसौंत मोइया वृक्ष की जड़, सेमल का गोंद, मँजीठ, कुडे की छाल, केसर, बेल का गूदा, अतीस, लोध, नागरमोथा, गेरू, सोंठ, मुलैठी, मुनक्का, लाल चन्दन कायफल, अरबू, इन्द्रजौ, अनन्तमूल, धाय के फूल, महुवा और काला सुरमा इन सब औषधियों को पुष्यनक्षत्र में समान भाग लेकर बारीक चूर्ण

करके कपड़े में छान लें। फिर इस चूर्ण को अर्श रोग में अथवा रक्तातिसार में या रक्तप्रदर में शहद और चावलों के जल के साथ सेवन करे। यह चूर्ण वात, पित्तादि दोषों के द्वारा अथवा आगन्तुक कारणों से उत्पन्न हुए स्त्रियों के सम्पूर्ण रोगों को नष्ट करता है। एवं योनि सम्बन्धी विकार, रजोदोष, कालाप्रदर, लाल प्रदर, श्वेतप्रदर आदि व्याधियों को शीघ्र विनाश करता है। यह पुष्यानुग नामक चूर्ण आत्रेयऋषि का बनाया हुआ है। उपर्युक्त रोगों के लिये यह विशेष हितकारी है॥९७-१०१॥

स्थावर और जंगम विष का उपाय

यत्कंदमूलादिषु जायते ततो विषाद्विषं
स्थावरमुग्रवीर्यम्। सर्पादिकं जंगममुच्यते
तद्द्वैरनेकैः कृतकं च यत्तत्॥१०२॥
घनसारजटा हंति विषं स्थावरजंगमम्।
ज्येष्ठाम्बुसूतराजेन पीता भीरुशिफा तथा॥१०३॥
सुरभिशकृद्रसभावित शशिराजीचूर्णसंयुतः सूतः।
स्थावरजंगमकृत्रिमविषजिद्गुंजामितोऽभ्यस्तः॥१०४॥
अभ्रकं तालकं ताप्यं शिलाजित्कुनटी रसः।
देवदालीरसो व्योषं लेपनाद्विषनाशनम्॥१०५॥
रसेन चक्रमर्दस्य पुटितः पुटपाचितः।
एरण्डस्नेहसंयुक्तः सूतो लूताविकारनुत्॥१०६॥
जलेन नागदमनीमूलनस्यं प्रयोजितम्।
महासर्पस्य विषमं विषं नश्यति तत्क्षणात्॥१०७॥
जलपिष्टं शिरीषस्य पञ्चांगं यः पिबेन्नरः।
सनागराजदष्टोन्नपि मानुषो निर्विषो भवेत्॥१०८॥
अश्वगंधाभवं कंदं बंध्याया वाथ यः पिबेत्।
तस्य देहांतरं यादि विषं स्थावरजंगमम्॥१०९॥

(१) जो विष कन्द मूल, फल आदि में होता है तथा जिसमें से सत्त्व के समान विष निकलता है, वह अत्यन्त उग्र वीर्य वाला होता है

और स्थावर विष कहलाता है। सर्प, बिच्छू आदि जन्तुओं के विष को जंगम विष कहते हैं। उक्त विष को अनेक प्रकार के द्रव पदार्थों में मिलाकर जो विष तैयार किया जाता है वह कृत्रिम विष कहलाता है।।१०१।। (२) चौलाई की जड़ को या कपूर की जड़ को पानी में पीसकर पिलाने से स्थावर और जंगम दोनों प्रकार का विष नाश होता है। (३) शतावरी की जड़ और पारे की भस्म को चावलों के धोवन के पानी में या त्रिफले के पानी में पीसकर पान करने से अथवा बावची के चूर्ण को गाय के गोबर के रस में भावना देकर उसमें समान भाग पारे की भस्म मिलाकर खरल कर लें। उस चूर्ण को एक-२ रत्ती परिमाण सेवन करने से स्थावर जंगम और कृत्रिम तीनों प्रकार का विष नाश को प्राप्त होता है।।१०२-१०३।। (४) अभ्रक, हरताल, सोनामाखी, शिलाजीत, मैनसिल, पारा और त्रिकुटा सबको समान भाग लेकर बंदाल के रस में घोटकर उबटन सा बना लें। इसको शरीर पर मालिश करने से सब प्रकार का विष विकार दूर होता है।।१०४।। (५) शुद्ध पारे को चकबड के रस के साथ खरल करके पुट पाक करे। जब पारा मूर्च्छित हो जाय तब फिर पारे को चकबड के रस में घोटकर गोलासा बनाकर पुट दें। पश्चात् उसको अण्डी के तेल में मिलाकर योग्य मात्रा से सेवन करे तो मकड़ी का फल जाना और मकड़ी का विष दूर होता है।।१०५।। (६) नागदौन की जड़ को पानी में पीसकर उसको नस्य देने से महा भयंकर सर्प का विषम विष भी तत्काल उतर जाता है।।१०६।। (७) सिरस के पंचांग को जल में पीसकर पान करने से शेष नाग के द्वारा डसा हुआ मनुष्य भी विष के विकार से मुक्त हो जाता है अर्थात् उसका विष तुरन्त उतर जाता है।।१०७।। (८) असगन्ध के कन्द को अथवा बाँझक कोडे के कन्द को पानी में पीसकर पीने से स्थावर या जंगम सब प्रकार का विष मनुष्य के शरीर से बाहर निकल जाता है।।१०९।।

व्योषैरण्डस्त्रावपक्वं तु तैलं
लेपायोक्तं वृश्चिकानां सदैव।।११०।।
ससिंदुवारतगरं मृतं संजीवनं विषम्।
शिरीषकुसुमं पत्रं विषमाखुविषापहम्।।१११।।

देवदारु नतं मांसी द्रामिली बाकुची विषम्।
कुष्ठं च पानलेपाभ्यां समस्तविषनाशनम्॥११२॥
सर्पादिविषनाशाय टंकणस्य रजोऽम्भसा।
पानाभ्यञ्जननस्याद्यैरतिगुह्योपदंशिना॥११३॥
मनोह्वा सैंधवं हिंगुमालतीपल्लवानि च।
गोशकृद्रसपिष्टानि गुलिका वृश्चिकापहा॥११४॥
अर्कस्नूहीपयसा ब्रह्मतरोर्भावितैर्मुहुर्बीजैः।
गुलिकाकृताप्रयत्नाद्वृश्चिकविषमाशुनाशयति॥११५॥
कनकसारसुतीक्ष्णनिदिग्धिकाहपुषसिद्ध-
कलांशनिषेवणात्। जयति साधु युवा धन-
कांक्षया गणिकया परिदत्तगरौषधम्॥११६॥
पुराणवृक्षाम्लयुतं कटुत्रयं नरेण भुक्तं त्वश-
नावसाने। असारवृत्ताबलयाऽर्थकांक्षया
सहान्नदत्तं विषमाशु नाशयेत्॥११७॥

(९) त्रिकुटा (सोंठ, मिरच, पीपल) और अण्ड के बीजों की गिरी दोनों को समान भाग लेकर एकत्र क्वाथ कर लें। उस क्वाथ में तिल के तेल को पकाकर लगाने से बिच्छू का विष शीघ्र उतर जाता है। (१०) सिह्मालु, तगर, मृतसंजीवन रस, वत्सनाभ विष, सिरस के फूल, पत्ते इन सबको एकत्र कूट पीसकर सेवन करने से चूहे के विष तथा अन्यान्य जन्तुओं का विष दूर होता है। (११) देवदारु, तगर जटामांसी, फटकरी, बाबची, वत्सनाभ और कूठ इन औषधियों को एकत्र कर पीने और लेप करने से सब प्रकार का विष नाश होता है। (१२) सुहागे के चूर्ण को पानी में पीसकर पान, अभ्यञ्जन और नस्य द्वारा प्रयोग करने से सर्प आदि जन्तुओं का विष दूर होता है और गुह्य स्थान में हुई उपदंश आदि व्याधियाँ नाश होती हैं। (१३) मैनसिल, सैंधा नमक, हींग और चमेली के पत्ते इनको गाय के गोबर के रस में पीसकर गोलियां बना लें। इन गोलियों को खाने से और जल में घिसकर लगाने से बिच्छू का विष

उतर जाता है। (१४) ढाक के बीजों को आक के दूध में और थूहर के दूध में अनेक बार भावना देकर गोलियाँ बना लें। इन गोलियों को पानी में घिसकर काटे हुए स्थान पर लगाने से और पान करने से बिच्छू का विष तत्काल नाश होता है। (१५) धतूरे के पत्तों का रस, तीक्ष्ण लोह की भस्म, कटेरी की जड़, हाऊबेर और सरसों सबको समान भाग लेकर एकत्र कूट पीसकर बारीक चूर्ण कर लें। इस चूर्ण को एक-२ मासा परिमाण सेवन करने से धन प्राप्ति की इच्छा से वेश्या के द्वारा दिया हुआ विष या विषैली औषधि का असर शीघ्र दूर हो जाता है और युवा पुरुष बच जाता है।(१६) भोजन करने के बाद पुराना चूके का शाक और त्रिकुटा दोनों के चूर्ण को सेवन करने से धन की अभिलाषा से वेश्या स्त्री के द्वारा अन्न के साथ दिया हुआ विष तत्काल नाश होता है।।११०-११७।।

ताक्ष्यसूत रस

सूतं गंधं टंकणं हेमयुक्तं घर्षेद्यामं मेघनादीरसेन।
गोलं कृत्वा कांतपाषाणमूषामध्ये क्षिप्त्वा भूधरे तं पुटेत्।।११८।।
पश्चाद्धर्षेन्मेघनादीरसेन सूतः सिद्धस्त्वेषताक्ष्यों विषारिः।
ताक्ष्ये वंध्या भक्षयेद्रक्तिमानं सूतं तस्माद्यांति नाशं विषाणि।।११९।।

पारा, गन्धक, सुहागा और सोने के वर्क सबको एक भाग लेकर चौलाई के रस में ३ घंटे तक घोटे। फिर गोला बनाकर उसको कान्त पाषाण(चुम्बक पत्थर) की मूषा में बन्द करके ऊपर से कपरौटी कर भूधर पुट दें। स्वांगशीतल होने पर गोले को निकाल कर फिर चौलाई के रस में खरल करे तो ताक्ष्य रस सिद्ध होता है। यह रस सब प्रकार के विष को नाश करने वाला है। इस रस को एक-२ रत्ती परिमाण लेकर बांझ के ककोड़े के कन्द के चूर्ण के साथ करे। इसके सेवन से सम्पूर्ण विष शीघ्र नाश होते हैं।।११८-११९।।

इति श्रीवाग्भटाचार्यविरचिते रसरत्नसमुच्चये भाषाटीकायां पञ्चविंशोऽध्यायः समाप्तः ।।२५।।

षड्विंशोऽध्यायः

रसायन और उसके गुण

दीर्घमायुः स्मृतिं मेधामारोग्यं तरुणं वयः।
प्रभावर्णस्वरौदार्यं देहेंद्रियबलोदयम्।।
वाक्सिद्धिं वृषतां कांतिमवाप्नोति रसायनात्।।१।।
पंथाः शीतं कदन्नानि वयोवृद्धाश्च योषितः।
मनसः प्रातिकूल्यं च जरायाः पञ्च हेतवः।।२।।
हलिनीरससंपिष्टौ तुल्यांशौ रसगंधकौ।
हस्तिपर्णीलवलिकामत्स्याक्षीकल्कवेष्टितौ।।३।।
त्रिःपक्वौ मूकमूषायां सव्योषौ वार्धकापहौ।।४।।

रसायन के सेवन करने से दीर्घ आयु, स्मृतिशक्ति, सुबुद्धि, आरोग्यता, युवावस्था, प्रभा, सुन्दररूप, स्वर की मधुरता, शरीर और इन्द्रियों के बल की वृद्धि, तथा वाक्‌सिद्धि, पुष्टि और क्रान्ति ये सम्पूर्ण गुण प्राप्त होते हैं। वृद्धावस्था (बुढापा) प्राप्त होने के मुख्य पाँच कारण हैं। १ कुमार्ग में चलना, २ शीतल पदार्थों का अधिक सेवन करना, ३ खराब, गला सड़ा या बासी अन्न खाना, ४ अपने से ज्यादा उम्र या वृद्ध अवस्था वाली स्त्री के साथ संसर्ग करना, और ५ किसी कारण से मन में आघात होना या मन का दूषित रहना। रसबलि प्रयोग (१) शुद्ध पारा और शुद्ध गन्धक दोनों को समान भाग लेकर कलिहारी के रस में घोटकर गोला बना ले। फिर ककड़ी के बीज, हरफा रेवड़ी और मछैछी

घास को तीनों को एकत्र पीसकर कल्क कर ले और उस कल्क का उक्त गोले के ऊपर एक-२ अँगुल ऊँचा लेप करके सुखा लें। फिर उसको अन्धमूषा में बंद करके भूधरपुट में पकावे। इस प्रकार तीन बार भूधरपुट दें। प्रत्येक पुट के अन्त में कलिहारी के रस में घोटकर गोला बनाकर उस पर उक्त कल्क का लेप करना चाहिये। इसके पश्चात् उसमें समान भाग त्रिकुटे का चूर्ण मिलाकर रख दें। इस रस को योग्य मात्रा से सेवन करने पर अल्पकाल में ही वृद्धावस्था दूर होती है।।१-४।।

उदयादित्य रस

आवर्तिते रसपलं क्षिप्त्वा द्विपलगंधकम्।
आर्द्रकद्रवमुष्टीनां विंशत्या मर्दितं पचेत्।।५।।
मृद्गूढताम्रमूषायां तं गुंजाप्रमितं रसम्।
ससर्पिर्नागरं भुक्त्वा तप्तांबुप्रसृतं पिबेत्।।६।।
रसोऽयमुदयादित्यः स्याज्जरारजनीहरः
मूषां तिंदुकविस्तारामायामे षोडशांगुलाम्।।७।।
भाण्डब्राह्यस्थपादांशां वालुकाभिः प्रपूरयेत्।
तस्यां निवेश्य द्विगुणगंधगर्भगतं रसम्।।८।।
याममात्रं पचेच्चुल्ल्यां क्षिपेद्गंधस्य तूद्गमे।
वायसीनागिनीमत्तमेघनादरसं क्रमात्।।
स रसः सर्वरोगघ्नो वलीपलितजिद्भवेत्।।९।।

(२) पारा ४ तोले और गन्धक ८ तोले दोनों की एकत्र कज्जली करके उसको अदरख के रस में खरल करे। घोटते-२ जब उसमें अदरख का २० तोले रस शुष्क हो जाय तब उसका गोला बनाकर सुखा लें। और उसको शुद्ध ताँबे की मूषा में बन्द करके ऊपर से कपरौटी कर गजपुट में पकायें। स्वांगशीतल हो जाने पर गोले को निकाल कर सम्पुट सहित खरल कर लें। इस रस को प्रतिदिन एक-२ रत्ती परिमाण सेवन करे और ऊपर से सोंठ के चूर्ण को घृत में मिलाकर चाटे तथा १६ तोले उष्ण जल का अनुपान करे। यह उदयादित्य रस-जरा (बुढ़ापा) रूप

रात्रि को विनाश करने के लिए बाल सूर्य के समान है। (३) तेंदू के फल के समान चौड़ी और १६ अंगुल लम्बी मिट्टी की, लोहे की अथवा काँच की शीशी के समान आकार वाली मजबूत मूषा बनाकर उसको बालुकायन्त्र में तीन हिस्से गाड़ दे और ऊपर का १ भाग बाहर को निकला रहने दे। फिर उस मूषा में दो भाग गन्धक और १ भाग पारे की कज्जली भरकर मूषा के मुँह को बन्द कर दें। फिर उस यन्त्र को चूल्हे पर चढ़ाकर एक प्रहर तक पकावे। जब गन्धक उड़ जाय तब उसमें कौआठोड़ी, नागदौन, धतूरा और चौलाई इन प्रत्येक के रस को क्रम से आठ-२ तोले परिमाण डाले। जब एक औषधि का रस शुष्क हो तब दूसरा रस डाले। इस प्रकार समस्त औषधियों का रस डालने के बाद स्वांगशीतल होने पर मूषा को निकालकर उसमें से रस निकाल ले और खरल करके रख लें। यह रस-सब प्रकार के रोगों को विनाश करने वाला तथा बली (असमय शरीर में झुर्रियां पड़ना) और पलित (बिना समय बालों का पकना) रोग को नष्ट करने वाला है।।५-९।।

रसगंधकमध्वाज्यशिलाजत्वम्लवेतसम्।
द्विमाषप्रमितं वेगान्मासमात्राज्जरां जयेत्।।१०।।
विष्णुक्रांताऽरुणाऽगस्तिक्षीरिणीतंडुलीयकैः।
रसगंधकयोः पिष्टी स्त्रीस्तन्येन च मर्दिता।।११।।
यवास्तिला घृतक्षौद्रमेषामुद्वर्तनं जयेत्।
कार्श्यं जरां च षण्मासाद्विधत्ते वृद्धिमायुषः।।१२।।
शिलाजतुक्षौद्रविडंगसर्पिर्लोहाऽभयापारदताप्यभक्षः।
आपूर्यते दुर्बलदेहधातुस्त्रिपञ्चरात्रेण यथा शशांकः।।१३।।
हेम धात्रीफलं क्षौद्रं गायत्रीरसमादतम्।
लिहन्ननु पिबन्क्षीरं दृष्टरिष्टोऽपि जीवति।।१४।।
मधुमागधिकाविडंगसारत्रिफलाहेमघृतं सितां च खादन्।
जरयानवलीढदेहकांतिः समधातुश्च समाः शतं स जीवेत्।।१५।।

(४) पारा, गन्धक, शिलाजीत और अम्लवेत सबको समान भाग लेकर एकत्र खरल करके रख लें। फिर प्रतिदिन दो दो मासे परिमाण

लेकर शह्द और घृत में मिलाकर सेवन करे। इस रस को एक महीने तक सेवन करने से वृद्धावस्था दूर होती है। (५) विष्णुक्रान्ता मँजीठ अगस्त के फूल, क्षीरकाकोली और चौलाई की जड़ इन औषधियों का अलग-२ क्वाथ बनाकर उस प्रत्येक क्वाथ में पारे और गन्धक की कज्जली को क्रम से मर्दन करे। फिर स्त्री के दूध में खरल करके सुखा लें और बारीक पीसकर रख लें। इस रस को प्रतिदिन उपयुक्त मात्रा से सेवन करे और जौ का आटा, तिल, घृत, शहद इन सबको एकत्र मिला कर शरीर पर उबटन करे, फिर साबुन मलकर गरम जल से स्नान करे। इस प्रकार इस प्रयोग को ६ महीने तक सेवन करने से दुर्बलता और बुढापा दूर होकर आयु की वृद्धि होती है। (६) शिलाजीत, वायविडंग, लौहभस्म, हरड, पारे की भस्म और सोनामाखी की भस्म इन सबको समान भाग लेकर एकत्र खरल कर लें फिर प्रतिदिन उचित मात्रा से शहद और घृत में मिलाकर सेवन करे। इस औषध के सेवन से दुर्बल शरीर और शुष्क धातु वाला मनुष्य पन्द्रह दिन में पूर्ण चन्द्रमा के समान धातुओं से पूर्ण और पुष्ट होता है। (७) सोने के वर्क और आमलों का चूर्ण दोनों को समान भाग लेकर खैरसार (कत्थे) के रस में खरल करके और शहद में मिलाकर सेवन करे और दूध पीये। अथवा सोने के वर्क, आमलों का चूर्ण और शुद्ध खैरसार (कत्था) तीनों को समभाग लेकर एकत्र मिला ले, फिर तीन-२ रत्ती परिमाण शहद में मिलाकर चाटे और ऊपर से गरम दूध पीयें तो कृश शरीरवाला और धातुओं के क्षीण हो जाने से मरणप्राय मनुष्य भी जीवित होता है और दो महीने तक निरन्तर सेवन करने से शरीर पुष्ट होता है। (८) पीपल, बायविडंग के बीजों की गिरी, त्रिफला और सोने के बर्क चारों को समान भाग लेकर एकत्र खरल करके प्रतिदिन योग्य मात्रा से शहद घृत और मिश्री में मिलाकर सेवन करने वाला मनुष्य वृद्धावस्था से मुक्त होकर शरीर की नवीन कान्ति से युक्त होता है। उसकी सातों धातुयें समान रूप से पुष्ट होती हैं और वह सौ वर्ष तक जीता है।।१०-१५।।

ज्योतिष्मतीनाम् लता पीता पीताफलोज्ज्वला।
आषाढ़े पूर्वपक्षे स्यादगृहीत्वा बीजमुत्तमम्।।१६।।

आहरेत्तिलवतैलं मुष्टिना वाऽपि तत्पचेत्।
क्षीरतुल्यं चतुर्थांशमाक्षिकं तैलशेषितम्॥१७॥
ततस्तत्कोलकपूर्रत्वरग्जातीफलमिश्रितम्।
स्निग्धभाण्डगतं धान्येष्वनुगुप्तं निधापयेत्॥१८॥
पिबेत्सूर्योदये तैलात्पलं याति विसंज्ञताम्।
ततः संज्ञां शनैर्लब्ध्वा ततः क्रन्दति रोदिति॥१९॥
एवं मासे श्रुतधरः परस्मिन्सूयसन्निभः।
तृतीये पूज्यते देवैश्चतुर्थे नैव दृश्यते॥२०॥
खेचरः पञ्चमे षष्ठे सिद्धैर्मिलति सप्तमे।
विष्णोः समदिनं जीवेज्जीवन्मुक्तोऽष्टमे भवेत्॥२१॥
भूमावरत्निमात्रायां ताम्रं तैलेन पूरयेत्।
षणमासं तापयेदूर्ध्वं मृदुना तुषवह्निना॥२२॥
पीत्वा माषादिनिष्क्रान्तं तत्त्रिवर्षान्महाकविः॥२३॥
तैलप्रस्थं घृतप्रस्थं चतुष्प्रस्थं पयः पचेत्।
द्विप्रस्थशेषं तत्पीत्वा मासं त्रिपुरुषायुषः॥२४॥
तैलं पिबेद्घृतक्षौद्रक्षीरान्यतममिश्रितम्।
कुर्याच्च तैलमध्वाज्यैर्नस्यं क्षीरघृताशनम्॥
भुक्त्वा शतायुः षणमासात्सहस्रायुस्त्रिवर्षतः॥२५॥
मधुकेन तुगाक्षीरी पिप्पली क्षौद्रसर्पिषा।
विडंगपिप्पलीभ्यां च त्रिफला लवणेन च॥२६॥
संवत्सरप्रयोगेण स्मृतिमेधाबलप्रदा।
भवत्यायुः प्रदा पुंसां जरारोगनिबर्हिणी॥२७॥
खदिराऽसनभृंगसातलां कृमिशत्रदकभाविता मुहुः।
गुडमाक्षिकसर्पिरन्विता त्रिफला हंति जरां च वत्सरात्॥२८॥
त्रिफलामसनोदकेन पिष्ट्वा रजनीपर्युषितामयः कपाले।
मधुरां मधुना लिहन्हिनस्ति स्थविमानं जरसं गदांश्च सर्वान्॥२९॥

कांताभ्रकशिलाधातुविषसूतकमाक्षिकम्।
शीलितं मधुसर्पिर्भ्यां व्याधिवाधकमृत्युजित्॥३०॥
गंधं लोहं भस्म मध्वाज्ययुक्तं सेव्य वर्णे वारिणा त्रैफलेन।
शुभ्रे केशे कालिमा दीर्घदृष्टिः पुष्टि वींय जायते दीर्घमायुः॥३१॥
नीलज्योतिः कांतचूर्णे रुदंती धात्रीपत्रैर्वारिणा त्रैफलेन ।
मध्वाज्याभ्यां वत्सरार्धप्रयोगात्कुष्ठं शुभ्रं रोगजातं निहंति॥३२॥
देहे दार्ढ्यं दिव्यदृष्टिः सुपुष्टिर्वीर्ये शौर्यं जायते दीर्घमायुः॥३३॥
ज्योतिष्मत्यास्तैलमाज्यं सगंधंगुंजावृद्ध्या सेवयेन्मासमात्रम्।
यावच्च स्याद्यस्तु स प्राप्य मूर्ति मेंधायुक्तो दिव्यदृष्टिर्नियक्ष्माः॥३४॥
कांताभ्रत्रिफलाविडंगरजनीताप्याब्ददेवद्रुम-
व्योषैलाग्निपुनर्नवाङ्घ्रिगिरिजांकोलैःसमं गुग्गुलुम्।
पिष्ट्वा भृंगजलेन सूक्ष्मगुटिकां खादेद्यथासात्म्यतो
मेदःश्लेष्मसमीरणोल्बगणदेष्वन्येषु वा पूरुषः॥३५॥
कांतं तुल्याभ्र सत्त्वं चरणपरिमितं हेमतत्तुल्यमर्कं
वैक्रांतं ताप्यरूपं कृमिहरकटुकैस्तुल्यभागैः समेतम्।
लीढंदेवद्रुतैलेर्विरचयति नृणां देहसिद्धिं समृद्धां
पथ्यं कल्पोक्तिमुक्तं हरति चसकलान् रोग पुंजाञ्जवेन॥३६॥
तदेतत्सर्वरोगघ्नं रम्यं कांतरसायनम्।
सेव्यं वृष्यं सुपुत्रीयं मंगल्य दीपनं परम्॥३७॥
रात्रौ कांतशरावके सुचणका भिन्ना जलै स्वादुभिः
प्रातर्मुष्टिमिताः खलु प्रतिदिनं षणमासमासेविताः।
हन्युः पित्तकफामयान्बहुविधं कुष्ठं प्रमेहांस्तथा
पाण्डुं यक्ष्मगदं च कामलगदं पथ्यं च तक्रं तथा ३८॥
त्रिफलामस्तुसंयुक्तं कांतं सर्वरसायनम्॥३९॥
एतस्यादपुनभव हि भसिंत कांतस्य दिव्यामृतं
सम्यक्सिद्धरसायनं त्रिकुटीवेल्लाज्यमध्वन्वितम्।

हन्यान्निष्कमितं जरामरणजव्याधींश्च सत्पुत्रदं
प्रोक्तं श्रीगिरिशेन कालयवनोद्भूत्यै पुरातत्पितुः॥४०॥
सिद्धमभ्रं समं कांतं मदयेद्रार्दवारिणा॥
कलांशं हेमचूर्णस्य बीजपूररसे पुनः॥४१॥
मर्दयेत्खल्वमध्यस्थं यावत्सप्तदिनावधि।
आढरूषरसेनैव तथा मुण्डीरसेन वा॥४२॥
तालमूलीरसेनैव दशमूलीरसेन वा।
तत्तद्रोगहरैः क्वाथैर्भावयेत्सप्तधा भिषक्॥४३॥
त्रिफलाव्योषचूर्णं च मध्वाज्याभ्यां प्रयोजयेत्।
पञ्चकर्मविशुद्धेन् सेव्यमेतद्रसायनम्॥४४॥
पाण्डुशोफोदरानाहग्रहणीशोषकासाजित्।
संततं सततं चैव पुराणं विषमं ज्वरम्॥४५॥
निहन्यात्सर्वकुष्ठानि प्रमेहान्विंशतिं जयेत्।
कांताभ्रकमिदं प्रोक्तं रसायनमनुत्तमम्॥४६॥
पालाशोलूखले तन्मलवियुजि विमर्द्योद्धृतैराढ-
कांशैमिश्रं ब्राह्मीरसैस्तैर्विधिवदिह पचेत्प्रस्थमात्रं गवाज्यम्।
पाठाधात्रीहरिद्रात्रिवृदुपरचितेनापि कल्केन सिद्धं योवा
कीटारिकृष्णासलवणजटिलाभिर्विलीढःसदास्यात्॥
सौकर्यः सप्तरात्रान्मतिमतिविशदां पक्षतो मासमात्राधातुर्यं
सत्कवित्वं वरसकलकलाऽभिज्ञतां प्राप्नुयात्सः॥४७॥
ताप्याभ्रकत्रिकटुतुत्थशिलाजकांतमं-
कोल्ललोहमलटंकणसैंधवं च।
भृंगीरसेन वटकांश्च मसूरमात्रा-
न्खादेद्रसायनवरं सकलामयघ्नम्॥४८॥

(९) मालकाँगनी नामवाली लता (बेल) पीले रंग की पीले फलवाली

और अत्यन्त उज्ज्वल होती है। उस माल काँगनी के उत्तम बीजों को आषाढ़ महीने के शुक्लपक्ष में लाकर उनको तिलों के समान पेलकर तेल निकाले अथवा उनको पीसकर मुट्ठी से दबाकर या कपड़े की पोटली के द्वारा निचोड़कर तेल निकाल लें और वस्त्र में छान लें। फिर उसमें समान भाग दूध और तेल से चौथाई शहद डालकर पकायें। जब पककर तेलमात्र शेष रह जाय तब उतार कर छान लें। उसको एक चिकने बर्त्तन में या शीशी में भरकर उसमें चव्य कपूर तज और जायफल इनके समान भाग मिश्रित चूर्ण को (तेल से अष्टमांश) डालकर उस पात्र के मुँह को बन्द करके धानों के ढेर में गाड़ दें। फिर २१ दिन के बाद उसको निकालकर वस्त्र में छान लें। इस तेल को प्रतिदिन प्रातः काल सूर्योदय के समय चार तोले परिमाण सेवन करे। इसके पान करने पर मनुष्य थोड़ी देर में बेहोश हो जाता है। फिर धीरे धीरे होश में आकर चिल्लाता है और रोता है। जब उसको क्षुधा लगे तब दूध, भात का भोजन करायें। यह तेल प्रकृति के अनुकूल होने तक पहले दिन की समान ही रोगी की अवस्था रखता है। परन्तु कुछ दिनों तक अर्थात् १५-२० दिन तक यह स्थिति रहती है, फिर दूर हो जाती है। इस तेल को निरन्तर सेवन करने से एक महीने में मनुष्य श्रुतवर (सुनी हुई बात को याद रखने वाला) होता है। दूसरे महीने में सूर्य के समान कान्तिवाला, तीसरे महीने में देवताओं से पूजनीय, चौथे महीने में अदृश्य अर्थात् स्थूल शरीर को गुप्त रखने वाला, पाँचवें महीने में पक्षियों के समान आकाश में उड़ने वाला हो जाता है। छठे महीने में सिद्ध पुरुषों के साथ इच्छानुसार मिलता है, सातवें महीनें में विष्णु की जितनी आयु होती है, उतने वर्षो तक जीवित रहता और आठवें महीने जन्म, मरण से मुक्त होकर अजर अमर हो जाता है। (१०) भूमि में एक हाथ गहरा गड्ढा खोदकर उसमें एक ताँबे का बर्तन रखकर उसमें १०० तोला मालकाँगनी का तेल भर दें और उस बर्तन के मुँह को किसी धातु के पात्र से ढककर चूने से उसकी सन्धियों को बन्द करके उस गड्ढे को अच्छी तरह मिट्टी से पाट दें। इस प्रकार ६ महीने तक उसको गाड रक्खे। ६ महीने के पश्चात् उस गड्ढे के ऊपर की कुछ धूल मिट्टी हटाके धान की भूसी की

मन्द मन्द अग्नि के द्वारा उस तेल को तपाये। फिर स्वांगशीतल हो जाने पर उस बर्तन को निकालकर तेल पान करना प्रारम्भ करे। पहले दिन १ मासा, दूसरे दिन २ मासे, तीसरे दिन ३ मासे और चौथे दिन ४ मासे फिर प्रतिदिन चार-२ मासे की मात्रा से सेवन करना चाहिए। इस प्रकार इस तेल को तीन वर्ष बराबर पान करने से मनुष्य महाकवि हो जाता है। (११) मालकाँगनी का तेल ६४ तोले, घी ६४ तोले और दूध २५६ तोले तीनों को एकत्र मिलाकर पकायें। जब पककर दूध सब जल जाय और दो प्रस्थ तेल, विशेष रह जाय तब उतारकर छान लें। इस तेल को महीने तक सेवन करने से ३०० वर्ष तक मनुष्य की आयु होती है (१२) घी, शहद और दूध इन तीनों में से किसी एक के साथ तिल का अथवा सरसों का तेल मिलाकर योग्यमात्रा से पान करे। तेल, शहद और घी तीनों को एकत्र मिलाकर नस्य लें और दूध, घी मिलाकर भोजन करे। इस प्रकार ६ महीने तक इस प्रयोग को सेवन करने से मनुष्य १०० वर्ष की आयु और तीन वर्ष तक सेवन करने से १००० वर्ष की आयु वाला होता है। (१३) शहद और वंशलोचन, शहद, घी और पीपल, विडंग पीपल और त्रिफला इनका समान भाग चूर्ण तथा त्रिफला और सैंधे नमक समभाग का चूर्ण इन चारों प्रयोगों में से किसी एक प्रयोग को एक वर्ष तक बराबर सेवन करने से मनुष्यों की स्मरणशक्ति, बुद्धि और बल की वृद्धि होती है, वृद्धावस्था और सब प्रकार के रोगों से रहित दीर्घायु प्राप्त होती है। (१४) त्रिफला के चूर्ण को खैरसार, विजयसार, भाँगरा, सातला (एक प्रकार का थूहर) और वायविडंग इन प्रत्येक के रस में एक-एक भावना देकर सुखा लें। यह चूर्ण गुड़, शहद और घृत में मिलाकर एक वर्ष तक सेवन करने से वृद्धावस्था को दूर करता है। (१५) त्रिफले के चूर्ण को विजयसार के रस में पीसकर उसको लोहे के कटोरे में भरकर और ढककर रख दें। रातभर रक्खा रहने के बाद प्रातः काल उसमें मुलैठी का चूर्ण और शहद मिलाकर सेवन करने से यह प्रयोग स्थिर स्थूलता (मुटाई,) वृद्धावस्था और उसके समस्त रोगों को नष्ट करता है। (१६) कान्त लोहभस्म, अभ्रकभस्म, शिलाजीत, शुद्ध मीठा तेलिया, रससिंदूर और सोनामाखी की भस्म इन सबको समान भाग लेकर एकत्र खरल कर

लें। यह प्रयोग मधु और घृत में मिलाकर सेवन करने से सम्पूर्ण रोग, वृद्धावस्था और मृत्यु इन तीनों को जीतने वाला है। (१७) शुद्ध गन्धक और लोहभस्म दोनों को समानभाग लेकर मधु और घृत में मिश्रित करके सेवन करे और ऊपर से त्रिफले का जल पान करे। इस प्रकार एक वर्ष तक इस रसायन को सेवन करने से सफेद बाल काले हो जाते हैं, दिव्यदृष्टि होती है, शरीर की पुष्टि, वीर्य की वृद्धि, और दीघार्यु प्राप्त होती है। (१८) बावची और कान्तलोह को समान भाग लेकर रुद्रदन्ती, आमलों के पत्ते और त्रिफला इनके रस में क्रम से एक एक भावना देकर सुखाकर रख लें। फिर प्रतिदिन योग्यमात्रा से और घृत में मिलाकर ६ महीने तक सेवन करे। इस औषध के प्रयोग से अनेक प्रकार के रोगों के साथ उत्पन्न हुआ श्वेत कुष्ठ नष्ट होता है। शरीर में दृढता, दिव्यदृष्टि, अत्यन्त पुष्टि, वीर्यवृद्धि, शूरता और चिरायु की उत्पत्ति होती है। (१९) मालकाँगनी का तेल, घी और शुद्ध गन्धक तीनों को समान भाग लेकर एकत्र पकायें। फिर शीतल हो जाने पर जो उसको एक-२ रत्ती की मात्रा से लेकर एक मासे की मात्रा से सेवन करे अथवा शुद्ध गन्धक को मालकाँगनी के तेल और घी में मिलाकर उक्त परिमाण से सेवन करे तो शरीर के समस्त रोग निर्मूल होते हैं और वह मनुष्य जब तक जीवित रहता है तब तक अत्यन्त कान्तिवाला, बुद्धिमान, दिव्यदृष्टिवाला और राजयक्ष्मा रोग से निर्मुक्त होता है। (२०) कान्तलोह भस्म , अभ्रकभस्म, त्रिफला, वायविडंग, हल्दी, सोनामाखी की भस्म, नागरमोथा, देवदारु, त्रिकुटा, इलायची, चीता, पुनर्नवा की जड़, शिलाजीत और अङ्कोल के बीज इन सब औषधियों को समान भाग लेकर बारीक चूर्ण करके कपडछान कर लें। उस चूर्ण के बराबर शुद्ध गूगल लेकर सबको भाँगरे के रस में खरल करके छोटी छोटी गोलियाँ बना लें। इन गोलियों को मनुष्य प्रकृति के अनुकूल मात्रा से सेवन करे तो मेद (चर्बी), कफ, वायु और सन्निपात इनके द्वारा तथा अन्यान्य कारणों से उत्पन्न होने वाले भयंकर रोगों में विशेष लाभ होता है। (२१) कान्तलोहभस्म ४ भाग, अभ्रक भस्म ४ भाग, सुवर्णभस्म १ भाग, ताम्रभस्म १ भाग, वैक्रान्तभस्म, सोनामाखी की भस्म, वायविडङ्ग और त्रिकुटा ये प्रत्येक उक्त सब औषधियों

की बराबर-२ भाग लेकर सबको अलग-अलग बारीक पीसकर खरल कर लें और शीशी में भरकर रख दें। फिर इसको प्रतिदिन देवदारु के तेल में मिलाकर यथोचित मात्रा से चाटे तो यह रस मनुष्यों के शरीर को अत्यन्त दृढ़, कान्तिमान् और वृद्धावस्था से मुक्त करता है। एवं सब प्रकार के रोग समूहों को शीघ्र नष्ट करता है। इसलिये इन सम्पूर्ण रोगों को हरने वाली श्रेष्ठ कान्त रसायन को अवश्य सेवन करना चाहिये। यह अत्यन्त पुष्टिकारक, सुपुत्रदायक, मङ्गलजनक और अत्यन्त अग्निप्रदीपक है। (२२) रात्रि के समय एक कान्तलोह के बर्तन में एक मुट्ठी उत्तम चनों को शीतल, मधुर जल से भिगोकर रख दें। फिर प्रतिदिन प्रातः काल शौचादि से निवृत्त होकर उनको चबा लिया करे। इस प्रकार ६ महीने तक चनों को सेवन करने से पित्त और कफ के द्वारा होने वाले रोग, अनेक प्रकार के कुष्ठ, प्रमेह, पाण्डु, यक्ष्मा और कामला ये सब व्याधियाँ दूर होती है। इस पर मट्ठे का पथ्य सेवन करना चाहिये। (२३) कान्तलोह की भस्म को उचित मात्रा से त्रिफले के क्वाथ और दही के पानी में मिलाकर सेवन करे तो इससे समस्त रसायनों के समान उत्तम गुण प्राप्त होता है। (२४) कान्तलोह की भस्म, त्रिकुटा और वायविडङ्ग तीनों को समान भाग लेकर एकत्र खरल कर लें। फिर प्रतिदिन चार चार मासे की मात्रा से शहद और घृत में मिलाकर सेवन करे। उत्तम प्रकार से सिद्ध की हुई यह दिव्यामृत नामक रसायन वृद्धावस्था, मृत्यु और सम्पूर्ण रोगों को विनाश करती है, और सत्पुत्र को प्रदान करती है। पूर्वकाल में श्रीमहादेव जी ने कालयवन के पिता से पुत्रोत्पत्ति के लिये यह प्रयोग कहा था, अतएव उसके कालयवन जैसा पराक्रमी पुत्र हुआ। (२५) अभ्रकभस्म और कान्तलोहभस्म दोनों को समभाग लेकर अदरक के रस में खरल करें, फिर उसमें सोलहवाँ भाग सुवर्ण का चूर्ण अथवा सोने के वर्क मिलाकर बिजोरे नींबू के रस में सात दिन तक घोटे। इसके पश्चात् वैद्य अडूसा, गोरखमुण्डी, मुसली और दशमूल इन प्रत्येक के रस में एक एक भावना देकर जिन-जिन रोगों को शमन करने के लिये यह रस तैयार करना हो उन्हीं-उन्हीं [illegible] को हरने वाली औषधियों के रस में सात सात बार भावना देकर सिद्ध करे। प्रथम वमन विरेचनादि पञ्चकर्मों

से शरीर को शुद्ध करके फिर इस रसायन को यथोचित मात्रा से त्रिफला और त्रिकुटे के चूर्ण के साथ शहद और घृत में मिलाकर प्रयोग करना चाहिये। पाण्डु, शोथ, उदररोग, अफरा, संग्रहणी, धातुशोष, खाँसी, सन्ततज्वर, सततज्वर पुरानाज्वर, विषमज्वर, सब प्रकार के कुष्ठ और बीसों प्रकार के प्रमेह इन सब रोगों को नष्ट करने के लिये यह कान्ताभ्रक नामक रसायन अत्युत्तम कही गई है। (२६) ब्राह्मी के नवीन पत्रों को लाकर जल से साफ करके ढाक की लकड़ी की बनी हुई ओखली में डालकर खूब कूटे, फिर कपड़े में निचोड़कर उसका एक आढक (२५६ तोले) परिमाण रस निकाले। पाढ, आमले, हल्दी और निसोत इन प्रत्येक के आठ-आठ तोले चूर्ण से उक्त रस के साथ खरल करके कल्क बना लें। उस कल्क को शेष रस में घोलकर उसमें एक प्रस्थ गौ का घी मिश्रित करके विधिपूर्वक पकायें। जब पककर रस सब जल जाय और घृतमात्र शेष रह जाय तब उतारकर छान लें। जो वायविडंग, पीपल, सैंधानमक और जटामांसी इनके समान भाग मिश्रित कपड़े में छाने हुए ३ मासे चूर्ण में ६ मासे यह घृत मिलाकर सात दिन तक सेवन करे तो वह मनुष्य विद्वानों के बीच में अत्यन्त निर्मल और सूक्ष्म बुद्धि वाला होता है। १५ दिन अथवा एक महीने तक सेवन करने से चतुरता, अपूर्व कवित्वशक्ति और सम्पूर्ण श्रेष्ठ कलाओं में निपुणता प्राप्त करता है। (२७) सोनामाखी की भस्म, अभ्रक भस्म, त्रिकुटा, तूतिया की भस्म, शिलाजीत, कान्तलोह भस्म, अंकोल के बीज, मण्डूर भस्म, सुहागा और सैंधा नमक इन सबको समभाग लेकर भाँगरे के रस में खरल करके मसूर के बराबर गोलियाँ बनाकर सेवन करे। यह उत्तम रसायन समस्त रोग समूहों को नाश करने वाली है॥१६-४८॥

कमलाविलासरस

लोहाभ्रौ बलिसूतहाटकपविस्तुल्यं कुमारी रसे
पक्वैरण्डदलैर्निबध्य सुदृढं सद्धान्यराशौ त्र्यहम्।
क्षिप्त्वोद्धृत्य विचूर्णितं मधुवरायुक्तं यथासात्म्यतः
कृष्णात्रेयविनिर्मितंगदजराविध्वंसिसौख्यप्रदम्॥४९॥

आज्ञासिद्धमिदं रसायनवरं सर्वप्रमेहप्रणु-
त्कासं पञ्चविधं तथैव तनुगं पाण्डुं च हिक्कां व्रणम्।
श्लेष्माणं पवनं हलीमकगदं हन्याच्च मन्दानलं
कण्डूकुष्ठ विसर्पविद्रधिमुखापस्मारकाद्याञ्जयेत्॥५०॥
गोप्याद्गोप्यतरः सुखेन सुलभः सर्वत्र सिद्धोऽस्त्ययं
वैद्यानां कमलाविलासकरसोऽत्यंतं यशस्कारकः॥५१॥

(२८) लोहभस्म, अभ्रकभस्म, शुद्ध गन्धक, शुद्ध पारा, सुवर्णभस्म और हीरे की भस्म सबको समान भाग लेकर घीग्वार के रस में खरल करके गोला बना लें। उस गोले को पके हुए अण्ड के पत्तों से लपेटकर डोरे से खूब मजबूत करके बाँध दें और उत्तम धानों के ढेर में गाड़कर तीन दिन तक रखा रहने दें। फिर चौथे दिन उसको निकालकर बारीक पीस लें और शीशी में भरकर रख दें। इस रस को अपनी जठराग्नि के बलाबल के अनुसार और प्रकृति के अनुकूल उचित मात्रा से त्रिफला के चूर्ण और शहद में मिलाकर सेवन करे। कृष्णात्रेय मुनि का निर्माण किया हुआ यह रस सर्व प्रकार के रोग और वृद्धावस्था को नष्ट करने वाला और सुख प्रदान करने वाला है। यह श्रेष्ठ रसायन इच्छानुसार कार्य करने वाली पाँचों प्रकार की खाँसी, शरीर की पाण्डुता, हिचकी, व्रण, कफ, वात, हलीमक, मन्दाग्नि, खुजली, कुष्ठ, विसर्प, विद्रधि, मुखरोग, अपस्मार आदि सम्पूर्ण रोगों को निर्मूल करने वाला है। इस रस को गोप्य वस्तु से भी अत्यन्त गुप्त रखना चाहिये, क्योंकि यह सर्वत्र सहज में ही सबको प्राप्त हो सकता है और सिद्धि प्रदान करती है। यह कमलाविलास रस वैद्यों को अत्यन्त यश प्रदान करने वाला है॥४९-५१॥

लक्ष्मीविलास रस

वेदेन्दुनेत्राङ्गरसाङ्गभागा भूसूतगंधोषणतिंदुटंकाः।
भृंगार्द्रगुंजाजवनीनवाभिर्भाव्यं त्रिशः स्वेद्यमदोऽर्कपत्रे॥
लक्ष्मीविलासः स विशाललक्ष्मीं तनौ
तनोति क्षयिणः प्रयोगैः॥५२॥

(२९) लोहभस्म ४ भाग, पारा १ भाग, गन्धक २ भाग, मिर्च आठ भाग, कुचला ६ भाग, सुहागा ८ भाग सबको एकत्र पीसकर भाँगरा, अदरक, चोंटली की जड़, तुलसी और शतावर इन औषधियों के रस में क्रम से तीन-२ दिन तक भावना देकर गोला बना लें। उस गोले को आक के पत्तों में लपेटकर थोड़ी देर तक मन्द-मन्द अग्नि के द्वारा स्वेद दें। फिर बारीक पीसकर शीशी में भरकर रख दें। यह लक्ष्मी विलासरस नियमपूर्वक सेवन किये जाने से क्षय रोगी के शरीर में विशाल शोभा को विस्तृत करता है॥५२॥

सौश्रुतनारिकेल

वाराहीमुशलीकंदकनकाऽहिखरस्तथा।
वानरीफलसंयुक्तं चूर्णयित्वा पृथक् पृथक्॥५३॥
कार्पासमज्जदुग्धेन उकलय्य यथाक्रमम्।
भावनासप्तकं दत्त्वा सूर्यतापे विशोषयेत्॥५४॥
नारिकेरं च संभृत्य द्वारं रुध्वा यथाविधि।
गोदुग्धेन तु तत्कल्पषोडशद्वयमात्रतः॥५५॥
दर्व्या संवर्तितं भाण्डे यथा दार्ढ्यं न याति च।
शीतं चूर्णीकृतं पक्वमाज्येन प्रपचेन्नरः॥५६॥
जातीफलं लवंगं च एलाचूर्णं विनिक्षिपेत्।
निष्पन्नं शाणमात्रं तु गृहीत्वा प्रपिबेत्पयः॥५७॥
वातरोगान्प्रमेहांश्च बलक्षयमथोल्बणम्।
सप्तरात्रप्रयोगेण प्रशमं याति सर्वतः॥५८॥
वृद्धोऽपि तरुणत्वं स प्रहर्षति सदा नरः।
सौश्रुताख्यं नारिकेलं गुरुणा परिकीर्तितम्॥५९॥

(३०) वाराही कन्द, मुसली, धतूरे की जड़, खसखस और कौंच के बीज इन सबको समान भाग लेकर पृथक्-पृथक् चूर्ण करके प्रत्येक चूर्ण को बिनौलों के दूध में क्रम से भिगो दें। फिर सबको एकत्र

मिलाकर बिनोलों के रस में सात भावना दें और प्रत्येक भावना के अन्त में सूर्य की तीक्ष्ण धूप में सुखा लिया करें। इसके पश्चात् उस चूर्ण को नारियल (गोला के) भीतर भरकर उसके उसके मुँह को अच्छे प्रकार से बन्द करके उसको कल्क से ३२ गुने गोदुग्ध के साथ कढ़ाई में डालकर पकायें और करछी से चलाता जाय जिससे कि वह गोला खूब जलकर फट जाये। जब सब दूध जल जाय तब उस गोले को निकालकर शीतल करके जल से धोकर पीस लें। फिर घी में भूनकर उसमें जायफल, लौंग और इलायची का चूर्ण मिलाकर शीशी में भरकर रख दें। इस प्रकार सिद्ध की हुई इस औषध को प्रतिदिन चार-२ मासे परिमाण लेकर सेवन करे और ऊपर से दुग्धपान करे। यह रस सात दिन तक सेवन करने से संपूर्ण वात रोग, प्रमेह, बल क्षय, और सब प्रकार के भयंकर रोगों को शीघ्र शमन करता है। इसके सेवन करने से वृद्ध मनुष्य भी तरुण हो जाता है और वह मनुष्य सदा प्रसन्न रहता है। यह सौश्रुत नारिकेल रसायन परम्परागत गुरुओं के द्वारा वर्णन की गई है।।५३-५९।।

इति श्रीवाग्भटाचार्यविरचिते रसरत्नसमुच्चये भाषाटीकायां षड्विंशोऽध्यायः समाप्तः ।।२६।।

सप्तविंशोऽध्यायः

बाजीकरणम्

वाजीकरण के गुण

वाजीकरणमन्विच्छेत्सततं विषयी पुमान्।
पुष्टिस्तुष्टिरपत्यं च गुणवत्तत्र संस्थितम्॥१॥
वाजीवातिबलो येन यात्यप्रतिहतोऽङ्गनाः।
तद्वाजीकरणं विद्धि देहस्योजस्करं परम्॥२॥
शुक्रं तु चिंताव्यायामव्याधिभिर्देहकर्षणात्।
क्षयं गच्छत्यनशनात्स्त्रीणां चातिनिषेवणात्॥३॥
तस्मात्प्रयोगान्वक्ष्यामि दुर्बलानां बल प्रदान्।
सुखोपयोगाद्बालानां भूयश्च बलवर्धनान्॥४॥
शुद्धकायो यथाशक्ति वृष्ययोगान्प्रयोजयेत्॥५॥

विषयी मनुष्य को वाजीकरण औषधियों का निरन्तर सेवन करना चाहिये। शरीर की पुष्टि, मन में प्रसन्नता और गुणवान् सन्तान का उत्पन्न होना ये सब गुण वाजीकरण में रहते हैं। जिसके सेवन से मनुष्य घोड़े के समान अत्यन्त बलवान् होकर बिना किसी विघ्न बाधा के निरन्तर स्त्रियों के साथ रमण कर सके उसको वाजीकरण जानना चाहिये। वाजीकरण औषध शरीर की ओज धातु की अत्यन्त वृद्धि करती है। अधिक चिन्ता, अधिक परिश्रम, रोग आदि के कारण शरीर के सूखने से, लंघन करने से और स्त्रियों को अत्यंत भोगने से वीर्य नाश होता है। इसलिये दुर्बल मनुष्यों को बल प्रदान करने वाले और सुखपूर्वक बालकों के बल की वृद्धि करने वाले प्रयोगों को मैं ग्रन्थकार कहता हूँ। वैद्य

प्रथम वमन, विरेचनादि के द्वारा यथा शक्ति शारीरिक शुद्धि करके फिर पौष्टिक प्रयोगों को प्रयोग करे॥१-५॥

वाजीकरण शशांक रस

मुशलीकदलीकंदवाजिगंधाकसेरुकैः।
मर्दितं हेमसूताभ्रं मूषास्थं पुटपाचितम्॥६॥
शाल्मलीचूर्णसंयुक्तं वासराण्येकविंशतिः।
भक्षयित्वा चतुर्माषं गव्यं क्षीरं पिबेदनु॥७॥
सर्वांगोद्वर्तनं कुर्यात्सयवैः शाल्मलीरसैः।
अन्वहं मधुराहारः सहस्त्रं रमते स्त्रियः॥
शशांकोऽयं रसः प्रोक्तो वाजीकरणपूर्वकः॥८॥

सुवर्णभस्म, पारे की भस्म (रससिन्दूर) और अभ्रक भस्म तीनों को समान भाग लेकर एकत्र मिला लें। फिर मुसली, केले का कन्द, असगन्ध और कसेरू इन प्रत्येक के रस के साथ क्रम से खरल करके मूषा में रखकर पुटपाक करे। जब स्वांगशीतल हो जाय तब चूर्ण करके उसमें समान भाग सेमल के गोंद का चूर्ण मिलाकर खूब बारीक खरल करके रख लें। जो मनुष्य इस रस को प्रतिदिन चार चार मासे परिमाण भक्षण करके गोदुग्ध का अनुपान करता हुआ २१ दिन तक सेवन करे और सेमल के रस में जौ पीसकर उनसे सारे शरीर में उबटन करके स्नान करे। एवं मधुर पदार्थों का आहार करे तो वह हजारों स्त्रियों के साथ रमण कर सकता है। इसको बाजीकरण शशांक रस कहते हैं॥६-८॥

कामदेव रस

हेमपादयुतः सूतो मर्दितः शाल्मलीरसैः।
कदलीकंदनिर्यासे क्षीरेक्षुरसगोघृते॥९॥
माक्षिके चासकृत्स्विन्नः शाल्मलीक्षीरगोक्षुरैः।
शर्करामलकद्राक्षामुशलीमाषमाक्षिकैः॥१०॥
युक्तो रंभाफलं दत्त्वा कामदेव इति स्मृतः।
सेवनादूर्ध्वलिंगः स्याद्द्रावयेद्वनिताशतम्॥११॥

सोने की भस्म अथवा सोने के वर्क १ भाग और पारे की भस्म (रस सिन्दूर) ४ भाग दोनों को सेमल के गोंद के रस में एक दिन तक उस गोले को कपड़े में बाँधकर दोला यन्त्र में अधर लटका करके केले के कन्द के रस में तथा दूध, ईख का रस और गौ का घी इन तीनों मिले हुए पदार्थों में एवं शहद और समान भाग मिश्रित सेमल की जड़ के रस, दूध और गोखरू के क्वाथ में क्रमानुसार एक २ दिन तक स्वेद दें। फिर खूब बारीक खरल करके उसको शीशी में भरकर रख दें। इसके पश्चात् खाँड, आमलों का चूर्ण, दाख, मुसली और उड़द इनके समान भाग मिश्रित बारीक चूर्ण को और उक्त रस को समान भाग लेकर शहद में मिलाकर सेवन करना चाहिये। और ऊपर से केला भक्षण करना चाहिये इसको कामदेव रस कहते हैं। इस रस के सेवन से ऊर्ध्वलिङ्ग (ऊपर को खड़ा हुआ है लिङ्ग जिसका ऐसा) पुरुष सैकड़ों स्त्रियों को द्रवित कर सकता है।।९-११।।

मदन सुन्दर रस

गंधकेन रसः पिष्टः कल्हाररसमर्दितः।
विपक्वो वालुकायंत्रे वृष्यो मदनसुन्दरः।।१२।।

गन्धक के साथ समान भाग पारे को पीसकर दोनों की कज्जली कर लें। उसको लाल कमल के रस में घोटकर विधिपूर्वक बालुकायन्त्र में पकायें। और स्वांग शीतल हो जाने पर बारीक चूर्ण करके सेवन करे। यह मदनसुन्दर रस अत्यन्त पौष्टिक है।।१२।।

पूर्णचन्द्र रस

कामदेव इह सोच्चटारसो रक्तपुष्पमुनिसारभावितः।
पूर्णचंद्र इति विश्रुतो रसः प्राणिनां चरमधातुपूरकः।।१३।।
रहस्यं कुसुमास्त्रस्य शृंगारस्याधिदैवतम्।
कार्मणं सुदृशामूचे रसत्रयमिदं हरः।।१४।।

उपर्युक्त कामदेव रस को चोंटली की जड़ और लाल फूल की अगस्तिया के रस में एक एक बार भावना देने से उसी को पूर्ण चन्द्र

रस कहते हैं। यह रस मनुष्यों की शुक्र धातु को पूर्ण करने वाला है और कामदेव का रहस्य तथा शृङ्गार रस का अधिष्ठातृ देवता कहा जाता है। सुन्दर नेत्र वाली स्त्रियों को वशीभूत करने वाले इन उपर्युक्त तीनों रसों को श्री महादेवजी ने वर्णन किया है।।१३-१४।।

मदनमुन्मद्रस

मासार्धमात्रं हरजं विमर्द्य रसेन मोचस्य रसेन तेन।
त्रिः सप्तसंख्यानि दिनानि गंधं तत्सम्मितं गोघृतमध्यपक्रम्।।१५।।
विभाव्य तेनैव विशोष्य युंज्यात्काचस्थयोर्नागलतादलेन।
तयोर्विमर्द्याथ निषेव्यदुग्धं पिबेन्निशायां कदलीफलं तत्।।१६।।
मदनं मदयन्मदमुज्ज्वलयन्प्रमदानिवहानतिविह्वलयन्।
सुरतैः सुखदैर्गतविच्यवनैर्भवसारजुषामयमेव सुहृत्।।१७।।

पारे को १५ दिन तक मोच रस (सेमल का गोंद) के रस में घोटकर उसमें गोघृत में शुद्ध की हुई समान भाग गन्धक मिलाकर फिर २१ दिन तक मोचरस के रस में खरल करके सुखा लें। इसके पश्चात् दोनों को काँच के बर्तन में भरकर नागरबेल के पान के रस के साथ एक दिन तक घोटकर सुखा लें। फिर उस रस को रात्रि में यथोचित मात्रा से सेवन करके ऊपर से दुग्धपान करे और केला भक्षण करे। यह रस काम देव को उत्तेजित करता है। कामदेव के मद को प्रकाशित करता है और सैकड़ों स्त्रियों को अत्यन्त विह्वल करता है अस्खलित वीर्य वाले और सुखोत्पादक सम्भोग के द्वारा सांसारिक आनन्द को प्राप्त करने की इच्छा वाले मनुष्यों को तो यह रस सन्मित्र के समान है।।१५-१७।।

कुसुमायुध रस

सूतस्य द्विपलं चतुष्पलमितो गंधो मृतं काचनं
पादन्यूनपलं सुवर्ण विमलाताप्यं रसेनोन्मितम्।
लोहं कांतमलस्तथा सितघनं कर्षोन्मितावेकशो
हन्तव्यं दरदेन लोहमखिलं चूर्ण ततो मर्दितम्।।१८।।
मूषायां विगतावृतौ सिकतया यन्त्रे कृते स्थापये-

द्ब्राह्मीवारि दिनं निधेहि तदनु प्रत्येकमेकात्र्यहम्।
वासाकुञ्जरशुंठिकात्रिकटुकं मेषी च निर्गुंडिका
तालीकुञ्जरशुण्डिकाहुतवहस्तोयानि दत्त्वा पचेत्।१९॥
ततस्तं निखिलांभोभिवामर्द्य पुटयेल्लघु।
निर्यासैः शाल्मलैर्ग्राह्यो वल्लत्रयमितो रसः।
वलीपलितनाशार्थं त्रिमासं मधुराशनः॥२०॥
सुरतेषु सुलोचनाशतैर्गतवीर्यच्यवनैर्मनोयदि।
तदमुंरसमाश्रयाश्रयंकुसुमारस्त्रिस्यचिराय धन्विनः॥२१॥
यदि संति सहस्त्रशः स्त्रियश्चतुराश्लेषमनोहराः प्रसन्नाः।
सुकवेरिव गुंफना गिरांरसुसोऽनेन युवा रसेन भूयात्॥२२॥

पारा ८ तोले, गन्धक १६ तोले, हिंगुल में की हुई सुवर्ण भस्म ३ तोले, सोनामाखी की भस्म ८ तोले, रूपामाखी की भस्म ८ तोले, सिंगरफ के द्वारा की हुई लोहभस्म १ तोला और कान्तलोहमल (मण्डूर) की भस्म १ तोला इन सबको एकत्र खरल करके खुले हुए मुँहवाली मूषा में भरकर उस मूषा को बालुकायन्त्र में रख नीचे अग्नि जलावे और मूषा में ब्राह्मी का रस डालता जाये। जब रस सूख जाय तब उसमें उतना ही रस और डाल दें अर्थात् एक दिन में २४ घंटे बराबर एक एक घंटे में रस डालता रहे और बीच-२ में उसको चलाता जाय। फिर अडूसे के कोमल पत्ते, सोंठ, त्रिकुटा, मेंढासिंगी, निर्गुण्डी, ताड गजपीपल और चीता इन प्रत्येक के रस को क्रम से तीन-तीन दिन तक मूषा में डालकर पकाये। (इन आठों औषधियों के रस को अखण्ड अग्नि जलाता हुआ २४ दिन और २४ रात तक बराबर डालता रहे।) जब स्वांगशीतल हो जाय तब मूषा में से उस रस को निकालकर उपर्युक्त आठों औषधियों के रस में क्रमशः एक-२ दिन तक खरल करके रात्रि में लघु वाराहपुट देवे। फिर बारीक पीसकर शीशी में भरकर रख दें। इस रस को प्रतिदिन सेमल के गोंद के चूर्ण में तीन तीन रत्ती परिमाण मिलाकर सेवन करना चाहिये और मधुर पदार्थों का आहार करना चाहिये। तीन महीने तक

इसको सेवन करने से बली और पलित रोग नाश होता है। सुन्दर नेत्रों वाली सैकड़ों स्त्रियों के साथ सुरतक्रीडा करने में चिरकाल तक अस्खलित वीर्य रखने की इच्छा वाला मनुष्य कामदेव के आश्रय रहने वाले इस रस को सेवन करे। प्रसन्न मुखवाली, आलिङ्गन करने में चतुर और मन को हरने वाली यदि हजारों स्त्रियां हों तो उनको भी जैसे महा कवि की वाणी की रचना क्षण भर के लिये भी क्षीण नहीं होती, उसी प्रकार इस रस के सेवन से युवा पुरुष सन्तुष्ट करता हुआ अर्थात् सुरतक्रीडा का आनन्द भोगता हुआ क्षीण नहीं होता॥१८-२२॥

सूतेन्द्र रस

मुक्ताफलं प्रवालं च सुवर्णं रौप्यमेव च।
रसो गंधश्च तत्सर्वं तोलैकैकं प्रकल्पयेत्॥२३॥
रक्तात्पलैः पत्ररसैर्मर्दयेत्पत्तलीकृते।
मर्दयेत्तत्पुनर्दत्त्वा गंधं माषचतुष्टयम्॥२४॥
तन्मध्ये गंधकं दत्त्वा मर्दयेत्तदनंतरम्।
भीक्ष्याकाचघटीमध्ये सन्निरुध्य प्रयत्नतः॥२५॥
वालुकायंत्रमध्यस्थां कृत्वा काचघटीं ततः।
पाकस्तत्र तथा कार्यो भवेद्यामत्रयं यथा॥२६॥
काचपात्रेसमाकर्षेस्सिद्धं सूतं ततः परम्।
भक्षयेद्रत्तिकाः पञ्च रोगैराक्रांतयुग्गलः॥२७॥
भोजनं पूर्वरोगोक्तं यत्नतः कारयेद्भिषक्।
दुर्बलं वपुरत्यर्थं बलयुक्तं करोत्यसौ॥२८॥
शुक्रवृद्धिं करोत्येष ध्वजभंगं च नाशयेत्।
मासेनैकेन सूतेन्द्रो रोगनाशाय कल्पते॥२९॥
शालयो मुद्गयुक्ताश्च गोधूमा भोजने हिताः।
घृतं गव्यं तथा क्षीरं स्निग्धं पथ्यं प्रयोजयेत्॥
पारावतस्य मांसं च तित्तिरेर्लावकस्य च॥३०॥

सच्चे मोती, मूँगे की पिट्ठी, सुवर्ण भस्म, चाँदी भस्म, शुद्ध पारा और शुद्ध गन्धक इन औषधियों को एक-२ तोला लेकर लाल कमल के पत्तों के रस में एक दिन तक खरल करे। जब वह खूब पतली हो जायँ तब उसमें चार मासे गन्धक डालकर उक्त रस के साथ घोटकर सुखा लें। पश्चात् उसको आतसी शीशी में भरकर ऊपर से कपरौटी करके बालुका यन्त्र में रखकर तीन प्रहर तक तीक्ष्ण अग्नि के द्वारा पकायें। जब स्वाङ्गशीतल हो जाय तब रस को निकालकर बारीक खरल करके शीशी में भरकर रख दें। वैद्य इस प्रकार सिद्ध किया हुआ यह रस प्रत्येक रोग से आक्रान्त और पीडायुक्त मनुष्य को पाँच-२ रत्ती परिमाण सेवन कराये औ पूर्वरोगों में कहे हुए मधुर पदार्थों (अर्थात् दूध, घी, खाँड आदि) का भोजन करायें। यह सूतेन्द्र रस अत्यन्त दुर्बल शरीर को बलवान और वीर्य की वृद्धि करता तथा ध्वजमंड रोग को नष्ट करता है। एक महीने तक सेवन करने से सब प्रकार के रोगों को नाश कर सकता है। इस पर भोजन में शालिधानों के चावल, मूँग, गेहूँ आदि अन्न हितकारी हैं। एवं गोघृत, गोदुग्ध, स्निग्ध पदार्थ पायरे का मांस, तीतर का मांस और लवापक्षी का मांस ये सब पथ्य रूप से प्रयोग करना चाहिए।।२३-३०।।

मदनकामदेव रस

गोलं गंधकसूतयोस्त्रिकटुकक्वाथेन बध्वाऽथ भू-
कुष्माण्डान्तरवस्थितं विपिहितं तेनैव लिप्त्वोपरि।
माषैर्द्व्यंगुलमाज्यपक्वमथ तत्कूष्माण्डमध्याद्धरे-
त्तच्चूर्णेन च सम्मिते सुरकृताचूर्णस्य मुष्टिद्वयम्।।३१।।
जयाशतावरी कृष्णा कपिकच्छूफलं तिलाः।
प्रत्येकं पलसंमाना यवाः पञ्चपलोन्मिताः।।३२।।
तावन्मोचफलं द्वौ च यष्टी मुष्टिद्वयं शुभा।
निक्षिप्य सप्त सप्ताऽत्र भावनाः क्रमशश्चरेत्।।३३।।
महाबलाबलानागबलाभिर्द्राक्षयाऽपि च।
कृष्णाधात्रीक्षुभिश्चापि दन्तपात्रे निवेश्य च।।३४।।

मत्स्यण्डिकायुतं वल्लद्वयमानं भजेन्निशि।
अनुपानमिह प्रोक्त धारोष्णं सुरभेः पयः।।३५।।
दोषमार्तवजं हत्वा कुर्याद्वीर्यप्रवर्धनम्।
ध्वजोत्साहं तथा स्त्रिषु वाजीकरणमुत्तमम्।३६।।
अलं मलयवायुना कुमुदबांधवेनाप्यलं
मधुव्रतसखायिनः कलितपञ्चमाः के पिकाः।
अतो भज विशंकितं रतिसरोजिनीभास्करं
मनोजपरिदैवतं मदनकामदेवं रसम्।।३७।।

पारे और गन्धक को समान भाग लेकर दोनों की एकत्र कज्जली करके त्रिकुटे के क्वाथ में घोटकर गोला बना ले और सुखा लें। फिर एक विदारीकन्द को थोड़ा सा तराशकर भीतर से खाली करके उसमें उस गोले को रख दें और उसके काटे हुए टुकड़े से उस छिद्र को ढककर उसके ऊपर उड़दों की पिट्ठी का दो अंगुल ऊँचा लेप करके सुखा लें। फिर एक कढाई में घी भरकर उसको चूल्हे पर चढा करके नीचे अग्नि जलावे। जब घी खूब गरम हो जाए तब उसमें उक्त गोले को डालकर पकावे। पकते-२ जब वह खूब लाल हो जाए तब उसको पका हुआ जानकर नीचे उतार लें और विदारीकन्द में से उस रस को निकालकर बारीक चूर्ण कर लें। फिर आठ तोले उस चूर्ण में तुलसी के पत्तों का चूर्ण ८ तोले, भांग, शतावर, पीपल, कौंच के बीज और तिल ये प्रत्येक चार-चार तोले जौ का चूर्ण २० तोले, सेमल के फलों का चूर्ण ८ तोले और मुलैठी का चूर्ण ८ तोले मिलाकर सबको एकत्र खरल कर लें फिर सहदेई, खिरैंटी, गंगरेण, दाख, पीपल, आमले और ईख इन प्रत्येक औषधियों के रस में क्रम से सात सात भावना देकर सुखा लें और बारीक पीसकर हाथी दाँत के बने हुए बर्तन में भरकर रख दें। इस रस को प्रतिदिन रात्रि में दो-दो रत्ती की मात्रा से खाँड में मिलाकर सेवन करे और उसके ऊपर धारोष्ण गोदुग्ध का अनुपान करे। यह रस स्त्रियों के ऋतुसम्बन्धी समस्त दोषों को नष्ट करके ऋतु को सुधारता है। वीर्य की अत्यन्त वृद्धि करता है। ध्वजभङ्गरोग को शमन करके स्त्रियों में रमण करने के समय इन्द्रिय को जागृत करता है और अत्युत्तम वाजीकरण

है। कामदेव के जागृत करने की इच्छा वाले मनुष्य को कमलों के स्पर्श से सुगन्धित मलयाचल की वायु के सेवन से चन्द्रमा की निर्मल चाँदनी और भौंरों के मित्र कोकिलाओं के पञ्चम स्वरवाले मधुर गायनों को श्रवण करने से भी क्या लाभ अर्थात् इनकी कुछ आवश्यकता नहीं। इसलिये निश्शंक होकर केवल रतिरूपी कमलिनी को प्रकाशित करने वाले और कामदेव के अधिष्ठातृदेव इस मदन कामदेव रस को सेवन करना चाहिए।।३१-३७।।

कामधेनु रस

हेमाभ्रसत्वकांताऽर्काः प्रत्येकं पलमात्रकाः।
एकत्र द्राविताः सर्वे कर्षभूनागसत्त्वकाः।।३८।।
पलविंशतिसूतेन तैश्च पिष्टीं प्रकल्पयेत्।
शतधा पातयेत्सूतं पिष्टीं कृत्वा पुनश्च तैः।।३९।।
शिष्टं द्विपलिकं सूतं संन्यासाद्भस्मतां नयेत्।
भस्मीभूते रसे तस्मिच्छिष्टे चैकपले ततः।।४०।।
वज्रं निष्कमितं चाभ्रसत्वं षट्पलिकं क्षिपेत्।
द्विपलं गंधकं शुद्धं द्विदिनं मर्दयेत्ततः।।४१।।
तत्सर्वं लोहजे पात्रे क्षिप्त्वा च मृदुवह्निना।
शाल्मलीमूलजं क्वाथं चत्वारिंशत्पलोन्मितम्।।४२।।
जारयेद्रसराजस्य दत्त्वा दत्त्वाऽल्पमल्पकम्।
स्वांगशीतं रसं हृत्वा सुगाढं परिमर्दयेत्।।४३।।
नाली पातेन तत्क्वाथरजो दग्धं प्रदापयेत्।
ततः करण्डके क्षिप्तवा यत्नेन स्थापयेत्खलु।।४४।।
गुंजामात्रः स च घृतयुतः सेवितो हन्ति रोगां-
स्तत्तद्दोषप्रभवकुटिलान्दुःखसाध्यान्समस्तान्
दद्याद्दीप्तिं जठरशिखिनं स्त्रीशतं सेव्य वृष्य-
स्थैर्यं कुर्यादपि च वपुषो नामतः कामधेनुः।।४५।।

उत्तम प्रकार से शुद्ध किया हुआ सुवर्ण ४ तोले, शतपुटी अथवा

सहस्त्रपुटी अभ्रक भस्म ४ तोले, शुद्ध कान्तलोह ४ तोले शुद्ध ताम्र ४ तोले और केंचुओं का सत्त्व १ तोला इन सबको एक मूषा में भरकर अग्नि में फूँक करके द्रुति कर लें। जब रस मिल कर एकम एक हो जाय तब अग्नि से नीचे उतारकर शीतल करके खरल कर लें। फिर उसके साथ ८० तोले शुद्ध पारा मिलाकर पारे की पिट्ठी बना लें। उस पिट्ठी को उन रसों को तिर्यक् पातन यन्त्र में डालकर पारे को उड़ाये जब सब पारा उड़ जाय तब फिर उतने ही सुवर्णादि रसों के साथ उतने ही पारे की पिट्ठी बना करके उक्त विधि से पारे को उड़ाये। इस प्रकार सौ बार पारे को उडाना चाहिए। जब पारा उड़ते-२ आठ तोले शेष रह जाय तब उसको अग्नि के द्वारा भस्म कर ले। उस पारे की भस्म हो जाने पर जब ८ तोले पारे में से ४ तोले पारा शेष रह जाय तब उस पारे की भस्म में हीरे की भस्म ४ मासे अभ्रकभस्म २४ तोले और शुद्ध गन्धक ८ तोले डालकर दो दिन तक खरल करे। फिर सबको लोहे की कढाई में डालकर उसके नीचे मन्द मन्द अग्नि से जलाये और सेमलकी जड़ का क्वाथ उसमें थोड़ा-२ डालता जाये। जब क्वाथ सूख जाय तभी उसमें और थोड़ा सा क्वाथ डाल दे। इस प्रकार १६० तोले क्वाथ डालकर पारे को जारण करे फिर स्वांगशीतल हो जाने पर रस को निकलकर बारीक पीस लें। इसके पश्चात् उस पारे को उक्त क्वाथ और कल्क के साथ नालिका यन्त्र के द्वारा दग्ध करके शीशी में भरकर यत्नपूर्वक रक्खे। यह रस एक-२ रत्ती घी में मिलाकर सेवन करने से पृथक्-पृथक् दोषों से उत्पन्न होने वाले अत्यन्त भयंकर और कष्टसाध्य सम्पूर्ण रोगों को नष्ट करता है जठराग्नि को अत्यन्त दीपन करता है सैकड़ों स्त्रियों के भोगने योग्य वीर्य की वृद्धि तथा स्थिरता उत्पन्न करता है और शरीर को अत्यन्त दृढ़ बनाता है। इसको कामधेनु रस कहते हैं।।३८-४५।।

उमापति रस

कृष्णाभ्रकस्य धान्याभ्रं कृत्वा भृंगांबुनिं क्षिपेत्।
तस्मिंश्च तुत्थकं देयं सूक्ष्मं ताप्यभवं रजः।।४६।।
टंकणं चाग्निना भृष्टं तावदेव विनिक्षिपेत्।
छागास्थिसंभवं चूर्णं चतुर्थांशेन निक्षिपेत्।।४७।।

रसभस्माष्टमांशं च गुडगुंजापुरस्तथा।
पञ्चाज्येन विनिष्पिष्य गोलीकृत्य विशोष्य च॥४८॥
ततो नूतनभाण्डस्य जलघृष्टेन पांण्डुना।
विलिप्य वटिकाः सर्वा हरेत्सर्वं पुरोक्तवत्॥४९॥
महाभ्रसत्त्वमेतत्स्यादेकमप्यखिलार्तिनुत्।
त्रिफलाक्वथितैः सार्धं पुटितं च शतावधिम्॥५०॥
इत्थं महाभ्रसत्वं तन्मृतं शाणचतुष्टयम्।
एकशाणमितं सम्यग्रसराजस्य भस्म च॥५१॥
एकशाणमितं गंधं त्रिफला च त्रिशाणिका।
कांतपात्रे क्षिपेदेतत्सर्वं घृतसितायुतम्॥५२॥
मर्दयेदतियत्नेन यावत्स्यात्प्रहराष्टकम्।
तत्कल्कं निक्षिपेत्कांतलोहजातकरण्डके॥५३॥
उमापती रसः सोऽयमुमापतिरिवाऽपरः॥५४॥
संसिद्धोऽयमुमापतिर्वररसो गुंजामितः सेवितो
मासेनैव महामयान्प्रशमयेत्पथ्यादियुक्तिं विना।
नित्यं क्षीरघृताशनेन च पुनः संसेविते नाशये-
दब्देनैव जरां वलीपलितकैर्दद्याच्छताब्दं वयः॥५५॥

काली अभ्रक का धान्याभ्रक बनाकर ४० तोले लेकर उसमें नीला थोथा, सोनामाखी का बारीक चूर्ण और फूला हुआ सुहागा ये तीनों समान भाग मिश्रित ४० तोले तथा बकरे की हड्डी का चूर्ण १० तोले एवं गुड़, चोटली और शुद्ध गूगल ये प्रत्येक ५-५ तोले डालकर सबको बकरी के दूध, दही, घी, लीद और मूत्र इस प्रत्येक के साथ बारीक पीसकर भाँगरे के रस में खरल करके बड़े बड़े गोले बनाकर सुखा लें। फिर मिट्टी के एक नवीन पात्र में उन गोलों को रखकर उस पात्र के मुख पर ढक्कन ढक करके जल में पीसी हुई पीली मिट्टी से सन्धियों को बन्द करके सुखा लें और गजपुट में रखकर तीक्ष्ण अग्नि दें। जब स्वांगशीतल हो जाय तब रस को निकाल कर बारीक चूर्ण कर लें। इस प्रकार जब अभ्रक निश्चन्द्र न हो तब तक उसको उपर्युक्त औषधियों के साथ

मिलाकर और भाँगरे के रस में घोट घोट कर गजपुट दें तो महाभ्रसत्त्व सिद्ध होता है। यह एक महाभ्रसत्त्व ही संपूर्ण रोगों को नाश करने वाला है। इस महाभ्रसत्त्व को त्रिफले के क्वाथ के साथ १० बार गजपुट देने से महाभ्रसत्त्व की शुद्ध भस्म होती है। इस प्रकार की हुई महाभ्रसत्त्व की भस्म १६ मासे, उत्तम प्रकार से की हुई पारे की भस्म ४ मासे, शुद्ध गन्धक ४ मासे और त्रिफले का चूर्ण १२ मासे इन चारों को कान्त लोह के पात्र में एकत्रित करके घृत और मिश्री में मिलाकर आठ प्रहर (१२ घंटे) तक अच्छे प्रकार से घोटे, फिर उस कल्क को कान्त लोह की बनी हुई डिबिया में भरकर रख दें। यह उमापति रस दूसरे उमापति (महादेवजी) के समान अमोघ फल को देने वाला है। इस प्रकार उत्तम प्रकार से सिद्ध किया हुआ यह उमापति रस एक २ रत्ती परिमाण एक महीने तक सेवन करने से और बिना किसी परहेज के किये ही बड़े बड़े भयंकर रोगों को शीघ्र शमन करता है। एवं नित्यप्रति दूध, घी, खाँड, भात आदि पदार्थों का भोजन करके एक वर्ष तक इस रस को सेवन करे तो यह रस वृद्धावस्था और बली पलित रोग को नाश करता है और १०० वर्ष की पूर्ण आयु प्रदान करता है।।४६-५५।।

महाकनकसुन्दर रस

कांतकांचनगंधाश्मजारितं मारितं रसम्।
चतुर्निष्कमितं चाथ स्वर्णं निष्कमितं मृतम्।।५६।।
निक्षिप्य कांतपात्रे तु पञ्चाशन्निष्कसंमितम्।
जारयेद्गंधकं शुद्धमन्धेन वडवाग्निना।।५७।।
निष्कतुल्यमिदं चूर्णं श्लक्ष्णीकृत्य प्रयत्नतः।
निक्षिपेन्मधुसंपूर्णं घृतस्निग्धभाण्डके।।५८।।
अमुनैव प्रकारेण पथ्यानां षष्ठिसंयुतम्।
त्रिशतं साधयेद्यत्नाच्छास्त्रदृष्टविधानतः।।५९।।
त्रिधा विभज्य तत्रैकां समादाय हरीतकीम्।
एकपादं दिनाभ्यां च द्वितीयं दिवसैस्त्रिभिः।।६०।।
तृतीयं च ततः पादं चतुर्भिर्दिवसैर्भजेत्।

एकैका च ततः पथ्यां भजेदावत्सरं नरः॥६१॥
जीवेद्वर्षशतं साग्रं वलीपलितवर्जितः।
सर्वव्याधिविनिर्मुक्तो नित्यं स्त्रीशतसेवकः॥६२॥
बलवान्वीर्यवांश्चैव पूर्णसर्वेंद्रियोदयः।
जायते नात्र संदेह आज्ञेयं पारमेश्वरी॥६३॥
हन्यादक्षिगदांश्च कुष्ठमखिलं मासान्तमासेवितः
पाण्डुं च ग्रहणीं प्रमेहगुदजान्गुल्मांश्चशूलामयान्।
स्थूलत्वं च तथा महाग्निसदनं रोगांस्तथैवापरान्
कुर्याद्दीपनपाचनं खलु नृणां भाव्यामयारोधनम्॥६४॥
अयं रसायनं दिव्यं महाकनकसुंदरः॥६५॥

कान्तलोह, सुवर्ण और गन्धक के द्वारा जारण करके भस्म किया हुआ पारा १६ मासे, सुवर्णभस्म अथवा सोने के वर्क ४ मासे और शुद्ध गन्धक ५० निष्क तीनों को कान्तलोह के पात्र में डालकर उसको अन्धमूषा में बन्द करके वडवाग्नि के द्वारा गन्धक को जारण करे। इस प्रकार जारण किये हुए इस रस को चार मासे खूब बारीक चूर्ण करके घृत से चिकने किये हुए बर्तन में डाल दें और उसको शहद से भरकर उत्तम प्रकार से मिला दें। फिर शास्त्रोक्त विधि से ३६० हरडों को पानी में पकाकर उसे शहद से भरे हुए बर्तन में डाल दे और उस बर्तन का मुंह बन्द करके एक महीने तक रखा रहने दें, फिर उनको सेवन करना आरम्भ करे। उसमें से प्रथम एक हरड लेकर उसके तीन टुकड़े करके पहले दिन एक टुकड़ा खायें, फिर दूसरे दिन से तीसरे दिन तक दो २ टुकड़े और चौथे दिन तीन-२ टुकड़े भक्षण करे। इसके पश्चात् पाँचवें, छठे, सातवें और आठवें दिन हरड के तीन-२ टुकड़े तीन बार सेवन करने चाहिये। फिर प्रतिदिन प्रातः काल एक एक हरड एक वर्षपर्यंत सेवन करनी चाहिये। इस प्रकार इस हरड को सेवन करने वाला मनुष्य वली पलितरोग से मुक्त होकर १०० वर्ष तक जीता है एवं सम्पूर्ण व्याधियों से रहित, नित्य सैकड़ों स्त्रियों को सेवन करने वाला बलवान्,

वीर्यवान् और समस्त इंद्रियों की पूर्ण शक्ति से सम्पन्न होता है। यह श्रीमहादेव जी ने कहा है, इसलिये इसमें किञ्चित् मात्र भी सन्देह नहीं है। यह रस एक महीने तक सेवन करने से नेत्र रोग सम्पूर्ण कुष्ठ, पाण्डु, संग्रहणी, प्रमेह, अर्श, गुल्म, शूल, स्थूलता, अत्यन्त मन्दाग्नि तथा अन्यान्य सब प्रकार के रोगों को शीघ्र नष्ट करता है। एवं अग्नि को अत्यन्त दीपन, खाद्य पदार्थ का पचन और मनुष्यों के भावी रोगों का अवरोध करता है। यह महाकनक सुन्दर रस अत्यन्त दिव्य रसायन है॥५६-६५॥

अमृतार्णव रस

कृत्वा कंटकवेध्यानि पलस्वर्णदलान्यथ।
हिंगुहिंगुलगंधाश्मताप्यनीलाञ्जनैः समैः॥
अष्टांशरसलिप्तानि निक्षिपेदुपले त्र्यहम्॥६६॥
कृतं चूर्णमधश्चोर्ध्वं पत्राणां विनिधाय च॥६७॥
शतवारं पुटेत्सम्यङ् निरुत्थं भस्म जायते।
तद्भस्मद्विगुणं सूतं तस्माद्द्विगुणहिंगुलः॥६८॥
तस्माच्च द्विगुणं ताप्य सर्वमेकत्र मर्दयेत्।
रसेन मातुलुंगस्य निरंतरदिनद्वयम्॥६९॥
तुषैः पुटत्रयं दद्याद्गोकरीषैः पुटत्रयम्।
पुटानि दश विंशत्या छागणानां प्रकल्पयेत्॥
त्रिंशद्भि श्छगणैर्दद्यात्पुटानामथ विंशतिम्॥७०॥
तस्मिन्वैक्रांतजं भस्म निक्षिपेत्पादमात्रया।
सर्वमेकत्र संचूर्ण्य भृंगराजनिजद्रवैः॥७१॥
भावयेत्सप्तवाराणि सिद्ध्यत्येवमयं रसः।
श्रीमता नंदिना प्रोक्तो रसोयममृतार्णवः॥७२॥
गुंजाबीजमितः सिताघृतकणासंयोजितः सेवितः
कुर्याद्वृष्यमनेकशो वरवधूसंतोषसंपोषणः।

यक्ष्मव्याधिविधूननो गरहरः पर्याप्तदीप्तानलो
मूलव्याधिनिवारणः किमपरं सर्वामयध्वंसनः॥७३॥
रम्भापक्वफलं घृतं दधि पयः क्षैरेयकं मण्डका
बालं तालफलं सिता च पललं संतानिका मोदकाः।
खर्जूरं वरपानकं च वटकाः पुंड्रेक्षवः सारसं
गुर्वन्नं पनसं तथा शिखरिणी पथ्यं रसेऽस्मिन्मतम्॥७४॥

चार तोले सुवर्ण के कण्टक वेधी पत्र बनाकर उनमें ६ मासे पारा मिलाकर दोनों को तीन दिन तक खरल करे। फिर हींग, सिंगरफ गन्धक, सोनामाखी और काला सुरमा इनको समान भाग लेकर चूर्ण कर लें। इस चूर्ण को सवा चार तोले लेकर एक सम्पुट में आधा नीचे और आधा ऊपर रखे और उसके बीच में पत्थर ऊपर सोने के पत्रों को रखकर कपरौटी करके गजपुट में पकायें। इस प्रकार १०० बार पुट देने से उत्तम प्रकार से सुवर्ण की निरुत्थ भस्म हो जाती है। उस भस्म से दुगुना पारा, पारे से दुगुना सिंगरफ और सिंगरफ से दुगुनी सुवर्ण माक्षिक की भस्म लेकर सबको एकत्र खरल कर लें। फिर बिजौरा नींबू के रस में निरन्तर दो दिन तक घोटकर गोला बनाकर सुखा लें, उस गोले को सम्पुट में रखकर ऊपर से कपरौटी करके एक मटके में नीचे ऊपर धानों की भूसी भरकर उसके बीच में सम्पुट को दाब कर पुट दें। इस प्रकार बिजौरे नींबू के रस में घोट घोटकर तीन बार भूसी में पुट दें। फिर गौ के गोबर के उपलों की अग्नि के द्वारा तीन वाराह पुट दें। फिर बिजौरे नींबू के रस में घोटकर २० आरने उपलों की अग्नि के द्वारा १० पुट दे। इसके पश्चात् ३० आरने उपलों की अग्नि से २० पुट दे और प्रत्येक पुट के अन्त में बिजौरे नींबू के रस में घोटता जाय। फिर उसमें चौथाई भाग वैक्रान्तमणि की भस्म डालकर खरल करके भांगरे के रस में सात बार भावना देकर सुखा लें। इस प्रकार यह अमृतार्णव रस सिद्ध होता है। इस रस को श्रीमान् नन्दि नाम वाले आचार्य ने वर्णन किया है। इस रस का मिश्री, घृत और पीपल के चूर्ण के साथ एक-२ रत्ती परिमाण मिलाकर सेवन करने से अत्यन्त वीर्य की वृद्धि होती है और वह मनुष्य अनेकों

सुन्दर युवती स्त्रियों को सन्तुष्ट करने में स्थिर वीर्य होता है। यह रसराज यक्ष्मा रोग को निर्मूल करता है, विष के विकार को हरता है, जठराग्नि को अत्यन्त दीपन करता, अर्शरोग को समूल नाश करता और क्या सब प्रकार के रोगों को विनाश करने वाला है। पकी हुई केले की फली, घी, दही, दूध, दूध के बने पदार्थ खीर, रबड़ी, ताड़ के कच्चे फल, मिश्री, मांस, मलाई, लड्डू, खजूर, उत्तम प्रकार के शर्बत आदि पेय पदार्थ, बड़े, पौंडा ईख का रस, सारस पक्षी का मांस, भारी अन्न कटहल और शिखरिणी ये सब पदार्थ इस रस पर सेवन करने उपयोगी हैं।।६६-७४।।

मदन संजीवन रस

त्रिपलं पारदं शुद्धं गंधकं च चतुष्पलम्।
मृतमभ्रकसत्वं च स्वर्णकांतं च कार्षिकम्।।७५।।
द्विपलं हेमविमलं भूनागायाः पलत्रयम्।
एभिः सर्वैश्च संपेष्य प्रकुर्यान्नष्ट पिष्टिकाम्।।७६।।
वालुकायंत्रविन्यस्तलोहपात्रे क्षिपेत्ततः।
अधस्ताज्ज्वालयेदग्निं कारयेत्तदनंतरम्।।७७।।
मण्डूकब्राह्मिकायाश्च मुसल्याश्चित्रकस्य च।
हस्तिशुण्ड्यास्तथा कृष्णनिर्गुण्ड्या गोक्षुरस्य च।।
रसं कुडवमानेन क्षिपेत्खल्वे मुहुर्मुहुः।।७८।।
तत आकृष्य संपिष्य मधुना सह यत्नतः।
मल्लमूषोदरे क्षिप्त्वा विनिरुध्य विशोष्य च।।७९।।
दशभिश्छगणैर्देयं पुटं संपूज्य भैरवम्।
करण्डे क्षेपयेत्पिष्ट्वा समभ्यर्चितकन्यकः।।८०।।
रसः ख्यातो नाम्ना भुवि मदनसंजीवन इति
द्विवल्लाभ्यां तुल्यो घृतमधुसितादुग्धसहितः।
निपीतः सप्ताहं प्रचुरमधुराहारसहितो
नरं कुर्यान्नारीशतसुरतसुप्रीतहृदयम्।।८१।।

हन्यादुन्मादमुग्रं क्षयगदमरुचिं कामलामम्लपित्तं
सर्वान्पित्तोत्थरोगान्रुधिरभवगदान्रक्तपित्तज्वरांश्च।
रक्तार्शःपित्तगुल्मं सततमतिमहाऽऽनाहमन्तर्विदाहं
पाण्डुं मेहांश्चमोहं प्रदरगदमपि स्त्रीजनस्योग्रमाशु॥८२॥

शुद्ध पारा १२ तोले, शुद्ध गन्धक १६ तोले, अभ्रकभस्म १ तोला, सुवर्णभस्म १ तोला, कान्तलोहभस्म १ तोला, सोनामाखी भस्म ८ तोले और कैंचुओं का सत्त्व १२ तोले इन सबको एकत्र बारीक पीसकर बालुकायन्त्र में रखे हुए लोहे के तप्तखरल में भर दें और उस रस को करछी से चलाकर एकम एक करके उसके नीचे अग्नि जलाता जायें। फिर ब्राह्मी, मुसली, चीता, हाथीशुण्डा, काली निर्गुण्डी और गोखुरू इन प्रत्येक औषधि का रस सोलह सोलह तोले क्रम से खरल में बारम्बार डालता जाये। सब रसों को क्रमशः डाल देने के पश्चात् स्वाङ्गशीतल हो जाने पर बालुकायन्त्र में से तप्त खरल को निकालकर मधु के साथ बारीक पीस लें। उसको लोहे की मूषा में बन्द करके कपरौटी करके सुखा ले। फिर भैरव नाथ का यथाविधि पूजन करके दश आरने उपलों की अग्नि के द्वारा उसको पुट दें। जब स्वांगशीतल हो जाय तब बारीक पीसकर उसको शीशी में भरकर रख दें। यह रस पृथ्वी पर मदन संजीवन नाम से प्रसिद्ध है। इस रस को मनुष्य प्रथम कुँवारी कन्याओं का पूजन करके प्रतिदिन दो दो रत्ती की मात्रा से घी, मधु और मिश्री में मिलाकर सेवन करे और ऊपर दुग्ध पान करे। इस प्रकार सात दिन तक इसको सेवन करे और मधुर पदार्थों का विशेष रूप से आहार करे तो यह रस उस मनुष्य को सैकड़ों स्त्रियों के साथ सुरत सुख का यथेच्छ आनन्द मिलने से प्रसन्न हृदय वाला बना देता है। तथा भयंकर उन्माद, क्षय, अरुचि, कामला, अम्लपित्त, सब प्रकार के पित्त, गुल्म, सर्वदा रहने वाला अत्यन्त भयंकर अफरा, आभ्यन्तरिक दाह, पाण्डु, प्रमेह, मोह और स्त्रियों का अत्युग्र प्रदर रोग इन सबको बहुत शीघ्र नाश करता है।।७५-८२।।

पुष्पधन्वा रस

रम्भाकन्दे हेमतारार्कपिष्टी पक्त्वा यंत्रे भूधरे तं पचेत्।
गंधं दत्त्वा षड्गुणार्धं क्रमेण पश्चात्कांतं तेन तुल्यं क्रमेण॥८३॥
दत्त्वा खल्वे शाल्मलीयष्टितोयैः पक्षैकं तन्मर्दयेन्नागवल्लयाः।
नीरैर्यामं पुष्पधन्वा रसः स्याद्वल्लं दद्यादस्य पूर्वोक्तयुक्त्या॥८४॥
पुष्टिं वीर्यं दीपनं सोत्र दद्याद्धन्याद्रोगान्रोगयोग्यानुपानैः॥८५॥

सुवर्ण, चाँदी और ताँबा इन तीनों की पिट्ठी को समान भाग लेकर एकत्र खरल करके केले के कन्द में छिद्र करके उसमें भर दें। फिर उस छिद्र को बन्द करके उस पर कपरौटी कर भूधर पुट में पकायें। स्वाङ्गशीतल हो जाने पर रस को निकालकर बारीक पीस लें। फिर उसमें छैगुनी गन्धक और उतने ही कान्तलोहभस्म क्रम से डालकर सेमल और मुलैठी के रस के साथ १५ दिन तक खरल करे। फिर नागर पान के रस में ३ घंटे तक घोटकर सुखा लें तो पुष्पधन्वा रस तैयार होता है। इस रस को पूर्वोक्त विधि से प्रतिदिन एक २ रत्ती परिमाण मधु घृत और मिश्री में मिलाकर सेवन करना चाहिये। यह रस शरीर की पुष्टि, वीर्य की वृद्धि और अग्नि को दीपन करता है। इसको रोगानुसार अनुपानों के साथ देने से सम्पूर्ण रोग नष्ट होते हैं॥८३-८५॥

रसेन्द्रचूड़ामणि

सूतहेमभुजगाभ्रवङ्गकाः कांतताप्यविमलाः समाक्षिकाः॥
भागवृद्धिर्मिलिता विमर्दिता धूर्तपत्रविजयासलिलेन॥८६॥
सप्त सप्त चपलाऽमृतवल्लीभार्ङ्गिकासुरलताजलतोयैः।
वारिवाहमृतयष्टिकावरीवानरीभुजगदृष्ट्युदकेन॥८७॥
अर्धभागमहिफेनकं न्यसन्मर्दयेत्सुरसपुष्परसेन।
चंदनार्ककरहाटपिप्पली श्रावणीकृतरसौ पृथगेव॥८८॥
कुङ्कुमेन च ततो विभावयेन्नाभिजद्रवयुतं विभावयेत्।
सिद्धिमेति रसराडयं शुभः कामिनीमदविधूननदक्षः॥८९॥
शर्करामधुयुतो द्विमाषकः स्तम्भकृन्निधुवने वनितानाम्॥९०॥
संसेव्य सूतं न च रात्रिभोज्यं कुर्वीत पेयं पय एव केवलम्॥९१॥
तृतीययामे रससेवनं तु कृत्वा निशायाः प्रहरे व्यतीते॥९२॥

सेवेत कांतां कमनीयगात्रां घनस्तनीमुज्ज्वल चारु वस्त्राम्।
रत्युत्सुकां कातरलोलनेत्रां विलोलहारावलिमादधानाम्॥९३॥
किं कामे तनुकामिनां मलयजेनावश्यजेनाशु किं किं
चन्द्रेण परोपकारजनिना पुंस्कोकिलेपनापिकिम्॥९४॥
सहस्त्रशः संति यदा तरुण्यो मदालसाः पीनपयोधरा दृढाः।
तदा रसेंद्रः परिषेवणीयो विकारकारी भवतीह नान्यथा॥९५॥

पारा १ भाग, सुवर्णभस्म २ भाग सीसे की भस्म ३ भाग, अभ्रक भस्म ४ भाग, वङ्गभस्म ५ भाग, कान्तलोह भस्म ६ भाग, चाँदी की भस्म ७ भाग सोना माखी की भस्म ८ भाग सबको एकत्र मिलाकर धतूरे के पत्तों के रस और भाँगरे के रस में खरल करे। फिर पीपल, गिलोय, नारंगी अमरबेल, सुगन्धवाला, नागरमोथा, शुद्ध मीठा तेलिया, मुलैठी, शतावर, कौंच और सरहटी इन प्रत्येक के रस में सात सात भावना दें। इसके पश्चात् उसमें आधा भाग अफीम डालकर तुलसी के फूलों के रस में खरल करे। फिर चन्दन, आक, मैनफल, पीपल, मुंडी, केसर और कमल कन्द प्रत्येक के रस में उत्तरोत्तर क्रम से एक-एक बार भावना दें तो यह रसराज उत्तम प्रकार से सिद्ध होता है। यह रस कामिनी स्त्रियों के मद को विध्वंस करने में अत्यन्त निपुण है। इसको प्रतिदिन २ मासे खाँड और शहद में मिलाकर सेवन करना चाहिये। यह वीर्य को अत्यन्त स्तम्भन करने वाला और स्त्रियों के गर्व को शमन करने में अतिप्रबल है। इस रस को सेवन करके रात्रि में भोजन नहीं करना चाहिये, केवल दुग्धपान करना चाहिये। दिन के तीसरे प्रहर में (अर्थात् ३ घंटे) बीत जाने पर सुन्दर शरीर वाली, कठिन स्तनों वाली, अत्यन्त उज्ज्वल और मनोहर वस्त्रों को धारण करने वाली, रतिक्रीडा करने में उत्सुक, कातर और चपल नेत्रों वाली तथा चंचल हार और शुभ लक्षणों को धारण करने वाली ऐसी स्त्री के साथ सम्भोग करें। अल्पवीर्यवाले मनुष्यों को यथेच्छकाम शक्ति के प्राप्त करने में मलयाचली की सुगन्धित वायु के सेवन से क्या तथा तत्काल कामोत्तेजक पदार्थों के सेवन से क्या कामीजनों का परोपकार (अर्थात् चित्त को आह्लादित) करने वाली चन्द्रमा की चाँदनी से क्या? और कोकिलाओं के मधुर स्वर वाले गानों को श्रवण करने से क्या लाभ? अर्थात् कुछ नहीं। इसलिये अल्पवीर्य

वाले मनुष्यों को यह रसेन्द्र चूड़ामणि रस सेवन करना चाहिये। इसके सेवन करने पर फिर उनको किसी भी कामोत्तेजक पदार्थ को सेवन करने की आवश्यकता नहीं, मनोहारी मलयाचल की वायु की कुछ जरूरत नहीं, कामीजनों के चित्त को आह्लादित करना ही है परोपकार जिसका ऐसी चन्द्रमा की चाँदनी और कोकिला मधुर स्वर वाले गानों को सुनने की काम के उत्तेजित करने में कुछ भी आवश्यकता नहीं। केवल यही रस उनकी यथेष्ट कामनाओं को पूर्ण करने में समर्थ हैं। यदि जिस पुरुष के मदोन्मत्त और अत्यन्त कठिन तथा स्थूल स्तनों वाली हजारों युवती स्त्रियाँ हों तो उस पुरुष को यह रसेन्द्रचूडामणि रस सेवन करना चाहिये। इस रस के समान कोई भी औषध काम को जागृत नहीं कर सकती है। इस रस पर पथ्य पदार्थों का सेवन करना चाहिये, अन्यथा यह विकार उत्पन्न करता है।।८६-९५।।

पूर्णचन्द्र रस

सूतं गंध चाश्वगंधा गुडूचीयष्टीतोयवासरैकं विघृष्य।
क्षुद्रं शंखं मौक्तिकंलोहकिट्टं भस्मीभूत सूततुल्य हि दद्यात्।।९६।।
भूकूष्माण्डैर्वासरैकं विघृष्य गोलं कृत्वा भूधरे तं पुटेत्।
चूर्णं कृत्वा नागवल्लीरसेन दद्यादेवं मर्दयित्वा दिनैकम्।।९७।।
मध्वाज्याभ्यां पूर्णचंद्र रसेंद्र पुष्टिं वीर्यं दीपनंचैव कुर्यात्।
योज्यश्चायं पित्तरोगे ग्रहण्या-मर्शो-रोगे पित्तजे बोलयुक्तः।।९८।।
स्त्रीणां तापे शाल्मलीनीरयुक्तो देयो मात्रां देशकालं विचिन्त्य।।९९।।

पारा और गन्धक को समान भाग लेकर कज्जली कर लें। फिर उसको असगन्ध, गिलोय और मुलैठी इन तीनों को एकत्र क्वाथ बनाकर उसके साथ एक दिन तक खरल करके सुखा ले। फिर छोटे शंख की भस्म, मोती की भस्म, और मण्डूरभस्म इन सबको पारे के बराबर लेकर उनके साथ उक्त कज्जली को मिलाकर विदारी कन्द के रस में एक दिन तक खरल करके गोला बनाकर उसको भूधर पुट में पकावे। जब स्वांगशीतल हो जाये तब उसको निकालकर बारीक चूर्ण करके नागर पान के रस में एक दिन तक मर्दन कर सुखा लें और शीशी में भरकर रख दें। इस पूर्णचन्द्र रस को एक या दो रत्ती परिमाण शहद और घृत के साथ मिलाकर सेवन करे तो यह शरीर की पुष्टि, वीर्य की वृद्धि और

अग्नि को अत्यन्त दीपन करता है। इसको पित्तरोग, संग्रहणी और पित्तजनित अर्शरोग में बोल के साथ मिलाकर प्रयोग करना चाहिए। तथा स्त्रियों के प्रदर अथवा दाह होने पर सेमल के रस के साथ देश, काल विचार करके यथोचित मात्रा में देना चाहिए।।९६-९९।।

महाकल्क (दिव्यामृत रस)

धान्याभ्रकं विनिक्षिप्य मुशलीरसमर्दितम्।
स्थाल्यांक्षिप्त्वानिरुध्याऽथपिधान्यामध्यरन्ध्रया।।१००।।
स्थाल्यधो ज्वालयेद्वह्निं यामपर्यंतमुद्धतम्।
ततः क्षिपेन्पिधान्यां हि व्योम्नस्त्वष्टगुणं पयः।।१०१।।
जीर्णे पयसि पिष्ट्वा तत्तालमूलीरसैः पुनः।
इत्थं हि साधयेद्व्योम त्रिवारमतियत्नतः।।१०२।।
अजादुग्धैः पुटेत्पश्चाद्वाराणि खलु विंशतिः।
कम्पिल्लकरसेनापि विष्णुक्रांतारसेन च।।१०३।।
कदलीकंदतोयेन तालमूलीरसेन च।
शतवारं पुटेदेवं भवेद्व्योम रसायनम्।।१०४।।
तद्व्योमभसित ताप्यभस्म तारस्य भस्म च।
शुल्बभस्म च तत्सर्वं समांशं परिकल्पयेत्।।१०५।।
भावयेत्सप्तधा निंबरसैर्लोध्ररसेनच।
केतक्या मार्कवस्यापि कदल्यास्त्रिफलस्य च। १०६।।
कोरकस्यापि सारेण तावद्वाराणि यत्नतः।
इति निष्पन्नकल्केऽस्मिंतत्समां त्रिफलां क्षिपेत्।।
भस्मसूतं सितांव्योषं चित्रकं च पृथक् पृथक्।।१०७।।
मधुना गुटिकाः कार्याः शाणेन प्रमिताः खलु।
महाकल्क इति ख्यातो दस्त्राभ्यां परिकीर्तितः १०८।।
एकां गोली समारभ्य तथैकैकां विवर्धयेत्।
चतुर्गोलकपर्यंतं मण्डले मण्डले खलु।।१०९।।
सेवितो द्वादशाब्दं तु जरामृत्युविवर्जितः।
सर्वव्याधिविनिर्मुक्तो दृढदीपनपाचनः।।११०।

भीमतुल्यबलः श्रीमान्पुत्रसंततिसंयुतः।
सर्वारोग्यमयो भीमसमानभुजविक्रमः॥१११॥
सर्वायाससहिष्णुश्च शीतातपसहस्तथा।
अमन्दसंमदोपेतः प्रौढस्त्रीरतिरञ्जनः॥११२॥
दृढसर्वेंद्रियो भूत्वा जीवेद्वर्षशतत्रयम्।
श्वासं कासं क्षयं पाण्डुं तथैवाष्टौ महागदान्॥११३॥
मण्डलार्धेन शमयेज्ज्वरादीनां तु का कथा।
सर्वगोरससंयुक्तं पथ्यं कार्यं रसायने॥११४॥
रोगोचितमथान्यच्च ददीत खलु रोगिणे।
संसारसुखमिच्छद्भिः सुखं जीवितुमिच्छुभिः॥
नित्यं रसो निषेव्योऽयं दिव्यामृतसमो गुणैः॥११५॥

धान्याभ्रक को मुसली के रस में घोटकर एक मटके में भर दे और उसके ऊपर जिसके बीच में एक छेद हो ऐसा ढक्कन ढककर (ढक्कन अभ्रक की बराबर वजन में लें और अभ्रक से अठगुना दूध जिसमें आ सके इतना चौड़ा होना चाहिये) मटके के मुँह की सन्धियों को मिट्टी से बन्द करके उसके नीचे ३ घंटे तक तीक्ष्ण अग्नि जलाये। फिर उस ढकने में अभ्रक से अठगुना दूध भर दें। जब पककर दूध सब जल जाय तब मटके को नीचे उतारकर शीतल करके उसमें से अभ्रक को निकाल ले और फिर मुसली के रस में घोटकर इसी प्रकार मटके में बन्द करके और अठगुना दूध डालकर तीन बार यत्नपूर्वक अभ्रक को सिद्ध करे। इसके पश्चात् अभ्रक को बकरी के दूध में घोट घोटकर बीस बार गजपुट दे। तदनन्तर कबीला के रस, विष्णुक्रान्ता के रस, केले के रस और मुसली के रस के साथ क्रम क्रम से बीस-२ बार खरल करके बीस-बीस बार गजपुट दे। इसी प्रकार फिर पाँचों औषधियों के मिले रस में सौ बार घोटकर १०० बार पुट दें तो यह व्योमरसायन सिद्ध होती है। इस विधि से तैयार की हुई व्योमभस्म, सोनामाखी की भस्म, चाँदी की भस्म और ताँबे की भस्म इन सबका समान भाग लेकर एकत्र मिला लें, फिर नीम के रस, लोध के रस, केवडे के रस, भाँगरे के रस, केले के स्वरस, त्रिफले के क्वाथ और भटेउर के रस के साथ क्रमपूर्वक सात२ बार भावना देकर छाया में सुखा लें। इस प्रकार सिद्ध किये हुए

इस कल्क में त्रिफले का चूर्ण, रससिन्दूर, मिश्री, त्रिकुटे का चूर्ण और चीते की जड़ का चूर्ण ये प्रत्येक कल्क के समान भाग मिलाकर उत्तम प्रकार से खरल करके शहद के संयोग से चार-२ मासे की गोलियाँ बना लें। इस महाकल्क नाम से प्रसिद्ध रस को अश्विनी कुमारों ने किया है। पहले चालीस दिन तक इसकी एक-२ गोली सेवन करे। फिर (४० दिन के बाद) ४० दिन तक दो-दो गोली सेवन करे। तीसरी बार ४० दिन तक तीन-२ गोली और चौथी बार ४० दिन तक चार-२ गोली सेवन करे। इस प्रकार इसकी एक गोली से लेकर ४ गोली तक मात्रा में बढ़ाकर फिर नित्यप्रति १२ वर्ष तक चार गोली सेवन करने से मनुष्य जरा, मरण और सम्पूर्ण व्याधियों से निर्मुक्त होकर अत्यन्त दृढ़ शरीर वाला और प्रदीप्त अग्नि वाला होता है। उसमें भुक्त पदार्थों का उत्तम प्रकार से पाचन होता है और वह भीम के समान बलवान, अत्यन्त शोभायमान तथा पुत्र पौत्रादि सन्तति से युक्त होता है। सब प्रकार से आरोग्य, भीम के समान भुजाओं में पराक्रमी, सब प्रकार के श्रम को सहन करने वाला, शीत और धूप को सहन करने में समर्थ, कामदेव के मदसे उन्मत्त हुई प्रौढ़ा स्त्री के साथ रतिक्रीड़ा में आनन्द करने वाला, और सम्पूर्ण दृढ़ इन्द्रियों से युक्त होकर वह मनुष्य ३०० वर्ष तक जीवित रहता है। श्वास, खाँसी, क्षय, पाण्डु और आठ प्रकार के महारोगों को यह रस २० दिन में ही शमन कर देता है, फिर ज्वरादि सामान्य रोगों की तो बात ही क्या है। इस रसायन के सेवन करने पर समस्त गोरसों से युक्त अर्थात् गोदुग्ध, घृत दही, माखन, छाछ आदि पदार्थों के साथ पथ्य पदार्थों का आहार करना चाहिये और रोग के अनुकूल अन्यान्य पदार्थ भी रोगी को सेवन कराये संसार सुख की इच्छा करने वाले तथा सुखपूर्वक जीवन व्यतीत करने की इच्छा वाले मनुष्यों को गुणों में दिव्य अमृत के समान यह रस नित्य सेवन करना चाहिये।।१००-११५।।

मदनमोदक

त्रैलोक्यविजयापत्रं घृतेनाभर्जितं कियत्।
त्रिकटु त्रिफला मुस्ता कुष्ठसैंधवधान्यकम्।।११६।।
शठी तालीसपत्रं च कट्फलं नागकेशरम्।
अजमोदा यवानी च यष्टी मधुकमेव च।।११७।।

मेथी जीरकयुग्मं च सबीजं भर्जितं तथा।
यावन्त्येतानि चूर्णानि तावदेव तदौषधम्॥११८॥
तावत्येव सिता ग्राह्या यावत्या याति बन्धनम्।
घृतेन मधुना युक्तं मोदकं परिकल्पयेत्॥११९॥
त्रिसुंगधसमायुक्तं कर्पूरेणापि वासयेत्।
स्थापयेद्घृतभाण्डे च श्रीमन्मदनमोदकान्॥१२०॥
भक्षयेत्प्रातरुत्थाय वातश्लेष्मविनाशनम्।
कासघ्नं सर्वशूलघ्नं वलीपलितनाशनम्॥१२१॥
आमवातविकारघ्नं संग्रहग्रहणीहरम्।
सदा निषेवयेद्धीमान् रुच्यमग्निविवर्धनम्॥१२२॥
एतत्कामविवृद्ध्यर्थं नारदेन प्रकीर्तितम्।
तेन स्त्रीणां सहस्त्राणि रेमे स यदुनंदनः॥१२३॥

त्रिकुटा, त्रिफला, नागरमोथा, कूठ, सैधानमक, धनियां, कचूर, में भुनी हुई मेथी, जीरा और काला जीरा इन सब औषधियों को समान भाग लेकर एकत्र कूट पीसकर बारीक चूर्ण करके कपड़े में छान ले। फिर जितना इन औषधियों का चूर्ण हो, उसकी बराबर घी में भुनी हुई भांगरा चूर्ण लेकर सबको एकत्र मिला ले। फिर उतनी मिश्री मिलानी चाहिये, जितनी से लड्डू अच्छी तरह बंध सके इसके पश्चात् घृत और मधु के साथ मिलाकर तथा दाल चीनी, इलायची, तेजपात और कपूर इनके चूर्ण से सुवासित करके लड्डू बना ले और घी के चिकने बर्तन में भरकर रख दे। बुद्धिमान् मनुष्य प्रतिदिन प्रातःकाल उठकर स्नानादि से निवृत्त होकर इन मदन मोदकों को यथोचित मात्रा से सेवन करे। ये मोदकवात और कफ के विकार, खांसी, सब प्रकार के शूल बलीपलितरोग, आमवातरोग और संग्रहणी इन सब रोगों का नाश करते हैं। अत्यंत रुचि कारक और अग्निवर्द्धक है। काम की अत्यंत वृद्धि होने के लिये नारद जी ने इन मोदकों का वर्णन किया है। इन्हीं के प्रभाव से श्रीकृष्णचन्द्र हजारों स्त्रियों के साथ रमण करते थे॥११६-१२३॥

कामेश्वरमोदक

सम्यङ्मारितमभ्रकं कटुफलं कुष्ठाश्वगंधा वचा।

मेथी मोचरसो विदारिमुसलीगोक्षूरकेक्षूरकम्।
रंभाकंदशतावरी ह्यजमुदा माषास्तिलकाधान्यकं
यष्टीनागबला कचूरमदनं जातीफलं सैंधवम्॥१२४॥
भार्ङ्गी कर्कटश्रृंगिका त्रिकटुकं द्वे जीरके चित्रकं
चाजुजार्ततपुनर्नवा गजकणा द्राक्षा शठी वालकम्।
शाल्मल्यंघ्रिफलत्रिकंकपिभवंबीजंसमंचूर्णयेच्चूर्णा-
शाविजयासिताद्विगुणितामध्वाज्यमिश्रंतुतत्॥१२५॥
कर्षार्धां गुलिकां विलेह्यमथवा कृत्वा च तत्सेवये-
त्पेया क्षीरसीताऽनुवीर्यकरणे स्तंभेऽप्यलं कामिनाम्।
रामावश्यकरः सुखातिसुखदःप्रौढांगनाद्रावकः
क्षीणे पुष्टिकरः क्षयक्षयकरो नानामयध्वंसकः॥१२६॥
नित्यानन्दकरो विशेषकवितावाचाविलासोद्भवं
धत्ते सर्वगुणं महास्थिरवयो ध्यानावधानेप्यलम्।
अभ्यासेन निहंति मृत्युपलितं कामेश्वरो वत्सरा-
त्सर्वेषां हितकारको निगदितः श्रिनित्यनाथेन वै॥१२७॥

उत्तम प्रकार से भस्म किया हुआ अभ्रम, कायफल, कुठ, असगन्ध, वच, मेथी, सेमल का गोंद, विदारीकन्द, मुसली, गोखुरु, तालमखाना, केले की फली, शतावर, अजमोद, उड़द, तिल, धनियां, मुलैठी, गंगरेन कचूर, मैनफल, जायफल, सैंधानमक, भारंगी, काकड़ासिंगी, त्रिकुटा, जीरा, कालाजीरा, चीता, दारचीनी इलायची, तेजपात, नागकेसर, पुनर्नवा, गजपीपल, दाख, कचूर, सुगन्ध वाला सेमल की मुसली, त्रिफला और कौंच के बीज इन सबको समान भाग लेकर बारीक चूर्ण करके कपड़छन कर ले। उस चूर्ण के बराबर घी में भुनी हुई भांग का चूर्ण और सबसे दुगुनी मिश्री लेकर सबको शहद और घृत में मिश्रित करके ६-६ मासे की गोलियां बनाकर सेवन करे अथवा वैसे ही प्रतिदिन छः-छः मासे परिमाण चाटे और ऊपर से मिश्री मिलाकर दूध पीये। ये मोदक काफी पुरुषों के वीर्य स्तम्भन करने में पूर्ण तथा समर्थ है। एवं स्त्रियों को वशीभूत करने वाले अत्यंत सुखदायक प्रौढ़ा स्त्रियों को द्रवित करने वाले शरीर के क्षीण हो

जाने पर उसकी पुष्टि करने वाले क्षय आदि नाना प्रकार के रोगों को विध्वंस करने वाले और नित्य आनन्द उत्पन्न करने वाले हैं। विशेषकर वह मनुष्य कवित्वशक्ति और वाचाल शक्ति से उत्पन्न हुए सब प्रकार के गुणों को धारण करता है। यह प्रयोग चिरकाल तक अवस्था को स्थिर करने वाला और ध्यान, धारणा (समाधि) आदि योग के कार्यों में मन को जीतने में भी समर्थ है। इन मोदकों को एक वर्ष तक निरन्तर सेवन करने से सफेद बाल काले होते हैं और मृत्यु का भय दूर होता है। ये कामेश्वर मोदक सब मनुष्यों के लिये हितकारी हैं, ऐसा श्रीनित्यनाथजी ने कहा है॥१२४-१२७॥

वाजीकरण में सामान्य उपाय

कर्षं मधुकचूर्णस्य घृतक्षौद्रसमन्वितम्।
पयोऽनुपानं यो लिह्यान्नित्यवेगः सदा भवेत्॥१२८॥
कुलीर श्रृंग्या यः कल्कमालोड्य पयसा पिबेत्।
सिताघृतपयोन्नाशी स नारीषु वृषायते॥१२९॥
स्वयं गुप्तेक्षुरकयोर्बीजचूर्णं सशर्करम्।
धारोष्णेन नरः पीत्वा पयसा रासभायते॥१३०॥
बस्ताण्डसिद्धे पयसि भावितानसकृत्तिलान्।
यः खादेत्ससितान्गच्छेत्स स्त्रीशतमपूर्ववत्॥१३१॥
गंधकेन समं सूतं श्वेतांकोलजटारसैः।
त्रिदिनं मर्दितं तेन रसेन गुटिकीकृतम्॥१३२॥
रक्तचित्रकवाराहीपत्रनिर्यासपेषिते।
सद्योहताजमांसस्य पिण्डे न्यस्तं विपाचितम्॥१३३॥
तप्ततैले मज्जयीत यावत्सिंदूरसन्निभम्।
भक्षयेन्मधुसर्पिर्भ्यां गोक्षीरं च पिबेदनु॥१३४॥
स्त्रियः सेवेत तत्त्यागे यतः स्फुटति लोचनम्।
न क्रामति रसः पुंसि क्रांते स खलु मन्मथः॥१३५॥
सिद्धं सूतं वाजिगंधां च यष्टीं
पक्त्वा दुग्धं तच्च कार्श्ये ददीत।

एवं वाप्यं वापयित्वा च दद्याद्यद्वा
यष्टीं मागधीं वाजिगंधाम्॥१३६॥
मध्वाज्याभ्यांशाल्मलीसत्त्वयुक्तां
शम्बूकैर्वी भर्जितैर्वाप्यमिश्रैः॥१३७॥
शुद्धं गंधं वाजिगंधा च यष्टीं
शैलेयं वा सूतभस्माऽजगंधाम्॥
मध्वाज्याभ्यां शाल्मली सत्त्वयुक्तां
शम्बूकैर्वा भुज्यते वाज्यमिश्रैः॥१३८॥

एक तोला मुलैठी के चूर्ण को घी और शहद में मिलाकर जो मनुष्य प्रतिदिन सेवन करे और दुग्ध का अनुपान करे तो वीर्य की वृद्धि होती है और कामोत्तेजना होती है। जो मनुष्य ३मासे काकड़ासिंगी को दूध में पीसकर फिर दूध में मिलाकर पान करे और मिश्री, घृत, दूध, भात आदि का भोजन करे तो वह मनुष्य स्त्रियों में वृषभ के समान शक्तिशाली होता है। कौंच के बीज और तालमखाना दोनों को समान भाग लेकर बारीक चूर्ण करके कपड़छान कर लें। फिर उसमें समान भाग खाँड मिलाकर प्रतिदिन धारोष्ण दुग्ध के साथ पान करने से मनुष्य गदहे के समान बलवान होता है। बकरे के अण्डकोषों को पानी में पीसकर १६ गुने दूध में पकाये। जब पककर अष्टमांश दूध शेष रह जाय तब उसमें रात्रि में काले तिलों को भिजोकर सवेरे सुखा लें। इस प्रकार २५ बार भावना देकर जो मनुष्य उन तिलों को मिश्री मिलाकर भक्षण करे तो वह सैकड़ों स्त्रियों को भोगने की अपूर्व शक्ति को प्राप्त होता है। गन्धक और पारे को समान भाग लेकर सफेद अङ्कों लजड़ के रस में तीन दिन तक खरल करे गोला बनाकर सुखा लें। फिर तत्काल वध किये हुए बकरे के मांस को लाल चीता और वाराही कन्द के पत्तों के रस में बहुत बारीक पीसकर उपयुक्त पारे गन्धक के गोले पर दो अंगुल ऊँचा लेप करके खूब तपाये हुए तेल में डालकर पकायें। जब वह पककर सिन्दूर के समान लाल हो जाय तब उसको निकालकर बारीक चूर्ण कर के शीशी में भरकर रख दें। इस औषध को प्रतिदिन योग्य मात्रा से शहद और घृत में मिलाकर भक्षण करे फिर गौ के दूध का अनुपान करे वह मनुष्य तत्काल सैकड़ों स्त्रियों को सेवन करे। यदि मनुष्य इस

रस को सेवन कर स्त्री सेवन न करे तो उसके नेत्र फूट जाते हैं, और शरीर की अत्यन्त हानि होती है कामोत्तेजना होने पर वीर्य मनुष्य के नेत्रमार्ग से बाहर निकलता है। इसको सेवन करने वाला मनुष्य जाग्रत रहता हुआ काम को दबाकर कदापि इन्द्रिय दमन नहीं कर सकता। और जो मनुष्य इस रस को सेवन करके जितेन्द्रिय होकर ब्रह्मचर्य का पालन कर सके तो वह मनुष्य निश्चय कामदेव के समान रूपवान होता है। पूर्वोक्त सूतेन्द्र नामक रस १ रत्ती असगन्ध डेढ़ मासा और मुलैठी का चूर्ण ३ मासे इनको दूध में पकाकर शरीर की कृशता में रोगी को सेवन कराने से शरीर पुष्ट होता है। अथवा कूठ को उक्त रस में मिलाकर सेवन करायें। मुलैठी, पीपल, असगन्ध और सेमल का सत्व सबको समान भाग लेकर बारीक चूर्ण कर लें। वह चूर्ण ६ मासे और सूतेन्द्र रस १२ रत्ती दोनों को मधु और घृत में मिलाकर सेवन करने से शरीर पुष्ट होता है। अथवा घोंघे की भस्म, कूठ, असगन्ध और मुलैठी के चूर्ण के साथ सूतेन्द्र रस को यथोचित मात्रा से दूध में पकाकर पीने से दुर्बल मनुष्य पुष्ट होता है। शुद्ध गन्धक, असगन्ध, मुलैठी, शिलाजीत रससिन्दूर, वनतुलसी की मञ्जरी और सेमल का सत्त्व इन सबको समान भाग लेकर शहद और घृत में मिश्रित करके योग्य मात्रा से सेवन करे। अथवा उक्त चूर्ण में घोंघे की भस्म और घृत मिलाकर सेवन करे तो वीर्यस्तम्भन होता है और शरीर की पुष्टि होती है।

लिंग लेप-द्रावण

शशिसूतकटंकणमागधिकं घृतसुरणमाक्षिकहेमरसम्।
मुनिपित्ररसप्लतुलेपवरं युवतीमदपातनवश्यकरम्॥ १३९॥
योषागर्भरजः सूतं मधुना सह लेपयेत्।
अवश्यं द्रावयेन्नारीं शुष्ककाष्ठोपमामपि॥१४०॥
सिंदूरमधुनो लेपं लिंगस्य कुरुते यदि।
अत्यर्थं रमते नारी द्रावयेद्वशमानयेत्॥१४१॥
कृकवाकूग्रपिच्छं तु मुद्रिकाकारकं कृतम्।
ऊर्णनाभेः सुजालेन वेष्टयित्वाऽथ धारयेत्॥
वामहस्तकनिष्ठायां नरो वीर्यं न मुञ्चति॥१४२॥

कर्पूरं टंकण सूतं मुनिपुष्परसं मधु।
मर्दयित्वा लिपेत्तेन लेपो यावत्तु तिष्ठति॥१४३॥
लिंगं तु पुण्डरीकस्य चूर्णीकृत्य प्रयोजयेत्।
मधुना तिलकं कृत्वा रेतः स्तंभं करोत्यलम्॥१४४॥
कर्पूरं रस संयुक्तं सौभाग्यं रससंयुतम्।
लेपाय क्रियते नित्यं नाम्ना मदनजीवनः॥१४५॥

कपूर, पारदभस्म, सुहागा, पीपल, जिमीकन्द, धतूरे के पत्तों का रस और अगस्तिया के पत्तों का रस इन सबको समान भाग लेकर एकत्र खरल करके सुखा ले। फिर उसको घृत और मधु में मिलाकर लिंग पर लेप करके स्त्री प्रसंग करे। यह प्रयोग युवती स्त्रियों के मद को दूर कर स्त्रियों को वशीभूत कराने वाला है। असमय पतित हुए स्त्री के गर्भ को सुखाकर किया हुआ चूर्ण और समान भाग पारा दोनों को शहद में मिलाकर लिंग में लेप करे तो वह मनुष्य सूखे हुए काठ के समान स्त्री को भी अवश्य द्रवित करता है। यदि सिन्दूर को शहद में मिलाकर लिंग के ऊपर लेप करे तो अत्यन्त प्रसंग करने पर भी वीर्य स्तम्भन होता है और वह मनुष्य स्त्री को द्रवित कर वश में कर लेता है। कृकवाकु अर्थात् मयूर अथवा मुर्गी के तीक्ष्ण पिच्छ (पंख) को अंगूठी के समान बनाकर उसको मकड़ी के जाले से लपेट कर बायें हाथ की कनिष्ठिका (कनकी) अंगुली में धारण कर मनुष्य स्त्री प्रसंग करे तो वीर्य स्खलित नहीं होता। कपूर, सुहागा, पारे की भस्म, अगस्तिया के फूलों का रस और मधु इनको एकत्र खरल करके लेप करे। जब तक यह लेप रहेगा तब तक वीर्य स्तम्भित रहेगा। सफेद कमल के फलों की मोटी २ पंखडियों को सुखाकर चूर्ण कर लें, उसे चूर्ण को शहद में मिलाकर उसका तिलक करके प्रसंग करने से अत्यन्त वीर्य स्तम्भन होता है। कपूर और पारे की भस्म अथवा सुहागा और पारे की भस्म को एकत्र मिलाकर लिंग पर लेप करे तो यह मदन जीवन नाम से प्रसिद्ध रस नित्य कामदेव को जागृत रखता है अर्थात् वीर्य स्तम्भन करता और स्त्रियों को द्रवित करता है॥१३९-१४५॥

इति श्रीवाग्भटाचार्यविरचिते रसरत्नसमुच्चये भाषाटीकायां सप्तविंशोऽध्यायः समाप्तः ॥२७॥

अष्टाविंशोऽध्यायः

लोहकल्प

सप्तधातु शोधन भस्म

अल्पमात्रोपयोज्यत्वादरुचेरप्रसंगतः।
क्षिप्रमारोग्यदायित्वादौषधेभ्योऽधिको रसः॥१॥
लोहं मृंत कंदविषं सूतं चेति निगद्यते।
कार्यः पानकषायोऽस्मिन्षोडशांशावशेषितः॥२॥
अथ पञ्चमृदा लिप्तं हेम्नं पत्रं पुटानले।
विपचेन्नागमावाप्य रूप्यं चोर्ध्वाग्निना धमेत्॥३॥
स्नुह्यर्कक्षीरलवणक्षाराम्लकृतलेपनम्।
तप्ततामस्य निर्गुण्ड्या रसे सिंचेत्पुनः पुनः॥४॥
वंगं नागं रसे तस्मिंस्तन्मूलेनावचूर्णकम्।
यत्पात्राध्युषिते तोये तैलबिंदुर्न सर्पति॥५॥
तारेणावर्तते यत्तत्कान्तलोहं तु तत्स्मृतम्।
अयसामुत्तमं सिञ्चेत्तप्तं वरारसे॥६॥
एवं शुद्धानि लोहानि पिष्टान्यम्लेन केनचित्।
मृतसूतस्य पादेन प्रलिप्तानि पुटानले॥७॥
पचेत्तुल्यस्य वा ताप्य गंधाश्महरतेजसः।
अथवा मृतनागेन स्नुहीक्षीरेण काञ्चनम्॥८॥

रूप्यं स्नुक्क्षीरतालाभ्यां ताम्रं मूत्राम्लगंधकैः।
हरितालपलाशाभ्यां बंगं नागं मनोह्वया॥९॥
पारिभद्रस्य च रसेनाऽथवा भर्जयेत्त्रपु।
चिञ्चाक्षकेक्षुवीरद्रबोधिवृक्षैरहिं पुनः॥१०॥
अहिभाराहिदमनीवासावज्रलतार्जुनैः।
स्त्रीस्तन्येहिंगुलेनायः पचेल्लिप्त्वा पुटेऽनले॥११॥
सर्वमेव मृतं लोहं सोत्थानं यदि सेवनात्।
शुकपूर्णाभकण्ठत्वस्फोटाऽरुचिविबन्धकृत्॥१२॥
पक्वं यावन्निरुत्थानं सेव्यं वारितरं हि तत्।
कांतं पुनः कलाभागताप्ये सक्षौद्रसर्पिषि॥१३॥
क्षिप्तमावर्तितः तारं स्वप्रमाणं भवेद्यदि।
जानीयात्तन्निरुत्थानं सोत्थानं च मुहुर्मुहुः॥
त्रिफलाक्वाथसंपृक्तं विपचेत्पुटपावके॥१४॥

अल्पमात्रा में प्रयोग करने से अधिक लाभ करता है, अरुचि को नष्ट करता है और मनुष्य को शीघ्र आरोग्य प्रदान करता है, इसलिये रस सब औषधियों से अधिक श्रेष्ठ होता है। लोहभस्म, कन्द विष और पारा इत्यादि को शास्त्रोक्त विधि से मिश्रित करने को रस कहते हैं सोने के पत्रों को पिघलाकर उसमें १६ वाँ भाग सीसा मिला लें फिर नदी का गार, खेत की मिट्टी, ईंट की मिट्टी, खड़िया, मिट्टी और बँबई की मिट्टी इन पाँचों मिट्टियों को समान भाग लेकर नागरपान के क्वाथ से घोटकर उस मिट्टी का उक्त सोने के पत्रों पर लेप करके गजपुट में पकायें तो सुवर्ण शुद्ध होता है। पान का क्वाथ बनाने की विधि यह है- पानों को १६ गुने पानी में डालकर पकायें। जब १६वाँ भाग जल शेष रहे तब उतारकर छान लें। थूहर का दूध, आक का दूध, सैंधा नमक और जवाखार इन सबको काँजी में अथवा नींबू के रस में घोटकर उसका चाँदी के पत्रों पर लेप करके उनको ऊर्ध्व अग्नि के द्वारा फूँके तो चाँदी शुद्ध होती है। ताँबे के पत्रों को बारम्बार तपाकर बार बार निर्गुण्डी के

रस में बुझायें। इस प्रकार सात बार करने से ताँबा शुद्ध होता है। बंग अथवा सीसे को पिघलाकर सात बार निर्गुण्डी के रस में बुझायें। फिर उसको एक मिट्टी के बर्तन में डालकर अग्नि पर पिघलायें, जब वह पिघलकर पतला हो जाय तब उसको निर्गुण्डी की जड़ से घोटे। घोटते-घोटते जब बारीक चूर्ण हो जाय तब उसको शुद्ध हुआ जानना चाहिये। फिर जिस औषधि के साथ उसको भस्म करना हो, उसके रस में घोटकर पुट दें। जस्त को भी इसी प्रकार शुद्ध करना चाहिये। जिन पात्र में भरे हुए पानी में डाली हुई तेल की बूँद नहीं फैलती जैसी की तैसी रहती हैं और जो तार से हिलाने से चलती है, वह कान्तलोह सब प्रकार के लोहों में उत्तम कहा जाता है। उसके बारीक पत्र बनाकर तपा-तपा करके त्रिफले के क्वाथ में बुझायें तो कान्तलोह शुद्ध होता है। तीक्ष्णलोह अथवा अन्य साधारण लोह भी इसी प्रकार शुद्ध होते हैं। जिस धातुओं को शुद्ध करना हो तो प्रथम उसके बारीक-२ पत्र करके किसी खटाई के साथ एक दिन तक घोटे, फिर भस्म करने वाली धातु से चौथाई भाग पारे की भस्म लेकर उसको खटाई में घोटकर उपर्युक्त धातु के साथ १ दिन तक खरल करके गोला बना लें और उसको सुखाकर गजपुट में पकायें। इस प्रकार सात बार पुट दें सब प्रकार की धातुयें शुद्ध हो जाती हैं। अथवा जिस धातु को भस्म करना हो तो प्रथम उसके कंटक वेधी पत्र बना लें। फिर सोनामाखी, गन्धक और पारा इन तीनों को समान भाग मिश्रित पत्रों की बराबर लेकर खटाई में खरल करके उक्त पत्रों पर लेप कर गजपुट में पकायें। इस प्रकार सुवर्ण माक्षिक आदि औषधियों का लेप करके सात बार पुट देने से भस्म हो जाती है। सुवर्ण माक्षिक आदि औषधियाँ पहले पुट में जितनी मिलाई गई हो, उतनी ही प्रत्येक पुट में मिलानी चाहिये। सोने से १६वाँ भाग सीसे की भस्म लेकर उसको थूहर के दूध में पीसकर सोने के पत्रों पर लेप करके गजपुट में पकायें। इस प्रकार सात बार गजपुट देने से उत्तम भस्म होती है। चाँदी के पत्रों से अष्टमांश हरताल लेकर उसको थूहर के दूध में खरल करके पत्रों पर लेपकर सात बार गजपुट देने से चाँदी की उत्तम भस्म होती है। ताँबे के पत्रों की बराबर गन्धक लेकर उसको गोमूत्र और खटाई में १ दिन तक घोटकर उक्त पत्रों पर लेप करके गजपुट में पकायें।

इस प्रकार सात पुट देने से ताँबा भस्म हो जाता है। यदि उस भस्म के सेवन से वमन आदि उपद्रव उत्पन्न हो तो फिर उसको और अधिक पुट देने चाहिये। बंग से ८वाँ भाग हरताल लेकर उसको ढाक के बीजों के रस में एक दिन तक खरल करके बंग (राँग) के पत्रों पर लेप कर सात गजपुट देने से बंग भस्म होती है। सीसे से अष्टमांश मैनसिल को फरहद के रस में घोटकर उपयुक्त विधि से किये हुए सीसे के चूर्ण में मिलाकर खरल करके गोला बना लें। फिर उसको सुखाकर गजपुट में फूँक दें। इस प्रकार सात बार मैनसिल को मिला २ कर सात पुट देने से सीसा भस्म हो जाता है। अथवा दुर्गन्ध खैर, नागदमन, अडूसा, हडसंहारी और अर्जुन वृक्ष की छाल इन सबका एकत्र क्वाथ बनाकर उस क्वाथ में सीसे के चूर्ण को खरल करके गोला बना लें और गजपुट में रखकर फूँक दें। इस तरह ७ बार पुट देने से भी सीसे की भस्म हो जाती है। अथवा उक्त पाँचों औषधियों के निकाले हुए खार को अग्नि पर पिघलाकर सीसे में थोड़ा-२ ढालता जाये और जलाता जाये। जब वह खूब पतला हो जाय तब उसको उन्हीं, औषधियों के क्वाथ में घोट करके गोला बनाकर गजपुट में पकायें तो नागभस्म होती है। इमली, बहेड़ा, ईख, भिलावे और पीपल वृक्ष इन सबके स्वरस के साथ एक दिन तक बराबर जस्त को खरल करके रात्रि में गजपुट देवें। इस प्रकार घोट घोट कर सात बार पुट देने से जस्त की भस्म होती है। अथवा उपर्युक्त औषधियों के खार को थोड़ा थोड़ा जस्त में डालता जायें और चलाता जाये और उसके नीचे तीक्ष्ण अग्नि जलाता जाये तो भी जस्तभस्म हो जाता है। तीक्ष्ण लोह से आठवाँ भाग सिंगरफ लेकर उसको स्त्री के दूध में खरल करके तीक्ष्ण लोह के पत्रों पर लेप कर उनको गजपुट में पकायें। इस विधि से ७ गजपुट देने से उत्तम लोहभस्म होती है। सम्पूर्ण धातुओं की उत्थित (अपक्व) भस्म को सेवन करने से गले में शूल, खरास, शरीर में फोड़े, फुन्सी, अरुचि, मलविबन्ध आदि वायु के उपद्रव उत्पन्न होते हैं। इसलिये प्रत्येक धातु की भस्म जब निरुत्थ और जल में तैरने वाली हो जाय तब सेवन करनी चाहिये। सोने की भस्म को १६वें भाग सुवर्ण माक्षिक, मधु और घृत में मिलाकर पुट देने पर जितनी

सुवर्णभस्म डाली हो यदि उतनी ही वजन में रहे और सोना जीवित न हो तो उसको निरुत्थभस्म और जो सोना जीवित हो जाय तो उसको उत्थित भस्म जानना चाहिये। इसी प्रकार अन्य सब धातुओं की भस्मों को भी मधु, घृत, सुहागा, त्रिफले का क्वाथ आदि औषधियों में मिलाकर बार बार गजपुट में पकाने से उनकी पुनरुज्जीविता नष्ट हो जाती है। उनको उत्तम प्रकार से निरुत्थ हुआ जानकर प्रयोग करना चाहिये॥१-१४॥

मृत्युहारी रस

अयस्पात्रं तिलोत्सेधं प्रतप्तं चतुरंगुलम्।
एकविंशतिपर्यायं धात्र्या निर्वापयेद्रसे॥१५॥
ततः शतपलं स्थाल्यां क्षिप्त्वा धात्रीरसोत्तमम्।
कृत्वा ततः सुपिहितं भस्मराशौ विनिक्षिपेत्॥१६॥
मासि मासि समुद्धृत्य लोहदण्डेन घट्टयेत्।
तस्मिन्विशुष्यति प्राग्वद्रसं धात्र्या विनिक्षिपेत्॥१७॥
द्रवीभवति तत्सर्वं वत्सरात्पत्रमायसम्।
ततः समं ततोंगुष्ठपर्वमात्रमुखेन तु॥१८॥
आयसेन स्त्रुवेणायस्पात्रे कल्कीकृतं ततः।
शृतं पृथक्समांशेन सेवेत मधुसर्पिषा॥१९॥
जीर्णे साज्यं रसक्षीरयूषान्यतममिश्रितम्।
षष्टिकोदनम श्नीयादुपयुज्येत् वत्सरम्॥२०॥
वर्षमन्यच्च शिष्टान्नो यंत्रितात्मा कुटीं वसेत्।
अधृष्यो रुग्जरामृत्युशस्त्राग्निविषवारिभिः॥
जीवेद्वर्षसहस्त्रं वै सर्वभावेष्वतीन्द्रियः॥२१॥
ताम्ररूप्यसुवर्णानामयमेव पृथग्विधिः।
द्विगुणं तद्गुणोत्कर्षाज्जानीयादुत्तरोत्तरम्॥२२॥

तिल के समान ऊँचे, चार अंगुल चौड़े और २१ अंगुल लम्बे लोहे के पात्र को लेकर अग्नि में तपा तपाकर आमलों के रस में बुझायें। फिर

घी के चिकने १ मिट्टी के बर्तन में १०० पल आमलों का उत्तम स्वरस या रस भरकर उसमें उक्त पात्र को डाल दें और बर्तन के मुँह को अच्छे ढक्कन से ढककर ऊपर से कपरौटी करके राख के ढेर में गाड़ दें। इसके पश्चात् महीने-महीने भर में उसको निकालकर लोहे के मुसले से घोटकर फिर वैसे ही बन्द करके गाड़ दें। जब आमलों का रस सूख जाय तब और रस डाल दें। इस प्रकार एक वर्ष तक रखने से लोहे का पात्र गल जाता है। फिर उसको उस बर्तन में से निकालकर लोहे की कढ़ाई में डालकर मन्द मन्द अग्नि से पकायें और अँगूठे की गाँठ के समान अग्रभाग वाले लोहे के स्रुवे (डंडे) से घोट घोटकर कल्क बना लें। फिर उस कल्क की तीन-२ मासे की गोलियाँ बनाकर प्रतिदिन एक से लेकर तीन गोली तक उन्हीं की समान भाग शहद और घृत में मिलाकर सेवन करें। यदि आवश्यकता हो तो शहद और घृत को मिलाकर ऊपर से और चाट लें। औषध के जीर्ण हो जाने पर जब क्षुधा लगे तब घी, रस, दूध, यूष, साठी चावलों का भात आदि पदार्थों को मिलाकर भोजन करे। इस प्रकार एक वर्ष तक इस रस को सेवन करे। फिर दूसरे वर्ष में औषध सेवन न करे, केवल हल्के और हितकर पदार्थों का भोजन करे और नियमित रूप से व्यवहार करता हुआ कुटी में बास करे। अर्थात् घर से बाहर न निकले। दूसरे वर्ष को इस प्रकार व्यतीत करके फिर इच्छानुसार आहार विहार करे। इस प्रकार बराबर दो वर्ष तक इस प्रयोग को सेवन करने वाला मनुष्य जीवन पर्यन्त सब प्रकार के रोग, वृद्धावस्था, मृत्यु, शस्त्र, अग्नि, विष, जल के उत्पात आदि किसी भी विकार से ग्रसित न होकर १ हजार वर्ष तक जीता है। और सम्पूर्ण कार्यों को करने में अतीन्द्रिय अर्थात् (जितेन्द्रिय) होता है। ऊपर लोह का प्रयोग बताया गया है। उसमें तीक्ष्ण लोह अथवा कान्त लोह के पात्रों को लेना चाहिये। ताँबा, चाँदी और सुवर्ण इन प्रत्येक के प्रयोग की यही विधि है। इन धातुओं में गुणों का उत्कर्ष होने के कारण उत्तरोत्तर क्रम से एक से दूसरे को दुगुना गुण करने वाली जानना चाहिये। (अर्थात् लोहे से ताँबा, ताँबे से चाँदी, और चाँदी से सोने का प्रयोग दुगुना गुण करता है।) इस प्रयोग में हरे आमलों का स्वरस लेना चाहिये।।१५-२२।।

कान्तलोह रसायन

क्षिप्तं पक्वेष्टिकायंत्रे द्रावितं जलसन्निभम्।।२३।।
निषिक्तं त्रिफलाक्वाथे पर्पटीभूतमायसम्।
संचूर्ण्य तेन क्वाथेन पिष्ट्वा स्थाल्यां विपाचितम्।।२४।।
षोडशांगुलगर्तांतः संपुटे च परिक्षिपेत्।
आर्द्रकाभीरुमुशलीविदारी भृंगहस्तिजैः।।२५।।
रसैस्तथा मुहुस्ताम्रं धान्याभ्रं कांजिके प्लुतम्।
तेन पिष्टं घृतक्षौद्रैर्मत्स्याक्षीमेघनादयोः।।२६।।
जयन्त्यास्तीक्ष्णशार्ङ्गेर्योर्मुशलीमणिमन्थयोः।
वज्रिणीसातलावद्यावर्षाभूणां रसेन च।।२७।।
क्षीरेण च पृथक्कुर्यात्पेषणादिक्रियात्रयम्।
कज्जलाभं त्रयं चैतद्यथा क्वाथं विभावयेत्।।२८।।
पलानि पञ्च कांतस्य शुल्बकाभ्रकचूर्णयाः।
सार्धे द्वे सप्त सप्तैव वाते पित्ते पुनः क्रमात्।।२९।।
पञ्चपादेन युक्तानि पञ्च पञ्च कफे पुनः।
कांतताम्राभ्रके क्षिप्त्वा त्रिफलाक्वाथमाढकम्।।३०।।
प्रस्थितानि गुणस्याष्टौ क्वाथस्य पयसस्तथा।
पलानि षोडशाज्यस्य सिञ्चेत्पाकवशात्पुनः।।३१।।
वाताद्यपेक्षया पङ्कोत्कारिकावालुकानिभे।
अफेने वर्णगंधाढ्ये कटूष्णे पीतसर्पिषि।।३२।।
दंत्यादिचूर्णमावाप्य स्थापितेनेतरेण वा।
घृतेन पेषितं भाण्डे घृतस्निग्धे निधापयेत्।।३३।।
कुर्यात्तत्कल्पनापाको श्लेष्मणीव रसायने।
स्वस्थः शरन्निदाघाभ्यामन्यथा कृतशोधनः।।३४।।
घृतमाक्षिकमात्रा वा लौहे लौहेन मर्दितः।
रसायनं द्वौ दिवसौ द्वे द्वे गुञ्जे ततः परम्।।३५।।

द्वंद्ववृद्ध्या दिने द्वे द्वे परं विंशतिवासरान्।
प्रातर्विंशतिगुंजानां भागौ द्वौ भागमेव च॥३६॥
प्राग्भक्तमर्धमर्धं वा भक्षयेदुक्तकालयोः।
एवं मात्राविभागेन व्याधिक्षीणोपि सर्वदा॥३७॥
पश्चादष्टपलक्षीरं धारोष्णं शृतमेव वा।
वयः स्तंभेऽनुपातव्यं व्याधौ क्वाथो यथोदितः॥३८॥
आस्वाद्य चानु मुस्तानां निर्यासं दन्तपीडितम्।
मूलानि भक्षयेत्तसामास्यवैरस्यनुत्तये॥३९॥
क्रूरकोष्ठस्तु दीप्ताग्निरनुलोमयितुं मलान्।
तप्तं क्षीरं पिबेद्भूयस्तांबूलं भक्षयेन्मुहुः॥४०॥
स्नानमर्दनविष्टम्भिविदाह्यम्लमजांगलम्।
सप्तसप्ताह मथवा त्रिः सप्ताहं परित्यजेत्॥४१॥
शालिमुद्गरसं सर्पिर्वेत्राग्रं बृहतीद्व्रयम्।
दीर्घं पटोलं वार्ताकं तालकं मूलकन्दकम्॥४२॥
शतावरी सजीवंती श्रृंगाटं सुनिषण्णकम्।
तंदुलीयकधान्याकं सराजवृक्षवास्तुकम्॥४३॥
जांगलं शफराः कृष्णमीना रोहितमुद्गरौ।
द्राक्षादाडिमखर्जूररम्भाकोलं च शस्यते॥४४॥
जीर्णौषधस्तु दीप्तेऽग्नौ प्रातः पित्ताद्बुभुक्षितः।
अर्धमात्रं पिबेत्क्षीरं सार्धमात्रं कृशो नरः॥४५॥
दिवसाः सप्त सप्तास्मिन्दिने द्वित्रिगुणाः क्रमात्।
जघन्यमध्यप्रवरः सेवाकालो विधीयते॥४६॥
पूर्णक्रियेयं द्विगुणा सोत्तरा नात्र यन्त्रणा।
यथाकालं मलोत्सर्गः शरीरोदरलाघवम्॥४७॥

हृदयोद्गारशुद्धिश्च जीर्णलोहस्य जायते।
लोहप्रवृत्तौ सामत्वं लोहकिट्टप्रशांतये॥४८॥
उष्णांबु सयवक्षारं त्रिदिनात्त्रिदिनात्पिबेत्।
रसेनाऽगस्त्यपत्राणां विडंगं चान्तरान्तरा॥४९॥
क्वाथमश्वत्थपत्राणां प्रसङ्गे छर्दिशूलयोः।
सामान्यसिद्धमावाप्य भावनापुटपाचनैः॥५०॥
यथायोगयुतं पक्कं त्रिफलाक्वाथसर्पिषा।
साधितं भक्षयेत्कांतमेकं वा केवलाभ्रकम्॥५१॥
इह चानु पिबेत्क्षीरं न कुर्यात्तेन भोजनम्।
मुद्गयूषं पिबेत्तोये कोष्णं वा नियतो भवेत्॥५२॥
एतल्लोहरसायनाख्यममृतं पक्कं यथोक्तं क्रमा-
द्भुञ्जानः प्रतिवत्सरं नववपुः सार्धं तु वर्णेन्द्रियैः।
दीर्घायुर्नवयौवनोन्नतकुचप्रौढांगनावल्लभो
माद्यद्दंतिबलो जराविरहितः पुत्रावृतः स्यान्नरः॥५३॥

पकी हुई ईंट के यन्त्र में अथवा पकी हुई मूषा में कान्तलोह को डालकर फूँके। जब वह गलकर पतला हो जाय तब उसको त्रिफले के क्वाथ में बुझा दें। जब उसकी पर्पटी हो जाय तब उसका बारीक चूर्ण कर त्रिफले के क्वाथ में एक दिन तक खरल करके लोहे की कढ़ाई में पकायें। उसके गल जाने पर फिर त्रिफले के क्वाथ में डालकर बुझायें और उसी क्वाथ में १ दिन तक घोटकर गोला बनाकर के शराव सम्पुट में बन्द कर दें। फिर १६ अँगुल लम्बा चौड़ा और उतना ही गहरा जमीन में एक गड्ढा खोदकर उसमें आरने उपलों को भरकर उनके बीच में उक्त सम्पुट को रखकर अग्नि जलायें। इस प्रकार पुट देने से जब तक जल में तैरने वाली भस्म न हो तब तक बराबर पुट दें। लगभग ४० पुट देने से जल पर तैरने वाली भस्म हो जाती है। इस विधि से

कान्तलोह की भस्म तैयार करनी चाहिये। इसी के अनुसार नीचे लिखी ताम्रभस्म तैयार करनी चाहिए। अदरख, शतावर, मुसली, विदारीकन्द, भाँगरा और गजपीपल इनको समान भाग लेकर सबका एकत्र क्वाथ बना लें। फिर उत्तम नैपाली ताँबे की मूषा में जल के समान पतला गलाकर उपर्युक्त क्वाथ में बुझावे। फिर उस ताँबे को रेती से रेतकर खूब बारीक चूर्ण करके, उसी क्वाथ में एक दिन तक घोटकर कढ़ाई में डालकर पकायें। जब वह गलकर पतला हो जाय तब फिर उक्त क्वाथ में बुझाकर उसी क्वाथ में एक दिन तक खरल करके गोला बना लेवे और शराब सम्पुट में बन्द करके पूर्ववत् १६ अंगुल लम्बे चौड़े गड्ढे में आरने उपलों के बीच में रखकर पकाये। इस प्रकार उक्त क्वाथ में घोट-२ कर ६० पुट दें। ताँबे की वान्तिहर और जल पर तैरने वाली भस्म होती है। फिर निम्नलिखित विधि से अभ्रक भस्म तैयार करे। प्रथम काँजी में धान्याभ्रक को तैयार करके फिर ताम्रभस्म में कही हुई अदरख आदि औषधियों के क्वाथ में खरल करके गोला बना कर सुखा लें। फिर उसको पूर्वोक्त विधि से गड्ढे में रखकर आरने उपलों की अग्नि दें इस प्रकार पुट देने से जब तक निश्चन्द्र भस्म न हो तब तक उक्त क्वाथ में घोट घोटकर बराबर पुट दें। लगभग ७० पुट देने से अभ्रक की निश्चन्द्र भस्म होती है। इसके पश्चात् उपर्युक्त विधि से सिद्ध की हुई कान्तलोह की भस्म को घी, शहद, मछैछी घास और चौलाई का शाक इन प्रत्येक के रस में क्रम से एक एक बार खरल करे। उसके बाद उक्त विधि से तैयार की हुई ताम्रभस्म को अरणी, मोखा वृक्ष, शाडेंरी, मुसली और सैंधानमक इन प्रत्येक के रस में एक-२ भावना दें। फिर उपर्युक्त अभ्रक भस्म को हड़संहारी, विशेष प्रकार का थूहर बाँझककोडा, अथवा बाँदा और पुनर्नवा इन औषधियों के रस में उत्तरोत्तर क्रम से खरल करके फिर दूध में एक भावना देकर सिद्ध करे। जिस औषधि का स्वरस न निकले, उसका क्वाथ बना लेना चाहिए। इन तीनों भस्मों को काजल के समान खूब बारीक पीसकर तैयार करे।

लोहरसायन बनाने की क्रिया

यदि वात प्रकृति वाले रोगी के लिए यह रसायन बनानी हो तो कान्तलोहभस्म २० तोले, ताम्रभस्म ५८ तोले और अभ्रक भस्म ५८ तोले लें और पित्त प्रधान वाले रोगी के लिए यह रसायन बनानी हो तो कान्तलोहभस्म २० तोले, ताम्रभस्म २१ तोले और अभ्रकभस्म २१ तोले। तथा कफ प्रकृति वाले रोगी के लिये यह रसायन बनाया जाय तो कान्तलोह भस्म २० तोले, ताम्रभस्म २० तोले और अभ्रक भस्म २० तोले ले। इस प्रकार लेकर इन भस्मों को कढ़ाई में डालकर उसमें एक आढक परिमाण त्रिफले के क्वाथ और कान्तलोह भस्म ताम्रभस्म तथा अभ्रकभस्म इन तीनों का जितना वजन हो उससे अठगुने दूध में मिलाकर लोहे की कढ़ाई में पकायें। जब पककर पानी का सब भाग जल जाय तब उसको खूब घोटकर फिर उसमें ६४ तोले घी डालकर पकायें। वात प्रकृतिवाले रोगी के लिये यह औषध तैयार करनी हो तो कीचड़ के समान पाक करना चाहिये। यदि पित्त प्रकृति वाले रोगी को यह औषध सेवन करानी हो तो रबड़ी के समान बनायें और कफ प्रकृतिवाले रोगी को सेवन कराने के लिये यह औषध गंगाजी के बालु (रेत) के समान पकानी चाहिये। जब झागरहित उत्तम वर्ण और सुगन्ध से युक्त घृत के पान करने पर स्वाद में चरपरापन और उष्णता मालूम हो तब उस पाक को अग्नि से नीचे उतार लें। फिर पूर्वोक्त तीनों भस्मों के परिमाण के बराबर आगे कहा हुआ दन्त्यादि चूर्ण लेकर उसमें उपर्युक्त विधि से तैयार किया हुआ घृत थोड़ा-थोड़ा डालता जायें और दोनों हाथों से मर्दन करता जायें। जब वह सब मिलकर एक हो जाय तब गोलासा बनाकर घी के द्वारा चिकने किये हुए बर्तन में भरकर रख दें। कफ के रोगों को शमन करने के लिये इस लोह रसायन में जो विधि विधान की गई है, उसी के अनुसार यदि इसको विशेष रूप से सिद्ध किया जाय तो यह रसायन सब प्रकार के रोगों को नाश करती है और रसायन के समान उत्तम गुण करती है। स्वस्थ मनुष्य शहद अथवा ग्रीष्म ऋतु में वमन, विरेचनादि के द्वारा शारीरिक शुद्धि करके इस रसायन को सेवन करना प्रारम्भ करे। पहले दिन एक तोला घी और डेढ़ तोले मधु

के साथ दो रत्ती इस रसायन को लोहे के पात्र में लोहे के मुसले से घोटकर सेवन करें और दूसरे दिन भी इसी प्रकार सेवन करे। फिर इसको तीसरे दिन ४ रत्ती, चौथे दिन ४ रत्ती, पाँचवे दिन ६ रत्ती, नवें और दशवें दिन १०-१० रत्ती, ग्यारहवें दिन और बारहवें दिन १२-१२ रत्ती तेरहवें और चौदहवें दिन १४-१४ रत्ती, और १५वें और १६वें दिन १६-१६ रत्ती १७वें और १८वें दिन १८-१८ रत्ती, और १९वें तथा २०वें दिन २०-२० रत्ती परिमाण उपर्युक्त विधि से घृत और मधु के साथ लोहे के पात्र में लोहे के दण्डे से खरल करके सेवन करे। फिर २१वें दिन से आगे जो इसको सेवन करना हो तो प्रतिदिन २०-२० रत्ती की मात्रा से सेवन करे। परंतु १० रत्ती प्रातःकाल और १० रत्ती सायङ्काल में इस प्रकार दो भाग करके सेवन करे। २० रत्ती की मात्रा एक साथ सेवन नहीं करनी चाहिये। सम्पूर्ण व्याधियों से क्षीण हुआ मनुष्य अथवा रसायन के गुणों को चाहने वाला मनुष्य इस प्रकार मात्रा का विभाग करके इस रसायन को सदैव सेवन करे। और ऊपर से उक्त दोनों समयों में ३२-३२ तोले धारोष्ण दूध तथा गरम करके शीतल किया हुआ दूध पान करे। आयु को स्थिर रखने के लिए और वृद्धावस्था को निवारण करने के लिए औषध सेवन करने के पश्चात् १९ दिन तक तो एक वक्त २० तोले दूध पीये और २०वें दिन से ४० तोले दूध का दोनों वक्तों में अनुपान करे। परन्तु किसी रोग के होने पर उस रोग को निवारण करने के लिए जो इस रसायन को सेवन करना हो तो इस पर रोग को शमन करने वाली किसी औषधि के क्वाथ का अनुपान करे। इस औषध को सेवन करके पीछे से नागरमोथे की जड़ को दाँतों से चबाकर उसका रस चूस लें अथवा उसको खा लें तो मुख की विरसता दूर होती है। जिसका कोठी बहुत कठिन हो और हमेशा मल विबन्ध रहता हो वह मनुष्य इस औषध को खाकर मल को अनुलोभित करने के लिये ऊपर से खूब गरम दूध पीयें और बार बार ताम्बूल भक्षण करे। इस प्रकार करने से कोष्ठसम्बन्धी सब विकार दूर होकर अग्नि अत्यन्त दीपन होती है। इसको सेवन करने वाले मनुष्य को स्नान, तेल मर्दन विष्टम्भजनक, दाहकारक और खट्टे पदार्थ तथा ग्राम्य पशुओं का मांस ये सब ४९ दिन

अथवा २१ दिन तक सर्वथा त्याग देने चाहिये। इस पर शालिधानों के चावल, मूँग का यूष, घी, बेंत का अग्रभाग, कटेरी, बड़ी कटेरी, बड़े परबंल, बैंगन, ताड़ के फल, मूली, शतावर, जीवन्ती, सिंघाड़े, सिरिआरी का शाक, चौलाई का शाक, धनियाँ, अमलतास, बथुआ, जंगली पशुओं के मांस, शफरी नामवाली मछली, काली मछली, रोहित और मद्गुरू, नामक मच्छ, दाख, दाडिमी, खजूर, केला और बेर ये सब पदार्थ सेवन करने चाहिए। प्रातः काल में इस औषध को सेवन करने पर जब वह जीर्ण हो जाय और अग्नि के दीपन होने पर भूख लगे तब इतना दूध पीयें, जितने कि आधी भूख निवृत्त हो जाय। परन्तु दुर्बल मनुष्य क्षुधा के अनुसार दो तीन बार थोड़ा-२ दुग्धपान करे इस औषध के ७ दिन तक सेवन करने का कनिष्ठकाल, १४ दिन तक सेवन करने को मध्यकाल और २१ दिन तक इसको सेवन करने को उत्तम सेवन काल कहा गया है। १४ दिन अथवा २१ दिन तक इसको सेवन करने से शरीर में किसी प्रकार की व्याधि नहीं रहती। २१ दिन तक इसको सेवन करके फिर यदि सेवन करने की इच्छा हो तो विशेष पथ्य रखने की आवश्यकता नहीं है। यथा समय मल का त्याग, शरीर और उदर में हल्कापन, हृदय की शुद्धि और डकार का शुद्ध आना ये सब लक्षण लोह के जीर्ण होने पर उत्पन्न होते हैं। और औषध के न पचने पर आम के लक्षण प्रकट होते हैं और औषध का छूटा हुआ मैल पेट में जम जाता है। ऐसा होने पर उक्त विकारों को शमन करने के लिए गरम जल में जवाखार डालकर तीसरे दिन तक पीयें और बीच में २ अगस्तिया के पत्तों के रस में वायविडंग को पीसकर पान करे। यदि औषध सेवन करने से वमन या शूल हो तो पीपल के पत्तों का क्वाथ पान करना चाहिए। यदि उपर्युक्त विधि से लोहरसायन सिद्ध न हो सके तो सामान्य विधि से अर्थात् त्रिफले के क्वाथ और घृत के साथ भावना देकर और विधिपूर्वक पुट पाक करके सिद्ध कर लें। इस प्रकार सिद्ध की हुई कान्तलोह की भस्म अथवा केवल अभ्रक की भस्म को पूर्वोक्त विधि से सेवन करने पर वैसा ही गुण होता है। इस कान्त लोह अथवा अभ्रकभस्म के सेवनं करने पर पीछे से दूध का अनुपान करे, किन्तु उसी से भोजन न करे।

भोजन में मूँग का यूष और जल में जल अथवा औटा करके शीतल किया हुआ जलपान करे। इस लौहरसायन नामक अमृत को यथोक्त विधि से सिद्ध करके जो मनुष्य प्रत्येक वर्ष के प्रारम्भ में २१ दिन तक सेवन करे तो वह सुन्दर वर्ण और इन्द्रियों की शक्ति से सम्पन्न नव यौवन यौवनयुक्त शरीर को प्राप्त होकर दीर्घायु प्राप्त करता है और नवयौवन से उन्नत स्तनों वाली प्रौढ़ा स्त्रियों का प्रिय होता है। मदोन्मत्त हाथी के समान बलवान, और वृद्धावस्था से रहित होकर वह मनुष्य पुत्र पौत्रादिकों से युक्त होता है। २३-५३॥

दन्त्यादिगण

दंतीत्रिवृच्चित्रकहस्तिकर्णीव्योषाष्टवर्गत्रिफला विडंगम्।
पलाशबीजाम्बुजजीरकैला व्याघ्री द्रवंत्यादिरिह प्रदिष्टः॥५४॥

दन्ती की जड़, निसोत, चीता,हस्तिकर्ण (पलाशभेद), त्रिकुटा, अष्टवर्ग (मेदा, महामेदा, जीवक, ऋषभक काकोली, क्षीरकाकोली, ऋद्धि वृद्धि) की औषधियाँ, त्रिफला वायविडंग, ढाक के बीज, कमल, जीरा, इलायची, कटेरी, मूषाकानी ये सब औषधियाँ दन्त्यादिगण में कहीं गई हैं॥५४॥

ताम्रद्रुति

आर्द्रालकुचभृंगाणां रसपिष्टेन कस्यचित्।
गंधकेन समांशेन प्राग्वत्ताम्रं च मारितम्॥५५॥
कञ्चुकस्थमिह त्रिंशत्कर्षं चूर्णितगंधकम्॥५६॥
दत्त्वाऽल्पशोऽग्निाऽल्पेन दत्त्वा धूमं विवर्जयेत्।
प्रस्थाम्बुमर्दितस्यास्य प्रसादान्निःसृतं युतम्॥५७॥
तुत्थनीलशिलाज्याभ्यां कर्षांशाभ्यां विशोधयेत्।
ताम्रद्रुतिरियं साज्यमानुषीक्षीरमाक्षिका॥५८॥
काचार्मपिल्लाभिष्यंदव्रणशुक्रगतिप्रणुत्।
तत्किट्टं दद्रुकिटिभपामादील्लेपनाज्जयेत्॥५९॥

अदरख, बड़हल और भाँगरा इन तीनों में से किसी एक के रस में गन्धक को घोटकर समान भाग ताँबे के पत्रों पर लेप करके पूर्ववत्

ताम्र भस्म कर ले। इस ताम्र भस्म को ३० कर्ष लेकर के एक लोहे की कढाई में डाले, उसको मन्द मन्द अग्नि दें और उस कढ़ाई में शुद्ध गन्धक का थोड़ा-२ चूर्ण डालकर ढक दें और बीच-२ में उसके धुयें को निकालता जाय। इस प्रकार ३० कर्ष गन्धक को जारण करके या उसको अग्नि से नीचे उतारकर उसमें १ प्रस्थ जल डालकर खूब मर्दन करे। जब वह फूल जाय तब उसके पानी को नितार दें। फिर उसमें नीला थोथा और शिलाजीत ये प्रत्येक एक-२ तोला मिलाकर खटाई के रस में खरल करके धूप में सुखा लें। जब ताँबे की द्रुति हो जाय तब उसको शीशी में भरकर रख दें। यह ताम्रद्रुति, घी, स्त्री का दूध और शहद के साथ मिलाकर नेत्रों में आँजने से मोतियाबिन्द, अर्म, पिल्ल, अभिष्यन्द, नेत्रव्रण, नेत्रशुक्र, नेत्रगति आदि नेत्र सम्बन्धी सम्पूर्ण रोगों को नष्ट करती है। इस ताम्रद्रुति को बनाते हुए जो मैल निकलता है, वह मैल लेप करने से दाद, किटिभकुष्ठ और खुजली आदि त्वचा विकारों को दूर करती है।।५५-५९।।

खण्डखाद्य रसायन

वासाभार्ङ्ग्यमृताभीरुवचाखदिरपुष्करैः।
मुसलीभिक्षुकोरण्टैः सूर्पे चापां च मुष्टिकैः।।६०।।
पक्वेष्टशिष्टे ताम्रस्थे प्रस्थांशे खण्डसर्पिषी।
ताप्येन रुक्मलोहस्य हतस्याप्यञ्जलित्रयम्।।६१।।
पक्वेस्मिंल्लेहतां याते कुस्तुंबुरु शिलाजतु।
श्रृंगीविडंगत्रिफलाजातीफलकटुत्रिकम्।।६२।।
चातुर्जातं च शुक्त्यंशं प्रस्थार्धं च मधु क्षिपेत्।
खण्डखाद्यमिदं लीढं कर्षमात्रं रसायनम्।।६३।।
क्षीरानुपास्य क्षपयेत्क्षयकासारुचिक्लमान्।
शीतपित्ताम्लपित्तास्त्रवातपित्तास्त्रकामलाः।।६४।।
कुष्ठमेन्लिहानाहकार्श्यं शूलं च पक्तिजम्।।६५।।

अडूसा भारंगी, गिलोय, शतावर, वच, खैरसार, पोहकरमूल, मुसली,

तालमखाना और पीली कटसरैया इन सबको पृथक् चार-२ तोले लेकर एकत्र कूट करके ६४ सेर जल में पकायें। जब पककर १६वाँ भाग जल शेष रह जाय तब उसको उतार कर छान लें। फिर उस क्वाथ को ताँबे के पात्र में भरकर उसमें एक प्रस्थ खाँड, एक प्रस्थ घी, और सोनामाखी की भस्म के द्वारा मारे हुए कान्त लोह की भस्म को ९६ तोले डालकर पकायें। पककर जब वह अवलेह के समान गाढा हो जाय तब नीचे उतारकर उसमें धनियाँ, शिलाजीत, काकडासिंगी, वायविडङ्ग, त्रिफला, जायफल, त्रिकुटा और चातुर्जातक इन प्रत्येक औषधियों का चूर्ण दो दो तोले और शहद ३२ तोले डालकर अच्छे प्रकार से मिला दें। इस खण्डखाद्य रसायन को प्रतिदिन एक-२ तोला सेवन करके ऊपर से दुग्ध का अनुपान करे। यह रसायन क्षय, खाँसी, अरुचि, क्लान्ति, शीत, पित्त, अम्लपित्त, वातरक्त, रक्तपित्त, कामला, कुष्ठ, प्रमेह, प्लीहा, आनाह, कृशता, शूल और पक्तिशूल इन सब व्याधियों को नाश करती है।।६०-६५।।

प्रत्येक धातु की भस्म के पृथक्-पृथक् सामान्य प्रयोग

हेम्नो रूप्यस्य वा भस्म वरीभृंगाम्बुभावितम्।।६६।।
गुंजाप्रमाणं त्रिफलासितामध्वाज्यमिश्रितम्।
बृंहणं वृष्यमायुष्यं कामलापाण्डुकुष्ठजित्।।६७।।
गंधकेन समांशेन प्राग्वत्ताम्रं च मारितम्।
धान्याभ्रकं च तुत्थं च दशनिष्कं पृथक्पृथक्।।६८।।
भावितं मातुलुंगाम्लेनाऽऽर्द्रकस्य रसेन च।
ताम्रं सोष्णोदकं गुल्मप्लीहशूलामवातजित्।।६९।।
मारितं त्रपुसीसं वा हारिणं श्रृंगमाकुली।
कार्पासवासितं तक्रं माहिषं च प्रमेहजित्।।७०।।
नवनवतिस्त्रिफलायामृतस्य नागस्य शततमो भागः।
दार्व्याकुलीफलत्रयकनकजलप्रस्थपेषितं निखिलं।।७१।।
शतगुलिकाप्रमितं तत्पीतं तक्रेण मेहहरम्।
पिबतः कषायमभयादार्व्यक्षसमांशपाठायाः।।७२।।

कृष्णलोहेन योक्तव्यो बालेनोपचितो हि सः।
कुमारयूनमध्ये तु वरमध्यावरे क्रमात्॥७३॥
एकद्वित्रिगुणात्कालादुपयुक्तं गुणावहम्।
एरण्डवह्निशम्बूकवर्षाभूव्योषसैंधवम्॥७४॥
अंतर्धूमविदग्धायाश्चूर्णं सोष्णांबु शूलजित्॥७५॥
त्रिफलामृतनिर्गुंडीमेघनादपुनर्नवा।
कासमर्दाप्तिधत्तूरवज्रिणीनां रसैरिदम्॥७६॥
भावितं गुडमध्वाज्यैर्जलतकानुपायिनः।
स्वल्पक्षीररसांशस्य हन्याज्जीर्णज्वरं क्षयम्॥
कुष्ठास्थिस्त्रावपांड्वर्शपक्तिशूलप्लीहामयान्॥७७॥
बाकुचीनिंबपञ्चांगं वेल्लचित्रकवत्सकम्
पथ्यानागरशम्याकगुडूचीकटुकीफलम्॥७८॥
खदिरासनसारेण भावितं लोहभस्म च।
कर्षमात्रं समध्वाज्यं क्षयकुष्ठनिषूदनम्॥७९॥
गुडस्य कुडवे पक्वं लोहभस्म पलोन्मितम्।
कोलप्रमाणं रोगेषु तैस्तैर्योगैः प्रयोजयेत्॥८०॥
व्योषादिनवकस्यांशस्तथाशां लोहभस्मनः।
अंशोऽश्मजतुनः खण्डस्याष्टौ सर्वं समाक्षिकम्॥
कांतपात्रगतं यक्ष्मज्वरापस्मारघस्मरम्॥८१॥
निंबसारत्रिमधुरत्रिफलालोहगंधकम्।
चूर्णमर्जुनपत्राणां सभृंगत्रिफलायुतम्॥८२॥
सेवितं मधुसर्पिभ्यां जरावैरूप्यनाशनम्॥८३॥
मधुकं मृतलोहं च धात्री च त्रिगुणोत्तरम्।
रसेन भावितं छिन्नरुहायाः साज्यमाक्षिकम्॥८४॥
सेवितं भोजनस्यादौ वातपित्तामयाञ्जयेत्।
मध्ये प्रविष्टमन्तेम्लपित्तं शूलं च पक्तिजम्॥८५॥

भल्लातकसहस्त्राभ्यां त्रिफलामुस्तचित्रकैः।
हस्तिपिप्पल्यपामार्ग सहदेवीकुठेरकैः॥८६॥
कणामूलाऽमृताचव्यैर्द्रोणेऽपां कुडवोन्मितैः॥
पक्वे पदस्थे लोहस्थे तुलार्धं तीक्ष्णलोहतः॥८७॥
मानिकां च घृतात्पक्त्वा विडंगं चित्रकं त्वचम्।
त्रिफला पंचलवणं त्र्यूषणं च पृथक् पलम्॥८८॥
पलानि सूरणस्याष्टौ वाराह्या वृद्धदारकात्।
चतुष्पलं पुष्परसस्यार्धप्रस्थं च निक्षिपेत्॥८९॥
प्रातर्भोजनकाले वा लीढमेतद्रसायनम्।
निहंति च ग्रहण्यर्शः शूलगुल्मकृमिक्षयान्॥९०॥
अंकोल्ललोहमणिटंकणमाणिमन्थताप्यार्द्रकत्रि-
कटतुत्थशिलाजतूनाम्।भृंगोदकेन वटिकां च
मसूरमात्रां खोदज्जयाय जरसः सकलामयानाम्॥९१॥
अंकोल्लवेल्लाभ्रककांतताप्यशिलाजतुव्योषफलु-
त्रयाणाम्। चूर्णं मुशल्याः समभागमेतत्
कुष्ठानि लीढं मधुना धुनोति॥९२॥
कांताभ्रत्रिफलाविडंगरजनीताप्याब्ददेवद्रुम-
व्योषैलाग्निपुनर्नवांघ्रिगिरिजाङ्कोलैः समं गुग्गुलुम्।
पिष्ट्वा भृंगजलेन सूक्ष्मगुटिकां खादेद्यथासात्मतो
मेदःश्लेष्मसमीरणोल्बणगदेष्वन्येषु वा पूरुषः॥९३॥
व्योष कृष्णतिलासनस्य कुसुमं मण्डूरसैरेयकं
दोषाशेलुसितात्रिवृत्कृमिहरं भृंगानि भल्लातकम्।
श्रेष्ठाबाकुचिकांतलोहरजसस्तत्कांतपात्रे स्थितं
खादेत्कुष्ठहरं रसायनवरं मध्वाज्यसंयोजितम्॥९४॥

मंडूरत्रिफला सितेतरतिलाजातीविडंगाकुली-
बाकुच्यभ्रककांतगंधकनिशामाधूकसारं रजः।
पिष्ट्वा भृंगरसेन तस्य वटकान्खादेत्पयः पाचितान्।
सर्वव्याधिहरान्रसायनवरान्मृत्योश्च मृत्युप्रदान्॥९५॥
बन्धान्यस्तमहस्त्रयं कमलिनीपत्रे सधात्रीरसे
धौतं भृंगरसेन चुंबकरजोयुक्तं द्विभागोत्तरम्।
स्थाल्यां षड्गुणरक्तमारिषरसे यद्दारुदर्व्या धृतौ
संचाल्यांभसि कल्कशेषितमिदंशितेक्षणाद्गालयेत्॥९६॥
तस्मादादाय मूषायां स्वल्पायां द्रावयेद्धनम्।
कांतनागोऽयमुदकेनाञ्जनं नयनामृतम्॥
कांतपात्रे शृतं क्षीरं रसायनमनुत्तमम्॥९७॥
अथोष्ण वारिपिष्टेन कांतलोहं ससिंधुना।
कफे कुठारच्छिन्नेन पित्ते वाते बलाम्बुना॥
उभयेन वयः स्तंभे ताप्येन गलरुक्षु च॥९८॥
कण्ड्वां मनोह्वया स्त्रोतोविबन्धे मरिचांघ्रिणा॥
हेमधात्रीफलं क्षौद्रं गायत्रीरसभावितम्॥
लिहन्ननुपिबन्क्षीरं दृष्टरिष्टोऽपि जीवति॥९९॥
मधुमागधिकाविडंगसारत्रिफलाहेमघृतं सितां च खादन्।
जरयानवलीढदेहकांतिः समधातुश्च समाः शतं स जीवेत्॥१००॥
आयुः कामः शंखपुष्प्या समेतं मेधाकामः कांचनं सोग्रगंधम्।
लक्ष्मीकामः पद्मकिंजल्कयुक्तं खादेत्कामं कामकानो विदार्या॥१०१॥
सपद्मबीजामलकाभयाक्षं सर्पिर्मधुभ्यां कनकं लिहंतः।
दीर्घायुषो मंदजरोपतापाः सरीसृपाणां च भवन्त्यगम्याः॥१०२॥
मृतानि लोहानि रसीभवंति निघ्नंति रोगान्परिशीलितानि।
किंचोपचारस्य समग्रयोगात्पुष्यंति धातूनतिदीर्घमायुः॥१०३॥

(१) सुवर्ण अथवा चाँदी की भस्म को शतावर और भाँगरे के रस में भावना देकर प्रतिदिन एक-२ रत्ती प्रमाण त्रिफले के चूर्ण, मिश्री, मधु और घृत में मिलाकर सेवन करने से सातों धातुओं की पुष्टि वीर्य की वृद्धि और आयु की वृद्धि होती है। तथा कामला, पाण्डु और कुष्ठ रोग दूर होता है। (२) समान भाग गन्धक के द्वारा पूर्ववत् मारा हुआ ताँबा, धान्याभ्रक की भस्म, और शुद्ध नीलाथोथा इन तीनों को १०-१० निष्क लेकर एकत्र मिश्रित करके विजौरा नींबू के रस और अदरक के रस में एक एक बार भावना दें। इस ताम्र प्रयोग को मन्दोष्ण जल के साथ सेवन करना चाहिये। इसके सेवन से गुल्म, प्लीहा, शूल और आमवात ये सब रोग नष्ट होते हैं। (३) जस्त अथवा सीसे की भस्म, हिरन के सींग की भस्म, नाकुली कन्द के बीज इन तीनों को समान भाग लेकर बिनौलों के रस में खरल करके सुखा लें। फिर प्रतिदिन यथोचित मात्रा से भैंस के मट्ठे में मिलाकर सेवन करने से प्रमेह रोग नष्ट होता है। (४) निन्यानवें भाग त्रिफले का चूर्ण १०० भाग सीसे की भस्म दोनों को एकत्र मिलाकर दारुहल्दी, नाकुलीकिन्द, त्रिफला, और धतूरे की जड़ इन प्रत्येक के १६ तोले रस में खरल करके १०० गोलियाँ बनाकर छाया में सुखा लें। उनमें से प्रतिदिन एक-२ गोली भैंस के मट्ठे के साथ सेवन कर पीछे से हरड, दारुहल्दी, बहेडा और पाढ समान भाग मिश्रित इन औषधियों का क्वाथ पान करे तो प्रमेहरोग दूर होता है। कान्तलोह की भस्म के साथ प्रयोग की हुई यह औषध बालकों के लिये अत्यन्त लाभदायक होती है कुमार अवस्था में यह विशेष लाभ, युवावस्था में साधारण और मध्यम अवस्था में बहुत थोड़ा गुण करती है। अर्थात् कुमार अवस्था वाले मनुष्य को थोड़े समय में ही गुण करती है, युवा पुरुष को उससे दुगुने समय में और मध्यम अवस्था वाले मनुष्य को तिगुने समय में आरोग्य करती है। (५) अण्डी की बीजों की गिरी, चीता, शंखाहुली, पुनर्नवा, त्रिकुटा, सैंधा नमक और अन्तर्धूम की विधि से दग्ध की हुई कौडी की भस्म इन सबको समान भाग लेकर बारीक चूर्ण करके कपड़े में छान लें। इस चूर्ण को गरम जल के साथ सेवन करने से शूल रोग नष्ट होता है। (६) त्रिफला, गिलोय, निसोत, चौलाई, पुनर्नवा, कसौंदी,

आकाशबेल, धतूरा और थूहर इन प्रत्येक के रस में उपर्युक्त एरण्डादि चूर्ण को भावना देकर सिद्ध करे। फिर उचित मात्रा से गुड़, शहद और घृत के साथ मिलाकर सेवन करे और जल मिली हुई छाछ का अनुपान करे तथा दूध और मांस रस का भोजन करे तो जीर्ण ज्वर, क्षय, कुष्ठ, अस्थिस्राव (नाडीव्रण), पाण्डुरोग, अर्श, पक्तिशूल, और प्लीहा (तिल्ली) ये सब रोग नाश होते हैं। (७) बापची, नीम का पञ्चांग, वायविडङ्ग, चीता, कुड़े की छाल, हरड, सोंठ, अमलतास, गिलोय, कुटकी और लोहभस्म इन सबको समान भाग लेकर बारीक चूर्ण करके कपड़े में छान लें। फिर खैरसार (कत्था) और विजयसार के रस में एक-२ भावना देकर तैयार करें। यह रसायन एक-२ तोला परिमाण मधु और घृत में मिलाकर सेवन करने से क्षय और कुष्ठ को नष्ट करती है। (८) एक कुडव (१६ तोले) गुड में चार तोले लोहभस्म मिलाकर पका लें। फिर प्रत्येक रोग में रोगानुसार अनुपानों के साथ एक-२ तोला व आधा-आधा तोला परिमाण प्रयोग करे। (९) सोंठ, मिरच, पीपल, पीपलामूल चव्य, चीता, नागरमोथा अजवायन, और जीरा ये प्रत्येक एक एक तोला, लोहभस्म ९ तोले, शिलाजीत ९ तोले और खाँड सबसे अठगुणी लेकर सबको शहद में मिलाकर कान्तलोह के बर्तन में भरकर रख दें। इसके सेवन से यक्ष्मा, ज्वर, अपस्मार और हिस्टीरिया आदि रोग नष्ट होते हैं। (१०) नीम का गोंद, शतावर, विदारीकन्द, वाराहीकन्द, त्रिफला, लोहभस्म और शुद्ध गन्धक इनके समान भाग मिश्रित चूर्ण को मधु और घृत में मिलाकर सेवन करने से अथवा अर्जुन वृक्ष के पत्तों का चूर्ण, भाँगरा त्रिफला और लोहभस्म इनको समभाग लेकर शहद और घृत में मिश्रित करके सेवन करने से वृद्धावस्था और उसके विकार नाश होते हैं। (११) मुलैठी, लोहभस्म और आमले इन प्रत्येक उत्तरोत्तर क्रम से दुगुना लेकर गिलोय के स्वरस में भावना देकर तैयार करे। फिर घृत और मधु में मिलाकर भोजन करने से पहले सेवन करे तो वात, पित्त सम्बन्धी सब रोग दूर होते हैं। यह औषध भोजन के मध्य में सेवन करने से अम्लपित्त को और भोजन के अन्त में सेवन करने से पक्तिशूल को नष्ट करती है। (१२) भिलावे १००० एवं त्रिफला, नागरमोथा, चीता, गजपीपल, चिरचिटा,

सहदेई, तुलसी, पीपलामूल, गिलोय और चव्य ये प्रत्येक सोलह-२ तोले परिमाण लेकर प्रथम भिलावों को छेद लें, फिर अन्य औषधियों को एकत्र कूट करके सबको एक द्रोण (१२४ तोले) जल में डालकर पकायें। जब जल पककर चौथाई भाग शेष रह जाय तब उतारकर छान लें। फिर लोहे के पात्र में भरकर उसमें तीक्ष्ण लोहे की भस्म ५० पल और घी ३२ तोले डालकर पकायें। उत्तम प्रकार से पक जाने पर वाय विडङ्ग, चीता, दालचीनी, त्रिफला, पाँचों नमक और त्रिकुटा ये प्रत्येक चार-चार तोले, जिमीकन्द का चूर्ण ३२ तोले, वाराहीकन्द १६ तोले, विधायरा १६ तोले और शहद ३२ तोले डालकर मिला दें। इस रसायन को प्रतिदिन प्रातःकाल अथवा भोजन के समय चाटे। यह ग्रहणी, अर्श, शूल, गुल्म, कृमि और क्षय इन सब रोगों को नष्ट करती है। (१३) अंकोल के बीज, लोहभस्म, माणिकभस्म, सुहागा, सैंधा नमक, सोना माखी की भस्म, अदरक, त्रिकुटा, तूतिया, शिलाजीत इन सबको समान भाग लेकर भाँगरे के रस में खरल करके मसूर की बराबर गोलियाँ बना लें इस रस को वृद्धावस्था के जीतने के लिये और सम्पूर्ण व्याधियों को नाश करने के लिये सेवन करना चाहिये। (१४) अंकोल के बीज, वायविडङ्ग, अभ्रकभस्म, कान्तलोहभस्म, सुवर्णमाक्षिकभस्म, शिलाजीत, त्रिकुटा, त्रिफला और मुसली इनके समान भाग मिश्रित चूर्ण को शहद में मिलाकर सेवन करने से समस्त कुष्ठ नष्ट होते हैं। (१५) कान्तलोहभस्म, अभ्रकभस्म, त्रिफला, वायविडंग, हल्दी, सोनामाखी की भस्म, नागरमोथा, देवदारु, त्रिकुटा, इलायची, चीता, पुनर्नवा की जड़, शिलाजीत, और अंकोल के बीज इन सबको समान भाग लेकर एकत्र चूर्ण करके कपड़े में छान लें। फिर उस चूर्ण के बराबर भाग शुद्ध गूगल मिलाकर भाँगरे के रस में खरल करके छोटी छोटी (१-१ मासे की) गोलियाँ बना लें। इन गोलियों को अपनी प्रकृति के अनुकूल उचित मात्रा से मेद (चर्बी) कफ और वात इनके भयंकर विकारों में तथा अन्यान्य रोगों में सेवन करने वाला मनुष्य आरोग्य लाभ करता है। (१६) त्रिकुटा, काले तिल, विजयसार के फूल, मण्डूर भस्म, कटसरैया के बीज, हल्दी, लसौड़े, मिश्री, निसोत वायविडंग, भाँगरा, भिलावे, शतावर, बापची और कान्तलोह

की भस्म इन सबको समान भाग लेकर एकत्र कूटपीस करके कपड़े में छान कर लें और कान्तलोह के पात्र में भरकर रख दें। इस उत्तम रसायन को मधु और घृत में मिलाकर सेवन करने से कुष्ठ रोग दूर होता है। (१७) मण्डूर की भस्म, त्रिफला, काले तिल, जायफल, वायविडंग, नकुल कन्द, वापची, अभ्रकभस्म, कान्त लोहभस्म, गन्धक, हल्दी, मुलैठी का सत्व और पित्तपापड़ा इन सबको समान भाग लेकर बारीक चूर्ण करके भाँगरे के रस में पीसकर बड़े बना लें और उनको दूध में पका लें। फिर सम्पूर्ण व्याधियों को हरने वाले उत्तम रसायन और मृत्यु को भी नाश करने वाले इन बड़ों को यथोचित मात्रा से सेवन करे। (१८) चुम्बक लोह का चूर्ण १ भाग और सीसे का चूर्ण दो भाग दोनों को एकत्र खरल करके एक कपड़े में बाँधकर पोटली बना लें। उस पोटली को एक पात्र में भरे हुए कमल के पत्तों के और आमलों के समान भाग मिश्रित रस में अधर लटकाकर तीन दिन तक रखे। फिर चौथे दिन पोटली में से उस को निकालकर भांगरे के रस में लोट दें। फिर एक कढ़ाई में उक्त चूर्ण से छः गुना लाल चौलाई का रस भरकर उसमें उस चूर्ण को डालकर पकायें और लकड़ी की करछी से चलाते जायें जब वह पककर कल्क के समान हो जाये तब उसको उतारकर शीतल हो जाने पर छान लें। इसके पश्चात् उस लुगदी को छोटी मूषा में रखकर धौंकनी से फूँके। जब वह उत्तम प्रकार से गल जाय तब उसकी सलाई बना लें। इसको कान्तनाग कहते हैं। यह कान्तनाग जल में घिसकर नेत्रों में आँजने से नेत्रों को अमृत के समान गुण प्रदान करता है। (१९) कान्तलोह के पात्र में दूध को पकाने से वह अत्युत्तम रसायन बन जाता है। (२०) कान्तलोह की भस्म को कफरोग में सैंधे नमक के साथ गुनगुना जल में पीसकर सेवन करने से पित्तरोग में गिलोय के स्वरस के साथ और वात रोग में खिरैंटी की जड़ के क्वाथ के साथ सेवन करने से शीघ्र लाभ होता है। युवावस्था को स्थिर रखने के लिये कान्तलोह भस्म को नीम के भीतर की छाल और खिरैंटी की जड़ के रस के साथ सेवन करे। गले के रोगों में सोनामाखी की भस्म के साथ, खुजली में मैनसिल की भस्म के साथ और मल मूत्र का अवरोध होने

पर मिर्चों की जड़ के क्वाथ के साथ सेवन करे। (२१) सुवर्णभस्म और आमलों का चूर्ण दोनों को खैरसार के रस में भावना देकर हमेशा शहद के साथ सेवन करे और ऊपर से दुग्धपान करे तो मृत्यु को प्राप्त होने वाला मनुष्य भी जीवित होता है। (२२) पीपल, वायविडङ्ग, खैरसार, त्रिफला और सुवर्णभस्म इनको समान भाग लेकर बारीक चूर्ण करके कपड़े में छान लें। जो मनुष्य इस चूर्ण को घृत, मधु और मिश्री में मिलाकर नित्य सेवन करे तो वह वृद्धावस्था से पीड़ित होता हुआ नवीन युवक के समान शरीर की नवीन कान्ति और रस रक्तादि सातों धातुओं की समता से युक्त होकर १०० वर्ष तक जीता है। (२३) आयु की इच्छा करने वाला मनुष्य शंखपुष्पी के साथ, बुद्धि की कामना करने वाला वच के चूर्ण के साथ, लक्ष्मी (शोभा) की इच्छा करने वाला कमल की केसर के साथ और काम को सदैव जागृत रखने की अभिलाषा वाला मनुष्य विदारीकन्द के चूर्ण के साथ सुवर्णभस्म को सेवन करे। (२४) कमल के बीज, आमले, हरड, बहेडा और सुवर्ण भस्म इन सबको समानरूप से एकत्र मिलाकर घृत और शहद के साथ सेवन करने वाले मनुष्य दीर्घायुषी होते हैं तथा रोग और वृद्धावस्था के सम्पूर्ण विकारों से रहित होते हैं और सर्पादि जन्तुओं के भय से भी मुक्त हो जाते हैं। उत्तम प्रकार से शुद्ध करके भस्म की हुई सम्पूर्ण धातु रसायन के समान गुण प्रदान करती हैं तथा पृथक् पृथक् अनुपानों के साथ सेवन करने से सब प्रकार के रोगों को नाश करती हैं। रस, रक्त, मांस आदि धातुओं को पुष्ट करती हैं और दीर्घायु प्रदान करती हैं। इसलिये अन्य समस्त योगों के व्यवहार से क्या लाभ? केवल धातुएं ही सेवन करनी चाहिये।।६६-१०३।।

इति श्रीवाग्भटाचार्यविरचिते रसरत्नसमुच्चयेऽष्टाविंशोऽध्यायः ॥२८॥

एकोनत्रिंशोऽध्यायः।

विषकल्पः

विषोत्पत्तिस्तद्भेदश्च

शृणु देवि प्रवक्ष्यामि यत्रोत्पन्नं महाविषम्।
भेदांस्तस्य वरारोहे यत्र यत्र सविस्तरम्॥१॥
देवदैत्योरगाः सिद्धा गंधर्वा यक्षराक्षसाः।
पिशाचाः किन्नराश्चैव मिलित्वा च वरानने॥२॥
एकता बलिराजश्च ब्रह्माद्याश्च तथैकतः।
मंथानं मंदरं कृत्वा नागराजेन वेष्टितम्॥३॥
क्षीराब्धिमथनं तत्र प्रारब्धं सुरसुंदरि।
निर्गतास्तत्र रत्नौघाः कामधेन्वादयः प्रिये॥४॥
अमला कमलोत्पन्ना पश्चादुच्चैः श्रवास्ततः।
ऐरावतो महाकायो निर्गतं देवि चामृतम्॥५॥
अतीव मन्थनाद्देवि मंदाराघातवेगतः।
अहिराजश्रमाद्देवि विषज्वाला विनिर्गता॥६॥
ततोऽतिघोरा सा ज्वाला निमग्ना क्षीरसागरे।
तया तत्रैव चोत्पन्नं कालकूटं महाविषम्॥७॥
प्रलयानलसंकाशं क्रुद्धः काल इवोत्कटम्।
तद्दृष्ट्वा विबुधाः सर्वे दानवाश्च महाबलाः॥८॥

विषण्णवदनाः सद्यः प्राप्ताश्चैव मदंतिकम्।
ततस्तैः प्रार्थ्यमानोहमपिबं विषमुत्तमम्॥९॥
ततोऽवशिष्टमभवन्मूलरूपेण तद्विषम्।
पत्ररूपेण कुत्रापि मृत्तिकारूपतः क्वचित्॥१०॥
कुत्रचित्तोयरूपेण धातुरूपेण कुत्रचित्।
कंदरूपेण कुत्रापि त्रयोदशविधं विषम्॥११॥
तेषु श्रेष्ठं कन्दविषं तत्त्रयोदशधा स्मृतम्।
कर्कटं कालकूटं च वत्सनाभं हलाहलम्॥१२॥
वालुकं कर्दमं चैव सक्तुकं मूलकं तथा।
सर्षपं शृंगकं देवि मुस्तकं च महाविषम्॥
हारिद्रकमिति प्रोक्तं त्रयोदशविधं विषम्॥१३॥
कर्कटं कपिवर्णं स्यात्काकचंचुनिभं पुनः॥१४॥
कालकूटं ततो ज्ञेयं वत्सनाभं तु पाण्डुरम्।
भंगुराकन्दवद्देवि नीलवर्णं हलाहलम्॥१५॥
वालुकं वालुकाभं कर्दमं कर्दमोपमम्।
सक्तुकं श्वेतवर्णं स्याच्छुक्लकंदं तु मूलकम्॥१६॥
सर्षपं पीतवर्णं स्याच्छृंगीकं कृष्णपिंगलम्।
मुस्ताभं मुस्तकं प्रोक्तं रक्तवर्णं महाविषम्॥
हारिद्रकं पीतवर्णं विषभेदा प्रकीर्तिताः॥१७॥
चतुर्धा वर्णभेदेन विषंज्ञेयं मनीषिभिः।
ब्रह्मक्षत्रियविट्शूद्राः श्वेतरक्ताश्च पीतकाः॥१८॥
कृष्णवर्णः क्रमाज्ज्ञेयो वर्णानामनुपूर्वशः।
मारणे कृष्णवर्णं स्याद्रक्तं तु रसकर्मणि॥१९॥
पीतवर्णंक्षुद्रकार्ये श्वेतवर्णं रसायने॥२०॥

क्षीरोदसागरे देवि मथ्यमाने वरानने।
उत्पन्नममृत देवि तथोत्पन्नं महाविषम्॥२१॥
मात्रया भक्षितं देवि विषमप्यमृतायते।
मात्राधिकं वरारोहे ह्यमृतं हि विषं भवेत्॥२२॥
विषं युंजीत नित्यं वै रसायनगुणैषिणः।
घृतोपस्कृतदेहस्य विशुद्धस्य हिताशिनः॥२३॥
सात्त्विकस्योदिते भानौ योज्यं शीतवसंतयोः।
ग्रीष्मे चात्ययिके व्याधौ न वर्षासु न दुर्दिने॥२४॥
न क्रोधिते न पित्तार्ते न क्लीबे राजवेश्मनि।
क्षुतृष्णाभ्रमघर्माध्वव्याध्यंतरनिपीडिते॥
गर्भिण्यां बालवृद्धेषु न रूक्षेषु न मर्मसु॥२५॥
अभ्यस्तेऽपि विषे यत्नाद्वर्जनीयान्विवर्जयेत्।
कट्वम्ललवणं तैल दिवास्वप्नानलातपान्॥२६॥
दृग्विभ्रमं कर्णरुजमन्यांश्चानिलजान्गदान्।
विषं रूक्षाशिनः कुर्यान्मृत्युमेव त्वजीर्णिनः॥२७॥

श्रीमहादेव जी कहते हैं कि-हे देवि, हे वरारोहे, जहाँ पर यह महाविष उत्पन्न हुआ है उसको और उसके भेदों को विस्तारपूर्वक कहता हूँ सुनो। हे वरानने, एक समय ब्रह्मा को आदि लेकर देवता, दैत्य, सर्प, सिद्ध, गन्धर्व, यक्ष, राक्षस, पिशाच, किन्नर ओर बलिराज ये सब सम्मिलित होकर क्षीर समुद्र को मथने की इच्छा से वहाँ पर गये। तब मन्दराचल को मन्थान दण्ड (रई) बनाकर उसको शेष नाग से लपेट करके एक तरफ से देवता और दूसरी तरफ से दैत्यों ने समुद्र को मथा। हे सुरसुन्दरि, प्रिये उस समय उसमें से कामधेनु आदि रत्नों के समूह उत्पन्न हुए। प्रथम अत्यन्त निर्मल लक्ष्मी उत्पन्न हुई पीछे से उच्चैःश्रवा घोड़ा, बड़े भारी शरीर वाला ऐरावत हाथी और अमृत निकला। हे देवि! फिर अधिकतर मथने के कारण मन्दराचल के अत्यन्त आघात के द्वारा शेषनाग को उत्पन्न हुआ जो श्रम उससे अत्यन्त भयंकर विष की ज्वाला

उत्पन्न होकर क्षीर सागर में निमग्र हो गयी। फिर उस ज्वाला के द्वारा उसमें कालकूट नामक महाविष उत्पन्न हुआ। वह प्रलयकाल में कुपित हुई भयंकर कालाग्नि के समान था। उसको देखकर मुरझा गये हैं मुख जिनके ऐसे सम्पूर्ण देवता और बड़े बड़े बलवान् दानव तत्काल ही मेरे पास आये और आकर उन्होंने मेरी बहुत सी प्रार्थना की। तब मैं उनकी प्रार्थना को स्वीकार करके उस उत्तम विष को पान कर गया। उसमें से बचा हुआ जो विष इधर उधर गिर गया था, वह कहीं तो मूलरूप से, कहीं पत्र रूप से, कहीं मृत्तिका रूप से, कहीं जलरूप से, कहीं धातु रूप से और कहीं कन्दरूप से इस तरह तेरह प्रकार का विष उत्पन्न हो गया। उन सब विषों में कन्द विष अत्युत्तम होता है वह भी तेरह प्रकार का कहा गया है। कर्कट, कालकूट, वत्सनाभ, हलाहल, बालुक, कर्दम, सक्तुक, मूलक; सर्षप, शृङ्गिक, मुस्तक, महाविष और हारिद्रक इन नाम भेदों से विष तेरह प्रकार का कहा जाता है। कर्कट विष कपिश वर्ण का, कालकूट विष कौवे की चोंच के समान, वत्सनाभ विष पीले रंग का, हलाहल विष भाँगरे के कन्द के समान नीले रंग का, बालुक विष वालु (रेत) के समान, कर्दम विष कींच के समान, सक्तुक विष श्वेत वर्ण का, मूलक विष श्वेत वर्ण का, सर्षप विष पीला, शृङ्गिक विष काला और पीला मिले हुए वर्ण का, मुस्तक विष मोथे के समान, महाविष लाल रंग का और हारिद्र विष पीले वर्ण का होता है। इस प्रकार विषों के भेद कहे गये हैं। वर्ण भेदों से विद्वानों को विष चार प्रकार का जानना चाहिये। जैसे श्वेत वर्ण का विष ब्राह्मण, लाल रंग का क्षत्रिय, पीले रंग का वैश्य और काले रंग का विष शूद्र वर्ण का होता है। इस क्रम से चार वर्णों के अनुसार विष समझना चाहिये। कृष्ण वर्ण का विष मारने में, लाल रंग का विष रसक्रिया में, पीले वर्ण का विष साधारण कार्यों में और श्वेत वर्ण का विष रसायन कर्म में लेना चाहिये। हे सुन्दर मुखवाली देवि यद्यपि क्षीरसागर के मथने पर अमृत और महाविष दोनों ही पदार्थ उत्पन्न हुए हैं तथापि उपयुक्त मात्रा से सेवन किया हुआ विष भी अमृत के समान गुण करता है। और हे सुन्दरि! मात्रा से अधिक सेवन किया हुआ अमृत भी विष के समान हानिकारक हो जाता है। रसायनिक गुण

को चाहने वाले वमन विरेचनादि के द्वारा शारीरिक शुद्धि करके नित्य हितकर पथ्य पदार्थों का भोजन करने वाले और शरीर पर घृत की मालिश करने वाले सात्त्विक प्रकृति के मनुष्य को शिशिर और वसन्तऋतु में प्रतिदिन सूर्योदय के समय विष का यथोचित मात्रा से युक्ति पूर्वक उपयोग करना चाहिये। परन्तु अत्यन्त शीघ्र विनाश करने वाली व्याधि के होने पर यदि विष के द्वारा उस रोग के दूर होने की आशा हो तो ग्रीष्म ऋतु और दुर्दिन में कदापि विष सेवन नहीं करना चाहिये। तथा क्रोधी मनुष्य पित्तरोग से पीड़ित और नपुंसक व्यक्ति के लिये एवं राजमहल में अथवा भूख, प्यास, भ्रम, धूप, मार्ग इनसे श्रम या किसी रोग के कारण मन के व्यथित होने पर मनुष्य को विष सेवन नहीं करना चाहिये। एवं गर्भिणी, बालक, वृद्ध, रूक्ष प्रकृतिवाले और मर्मस्थान के रोग से पीड़ित व्यक्तियों में विष का प्रयोग नहीं करना चाहिये। विष सेवन करने का पूर्णरूप से अभ्यास हो जाने पर भी पथ्य पदार्थों का सेवन करना चाहिये और कटु (चरपरे), खट्टे नमकीन, तेल आदि पदार्थ तथा दिन में सोना, अग्नि और धूप का सेवन करना इन समस्त त्याज्य विषयों को यत्न पूर्वक त्याग दें। विष सेवन करने वाले मनुष्य के रूक्ष पदार्थों को सेवन करने से नेत्रों में विकार, कर्णरोग तथा अन्यान्य वातरोग उत्पन्न होते हैं। अजीर्ण रोगवाला मनुष्य यदि विष सेवन करे तो उसकी अवश्य मृत्यु हो जाती है॥१-२७॥

विषविद्रावणघृत

विजया पिप्पलीमूलं पिप्पलीद्वयचित्रकैः।
पुष्कराह्वा सटीद्राक्षा यवानीक्षारदीप्यकैः॥२८॥
सितायष्टिद्विबृहतीसैंधवैः पालिकैः पचेत्।
सविषार्धपलैः प्रस्थं घृतात्तज्जीर्णभुक् पिबेत्॥२९॥
दुर्नाममेहगुल्मार्मतिमिरक्रिमिपाण्डुकान्।
गलग्रहग्रहोन्मादकुष्ठानि च नियच्छति॥
विषविद्रावणं नाम घृतं विषरुजं हरेत्॥३०॥

भाँग, पीपलामूल, पीपल, गजपीपल, चीता, पोहकर मूल, कचूर, दाख, अजवायन, जवाखार, अजमोद, मिश्री, मुलैठी, कटेरी, बड़ी कटेरी और सैंधा नमक ये प्रत्येक औषधि चार-२ तोले और शुद्ध विष २ तोले इन सबको एकत्र कूटकर अठगुने जल में अष्ठमांशावशिष्ट क्वाथ बना लें। उस क्वाथ में एक प्रस्थ घी डालकर उसको उत्तम प्रकार से पकाकर सिद्ध कर ले और छानकर शीशी में भरकर रख दें। इस घृत को प्रतिदिन खूब भूख लगने पर उचित मात्रा से सेवन करे तो यह विषविद्रावण नामक घृत-बवासीर; प्रमेह, गुल्म, अर्म, तिमिर आदि नेत्ररोग, कृमिरोग, पाण्डुरोग, गलग्रह, ग्रहबाधा, उन्माद और कुष्ठ इन सब रोगों को तथा विष से उत्पन्न हुए उपद्रवों को शीघ्र दूर करता है।।२८-३०।।

श्वित्रारि तैल

लाक्षासुराह्वमंजिष्ठाकुष्ठपद्मकसारिवाः।
गुंजा मही कुरबको लांगली वज्रकंदकः।।३१।।
वाराहीकंदकास्फोता सप्ताह्वा गिरिकर्णिका।
अर्काश्वमारयोर्मूलं नागपुष्पं नतं निशे।।३२।।
दंतीविषं हस्तिविषं पिप्पल्यौ मरिचानि च।
तैस्तैलं कटुतैलं वा चित्रस्याभ्यञ्जनं पचेत्।।
सवर्णकरणं श्रेष्ठमास्तिकस्य वचो यथा।।३३।।

लाख, देवदारु, मँजीठ, कूठ, पद्माख, सारिवा, चोंटली, लाल कटसरैया, हुलहुल का शाक, कलिहारी, शकरकन्द, वाराहीकन्द, कोयल, सतौना, जवासा, आक की जड़, कनेर की जड़, नागकेसर तगर, हल्दी, दारुहल्दी, दन्ती की जड़, वत्सनाभ विष, हस्तिविष, पीपल, गजपीपल और मिरच इन सबको समान भाग लेकर एकत्र चूर्ण कर लें। फिर गोमूत्र में कल्क बनाकर उस कल्क और उससे चौगुने गोमूत्र के साथ तिल का तेल अथवा सरसों का तेल मिलाकर पकायें। यह तेल श्वेतकुष्ठ के ऊपर मालिस करने से कुष्ठ को दूर करके त्वचा के वर्ण को समान वर्ण करने के लिये अत्यन्त श्रेष्ठ है, ऐसा श्री आस्तिकमुनि का वचन है।।३१-३३।।

सूर्य प्रभावर्त्ती

रक्तचंदन मंजिष्ठा तिंतिणीफलसक्तुकैः।
अभयालोध्रकतकनिशाशंखकणोषणैः॥३४॥
मनः शिलाकरंजाक्षबीजोग्राफेनसैंधवैः।
अजाक्षीरैः समविषैर्वर्तयो विहिता हिताः॥
शुक्लार्ममांसपिल्लेषु ग्रंथिगंडार्बुदेषु च॥३५॥

लाल चन्दन, मँजीठ, इमली पकी हुई, सक्तुक नामक शुद्ध विष, हरड लोध, निर्मली, हल्दी, शंख, पीपल, मिरच, मैनसिल, करंजुये की जड़, बहेड़े की गिरी, वच, समुद्रफेन, सैंधा नमक और शुद्ध वत्सनाभ विष इन सबको समान भाग लेकर बारीक चूर्ण करके कपड़ छान कर लें। फिर उस चूर्ण को बकरी के दूध में खरल करके बत्तियाँ बनाकर छाया में सुखा लें। यह बत्ती पानी में घिसकर नेत्रों में लगाने से सफेद फुला, अर्म, भासपिल्ल (आँख के तारे पर छाया हुआ मांस का जाला अथवा बहुत बाहर को निकला हुआ डेला) आदि नेत्ररोगों में और ग्रंन्थि (गाँठ), गण्डमाला, रसौली आदि में लेप करने से शीघ्र लाभ करती है॥३४-३५॥

विषादि गुटिका

विषशुल्बरसब्योषगंधकानां पलं पलम्।
पलद्वयं हरीतक्याश्चित्रकस्य पलत्रयम्॥३६॥
कौंती मुस्ता चतुर्जातं कर्षांशं च विचूर्णितम्।
त्रिगुणश्च गुडः कार्या वटिका माषसम्मिता॥३७॥
भक्षयेत्तां जराग्रस्तो महारोगैश्च पीडितः॥३८॥

शुद्ध मीठा तेलिया, ताम्रभस्म, पारा, गन्धक और त्रिकुटा ये प्रत्येक चार-२ तोले, हरड ८ तोले, चीते की जड़ १२ तोले, रेणुका, नागरमोथा, दालचीनी, इलायची, तेजपात और नागरकेसर ये प्रत्येक एक एक कर्ष लेकर सबको एकत्र बारीक चूर्ण करके कपड़े छान कर लें। फिर उस चूर्ण को तिगुने गुड़ में मिलाकर एक एक मासे की गोलियाँ बना लें। इन

गोलियों को वृद्धावस्था से ग्रसित और बड़े बड़े भयंकर रोगों से पीड़ित मनुष्य नियमपूर्वक सेवन करे तो अवश्य आरोग्य लाभ करता है।।३६-३८।।

जयागुटी

भस्मसूतगुडक्षौद्रघृतैः सह निषेवितम्।
जरां जयेदतो नाम्ना गुलिकेयं जयोदिता।।३९।।

पारे की भस्म और शुद्ध मीठा तेलिया इन दोनों को समान भाग गुड़ में मिलाकर गोली बना लें। फिर उस गोली को शहद और घृत के साथ मिलाकर नित्य प्रति सेवन करे। यह जयागुटिका जरा (वृद्धावस्था) को जीतती है, इसलिये यह जयागुटी नाम से प्रसिद्ध है।।३९।।

द्वितीया जयागुटी

वासाऽमृताखदिरनिम्बविडंगपथ्याक्वथे
विषत्रि कटुचित्रकलोहतिक्ताः।
आवाप्य माषतुलिता वटिका प्रणीता
क्षौद्रान्विता क्षपयति क्षयकुष्ठजातम्।।४०।।

अडूसा, गिलोय, खैरसार, नीम की छाल, वायविडङ्ग और हरड इनके क्वाथ में शुद्ध मीठा तेलिया, त्रिकुटा, चीता, लोहभस्म और कुटकी इनके समानभाग मिश्रित चूर्ण को एक दिन तक भावना देकर एक-२ मासे की गोलियाँ बना लें। यह गुटिका शहद में मिलाकर सेवन करने से क्षय और कुष्ठ रोग में उत्पन्न हुए विकारों को नष्ट करती है।।४०।।

तृतीया जयागुटी

वचाऽश्वगंधामरिचोपकुल्या तालीसमुस्तापिचुमंदपाठाः।
विषं च तेषां वटिका जयन्त्यः फले प्रयोगे च जयासमाना।।४१।।

वच, असगन्ध, मिरच, पीपल, तालीसपत्र, नागरमोथा, नीम की छाल, पाढ और शुद्ध वत्सनाभ विष इन सबको समानभाग लेकर पानी के साथ पीसकर एक-२ मासे की गोलियाँ बना लें। यह गोलियाँ फल में और उपयोग में उपर्युक्त गोलियों के समान हैं।।४१।।

विषकल्प

आरोटं भक्षयेद्देवि विषं सर्षपमात्रकम्।
प्रथमे दिवसे पश्चाद्द्वितीयादौ द्विसर्षपम्॥४२॥
पञ्चमे दिवसे देवि भक्षयेत्सर्षपत्रयम्।
षट्सप्ताष्टदिनेप्येवं नवमे वेदसंख्यया॥४३॥
भक्षयद्राजिकावृद्ध्या यावद्गुंजामितं भवेत्।
मासत्रयप्रयोगेण कुष्ठान्यष्ट हरेद्विषम्॥४४॥
पुण्डरीकं सविस्फोटं श्वेतमौदुंबरं तथा।
छिन्नभिन्नं कपालाख्यं क्लिन्नाह्वं शवगंधि च॥
कुष्ठानि गदितान्यष्ट हन्याद्देवि महाविषम्॥४५॥
षण्मासस्य प्रयोगेण कामरूपो भवेन्नरः।
संवत्सरप्रयोगेण सर्वरोगान्व्यपोहति॥
द्विवत्सरप्रयोगेण दिव्यदेहो भवेन्नरः॥४६॥

हे देवि, आरोट नामक विष को अथवा शोधित मीठे तेलिये को कल्क की विधि से सेवन करे। अर्थात् पहले दिन एक सरसों की बराबर फिर दूसरे दिन से लेकर चौथे दिन तक दो दो सरसों की बराबर, पाँचवें दिन ३ सरसों भर और छठे, ७वें दिन भी तीन-२ सरसों की बराबर और नवें दिन ४ सरसों की बराबर विष सेवन करना चाहिये। इसके पश्चात् प्रतिदिन एक-२ राई की बराबर मात्रा बढ़ाता हुआ सेवन करे। जब एक रत्ती भर की मात्रा हो जाय तब फिर मात्रा न बढ़ाकर हमेश एक-२ रत्ती परिमाण सेवन करे। इस प्रकार तीन महीने तक विष को सेवन करने से आठों प्रकार के कुष्ठ नष्ट होते हैं। पुण्डरीक नामवाला कुष्ठ, फोड़ा, श्वेतकुष्ठ, औदुम्बर कुष्ठ, छिन्न भिन्न हुआ कुष्ठ, कमल नामक कुष्ठ, गलत्कुष्ठ और शवगन्धि कुष्ठ ये आठ प्रकार के कुष्ठ कहे गये हैं। हे देवि, इन सब कुष्ठों को यह विष का प्रयोग अवश्य नाश करता है। इसको ६ महीने तक सेवन करने से मनुष्य कामदेव के समान

रूपवान हो जाता है। एक वर्ष तक प्रयोग करने से विष सम्पूर्ण रोगों को दूर करता है और दो वर्ष के प्रयोग से वह मनुष्य दिव्यदेहधारी होता है।। ४२-४६।।

विष के सामान्य प्रयोग

अथ गोमूत्रसंयुक्तमातपे शोषयेत्त्र्यहम्।
विषं बृंहणमेतद्धि विषस्यादौ प्रशस्यते।।४७।।
तत्पिबेन्मस्तुना वातज्वरे क्षीरेण पित्तजे।
अजामूत्रेण कफजे सर्वजे त्रिफलाम्भसा।।४८।।
रोध्रचंदनषड्ग्रंथाशर्कराघृतमाक्षिकैः।
क्षीरेण च विषं युक्तं जीर्णज्वरहरं परम्।।४९।।
निकुंभकुभत्रिफलासर्पिर्मधुविषैः कृतः।
निहंति मोदको जीर्णज्वरमेहत्वगामयान्।।५०।।
शिखिकर्णिरसोपेतं विषमज्वरजिद्विषम्।।५१।।
विषं यष्ट्याह्वयं रास्ना सेव्यमुत्पलकन्दकम्।
तंदुलोदकपीतानि रक्तपित्तस्य भेषजम्।।५२।।
रास्नाविडंगत्रिफलादेवदारुकटुत्रयम्।
पद्मकं क्षौद्रममृताविषं च श्वासकासजित्।।५३।।
सितारसविषाक्षीरप्रवालमधुकान्विता।
श्वासहिध्मापहा लीढाश्छर्दिघ्नास्तु विषान्विताः।।५४।।
क्षीरोशीरमधुक्षाररजनी कुटजत्वचः।
च्यवन प्राशनोपेत विषं क्षपयति क्षयम्।।५५।।
मुस्तावत्सकपाठाग्निव्योषप्रतिविषाविषम्।
धातकीमोचनिर्यासं चूतास्थि ग्रहणीहरम्।।।।५६।।
कृच्छ्रघ्नं विषपथ्याग्निदंती द्राक्षा निशा वृषा।
शिलाजतु विषं त्र्यूषमुदावर्ताश्मरीहरम्।।५७।।

गोमूत्रक्षारसिंधूत्थविषपाषाणभेदकम्।
वज्रवद्दारयत्येतदेकतः पीतमश्मरीम्॥५८॥
त्रिफलास्वर्जिकाक्षारैर्विषं गुल्मप्रभेदनम्।
पिप्पलीपिप्पलीमूलं विषं शूलहरं तथा॥५९॥
विषं द्रवंती मधुकं द्राक्षा रास्ना शठी कणा।
विषा वेल्लं मिशी क्षारं गुल्मप्लीहनिबर्हणम्॥६०॥
प्लीहोदरघ्नं पयसा शतारुक्रमिजिद्विषम्।
वायसीमूलनिष्क्वाथपी तं कुष्ठहरं विषम्॥६१॥
पयस्या राजवृक्षत्वक् त्रायंती बाकुची बला।
प्लीहघ्नीभकणाभ्यां च विष क्वाथेन कुष्ठजित्॥६२॥
अवल्गुजैडमजयोर्बीजं क्षारद्वयं विषम्।
लेपः ससैंधवः पिष्टो वारिणा कुष्ठनाशनः॥६३॥
चित्रकार्कजटाहस्तिपिप्पलीबाकुचीविषैः।
सचन्द्रकैरंडगजकरंजफलसैंधवैः॥६४॥
सव्योषस्वर्जिकाक्षारयवक्षारनिशाह्वयैः।
अगारधूमसहितैर्बस्तमूत्रेण कल्कितैः॥६५॥
भल्लातकाग्निशम्याकविषैर्वा मूत्रपेषितैः।
लेपो विचर्चिकादद्रूरसिकाकिटिभापहः॥६६॥
शम्याकपत्रत्वङ्मूलं विषं तक्रं च तद्गुणम्॥६७॥
कुष्ठतुंबरूबीजानि वाजिगंधाम्लवेतसम्।
हरिद्रा वायसी रास्ना हरितालं मनः शिला॥६८॥
पटोलनिम्बपत्राणि कणागंधकसैंधवम्।
विषं दारु शिरीषास्थि तक्रं लेपेन कुष्ठजित्॥६९॥
करञ्जकरवीरार्कमालतीरक्तचंदनैः।
आस्फोटाकुष्ठमंजिष्ठासप्तच्छदनिशानतैः॥७०॥

सिंदुवारवचाक्ष्येडैर्गवां मूत्रे चतुर्गुणे।
सिद्धं कुष्ठहरं तैलं दुष्टव्रणविशोधनम्॥७१॥
कुष्ठाश्वमारभृंगार्कमूलस्नुक्क्षीरसैंधवैः।
तैलं सिद्धं विषावापमभ्यंगात्कुष्ठजित्परम्॥७२॥
भद्रश्रीदारुमरिचद्विहरिद्रात्रिवृद्धनैः।
गोमूत्रपिष्टैः पलिकैर्विषस्यार्धपलेन च॥७३॥
ब्राह्मीरसार्कजक्षीरगोशकृद्रससंयुतम्।
प्रस्थं सर्षपतैलस्य सिद्धमाशु व्यपोहति॥
पानाद्यैः शीलितं कुष्ठदुष्टनाडीव्रणापचीः॥७४॥
विषं भल्लातकीद्वीपिगुंजानिंबफलैर्जयेत्॥ ७५॥
लेपोऽम्लपिष्टः श्वित्राणि पुण्डरीकं च दारुणम्॥७६॥
ककुभारुष्करद्वीपिस्पृक्कापत्रैलवालुकम्।
पिष्टं खादरितोयेन त्रिरात्रमुषितं पिबेत्॥७७॥
श्वित्रीविषेण संघृष्टं तत्तत्स्फोटान्किलासजान्।
कण्टकेन विभिद्याशु लेपौर्लिंपेच्च कौष्किकैः॥७८॥
अथवा करवीरार्कमूलवाकुचिकाविषैः।
बस्तांबुपिष्टैः सद्वीपिद्विपपिप्यल्यरुष्करैः॥७९॥
एरण्डतैलं त्रिफलां गोमूत्रं चित्रकं विषम्।
सर्पिषा सहितं पीतं वातार्तत्त्वमपोहति॥८०॥
कोरकं चीरनिष्क्वाथे लांगलीविष सषपैः।
गंधकांकोलमरिचैः सस्नुक्क्षीरैर्विपाचितम्॥
जयेज्ज्योतिष्मतीतैलमनलत्वग्गदानपि॥८१॥
स्वरसं वीजपूरस्य वचाब्राह्मीरसं घृतम्।
वीरालांगलिकांदती विषपाषाणभेदकैः।
प्रयोज्यो मूढगर्भाणां प्रलेपो गर्भमोचनः॥८३॥

देवदारुविषं सर्पिर्गोमूत्रं कण्टकारिका।
वचा वाक्स्खलनं हंति बुद्धेश्च परिवर्धनम्॥८४॥
विषं सर्पिः सिता क्षौद्रं तिमिरापहमञ्जनम्।
विषं चैकमजाक्षीरकल्कितं घृतधूषितम्॥८५॥
विषं धात्रीफलरसैरसकृत्परिभावितम्।
अञ्जनं शंखसहितं प्रगाढं तिमिरं जयेत्॥८६॥
विषमिन्द्रायुधं स्तन्यैर्घृष्टं काचजिदञ्जनम्॥८७॥
बीजपूररसैर्घृष्टं विषं तद्वत्सितान्वितम्॥
विषं मागधिका द्वे च निशे काचघ्नमंजनम्॥८८॥
शुक्लार्मजिद्विषं कृष्णायुक्तं गोमूत्रभावितम्॥८९॥
समुद्रफेनं स्फटिका कुरुविन्दं रसांजनम्।
कूर्मपृष्ठं च तुल्यानि तेभ्योऽर्धांशामनः शिला॥९०॥
अर्धमानानि मरिचसैंधवायोरजांसि च।
अथो यथोत्तरं दद्यादयसा च समं विषम्॥९१॥
आगारधूमसहितैर्बस्तमूत्रेण कल्कितैः।
रसक्रियेयं मधुना शुक्लपिल्लार्मकाचनुत्॥
अभीक्ष्णं शीततोयेन सिञ्चेन्नेत्रं विषांजितम्॥९२॥

एक घड़े में गोमूत्र भरकर उसमें वत्सनाभ विष अथवा जिस विष से सेवन करना हो उसको डालकर तीन दिन तक धूप में रक्खा रहने दे। फिर उसको निकालकर अच्छे प्रकार से सुखा लें और बारीक चूर्ण सेवन करे। इस प्रकार गोमूत्र में शुद्ध किया हुआ विष पौष्टिक गुण वाला हो जाता है। किसी भी प्रकार का विष क्यों न सेवन करना हो, उसको पहले गोमूत्र में अवश्य शुद्ध कर लेना चाहिये। प्रयोग (१) वातज्वर में दही के पानी के साथ, पितज्वर में दूध के साथ, कफ ज्वर में बकरी के मूत्र के साथ और सन्निपातज्वर में त्रिफले के क्वाथ के साथ विष सेवन करना चाहिए। (२) लोध, चंदन, पीपलामूत्र इन तीनों का क्वाथ बनाकर

उसमें खाँड, घी और शहद डालकर उसके साथ विष को सेवन करने से अथवा केवल दूध के साथ सेवन करने से जीर्णज्वर (पुराना बुखार) दूर होता है। (३) दन्ती की जड़, निसोत की जड़, त्रिफला और शुद्ध मीठा तेलिया इन सबको समान भाग लेकर बारीक चूर्ण कर लें। फिर घृत और मधु के संयोग से इस चूर्ण के मोदक बनाकर यथोचित मात्रा से सेवन करे। यह मोदक जीर्णज्वर, प्रमेह और त्वचा के समस्त रोगों को नष्ट करते हैं। (४) अरणी की जड़ के रस के साथ सेवन किया हुआ विष विषमज्वर को दूर करता है। (५) शुद्ध मीठा तेलिया, मुलैठी, रास्ना और कमलकन्द इनके समान भाग मिश्रित चूर्ण को चावलों के धोये हुए जल के साथ सेवन करना रक्त पित्त रोग की उत्तम औषध है। (६) रास्ना, वायविडंग, त्रिफला, देवदारु, त्रिकुटा, पद्माख, गिलोय और शुद्ध वत्सनाभ विष सबको समान भाग लेकर बारीक चूर्ण करके शहद में मिलाकर सेवन करे। यह प्रयोग श्वास और खाँसी को जीतने वाला है। (७) पारा, अतीसकी, कली, प्रवालभस्म और शुद्ध मीठा तेलिया इन सबको समान भाग लेकर एकत्र खरल करके मिश्री और शहद में मिलाकर सेवन करे और ऊपर से दुग्धपान करे तो श्वासरोग, हिचकी और वमन होना दूर होता है। (८) खस, मुलैठी, जवाखार, हल्दी, कुड़े की छाल और शुद्ध मीठा तेलिया इनके समान भाग चूर्ण को च्यवनप्राश अवलेह में मिलाकर सेवन करे और ऊपर से दुग्धपान करे तो क्षयरोग शीघ्र शमन होता है। (९) नागरमोथा, कुड़े की छाल, पाढ, चीता, त्रिकुटा, अतीस, शुद्ध वत्सनाभ, नाभ, धाय के फूल, मोचरस और आम की गुठली की गिरी इनका समान भाग चूर्ण के साथ सेवन करने से संग्रहणी को दूर करता है। (१०) वत्सनाभ विष, हरड, चीता, दन्ती की जड़, दाख, हल्दी और अडूसा इनका चूर्ण मूत्रकृच्छ नाशक है। (११) शिलाजीत, वत्सनाभ और त्रिकुटा इनका प्रयोग करने से आवर्त्त और पथरीरोग नष्ट होता है। (१२) जवाखार, सैंधानमक, मीठा तेलिया, और पाषाणभेद इन सबके चूर्ण को समान भाग लेकर गोमूत्र के साथ सेवन करे तो केवल यह चूर्ण ही वज्र के समान पथरी को तोड़कर निकाल देता है। (१३) त्रिफला, सज्जी और वत्सनाभ इनका समानांश चूर्ण

गुल्मरोगनाशक है। (१४) पीपल, पीपलामूल और विष इन तीनों को सेवन करने से शूलरोग दूर होता है। (१५) वत्सनाभ विष, मूसाकानी, मुलैठी, दाख, रास्ना, कचूर, पीपल, अतीस, वायविडंग, सोंफ और जवाखार इन सबके समान भाग चूर्ण को दूध के साथ सेवन करने से गुल्मरोग और तिल्ली दूर होती है। (१६) शतावर, वायविडंग और विष इनके चूर्ण को दूध के साथ सेवन करे तो तिल्ली और उदररोग नष्ट होते हैं। (१७) मालकाँगनी की जड़ के साथ के क्वाथ सेवन किया हुआ विष कुष्ठ को दूर करता है। (१८) क्षीरकाकोली, अमलतास, तज, त्रायमाण, बावची, खिरैंटी, रोहेडा वृक्ष की छाल, गजपीपल इन सबको समान भाग लेकर विधिपूर्वक क्वाथ बना लें। उस क्वाथ के साथ विष को सेवन करने से कुष्ठ दूर होता है। (१९) बावची, अण्ड के बीज को गिरी, जवाखार, सज्जी, विष और सैंधानमक इनको पानी में पीसकर लेप करने से कुष्ठ नाश होता है। (२०) चीता, आक की जड़, गजपीपल, बावची, विष, कपूर, अण्ड के बीजों की गिरी, करञ्जकी गिरी, सैंधानमक, त्रिकुटा, सज्जी, जवाखार, हल्दी, दारुहल्दी, और घर का धुआँ इन सब को समान भाग लेकर बारीक चूर्ण करके कपड़े में छान लें। फिर उस चूर्ण को बकरे के मूत्र में पीसकर लेप करने से सब प्रकार के कुष्ठ नष्ट होते हैं। (२१) भिलावे, चीता, अमलतास और विष इनके समान भाग चूर्ण को बकरे के मूत्र में पीसकर लेप करने से विचर्चिका, दाह, खुजली, किटिभ कुष्ठ आदि विकार दूर होते हैं। (२२) अमलतास के पत्ते, छाल, जड़ और विष इनको मट्ठे में पीसकर किया हुआ प्रलेप भी उस की समान गुण करता है। (२३) कूठ, तुम्बरू के बीज, असगन्ध, अमलबेंत, हल्दी, कठूमर, रास्ना, हरताल, मैनसिल, पटोलपोत, नीम के पत्ते, पीपल, गन्धक, सैंधानमक, विष, देवदारु और सिरस की जड़ इन औषधियों के समान भाग चूर्ण को मट्ठे में पीसकर लेप करने से कुष्ठरोग शमन होता है। (२४) करज्ज की जड़, कनेर की जड़, आक की जड़, चमेली की जड़, लाल चंदन, नेवारी की जड़, कुष्ठ, मंजीठ, सतवन, हल्दी, तगर, सिह्मालू के पत्ते, वच, और विष इनके चूर्ण को समान भाग लेकर चौगुने गोमूत्र में पीस लें। फिर उसको गोमूत्र से

चौथाई भाग तिल के तेल में डालकर यथाविधि तेल को सिद्ध करे। यह तेल प्रलेप कर ने से कुष्ठ को हरता और दुष्टव्रण (नासूर) का शोधन करता है। (२५) कूठ, कनेर, भाँगरा, आक की जड़, थूहर का दूध, सैंधानमक और विष इनको समान भाग लेकर चौगुने गोमूत्र में पीस लें। फिर उस कल्क के साथ गोमूत्र से आधा तिल का तेल मिलाकर उसको विधिपूर्वक सिद्ध करे। उस तेल में विष डालकर मालिश करने से सम्पूर्ण कुष्ठ नष्ट होते हैं। (२६) चन्दन, देवदारु, मिरच, हल्दी, दारुहल्दी, निसोत और नागरमोथा ये प्रत्येक चार तोले और वत्सनाभ दो तोले लेकर सबको गोमूत्र में पीस लें। फिर उसमें ब्राह्मी का रस ६४ तोले, आक का दूध, ६४ तोले, गौ के गोबर का रस ६४ तोले और सरसों का तेल ६४ तोले डालकर यथाविधि तेल को पकायें। यह तेल पान, प्रलेह, मर्दन आदि के द्वारा प्रयोग करने से कुष्ठ, दुष्टव्रण, नाड़ी-व्रण और अपची इन सब रोगों को दूर करता है। (२७) विष, भिलावे, चीता, चोंटली और नीम की निबौली इनको खटाई के साथ पीस कर लेप करने से श्वेतकुष्ठ, पुण्डरीक नामक कुष्ठ और दारुण नामवाला कुष्ठ दूर होता है। (२८) अर्जुन वृक्ष की छाल, भिलावे, चीता, असवरग, तेजपात और एलुआ इनके समान भाग मिश्रित २ तोले चूर्ण को खरसार के क्वाथ में पीसकर खैरसार के रस में भिगोकर तीन दिन तक रक्खा रहने दे। फिर चौथे दिन उसमें यथोचित मात्रा से विष मिलाकर पान करे और श्वेतकुष्ठ पर इस औषध का प्रलेप करे तो इससे श्वेतकुष्ठ के स्थान में छाले पड़ जाते हैं। उनको कांटे से भेदकर फिर उनके ऊपर इस औषध का प्रलेप करने से श्वेतकुष्ठ शीघ्र नष्ट होता है। (२९) कनेर, आक की जड़, बावची, विष, समुद्रफेन, गजपीपल और मिलावे सबको बकरे के मूत्र में पीसकर लगाने से श्वेतकुष्ठ के छाले शान्त होते हैं। (३०) अण्डी का तेल, त्रिफला, चीता, विष और गोमूत्र इनका एकत्र कल्क बनाकर उस कल्क की बराबर घी और उससे चौगुना पानी लेकर सबको एकत्र मिश्रित करके घृत को पकायें। इस घृत को सेवन करने से वात की पीड़ा शमन होती है। (३१) शीतल चीनी, कलिहारी, विष, सरसों, गन्धक, अंकोल के बीज, मिरच, थूहर का दूध इन सबको समान

भाग लेकर कपास की जड़ के क्वाथ में पीस करके कल्क बना लें। उस कल्क की बराबर माल काँगनी का तेल और तेल से चौगुना कपास की जड़ का क्वाथ लेकर सब को एकत्रित करके तेल को सिद्ध करे। यह तेल पान करने से जठराग्नि को दीपन करता है और मालिस करने से त्वचा के विकारों को दूर करता है। (३२) बिजौरा नींबू का स्वरस, वच का रस और ब्राह्मी का रस ये सब समान भाग और सबकी बराबर गौ का घी इनको एकत्र मिलाकर पकायें। जब पककर घृतमात्र शेष रह जाय तब उतार कर छान लें। इस घृत में विष को मिलाकर सेवन करने से वन्ध्या स्त्री उत्तम पुत्र पौत्रों से सम्पन्न होती है। (३३) बड़ी शतावर, कलिहारी, दन्तों की जड़, विष और पाषाण भेद इन औषधियों को जल में पीसकर मूढगर्भा स्त्रियों के योनिस्थान में प्रलेप करने से शीघ्र गर्भस्त्राव होता है। (३४) देवदारु, विष कटेरी और वच इनको समान भाग लेकर गोमूत्र में पीस करके कल्क बना लें। फिर उस कल्क को समान भाग घृत और चौगुने गोमूत्र में मिलाकर विधिपूर्वक घृत को पकायें। यह घृत जिह्वास्तम्भ रोग को दूर करता है और बुद्धि को बढ़ाता है। (३५) वत्सनाभ विष को घी, मिश्री और शहद में उत्तम प्रकार से खरल करके नेत्रों में आँजने से तिमिर रोग नष्ट होता है। (३६) केवल विष को बकरी के दूध में पीसकर कल्क कर लें। उस कल्क के द्वारा घृत को सिद्ध करके नेत्रों में लगाने से भी तिमिर रोग नाश होता है। (३७) विष को आमलों के रस में अनेक बार भावना देकर उसमें शंख का समानभाग चूर्ण डालकर खूब बारीक खरल करके अंजन बना लें। यह अञ्जन नेत्रों में आंजने पर बहुत दिनों के पुराने तिमिर रोग को दूर करता है। (३८) कन्दविष को दूध में पीसकर अञ्जन बनाकर आँजने से काचरोग (मोतियाबिन्द) दूर होता है। (३९) बिजौरे नींबू के रस के साथ वत्सनाभ विष और मिश्री को पीसकर नेत्रों में आँजने से मोतियाबिन्द नष्ट होता है। (४०) विष और पीपल को एक साथ पीसकर रात्रि के समय आँजने से मोतियाबिन्द रोग आरोग्य होता है (४१) विष और पीपल को गोमूत्र में पीसकर नेत्रों में लगाने से नेत्रों का फूला और अर्मरोग दूर होता है। (४२) समुद्रफेन, फटकरी, नागरमोथा, रसौत और कछुए की पीठ का

चमड़ा ये प्रत्येक एक एक तोला, मैनसिल २ तोले, मिरच, सैंधानमक और लोहचूर्ण ये तीनों २ तोले, वत्सनाभ विष यथोत्तर क्रम से लोहे की बराबर अर्थात् ७५ रत्तीभर और घर का धुआँ १ तोला इन सबको एकत्र खरल करके बकरे के मूत्र में पीसे। फिर उसका गोला सा बनाकर उसको अण्ड के पत्तों में लपेट करके ऊपर से कपरौटी कर अग्नि में पकायें। जब मिट्टी पककर लाल हो जाय तब उसको निकालकर शीतल हो जाने पर उसमें उक्त कल्क के गोले को निकाल करके अंजन के समान बारीक चूर्ण कर लें। इस अञ्जन को शहद में मिलाकर नेत्रों में आंजने से सफेद फूला, बाहर को निकला हुआ डोला जाला, मोतियाबिन्द आदि सब नेत्ररोग नष्ट होते हैं। विष भी औषध को नेत्रों में लगाने पर निरन्तर शीतल जल से नेत्रों को धोना चाहिये।।४७-९२।।

विष के अन्य सामान्य प्रयोग

भल्लात काग्निशम्याकविषैर्वा मूत्रपेषितैः।
लेपो विचर्चिकादद्रुरसिकाकिंटिभापहः।।९३।।
शम्याकपत्रत्वङ्मूलं विषं तक्रं च तद्गुणम्।।९४।।
विषा तुंबरुबाजानि वाजिगंधाऽम्लवेतसम्।
हरिद्रा वायसी रास्ना हरिताल मनःशिला।।९५।।
पटोलनिंबपत्राणि कणागंधकसैंधवम्।
विषं दारु शिरीषास्थि तक्रं लेपेन कुष्ठजित्।।९६।।
करञ्जकरवीरार्कमालतीरक्तचंदनैः।
आस्फोटाकुष्ठमंजिष्ठासप्तच्छदनिशानतैः।।९७।।
सिंदुवारवचाक्ष्वेडेर्गवांमूत्रे चतुर्गुणे।
सिद्धं कुष्ठहरं तैलं दुष्टव्रणविशोधनम्।।९८।।
कुष्ठाश्वमारभृंगार्कमूलस्नुक्क्षीरसैंधवैः।
तैलं सिद्धं विषावापमभ्यंगात्कुष्ठजित्परम्।।९९।।
भद्रश्रीदारुमरिचाद्विहरिद्रात्रिबृद्धनैः।
गोमूत्रपिष्टैः पलिकैर्विषस्यार्धपलेन च।।१००।।

ब्राह्मीरसार्कजक्षीरगोशकृद्रससंयुतम्।
प्रस्थं सर्षपतैलस्य सिध्ममाशु व्यपोहति॥१०१॥
रसोनकंदमरिचविषसर्षपसैंधवैः।
पिल्लेक्षणहितं कार्यं सुरसारसपेषितः॥
पूरयेत्सर्पिषा चानु सर्पिरेव च पाययेत्॥१०२॥
मधूकसारमधुकविषक्षीरजलैर्घृतम्।
पक्वं संतर्पणं श्रेष्ठं नक्तांध्येत्वचिरोत्थिते॥१०३॥
अञ्जनं नरपित्तेन रोचनामधु शृंगिभिः।
स्वर्जिकाक्षारसिंधूत्थं शुक्ले शुक्लं वरं विषम्॥
कर्णयोः पूरणं तीव्रकर्णशूलनिबर्हणम्॥१०४॥
नस्यं शिरोरुक्शमनं प्रत्यक्पुष्पीसिताविषम्।
अथवा घृतयष्ट्याह्वशर्करा विषसंयुताः॥
शुंठी पथ्या विषं पाठा त्रायंती पूतिनासजित्॥१०५॥
प्रपौण्डरीकमंजिष्ठाविषतिंदुसमुद्भवैः।
निहंति साधितं तैलं गण्डूषेण मुखामयान्॥१०६॥
एलाखदिरकंकोलजातीकर्पूरचन्दनैः।
बोलाब्दवालैर्द्विगुणविषैः साराम्बुपेषितैः॥
समूत्रा वटिकाःक्लृप्ता धृता घ्नंति मुखामयान्॥१०७॥
कटुतैलविषं नस्यं पलितारुंषिकापहम्॥१०८॥
स्नुह्यर्कक्षीरभृंगाम्बुगोमूत्रहलिनीविषैः।
गुंजाविशालामरिचैः कटुतैलं विपाचितम्॥
खलतिं शमयत्यम्लपिष्टमष्टगुणं विषात्॥१०९॥
सिन्धूत्थकार्पासफलं पिण्डितं सह सर्पिषा।
क्षीरेणाजेन वा लेपाद्विषदिग्धायुधप्रणुत्॥११०॥

विषं रसाञ्जनं भार्ङ्गी वृश्चिकाली महासहा।
सवेदने सपाके च व्रणे दुष्टे प्रलेपनम्॥१११॥
कृतमालार्कपूतीकवत्सकातिविषाविषम्।
सिद्धं यदिगुदक्वाथैः सर्पिस्तदपचीहरम्॥११२॥
काकादनीमागधिकानलिकातुण्डिकाफलैः।
जीमूतबीजकर्कोटविशालाकृतवेधनैः॥११३॥
पाठान्वितैः पलार्धांशैर्विषकर्षयुतैः पचेत्।
प्रस्थं करञ्जतैलस्य निर्गुंडीस्वरसाढके॥११४॥
तज्जयेदपचीं घोरां नावनाभ्यंगपानतः॥११५॥
गुंजाटंकणशिग्रुमूलरजनीशम्याकभल्लातक-
स्नुह्यर्काग्निकरञ्जसैंधववचाकुष्ठाभयालांगलीः।
वर्षाभूशठिभूशिरीषवरणव्योषाश्वमारा विषं
गोमूत्रं शमयेद्विलिप्तमपचीग्रन्थ्यर्बुदश्लीपदान्॥११६॥
अन्येष्वपि च रोगेषु शेषोपायपरिक्षये।
प्रत्यह विषकंदस्य त्रियवं यवमेव वा॥
शुद्धस्य राजिकावृद्ध्या वर्षं भुक्त्वा जयेद्गदान्॥११७॥
वचागंधकसिंधूत्थत्रायमाणाम्लवेतसम्।
व्योषाग्निवेल्लपाठाम्लपर्णीकरिकणाविषम्॥११८॥
शार्ङ्गेरीनागदमनीवायसीत्रिफलारसैः।
भावितं मधुसर्पिर्भ्यां भक्षितं स्याद्रसायनम्॥११९॥
हरिद्रा निंबपत्राणि पिप्पल्यो मरिचानि च।
मुस्ता विडंगं मूत्रेण पिष्टमाजेन पिण्डितम्॥१२०॥
नावनाञ्जनपानेषु गोमूत्रासृग्रसाञ्जनैः।
जयेत्प्रयुक्तं विषमज्वरान्सघृतसाधितम्॥१२१॥

सर्वजं समधुव्योषं गवां मूत्रेण शीतकम्।
चन्दनस्य कषायेणरक्तपित्तं वृषस्य वा॥१२२॥
क्षयंक्षीराश्वगंधाभ्यां कासं श्वासं समाक्षिकम्।
तक्रेणग्रहणीरोगं कृष्छ्रं तंदुलवारिणा॥१२३॥
प्रमेहं मधुना गुल्मं शूलं च गुडवारिणा॥१२३॥
पाण्डुशोफं गवां क्षीरेणाम्भसा त्रैफलेन वा॥१२४॥
गवां मूत्रेण कुष्ठानि क्षौद्रेणोदुम्बराह्वयम्।
तक्रेण युक्तं चालेपाद्दद्रुपामाविचर्चिकाः॥१२५॥
पीतमुष्णाम्भसा वायुं तुलस्या लेपनाद्ग्रहान्।
समूत्रं विस्मृतिं नस्येनाञ्जनेन दृगामयान्॥१२६॥
स्यन्दाधिमन्थौ सस्तन्यमर्मकोपं सशोणितम्।
सकासमर्दं काजादीन्संभृगोदं निशान्धताम्॥१२७॥
रंभाकन्दाम्भसा पुष्पं पिल्लं ताम्रमधूत्कटम्।
सतूलमार्तिं दन्तानां गण्डूषेण विलेपनात्॥१२८॥
सगोमूत्रं शिरःशूलं सक्षौद्राम्लं क्षतव्रणान्।
भगंदरापचीग्रंथीन्सक्षौद्रं सगुडं व्रणान्॥१२९॥
नारिकेराम्भसा लिंगविकारान्सेवनात्पुनः।
प्रदरं भृंगसारेण नागपुष्पस्य सर्पिषा॥१३०॥
रम्भाकन्दाम्बुसर्पिभ्यां पीतं लिप्तमहेर्विषम्।
गोतक्रनरमूत्राभ्यामथाऽऽखोर्वृश्चिकस्य च॥१३१॥
सार्कक्षीरं विलेपेन लूतानां तु विषं जयेत्।
शतपत्ररसाज्याभ्यां विषं सर्वं च सर्वथा॥१३२॥
कांताभ्रकशिलाधातुविषसूतकमाक्षिकम्।
शीलितं मधुसर्पिर्भ्यांव्याधिवार्धकमृत्युजित्॥१३३॥
नष्टशुक्रः पयोद्राक्षाकपिकच्छुमहाविषम्।
शीलयेन्मधुसर्पिर्भ्यां सखर्जूरं सयष्टिकम्॥१३४॥

क्षीरक्षौद्रघृतैर्युक्तं पीतं हन्तिविषं विषम्।
ससिदुवारतगरं मृतसंजीवनं विषम्॥१३५॥
शिरीषकुसुमं पत्रं विषमाखुविषापहम्।
देवदारुनतं मांसी द्रामिली बाकुची विषम्॥१३६॥
कुष्ठं च पानलेपाभ्यां समस्तविषनाशनम्।
मनः शिलाञ्जनाऽऽलैलासिन्दुवारामराह्वयम्॥
सरक्तं कुंकुमविषं ध्मातं निःसंज्ञबोधनम्॥१३७॥
दाहे विषोद्भवे लेपः सक्तुक्षीरघृतैर्युतः॥१३८॥

(४३) भिलावे, चीता अमलतास और विष इन चारों को गोमूत्र में पीसकर लेप करने से विचर्चिका, दाद, खुजली और किटिभ कुष्ठ दूर होता है। (४४) अमलतास के पत्ते, छाल, जड़ और विष इनको मट्ठे में पीसकर लेप करने से भी उक्त विकार नाश होते हैं। (४५) अतीस, तुम्बरु के बीज, असगन्ध, अम्लबेंत, हल्दी, कठूमर, रास्ना, हरताल, मैनसिल, पटोलपात, नीम के पत्ते, पीपल, गन्धक, सैंधा नमक, विष, देवदारु और सिरस की जड़ इन सबको मट्ठे के साथ पीसकर लेप करने से कुष्ठ दूर होता है। (४६) करंज की जड़ कनेर की जड़, आक की जड़, चमेली की जड़, लाल चन्दन, नेवार की जड़, कूठ, मंजीठ, सतौना हल्दी, तगर, सिम्हालु वच और विष इन सबको समान भाग लेकर चौगुने गोमूत्र में कल्क बनाकर उसमें सरसों का तेल डालकर सिद्ध करे। इस तेल को मालिश करने से कुष्ठ नष्ट होता है और दुष्ठव्रण शुद्ध होता है। (४७) कूठ, कनेर, भाँगरा आक की जड़, थूहर का दूध, और सैंधा नमक इनके कल्क के द्वारा गोमूत्र में यथाविधि तेल को सिद्ध करके उसमें विष डालकर मालिश करने से कुष्ठ नष्ट होता है। (४८) चन्दन, देवदारु, मिरच, हल्दी, दारु हल्दी, निसोत और नागरमोथा ये प्रत्येक चार-चार तोले और विष २ तोले इन सबको गोमूत्र में पीसकर उसमें ब्राह्मी का रस, आक का दूध, गोबर का रस और सरसों का तेल ये प्रत्येक एक एक प्रस्थ डालकर उत्तम प्रकार से तिल को सिद्ध करे। यह तेल सिध्म कुष्ठ को शीघ्र दूर करता है। (४९) लहसुन, मिरच, विष सरसों और सैंधा नमक इन औषधियों को समान

भाग लेकर तुलसी रस में खरल करके बत्तियाँ बना लें। और छाया में सुखा लें। इन बत्तियों को पानी में घिसकर नेत्रों में आँजने से नेत्रों का फूला, जाला आदि विकार दूर होकर आरोग्य लाभ होता है। इस बत्ती को नेत्र में लगाने पर पीछे से घी की दो-तीन बूँदें नेत्र में डालें और घृत ही पान करायें। (५०) मुलैठी का सत्त, महुवे के फूल और विष इनको जल में पीस कर कल्क कर लें। उस कल्क को समान भाग घृत और चौगुने दूध में डालकर विधिपूर्वक घृत को पकायें। यह घृत अल्पकाल के नक्तान्ध (रतौंधा) रोग में नेत्रों में लगाने से नेत्रों को अत्यन्त तृप्त, करता है और उक्त रोग को नष्ट करता है। (५१) मनुष्य का पित्त, गोरोचन महुवे के फूल, काकडासिंगी, सज्जी, सैंधा नमक और श्वेत विष इन सबको समान भाग लेकर शहद में खरलः करके अंजन बना लें। इस अंजन को नेत्रों की सफेदी में लगाना विशेष उपयोगी है। और उक्त औषधियों को पानी में पीसकर कानों में डालने से कान का तीव्र शूल नष्ट होता है। (५२) चिरचिटे का पञ्चाङ्ग मिश्री और विष इनको पानी में पीसकर नस्य लेने से सिर की पीड़ा शमन होती है। (५३) अथवा मुलैठी, खाँड और विष इनके चूर्ण को घृत में मिलाकर नस्य लेने से मस्तक की पीड़ा शान्त होती है। (५४) सोंठ, हरड, विष, पाढ और त्रायमाणलता इनके चूर्ण की नस्य लेने से नाक की दुर्गन्ध दूर होती है (५५) श्वेत कमल, मंजीठ और कुचला इनके कल्क के द्वारा सिद्ध किया हुआ तेल कुरले करने से मुख के समस्त रोगों को नष्ट करता है। (५६) इलायची, खैरसार, शीतल चीनी, चमेली की जड़, कपूर, चन्दन, बोल, नागरमोथा, सुगन्धवाला ये सब समान भाग और सबसे दुगुना विष लेकर सबको खैरसार के रस और गोमूत्र में खरल करके चने की बराबर गोलियाँ बना लें। ये गोलियाँ मुख में धारण करने से सब प्रकार के मुख के रोगों को शमन करती हैं। (५७) सरसों के तेल में विष को मिलाकर नस्य लेने से पलित (असमय) बालों का पकना रोग और अरुषिका रोग दूर होता है। (५८) थूहर का दूध, आक का दूध, भाँगरे का रस, गोमूत्र, कलिहारी, विष चोंटली जड़, इन्द्रायन की जड़ मिरच ये सब समान भाग और सरसों का तेल विष से अठगुना लें। फिर उक्त औषधियों को खटाई में पीसकर तेल में डालकर उत्तम प्रकार से पकायें।

यह तेल सिर में मालिश करने से गंज रोग को दूर करता है। (५९) सैंधा नमक और कपास के फल दोनों को घृत के साथ खरल करके गोलियाँ बना लें। इन गोलियों को बकरी के दूध में घिसकर लगाने से विष में बुझाये हुए शस्त्र का घाव शीघ्र नष्ट होता है (६०) विष रसौत, भारंगी, बिछैछी घास और मषवन इन सबको पानी में पीसकर पके हुए और वेदनायुक्त दुष्ट व्रण पर प्रलेप करना उपयोगी है। (६१) अमलतास, आक, दुर्गन्ध करञ्ज, कुडे की छाल, अतीस और विष इनको इंगुदी के क्वाथ में पीसकर उसमें घृत डालकर पकायें। यह घृत प्रलेप करने से अपची (रसौली) रोग को शीघ्र नाश करता है। (६२) कौआठोंडी, मुलैठी, नली, कन्दूरी के फल, नागरमोथा, ककोडा, इन्द्रायन की जड़, अमलतास और पाठ ये प्रत्येक दो दो तोले और विष एक कर्ष सबको पानी में पीसकर कल्क बना लें। फिर इस कल्क को और एक प्रस्थ करञ्ज के तेल को एक आढक निर्गुण्डी के स्वर में डालकर पकायें। जब पककर तेलमात्र शेष रह जाय तब उतारकर छान लें। यह तेल नस्य अभ्यङ्ग और पान द्वारा प्रयोग किये जाने से भयंकर अपची (रसौली) को शमन करता है (६३) घुघुंची, सुहागा, सहिजने की जड़, हल्दी, अमलतास, भिलावे, थूहर का दूध, आक का दूध, चीता, करञ्जुआ, सैंधा नमक वच, कूठ, हरड, कलिहारी, पुनर्नवा, कचूर, लभेडा, वरना की छाल, त्रिकुटा, कनेर और विष इन सब औषधियों को समान भाग लेकर बारीक चूर्ण करके गोमूत्र में पीसकर लेप करने से अपची, गाँठ, अर्बुद और श्लीपद (पीलपाया) ये सब रोग नाश होते हैं (६४) इनके अतिरिक्त अन्यान्य अनेक रोगों में यदि सम्पूर्ण उपायों के करने पर भी लाभ न हो तो प्रतिदिन शुद्ध कन्दविष को एक-२ राई की मात्रा से बढ़ाता हुआ एक जौ अथवा तीन जौ की मात्रा तक एक वर्ष पर्यन्त सेवन करने से सम्पूर्ण रोग नष्ट होते हैं। (६५) वच, गन्धक, सैंधा, त्रायमाणलता अम्लबेंत, त्रिकुटा, चीता, वायविडङ्ग, पाढ, नोनिया, कौआठोडी और त्रिफला इनके क्वाथ में भावना देकर मधु और घृत के साथ सेवन करने से रसायन के समान गुण प्राप्त होता है। (६६) हल्दी, नीम के पत्ते, पीपल, मिरच, नागरमोथा और वायविडङ्ग इनके चूर्ण को गोमूत्र में अथवा बकरी के मूत्र में पीसकर नस्य लेने से वा गोमूत्र और बकरी के

रुधिर में पीसकर नस्य लेने से अथवा रसौंत के साथ पीसकर नस्य लेने से अथवा रसौंत के साथ पीसकर नस्य लेने, नेत्रों में आँजने और घी में पकाकर पान करने से विषम आदि ज्वर दूर होते हैं। (६७) विष, मधु और त्रिकुटा तीनों को एकत्र मिलाकर देने से सन्निपात ज्वर, तथा गोमूत्र के साथ देने से शीतज्वर, चन्दन के क्वाथ अथवा अडूसे के क्वाथ के साथ सेवन कराने से रक्तपित्त रोग दूर होता है। (६८) वत्सनाभ विष को दूध और असगन्ध के चूर्ण के साथ सेवन करने से क्षय रोग, मधु के साथ मिलाकर सेवन करने से खाँसी, श्वास मट्ठे के साथ सेवन करने से संग्रहणी और चावलों के जल के साथ सेवन करने से मूत्रकृच्छ्र रोग नष्ट होता है। (६९) विष मधु के साथ प्रयोग करने से प्रमेह को, गुड़ के पानी के साथ सेवन करने से गुल्म तथा शूल को, गोदुग्ध अथवा त्रिफले के क्वाथ के साथ सेवन करने से पाण्डुरोग और शोथ को शमन करता है। (७०) गोमूत्र के साथ सेवन करने से औदुम्बर कुष्ठ को और मट्ठे में पीसकर लेप करने से दाद, खुजली, विचर्चिका आदि त्वचा के विकारों को दूर करता है। तथा गरम जल के साथ पान करने से वायु को और तुलसी के रस में घोटकर लेप करने से ग्रहों की पीड़ा को हरता है। इसको गोमूत्र में घिसकर नस्य लेने से स्मरण शक्ति बढ़ती है और नेत्रों में आँजने से दृष्टिगत रोग नष्ट होते हैं। (७१) विष को स्त्री के दूध में पीसकर आँजने से स्यन्द और अधिमन्थ नामक नेत्ररोग, रक्तविकार सहित अर्मकोप आदि नेत्ररोग तथा कसौंदी के रस में घोटकर आँजने से मोतियाबिन्द और भाँगरे के रस में घोटकर नेत्रों में लगाने से रतौंधा आना दूर होता है। केले की फली के रस में विष को खरल करके आँजने से फूला, और तांबे के पात्र में शहद के साथ घिसकर लगाने से आँख का बढ़ा हुआ मांस का डेला कम दूर होता है। (७२) विष को कपास की जड़ के क्वाथ में खरल करके उसके कुल्ले करने से अथवा लेप करने से दाँतों की पीड़ा शमन होती है। गोमूत्र में पीसकर लगाने से शस्त्र के द्वारा उत्पन्न घाव और व्रण शीघ्र भर जाते हैं। तथा शहद के साथ मिलाकर लगाने से विष भगन्दर, रसौली और गाँठ को और भी के साथ मिलाकर लगाने से सब विकार के व्रणों को शमन करता है। (७३) विष को नारियल के जल में पीसकर सेवन करने से वह लिंग के सब

विकारों को और भाँगरे के रस अथवा नागकेसर के रस के साथ पकाये हुए घृत के साथ सेवन करने से प्रदर रोग को नष्ट करता है। केले के कन्द के रस और घृत में विष को मिलाकर पीने और लेप करने से सर्प का विष दूर होता है। गौ का मट्ठा और मनुष्य का मूत्र इन दोनों के साथ मिलाकर पान किया हुआ विष चूहे और बिच्छू के विष को दूर करता है। और आक के दूध में पीसकर लेप करने से मकड़ी का विष अर्थात् मकड़ी का फलना दूर होता है। कमल के रस और घृत के साथ सेवन किया हुआ विष सब प्रकार के विषों को दूर कर देता है। (७४) कान्तलोह भस्म, अभ्रकभस्म, शुद्ध मैनसिल, शुद्ध मिठातेलिया, शुद्ध पारे की भस्म और सोना माखी की भस्म इन सब रस को समान भाग लेकर एकत्र खरल करके मधु और घृत के साथ सेवन करने वाला मनुष्य सम्पूर्ण रोग, वृद्धावस्था और मृत्यु से विजय प्राप्त करता है। (७५) नष्ट हो गया है शुक्र जिसका ऐसा मनुष्य दाख, कौंच के बीच, महाविष खजूर और मुलैठी इन सबके समान भाग चूर्ण को शहद और घृत में मिलाकर सेवन करे और ऊपर से दुग्धपान करे तो वीर्य की वृद्धि और पुष्टि होती है। (७६) शहद और घृत में विष को मिलाकर सेवन करने और दूध का अनुपान करने से चूहा, बिच्छू आदि सब जन्तुओं के विष नष्ट होते हैं। (७७) सिम्हालू, तगर और विष इनको समभाग लेकर मधु और घृत के साथ सेवन करके ऊपर से दुग्धपान करे तो यह प्रयोग मृतप्राय मनुष्य को संजीवन के समान गुण करता है। (७८) सिरस के फूल, पत्ते और वत्सनाभ विष इनको एकत्र मिलाकर सेवन करने से चूहे का विष दूर होता है (७९) देवदारु, तगर, बालछड, फटकरी, बावची, वत्सनाभ और कूठ इन समस्त औषधियों को समान भाग लेकर बारीक चूर्ण करके भक्षण करने और प्रलेप करने से सब प्रकार के विष नाश होते हैं। (८०) मैनसिल, सुरमा, हरताल, इलायची, सिम्हालु, देवदारू, सिन्दूर, केशर और वत्सनाभ विष इन समान भाग मिश्रित औषधियों को बारीक चूर्ण करके कपड़छान कर लें। इस चूर्ण का नस्य देने से संज्ञाहीन मनुष्य चैतन्य लाभ करता है। तथा विष के सेवन करने से शरीर में दाह के उत्पन्न होने पर चूर्ण को सत्तू, दूध और घृत के साथ मिलाकर सारे शरीर में प्रलेप करने से दाह शान्त होती है।।९३-१३८।।

विष में पथ्यापथ्य आदि विचारों का वर्णन

अमृतंसहसा युक्तं शीलितं विषमेव च।
सात्म्याऽसात्म्यं विकाराय मृत्यवे च वरानने॥१३९॥
वेगान्यष्ट प्रजायंते सहसा विषशीलिनः॥१४०॥
प्रथमे त्वग्विकारः स्याद्द्वितीये वेपथुर्भवेत्।
दाहो वेगे तृतीये स्याच्चतुर्थे विकृतो भवेत्॥१४१॥
फेनोद्गतिः पञ्चमे स्यात्स्कन्धयोर्भंगता ततः।
जड्यता सप्तमे वेगे चाष्टमे मरणं ध्रुवम्॥
एवं ज्ञात्वा वरारोहे प्रतीकारं समाचरेत् ॥१४२॥
पित्तान्तं वमनं कुर्यादामान्तं रेचनं चरेत्।
जातिनीलीश्वरीसिंधुकाकमाच्यद्रिकर्णिकाः॥१४३॥
त्रिफला करवीरं च कुष्ठं मधुकजीरकम्।
क्षीरवृक्षत्वगेलेति विषघ्नोऽयं गणः स्मृतः॥
विषघ्नं गोघृतं देवि मांगल्यं जीवनं स्मृतम्॥१४४॥
अश्वगंधां सगोजिह्वां त्रिशूलीं त्रिफलामपि।
प्रथमं भक्षयित्वा च सेवयेद्गरलं ततः॥
ब्रह्मचर्यं वरारोहे विषकाले समाचरेत्।
पथ्यं स्वस्थमना भुक्त्वा तदा सिद्धिर्न संशयः।
गव्ये क्षीरघृते पेये शाल्यन्नमिदमेव च।
सीतलं च पिबेत्तोयं पित्तलानि च वर्जयेत्॥१४७॥
जांगलानि च मांसानि छागलोहं च मद्गुरान्।
शर्करां माक्षिकं क्षीरं सेवनीयं प्रयत्नतः॥
सेव्यं देवि सदा पथ्यमपथ्यं दूरतस्त्यजेत्॥१४८॥
उद्धृतं फलपाकेन नवं स्निग्धं घनं गुरु।
अव्यापन्नंविषरैरवातातपशोषितम्॥१४९॥
रक्तसर्षपतैलेन लिप्ते वाससि धारितम्।

सक्तुकं मुस्तकं शृंगी वालुकं सर्षपाह्वयम्॥
वत्सनाभं च कर्मण्यं कालकूटादिकं ततः॥१५०॥
न जात्वन्यत्प्रयोक्तव्यं विषै तीक्ष्णे च चारिते।
अतिमात्रे च कर्मण्ये पेयं घृतमनन्तरम्॥
सभार्ङ्गीदधिघर्मोत्थं सारिवा तंदुलीयकम्॥१५१॥
आगारधूममंजिष्ठायष्ट्याह्वैर्वा समन्वितम्।
लिह्याद्वा मधुसर्पिर्भ्यां चूर्णितामर्जुनत्वचम्॥
टंकणं मेघनादेन मधुना वाऽऽलिपल्लवान्॥१५२॥
विषे प्रतिविषं युंज्यान्मंत्रतंत्रैरसिद्ध्यति।
अतीते पञ्चमे वेगे सप्तमे चानतिक्रमे॥
युंज्यान्मूलविषं सर्पदष्टानां पानलेपयोः॥१५३॥
चतुर्भिः षड्भिरष्टाभिर्हीनमध्योत्तमा यवैः।
मात्रां विषस्य मूलस्य प्रयुंजीत च सर्वदा॥१५४॥
दष्टस्य द्वौ यवौ कीटैस्तिलमात्रं तु वृश्चिकैः।
नैव त्वसृक्स्थे पाने तु लूतादष्टस्य नेष्यते॥
वृश्चया लेपयेद्दंशं तस्य ज्ञात्वा सुनिश्चितम्॥१५५॥
शत्रुप्रयुक्ताद्विषतो गराद्वा लूताभुजंगाखुविषाज्जरायाः।
अकालमृत्युग्रहपाप्मनोपि विषाशिनो नास्ति भयं नरस्य॥१५६॥

हे वरानने, सात्म्य (प्रकृति के अनुकूल) और (असात्म्य प्रकृति के विरुद्ध) का विचार किये बिना सहसा उपयोग किया हुआ अमृत अथवा विष अनेक प्रकार का विकार और मृत्यु को उत्पन्न करते हैं। बिना नियम और मात्रा का विचार किये बिना सहसा विष का सेवन करने वाले मनुष्य के शरीर में आठ प्रकार के वेग उत्पन्न होते हैं। प्रथम त्वचा का विकार अर्थात् त्वचा का फटना और तमतमाना, दूसरे शरीर का काँपना, तीसरे वेग में दाह होना, चौथे वेग में आँख, कान आदि इन्द्रियों में विकार होना, पांचवें वेग में मुँह में से झागों का निकलना, छठे वेग में

कन्धों का टूटना, सातवें वेग में इन्द्रियों में जड़ता और आठवें वेग में होने पर मृत्यु हो जाती है। हे शुभानने, इस प्रकार विष के विकारों को जानकर तदनुसार उसका प्रतिकार करना चाहिए। प्रथम जब तक पित्त निकले तब तक वमन कराये। फिर सम्पूर्ण आम के निकलने तक विरेचन (दस्त) कराये। एवं विषारिगण की औषधियों के क्वाथ को पान कराये अथवा उस क्वाथ के साथ घृत को सिद्ध करके सेवन कराये। चमेली की जड़, नीलवृक्ष की जड़, शिवलिगीं, सैंधानमक मकोय, विष्णुक्रान्ता, त्रिफला, कनेर, कूठ, मुलैठी, जीरा, दूध वाले वृक्षों की छाल और इलायची इन औषधियों के समूह को विषारीगण कहते हैं। हे देवि! यह विषारीगण गोघृत के साथ मिलाकर प्रयोग करने से विष के सब उपद्रवों को दूर करके मनुष्य को मांगलिक जीवन प्रदान करता है।

विष पर पथ्य

प्रथम असगन्ध, गोजिया, त्रिशूली घास और त्रिफला इनके समान भाग चूर्ण को भक्षण करके फिर विष को सेवन करे। और ठीक है विष सेवन करते समय ब्रह्मचर्य व्रत को अवश्य पालन करे तथा स्वस्थ चित्त से रहता हुआ पथ्य पदार्थों का सेवन करे तो मनुष्य अवश्य सिद्धि को प्राप्त होता है। इस पर गौ का घी, दूध, शाली धानों के चावल आदि हल के पदार्थों का आहार और शीतल जल का पान करना चाहिये और पित्तकारक पदार्थों का सर्वथा त्याग देना चाहिये। तथा जंगली पशुओं का मांस, बकरी का रुधिर, मद्गुरु नामक मछली, खांड, शहद, दूध ये सब पदार्थ यत्नपूर्वक सेवन करने चाहिये। हे देवि, इस पर सदैव पथ्यपदार्थों का सेवन और अपथ्य पदार्थों को दूर से ही त्याग देना चाहिये। सक्तुक, मुस्तक, शृगिक, बालुक, सर्षपक और वत्सनाभ इनमें से किसी विष को जब वह पूर्ण रूप से पक जाय तब उस नवीन स्निग्ध गाढे और भारी (वजनदार) विष को लाकर सेवन करना चाहिये। तथा जो विषनाशक पदार्थों के द्वारा गुणहीन न हुआ हो और वायु अथवा धूप के द्वारा सुखकर हीन वीर्य न हुआ हो ऐसे विष को सेवन करना चाहिये। विष को सेवन करने से पहले उसको राई के तेल में भिगोकर कपड़े में बाँधकर के तीन दिन तक रक्खा रहने दें। फिर गोमूत्र में शुद्ध करके सेवन करे। सक्तुक, मुस्तक,

शृगी, बालुक, सर्षपक, वत्सनाभ, कालकूटादि विष को सेवन करते समय और कोई विषैला पदार्थ कदापि प्रयोग नहीं करना चाहिए। तीक्ष्ण विष का उपयोग करने पर अथवा विष की मात्रा अधिक हो जाने पर निरन्तर घृतपान करना चाहिये। एवं भारंगी, दही, बड के अंकुर, जड़, सारिया, चौलाई का शाक, घर का धुआँ, मंजीठ और मुलैठी इन सबके समान भाग चूर्ण का शहद और घृत में मिलाकर सेवन करे अथवा अर्जुन वृक्ष की छाल के चूर्ण को शहद और घृत के साथ मिलाकर भक्षण करे या चौलाई के रस में सुहागा पीसकर पान करे किंवा अरणी के पत्तों के चूर्ण को शहद में मिलाकर सेवन करे। विष के उपद्रव अधिक बढ़ने पर मूल विष को योग्य मात्रा से व्यवहार करे तो विष विष को उतार देता है। मात्रा बढ़ाकर किसी शत्रु के द्वारा दिया हुआ विष अथवा सर्प के काटने से चढ़ा हुआ विष जब मन्त्र तन्त्र आदि उपायों के द्वारा न उतरे तब पाँचवें वेग के व्यतीत हो जाने पर सातवें वेग का आक्रमण होने से पहले मूल विष को पान कराये और उसी का प्रलेप करे तो रोगी आरोग्य हो जाता है। चार जौ की मात्रा हीन, ६ जौ की मध्यम और ८ जौ की बराबर मात्रा उत्तम होती है। मूल (कन्द) विष की मात्रा को सदैव इन्हीं मात्राओं के अनुसार प्रयोग करना चाहिये। कानखजूरा आदि जन्तुओं से काटे हुए मनुष्य को एक दो जौ की बराबर और बिच्छू से काटे हुए मनुष्य को तिल की बराबर उक्त विष सेवन करना चाहिए। विष को पान करने पर अथवा सर्पादि से काटे हुए विष के रुधिर में मिल जाने पर उसको उतारने के लिए विष सेवन नहीं कराना चाहिए तथा मकड़ी जौंक आदि विषैले जन्तुओं से काटे हुए मनुष्य को भी विष सेवन नहीं करना चाहिये। परन्तु बिच्छू के काटने का निश्चय करके उस स्थान पर विष का लेप करे। विष सेवन करने वाले मनुष्य को शत्रु के द्वारा दिये हुए विष से तथा किसी प्रकार के भी मकड़ी, सर्प, चूहा आदि जंतुओं के विष से एवं वृद्धावस्था, अकालमृत्यु और पापग्रहों की पीड़ा का भी भय नहीं होता।।

इति श्रीवाग्भटाचार्यविरचिते रसरत्नसमुच्चये भाषाटीकायां एकोनत्रिंशोऽध्यायः समाप्तः ॥२९॥

त्रिंशोऽध्यायः

रस कल्प

पारदभस्म विधि

गुजासैंधवयोश्चूर्णं देवदालीदलद्रवैः।
टंकण किंशुकरसैर्जंबीराम्लेन चूलिकाम्॥१॥
मूलकक्षारगोमूत्रप्रसादेन च गन्धकम्।
स्वर्जिकां भूखगं व्योषशिग्रुमूलरसेन च॥२॥
शतशो भावयेत्सर्वं बिडोयं वडवानलः॥३॥
एवमग्निसहो लोहसंयुक्तः केवलोऽथ वा।
नियामकौषधसिताऽङ्कोलमूलरसादिभिः॥४॥
वैक्रांतप्रमुखैर्वापि रसेन्द्र सह मर्दितः।
यंत्रस्थ क्रमवृद्धेन वह्निनोर्ध्वेन पाचितः॥५॥
मृतोऽधराग्निना तप्तोऽप्यक्षीणो नोर्ध्वमाश्रयेत्।
अथाऽपामार्गतैलेन तथा पुष्करतंदुलैः॥६॥
अथवा मलयूक्षीरभावितश्वेतहिंगुना।
मर्दितः पुटपाकेन भस्मतां प्रतिपद्यते॥७॥
गोमूत्रद्रोणपुष्पाभ्यां पाकाद्वा कांतभाजने।
कङ्गुणीकृष्णधत्तूरतैलाभ्यां वा विमर्दितः॥८॥
मृणालतंतुवर्तिस्थः पीतगंधर्वतैलयुक्।
ज्वलितो याममात्रं वा मृतवैक्रांतसंयुतः॥९॥

वंध्याऽमृताकंदगतः पचनाद्भूधरेऽथ वा।
चपलोपलनिर्गुंडीरसाभ्यां रसकेन वा॥१०॥
वाराहीरसयुक्तेन चक्रमर्दरसेन वा।
गंधपाषाणयुक्तेन बद्धं वा वाससा रसम्।
पचेद्गंधकतैलेन यावदाखोटबंधनम्॥११॥
गंधाश्मपिष्टं द्विगुणगंधं वा कान्तसंपुटे॥१२॥
गंधकाद्वा तृतीयांशं कांतपर्पटमिश्रितम्।
मूलिकामर्दितं लोहपर्पटान्तगतं धमेत्॥१३॥
यद्वा गंधकपादेन मर्दितं मूलिकारसैः।
लोहसंपुटमध्यस्थमंगारैर्ध्मातमुत्खनेत्॥१४॥

चोटली और सैंधे नमक के चूर्ण को देवदाली (बंदाल) लता के रस में सौ बार भावना दें। एवं सुहागे को ढाक के रस में, नवसादर को जम्बीरी नींबू के रस में, गन्धक को मूली के खार और गोमूत्र में, सज्जी को त्रिकुटा और सहिंजने की जड़ के रस में सौ सौ बार भावना देकर सबको एकत्र मिला लें। इसको बडवानल विड कहते हैं। इस बडवानल विड में पारे को पीसकर अग्नि देने से पारा अग्नि सह (अर्थात् अग्नि को सहने वाला) हो जाता है। यह विड जारण कर्म में बहुत उपयोगी है। पारे को भस्म करने से पहले इस विड से पारे को अग्निसह बना लेना अत्युत्तम है। इस प्रकार पारे को अग्निसह बनाकर फिर किसी धातु के साथ मिलाकर, अथवा केवल पारे को नियामक औषधियों के साथ या मिश्री और अङ्कोल की जड़ के रस के साथ अथवा वैक्रान्त आदि रत्नों के साथ मर्दन करे। फिर यंत्र में रखकर उसके क्रम क्रम से ऊपर अग्नि की वृद्धि करता हुआ पकायें। जब स्वाङ्गशीतल हो जाय तब पारे की भस्म को निकालकर बारीक पीस लें। नीचे की अग्नि से तपा हुआ भी पारा न तो कम होता है और न उड़ सकता है। चिरचिटे के तेल अथवा पोहकर मूल के रस में पीसे हुए चावलों के कल्क में अथवा कठूमर के दूध में पीसी हुई श्वेत हींग से कल्क में पारे को मर्दन करके

पुटपाक की विधि से पकायें तो पारा भस्म हो जाता है। द्रोणपुष्पी (गूमा) के पञ्चाङ्ग को गोमूत्र में पीसकर उसमें पारे को खरल करके कान्तलोह के सम्पुट में पकाने से पारा भस्म होता है मालकाँगनी के तेल और काले धतूरे के तेल के साथ घोटकर पकाने से पारे की भस्म हो जाती है। कमल की नाल के तन्तुओं की अण्डी के तेल में बत्ती बनाकर उसमें पारे को खरल करके तीन घंटे तक अग्नि देने से कमल की नाल के तन्तुओं का अण्डी के तेल के कल्क बनाकर उसके बीच में पारे को रखकर तीन घंटे तक पकाने से पारा भस्म हो जाता है। वैक्रान्त मणि की भस्म के साथ पारे को घोटकर बाँझ ककोड़े के कन्द में अथवा गिलोय के कन्द में रखकर भूधरपुट में पकाने से पारा भस्म होता है। पारे को चपल धातु और निर्गुंण्डी के रस में घोटकर अग्नि देने से अथवा खपरिया और वाराही कन्द के रस के साथ किम्बा खपरिया और चकबडक रस में घोटकर अग्नि देने से भस्म ऊपर नीचे गन्धक का चूर्ण और बीच में पारा रखकर कपड़े की पोटली बनायें। उस पोटली को गन्धक के तेल से भरे हुए दोलायन्त्र में अधर लटका कर उसके नीचे अग्नि जलायें। जब गन्धक के साथ मिलकर एक रूप हो जाय तब भस्म तैयार हुई समझनी चाहिये। पारे को समान भाग गन्धक के साथ पीसकर कज्जली कर लें। फिर पारे से दुगुनी गन्धक लेकर पीसकर के कान्तलोह के सम्पुट में नीचे ऊपर बिछाकर उसके बीच में उक्त कज्जली को रखे फिर सम्पुट पर कपरौटी करके अग्नि दें तो पारे की भस्म होती है। गन्धक तीन भाग और पारा १ भाग दोनों को मूली के रस में घोटकर कान्तलोह के सम्पुट में बन्द करके अग्नि देने से पारा भस्म होता है। केवल मूली के रस में घोटकर अग्नि देने से भी पारा भस्म हो जाता है। पारे में चौथाई भाग गन्धक मिलाकर मूली के रस में खरल करके लोहे के सम्पुट में बन्द कर अंगारों की अग्नि में फूंकने से पारा भस्म हो जाता है।।१-१४।।

पारे का जारण

पीतासवाम्लं खात्सत्वं कांतं वा तीक्ष्णमेव वा।
चतुः षष्टितमांशेन प्रमितं क्षिप्तमल्पशः।।१५।।

तप्तखल्वेऽम्लयोगेन श्लक्ष्णवत्तं विमर्दयेत्।
भूर्जे क्षाराम्ललवणस्नुह्यर्कक्षीरलेपिते॥१६॥
बद्धं वस्त्रावृते स्विन्नमम्ले समरसे रसम्।
धौतमुष्णारनालेन शुष्कमंगुलिमर्दितम्॥१७॥
पचेत्कच्छपयंत्रस्थमष्टमांशबिडान्वितम्।
स्वप्रमाणरसस्तिष्ठेज्जीर्णे ग्रासे त्वजीर्यति॥१८॥
पातयेदासवाम्लेन मर्दयेत्स्वेदयेच्च तम्।
जारणे जारणे वह्निं ग्रासं च परिवर्धयेत्॥१९॥
द्विगुणं योजयेदेवं सत्वमभ्रकसंभवम्॥
पूतिलोहं विष मूत्रं रसकं गंधकत्रयम्
न युंज्याज्जारणे सूतस्तज्जीर्णैः स्फोटकुष्ठकृत्॥२०॥
कुर्याल्लोहमयीं मूषामायामे द्वादशांगुलाम्।
मर्दितं हेमवाराही गृहन्यासरसे रसम्॥२१॥
रसोनपिण्डे दधती लोहमय्या सुरन्ध्रया।
निर्गुंडीपत्रनिर्यासपीतपादांशगंधया॥२२॥
गर्भमूषिकया युक्तां सचक्रां सपिधानकाम्।
लम्बितां जलपात्रस्थखर्परद्वारि पाचयेत्॥२३॥
ऊर्ध्व वनोत्पलैश्छित्रैरङ्गारैः खादिरैरधः।
एवमष्टगुणे जीर्णे गंधके क्षयकुष्ठजित्॥२४॥

दारुहल्दी, आसव की खटाई, अभ्रक का सत्त्व, कान्तलोह भस्म अथवा तीक्ष्णलोह की भस्म इन सबको समान भाग लेकर एकत्र खरल कर लें। फिर इस चूर्ण में चौंसठ गुना पारा मिलाकर सबको तप्त खरल में डाल करके थोड़ी थोड़ी खट्टी काँजी डालता हुआ उसके साथ खूब बारीक खरल कर गोला बना ले। फिर जवाखार काँजी, नमक, थूहर का दूध और आक का दूध इन सबको एकत्र पीसकर भोज पत्र के ऊपर लेप करे और उसके ऊपर उपर्युक्त गाले को रखकर उसको कपड़े में बाँध कर पोटली बना लें। फिर दोलायन्त्र में उस पोटली को अधर लटका दें

और उसमें उक्त औषधियों से दुगुनी काँजी भरकर उस यन्त्र के नीचे अग्नि जलायें। जब काँजी सब जल जाय तब उसमें से पोटली को निकाल कर उसमें से पारे को निकाल लें और गरम काँजी से धोकर सुखा लें। फिर उसको अङ्कोल के तेल में घोटकर गोला बना लें और एक सम्पुट में नीचे ऊपर अष्टमांश पूर्वोक्त वडवानल विड को बिछाकर उसके बीच में उक्त गोले को रखकर बन्द कर दें, फिर उस सम्पुट को कच्छपयन्त्र में रखकर पकायें। इस प्रकार पुट देने से पारा घटता नहीं है और ग्रास दी हुई वस्तुओं के जारण हो जाने पर भी पारा उतना ही रहता है। इस तरह पारे को एक बार जारण करने के बाद तिर्यक् पातन यन्त्र के द्वारा उड़ायें और फिर निम्नलिखित विधि से जारण करें। दारु हल्दी, आसव की खटाई, अभ्रक भस्म, कान्तलोह की भस्म अथवा तीक्ष्णलोह की भस्म इन सबको पहले से दुगुने वजन में लेकर एकत्र मिश्रित करके उसमें तिर्यक्पातन यन्त्र के द्वारा उड़ाये हुए पारे को डालकर खूब बारीक खरल करके गोला बना लें। फिर उपर्युक्त जवाखार आदि औषधियों के द्वारा लेप किये हुए भोजनपत्र पर उस गोले को रखकर वस्त्र में बाँध करके उसकी पोटली बना लें। फिर दोलायन्त्र में उक्त औषधि से दुगुनी काँजी भरकर उसमें पारे की पोटली को अधर लटका दें। और उसके नीचे अग्नि जलायें। जब काँजी सब जल जाय तब पोटली में से पारे को निकालकर गरम काँजी से धोकर सुखा लें। फिर पारे को अंङ्कोल के तेल में घोटकर गोला बना लें और उस गोले को सम्पुट में अष्टमांश बिछाये हुए बडवानल विड के बीच में रख करके कच्छपयन्त्र में पकायें। इस प्रकार दूसरी बार जारण करने पर पारे को तिर्यकपातन यन्त्र के द्वारा उड़ा करके फिर जारण करे। इस विधि से पारे को ७ बार जारण करे। परन्तु प्रत्येक बार के जागरण मैं उपयुक्त दारु हल्दी आदि जारण करने वाली औषधियों का वजन बढ़ाता जाय, उसी प्रमाण के अनुसार दोलायन्त्र में काँजी को भी बढ़ाकर डाले। अग्नि भी अधिक दें और बडवानल विडकी भी मात्रा बढ़ा कर डाले। एवं प्रत्येक वार में अङ्कोल के तेल में घोट घोट कर कच्छपयन्त्र में अग्नि दें। इस प्रकार प्रत्येक बार के जारण में सब वस्तुओं को दुगुना करता जाये। पारे

को जारण करने में सीसा, बंग, विष, मूत्र, खपरिया, गन्धक, हरताल और मैनसिल इन चीजों को न डाले। कारण, इनके द्वारा जारण करने से पारा फोड़े, फुन्सी, कुष्ठ आदि विकारों को उत्पन्न करने वाला हो जाता है।

पारे को जारण करने की दूसरी विधि

प्रथम बारह अङ्गुल लम्बी लोहे की मूषा बनायें। फिर पीला धतूरा वाराहीकन्द और घीग्वार के रस के साथ पारे को खरल करके गोला बनाकर सुखा लें। फिर उस गोले को लहसुन के कल्क में खूब लपेटकर और सुखाकर उपर्युक्त मूषा में रखकर उसके ऊपर तली में एक छोटी सी मूषा को इस प्रकार ढके कि वह बड़ी मूषा में दो दो अँगुल नीचे को फँस जाये। फिर पारे से चौथाई भाग गन्धक को निर्गुण्डी के पत्तों के रस में घोटकर सुखा लें। और उसको छिद्रवाली छोटी मूषा में उसी मार्ग से भरकर उस छिद्र को चक्र के समान गोल लोहे के ढक्कन से ढक दें। और दोनों मूषाओं के ऊपर कपरौटी करके सुखा लें। फिर पानी से भरे हुए लोहे के कढाव में मिट्टी का एक बड़ा कूँडा रखकर उसकी तली में इस मूषा के सम्पुट को अधर लटका कर रखे और उस सम्पुट पर एक बड़ा कूँडा औंधा मुँह करके ढक दें फिर उस कूँडे के ऊपर आरने उपलों की अग्नि जलायें और नीचे खैर की लकड़ी की अग्नि जलाता हुआ पकायें। जब स्वाङ्गशीतल हो जाय तब पारे को उसमें से निकाल लें। यह एक बार गन्धक जारण हुआ। इसी प्रकार जितना पारा हो उससे अठगुनी गन्धक जब तक जारण हो तब तक बारम्बार उपर्युक्त विधि से जारण करे और प्रत्येक बार में गन्धक को पारस आठवाँ भाग डाले। इस प्रकार ३२ बार अठगुनी गन्धक में जारण होने पर पारा क्षय और कुष्ठ रोग को अवश्य नष्ट करता है।।१५-२४।।

वज्रपञ्जर रस

क्षेत्रीकरणमित्युक्तं वज्रभस्मसमं रसम्।
हंसपादीरसैघृष्टं विपचेत्तत्पुटानले।।२५।।
तुल्यमन्यं रसं तेन पूर्वन्मर्दितं पचेत्।
यावच्छक्यं चतुर्थांशमानेन रसभस्मना।।२६।।

अम्लपिष्टेन सौवर्णं पत्रमम्लेन मारयेत्।
राजिकार्धार्धमारभ्य यावन्माषं विवर्धितः॥२७॥
चित्रकार्द्रकसिन्धूत्थतीक्ष्णासौवर्चलैः सह।
सेवितः पलपर्यंतं रसोऽयं वज्रपञ्जरः॥
शरण्यः परिभूतानां व्याधिवार्धकमृत्युभिः॥२८॥

हीरे की भस्म के साथ समान भाग शुद्ध पारे के मिलाने को क्षेत्रीकरण कहते हैं। उस क्षेत्रीकरण को लाल रंग की लज्जालु के रस में घोटकर भूधरपुट में रखकर पकायें। स्वांगशीतल हो जाने पर फिर उसको पूर्ववत् लज्जालु के रस में खरल करके भूधर पुट में पकायें। इस प्रकार पुट देने से जब पारे की भस्म हो जाय तब उसको निकाल कर खरल कर लें। पारे की भस्म १ भाग और सोने के कंटकवेधी पत्र चार भाग लेकर प्रथम पारे की भस्म को नींबू के रस में घोटकर सोने के पत्रों पर लेप करके उनको भूधर पुट में पकायें तो सुवर्ण भस्म हो जाती है। इसी को वज्रपंचरस तैयार हुआ समझना चाहिये। इस रस को पहले दिन चौथाई राई की बराबर दूसरे दिन आधी राई, तीसरे दिन पौन राई और चौथे दिन १ राई की बराबर इस प्रकार प्रतिदिन चौथाई २ राई की बराबर मात्रा बढ़ाता हुआ एक उड़द की बराबर तक मात्रा करके फिर प्रतिदिन एक एक उड़द की बराबर ही चीता, अदरक, सैंधा नमक, मिरच और काला नमक इनके समान भाग मिश्रित तीन मासे चूर्ण के साथ सेवन करे। अथवा अपनी प्रकृति और रोगानुसार अनुपान की कल्पना करके उसके साथ सेवन करे। यह वज्रपञ्जर रस चार तोले की मात्रातक सेवन करने से नाना प्रकार के रोग, वृद्धावस्था और मृत्यु के भय के कारण व्याकुल हुए प्राणियों की रक्षा करने वाला है॥२५-२८॥

पञ्चामृतरस

हेममाक्षिककांताभ्रवज्रभस्म प्रवेशयेत्।
रसे सहेम्नि सप्ताहं मूलिकारसमर्दिताम्॥२९॥

तां पिष्टीं यन्त्रयोगेन पचेत्पञ्चामृताह्वयः।
रसोऽयंमधुसर्पिर्भ्यां युक्तः पूर्वाऽधिकोगुणैः॥३०॥

एक भाग शुद्ध पारे में समान भाग सोने के वर्क डालकर इस प्रकार घोटे कि दोनों मिलकर एकम एक हो जायँ। फिर उस पिट्ठी में सोनामाखी की भस्म, कान्तलोह की भस्म, अभ्रकभस्म और हीरे की भस्म ये प्रत्येक एक एक भाग डालकर सबको सात दिन तक मूली के रस में खरल करे। फिर उसका गोला बनाकर सुखा लें और भूधर पुट में रख कर मन्द मन्द अग्नि से थोड़ी देर तक पकायें। जब स्वांगशीतल हो जाय तब उसको निकाल कर बारीक चूर्ण करके शीशी में भरकर रख दें। इस पञ्चामृत नामक रस को योग्यमात्रा से मधु और घी के साथ मिलकर सेवन करे। यह रस पूर्वोक्त वज्रपञ्जररस के गुणों से भी अधिक गुण करने वाला है॥२९-३०॥

मृतसञ्जीवनीवटी

कांताभ्रताप्यसत्वानां वज्रहेम्नो रसस्य च।
सप्ताहमम्लपिष्टानां गोलके लेपितेऽन्वहम्॥३१॥
गोजिह्वा वायसी पथ्या निर्गुंडी मधु सैंधवम्।
स्विन्ने भूमध्ययंत्रस्थे पक्षात्कठिनतां गते॥३२॥
यवचिंचापलाशाक्षराजिकार्पासतंदुलैः।
आवर्तितान्तर्लिप्तायां मूषायां खदिराग्निना॥३३॥
टंकणं चुंबकांतं च दत्त्वा विशोषिते।
मूषायां बिडयोगेन समांशं हेम जारयेत्॥३४॥
संवत्सरं मुखधृता मृतसंजीवनी मता।
गुटिका शस्त्रस्तंभं च कुरुते वार्धमृत्युजित्॥३५॥

कान्तलोह की भस्म, अभ्रक की भस्म, सोनामाखी की भस्म हीरे की भस्म, सुवर्ण भस्म और आठ संस्कार किया हुआ पारा इन सबको समान भाग लेकर सात दिन तक खटाई में घोटकर गोला बना लें। फिर उस गोले के ऊपर गोजिया, मकोय, हरड, निर्गुण्डी, शहद और सैंधा

नमक इन सबको पानी में पीसकर दो दो अंगुल ऊँचा लेप करके सुखा लें और भूधरयन्त्र में रखकर पकायें। स्वाङ्गशीतल हो जाने पर गोले को बाहर निकालकर बिना खरल किये ही फिर उसके ऊपर उपर्युक्त कल्क का लेप करके भूधरपुट में पकायें। इस प्रकार पन्द्रह दिन तक १५ पुट देने से जब वह गोला खूब कठिन हो जाय तब एक लोहे की मूषा के भीतर खिरनी की जड़, ढाक की जड़, बहेड़े की छाल, राई और कपास के चावल (बिनौले) इन सबके कल्क का चारों तरफ लेप करके उसमें उक्त गोले को रखकर खैर की लकड़ी की अग्नि में धौकनी से फूँके। फिर सुहागा और चुम्बक लोहे के चूर्ण को समान भाग लेकर उसको थोड़ा थोड़ा मूषा में डालता जाये। जब गोले के परिमाण को यह चूर्ण न खा सके तब मूषा को शीतल करके उस गोले के बराबर भाग सुवर्ण मिलाकर उसको बडवानल विड के साथ यन्त्र द्वारा जारण करे। फिर उचित मात्रा की गोलियाँ बनाकर रख लें। यह मृतसञ्जीवनी गोलियाँ एक वर्षपर्यंत मुख में धारण करने से मनुष्य के शरीर को शस्त्र से भी न कटने योग्य दृढ़ करती है और वृद्धावस्था तथा मृत्यु को जीतती है।।३१-३५।।

महानीलतैल

वटप्ररोहपिण्डीतमूलत्वक्कृष्णसैर्यकैः।
केतकीस्तनभृंगायः शकलत्रिफलार्जुनैः।।३६।।
पृथग्दशपलैः सार्धं चतुर्द्रोणेष्वपां पचेत्।
अष्टभागावशिष्टेऽस्मिन्भृंगस्वरसपेशितैः।।३७।।
त्रिफलानील्ययश्चूर्णैः पृथग्द्विपलिकैर्युतम्।
तैलाढकं समक्षीरं पक्त्वा मृतरसान्वितम्।।३८।।
महानीलं सुभाण्डस्थं मण्डलं धान्यमध्यगम्।
अभ्यंगविधियोगेन केशानां रंजनं परम्।।३९।।

बड के अंकुर, मैनफल की जड़ की छाल, काले फूल की कटसरैया, केतकी वृक्ष (केवडा के) स्तन, भाँगरा, लोहचूर्ण, त्रिफला और अर्जुन वृक्ष की छाल प्रत्येक को चालीस-२ तोले लेकर एकत्र कूट लें। फिर सबको

चार द्रोण जल में डालकर पकायें। जब पककर आठवाँ भाग जल शेष रहे तब उतारकर छान लें। फिर त्रिफला, नीलवृक्ष की जड़ और लोह का चूर्ण इन प्रत्येक को आठ २ तोले लेकर भाँगरे के रस में खूब बारीक पीस करके उपर्युक्त क्वाथ में मिला दें। फिर १ आढक तिल का तेल और १ आढक दूध डालकर पकायें पककर जब पानी का भाग सब जल जाय और तेल मात्र शेष रह जाय तब उतारकर छान लें और उसमें चार तोले पारे की भस्म मिला दें। इसके पश्चात् उस महानील तेल को एक चिकने बर्तन में भरकर उसको अच्छे प्रकार धानों की राशि में गाड़ दें और ४० दिन तक रखा रहने दें। ४० दिन के बाद निकालकर उस तेल की मालिश करने से बाल अत्यन्त काले हो जाते हैं।।३६-३९।।

पारे की भस्म के सामान्य प्रयोग

रोगोक्तयोगयुक्तोऽयं तत्तद्रोगहरो भवेत्।
समुस्तपर्पटक्वाथो भस्मसूतो हरेज्ज्वरम्।।४०।।
दशमूलकषायेण पिप्पल्या च समस्तजम्।
माक्षिकाऽभयया वासापिप्पल्या चास्त्रपित्तनुत्।।४१।।
कण्टकारीकषायेण पिप्पल्या च सकासजित्।
अजायाः क्षीरसिद्धेन कणायुक्तेन सर्पिषा।।
त्रिफलागंधकव्योषगुडैर्वा क्षपयेत्क्षयम्।।४२।।
हिक्कां निहंति रुचकबीजपूराम्लमाक्षिकैः।
छर्दिदाहौ मधुसितालाजामुद्गसिताम्बुभिः।।४३।।
अर्शांसि तैलसिन्धूत्थपुटपचितसूरणैः।
त्वक्पल्लवैः कषायेण शृतेनोदश्विदम्भसा।।४४।।
क्षीरिण्या वाप्यतीसारं विषूचीं कणहिंगुना।
अजीर्णं कांजिकैरण्डक्वाथपथ्यावलेहतः।।४५।।
कषायपल्लवैः पक्वं बालबिल्वं सनागरम्।
सगुडं सरसं हंति बिम्बिसीं दारुणामपि।।४६।।

बिल्वकर्कटिकागर्भं मसूरक्वथिताम्बु वा।
कृच्छ्रं मृतरसक्षीरक्षीरिणीक्षूरमाक्षिकैः॥४७॥
पारदभस्मशिलाजतुकृष्णालोहमलत्रिफलाकुलिबीजम्।
ताप्य निशारजतोपलकान्तव्योषरजः खपुरश्च कपित्थात्॥४८॥
सर्वमिदं परिचूर्ण्य समाशं भावितभृंगरसं दिवसादौ।
विंशतिवारमिदं मधुलीढं विंशतिमेहहरं हरिदृष्टम्॥४९॥
न्यग्रोधाद्यसनाद्यैर्वा क्वाथयुक्तो मृतो रसः।
पथ्यालशुनगोमूत्रैः प्लीहगुल्मनिबर्हणः॥५०॥
कलाययूषशम्बूकक्षाराभ्यां पंक्तिशूलनुत।
सत्र्यूषणतिलक्वथेनामशूलस्य नाशनः॥५१॥
नवनीतसुधाक्षारभावितोऽभययोदरे।
स हितः सहितो यष्टीवारिणा कामलामये॥५२॥
फलत्रिकादिक्वथेन पाण्डुशोफे सकामले।
शोफे सविश्वभूनिंबक्वथगोमूत्रसंयुतः॥५३॥
निम्बामलककंकुष्ठैः प्रशस्तः स मृतो रसः॥५४॥
रसोनराजिकावह्निनीलिमार्कवपल्लवैः।
तुल्यं भल्लातकं क्षिप्त्वा क्षीरे तैलं विपाचितम्॥५५॥
भूशिरीषसुपर्णाक्षोः पञ्चांगं माक्षिकं घृतम्।
रसं च लीढ्वा कुष्ठार्तो लिम्पेत्त्रिकटुना तनुम्॥
रसगंधकापिष्ट्या वा कटुतैलाभियुक्तया॥५६॥
कर्पूरवल्लीसहनिम्बतैलपातालमूलीरसभावितेत।
रसेन लिह्यात्सकलं हठं वा
विचूर्णितं पुष्परसेन कुष्ठी॥५७॥
फेनिलफलाहिदर्वीकन्दरसं खादतोऽनुदिनम्।
फेनिलमूलोद्वर्तनमाचरतोपि च कुतः कुष्ठम्॥५८॥

चित्रकवानरिवायसितुण्डी बाकुचिकाद्विगुणाः परिपीताः।
मूत्रयुता मृतसूतसमेतास्तक्रभुजः शमयंति किलासम्॥५९॥
द्रुतगगनमरीचीबाकुचीतालपत्र्यौ
सलिलरिपुनकुल्यौ कृष्णशुंठ्यौ सभृंगम्।
मरिचमसितसोमश्वित्रकांकोलवीजं
वरतिलशशिलेखे त्वक् च शाखोटकस्य॥६०॥
फलत्रयं च तत्सर्वं मृतसूतसमन्वितम्।
क्षीरान्नवर्तनो जग्ध्वा श्वित्रमाशु निवर्तयेत्॥६१॥
सनिम्बपल्लवक्षौद्रः कृमीन्हन्ति मृतो रसः।
पीतो लशुनसिद्धेन तैलेनानिलजान्गदान्॥६२॥
विश्वैरण्ड शृतक्षीरसहितो गृध्रसीं जयेत्।
गुडाभयागुडूच्यम्बुयुक्तः पवनशोणितम्॥६३॥
त्रिकटुत्रिफलावेल्लैः समांशो गुग्गुलुर्जयेत्।
वातारितैलसंयुक्तः स्थौल्यं भस्मरसान्वितः॥६४॥
मधूदकाभ्यां युक्तो वा कार्श्यं तु शर्करान्वितः।
हिंगुसौवर्चलव्योषमूत्रसिद्धेन सर्पिषा॥
रसो हन्यादपस्मारमुन्मादं च तथाञ्जनात्॥६५॥
मधूककुनटीताक्ष्यर्पारावतमलैर्युतः॥६६॥
धान्याम्लपिष्टाष्टमपिप्पलीकान्कार्पासबीजान्करमर्दनेन।
आदाय तैलं मृतसूतयुक्तमक्ष्णि प्रयुंजीत विशीर्णरोम्णि॥६७॥

भिन्न भिन्न रोगों के प्रकरण में जो योग कहे गये हैं। उन योगों के साथ पारे की भस्म को मिलाकर सेवन करने से पारा उन सब रोगों को समूल नष्ट कर देता है। (१) नागरमोथा और पित्तपापडे के क्वाथ के साथ पारे की भस्म को सेवन करने से ज्वर दूर होता है। (२) दशमूल के क्वाथ में पीपल का चूर्ण डालकर उसके साथ पारे[१] की भस्म को

सेवन करने से सन्निपातज्वर शमन होता है। (३) शहद और हरडों के चूर्ण के साथ अथवा अडूसा और पीपल के चूर्ण के साथ पारद भस्म को सेवन करने से रक्तपित्त नष्ट होता है। (४) कटेरी के क्वाथ में पीपल का चूर्ण मिलाकर उसके साथ सेवन की हुई पारे की भस्म खाँसी को दूर करती है। (५) बकरी के दूध में पीपल का कल्क बनाकर उसके साथ घृत को पका कर सिद्ध कर लें। उस घृत के साथ अथवा त्रिफला, गन्धक, त्रिकुटा और गुड़ इन औषधियों के साथ पारे की भस्म को मिलाकर सेवन करने से क्षय रोग नष्ट होता है। (६) काला नमक, बिजौरा नींबू का रस और मधु इनके साथ सेवन की हुई पारे की भस्म हिचकी रोग को शमन करती है। (७) शहद, मिश्री और खीलों के पानी के साथ अथवा मूँग के यूष में मिश्री डालकर उसके साथ सेवन करने से पारे की भस्म वमन और दाह को शान्त करती है। (८) पुटपाक की विधि से पकाये हुए जिमींकंद के चूर्ण को और पारे की भस्म को तेल और सैंधे नमक में मिलाकर सेवन करने से अथवा जिमीकन्द की छाल और पत्तों का मट्ठे के साथ क्वाथ बनाकर उस क्वाथ के साथ पारे की भस्म को सेवन करने से सब प्रकार का अर्श रोग (बवासीर) दूर होता है। (९) पारे की भस्म को दुद्धी वृक्ष के पञ्चाङ्ग के रस के साथ सेवन करने से अतिसार (दस्तों का होना) रोग और पीपल तथा हींग के साथ सेवन करने से विषूचिका (हैजा) रोग एवं काँजी और अण्ड की जड़ के क्वाथ अथवा हरड के अवलेह के साथ सेवन करने से अजीर्ण रोग नाश को प्राप्त होता है। (१०) कच्चा बेल और सोंठ दोनों का समान भाग लेकर बड, गूलर, पीपल, पाखर, बैंत इनके पत्तों के क्वाथ में पीसकर गोला बना लें। उस गोले के ऊपर कपरौटी करके उसको पुटपाक की विधि से पकायें। स्वाङ्गशीतल हो जाने पर बारीक चूर्ण करके उसमें गुड़ और पारे की भस्म मिलाकर सेवन करने से दारुण बिम्बिसी रोग नष्ट होता है। (११) वेल, ककड़ी का गर्भ, मसूर का क्वाथ, दूध, खिरनी का रस, तालमखाना और शहद इन सबको साथ पारे की भस्म को मिलाकर सेवन करने से मूत्रकृच्छ्र रोग आराम होता है। (१२) पारे की भस्म, शिलाजीत, पीपल, मण्डूरभस्म, त्रिफला, नकुलकन्द के बीज, सोनामाखी की भस्म, हल्दी, चाँदी की भस्म, सूर्यकान्तमणि

की भस्म, त्रिकुटा अभ्रक भस्म, शुद्ध गूगल और कैथ का गूदा इन सब औषधियों को समान भाग लेकर एकत्र पीसकर के भाँगरे के रस में एक दिन तक भावना देकर सुखा लें। 'निदान' जो २० प्रकार के प्रमेह वर्णन किये हैं, उन प्रत्येक में क्रम क्रम से बीस दिन तक इस रस को शहद में मिलाकर सेवन करे तो यह रस बीसों प्रकार के प्रमेहों को नष्ट कर देता है। यह प्रयोग श्रीहरि नाम वाले आचार्य का अनुभव किया हुआ है। (१३) न्यग्रोधादि गण और आसनादि गण की औषधियों के क्वाथ के साथ पारे की भस्म को सेवन कर ऊपर से गोमूत्र में पीसा हुआ हरड और लहसुन का कल्क भक्षण करने से प्लीहा (तिल्ली) और गुल्मरोग निवारण होता है। (१४) मटर के यूष और शंख की भस्म के साथ पारद भस्म को प्रयोग करने से परिणाम शूल दूर होता है। (१५) तिलों के क्वाथ में त्रिकुटे के चूर्ण को पारे की भस्म को मिलाकर खाने से आम का शूल नाश होता है। (१६) उदर रोग में हरड के चूर्ण को प्रथम नैनी घी में, फिर थूहर के क्षार में भावना देकर उसके साथ पारद भस्म मिलाकर सेवन करनी चाहिये। (१७) पारे की भस्म को मुलैठी के रस के साथ सेवन करना कामला रोग में उपयोगी है। परन्तु कामला सहित पाण्डुरोग और शोथरोग (सूजन) में त्रिफलादि के क्वाथ के साथ सेवन करना उचित है। १८) सोंठ और चिरायते के क्वाथ को गोमूत्र में मिलाकर उसके साथ पारे की भस्म को सेवन करने से शोथरोग (सूजन) में शीघ्र लाभ होता है। (१९) शोथरोग (सूजन) में नीम की छाल आँवले और कंकुष्ठ (मुर्दासंग) इनके चूर्ण के साथ पारदभस्म को सेवन करना अत्यन्त श्रेष्ठ है। (२०) लहसुन, राई, चीता, नीलवृक्ष और भाँगरे के पत्ते ये सब समान भाग और सबके बराबर भिलावे लेकर सबको एकत्र कूट पीस करके दूध में कल्क बना लें। फिर उस कल्क के साथ विधि पूर्वक तेल को पकाकर उसमें पारे की भस्म को मिलाकर लगाने से कुष्ठ रोग नष्ट होता है। (२१) कुष्ठरोगी सिरस और पाताल गरुडीलताक पञ्चाङ्ग को बारीक चूर्ण करके शहद, घृत और पारे की भस्म में मिलाकर सेवन करे और त्रिकुटे के चूर्ण के साथ मिलाकर शरीर पर मालिश करे तो कुष्ठ रोग दूर होता है। (२२) पारे की भस्म के बराबर शुद्ध गन्धक लेकर दोनों को एकत्र पिट्ठी पीस करके उसको सरसों के

तेल में मिलाकर योग्य मात्रा से सेवन करने वाला कुष्ठरोगी आरोग्य लाभ करता है। (२३) कपूर[२] नामवाली बेल का रस, नीम का तेल और पाताल गरुडी (छिरहिटा) लता की जड़ का रस प्रत्येक में पारे की भस्म को एक-२ बार भावना देकर उसको कुष्ठरोगी शहद के साथ मिलाकर शहद के साथ सेवनं करे तो कुष्ठ रोग शीघ्र शमन होता है। (२४) रीठों की गिरी और नागदौन का कन्द दोनों के चूर्ण के साथ पारे की भस्म को मिलाकर प्रतिदिन खाने से और रीठों की जड़ का कल्क शरीर पर मलने से कुष्ठ कहाँ? अर्थात् कुष्ठ समूल निर्मूल हो जाता है। (२५) चीता १ तोला, कौंच के बीज २ तोले, मकोय की जड़ ४ तोले, कन्दूरी की जड़ ८ तोले और बाबची १६ तोले इन सबको एकत्र चूर्ण करके गोमूत्र में तीन बार भावना दें। फिर उसमें पारे की भस्म को मिलाकर सेवन करे और मट्ठे के साथ भोजन करे तो ये औषधियाँ श्वेतकुष्ठ को शमन करती हैं। (२६) अभ्रकभस्म, सूर्यकान्तमणि, बावची मूषाकानी, सलिलरिपु (?), नकुलकन्द, पिपल, सोंठ, भाँगरा, मिरच, धौं वृक्ष, कपूर, चीता, अंकोल के बीज काले तिल, बावची, सहोरावृक्ष की छाल, त्रिफला और पारे की भस्म ये प्रत्येक एक-एक भाग और बावची दो भाग लेकर सबको एकत्र बारीक करके यथोचित मात्रा से सेवन करे और प्रतिदिन दूध भात का भोजन करे। इसके सेवन से श्वेतकुष्ठ शीघ्र नष्ट होता है। (२७) नीम के कोमल पत्तों को पीसकर उसमें शहद और पारे की भस्म मिलाकर सेवन करने से कृमि रोग नष्ट होता है। (२८) लहसुन के कल्क और क्वाथ के द्वारा सिद्ध किये हुए तेल के साथ पारे की भस्म को सेवन करने से वातजरोग शमन होते हैं। (२९) सोंठ और अण्ड की जड़ के क्वाथ में दूध को पकाये। जब पककर दूध मात्र शेष रह जाय तब उस दूध के साथ पारे की भस्म को सेवन करने से गृध्रसी रोग दूर होता है। (३०) गुड़, हरड और गिलोय का स्वरस इनके साथ पारद भस्म को मिश्रित करके भक्षण करने से वातरक्तरोग शान्त होता है। (३१) त्रिकुटा, त्रिफला और वायविडङ्ग इन सबका चूर्ण समान भाग और सब चूर्ण के बराबर शुद्ध गूगल लेकर सबको अण्डी के तेल में मिलाकर उसके साथ सेवन की हुई पारद भस्म स्थूलता को दूर करती है। (३२) शहद को पानी में घोलकर उसमें खांड और पारदभस्म

मिलाकर सेवन करने से कृशता दूर होती है। (३३) हींग, काला नमक और त्रिकुटा इनके कल्क और गोमूत्र के साथ सिद्ध किये हुए घृत में मिलाकर सेवन करने से पारे की भस्म अपस्मार रोग और उन्माद रोग को नष्ट करती है। (३४) महुआ, मैनसिल, नीलाथोथा और पायरा पक्षी की विष्ठा इनके साथ पारे की भस्म को खरल करके नेत्रों में आँजने से भी उन्माद रोग का शमन होता है। (३५) बनौलों की गिरी १ भाग और पीपल ८ भाग दोनों को काँजी में पीसकर धूप में रखे और हाथ से मसलकर उसका तेल निकाल लें उस तेल के साथ पारे की भस्म को मिलाकर नेत्रों में लगाने से पलकों के बालों का गिरना दूर होता है और उनमें नवीन बाल उत्पन्न होते हैं।।४०-६७।।

पारदभस्म के अन्य सामान्य प्रयोग

बर्बूरनिम्बकिसलाजपुरीषधूमैः
कांस्येक्षुराश्मव नितास्तनजेन घृष्टम्।
भल्लातधूपितसांजनमंजयित्वा
साभ्यंजनस्त्रपनमक्ष्णि रुजं निहंति।।६८।।
महाभेरीमूलं तुरगपृथुकाम्भोधिकुवलं
रसो जंबीराम्लं जयति तिमिरं काचमपि च।
उपात्तं जीमूताद्र विजधरपर्णांबुमृदिता-
द्रसस्तैलं लेपादिह विविधजाड्यं च गुदजान्।।६९।।
त्रिफलापटोलमूलव्योषगुडूचीविडंगबीजानि।
समगुग्गुलूनि मारितरसमिलितानि व्रणघ्नानि।।७०।।
ग्रंथीन्विलेपयेत्तेषां लेपान्मूलरसान्वितम्।
नारिकेरोदकं तद्वत्पीतं हंति मसूरिकाः।।७१।।
मंजिष्ठाशबरोद्भवं तुवरिका लाक्षा हरिद्राद्वयं
नेपालीहरितालकुंकुमगदान्गोरोचनागैरिकम्।
पत्रं पाडुवटस्य चन्दनयुगं कालेयकं पारदं
धत्तूरं कनकत्वचं कमलजं बीजं तथा केसरम्।।७२।।

सिक्थं तुत्थं लोहकिट्टं वसाज्यमाजं क्षीरं क्षीर वृक्षाम्बु
चाग्नौ सिद्धं सिध्मव्यंगनील्यादिनाशे।
वक्त्रच्छायामैन्दवीमाशु धत्ते॥७३॥
कार्पासपल्लवानन्तारसतैलयुतो हितः।
अस्थिस्त्रावे मृतरसो विषे स्थावरजंगमे॥७४॥
तन्दुलीयकमूलेन वीरामूलेन वा युतः।
तन्दुलोदकसंमिश्रः पाननावनलेपने॥७५॥
सुरभिशकृद्रसभावितकर्पूरसमन्वितो मृतः सूतः।
स्थावरजंगमकृत्रिमविषजिद्गुंजामितो दध्ना॥७६॥
यक्षाक्षफेनिलरसोनकटुत्रयोग्रारा-
जीवराङ्घ्रिबकुलं लकुचाम्बुपिष्टम्।
छायाविशोषितमिदं नरवारि-
घृष्टं सर्पापहं सरसमञ्जनतस्त्रिवारान्॥७७॥
पिशाचपञ्चवर्णस्य बीजं मूलं पुनर्नवात्।
देवदाल्याः फलं मूलं मूलं च विषपर्णतः॥७८॥
पेषितं नरमूत्रेण सर्वधाऽहिविषापहम्।
कपित्थपञ्चकं नीरं रसं चाखुविषापहम्।
कांस्ये तांबुल्या नागरं पिष्टमद्भिः
पत्रं शैरीषं पिप्पलीछागदुग्धैः।
पत्रं कार्पासात्सर्पिषा वाऽपि
लेपात्सूतेनोपेतं वृश्चिकानां विषघ्नम्॥८०॥
भावितश्चणकाम्लेन वस्त्रमम्लेन मर्दयेत्।
तेन बाकुचिचक्राह्वकार्पासागस्तिपल्लवान्॥८१॥
एकस्य लकुचस्याम्ले स्वरसेन रसेन यः।
प्रक्षालितः प्रयात्येव विषदिग्धव्रणः शमम्॥८२॥

रसायनोक्तविधिना शुद्धो लब्धबलः पुनः।
प्रातः प्रातः कणापथ्याविश्वसैंधवचित्रकम्॥
पीत्वा संरक्षणायाग्नेरीषदुष्णेन वारिणा॥८३॥
भृंगामलकनिर्यासे भावितं व्योमकांतयोः।
भस्माऽयः संपुटे धान्ये स्थापितं मधुसर्पिषा॥८४॥
खादेन्निशि कणा पथ्या मासमेकं तथा पुनः॥८५॥
पातनाभस्मना युक्तमथ सूतस्य भस्मना।
जीर्णाऽल्पहेम्नः षण्मासाच्छतावर्या रसेन च॥८६॥
त्रिफलां मधुसर्पिभ्यां खादिरासनभाविताम्।
मृतहेमरसोपेतां भक्षयेद्धक्षयेज्जराम्॥८७॥
गंधकेन हतं सूतं कांतं धात्रीरसेन च।
त्रिफलासहितं खदेज्जीवेदाचंद्रतारकम्॥८८॥
चित्रकं त्रिफला भृंगो हरिद्राञ्जनपत्रिका।
रसस्त्रिमधुरश्चापि जरवैरूप्यनाशनः॥८९॥
रसौषधीनां रसभावितानां सितायुतैः क्षीरमधूदकाज्यैः।
जरां रसो हंति च कांतपात्रे क्षीरं शृतं काञ्चनपादपिष्ट्या॥९०॥
समचीर्णजीर्णहेममाक्षिकयोगेन मारितो वृष्यः।
घृतमधुशतावरीरसदुग्धयुतो मदनवर्धनः सूतः॥९१॥
लोहितागस्तिसारेण कृष्णारंभाफलं घृतम्।
रसं च घनसारं च पीत्वा स्त्रीषु वृषायते॥९२॥
घनसारचतुर्जातकंकोल्लकटुकीपलम्।
पलं ताम्बूलवल्लीनां रसस्याक्रमणं परम्॥९३॥
भुंजीत शालिगोधूमयवषष्ठिकजांगलम्।
मुद्गयूषं गवां क्षीरं मस्तु स्नायात्सुखांभसा॥९४॥

रूपयौवनसंपन्नामनुरूपां प्रियां मजेत्।
अभ्यंगं कटुतैलेन कांजीतैलं सुरां दधि॥९५॥
कालिंगकारवेल्लाम्ललशुनासुरिमूलकम्।
द्विदलं बिल्ववार्ताकं छत्राकं काकमाचिकाम्॥९६॥
अंगसंमर्दनं रात्रौ जागरं स्वपनं दिवा।
अत्यम्लतिक्तलवणं स्वादूष्णं शिशिरौषधम्॥९७॥
शोकवातातक्रोधचिन्तां च परिवर्जयेत्।
साहसं रसलोहानां मारकं च विशेषतः॥
सेवया परिहार्याणांरसस्याऽजरणा भवेत्॥९८॥
शूलो नाभितले जाड्यं निद्रालस्यं ज्वरस्तमः।
अङ्गभंगोऽरुचिर्दाहः पिबेत्तत्र दिनत्रयम्॥९९॥
सौवर्चलं सगोमूत्रं कर्कोटीमूलवारिणा।
मातुलुंगस्य वाऽम्लेन माणिमंथं सनागरम्॥१००॥
नागवंगयुतः सूतः प्रमादाद्भक्षितो यदि।
सैंधवं कारवेल्लस्य कंदं मूत्रैः पिबेद्गवाम्॥१०१॥
कर्कोटीगरुडीपथ्याशरपुंखैर्विपाचितैः।
अष्टभागावशिष्टं वा गोमूत्रं सैंधवान्वितम्॥१०२॥
यत्क्षेत्रीकरणं पूर्वं वेधकं च रसं ततः॥१०३॥
सेवेत तस्य सिद्धि स्यादन्यथा मरणं ध्रुवम्॥१०४॥

(३६) बकूल के और नीम के कोमल पत्ते, बकरे की विष्ठा, घर का धुआँ, कासे की भस्म, ईख का रस, मैनसिल और भिलावों के धूम्र के द्वारा धूपित की हुई रसौत इन सबको समान भाग लेकर एकत्र कूटपीस करके स्त्री के दूध में घोटकर अञ्जन बना लें। इस अञ्जन को नेत्रों में आँजते समय नेत्रों के लिये हितकारी पदार्थों का आहार करे और नित्य त्रिफले के जल से नेत्रों को धोयें तो नेत्र सम्बन्धी सब रोग नष्ट

होते है।। (३७) वच, असगन्ध, हिंगुपत्री, समुद्रफेन, कमल और पारा इन सबको नींबू के रस में घोटकर सुखा लें। फिर बारीक चूर्ण करके नेत्रों में आँजे तो नेत्रों का तिमिर रोग और मोतिया बिन्द रोग दूर होता है। (३८) नागरमोथा और तलवन के पत्ते दोनों को जल में पीसकर रस निकाल लें। उस रस के साथ तेल को सिद्ध करके उसको नेत्रों पर लेप करने से अनेक प्रकार की नेत्रों की जड़ता और अर्शरोग दूर होता है। (३९) त्रिफला, पटोल (परवल) की जड़, त्रिकुटा, गिलोय वायविडङ्ग के बीज और पारे की भस्म ये प्रत्येक समान भाग और सबकी बराबर शुद्ध गूगल लेकर सबको एकत्र बारीक चूर्ण करके सेवन करने से सब प्रकार के व्रण और रक्त विकार शमन होते हैं तथा इन औषधियों की जड़ के रस में गूगल को पीसकर लेप करने से ग्रन्थियाँ (गाँठें) बैठ जाती हैं। (४०) नारियल के जल के साथ उक्त गूगल को सेवन करने से मसूरिका रोग नष्ट होता है। (४१) मंजीठ सफेद लोध, फटकरी, लाख, हल्दी, दारुहल्दी, मैनसिल, हरताल, केसर, कूठ, गोरोचन, गेरू, बड के हुए पीले पत्ते, चन्दन, लाल चन्दन, काली अगर, पारे की भस्म, पतंग, धतूरे की छाल, कमल के बीज कमल की केसर, मोम, तूतिया, लोहे की कीट, चर्बी, घी, और बकरी का दूध इन सबको समान भाग लेकर बड़, पके गूलर, पीपल आदि दूधवाले वृक्षों के रस में पीसकर कल्क बना लें। उस कल्क के साथ सिद्ध किये हुए तेल को मालिश करने से सफेद कोढ मुख की झाईं, काले दाग आदि विकार शीघ्र नष्ट होकर मुख की कान्ति चन्द्रमा के समान निर्मल हो जाती है। (४२) कपास के पत्ते और अनन्तमूल दोनों के रस और तेल के साथ पारे की भस्म को मिलाकर अस्थिस्त्राव नासूर में सेवन करने से लाभ होता है। (४३) स्थावर कन्द, मूल आदि के विष को खा लेने पर ओर जंगम विष अर्थात् सर्पादि के काट लेने पर चौलाई की जड़ के चूर्ण अथवा शतावर का जड़ के चूर्ण को चावलों के धोये हुए पानी में पीसकर उसके साथ पारे की भस्म को मिलाकर पीने, नस्य लेने और लेप करने से दोनों प्रकार के विष उतर जाते हैं और रोगी आरोग्य हो जाता है। (४४) गौ

के गोबर के रस में कपूर को भावना देकर उसमें एक रत्ती पारे की भस्म को मिलाकर दही के साथ खाने से स्थावर जंगम और कृत्रिम तीनों प्रकार के विष नष्ट होते हैं। (४५) विरोजा, बहेड़ा, समुद्रफेन, लहसुन, त्रिकुटा, वच, राई, शतावर की जड़, मौलसिरी की जड़ और पारे की भस्म इन सबको बडहल के रस में घोटकर गोली बनाकर छाया में सुखा लें। उस गोली को मनुष्य के मूत्र में घिसकर तीन बार नेत्रों में आँजने से सर्प का विष नष्ट होता है। (४६) बहेडे की गिरी, पुनर्नवे की जड़ देवदाली बंदाल के फल, तथा जड़ और बिछैछी घास की जड़ इनको मनुष्य के मूत्र में पीस कर लेप करने से सर्प का विष बिल्कुल दूर हो जाता है। (४७) कैथ का गूदा, अण्डी के बीजों की गिरी, गोरख-मुण्डी और पारा सबको पानी में पीसकर लगाने से चूहे का विष दूर होता है। (४८) काँसी के बर्तन में नागर बेल के रस के साथ पारे की भस्म और सोंठ को पीसकर लेप करने से अथवा सिरस के पत्ते और पारे को पानी में पीसकर लगाने से या पीपल और पारे को बकरी के दूध में पीसकर किम्बा कपास के पत्तों और पारदभस्म को घी के साथ पीसकर लेप करने से बिच्छू का विष नष्ट होता है। (४९) चनों के खार में एक कपड़े के टुकड़े को भिगोकर आठ दिन तक रखा रहने दें। फिर खार को छानकर उसको बावची, पमाड के पत्ते कपास के पत्ते अगस्तिया के पत्ते इन सबके स्वरस या रस के साथ खूब बारीक पीसकर उसमें पारे की भस्म डालकर उस खार से उक्त वस्त्र के द्वारा विष से उत्पन्न हुए व्रण को धोने से अथवा केवल बडहल के खार स्वरस अथवा रस से धोने से विष का व्रण शीघ्र शमन होता है। (५०) रसायनोक्त विधि से विष का विकार दूर हो जाने पर जब शरीर में शक्ति उत्पन्न हो जाये तब प्रतिदिन प्रातःकाल पीपल, हरड, सोंठ, सैंधा नमक और चीता इनके समानभाग चूर्ण को मन्दोष्ण जल के साथ सेवन करे तो जठराग्नि दीपन होती है। (५१) अभ्रकभस्म और कान्तलोह की भस्म दोनों को भाँगरे के रस और आमलों के रस में एक २ बार भावना देकर लोहे के सम्पुट में बन्द करके धानों के ढेर में गाड़ दें। सात दिन तक के पश्चात् उसको

निकालकर उसमें पीपल, हरड, पारे की भस्म अथवा सुवर्ण के द्वारा जारण किया हुआ पारा इन सबको समान भाग मिलाकर प्रतिदिन रात्रि के समय में मधु और घृत के साथ सेवन करे और ऊपर से शतावर का रस पान करे। इस प्रकार ६ महीने तक इसको सेवन करने से वृद्धावस्था पलायन हो जाती है। (५२) त्रिफले के चूर्ण को खैरसार और विजयसार के रस में भावना देकर उसको सुवर्णभस्म और पारे की भस्म को समानरूप से मिलाकर शहद और घृत के साथ भक्षण करने से वह प्रयोग वृद्धावस्था को भक्षण कर जाता है। (५३) गन्धक के द्वारा मारा हुआ पारा और आमलों के रस के द्वारा मारा हुआ कान्तलोह दोनों को समान भाग से त्रिफले के चूर्ण में मिलाकर सेवन करने वाला मनुष्य जब तक आकाश में चंद्रमा और तारे हैं, उतने वर्षों तक जीवित रहता है। (५४) चीता, त्रिफला, भाँगरा, हल्दी, रसौत, और पारे की भस्म समभाग मिश्रित इन सबको मधु, घृत और मिश्री के साथ मिलाकर सेवन करने से वृद्धा करने से वृद्धावस्था और विरूपता नष्ट होकर मनुष्य स्वरूपवान होता है। (५५) रसायन के गुणवाली औषधियों के चूर्ण को उन्हीं औषधियों के रस में २१ बार भावना देकर उसमें समान भाग पारे की भस्म को मिलाकर के दूध, शहद का पानी, घी और मिश्री इन सबके साथ सेवन करने से वृद्धता दूर होती है। (५६) कान्तलोह की कढ़ाई में दूध को औटाकर उसमें चौथाई भाग सुवर्ण के द्वारा जारण किये हुए पारे की भस्म को मिलाकर सेवन करे तो यह रस वृद्धावस्था को नाश कर देता है। (५७) पारे में समान भाग सोनामाखी को जारण करके फिर पारे को भस्म करे घृत, मधु, शतावर के रस अथवा दूध के साथ सेवन करने से पारा अत्यन्त वृष्य होकर काम की वृद्धि करता है। (५८) पीपल, पारे की भस्म और कपूर इन तीनों को समान भाग लेकर पकी हुई केले की फली में घृत के साथ मिलाकर सेवन करे ऊपर से लाल फूल की अगस्तिया के रस का अनुपान करे। इस प्रकार इसको सेवन करने से मनुष्य स्त्रियों में वृषभ के समान रमण करता है। अर्थात् अत्यन्त काम की जागृति प्रबल शक्ति की उत्पत्ति और वीर्य स्तम्भन होता है।

पारे की भस्म सेवन करने पर पथ्य

पारे की भस्म को सेवन करने पर यदि कोई उपद्रव उत्पन्न हो तो कपूर, दालचीनी, इलायची, तेजपात, नागकेशर, शीतलचीनी और कुटकी इनके समान भाग मिश्रित चार तोले चूर्ण को चार तोले नागबल्ली के पान के रस में मिलाकर सेवन करना चाहिये। इससे पारे के सब उपद्रव शान्त होते हैं। पारा सेवन करने वाले मनुष्य को विशेषकर शालिधानों के चावल गेहूँ, जौ, साठी के चावल, जंगली पशुओं का मांस, मूंग का यूष, गौ का दूध, और दही का पानी ये सब पदार्थ भक्षण करने चाहिये। तथा सुहाते २ गरम जल से स्नान करना, रूप यौवन से युक्त अपने और मन के अनुकूल स्त्री को भोगना और सरसों के तेल की शरीर पर मालिश करनी चाहिये।

पारा सेवन करने पर अपथ्य

काँजी, तेल, मद्य, दही, तरबूज, करेला, खट्टे पदार्थ, लहसुन, फटकरी, मूली, दो दलवाले अन्न (दाल) बेल, बैंगन, साँप की छतरी और मकोय इन सब पदार्थों को भक्षण नहीं करना चाहिये। एवं शरीर को मर्दन करना, रात्रि में जागना, दिन में सोना, अत्यन्त खट्टे, कड़वे, और अति नमक वाले, पदार्थों का सेवन करना निषिद्ध है। केवल मधुर रसवाले पदार्थों का भक्षण करना चाहिये। बहुत गरम और बहुत शीतल औषधियाँ सेवन नहीं करनी चाहिये। तथा शोक, तीक्ष्ण वायु और तीक्ष्ण धूप का सेवन, क्रोध और चिन्ता इन सबको त्याग देना चाहिये। पारे की भस्म या किसी धातु की भस्म को सेवन करने वाले मनुष्य को विशेषकर त्याज्य पदार्थों का सेवन करने से पारा जीर्ण न होकर (अर्थात् हज्म न होकर) उसको एकदम मार देता है। अथवा अनेक प्रकार के विकार उत्पन्न कर देता है।

पारे के विकारों की शान्ति

पारा सेवन करने वाले मनुष्य की नाभि के नीचे शूल हो, शरीर जकड़ जाय, निद्रा, आलस्य, ज्वर, नेत्रों का स्तम्भित होना, अङ्गों का टूटना, अरुचि, और शरीर में दाह आदि उपद्रवों के होने पर गोमूत्र के साथ ककोड़े की जड़ को पीसकर उसका रस निचोड़ करके उसमें काला नमक डालकर तीन दिन तक पान करे अथवा बिजौरा नींबू के रस में

सैंधा नमक और सोंठ को पीसकर ३ दिन तक पीयें तो उक्त उपद्रव शांत हो जाते हैं। यदि असावधानी से सीसे की भस्म या बंगभस्म के साथ पारा सेवन किया गया हो तो गोमूत्र के साथ करेले के कन्द और सैंधे नमक को पीसकर पान करें अथवा ककोड़े की जड़, पाताल गरुडी, हरड, और शरफों की जड़ इन सबको समान भाग लेकर एकत्र कूट करके अठगुने गोमूत्र मिलाकर पकायें। जब वह पककर आठवाँ भाग शेष रह जाय तब उतार कर छान लें। उस गोमूत्र में सैंधा नमक डालकर पान कराने से उक्त विकार शीघ्र शमन होते हैं। इन पारे के प्रयोगों में अष्टसंस्कार किये हुए पारे की भस्म को अथवा पहले जो क्षेत्रीकरण क्रिया कही है, उसके अनुसार पारे को भस्म करके या वेधे हुए पारे का सेवन करे अथवा पूर्ण चन्द्रोदय, रससिन्दूर या हर गौरी की क्रिया के अनुसार तैयार की हुई पारे की भस्म को सेवन करने से मनुष्य को पूर्ण सिद्धि प्राप्त होती है। और अपक्व या दूषित पारदभस्म को सेवन करने से उसकी अवश्य मृत्यु हो जाती है।।९८-१०४।।

ग्रन्थ का उपसंहार

(१) युगस्वभावाद्यदि चौषधीनां
क्रियासु शक्तिः परिकल्प्यतेऽल्पा।
आयुर्बलादिष्वपि सा तथेति-
तस्मान्निषेव्यानि रसायनानि।।१०५।।

(२) न चौषधीनामपि सर्वथैव
प्रभावहानिः पारकल्पनीया।
फलं प्रयात्यूर्ध्वमधस्त्रिवृच्च
प्रत्यक्षतः कस्य न सिद्धमेतत्।।१०६।।

(३) अदेशकालोपहितान्यसात्म्या-
न्यत्युष्णतीक्ष्णानि यथौषधानि।
नाशं नयंते सहसैव देहं
सम्यक्-प्रवृत्तानि तथैव वृद्धिम्।।१०७।।

जित्वा तस्मादिन्द्रियादिप्रदुष्टा-
न्कालोपेतः श्रद्दधानोयथावत्।
आयुः प्रज्ञातेजसां यद्विवृद्ध्यै
वीर्योपेतं शीलयेदौषधं सत्॥१०८॥

(४) शास्त्रानुसारिणी चर्या चित्तज्ञाः पार्श्ववर्तिनः।
बुद्धिरस्खलितार्थेषु परिपूर्णंरसायनम्॥१०९॥
दानं शीलं दया सत्यं ब्रह्मचर्यं कृतज्ञता।
रसायनानि मैत्री च पुण्यायुर्वृद्धिकृद्गणः॥११०॥
एतदागमसिद्धत्वात्प्रत्यक्षफलदर्शनात्।
मंत्रवत्संप्रयोक्तव्यं न मीमांस्यं कदाचन॥१११।

(५) लोभयंत्यातुरं मूर्खा विचित्रैः कर्मकौशलः।
तेभ्यो रक्षेत्सदात्मानमात्मा यस्मात्सुदुर्लभः॥११२॥
ते घुणाक्षरवत्कंचिदुत्थाप्य नियतायुषम्।
घ्नंति वैद्याभिमानेन शतान्यनियतायुषाम्॥११३॥
अज्ञातशास्त्रसद्भावाञ्छास्त्रमात्रपरायणान्।
तान्वर्जयेद्भिषक्पाशान्पाशान्वैवस्वतानिव॥११४॥

(६) प्रदीपभूतं शास्त्रं हि दर्शितं विपुला मतिः।
ताभ्यां भिषक्सुयुक्ताभ्यां चिकित्सन्नापराध्यति॥११५॥
क्वचिदर्थः क्वचिन्मैत्री क्वचिद्धर्मः क्वचिद्यशः।
क्वचिदभ्यासयोगश्चचिकित्सानास्तिनिष्फला॥११६॥
ये क्रियां विक्रियां कुर्वंत्युपेक्षंते स्खलंति वा।
खादंति ते परप्राणान्निजानि सुकृतानि च॥११७॥
यावदुछ्वसिति प्राणी यावद्भेषजमत्ति च।
तावच्चिकित्सा कर्तव्या दैवस्य कुटिला गतिः॥११८॥

अनाथान् रोगिणो वैद्यः पुत्रवत्समुपाचरेत्।
प्राणाचार्यश्च पितृवत्संपूज्यः शक्तिभक्तितः॥११९॥
न प्राणिरहितो देशो न च प्राणी निरामयः।
तस्मात्सर्वत्र भिषजां कल्पिता एव वृत्तयः॥१२०॥
(७) यज्ञस्य च शिरश्छिन्नमश्विभ्यां संधितं पुरा।
पातिता दशनाः पूष्णो भगस्य च विलोचने॥१२१॥
राजयक्ष्मार्दितश्चन्द्रताभ्यामेव चिकित्सितः।
भार्गवश्च्यवनः कामी वृद्धः सन्विकृतिं गतः॥१२२॥
वीर्यवर्णबलोपेतः कृतस्ताभ्यां पुनर्युवा।
एभिश्चान्यैश्च बहुभिः कर्मभिर्भिषगुत्तमौ॥१२३॥
बभूवतुर्भृशं पूज्याविन्द्रादीनां महात्मनाम्।
सौत्रामण्यां च भगवानश्विभ्यां सह मोदते॥१२४॥
अश्विभ्यां सहितः सोमं प्रायः पिबति वासवः।
अश्विभ्यां कल्पितो भागो यज्ञेषु च महर्षिभिः॥१२५॥
अश्विनावग्निरिंद्रश्च वेदेषु सुतरां स्तुताः।
वैद्यावित्यश्विनौ देवौ पूज्येते विबुधैरपि॥१२६॥
अजरैरमरैर्नित्यं सुखितैरेवमादृतैः।
व्याधिमृत्युजराग्रस्तैर्दुःखप्रायैः सुखार्थिभिः।
किं पुनर्भिषजो मर्त्यैः पूज्याः स्युर्नामशक्तितः॥१२७॥

(१) यदि युग के स्वभाव से औषधियों का अपना कार्य करने में शक्ति कम हो गयी है, ऐसी कोई कल्पना करे तो उसको साथ-साथ में यह भी मानना पड़ेगा कि युग का प्रभाव जैसे औषधियों की शक्ति क्षीण करने में समर्थ है, उसी प्रकार आयु, बल और शारीरिक स्थिति आदि में भी प्राचीन काल की अपेक्षा वर्तमान युग के प्रभाव से अत्यन्त हीनता उत्पन्न हो गयी है। (वर्तमान समय के परिवर्तन से शारीरिक स्थिति में तो हीनता उत्पन्न हुई स्पष्ट दिखाई देती है, परन्तु औषधियों की शक्ति कम हो गयी है, यह बात नहीं मानी जा सकती। क्योंकि औषधियाँ तो

शास्त्र में लिखे अनुसार अब भी प्रत्यक्ष फल देती हैं) प्राचीनकाल में जैसी शारीरिक स्थित होती थी, उसी के अनुसार औषधियों में जो तेज और गुण होता था और प्राचीनकाल में औषधियों में जो तेज और गुण होता था, उसको सहन करने की शक्ति इस समय के शरीरधारियों में नहीं रही है। इसलिये वर्तमान काल की औषधियों में जितना गुण होने की कल्पना की जाती है, उतनी तेज और गुण इस समय के प्राणियों को सहन करने के लिये काफी है। अतएव रासायनिक औषधियाँ सेवन करनी चाहिये। उनके सेवन से शास्त्रोक्त फल मिल सकता है। (२) बुद्धिमान् मनुष्य को औषधियों की शक्ति बिलकुल ही क्षीण हो गयी है, ऐसी कल्पना कदापि नहीं करनी चाहिये। क्योंकि मैनफल को वमन कारक और निसोत को रोचक गुणवाला जैसा कि शास्त्रकार पूर्वकाल में लिख गये हैं, उतनी मात्रा से सेवन करायी हुई उक्त दोनों औषधियों के इस गुण का प्रत्यक्ष रूप से किस मनुष्य को अनुभव नहीं हुआ है? (साधारण रूप से विचार करने पर भी यह निश्चय हो सकता है कि जो मनुष्य ऐसा कहते हैं कि युग के प्रभाव से औषधियों के गुणों की शक्ति क्षीण हो गयी है। कदाचित् यह मान लिया जाय कि किसी औषधि की शक्ति क्षीण हो गयी है। तो क्या सम्पूर्ण वनौषधियों की शक्ति हीन हो गयी है या मानी जा सकती है। युग का प्रभाव अमुक औषधि पर होता है। और अमुक औषधि पर नहीं होता। यदि यह बात नहीं होती तो ऊपर कहे हुए वमन, विरेचनादि शुद्धि कार्यों में सेवन योग्य बहुत सी औषधियां हैं उनमें से कितनी ही औषधियों के अति प्राचीन काल में महर्षिगण जितनी मात्रा से सेवन करने से जो गुण उन्होंने लिख गये हैं, उन गुणों को आज भी हम प्रत्यक्ष कर रहे हैं। एवं कितनी एक औषधियां ऐसी हैं कि हम उनके गुणों को स्पष्ट जान भी नहीं सकते और वे चिरकाल में हमारे आभ्यन्तरीय सूक्ष्म अवयवों पर अपना चमत्कारिक गुण डालकर रोग को निर्मूल कर देती है। इसलिये किसी प्रकार से भी औषधियों की शक्ति को हीन समझना बुद्धिमान् मनुष्यों की बुद्धि की हीनता कहा जा सकता है। (३) देश, काल का विचार किये बिना और अपनी प्रकृति के विरुद्ध, तथा अत्यन्त उष्ण और अत्यन्त तीक्ष्ण

औषधियाँ जैसे सेवन करते ही एकदम शरीर का नाश कर देती हैं। उसी प्रकार देश, काल, प्रकृति आदि का विचार करके विधिपूर्वक सेवन की हुई औषधि उत्तम प्रकार से शरीर की वृद्धि और पुष्टि करती है इसलिये दुष्ट इन्द्रियों को जीतकर देश, काल आदि का विचार करके श्रद्धा के साथ विधिपूर्वक औषधियों का उपयोग करना चाहिए एवं आयु, बुद्धि और तेज की अत्यन्त वृद्धि होने के लिये बुद्धिमान् मनुष्य को शास्त्रों पर विश्वास रखकर उत्तम वीर्यवर्द्धक औषधियाँ सेवन करनी चाहिये। (४) जो शास्त्र के अनुसार औषधि का सेवन करता हो, समीपवर्ती मनुष्य उसके मन का अभिप्राय जानने वाले हो और सम्पूर्ण कार्यों में अखण्ड बुद्धि रखता हो, वह मनुष्य वास्तव में रसायन के गुणों को पूर्ण रूप से प्राप्त करता है। सत्पात्र को दान देना, सम्पूर्ण मनुष्यों के लिये प्रिय शान्त स्वभाव रखना, दयालु होना, सत्य बोलना, ब्रह्मचर्य पालन करना, दूसरे के किये हुए उपकार को मानना, उत्तम प्रकार की शास्त्रीय रसायन औषधियों को सेवन करना और सब मनुष्यों के साथ सच्ची मित्रता करना ये सब बातें पुण्य और बढ़ाने वाली हैं। इसलिये शास्त्र द्वारा सिद्ध होने से और प्रत्यक्ष फल देने से औषध को मन्त्र के समान प्रयोग करना चाहिये। उसमें किसी प्रकार का संशय या तर्क वितर्क कदापि नहीं करना चाहिये। (५) मूर्ख (शास्त्रज्ञान और गुरुज्ञान से विमुख) वैद्य नाना प्रकार की चतुराईयों से अर्थात् चालाकी से रोगी को लुभाते हैं। ऐसे प्रपञ्चियों से सदैव अपनी आत्मा की रक्षा करनी चाहिये, क्योंकि यह मनुष्य जन्म पाना बहुत ही दुर्लभ है। वे मूर्ख वैद्य कदाचित् घुणाक्षर न्याय के समान नियमित आयु वाले किसी रोगी को आरोग्य कर दते हैं, परन्तु फिर वैद्य के अभिमान से अनियमित आयु वाले सैकड़ों प्राणियों का संहार करते हैं। जो लोग अल्पज्ञ होने के कारण आयुर्वेद शास्त्र को न पढ़कर केवल भाषा की पुस्तकों द्वारा उसका अर्थ सीखकर तर्क वितर्क करते हुए चिकित्सा करते हैं, इसलिये गुरु मुख से शास्त्राध्ययन न करने के कारण उसके गुह्य और उत्तम भाषों को नहीं समझ सकते, ऐसे उन भिषकपाशों अर्थात् वैद्यकुवैद्यों को यमराज के पाश के समान अर्थात् मृत्युकारक समझकर सर्वथा त्याग देना चाहिये। अर्थात् रोगी को ऐसे वैद्यों के पास चिकित्सार्थ कदापि नहीं जाना चाहिये।

विद्वान् वैद्य का कर्त्तव्य

(६) जिसने विशेष परिश्रम के द्वारा गुरुमुख से विधिपूर्वक शास्त्र का ज्ञान प्राप्त किया हो और गुरु के समीप रहकर रोगों का अनुभव किया हो वह वैद्य यदि अपनी प्रतिभा का विकास करता हुआ बहुत ही विचार पूर्वक उपर्युक्त दोनों साधनों के द्वारा चिकित्सा करने में प्रवृत्त हो तो वह अपराधी नहीं कहा जा सकता। चिकित्सा करने से कहीं धन मिलता है कहीं मित्रता होती है, कहीं धर्म प्राप्त होता है, कहीं यश मिलता है और कहीं अनुभव प्राप्त होता है, इसलिये किसी भी रोगी की चिकित्सा करना निष्फल नहीं होता। जो वैद्य शास्त्र के विपरीत चिकित्सा करते हैं। अर्थात् अमुक प्रकार से करने योग्य उपाय को जानकर भी उसको उल्टे प्रकार से करते हैं अथवा उपेक्षा (लापरवाही) करते हैं या भूल करते हैं तो वे दूसरों को तो प्राणों की हानि करते हैं और अपने पुण्यों को नाश कर देते हैं। जब तक रोगी श्वास लेता रहे और जब तक वह औषधि खाता रहे उस समय तक उसकी चिकित्सा करना चाहिये कारण देव की गति बड़ी विचित्र है। जिसकी आशा नहीं होती वह मनुष्य भी बच जाता है सद्वैद्य अनाथ और दरिद्री रोगियों को पुत्र के समान समझकर उनकी चिकित्सा करे और रोगी प्राणाचार्य (प्राणों के बचाने वाले वैद्य) को पिता के समान समझकर अपनी शक्ति के अनुसार भक्तिपूर्वक उनका सत्कार करे। ऐसा कोई देश नहीं है, जो मनुष्यों से रहित हो और न कोई ऐसा मनुष्य है, जो रोग से निर्मुक्त हो इसलिये सब जगह वैद्यों की आजीविकायें सहज में ही चल सकती है। अत एव वैद्यों को अपनी जीविका के संबंध में चिन्ता नहीं करनी चाहिये। सदुद्देश्य और शुद्ध अन्तःकरण से रोगी के उपचार करने की ही चिन्ता रखनी चाहिये। (७) पूर्वकाल में वीरभद्र के द्वारा काटे हुए दक्षप्रजापति के सिर को अश्विनी कुमारों ने जोड़ा था पूषा देवता के टूटे हुए दाँतों को और भगदेवता की फूटी हुई आँखों को फिर ठीक किया था। उन्होंने ही राजयक्ष्मारोग से पीड़ित चन्द्रमा को अपनी चिकित्सा से आरोग्य किया था। और भृगुऋषि के पुत्र च्यवन ऋषि जो अत्यन्त वृद्ध होने पर भी काम के वशीभूत होकर स्त्रीप्रसङ्ग करने में अत्यन्त उत्कण्ठित हो रहे थे, उनको फिर वीर्य, वर्ण और बल से पूर्ण करके युवा बना दिया था। इनसे और अन्यान्य अनेक प्रकार के कार्यों

के करने से दानों उत्तम वैद्य (अश्विनीकुमार) इन्द्रादि देवताओं के बीच में अत्यन्त पूजनीय हुए थे। सौत्रामणि नामक यज्ञ में भगवान् इन्द्र अश्विनी कुमारों के साथ आनन्द भोगता है और उन्हीं के साथ प्रायः सोमरसपान करता है। महर्षियों ने भी यज्ञों में अश्विनी कुमारों के लिए भाग कल्पित किए हैं और वेदों में भी अश्विनीकुमार, अग्नि और इन्द्र इनकी अत्यन्त स्तुति की गई है। देवता अजर, अमर और सुखी रहने पर भी अश्विनी कुमारों को देव वैद्य जानकर आदरपूर्वक भजते हैं जो रोग, मृत्यु और वृद्धावस्था से ग्रसित हों तथा दुःख व सुख की इच्छा करने वाले मनुष्यों को सद्वैद्य के द्वारा आरोग्य होने पर क्या फिर अपनी शक्ति के अनुसार उनका सम्मान नहीं करना चाहिए।

ग्रन्थकर्ता की विज्ञप्ति

रसरत्नसमुच्चयो मयेथं रचितः साधु नितान्तमाद्रियन्ताम्।
सुधियो यदि विद्यतेऽत्र दोषः क्वचिदर्हति ममाप्यलं विसोढुम्॥१२८॥

इतिश्रीवाग्भट्टाचार्यविरचितेरसरत्नसमुच्चयेत्रिंशोऽध्यायः॥३०॥

मैंने (ग्रन्थकर्त्ता ने) इस प्रकार (अर्थात् ऊपर वर्णन किये अनुसार) विशेष परिश्रम करके इस रसरत्नसमुच्चय नामक ग्रन्थ को रचा है। यदि इस ग्रन्थ में कहीं विद्वानों को कोई दोष (भूल या गलती) मालूम हो तो वे उसको सुधारकर इसका आदर करें और मुझको क्षमा प्रदान करें, यही मेरी विनय है॥१२८॥

इतिश्रीवाग्भटाचार्यविरचिते रसरत्नसमुच्चये भाषाटीकायां त्रिंशोऽध्यायः॥३०॥

समाप्तश्चायं ग्रन्थः।

संदर्भ :

१. इन सब प्रयोगों में पारदभस्म की मात्रा और अनुपात की मात्रा नहीं लिखी गई है। परन्तु इसकी मात्रा रोग के उपद्रव, दोष के प्रकोप, रोग की अवस्था और देश, काल प्रकृति का विचार करके देनी चाहिये।

२. यह बेल जङ्गल में होती है। इसके पत्ते लम्बे होते हैं और समस्त पञ्चाङ्ग में कपूर के समान सुगन्ध आती है। यदि यह बेल न मिल सके तो कपूर के वृक्ष के पत्ते लेवें। यह वृक्ष हर जगह बगीचों में मिल जाता है।

रसरत्नसमुच्चय

श्रीसिंहगुप्तसूनवष्टाङ्गहृदयकर्तृश्रीवाग्भटाचार्यकृत

रसरत्नसमुच्चय

(हिन्दीभाषाटीकासहित)

VOL. - I

वैद्यराज शंकरलाल हरिशंकर

BKP

भारतीय कला प्रकाशन

दिल्ली (भारत)

संशोधित संस्करण : 2006

प्रकाशक : **सी०पी० गौतम**
भारतीय कला प्रकाशन
3421-ए, द्वितीय तल, नारंग कलोनी,
त्रीनगर, दिल्ली-110035
फोन : (O) 32967505, 27393083, (R) 32492129

ISBN : 81-8090-091-6 (Set)

लेजर टाईप सेटिंग :
ए-वन ग्राफिक्स
जेडी-18सी, द्वितीय तल,
पीतमपुरा, दिल्ली-88

मुद्रक : **बीडीएच प्रिंटर** द्वारा सलासर इमेजिंग सिस्टम, दिल्ली

भूमिका

संप्रति संसार में विद्या और कला सम्बन्धी अनेक आविष्कारों की धूम मच रही है। पाश्चात्य और पौरस्त्य (चीन, जापान आदि) सभी स्वतन्त्र राष्ट्र अपने-अपने ज्ञान और धन का सदुपयोग इस विषय में अश्रान्त परिश्रम और आत्मोत्सर्ग के साथ कर रहे हैं। परन्तु विद्या और कलाओं का आद्य प्रवर्तक, सारे संसार का आदिगुरु भारतवर्ष परतन्त्र होने और राजकीय प्रोत्साहन न मिलने के कारण अपने प्राचीन गौरव को खोकर पश्चात्पद हो रहा है यह बात प्रत्येक सहृदय भारतीय के लिए मर्माविष्ट शल्य के समान है। यद्यपि राष्ट्रीय विद्या और कला-कौशल की उन्नति के लिए राजाश्रय मुख्य है तथापि जब आज तक के अनुभव से यह भली भांति सिद्ध हो चुका है कि विदेशी शासकों से उसकी आशा करना व्यर्थ है तब केवल स्वावलम्बन ही भारत के उत्थान के लिये अमोघ उपाय है।

विचार करने से प्रतीत होता है कि हमारे प्राचीन भव्य भारत के ध्वंसावशेष नव्य भारत में जिस विविध ज्ञान-कला कौशल के जीर्णोद्धार पूर्वक विकास की अत्यधिक आवश्यकता है उसमें से आयुर्वेद एक परमावश्यक विषय है। हमारे प्राचीन आयुर्वेद की उत्तमत्तता के विषय में किसी को कोई संदेह हो ही नहीं सकता, क्योंकि पाश्चात्य विद्वानों ने भी समय समय पर उसकी शतमुख से प्रशंसा की है। हमें इसी पर फूल कर कुप्पा हो जाना भी उचित नहीं क्योंकि वर्तमान समय में डाक्टरी के समान आयुर्वेद विषयक विकास करते हुए उसे सर्वाधिक सर्वोपयोगी

बनाने की अत्यधिक आवश्यकता है। यह भी निर्विवाद ही है कि हिन्दी जनता को जब तक आयुर्वेद की उत्तमता का परिचय न दिलाया जायगा तब तक वह उसके प्रति अपनी सहानुभूति अथवा कर्तव्य प्रकट ही नहीं कर सकती। ऐसा होते हुए भी महान् शोक के साथ कहना पड़ता है कि इस समय आयुर्वेदोद्धार के सम्बन्ध में जैसा निस्सार प्रयत्न हो रहा है उससे उसकी उपयोगिता का लेश भी लोगों के ध्यान में नहीं आ सकता, अतः सुचारु रूप से सुदृढ़ प्रयत्न होने की अति शीघ्र आवश्यकता है। सर्व साधारण को स्वशरीर रक्षोपयोगी वैद्यक संबन्धी ज्ञान प्राप्त करने के साधन और स्त्रियों को अपने गर्भ व बालक का पालन-पोषण एवं गार्हस्थ्य जीवन को उत्तम दशा में लाने के लिये आवश्यक ज्ञान प्राप्त करने की सुविधाओं का प्रबन्ध सबसे प्रथम होना चाहिये। अथवा वैद्यक संस्था-आयुर्वेदिक पाठशालाओं को स्थापित कर उनमें विद्यार्थियों को अनुभव के साथ पूर्ण शिक्षा देने का नियमबद्ध प्रबन्ध हो, आयुर्वेदीय सब प्रकार की औषधों का देश में सर्वत्र प्रचुर प्रचार होकर, राजा रंक सबको समान रूप से सुलभ इसके लिये एक विशाल कार्यालय खोलकर उसमें उनके निर्माण का विराट् आयोजन करते हुए स्थान-स्थान पर उक्त कार्यालय की शाखायें इस ढंग से खोली जायँ कि जिससे यत्र तत्र धार्मिक धनिकों, सभाओं और संयुक्त-वाणिज्य-समितियों (कंपनियों) की ओर से जो अंग्रेजी डाक्टरों की अध्यक्षता में औषधों के दातव्य औषधालय खोले जाते हैं वे विद्वान् वैद्यों के तत्वावधान में देशी औषधों के खोले जायें कि जिनसे "यस्य देशस्य यो जन्तुस्तज्जं तस्यौषधं स्मृतम्" इस सिद्धान्त के अनुसार प्रकृति विरुद्ध और धर्मविरुद्ध अभक्ष्य भक्षण और अपेय-पानरूप तामसी विदेशी चिकित्सा के क्षणिक और कृत्रिम स्वास्थ्यक दुष्परिणाम से देशी जनता सदा के लिये रोगी अंग्रेजी औषधों का दास न बनकर सात्विक धर्मानुकूल देशी चिकित्सा से यथार्थ लाभ उठाते हुए सदा के लिये स्वस्थ बनें और साथ ही देश का धार्मिक और आर्थिक लाभ भी हो।

जैन धर्म कि जिसकी मूल भित्ति "अहिंसा परमो धर्मः" इस वचन

पर ही है उसके अनेक अनुयायी और शौच, आचार तथा अहिंसा को प्रधान मानने वाले वैदिक धर्मानुयायी अनेक वैष्णवादि भी मद्यमांसादि निर्मित अंग्रेजी औषधों का स्वयं निःसंकोच व्यवहार करते हुए अन्य दीन अनाथों के लिये भी डाक्टरों की निरीक्षकता में अंग्रेजी औषधों के दातव्य औषधालय खोलकर धर्म के बदले अपरिमित अधर्म का संग्रह कर रहे हैं यह कितने शोक और लज्जा की बात है यह कहने की आवश्यकता नहीं।

ऐसी अवस्था में आयुर्वेद की उन्नति आवश्यक है इसे कौन न मानेगा; क्योंकि सारी देशोन्नति का मूलाधार यही है इस लेख से भली भांति प्रमाणित हो चुका।

परमावश्यक आयुर्वेद का विकास होने के लिये सर्वप्रथम सबसे अधिक आवश्यकता तत्सम्बन्धी ग्रंथों के प्रचुर परिमाण में प्रकाशित होने की है। उनमें से बहुत से ग्रन्थों के प्रकाशित हो जाने पर भी अभी अनेक महत्वपूर्ण ग्रन्थ रत्न अप्रकाशित ही हैं।

नवीन शोध, कलाकौशल, वाणिज्य, व्यवसाय और विद्या में सभी यूरोपीय राज्यों की अपेक्षा जो अमेरिका आगे बढ़ा हुआ है और जहां के विद्वानों का मत आज सारे संसार में सर्वमान्य हो रहा है, वहां के अग्रगण्य विद्वान कहते हैं कि "भारतीय प्राचीन वैद्यक शास्त्रानुसार रोगियों का उपचार किया जाय तो आधुनिक मरणसंख्या में बहुत बड़ी कमी हो" इसी प्रकार इंग्लैंड और जर्मनी के विद्वान् भी भारतीय वैद्यक को बड़े आदर की दृष्टि से देखते हैं। जब कि हमारे देशबन्धु विदेशी टिंक्चर, वाइन आदि औषधों की चमक दमक पर मुग्ध होकर भारतीय वैद्यक शास्त्र की हँसी उड़ाते हुए अपनी अल्पबुद्धि का परिचय दे रहे हैं तब पाश्चात्य विद्वान् हमारे शास्त्रों के अनुसार नवीन शोध और अनुभव प्राप्त करने में तल्लीन हो रहे हैं। यह कैसे शोक की बात है पर ध्यान रहे कि वर्तमान समय में जो बिना पढ़े लिखे मूर्ख व्यक्ति वैद्य बनने का ढोंग रचते हैं और जो ज्ञानलवदुर्दिग्ध पण्डितमन्य प्राचीन वैद्यक ग्रन्थों के अस्त-व्यस्त भाषान्तर कर उन्हें प्रकाशित करते हुए ग्रन्थकार

तथा प्रकाशक का नाट्य दिखाते हैं वह वैद्यक नहीं किंतु वैद्यकाभास है। जिसकी विदेशी विद्वान् मुक्तकण्ठ से भूरि-भूरि प्रशंसा करते हैं वह भारतीय पुरातन वैद्यक उन्हीं ऋषि, महर्षियों व आचार्यों के बनाये हुए महानिबन्ध हैं कि जिन विख्यातनामा श्रीवाग्भटाचार्य भी हैं। सुना जाता है कि इन्होंने वैद्यक सम्बन्धी चार पांच ग्रंथ रचे हैं किन्तु उनमें से संप्रति "अष्टांगहृदय" और "रसरत्नसमुच्चय" ये दो ही उपलब्ध हैं। शोक है कि सामग्री न मिलने के कारण इनके जीवन वृत्तान्त के सम्बन्ध में हम कुछ भी नहीं लिख सकते। हमारे कतिपय अदूरदर्शी भाई यह आशंका करते हैं कि "अष्टाङ्गहृदय" की कृति के साथ "रसरत्नसमुच्चय" कृति मिलती नहीं और चरक, सुश्रुत, वाग्भट के समय रसविद्या का प्रचार ही न था इससे "रसरत्न-समुच्चय" श्रीवाग्भटाचार्य का बनाया नहीं है। उन्हें यह सोचना चाहिये कि जब स्वयं वाग्भटाचार्य ही आरम्भ में "एतेषां क्रियतेऽन्येषां तन्त्राण्यालोक्य संग्रहः" इत्यादि वाक्य के द्वारा अपने को रचयिता न कहकर संग्रहकर्ता लिख रहे हैं तब उनकी संग्रह की हुई अन्य आचार्यों की कृति के साथ उनकी कृति का मिलान कैसे मिल सकता हैं ओर जब कि चरकादिकों ने रसायन प्रकरणों में कहीं-कहीं धातु भस्म और रसों का उपयोग किया तथा "शिवसंहिता" के, कुछ स्फुट भाग व "नागार्जुन संहिता" के कुछ स्फुट अध्याय इस समय भी मिलते हैं एवं सिंहलद्वीपस्थ एक संन्यासी को ताडपत्र लिखित "रावणसंहिता" भी मिली है तब यह कैसे कहा जा सकता है कि रसविद्या चरकादिकों के समय में न थी। क्योंकि "शिवसंहितादि" रसग्रन्थ चरकादिकों से भी अति-प्राचीन हैं। ऐसी अवस्था में पूर्वापर अनुसन्धान न कर कूपमण्डूक-न्याय से निर्मूल आक्षेप करना कदापि उचित नहीं। अस्तु।

इस "रसरत्न समुच्चय" ग्रन्थ की हस्तलिखित प्रतियां तो यत्र-तत्र उपलब्ध थीं किन्तु यह अमूल्य ग्रन्थरत्न सुचारुरूप से अद्यावधि कहीं भी छपा न था। हां, कुछ दिन पहले पूने में 'आनन्दाश्रम की ओर से इसका एक संस्करण ऐसा प्रकाशित हुआ था जो बहुत ही अस्त-व्यस्त और अनेक विचित्र टिप्पणियों द्वारा विद्वानों को भी भ्रमजनक हो रहा था; इससे इसकी शुद्ध प्रति प्राप्त कर इसे सर्वोपयोगी शुद्ध रूप में प्रकाशित

करने की चिरकाल से उत्कट उत्कण्ठा लग रही थी। क्योंकि हम अपने सदा के नियमानुसार अप्राप्य ग्रन्थरत्नों को येनकेनाप्युपायेन प्राप्त कर उन्हें सुचारु रूप से प्रकाशित करने की चेष्टा में सतत उद्यत रहते हैं। तदनुसार जामनगर निवासी आयुर्वेद शास्त्र के अप्रतिम अनुभवी विद्वान् प्रज्ञाचक्षु जगत्प्रसिद्ध वैद्यराज बावाभाई (विजयशंकर) अचलजी के प्रधान शिष्य रसप्रसाद-औषधालयाध्यक्ष वैद्यराज जीवराम कालिदास जी के द्वारा शुद्ध प्रति प्राप्त कर आवश्यक परिवर्तन, परिवर्द्धन और परिष्करणों द्वारा सुपरिष्कृत तथा गुजराती भाषानुवाद से विभूषित कर सं० १९६५ में इसका प्रथम संस्करण हमने प्रकाशित किया जिसका गुर्जर जनता ने बड़ा सम्मान किया किन्तु हिन्दी जनता इसके हिन्दी भाषानुवाद से अलंकृत संस्करण के लिये चिरकाल से नितान्त लालायित हो रही थी। उसके सदनुरोध से उसी अपने गुर्जर भाषा विभूषित प्रथम संस्करण के आधार पर "आयुर्वेदोद्धारक-औषधालय" के अध्यक्ष तथा "वैद्य" नामक मासिक के सम्पादक वैद्यराज शंकरलाल हरिशंकर जी के द्वारा शुद्ध और सरल हिन्दी भाषानुवाद बनवाकर उससे विभूषित मूलसहित "रसरत्नसमुच्चय" का यह तृतीय संस्करण अनेक नवीन विशेषताओं से विशेषित कर प्रकाशित किया है, विशेष क्या लिखें? दृष्टिगोचर होने पर इसकी उत्तमता का अनुभव आप स्वयमेव करेंगे।

यह ग्रन्थ पूर्व और उत्तर नामक दो खण्डों में विभक्त है। पूर्व खण्ड में ग्यारह और उत्तर खण्ड में उन्नीस अध्याय हैं। आरम्भ में ग्रन्थकार ने पारद की उत्तमता बतलाकर अभ्रक, वैक्रांत, सुवर्णमाक्षिक, रौप्यमाक्षिक, गन्धक, हरताल, मनसिल आदि अनेक रस, उपरस, माणिक, मोती, मूंगा, पन्ना, पुखराज, हीरा, नीलम आदि रत्न, सोना, रूपा, तांबा, सीसा, रांगा, लोहा आदि धातु, और विष उपविष आदि अनेक खनिज पदार्थों की उत्पत्ति लक्षण शोधन, मारण, जारण आदि का वर्णन किया है। तदनन्तर गुरु शिष्य के लक्षण, शिष्य को दीक्षा देने का क्रम, रसशाला, रसस्थापन, रससिद्धि के लिये संग्राह्य पदार्थ, रससिद्धिक निमित्त भिन्न-भिन्न जनों के सहाय की आवश्यकता, परिभाषा, खरल, मूषा, पुट, व कोठी आदि यन्त्र बनाने की रीति, औषधग्रहण परिभाषा तथा

पारद के संस्कार, पारदबन्ध तथा भस्म आदि बनाने की रीति बताकर पूर्व खण्ड् की समाप्ति की गयी है।

ज्वरप्रकरण से उत्तरखण्ड का प्रारम्भ हुआ है। प्रत्येक रोग का संक्षिप्त निदान लिखकर चिकित्सा के प्रकरण लिखे गये हैं। कतिपय बड़े-बड़े रोगों के उपचारार्थ सारे अध्याय भर में रसादिकों का वर्णन किया गया है। ज्वर-प्रकरण के अनन्तर रक्तपित्त, श्वास, खांसी, क्षय, हृदयरोग, मदात्यय, वमन तृष्णा, अर्श, उदावर्त, अतिसार, संग्रहणी, अजीर्ण, विषूचिका (कालरा) मूत्रकृच्छ, अश्मरी, प्रमेह; विद्रधि, वृद्धि, गुल्म, शूल, उदर रोग, पाण्डु, कुष्ठ वातरोग, वातरक्त; वन्ध्यास्त्री रोग, बालरोग, उन्माद, अपस्मार, नेत्र-कर्ण-नासा-मुख-मस्तक रोग, भगंदर, क्षुद्र रोग, गलगण्ड, उपदंश, विषविकार आदि समस्त रोगों की चिकित्सा पृथक् प्रकरणों में वर्णित है। उपसंहार में रसायन प्रकरण, बाजी प्रकरण, धातुकल्प, विषकल्प और रसकल्प का वर्णन कर ग्रन्थ समाप्त किया गया है।

उपरि लिखित रोगोपचार यद्यपि अधिकांश में रसों द्वारा ही लिखा गया है तथापि सर्व साधारण के लाभार्थ प्रत्येक रोग पर सामान्य वनौषधियों के सुलभ प्रयोग भी लिखे गये हैं इससे यह संग्रहग्रन्थ होने पर भी विद्वद्वर्ग इसकी ओर सचकित आदर की दृष्टि से देखते हैं।

इस ग्रन्थ की लिखित और मुद्रित प्रतियों से प्रयोग से ढूंढ़ निकालने में साधारण और विद्वान् सभी को बड़ी असुविधा थी। पूने वाली छपी पुस्तक पर विविध पाठ भेद सूचक अनेक टिप्पणियां शुद्ध पाठ निश्चित करने में व्यामोह उत्पन्न करती थीं, इससे उन भ्रामक टिप्पणियों को निकाल शुद्ध उचित पाठ बना दिया है। कई प्रयोगों में नामों के शीर्षक थे ही नहीं, जिनमें थे उनमें कहीं कुछ आगे, कहीं कुछ पीछे, इस प्रकार नितान्त अस्तव्यस्त थे अतः उन्हें भी यथास्थान और यथार्थ रूप में लिख दिया है। दूसरी असुविधा अनेक स्थानों पर यह थी कि कितने ही रोगों की चिकित्सा का आरम्भ हो जाने पर भी उनका नाम व निदान न होने के कारण वाचक को यह निश्चय करना कठिन

था कि यह चिकित्सा किस रोग की है अतः शीर्षक में रोग का नाम और संक्षिप्त निदान लिखकर यह दोष भी दूर कर दिया है। सबसे बड़ी अव्यवस्था यह थी कि किसी रोग की चिकित्सा में प्रथम एक दो रस, फिर चूर्ण, फिर रस, फिर सामान्य उपाय, फिर तैल या गोली,फिर रस लिखा हुआ होने के कारण किसी रोग पर किसी रस आदि विशेष प्रकार की औषध देखने के लिए सारा अध्याय बांचे बिना पता लगना बड़ा कठिन था । इस प्रकार उचित परिवर्तन कर नियमानुसार रसादि औषधों की क्रमबद्ध योजना की है। जैसे कि क्षयप्रकरण में प्रथम समस्त क्षयारिरस,फिर गोली, चूर्ण, तैल और अन्त में वनौषधियों के क्षयहर सामान्य उपाय लिखे गये हैं। इस प्रकार उत्तरोत्तर क्रमबद्ध योजना हो जाने से चाहे जिस पर रोग चाहे जिस प्रकार की औषध सहज में देखी जा सकती है। धातु, विष और रसकल्प में यही क्रम रखा है। इतना सब होने पर भी समस्त ग्रन्थ का एक भी श्लोक घटाया बढ़ाया नहीं, किन्तु सर्वसाधारण की सुगमता के लिए आवश्यक और उचित योजनामात्र की है। आरम्भ में पृष्ठांक सहित विषय सूची लगी रहने के कारण इच्छित विषय तत्काल ढूंढ़ा जा सकता है।

उपसंहार में विद्वान् वैद्य महोदय तथा सहृदय सद्गृहस्थों से सविनय निवेदन यह है कि वे इस अनुभवसिद्ध ग्रंथ का संग्रह कर इसके द्वारा इच्छित लाभ उठाकर प्राचीन ऋषि, मुनि और श्रीवाग्भट्टाचार्य जी को धन्यवाद दें जिससे हम भी अपना श्रम सफल समझें।

विषयानुक्रमणिका

Vol. - I

पूर्वखण्डः

श्रीः

श्रीवाग्भटाचार्यकृत

रसरत्नसमुच्चयः

भाषाटीकोपेतः

पूर्वखण्डस्य प्रथमोऽध्यायः

ग्रन्थकारकृत मङ्गलाचरण

यस्यानन्दभवेन मङ्गलकलासम्भावितेन स्फुरद्धाम्ना
सिद्धरसामृतेन करुणावीक्षासुधासिन्धुना।
भक्तानां प्रभवप्रसंहृतिजरारागादिरोगाः क्षणाच्छांतिं
यांति जगत्प्रधानभिषजे तस्मै परस्मै नमः॥१॥

भाषाटीकाकारकृत मंगलाचरण

ध्यात्वा जिनेश्वरं देवं भवरोगनिषूदनम्।
भाषाटीकान्वितं कुर्वे रसरत्नसमुच्चयम्॥१॥
सच्चिन्तोपचयं जितेन्द्रियचयं सँस्तौति लोकश्च यं
यो लोकेऽसहयोगयोगलतयाऽरीणां मनोऽचालयत्॥
योऽयं विश्वजनीनवृत्तिरनघोऽहिंसाव्रते तत्परः
सोऽयंगान्धिरुदारधी र्विजयतांमान्योमहात्माकलौ॥२॥

शिव और पार्वती के सम्भोगरूपी आनन्द से उत्पन्न हुआ मङ्गलमय

(कल्याणकारिणी) कलाओं से युक्त, जिसका तेज अत्यन्त देदीप्यान है, एवं सिद्ध रसेन्द्ररूपी अमृत से परिपूर्ण, कृपादृष्टिरूप सुधा के समुद्र के समान, समस्त जगत को प्रकाशित करने वाला ऐसा जो शिव का तेज है, उसको यथाविधि सेवन करने वाले भक्तजनों के जन्म, मृत्यु, जरा और राग द्वेषादि समस्त भवरोग क्षण भर में नाश को प्राप्त होते हैं ऐसे जगत् के प्रधान वैद्यस्वरूप पारद को नमस्कार है॥१॥

अत्र गृहीतसाहायग्रन्थकृनामादि

आदिमश्चंद्रसेनश्च लंकेशश्च[1] विशारदः।
कपाली मत्तमाण्डव्यौ भास्करः शूरसेनकः॥२॥
रत्नकोषश्च[2] शंभुश्च सात्विको नरवाहनः।
इन्द्रदो गोमुखश्चैव कलम्बिर्व्याडिरेव[3] च॥३॥
नागार्जुनः सुरानन्दो नागबोधी यशोधनः।
खण्डः कापालिको ब्रह्मा गोविन्दो लम्पको [4]हरिः
सप्तविंशतिसंख्याका रससिद्धिप्रदायकाः॥४॥

इस ग्रन्थ में ग्रन्थकार ने जिन प्राचीन ग्रन्थकारों से सहायता ली है, उनके नामादि का वर्णन इस प्रकार है, आदिम (इस शब्द का कोई शङ्कर, कोई आद्य ग्रन्थकार और कोई इसी नाम के आचार्य विशेष ऐसा अर्थ करते हैं), चन्द्रसेन, लङ्केश (रावण), विशारद, कपाली, मत्त, साण्डव्य, भास्कर, शूरसेन, रत्नकोष, शम्भु सात्त्विक, नरवाहन, इन्द्रद, गोमुख, कलम्बि, व्याडि, नागार्जुन, सुरानन्द, नागबोधी, यशोधन, खण्ड, कापालिक, ब्रह्मा, गोविन्द, लम्पक, और हरि ये सत्ताईस आचार्य रससिद्धि प्रदान करने वाले हैं॥२-४॥

रसांकुशो भैरवश्च नन्दी स्वच्छन्दभैरवः॥५॥
मन्थान भैरवश्चैव काकचण्डीश्वरस्तथा।
वासुदेव ऋषिःशृङ्गः[5] क्रियातन्त्रसमुच्चयी॥६॥
रसेन्द्रतिलको योगी भालुकी मैथिलाह्वयः।
महादेवो नरेन्द्रश्च वासुदेवो[6] हरीश्वरः ॥७॥

एतेषां क्रियतेऽन्येषां तन्त्राण्यालोक्य संग्रहः।
रसानामथ सिद्धानां चिकित्सार्थोपयोगिनाम्॥८॥
सूनुना सिंहगुप्तस्य रसरत्नसमुच्चयः।
रसोपरसलोहानां यन्त्रादिकरणानि च॥ ९॥
शुद्ध्यर्थमपि लोहानां तन्त्रादिकरणानि च।
शुद्धिः सत्वं द्रुतिर्भस्मकरणं च प्रवक्ष्यते॥१०॥

रसाङ्कुश, भैरव, नन्दी, स्वच्छन्दभैरव, मन्थानभैरव, काकचण्डीश्वर, वासुदेव, रसक्रिया के सिद्धांतों का संग्रह करने वाले ऋषिशृंग, रसेन्द्रतिलक, योगी, भालुकी, मैथिल, महादेव, नरेन्द्र, वासुदेव और हरीश्वर इनके तथा अन्यान्य आचार्यों के शास्त्रों को अवलोकन करके, सिंहगुप्तका पुत्र मैं (वाग्भट) चिकित्सा करने के लिए परमोपयोगी सिद्धरसों का संग्रह है जिसमें ऐसे इस रसरत्नसमुच्चय नामक ग्रंथ को निर्माण करता हूँ। इसमें रस, उपरस, स्वर्ण-लोहादि धातुओं की शुद्धि, सत्त्वपातन, द्रुतिकरण और भस्मकरण आदि की विधि एवं इन क्रियाओं के साधनभूत दोला मूषादि यंत्र और लोहादि धातुओं की शुद्धि के लिए भिन्न-भिन्न प्रकार की क्रियायें और प्रयोग कहे जाते हैं।।७-१०।।

हिमालय का वर्णन

अस्ति नीहार निलयो महानुत्तर दिङ्मुखे।
उतुङ्गशृङ्गसंघातलङ्घिताभ्रो महीधरः॥११॥
विश्रामाय वियन्मार्गविलङ्घनघनश्रमः।
अवतीर्ण इव श्रोणीं शरदम्बुमुचां गणः॥१२॥
राशिराशीविषाधीशफणाफलकरोचिषाम्।
भित्वा भुवमिवोत्तीर्णो यो विभाति भृशोन्नतः॥१३॥
ज्वलदौषधयो यस्य नितम्बमणिभूमयः।
नक्तमुद्दामतडितामनुकुर्वन्ति वार्मुचाम्॥१४॥
कटके सञ्चरन्तीनां यस्य किन्नरयोषिताम्।

पादेषु धातुरागेण लाक्षाकृत्यमनुष्ठितम्॥१५॥
अवतंसितशीतांशुराच्छादितदिगम्बरः।
यो गुहाधिगतो लौकैर्गिरीश इति गीर्यते॥१६॥

उत्तर दिशा में बड़े-बड़े ऊँचे शिखरों के समूह से मेघों को उल्लंघन करने वाला और हिम (बरफ) का स्थान होने से हिमालय नामवाला बहुत बड़ा पर्वत है वह ऐसा मालूम होता है मानो-आकाशमार्ग में निरन्तर भ्रमण करने से कठिन श्रम (थकावट) को प्राप्त हुआ शरद् ऋतु के मेघों का समूह विश्राम करने के लिये पृथ्वी पर उतर आया है और मानो नागराज शेष जी के फणों की मणियों की कान्ति का बड़ा ऊँचा ढेर पृथ्वी को विदीर्ण (फोड़) कर बाहर निकल आया है और जो अत्यन्त उन्नत होने से विशेष शोभायमान हो रहा है। जिसके नितम्बरूप अनेक स्थानों में मणिविभूषित भूमियाँ और अपने तेज से दीपक के समान प्रज्ज्वलित होती हुई औषधियाँ रात्रि के समय मेघ मण्डल में चमकती हुई बिजली का अनुकरण (नकल) करती हुई सी मालूम होती हैं। जिस हिमालय के शिखरों पर भ्रमण करती हुई किन्नरियों के चरणों में लगी हुई गेरू आदि धातुओं की लाली से उनके महावरी सी शोभा होती है। एवं जिसने आभूषण रूप से चन्द्रमा को धारण कर रक्खा है तथा जो दिशारूप वस्त्रों से आच्छादित अर्थात् नग्न है और जो अनेक गुफाओं से युक्त है, ऐसा जो महादेव के समान हिमालय पर्वत है उसको मनुष्य गिरिराज कहते हैं॥११-१६॥

महादेव की स्तुति

निमीलितदृशो नित्यं मुनयो यस्य सानुषु।
प्रत्यक्षयन्ति गिरिशमवाङ्मनसगोचरम्॥१७॥
शिलातलप्रतिहतैर्यस्य निर्झरसीकरैः।
अहन्यपि निरीक्षन्ते यक्षास्ताराङ्कितं नभः॥१८॥
नीहारपवनोद्रेकनिस्सहा यत्र पूरुषाः।
निजस्त्रीणां निषेवन्ते कुचोष्माणं निरन्तरम्॥१९॥

संचरन्कटके यस्य निदाघेऽपि दिवाकरः।
उद्दामहिमरुद्धोष्मा न शीतांशोर्विभिद्यते॥२०॥
गुहागतेषु कस्तूरीमृगनाभिसुगन्धिषु।
गायन्ति यत्र किन्नर्यो गोरीपरिणयोत्सवम्॥२१॥
चकास्ति तत्र जगतामादिदेवो महेश्वरः।
रसात्मना जगत्त्रातु जातो यस्मान्महारसः॥२२॥

जिस (हिमालय) के शिखरों पर नेत्र मींचकर ध्यानस्थित हो करके बैठे हुए मुनिलोग, वाणी और मन से भी ध्यान में न आने वाले शङ्कर भगवान् का अन्तर्दृष्टि से नित्य प्रत्यक्ष दर्शन करते हैं। जिसके शिखरों पर निवास करने वाले यक्ष लोग बड़ी-बड़ी शिलाओं से टकराते हुए झरनों के कणों के द्वारा दिन में भी आकाश को तारों से व्याप्तता देखते हैं। जिस हिमालय पर रहने वाले पुरुष, बरफ से मिली हुई वायु के वेग को न सह सकने से निरन्तर अपनी स्त्रियों के कुचों की उष्णता को प्राप्त करते हैं (अर्थात् उनको आलिङ्गन करते रहते हैं), जिसके शिखरों पर भ्रमण करते हुए सूर्य की ग्रीष्मऋतु में भी अत्यन्त बरफ के कारण उष्णता अवरुद्ध (कम) हो जाती है इसलिये सूर्य और चन्द्रमा में कोई भेद नहीं मालूम होता। और जिस पर कस्तूरीवाले मृगों की नाभिगत कस्तूरी से सुगन्धित गुफाओं में बैठी हुई किन्नरियाँ श्रीपार्वती के विवाहोत्सव के गीत गाया करती हैं ऐसे दिव्य शोभा-सम्पन्न उस हिमालय पर्वत पर जगत् के आदिदेव शंकर भगवान् रस-रूप से विराजमान हैं। उन्हीं की रस रूप आत्मा से जगत् की रक्षा करने के लिये महारस (अर्थात् सम्पूर्ण रसों में प्रधान रस पारा)उत्पन्न हुआ है॥१७-२२॥

पारद की महिमा

शताश्वमेधेन कृतेन पुण्यं गोकोटिभिःस्वर्णसहस्रदानात्।
नृणां भवेत्सूतकदर्शनेन यत्सर्वतीर्थेषु कृताभिषेकात्॥२३॥
विधाय रसलिङ्गं यो भक्तियुक्तः समर्चयेत्।
जगत्त्रितयलिङ्गानां पूजाफलमवाप्नुयात्॥२४॥

भक्षणं स्पर्शनं दानं ध्यानं च परिपूजनम्।
पञ्चधा रसपूजोक्ता महापातकनाशिनी॥२५॥
हन्ति भक्षणमात्रेण पूर्वजन्माघसम्भवम्।
रौगसंघमशेषाणां नराणां नात्र संशयः॥२६॥
पूर्वजन्मकृतं पापं सद्यो नश्यति देहिनाम्।
सुगन्धपिष्टसूतेन यदि शंभुर्विलेपितः॥२७॥
अभ्रकं त्रुटिमात्रं यो रसेन परिजारयेत्।
शतक्रतुफलं तस्य भवेदित्यब्रवीच्छिवः॥२८॥
यश्च निन्दति सूतेन्द्रं शम्भोस्तेजः परात्परम्।
स पतेन्नरके घोरे यावत्कल्पविकल्पना॥२९॥

सैकड़ों अश्वमेध यज्ञ करने से अथवा करोंड़ों गौओं का दान करने से या हजारों मन सुवर्ण का दान करने से अथवा सम्पूर्ण तीर्थों में स्नान करने से जो पुण्य होता है वह पुण्य मनुष्यों को केवल पारे का दर्शन करने से प्राप्त होता है। जो मनुष्य पारे का शिवलिंग बनाकर भक्ति सहित उसका पूजन करता है तो उसको त्रिलोगी-(भूलोक, भुवर्लोक और स्वर्लोक इन तीनों लोकों) में स्थित शिवलिङ्गों के पूजन करने का फल प्राप्त होता है। भक्षण (खाना), स्पर्शन (छूना), दान (देना), ध्यान और पूजन करना यह पाँच प्रकार की रस (पारे) की पूजा कही गयी है। यह बड़े-बड़े भयंकर पापों को नाश करने वाली है। पारे को यथाविधि भक्षण करने से सम्पूर्ण मनुष्यों के पूर्वजन्म में किये पापों से उत्पन्न हुए रोगों के समूह निस्सन्देह नष्ट हो जाते हैं। गन्धक के साथ पारे को पीस कर कज्जली करके उसके द्वारा शिवलिंग पर लेपन करने से मनुष्यों के पूर्वजन्मकृत पाप शीघ्र नष्ट होते हैं। जो मनुष्य पारे के साथ एक चुटकी भर अभ्रक को जारण करता है, उसको १०० अश्वमेध यज्ञ करने का फल प्राप्त होता है। ऐसा शिवजी महाराज ने कहा है। जो मनुष्य शिवजी के परम श्रेष्ठ तेजः स्वरूप (वीर्यरूप) पारे की निन्दा करता है, वह कल्पान्तपर्यन्त घोर नरक में पड़ता है॥२३-२९॥

रोगिभ्यो यो रसं दत्ते शुद्धिपाकसमन्वितम्।
तुलादानाश्वमेधानां फलं प्राप्नोति शाश्वतम्॥३०॥
सिद्धे रसे करिष्यामि निर्दारिद्र्यमयं जगत्।
रसध्यानमिति प्रोक्तं ब्रह्महत्यादिपापनुत्॥३१॥
अभ्रग्रासो हि सूतस्य नैवेद्यं परिकीर्तितम्।
रसस्येत्यर्चनं कृत्वा प्राप्नुयात्क्रतुजं फलम्॥३२॥
उदरे संस्थिते सूते यस्योत्क्रामति जीवितम्।
स मुक्तो दुष्कृताद्घोरात् प्रयाति परमं पदम्॥३३॥

जो वैद्य उत्तम प्रकार से शुद्ध करके भस्म किये हुए अथवा जारण किये हुए पारे को योग्य रीति से रोगियों को देता है, उसको निरन्तर तुलादान अथवा अश्वमेध यज्ञ करने का फल प्राप्त होता है। रस (पारे) के सिद्ध हो जाने पर मैं जगत् को दरिद्रता से मुक्त कर दूँगा इस प्रकार किया हुआ ध्यान रस का ध्यान कहा जाता है। यह ध्यान ब्रह्महत्या आदि को लेकर समस्त पापों को नष्ट करता पारे की पूजा विधि में अभ्रक का ग्रास देना पारे का नैवेद्य कहा जाता है। इस प्रकार पारे का पूजन करके मनुष्य अश्वमेध यज्ञ करने के फल को प्राप्त होता है। पारे के उदर में स्थित रह जाने पर जिस मनुष्य की मुत्यु हो जाए तो वह भयंकर दुष्कर्मों से मुक्त होकर परम पद (मोक्षा) को प्राप्त हो जाता है॥ ३०-३३॥

मूर्च्छितादि पारद के गुण

मूर्च्छित्वा हरति रुजं बन्धनमनुभूय मुक्तिदो भवति।
अमरीकरोति हि मृतः कोऽन्यः करुणाकरः सूतात्॥३४॥
सुरगुरुगोद्विजहिंसापापकलापोद्भवं किलासाध्यम्।
श्विंत्रतदपि च शमयतियस्तस्मात्कः पवित्रतरः सूतात्॥
रसबन्ध एव धन्यः प्रारम्भे यस्य सततमिति करणा।
सेत्स्यति रसे करिष्ये महीमहं निर्जरामरणाम्॥३६॥

मूर्च्छित किया हुआ पारा रोग को नष्ट करता है, बद्ध पारा मुक्ति देता है, और मृत (अर्थात् भस्म किया हुआ) पारा मनुष्य को अमर कर देता है, इसलिये पारे से बढ़कर दूसरा करुणाकर कौन है? देव, गुरु, गौ और ब्राह्मणदि की हिंसाकरण रूप पाप समूह से उत्पन्न हुए असाध्य श्वेतकुष्ठ को भी जो अवश्य नष्ट कर देता है, उस पारे से अधिक पवित्र दूसरा पदार्थ कौन है? जो मनुष्य प्रारम्भ में ही रस (पारे) के बन्धन के लिए उद्योग करता है, वह धन्य है और उसके सिद्ध हो जाने पर सम्पूर्ण पृथ्वी को अजर, अमर करने की जिसकी इच्छा होती है, वही मनुष्य अपने रसबन्ध रूप कार्य में सफलता प्राप्त करता है।।३४।। ३५।। ३६।।

देह को अजर, अमर करने की और उसमें पारद सेवन की आवश्यकता ।।

सुकृतफलं तावदिदं सुकुले यज्जन्म धीश्च तत्रापि।
सापिच सकलमहीतलतुलनफलाभूतलं च सुविधेयम्।।३७।।
भूतलविधेयतायाः फलमर्थास्ते च विविधभोगफलाः।
भोगाः सन्ति शरीरे तदनित्यमतो वृथा सकलम्।।३८।।
इति धनशरीरभोगान्मत्वाऽनित्यान्सदैव यतनीयम्।
मुक्तौ सा च ज्ञानात्तच्चाभ्यासात्स च स्थिरे देहे।।३९।।
तत्स्थैर्ये न समर्थं रसायनं किमपि मूललोहादि।
स्वयमस्थिरस्वभावं दाह्यं क्लेद्यं च शोष्यं च।।४०।।

पूर्वोपार्जित पुण्यकर्मों का फल यह है कि उत्तम कुल में जन्म हो उसमें भी उत्तम बुद्धि हो और वह बुद्धि भी सम्पूर्ण पृथ्वी के भार को तोलने में समर्थ हो। फिर ऐसी बुद्धि के द्वारा समस्त भूमण्डल को समृद्धिशाली बनाने का उपाय करना पृथ्वी के उत्तम होने से धनधान्यादि की वृद्धि होती है और धन की वृद्धि होने से नाना प्रकार के भोग विलास प्राप्त होते हैं। किन्तु वे भोग शरीर से भोगे जाते हैं और वह शरीर अनित्य (नाशवान्) है, इसलिये पृथ्वी के ऐश्वर्यादि सम्पूर्ण पदार्थ व्यर्थ हैं।(अर्थात् जब यह शरीर जरा मरण से कदापि मुक्त नहीं हो

सकता तो इसके लिये जो कार्य किये जाते हैं, वे सब निष्फल माने जा सकते हैं।) अतं एव धन, शरीर और भोग विलासादि को अनित्य मानकर मनुष्य को सदैव मुक्ति को प्राप्त करने का यत्न करना चाहिये। किन्तु वह मुक्ति यथार्थ ज्ञान होने से मिलती है। वह ज्ञान योगाभ्यास से योगाभ्यास आरोग्यमुक्त शरीर के स्थिर रहने पर होता है। परन्तु इस शरीर को स्थिर रख सकने में काष्ठ, धातु और रसायनादि कोई भी औषध समर्थ नहीं है। क्योंकि वे काष्ठादि तथा धात्वादि औषधियाँ स्वयं से अस्थिर स्वभाव-वाली होती हैं। वे अग्नि से जल जाती हैं, जल से भींग जाती हैं और सूर्य के तेज से सूख जाती हैं। किन्तु पारा इन सब दोषों से रहित है, इसलिए शरीर को स्थिर रखने की शक्ति पारे के सिवा और किसी भी पदार्थ में नहीं है, अतः देह की स्थिरता के लिए पारद सेवन करना आवश्यक है।।३७-४०।।

सम्पूर्ण औषधियों का पारे में समावेश

काष्ठोषध्यो नागे नागो वंगेथ वंगमपि शुल्बे।
शुल्बं तारे तारं कनके कनकं च लीयते सूते।। ४१।।
अमृतत्वं हि भजन्ते हरमूर्तौ योगिनो यथा लीनाः।
तद्वत्वकवलितगगने रसराजे हेमलोहाद्याः।।४२।।
परमात्मनीव सततं भजति लयो यत्र सर्वसत्त्वानाम्
एकोऽसौ रसराजः शरीरमजरामरं कुरुते।।४३।।
स्थिरदेहेऽभ्यासवशात्प्राप्य ज्ञानं गुणाष्टकोपेतम्।।
प्राप्नोति ब्रह्मपदं न पुनभववासजन्मदुःखानि ।।४४।।

काष्ठादिक औषधियाँ नाग (सीसे)में, नाग बंग में, बंग ताम्र में ताँबा चाँदी में, चाँदी सोने में और सोना पारे में लीन हो जाता है। जिस प्रकार योगीजन शिव की मूर्ति में लीन होकर मोक्ष पद को प्राप्त होते हैं, उसी प्रकार अभ्रक का ग्रास किये हुए पारे में स्वर्णादि समस्त धातुयें लय हो जाती हैं। जिस प्रकार परमात्मा में ही निरन्तर लीन रहने से सम्पूर्ण प्राणियों की संसार से मुक्ति हो जाती है, उसी प्रकार एकमात्र पारे को

सेवन करने से मनुष्य का शरीर अजर और अमर हो जाता है। पारे के सेवन करने से शरीर के स्थिर हो जाने पर मनुष्य योगाभ्यास के द्वारा अष्टगुणसम्पन्न आत्मज्ञान को प्राप्त करके ब्रह्मपद को प्राप्त करता है। और फिर वह उत्पन्न होकर गर्भवास जन्म मरण आदि सांसारिक दुःखों को नहीं भोगता है। ॥४१-४४॥

पारे से ब्रह्म की प्राप्ति

एकांशेन जगद्युगपदवष्टभ्यावस्थितं पदं ज्योतिः।
पादैस्त्रिभिस्तदमृतं सुलभं न विरक्तिमात्रेण॥४५॥
नहि देहेन कथंचिद्व्याधिजरामरणदुःखविधुरेण।
क्षणभङ्गुरेण सूक्ष्मं तद्ब्रह्मोपासितुं शक्यम्॥४६॥
नामापि देहसिद्धेः को गृह्णीयाद्विना शरीरेण।
तद्योगगम्यममलंमनसोऽपि न गोचरं तत्त्वम्॥४७॥
यज्ञाज्ज्ञानात्तपसो वेदाध्ययनाद्दमात्सदाचारात्।
अत्यन्तभूयसी किल योगवशादात्मसंवित्तिः॥४८॥

जो एक अंश से व्याप्त हुए सत्त्व, रज और तम इन तीन गुणों से सर्वजगत् में भरी हुई है, ऐसी अमृतरूपी परम ज्योति (परब्रह्म) केवल विरक्तिमात्र से प्राप्त नहीं होती। परब्रह्म की प्राप्ति के लिये तपश्चर्या की आवश्यकता है। रोग और जरा, मरण आदि अनेक दुःखों से व्याकुल रहने वाले और क्षणभंगुर शरीर से उस सूक्ष्म ब्रह्म की उपासना कदापि नहीं हो सकती। और स्थूल शरीर के बिना शरीर की सिद्धि का तत्त्व प्राप्त नहीं हो सकता, क्योंकि वह निर्मल तत्त्व-ज्ञान मन से नहीं जाना जाता, केवल योग से ही जाना जा सकता है। योगाभ्यास के द्वारा प्राप्त किया हुआ आत्मज्ञान यज्ञ, ज्ञान, तप, वेदाध्ययन, इन्द्रियदमन और सदाचार इन सबसे अत्यन्त श्रेष्ठ है॥ ४५-४६॥

ब्रह्मप्राप्ति का आनन्द

भ्रूमध्यगतं यच्छिखिविद्युत्सूर्येन्दुवज्जगद्भाति।
केषांचित्पुण्यदृशामुन्मीलतिचिन्मयं परं ज्योतिः।४९।

परमानन्दैकरसं परमं ज्योतिः स्वभावमविकल्पम्।
विगलितसकलक्लेशं ज्ञय शान्तं स्वसंवेद्यम्॥ ५०॥
तस्मिन्नाधाय मनः स्फुरदखिलंचिन्मयंजगत्पश्यन्।
उत्सन्नकर्मबन्धो ब्रह्मत्वमिहैव चाप्नोति॥ ५१॥
रागद्वेषविमुक्ताः सत्याचारा मृषारहिताः।
सर्वत्र निर्विशेषा भवन्ति चिद्ब्रह्मसंस्पर्शात्॥५२॥
तिष्ठन्त्यणिमादियुता विलसद्देहाः सदोदितानन्दाः।
ब्रह्मस्वभावममृतं संप्राप्ताश्चैव कृतकृत्याः॥ ५३॥

दोनों भृकुटियों के मध्य में रहने वाली जो परम ज्योति (ब्रह्मतेज) अग्नि, बिजली, सूर्य और चन्द्रमा के समान जगत् को प्रकाशित कर रही है, वह सच्चिदानन्दरूप ब्रह्म की ज्योति किसी पुण्यात्मा को ही प्रत्यक्ष होती है केवल परमानन्दनस्वरूप, एक रस, जिसमें विकल्प अथवा द्वैत नहीं है ऐसी अर्थात् अद्वैतरूप, सब प्रकार के दुःखों से रहित, शान्त और परमात्मा शक्ति से जानने योग्य ऐसी ब्रह्म की ज्योति जानने योग्य है। उस परम ज्योति में चंचल मन को अच्छे प्रकार से लगा कर जो मनुष्य इस प्रकाशमान जगत् को चैतन्यरूप देखता है, वह सम्पूर्ण कर्मबन्धनों से मुक्त होकर इस लोक में रहता हुआ ही ब्रह्मत्व को प्राप्त होता है। उस चैतन्यरूप ब्रह्म का आविर्भाव होने से मनुष्य राग, द्वेष और असत्य आदि दोषों से निर्मुक्त हो जाते हैं और सदाचारी तथा असत्यवादी होकर भेदभाव से रहित हो जाते हैं। अर्थात् सर्वत्र समान रूप से व्यवहार करते हैं। एवं तेजस्वि शरीर से सदैव आनन्द में मग्न रहते हैं तथा अणिमादि अष्ट सिद्धियों को प्राप्त करते हैं और परब्रह्म रूप अमृत को प्राप्त करके कृतकृत्य होते हैं।४९-५३॥

आयतनं विद्यानां मूलं धर्मार्थकाममोक्षाणाम्।
श्रेयः परं किमन्यच्छरीरमजरामरं विहायैकम्।५४।
प्रत्यक्षेण प्रमाणेन यो न जानाति सूतकम्।
अदृष्टविग्रहं देवं कथं ज्ञास्यति चिन्मयम्॥ ५५॥

यज्जरया जर्जरितं कासश्वासादिदुःख विवशं च।
योग्यं तत्र समाधौ प्रतिहतबुद्धीन्द्रियप्रसरम्॥५६॥

सम्पूर्ण विद्याओं के भण्डार और धर्म, अर्थ, काम, मोक्ष इस चतुर्वर्ग के मूल को प्राप्त करने के लिये केवल एक अजर, अमर शरीर को छोड़कर और कोई दूसरा उत्तम साधन नहीं है। जो मनुष्य प्रत्यक्ष प्रमाण के द्वारा (अर्थात् नेत्रों के द्वारा दीखनेवाले) देह को अजर अमर करने वाले पारे को नहीं जानता, वह निराकार, अदृश्य और चिदानन्द रूप परब्रह्म को किस प्रकार जान सकता है। जो शरीर जरा (वृद्धावस्था) से जर्जर हो गया हो तथा कास, श्वासादि अनेक रोगों से पराधीन बन गया हो और जिसकी बुद्ध्यादि इन्द्रियों की शक्ति क्षीण हो गई हो ऐसा शरीर समाधि के योग्य नहीं होता॥ ५४-५६॥

बालः षोडशवर्षो विषयरसास्वादलम्पटः परतः
यातविवेको वृद्धो मर्त्यः कथमाप्नुयान्मुक्तिम्॥ः५७॥
अस्मिन्नेव शरीरे येषां परमात्मनो न संवेदः।
देहत्यागादूर्ध्वे तेषां तद्ब्रह्म दूरतरम्॥५८॥
ब्रह्मादयो यतन्ते तस्मिन्दिव्यां तनुं समाश्रित्य।
जीवन्मुक्ताश्चान्ये कल्पान्तस्थायिनो मुनयः॥५९॥
तस्माज्जीवन्मुक्तिं समीहमानेन योगिना प्रथमम्।
दिव्या तनुर्विधेया हरगौरीसृष्टिसंयोगात्॥६०॥

सोलह वर्ष की अवस्था तक तो मनुष्य बालक रहता है, इसलिये वह इस अवस्था में ज्ञान प्राप्त नहीं कर सकता इसके पश्चात् युवावस्था आने पर मनुष्य विषय वासना के रस का आस्वादन करने में लंपट बन जाता है और वृद्धावस्था में विचार शक्ति कम हो जाती है। इस प्रकार सम्पूर्ण आयुष्य व्यतीत हो जाने पर मनुष्य मुक्ति को किस प्रकार प्राप्त कर सकता है इस मनुष्य शरीर में जिनको परमात्मा का ज्ञान नहीं होता, उनको देह त्याग के पश्चात् उस ब्रह्म का प्राप्त होना अत्यन्त दुर्लभ है। ब्रह्म प्राप्ति के लिये ब्रह्मादिक देवता दिव्य शरीर को धारण करके और उसी

प्रकार कल्पान्त पर्यन्त जीवित रहने वाले अनेक जीवन्मुक्त मुनि निरन्तर यत्न करते रहते हैं। इसलिये जीवन्मुक्ति की इच्छा करने वाले योगियों को प्रथम पारा और गन्धक के द्वारा अपने शरीर को दिव्य अर्थात् अजर अमर बना लेना चाहिये।। ५७-६०।।

रस की उत्पत्ति

शलेऽस्मिञ्छिवयोः प्रीत्या परस्परजिगीषया।
संप्रवृत्ते च सम्भोगे त्रिलोकीक्षोभकारिणि।।६१।।
विनिवारयितुं वह्निः सम्भोगं प्रेषितः सुरैः।
कांक्षमाणैस्तयोः पुत्रं तारकासुरमारकम्।।६२।।
कपोतरूपिणं प्राप्तं हिमवत्कन्दरेऽनलम्।
अपक्षिभावसंक्षुब्धं स्मरलीलाविलोकिनम्।।६३।।
तं दृष्ट्वा लज्जितः शम्भुर्विरतः सुरतात्तदा।
प्रच्युतश्चरमो धातुर्गृहीतः शूलपाणिना।।६४।
प्रक्षिप्तो वदने वह्नेर्गंगायामपि सोऽपतत्।
वह्निः क्षिप्तस्तया सोऽपि परिदंदह्यमानया।।६५।।
संजातास्तन्मलाध्मानाद्धातवः सिद्धिदायकाः।
यावदग्निमुखाद्रेतो न्यपतद्भुवि सर्वतः ।।६६।।
शतयोजननिम्नास्ते जाता कूपास्तु पंच च।
तदाप्रभृति कूपस्थ तद्रेतः पंचधाऽभवत्।।६७।।

एक समय इस हिमालय पर्वत पर अत्यन्त प्रीति के बोध परस्पर विजय प्राप्त करने की इच्छा से शिव और पार्वती में (अर्थात् प्रकृति-पुरुष-अथवा जडचेतन में) त्रिलोकि को क्षोभ उत्पन्न करने वाला सम्भोग होने लगा उस समय उनके रज और वीर्य से, तारकासुर को मारने वाले पुत्र अर्थात् तारकरूप अंधकार को विनाश करने वाले प्रकाश के उत्पन्न होने की इच्छा से देवताओं ने उस सम्भोग को निवारण करने के लिये वहाँ अग्नि को भेजा। अग्नि, कबूतर (अर्थात् अत्यन्त श्वेतवर्ण)

का रूप धारण करके हिमालय की गुफा में बैठ कर प्रकृति पुरुष की काम क्रीड़ा के विलास को देखकर अपने प्रकृत स्वभाव के कारण अत्यन्त क्षुब्ध होने लगा इस प्रकार से बैठे हुए पक्षिरूप अग्नि को देख कर शिवजी ने अत्यंत लज्जित होकर सम्भोग को त्याग दिया और उस समय पतित हुए वीर्य को अपने हाथ में लेकर उन्होंने अग्नि के मुख में डाल दिया। उस वीर्य रूप तीव्र तेज को न सह सकने के कारण अग्निदेव गंगा में कूद पड़ा। गंगा भी उस तेज से जलने लगी इसलिये उसने उस तेज के सहित अग्निदेव को अपनी तरंगों से बाहर निकाल कर फेंक दिया उस मल के पड़े रह जाने से वहाँ रससिद्धि के लिये उपयोगी अनेक धातुयें उत्पन्न हो गयीं। और अग्नि के मुख से जहाँ कहीं भी पृथ्वी के ऊपर वह वीर्य गिरा, वहाँ पर सैकड़ों योजन गहरे पाँच कुएं बन गये तबसे उन कुओं में रहने वाला वह वीर्य पाँच प्रकार का हो गया है।।६१-६७।।

रस के भेद

रसो रसेन्द्रः सूतश्च पारदो मिश्रकस्तथा।
इति पंचविधो जातः क्षेत्रभेदेन शम्भुजः।।६८।।
रसो रक्तो विनिर्मुक्तः सर्वदोषैरसायनः।
संजातास्त्रिदशास्तेन नीरुजा निर्जरामराः।।६९।।
रसेन्द्रो दोषनिर्मुक्तः श्यावो रुक्षोऽतिचंचलः।
रसायिनोऽभवंस्तेन नागा मृत्युजरोज्झिताः।।७०।।
देवनागैश्च तौ कूपौ पूरिता मृद्भिरश्मभिः
तदाप्रभृति लोकानां तौ जातावति दुर्लभौ।।७१।।
ईषत्पीतश्च रूक्षांगो दोषमुक्तश्च सूतकः।
दशाष्टसंस्कृतैः सिद्धौ देहं लोहं करोति सः।।७२।।
अथान्यकूपजः कोऽपि स चलः श्वेतवर्णवान्।
पारदो विविधैर्योगैः सर्वरोगहरो हि सः।।७३।।

मयूरचन्द्रिकाच्छायः सः रसो मिश्रको मतः।
सोऽप्यष्टा दशसंस्कारयुक्तश्चातीव सिद्धिदः॥७४॥
त्रयः सूतादयः सूताः सर्वसिद्धिकरा अपि।
निजकर्मविनिर्माणैः शक्तिमन्तोऽतिमात्रया॥७५॥

भिन्न-भिन्न स्थानों में उत्पन्न होने के कारण पारा, रस, रसेन्द्र, सूत पारद और मिश्रक इन भेदों से पाँच प्रकार का है। रस नामक पारा लाल रंग का होता है वह सब प्रकार के दोषों से रहित और रसायन है। इसके सेवन से ही देवता आरोग्य और अजर अमर रहते हैं। रसेन्द्र नामवाला पारा निर्दोष होता है। एवं श्याव (कुछ नीला सा) वर्णमाला, रुक्ष और अत्यन्त चञ्चल होता है। इस रसायन के प्राप्त होने से नाग देवता जरा मरण से मुक्त रहते हैं। परन्तु उन रस और रसेन्द्र के दोनों कुओं को देवता और नागों ने मिट्टी, पत्थरादि से पाट दिया है, इस कारण उक्त दोनों प्रकार के पारे मनुष्यों को मिलने अत्यन्त कठिन हो गये हैं। सूत नामक पारा कुछ पीला, रुक्ष और दोषरहित है। यह पारा अष्टादश संस्कारों के द्वारा सिद्ध करके सेवन किया जाने पर देह को लोहे के समान दृढ़ कर देता है। अन्य कुएं से निकलने वाले पारे को पारद कहते हैं, वह चञ्चल और श्वेत वर्ण का होता है। यह पारा विविध प्रकार के योगों के साथ सेवन किया जाने पर सब प्रकार के रोगों को दूर करता है। मोरपंख का चन्द्रिका के समान वर्ण वाले पारे को मिश्रक कहते हैं। वह भी अष्टादश संस्कारों के द्वारा सिद्ध होने पर देह और लोहादि धातुओं को सिद्धि प्रदान करता है। यद्यपि सूत, पारद और मिश्रक ये तीनों प्रकार के पारे सकल सिद्धि प्रदान करने वाले हैं, तथापि प्रत्येक पारा अनेक संस्कारों के द्वारा सिद्ध किया जाने से अधिकतर शक्तिशाली हो जाता है॥६८-७५॥

पाँचों पारदों की पृथक्-पृथक् निरुक्ति

एतां रससमुत्पत्तिं यो जानाति स धार्मिकः।
आयुरारोग्यसन्तानं रससिद्धिं च विन्दति॥७६॥

रसना सर्वधातूनां रस इत्याभिधीयते।
जरारुङ्मृत्युनाशाय रस्यते वा रसोऽमृतः॥७७॥
रसोपरसराजत्वाद्रसेन्द्र इति कीर्त्तितः।
देहलोहमयीं सिद्धिं सूते सूतस्ततः स्मृतः॥७८॥
रोगपंकाब्धिमग्नानां पारदानाच्च पारदः।
सर्वधातुगतं तेजो मिश्रितं यत्र तिष्ठति।
तस्मात्स मिश्रकः प्रोक्तो नानारूपफलप्रदः॥७९॥

जो धार्मिक मनुष्य इस प्रकार कही हुई पारे की उत्पत्ति को जानता है, वह आयु, आरोग्य, सन्तान और रससिद्धि को प्राप्त होता है। समग्र धातुओं को खजाने से (अर्थात् इसमें सब धातुओं के मिल जाने से) पारे को रस कहते हैं। अथवा जरा, व्याधि और मृत्यु का नाश करने के लिये इसको सेवन किया जाता है, इसलिये भी इसको रस अथवा अमृत कहते हैं। रस और उपरसों का राजा होने से पारे को रसेन्द्र कहते हैं। एवं शरीर और लोहादि धातुओं की सिद्धि करने से पारे को सूत कहते हैं। पारा रोगरूपी कीचड के समुद्र में डूबे हुए मनुष्यों को उससे पार कर देता है, इसलिये इसको पारद कहते हैं। जिसमें सम्पूर्ण धातुओं का तेज मिला हुआ रहता है, उसको मिश्रक कहते हैं। वह विविध प्रकार के फल प्रदान करता है॥७६-७९॥

पारे में स्थित कंचुकादि दोष

एवंभूतस्य सूतस्य मर्त्यमृत्युगदच्छिदः॥८०॥
प्रभावान्मानुषा जाता देवतुल्यवलायुषः॥
तान्दृष्ट्वाऽभ्यर्थितो रुद्रः शक्रेण तदनन्तरम्॥८१॥
दोषैश्च कंचुकाभिश्च रसराजो नियोजितः॥
तदाप्रभृति सूतोऽसौ नैव सिद्ध्यत्यसंस्कृतः॥८२॥
जलगो जलरूपेण त्वरितो हंसगो भवेत्।
मलगो मलरूपेण सधूमो धूमगो भवेत्॥८३॥

अन्या जीवगतीर्दैवी जीवोऽण्डादिव निष्क्रमेत्।
स तांश्च जीवयेज्जीवांस्तेन जीवो रसः स्मृतः॥८४॥
चतस्त्रो गतयो दृश्या अदृश्या पंचमी गतिः।
मंत्रध्यानादिना तस्य रुध्यते पंचमी गतिः॥८५॥
इति भिन्नगतित्वाच्च सूतराजस्य दुर्लभः।
संस्कारस्तस्य भिषजा निपुणेन तु रक्षयेत्॥८६॥

इस प्रकार पारे के प्रभाव से मनुष्य जरा, मरण और व्याधिजाल से मुक्त होकर देवताओं के समान बलवान् और आयुवाले होने लगे। उस समय इंद्र ने उनको इस प्रकार बलवान् देखकर ईर्ष्या के कारण शिवजी महाराज से प्रार्थना की तबसे उन्होंने पारे को कञ्चुकी आदि दोषों से युक्त कर दिया है। इस कारण उस समय से बिना संस्कार किया हुआ पारा सिद्धिदायक नहीं होता। पारा जल के संयोग से जल रूप से, सूर्य की किरणों के संयोग से किरण रूप से, धातुओं के संयोग से धातु रूप से, और धूम के संयोग से धूम रूप से उड़ कर उस उसमें जाता है इस प्रकार सृष्टि के अटल नियम के अनुसार एक जीव में से दूसरा जीव अण्डे के प्रमाण संक्रमण करता है। पारा सब जीवों को जीवित करता है, इसलिये इसको जीव कहते हैं। उपर्युक्त पारे की चार गतियां तो दृश्य हैं और पाँचवीं गति अदृश्य है। परन्तु उसकी पाँचवीं गति जीव मन्त्र ध्यानादि क्रियाओं के द्वारा रोकी जा सकती है। इस प्रकार भिन्न-भिन्न गतियों के द्वारा उड़ जाने से पारे का संस्कार होना अत्यन्त कठिन है अत एव विद्वान् और चतुर वैद्य को बड़ी होशियारी से पारा सुरक्षित रखकर उसके संस्कार करने चाहिये॥८०-८६॥

प्रथमे रजसि स्नातां हयारूढां स्वलंकृताम्।
वीक्षमाणां वधूं दृष्ट्वा जिघृक्षुः कूपगो रसः॥८७॥
उद्गच्छति जवात्सापि तं दृष्ट्वा याति वेगतः।
अनुगच्छति तां सूतःसीमानं यौजनोन्मिताम्॥८८॥

प्रत्यायाति ततः कूपं वेगतः शिवसम्भवः।
मार्गनिर्मितगर्तेषु स्थितं गृह्णंति पारदम्॥८९॥
पतितो दरदे देशे गौरवाद्वह्निवक्त्रतः।
स रसो भूतले लीनस्तत्तद्देशनिवासिनः॥
तां मृदं पातनायन्त्रे क्षिप्त्वा सूतं हरन्ति च॥९०॥

प्रथम बार ऋतुस्नान की हुई उत्तम प्रकार के आभूषणों से अलंकृत तरुणी स्त्री घोड़े पर चढ़कर पारे के कुएँ में झांके तो रूप यौवन समान स्त्री को देखकर उसको प्राप्त करने की इच्छा से कुएँ में स्थित पारा बड़े वेग से ऊपर को उछलता है। वह स्त्री उनको देखकर जब शीघ्रता से चली जाती है तब पारा योजन पर्यन्त उसके पीछे-पीछे भागता है जब वह स्त्री योजन की सीमा से बहुत दूर निकल जाती है तब पारा लौटकर फिर उसी कुएँ में आकर गिर जाता है। उस समय मार्ग में बने हुए अथवा मनुष्यों के द्वारा बनाये हुए गड्ढों में गिरे हुए पारे को मनुष्य निकाल लेते हैं। जो पारा अत्यन्त भारी होने के कारण अग्नि के मुख में से दरद देश में गिर पड़ा था, वह मिट्टी और पत्थरों के साथ मिलकर पृथ्वी में लीन हो गया उस देश के रहने वाले मनुष्य उस मिट्टी को उर्ध्वपातन यन्त्र में डालकर पारे को निकाल लेते हैं।॥८७-९०॥

इति श्रीवाग्भटाचार्य विरचिते रसरत्नसमुच्चये वैद्यशङ्करलालकृतायां भाषाटीकायां प्रथमोऽध्यायः

संदर्भ :

१. भासुर इति।
२. रत्नघोष इति।
३. काम्बलिः तथा कपिल इति।
४. लम्बकः तथा लाम्पट इति।
५. ऋष्यशृङ्ग इति सर्वत्र पाठभेदः।
६. रत्नाकरहरीश्वराविति पाठभेदः।

द्वितीयोऽध्यायः

अष्टौ महारसाः

अभ्रवैक्रान्तमाक्षीकविमलाद्रिजसस्यकम्।
चपलो रसकश्चेति ज्ञात्वाऽष्टौ संग्रहेद्रसान्।।

अभ्रक, वैक्रान्तमणि, सोनामाखी, विमला (रूपामाखी), शिलाजीत, नीलाथोथा, चपल (१२० तोले नाग को गजपुट में फूंकने से जब वह १ तोला बाकी रह जाता है, तब उस सत्त्व को चपल कहते हैं। किन्तु कोई-कोई कहते हैं कि नाग और वंग से चपल धातु बनती है)। और खपरिया ये आठ महारस हैं इन रसों को उत्तम प्रकार से परीक्षा कर संग्रह करना चाहिये।।१।।

गन्धक पार्वती का रज है और अभ्रक पार्वती देवी का वीर्य है (क्षेपक)

अभ्रक के सामान्य गुण

गौरीतेजः परमममृतं वातपित्तक्षयघ्नम्।
प्रज्ञाबोधिः प्रशमितरुजं वृष्यमायुष्यमग्र्यम्।।
बल्यं स्निग्धं रुचिदमकफं दीपनं शीतवीर्यम्।
तत्तद्योगैः सकलगदहृद्व्योम सूतेन्द्रबन्धि।।२।।
राजहस्तादधस्ताद्यत्समानीतं घनं खनेः।
भवेत्तदुक्तफलदं निःसत्त्वं निष्फलं परम्।।३।।

पार्वती का तेज (अर्थात् वीर्यरूप) अभ्रक परम श्रेष्ठ अमृत हैं। यह वात, पित्त और क्षय को नष्ट करता है, बुद्धि को तीव्र करता है, सम्पूर्ण व्याधियों को शमन करता है, विशेष कर वीयवर्द्धक, आयुकारक,

बलकारक, स्निग्ध (अर्थात् शरीर के सब अवयवों को कोमल बनाने वाला) रुचिकारक, कफ को उत्पन्न न करने वाला, अग्निप्रदीपक और शीत वीर्य है। यह कफकारक न होने से भिन्न-भिन्न प्रयोगों के द्वारा सेवन करने से समस्त व्याधियों को नष्ट करता है और पारे को बाँधता है। आठ हाथ गहरी खान को खोदकर जो अभ्रक निकाला जाता है, वह भारी और उपर्युक्त फलदायक होता है। इसके सिवा जिसके पत्र पतले होते हैं ऐसा सत्त्वहीन अभ्रक निष्फल होता है॥२॥३॥

अभ्रक के भेद

पीनाकनागमण्डूकवज्रमित्यभ्रकं मतम्।
श्वेतादिवर्णभेदेन प्रत्येकं तच्चतुर्विधम्॥४॥
पीनाकं पावकोत्तप्तं विमुञ्चति दलोच्चयम्।
तत्सेवितं मलं बद्ध्वा मारयत्येव मानवम्॥५॥
नागाभ्रं नागवत्कुर्याद्ध्वनिं पावकसंस्थितम्।
तद्भुक्तं कुरुते कुष्ठं मंडलाख्यं न संशयः॥६॥
उत्प्लुत्योत्प्लुत्य मंडूकं ध्मातं पतति चाभ्रकम्।
तत्कुर्यादश्मरीरोगमसाध्यं शस्त्रतोऽन्यथा॥७॥
वज्राभ्रं वह्निसंतप्तं विमुक्तोऽशेषवैकृतम्।
देहलोहकरं तच्च सर्वरोगहरं परम्॥८॥

पीनाक, नाग, मण्डूक और वज्र इस प्रकार से अभ्रक चार प्रकार का है। इसके सिवा सफेद, लाल, पीला और काला इन भेदों से उपर्युक्त प्रत्येक अभ्रक चार प्रकार का होता है। पीनाक अभ्रक अग्नि में तपाने से पत्रों को अलग-अलग छोड़ देता है। यह अभ्रक सेवन करते ही मल को बाँधकर मनुष्य को मार देता है। नाग अभ्रक अग्नि में तपाने से सर्प के समान फुंकार सी मारता है। उसको सेवन करने से मण्डल नामक कुष्ठ रोग उत्पन्न होता है। मण्डूक नामक अभ्रक अग्नि में तपाने से मंडूक के समान उछल-उछलकर गिरता है और सेवन करने पर असाध्य पथरी रोग को उत्पन्न करता है, जो कि शल्य क्रिया के बिना

दूर नहीं किया जा सकता। किन्तु वज्र नामक अभ्रक को अग्नि में तपाने से उसमें कोई भी विकार उत्पन्न नहीं होता और यह सेवन करने से देह एवं लोह की सिद्धि करता है तथा सब प्रकार के रोगों को हरता है।।४-८।।

चारों अभ्रकों का उपयोग

श्वेतं रक्तं च पीतं च कृष्णमेवं चतुर्विधम्।
श्वेतं श्वेतक्रियासूक्तं रक्ताभं रक्तकर्मणि।।९।।
पीताभमभ्रकं यत्तु श्रेष्ठं तत्पीतकर्मणि।
चतुर्विधं परं व्योम यद्यप्युक्तं रसायने।।१०।।
तथापि कृष्णवर्णाभं कोटि कोटि गुणाधिकम्।
स्निग्धं पृथुदलं वर्णसंयुक्तं भारतोऽधिकम्।।११।।
सुखान्निर्मोच्य पत्रं च तदभ्रं शस्तमीरितम्।।१२।।

सफेद, लाल, पीला और काला इन वर्णभेदों से जो अभ्रक चार प्रकार का कहा गया है, इनमें सफेद अभ्रक श्वेतक्रिया (चाँदी आदि के बनाने) में लाल अभ्रक रक्त कर्म (अर्थात् रंगने के काम) में और पीला अभ्रक पीतकर्म (सुवर्ण आदि बनाने के काम) में श्रेष्ठ कहा गया है। उपर्युक्त तीनों ही अभ्रक द्रव्य साधन के काम में आते हैं और चौथा कृष्ण वर्ण का अभ्रक रसायनोपयोगी है। श्वेत, रक्त, पीत और कृष्ण ये चारों प्रकार के अभ्रक रसायन कर्म में श्रेष्ठ हैं तथापि इनमें काले रंग का अभ्रक सबकी अपेक्षा करोड़ गुना अधिक गुण करता है। स्निग्ध, मोटे पत्रवाला, उत्तम वर्णवाला, वजनदार और जिसके पत्र सहज में न छूटें ऐसा अभ्रक अत्यन्त श्रेष्ठ कहा है।। ९-१२।।

अभ्रक के गुण दोष

सचन्द्रिकं च किट्टाभं व्योम न ग्रासयेद्रसम्।
ग्रसितश्च नियोज्योऽसौ लोहे चैव रसायने।।१३।।
निश्चन्द्रिकं मृतं व्योम सेव्यं सर्वगदेषु च।
सेवितं चन्द्रसंयुक्तं मेहं मन्दानलं चरेत्।।१४।।

यैरुक्तं युक्तिनिर्मुक्तैः पत्राभ्रकरसायनम्।
तैर्दिष्टं कालकूटाख्यं विषं जीवनहेतवे॥१५॥
सत्त्वार्थं सेवनार्थं च योजयेच्छोधिताभ्रकम्।
अन्यथा त्वगुणं कृत्वाः विकरोत्येव निश्चितम्॥१६॥

चन्द्रिकायुक्त (चमकदार)और कीट (धातुमल) के समान अभ्रक (भस्म) पारे को नहीं ग्रसता धातु की सिद्धि करने और रसायन कर्म में जो पारा उपयोग में लिया जाता है उसको अभ्रक ग्रास किया हुआ लेना चाहिये। निश्चन्द्र (चमकरहित) अभ्रक का भस्म सम्पूर्ण रोगों में सेवन करना चाहिये चन्द्रिकायुक्त अभ्रक को सेवन करने से प्रमेह और मन्दाग्नि रोग उत्पन्न होता है। जिन विचारशक्तिहीन मनुष्यों ने पत्राभ्रक (जिसके पत्र सहज में छूट जाते हैं) को रसायन कहा है, उन्होंने जीवन की रक्षा के लिये मानो कालकूट विष सेवन करने के लिये उत्तम प्रकार से शुद्ध किया हुआ अभ्रक लेना चाहिये। अन्यथा अशुद्ध अभ्रक अनेक अवगुणों को उत्पन्न करता है, जिनसे लाभ के बदले हानि होती है॥ १३-१६॥

अभ्रक की शुद्धि तथा भस्म

प्रतप्तं सप्तवाराणि निक्षिप्तं कांजिकेऽभ्रकम्।
निर्दोषं जायते नूनं प्रक्षिप्तं वापि गोजले॥१७॥
त्रिफलाक्वथिते वापि गवां दुग्धे विशेषतः।
ततो धान्याभ्रकं कृत्वा पिष्ट्वा मत्स्याक्षिकारसैः॥१८॥
चक्रीं कृत्वा विशोष्याथ पुटेदर्धेभके पुटे।
पुटेदेवं हि षड्वारं पौनर्नवरसैः सह॥१९॥
कलांशटंकणेनाथ संमर्द्य कृतचक्रिकम्।
अर्धेभाख्यपुटैस्तद्वत्सप्तवारं पुटेत्खलु॥२०॥

एवं वासारसेनापि तण्डुलीयरसेन च।
प्रपुटेत्सप्तवाराणि पूर्वप्रोक्तविधानतः॥२१॥
एवं सिद्धं हतं सर्वरोगेषु विनियोजयेत्॥२२॥

अभ्रक को अग्नि में तपा तपाकर कांजी, गोमूत्र, त्रिफले का क्वाथ और विशेषकर गाय का दूध इनमें सात-सात बार बुझाने से अभ्रक शुद्ध होता है। किन्तु प्रत्येक बुझाव में काँजी आदि पदार्थ नये-नये डालने चाहिये।

अभ्रकमारण विधि

फिर उसको धान्याभ्रक बनाकर मत्स्याक्षी (मछेछी) के रस में अच्छे प्रकार से खरल करके गोल-गोल टिकियां बना लें। फिर उसको सुखाकर अर्द्ध गजपुट में पुट दें। इस प्रकार ६ बार पुट दें फिर सोलहवाँ भाग सुहागा उक्त अभ्रक के साथ पुनर्नवे के रस में खरल करके टिकियां बनाकर अर्द्ध गजपुट में सात बार पुट दें। इसी प्रकार उक्त अभ्रक में सोलहवाँ भाग सुहागा मिलाकर अडूसे के रस में या चौलाई के रस में खरल करके पूर्वोक्त विधि से सात-सात बार पुट दें। इस प्रकार अभ्रक की भस्म होती है। इसको सब प्रकार के योगों में प्रयोग करना चाहिये॥१७-२२॥

धान्याभ्रक विधि

चूर्णाभ्रं शालिसंयुक्तं वस्त्रबद्धं हि कांजिके।
निर्यातं मर्दनाद्वस्त्राद्धान्याभ्रमिति कथ्यते॥२३।
धान्याभ्रं कासमर्दस्य रसेन परिमर्दितम्।
पुटितं दशावारेण म्रियते नात्र संशयः॥२४॥

शुद्ध अभ्रक के चूर्ण को शालि धानों के साथ मजबूत वस्त्र में ढीला बाँधकर काँजी में भिगोकर दोनों हाथों से खूब मर्दन करे। जिससे कि उसका बारीक चूर्ण वस्त्र के छिद्रों में से निकलकर काँजी में गिरता जाय। पश्चात् उस काँजी से भरे हुए बर्तन को बिना हिलाये सहज में एक जगह कुछ देर तक रख देवे। जब वह स्थिर हो जाय तब उस में से काँजी को हल्के से उतार दे और तली में बैठे हुए अभ्रक को स्वच्छ पानी डालकर धो डाले। इसको धान्याभ्रक कहते हैं।

मारणविधि

धान्याभ्रक को कसौंदी के रस में रख खरल करके टिकियां बनाकर सुखा लेवे और अर्द्ध गजपुट में फूँक देवे। इस प्रकार दश पुट देने से अभ्रक की निःसन्देह भस्म हो जाती है।।२३।।२४।।

तद्वन्मुस्तारसेनापि तण्डुलीयरसेन च।
पीतामलकसौभाग्यपिष्टं चक्रीकृताभ्रकम्।।२५।।
पुटितं षष्टिवाराणि सिन्दूराभ्रं प्रजायते।
क्षयाद्यखिलरोगघ्नं भवेद्रोगानुपानतः।।२६।।

उसी प्रकार धान्याभ्रक को नागरमोथे के रस में और चौलाई के रस में खरल करके दश पुट देने से अभ्रक की भस्म हो जाती है। अभ्रक के साथ १६वां भाग सुहागा मिलाकर उसको दारुहल्दी के क्वाथ और आमले के रस में क्रम से खरल करके टिकिया सी बनाकर अर्द्ध गजपुट में रखकर ६० पुट देवे तो सिन्दूर के समान लाल वर्ण वाली अभ्रक की भस्म होती है। यह भस्म रोगानुसार भिन्न-भिन्न अनुपानों के साथ सेवन करने से क्षयादि सम्पूर्ण दारुण रोगों को नाश करती है।। २५-२६।।

अन्य विधि

वटमूलत्वचाक्वाथैस्ताम्बूलीपत्रसारतः।
वासामत्स्याक्षिकाभ्यां वा मीनाक्ष्या सकटिल्लया।।२७।।
पयसा वटवृक्षस्या मर्दितं पुटितं घनम्।
भवेद्विंशतिवारेण सिंदूरसदृशप्रभम्।।२८।।

धान्याभ्रक को बड़ की जड़ की छाल अथवा बड़ की दाढी के क्वाथ में खरल करके टिकियां बनाकर गजपुट में फूँके। इस प्रकार २० फुट देवे। अथवा नागरबेल के पानों के रस में किंवा अडूसे के और मछेछी के रस में अथवा मत्स्याक्षी और करेले के रस में खरल करके २० पुट देवे। अथवा केवल बड़ के दूध में खरल करके २० पुट देने से अभ्रक की सिन्दूर के समान लाल भस्म हो जाती है।।२७-२८।।

अभ्रक का सत्त्वपातन

पादांशटंकणोपेतं मुसलीपरिमर्दितम्।
रुन्ध्यात्कोष्ठ्यां दृढं ध्मातं सत्वरूपं भवेद्धनम्।।२९।।

कासमर्दघनाधान्यवालानां च पुनर्भुवः।
मत्स्याक्ष्याः काकवल्याश्च हंसपाद्या रसैः पृथक्॥३०।
पिष्ट्वा पिष्ट्वा प्रयत्नेन शोषेयद्धर्मयोगतः।
पलं गोधूमचूर्णस्य क्षुद्रमत्स्याश्च टंकणम्॥३१॥
प्रत्येकमष्टमांशेन दत्वा रुद्ध्वा विमर्दयेत्।
मर्दने मर्दने सम्यक् शोषयेद्रविरश्मिभिः॥३२॥
पञ्चाजं पञ्चगव्यं च पञ्चमाहिषमेव च।
क्षिप्त्वा गोलान्प्रकुर्वीतकिंचितिन्दुकतोऽधिकात्॥३३॥
अधः पातनकोष्ठ्यां हि ध्मात्वा सत्वं निपातयेत्।
कोष्ठ्यां किट्टं समाहृत्य विचूर्ण्य रवकान्हरेत्॥३४॥
तत्किट्टं स्वल्पटंकेन गोमयेन विमर्द्य च।
गोलान्विधाय संशोष्य धमेद्भूयोऽपि पूर्ववत्॥३५॥
भूयः किट्टं समाहृत्य मृदित्वा सत्वमाहरेत्।
अथ सत्वकणाँस्ताँस्तु क्वाथयित्वाम्लकांजिकैः३६
शोधनीयगणोपेतं मूषामध्ये निरुध्य च।
सम्यग्द्रुतं समाहृत्य द्विवारं प्रधमेद्धनम्॥३७॥
इति शुद्धं भवेत्सत्वं योज्यं रसरसायने॥३८॥

धान्याभ्रक में चौथाई भाग सुहागा मिलाकर उसको मुसली के रस में खरल करके घडिया में बंधकर अग्नि में फूँके तो अभ्रक में लोहे के समान घन सत्त्व निकलता है। अथवा कँसौदी, नागरमोथा, धनियाँ, अडूसा, पुनर्नवा, मत्स्याक्षी (मछैछी), घुंघुची और लज्जालु इन औषधियों के रस या काढ़े में क्रम से पृथक्-पृथक् खरल करे और प्रत्येक बार धूप में सुखावे। फिर गेहूँ का चूर्ण ४ तोले, छोटी मछली और सुहागा ये प्रत्येक अभ्रक से अष्टमांश लेकर सबको अभ्रक में अच्छे प्रकार से मिलाकर खरल करे और प्रत्येक बार खरल करने के पश्चात् धूप में सुखावे। फिर अभ्रक में पंचाज (बकरी का दूध दही, घी, मल और मूत्र इन पाँचों को पञ्चाज कहते हैं), पञ्चगव्य और पञ्चमाहिष) गाय के दूध,

दही, घी आदि पाँचों पदार्थों को पञ्चगव्य और भैंस के उक्त पाँचों पदार्थों को पंचमाहिष कहते हैं।) को समान भाग से मिलाकर खूब खरल करके १ तोले से कुछ बड़े गोले बनाकर धूप में सुखा लेवे। फिर उनको अध:पातन मूषायंत्र में रखकर फूँके तो अभ्रक से सत्त्व निकलता है। पश्चात् मूषा में से कीट को निकालकर उसको पीस कर उसमें आठवाँ भाग सुहागा और समान भाग गाय का गोबर मिलाकर खरल करके गोले बनाकर सुखावे। फिर उनको मूषा में रखकर उपर्युक्त विधि से फूँके तो सत्त्व निकलता है। इस प्रकार से जब तक उसमें से सम्पूर्ण सत्त्व न निकले तब तक कीट को उपर्युक्त विधि से किंचित् सुहागे और गोबर के साथ खरल करके गोले बनाकर मूषा में रखकर अग्नि देवे। इस प्रकार अभ्रक का समस्त सत्त्व निकल आता है। फिर उन सब सत्त्व कणों को एकत्रित करके खट्टी कांजी में पका लेवे। पश्चात् उसमें शोधनीय गण की सब औषधियों का क्वाथ डालकर तीन घण्टे तक खरल करके गोले बनाकर धूप में सुखा लेवे। फिर उनको मूषा में बन्द करके, ऊपर से कपरौटी कर तीक्ष्ण अग्नि देवे। जब वह रस के समान पतला हो जाय तब शीतल करके फिर शोधनीय गण की औषधियों के क्वाथ में घोटकर पूर्ववत् फूँके। इस प्रकार तैयार किया हुआ शुद्ध सत्व रस, रसायनादि कार्यों में प्रयोग करना चाहिये।।२९-३८।।

अभ्रक की द्रुति

मधुतैलवसाज्येषु द्रावितं परिवापितम्।
मृदु स्याद्दशवारेण सत्वं लोहादिकं खरम्।।३९।।

अभ्रक सत्त्व को अग्नि पर गलाकर उसमें शहद, तेल, घी और चर्बी डालकर पकावे। इस प्रकार दस बार पकाने से अभ्रक सत्त्व मृदु हो जाता है। (इसी विधि से अन्य कठिन धातुयें भी मृदु की जाती हैं)।।३९।।

सत्त्वाभ्ररसायन

पट्टचूर्ण विधायाथ गोघृतेन परिप्लुतम्।
भर्जयेत्सप्तवाराणि चुल्लीसंस्थितखर्परे।।४०।।

अग्निवर्णं भवेद्यावद्वारं वारं विचूर्णयेत्।
तृणं क्षिप्त्वा दहेद्यावत्तावद्वा भर्जनंचरेत्॥४१॥
ततः सगन्धकं पिष्ट्वा वटमूलकषायतः।
पुटेद्विंशतिवाराणि वाराहेण पुटेन हि॥४२॥
पुनर्विंशतिवाराणि त्रिफलोत्थकषायतः।
त्रिफलामुंडिकामृंगपत्रपथ्याक्षमूलकैः॥४३॥
भावयित्वा प्रयोक्तव्यं सर्वरोगेषु मात्रया।
एवं चेच्छतवाराणि पुटपाकेन साधितम्॥४४॥
सत्त्वाभ्रान्नापरं किञ्चिन्निर्विकारं गुणोत्तरम्।
गुणवज्जायतेऽत्यर्थं परं पाचनदीपनम्॥४५॥

उपर्युक्त विधि से तैयार किये हुए अभ्रक के सत्त्व को बारीक पीसकर कपड़े में छान करके गाय के घी में मिलाकर खोपडे या कढ़ाई में डालकर और चूल्हे पर चढ़ाकर उत्तम प्रकार से भूने। कढ़ाई जब तक अग्नि के समान लाल न हो जाय और उसके ऊपर तिनके को डालने से वह जलने न लगे तब तक बराबर भूने। और कढ़ाई को नीचे उतारकर उसका चूर्ण करके समान भाग घृत में मिलाकर पूर्ववत् भूने। इस प्रकार सात बार भूने और प्रत्येक बार में चूर्ण करता जाय। फिर उसमें समान भाग गन्धक डालकर बड़ की डाढी के क्वाथ में घोटकर २० बार बाराह पुट देवें। परन्तु प्रत्येक पुट के अन्त में बराबर भाग गन्धक मिलाता जाय। फिर त्रिफले के क्वाथ में घोटकर २० बार बाराह पुट दें। पश्चात् त्रिफला, मुंडी, भाँगरे के पत्ते, हरड बहेड़ा और मूली के पत्ते इन प्रत्येक के रस या क्वाथ में क्रम से भावना दें तो सत्त्वाभ्ररसायन सिद्ध होती है। इसको समस्त रोगों में योग्य मात्रा से प्रयोग करना चाहिये। इस सत्त्वाभ्ररसायन को यदि बड़ और त्रिफले के क्वाथ में खरल करके बीस-बीस पुट देने के बदले पचास-पचास बाराह पुट दिये जायँ तो शतपुटित अभ्रक भस्म हो जाती है। सम्पूर्ण विकारों से रहित और

उत्तरोत्तर गुण करने वाली इस सत्त्वाभ्रक से बढ़कर अन्य उत्कृष्ट औषध नहीं है। यह अत्यन्त गुणवाली, पाचक और अग्निप्रदीपक है।।४०-४५।।

अभ्रक भस्म की अन्यविधि

गन्धर्वपत्रतोयेन गुडेन सह भावितम्।
अधोर्ध्वं वटपत्राणि निश्चन्द्रं त्रिपुटैः खगम्।।४६।।
क्षुधं करोति चात्यर्थं गुञ्जार्द्धमिति सेवया।
तत्तद्रोगहरैर्योगैः सर्वरोगहरं परम्।।४७।।

धान्याभ्रक में समान भाग गुड मिलाकर उसको अण्ड के पत्तों के रस में घोटकर टिकियां बना लेवे फिर उस टिकिया के नीचे, ऊपर बड़ के पत्ते रखकर उसको शराब सम्पुट में बन्द करके गजपुट में फूँके। इस प्रकार तीन पुट देने से अभ्रक की निश्चन्द्र भस्म होती है। यह भस्म आधी-आधी रत्ती परिणाम सेवन करने से क्षुधा की अतिशय वृद्धि होती है। और रोगानुसार प्रयोगों के साथ सेवन करने से सम्पूर्ण रोगों को नाश करती है।।४६।।४७।।

दिव्याभ्ररसायन

सत्त्वस्य गोलकं ध्मातं सस्यसंयुक्तकांजिके।
निर्वाप्य तत्क्षणेनैव कुट्टयेल्लोहपारया।।४८।।
संप्रताप्य घनस्थूलकणान्क्षिप्त्वाथ कांजिके।
तत्क्षणेन समाहृत्य कुट्टयित्वा रजश्चरेत्।।४९।।
गोघृतेन च तच्चूर्णं भर्जयेत्पूर्ववत्त्रिधा।
धात्रीफलरसैस्तद्वद्धात्रीपत्ररसेन वा।।५०।।
भर्जने भर्जने कार्यं शिलापट्टेन पेषणम्।
ततः पुनर्नवावासारसैः कांजिकमिश्रितैः।।५१।।
प्रपुटेद्दशवाराणि दशवाराणि गन्धकैः।
एवं संशोधितं व्योमसत्त्वं सर्वगुणोत्तरम्।
यथेष्टं विनियोक्तव्यं जारणे च रसायने।।५२।।

वेल्लव्योषसमन्वितं घृतयुतं वल्लोन्मितं सेवितम्।
दिव्याभ्रं क्षयपाडुरुग्ग्रहणिकाशूलामकुष्ठामयम्।
ऊर्ध्वश्वासगतं प्रमेहमरुचिं कासामयं दुर्धरम्।
मन्दाग्निं जठरव्यथां विजयते योगैरशेषामयान्।।५३।।

अभ्रक के सत्त्व का गोला बनाकर उसको मूषा में रखकर कोयलों की अग्नि में तपावे। जब वह खूब लाल हो जाय तब उसको चीमटे से निकालकर धानों की काँजी में बुझावे फिर लोहे के खरल में डालकर लोहे की मुसली से खूब पीसे पश्चात् उसमें जो मोटे-मोटे अभ्रक के कण रह जायँ उनको फिर उपर्युक्त विधि से तपाकर और काँजी में बुझाकर कूट पीस करके बारीक चूर्ण कर ले। फिर उस चूर्ण को गौ के घी में मिलाकर पूर्वोक्त विधि से तीन बार भूने और प्रत्येक बार पीसकर चूर्ण करता जाय। इसके पश्चात् आमलों के रस अथवा आमलों के पत्तों के रसमें तीन-तीन बार भूने और प्रत्येक बार में पीसता जाय। फिर पुनर्नवे का रस, अडूसे का रस और काँजी इन तीनों को एकत्र मिलाकर इनसे खरल करके दस बार गजपुट दें। फिर गन्धक के साथ खरल करके दश पुट दें। इस प्रकार सिद्ध की हुई दिव्याभ्ररसायन सम्पूर्ण गुणों को करती है। इसको पारद के जारण करने और रसायनकर्म में यथेष्ट रूप से व्यवहार करना चाहिये पश्चात् वायविडङ्ग और त्रिकुटा इनको समान भाग लेकर बारीक चूर्ण करके उसमें से दो आने भर लें। उस चूर्ण में डेढ़ रत्ती इस रसायन को और घृत को मिलाकर प्रतिदिन सेवन करे। यह दिव्याभ्ररसायन क्षय, पाण्डुरोग, संहग्रणी, शूल, आमवात, कोढ, ऊर्ध्वश्वास, प्रमेह, अरुचि, दारुण खाँसी, मन्दाग्नि, उदररोग और अन्यान्य अनेक प्रकार के असाध्य रोगों को भिन्न-भिन्न अनुपातों के साथ सेवन करने से शीघ्र नष्ट करती है।।४५-५३।।

द्रुतयो नैव निर्दिष्टाः शास्त्रे दृष्टा अपि दृढम्।
विना शम्भोः प्रसादेन न सिध्यन्ति कदाचन।।५४।।

अभ्रक का द्रावण यद्यपि अनेक ग्रन्थों में कहा गया है, किन्तु यहाँ नहीं कहा। कारण, श्रीशंकर भगवान् की कृपा के बिना यह क्रिया कदापि सिद्ध नहीं होती।।४५।।

अथ वैक्रान्तपरीक्षा

अष्टास्त्रश्चाष्टफलकः षट्कोणो मसृणो गुरुः।
शुद्धामिश्रितवर्णैश्च युक्तो वैक्रान्त उच्यते॥५५॥
श्वेतो रक्तश्च पीतश्च नीलः पारावतच्छबिः।
श्यामलः कृष्णवर्णश्च कर्बूरश्चाष्टधा हि सः॥५६॥

आठ कोने व आठ फलकवाला अथवा ६ कोने वाला एवं चिकना भारी, शुद्ध और मिश्रित वर्णवाला ऐसा वैक्रान्त उत्तम होता है। सफेद लाल, पीला, नीला, कबूतर के समान वर्णवाला, श्यामवर्णवाला, काला और चितकबरा इन रंगों के भेद से वैक्रान्त आठ प्रकार का होता है॥५५-५६॥

वैक्रान्त के गुण

आयुः प्रदश्च बलवर्णकरोऽतिवृष्यः प्रज्ञाप्रदः सक-
लदोषगदापहारी॥ दीप्ताग्निकृत्यपविसमानगुणस्त-
रस्वीवैक्रांतकः खलु वपुर्बललोहकारी॥५७॥
रसायनेषु सर्वेषु पूर्वगण्यः प्रतापवान्।
वर्जस्थाने नियोक्तव्यो वैक्रांतः सर्वदोषहा॥५८॥

वैक्रान्त आयु, बल और वर्ण की वृद्धि करने वाला, अत्यन्त वृष्य, बुद्धिवर्धक एवं वात, पित्तादि सम्पूर्ण दोषों को हरने वाला, जठराग्नि को दीपन करने वाला और हीरे के समान गुणकारी है। एवं इन्द्रियों में स्फूर्ति उत्पन्न करने वाला और शरीर को बलवान् तथा लोहे के समान दृढ़ करने वाला है। यह सम्पूर्ण रसायनों में अग्रगण्य, प्रतापवान् समस्त दोषनाशक और हीरे के अभाव में प्रयोग करने योग्य है॥५७॥५८॥

वैक्रान्तकी उत्पत्ति भेद

दैत्येंद्रो माहिषः सिद्ध सहदेवसमुद्भवः।
दुर्गा भगवती देवी तं शूलेन व्यमर्दयत्॥५९॥
तस्य रक्तं तु पतितं यत्र-यत्र स्थितं भुवि।
तत्र तत्र तु वैक्रांतं वज्राकारं महारसम्॥६०॥

विंध्यस्य दक्षिणे भागे ह्युत्तरे वास्ति सर्वतः।
विकृंतयति लोहानि तेन वैक्रांतकः स्मृतः॥६१॥
श्वेतः पीतस्तथा रक्तो नीलः पारावतछविः।
मयूरकंठसदृशश्चान्यो मरकतप्रभः॥६२॥
देहसिद्धिकरं कृष्णं पीते पीतं सिते सितम्।
सर्वार्थासिद्धिदं रक्तं तथा मरकतप्रभम्॥६३॥
शेषे द्वे निष्फले वर्ज्ये वैक्रांतमिति सप्तधा॥६४॥

सहदेव से उत्पन्न हुए प्रसिद्ध दैत्य महिषासुर को जब भगवती ने अपने त्रिशूल से मारा था, उस समय उसका रुधिर जहाँ-जहाँ पृथ्वी पर गिरा, वहीं-वहीं हीरे के समान आकार वाला वैक्रान्त नामक महारस उत्पन्न हो गया। विन्ध्याचल के दक्षिण और उत्तर भाग में इसकी खानें हैं। यह लोहादि सम्पूर्ण धातुओं को काट डालता है, इसलिए इसको वैक्रान्त कहते हैं। यह सफेद, पीला, नीला, लाल, कबूतर के समान कांतिवाला, मोर के कंठ के समान वर्णवाला और मरकत मणि के समान वर्णवाला इस प्रकार सात प्रकार का होता है। काला वैक्रान्त शरीर को सिद्धि (अर्थात् अजर, अमर) प्रदान करता है, पीला वैक्रान्त सोना आदि बनाने में और सफेद वैक्रान्त चाँदी बनाने के काम में आता है। लाल और मरकतमणि के समान वर्णवाला वैक्रान्त शरीर में धारण करने से सम्पूर्ण अर्थ सिद्धियों को देता है। शेष के (अर्थात् नीला और कबूतर के समान वर्णमाला) दोनों वैक्रान्त निष्फल होते हैं, इसलिए उनको ग्रहण नहीं करना चाहिये।।५९-६४।।

यत्र क्षेत्रे स्थितं चैव वैक्रांतं तत्र भैरवम्॥
विनायकं च सम्पूज्य गृह्णीयाच्छुद्धमानसः॥६५॥
वैक्रान्तो वज्रसदृशो देहलोहकरो मतः।
विषघ्नो रसराजश्च ज्वरकुष्ठक्षयप्रणुत्॥६६॥

जिस स्थानों में वैक्रान्त स्थित हो, वहाँ शुद्ध चित्त से भैरव और गणेश का पूजन करके उसको ग्रहण करे वैक्रान्त हीरे के समान गुण

करने वाला एवं शरीर और लोहादि धातुओं की सिद्धि करने वाला है तथा विषनाशक, ज्वर, कुष्ठ और क्षयरोग को नष्ट करने वाला और सब रसों का राजा है।।६५-६६।।

वैक्रान्त का शोधन

वैक्रांतकाः स्युस्त्रिदिनं विशुद्धाः संस्वेदिताः
क्षारपटूनि दत्त्वा। अम्लेषु मूत्रेषु कुलत्थ-
रम्भानीरेऽथवा कोद्रववारिपक्वाः।।६७।।
कुलत्थक्वाथसंस्विन्नो वैक्रान्तः परिशुद्ध्यति।।६८।।

वैक्रान्त को काँजी आदि अम्लवर्ग, मूत्रवर्ग, कुलथी का काढा, केले का स्वरस अथवा कोदों का काढा इनमें जवाखार, सज्जी और पाँचों नमक मिलाकर उसको दोलायन्त्र के द्वारा तीन दिन तक स्वेद देने से अथवा केवल कुलथी के क्वाथ में तीन दिन स्वेद देने से भी वैक्रान्त शुद्ध हो जाता है।।६७-६८।।

वैक्रान्त की भस्मविधि

म्रियतेऽष्टपुटैर्गन्धनिम्बुकद्रवसंयुतः।
वैक्रान्तेषु च तप्तेषु हयमूत्रं विनिक्षिपेत्।।६९।।
पौनःपुन्येन वा कुर्याद्द्रवं दत्त्वा पुटेत्त्वनु।
भस्मीभूतं च वैक्रांतं वज्रस्थाने नियोजयेत्।।७०।।

गन्धक को नीबू के रस में खरल करके उसकी लुगदी बनाकर उसमें वैक्रान्त को रखकर गजपुट देवें। इस प्रकार आठ बार पुट देने से अथवा वैक्रान्त को कोयलों की अग्नि पर तपा तपाकर बार-बार घोड़े के मूत्र में बुझाने से वैक्रान्त की भस्म हो जाती है। इस प्रकार की हुई वैक्रान्त भस्म हीरे की जगह प्रयोग करनी चाहिये।।६९-७०।।

वैक्रान्त का सत्त्वपातन

मोक्षमोरटपालाशक्षारगोमूत्रभावितम्।
वज्रकंदनिशाकल्कफलचूर्णसमन्वितम्।

तत्कल्कं टंकणं लाक्षाचूर्णं वैक्रांतसंभवम्।।७१।।
नवसारसमायुक्तं मेष श्रृगीद्रवान्वितम्।
पिण्डितं मूकमूषस्थं ध्मापितं च हठाग्निना।।७२।।
तत्रैव पतते सत्त्वं वैक्रांतस्य न संशयः।
सत्त्वपातनयोगेन मर्दितश्च वटीकृतः।
मूषास्थो घटिकाध्मातो वैक्रांतः सत्त्वमुत्सृजेत्।।७३।।

मोखा, मोरटलता और ढाक इनके खारों को गोमूत्र में पीसकर उसमें वैक्रान्त को भावना दे। फिर वज्रकन्द और हल्दी का कल्क समान भाग एवं त्रिफले का चूर्ण सुहागा, लाख का चूर्ण और नौसादर इनमें वैक्रान्त की भस्म को मिलाकर मेढासिंगी के रस में या क्वाथ में खरल करके गोला सा बना ले। उसको अन्धमूषा में रखकर कोयलों की तीक्ष्ण अग्नि दे तो वैक्रान्त का अवश्य सत्त्व निकल आता है। अथवा आगे कहे हुए सत्त्वपातन के योगों के साथ वैक्रान्त को घोटकर गोला बनावे और उसको मूषा में रखकर एक घड़ी तक तीक्ष्ण अग्नि दे तो भी वैक्रान्त का सत्त्व निकल आता है।।७१-७३।।

वैक्रान्त रसायन

भस्मत्वं समुपागतो विकृत को हेम्ना मृतेनान्वितः,
पादांशेन कणाज्यवेल्लसहितो गुंजामितः सेवितः।
यक्ष्माणं जरणं च पाण्डुगुदजं श्वासं च कासामयं,
दुष्टां च ग्रहणीमुरः क्षतमुखान् रोगाञ्जयेद्दाहकृत्।।७४।।

वैक्रान्त की भस्म ४ भाग और सुवर्ण भस्म १ भाग लेकर दोनों को एकत्र खरल करके रख लेवे। फिर छोटी पीपल और वायविडंग का चूर्ण एक-एक मासा लेकर उसमें घृत और उक्त भस्म १ रत्ती परिमाण मिलाकर सेवन करने से राजयक्ष्मा, जरा, पाण्डु, अर्श, श्वास, कास, कठिन संग्रहणी, उरःक्षत और मुख के रोग दूर होते हैं और शरीर की उत्तम सिद्धि होती है।।७४।।

सूतभस्मार्धसंयुक्तं नीलवैक्रांतभस्मकम्।
मृताभ्रसत्त्वमुभयोस्तुलितं परिमर्दितम्।।७५।।

क्षौद्राज्यसंयुतं प्रातर्गुंजामात्रं निषेवितम्।
निहंति सकालन्रोगान्दुर्जयानन्यभेषजैः।
त्रिसप्तदिवसैर्नृणां गंगांभ इव पातकम्॥७६॥

नीले वैक्रान्त की भस्म १ भाग, पारे की भस्म आधा भाग और अभ्रक भस्म दोनों के बराबर भाग लेकर सबको एकत्र खरल कर ले। इसमें से एक रत्ती परिमाण लेकर शहद और घृत में मिलाकर प्रतिदिन प्रातः काल सेवन करे। यह भस्म अन्यान्य औषधियों के साथ मिलाकर २१ दिन तक सेवन करने से मनुष्यों के सम्पूर्ण दारुण रोगों को इस प्रकार नष्ट करती है, जैसे गंगाजल पापों को शीघ्र दूर कर देता है॥ ७५-७६॥

सुवर्णमाक्षिक की उत्पत्ति, लक्षण और गुण

सुवर्णशैलप्रभवो विष्णुना कांचनो रसः।
तापीकिरातचीनेषु यवनेषु च निर्मितः॥७७॥
ताप्यः सूर्यंशुसंतप्तो माधवे मासि दृश्यते।
मधुरः कांचनाभासः साम्लो रजतसन्निभः॥७८॥
किंचित्कषायमधुरः शीतः पाके कटुर्लघुः।
तत्सेवनाज्जराव्याधिविषैर्न परिभूयते॥७९॥
माक्षिको द्विविधो हेममाक्षिकस्तारमाक्षिकः।
तत्राद्यं माक्षिकं कान्यकुब्जोत्थं स्वर्णसन्निमम्॥८०॥
तापतीतीरसंभूतं पंचवर्णसुवर्णवत्।
पाषाणबहलः प्रोक्तस्ताराख्योल्पगुणात्मकः॥८१॥
माक्षीकधातुः सकलामयघ्नः प्राणो रसेंद्रस्य परं हि वृष्यः।
दुर्मेललोहद्वयमेलनश्च गुणोत्तरः सर्वरसायनाग्र्यः॥८२॥

सुमेरु पर्वत से उत्पन्न हुए सुवर्ण रस को श्रीविष्णु भगवान् ने तापी नदी और उसके तीरवर्त्ती स्थानों में एवं किरात चीन और आबू आदि यवन देशों में निर्माण किया है। इसको स्वर्णमाखी कहते हैं। वैशाख के महीने में सूर्य की तीक्ष्ण किरणों के तपने से सोनामाखी दिखाई देती है।

सुवर्ण के समान कान्तिवाली माक्षिक धातु स्वाद में मधुर होती है और चांदी के समान कान्तिवाली माक्षिक धातु अम्ल, मधुर, कुछ कषैली, शीतल, पाक में कटु (चरपरी) और हल्की होती है। दोनों प्रकार की माक्षिक धातुओं को सेवन करने से मनुष्य को वृद्धावस्था, रोग और विष की बाधा नहीं होती। सोनामाखी और रूपामाखी इन भेदों से माक्षिक दो प्रकार का होता है। इनमें जो सोनामाखी कन्नौज में उत्पन्न होती है, वह सोने के समान कान्तिवाली होती है। किन्तु तापी नदी के किनारे पर उत्पन्न होने वाली सोनामाखी पंचरंगी और अधिक सुवर्ण वर्ण वाली होती है। रूपामाखी में पत्थर का अंश अधिक होता है और वह अल्प गुणों वाली होती है। दोनों प्रकार की माक्षिक धातुयें सम्पूर्ण रोगों का नाश करने वाली पारे के प्राण स्वरूप और अत्यन्त वृष्य हैं। अब दो धातुओं को आपस में मिलाने पर बड़ी कठिनता पड़ती है तब ये उनको सहज में मिला देती हैं। एवं सर्व गुणयुक्त और सब रसायनों में श्रेष्ठ है।।७७-८२।।

माक्षिक शोधन

एरंडतैललुंगांबुसिद्धं सिद्ध्यति माक्षिकम्।
सिद्धं वा कदलीकंदतोयेन घटिकाद्वयम्।
तप्तं क्षिप्तं वराक्वाथे शुद्धिमायातिमाक्षिकम्।।८३।।

सोनामाखी वा रूपामाखी चूर्ण करके खीपड़े में या कढ़ाई में डालकर अरण्डी के तेल में भून ले अथवा बिजौरे नींबू के रस में या केले की जड़ के रस में दो घड़ी पर्यन्त पकावे तो सोनामाखी या रूपामाखी शुद्ध होती है। अथवा सोनामाखी व रूपामाखी को अग्नि में खूब तपावे, जब लाल हो जाय तब त्रिफले के काढ़े में बुझाने से शुद्ध होती है।।८३।।

माक्षिक भस्मविधि

मातुलुंगांबुगंधाभ्यां पिष्टं मूषोदरे स्थितम्।
पंचक्रोडपुटे दग्धं म्रियते माक्षिकं खलु।।८४।।
एरंडस्नेहगव्याज्यैर्मातुलुंगरसेन वा।
खर्परस्थं दृढं पक्वं जायते धातुसन्निभम्।।८५।।

एवं मृतं रसे योज्यं रसायनविधावपि॥८६॥

सोनामाखी के चूर्ण में समान भाग गन्धक मिलाकर बिजौरे नीबू के रस में खरल करके गोला बनाकर और मूषा में रखकर वाराहपुट देवे। इस प्रकार पाँच पुट देने से निश्चय भस्म हो जाती है अथवा सोनामाखी के चूर्ण को एक खीपड़े में डालकर अण्डी के तेल या गाय के घी के साथ तब तक भूने जब तक कि वह अच्छे प्रकार से लाल न हो जाय और लोहे की करछी से चलाता जाय। उसी प्रकार बिजौरे नीबू के रस में पकावे। इस प्रकार करने से सोनामाखी की लाल रंग की उत्तम भस्म हो जाती है। इस भस्म को रस और रसायनकर्म में प्रयोग करना चाहिये॥८४-८६॥

सुवर्णमाक्षिक का सत्त्वपातन

त्रिंशांशनागसंयुक्तं क्षारैरम्लैश्च मर्दितम्।
ध्मातं प्रकटमूषायां सत्त्वं मुञ्चति माक्षिकम्॥८७॥
सप्तवारं परिद्राव्य क्षिप्तं निर्गुण्डिकाद्रवे।
माक्षीकसत्त्वसम्मिश्रंनागं नश्यति निश्चितम्॥८८॥

सोनामाखी के चूर्ण में तीसवाँ भाग शीशा (अग्नि पर गलाकर) मिलाकर क्षारवर्ग (जवाखार, सज्जी आदि) और अम्लवर्ग (काँजी नीबू आदि) के साथ खरल करे। अर्थात् उक्त दोनों पदार्थों के समान यवक्षारादि खार मिलाकर काँजी आदि अम्ल पदार्थों में खरल करे। फिर उसका गोला बनाकर सत्त्वपातन की मूषा में रखकर कोयलों की अग्नि में फूँके तो माक्षिक धातु का सत्त्व निकल आता है। किन्तु इस सत्त्व में शीशा मिला होता है, इसलिए इस सत्त्व को गोस्तनी नामक मूषा में रखकर पतला होने पर निर्गुण्डी के रस में बुझावे। इस प्रकार सात बार करने से माक्षिक सत्त्व में मिला हुआ शीशा अवश्य मिल जाता है॥८७-८८॥

सत्व की दूसरी विधि

क्षौद्रगन्धर्वतैलाभ्यां गोमूत्रेण घृतेन च।
कदलीकन्दसारेण भावितं माक्षिकं मुहुः॥८९॥

मूषायां मुञ्चति ध्मातं सत्त्वं शुल्बनिभं मृदु॥९०॥

समान भाग मिले हुए शहद और अण्डी के तेल में एवं गोमूत्र, गाय का घी और केले के कन्द का रस इन प्रत्येक में अलग-२ सोनामाखी के चूर्ण को भावना देकर गोला बनाकर मूषा में रखकर बार-बार अग्नि देवे तो उनमें से ताँबे के समान लाल और मृदु सत्त्व निकलता है।।८९-९०।।

सोनामाखी के सत्त्व की परीक्षा

गुञ्जाबीजसमच्छायं द्रुतद्रावं च शीतलम्।
ताप्यसत्त्वं विशुद्धं तद्देहलोहकरं परम्॥९१॥

चोंटली के समान लाल, अग्नि में रखने पर तत्काल पिघलनेवाला और शीतल ऐसा सोनामाखी का सत्त्व श्रेष्ठ होता है। यह देह और लोह की सिद्धि करनेवाला है।।९१।।

सुवर्णमाक्षिक रसायन

माक्षीकसत्त्वं च रसेन पिष्टं कृत्वा विलीने च बलिं निधाय।
सम्मिश्र्य सम्मर्द्य च खल्वमध्ये निःक्षिप्य सत्त्वं द्रुतिमभ्रकस्य ॥९२॥
विधाय गोलं लवणाख्ययंत्रे पचेद्दिनार्द्धं मृदुवह्निना च ।
स्वतः सुशीतं परिचूर्ण्य सम्यग्वल्लोन्मितं व्योषविडंगयुक्तम्॥९३॥
संसेविंत क्षौद्रयुत निहन्ति जरां सरोगामपमृत्युमेव।
दुस्साध्यरोगानपि सप्तवासरैर्नैतेन तुल्योऽस्ति सुधारसोऽपि॥९४॥

सोनामाखी का सत्त्व और पारा दोनों को समान भाग लेकर कज्जली बनावे इस प्रकार कज्जली करे कि जिससे दोनों अच्छे प्रकार से मिल जायँ अलग २ कण दिखाई न दे। इस प्रकार दोनों पदार्थों के मिल जाने पर उसमें सत्त्व के बराबर गन्धक मिलाकर खरल करे। जब गन्धक मिल जाय तब उसमें उक्त सत्व के बराबर अभ्रक सत्त्व की द्रुति मिलाकर अच्छे प्रकार से खरल करके गोलासा बना लेवे। इस गोले को शराब सम्पुट में रखकर ऊपर से कपरौटी करके लवणयन्त्र में रखकर दो प्रहर तक मन्द मन्द अग्नि देवे। स्वाङ्ग शीतल होने पर उसको निकालकर खरल कर लेवे। इसमें से एक बल्ल प्रमाण लेकर सोंठ, मिरच, पीपल और वायविंडग इनके समान भाग मिश्रित चूर्ण में मिलाकर शहद के

साथ सेवन करे। इससे सब प्रकार के रोग, जरा और अत्यन्त कष्टसाध्य रोग केवल सात दिन में आराम हो जाते हैं। इसके प्रभाव से अकाल मृत्यु दूर होती है। विशेष क्या कहा जाय इसकी बराबरी अमृत भी नहीं कर सकता।। ९२-९४।।

माक्षिक द्रावण

एरण्डोत्थेन तैलेन गुञ्जा क्षौद्रं च टंकणम्।
मर्दित तस्य वापेन सत्त्वं माक्षिकजं द्रवेत्।।९६।।

अण्डी का तेल, घुंघुची का चूर्ण, शहद और सुहागा इन सबको एकत्र खरल करके सोनामाखी के सत्त्व को (अग्नि पर) गलाकर उसमें डालने से सोनामाखी का द्रावण होता है।।९५।।

विमलाभेद

विमलस्त्रिविधः प्रोक्तो हेमाद्यस्तारपूर्वकः।
तृतीयः कांस्यविमलस्तत्तत्कान्त्या च लक्ष्यते।।९६।।
वर्तुल कोणसंयुक्तः स्निग्धश्च फलकान्वितः।
मरुत्पित्तहरो वृष्यो विमलोऽतिरसायनः।।९७।।
पूर्वो हेमक्रियासूक्तो द्वितीयो रौप्यकृन्मतः।
तृतीयो भेषजे तेषु पूर्वपूर्वगुणोत्तरः।।९८।।

विमला माक्षिक धातु का ही भेद है। बहुत लोग विमला को रूपामाखी कहते हैं। पर इस ग्रन्थ में जो विमला के तीन भेद लिखे हैं, उनसे विमला का रूपामाखी होना किसी प्रकार भी सिद्ध नहीं होता। विमला धातु तीन प्रकार की होती है, जैसे स्वर्ण विमला (सुवर्ण की सी कान्तिवाली), ताराविमला (रूपा की सी कान्तिवाली) और काँस्यविमला (काँसी के समान कान्ति वाली) इस प्रकार की कान्ति से ही विमला के भेद लक्षित होते हैं। विमलामाखी गोलाकार, जिसमें चारों ओर कोण हों, स्निग्ध और फलयुक्त ऐसी विमलामाखी श्रेष्ठ होती है। यह वात, पित्तनाशक, वीर्यवर्द्धक और अत्यन्त रसायन है। विशेषकर स्वर्ण विमला स्वर्ण के काम में, ताराविमला चाँदी के काम में और काँस्यविमला

औषधि कार्य में श्रेष्ठ है। इनमें एक से दूसरी और दूसरी से तीसरी इस क्रम से हीन गुणों वाली होती है। अर्थात् स्वर्ण विमला से ताराविमला और ताराविमला से काँस्यविमला गुणहीन होती है।।९६-९८।।

विमलाशुद्धि

आटरूषजले स्विन्नो विमलो विमलो भवेत्।
जम्बीरस्वरसे स्विन्नो मेषशृङ्गीरसेऽथवा।।
आयाति शुद्धिं विमलो धातवश्च यथा परे।।९९।।

अडूसे के रस में, जम्बीरी नींबू के रस में अथवा मेढ़ासिंगी के रस में विमला को दो घड़ी तक पकाने से विमला शुद्ध होती है। इस विधि से अन्यान्य धातुयें भी शुद्ध होती हैं।।९९।।

विमलामारण और सत्त्वपातन

गंधाश्मलकुचाम्लैश्च म्रियते दशभिः पुटैः।।१००।।
सटंकलकुचद्रावैर्मेषशृंग्याश्च भस्मना।
पिष्टोमूषोदरे लिप्तः संशोष्य च निरुध्य च।। १०१।।
षट्प्रस्थकोकिलैर्ध्मातो विमलः शशिसंनिभम्।
सत्त्वं मुञ्चति तद्युक्तो रसः स्यात्स रसायनः।।१०२।।
विमलं शिग्रुतोयेन कांक्षी कासीसटंकणम्।
वज्रकंदसमायुक्तं भावितं कदलीरसैः।।१०३।।
मोक्षकक्षारसंयुक्तं ध्मापिंत मूकमूषगम्।
सत्वं चंद्रार्कसंकाशं पतते नात्र संशयः।।१०४।।

विमला के चूर्ण में समान भाग गन्धक मिलाकर बडहल के फलों के रस में अथवा नींबू के रस में खरल करके गोला बनाकर गजपुट में रखकर अग्नि दें। इस प्रकार १० पुट देने से विमला धातु की भस्म हो जाती है। विमला की भस्म, भस्म के बराबर भाग सुहागा और मेढाशिंगी की भस्म लेकर सबको मेढासिंगी के रस में एकत्र खरल करके उसका सत्त्वपातन की मूषा के भीतर लेप कर दें। जब लेप सूख जाय तब मूषा को बन्द करके ६ प्रस्थ कोयलों में रखकर धौंकनी से फूंके। इस प्रकार

से चन्द्रमा के समान उज्ज्वल सत्त्व निकलता है। इस सत्त्व को पारद के साथ मिला देने से वह उत्तम रसायनरूप हो जाता है। अथवा विमला माखी की भस्म, फटकरी, हीराकसीस, सुहागा, वज्रकन्द (जंगलीसूरण वजरकन्दा) इन सबको समान भाग लेकर सहिंजने की छाल के क्वाथ में और केले के रस में खरल करके गोला बनाकर उसको मूकमूषा में बन्द करके और उसमें मोखे का खार डाल कर अग्नि दें तो चन्द्रमा की किरणों के समान उज्ज्वल विमलामाखी का सत्त्व निकलता है।।१००-१०४।।

विमला रसायन

तत्सत्त्वं सुतसंयुक्तं पिष्टं कृत्वा सुमर्दितम्।
विलीनं गंधके क्षिप्त्वा जायते त्रिगुणात्मकम्।।१०५।।
शिलां पंचगुणां चापि वालुकांयत्रगे खलु।
तारभस्म दशांशेन तावद्वैक्रांतकं मृतम्।।१०६।।
सर्वमेकत्र संचूर्ण्य पटेन परिगाल्य च।
निक्षिप्य कूपिकामध्ये परिपूर्य प्रयत्नतः।।१०७।।
लीढो व्योषवरान्वितो विमलको युक्तो घृतैः सेवितो,
हन्याद्दुर्भगकृज्ज्वराऽश्वयथुक पाण्डुप्रमेहाऽरुचीः।
मूलार्ति ग्रहणीं च शूलमतुलं यक्ष्मामयं कामलाम्
सर्वान्पित्तमरुद्गदान्किमपरैर्योगैरशेषामयान्।।१०८।।

उपर्युक्त विधि से तैयार किया हुआ विमला माखी का सत्त्व और पारा दोनों को समान भाग लेकर एकत्र खरल कर ले। जब पारा अदृश्य हो जाय तब तीन भाग गन्धक को अग्नि पर पिघला कर उसके साथ उक्त चूर्ण को जारण करे। फिर उसके साथ पाँच भाग मैनसिल को खरल करके सबको एक आतसी शीशी में भरकर बालुकायंत्र में ४ प्रहर तक अग्नि दे। जब स्वांग शीतल हो जाय तब उसमें से निकालकर चूर्ण कर ले। फिर उसमें सब चूर्ण से दशवाँ भाग चाँदी की भस्म और उसकी बराबर वैक्रान्त भस्म मिलाकर बारीक खरल करे और कपड़े में छान करके शीशी में भरकर रख दें। उपर्युक्त विमला रसायन को एक या दो

रत्ती के मात्रा से त्रिकुटे और त्रिफले के चूर्ण के साथ एवं घृत में मिलाकर सेवन करने से भयंकर ज्वर, सूजन, पाण्डुरोग, प्रमेह, अरुचि, बवासीर, संग्रहणी, शूल, राजयक्ष्मा, कामला, एवं सब प्रकार के वातजन्य और पितजन्य विकार नष्ट होते हैं। यह रसायन इतनी श्रेष्ठ है कि इस अकेली को ही भिन्न-भिन्न अनुपातों के साथ सेवन करने से रोगों का नाश होता है।।१०५-१०८।।

शिलाजीत का वर्णन

शिलाजतुर्द्विधा प्रोक्तो गोमूत्राद्यो रसायनः।
कर्पूरपूर्वकश्चान्यस्तत्राद्यो द्विविधः पुनः।।१०९।।
ससत्त्वश्चैव निःसत्त्वस्तयोः पूर्वो गुणाधिकः।
ग्रीष्मे तीव्रार्कतप्तेभ्यः पादेभ्यो हिमभूभृतः।।११०।।
स्वर्णरूप्यार्कगर्भेभ्यः शिलाधातुर्विनिःसरेत्।
स्वर्णगर्भगिरेर्जातो जपापुष्पनिभो गुरुः।।१११।।
स स्वल्पतिक्तः सुस्वादुः परमं तद्रसायनम्।
रौप्यगर्भगिरेर्जातं मधुरं पाण्डुरं गुरु।।११२।।
शिलाजं पित्तरोगघ्नं विशेषात्पाण्डुरोगहृत्।।
ताम्रगर्भगिरेर्जातं नीलवर्णं घनं गुरु।।११३।।
वह्नौ क्षिप्तं भवेद्यत्तल्लिंगाकारमधूमकम्।
सलिलेऽथ विलीनं च तच्छुद्धं हि शिलाजतु।।११४।।

शिलाजीत दो प्रकार का होता है। एक गोमूत्र के समान गन्धवाला और दूसरा कपूर के समान गन्धवाला, अर्थात् जिसमें कपूर की सी गन्ध आती है। इनमें पहला (गोमूत्र की गन्धवाला) शिलाजीत उत्तम रसायन है। यह दो प्रकार का होता है एक सत्त्वयुक्त और दूसरा निःसत्व। इसमें सत्व युक्त शिलाजीत अधिक गुणवाला होता है। ग्रीष्म ऋतु में सूर्य के प्रचण्ड ताप से जब हिमालय पर्वत अत्यन्त सन्तप्त हो जाता है तब उसमें से पिघलकर यह रसरूप से बाहर निकलता है। हिमालय के कितने ही शिखर सोने की खानवाले, कितने ही चाँदी की खान वाले

और कितने ही ताँबे की खान वाले हैं। सोने की खान से उत्पन्न होने वाला शिलाजीत जवा के फूल के समान लाल और वजन में भारी होता है। स्वाद में उत्तम, किंचित् कड़वा और उत्कृष्ट रसायन है। रूपे की खान से निकलने वाला शिलाजीत स्वाद में मधुर, रंग में कुछ पीला, वजन में भारी, पित्तविकारनाशक और विशेष कर पाण्डुरोग को नष्ट करने वाला है। ताँबे की खान का शिलाजीत नीले रंग का, धन (गाढ़ा) और भारी होता है। शिलाजीत की परीक्षा जो अग्नि पर डालने से फूलकर लिंगकार या बतासा सा हो जाता है और पानी में डालने से तत्काल घुल जाता है, वह शिलाजीत उत्तम होता है।१०९-११४।।

शिलाजीत के गुण

नूनं सज्वरपाण्डुशोफशमनं मेहाग्निमांद्यापहं,
मेदच्छेदकरं च यक्ष्मशमनं शूलामयोन्मूलनम्।
गुल्मप्लीहविनाशनं जठरहृच्छूलामयध्वसनं,
सर्वत्वग्गदनाशनं किमपरं देहे च लोहे स्थितम्।।११५।।
रसोपरससूतेंद्ररत्नलोहेषु ये गुणाः।
वसंति ते शिलाधातौ जरामृत्युजिगीषया।।११६।।

शिलाजीत ज्वर, पाण्डुरोग, सूजन, प्रमेह, मन्दाग्नि, मेदरोग (स्थूलता), राजयक्ष्मा, शूल, गुल्म, प्लीहा, उदररोग, हृदयशूल, और सब प्रकार के त्वचा के विकारों को नष्ट करता है। शरीर और लोह की सिद्धि करने वाला है। अभ्रकादि रस, गन्धकादि उपरस, पारा, रत्न और सर्व प्रकार की धातुओं में जो गुण कहे गये हैं, वे सब जरा, मरण को दूर करने की इच्छा से मानो शिलाजीत में एकत्र स्थित होकर रहते हैं।।११५-११६।।

शिलाजीत की शुद्धि

क्षाराम्लगोजलैर्धौतं शुद्ध्यत्येव शिलाजतु।
शिलाधातुं च दुग्धेन त्रिफलामार्कवद्रवैः।
लोहपात्रे विनिक्षिप्य शोधयेदतियत्नतः।।११७।।

क्षाराम्लगुग्गुलूपेतैः स्वेदनीयंत्रमेध्यगैः।
स्वेदितंघटिकामानाच्छिलाधातुर्विशुद्धयति॥११८॥

जवाखार, काँजी और गोमूत्र इन तीनों का एकत्र करके इनके द्वारा शिलाजीत को धोने से शिलाजीत शुद्ध होता है। अथवा दूध त्रिफले का काढा और भाँगरे का रस इनमें से किसी एक द्रव को लोहे के पात्र में भरकर उसमें शिलाजीत डालकर तेज धूप में रख देवे। इस प्रकार करने से शिलाजीत का श्रेष्ठ भाग ऊपर जम जाता है और मैल नीचे बैठ जाता है। अत: शिलाजीत शुद्ध हो जाता है। अथवा कांजी, जवाखार और गूगल सबको स्वेदन यन्त्र में भरकर यथाविधि से एक घड़ी तक स्वेद देने से शिलाजीत शुद्ध होता है।।११७-११८।।

शिलाजीत की मारणविधि

शिलया गन्धतालाभ्यां मातुलुंगरसेन च॥११९॥
पुटितं हि शिलाधातुर्म्रियतेऽष्टगिरीण्डकैः॥१२०॥

मैनसिल, गन्धक और हरताल के साथ शिलाजीत को बिजौरे नींबू के रस में घोटकर गोला बनाकर आठ अरने उपलों की पुट देने से शिलाजीत की उत्तम भस्म हो जाती है।।११९-१२०।।

शिलाजीत रसायन

भस्मीभूतशिलोद्भवं समतुलं कान्तं च वैक्रान्तकम्,
युक्तं च त्रिफलाकटुत्रिकघृतैर्वल्लेन तुल्यं भजेत्।
पाण्डौ यक्ष्मगदे तदाग्निमदने मेहेषु मूलामये,
गुल्मप्लीहमहोदरे बहुविधे शूले च योन्यामये॥१२१॥
सेवेत यदि षण्मासं रसायनविधानतः।
वलीपलितनिर्मुक्तो जीवेद्वर्षशतं सुखी॥१२२॥

शिलाजीत की भस्म कान्तलोहभस्म और वैक्रान्तभस्म सबके समान भाग लेकर एकत्र खरल करके उसमें से एक वल्लप्रमाण लेकर त्रिफला और त्रिकुटि के चूर्ण के साथ घृत में मिलाकर सेवन करने से पाण्डुरोग, राजयक्ष्मा, मन्दाग्नि, प्रमेह, बवासीर, गुल्म, प्लीहा, उदररोग,

अनेक प्रकार के शूल और स्त्रियों के योनिरोग दूर होते हैं। इस रसायन को रसायनविधि के अनुसार ६ महीने तक सेवन करने वाला मनुष्य बली (बिना वृद्धावस्था के शरीर में बालों का पडना) और पलितरोग (बिना ही समय बालों का श्वेत होने) से मुक्त होकर सुखपूर्वक १०० वर्ष तक जीता रहता है।।१२१-१२२।।

शिलाजीत का सत्त्वपातन

पिष्ट्वा द्रावणवर्गेण साम्लेन गिरिसंभवम्।
क्षिप्त्वा मूषोदरे रुद्ध्वा गाढैर्ध्मातं हि कोकिलैः।।
सत्त्वं मुञ्चेच्छिलाधातुस्तत्क्षणाल्लोहसन्निभम्।।१२३।।

शिलाजीत को द्रावणवर्ग और अम्लवर्ग की औषधियों के साथ उत्तम प्रकार से खरल करके मूषा में रखकर कोयलों की तीक्ष्ण अग्नि देने से शिलाजीत में से लोहे के समान सत्त्व निकलता है।

कर्पूरगन्धि शिलाजीत

पाण्डुरं सिकताकारं कर्पूराद्यं शिलाजतु।
मूत्रकृच्छ्राश्मरीमेहकामलापाण्डुनाशनम्।।१२४।।
एलातोयेन संभिन्नं सिद्धं शुद्धिमुपैति तत्।
नैतस्य मारणं सत्त्वपातनं विहितं बुधैः।।१२५।।

कपूर की गन्धवाला शिलाजीत किंचित् पीला और रेते के समान होता है। यह मूत्रकृच्छ्र, प्रथरी, प्रमेह, कामला और पाण्डुरोग को दूर करता है। यह शिलाजीत इलायची के क्वाथ में खरल करने से शुद्ध होता है। इसकी भस्म व सत्त्वपातन आदि विधि आचार्यों ने नहीं कहा है।।१२४-१२५।।

सस्यक (नीलाथोथा) की उत्पत्ति

पीत्वा हालाहलं वान्तं पीतामृतगरुत्मता।
विषेणामृतयुक्तेन गिरौ मरकताह्वये।।१२६।।
तद्वान्तं हि घनीभूतं संजातं सस्यकं खलु।
मयूरकण्ठसच्छायं भाराढ्यमतिशस्यते।।१२७।।

द्रव्यं विषयुतं यत्तदद्रव्याधिकगुणं भवेत्।
हालाहलं सुधायुक्तं सुधाधिकगुणं तथा॥१२८॥
निःशेषदोषविषहृद्गुदशूलकुष्ठाम्लपैत्तिकवि-
बंधहरं परं च॥ रासायनं वमनरेककरं गरघ्नं
श्वित्रापहं गदितमत्र मयूरतुत्थम्॥१२९॥

प्राचीन काल में जब गरुडजी ने अमृत पान किया था, तब उन्होंने उसके ऊपर हालाहाल विष भी पान कर लिया। इसलिए अमृत और विष के एकत्रित होने से मरकत (नीलगिरि) पर्वत पर उनको वमन हो गई। वह वमन कुछ काल में गाढ़ी होकर नीले थोथे के स्वरूप में परिणत हो गई। **नीलेथोथे की श्रेष्ठता।** मोर के कण्ठ के समान कान्तिवाला और वजनदार ऐसा नीलाथोथा उत्तम होता है। नीलेथोथे के गुण और उसकी श्रेष्ठता का कारण। कोई भी पदार्थ विषमुक्त होने पर अधिक गुणवान हो जाता है। कारण, विष स्वभाव से ही शीघ्र गुणकारी होने से उसके योग के द्वारा दूसरे पदार्थों के भी गुण और प्रभाव अधिक बढ़ जाते हैं। उसी प्रकार हालाहाल अमृत के साथ मिलकर अमृत से भी अधिक गुणवाला हो जाता है। नीलाथोथा -वातादि सम्पूर्ण दोष, विषबाधा, हदयरोग, शूल, बवासीर, कुष्ठ, अम्लपित्त और मलावरोध को दूर करता है। उत्तम रसायन है। वमन और विरेचन को करता है। गर अर्थात् कृत्रिम विष को नष्ट करता है और श्वेत कुष्ठ को निर्मूल करता है॥१२६-१२९॥

नीले थोथे का शोधन

तुत्थकं शुद्धिमाप्नोति रक्तवर्गेण भावितम्।
स्नेहवर्गेण संसिक्तं सप्तवारमदूषितम्।
दोलायंत्रेण सुस्विन्न सस्यकं प्रहरत्रयम्।
गोमहिष्यजमूत्रेण शुद्ध्यते तुत्थखर्परम्।

नीले थोथे को रक्तवर्ग की भावना देने से शुद्ध होता है। अथवा स्नेह वर्ग के द्रव्यों में से घृतादि किसी एक स्नेह पदार्थ के साथ ७ बार

पका लेने से नीला थोथा शुद्ध होता है। प्रत्येक वार में घृतादि स्नेह पदार्थ नया बदल देना चाहिये उसी प्रकार गाय, भैंस और बकरी के मूत्र में दोलायंत्र के द्वारा तीन प्रहर तक पकाने से नीला थोथा शुद्ध होता है।।१३०-१३१।।

नीलेथोथे की भस्म

लकुचद्रावगंधाश्मटंकणेन समन्वितम्।
निरुध्य मूषिकामध्ये म्रियते कौक्कुटैः पुटैः।।१३२।।

शुद्ध आमलासार गंधक और सुहागा दोनों को समान भाग लेकर नीलेथोथे के साथ मिलाकर बड़हल के फल के रस में खरल करके मूषा में रखकर कुक्कट पुट देवे। इस प्रकार तीन पुट देने से नीलेथोथे की भस्म हो जाती है।१३२।।

तुत्थसत्त्वपातन

सस्यकस्याथ चूर्णं तु पादसौभाग्यसंयुतम्।
करंजतैलमध्यस्थं दिनमेकं निधापयेत्।।१३३।।
अंधमूषास्यमध्यस्थं ध्यापयेत्कोकिलत्रयम्।
इंद्रगोपाकृति चैव सत्त्वं भवति शोभनम्।।१३४।।
निंबूद्रवाल्पटंकाभ्यां मूषामध्ये निरुध्य च।
ताम्ररूपं परिध्मातं सत्त्वं मुञ्चति सस्यकम्।।१३५।।
शुद्धं सस्यं शिखिक्रांतं पूर्वभेषजसंयुतम्।
नानाविधानयोगेन सत्त्वं मुञ्चति सस्यकम्।। १३६।।

नीले थोथे का चूर्ण और चौथाई भाग सुहागा दोनों को एकत्र खरल करके एक दिन रात करंजक तेल में भिगो देवे। इतना तेल डाल दे जिससे वह अच्छी तरह भीग जाय। पश्चात् इसका गोला बनाकर अन्धमूषा में रखकर कोयलों की अग्नि देवे तो इन्द्रगोप (वीरबहूटी) के समान लाल रंग का सत्त्व निकलता है अथवा नीलेथोथे के चूर्ण में थोड़ा सा सुहागा मिलाकर दोनों को नींबू के रस में खरल करके गोला बना कर मूषा में बंद कर कोयलों को अग्नि में फूंके तो तांबे के समान लाल

सत्त्व निकलता है। शुद्ध नीले थोथे को पूर्वोक्त सत्त्वपातन की औषधियों के साथ मिलाकर भिन्न भिन्न सत्त्वपातन की विधि से अग्नि देने से सत्त्व निकल आता है।।।१३३-१३६।।

तुत्थमुद्रिका (नीलेथोथे की अंगूठी)

सत्त्वमेतत्समादाय खरभूनागसत्त्वयुक्।
तन्मुद्रिका कृतस्पर्शा शूलघ्नी तत्क्षणाद्भवेत्।।१३७।।
चराचरं विषं भूतडाकिनीदृग्गतं जयेत्।
मुद्रिकेयं विधातव्या दृष्टप्रयत्यकारिका।।१३८।।
"रामवत्सुरसेनानी मुद्रितेऽपि तथाक्षरम्।
हिमालयोत्तरे पार्श्वे अश्वकर्णो महाद्रुमः।
तत्र शूलं समुत्पन्नं तत्रैव विलयं गतम्"।।१३९।।
मंत्रेणानेन मुद्रांभो निपीतं सप्तमंत्रितम्।
सद्यः शूलहरं प्रोक्तमिति भालुकिभाषितम्।।१४०।।
अनया मुद्रया तप्तं तैलमग्नौ सुनिश्चितम्।
लेपितं हंति वेगेन शूलं यत्र क्वचिद्भवेत्।।१४१।।
सद्यः सूतिकरं नार्याः सद्यो नेत्ररुजापहम्।।१४२।।

नीले थोथे का सत्त्व और केंचुए का सत्त्व दोनों को एकत्र अग्नि में गलाकर अंगूठी बनवावे। इस अंगूठी के स्पर्शमात्र से ही तत्काल शूल नष्ट होता है। स्थावर और जंगम सर्व प्रकार का विष, भूत की पीड़ा, डाकिनी शाकिनी आदि की नजर का लगना इन सबको यह अंगूठी बहुत शीघ्र दूर करती है। यह प्रत्यक्ष अनुभव करानेवाली अंगूठी है। इसको वैद्यों को अवश्य तैयार करना चाहिए। राम नाम के समान कार्तिकेय के नाम से अंकित की हुई यह मुद्रिका 'हिमालयोत्तरे पार्श्वे' इस मंत्र के द्वारा जल में डालकर सात बार अभिमंत्रित करके उस जल को पान करने से तत्काल शूल शांत होता है। ऐसा भालुकी आचार्य ने कहा है। इस अंगूठी को तिल के तेल में डालकर अग्नि पर अच्छी तरह पकावे। इस तैल को शरीर के किसी भी अंग में लगाने से कैसा ही शूल क्यों न हो लगाने से तत्काल शांत हो जाता है। स्त्री को यदि कष्टपूर्वक

विलम्ब से प्रसव हो तो इसके तेल को लगाने से शीघ्र ही सुखपूर्वक प्रसव होता है। और इसके नेत्रों में डालने से नेत्र के रोग शीघ्र दूर होते है।।१३७-१४२।।

चपला धातु प्रकार और लक्षण

गौरः श्वेतोऽरुणः कृष्णश्चपलस्तु चतुर्विधः।
हेमाभश्चैव ताराभो विशेषाद्रसबंधन।।१४३।।
शेषो तु मध्यौ लाक्षावच्छीघ्रद्रावौ तु निष्फलौ।
वंगवदद्रवते वह्नौ चपलस्तेनकीर्तितः।।१४४।।
चपलो लेखनः सिद्धो देहलोहकरोमतः।
रसराजसहायः स्यात्तिक्तोष्णमधुरो मतः।।१४५।।
चपलः स्फटिकच्छायः षडस्री स्निग्धको गुरुः।
त्रिदोषघ्नोऽतिवृष्यश्च रसबंधविधायकः।
महारसेषु कैश्चिद्धि चपलः परिकीर्तितः।। १४६।।
जंबीरकर्कोटकशृंगवेरैर्विभावनाभिश्चपलस्यशुद्धिः।।१४७।।
शैलं तु चूर्णयित्वाथ धान्याम्लोपविषैर्विषैः।
पिण्ड बद्ध्वा तु विधिवत्पातयेच्चपलस्तथा।।१४८।।

चपला धातु गौर श्वेत, रक्त और कृष्ण इन भेदों से चार प्रकार की होती है, इनमें सुवर्ण की समान कांतिवाली (गौरवर्ण) और चाँदी के समान कांतिवाली (श्वेत वर्ण) दोनों प्रकार की चपला धातु पारे के बांधने में अधिक उपयोगी हैं। लाल और काले रंग की चपला धातु अग्नि में डालने से सहज ही लाख के समान पतली हो जाती है। यह दोनों प्रकार की चपला निष्फल और निरुपयोगी है। यह धातु रंग की समान अग्नि पर जल्दी तप जाती है। इस कारण इसको चपला कहते हैं। **चपला के गुण**। चपला धातु लेखन, स्निग्ध, देह और लोह की सिद्धि करने वाली, पारे की सहायक, रस में तिक्त, उष्ण और मधुर जो फटकरी के समान स्वच्छ, छः कोने वाली स्निग्ध और वजन में भारी होती है ऐसे चपला धातु त्रिदोषनाशक वीर्य को बढ़ाने वाली और पारे को बांधने वाली

जाननी। कितने ही ग्रंथकारों ने चपला धातु की गणना महारसों में की है। **चपला शुद्धि**। चपला धातु का चूर्ण करके उसको नींबू, बन्ध्या कर्कोट की (बांझ ककोड़ा) और अदरख के रस की भावना देने से उसकी शुद्धि होती है। चपला धातु के चूर्ण को कांजी, वत्सनाभ और उपविषों (भांग, धतूरा कनेर आदि) के काढ़े में खरल करके गोला बनाकर अंध मूषा में रखकर विधिपूर्वक सत्त्व निकाले। इसी को भस्म कहते हैं। अथवा चपला धातु को उपर्युक्त औषधियों में घोटकर उसका गोला बनाकर शरावसंपुट में रखकर ऊपर से कपरौटी करके गजपुट में रखकर फूंकने से चपला धातु की उत्तम भस्म हो जाती है।।१४३-१४८।।

रसक-खपरिया

रसको द्विविध प्रोक्तो दर्दुरः कारवेल्लकः।
सदलो दर्दुरः प्रोक्तो निर्दलः कारवेल्लकः।।१४९।।
सत्त्वपाते शुभः पूर्वो द्वितीयश्चौषधादिषु।।१५०।।
रसकः सर्वमेहघ्नः कफपित्तविनाशनः।
नेत्ररोगक्षयघ्नश्च लोहपारदरंजनः।।१५१।।
नागार्जुनेन संदिष्टौ रसश्च रसकावुभौ।
श्रेष्ठौ सिद्धरसौ ख्यातौ देहलोहकरौ परम्।।१५२।।
रसश्च रसकश्चोभौ येनाग्निसहनौ कृतो।
देहलोभमयी सिद्धिर्दासी तस्य न संशयः।।१५३।।

खपरिया दो प्रकार की होती है। एक दर्दुरः और दूसरी कारवेल्लक नामवाली। इनमें दर्दुरः नाम वाली खपरिया पत्रोंयुक्त और कारवेल्लक बिना पत्रों की पिंडसी होती है। दर्दुरनामक खपरिया सत्त्व काढने में और कारवेल्लक संज्ञक खपरिया औषध आदि के कार्य में ली जाती है। खपरिया सर्वप्रकार के प्रमेहों को दूर करने वाली, कफपित्तनाशक, नेत्रविकार और क्षय को नष्ट करती है। लौह (धातु) पारे को रंगनेवाली है। नागार्जुन ने कहा है पारा और खपरिया दोनों सिद्ध रस हैं और यह दोनों शरीर और लौह की सिद्धि करने वाले हैं। जो मनुष्य पारे और खपरिया को अग्नि

सहन करने वाले (नहीं उड़नेवाले) बना सकता है और उसकी देह और लोहमयी सिद्धि दासी हो जाती है। इसमें कुछ भी संदेह नहीं।!१४९-१५३।।

खर्पर शोधन

कटुकालाबुनियास आलोड्य रसकं पचेत्।
शुद्धं दोषविनिर्मुक्तं पीतवर्णं च जायते।।१५४।।
खर्परः परिसंतप्तः सप्तवारं निमज्जितः।
बीजपूररसस्यांतर्निर्मलत्वं समश्नुते।।१५५।।
नृमूत्रे वाऽश्वमूत्रे वा तक्रे वा कांजिकेथ वा।।
प्रताप्य मज्जितं सम्यक् खर्परं परिशुद्ध्यति।।१५६।।
नरमूत्रे स्थितो मासं रसको रंजयेद्ध्रुवम।
शुद्धताम्रं रसं तारं शुद्धस्वर्णसमप्रभम्।।१५७।।

रसक अथवा खपरिया को कड़वी तोम्बी के रस में पकावे जब वह अच्छी तरह सीज जाय और रस पककर सूख जाय तब वह दोषमुक्त होकर शुद्ध हो जाती है और उसका वर्ण नीला हो जाता है। उसी प्रकार खपरिया को अग्नि में तपाकर सात बार बिजौरे नींबू के रस में बुझाने से खपरिया की शुद्धि होती है। उसी प्रकार मनुष्य का मूत्र, घोड़े का मूत्र, तक्र अथवा कांजी इन चारों में से एक किसी पदार्थ में खपरिया को अग्नि में तपाकर सात बार बुझाने से खपरिया शुद्ध होती है। खपरिया को एक महीने पर्यन्त नरमूत्र में भिजो रखे।पीछे निकालने पर वह शुद्ध ताम्र, शुद्ध पारा, किम्बा शुद्ध रौप्य इनको सुवर्ण के समान वर्णवाला कर सकती है।।१५४-१५७।।

रसकसत्वपातन

हरिद्रात्रिफलारालासिंधुधूमैः संटकणैः।
सारुष्करैश्च पादांशैः साम्लैः संमर्द्य खर्परम्।।१५८।।
लिप्तं वृंताकमूषायां शोषयित्वा निरुध्य च।
मूषामुखोपरि न्यस्य खर्परं प्रधमेत्ततः।।१५९।।

खर्परे प्रद्रुते ज्वाला भवेन्नीला सिता यदि।
तदा संदंशतो मूषां धृत्वा कृत्वा त्वधोमुखीम्॥
शनैरास्फालयेद्भूमौ यथा नालं न भिद्यते॥१६०॥
वंगाभं पतितं सत्त्वं समादाय नियोजयेत्।
एवं त्रिचतुरैर्वारैः सत्त्वं सर्वं विनिःसरेत्॥१६१॥
साभयाजतुभूनाग निशाधूमजटंकणम्।
मूकमूषागतं ध्मातं शुद्धं सत्त्वं विमुञ्चति॥१६२॥

शुद्ध खपरिया का चूर्ण और हल्दी, त्रिफला, राल, सैंधा नमक घर का धुवांसा सुहागा और मिलावे यह प्रत्येक खपरिया से चौथाई भाग लेकर कांजी में अथवा नींबू के रस में खरल करके इस सब मिश्रण को वृतांक नाम वाली मूषा में लेप करके सुखा दें फिर उस मूषा के मुख के ऊपर मट्टी के खीपडे को ढक कर कोयलों की अग्नि में फूंकें। जब मूषा में खपरिया गलकर पतली हो जाये और मूषा में से नीली, काली व श्वेत रंग की अग्नि की लपटें निकलने लगें तब संडासी से मूषा को पकड़कर अग्नि में से बाहर निकाल कर उसको नीचे को मुख करके सहज में भूमि पर लौट दे परन्तु मूषा की नाल न टूट जाय इस पर विशेष ध्यान रखे। इस प्रकार करने से वंग के समान सत्त्व निकलता है। एक बार में सम्पूर्ण सत्त्व नहीं निकलता, इस कारण तीन चार बार पूर्वोक्त विधि से मूषा को अग्नि में फूंककर सत्त्व निकालना चाहिये इसको सब कार्यों में प्रयोग करना चाहिये। अथवा हरड, लाख, केंचुए, हल्दी, घर का धुआँसा और सुहागा इन सब चीजों को खपरिया से चौथाई भाग लेकर उसमें खपरिया का चूर्ण मिलाकर सब को एकत्र नीबू के रस में घोटकर सत्त्व पातन करने वाली मूषा में रखकर फूंकने से शुद्ध सत्त्व निकलता है॥१५८-१६२॥

अन्य प्रकार

लाक्षागुडाऽऽसुरीपथ्याहरिद्रासर्जटंकणैः।
सम्यक् संचूर्ण्य तत्पक्वं गोदुग्धेन घृतेन च॥१६३॥

वृंताकमूषिकामध्ये निरुध्य गुटिकीकृतम्।
ध्मात्वा ध्मात्वा समाकृष्य ढालयित्वा शिलातले।
सत्त्वं वंगाकृतिं ग्राह्यं रसकस्य मनोहरम्॥१६४॥
यद्वा जलयुतां स्थालीं निखनेत्कोष्ठिकोदरे।
सच्छिद्रं तन्मुखे मल्लं तन्मुखेऽधोमुखीं क्षिपेत्॥१६५॥
मूषोपरि शिखित्रांश्च प्रक्षिप्य प्रधमेद्दृढम्।
पतितं स्थालिकानीरे सत्त्वमादाय योजयेत्॥१६६॥
तत्त्वसत्त्वं तालकोपेतं प्रक्षिप्य खलु खर्परे।
मर्दयेल्लोहदण्डेन भस्मीभवति निश्चितम्॥१६७॥

लाख, गुड, फटकरी, हरड, हल्दी, राल और सुहागा सबको समान भाग लेकर एकत्र चूर्ण कर ले, उसमें चौगुना खपरिया का चूर्ण डालकर गाय के दूध में पकावे फिर गाय के घृत में पकावे। पश्चात् उसका गोला बनाकर उसको वृंताक नामवाली मूषा में रखकर मूषा के मुख को बंद करके पूर्वोक्त विधि से कोयलों की अग्नि में फूंके। जब उसमें से नीली, काली वा लाल रंग की ज्वाला निकलने लगें तब उसको संडासी से पकड़कर स्वच्छ और सपाट पत्थर पर लौट देवे इस प्रकार तीन चार बार फूंकने से बंग के समान श्वेत सत्त्व निकल आता है। अथवा जल से भरी हुई एक हांडी (मिट्टी अन्य किसी धातु की बनी हुई) लेकर उसको जमीन में गाड़ देवे और उसके मुख पर एक छिद्रवाला मिट्टी का सकोरा ढक देवे। पश्चात् पूर्वोक्त गोले को मूषा में रखकर और उसका मुख नीचे को करके उसके ऊपर कोयले डालकर धोंकनी से अच्छे प्रकार तीव्र अग्नि देवे। इस प्रकार करने से मूषा में से सत्त्व निकलकर हांडी के जल में गिर जाएगा। उसको ग्रहण करके औषधादि कार्य में प्रयोग करना चाहिये। उस सत्त्व में समान भाग शुद्ध हरताल मिलाकर दोनों को एकत्र मर्दन करके अग्नि पर एक खीपड़े में या कढ़ाई में डालकर लोहे के डंडे से घोटता जाय। इस प्रकार करने से खर्पर सत्त्व की अवश्य भस्म हो जाती है॥ १६३-१६७॥

खर्पर रसायन

तद् भस्म मृतकांतेन समेन सह योजयेत्॥१६८॥
अष्ट गुंजामितं चूर्णं त्रिफलाक्वाथसंयुतम्।
कांतपात्रस्थितं रात्रौ तिलजं प्रतिवादकम्॥१६९॥
निषेवितं निहंत्याशु मधुमेहमपि ध्रुवम्।
पित्त क्षयं च पाण्डुं च श्वयथुं गुल्ममेव च॥१७०॥
रक्तगुल्मं च नारीणां प्रदरं सोमरोगकम्।
योनिरोगानशेषांश्च विषमाख्याज्वरानपि॥१७१॥
रजः शूलं च नारीणांकासश्वासं च हिध्मिकाम्॥१७२॥

खर्पर सत्त्व की भस्म और उसके बराबर कान्तलोहभस्म दोनों को एक में खरल करके इसमें से ८ गुंजा परिणाम लेकर कांतलोह के पात्र में त्रिफले के ४ तोले क्वाथ में रात्रि में भिजो देवे। प्रातः काल इसमें थोड़ा तिलों का क्षार (खार) डालकर पान करे इससे मधुमेह नष्ट होता है। उसी प्रकार पित्तविकार, क्षय, पांडु, सूजन, गुल्म, स्त्रियों का रक्त-गुल्म, प्रदर, सोमरोग, सर्व प्रकार के योनिरोग, विषमज्वर आर्त व शूल, खाँसी, श्वास और हिचकी आदि रोग दूर होते हैं।। १६८-१७२।।

इतिश्रीवाग्भाटचार्यविरचिते रसरत्नसमुच्चये वैद्यशंकरलालविरचितायां भाषाटीकायां द्वितीयोऽध्यायः

तृतीयोऽध्यायः

अष्ट उपरस

गंधाश्मगैरिकासीसकांक्षीतालशिलांजनम्।
कुंकुष्ठं चेत्युपरसाश्चाष्टौ पारदकर्मणि॥१॥

गंधक, गेरू, कसीस, फटकरी, हरताल, मैनशिल, अंजन आर कंकुष्ठ ये आठ उपरस हैं। इनका रसकर्म में उपयोग होता है॥१॥

गंधकोत्पत्ति

गंधकस्य तु माहात्म्यं तद्गुह्य वद मे विभो।
श्वेतद्वीपे पुरा देवि सर्वरत्नविभूषिते।
सर्वकाममये रम्ये तीरे क्षीरपयोनिधेः॥२॥
विद्याधरीर्भिमुख्याभिरंगनाभिश्च योगिनाम्।
सिद्धांगनाभिः श्रेष्ठाभिस्तथैवाप्सरसां गणैः॥३॥
देवांगनाभी रम्याभिः क्रीडंतीभिर्मनोहरम्।
गीतैर्नृत्यैर्विचित्रैश्च वाद्यैर्नानाविधैस्तथाः॥४॥
एव संक्रीडमानायाः प्राभवत्प्रसृतं रजः।
तद्रजोऽतीव सुश्रोणि सुगंधि सुमनोहरम्॥५॥
रजसश्चातिबाहुल्याद्वासस्ते रक्ततां गतम्।
तत्र त्यक्त्वा तु तद्वस्त्रं सुस्नाता क्षीरेसागरे॥६॥
वृता देवांगनाभिस्त्वं कैलासं पुनरागता।
ऊर्मिभिस्तद्रजोवस्त्रं नीतं मध्ये पयोनिधेः॥७॥

एवं ते शोणितं भद्रे प्रविष्टं क्षीरसागरे।
क्षीराब्धिमथने चैतदमृतेन सहोत्थितम्॥८॥
निजगंधेन तान्सर्वान्हर्षयन्दैत्यदानवान्।
ततो देवगणैरुक्तं गंधकाख्यौ भवत्वयम्॥९॥
ये गुणाः पारदे प्रोक्तास्ते चैवात्र भवंत्विति।
रसस्य बंधनार्थाय जारणाय भवत्वयम्।१०॥
इति देवगणैः प्रीतैः पुरा प्रोतं सुरेश्वरि।
तेनायं गंधको नाम विख्यातः क्षितिमंडले॥११॥

इन आठों रसों में से पहले गन्धक का वर्णन किया जाता है। हे भगवन्! गन्धक का जो गुप्त माहात्म्य है उसको मुझसे कहिये। इस प्रकार जब पार्वती जी ने शिवजी से पूछा तब शिव कहने लगे कि हे देवि! पूर्वकाल में सम्पूर्ण रत्नों से सुशोभित और सकल मनोरथों के पूर्ण करने वाले श्वेतद्वीप में क्षीरसागर के रमणीक तट पर श्रेष्ठ विद्याधरियों, योगिनियों, सिद्धांगनाओं, अप्सराओं और देवताओं की स्त्रियों के साथ नाना प्रकार के अत्यन्त मनोरम गीत नृत्य और भाँति भाँति के बाजों के साथ क्रीड़ा करते-करते तुम्हारे रजःस्राव हो गया। हे सुश्रोणि! वह रज अत्यन्त सुगन्धित और मनोहर था उस रज के अधिक निकलने से तुम्हारे वस्त्र उससे लाल हो गये। तब तुमने उन वस्त्रों को वहीं छोड़कर क्षीरसागर में स्नान किया और देवांगनाओं के साथ तुम फिर कैलास पर्वत को चली आईं। इसके पश्चात् समुद्र की लहरों के द्वारा वस्त्र बहकर क्षीरसमुद्र में पहुंच गये। हे भद्रे! इस प्रकार तुम्हारा आर्तव क्षीरसागर में प्रविष्ट हो गया। फिर क्षीरसागर को मथने के समय वह रज अमृत के साथ प्रकट हुआ और उसने अपनी गन्ध से उन सम्पूर्ण दैत्य और दानवों को प्रसन्न कर दिया तब देवताओं ने कहा कि यह गन्धक नाम से जगत् में प्रसिद्ध होगा यह पारे को बद्ध और जारण करने के लिए अत्यन्त उपयोगी होगा इस कारण जो गुण पारे में हैं वे सब गुण इसमें होंगे इस प्रकार आशीर्वाद दिया। हे सुरेश्वरि! इस प्रकार पूर्वकाल में देवताओं के कहे अनुसार पृथ्वी तल में यह गंधक नाम से प्रसिद्ध हुआ है॥११-१२॥

गंधकभेद

स चापि त्रिविधो देवि शुकचंचुनिभो वरः।
मध्यमः पीतवर्णः स्याच्छुक्लवर्णोऽधमः स्मृतः॥१२॥
चतुर्धा गंधको ज्ञेयो वर्णैःश्वेतादिभिः खलु।
श्वेतोऽत्र खटिका प्रोक्तो लेपने लोहमारणे॥१३॥
तथा चामलसारः स्याद्यो भवेत्पीतवर्णवान्।
शुकपिच्छः स एव स्याच्छेषो रसरसायने॥१४॥
रक्तश्च शुकतुंडाख्यो धातुवादविधौ वरः।
दुर्लभः कृष्णवर्णश्च स जरामृत्युनाशनः॥१५॥

हे देवि! वह गन्धक तोते की चोंच के समान लाल वर्णवाला उत्तम, पीले वर्ण का मध्यम और श्वेतवर्ण का अधम इन भेदों से तीन प्रकार का होता है। एवं किसी के मत से गंधक श्वेत, रक्त, पीत और कृष्ण इन वर्णों के भेद से चार प्रकार का है। इनमें श्वत गन्धक खडिया के समान होता है। इसलिये इसको खटिका कहते हैं यह लेप करने और धातुओं के मारने में उपयोगी है। जो पीले वर्ण का होता है उसे आमलासार कहते हैं इसी का एक भेद (तोते के समान वर्ण वाला होता है) उसको शुकपिच्छ कहते हैं, यह रस और रसायन के काम में श्रेष्ठ होता है। तोते की चोंच के समान लाल गंधक (शुकतुंड) धातुवाद (सोना, चाँदी आदि धातुयें बनाने) के कार्य में श्रेष्ठ है। काले रंग का गंधक जरा मृत्यु को दूर करता है किन्तु यह दुर्लभ है॥१२-१५॥

गंधकगुण

गंधाश्मातिरसायनः सुमधुरः पाके कटूष्णो मतः।
कण्डूकुष्ठविसर्पदद्रुदलनो दीप्तानलः पाचनः॥
आमोन्मोचनशोषणो विषहरः सूर्तेन्द्रवीर्यप्रदः।
प्लीहाध्मानविनाशनः कृमिहरः सत्त्वात्मकः सूतजित्॥१६॥

गंधक उत्तम रसायन, मधुर, पाक में कटु और गरम है। तथा खुजली, कुष्ठ, विसर्प और दाद को नष्ट करने वाला, अग्निप्रदीपक, पाचक, आम

का दूर करने वाला, शोषक, विषनाशक पारे को मिलकर पारक वीर्य को बढ़ाने वाला, सब प्लीहा (तिल्ली), आध्मान (अफरा) और कृमिरोगों को नष्ट करने वाला, सत्त्वरूप और पारे को जीतने वाला है॥१६॥

गन्धक का माहात्म्य

बलिना सेवितः पूर्वं प्रभूतबलहेतवे।
वासुकीं कर्षतस्तस्य तन्मुखज्वालया युता॥१७॥
वसा गंधकगंधाढ्या सर्वतो निःसृता तनोः।
गंधकत्वं च संप्राप्ता गंधोऽभूत्सविषस्ततः॥१८॥
तस्माद्बलिवसेत्युक्तो गंधकोऽतिमनोहरः॥१९॥

प्राचीन काल में राजा बलि ने अत्यन्त बलवान् होने के लिये इसका सेवन किया था, फिर समुद्र मथने के समय वासुकी (सर्पराज) को खेंचते हुए उसके मुख की ज्वाला से मिली हुई राजा बलि के शरीर से जो अत्यन्त गंधयुक्त वसा (चर्बी) निकली उस चर्बी के गंधक के साथ मिलने से गंधयुक्त हो गया और वह वासुकी के सम्पर्क से विषयुक्त हो गया। इसीलिये उस अत्यन्त मनोहर, गन्धक को बलिवसा या बलि कहते हैं। यह एक कहानी मात्र है। इसका तात्पर्य यह है कि गंधक में विष होता है इसलिये उसको शुद्ध करके काम में लाना चाहिये॥१७-१९॥

गंधकशुद्धि

पयःस्विन्ना घटीमात्रं वारिधौतो हि गंधकः।
गव्याज्यविद्रुतो वस्त्राद्गलितः शुद्धिमृच्छति॥२०॥
एवं संशोधितः सोयं पाषाणानंबरांस्त्यजेत्।
घृते विषं तुषाकारं स्वयं पिण्डत्वमेति च॥२१॥
इति शुद्धो हि गंधाश्मा नापथ्यैर्विकृतिं व्रजेत्।
अपथ्यादन्यथा हन्यात्पीतं हालाहलं यथा॥२२॥
गंधको द्रावितो भृंगरसे क्षिप्तो विशुध्यति।
तद्रसैः सप्तधा स्विन्नो गंधकः परिशुध्यति॥२३॥

स्थाल्यां दुग्धं विनिक्षिप्य मुखे वस्त्रं निबध्य च।
गंधकं तत्र निक्षिप्य चूर्णितं सिकताकृति॥२४॥
छादयेत्पृथुदीर्घेण खर्परेणैव गंधकम्।
ज्वालयेत्खर्परस्योर्ध्वं वनच्छाणैस्तथोपलैः।
दुग्धे निपतितो गंधो गलितः परिशुद्ध्यति॥२५॥
"शतवारं कृतश्चैवं निर्गंधो जायते बली॥"
इत्थं विशुद्धस्त्रिफलाज्यभृंगमध्वन्वितः शार्णमितो हि लीढः॥
गृध्राक्षितुल्यं कुरुतेऽक्षियुग्मं करोति रोगोज्झितदीर्घमायुः॥२६॥

गंधक को एक घड़ीपर्यन्त दूध में पकाकर पानी से धो डाले। पश्चात् गाय के घी को कढ़ाई में चढ़ाकर उसमें गंधक को डालकर अग्नि पर पकायें। जब गंधक गल जाय तब उसको वस्त्र में छान ले तो गंधक शुद्ध होता है। इस प्रकार शद्ध किये हुए गंधक में से पत्थर का भाग और दूसरे मल निकल जाते हैं। गंधक का विष घृत में अपने आप बिन्दु रूप से इकट्ठा हो जाता है। इस प्रकार गंधक शुद्ध हो जाता है। (कोई इसका ऐसा अर्थ करते हैं कि प्रथम गंधक को घृत के साथ लोहे के पात्र में अग्नि पर गलाकर फिर एक दूध से भरे पात्र के ऊपर बारीक वस्त्र ढककर उसमें उक्त गले हुए गंधक को छोड़ दे एक घड़ी तक उसको दूध में पड़ा रहने दे फिर दूध में से निकाल कर जल से धो डाले इस प्रकार गंधक शुद्ध होता है) शुद्ध किये हुए गंधक को सेवन करने वाला मनुष्य उस पर कदाचित् पथ्य का सेवन न करे तो भी कोई वैसी हानि नहीं होती ओर बिना शुद्ध किये हुए अर्थात् अशुद्ध गंधक को सेवन करने वाला मनुष्य जरा भी अपथ्य का सेवन करे तो वह शीघ्र ही हालाहल विष के समान प्राणों का नाशक होता है। इसलिये अशुद्ध गंधक को सेवन कदापि नहीं करना चाहिये। गंधक को कढ़ाई या तवे में अग्नि पर गलाकर भांगरे के रस में छोड़ दें। इस प्रकार सात वार करने से गंधक शुद्ध होता है। किन्तु प्रत्येक बार में जल से धो डालना चाहिये। अथवा गंधक को भांगरे के रस में सात बार स्वेदन करने से गंधक शुद्ध होता है। अथवा एक हांडी या दूसरे किसी बरतन में दूध भरकर उसके

मुख के ऊपर एक बारीक वस्त्र बांध दें उस पर गंधक का बारीक चूर्ण करके बिछा दें और उसके ऊपर एक खीपडा रख दें। उस पर आरने उपलों की अथवा साधारण उपलों की अग्नि रखे इस विधि से गंधक बहकर नीचे दूध में गिरता है और शुद्ध होता है। इस प्रकार सौ वार करने से गंधक सर्वथा गंधरहित हो जाता है। इस प्रकार शुद्ध किया हुआ गंधक अपनी प्रकृति के अनुसार १ मासे से ३ मासे तक लेकर त्रिफले का चूर्ण, घी, भांगरे के रस और शहद के साथ मिलाकर सेवन करने से गिद्ध के समान दूर दृष्टि होती है और नेत्रों की कांति बढ़ती है। और सब रोग दूर होकर आयु की वृद्धि होती है।।२०-२६।।

गंधकद्रुति

कलांशव्योषसंयुक्तं गंधकं श्लक्ष्णचूर्णितम्।
अरत्निमात्रे वस्त्रे तद्विप्रकीर्य विवेष्ट्य तत्।।२७।।
सूत्रेण वेष्टयित्वाऽथ यामं तैले निमज्जयेत्।
धृत्वा संदंशतो वर्तिमध्यं प्रज्वालयेच्च तत्।।२८।।
द्रुतो निपतितो गंधो बिंदुतः काचभाजने।
तां द्रुतिं प्राक्षिपेत्पत्रे नागवल्ल्यास्त्रिबिंदुकाम्।।२९।।
वल्लन प्रमित स्वच्छं सूतेंद्रं च विमर्दयेत्।
अगुल्याऽथ सपत्रां तां द्रुतिं सूतं च भक्षयेत्।।३०।।
करोति दीपन तीव्रं क्षयं पाण्डुं च नाशयेत्।।
कासं श्वासं च शूलार्ति ग्रहणीमतिदुर्धराम्।।
आमं विनाशयत्याशु लघुत्वं प्रकरोति च।।३१।।

शुद्ध गंधक में सोलहवां भाग त्रिकुटे का चूर्ण मिलाकर दोनों को एकत्र खूब बारीक, खरल करके उसको एक हाथ चौरस कपड़े पर समान भाव से बिछाकर सहज में उसको मोड़ कर उसकी दृढ़ बत्ती बना लें फिर उस बत्ती के ऊपर सूत का धागा मजबूती से लपेट कर उसको तिल के तेल में एक प्रहर तक भिगो रखे फिर उसको निकाल कर बीच में से चिमटे से पकड़ कर जलावे और उसके नीचे एक कांच का बर्तन

रख दे कि जिससे तेल की बूंदें टपक कर उसमें गिर जाय। जब सब तेल निकल आवे और सम्पूर्ण बत्ती जल जाय तब उस तेल को एक उत्तम कांच की शीशी में भरकर रख दें। इसकी तीन बूंदें एक नागरवेल के पानी में डाल कर और उसमें २ रत्ती शुद्ध पारा अंगुली से अच्छी प्रकार मिलाकर उस पान को भक्षण कर ले। इससे अत्यन्त भूख लगती है। एवं क्षय, पाण्डुरोग, खांसी, श्वास, शूल और असाध्य संग्रहणी रोग दूर होता है। आमविकार नष्ट होकर शरीर में लघुता उत्पन्न होती है।।२७-३१।।

गंधकप्रयोग

घृताक्ते लोहपात्रे तु विद्रुतं शुद्धगंधकम्।
घृताक्तदर्विकाक्षिप्तं द्विनिष्कप्रमितं भजेत्।।३२।।
हंति क्षयमुखान् रोगान्कुष्ठरोगं विशेषतः।
गंधकस्तुल्यमरिचः षड्गुणत्रिफलान्वितः।।३३।।
घृष्टः शम्याकमूलेन पीतश्चाखिलकुष्ठहा।
तन्मूलं सलिले पिष्टं लेपयेत्प्रत्यहं तनौ।।३४।।
दृष्टप्रत्यययोगोयं सर्वत्राप्रतिवीर्यवान्।
श्रीमता सोमदेवेन सम्यगत्र प्रकीर्तितः।।३५।।
क्षाराम्लतैलसौवीरविदाहिद्विदलं तथा।
शुद्धगंधकसेवायां त्याज्यं योगयुतेन हि।।३६।।

गाय के घृत को कढ़ाई में डालकर उसमें शुद्ध गंधक डालकर नीचे अग्नि जलायें और एक घी चुपड़ी करछी से उसे चलाता जाय। जब वह गलकर पतला हो जाय तब उसको नीचे उतारकर पश्चात् उसका बारीक चूर्ण करके उसमें से १ निष्क से लेकर २ निष्क तक की मात्रा से सेवन करे तो इससे क्षय और विशेषकर कुष्ठ रोग दूर होता है। शुद्ध गंधक का चूर्ण और उसकी बराबर काली मिर्च का चूर्ण और त्रिफले का चूर्ण गंधक से ६ भाग सबको एकत्र खरल करके अमलतास की जड़ के क्वाथ के साथ उचित मात्रा सेवन करे तो इससे सब प्रकार के कुष्ठ नष्ट होते हैं। इस प्रयोग को सेवन करने वाले मनुष्य को प्रतिदिन

अमलतास की जड़ को पानी के साथ पीसकर उसका शरीर पर लेप करना चाहिये। कुष्ठ रोग पर यह एक अनुभवसिद्ध उत्तम प्रयोग है। इसके द्वारा सब प्रकार के कुष्ठ रोग दूर होते हैं। श्री सोमदेव ने इसको कहा है। गंधक को सेवन करने वाला मनुष्य मन को वश में रखकर क्षार (खारी पदार्थ), अम्ल (खट्टे पदार्थ), तेल, मदिरा, दाहकारक व तीक्ष्ण पदार्थ और दो दलवाले अन्न इन सबको त्याग दे।।३२-३६।।

गन्धक का कण्डूनाशक प्रयोग

द्विनिष्कप्रमितं गंधं पिष्ट्वा तैलेन संयुतम्।।३७।।
अथापामार्गतोयेन सतैलमरिचेन च।
विलिप्य सकलं देहं तिष्ठेद् धर्मे ततः परम्।।३८।।
तक्रभक्तं च भुंजीत तृतीये प्रहरे खलु।
भजेद्रात्रौ तथा वह्निं समुत्थाय तथा प्रगे।।३९।।
महिषीछगणं लिप्त्वा स्नायाच्छीतेन वारिणा।
ततोऽभ्यज्य घृतैदेहं स्नायादिष्टोष्णवारिणा।।४०।।
अमुना क्रमयोगेन विनश्यत्यतिवेगतः।
दुर्जया बहुकालीना पामा कण्डूः सुनिश्चितम्।।४१।।
गंधकस्य प्रयोगाणां शतं तन्न प्रकीर्तितम्।
ग्रंथविस्तारभीतेन सोमदेवेन भूभुजा।।४२।।

शुद्ध गन्धक ६ मासे और काली मिर्च का चूर्ण ६ मासे दोनों को एकत्र तिलों के तेल और अपामार्ग (चिरचिटे) के काढे में खरल करके उसका सम्पूर्ण शरीर में लेप करके धूप में जब तक सहन हो सके तब तक बैठे। फिर तीसरे प्रहर में मट्ठे के साथ भात का भोजन करे रात्रि में अग्नि से तापना चाहिये दूसरे दिन प्रातः काल में उठकर भैंस के गोबर को सम्पूर्ण शरीर में मलकर शीतल जल से स्नान करना चाहिए पश्चात् सम्पूर्ण शरीर में घृत मलकर मंदोष्ण जल से स्नान करे। गन्धक के इस प्रयोग के द्वारा सम्पूर्ण शरीर में फैली हुई अत्यन्त दुस्तर एवं बहुत दिनों की पुरानी सब प्रकार की खुजली शीघ्र ही दूर हो जाती है।

गंधक के सैकड़ों आशुफलप्रद प्रयोग हैं वे ग्रंथ के विस्तार भय से सोमदेव ने अपने ग्रंथ में नहीं कहे हैं।।३७-४२।।

गन्धकतैल

अथवाऽर्कस्नुहीक्षीरैर्वस्त्रं लेप्यं तु सप्तधा।
गंधकं नवनीतेन पिष्ट्वा वस्त्रं लिपेद्घनम्।।४३।।
तद्वर्तिं ज्वलितां दंशे धृतां कुर्यादधोमुखीम्।
तैलं पतेदधोभाण्डे ग्राह्यं योगेषु योजयेत्।।४४।।
शुद्धगंधो हरेद्रोगान्कुष्ठमृत्युजरादिकान्।
अग्निकारी महानुष्णो वीर्यवृद्धिं करोति च।।४५।।

एक गजभर उत्तम स्वच्छ कपड़ा लेकर उस पर आक का दूध और थूहर का दूध प्रत्येक की सात-सात वार लेप करके सुखा लें एक बार लेप करके सुखा दें फिर दूसरी बार लेप करके सुखा दें। इस प्रकार प्रत्येक दूध का सात-सात बार लेप करके सुखा लें। पश्चात् शुद्ध गन्धक को घी में घोटकर उस वस्त्र पर गाढ़ा लेप कर दें फिर उसकी बत्ती बनाकर उसको चिमटे से पकड़ कर और उसका नीचे को मुँह करके एक सिरे से जलावे और उसके नीचे एक काँच का बर्तन रख दें। उस बर्तन में जो तेल गिरे उसको लेकर भिन्न भिन्न रोगों में प्रयोग करे शुद्ध गन्धक कुष्ठादि भयंकर रोगों को दूर करता है रसायनविधि से मृत्यु और जरा को दूर करता है। अग्नि को अत्यन्त प्रज्ज्वलित करता है, अत्यन्त गरम है और वीर्य की पुष्टि करता है।।४३-४५।।

गैरिक

पाषाणगैरिकं चैकं द्वितीयं स्वर्णगैरिकम्।
पाषाणगैरिकं प्रोक्तं कठिनं ताम्रवर्णकम्।।४६।।
अत्यन्तशणितं स्निग्धं मसृणं स्वर्णगैरिकम्।
स्वादु स्निग्धं हिमं नेत्र्यं कषायं रक्तपित्तनुत्।।४७।।
हिध्मावमिविषघ्नं च रक्तघ्नं स्वर्णगैरिकम्।
पाषाणगैरिकं चान्यत्पूर्वस्ममादल्पकं गुणैः।।४८।।

गैरिकं तु गवांदुग्धैर्भावितं शुद्धिमृच्छति।
गैरिकं सत्त्वरूपं हि नन्दिना परिकीर्तितम्॥४९॥
कैरप्युक्तं पतेत्सत्त्वं क्षाराम्लस्विन्नगैरिकात्।
उपतिष्ठति सूतेन्द्रमेकत्वं गुणवत्तरम्॥५०॥

गेरु दो प्रकार का होता है। एक पाषाण गैरिक और दूसरा स्वर्ण गैरिक। पाषाण गेरु कठिन और ताम्र वर्ण का होता है। स्वर्ण गेरु अत्यन्त लाल स्निग्ध और मसृण (कोमल इकसार) होता है। यह स्वाद में मधुर, स्निग्ध वीर्य, शीतल, नेत्रों को हितकर कसैला, रक्तपित्तनाशक एवं हिचकी, वमन और विष की बाधा को दूर करता है तथा सर्व प्रकार के रुधिर के स्राव को रोकता है। पाषाण गेरु के भी गुण इसी के समान हैं, पर पाषाण गेरु में इससे गुण कुछ न्यून हैं। उक्त दोनों प्रकार के गेरुओं को गाय के दूध में भावना देने से वे शुद्ध हो जाते हैं। नन्दी नामक रस सिद्ध ने कहा है कि गैरिक धातु सत्त्वमय है इसलिये उसके सत्त्व निकालने की आवश्यकता नहीं। परन्तु कई ग्रन्थकारों का मत है कि क्षार और कांजी में पकाने से गेरु का सत्त्व निकलता है। वह सत्त्व पारे के साथ मिलने वाला और गेरु की अपेक्षा अधिक गुणों वाला है।।४६-५०।।

कासीस रसायन

कासीसं वालुकाद्येकं पुष्पपूर्वमथापरम्।
क्षाराम्लागरुधूमाभं सोष्णवीर्यं विषापहम्॥५१॥
वालुकापुष्पकासीसं श्वित्रघ्नं केशरञ्जनम्॥५२॥
पुष्पादिकासीसमतिप्रशस्तं सोष्णं कषायाम्लमतीव नेत्र्यम्।
विषानिलश्लेष्मगदव्रणघ्नं श्वित्रक्षयघ्नं कचरंजनं च॥५३॥
सकृद्भृङ्गांबुना क्लिन्नं कासीसं निर्मलं भवेत्।
तुवरीसत्त्ववत्सत्त्वमेतस्यापि समाहरेत्॥
कासीसं शुद्धिमाप्नोति पित्तैश्च रजसा स्त्रियः॥५४॥
बलिना हतकासीसं कांतं काशीसमारितम्।
उभयं समभागं हि त्रिफलावेल्लसंयुतम्॥५५॥

विषमांशघृतक्षौद्रप्लुतं शाणमितं प्रगे।
सेवितं हंति वेगेन श्वित्रं पाण्डुं क्षयामयम्॥५६॥
गुल्मप्लीहगदं शूलं मूलरोगं विशेषतः।
रसायनविधानेन सवितं वत्सरावधि॥५७॥
आमसंशोषणं श्रेष्ठं मंदाग्निपरिदीपनम्।
पलितं वलिभिः सार्धं विनाशयति निश्चितम्॥५८॥

कासीस दो प्रकार का होता है। एक वालुकासीस और दूसरा पुष्पकासीस। बालुकासीस बालू (रेत) के समान धूल सा, काँजी अगर धुयें समान रंग वाला, उष्ण वीर्य और विषनाशक है। पुष्पकासीस[१] किंचित् पीले रंग का होता है। दोनों प्रकार के कासीस श्वेत कुष्ठ को नष्ट करने वाले और बालों को काला करने वाले हैं। दोनों कासीसों में पुष्पकासीस अधिक गुणों वाला है। यह उष्ण वीर्य कषैला, अम्लरसयुक्त, नेत्रों को अत्यन्त हितकारी तथा विष वायु और कफ के विकार, व्रण, श्वित्र कुष्ठ और क्षय रोग को नष्ट करता है और बालों को काला करने वाला है। कासीस को भांगरे के स्वरस में एक बार भिगोकर सुखा लेने से वह शुद्ध हो जाता है। उसी प्रकार जंगली पशुओं के पित्त और स्त्रियों के रज में कासीस को भिगोने से शुद्ध होता है। पहले फटकरी के सत्त्व को निकालने की जो विधि कही है उसी विधि से कसीस का भी सत्त्व निकालना चाहिये। गन्धक के द्वारा की हुई कासीस को भस्म और कासीस के द्वारा मारण किया हुआ कान्त लोह (भस्म) दोनों को समान भाग लेकर एकत्र खरल करके इसमें से दो रत्ती परिमाण लेकर चार मासे त्रिफला और वायविडंग के चूर्ण में मिलाकर फिर उसमें एक तोला घी और डेढ़ तोला शहद मिलाकर इसमें से ३ मासे की मात्रा से प्रातः काल सेवन करने से श्वित्रकुष्ठ, पांडुरोग, क्षय, गुल्म, पथरी, शूल और बवासीर निर्मूल होती है। यह योग आमदोष को शोषण करने वाला और मन्दाग्नि को दूर करने वाला है। इसको रसायन विधि से पथ्यपूर्वक एक वर्ष तक सेवन करने से वली और पलित रोग (शरीर में बिना अवस्था

के ही बालों का पकना और बालों का सफेद होना) दूर होकर नवयौवन प्राप्त होता है।।५१-५८।।

फटकरी

सौराष्ट्राश्मनि संभूता मृत्स्ना सा तुवरी मता।
वस्त्रमारंजयेद्यासौ मंजिष्ठारागबंधिनी।।५९।।
फटकी फुल्लिका चेति द्वितीया परिकीर्तिता।
ईषत्पीता गुरुः स्निग्धा पीतिकाविषनाशिनी।।६०।।
व्रणकुष्ठहरा सर्वकुष्ठघ्नी च विशेषतः।।६१।।
निर्भारा शुभ्रवर्णा च स्निग्धा साम्लाऽपरा मता।
सा फुल्लतुवरी प्रोक्ता लेपात्ताम्रं चरेदियम्।।६२।।
कांक्षी कषाया कटुकाम्लकंठ्या केश्या व्रणघ्नी विषनाशिनी च।
श्विवत्रापहा नेत्रहिता त्रिदोषशांतिप्रदा पारदजारणी च।।६३।।
तुवरी कांजिके क्षिप्ता त्रिदिनाच्छुद्धिमृच्छति।
क्षाराम्लैर्मर्दिताध्माता सत्त्वं मुञ्चति निश्चितम्।।६४।।
गोपित्तेन शतं वारान् सौराष्ट्रीं भावयेत्ततः।
धमित्वा पातयेत्सत्त्वं क्रामणं चातिगुह्यकम्।।६५।।

फटकरी सौराष्ट्र देश में उत्पन्न होने वाली एक खनिज पदार्थ है। यह वस्त्र को रंगने वाली और मँजीठ के रंग को पक्का करती है। इसका एक दूसरा भेद फुल्लिका अर्थात् फूल फटकरी है। फटकरी किंचित् पीले रंग की, तोल में भारी, स्निग्ध, विष, व्रण और कुष्ठ को नष्ट करती है। इसको पीतिका भी कहते हैं। फुल्लिका नामवाली फटकरी तोल में हलकी, शुभ्रवर्ण वाली, स्निग्ध, स्वाद में खट्टी और इसका लेप करने से तांबे की भस्म सहज में हो जाती है। फटकरी कषैली, किंचित, मधुर, खट्टी, कंठ को हितकारी, केशों को हितकारी, व्रण, विष और श्वित्र कुष्ठ को नष्ट करने वाली, नेत्रों को हितकर, त्रिदोषों को शमन करने वाली और पारद को जारण करने में अत्यन्त उपयोगी है। फटकरी को तीन दिन तक कांजी में भिगोने से वह शुद्ध होती है। इसको क्षार और अम्ल पदार्थों के

साथ खरल करके सत्त्वपातन की विधि से सत्त्व निकालना चाहिये। अथवा इसको गाय के पित्ते की १०० भावना देकर कोयलों की तीव्र अग्नि में फूंककर सत्त्व निकाले। यह सत्त्व संक्रामक गुणों वाला है इसलिये यह अत्यन्त गोप्य है।। ५९-६५।।

हरताल

हरतालं द्विधा प्रोक्तं पत्राद्यं पिण्डसंज्ञकम्।
स्वर्णपत्रं गुरु स्निग्धं तनुपत्रं च भासुरम्।।६६।।
तत्पत्रतालकं प्रोक्तं बहुपत्रं रसायनम्।
निष्पत्रं पिण्डसदृशं स्वल्पपत्रं तथा गुरु।।
स्त्रीपुष्पहरणं तत्तु गुणाल्पं पिण्डतालकम्।।६७।।
श्वेतरक्तविषवातभूतनुत्केवलं च खलु पुष्पहृत्स्त्रियः।
स्निग्धमुष्णकटुकं च दीपनं कुष्ठहारि हरतालमुच्यते।।६८।।

हरताल दो प्रकार की होती है। एक स्वर्ण पत्री (तपकी) और दूसरी पिण्ड हरताल (गुवरिया) स्वर्णपत्री (तपकी) हरताल सुवर्ण के समान। पीली कान्तिवाली, वजन में भारी, स्निग्ध पतले पत्रों वाली और चमकदार होती है। तथा उसमें से बहुत से पत्र निकलते हैं और यह रसायन गुणों वाली है। पिण्डहरताल पत्ररहित पिंड के समान अथवा अल्प पत्रों वाली और वजन में अधिक भारी होती है। यह स्वर्ण पत्री हरताल की अपेक्षा गुणों में अल्प है। इसका विशेष गुण यह है कि यह स्त्रियों के आर्तव को नष्ट करती है। **हरताल के गुण**। हरताल कफ, रुधिरविकार, विष वायु के विकार, भूतबाधा और केवल इकली हरताल स्त्रियों के आर्तव को नष्ट करने वाली, स्निग्ध, उष्ण, कटु, अग्निप्रदीपक और कुष्ठ को नष्ट करती है।।६६-६८।।

हरतालशुद्धि

स्विन्नं कूष्मांडतोये वा तिलक्षारजलेऽपि वा।
तोये वा चूर्णसंयुक्ते दोलायंत्रेण शुद्धयति।।६९।।
अशुद्धं तालमायुर्घ्नं कफमारुतमेहकृत्।
तापस्फोटांगसंकोचं कुरुते तेन शोधयेत्।।७०।।

तालकं कणशः कृत्वा दशांशेन च टंकणम्।
जंबीरोत्थद्रवैः क्षाल्यं कांजिकेः क्षालयेत्ततः॥७१॥
वस्त्रे चतुर्गुणे बद्ध्वा दोलायंत्रे दिनं पचेत्॥७२॥
सचूर्णेनारनालेन दिनं कूष्मांडजे रसे।
स्वेद्यं वा शाल्मलीतोयैस्तालकं शुद्धिमाप्नुयात्॥७३॥

उत्तम तप की हरताल को लेकर उसके टुकड़े करके पेठे के रस में अथवा तिलों के खारयुक्त जल में अथवा चूने के पानी में दोलायंत्र के द्वारा एक दिन तक पकावे तो हरताल शुद्ध होती है। **अशुद्ध हरताल के दोष**-अशुद्ध हरताल आयु को नष्ट करती है एवं कफ, वात और प्रमेह रोग को उत्पन्न करती है। तथा शरीर में दाह फोड़े और शिरास्नायु आदि का संकोच होना आदि विकारों को उत्पन्न करती है इस कारण इसका प्रथम उत्तमविधि से शोधन करके पश्चात् इसका उपयोग करना चाहिये॥६९-७३॥

हरतालभस्मविधि

मधुतुल्ये घनीभूते कषाये ब्रह्ममूलजे।
त्रिवारं तालकं भाव्यं पिष्ट्वा मूत्रेऽथ माहिषे॥७४॥
उपलैर्दशभिर्देयं पुटं रुद्ध्वाथ पेषयेत्।
एवं द्वादशधा पाच्यं शुद्धं योगेषु योजयेत्॥७५॥

प्रथम ढाक की जड़ का शहद के समान गाढ़ा-गाढ़ा काढ़ा बनाकर उसमें शुद्ध हरताल को तीन वार भावना देकर पश्चात् भैंस के मूत्र में घोटकर गोला बना लें। उसको सम्पुट में रखकर उस पर कपरौटी करके दश उपलों की पुट दें। इस प्रकार १२ पुट देने से हरताल की उत्तम भस्म होती है। इसकी सर्व योगों में योजना करनी चाहिये॥ ७४-७५॥

हरितालसत्त्वपातन

कुलित्थक्वाथसौभाग्यमहिष्याज्यमधुप्लुतम्।
स्थाल्यां क्षिप्त्वा विदध्याच्च मल्लेन च्छिद्रयोगिना॥७६॥

सम्यङ् निरुध्य शिखिनं ज्वालयेत्क्रमवर्धितम्।
एक प्रहरमात्रं हि रंध्रमाच्छाद्य गोमयैः॥७७॥
यामांते छिद्रमुद्घाट्य दृष्टे धूमे च पाण्डुरे।
शीतां स्थालीं समुत्तार्य सत्त्वमुत्कृष्य चाहरेत्॥७८॥
सर्वपाषाणसत्त्वानां प्रकाराः संति कोटिशः।
ग्रंथविस्तारभीत्या ते लिखिता न मया खलु॥७९॥
पलालकं रवेर्दुग्धौर्दिनमेकं विमर्दयेत्।
क्षिप्त्वा षोडशिकातैले मिश्रयित्वा ततः पचेत्॥८०॥
अनावृतप्रदेशे च सप्तयामावधि ध्रुवम्।
स्वांगशीतमधःस्थं च सत्त्वं श्वेतं समाहरेत्॥८१॥
छागलस्याथ वाऽलाभे बलिना च समन्वितम्।
तालकं दिवसद्वंद्वं मर्दयित्वाऽतियत्नतः॥८२॥
युक्तं द्रावणवर्गेण काचकुप्यां विनिःक्षिपेत्।
त्रिधा तां च मृदा लिप्त्वा परिशोष्य खरातपे॥८३॥
ततः खर्परकच्छिद्रे तामर्धां चैव कूपिकाम्।
प्रवेष्य ज्वालयेदग्निं द्वादशप्रहरावधि॥८४॥
कूपीकंठस्थितं श्वेतं शुद्धं सत्त्वं समाहरेत्।
पलार्धप्रमितं तालं बद्ध्वा वस्त्रे सिते दृढे॥८५॥
बलिनाऽऽलिप्य यत्नेन त्रिवारं परिशोष्य च।
द्राविते त्रिपले ताम्रे क्षिपेत्तालकपोटली॥८६॥
भस्मनाच्छादयेच्छीघ्रं ताम्रेणावेष्टितं सितम्।
मृदुलं सत्त्वमादद्यात्प्रोक्तं रसरसायने॥८७॥

शुद्ध हरताल और सुहागा दोनों को समान भाग लेकर कुलथी के क्वाथ, भैंस के घी और शहद के साथ घोटकर गोला बनाकर एक हांडी में रख दें। उसके मुख पर छिद्र वाला ढक्कन अच्छे प्रकार से जमाकर

ढक दें और उस ढक्कन की चारों ओर की संधियों को उत्तम विधि से बंद करके फिर उसको चूल्हे पर चढ़ा कर कम से कम एक प्रहर तक मंद, मध्य और तीव्र अग्नि दें। पश्चात् उसमें से जब सफेद धुआं निकलने लगे (पहले नीला व पीला धुआं निकलता है पीछे सफेद निकलता है जब तक सफेद धुआं न निकलने लगे तब तक अग्नि देने का प्रमाण जानना चाहिये। एक प्रहर की तो एक सामान्य मर्यादा कही गई है) तब ढक्कन के छिद्र को गोबर से अच्छे प्रकार बंद कर दें। हांडी के स्वांगशीतल हो जाने पर उसको नीचे उतार कर ढक्कन की सन्धि (जोड़) को तोड़कर हांडी में जमे हुए सत्त्व को निकाल लें। हरताल की तरह (मैनशिल, सोमल इत्यादि) सर्व प्रकार के खनिज पदार्थों के सत्त्व निकालने के अनेक प्रकार हैं। परन्तु मैंने ग्रंथ के विस्तार भय से यहाँ नहीं लिखे हैं। चार तोले शुद्ध हरताल को आक के दूध में एक दिन खरल करके पश्चात् उसको एक तोला तिल के तेल में मिलाकर वालुकायंत्र में रखकर उसको सात प्रहर तक अग्नि दें इस प्रकार करने से हरताल का श्वेत रंग का सत्त्व शीशी की तली में जाकर जम जाता है। उस शीशी के स्वांग शीतल होने पर उसमें से निकाल लें, यह सत्त्व खुले स्थान में निकालना चाहिये। बकरे के मांस अथवा उसके अभाव में गंधक और उसकी बराबर शुद्ध हरताल दोनों को एकत्र दो दिन तक खरल करके उसमें द्रावण वर्ग की वस्तुएँ (शहद, घी, सुहागा, चरबी आदि) मिलाकर एक मजबूत काँच की आतसी शीशी में भरकर उसके ऊपर तीन बार कपरौटी करके तेज धूप में सुखायें। पश्चात् एक मिट्टी के खीपडे या कूंडे के बीच में एक छेद करके उसमें आधी शीशी नीचे को निकाल दें और उसकी संधियों को बंद करके ऊपर से आधी शीशी तक उसमें बालू भरकर चूल्हे पर चढ़ाकर वालुकायंत्र की तरह १२ प्रहर तक अग्नि दें। शीतल होने पर शीशी की तली में लगे हुए स्वच्छ श्वेत सत्त्व को निकाल लें। अथवा २ तोले शुद्ध हरताल लेकर एक उत्तम स्वच्छ और मजबूत कपड़े में बांधकर पोटली बना लें। उस पोटली को चारों ओर से डोरे से अच्छी तरह सींकर मजबूत कर दें। फिर गंधक को गोमूत्र के साँथ पीसकर उसका इस पोटली के ऊपर तीन बार लेप करके धूप में

सुखा ले। फिर १२ तोले तांबे को गलाकर उसमें बड़ी सफाई से उक्त पोटली को रख दे और उसके ऊपर उपलों की राख ढक दें इस प्रकार ढकें कि जिससे पोटली के बाहर का तांबा अच्छे प्रकार से ढक जाय और हरताल की पोटली भीतर हो जाय। तांबे के गाढ़े और शीतल हो जाने पर उसमें से श्वेत रंग के कोमल सत्त्व को ग्रहण कर लें। इसको सम्पूर्ण रस रसायनादि कार्यों में प्रयोग करना चाहिये।।७६-८७।।

मनः शिल

मनःशिलात्रिधा प्रोक्ता श्यामाङ्गी कणवीरका।
खण्डाख्या चेति तद्रूपं विविच्य परिकथ्यते।।८८।।
श्यामा रक्त सगौरा च भाराढ्या श्यामिका मता।
तेजस्विनी च निर्गौरा ताम्राभा कणवीरका।। ८९।।
चूर्णीभूताऽतिरक्तांगी सभारा खण्डपूर्विका।
उत्तरोत्तरतः श्रेष्ठा भूरिसत्त्वा प्रकीर्तिता।।९०।।
मनः शिला सर्वरसायनाख्या तिक्ता कटूष्णा
कफवातहंत्री। सत्त्वात्मिका भूतविषाग्नि-
मांद्यकंडूतिकासाक्षयहारिणी च।।९१।।
अश्मरीं मूत्रकृच्छ्रं च अशुद्धा कुरुते शिला।
मंदाग्निं मलबंधं च शुद्धा सर्वरुजापहा।। ९२।।
अगस्त्यपत्रतोयेन भावितः सप्तवासरम्।
शृंगवेररसैर्वापि विशुद्ध्यति मनः शिला। ९३।।
जयंतीभृंगराजोत्थरक्तागस्त्यरसैः शिलाम्।
दोलायंत्रे पचेद्यामं यामं छागोत्थमूत्रकैः।
क्षालयेदारनालेन सर्वरोगेषु योजयेत्।।९४।।
अष्टमांशेन किट्टेन गुडगुग्गुलुसर्पिषा।
कोष्ठयां रूद्ध्वा दृढं ध्माता सत्त्वं मुंचेन्मनः शिला।९५।।
भूनागसत्वसौभाग्यमदनैश्च विमर्दितैः।
कारवल्लदलांभौमिमूषां कृत्वाऽथ निक्षिपेत्।।९६।।

शिलां क्षाराम्लनिष्पिष्टां प्रधमेत्तदनंतरम्।
कोकिलाद्वयमात्रं हि ध्मानात्सत्त्वं सृजत्यसौ।।९७।।

मैनशिल तीन प्रकार की होती है(१) श्यामाङ्गी (२) कणवीरका और (३) खण्डाख्या। इनका वर्णन आगे किया जाता है। जो मैनशिल काली, लाल और किंचित पीली इस प्रकार मिश्रित रंग की और वजन में भारी होती है उसको श्यामांगी कहते हैं। जो ताँबे के समान अत्यन्त चमकदार हो और जिसमें पीलापन नहीं हो उसको कणवीरक कहते हैं और जो चूर्णरूप अथवा शीघ्र चूर्णित हो जाने वाली, अत्यन्त लाल और तोल में भारी ऐसी खण्डाख्य मैनशिल होती है। तीनों प्रकार की मैनशिलों में क्रम से सत्त्व अधिक होता है। इस कारण यह एक से एक अधिक गुणों वाली है। मैनशिल सम्पूर्ण रसायनों में श्रेष्ठ है। किंचित् कड़वी, चरपरी, गरम, कफ और वातनाशक, अधिक सत्त्ववाली, एवं भूतबाधा, विषविकार, मंदाग्नि, खुजली, खांसी और क्षयरोग को नष्ट करती है। अशुद्ध मैनसिल अश्मरी, मूत्रकृच्छ्र, मंदाग्नि और मलबन्धादि रोगों को उत्पन्न करती है और शुद्ध मनसिल सब प्रकार के रोगों को दूर करती है।

मैनसिल-शोधनविधि

मैनशिल को अगस्तिया के पत्तों के रस में सात दिन तक घोटने से अथवा अदरख के रस में सात दिन तक घोटने से वह शुद्ध होती है। अथवा अरणी, भाँगरा और लाल अगस्तिया के पत्तों के रस में मैनशिल को एक प्रहर तक दोलायंत्र में पकावे। उसी प्रकार बकरी के मूत्र में एक प्रहर तक मैनशिल को पकावे और फिर कांजी से धो डाले। इस प्रकार करने से मैनशिल शुद्ध हो जाती है। इस शुद्ध मैनशिल को सम्पूर्ण योगों में प्रयोग करना चाहिये **मैनशिलसत्त्वपातनविधि।** शुद्ध मैनशिल में आठवां भाग लोहकीट (मण्डूर) गुड, गूगल और घृत मिलाकर सबको एकत्र घोटकर गोला बनाकर उसको सत्त्वपातन की मूषा में रखकर अग्नि में फूँके तो मैनशिल का सत्त्व निकल आता है। अथवा केंचुए का, सत्त्व सुहागा और मैनफल इन सबका एकत्र चूर्ण करके करले के पत्तों के रस में खरल करके उसकी मूषा बनावे। और उस मूषा में क्षार और

अम्ल पदार्थों के साथ खरल की हुई मैनशिल रखकर उसको कोयलों की अग्नि में फूके तो मैनशिल का उत्तम सत्त्व निकलता है॥८८-८९॥

अञ्जन

सौवीरमंजनं प्रोक्तं रसांजनमतः परम्।
स्त्रोतोंजनं तदन्यच्च पुष्पाञ्जनकमेव च॥९८॥
नीलांजन च तेषां हि स्वरूपमिह वर्ण्यते।
सौवीरमंजनं धूम्रं रक्तपित्तहरं हिमम्॥९९॥
विषहिध्मादिरोगघ्नं व्रणशोधनरोपणम्।
रसांजनं च पीताभं विषवक्त्रगदापहम्॥१००॥
श्वासहिध्मापहं वर्ण्यं वातपित्तास्रनाशनम्।
स्त्रोतोंजनं हिमं स्निग्धं कषायं स्वादु लेखनम्॥१०१॥
नेत्र्यं हिध्माविषच्छर्दिकफपित्तास्ररोगनुत्॥१०२॥
पुष्पांजनं सितं स्निग्धं हिमं सर्वाक्षिरोगनुत्।
अतिदुर्धरहिध्माघ्नं विषज्वरगदापहम्॥१०३॥
नीलांजनं गुरु स्निग्धं नेत्र्यं दोषत्रयापहम्।
रसायनं सुवर्णघ्नं लोहमार्दवकारकम्॥१०४॥
अंजनानि विशुध्यंति भृंगराजदलद्रवैः।
मनोह्वासत्त्ववत्सत्त्वमंजनानां समाहरेत्॥१०५॥
वल्मीकशिखराकारं भंगे नीलोत्पलद्युति।
घृष्टं तु गैरिकच्छायं स्त्रोतोजं लक्षयेदध्रुवम्॥१०६॥
गोशकृद्रसमूत्रेषु घृतक्षौद्रवसासु च।
भावितं बहुशस्तं च शीघ्रं बध्नाति पारदम्॥१०७॥
सूर्यावर्तादियोगेन शुद्धिमेति रसाञ्जनम्।
राजावर्तकवत्सत्त्वं ग्राहयं स्त्रोतोंजनादपि॥१०८॥

अंजन पाँच प्रकार का होता है। जैसे१ सौवीराञ्जन(सादा सुरमा), २ रसाञ्जन(रसौत), ३ स्त्रोतोंजन(काला सुरमा), ४ पुष्पांजन(श्वेत सुरमा) और नीलाञ्जन(नीला व अधिक काला सुरमा) इनका आगे वर्णन किया जाता है।

अंजनों के स्वरूप और गुण

ऊपर कहे हुए पाँचों प्रकार के अंजनों में सौवीरांजन अधिक धूम्र वर्ण का होता है। यह शीतवीर्य है। इस कारण रक्तपित्त, विषबाधा, हिचकी, आदि रोगों को दूर करता है। व्रण को शुद्ध करता है और व्रण को भरता है। रसाञ्जन को हिन्दी भाषा में रसौत कहते हैं। यह कुछ पीला होता है। यह विषबाधा, मुखरोग, श्वास, हिचकी वातरक्त और पित्तरक्त को नष्ट करता है और शरीर के वर्ण को उज्ज्वल करता है। स्रोतोंजन-शीतल, स्निग्ध, कसैला, मधुर लेखन नेत्रों को हितकारी और हिचकी, विष, वमन, कफ, पित्त और रक्तपित्त को नष्ट करता है। पुष्पाञ्जन सफेद रंग का होता है। यह स्निग्ध, शीतल, सर्वप्रकार के नेत्र रोगों को दूर करने वाला तथा अत्यन्त दुस्तर हिचकी, विषबाधा और ज्वर को दूर करता है। नीलाञ्जन-भारी, स्निग्ध, नेत्रों को हितकारी, त्रिदोषनाशक, रसायन, सुवर्ण के मारने में अर्थात् सोने के भस्म करने में बड़ा उपयोगी है। और लौह को मृदु (नरम) करता है। अंजनशुद्धि उपर्युक्त अंजनों को भांगरे के पत्तों के रस में खरल करने से वे शुद्ध हो जाते हैं।

सत्त्वपातन विधि

सर्वप्रकार के अंजनों का सत्त्व मैनशिल के सत्त्व की तरह निकालना चाहिये। **स्रोतोऽञ्जन के विशेष लक्षण**–जो आकार में बँमई के अग्रभाग के समान हो, जो तोड़ने पर भीतर से नील कमल के समान नीला दिखाई दे और घिसने पर जो गेरु के समान लाली को प्रकट करे उसको निश्चय स्रोतोऽञ्जन समझना। स्रोतोंजन को गोबर का रस, गोमूत्र तथा घृत, शहद और चर्बी इनमें बारंबारं भावना देकर खरल करे तो वह तत्काल पारे को बांधने वाला होता है। **रसाञ्जनशुद्धि-रसायन** (रसौत) सूर्या-वर्तादि (आगे कहे हुए) योगों के द्वारा शुद्ध होता है। स्रोतोंजन का सत्त्वपातन-स्रोतोंञ्जनादि सत्त्व राजावर्त के सत्त्व के समान निकालना चाहिये।।९८-१०८।।

कंकुष्ठम्

हिमवत्पादशिखरे कंकुष्ठमुपजायते।
तत्रैकं नालिकाख्यं हि तदन्यद्रेणुकं मतम्।।१०९।।

पीतप्रभं गुरु स्निग्धं श्रेष्ठं ककुमादिमम्।
श्यामपीतं लघु त्यक्तसत्त्वं नेष्टं हि रेणुकम्॥११०॥
केचिद्वदंति कंकुष्ठं सद्योजातस्य दंतिनः।
वर्जश्च श्यामपीताभं रेचनं परिकथ्यते॥१११॥
कतिचित्तेजिवाहानां नालं कंकुष्ठसंज्ञकम्।
वदंति श्वेतपीताभं तदतीव विरेचनम्॥११२॥
रसे रसायने श्रेष्ठं निःसत्त्वं बहु वैकृतम्।
कंकुष्ठं तिक्तकटुकं वीर्योष्णं चातिरेचनम्॥
व्रेणोदावर्तशूलार्तिगुल्मप्लीहगुदार्तिनुत्॥११३॥
सूर्यावर्तककदली बंध्याकर्कोटकी च सुरदाली।
शिग्रुश्च वज्रकंदोनीरकणाकाकमाची च॥११४॥
आसामेकरसेन तु लवणक्षाराम्लभाविता बहुशः।
शुद्ध्यंति रसोपरसा ध्माता मुञ्चंति सत्त्वानि॥१५॥
कंकुष्ठं शुद्धिमायाति त्रिधा शुंठयम्बुभावितम्।
सत्त्वाकर्षोऽस्य न प्रोक्तो यस्मात्सत्त्वमयंहि तत्॥११६॥
भजेदेनं विरेकार्थं ग्राहिभिर्यवमात्रया।
नाशयेदामजार्तिं च विरेच्य क्षणमात्रतः॥११७॥
भक्षितः सहतांबूलैर्विरिच्यासून्विनाशयेत्॥११८॥
बर्बूरीमूलिकाक्वाथो जीरसौभाग्यकं समम्।
कंकुष्ठविषनाशाय भूयो भूयः पिबेन्नरः॥११९॥

हिमालय पर्वत के पाद शिखरों में कंकुष्ठ उत्पन्न होता है। वह दो प्रकार का है एक नलिकाख्य और दूसरा रेणुक। नलिकाख्य कंकुष्ठ पीले रंग का, वजन में भारी और चिकना ऐसा गुणों में श्रेष्ठ होता है। और रेणुक कंकुष्ठ कुछ काले पीले मिश्रित रंग का, वजन में हलका और सत्त्वहीन होने के कारण गुणों में हीन समझा जाता है। बहुत लोग कंकुष्ठ को हाथी के तत्काल के उत्पन्न हुए बच्चे का मल बताते हैं। इसका

रंग भी कुछ काला पीला मिले रंग का होता है और यह रेचक होता है। उसी प्रकार कितने ही आचार्य घोड़े के तत्काल के उत्पन्न हुए बच्चे की नाल को कंकुष्ठ कहते हैं। इसका वर्ण कुछ सफेद और पीला मिश्रित रंग का होता है और यह अत्यंत विरेचक है। रस और रसायन कर्म में अत्यन्त श्रेष्ठ है। निःसत्व अर्थात् सत्त्वहीन कंकुष्ठ अनेक विकारों को पैदा करता है। उत्तम कंकुष्ठ स्वाद में तिक्त (कड़वा), कटु (चरपरा), उष्णवीर्य, अत्यन्त दस्तावर एवं व्रण, उदावर्त्त शूल, गुल्म, प्लीहा और बवासीर की पीड़ा को दूर करता है। सम्पूर्ण रसों और उपरसों का शोधन और सत्त्व पातन विधि। सूरजमुखी (किसी के मत से हुलहुल), केला, वांझककीडा, देवदाली (बंदाल), सैंजना, बज्रकंद (जंगली कांदा), जलपीपल और मकोय इन सब औषधियों के रसों के साथ सैंधानमक, जवाखार और कांजी या नींबू का रस मिलाकर सबको एकाकार करके उसमें सर्व प्रकार के रस और उपरसों की बारंबार भावना देने से वे शुद्ध होते हैं। एवं उक्त औषधियों के कल्क में किसी भी रस या उपरस को खरल करके सत्त्वपातन की मूषा में रखकर अग्नि देने से सर्व प्रकार के रस और उपरसों का सत्त्व निकल आता है। **कंकुष्ठ शुद्धि**। कंकुष्ठ को सोंठ के काढे में तीन बार भावना देने से वह शुद्ध होते हैं। **सत्त्वपातन**। कंकुष्ठ स्वयं सत्त्वरूप है इसलिये इसके सत्त्व निकालने की विधि नहीं कही। **कंकुष्ठ सेवन विधि**-विरेचन (जुलाब) के लिये शुद्ध कंकुष्ठ एक यव एक रत्ती का छठा भाग परिमाण मात्रा से सेवन करना चाहिये। इससे शीघ्र ही दस्त होने लगते हैं, आमदोष समूल नष्ट होता है। कंकुष्ठ को ताम्बूल के साथ भक्षण करने से अथवा कंकुष्ठ को सेवन करके ऊपर से पान खाने से विरेचन के अतियोग के द्वारा प्राणों का नाश होता है यदि कंकुष्ठ को सेवन करने पर दस्त बंद न हो तो बबूल की जड़ के क्वाथ में जीरा और सुहागे का चूर्ण डाल कर बारं बार पान करे। इससे कंकुष्ठ का विष नष्ट हो जाता है।।१०९-११९।।

अष्ट साधारण रस

कपिल्लश्चापरो गौरीपाषाणो नवसागरः
कपर्दो वह्निजारश्च गिरिसिंदुरहिंगुलौ।।१२०।।

मृद्दारशृंगमित्यष्टौ साधारणरसाः स्मृताः।
रससिद्धिकराः प्रोक्ता नागार्जुनपुरः सरैः॥१२१॥

कबीला

कबीला, सोमल (शंखिया), नवसादर, कीडी, अग्निजार (अम्बर), सिन्दूर, सिंगरफ और मुरदासंग यह आठ साधारणरस हैं। नागार्जुनादि ग्रंथकरों के मत से यह रससिद्धि के लिये उपयोगी कहे गये हैं॥१२०-१२१॥

इष्टिकाचूर्णसंकाशश्चंद्रिकाढ्योऽतिरेचनः।
सौराष्ट्रदेशे चोत्पन्नः स हि कंपिल्लकः स्मृतः॥१२२॥
पित्तव्रणाध्मानविबंधहारी श्लेष्मोदरार्ति-
कृमिगुल्महारी। मूलामशोफज्वरशूलहारी
कम्पिल्लको रेचगदापहारी॥१२३॥

कबीला ईंट के चूर्ण के समान, चमकदार, अत्यन्त दस्तावर और सौराष्ट्र (सोरठ, काठियावाड) प्रदेश में उत्पन्न होता है यह पित्त, व्रण, आध्मान, अफरा, मल, मूत्र, वायु, आदि का अवरोध, कफ, उदररोग, कृमिविकार, गुल्म, बवासीर, आमदोष, सूजन, ज्वर, शूल और सर्व प्रकार के विरेचन के द्वारा आरोग्य होने वाले विकारों को दूर करता है॥१२२-१२३॥

गौरीपाषाण

गौरी पाषाणकः पीतो विकटो हतचूर्णकः।
स्फटिकाभश्च शंखाभो हरिद्राभस्त्रयः स्मृताः॥१२४॥
पूर्वपूर्वो गुणैः श्रेष्ठ कारवल्लीफले क्षिपेत्।
स्वेदयेद्धंडिकामध्ये शुद्धो भवति मूषकः॥१२५॥
तालवद्ग्राहयेत्सत्त्वं शुद्धं शुभ्रं प्रयोजयेत्।
रसबंधकरः स्निग्धो दोषघ्नो रसवीर्यकृत्॥१२६॥

गौरी पाषाण अर्थात् सोमल तीन प्रकार का होता है। १ पीला हलदी के समान रंग का, २ स्फटिक के समान चमकदार और कठिन और ३ शंख के समान श्वेत व चमकदार होता है। सोमल के उक्त तीनों प्रकारों

में पीला गुणों में श्रेष्ठ होता है। स्फटिक के समान मध्यम और शंख के समान सफेद जघन्य जानना[२]।।१२४-१२६।।

नवसादर

करीरपीलुकाष्ठेषु पच्यपानेषु चोद्भवः।
क्षारोऽसौ नवसारः स्याच्चुल्लिकालवणाभिधः।।१२७।।
इष्टिकादहने जातं पण्डुरं लवणं लघु।
तदुक्तं नवसाराख्यं चूलिकालवणं च तत्।।१२८।।
रसेंद्रजारणं लोहद्रावणं जठराग्निकृत्।
गुल्मप्लीहास्यशोषघ्नं भुक्तमांसादिजारणम्।
बिडाख्यं च त्रिदोषघ्नं चूलिकालवणं मतम्।।१२९।।

करील और पीलू वृक्ष की लकड़ियों की अग्नि में जलाकर उस राख को पानी में अच्छी तरह मिलाकर एक तरह के एक बर्तन में भरकर रख दिया जाता है जब राख नीचे बैठ जाती है तब ऊपर से जल को उतार कर कढ़ाई आदि में पकाया जाता है। समस्त पानी के जल जाने पर जो श्वेत रंग का क्षार नीचे बैठ जाता है उसको नवसार नवसादर नोसादर आदि कहते हैं। और उसी को चूलिका लवण भी कहते हैं। ईंटों के भट्टे या पजाये में से ईंटों के जलने से जो क्षार निकलता है उसको भी नवसादर कहते हैं। इसका रंग कुछ पीलापन लिये सफेद और हल्का होता है, इसका भी नाम चूलिका लवण है। **नवसादर के गुण**। नवसादर पारे को जारण करने और संपूर्ण धातुओं के गलाने में उपयोगी है। जठराग्नि के बल को बढ़ाने वाला तथा गुल्म, प्लीहा और मुखशोष का नष्ट करता है और यह खाये हुए मांसादि अतिदुर्जर पदार्थों को शीघ्र पचा देता है। बहुत लोग बिडलवण (बिरियासंचर) नमक को नवसादर कहते हैं। यह त्रिदोषनाशक है।।१२७-१२९।।

वराटिका

पीताभा ग्रंथिला पृष्ठे दीर्घवृत्ता वराटिका।
रसवैद्यैर्विनिर्दिष्टा सा चराचरसंज्ञिका।।१३०।।

सार्धनिष्कभरा श्रेष्ठा निष्कभारा च मध्यमा।
पादोननिष्कभारा च कनिष्ठा परिकीर्तिता॥१३१॥
परिणामादिशूलघ्नी ग्रहणीक्षयनाशिनी।
कटूष्णा दीपनी वृष्या नेत्र्या वातकफापहा॥१३२॥
रसेंद्रजारणे शस्ता बिडद्रव्येषु शस्यते।
तदन्ये तु वराटाः स्युर्गुरवः श्लेष्मपित्तलाः॥१३३॥
वराटाः कांजिके स्विन्ना यामाच्छुद्धिमवाप्नुयुः॥१३४॥

वराटिका (कौडी) कुछ पीली रंग की पीठ पर गांठदार और लम्बी गोल कौडी को वराटिका कहते हैं। रसवैद्य इसको चराचर कहते हैं। डेढ़ निष्क (छः मासे भर की) वजन की कौडी उत्तम होती है चार मासे की मध्यम होती है और तीन मासे वजन की कौडी जघन्य होती है कौडी-परिणामादिशूल (भोजन के पचने पर होने वाला शूल) संग्रहणी और क्षयरोग को दूर करती है। चरपरी, गरम, अग्नि को दीपन करने वाली, वीर्यजनक, नेत्रों को हितकारी, वात और कफनाशक है। पारद के जारण करने में उपयोगी है, और विड द्रव्यों में उत्तम है। ऊपर जो वराटिका कौडी के लक्षण लिख आये हैं उनको छोड़ कर और जो कौडी पीली नहीं है और जो ग्रंथिल (गांठदार) नहीं है उन्हें बराट कौडी कहते हैं। यह वजन में भारी होती है। कफ और पित्त के रोगों को उत्पन्न करती है। सर्व प्रकार की कौडियों को एक प्रहर तक कांजी में पकाने से वे शुद्ध हो जाती हैं॥१३०-१३४॥

अग्निजार

समुद्रेणाग्निनक्रस्य जरायुर्बहिरुज्झितः।
संशुष्को भानुतापेन सोऽग्निजार इति स्मृतः॥१३५॥
अग्निजारस्त्रिदोषघ्नो धनुर्वातादिवातनुत्।
वर्धनो रसवीर्यस्य दीपनो जारणस्तथा॥
तदब्धिक्षारसंशुद्धं तस्माच्छुद्धिं न हीष्यते॥१३६॥

अग्निजार को साधारण हिन्दी में अम्बर कहते हैं बहुत लोग इस समुद्र फेन और बहुत से समुद्र फल कहते हैं। पर उनकी यह भूल है। समुद्र फेन या समुद्रफल यह नहीं है। इसकी उत्पत्ति का रहस्य इस प्रका

कहा जाता है कि-समुद्र में रहने वाला अग्निक नाम का एक जलचर होता है उसका जरायु-गर्भकोष समुद्र की लहरों से बहकर किनारे पर आ जाता है और सूर्य की धूप से वह सूख जाता है। इसको अग्निजार (अम्बर) कहते हैं। अग्निजार-त्रिदोषनाशक, धनुर्वातादि तीव्र वातरोगों को दूर करने वाला, पारे के वीर्य को बढ़ाने वाला, अग्नि को दीपन करने वाला है। और पारद के जारण में उपयोगी है। यह समुद्र के क्षार से शुद्ध होता है इसलिये इसकी अन्य किसी तरह की शुद्धि करने की आवश्यकता नहीं।।१३५-१३६।।

सिन्दूर

महागिरिषु चाल्पीयः पाषाणांतः स्थितो रसः।
शुष्कशोणः स निर्दिष्टो गिरिसिंदूरसंज्ञया।।१३७।।
त्रिदोषशमनं भेदी रसबंधनमग्रिमम्।
देहलोहकरं नेत्र्यं गिरिसिंदूरमीरितम्।।१३८।।

हिमालय, विन्ध्याचल आदि बड़े-बड़े पर्वतों के छोटे-छोटे पत्थरों में जो लाल रस सूखकर जम जाता है उसको गिरि-सिन्दूर कहते हैं। गिरि-सिन्दूर त्रिदोषनाशक, भेदक, पारे को बांधने वाला, देह और धातुओं के लिए उपयोगी और नेत्रों को हितकर है। बाजार में एक कृत्रिम सिंदूर बिकता है। वह इसकी अपेक्षा गुणों में हीन है।।१३७-१३८।।

हिंगुल

हिंगुल शुकतुडाख्यो हंसपाकस्तथापरः।
प्रथमोऽल्पगुणस्तत्र चर्मारः स निगद्यते।।१३९।।
श्वेतरेखः प्रवालाभो हंसपाकः स ईरितः।
हिंगुलः सर्वदोषघ्नो दीपनोऽतिरसायनः।।१४०।।
सर्वरोगहरो वृष्यो जारणायातिशस्यते।
एतस्मादाहृतः सुतो जीर्णगंधसमो गुणैः।।१४१।।
सप्तकृत्वार्द्रकद्रावैर्लकुचस्यांबुनाऽथ वा।
शोषितो भावयित्वाऽथ निर्दोषो जायते खलु।।१४२।।

किमत्र चित्रं दरदः सुभावितः क्षीरेण मेष्या बहु शोऽम्लवर्गैः। एवं सुवर्णं बहुधर्मतापितं करोति साक्षाद्वरकुंकुमप्रभम्॥१४३॥
दरदः पातनायंत्रे पातितश्च जलाशये।
तत्सत्त्वं सूतसंकाशं जायते नात्र संशयः॥१४४॥

हिंगुल(सिंगरफ) हिंगुल दो प्रकार का होता है। एक शुकतुण्ड औ दूसरा हंसपाक। उसमें पहला शुकतुण्ड(तोते की चोंच के समान लाल)गुण में कम है। इसको चर्मार भी कहते हैं। जिसका रंग प्रवाल (मूंगे) के समान लाल होता है और उसमें सफेद (पारे की) रेखायें दीखती है उसको हंसपाक कहते हैं। यह गुणों में अत्यन्त श्रेष्ठ है। हिंगुल के गु सिंगरफ सम्पूर्ण दोषों को नष्ट करने वाला, **अग्निप्रदीपन** करने वाल उत्तम रसायन, सम्पूर्ण रोगनाशक, वीर्यवर्द्धक और पारद के जारण कर में उत्तम है। सिंगरफ में से निकला हुआ पारा गंधक से जारण किए हु पारे के समान गुण करता है। **हिंगुल की शुद्धि**। हिंगुल को अदरख वे रस अथवा वडहल के रस की सात भावना देने से वह शुद्ध हो जा है। अथवा हिंगुल को अग्नि में तपाकर भेंड़ के दूध और नींबू का रस काँजी आदि खट्‌टे पदार्थों की बहुत सी भावना देकर बारंबार अग्नि तपाने से हिंगुल का रंग प्रायः सुवर्ण के समान अथवा उत्तम केशर व समान लाल हो जाता है। इस प्रकार हिंगुल शुद्ध होता है। **हिंगुल क सत्त्व पातन**। हिंगुल को तिर्यक् पातन यंत्र में डालकर उडाने से पारे समान सत्त्व अथवा पारा ही सत्त्व रूप में निकलता है। प्रथम हिंगुल व नींबू के रस में घोटकर कल्क बनाकर उसको एक घड़े के भीतर ले कर दे और उस घड़े के मुख को सकोरे आदि का ढक्कन लगाव उसको बंद कर देवे एवं उस घड़े के गले में एक छिद्र करके उस आठ दस अंगुल लम्बी एक बांस की एक पोली नली लगा देवे अ उसका दूसरा सिरा एक दूसरे घड़े में छेद करके उसमें प्रविष्ट कर दे ऊपर से दोनों घड़ों के मुख को मिट्टी आदि से अच्छे प्रकार से कर देवे और जो दोनों घड़ों में छेद कर के जो बांस की नली ल गई है उसकी संधियों (जोड़ों) को अच्छे प्रकार से बंद कर देवे। फि

हिंगुलवाले घड़े के नीचे अग्नि जलावे और दूसरे घड़े में पानी भर देवे। इस प्रकार करने से उस घड़े में से हिंगुल (सिंगरफ) में से पारे समान सत्त्व निकलकर नली के द्वारा जलवाले घड़े में गिरता है उसमें शुद्ध संस्कृत पारे के समान गुण रहते हैं इसमें कुछ संशय नहीं।।१३९-१४४।।

मृद्दारशृंग

सदलं पीतवर्णं च भवेद्गुर्जरमण्डले।
अर्बुदस्य गिरेः पार्श्वे जातं मृद्दारशृंगकम्।।१४५।।
सीससत्त्वं गुरु श्लेष्मशमनं पुंगदापहम्।
रसबंधनमुत्कृष्टं केशरंजनमुत्तमम्।।१४६।।
साधारणरसाः सर्वे मातुलुंगार्द्रकांबुना।
त्रिरात्रं भाविताः शुष्का भवेयुर्दोषवर्जिताः।।१४७।।
यानि कानि च सत्त्वानि तानि शुध्यंत्यशेषतः।
ध्मातानि शुद्धिवर्गेण मिलंति च परस्परम्।।१४८।।

मुरदासंग यह गुजरात प्रदेश में प्रायः आबु पर्वत के समीप में उत्पन्न होता है। इसका रंग पीला होता है। और इसके पत्र अलग-अलग छूटते हैं। इसमें से सीसे के समान सत्त्व निकलता है। यह भारी, कफनाशक और पुरुषों के उपदंश रोग को नष्ट करता है। पारे को बाँधता है और लेप के द्वारा बालों को काला करता है। ऊपर कहे हुए सर्व प्रकार के साधारण रसों को बिजौरे नींबू के रस और अदरक के रस में तीन दिन तक भावित करके सुखा लेने से वे शुद्ध हो जाते हैं। उसी प्रकार सम्पूर्ण धातुओं के सत्त्व, बिजौरे नींबू के रस और अदरक के रसों की तीन दिन तक भावना देने से वे शुद्ध होते हैं। एवं नींबू अदरक आदि संशोधन वर्ग की औषधियों के साथ सभी को खरल करके घडिया में बंद करके कोयलों की अग्नि देने से सब परस्पर मिल जाते हैं।।१४६-१४८।।

राजावर्त

राजावर्त्तोऽल्परक्तोरुनीलिमामिश्रितप्रभः।
गुरुश्च मसृण श्रेष्ठस्तदन्यो मध्यमः स्मृतः।।१४९।।
प्रमेहक्षयदुर्नामपाण्डुश्लेष्मनिलापहः।
दीपनः पाचनो वृष्यो राजावर्तो रसायनः।।१५०।।

निंबूद्रवैः सगोमूत्रैः सक्षारैः स्वेदिताः खलु।
द्वित्रिवारेण शुद्ध्यंति राजावर्तादिधातवः॥१५१॥
शिरीषपुष्पार्द्ररसैराजावर्तं विशोधयेत्॥१५२॥
लुंगांबुगधकोपेतो राजवर्तः सुचूर्णितः।
पुटनात्सप्तवारेण राजावर्तो मृतो भवेत्॥१५३॥
राजावर्तस्य चूर्णं तु कुनटीघृतमिश्रितम्।
विपचेदायसे पात्रे महिषीक्षीरंसयुतम्॥१५४॥
सौभाग्यपंचगव्येन पिण्डीबद्धं तु कारयेत्।
ध्मापितं खदिरांगारैः सत्त्वं मुञ्चति शोभनम्॥१५५॥
अनेन क्रमयोगेन गैरिकं विमलं भवेत्।
क्रमात्पीतं च रक्तं च सत्त्वं पतति शोभनम्॥१५६॥

राजावर्त (रेवटी)। राजावर्त कुछ लाल और अधिक नीले रंग का होता है। तोल में भारी, स्निग्ध व कोमल ऐसा राजावर्त उत्तम होता है। इसके अतिरिक्त अन्य प्रकार का मध्यम जानना। राजावर्त प्रमेह, धातुक्षय, बवासीर, पांडुरोग और वातकफ को नष्ट करता है, अग्निप्रदीपक, पाचक, वीर्यवर्द्धक और शरीर में रसायन के गुणों को पैदा करता है। **राजावर्त का शोधन**। नींबू का रस, गोमूत्र और जवाखार इन सबको एकत्र मिलाकर इनमें राजावर्तादि धातुओं को दो तीन बार पकाने से वे सब शुद्ध हो जाते हैं। शिरस के फूलों के रस (अभाव में क्वाथ) और अदरक के रस में राजावर्त को एक प्रहर तक औटा देने से यह शुद्ध होता है। **राजावर्त की भस्म** राजावर्त और उसके समान भाग गंधक लेकर दोनों को बिजौरे नींबू के रस में एकत्र खरल करके सम्पुट में रखकर गजपुट में फूँके। इस प्रकार सात पुट देने से राजावर्त की भस्म हो जाती है। **राजावर्त का सत्त्वपातन**। शुद्ध राजावर्त का चूर्ण और उसकी बराबर मैनशिल दोनों को एकत्र घृत में खरल करके फिर उसमें भैंस का दूध डालकर लोहे की कढ़ाई में पकायें। जब दूध अच्छे प्रकार पककर खूब गाढ़ा हो जाय तब उसमें सुहागा मिलाकर पंचगव्य (गोमूत्र,

गाय का गोबर, गाय का दूध, गाय का दही और गाय का घी) के द्वारा घोटकर गोला बना लें। पश्चात् उस गोले को घडिया में रखकर खैर के कोयलों की अग्नि में रख कर फूँके तो उत्तम सत्त्व निकलता है। राजावर्त के समान गेरू की शुद्धि होती है और इसके सत्त्व निकालने की विधि से गेरू का भी सत्त्व निकलता है। राजावर्त का सत्त्व पीले रंग का और गेरू का सत्त्व लाल रंग का होता है।।१४९-१५६।।

इति श्रीवाग्भटाचार्यविरचिते रसरत्नसमुच्चये वैद्यशङ्करलालकृतायां भाषाटीकायां तृतीयोऽध्यायः

संदर्भ :

१. तदेव किंचित्पीतं तु पुष्पकासीसमुच्येत (आयुर्वेदप्रकाशे)।

२. सोमल की शुद्धि। एक बड़ा सा करेला लेकर उसको बीच में से चीरकर उसके भीतर का सब गूदा निकाल लें फिर उसमें सोमल के छोटे-२ टुकड़े करके भर देवें और उसको सूत या बारीक वस्त्र आदि से इस प्रकार बांध देवें जिससे सोमल के टुकड़े करेले में से बाहर न निकले फिर उसके दोलायंत्र के द्वारा एक प्रहर तक पकावें। पश्चात् सोमल के टुकड़ों को करेले में से निकाल लें। इस प्रकार करने से सोमल शुद्ध होता है। हरताल की तरह सोमल का सत्त्व निकालना चाहिये। यह सत्त्व शुभ्रवर्ण का होता है। सोमल स्निग्ध वीर्य होने के कारण पारद को शुद्ध करने वाला और पारे के वीर्य को बढ़ाने वाला है एवं त्रिदोषनाशक है।

चतुर्थोऽध्यायः

रत्न

मणयोपि च विज्ञेयाः सूतबन्धनकारकाः।
वैक्रांतः सूर्यकांतश्च हीरकं मौक्तिकं मणिः॥१॥
चन्द्रकांतस्तथा चैव राजावर्तश्च सप्तमः।
गरुडोद्‌गारकश्चैव ज्ञातव्या मणयस्त्वमी॥२॥
पुष्परागं महानीलं पद्मरागं प्रवालकम्।
वैडूर्यं च तथा नीलमेतेऽपि मणयो मताः॥
यत्नतः संग्रहीतव्या रसबंधस्य कारणात्॥३॥
पद्मरामेंद्रनीलाख्यो तथामरकतोत्तमः।
पुष्परागः सवज्राख्यः पंचरत्नवराः स्मृताः॥४॥
माणिक्यमुक्ताफलविद्रुमाणि तार्क्ष्यं च पुष्पं भिदुरं च नीलम्।
गोमेदकं चाथ विडूरकं च क्रमेण रत्नानि नवग्रहाणाम्॥५॥
ग्रहानुमैत्र्या कुरुविंदपुष्पप्रवालमुक्ताफलतार्क्ष्यवज्रम्॥
नीलाख्यगोमेदविडूरकं च क्रमेण मुद्राधृतमिष्टसिद्ध्यै॥६॥
रसे रसायने दाने धारणे देवताऽर्चने।
सुरक्ष्याणि सुजातीनि रत्नान्युक्तानि सिद्धये॥७॥

रत्न भी पारे को बांधने वाले हैं (इसके सिवाय और भी बहुत से गुण रत्नों में विद्यमान हैं जिनके द्वारा वे शरीर के अनेक रोगों को दूर करके शरीर को आरोग्य करते हैं) वैक्रान्त, सूर्यकांत, हीरा, मोती, मणि

(सर्पादि के शरीर में उत्पन्न होने वाली), चन्द्रकांत, राजावर्त और पन्ना ये आठ मणि अर्थात् रत्न हैं। उसी प्रकार पुष्पराज (पुखराज) महानील माणिक प्रवाल (भूंगा) वैदूर्य (लहसुनिया) और नीलम ये भी रत्न हैं। यह पारे को बांधने वाले होने के कारण इनको यत्नपूर्वक संग्रह करना चाहिये। ऊपर कहे हुए रत्नों में माणिक्य महानील, पन्ना, पुखराज और हीरा यह पाँच रत्न सब में श्रेष्ठ हैं। माणिक्य (लाल), मोती, मूँगा, पन्ना, पुखराज, हीरा, नील गोमेद मणि, और वैदूर्यमणि (लहसुनिया) ये क्रम से नवग्रहों के नवरत्न हैं। अर्थात् माणिक सूर्य का, मोती चन्द्रमा का, मूँगा मंगल का, पन्ना बुध का, पुखराज बृहस्पति का, हीरा शुक्र का, नीलम शनि का, गोमेदमणि राहु का और वैदूर्यमणि केतु का रत्न है। (उक्त ग्रहों के अरिष्ट निवारण के लिये) अथवा इष्ट कार्य की सिद्धी के लिए इन्हीं रत्नों की अंगूठी पहरनी चाहिए। रसक्रिया, रसायन कार्य, दान, धारण, देवपूजन और अनेक प्रकार के इष्ट कार्यों की सिद्धि के लिये उत्तम और निर्दोष रत्नों का उपयोग करना चाहिए॥१-७॥

माणिक्य

माणिक्यं पद्मरागाख्यं द्वितीयं नीलगंधि च
कुशेशयदलच्छायं स्वच्छ स्निग्धं गुरु स्फुटम्॥८॥
वृत्तायतं समं गात्रं माणिक्यं श्रेष्ठमुच्यते॥९॥
नीलं गंगांबुसंभूतं नीलगर्भारुणच्छवि।
पूर्वमाणिक्यवचश्रेष्ठं माणिक्यं नीलगंधितत्॥१०॥
रंध्रकार्कश्यमालिन्यरौक्ष्याऽवैशद्यसंयुतम्।
चिपिटं लघुवक्त्र च माणिक्यं दुष्टमष्टधा॥११॥
माणिक्य दीपन वृष्य कफवातक्षयार्तिनुत्।
माणिक्य दीपन वृष्य कफवातक्षयार्जिनुत।
भूतवेतालपापघ्नं कर्मजव्याधिनाशनम्॥१२॥

माणिक्य (मानक, लाल, चुन्नी) दो प्रकार का होता है। एक पद्मराग लाल और दूसरा नीलगन्धि (कुछ नीलापन लिए) ये दोनों प्रकार के

माणिक्य क्रम से लाल कमल और नील कमल के समान समान एक लाल और दूसरा कुछ नीले रंग का होता है जो स्निग्ध (चिकना), स्वच्छ, वजनदार, गोल, लम्बा, एक समान ऐसा माणिक्य (पद्मराग) श्रेष्ठ होता है नीलमाणिक्य गंगा से उत्पन्न होने वाला और उसका रङ्ग बाहर से लाली लिये हुए पर भीतर से नीला दीखता है। उसको नीलगंधि माणिक्य कहते हैं। यह भी पद्मराग माणिक्य के समान श्रेष्ठ गुणों वाला है। जो छिद्रयुक्त, कर्कशतायुक्त (खरखरा) मलिन (मैला), रूखा, जो आर पार नहीं दीखे, चपटा, हल्का और टेढ़ा मेढ़ा ऐसा आठ दोषों वाला माणिक्य निकृष्ट होता है। यह त्यागने योग्य है। **माणिक्य के गुण।** माणिक जठराग्नि को दीपन करने वाला, शुक्र की वृद्धि करने वाला तथा कफ, वायु, क्षयरोग, भूतबाधा, बेताल बाधा, पाप और कर्मज रोगों को नष्ट करने वाला है।।८-१२।।

ह्लादि श्वेतं लघुस्निग्धं रश्मिवन्निर्मलं महत्।
ख्यातं तोयप्रभं वृत्तं मौक्तिकं नवधा शुभम्।।१३।।
मुक्ताफलं लघु हिमं मधुरं च कांति-
दृष्ट्याग्निपुष्टिकरणं विषहारि भेदि।।
वीर्यप्रदं जलनिधेर्जनिता च शुक्ति-
र्दीप्ता च पक्तिरुजमाशु हरेदवश्यम्।।१४।।
रूक्षांगं निर्जलं श्यावं ताम्राभं लवणोपमम्।
अर्धशुभ्रं च विकटं ग्रंथिलं मौक्तिकं त्यजेत्।।१५।।
कफपित्तक्षयध्वंसि कासश्वासाग्निमांद्यनुत्।
पुष्टिदं वृष्यमायुष्यं दाहघ्नं मौक्तिकं मतम्।।१६।।

मौत्तिक (मोती) जिसको देखते ही चित्त में प्रसन्नता उत्पन्न हो, जिसका वर्ण श्वेत हो। वजन में हलका, स्निग्ध, चन्द्रमा की किरणों के समान उज्ज्वल, बड़ा, जल के समान (आबदार) गोल ऐसा मोती उत्तम होता है। और जो रूखा हो, जिसमें पानी (आब) नहीं हो जिसमें काली झांई दीखती हो अथवा जो ताँबे के समान लाल हो या सैंधा नमक के समान वर्ण का हो, जिसका आधा भाग सफेद और आधा भाग दूसरे वर्ण

का हो, टेढ़ा, बाँका या ऊँचा नीचा और गाँठदार ऐसा मोती निकृष्ट अर्थात् त्यागने योग्य है। मौक्तिक के गुण मोती लघु (हल्का), शीतल, मधुर, कान्तिवर्द्धक, नेत्रों की ज्योति को बढ़ाने वाला, जठराग्नि को दीप्त करने वाला शरीर की पुष्टि करने वाला विषनाशक भेदक और वीर्यवर्द्धक है। समुद्र में उत्पन्न हुई सच्चे मोती की सींप जठराग्नि को दीपन करने वाली और परिणाम शूल को अवश्य नष्ट करने वाली है। **मोती के विशेष गुण**—कफ, पित्त, क्षय, खाँसी, श्वास, मन्दाग्नि और दाह को नष्ट करता है एवं पुष्टिकारक, वीर्यवर्द्धक और आयु को बढ़ाने वाला है॥१३-१६॥

विद्रुम

पक्वबिंबफलच्छायं वृत्तायतमवक्रकम्।
स्निग्धमव्रणकं स्थूलं प्रवालं सप्तधा शुभम्॥१७॥
पाण्डुरं धूसरं सूक्ष्मं सव्रणं कंडरान्वितम्।
निर्भारं शुभ्रवर्णं च प्रवालं नेष्यतेऽष्टधा॥१८॥
क्षयपित्तास्त्रिकासघ्नं दीपनं पाचनं लघु।
विषभूतादिशमनं विद्रुमं नेत्ररोगनुत्॥१९॥

प्रवाल (मूँगा) जो पकी हुई कन्दूरी के समान लाल रंग का हो गोल, (टेड़ा मेड़ा न हो), स्निग्ध, छिद्ररहित और स्थूल (मोटा) ऐसा प्रवाल (मूंगा) उत्तम होता है। एवं जो पीलापन लिये फीके रंग का, धूसर रंग का सूक्ष्म (बारीक या पतला) छिद्रयुक्त, रेखावाला, वजन में हलका और सफेद रंग का होता है ऐसा प्रवाल उत्तम नहीं होता। **प्रवाल के गुण-प्रवाल** (मूंगा)-क्षय, रक्तपित्त, खांसी, विष विकार, भूतबाधा और नेत्ररोग को दूर करता है। तथा अग्नि प्रदीपक पाचक और हलका है॥१७-१९॥

तार्क्ष्य (पन्ना)

हरिद्वर्णं गुरु स्निग्धं स्फुरद्रश्मिचयं शुभम्।
मसृणं भासुरं तार्क्ष्यं गात्रं सप्तगुणं मतम्॥२०॥

कपिलं कर्कशं नीलं पाण्डु कृष्णं च लाघवम्।
चिपिटं विकटं कृष्णं रूक्षं तार्क्ष्यं न शस्यते॥२१॥
ज्वरच्छर्दिविषश्वाससन्निपाताग्निमांद्यनुत्।
दुर्नामपाण्डुशोफघ्नं तार्क्ष्यमोजो विवर्धनम्॥२२॥

तार्क्ष्य (पन्ना)हरे रंग का, वजन में भारी, स्निग्ध, उज्ज्वल किरणों वाला, तेजयुक्त, कर्कशतारहित और समान ऐसा पन्ना शुभ होता है और जो कपिलवर्ण अर्थात् भूरे रंग का कर्कश (खरखरा, नीले रंग का) पाण्डुवर्ण (कुछ पीले रंग का) अथवा काले पीले मिश्रित रंग का, वजन में हलका, चपटा, टेढ़ा मेढ़ा, काला और रूखा ऐसा पन्ना निकृष्ट है। **पन्ने के गुण**। पन्ना-ज्वर, वमन, विषविकार, श्वास, सन्निपात, मंदाग्नि, बवासीर, पाण्डुरोग और सूजन को दूर करता है और ओज को बढ़ाने वाला है॥२०-२२॥

पुष्पराज

पुष्परागं गुरु स्निग्धं स्वच्छं स्थूलंसमं मृदु।
कर्णिकारप्रसूनाभं मसृणं शुभमष्टधा॥२३॥
निष्प्रभं कर्कशं रूक्षं पितश्यामं नतोन्नतम्।
कपिशं कपिलं पाण्डु पुष्परागं परित्यजेत्॥२४॥
पुष्परागं विषच्छर्दिकफवाताग्निमांद्यनुत्।
दाहकुष्ठास्त्रशमनं दीपनं पाचनं लघु॥२५॥

पुष्पराज (पुखराज) वजन में भारी स्निग्ध चिकना (स्वच्छ) निर्मल स्थूल (मोटा), समान (टेढ़ा मेढ़ा न हो, मृदु (कोमल) और कर्णिकार के फूल के समान पीले रंग का और कर्कशतारहित ऐसा पुखराज उत्तम होता है। और जो कांतिहीन, कर्कश (खरखरा), सूखा, पीले काले मिश्रित रंग का। ऊंचा नीचा अथवा टेढ़ा मेढ़ा, काले पीले मिश्रित रंग का, कालापन लिये भूरे रंग का और पांडु वर्ण (फीके रंग का) ऐसा पुष्प राज त्यागने योग्य है। **पुखराज के गुण**। यह विष, वमन, कफ, वायु, मन्दाग्नि, दाह, कुष्ठ और रुधिर के विकारों को शमन करता है। अग्नि को दीपन करने वाला पाचक और हलका है॥२३-२५॥

वज्रहीरा

वज्रं त्रिविधं प्रोक्तं नरो नारी नपुंसकम्।
पूर्वं पूर्वमिह श्रेष्ठं रसवीर्यविपाकतः॥२६॥
अष्टास्त्रं वाष्टफलकं षट्कोणमतिभासुरम्।
अंबुदेंद्रधनुर्वारितरं पुंवज्रमुच्यते॥२७॥
तदव चिपिटाकारं स्त्रीवज्रं वर्तुलायतम्।
वर्तुलं कुण्ठकोणाग्रं किंचिद्गुरु नपुंसकम्॥२८॥
स्त्रीपुन्नपुंसकं वज्रं योज्य स्त्रीपुन्नपुंसके।
व्यत्यासान्नैव फलदं पुंवज्रेण विना क्वचित्॥२९॥
श्वेतादिवर्ण भेदेन तदैकैकं चतुर्विधम्।
ब्रह्मक्षत्रियविट्शूद्रं स्वस्ववर्णफलप्रदम्॥३०॥
उत्तमोत्तमवर्णं हि नीचवर्णफलप्रदम्।
न्यायोऽयं भैरवेणाक्तेः पदार्थेष्वखिलेष्वपि॥३१॥
आयुःप्रदं झटिति सद्गुणदं च वृष्यं दोषत्रय-
प्रशमनं सकलामयघ्नम्। सूतेंद्रबंधवधसद्गुणकृ-
त्प्रदीप्तं मृत्युंजयं तदमृतोपममेव वज्रम्॥३२॥
ग्रासस्त्रासश्चविंदुश्च रेखा च जलगर्भता।
सर्वरत्नेष्वमी दोषाः पंच साधारणा मताः
क्षेत्रतोयभवा दोषा रत्नेषु न लगंति ते॥३३॥

वज्र (हीरा, तीन प्रकार का होता है। १ नर जात का, २ स्त्री जाति का और ३ तीसरा नपुंसक जाति का। यह तीन प्रकार के हीरे उत्तरोत्तर रस, वीर्य और विपाकादि में क्रम से हीन गुण वाले हैं, अर्थात् नर जाति के हीरे से स्त्री जाति का हीरा और स्त्री जाति के हीरे से नपुंसक जाति का हीरा हीन गुणों वाला है। आठ कोने वाला, आठ पहलू वाला अथवा छः पहलूवाला, अत्यन्त तेजयुक्त कमल अथवा इन्द्रधनुष के समान प्रकाश मान और जल में तैरने वाला ऐसा हीरा पुंल्लिग अर्थात् नरजाति

का होता है। जो हीरा चपटा, लम्बा और गोल होता है उसे स्त्री जाति का जानना। नपुंसकजाति का हीरा गोल, कुठित पहलूवाला और वजन में कुछ भारी होता है। इस प्रकार यह पुरुष स्त्री और नपुंसक जाति के तीनों हीरे क्रम से पुरुष, स्त्री और नपुंसक इन तीनों प्रकार के मनुष्यों में प्रयोग करने चाहिये। इसी प्रकार प्रयोग करने पर गुणकारी होते हैं केवल पुरुषजाति के हीरे के सिवा शेष दोनों प्रकार के हीरों के प्रयोग में किसी प्रकार का उलटफेर नहीं करना चाहिये। क्योंकि विपरीत से इसका उपयोग होने से निष्फल होंता है किन्तु पुरुष जाति का हीरा तीनों प्रकार के मनुष्यों के लिये हितकारी है। इसलिये वह सबको दिया जा सकता है। उपर्युक्त तीनों प्रकार के हीरों में प्रत्येक हीरा सफेद, पीला, लाल और काला इन वर्ण भेदों से चार प्रकार का है। यह क्रम से ब्राह्मण, क्षत्रिय, वैश्य और शूद्र इन चारों वर्णों के मनुष्यों को देना चाहिये। क्योंकि इसी क्रम से देने से यह उन वर्णवाले मनुष्यों को फलप्रद होता है। उच्च वर्ण का हीरा नीचवर्ण के लिये हितकारी है किन्तु नीच वर्ण का हीरा उच्च वर्ण के लिये निरुपयोगी होता है। यही नीति भैरव नामक आचार्य ने सम्पूर्ण पदार्थों के विषय में कही है। **हीरे के गुण**-हीरा आयु की वृद्धि करता है, तत्काल शरीर में अनेक गुणों को प्रकट करता है, वीर्य की वृद्धि करता है। त्रिदोष नाशक और समस्त रोगों को नष्ट करता है। हीरे की भस्म पारे को बांधने, पारे की भस्म करने और पारे के साथ मिश्रित होकर पारे के गुणों को दीपन करने के लिये अत्यन्त उपयोगी है यह अमृत के समान मृत्यु और रोगों को जीतने वाली है। **रत्नों के दोष** ग्रास, त्रास, बिन्दु, रेखा और जलगर्भता ये पाँच दोष साधारण रूप से सब रत्नों में होते हैं। इस कारण उत्तम विधि से परीक्षा करके इनको ग्रहण करना चाहिये। क्षेत्र और जल के दोष रत्नों में नहीं लगते।।२६-३३।।

वज्रशोधन

कुलित्थक्वाथके स्विन्नं कोद्रवक्वथितेन वा।
एकयामावधि स्विन्नं वज्रं शुध्यति निश्चितम्।।३४।।

हीरे को कुलथी अथवा कोदों के क्वाथ में एक प्रहर तक दोलायंत्र के द्वारा पकाने से हीरा शुद्ध हो जाता है।।३४।।

वज्रभस्म

वज्रं मत्कुणरक्तेन चतुर्वारं विभावितम्॥३५॥
सुगंधिमूषिकामांसैर्वर्तितैः परिवेष्ट्य च।
पुटेत्पुटैर्वराहाख्यैस्त्रिंशद्वारं ततः परम्॥३६॥
ध्मात्वा ध्मात्वा शतं वारन्कुलत्थक्वाथके क्षिपेत्।
अन्यैरुक्तं शतं वारान्कर्तव्योऽयं विधिः क्रमात्॥३७॥
कुलत्थक्वाथसंयुक्तलकुचद्रवपिष्टया।
शिलया लिप्तमूषायां वज्रं क्षिप्त्वा निरूध्य च॥३८॥
अष्टवारं पुटेत्सम्यग्विशुष्कैश्च वनोत्पलैः।
शतवरं ततो ध्मात्वा निक्षिप्तं शुद्धपारदे॥
निश्चितं म्रियते वज्रं भस्म वारितरं भवेत्॥३९॥
सत्यवाक् सोमसेनानीरेतद्वज्रस्य मारणम्।
दृष्टप्रत्ययसंयुक्तमुक्तवान्रसकौतुकी॥४०॥
विलिप्तं मत्कुणस्यास्त्रः सप्तवारं विशोषितम्।
कासमर्दरसापूर्णे लोहपात्रे निवेशितम्॥४१॥
सप्तवारं परिध्मातं वज्रभस्म भवेत्खलु।
ब्रह्मज्योतिमुनीन्द्रेण क्रमोयं परिकीर्तितः॥४२॥
नीलज्योतिर्लताकंदे घृष्टं धर्मे विशोषितम्।
वज्रं भस्मत्वमायाति कर्मवज्ज्ञानवह्निना॥४३॥
मदनस्य फलोद्भूतरसेन क्षोणिनागकैः।
कृतकल्केन संलिप्य पुटेद्विशतिवारकम्॥४४॥
वज्रचूर्णं भवेद्वीर्यं योजयेच्च रसादिषु।
तद्वज्रं चूर्णयित्वाथ किंचिट्टंकणसंयुतम्॥४५॥
खरभूनाग सत्त्वेन विंशेनावर्तयेद्ध्रुवम्।
तुल्यस्वर्णेन तद्ध्मातं योजनीय रसादिषु॥४६॥

त्रिगुणेन रसेनैव समर्द्य गुटिकीकृतम्।
मुखे धृतं करोत्याशु चलद्दंतविबंधनम्।।४७।।

हीरे की भस्मविधि– हीरे के चूर्ण को खटमलों के रुधिर में चार बार भावना देकर पश्चात् उसको छछूंदर के मांस में रखकर और चारों तरफ से उसे लपेटकर ऊपर से कपरौटी करके वाराह पुट दें। इस प्रकार ३० पुट दें, फिर हीरे के चूर्ण को एक मूषा में रखकर कोयलों की अग्नि में गरम करके कुलथी के काढ़े में बुझायें। इस प्रकार सौ बार करने से हीरे की उत्तम भस्म होती है। अथवा मैनशिल की कुलथी के क्वाथ और बडहल के फलों के रस में खूब खरल करके उसका एक मूषा के भीतर लेप कर उसमें हीरे को रखकर ऊपर से कपरमट्टी करके सुखा दें। पश्चात् इसको उत्तम प्रकार से सूखे हुए आरने उपलों में रखकर गजपुट दें। इस प्रकार आठ पुट देने चाहिये। फिर हीरे को कोयलों की अग्नि में तपाकर शुद्ध पारे में बुझायें इस प्रकार १०० बार करने से हीरे की निश्चय वारितर (जल में तैरने वाली)भस्म होती है। सत्यवादी रस कौतुकी सोम सेनानी विद्वान का कहा और अनुभव किया हुआ हीरे का मारण (भस्म करने की विधि) नीचे लिखा जाता है। खटमल के रुधिर का हीरे के ऊपर लेप करके सुखा दें। इस प्रकार सात बार लेप करे और सात बार सुखायें। पश्चात् हीरे को कोयलों की अग्नि में खूब तपाकर कसौंदी के रस में भरे हुए लोहे के पात्र में बुझाये। इस प्रकार सात बार अग्नि में तपाकर सात बार बुझाने से हीरे की उत्तम भस्म होती है। ब्रह्मज्योति नामक मुनीन्द्र ने हीरे की भस्म करने की विधि इस प्रकार कही है। क्षीर काकोली के कन्द के साथ हीरे को दिन भर खूब घोटकर तेज धूप में सुखायें, तो जिस प्रकार ज्ञानरूपी अग्नि के द्वारा कर्म भस्म होते हैं उसी प्रकार उक्त विधि से हीरे की उत्तम भस्म होती है। मैनफल के रस में अथवा काढ़े में केंचुओं को खरल करके उसका कल्क बनाकर उसमें हीरे को रखकर सम्पुट में बंद करके गजपुट में फूँके। इस प्रकार २० पुट देने से हीरे की उत्तम भस्म हो जाती है। इसको समस्त रस और रसायन कार्यों में प्रयोग करना चाहिये। हीरे का सत्व उस हीरे के चूर्ण (भस्म)में थोड़ा सुहागा और २०वां भाग केंचुओं से निकाला

हुआ सत्व (ताम्र) सबको एकत्र खरल करके फिर उसमें समान भाग सुवर्ण भस्म मिलाकर एक मूषा में रखकर कोयलों की तीक्ष्ण अग्नि में फूंके। इस प्रकार यह उत्तम हीरे की रसायन तैयार होती है। इसको समस्त रसायन कर्मों में प्रयोग करना चाहिये। दाँतों के दृढ़ करने वाला प्रयोग। हीरे की भस्म १ भाग और शुद्ध पारा ३ भाग दोनों को एकत्र खरल करके गोली बना लें। इस गोली को मुख में रखने से हिलते हुए दाँत दृढ़ हो जाते हैं।।३५-४७।।

वज्ररसायन

त्रिंशद्भागमितं हि वज्रभसितं स्वर्णं कलाभागिकं
तारं चाष्टगुणं सिताऽमृतवरं रुद्रांशकं चाभ्रकम्।
पादांशं खलु ताप्यकं वसुगुणं वैक्रांतकं षड्गुणं
भागोऽप्युक्तरसै रसोऽयमुदितः षाड्गुण्यसंसिद्धये।।४८।।

हीरे की भस्म ३० भाग, सुवर्णभस्म १६ भाग, रूपे की भस्म ८ भाग, शुद्ध मीठा विष ११ भाग, अभ्रक भस्म चौथाई भाग, सुवर्ण माक्षिक भस्म ८ भाग और वैक्रान्त भस्म ६ भाग इन सबको एकत्र उत्तम प्रकार से खरल कर ले। यह वज्र रसायन सर्व प्रकार की देह की सिद्धि देने वाली है।।४८।।

नीलमणि (नीलम)

जलनीलेंद्रनीलं च शक्रनीलंतयोर्वरम्।
श्वैत्यगर्भितनीलाभं लघु तज्जलनीलकम्।।४९।।
काष्र्ण्यगर्भितनीलाभं सभारं शक्रनीलकम्।।५०।।
एकच्छायं गुरु स्निग्धं स्वच्छं पिण्डितविग्रहम्।
मृदु मध्योल्लसज्ज्योतिः सप्तधा नीलमुत्तमम्।।५१।।
कोमलं विहितं रुक्षं निर्भारं रक्तगंधि च।
चिपिटाभं ससूक्ष्मं च जलनीलं हि सप्तधा।।५२।।
श्वासकासहरं वृष्यं त्रिदोषघ्नं सुदीपनम्।
विषमज्वरदुर्नामपापघ्नं नीलमुत्तमम्।।५३।।

नीलमणि (नीलम)—नीलम दो प्रकार का होता है। एक जलनील

और दूसरा इन्द्रनील। इन दोनों में इन्द्रनील श्रेष्ठ समझा जाता है। जलनील का रंग कुछ सफेदी लिये अर्थात् हल्का नीला होता है और यह वजन में भी हलका होता है और इन्द्रनील का रंग कालापन लिये नीले रंग का अर्थात् गहरे नीले रंग का होता है और यह वजन में भारी होता है। जो नील एक सी छाया वाला, तोल में भारी, चिकना, गोल (पिण्डाकर), कोमल (नरम) और जो बीच में से अत्यंत उज्ज्वल (चमकदार) दीखता हो ऐसा सात प्रकार का नीलम उत्तम होता है। जो तेजोहीन, अनेक वर्ण का अर्थात् जिसमें आधे में एक रंग और आधे में दूसरा रंग दीखे रूखा (खरखरा), वजन में हलका, जिसके भीतर लाल रंग की छटा दिखाई देती हो, चपटा और बहुत छोटा ऐसा सात लक्षणों से युक्त जलनील होता है। यह जलनील हीन गुणों वाला है। **नीलम के गुण**। नीलम-श्वास और खाँसी को नष्ट करने वाला, वीर्यवर्धक, त्रिदोषनाशक अग्नि को दीपन करने वाला, एवं विषमज्वर और बवासीर को दूर करता है और शरीर में धारण करने पर यह पापनाशक है।।४९-५३।।

गोमेदमणि

गोमेदः समरागत्वाद्गोमेद रत्नमुच्यते।
सुस्वच्छगोजलच्छायं स्वच्छं स्निग्धं समं गुरु।
निर्दलं मसृणं दीप्तं गोमेदं शुभमष्टधा।।५४।।
विच्छायं लघु रूक्षांगं चिपिटं पटलान्वितम्।
निष्प्रभं पीतकाचाभं गोमेद न शुभावहम्।।५५।।
गोमेदं कफपित्तघ्नं क्षयपाण्डुक्षयंकरम्।
दीपनं पाचनं रुच्यं त्वच्यं बुद्धिप्रबोधनम्।।५६।।

गोमेदमणि-(लहसुनिया) गाय के मेद (चर्बी) के समान वर्णवाल होती है, इसलिये उसको गोमेदमणि कहते हैं। स्वच्छ गोमूत्र के समा जिसकी छाया अर्थात् वर्ण हो, उज्ज्वल, चिकनी, समान (टेढ़ी-मेढ़ी नीची ऊँची न हो), वजन में भारी, निर्दल (परतरहित) मसूण (कोमल और प्रकाशमान इन आठ लक्षणों वाली गोमेदमणि उत्तम होती कान्तिहीन, वजन में हलकी, रूखी, चपटी पटलयुक्त (परतदार), प्रभारहि

और जो पीले काँच के समान ऐसी गोमेदमणि शुभ नहीं है। **गोमेद के गुण**–यह कफ और पित्तनाशक, क्षय और पाण्डुरोग को नष्ट करने वाली अग्निप्रदीपक पाचक, रुचिकारक, त्वचा को हितकारी और बुद्धि को बढ़ाने वाली है।।५४-५६।।

वैडूर्यमणि (लहसुनिया)

वैडूर्यं श्यामशुभ्राभं समं स्वच्छं गुरु स्फुटम्।
अभ्रशुभ्रोत्तरीयेण गर्भितं शुभमीरितम्।।५७।।
श्यामं तोयसमच्छायं चिपिटं लघु कर्कशम्।
रक्तगर्भोत्तरीयं च वैडूर्यं नैव शस्यते।।५८।।
वैडूर्यं रक्तपित्तघ्नं प्रज्ञायुर्बलवर्धनम्।
पित्तप्रधानरोगघ्नं दीपनं मलमोचनम्।।५९।।

जिसका वर्ण कालापन लिये हुए सफेद हो, समान (टेढ़ी मेढ़ी न हो), निर्मल, वजन में भारी, तेजयुक्त और जिसके भीतर सफेद रंग की रेखा दिखती हों ऐसी वैदूर्यमणि (लहसुनिया) उत्तम होती है। और जो काली रंग की हो, जल के समान छाया वाली (कांतिहीन फीकी), चपटी, हलकी, खरखरी और जिसके भीतर लाल रंग की रेखा दिखती हों ऐसी वैदूर्यमणि निकृष्ट होती है। वैदूर्यमणि (लहसुनियां) रक्तपित्तनाशक, बुद्धि आयु और बल को बढ़ाने वाली, पित्त प्रधान रोगों की नाश करने वाली अग्निप्रदीपक और जमे हुए दोषों को उखाड़ने वाली है।।५७-५९।।

सर्वरत्नशुद्धि

शुद्ध्यत्यम्लेन माणिक्यं जयंत्या मौक्तिकं तथा।
विद्रुमं क्षारवर्गेण ताक्ष्यं गोदुग्धकैस्तथा।।६०।।
पुष्परागं च संधानैः कुलत्थक्वाथसंयुतैः।
तण्डुलीयजलैर्वज्रं नीलं नीलीरसेन च।।६१।।
रोचनाभिश्च गोमेदं वैडूर्यं त्रिफलाजलः।।६२।।

माणिक खट्टे पदार्थों के रस से, मोती अरणी के क्वाथ से, प्रबाल (मूंगा) क्षारवर्ग में, पन्ना गाय के दूध में, पुखराज कुलथी का काढ़ा

मिली हुई कांजी में, हीरा चौलाई के रस में, नीलम नील के रस या काढ़े में, गोमेदमणि गोरोचन के पानी में और वैदूर्यमणि (लहसुनिया) त्रिफले के काढ़े में एक प्रहर तक पकाने से शुद्ध होती है।। ६०-६२।।

सर्वरत्नों की भस्म करने की विधि

लकुचद्रावसंपिष्टैः शिलागंधकतालकैः।
वज्रं विनान्यरत्नानि म्रियंतेऽष्टपुटैः खलु।।६३।।

मैनशिल, गंधक और हरताल इन तीनों को समान भाग लेकर एकत्र बडहल के रस में खरल करके उस लुगदी में रत्नों का चूर्ण रखकर और मूषा में बंद करके गजपुट दें। इस प्रकार आठ पुट देने से हीरे को छोड़कर शेष सब रत्नों की भस्म हो जाती है।।६३।।

रत्नद्रुति

रामठं पंचलवणं क्षाराणां त्रितयं तथा।
मांसद्रवो ऽम्लवेतश्च चूलिकालवणं तथा।।६४।।
स्थूलं कुंभीफलं पक्वंतथा ज्वालामुखी शुभा।
द्रवंती च रुदंती च पयस्या चित्रमूलकम्।। ६५।।
दुग्धं स्नुह्यास्तथाऽर्कस्य सर्वं संमर्द्य यत्नतः।
गोलं विधाय तन्यमध्ये प्रक्षिपेत्तदनंतरम्।।६६।।
गुणवन्नवरत्नानि जातिमंति शुभानि च।
भूर्जे तं गोलकं कृत्वासूत्रेणावेष्ट्य यत्नतः।।६७।।
पुनर्वस्त्रेण संवेष्ट्य दोलायंत्रेनिधाय च।
सर्वाम्लयुक्तसंधानपरिपूर्णे घटोदरे
अहोरात्रत्रयं यावत्स्वेदयेत्तीव्रवह्निना।
तस्मादाहृत्य संक्षाल्य रत्नजां द्रुतिमाहरेत्।
रत्नतुल्यप्रभा लघ्वी देहलोहकरी शुभा।। ६९।।
मुक्ताचूर्णं तु सप्ताहं वेतसाम्लेन मर्दितम्।
जंबीरोदरमध्ये तु धान्यराशौ विनिक्षिपेत्।।७०।।

सप्ताहादुद्धृतं चैव पुटे धृत्वा द्रुतिर्भवेत्॥७१॥
वज्रवल्यंतरस्थं च कृत्वा वज्रं निरोधयेत्।
अम्लभाण्डगतं स्वेद्यं सप्ताहाद्द्रवतां व्रजेत्॥७२॥
श्वेतवर्णं तु वैक्रांतमम्लवेतसभावितम्।
सप्ताहान्नात्र संदेहः खरघर्मे द्रवत्यलम्॥ ७३॥
केतकीस्वरसं ग्राह्यं सैंधवं स्वर्णपुष्पिका।
इंद्रगोपकसंयुक्त सर्वं भाण्डे विनीक्षिपेत्॥७४॥
सप्ताहं स्वेदयेत्तस्मिन्वैक्रांतं द्रवतां व्रजेत्।
लोहाष्टके तथा वज्रवापनात्स्वेदनाद्द्रुतिः॥७५॥
जायते नात्र संदेहो योगस्यास्य प्रभावतः।
कुरुते योगराजोयं रत्नानां द्रावणं परम्॥७६॥
कुसुंभतैलमध्ये तु संस्थाप्या द्रुतयः पृथक्।
तिष्ठति चिरकालं तु प्राप्ते कार्ये नियोजयेत्॥७७॥

रत्नों का द्रावण

हींग, पाँचों लवण-सैंधा नमक, काला नमक, कचिया नमक, विरिया संचर नमक, साँभर नमक क्षारत्रय (जवाखार, सज्जीखार और सुहागा, मांसद्राव (मांसरस), अमलबेंत, नौसादर, कायफल, ज्वालामुखी (कलिहारी) गोरोचन, मूषाकानी, रुदन्ती, दुद्धी, चीते की जड़, थूहर का दूध और आक का दूध इन औषधियों को एकत्र खरल करके गोला बना लें। फिर इस गोले में जिस रत्न की द्रुति करना हो तो गुणवान और उत्तम जाति के रत्नों को रखकर चारों तरफ से बंद करे, पश्चात् उसको भोजपत्र में अच्छे प्रकार से लपेटकर और सूत से मजबूत बांधकर फिर उसे एक कपड़े में बांधकर सर्व प्रकार के अम्ल पदार्थों के रस और कांजी को एक घड़े में भरकर और उसके ढक्कन में एक डोरा बांधकर उसमें उक्त गोले को अच्छे प्रकार से बांधकर लटका दे। और उसके नीचे तीन दिन और तीन रात्रि तक तीव्र अग्नि दे इस प्रकार दोलायन्त्र

के द्वारा स्वेद देकर चौथे दिन पोटली को बाहर निकाल कर जल से धो डाले और उसमें से सरलद्रुति को ग्रहण कर ले। यह रत्नद्रुति-रत्नों के समान कांतिवाली, हल्की, तथा शरीर और धातुओं की सिद्धि करने वाली है। **मोक्तिकद्रुति**-मोतियों के चूर्ण को अम्लवेंत के रस में खरल करके लुगदी बना ले फिर उस लुगदी को जम्भीरी नीबू में चाकू से छेद करके भर दे और उस सूत आदि से बांधकर सात दिन तक धानों के ढेर में गाढ् दे। फिर आठवें दिन उसे बाहर निकालकर मूषा में रखकर गजपुट दें। इस प्रकार करने से मोती की उत्तम द्रुति होती है। अस्थिसंहारी (हडसंघारी) का कल्क बनाकर उसके बीच में हीरे के चूर्ण रखकर उसका गोला बना ले, फिर उस गोले को पूर्वोक्त विधि से कपड़े में रखकर और उसके चारों तरफ डोरा बांधकर और भोजपत्र में लपेटकर सर्व प्रकार के खट्टे पदार्थों के रस और कांजी से भरे हुए पात्र में दोलायन्त्र की विधि से सात दिन तक स्वेद दें। इससे हीरे की उत्तम द्रुति होती है। **वैक्रान्तिद्रुति**-सफेद वैक्रान्त के चूर्ण को अमलवेंत की भावना देकर खूब तेज धूप में सुखावे। इस प्रकार सात दिन भावना देकर सात दिन तक धूप में सुखाने से वैक्रान्त द्रव रूप हो जाता है। केतकी(केवडे) का स्वरस, सेंधानमक सत्यानाशी कटेरी और इन्द्रगोप (वीरबहूटी) इन सबका एकत्र कल्क बनाकर एक बर्त्तन में भरकर दोलायन्त्र की विधि से सात दिन तक पकाने से वैक्रान्त की उत्तम द्रुति होती है। इस प्रकार की हुई वैक्रान्त की द्रुति को किसी लोह(धातु) की भस्म में मिलाकर उसको दोलायन्त्र के द्वारा स्वेद दें तो इस योग के प्रभाव से उस धातु का द्रावण होता है। उसी प्रकार इस योग के द्वारा अन्य सम्पूर्ण रत्नों की द्रुति होती है इन सब द्रुतियों को अलग-अलग कसूम के तेल में डालकर रखना चाहिए। इस प्रकार रखने से वे बहुत दिनों तक ठहर सकती हैं। और जब आवश्यकता हो तब इनको उपयोग में लाना चाहिए।। ६४-७७।।

रत्नधारण करने के गुण

सूर्यादिग्रहनिग्रहापहरणं दीर्घायुरारोग्यदं
सौभाग्योदयभाग्यवश्य विभवोत्साहप्रदं धैर्यकृत्।

दुऽछायाचलधूलिसंगतिभवाऽलक्ष्मीहरं सर्वदा
रत्नानां परिधारणं निगदितं भूतादिनिर्णाशनम्॥७८॥

इति श्रीवाग्भटाचार्य विरचिते रसरत्नसमुच्चये चतुर्थोऽध्याय:४

उपर्युक्त नौ प्रकार के रत्नों को धारण करने से सूर्यादि नवग्रहों की पीड़ा दूर होती है दीर्घायु और आरोग्य की प्राप्ति होती है। सौभाग्य का उदय होता है। वशीकरण की सिद्धि होती है। विभव और उत्साह बढ़ते है, धैर्य उत्पन्न होता है एवं अमंगल छाया दूषित हवा और धूल आदि से उत्पन्न हुए अलक्ष्मी आदि दोष और भूत प्रेतादि बाधा दूर होती है।।७८।।

इति श्रीवाग्दाभटाचार्यविरचिते रसरत्नसमुच्चये वैद्यशंकर लाल विरचितायां भाषाटीकायां चतुर्थोऽध्याय:।

पञ्चमोऽध्यायः

धातु (लौह आदि)

शुद्धं लोहं कनकरजतं भानुलोहाश्मसारं
पूतीलोहं द्वितयमुदितं नागवंगाभिधानम्।
मिश्रं लोहं त्रितयमुदितं पित्तलं कांस्यवर्तं
धातुलोहे लुह इति मतः सोऽपि कर्षार्थवाची॥१॥

सम्पूर्ण लौह (सुवर्णादि धातुएँ) तीन प्रकार के हैं। उनमें सोना, चाँदी, ताँबा और लोहा ये शुद्ध लौह कहे जाते हैं। सीसा और रांगा पूतिलौह हैं। पीतल , काँसा और भरत मिश्र लौह कहे जाते हैं। लौह शब्द में 'लुह' धातु आकर्षण अर्थात् खींचने के अर्थ में व्यवहृत होती है। रोगों को खींचकर निकालने वाली होने के कारण संपूर्ण धातुओं का 'लोह' नाम सार्थक है॥१॥

सुवण (सोना)

प्राकृतं सहजं वह्निसंभव खनिसंभवम्।
रसेंद्रवेधसंजातंस्वर्णं पंचविधं स्मृतम्॥२॥
ब्रह्माण्डं संवृतं येन रजोगुणभुवा खलु।
तत्प्राकृतमिति प्रोक्तं देवानामपि दुर्लभम्॥३॥
ब्रह्मा येनावृतो जातः सुवर्णेन जरायुणा।
तन्मेरुरूपतां यातं सुवर्णं सहजं हि तत्॥४॥
विसृष्टमग्निना शैवं तेजः पीतं सुदुःसहम्।

अभूत्सर्वं समुद्दिष्टं सुवर्णं वह्निसंभवम्॥५॥
एतत्स्वर्णत्रयं दिव्यं वर्णैः षोडशभिर्युतम्।
धारणादेव तत्कुर्याच्छरीरमजरामरम्॥६॥
तत्र तत्र गिरीणां हि जातं खनिषु यद्भवेत्।
तच्चतुर्दशवर्णाढ्यं भक्षितं सर्वरोगहृत्।
रसेंद्रवेधसम्भूतं तद्वेधजदाहृतम्॥७॥
रसायनं महाश्रेष्ठ पवित्रं वेधजं हि तत्॥८॥
आयुर्लक्ष्मीप्रभाधीस्मृतिकरमखिलं व्याधिविध्वंसपुण्यं
भूतावेशप्रशांतिस्मरभरसुखद सौख्यपुष्टिप्रकाशि।
गांगेय चाथ रूप्यं गदहरमजराकारि मेहापहारि॥९॥
क्षीणानां पुष्टिकारि स्फुटमतिकरणं वीर्यवृद्धिप्रकारि॥९
स्निग्धं मेध्यं विषगदहरं बृंहणं वृष्यमग्र्यं
यक्षोन्मादप्रशमनपरं देहरोग प्रमाथि।
मेधाबुद्धिस्मृतिसुखकरं सर्वदोषामयघ्नं
रुच्यं दीप्तिप्रशमितरुजं स्वादुपाकं सुवर्णम्॥१०॥
सौख्यं वीर्यं बलं हात रोगवर्तं करोति च।
अशुद्धममृतं स्वर्णं तस्माच्छुद्धं च मारयेत्॥११॥

सुवर्ण पांच प्रकार का है। १ प्राकृत, २ सहज, ३ अग्निसम्भव, ४ खनिज और ५वां वेधजन्य (रसायन विधि से बना हुआ) जो रजोगुण से उत्पन्न हुआ और जिसके द्वारा यह सारा ब्रह्माण्ड व्याप्त है ऐसा प्राकृत-संज्ञक सुवर्ण देवताओं को भी दुर्लभ है। जिस सुवर्ण के जरायु से वेष्टित ब्रह्माजी उत्पन्न हुए और जो सुमेरु पर्वत के रूप में है ऐसा सुवर्ण सहजसंज्ञक है। तीसरा अग्नि से उत्पन्न होने वाला पूर्वकाल में श्रीमहादेव का वीर्य अग्निदेव ने जब भक्षण कर लिया था तब उन्हें वह सहन न हो सका, इसलिये उसे वमन के द्वारा बाहर निकाल दिया उससे जो सुवर्ण उत्पन्न हुआ, उसको अग्निसंभव कहते हैं। उपर्युक्त तीनों प्रकार के सुवर्ण, दिव्यगुण वाले और षोड्शकलासम्पन्न हैं। इसको धारण करने मात्र से शरीर अजर और अमर होता है। अनेक पर्वतों की खानों से जो

उत्पन्न होता है वह चौथा खनिज सुवर्ण है। यह चौदह कलायुक्त है। यह पूर्वोक्त तीनों सुवर्णों की अपेक्षा गुणों में हीन है और इसके भक्षण करने से सब रोग नष्ट होते हैं। पारे के बेधकर्म (रसायन कीमिया) से उत्पन्न हुआ सुवर्ण 'वेधज' कहा जाता है। यह श्रेष्ठ रसायन और पवित्र है। सुवर्ण-आयु, लक्ष्मी, कान्ति, बुद्धि और स्मरण शक्ति को बढ़ाने वाला, सम्पूर्ण रोगों को नष्ट करने वाला पवित्र भूतबाधा शमन करने वाला, कामेच्छा को बढ़ाने वाला, सौख्यजनक और पुष्टिकारक है। सुवर्ण के समान रौप्य (चांदी) भी रोगों को नष्ट करने वाला, जरा (बुढ़ापा को दूर करने वाला, विशेष करके प्रमेह को हरने वाला क्षीण मनुष्यों को पुष्ट करने वाला, बुद्धि को उज्ज्वल करने वाला और वीर्य बढ़ाने वाला है। सुवर्ण-स्निग्ध,मेधाजनक, विष के विकारों को शमन करने वाला, पुष्टिकारक, वीर्यवर्द्धक, यक्षोन्माद (एक प्रकार का उन्माद रोग) और शरीरगत रोगों को शमन करने वाला, मेधा, बुद्धि और स्मरणशक्ति को उत्पन्न करने वाला समस्त दोषों को दूर करने वाला, रुचिकारक, अग्नि को दीपन करने वाला, रोगों का शमन करने वाला और पचने में मधुर है। अशुद्ध और उत्तम प्रकार से मारण नहीं किया हुआ (अपक्व, कच्चा) सुवर्ण सौख्य, बल और वीर्य को नष्ट करता है और रोगों के समूह को उत्पन्न करता है। इस कारण सदैव सोने का प्रथम उत्तम प्रकार से संशोधन कर पश्चात् यथाविधि से भस्म करके औषध कार्य में लेना चाहिये।।२-११।।

सुवर्णशोधन

कषप्रमाणं तु सुवर्णपत्रं शरावरुद्धं पटुधातुयुक्तम्।
अंगारसंस्थं प्रहरार्धमानं ध्मातेन तत्स्यान्ननु पूर्णवर्णम्।। १२।।

सोने के सूक्ष्म पत्र के सोने के वर्क १ तोले लेकर उसमें सेंधानमक और गेरू का चूर्ण समान भाग मिलाकर शराबसम्पुट में बंद करके अंगारों पर आधे प्रहर तक धौंकनी से फूंके तो सुवर्ण उत्तम प्रकार से शुद्ध होकर सुन्दर लाल वर्ण का होता है।।१२।।

सुवर्णभस्म

लोहानां मारणं श्रेष्ठं सर्वेषां रसभस्मना।
मूलीभिर्मध्यमं प्राहुः कनिष्ठं गंधकादिभिः।
अरिलोहेन लोहस्य मारणं दुर्गुणप्रदम्।।१३।।

कृत्वा कंटकवेध्यानि स्वर्णपत्राणि लेपयेत्।
लुंगांबुभस्मसूतेन म्रियते दशभिः पुटैः॥१४॥
द्रुते विनिक्षिपेत्स्वर्णे लोहमान मृतं रसम्।
विचूर्ण्य लुंगतोयेन दरदेन समन्वितम्॥१५॥
जायते कुंकुमच्छाय स्वर्णं द्वादशभिः पुटेः॥१६॥
हेम्नः पादं मृतं सूत पिष्टमम्लेन केनचित्।
पत्रे लिप्त्वा पुटः पच्यादष्टभिर्म्रियते ध्रुवम्॥१७॥
एतद्भस्म सुवर्णजं कटुघृतोपेतं द्विगुजोन्मितं।
लीढं हंति नृणा क्षयाग्निसदनं श्वासं च कासारुचिम्।
ओजोधातुविवर्धनं बलकरं पाण्ड्वामयध्वंसनं
पथ्य सर्वविषापहं गरहरं दुष्टग्रहण्यादिनुत्॥१८॥
बलं च वीर्यं हरते नराणां रोगव्रज
कोपयतीव काये। असौख्यकारं च सदैव
हेमापथ्य सदोषं मरणं करोति॥१९॥

पारदभस्म के संयोग से सभी धातुओं का मारण उत्तम होता है। वनौषधियों के द्वारा धातुओं का मारण मध्यम है और गंधक आदि के द्वारा धातुओं की भस्म करना अधम है। गंधक के योग से धातुओं की भस्म करना अत्यन्त अवगुणकारक है। सुवर्ण के कंटकवेधी पत्र बनाकर उनके ऊपर पारे की भस्म की बिजौरे नींबू के रस में खरल करके लेप कर देवे। पश्चात् उन्हें शरावसम्पुट में बंद करके उसके ऊपर कपरोटी करके गजपुट की अग्नि देवे। इस प्रकार दश पुट देने से सुवर्ण की श्रेष्ठ भस्म होती है। सुवर्ण की घड़िया में डालकर उसमें सुवर्ण के समान पारे की भस्म और पारे की भस्म के समान सिंगरफ डालकर बिजौरे नींबू के रस में घोटकर गोला बना लेवे। उस गोले को शराबसम्पुट में रखकर गजपुट की अग्नि दें इस प्रकार १२ पुट देने से सुवर्ण की केशर के समान लाल और सुंदर भस्म हो जाती है। सुवर्ण से चौथाई भाग पारे की

भस्म लेकर उसको नींबू के रस में घोटकर सोने के पत्रों के ऊपर लेप कर दे। फिर उनको शराबसम्पुट में बंद करके गजपुट की अग्नि दें। इस प्रकार आठ पुट देने से सोने की उत्तम भस्म होती है। किन्तु प्रत्येक पुट में चौथाई भाग पारे की भस्म डालनी चाहिए। **सुवर्ण की भस्म के गुण**–सोने की २ रत्ती भस्म को काली मिरचों के चूर्ण और घृत में मिलाकर नित्य सेवन करने से क्षय, मंदाग्नि, श्वास खांसी, अरुचि, पांडुरोग, विष, संग्रहणी आदि दुष्ट रोग नष्ट होते हैं। ओज धातु की वृद्धि होती हैं एवं समस्त धातुएं पुष्ट होती हैं और बल की वृद्धि होती है। **अशुद्ध सुवर्ण के दोष अशुद्ध**–सुवर्ण को सेवन करने से बल और वीर्य की हानि होती है। शरीर में अन्य प्रकार के रोगों की उत्पत्ति होती है और असुख (बेचैनी) उत्पन्न होकर मृत्यु तक हो जाती है।। १३-१९।।

सुवर्ण द्रुति

मंडूकास्थिवसाटंकहयलालेंद्रगोपकैः।
प्रतिवापेन कनकं सुचिरं तिष्ठति द्रुतम्।।२०।।
चूर्णे सुरेंद्रगोपानां देवदालीफलद्रवैः।
भावितं सदृशं हेम करोति जलवद् द्रुतम्।।२१।।

मेंढक की हड्डी का चूर्ण, सुहागा और इन्द्रगोप (वीरबहूटी) इन सबको एकत्र घोड़े की लार और मेंढक की चर्बी की भावना देकर सोने को मूषा में गलाकर उसमें इस मिश्रण को डालकर कुछ देर तक अग्नि पर रखा रहने दें इस विधि से सोने की बहुत समय तक ठहरने वाली पानी के समान पतली द्रुति हो जाती है। इन्द्रगोपों (वीरबहूटियों) का चूर्ण करके देवदाली (बंदाल) के रस में अथवा क्वाथ में घोटकर सुखा दें। पश्चात् सुवर्ण को गलाकर उसमें उक्त मिश्रण डालने से सुवर्ण जल के समान तरल हो जाता है।।२०-२१।।

रूपा

सहजं खनिजातं च कृत्रिमं त्रिविधं मतम्।
रजतं पूर्वपूर्वं हि स्वगुणैरुत्तमोत्तमम्।।२२।।

कैलासाद्र्यद्यद्रिसंभूतं सहजं रजतं भवेत्।
तत्स्पृष्टं हि सकृद्व्याधिनाशनं देहिनां भवेत्॥२३॥
हिमालयाद्रिकूटेषु यद्रूप्यं जायते हि तत्।
खनिज कथ्यते तज्ज्ञैः परमं हि रसायनम्॥२४॥
श्रीरामपादुकान्यस्तं बंगं यद्रूप्यतां गतम्।
तत्पादरूप्यमित्युक्तं कृत्रिमं सर्वरोगनुत्॥२५॥
घनं स्वच्छं गुरु स्निग्धं दाहे छेदे सितं मृदु।
शंखाभं मसृणं स्फोटरहितं रजतं शुभम्॥२६॥
दाहे रक्तं च पीतं च कृष्णं रुक्षं स्फुटं लघु।
स्थूलांगं कर्कशांगं च रजतं त्याज्यमष्टधा॥२७॥
रौप्यं विपाकमधुरं तुवराम्लसारं
शीतं सरं परमलेखनकं च रुच्यम्।
स्निग्धं च वातकफजिज्झठराग्निदीपि
बल्यं परं स्थिरवयस्करणं च मेध्यम्॥२८॥
रौप्यं शीतं कषायाम्लं स्निग्धं वातहरं लघु।
रसायनविधानेन सर्वरोगापहारकम्॥२९॥

रौप्य (चाँदी) तीन प्रकार का है। सहज, खनिज और कृत्रिम। इन तीनों में पूर्व-पूर्व गुणों में श्रेष्ठ हैं। कैलासादि पर्वतों में उत्पन्न होनेवाला रूपा सहज संज्ञक है। इसके स्पर्श मात्र से तत्काल प्राणियों के संपूर्ण रोगों का नाश होता है। हिमालयादि पर्वतों के शिखरों के ऊपर खान में जो रूपा उत्पन्न होता है उसको खनिज कहते हैं। यह उत्तम प्रकार की रसायन है। तीसरे प्रकार का रौप्य (श्रीरामचन्द्र जी की खडाऊँ के स्पर्श से जो वंग चाँदी हो गई थी, उसको पादरूप्य कहते हैं।) यह कृत्रिम होता है। यह वंग के द्वारा रासायनिक (कीमिया) प्रक्रिया से तैयार होता है। रौप्य सम्पूर्ण रोगनाशक है। **रूप के गुणदोष**-रूपा (चाँदी) घन (वजनदार), स्वच्छ (निर्मल), भारी, चिकना (आबदार), तपाने और

छेदने में (कसौटी पर घिसने आदि) में श्वेत, नरम, शंख के समान उज्ज्वल और मसृण (कर्कशतारहित) और जिसमें गड्ढे वगैरह न हों ऐसा रूपा श्रेष्ठ होता है जो तपाने पर लाल, पीला या काला दीखता हो, रूखा हो, फूटकर बिखरनेवाला, वजन में हल्का, मोटे अँगवाला और कर्कश (खुरदरा) ऐसा आठ प्रकार का रूपा त्याज्य है। रूपा-विपाक में मधुर, कषैला, अम्लरसान्वित, शीतल, सारक, लेखन, रुचिकारक, स्निग्ध, वात और कफ को नष्ट करने वाला, जठराग्नि को दीपन करनेवाला, बलकारक, अवस्था को स्थिर करने वाला और मेधाशक्ति को बढ़ाने वाला है। रूपा-शीतल, कषैला, खट्टा, स्निग्ध, वातनाशक, भारी और यह रसायन विधि से सेवन करने पर सम्पूर्ण रोगों को नष्ट करता है।। २२-२९।।

रौप्यशोधन

तल तक्रे गवां मूत्रे ह्यारनाले कुलत्थजे।
क्रमान्निषेचयेत्तप्तं द्रावे द्रावे तु सप्तधा।।
स्वर्णादिलोहपत्राणां शुद्धिरेषा प्रशस्यते।।३०।।
आयुः शुक्रं बलं हंति तापविड्बंधरोगकृत्।
नागेन टंकणेनैव वापितं शुद्धिमृच्छति।।३१।।
अशुद्धं न मृतं तारं शुद्धं मार्यमतोऽन्यथा।
तारं त्रिवारं निक्षिप्तं तैले ज्योतिष्मतीभवे।।३२।।
खर्परे भस्मचूर्णाभ्यां परितः पालिकां चरेत्।
तत्र रूप्यं विनिक्षिप्य समसीससमन्वितम्।।३३।।
जातसीसक्षयं यावद्धमेत्तावत्पुनः पुनः।
इत्थं संशोधितं रूप्यं योजनीयं रसादिषु।।३४।।

रौप्य शोधन—रूप के पतले पत्र करके अग्नि में तपा-२ कर तेल, तक्र, गोमूत्र, काँजी और कुलत्थी के काढ़े में क्रम से सात सात बार बुझाने से रूपा शुद्ध होता है। सुवर्णादि अन्य धातुओं की भी इसी प्रकार शुद्धि होती है। रूपे को गलाकर उसमें समान भाग सीसा और सुहागा डालकर उसको छान लेने से शुद्धि होती है।

अशुद्ध रूपे के दोष

अशुद्ध और मारण नहीं किया हुआ (कच्चा अशुद्ध) रूपा, आयु, शुक्र और बल का नाश करता है। शरीर में संताप मलावरोध (कोष्ठबद्धता) और नाना प्रकार के रोगों को उत्पन्न करता है। इस कारण रूपे का प्रथम उत्तम प्रकार से संशोधन करे पश्चात् उसका मारण करके सर्वकामों में लाना चाहिए। **अन्य प्रकार से रूपे का शोधन**-रूपे के पतले पत्र करके उनको तीन दिन तक माल कांगुनी के तेल में भिगोकर रखे। पश्चात् चौथे दिन मिट्टी के खीपडे में चूना और राख इनकी पाली बनाकर उसमें रूपा और उसकी बराबर सीसा डालकर धौंकनी से फूंके। जब तक सीसा गलकर रूपे में न मिल जाय तब तक बराबर फूँकता रहे। इस प्रकार करने से रूपे की शुद्धि होती है। और इस शुद्ध रूपे को सम्पूर्ण रस रसायनादि कार्यो में प्रयोग करना चाहिये।। ३०-३४।।

रौप्य भस्म

लकुचद्रवसूताभ्यां तारपत्रं प्रलेपयेत्।।३५।।
ऊर्ध्वाधो गंधकं दत्त्वा मूषामध्ये निरुध्य च।
स्वेदयेद्बालुकायंत्रे दिनमेकं दृढाग्निना।।३६।।
स्वांगशीतां च तां पिष्टीं साम्लतालेन मर्दिताम्।
पुटेद्द्वादशवाराणि भस्मीभवति रूप्यकम्।।३७।।
माक्षीकचूर्णलुंगांबुमर्दितं पुटितं शनैः।
त्रिंशद्वारेण तत्तारं भस्मसाज्जायतेतराम्।।३८।।
भाव्यं ताप्यं स्नुहीक्षीरैस्तारपत्राणि लेपयेत्।
मारयेत्पुटयोगेन निरुत्थं जायते ध्रुवम्।।३९।।
तारपत्रं चतुरभागं भागैकं शुद्धतालकम्।
मर्द्यं जंबीरजद्रावैस्तारपत्राणि लेपयेत्।।४०।।
शोधयेदंधयंत्रे तत्त्रिंशदुपलकैः पचेत्।
चतुर्दशपुटैरेवं निरुत्थं जायते ध्रुवम्।।४१।।

पारे की भस्म को लेकर बडहल के रस में खरल करके उसका रूपे के पत्रों के ऊपर लेप करे। पश्चात् उन पत्रों को एक मूषा में ऊपर नीचे गंधक का चूर्ण बिछाकर रखे और उसकी संधियों को अच्छे प्रकार से कपडमट्टी आदि से बंद करके बालुका यंत्र में आठ प्रहर तक तीव्र अग्नि दें। स्वांगशीतल होने पर रूपे के पन्नों को पीसकर बारीक चूर्ण कर ले, फिर उसमें समान भाग शुद्ध तप की हरताल डालकर नींबू के रस में खरल करके संपुट में रखकर गजपुट में फूंके। इस प्रकार बारह पुट देने से रूपे की भस्म हो जाती है। रूपे का चूर्ण और सोनामाखी का चूर्ण दोनों को बिजौरे नींबू के रस में खरल करके गजपुट दें। इस प्रकार तीस पुट देने से रूपे की उत्तम भस्म हो जाती है। अथवा सोनामाखी के चूर्ण को थूहर के दूध में खरल करके उसका रूपे के पत्रों के ऊपर लेप कर दे। पश्चात् उनको सम्पुट में बंद करके गजपुट में फूंके। इस प्रकार करने से शीघ्र ही चाँदी की निरुत्थ भस्म होती है। शुद्ध रूपे के पत्तर चार भाग लेकर उन पर एक भाग शुद्ध हरताल को नींबू के रस में घोटकर लेप कर दे। पश्चात् उन्हें गर्भ यंत्र में रखकर नील उपलों की अग्नि दें। इस प्रकार चौदह पुट देने से रूपे की निरुत्थ भस्म होती है।। ३५-४१।।

रौप्य रसायन

भस्मीकृतं रजतममलं तत्समौ व्योमभानू।
सर्वैस्तुल्यं त्रिकटुकवरं सारघाज्येन युक्तम्।।
लीढं प्रातः क्षपयतितरां यक्ष्मपाण्डूदरार्शः
श्वासं कासं नयनजरुजः पित्तरोगानशेषान्।।४२।।

रूपे की भस्म, अभ्रक की भस्म और ताम्रभस्म ये तीनों समान भाग और सबकी बराबर त्रिकुटे का चूर्ण सबको एकत्र खरल करके उत्तम प्रकार से मिलाकर रख दें। इसमें से प्रतिदिन प्रातःकाल उचित मात्रा से लेकर शहद और घृत में मिलाकर सेवन करे। यह राजयक्ष्मा, पांडुरोग, उदररोग, अर्श श्वास, खांसी, नेत्रविकार और सब प्रकार के पित्तरोगों का नाश करता है।।४२।।

रौप्यद्रुति

सप्तधा नरमूत्रेण भावयेद्देवदालिकाम्।
तच्चूर्णवापमात्रेण द्रुतिः स्यात्स्वर्णतारयोः॥४३॥

देवदाली (बंदाल) के फूलों के चूर्ण को नरमूत्र में सात बार भावना देकर पश्चात् सोना या चाँदी को अग्नि पर गलाकर उसमें डाले इन दोनों धातुओं का द्रावण होता है॥४३॥

ताम्र (तांबा)

म्लेच्छं नेपालकं चेति तयोर्नेपलकं वरम्।
नेपाला दन्यखन्युत्थं म्लेच्छमित्यभिधीयते॥४४॥
सितकृष्णारुणच्छायमतिवामि कठोरकम्।
क्षालितं च पुनः कृष्णमेतन्म्लेच्छकताम्रकम्॥४५॥
सुस्निग्धं मृदुलं शोणं घनाघातक्षम गुरु।
निर्विकार गुणश्रेष्ठं ताम्रं नेपालमुच्यते॥४६॥
पाण्डुरं कृष्णशोणं च लघुस्फुटनसंयुतम्।
रूक्षांगं सदलं ताम्रं नेष्यते रसकर्मणि॥४७॥
ताम्रं तिक्तकषायकं च मधुरं पाकेऽथ वीर्योष्णकं
साम्लं पित्तकफापहं जठररुक्कुष्ठामजंत्वतकृत्॥
ऊर्ध्वाधः परिशोधनं विषयकृत् स्थौल्यापहंक्षुत्करं।
दुर्नामक्षयपाण्डुरोग शमनं नेत्र्यं परं लेखनम्॥४८॥
अशुद्धं ताम्रमायुघ्नं कांतिवीर्य बलापहम्।
वांतिमूर्च्छाभ्रमोत्क्लेदं कुष्ठं शूलं करोति तत्॥४९॥
उत्क्लेदभेदभ्रमदाहमोहास्ताम्रस्य दोषाः खलु दुर्धरास्ते।
विशोधनात्तद्विगतस्वदोषं सुधासमं स्याद्रसवीर्यपाके॥ ५०॥

तांबा दो प्रकार का है। एक म्लेच्छ नामवाला और दूसरा नैपाल-संज्ञक। इन दोनों ताम्रों में नैपालताम्र श्रेष्ठ है। नैपालप्रदेश में होने वाले ताम्बे के सिवा अन्य देशों की खानों में उत्पन्न होने वाले समस्त ताम्र म्लेच्छ कहे

जाते हैं। जिस ताम्बे में सफेद, काली और लाल झलक हो, जो कठिन हो, और जो उत्तम प्रकार से धोने पर भी काला हो जाय उसको म्लेच्छताम्र कहते हैं। यह अत्यन्त वमनकारक है। जो अत्यन्त चिकना, नरम, लाल, घन की चोट से नहीं टूटनेवाला, वजन में भारी और जिसका वर्ण बिगड़कर काला न पड़ता हो ऐसा ताम्र नैपाली ताम्र कहा जाता है। यह गुणों में अत्यन्त श्रेष्ठ है। जो साधारण रूप से सफेद और पीले कुछ मिले हुए रंग, काला और लाल रंग का, वजन में हलका, घन आदि की चोट से टूटकर बिखरने वाला, रूखा (खरखरा) और पत्रों युक्त ऐसा तांबा रसकर्म में उत्तम नहीं है। **ताम्र के गुण**–तांबा कडवा, कषैला, पाक में मधुर, उष्णवीर्य, अम्ल, पित्तकफनाशक, एवं उदर रोग, कुष्ठ, आम, कृमि, विष, यकृत्वृद्धि, स्थूलता, बवासीर, राजयक्ष्मा और पाण्डुरोग को नष्ट करने वाला है। वमन और विरेचन करने वाला, क्षुधा को उत्पन्न करने वाला, नेत्रों को हितकारी और अत्यन्त लेखन है। **अशुद्ध ताम्र के दोष**–अशुद्ध तांबा, आयुनाशक एवं शरीर की कांति, वीर्य और बल का नाश करने वाला एवं वमन, मूर्च्छा, भ्रम, उत्कलेद (उबकाई), भेद (दस्त), भ्रम, दाह और मोह उत्पन्न करना आदि अतिदुर्धर दोष रहते हैं। परन्तु इसकी यथाविधि से शुद्धि कर ली जाय तो उक्त सब दोष नष्ट हो जाते हैं। और यह रस, वीर्य औरं विपाक में अमृत के समान गुणकारी हो जाता है।। ४४-५०।।

ताम्र की शुद्धि

ताम्रं क्षाराम्लसंयुक्त द्रावितं दत्तगैरिकम्।
निक्षिप्तं महिषीतक्रे छगणे सप्तवारकम्।
पंचदोषर्विनिर्मुक्तं भस्मयोग्यं हि जायते।। ५१।।
ताम्रनिर्मलपत्राणि लिप्त्वानिंब्वंबुसिंधुना।
ध्मात्वा सौवीरकक्षेपाद्विशुध्यत्यष्टवारतः।५२।।
निंब्बंबुपटुलिप्तानि तापितान्यष्टवारकम्।
विशुध्यंत्यर्कपत्राणि निर्गुंडयारसमज्जनात्।।५३।।

गोमूत्रेण पचेद्यामं ताम्रपत्रं दृढाग्निना।
शुद्ध्यते नात्र संदेहो मरणं चाप्यथोच्यते॥५४॥

ताम्रशोधन—ताम्रचूर्ण, जवाखार और गेरू इन सबको एकत्र नीबू के रस में घोटकर अग्नि पर गलाकर भैंस के तक्र और भैंस के गोबर के रस में सात सात बार बुझावे। इस प्रकार करने से तांबे की शुद्धि हो जाती है। और उसके वांति प्रभृति पंच दोष नष्ट होकर वह भस्म करने योग्य हो जाता है अथवा तांबे के पतले पत्र करके उनको नींबू के रस में खरल करके उन पर सैंधे नमक का लेप कर दे। फिर उनको अग्नि में तपावे, जब खूब लाल हो जाय तब कांजी में बुझा दें। इस प्रकार आठ बार करने से तांबे की शुद्धि होती है। अथवा उपर्युक्त विधि से तांबे के पत्रों को अग्नि में तपा तपाकर निर्गुण्डी (सिम्हालू) के रस में आठ बार बुझाने से वे शुद्ध होते हैं। अथवा तांबे के पत्रों को गोमूत्र में डालकर खूब तेज अग्नि से एक प्रहर तक पकाने से वे निश्चय शुद्ध हो जाते हैं। आगे तांबे का मारण कहा जाता है।

ताम्र भस्म

जंबीररससंपिष्टरसगंधकलेपितम्।
शुल्बपत्रं शरावस्थं त्रिपुटैर्याति पंचताम्॥५५॥
अथवा मारितं ताम्रमम्लेनैकेन मर्दितम्।
तद्गोलं सूरणस्यांता रुद्ध्वा सर्वत्र लेपयेत्॥५६॥
शुष्कं गजपुटे पच्यात्सर्वदोषहरं भवेत्।
वांतिं भ्रांतिं विरेकं च न करोति कदाचन॥५७॥
ताम्रपत्राणि सूक्ष्माणि गोमूत्रे पंचयामकम्।
क्षिप्त्वा रसेन भाण्डे तद् द्विगुणं देहि गंधकम्॥५८॥
अम्लपर्णीं प्रपिष्याथ ह्यभितो देहि ताम्रके।
सम्यङ् निरुध्य भांडे तमग्निं ज्वालय यामकम्॥५९॥
भस्मीभवति ताम्रं तद्यथेष्टं विनियोजयेत्॥६०॥

सूतादू द्विगुणितं ताम्रपत्रं कन्यारसे प्लुतम्।
पिष्ट्वा तुल्येन बलिना भाण्डमध्ये विनिक्षिपेत्।।६१।।
छन्नं शरावकेणैतत्तदूर्ध्वं लवणं त्यजेत्।
मुखे शरावकं दत्त्वा वह्निं याम चतुष्टयम्।।६२।।
अवचूर्ण्यैव तच्छुल्बं वल्लमात्रं प्रयोजयेत्।
पिप्पलीमधुना सार्धं सर्वरोगेषु योजयेत्।।६३।।
श्वासं कासं क्षयं पाण्डुं अग्निमांद्यमरोचकम्।
गुल्मप्लीहयकृन्मूर्च्छाशूलं च पक्तिसंज्ञकम्।।६४।।
दोषत्रयसमुद्भूतानामयाञ्जयति ध्रुवम्।
रोगानुपानसहितं जयेद्धातुगतं ज्वरम्।
रसे रसायने ताम्रं योजयेद्युक्तमात्रया।।६५।।

ताम्रभस्म–शुद्ध पारा और शुद्ध गन्धक दोनों को समान भाग लेकर एकत्र नींबू के रस में घोटकर उसका तांबे के पत्रों के ऊपर लेप करके उनको शराव सम्पुट में रखकर गजपुट की अग्नि देने से तीन पुट में ताम्र की भस्म हो जाती है। अथवा फिर उस तांबे की भस्म को नींबू के रस में खरल करके उसका गोला बनाकर एक जमींकन्द के बीच में चाकू से चीरकर उसमें इस गोले को रखकर ऊपर से जमींकन्द का गूदा भरकर कपरमट्टी आदि के द्वारा अच्छी तरह बन्द करके सुखा दें। सूख जाने पर गजपुट में रखकर फूंके। इस प्रकार करने से तांबे की निर्दोष भस्म होती है। और फिर वह वमन, भ्रम, विरेचन आदि विकारों को कदापि उत्पन्न नहीं करता। अथवा तांबे के बारीक पत्र करके गोमूत्र में पांच प्रहर तक पकायें। फिर अम्लपर्णी (नोनिया) के रस में दुगुना गन्धक डालकर खरल करके उसका गोला बनाकर एक मिट्टी के बर्तन में उक्त गोले में तांबे के पत्रों को रखकर और उस बर्तन के मुख पर सकोरा ढककर कपरमिट्टी आदि से अच्छे प्रकार बन्द करके चूल्हे पर चढ़ाकर एक प्रहर तक तीव्र अग्नि दें, इससे तांबे की उत्तम भस्म होती है। यह दोष रहित होने के कारण सर्व रोगों में प्रयोग की जा सकती है।

अथवा एक भाग पारा और दो भाग गन्धक दोनों की कज्जली तैयार करके उसमें गंधक के बराबर तांबे का चूर्ण मिलाकर घीग्वार के रस में खरल करके गोला बना लें उस गोले को एक मिट्टी के बर्तन में रखे और उसके ऊपर एक सिकोरा ढक दें और सिकोरे के ऊपर नमक भर दें, फिर उस बर्तन के मुख पर एक दूसरा सिकोरा ढककर उसको चूल्हे पर चढ़ा कर चार प्रहर तक तीव्र अग्नि दें। इस योग से तांबे की उत्तम भस्म होती है। पश्चात् स्वांग शीतल हो जाने पर उक्त गोले को निकालकर पीसकर बारीक चूर्ण कर लें। इस भस्म में से प्रतिदिन दो गुंजा परिमाण लेकर पीपल और मधु के अनुपान से सम्पूर्ण रोगों में यथादोषानुसार प्रयोग करे। **ताम्रभस्म के गुण**—ताम्रभस्म-श्वास, खांसी, क्षय, पांडुरोग, मन्दाग्नि, अरुचि, गुल्म, प्लीहा, यकृत, मूर्च्छा, शूल, परिणाम शूल और तीनों दोषों से उत्पन्न हुए समस्त रोगों को अनुपान के साथ दूर करती है, एवं उचित अनुपान के साथ यह धातुगत ज्वर को दूर करती है, इसे सब प्रकार के रस और रसायन कर्म में युक्ति के साथ प्रयोग करना चाहिये ॥५५-६५॥

सोमनाथी ताम्र भस्म

शुल्बतुल्येन सूतेन बलिना तत्समेन च।
तदर्धांशेन तालेन शिलया च तदर्धया॥६६॥
विधाय कज्जलीं श्लक्ष्णां भिन्नकज्जलसन्निभाम्।
यन्त्राध्यायविनिर्दिष्टगर्भयन्त्रोदरांतरे॥६७॥
कज्जलीं ताम्रपत्राणि पर्यायेण विनिक्षिपेत्।
प्रपचेद्यामपर्यंतं स्वांगशीतं प्रचूर्णयेत्॥६८॥
तत्तद्रोगहरानुपानसहितं ताम्रं द्विवल्लोन्मितम्।
संलीढं परिणामशूलमुदरं शूलं च पाण्डुज्वरम्॥
गुल्मप्लीहयकृत्क्षयाग्निसदनं मेहं च मूलामयम्।
दुष्टां च ग्रहणीं हरेद् ध्रुवमिदं श्रीसोमनाथाभिधम्॥६९॥

पारा ८ तोले, गन्धक ८ तोले, हरताल ४ तोले, मैनशिल २ तोले

और शुद्ध किये हुए तांबे के पत्र ८ तोले लें। प्रथम ऊपर कहे हुए पारे से लेकर मैनशिल तक चारों पदार्थों की खूब बारीक कज्जली तैयार करके एक शरावसम्पुट के बीच में तांबे के पत्र रखकर और उनके ऊपर नीचे यह कज्जली बिछा दें। पश्चात् गर्भयन्त्र में रख एक १ प्रहर तक तीक्ष्ण अग्नि दें। स्वांग शीतल होने पर खरल में बारीक पीसकर चूर्ण करले। यह सोमनाथी ताम्र कहा जाता है। **सोमनाथी ताम्र के गुण**—यह सोमनाथी ताम्र भस्म चार गुञ्जा परिमाण लेकर यथोचित अनुपान के साथ सेवन करने से परिणाम शूल, उदररोग, उदरशूल, पांडुरोग; ज्वर गुल्म, प्लीहा, यकृत्, क्षय, मन्दाग्नि, प्रमेह, अर्श और दुष्ट संग्रहणी रोग को नष्ट करती है।।६६-६९।।

लौहम् (लोहा)

मुंड तीक्ष्णं च कांतं च त्रिप्रकारमयः स्मृतम्।।७०।।

लौह वर्णन—साधारणतः लोह मुंड, तीक्ष्ण और कान्त ऐसे तीन जाति का है। कान्त लोहे को अयस्कान्त भी कहते हैं।।७०।।

मुण्डलौह

मृदु कुण्ठं कडारं च त्रिविधं मुण्डमुच्यते।
द्रुतद्रावमविस्फोटं चिक्कणं मृदु तच्छुभम्।।७१।।
हतं यत्प्रसरेद् दुःखात्तत्कुण्ठं मध्यमं स्मृतम्।
यद्धतं भज्यते भंगे कृष्णं स्यात्तत्कडारकम्।।७२।।
मुण्डं परं मृदुलकं कफवातशुल-
मूलाममेहगदकामलपाण्डुहारि।
गुल्मामवात जठरार्तिहरं प्रदीपि
शोफापहं रुधीरकृत्खलु कोष्ठशोधि।।७३।।
अशुद्धलोहं न हितं निषेवणादा-
युर्बलं कांतिविनाशि निश्चितम्।।

हृदि प्रपीडां तनुते ह्यपाटवं रुजं
करोत्येव विशोध्य मारयेत्॥७४॥

मुंडलोहे के प्रकार भेद–मुंडलोहे के मृदु, कुंठ और कंडारक ऐसे तीन भेद हैं। जो लौह अग्नि पर तपाने से शीघ्र गल जाता है, जो हथौड़े या घन की चोट से फटता या बिखरता नहीं, चिकना और नरम होता है उसको 'मृदुलोह', कहते हैं। जो बहुत आघात से बड़ी कठिनता से बढ़ता या फैलता है उसको 'कुंठ लौह' कहते हैं। यह मध्यम गुणों वाला है। और जो चोट के लगने से फट जाता है या टूटकर बिखर जाता है और जो तोड़ने पर भीतर से काले वर्ण का निकलता है उसको कण्डारक लौह कहते हैं। **मुंडलौह के गुण**–मुंडलोहे में जो अत्यन्त मृदु लौह है वह कफ, वात, शूल, बवासीर, आम, प्रमेह, कामला, पांडुरोग, सूजन, गुल्म, आमवात और उदररोग को नष्ट करता है, जठराग्नि को दीपन करता हैं, सूजन को दूर करता है, रुधिर को उत्पन्न करता है और कोठे को शुद्ध करता है। **अशुद्ध लोहे के सेवन के दोष**–अशुद्ध लौह को सेवन करने से शरीर की हानि होती है। आयु, बल और कान्ति का नाश होता है। हृदय में पीड़ा उत्पन्न होती है और सम्पूर्ण शरीर में शिथिलता उत्पन्न होकर अनेक रोग उत्पन्न होते हैं। इस कारण प्रथम लोहे की शुद्धि करके पश्चात् उसका मारण करना चाहिये॥७१-७४॥

तीक्ष्णलोह

खरं सारं हृन्नालं तारावट्टं च वाजिरम्।
काललोहाभिधानं च षड्विधं तीक्ष्णमुच्यते॥७५॥
परुषं पोगरोन्मुक्तं भंगे पारदवच्छवि।
नमने भंगुरं यत्तत्खरलोहमुदाहृतम्॥७६॥
वेगभं गुरुधारं यत्त्सारलोहं तदीरितम्।
पोगराभासकं पांडुभूमिजं सारमुच्यते॥७७॥
कृष्णपांडुवपुश्चंचुबीजतुल्योरुपोगरम्॥
छेदने चातिपरुषं हृन्नालमिति कथ्यते॥७८॥

अंगच्छाया च वंगं च पोगरस्याभिधात्रयम्॥
चिकुरं भंगुरं लोहात्पोगरं तत्परं मतम्॥७९॥
पोगरैर्वज्रसंकाशैः सूक्ष्मरेखैश्च सांद्रकैः।
निचितं श्यामलांगं च वाजीरं तत्प्रकीर्त्यते॥८०॥
नीलकृष्णप्रभं सांद्रं मसृणं गुरु भासुरम्।
लोहाघातेऽप्यभंगात्मधारं कालायसं मतम्॥८१॥
रूक्षं स्यात्खरलोहकं समधुरं पाकेऽथवीर्ये हिमं।
तिक्तोष्णं कफपित्तकुष्ठजठरप्लीहामपांड्वार्तिनुत्॥
सद्यः शूलयकृद्गदक्षयजरामेहामवातापहं
दीप्तं चातिरसायनं बलकरं दुर्नामदाहापहम्॥८२॥
खरलोहात्परं सर्वमेकैकस्माच्छतोत्तरम्॥८३॥

तीक्ष्ण लोह ६ प्रकार का है। (१) खर, (२) सार, (३) हन्नाल, (४) तारा वट्ट, (५) वाजिर और (६) काललोह। इनमें खरलोह कठिन होता है और उसमें रेखा अथवा कठिन तन्तु स्पष्ट नहीं दीखते और तोड़ने पर वह भीतर से पारे के समान चमकदार दिखाई देता है, और नवाने पर टूट जाता है जिस लोहे की धार पतली होने के कारण थोड़े से आघात से ही मुड़ जाती है, उसको सारलोह कहते हैं। इसमें कुटिल रेखायें स्पष्ट दीखती हैं और यह पीली भूमि की खान में उत्पन्न होता है। जिसका और कुछ पीला मिश्रित वर्ण हो, जिसमें चंचुबीज अर्थात् चेंबुना के बीज के समान कुटिल रेखायें पड़ती हों और जो तोड़ने में अत्यन्त कठिन हो, उसको हन्नाल लोह कहते हैं। अङ्ग, छाया और वंग ये ऊपर कहे पोगर के तीन पर्याय हैं। यह पोगर चमकदार और मुड़ने वाला होता है, इस कारण ऐसे लोह के भाग को पोगर कहते हैं जिस लोहे का पोगर वज्र के समान कठिन, चमकदार और सूक्ष्म रेखाओं से युक्त हो, घन और वजनदार हो और जिसका वर्ण नीला कान्ति युक्त हो उसको बाजीर नामक तीक्ष्णलोह जानना। जो नीला अथवा काले रंग का, वजनदार, चिकना, कान्तियुक्त

और लोहे के आघात से भी जिसकी धार न टूटती हो, उसे काललोह कहते हैं। **खर लोह-रूखा**–पाक में मधुर, शीतवीर्य, कड़वा, गरम, कफ, पित्त, कुष्ठ, उदररोग, प्लीहा, आम, पांडुरोग, शूल, यकृत्, राजयक्ष्मा, जरा (बुढ़ापा) प्रमेह और आमवात इन सब रोगों को नष्ट करता है। अति उत्तम रसायन है, अग्नि को दीपन करता है, बल को बढ़ाता है एवं बवासीर और दाह को दूर करता है। तीक्ष्ण लोहे के अन्य भेद खरलोहे की अपेक्षा क्रम से सौ-सौ गुना अधिक गुण वाले जानने चाहिये।।७५-८३।।

कान्तलोह के भेद

भ्रामकं चुंबकं चैव कर्षकं द्रावकं तथा।
एवं चतुर्विधं कांतं रोमकांतं च पञ्चमम्।।८४।।
एकद्वित्रिचतुष्पंचसर्वतोमुखमेव तत्।
पीतं कृष्णं तथा रक्तं त्रिवर्णं स्यात्पृथक् पृथक्।
क्रमेण देवतास्तत्र ब्रह्मविष्णुमहेश्वराः।।८५।।
स्पर्शवेधि भवेत्पीतं कृष्णं श्रेष्ठं रसायने।
रक्तवर्णं तथा चापि रसबंधे प्रशस्यते।।८६।।
भ्रामकं तु कनिष्ठं स्याच्चुंबकं मध्यमं तथा।
उत्तमं कर्षकं चैव द्रावकं चोत्तमोत्तमम्।।८७।।
भ्रामयेल्लोहजातं यत्तत्कांतं भ्रामकं मतम्।
चुंबयेच्चुंबकं कांतं कर्षयेत्कर्षकं तथा।।८८।।
साक्षाद्यद्द्रावयेल्लोहं तत्कांतं द्रावकं भवेत्।
तद्रोमकांतं स्फुटिताद्यतो रोमोद्गमो भवेत्।।८९।।
कनिष्ठं स्यादेकमुखं मध्यं द्वित्रिमुखं भवेत्।
चतुष्पंचमुखं श्रेष्ठमुत्तमं सर्वतोमुखम्।।९०।।
भ्रामके चुंबकं चैव व्याधिनाशे प्रशस्यते।
रसे रसायने चैव कर्षकं द्रावकं हितम्।।९१।।

मत्तोन्मत्तगजः सूतः कांतमंकुशमुच्यते।
क्षेत्रं ज्ञात्वा ग्रहीतव्यं तत्प्रयत्नेन धीमता॥९२॥
मारुताऽऽतपविक्षिप्तं वर्जयेन्नात्र संशयः॥९३॥

कान्तलोह ५ प्रकार का होता है। जैसे-भ्रामक, चुम्बक, कर्षक, द्रावक और रोमकान्त। प्रत्येक के एक मुख, दोतीन मुख; चार मुख पांच मुख और सर्वमुख होने से छः-छः भेद होते हैं। और प्रत्येक पीला, काला, लाल इन वर्णों के भेद से तीन प्रकार का होता है। इन प्रत्येक के क्रम से ब्रह्मा, विष्णु और महेश ये अधिष्ठातृ देवता हैं। इनमें पीला कान्तलोह स्पर्शमात्र से ही अन्यधातुओं को सुवर्ण बना देता है। कृष्ण वर्ण का कान्तलोह रसायन कर्म में उत्तम है और लाल रंग का पारे आदि के बाँधने में श्रेष्ठ है। उपर्युक्त कान्तलोहों में भ्रामक नाम वाला कान्तलोह गुणों में हीन, चुम्बक लोह मध्यम, कर्षक उत्तम और द्रावक नाम वाला कान्तलोह उत्तमोत्तम कहा है। जो कान्तलोह अपने गुणों से अन्य लोहों को भ्रमात (चञ्चल करता) है, उसे भ्रामक कहते हैं। जो दूसरे लोहों को स्पर्श करते ही चिपट जाता है, उसको चुम्बक कहते हैं। जो दूसरे लोहों को अपने पास आकर्षित करता (खींच लेता) है, उसे कर्षक कहते हैं। जिसके संयोग से अन्य लोहे द्रवीभूत हो जाते हैं, उसको द्रावक कहते हैं और जिस कान्तलोह को तोड़ने पर बालों के समान तन्तु दिखलाई दें, उसको रोमकान्त लोह कहते हैं। एक मुखवाला कान्तलोह अधम, दो और तीन मुखवाला मध्यम, चार और पांच मुखवाला श्रेष्ठ और सर्वतोमुखवाला अत्यन्त श्रेष्ठ है। भ्रामक और चुम्बक ये दो प्रकार का लोह रोगों के नाश करने में श्रेष्ठ है। कर्षक और द्रावक लोहं रस और रसायन कर्म में श्रेष्ठ हैं। हाथी रूपी मदोन्मत्त पारे के लिये कान्तलोहरूपी अंकुश है। कान्तलोह उत्तम खान का ग्रहण करना चाहिये जो धूप (गरमी) हवा, सर्दी आदि में पड़ा रहने से गुणहीन हो गया हो ऐसे कान्तलोह को कार्य में नहीं लेना चाहिये॥८४-९३॥

कान्तलोह के लक्षण

पात्रे यस्य प्रसरति जले तैलबिंदुर्न लिप्तं
गंध हिंगु त्यजति च तथा तिक्तता निंबकल्कः
पाके दुग्धं भवति शिखराकारकं नैति भूमौ
कांतं लोहं तदिदमुदितं लक्षणोक्तं च नान्यत्॥९४॥

जिसके जल से भरे हुए पात्र में तेल की बूँदें डालने से फैले नहीं, और न वह पात्र तेल से सने, हींग अपनी गन्ध को छोड़ दें और नीम का कल्क अपने कडुवेपन को छोड़ दे और जिसके पात्र में दूध को पकाने से वह शिखराकार होकर ऊपर को उफनकर जाय किन्तु बर्तन में से नीचे के, भूमि पर नहीं गिरे, उसे कान्तलोह कहते हैं॥९४॥

कान्तलोह के गुण

कांतायोऽतिरसायनोत्तरतरं स्वस्थे चिरायुःप्रदं
स्निग्धं मेहहरं त्रिदोषशमनं शूलाऽऽममूलापहम्।
गुल्मप्लीहयकृत्क्षयामयहरं पाडूदरव्याधिनु-
त्तिक्तोष्णं हिमवीर्यकं किम परं योगेन सर्वार्तिनुत्॥९५॥
सम्यगौषधकल्पानां लोहकल्पः प्रशस्यते।
तस्मात्सर्वप्रयत्नेन शुद्धं लोहं च मारयेत्॥९६॥
नायः पचेत्पंचपलादर्वागूर्ध्वं त्रयोदशात्।
आदौ मंत्रस्ततः कर्म कर्तव्यं मंत्र उच्यते॥९७॥
"ॐ अमृतोद्भवाय स्वाहा" अनेन लोहमारणम्।
लक्षोत्तरगुणं सर्वं लोहं स्यादुत्तरोत्तरम्।
कांतं कोटिगुणं तत्र तदप्येवं गुणोत्तरम्॥९८॥

कान्तलोह अत्यन्त उत्तम रसायन है। स्वस्थ (निरोग) शरीर में सेवन करने से आयु को बढ़ाता है। स्निग्ध वीर्य है प्रमेह त्रिदोष शूल, आम, बवासीर, गुल्म, प्लीहा, यकृत्, क्षय, पाण्डु और उदर रोग इन सब व्याधियों को नष्ट करता है। एवं कड़वा, गरम, शीतवीर्य और नाना प्रकार

के योगों के साथ प्रयोग करने से सब प्रकार के रोगों को दूर करता है। सम्पूर्ण औषधकल्पों में लोहकल्प अत्यन्त श्रेष्ठ है, इसलिये यत्नपूर्वक उत्तम शुद्ध लोह को लेकर मारना चाहिये। कान्तलोह को भस्म करने के लिये पांच पल (२० तोले) से कम और तेरह पल (५२ तोले) से अधिक एक बार में नहीं लेना चाहिये। प्रथम मन्त्र का जप करे, फिर लोह का मारण करे। वह मन्त्र यह है-"ॐ अमृतोद्भवाय स्वाहा" इस मन्त्र को पढ़कर पश्चात् लोह, मारण क्रिया करनी चाहिये। प्रत्येक लोह मुण्डादि भेदक्रम से एक दूसरे की अपेक्षा लक्षाधिक गुणों वाले हैं, उनमें भी कान्तलोह करोड़ गुना अधिक गुणोंवाला है।।९५-९८।।

सर्वलोहशुद्धि

शशक्षतजसंलिप्तं त्रिवारं परितापितम्।
मुण्डादिसकलं लोहं सर्वदोषान्विमुंचति।।९९।।
क्वाथ्यमष्टगुणे तोये त्रिफलाषोडशं पलम्
तत्क्वाथे पादशेषे तु लोहस्य पलपंचकम्।।१००।।
कृत्वा पत्राणि तप्तानि सप्तवारं निषेचयेत्।
एवं प्रलीयते धातुर्गिरिजो लोहसंभवः।।१०१।।
सामुद्रलवणोपेतं तप्तं निर्वापितं खलु।
त्रिफलाक्वथिते नूनं गिरिदोषमयस्त्यजेत्।।१०२।।
चिंचापत्रजलक्वाथादयोदोषमुदस्यति।
यद्वा फल त्रयोपेतं गोमूत्रे क्वथितं खलु।।१०३।।

प्रथम लोहे के (चाहे किसी प्रकार का लोहा हो) छोटे-छोटे टुकड़े या पत्र करके उनके ऊपर खरगोश के रुधिर का लेप करके अग्नि में तपायें। इस प्रकार तीन बार करने से लोह के सम्पूर्ण दोष दूर होकर सब लोहे शुद्ध हो जाते हैं। **दूसरी विधि**—२० तोले लोह के पत्रों को तपाकर ६४ तोले त्रिफले के आठ गुने जल में किये हुए चतुर्थांश शेष क्वाथ में बुझायें। इस प्रकार सात बार बुझाने से लोह के खनिज दोष दूर हो जाते हैं। **तीसरी विधि**—उपर्युक्त त्रिफले का क्वाथ बनाकर उसमें समुद्र नमक

डालकर लोहे के पत्रों को तपाकर ७ बार बुझायें तब लोहा शुद्ध होता है। **चौथी विधि**—इमली के पत्तों का रस निकालकर अथवा इमली के पत्तों का क्वाथ बनाकर या गोमूत्र से सिद्ध किये हुए त्रिफले के क्वाथ में लोह के पत्रों को तपा-तपा कर सात बार बुझायें तो सर्व प्रकार के लोह शुद्ध होते हैं॥९९-१०३॥

सर्वलोहभस्मविधि

रेतितं घृतसंयुक्तं क्षिप्त्वाऽयः खर्परे पचेत्।
चालयेल्लोहदण्डेन यावत्क्षिप्तं तृणं दहेत्॥१०४॥
पिष्ट्वा पिष्ट्वा पचेदेवं पंचवारमतः परम्।
धात्रीफलरसैर्यद्वा त्रिफलाक्वाथितोदकैः।
पुटेल्लोहं चतुर्वारं भवेद्वारितरं खलु॥१०५॥
स्नेहाक्तं लोहरजो मूत्रे स्वरसेपि रात्रिधात्रीणाम्।
पृथगेवं सप्तकृत्वो भर्जितमखिलामयेयोज्यम्॥१०६॥
तीक्ष्णलोहस्य पत्राणि निर्दलानि दृढेऽनले।
ध्मात्वा क्षिपेज्जले सद्यः पाषाणोलूखलोदरे॥१०७॥
खण्डयेद्गाढनिर्घातैः स्थूलया लोहपारया।
तन्मध्ये स्थूलखण्डानि रुद्ध्वा मल्लद्वयांतरे॥१०८॥
ध्मात्वा क्षिप्त्वा जले सम्यक् पूर्ववत्कण्डयेत्खलु।
तच्चूर्णं सूतगंधाभ्यां पुटेद्विंशति वारकम्॥१०९॥
पुटे पुटे विधातव्यं पेषणं दृढ़वत्तरम्।
एवं भस्मीकृतं लोहं तत्तद्रोगेषु योजयेत्॥११०॥
हिंगुलस्य पलान्पंच नारीस्तन्येन पेषयेत्।
तेन लोहस्य पत्राणि लेपयेत्पलपंचकम्॥१११॥
रुद्ध्वा गजपुटैः पच्यात्कषायैस्त्रैफलैः पुनः।
जंबीरैरारनालैश्च विंशत्यंशेन हिंगुलम्॥११२॥
पिष्ट्वा रुद्ध्वा पचेल्लोहं तदद्रवैः पाचयेत्पुनः।

चत्वारिंशत्पुटैरेवं कांतं तीक्ष्णं च मुण्डकम्।
म्रियते नात्र संदेहो दत्त्वा दत्त्वैव हिंगुलम्॥११३॥
अथ पूर्वोदितं तीक्ष्णं वसुभल्लकवासयोः॥११2॥
पुटितं पत्रतोयेन त्रिंशद्वाराणि यत्नतः।
शोणितं जायते भस्म कृतसिंदूरविभ्रमम्॥११५॥
यद्वा तीक्ष्णदलोद्भूतं रजश्च त्रिफलाजलैः।
पिष्ट्वा दत्त्वौदनं किंचिच्चक्रिकां प्रविधाय च॥११६॥
शोषयित्वाऽतियत्नेन प्रपचेत्पंचभिः पुटैः।
रक्तवर्णं हि तद्भस्म योजनीयं यथातथम्॥११७॥
मत्स्याक्षीगंधबाह्लीकैर्लकुचद्रवपेषितैः।
विलिप्य सकलं लोहं मत्स्याक्षीकल्कलेपितम्॥११८॥
भस्त्राभ्यां सुदृढं ध्मात्वा त्रिशूलीनिर्गमावधि।
अथोद्धृत्य क्षिपेत्क्वाथे त्रिफलागोजलात्मके॥११९॥
तस्मादाहृत्य संताड्य मृतमादाय लोहकम्।
पुनश्च पूर्ववद् ध्मात्वा वारयेदखिलायसम्॥१२०॥
खण्डयित्वा ततो गंधगुडत्रिफलया सह।
पुटेविंशतिवाराणि निरुत्थं भस्म जायते॥१२१॥
समगंधमयश्चूर्णं कुमारीवारिभावितम्।
पुटीकृतं कियत्कालमवश्यं म्रियते ह्ययः॥१२२॥
जंबीररससंयुक्ते दरदे तप्तमायसम्।
बहुवारं विनिक्षिप्तं म्रियते नात्र संशय॥१२३॥
गोमूत्रैस्त्रिफला क्वाथ्या तत्कषायेण भावयेत्।
त्रिःसप्ताहं प्रयत्नेन दिनैकं मर्दयेत्पुनः॥१२४॥
रुद्ध्वा गजपुटे पच्याद्दिनं क्वाथेन मर्दयेत्।
दिवा मर्द्यं पुटेद्रात्रावेकविंशद्दिनावधि।
एकविंशत्पुटैरेवं म्रियते त्रिविधं ह्ययः॥१२५॥

यत्पात्राध्युषिते तोये तैलबिंदुर्न सर्पति।
तारेणावर्तते यत्तत्कांतलोहं तनूकृतम्॥१२६॥
अयसामुत्तम सिंचेत्तप्तं तप्तं वरारसे।
एवं शुद्धानि लोहानि पिष्टान्यम्लेन केनचित्॥१२७॥
मृतसूतस्य पादेन प्रलिप्तानि पुटानले।
पचेत्तुल्यस्य वा ताप्यगंधाश्महरतेजसः॥१२८॥
तप्तं क्षाराम्लसंलिप्तं शशरक्तेन दापितम्
कांतलोहं भवेद्भस्म सर्वदोषविवर्जितम्॥१२९॥
शुद्धं सूतं द्विधा गन्धं खल्वेन कृतकज्जलम्॥
द्वयोः समं लोहचूर्णं मर्दयेत्कन्यकाद्रवैः॥१३०॥
यामद्वयात्समुद्धृत्य तद्गोलं कांस्यपात्रके।
आच्छाद्यैरंडपत्रैश्च यामार्धेत्युष्णतां व्रजेत्॥१३१॥
धान्यराशौ न्यसेत्पश्चात्त्रिदिनांते समुद्धरेत्।
संपेष्य गालयेद्वस्त्रे सत्यं वारितरं भवेत्॥१३२॥
कांतं तीक्ष्णं च मुंडं च निरुत्थं जायते मृतम्।
स्वर्णादीन्मारयेदेवं चूर्णं कृत्वा च लोहवत्॥१३३॥
सिद्धयोगो ह्ययं ख्यातः सिद्धानांसुमुखागतः॥१३४॥
अनुभूतं मया सत्यं सर्वरोगजरापहम्।
त्रिफलामधुसंयुक्तं सर्वरोगेषु योजयेत्॥१३५॥

मुण्डादि सब प्रकार के लोहों को रेती से रेतकर, घी में मिलाकर और खरल करके खीपरे (या लोहे के पात्र) में डाल कर तीक्ष्ण अग्नि से पकावें और लोहे की करछी से चलाता जाय, जब उसमें तृण डालने से जल जाय तब लाल होने पर उतार लें। इस प्रकार बारम्बार घी के साथ मिला करके पांच बार पकायें तो लोहे की उत्तम वारितर (पानी में तैरने वाली) भस्म होती है। अथवा लोहे के पत्रों को आमलों के रस में

या त्रिफला के काढ़े में भावना देकर शराव सम्पुट में रखकर गजपुट में फूँक दें। इस प्रकार चार बार पुट देने से लोहे की निश्चय (वारितर) भस्म होती है। **तीसरी विधि**—घृत मिले हुए लोहे के चूर्ण को गोमूत्र, हल्दी और आमलों के स्वरस में पृथक्-पृथक् सात-सात बार खरल करके भूने तो लोहे की श्रेष्ठ भस्म हो जाती है। यह भस्म सब प्रकार के रोगों में प्रयोग करनी चाहिये। तीक्ष्णलोहक अत्युत्तम और सूक्ष्म पत्रों को लेकर तेज अग्नि में तब तक पकायें जब तक वे लाल न हो जायँ। फिर उन पत्रों को तत्काल निकालकर जल से भरी हुई पत्थर की ओखली में बुझा दें और उनको जल में से निकालकर लोहे के डंडे से ओखली में डालकर खूब खरल करे, फिर उन खरल किये हुए पत्रों में से बचे हुए मोटे-मोटे टुकड़ों को निकालकर शराबसम्पुट में बन्द करके तीक्ष्ण अग्नि में तपाकर जल में बुझायें और उक्त विधि से उनको लोहे के डंडे से चूर्ण कर लें। इसके पश्चात् उस चूर्ण में समान भाग पारे गन्धक की कज्जली मिलाकर बीस बार शरावशम्पुट में बन्द करके गजपुट में फूँके। इस प्रकार बीस पुट दें, किन्तु प्रत्येक पुट देते समय उसमें नवीन कज्जली मिलाता जाय और उत्तम प्रकार से खरल करता जाय। इस प्रकार की हुई लोहे की भस्म सब प्रकार के रोगों में प्रयोग करनी चाहिये सिंगरफ को पांच पल लेकर स्त्री के दूध में खरल करके उसके द्वारा पांच पल लोहे के पत्रों को लेपन करे, फिर उनको शरावसम्पुट में बन्द करके गजपुट में फूँक दें। फिर त्रिफले का काढ़ा, जम्बीरी नींबू का रस और काँजी इनसे २० तोले सिंगरफ को खरलकर के उसका २० तोले लोहे के पत्रों पर लेप कर उनको शरावसम्पुट में रखकर गजपुट में फूँक दें, फिर उन्हीं में खरल कर पकायें। इस प्रकार बारम्बार सिंगरफ को डाल-डाल कर ४० बार पुट देने से कान्त, तीक्ष्ण और मुंड इन तीनों प्रकार के लोहों की निस्सन्देह शुद्ध और निरुत्थ भस्म हो जाती है। पूर्वोक्त तीक्ष्णलोह के चूर्ण को अरलू के पत्तों के रस या काढ़े की भावना देकर १५ बार गजपुट में फूँके। इसी प्रकार अडूसे के पत्तों के रस या काढ़े की भावना देकर १५ बार गजपुट में फूंके। इस तरह तीस बार पुट देने से सिंन्दूर की कान्ति के समान लाल रंग की

शुद्ध भस्म हो जाती है। अथवा तीक्ष्ण लोह के चूर्ण को त्रिफला के पानी में खरल करके उसमें भात मिलाकर टिकियाँ बना लें, उन टिकियों को यत्नपूर्वक सुखाकर पूर्वोक्त विधि से पांच बार गजपुट में फूँके तो लालवर्ण की श्रेष्ठ भस्म हो जाती है। उसको सब प्रकार के रोगों में व्यवहार करना चाहिये। **आठवीं विधि**–मछेछी, गन्धक, हींग, और बडहल इनके रस में पीसे हुए इन्हीं के कल्क से लोह पत्रों को लेपन करके उनको मछेछी की लुगदी में रखकर भट्टी में तेज कोयलों की अग्नि से तब तक फूँके जब तक अग्नि में लाल, हरे, पीले आदि रंग दिखाई न दें। फिर उन पत्रों को निकालकर समान भाग मिश्रित त्रिफले के काढ़े और गोमूत्र में बुझावे उसमें से निकालकर उस मृत लोह को खरल करके फिर पूर्वोक्त विधि से तपाकर बुझावे और खरल करे। इसके पश्चात् उस लोहचूर्ण के समान भाग गन्धक, गुड और त्रिफला लेकर उन सबके साथ उक्त चूर्ण को खरल करके गोला बनाकर उसको गजपुट में फूँक दें। इस प्रकार तीस बार पुट देने से लोहे की निरुत्थ भस्म हो जाती है। नवीं विधि लोहे के चूर्ण के बराबर गन्धक लेकर दोनों को घीग्वार के रस में खरल करके शरावसंपुट में बन्द कर गजपुट में फूँक दें। इस प्रकार आठ, दस बार पुट देने से लोहे की अवश्य भस्म हो जाती है। दशवीं विधि नींबू के रस में सिंगरफ को खरल करके लोहे के पत्रों पर लेपन कर उनको तपायें, इस प्रकार १०-१५ बार करने से निस्सन्देह लोह भस्म हो जाता है। **ग्यारहवीं विधि**–गोमूत्र में त्रिफले का काढ़ा बनाकर उसमें लोहे के चूर्ण को भावना देकर गजपुट में दिन में फूँके। इसमें उक्त क्वाथ से खरल करे और रात्रि को गजपुट में फूँके इस प्रकार इक्कीस दिन तक अखण्ड २१ पुट दें तो तीनों प्रकार के लोहों की भस्म हो जाती है। **बारहवीं विधि**–जिस लोहे के जल से भरे हुए पात्र में तेल की बूँद डालने से हिलाने पर भी नहीं फैले उसको कान्तलोह कहते हैं। इस कान्तलोह के बारीक पत्रों को लेकर तेज अग्नि से तपाकर त्रिफले के क्वाथ में बुझावे। इस प्रकार अनेक बार करने से शुद्ध हुए लोह को किसी अम्ल पदार्थ के द्वारा खरल करके फिर उसको चतुर्थांश पारे की भस्म से लेपन कर गजपुट में फूंक दें तो कान्तलोह की

भस्म हो जाती है। कान्तलोहे के पत्रों को खरगोश के रुधिर से लेपन कर तपावे और नमक मिश्रित नींबू के रस में बुझायें। पश्चात् सुवर्णमाक्षिक, गन्धक, पारा इनको समभाग लेकर नींबू के रस में खरल करके लोहे के पत्रों पर लेप कर गजपुट में फूँके तो सब दोषरहित कान्तलोह की उत्तम भस्म होती है। एक भाग पारा और दो भाग गन्धक की कज्जली करके उस कज्जली के बराबर भाग लोहे का चूर्ण लें दोनों को घीग्वार के रस में दो प्रहर तक खरल करके गोला बना लें। फिर उस गोले को कांसे के पात्र में रखकर अरण्ड के पत्तों से लपेटकर और तेज धूप में आधे प्रहर तक सुखाकर तीन दिन तक धान्यराशि में गाढ़कर रक्खे। पश्चात् उसको निकालकर खरल करके कपड़े में छान लें तो कान्त तीक्ष्ण और मुण्ड इन सब प्रकार के लोहों की उत्तम वारितर और निरुत्थ भस्म हो जाती है। इस लोहभस्म के समान ही स्वर्ण आदि धातुओं की भस्म करनी चाहिये अनेक रस ग्रन्थकार सिद्ध और आयुर्वेद जानने वाले वैद्यों के मुख से प्राप्त जो यह अत्यन्त विख्यात सिद्धयोग है। यह मेरा अनुभूत योग है। यह सब रोगों और बुढ़ापे को नाश करता है। इसको त्रिफला और शहद के साथ सम्पूर्ण रोगों में व्यवहार करना चाहिये।। १०४-१३५।।

लोहभस्म के गुण

कांतायः कमनीय कांतिजननं पांड्वामयोन्मूलनं
यक्ष्मव्याधिनिबर्हणं गरहरं दोषत्रयोन्मूलनम्।।
नानाकुष्ठविनाशनं बलकरं वृष्यं वयःस्तंभनं
सर्वव्याधिहरं रसायनवरं भौमामृतं नाऽपरम्।।१३६।।
एतत्स्यादपुनर्भवं हि भसितं लोहस्य दिव्यामृतं
सम्यक् सिद्धरसायनं त्रिकटुकीवेल्लाज्यमध्वन्वितम्।
हन्यान्निष्कमितं जरामरणजव्याधींश्च सत्पुत्रदं
दिष्टं श्रीगिरिशेन कालयवनोद्भूत्यैपुराततिपतुः।।१३७।।
लोहं जंतुविकारपाण्डुपवनक्षीणत्वपित्तामयस्थौ-
ल्यार्शोग्रहणीज्वरार्तिकफजिच्छोफप्रमेहप्रणुत्।।

गुल्मप्लीहविषापहं बलकरं कुष्ठाग्निमांद्यप्रणुत् सौ-
ख्यालं विरसायनं मृतिहरं किट्टं च कांतादिवत्॥१३८॥
मृतानि लोहानि रसीभवंति निघ्नंति युक्तानि
महामयांश्च॥ अभ्यासयोगाद् दृढदेहसिद्धिं
कुवति रुग्जन्मजराविनाशम्॥१३९॥
पक्वजंबूफलच्छायं कांतलोहं तदुत्तमम्॥१४०॥

कान्तलोह की भस्म–सुन्दर कान्ति को उत्पन्न करती है, पाण्डु रोग राजयक्ष्मा, कृत्रिमविष, त्रिदोषविकार और अठारह प्रकार के कुष्ठ को नष्ट करती है। बल को बढ़ाती है, वीर्यवर्द्धक, आयु को स्थापन करने वाली, वाजीकरण, सर्वरोग नाशक और अत्युत्तम रसायन है। पृथ्वी में अमृत के समान गुणकारी इससे बढ़कर दूसरा और कोई पदार्थ नहीं है। यह लोह भस्म अमृत के समान दिव्य और सिद्ध रसायन है। इसके सेवन से मनुष्य का पुनर्जन्म नहीं होता। यह तीन मासे त्रिकुटा (सोंठ, मिरच, पीपल), वायविंडग, घी और शहद में मिलाकर खाने से जरा (बुढ़ापा), मरण और सब प्रकार के रोगों को नष्ट करती है और सत्पुत्र को देती है। श्रीमहादेव जी ने पूर्वकाल में कालयवन के पिता को सन्तान होने के लिये यह भस्म बनवाई थी, उसी के प्रभाव से कालयवन दैत्य की उत्पत्ति हुई थी। यह लोहभस्म कृमिविकार, पांडुरोग, वातरोग, तीक्ष्णता, पित्त के रोग, स्थूलता, अर्श, संग्रहणी, ज्वर, कफ, शोथ, प्रमेह, गुल्म, प्लीहा, विष, कुष्ठ और मंदाग्नि इन सब रोगों को नष्ट करती है, बल को बढ़ाती है, सुखकारक, उत्तम रसायन ओर मृत्यु को हरने वाली है। लोहे की किट्ट (मंडूर) भी कान्तलोह के समान ही गुणकारक है। भरी हुई लोह आदि धातुओं का रसायन कहते हैं। युक्तिपूर्वक सेवन की हुई रसायन बड़े-बड़े कठिन रोगों को नष्ट कर देती है। इसके नित्य सेवन करने से शरीर लोहे के समान दृढ़ हो जाता है तथा वृद्धावस्था और जन्मजन्मान्तरगत अनेक प्रकार के रोग नाश होते हैं। पकी जामुन के रंग के समान कान्तलोह उत्तम होता है॥१३६-१४०॥

लोहद्रावण

त्रिःसप्तकृत्वो गोमूत्रे जालिनीभस्मभावितम्।
शोषयेत्तस्य वापेन तीक्ष्णं मूषागतं द्रवेत्॥१४१॥
सुरदालिभस्मगलितं त्रिःसप्तकृत्वोऽथगोजलेशुष्कम्।
वापेन सलिलसदृशं करोति मूषागतं तीक्ष्णम्॥१४२॥
सुरदालिभव भस्म नरमूत्रेण गालितम्।
त्रिःसप्तवारं तत्क्षारवापात्कांतद्रुतिर्भवेत्॥१४३॥
गंधकं कांतपाषाणं चूर्णयित्वा समं समम्।
द्रुते लोहे प्रतीवापो देयो लोहाष्टकं द्रवेत्॥१४४॥
देवदाल्याद्रवैर्भाव्यं गंधकं दिनसप्तकम्।
तेन प्रवापमात्रेण लोहं तिष्ठति सूतवत्॥१४५॥

कड़वी तोरई की भस्म (राख) को गोमूत्र में २१ बार भावना देकर सुखा लें, फिर लोहे की मूषा में लोहे को गलाकर उसमें उक्त चूर्ण डालता जाय तो लोह का द्रावण होता है। अथवा कड़वी बंदाल की भस्म को २१ बार गोमूत्र में भावना देकर सुखा लें, पश्चात् मूषायन्त्र में लोहे को रखकर तीक्ष्ण अग्नि से तपायें और उक्त चूर्ण डालता जाय तो लोहे की पानी के समान द्रुति होती है। अथवा कड़वी बंदाल की भस्म को मनुष्य के मूत्र की २१ भावना देकर उसका क्षार निकाल लें, पश्चात् अग्नि पर लोह रखकर ऊपर से क्षार डालकर के तपायें तो लोहद्रुति होती है। गन्धक और कान्तलोह को समान भाग लेकर चूर्ण करके तपते हुए लोहे के ऊपर डाले तो लोहद्रुति होती है। इस प्रकार करने से आठों प्रकार के लोहों की द्रुति हो जाती है। देवदाली के रस में गन्धक को सात बार भावना देकर पूर्वोक्त रीति से लोहे के ऊपर डालने से लोहा पारे के समान द्रवीभूत हो जाता है॥१४१-१४५॥

अशुद्ध लोहे के दोष

अशुद्धलोहं हितं निषेवणादायुर्बलं कांतिविनाशि निश्चितम्।
हृदि प्रपीडां तनुते ह्यपाटवं रुजं करोत्येव विशोध्य मारयेत्॥१४६॥

अशुद्ध लोहे का सेवन करना हितकर नहीं है। अशुद्ध लोहे को सेवन करने से आयु, बल और कान्ति का नाश होता है, हृदय में रोग और व्याकुलता उत्पन्न होती है और अनेक रोगों की उत्पत्ति होती है, इसलिये लोहे को शुद्ध करके भस्म करना चाहिये।।१४६।।

लोहों की परस्पर गुणाधिकता

किट्टाद्दशंगुणं मुण्डं मुण्डात्तीक्ष्णं शतोन्मितम्।
तीक्ष्णाल्लक्षगुणं कांतं भक्षणात्कुरुते गुणान्।।१४७।।
तस्मात्कांतं सदा सेव्यं जरामृत्युहरं नृणाम्।।१४८।।
आयुःप्रदाता बलवीर्यकर्ता रोगप्रहर्ता मद-
नस्य कर्ता। अयः समानं न हि किंचिदन्य-
द्रसायनं श्रेष्ठतमं हि जंतोः।।१४९।।

मुण्डलोह किट्टलोहे से दसगुना अधिक गुणों वाला है, तीक्ष्णलोह मुण्ड से सौगुना अधिक गुणों वाला और कान्तलोह तीक्ष्ण से लाख गुना अधिक गुणों वाला है। ये लोह सेवन करने से इस प्रकार अधिकाधिक गुणों को करते हैं। इसलिये मनुष्यों को बुढ़ापा और मृत्यु को हरने वाला, कान्तलोह सदैव सेवन करना चाहिये। आयु को बढ़ाने वाला बल वीर्य की वृद्धि करने वाला, रोगों को हरने वाला और कामदेव को बढ़ाने वाला लोहे के समान दूसरा कोई श्रेष्ठ पदार्थ नहीं है। यह रसायन प्रत्येक मनुष्य के लिये अत्यन्त श्रेष्ठ है।। १४७-१४९।।

मण्डूर

अक्षांगरैर्धमेकिट्टं लोहजं तद्गवां जलैः।
सेचयेदक्षपात्रांतः सप्तवारं पुनः पुनः।।
मंडूरोऽयं समाख्यातश्चूर्णं श्लक्ष्णं नियोजयेत्।।१५०।।
गोमूत्रैस्त्रिफला क्वाथ्या तत्क्वाथे सेचयेच्छनैः।
लोहकिट्टं सुसंतप्तं यावज्जीर्यतितत्स्वयम्।
तच्चूर्णं जायते पेष्यं मंडूरोयं प्रयोजयेत्।।१५१।।

ये गुणा मारिते मुण्डे ते गुणा मुण्डकिट्टके।
तस्मात्सर्वत्र मण्डूरं रोगशांत्यै प्रयोजयेत्॥१५२॥

लोहे से पैदा हुए किट्ट को बहेडे के कोयलों की तेज अग्नि में तपाकर, बहेडे के बने हुए पात्र में गोमूत्र भरकर उसमें बुझावे इस प्रकार सात बार करने से लोहकिट्ट शुद्ध होता है। इसको मण्डूर कहते हैं। इसका बारीक चूर्ण करके भस्म करे। मण्डूर के चूर्ण को गोमूत्र के द्वारा सिद्ध किये हुए त्रिफले के क्वाथ में भावना देकर तेज अग्नि में तब तक फूँके जब तक वह अपने आप जीर्ण न हो जाय। फिर उसको खरल कर लें। यह मण्डूर सब रोगों में प्रयोग करने योग्य है। जो गुण मारे हुए मुण्डलोह में हैं वे ही गुण मुण्डकिट्ट में हैं, इसलिये रोगों को शमन करने के लिये सर्वत्र मण्डूर का प्रयोग करे॥१५०-१५२॥

वंग का शोधन, भेद व लक्षण

खुरक मिश्रकं चेति द्विविधं वंगमुच्यते।
खुरं तत्र गुणैः श्रेष्ठं मिश्रकं न हितं मतम्॥१५३॥
धवलं मृदुल स्निग्धं द्रुतद्रावं सगारवम्।
निः शब्दं खुरवंगं स्यान्मिश्रक श्यामशुभ्रकम्॥१५४॥
वंगं तिक्तोष्णकं रुक्षं ईषद्वातप्रकोपनम्।
मेहश्लेष्मामयघ्नं च मेदोघ्नं कृमिनाशनम्॥१५५॥
द्रावयित्वा निशायुक्ते क्षिप्तं निर्गुण्डिकारसे।
विशुद्ध्यति त्रिवारेण खुरवंगं न संशयः॥१५३॥
अम्लतक्रविनिक्षिप्तं वर्षाभूविषतिंदुभिः।
कटूफलांबुगतं वंगं द्वितीयं परिशुद्ध्यति॥१५७॥
शुद्ध्यति नागो वंगो घोषा रविरातपेऽपि मुनिसंख्यैः
निर्गुण्डीरससेकैस्तन्मूलरजः प्रवापैश्च॥१५८॥

वंग दो प्रकार की है-१ खुरवंग और २ मिश्र वंग। खुरवंग उत्तम

गुणों वाली है और मिश्रवंग गुणहीन है। खुरवंग श्वेत, कोमल चिकनी, जल्दी द्रव होने वाली वजनदार और शब्द रहित है। मिश्रवंग काली और श्वेतमिश्रित रंग की है। **वंग के गुण**–वंग-कड़वी गरम, रूखी और कुछ वायु को कुपित करने वाली है। प्रमेह, कफ, भेद और कृमिजनित रोगों को नष्ट करती है। **वंगशुद्धि**–वंग को गला करके हल्दी मिले हुए निर्गुण्डी के रस में बुझायें, इस प्रकार तीन बार करने से खुरवंग निस्सन्देह शुद्ध हो जाती है और दूसरी मिश्रवंग पुनर्नवा (साँठे) और कुचले के चूर्ण से मिले हुए खट्टे तक्र में बुझाने से अथवा कायफल के काढ़े में ३ बार बुझाने से शुद्ध होती है। रांग, सीसा, काँसी और ताँबा इनको निर्गुण्डी के रस में डालकर मिट्टी के बर्तन में भरकर ७ दिन तक धूप में रखे। अथवा उक्त धातुओं को मिट्टी के पात्र में अग्नि से गलाकर उसमें निर्गुण्डी की मूल का चूर्ण डालकर पकायें इस प्रकार सात बार करने से सम्पूर्ण लोह शुद्ध होते हैं।।१५३-१५८।।

वंगभस्म

सतालेनार्कदुग्धेन लिप्त्वावंगदलानि च।
बोधिचिंचात्वचः क्षारैर्दद्याल्लघुपुटानि च॥१५९॥
मर्दयित्वा चरेद्भस्म तद्रसादिषु शस्यते।
प्रद्राव्य खर्परे वंगं षोडशांशं रसं क्षिपेत्॥१६०॥
स्वल्पस्वल्पाऽऽलकं तत्त्वा भारद्वाजस्य काष्ठतः।
मर्दयित्वा चरेद्भस्म तद्रसादिषु शस्यते॥१६१॥
पलाशद्रवयुक्तेन वंगपत्रं प्रलेपयेत्।
तालेन पुटितं पश्चान्म्रियते नात्र संशयः॥१६२॥
भल्लाततैलसंलिप्तं वंगं वस्त्रेण वेष्टितम्।
चिंचापिप्पलपालाशकाष्ठाग्नौ याति पञ्चताम्॥१६३॥

शुद्ध वंग के पतले पत्र करके उनके ऊपर आक के दूध में घोटी हुई हरताल का लेप करे, फिर उनके नीचे, ऊपर पीपल और इमली की छाल का खार बिछाकर दो सकोरों में बन्द करके लघुपुट दें। इस प्रकार तीन, चार पुट देने से वंग की भस्म हो जाती है। फिर उसको खरल में

अच्छी तरह घोटकर शीशी में भरकर रख दें यह रस रसायन कार्य में विशेष उपयोगी है। **दूसरी विधि**-मिट्टी के खीपरे में वंग को कोयलों की अग्नि के द्वारा गलाकर उसमें वंग का १६वाँ हिस्सा शुद्ध पारा डाले, फिर उसमें थोड़ा-थोड़ा शुद्ध हरताल का चूर्ण डालता जाय और उसको बराबर घोटता जाय, इस प्रकार करने से हरताल का चूर्ण सब अग्नि में जल जायगा, किन्तु इसके धुयें से आँख, नाक, मुँह को बचाये रखना चाहिये। पश्चात् जंगली कपास के डंडे से घोटने पर इसकी भस्म हो जाती है। यह भस्म रस और रसायन कार्य में उपयोगी है। **तीसरी विधि-ढाक** के गोंद के साथ हरताल को खरल करके उसका वंग के पत्रों पर लेप कर हलकी अग्नि के द्वारा पुट दें। इस प्रकार ३ पुट देने से वंग की उत्तम भस्म हो जाती है। शुद्ध वंग के पत्रों को लेकर उन पर भिलावे के तेल का लेप करके या उनको भिलावे के तेल में भिगोकर और गाढ़े कपड़े में बांधकर इमली, पीपल और ढाक इनमें से किसी एक की लकड़ियों की अग्नि में पुट दें तो वंग की अच्छी भस्म होती है। यदि अग्नि की न्यूनता से या पत्रों के मोटे होने से कुछ पत्र कच्चे रह जायें तो उनको फिर आक के दूध या इमली के खार अथवा ढाक के गोंद के साथ खरल करके शरावसंपुट में बन्द कर फिर गजपुट में फूँके। इस प्रकार एक दो पुट देने से समस्त वंग की उत्तम भस्म हो जाती है॥१५९-१६३॥

वंग रसायन

वंगभस्मसमं कांतं व्योमभस्म च तत्समम्।
मर्दयेत्कनकांभोभिर्निंबपत्ररसैरपि॥१६४॥
दाडिमस्य मयूरस्य रसेन च पृथक्-पृथक्।
भूपालावर्तभस्माथ विनिक्षिप्य समांशकम्॥१६५॥
गोमूत्रकशिलाधातुजलैः सम्यग्विमर्दयेत्॥
ततो गुग्गुलुतोयेन मर्दयित्वा दिनाष्टकम्॥१६६॥
विशोष्य परिचूर्ण्याथ समभागेन योजयेत्।
घृष्टं बंधुकनिर्यासैर्नाकुलीबीजचूर्णकैः॥१६७॥

ततः क्षिपेत्करण्डांतर्विधाय पटगालितम्।
गोतक्रपिष्टरजनी सारेण सह पाययेत्॥१६८॥
चतुर्भिर्वल्लकैस्तुल्यं रम्यं वंगरसायनम्।
निश्चितं तेन नश्यंति मेहा विंशति भेदकाः॥१६७॥
शालयो मुद्गसूपं च नवनीतं तिलोद्भवम्।
पटोलं तिक्ततुंडीरं तक्रं पथ्याय शस्यते॥१७०॥

वङ्गभस्म, कांतलोहभस्म और अभ्रकभस्म इन तीनों को समान भाग लेकर धतूरे के पत्तों के और नीम के पत्तों के रस में एक-एक दिन तक खरल करे, फिर अनार के रस और चिरचिटे के रस की एक-एक भावना दें। पश्चात् उसमें राजावर्त्त (रेवटी) की भस्म १ भाग मिलाकर गोमूत्र गन्धविशिष्ट शिलाजीत के पानी की १ भावना दें। फिर शुद्ध गूगल के पानी की आठ दिन तक भावना देकर सुखाकर चूर्ण कर लें। उस चूर्ण को दुपहरिया के फूलों के रस की एक भावना देकर उसमें वङ्गभस्म की बराबर सेमल के बीजों का चूर्ण मिलाकर सबको एकत्र खरल कर लें और वस्त्र में छान कर शीशी में भरकर रख दें। यह उत्तम वंगरसायन ४ वल्ल (१२ रत्ती) परिमाण लेकर हल्दी के चूर्ण और गौ के तक्र के साथ सेवन करना चाहिये। इसको सेवन करने से बीसों प्रकार के प्रमेह निश्चय नष्ट होते हैं। इस रसायन के सेवन करने पर शाली चावलों का भात, मूँग की दाल, नैनी घी, तिलका तेल, परवल, करेला, कड़वी कन्दूरी और तक्र (मट्ठा) ये सब पथ्य हैं॥१६४-१७०॥

नाग (सीसा)

द्रुतद्रावं महाभारं छेदे कृष्णे समुज्ज्वलम्।
पूतिगंधं बहिः कृष्णं शुद्धं सीसमतोऽन्यथा॥१७१॥
अत्युष्णं सीसकं स्निग्धं तिक्तं वातकफापहम्।
प्रमेहतोयदोषघ्नं दीपनं चामवातनुत्॥१७२॥

जो अग्नि पर डालने से शीघ्र पिघल जाय, अधिक वजनदार, तोड़ने पर काला और चमकदार हो दुर्गन्धयुक्त और बाहर से देखने में

काला हो ऐसा सीसा श्रेष्ठ होता है-और इससे हीन लक्षणों वाला सीसा हीन जानना। **सीसे के गुण**–सीसा अत्यन्त गरम, स्निग्ध, तिक्त रस वाला (कड़वा), वात कफ नाशक, अग्नि को दीपन करने वाला तथा प्रमेह जल के दोष से उत्पन्न होने वाले रोग और आमवात को नष्ट करने वाला है।। १७१-१७२।।

सीसे की शुद्धि

सिंदुवारजटाकौतीहरिद्राचूर्णकं क्षिपेत्।
द्रुते नागेऽथ निर्गुण्ड्यास्त्रिवारं निक्षिपेद्रसे।।
नागः शुद्धो भवेदेवं मूर्च्छास्फोटादिनाचरेत्।।१७४।।

सीसे को एक खीपरे में डाल कर अग्नि पर चढ़ा कर गलायें, फिर उसमें सिम्हालू की जड़ का चूर्ण और हल्दी का चूर्ण डाले, जब तक ये चूर्ण जल न जायँ तब तक उसको चूल्हे पर से न उतारें। फिर उसको निगुण्डी के पत्तों के रस में तीन बार बुझायें। इस प्रकार करने से सीसा शुद्ध हो जाता है और वह मूर्च्छा, स्फोट (फोड़े) आदि विकारों को उत्पन्न नहीं करता।।१७३-१७४।।

नागभस्म

तिर्यगाकारचुल्ल्यां तु तिर्यग्वक्रघटं न्यसेत्।
तं च वक्रं विना सर्व गोपयेद्यत्नतो मृदा।।
भ्रष्टयंत्राभिधे तस्मिन्यंत्रे सीसं विनिक्षिपेत्।।१७५।।
पलविंशतिकं नागमधस्तीव्रानलं क्षिपेत्।
द्रुते नागे क्षिपेत्सूतं शुद्धं कर्षमितं शुभम्।।१७६।।
घर्षयित्वा क्षिपेत्क्षारमेकैकं हि पलं पलम्।
अर्जुनस्याक्षवृक्षस्य महाराजगिरेरपि।।१७७।।
दाडिमस्य मयूरस्य क्षिप्त्वा क्षारं पृथक्पृथक्।
एकविंशतिरात्राणि पचेत्तीव्रेण वह्निना।
विघट्टयन्दृढं दोर्भ्यां लोहदर्व्या प्रयत्नतः।।१७८।।

रक्तं तज्जायते भस्म कपोतच्छायमेव वा।
नागं दोषविनिर्मुक्तं जायतेऽतिरसायनम्॥१७९॥
हतमुत्थापितं सीसं दशवारेण सिध्यति।
तन्मृतं सीसकं सर्वदोषमुक्तं रसायनम्॥१८०॥
अश्वत्थचिंचात्वग्भस्म नागस्य चतुरंशतः।
क्षिपेन्नागं पचेत्पात्रे चालयेल्लोहचाटुना॥१८१॥
यावद्भस्म तदुद्धृत्य भस्मतुल्या मनःशिला।
जंबीरैरारनालैर्वा पिष्ट्वा रुद्ध्वा पुटे पचेत्॥१८२॥
स्वांगशीतं पुनः पिष्ट्वा विंशत्यंशशिलायुतम्।
अम्लेनैव तु यामैकं पूर्ववत्पाचयेत्पुटे।
एवं षष्टिपुटैः पक्वो नागः स्यात्सुनिरुत्थकः॥१८३॥
शिलया रविदुग्धेन नागपत्राणि लेपयेत्।
मारयेत्पुटयोगेन निरुत्थं जायते तथा॥१८४॥

तिरछे आकार वाला चूल्हा बनाकर उस पर एक घड़ा तिरछा करके रखे, घड़े के मुँह को छोड़कर उसके शेष सर्वांग को चारों तरफ मिट्टी से लेप कर ढक दें। इसको भ्राष्ट्रयन्त्र (भाड़) कहते हैं। उस यन्त्र में २० पल शुद्ध सीसा डालकर उसके नीचे तीक्ष्ण अग्नि जलायें। सीसे के गल जाने पर उसमें १ तोला शुद्ध पारा डाल कर लोहे की करछी से खूब घोटे। फिर उसमें अर्जुन की छाल, बहेडा, अमलतास, अनार और चिरचिटा इन प्रत्येक का क्षार चार-चार तोले डालकर २१ दिन तक अग्नि से पकायें और लोहे की करछी से दोनों हाथों से अच्छी तरह घोटता जाय। इस प्रकार से सीसे की लाल रंग की अथवा कबूतर के समान रंग वाली उत्तम भस्म होती है। यह भस्म निर्दोष और अत्यन्त रसायन है। सीसे की भस्म के निरुत्थ होने के लिये यही विधि (या अन्यविधि) दस बार करनी चाहिये। इससे सीसे की भस्म निश्चय निरुत्थ होकर सर्वदोषमुक्त और उत्तम रसायन हो जाती है। **दूसरी विधि**–शुद्ध सीसे से चौथाई भाग पीपल और इमली की छाल की राख लें। फिर

सीसे को कढ़ाई में डालकर चूल्हे पर चढ़ाकर नीचे अग्नि जलायें। जब सीसा गल जाय तब उपर्युक्त पीपल और इमली की राख डालकर लोहे के डंडे से तब तक घोटे जब तक अच्छे प्रकार से सीसे की भस्म न हो जाय। फिर उसको चूल्हे पर से नीचे उतार कर उसमें भस्म के बराबर शुद्ध मैनसिल डालकर जम्बीरी नींबू के रस में या खट्टी कांजी में घोटकर गोला बना लें, उसको सम्पुट में रखकर कपरोटी करके गजपुट में फूँक दें। स्वांगशीतल होने पर उसमें फिर बीसवां भाग मैनसिल मिलाकर नींबू के रस में या काँजी में एक प्रहर तक घोटे, फिर पूर्वोक्त विधि से सम्पुट रखकर गजपुट में फूंके। इस प्रकार ६० पुट देने से सीसे की निरुत्थ भस्म हो जाती है। **तीसरी विधि**–शुद्ध सीसे की बराबर शुद्ध मैनसिल लेकर आक के दूध में खरल करके उसका सीसे के पत्रों के ऊपर लेप कर उनको सम्पुट में रखकर गजपुट में फूँक दें। इस प्रकार ७-८ पुट देने से सीसे की निरुत्थ भस्म हो जाती है॥१७५-१८४॥

नागरसायन

एवं नागोद्भवं भस्म ताप्यभस्मार्धभागिकम्॥१८५॥
पादं पादं क्षिपेद्भस्म शुल्बस्य विमलस्य च।
कांताभ्रसत्त्वयोश्चापि स्फटिकस्य पृथक्पृथक्॥१८६॥
सर्वमेकत्र संचूर्ण्य पुटेत्त्रिफलवारिणा।
त्रिंशद्वनगिरिण्डैश्च त्रिंशद्वारं विचूर्ण्य च॥१८७॥
व्योषवेल्लकचूर्णैश्च समांशैः सह मेलयेत्॥१८८॥
मध्वाज्यसहितं हंति प्रलीढं वल्लमात्रया।
अशीतिवातजान्रोगान्धनुर्वातं विशेषतः॥१८९॥
कफरोगानशेषांश्च मूत्ररोगांश्च सर्वशः।
श्वासंकासं क्षयं पाण्डुं श्वयथुं शीतकज्वरम्॥१९०॥
ग्रहणीमामदोषं च वह्निमांद्यं सुदुर्जयम्।
सर्वानुदकदोषांश्च तत्तद्रोगानुपानतः॥१९१॥

उपर्युक्त विधि से तैयार की हुई सीसे की भस्म ४ तोले, सुवर्णमाक्षिक भस्म २ तोले, ताम्रभस्म १ तोला, विमलामाक्षिकभस्म १ तोला, कान्तलोहभस्म १ तोला, अभ्रकसत्त्व १ तोला और स्फटिकभस्म १ तोला सबको एकत्र मिलाकर त्रिफले के क्वाथ में अच्छी तरह घोटकर सम्पुट में रखकर ३० आरने उपलों की अग्नि दें। स्वांगशीतल होने पर चूर्ण करके फिर त्रिफले के क्वाथ में घोटे और सम्पुट में रखकर ३० आरने उपलों की अग्नि दें। इस प्रकार ३० पुट दें फिर इस नाग भस्म में समान भाग त्रिकुटे का और वायविडंग का चूर्ण मिलाकर उसको दो रत्ती की मात्रा से शहद और घृत में मिलाकर सेवन करे इससे ८० प्रकार के वातरोग, विशेषकर धनुर्वात, सब प्रकार के कफरोग, मूत्ररोग, श्वास, खाँसी, क्षय, पाण्डुरोग, सूजन, शीतज्वर, ग्रहणीरोग, आमदोष मन्दाग्नि और जलदोष से होने वाले सब प्रकार के विकार भिन्न-भिन्न अनुपातों के साथ सेवन करने से नष्ट होते हैं।।१८५-१९१।।

पीतल के भेद, लक्षण, गुण

रीतिका काकतुंडी च द्विविधं पित्तलं भवेत्।
संतप्त्वा कांजिके क्षिप्ता ताम्राभा रीतिका मता।
एवं या जायते कृष्णा काकतुंडीति सा मता।।१९२।।
रीतिस्तिक्तरसा रूक्षा जंतुघ्नी सास्त्रपित्तनुत्।
कृमिकुष्ठहरा योगात्सोष्णवीर्या च शीतला।।१९३।।
काकतुंडी गतस्नेहा तिक्तोष्णा कफपित्तनुत्।
यकृत्प्लीहहरा शीतवीर्या च परिकीर्तिता।।१९४।।
गुर्वी मृद्वी च पीताभा सारांगी ताडनक्षमा।
सुस्निग्धा मसृणांगी च रीतिरेतादृशा शुभा।।१९५।।
पाण्डुपाती खरा रुक्षा बर्बरी ताडनक्षमा।
पूतिगन्धा तथा लघ्वी रीतिर्नेष्टा रसादिषु।।१९६।।
तप्त्वा क्षिप्त्वा च निर्गुंडीरसे श्यामारजोन्विते।
पञ्चवारेण संशुद्धिं रीतिरायाति निश्चितम्।।१९७।।

पीतल दो प्रकार का होता है। एक रीतिका और दूसरा काकतुण्डी। जो अग्नि में तपाकर काँजी में बुझाने पर ताँबे के समान लाल वर्ण का हो जाय, उसको रीतिका और जिसका रंग काला हो जाय उसका कातुण्डी जानना चाहिये। रीतिका नामक पीतल-कड़वा, रूखा, कृमिनाशक, रक्तपित्त और कुष्ठ को नष्ट करने वाला है। शीतल पदार्थों के योग से शीतवीर्य और उष्ण पदार्थों के योग से उष्णवीर्य है। काकतुण्डी नाम वाला पीतल-रूखा, कड़वा, उष्णवीर्य कफपित्तनाशक एवं यकृत् और प्लीहा को शमन करने वाला, शीतवीर्य और उष्ण औषधादि के साथ मिलने पर उष्णवीर्य है। **उत्तम पीतल के लक्षण**-जो वजन में भारी हो, नरम पीले रंग का, चमकदार, चोट से नहीं टूटनेवाला, चिकना और एकसा (जिसमें गड्ढे वगैरह न हो) ऐसा पीतल श्रेष्ठ होता है। और जो पीलापन लिये हुए सफेद रंग का हो, खरखरा, रूखा, मिश्रित वर्ण का, बुरे शब्द वाला, आघात से (चोट से) टूटने वाला, दुर्गन्धयुक्त और वजन में हल्का ऐसा पीतल श्रेष्ठ नहीं होता। इसको रसायनादि कार्यों में प्रयोग नहीं करना चाहिये। **पीतल की शुद्धि**-पीतल के पत्रों को अग्नि में तपा तपाकर हल्दी के चूर्ण मिले हुए सिम्हालू के रस में बुझायें। इस प्रकार पाँच बार करने से पीतल शुद्ध हो जाता है।।१९२-१९७।।

पीतल की भस्मविधि

निंबूरसशिलागंधवेष्टिता पुटिताऽष्टधा।
रीतिरायाति भस्मत्वं ततो योज्या यथायथम्।
ताम्रवन्मारणं तस्याः कृत्वा सर्वत्र योजयेत्।।१९८।।

शुद्ध पीतल के पतले पत्र बनाकर उनकी बराबर शुद्ध गन्धक और उतनी ही शुद्ध मैनसिल लेकर दोनों को नींबू के रस में खरल करके उक्त पत्रों पर लेप करे, फिर उन पत्रों को शरावसम्पुट में बन्द करके गजपुट में फूँके। इस प्रकार आठ पुट देने से पीतल की उत्तम भस्म हो जाती है। अथवा तांबे की भस्म के समान पीतल की भस्म करके यथायोग्य सर्वत्र प्रयोग करे।।१९८।।

पित्तलरसायन

मृतारकूटकं कांतं व्योमसत्त्वं च मारितम्॥१९९॥
त्रयं समांशकं तुल्यव्योषजंतुघ्नसंयुतम्।
ब्रह्मबीजाजमोदाऽग्निभल्लाततिलसंयुतम्॥२००॥
सेवितं निष्कमात्रं हि जंतुघ्नं कुष्ठनाशनम्
विशेषाच्छ्वेतकुष्ठघ्नं दीपनं पाचनं हितम्॥२०१।

पीतल का भस्म, कान्तलोह का भस्म और अभ्रक के सत्त्व की भस्म इन तीनों को समान भाग लेकर एकत्र खरल करे, फिर उसमें-त्रिकुटा, वायविडङ्ग, ढाक के बीज (ढकपन्ना), अजमोद, चीता, मिलायें और काले तिल इन सबको समान भाग लेकर एकत्र खरल करके मिला दें। इस पित्तल रसायन को ३-४ मासे की मात्रा से उपर्युक्त अनुपान के साथ सेवन करने से कृमि, कुष्ठ और विशेषकर श्वेत कुष्ठ नष्ट होता है। यह रसायन अग्नि को दीपन करती है और आम को पचाती है॥ १९९-२०१॥

पीतल की द्रुति

सुवर्णरीतिकाचूर्णं भक्षितं वेष्टितं पुनः।
छागेन कृष्णवर्णेन मत्तेन तरुणेन च॥२०२॥
तल्लिप्तं खर्परे दग्धं द्रुतिं मुञ्चति शोभनाम्॥२०३॥
चतुर्दशलसद्वर्णसदृशच्छविः।
देहलोहकरी प्रोक्ता युक्ता रसरसायने॥२०४॥

उत्तम पीले रंग के पीतल को लेकर उसको लोहे या पत्थर पर घिसकर बारीक चूर्ण कर लें। उस चूर्ण को किसी खाने के पदार्थ के साथ मिलाकर काले रंग के जवान और पुष्ट बकरे को खिला दें, फिर उस बकरे का जो मल हो उसको द्रावण वर्ग की औषधियों के साथ घोटकर एक मिट्टी के खीपरे को भीतर लेप करें और उस खीपरे को चूल्हे के ऊपर चढ़ाकर नीचे तीक्ष्ण अग्नि दें तो पीतल की उत्तम द्रुति होती है। इस द्रुतिका वर्ण चौदह प्रकार के भिन्न-भिन्न जाती के सुवर्ण

की कान्ति के समान दीखता है। यह रस और रसायन कर्म में प्रयोग करने पर शरीर और लौहादि धातुओं को सिद्ध करती है॥२०२-२०४॥

कास्यवर्णन

अष्टभागेन ताम्रेण द्विभागखुरकेण च।
विद्रुतेन भवेत्कांस्यं तत्सौराष्ट्रभवं शुभम्॥२०५॥
तीक्ष्णशब्दं मृदु स्निग्धमाषच्छ्यामलशुभ्रकम्।
निर्मलं दाहरक्तं च षोढा कांस्यं प्रशस्यते॥२०६॥
तत्पीतं दहने ताम्रं खरं रूक्षं घनासहम्।
मर्दनादागतज्योतिः सप्तधा कांस्यमुत्सृजेत्॥२०७॥
कांस्यं लघु च तिक्तोष्णं लेखनं दृक्प्रसादनम्।
कृमिकुष्ठहरं वातपित्तघ्नं दीपनं हितम्॥२०८॥
घृतमेकं विना चान्यत्सर्वं कांस्यगतं नृणाम्।
भुक्तमारोग्यसुखदं हितं सात्म्यकरं तथा॥२०९॥

आठ भाग तांबा और दो भाग खुरवंग इन दोनों को एकत्र मिलाने से कांसा (कांसी) बनता है। सौराष्ट्र देश में बनने वाला कांसा उत्तम समझा जाता है। जिसकी आवाज तीक्ष्ण हो, जो नरम, चिकना, चमकदार, कुछ श्यामलता लिये हुए श्वेतवर्ण और उज्ज्वल हो और अग्नि में तपाने से जिसका वर्ण लाल हो जाय, वह कांसा उत्तम होता है। **त्याज्य कांसा**–जिसका रंग पीला हो, अग्नि में तपाने से जो तांबे की समान लाल रंग का दिखाई दे, खरखरा, रूखा और हथौड़े आदि की चोट को नहीं सह सकता (अर्थात् किसी चीज का जोर से आघात होने से टूट जाता है) और घिसने से जिसमें अग्नि निकलती है, ऐसा कांसा त्याज्य है। **कांसे के गुण**–कांसा-हलका, कड़वा, गरम, लेखन, दृष्टि को प्रसन्न करने वाला एवं कृमि, कुष्ठ और वातपित्त को नाश करने वाला है। अग्नि को दीपन करता है और हितकर है। कांसे के पात्र में एक घृत के सिवा और सभी पदार्थ रखकर खाने से आरोग्य और सुख प्राप्त होता है। कांसे के पात्र में भोजन सदैव हितकर और सात्म्य है॥२०५-२०९॥

कांसे का शोधन मारण

तप्तं कांस्यं गवां मूत्रे वापितं परिशुध्यति।
म्रियते गंधतालाभ्यां निरुत्थं पंचभिः पुटैः॥२१०॥
त्रिक्षारं पञ्चलवणं सप्तधाऽम्लेन भावयेत्॥
कांस्याऽऽरकूटपत्राणि तेन कल्केन लेपयेत्।
रुद्ध्वा गजपुटे पक्वं शुद्धभस्मत्वमाप्नुयात्॥२११॥

काँसे के पत्रों को अग्नि में खूब तपाकर गोमूत्र में बुझायें इस प्रकार ५-७ बार बुझाने से काँसा शुद्ध हो जाता है। काँसे के बराबर गन्धक और हरताल़ लेकर दोनों को नींबू के रस में खरल करके काँसे के पत्रों पर लेप करे, फिर उनको शरावसम्पुट में बन्द करके गजपुट में फूँके। इस प्रकार पांच पुट देने से काँसे की उत्तम भस्म हो जाती है। **दूसरी विधि**—जवाखार, सज्जी, सुहागा, पांचों नमक (सैंधानमक, काला नमक, कचिया नमक, साँभर और समुद्र नमक) इन सबको एकत्र मिलाकर नींबू के रस की ७ भावना दें। फिर इस कल्क का काँसे, या पीतल के पत्रों पर लेप करके उनको शरावसम्पुट में रखकर गजपुट में फूँके। इस प्रकार ५ पुट देने से काँसे या पीतल की उत्तम भस्म होती है॥२१०-२११॥

वर्त्तलोह (भरत)

कांस्यार्करीतिलोहाऽहिजातं तद्वर्तलोहकम्।
तदेव पंचलोहाख्यं लोहविद्भिरुदाहृतम्॥२१२॥
हिमाम्लं कटुकं रूक्षं कफपित्तविनाशनम्।
रुच्यं त्वच्यं कृमिघ्नं च नेत्र्यं मलविशोधनम्।
तद्भाण्डे साधितं सर्वमन्नव्यंजनसूपकम्।
अम्लेन वर्जितं चातिदीपनं पाचनं हितम्॥२१४॥
द्रुतमश्वजले क्षिप्तं वर्तलोहं विशुध्यति॥२१५॥
म्रियते गंधतालाभ्यां पुटितं वर्तलोहकम्।
तेषुतेष्विह योगेषु योजनीयं यथाविधि॥२१६॥

काँसा, तांबा, पीतल, लोहा और सीसा इन पांचों धातुओं को एकत्र गलाने से जो मिश्रित धातु तैयार होता है, उसको वर्त्तलोह (भरत) कहते हैं। इसका दूसरा नाम पंचलोह भी है। बहुत लोग इसको जर्मन सिलवर कहते हैं। परन्तु यह उनकी भूल है। वर्त्तलोह जर्मन सिलवर नहीं है। **वर्त्तलोह के गुण**—वर्त्तलोह या पंचरस विशिष्ट धातु (भरत) शीतवीर्य, खट्टा, कटु, रूखा, कफ पित्त विनाशक, रुचिकारक, त्वचा के लिये हितकारी, कृमिनाशक, नेत्रों को उपयोगी और मलशोधक है। वर्त्तलोह (भरत) के बर्तन में सिद्ध किये हुए एक खटाई के सिवा और सब प्रकार के भोजन, व्यंजन, शाक, दाल आदि सब पदार्थ अग्नि को दीपन करने वाले, पाचक और हितकर होते हैं। किसी भी खटाई के पदार्थ इसमें रखने से बिगड़ जाते हैं। **वर्त्तलोह का शोधन, मारण**—वर्त्तलोह (भरत) को अग्नि में गलाकर घोड़े के मूत्र में बुझायें तो वह शुद्ध हो जाता है। वर्त्तलोह के पतले-पतले पत्र करके उनके ऊपर गन्धक और हरताल को नींबू के रस में घोटकर लेप कर दे, फिर उन पत्रों को शरावसम्पुट में रखकर गजपुट में फूँके। इस प्रकार ७ पुट देने से वर्त्तलोह की उत्तम भस्म हो जाती है। वह अनेक योगों में यथा विधि प्रयोग की जा सकती है।।२१२-२१६।।

रसोपरस और लोहों के संस्कार की विशेष आवश्यकता

जाति मद्भिर्विशुद्धैश्च विधिना परिसाधितैः।
रसोपरसलोहाद्यैः सूतः सिध्यति नान्यथा।।२१७।।
रत्नानि लोहानि वराटशुक्तिपाषाणजातं खुर शृंगशल्यम्।
महारसाद्येषु कठोरदेहं भस्मीकृतं स्यात्खलु सूतयोग्यम्।।२१८।।

उत्तम जाति के यथाविधि शुद्ध किये हुए और विधिपूर्वक भस्म किये हुए रस उपरस और लोह आदि धातुओं के द्वारा ही पारद सिद्ध होता है। इनके बिना पारद उत्तम गुणकारी नहीं होता। इस कारण उक्त सम्पूर्ण पदार्थों का शोधन, मारण शास्त्रोक्त विधि से करना चाहिये। सब प्रकार के रत्न, सुवर्ण आदि धातुएँ, कौड़ी, सीप, पाषाण से उत्पन्न होने वाले सब प्रकार के खनिज पदार्थ खुर, सींग, शल्य, महारस, उपरस

आदि में जो अभ्रक, सोनामाखी, विमला, वैक्रान्त आदि कठिन पदार्थों का वर्णन है, वे सब उत्तम प्रकार से भस्म करने पर भी पारद के कार्य में प्रयोग करने योग्य होते हैं।।२१७-२१८।।

भूनागसत्त्वपातनविधि

वज्राणां द्रावणार्थाय सत्त्वं भूनागजं ब्रवे।
तदेव परमं तेजः सूतराजेंद्रवज्रयोः।।२१९।।

भूनाग (केंचुआ) का सत्त्व हीरे का द्रावण करने के लिये अत्यन्त उपयोगी है और यह पारे तथा हीरे का परम तेज है।।२१९।।

भूनागसत्त्व

धौतभूनागसंभूतं मर्दयेद्भृंगजद्रवैः।
निंबूद्रवैश्च निर्गुंड्याः स्वरसैस्त्रिदिनं पृथक्।।२२०।।
तद्रावणगणोपेतं संमर्द्य वटकीकृतम्।
निरुध्य दृढमूषायां द्विदण्डं प्रधमेद् दृढम्।।२२१।।
स्वतःशीतं समाहृत्य पट्टके विनिवेश्य तत्।
रवकान् राजिकातुल्यान्नेणूनतिभरान्वितान्।
द्वादशांशार्कसंयुक्तान्धमित्वा रवकान्हरेत्।।२२२।।
प्रक्षाल्य रवकानाशु समादाय प्रयत्नतः।
वज्रादिद्रावणं तेन प्रकुर्वीत यथेप्सितम्।।२२३।।
खरसत्त्वमिदं प्रोक्तं रसायनमनुत्तमम्।
द्वित्रिमूषासु चैकस्यां सत्त्वं भवति निश्चितम्।।२२४।।
भुजंगमानुपादाय चतुष्प्रस्थसमन्वितान्।
सुवर्णरूप्यताम्रायस्कांतसंभूतिभूमिजान्।।२२५।।
प्रक्षाल्य रजनीतोयैःशीतलैश्च जलैरपि।।२२६।।
उपोषितं मयूरं वा शूरं वा चरणायुधम्।
क्रमेण चारयित्वाथ तद्विषः समुपाहरेत्।।२२७।।
क्षाराम्लैः सह संपेष्य विशोष्य च खरातपे।
ततः खर्परके क्षिप्त्वा भर्जयित्वा मषीं चरेत्।।२२८।।

मषीं द्रावणवर्गेण संयुक्तां संप्रमर्दिताम्।
निरुध्य कोष्ठिकामध्ये प्रधमेद्धटिकाद्वयम्।
शीतलीभूतमूषायाः खोटमाहृत्य पेषयेत्॥२२९॥
प्रक्षाल्य रवकानाशु समादाय प्रयत्नतः॥
सुवर्णमानवद् ध्मात्वा रवं कृत्वा नियोजयेत्॥२३०॥

केंचुओं को लेकर उनको जल से धोकर भांगरा, नींबू और निर्गुंडी इन प्रत्येक के रस में तीन-तीन दिन तक खरल करके सुखा लो, फिर उसमें द्रावण वर्ग की औषधियां मिलाकर खरल कर उसकी बड़ी-बड़ी गोली बना लें और उनको एक मजबूत मूषा में बन्द करके ४८ मिनट तक तेज अग्नि के द्वारा फूँके। स्वांगशीतल होने पर उनको निकाल कर खरल करके वस्त्र में छान लेवे। पश्चात् राई के दाने के समान जो सत्त्व के कण वस्त्र के ऊपर दिखाई देते हैं, वे बहुत वजनदार होते हैं। ऐसे सत्त्वकणों को एकत्र करके उनमें १२ वां भाग शुद्ध तांबे का चूर्ण मिला कर मूषा में रखकर खूब अग्नि दें। इस प्रकार सम्पूर्ण सत्त्व के कणों को निकालकर पानी से धोकर स्वच्छ कर ले। इस भूनाग सत्त्व के द्वारा वज्र (हीरा) आदि का द्रावण करना चाहिए। यह सत्त्व 'खरसत्त्व' कहलाता है—और यह उत्तम रसायन है। उक्त सत्त्व को निकालने के लिए २-३ मूषा लेनी चाहिए क्योंकि सभी मृषाओं में सत्त्व नहीं निकलता। यदि मूषा अच्छी हो तो एक ही में निकल आता है। **दूसरी विधि**—सोना, चांदी, तांबा, कान्तलोह आदि धातुएँ जिन खानों में से निकलती हैं उन खानों की मिट्टी में पैदा होने वाले केंचुएँ ४ प्रस्थ (२५६ तोले) लेकर उनको प्रथम हल्दी के काढ़े से धोयें, फिर शीतल जल से धोकर स्वच्छ कर लें। इसके पश्चात् उसको एक भूखे मोर या जवान मुर्गे को खिला दें और उनकी विष्ठा को लेकर क्षार और अल्पवर्ग की औषधियों के साथ घोटकर तेज धूप में सुखा लो। पश्चात् उसको चूल्हे के ऊपर मिट्टी के खीपरे में भून कर राख कर लें। फिर उस राख को द्रावण वर्ग की औषधियों के साथ घोटकर मूषा में रखकर दो घड़ी तक अग्नि दें। मूषा के शीतल हो जाने पर उसकी तली में जमें हुए सत्त्व के गोले को निकालकर उसका चूर्ण कर लें। फिर उसको धोकर मूषा में रखकर के

सुवर्ण गलाने की विधि से उसको गलाकर चूर्ण करके यथा योगों में प्रयोग करें॥२२०-२३०॥

भूनागसत्त्व मुद्रिका

भूनागोद्भवसत्त्वमुत्तममिदं श्रीसोमदेवोदित
दत्तं पादमितं द्विशाणकनकेनैकं गतेनोर्मिकाम्
तद्धौतांबुविलेपितं स्थिरचरोद्भूतं विषं नेत्ररुक्
शूलं मूलगदं च कर्णजरुजो हन्यात्प्रसूतिग्रहम्॥२३१॥

उपर्युक्त विधि के अनुसार श्रीसोमदेव का कहा हुआ उत्तम भूनाग सत्व १ मासा और सोना ६ मासे लेकर दोनों को एकत्र गला करके उसकी अँगूठी बना लेवे। उस अँगूठी के धुले हुए पानी के स्पर्श से सब प्रकार के स्थावर और जंगम विष, नेत्ररोग, शूल, बवासीर कर्ण रोग और प्रसव का अवरोध (अटकना) ये सब रोग शीघ्र दूर होते हैं॥२३१॥

तैलपातन विधि

मूलान्युत्तरवारुण्या जर्जरीकृत्य कांजिके।
क्षिपेदंकोल्लबीजानां पेषिकां जर्जरीकृताम्॥
तत्तैलं घृतवत्स्त्यानं ग्राह्यं तत्तु यथाविधि॥२३२॥
संपेष्योत्तरवारुण्या पेटकार्या दलान्यथ॥२३३॥
कांजिकेन ततस्तेन कल्केन परिमर्दयेत्॥२३४॥
रजश्चांकोल्लबीजानां तद्बध्वा विरलांबरै।
तद्विलंव्यातपे तीव्रे तस्याधश्चषकं न्यसेत्।
तस्मिन्निपतितं तैलमादेयं श्वित्रनाशनम्॥२३५॥
अंकोल्लबीजसंभूत चूर्णं संमर्द्य कांजिकैः॥
एकरात्रोषितं तत्तु पिण्डीकृत्य ततः परम्॥२३६॥
स्वेदयेत्कंदुके यंत्रे घटिकाद्वितयं ततः।
तांच पिण्डीं दृढे वस्त्रे बद्ध्वानिष्पीडय काष्ठतः॥२३७॥
अधः पात्रस्थितं तैलं समाहृत्य नियोजयेत्।
एवं कंदुकयंत्रेण सर्वतैलान्युपाहरेत्॥२३८॥

अंकोलस्यापि तैलं स्यात्काकतुंड्या समूलया।
बाकुचीदेवदाल्योश्च कर्कोटीमूलतो भवेत्॥२३९॥
अपामार्ग कषायेण तैलं स्याद्विषमुष्टिजम्॥
मूलक्वाथैः कुमार्याश्च तैलं जेपालकं हरेत्।२४०।
कृष्णायाः काकतुंड्याश्च बीजचूर्णानि कारयेत्॥२४१॥
कांतपाषाणचूर्णं च एकीकृत्य निरोधयेत्।
धान्यराशिगतं पश्चादुद्धृत्य तैलमाहरेत्॥२४२॥

इति श्रीवाग्भटाचार्य विरचिते रसरत्नसमुच्चये पंचमोऽध्यायः ५

रस उपरस आदि में अनेक प्रकार के तेलों का उपयोग होता है। इस कारण यहां तेल निकालने की विधि कही जाती है। इन्द्रायन की जड़ को कांजी में बारीक पीसकर फिर उसमें अंकोल के बीजों को पीस कर एक कपड़े की ढीली पोटली में बांधकर के, उसको तेज धूप में लटका देवे। नीचे जो तेल गिरे उसको किसी पात्र में ग्रहण कर लेवे । यह तेल घी के समान गाढ़ा होता है। अथवा इन्द्रायन के पत्ते, पेटारी के पत्ते और अंकोल के बीजों का चूर्ण इन तीनों को समान भाग लेकर कांजी में घोटकर एक छीदे कपड़े की पोटली में बांधकर उसकी तेज धूप में अधर लटका देवे। उसमें जो तेल गिरे उसको ग्रहण कर ले। यह तेल श्वेत कुष्ठ को नष्ट करता है। **तीसरी विधि**-अंकोल के बीजों को कांजी में पीस रातभर रखा रहने देवे। दूसरे दिन उसका गोला बना ले। पश्चात् एक हांडी को लेकर उसको आधा पानी से भरकर उसके मुँह के ऊपर कण्ठ तक एक कपड़ा बांध देवे। उस कपड़े के ऊपर उक्त गोले को रक्खे और उसके ऊपर से एक सकोरा ढककर अच्छी तरह बन्द कर देवे। पश्चात् उस यन्त्र को चूल्हे पर चढाकर दो घड़ी (४५ मिनट तक) अग्नि देवे। फिर उस गोले को एक मजबूत कपड़े में बांधकर काष्ठ के यन्त्र (प्रेस) में दबाकर तेल निकाले। इस प्रकार कन्दुक यन्त्र के द्वारा सब प्रकार के तेल निकाले जाते हैं घुंघची और घुंघची की जड़ के क्वाथ में अंकोल के बीजों का उपर्युक्त विधि से

कन्दुक यन्त्र के द्वारा तेल निकाला जा सकता है। बांझ ककोड़े की जड़ के स्वरस या क्वाथ में वापची और बन्दाल के बीजों को पीसकर पूर्वोक्त विधि से तेल निकाला जा सकता है। चिरचिटे के क्वाथ में कुचले को पीसकर उसका तेल निकाला जा सकता है। घीग्वार की जड़ के क्वाथ में जमालगोटा को पीसकर उक्त विधि से तेल निकाला जा सकता है। काली घुंघुची के बीजों का चूर्ण और चुम्बक पत्थर का चूर्ण दोनों को एकत्र पानी से पीसकर गोला बनाकर कांसे के सम्पुट में बन्द करके धानों के ढेर में तीन दिन तक गाड़कर रक्खे। फिर चौथे दिन निकाल कर इसका तेल निकाल लेवे।।२३२-२४२।।

इति श्रीवाग्भटाचार्यविरचिते रसरत्नसमुच्चये वैद्यशङ्करलालविचरचितायां भाषाटीकायां पञ्चमोऽध्यायः।।५।।

षष्ठमोऽध्यायः

शिष्य का वर्णन

रसशास्त्राणि सर्वाणि समालोच्य यथाक्रमम्।
साधकानां हितार्थाय प्रकटीक्रियतेऽधुना॥१॥
न क्रमेण विना शास्त्रं न शास्त्रेण विना क्रमः।
शास्त्रं क्रमयुतं ज्ञात्वा यः करोति स सिद्धिभाक्॥२॥

अथ क्रमपूर्वक सम्पूर्ण रसशास्त्रों का अवलोकन करके रससिद्धि की इच्छा करने वाले साधकों के हित के लिये रसविद्या प्रकट की जाती है। क्रम के बिना शास्त्र नहीं और शास्त्र के बिना क्रम नहीं। इस कारण जो साधक क्रमानुसार शास्त्र ज्ञान प्राप्त करके कार्य करता है, उसको अवश्य सिद्धि प्राप्त होती है॥१-२॥

रसायनाचार्य

आचार्यो ज्ञानवान्दक्षो रसशास्त्रविशारदः।
मंत्रसिद्धो महावीरो निश्चलः शिव वत्सलः॥३॥
देवीभक्तः सदा धीरो देवतायागतत्परः।
सर्वाम्नायविशेषज्ञः कुशलो रसकर्मणि।
एवं लक्षणसंयुक्तो रसविद्यागुरुर्भवेत्॥४॥

रसविद्या का आचार्य पूर्ण ज्ञानवान, सब कार्यों में दक्ष (चतुर) रसशास्त्र में निपुण, मन्त्र में सिद्धि प्राप्त किया हुआ, शूरवीर, स्थिर चित्त, शिव का भक्त, उसी प्रकार देवी का भक्त, सदैव धीरवीर, देव, यज्ञादि कार्यों को करने वाला, सब वेदों को जानने वाला और रसकर्म में कुशल इन लक्षणों वाला मनुष्य रसविद्या का गुरु या आचार्य होता है॥३-४॥

रसविद्या का अधिकारी शिष्य

गुरुभक्ताः सदाचाराः सत्यवंतो दृढव्रताः॥५॥
निरालस्याः स्वधर्मज्ञाः सदाऽऽज्ञापरिपालकाः
दंभमात्सर्यनिर्मुक्ता कुलाऽऽचारेषु दीक्षिताः॥६॥
अत्यंतसाधकाः शांता मंत्राऽऽराधनतत्पराः।
इत्येवं लक्षणैर्युक्ता शिष्याः स्युः सूतसिद्धये॥७॥

गुरुभक्त, सदाचारी, सत्यव्रती, दृढ़प्रतिज्ञ, आलस्यरहित, अपने धर्म को जानने वाला, गुरु की आज्ञा का पालन करने वाला, दम्भ(पाखण्ड ढोंग) और मात्सर्य (डाह दूसरे की सम्पत्ति को देखकर जलना, ईर्ष्या, क्रोध आदि) से रहित, अपने कुल के आचार विचारों में चतुर, साधक होने के लिए अत्यन्त उत्साही, शान्त और मंत्र-साधन में तत्पर ऐसे लक्षणोंवाला शिष्य रससिद्धि या अधिकारी जानना॥५-७॥

सेवक (सहायक)

सहायाः सोद्यमास्तत्र यथा शिष्यास्ततोऽधिकाः।
कुलिनाः स्वामिभक्ताश्च कर्तव्या रसकर्मणि॥८॥

सदैव उद्योगशील, शिष्य से भी अधिक गुणों वाला, कुलीन और स्वामिभक्त ऐसे सहायक की अनुचरों को रसकार्य में नियुक्त करना चाहिये॥८॥

अयोग्य शिष्य

नास्तिका ये दुराचारश्चुंबका गुरुतोऽपरात्।
विद्यां ग्रहीतुमिच्छंति चौर्यच्छद्मखलोत्सवात्॥९॥
न तेषां सिध्यते किंचिन्मणिमंत्रौषधादिकम्।
कुर्वंति यदि मोहेन नाशयंति स्वकं धनम्॥१०॥
इह लोके सुखं नास्ति परलोके तथैव च।
तस्माद्भक्तिबलादेव संतुष्यति यदा गुरुः॥११॥
तदा शिष्येण सा ग्राह्या रसविद्याऽऽत्मसिद्धये।
हस्तमस्तकयोगेन वरं लब्ध्वा सुसाधयेत्॥१२॥

जो गुरु से या दूसरों से चोरी छल-कपट, धूर्त्तता अथवा हास्य जनक क्रियाओं से रसविद्या प्राप्त करने की इच्छा करते हैं, वे नास्तिक दुराचारी, चोर, धूर्त्त और लम्पट हैं। ऐसे शिष्यों को मणि, मन्त्र और औषधादिक में कुछ भी सिद्धि प्राप्त नहीं होती। ऐसे मनुष्य यदि मूर्खता से रससिद्ध आदि कार्यों के लिये उद्योग करते हैं तो वे अपने द्रव्य को व्यर्थ नष्ट करते हैं। उनको न इस लोक में सुख मिलता है और न परलोक में। इस कारण जब भक्तिभाव से गुरु अच्छे प्रकार से प्रसन्न हो जायँ तब उनसे आत्मसिद्धि के लिये रसविद्या ग्रहण करनी चाहिये। दोनों हाथों को जोड़कर और मस्तक को नवाकर गुरु के पास से आशीर्वाद ग्रहण करके रसविद्या का साधन करे।।९-१२।।

रस साधन के स्थान, रसशाला और रसमण्डप

आतंकर हिते देशे धर्मराज्ये मनोरमे।
उमामहेश्वरोपेते समृद्धे नगरे शुभे।
कर्तव्यं साधनं तत्र रसराजस्य धीमता।।१३।।
अत्यंतोपवने रम्ये चतुर्द्वारोपशोभिते।।१४।।
तत्र शाला प्रकर्तव्या सुविस्तीर्णा मनोरमा।
सम्यग्वातायनोपेता दिव्यचित्रैर्विचित्रिता।।१५।।
तत्समीपे समे दीप्ते कर्तव्यं रसमण्डपम्।
अतिगुप्तं सुविस्तीर्णं कपाटार्गलशोभितम्।।१६।।
ध्वजछत्रवितानाढयं पुष्पमालाविलंबितम्।
भेरीकाहलघंटादिशृङ्गीनादविनादितम्।।१७।।
भूः समा तत्र कर्तव्या सुदृढा दर्पणोपमा।
तन्मध्ये वेदिका रम्या कर्तव्या लक्षणान्विता।।१८।।

रोग रहित देश में, धर्मराज्ययुक्त, रमणीक, समृद्धिशाली और जहां शिव-पार्वती का मन्दिर हो ऐसे शुद्ध नगर में बुद्धिमान् साधकों को रस-साधन करना चाहिये उक्त नगर में चार द्वार वाला एक सुन्दर उपवन

(बगीचा) तैयार करायें। उसमें लम्बी चौड़ी अत्यन्त रमणीक, खिड़की व झरोखों से युक्त और अनेक प्रकार के उत्तम चित्रों से विभूषित ऐसी रसशाला बनवायें। उस रसशाला के समीप समान भूमि में प्रकाशवाले स्थान में रसमण्डप बनायें। यह मण्डप अत्यन्त गुप्त (सुरक्षित) सुविस्तीर्ण, सुन्दर किवाड़ों और मूसले से सुशोभित होना चाहिये उस पर ध्वजा, पताका, छत्र, चन्दोबा, पुष्पमाला आदि टांगने चाहिये। और वहां ढोल, घंटा, घडियाल शंख आदि बाजे बजते रहने चाहिये। उस मण्डप की भूमि समान (चौरस), कठिन और शीशे के समान चमकदार बनानी चाहिये और उसके बीच में मनोहर और उत्तम लक्षणों से युक्त वेदी तैयार करनी चाहिये॥१३-१८॥

रसलिंग की स्थापना आदि

निष्कत्रयं हेमपत्रं रसेन्द्रं नवनिष्ककम्॥
अम्लेन मर्दयेद्यामं तेन लिंगं तु कारयेत्॥१९॥
दोलायंत्रे सारनाले जंबीरस्थं दिनं पचेत्।
तल्लिंगं पूजयेत्तत्र सुशुभैरुपचारकैः॥२०॥
लिंगकोटिसहस्रस्य यत्फलं सम्यगर्चनात्।
तत्फलं कोटिगुणितं रसलिङ्गार्चनाद्भवेत्॥२१॥
ब्रह्महत्यासहस्राणि गोहत्याश्चायुतानि हि।
तत्क्षणाद्विलयं यांतिरसलिङ्गस्य दर्शनात्॥२२॥
स्पर्शनात्प्राप्यते मुक्तिरिति सत्यं शिवोदितम्॥२३॥
आग्नेय्यां श्रीअघोरेण मन्त्रराजेन चार्चयेत्।
अष्टादशभुजं शुभ्रं पंचवक्त्रं त्रिलोचनम्।
प्रेतारूढं नीलकंठं रसलिंगं विचिन्तयेत्॥२४॥
तस्योत्संगे महादेवीमेकवक्त्रां चतुर्भुजाम्।
अक्षमालांकुशं दक्षे वामे पाशाभयं शुभम्॥२५॥
दधतीं तप्तहेमाभां पीतवस्त्रां विभावयेत्॥२६॥

"वाङ्मयी श्रीः कामराजशक्तिबीजं रसाङ्कुशा।
यैः समा द्वादशांशैव ज्ञेया विद्या रसांकुशा"॥२७॥
अनया पूजयेद्देवो गन्धपुष्पाक्षतादिभिः।
नन्दीभृङ्गीमहाकालकुलीरान्पूर्वदिक्क्रमात्॥
पूजयेन्नाममन्त्रैश्च प्रणवादिनमोन्तकैः॥२८॥
एवं नित्यार्जनं तत्र कर्तव्यं रससिद्धये॥२९॥

सोने के बर्क ३ निष्क (९ मासे) और उत्तम पारा ९ निष्क परिमाण लेकर दोनों को एकत्र नींबू के रस में एक प्रहर तक खरल करके उसका शिवलिंग बनायें। फिर उस शिवलिंग को जम्बीरी नींबू के भीतर रखकर दोलायन्त्र काँजी के द्वारा एक दिन तक पकायें। इस प्रकार करने से उक्त रसलिंग दृढ़ हो जाता है। फिर उस लिंग को वेदी के ऊपर स्थापन करके उसका सुन्दर उपचारों से विधिपूर्वक पूजन करे॥ **रसलिंगार्चन का फल**–सहस्रकोटि शिवलिंगों का पूजन करने से जो फल प्राप्त होता है, उससे भी करोड़ों गुना अधिक फल रसलिंग का पूजन करने से प्राप्त होता है। हजारों ब्रह्महत्यायें और लाखों गोहत्यायें इत्यादि बड़े-बड़े भयंकर पाप केवल रसलिंग के दर्शन करने से नष्ट होते हैं और रसलिंग के स्पर्शमात्र से मोक्ष की प्राप्ति होती है। यह बात श्रीमहादेवजी ने कही है। **पूजनविधि**–अग्निकोण में रसलिंग की स्थापना करके श्रीअघोर मन्त्रराज (ओं अघोरेभ्योऽथ घोरेभ्यो घोरघोरतरेभ्यः सर्वेभ्यः सर्वसर्वेभ्यो नमस्ते अस्तु रुद्ररूपेभ्यः) इसके द्वारा रसलिंग की पूजा करे। **रसलिंग का ध्यान** जिनके १८ भुजायें हैं, शुभ्रवर्ण हैं, जिनके ५ मुख और तीन नेत्र हैं। जो प्रेत (मृतक) के ऊपर आरुढ़ हैं और जिनका कण्ठ नीलवर्ण है, ऐसे रसलिंग का ध्यान करे। उस रसलिंग के गोद में महादेवी श्रीपार्वती की स्थापना कर उसका इस प्रकार ध्यान करे-यह देवी एकमुखी, चार भुजावाली, दाहिने हाथ में रुद्राक्षमाला और अंकुश एवं बायें हाथ में शुभ पाश और दूसरे हाथ से अभय प्रदान करती हुई, संतप्त सुवर्ण की कान्ति के समान पीले वस्त्रों को धारण करते हुए है "ओं वाङ्मयी श्रीः-" इत्यादि २७वें श्लोक में कहा हुआ "रसांकुशा

विद्या-महाविद्या" का मन्त्र पढ़कर गन्ध पुष्प, अक्षत आदि से श्री उमादेवी का पूजन करे। रसलिंग के पूर्व में नन्दी, पश्चिम में भृंगी, उत्तर में महाकाल और दक्षिण में कुलीरगण की स्थापन करे और उनका नाममंत्रादि से पूजन करे। नाम के आदि में ओंकार और अन्त में नमःशब्द का उच्चारण करे। जैसे ॐ नन्दिने नमः ॐ भृंगिने नमः, ॐ महाकालाय नमः, ॐ कुलीराय नमः इत्यादि, इस प्रकार रसशाला के मण्डप के मध्य वेदी में नित्यप्रति रस की सिद्धि के लिये रसलिंग (शिव) उमा (पार्वती) और उनके नन्दी आदि गणों की पूजा करनी चाहिये।।१९-२९।।

शिष्य को दीक्षाविधि

रसविद्या शिवेनोक्ता दातव्या साधकाय वै।
यथोक्तेन विधानेन गुरुणा मुदितात्मना।।३०।।
सुमुहूर्ते सुनक्षत्रे चन्द्रताराबलान्विते।
कलशं तोयसंपूर्णं हेमरत्नफलैर्युतम्।।३१।।
स्थापयेद्रसलिंगाग्रे दिव्यवस्त्रेण वेष्टितम्।
गन्धपुष्पाक्षतैर्धूपैर्नैवेद्यैश्च सुपूजयेत्।।३२।।
पूजांते हवनं कुयाद्योनिकुंडे सुलक्षणे।
तिलाज्यैः पायसैः पुष्पैः शतपुष्पादिकैःपृथक्।।३३।।
अघोरेण रसांकुश्या होमान्ते शिष्यमाह्वयेत्।
कालिनी शक्तिसंयुक्ता रससिद्धिपरायणा।।३४।।
यस्यास्तु कुंचिताः केशाः श्यामा या पद्मलोचना।
सूरूपा तरुणी भिन्ना विस्तीर्णजघना शुभा।।३५।।
संकीर्णहृदया पीनस्तनभारेण नम्रिता।
चुम्बनालिंगनस्पर्शकोमला मृदुभाषिणी।।३६।।
अश्वत्थपत्रसदृशयोनिदेशसुशोभिता।
कृष्णपक्षे पुष्पवती सा नारी कालिनीस्मृता।।३७।।

रसबन्धे प्रयोगे च उत्तमा सा रसायने।
तदभावे सुरूपा तु या काचित्तरुणाङ्गना॥३८॥
तस्या देयं त्रिसप्ताहं गन्धकं घृतसंयुतम्।
कर्षैकैकं प्रभाते तु सा भवेत्कालिनीसमा॥३९॥
एवं शक्तियुतो योऽसौ दीक्षयेत्तं गुरूत्तमः।
सुस्नातमभिषिंचेत मन्त्रेण कलशोदकैः।
अघोरामंकुशींविद्यां दद्याच्छिष्याय सद्गुरुः॥४०॥
यथाशक्त्या सुशिष्येण दातव्या गुरुदक्षिणा।
अथाज्ञया गुरोर्मंत्रं लक्षं लक्षं पृथग्जपेत्॥४१॥
अनया पूजयेद्देवीमिमां विद्यां रसांकुशीम्।
दशांशेन हुनेत्कुण्डे त्रिकोणे हस्तमात्रके।
जातिपुष्पं त्रिमध्वक्तं पूर्णांते कन्यकार्चनम्॥४२॥

श्री शिवजी की कही हुई रसविद्या को गुरु प्रसन्न मन से योग्य शिष्य के लिये शास्त्रोक्त विधि से प्रदान करे। विधि इस प्रकार है चन्द्रबल और ताराबल से युक्त शुभ नक्षत्र और शुभ मुहूर्त्त में जल से भरा हुआ एक कलश लेकर उसमें सुवर्ण रत्न और फल फूल आदि डालकर और उसको दिव्य वस्त्रों से वेष्टित कर रसलिंगक आगे स्थापन करे फिर गन्ध, पुष्प, अक्षत, धूप, दीप, नैवेद्य आदि से उसकी यथाविधि पूजा करे। पूजा के अन्त में शास्त्रोक्त विधि से बनाये हुए उत्तम लक्षणों वाले योनिकुण्ड में (योनि के समान आकार वाले कुण्ड) में तिल, घृत, खीर, पुष्प, सोंफ आदि पृथक्-पृथक् पदार्थों के द्वारा श्रीअघोर मंत्र से रसांकुशी नामवाली विद्या देवी के निमित्त हवन करे और हवन के अन्त में महाशक्ति सम्पन्नकालिनी स्त्री की सहायता प्राप्त गुरु दीक्षा के लिये शिष्य का आवाहन करे। **कालिनी स्त्री के लक्षण**—जिस स्त्री के केश सुन्दर, घूँघरवाले हों, श्यामवर्ण हो, कमल के समान नेत्र हो, जो सुन्दर स्वरूपवाली, युवती (यौवन के मद से भरी हुई), विस्तीर्ण जंघाओं वाली

शुभलक्षणों से युक्त, संकीर्ण हृदयवाली, पुष्ट पयोधरों के भार से नम्र हुई चुम्बन, आलिङ्गन और स्पर्श में अत्यन्त कोमल, मधुर और प्रिय बोलने वाली, जिसकी योनि पीपल के पत्ते के समान सुशोभित हो और जो कृष्ण पक्ष में ऋतुमती होती हो, ऐसी स्त्री को कालिनी जानना चाहिये। कालिनी स्त्री रसायन कर्म्म में और रसबन्ध के प्रयोगों में बड़ी उत्तम है। यदि इस प्रकार की कालिनी स्त्री न मिले तो किसी सुन्दर स्वरूपवाली तरुणी स्त्री को प्रतिदिन प्रातःकाल एक तोला शुद्ध गन्धक घृत के साथ मिलाकर २१ दिन तक खिलावे इस प्रकार करने से वह स्त्री कालिनी के समान हो जाती है। रसबन्ध प्रयोग और रसायन कर्म में यह कालिनी स्त्री सिद्धि को देने वाली कही है। रसविद्या के गुरु इस प्रकार शक्तिसम्पन्न होकर (शक्तिस्वरूपकालिनी स्त्री जिसकी सहकारिणी हो) शिष्य को दीक्षा दें। प्रथम स्नान किये हुए शिष्य को कलश के जल से मंत्रों द्वारा अभिषिक्त करे, फिर अघोरा और अंकुशी विद्या उसको दें। पश्चात् शिष्य यथाशक्ति गुरुदक्षिणा दें गुरुजी की आज्ञा से अघोर मन्त्र और रसांकुशी इनका अलग-अलग एक-एक लक्ष जप करे। रसांकुशी मन्त्र से रसांकुशी देवी का पूजन करे। फिर एक हाथ चौड़ा और त्रिकोण आकारवाला (तिखूँटा) एक कुण्ड बनाकर उसमें त्रिमधु अर्थात् शहद, घृत और खांड एवं चमेली के फूलों के द्वारा जप का दशांश (१० हजार) हवन करे हवन के समाप्त होने पर कुमारी कन्याओं का पूजन करे।।३०-४२।।

देवतादि की पूजनविधि

कृत्वाथ प्रविशेच्छालां शुद्धां लिप्तां सवेदिकाम्।।४३।।
षट्कोणं मण्डलं तत्र सिंदूरेण द्विहस्तकम्।
वेदिकायां लिखेत्सम्यक् तद्बहिश्चाष्टपत्रकम्।
कमलं चतुरस्त्रं च चतुर्द्वारैः सुशोभितम्।।४४।।
कर्णिकायां न्यसेत्खल्वं लोहजं स्वर्णलेखितम्।
तन्मध्ये रसराजं तु पलानां शतमात्रकम्।।४५।।

पंचाशत्पंचविंशद्वा पूजयेद्रसलिंगवत्॥४६॥
वज्रवैक्रान्तवज्राभ्रकान्तपाषाणटंकणम्।
भूनागे शक्तयश्चैताः षट्पत्रे पूजयेत्क्रमात्॥४७॥
गन्धतालककासीसशिलाकंकुष्ठभूषणम्।
राजावर्तो गैरिकं च ख्याता उपरसा अमी।
पूज्या अष्टदले चैते पूर्वादीशानुगं क्रमात्॥४८॥
रसकं विमला ताप्यं चपला तुत्थमंजनम्।
हिंगुलं सस्यकं चैव ख्याता एते महारसाः।
पूर्वादीशानपर्यंतं पत्राग्रेषु प्रपूजयेत्॥४९॥
पूर्वद्वारे स्वर्णरौप्ये दक्षिणे ताम्रसीसके॥५०॥
पश्चिमे वंगकान्तौ च उत्तरे मुण्डतीक्ष्णके।
सर्वमेतदघोरेण पूजयेदंकुशान्वितम्॥५१॥
बिडं कांजिकयंत्राणि क्षारमृल्लवणानि च।
कोष्ठी मूषा वंकनाली तुषांगारवनोपलाः॥५२॥
भस्त्रिका दण्डिकानेका शिला खल्वान्युलूखलम्।
स्वर्णकारोपकरणं समस्ततुलनानि च॥५३॥
मृत्काष्ठताम्रलोहोत्थपात्राणि विविधानि च।
दिव्यौषधीनां वर्गाश्च रंजकस्नेहनानि च॥५४॥
एतानि द्वारबाह्ये तु मूलमंत्रेण पूजयेत्।
वाङ्मायां ह्रीं ततः क्षें च क्ष्मश्च पञ्चाक्षरो मनुः।
अनेन मूलमंत्रेण भैरवं तत्र पूजयेत्॥५५॥

इसके पश्चात् शुद्ध पदार्थों से लिपी हुई उत्तम वेदी वाली रसशाला में प्रवेश करे। फिर वेदी के ऊपर दो हाथ लम्बा चौड़ा सिन्दूर से षट्कोण मण्डल बनायें। उसके बाद आठ दलवाला कमल लिखे उसके चारों द्वारों पर चतुरस्त्र (चौकोन) मण्डल बनायें। मण्डल की कर्णिका के मध्य में उत्तम लोहे का बना हुआ खरल स्थापन करे और उसमें सोने

की लकीरें काढ़ दें। उस खरल में १०० पल अथवा ५० पल या २५ पल पारा डाल कर उसका रसलिंग के समान पूजन करे। हीरा, वैक्रान्त वज्राभ्रक, कान्तपाषाण (चुम्बक पत्थर), सुहागा और भूनाग इन ६ शक्तियों को षट्दल कमल में क्रम से स्थापन करके पूजे। एवं गन्धक, हरताल, कसीस, मैनसिल, कंकुष्ठ, अंजन, राजावर्त्त और गेरू ये आठ उपरस हैं। इनको अष्टदल कमल में क्रम से पूर्वदिशा से लेकर ईशानकोण पर्यन्त स्थापन कर पूजन करे। अर्थात् गन्धक को पूर्व दिशा में, हरताल को अग्निकोण में, कसीस को दक्षिण दिशा में, मैनसिल को नैर्ऋत्य कोण में, कंकुष्ठ को पश्चिम दिशा में, अंजन को वायव्य कोण में, राजावर्त्त को उत्तर दिशा में और गेरू को ईशान कोण में स्थापन करे। खपरिया, रूपामाखी, सोनामाखी, चपल धातु तूतिया, अभ्रक, हिंगुल और सस्यक (नीलाथोथा) ये आठ महारस हैं। इन आठों महारसों को क्रम से पूर्व दिशा से ईशान कोण पर्यन्त अष्टदल मंडल की पंखड़ियों के अग्रभाग में स्थापन करके पूजन करे। वेदी के जो चार द्वार कहे हैं उन पूर्व के द्वार पर सुवर्ण और रूपे का, दक्षिण द्वार पर ताम्र और सीसे का, पश्चिम द्वार पर वंग और कान्तलोह का और उत्तर द्वार पर मुण्डलोह और तीक्ष्ण लोहे का रसांकुशी और अघोरमंत्र से पूजन करे। विडादि पदार्थों की पूजन विधि विड (पारे में धातु भक्षण करने के लिये क्षारादि पदार्थों को डालकर जो बनाया जाता है), काँजी, अनेक प्रकार के यंत्र, क्षार, मृत्तिका, लवण, छोटी व बड़ी मूषा, वंकनाल, तुष (भुस) कोयले, आरने उपले, धौंकनी, अनेक प्रकार के दण्ड, शिल, खरल, ऊखल, सुनार के अनेक प्रकार के उपकरण (औजार), समस्त तुले हुए मिट्टी के, लकड़ी के, तांबे के और लोहे के बने हुए अनेक प्रकार के पात्र विविध प्रकार की दिव्यौषधियां, रंजक (रंगनेवाली) औषधियां और समस्त स्नेहवर्ण (घृत, तैलादि इन सब पदार्थों को द्वार के बाहर स्थापन करके मूलमंत्र से इनकी पूजा करे। वह मूलमंत्र इस प्रकार है- वाङ्मायां ह्वीं ततः क्षें, च क्ष्मश्च पंचाक्षरो मनुः। "वाङ्मायां, ह्वीं, तत, क्षें, क्ष्मः" पंचाक्षरी मंत्र है। इसी मूलमंत्र के द्वारा द्वार के बाहर भैरव का पूजन करे।।५२-५५।।

रससिद्धाचार्यों का पूजन, स्मरण आदि

सर्वेषां रससिद्धानां नाम संकीर्तयेत्तदा॥५६॥
व्यलाचार्यश्चंद्रसेनः सुबुद्धिनरवाहनः।
नागार्जुनो रत्नघोषः सुरानंदो यशोधनः॥५७॥
इंद्रधूमश्च मांडव्यश्चर्पटा सूरसेनकः।
आगमो नागबुद्धिश्च खण्डः कापालिको मतः॥५८॥
कामारिस्तांत्रिकः शंभुर्लंको लंपकशारदौ।
बाणासुरो मुनिश्रेष्ठौ गोविंदः कपिलो बलिः॥५९॥
एते सर्वे तु राजेन्द्रा रससिद्धि महाबलाः।
चरंति सर्वलोकेषु निन्या भोगपरायणाः॥६०॥
सप्तविंशतिसंख्याका रससिद्धि प्रदायकाः।
वंद्याः पूज्याः प्रयत्येन ततः कुर्याद्रसार्चनम्॥६१॥
हर्षयन्द्विजदेवानां तर्पयेदिष्टदेवताः।
कुमारीयोगिनीयोगीश्वरान्मेलकसाधकान्॥६२॥
तर्पयेत्पूजयेद्भक्त्या यथाशक्त्यनुसारतः॥६३॥
इत्यवें सर्वसंभारयुक्तं कुर्याद्रसोत्सवम्।
सर्वविघ्नप्रशांत्यर्थं सर्वेप्सितफलप्रदम्॥६४॥
अन्यथा यो विमूढात्मा मंत्रदीक्षाक्रमाद्विना।
कर्तुमिच्छति सूतस्य साधनं गुरुवर्जितः॥६५॥
नासौ सिद्धिमवाप्नोति यत्नकोटिशतैरपि।
तस्मात्सर्वप्रयत्नेन शास्त्रोक्तां कारयेत्क्रियाम्॥६६॥

इस प्रकार रसशाला, वेदी, उपकरण आदि की तैयारी हो जाने पर समस्त रससिद्धाचार्यों के नामों का उच्चारण करे रससिद्धाचार्य। व्यालाचार्य, चन्द्रसेन, सुबुद्धि, नरवाहन, नागार्जुन, रत्नघोष, सुरानन्द, यशोधन, इन्द्रधूम, माण्डव्य, चर्पटी, सूरसेनक, आगम, नागबुद्धि खण्ड, कापालिक, कामारि, तान्त्रिक, शम्भु, लंक, लम्पक, शारद, बाणासुर, मुनिश्रेष्ठ, गोविन्द, कपिल

और बली ये सब २७ सत्ताईस राजेन्द्र और अत्यन्त समर्थ्यवान् रससिद्ध हैं। ये नित्य भोगपरायण होकर सम्पूर्ण लोकों में विचरते हैं और रससिद्धि को देने वाले हैं। इनका विधिपूर्वक वन्दन और पूजन करके फिर रस (पारद) की पूजा करनी चाहिये। एवं ब्राह्मणों को सन्तुष्ट करना चाहिये और अपने इष्टदेव का विधिपूर्वक पूजन करना चाहिये। उसी प्रकार कन्या में योगिनी योगीश्वर और रसमिश्रण का साधन करने वाले आदि का अपनी शक्ति के अनुसार भक्तिभाव से तर्पण और पूजन करे। समस्त विघ्नों को शान्ति और सम्पूर्ण इच्छित फलों की प्राप्ति के लिये इस प्रकार समारोह से सम्पूर्ण रसोत्सव करने चाहिये। जो मूर्ख मनुष्य इस विधि को छोड़कर मन्त्र, दीक्षा आदि के क्रम को न करके गुरू के बिना रस को सिद्ध करने की इच्छा करता है उसको सैकड़ों कोटि यत्न करने पर भी सिद्धि प्राप्त नहीं हो सकती। इस कारण विशेष यत्न के साथ प्रथम सम्पूर्ण शास्त्रोक्त विधि करके फिर रस का साधन करना चाहिये।।५६-६६।।

पारद (रस) की कैसे मनुष्य को सिद्धि होती है?

सम्यक्साधनसोद्यमा गुरुयुता राजाज्ञयाऽलंकृता
नानाकर्मपराङ्मुखा रसपराश्चाढ्या जनैश्चार्थिताः।
मात्रायंत्रसुपाककर्मकुशलाः सर्वौषधे कोविदास्तेषां
सिध्यति नान्यथा विधिबलाच्छ्रीपारदः पारदः।।६७
रसशास्त्रं प्रदातव्यं विप्राणां धर्महेतवे।
राज्ञे वैश्वाय वृद्ध्यर्थं दास्यार्थमितरस्य च।। ६८।।
गुरौ तुष्टे शिवस्तुष्येच्छिवे तुष्टे रसस्तथा।
रसे तुष्टे क्रियाः सर्वाः सिध्यंत्येव न संशयः।।६९।।
रसविद्या दृढं गोप्या मातुर्गुह्यमिव ध्रुवम्।
भवेद्वीर्यवती गुप्ता निर्वीर्या च प्रकाशनात्।।७०।।
रोगिणां बहुभिर्ज्ञातं भवेन्निर्वीर्यमौषधम्।
न रोगिविदितं कार्यं बहुभिर्विदितं तथा।।७१।।

इति श्रीवाग्भटाचार्य विरचिते रसरत्नसमुच्चये षष्ठोऽध्यायः

जिसके पास उत्तम प्रकार के साधन हैं या जो उत्तम प्रकार के साधन तैयार कर सकता है, अत्यन्त उद्योगशील, गुरु के द्वारा शिक्षा प्राप्त किया हुआ, जिसको राजा का आश्रय हो, अन्य समस्त कार्यों को छोड़कर दिन रात रस कर्म में ही तत्पर रहने वाला, धनवान् और लोकों के द्वारा प्रार्थना करने पर रस का साधन करने वाला, मात्रा, प्रमाण, यन्त्र, पाक आदि कर्म में कुशल, सर्वप्रकार की औषधियों को जानने वाला, और जिनका प्रारब्ध बलवान् हो ऐसे मनुष्यों को सर्वसिद्धि प्रदान करने वाले पारद की सिद्धि होती है। अन्यथा किसी प्रकार भी चाहे जितना परिश्रम किया जाय पारे की सिद्धि नहीं होती। रसशास्त्र कौन कौन से मनुष्यों को किस किस प्रयोजन के लिए देना चाहिये। रसशास्त्र ब्राह्मणों को धर्म कार्य करने के लिए, राजा(क्षत्रिय) और वैश्य(धनाढ्य, व्यापारी) लोगों को उक्त शास्त्र की वृद्धि के लिये और अन्य जनों (शूद्रों)को दास्यकर्म में अपने कर्तव्य पालने की शिक्षा प्राप्त करने के लिये रसशास्त्र पढ़ाना चाहिये। गुरु का महत्त्व गुरु के प्रसन्न होने पर श्री महादेवजी प्रसन्न होते हैं और महादेव के प्रसन्न होने पर रस (पारा) प्रसन्न होता है और रस के सन्तुष्ट होने पर सम्पूर्ण क्रियायें निश्चय सिद्ध होती हैं रसविद्या को गुप्त रखना चाहिये रसविद्या को माता के गुप्त स्थान के समान अत्यंत गुप्त रखना चाहिये। रसविद्या के गुप्त रखने से वह वीर्यवती रहती है- और उसका प्रकाशन करने से वह निर्वीर्य (सामर्थ्यहीन) हो जाती है। **औषधियों की गुप्तता**। जो औषधि रोगी और और बहुत से मनुष्यों के द्वारा जानी हुई होती है वह वीर्यहीन होती है, अर्थात् कुछ गुण नहीं करती, इस कारण वैद्य को रोगी और बहुत से मनुष्यों की जानी हुई क्रिया नहीं करनी चाहिये।। ६८-७१।।

इति श्रीवाग्भटाचार्यविरचिते रसरत्नसमुच्चये वैद्यशंकरलालविरचितायां भाषाटीकायां षष्ठोऽध्यायः।।६।।

सप्तमोऽध्यायः

रसशाला

रसशालां प्रकुर्वीत सर्वबाधाविवर्जिताम्।
सर्वौषधमये देशे रम्ये कूपसमन्विते॥१॥
यक्षत्र्यक्षां सहस्राक्षां दिग्विभागे सुशोभने।
नानोपकरणोपेतां प्राकारेण सुशोभिताम्॥२॥
शालायाः पूर्वदिग्भागे स्थापयेद्रसभैरवम्।
वह्निकर्माणि चाग्नेये याम्ये पाषाणकर्म च॥३॥
नैर्ऋत्ये शस्त्रकर्माणि वारुणे क्षालनादिकम्।
शोषणं वायुकोणे च वेधकर्मोतरे तथा॥४॥
स्थापनं सिद्धवस्तूनां प्रकुर्यादीशकोणके।
पदार्थसंग्रहः कार्यो रससाधनहेतुकः॥५॥

जहां पर सब प्रकार की औषधियां मिल जायें, जहां कूप बावड़ी हो ऐसे रमणीय देश में उत्तर ऐशान्य तथा प्राची के सुशोभन भाग में सर्वबाधा से रहित एक रसशाला बनावे, वह शाला सब तरह के उपकरणों से तथा प्राकार से सुशोभित हो शाला के पूर्व दिशा में रस भैरव की स्थापना करे, आग्नेय दिशा में आग्निसार्य करे दक्षिण दिशा में पाषाण का कर्म करे, नैऋत्य में शस्त्र कर्म करे, पश्चिम दिशा में क्षालनकर्म (धोना आदि) करे, वायव्य दिशा में शोषण कर्म करे, उत्तर दिशा में वेधकर्म करे, ऐशानी दिशा में सब सिद्ध वस्तुओं का स्थापन करे और रससाधन में उपयुक्त पदार्थों का संग्रह करें॥१-५॥

रस में साधनेयोग्य पदार्थ

सत्त्वपातनकोष्ठीं च सुराकोष्ठीं सुशोभनाम्।
भूमिकोष्ठीं चलत्कोष्ठीं जलद्रौण्योऽप्यनेकशः॥६॥
भस्त्रिकायुगलं तद्वन्नालिके पंकलोहयोः।
स्वर्णायोघोषशुल्वाश्मकुण्डयश्चर्मकृतां तथा॥७॥
करणानि विचित्राणि द्रव्याण्यापि समाहरेत्।
कण्डणीपेषणीखल्वाद्रोणीरूपाश्च वर्तुलाः॥८॥
आयसास्तप्तखल्वाश्च मर्दकाश्च तथाविधाः॥९॥
सूक्ष्मच्छिद्रसहस्राढ्या द्रव्यगालनहेतवे।
चालनी च कटत्राणि शलाकाऽहिश्च कुण्डली॥१०॥
चालनी त्रिविधा प्रोक्ता तत्स्वरूपं च कथ्यते।
वैणवीभिः शलाकाभिर्निर्मिता ग्रथिता गुणैः।
कीर्तिता सा सदा स्थूलद्रव्याणां गालने हिता॥११॥
चूर्णचालनहेतोश्च चालन्यन्यापि वंशजा।
कर्णिकारस्य शाल्मल्या हरिजातस्य कम्बया॥१२॥
चतुरङ्गुलविस्तारयुक्तया निर्मिता शुभा।
कुण्डल्यरत्निविस्तारा छागचर्माभिवेष्टिता॥१३॥
वाजिबालाम्बरानद्धतला चालनिकाऽपरा।
तथा प्रचालनं कुर्याद्धर्त्तुं सूक्ष्मतरं रजः॥१४॥

सत्त्वपातन करने की मूषा, आसव तैयार करने की मूषा तेल निकालने की भूमि में गड़ी हुई टंकी, पारद संस्कार के लिये उपयोगी चलायमान कोठी और जल भरने के लिये अनेक द्रोणाकार पात्र ये सब उपकरण रसशाला के बीच में रखने चाहिये। दो भट्टियों की मिट्टी अथवा लोहे की, दो नलियां (फूँकनी), उसी प्रकार सुवर्ण, लोह, काँसा, ताँबा आदि धातुओं की तथा चर्म की बनी हुई अनेक प्रकार की कूँडियां, और अनेक प्रकार के उपकरण तथा द्रव्यों को संग्रह करना चाहिये, ओखली, औषधियों को पीसने के लिये चक्की, द्रोणाकार खरल, गोल

खरल, लोहे के तप्त खरल और लोहे के ही मूसले, औषधियों को छानने के लिये हजारों बारीक छिद्रों वाली चलनी और धातुओं को काटने वाली शलाका (छैली) और सर्पकुण्डलनी इन सब चीजों को एकत्र करे। चलनी तीन प्रकार की होती है, उसका स्वरूप इस प्रकार कहा:–बांस की तुलियों से बनी हुई, और मजबूत डोरी से बँधी हुई होनी चाहिये। वह चलनी मोटी-मोटी वस्तुओं को छानने के लिये उपयोगी होती है। दूसरी चूर्ण को छानने के लिये बाँस की बनी हुई अथवा और किसी चीज की बनी हुई बारीक छलनी लें। इसके अतिरिक्त चार अँगुल ऊँची करने की, सेमल की, चन्दन की अथवा हाथी दाँत की उत्तम प्रकार से चलनी बनाकर उसको चारों तरफ से बकरे के चर्म से मढ़ दें। उसकी लम्बाई चौड़ाई एक वालिश्त परिमाण रखनी चाहिये और उसके तल भाग को घोड़े के बालों अथवा वस्त्र से बांधकर तैयार करे और वह कुण्डली के समान गहरी हो, ऐसी एक और चलनी होनी चाहिये। उस चलनी से अत्यन्त सूक्ष्म चूर्ण छानना चाहिये।।६-१४।।

मूषामृत्तुषकार्पासवनोपलकपिष्टकम्।
त्रिविधं भेषजं धातुजीवमूलमयं तथा।।१५।।

मूषा, मिट्टी (कपरोटा करने के लिये), तुस (भुस), बिनौले, आरने उपले, गोबर आदि पदार्थ तथा धातु (खनिज), प्राणिज और वनस्पतिजन्य इस प्रकार तीन प्रकार की औषधियों का संग्रह करना चाहिये।।१५।।

शिखित्रा गोबरं चैव शर्करा च सितोपला।
शिखित्रा पावकोच्छिष्टा अंगारा कोकिलामता।।१६।।
कोकिलाश्चेतिताङ्गारा निर्वाणाः पयसा बिना।
पिष्टकं छगणं छाणमुपलं चोत्पलं तथा।।१७।।
गिरिण्डोपलसाठी च संशुष्कछगणाभिधाः।
काचायोमृद्वराटानां कूपिका चषकाणि च ।।१८।।
कूपिका कुपिका सिद्धा गोला चैव गिरिण्डिका।
चषकं च कटोरी च वाटिका खारिका तथा।।१९।।
कंचोली ग्राहिका चोत नामान्येकार्थकानि हि।

कोयले, गोबर, रेता और सफेद रेता इन सब चीजों को संग्रह करे। शिखित्र, पावकोच्छिष्ट, अङ्गार और कोकिल ये सब कोयलों के नाम हैं। जो कोयले बिना जल के बुझाये जाते हैं, उनको कोकिल कहते हैं, पिष्टक, छगण, छाण, उपल, उत्पल, गिरिण्डोपल, साठी ये नाम सूखे हुए उपलों के हैं। काँच, लोहा, मिट्टी और कौड़ियाँ इनकी तैयार की हुई शीशियां और प्याले एकत्र करें। कूपिका, कुपिका, सिद्धा, गोला और गिरिण्डिका ये नाम शीशियों के हैं तथा चषक, कटोरी, वाटिका, खारिका, कंचोली और ग्राहिका ये सब नाम चषक के पर्यायवाची हैं।।१६-१९।।

शूर्पादिवेणुपात्राणि क्षुद्राः क्षिप्राश्च शंखिकाः।।२०।।
क्षुरप्राश्च तथा पाक्यो यच्चान्यत्तत्र युज्यते।
पालिका कर्णिका चैव शाकच्छेदनशस्त्रकाः।।२१।।
शालासम्मार्जनाद्यं हि रसपाकान्तकर्म यत्।
तत्रोपयोगि यच्चान्यत् तत्सर्वं परविद्यया।।२२।।
श्रीरसाङ्कुशया सर्वं मन्त्रयित्वा समर्चयेत्।
अन्यथा तद्गतं तेजः परिगृह्णन्ति भैरवाः।।२३।।

सूप आदि बाँस के बने हुए पात्र, छोटी कौड़ी, शंख, चूर, पाक करने योग्य पात्र ओर वहाँ जो वस्तु उपयोगी समझी जाय वह सब संग्रह करके रखनी चाहिये। उसी प्रकार पालिका और कर्णिका नामक शाकादि को काटने वाले शस्त्र, रसशाला को सम्मार्जनी आदि और रस पाक के अन्त में जो काम में आने वाले उपयोगी पदार्थ हों उन सबका वहां संग्रह करें और ब्रह्मविद्यारूप श्रीरसांकुशा विद्या से उन सब वस्तुओं को अभिमन्त्रित करके पूजे। ऐसा न करने से प्रत्येक वस्तु के तेज को भैरव हर लेते हैं।।२०-२३।।

रससाधक वैद्यों के लक्षण

रससञ्चिन्तका वैद्या निघण्टुज्ञाश्च वार्त्तिकाः।
सर्वदेशजभाषाज्ञाः संग्राह्यास्तेऽपि साधकैः।।२४।।
रसपाकावसानं हि सदाघोरञ्च धारयेत्।

रससिद्धिका विचार करने वाले वैद्य जो निघण्टु (औषधियों के नाम, गुण, दोष प्रयोग आदि) और वार्तिक (परिभाषा के जानने वाले और सब देशों की भाषाओं के जानने वाले हों ऐसे रससाधक वैद्यों का भी साधकों के द्वारा संग्रह करना चाहिये। रस सिद्ध होने के पश्चात् सदैव अघोर मन्त्र का जप करवायें।।२४।।

परिचारक कैसे होने चाहिये?

सोद्यमाः शुचयः शूराः बलिष्ठाः परिचारकाः।।२५।।

रस की सिद्धि करने में उद्योगी, सदाचारी, शूरवीर, और बलवान् ऐसे परिचारक (सेवक) लेने चाहिये।।२५।।

रसवैद्यों के विशेष गुण

धर्मिष्ठः सत्यवाग्विद्वान् शिवकेशवपूजकः।
सदयः पद्महस्तश्च संयोज्यो रसवैद्यके।।२६।।
पताकाकुम्भपाथोजमत्स्यचापांकपाणिकः।
अनामाधस्थरेखाङ्कः सस्यादमृतहस्तवान्।।२७।।
अदेशिकः कृपामुक्तो लुब्धो गुरुविवर्जितः।
कृष्णरेखाकरो वैद्यो दग्धहस्तः स उच्यते।।२८।।

धर्मनिष्ठ, सत्यवादी, विद्वान् शिव और विष्णु की उपासना करने वाला दयालु, जिसका हाथ कमल के समान हो अथवा जिसके हाथ में कमल का चिह्न हो, ऐसे वैद्य को रस की सिद्धि करने के लिये नियुक्त करना चाहिये जिसके हाथ में ध्वजा, घट, कमल, मत्स्य और धनुष, इनमें से एक दो, अथवा अधिक चिह्न हों और जिसकी अनामिका अंगुली के नीचे रेखा हो उस मनुष्य को 'अमृतहस्त' कहते हैं (ऐसे मनुष्य के हाथ से ही रस सिद्ध होता है) जो वैद्य परदेशी, निर्दयी, लोभी, निठुर व चोर और गुरुदीक्षा से रहित हो और जिसके हाथ में काली रेखा हो, उसको दग्धहस्त कहते हैं। ऐसे वैद्य के हाथ से कोई भी कार्य सिद्ध नहीं होता है।।२६-२८।।

रससाधकों की विशेष योजना

भूतनिग्रहमन्त्रज्ञास्ते योज्याः निधिसाधने।
बलिष्ठाः सत्यवन्तश्च रक्ताक्षाः कृष्ण विग्रहाः॥२९॥
भूतत्रासनविद्याश्च ते योज्या बलिसाधने।
निर्लोभाः सत्यवक्तारो देवब्राह्मणपूजकाः॥३०॥
यमिनः पथ्यभोक्तारो योजनीया रसायने।
धनवन्ती वदान्याश्च सर्वोपस्कारसंयुताः॥३१॥
गुरुवाक्यरता नित्यं धातुवादेषु ते शुभाः।
तत्तदौषधनामज्ञाः शुचयो वंचनोज्झिताः॥ ३२॥
नानाविषयभाषाज्ञास्ते योज्या भेषजाहृतौ।

भूतप्रेतादि को दूर करने के मन्त्रों को जानने वाले जो पुरुष हों उनकी रसकर्म के अन्त में पदार्थों को सुरक्षित रखने के लिए नियुक्त करे। जो बलवान् सत्यवादी हों जिनके नेत्र लाल और शरीर कृष्ण हो और जो भूतों को भयभीत करने की विद्या को जानते हों ऐसे पुरुषों को बलिकर्म में प्रयुक्त करे। जो लोभरहित, सत्य बोलने वाले, देवता और ब्राह्मणों के उपासक, संयमी, (जितेंद्रिय और मनोजयी) और सदा पथ्यपदार्थों का आहार करनेवाले ऐसे वैद्यों को रसायन के सिद्ध करने में नियुक्त करना चाहिये जो धनवान, उदार, सर्वसाधन संपन्न और गुरू के वाक्यों पर श्रद्धा रखने वाले हों ऐसे मनुष्यों को धातुओं के शोधन मारणादि कर्म में उत्तम समझना चाहिए। जो प्रत्येक औषधि का हर एक भाषा में नाम जानते हों जिनका अन्तरात्मा पवित्र हो, जो छलकपट से रहित हों और जो विविध प्रकार की भाषाओं को जानते हों ऐसे मनुष्यों को औषधि लाने के लिए नियुक्त करे॥२९-३२॥

शुचीनां सत्यवाक्यानामास्तिकानां मनस्विनाम्।
सन्देहोज्झितचित्तानां रसः सिद्ध्यति सर्वदा॥३३॥

वाह्य और आभ्यन्तर से पवित्र, सत्यवक्ता, आस्तिक, मन को

जीतने वाले और सब प्रकार के सन्देहों से रहित ऐसे पुरुषों को ही (रस पारद) की सिद्धि प्राप्त होती है।।३३।।

दशाष्टक्रियया सिद्धे रसेऽसौ साधकोत्तमः।
महारसोऽयमित्युक्त्वा सेवेतान्यत्र तं रसम्।।३४।।
रससिद्धो भवेन्मर्त्यो दाता भोक्ता न याचकः।
जरामुक्तो जगत्पूज्यौ दिव्यकांतिः सदासुखी।।३५।।

अष्टादश संस्कारों के द्वारा पारद को उत्तम प्रकार से सिद्ध कर लेने पर उत्तम साधको को उस रस का महारस कहकर सर्वत्र उसका उपयोग करे। जिस मनुष्य की रस की सिद्धि प्राप्त होती है वह दाता और भोक्ता होता है और वह कभी किसी से याचना नहीं करता वह जरा (वृद्धावस्था से) रहित, समस्त जगत् में पूज्य, दिव्य कान्तिवाला और सदा सुखी रहता है।।३४-३५।।

इति श्रीवाग्भटाचार्य विरचिते रससमुच्चये भाषाटीकायां
सप्तमोऽध्यायः।।१७।।

अष्टमोऽध्यायः

परिभाषा

कथ्यते सोमदेवेन मुग्धवैद्यप्रबुद्धये।
परिभाषा रसेन्द्रस्य शास्त्रैः सिद्धैश्च भाषिता॥१॥

अब सोमदेव नामक रसशास्त्र के विद्वान् अल्पबुद्धि वाले वैद्यों को सहज में ज्ञान होने के लिये शास्त्र और सिद्धजनों के द्वारा सम्मत रस सम्बन्धी परिभाषा को कहते हैं॥१॥

अर्द्धं सिद्धरसस्य तैलघृतयोर्लेहस्य भागोऽष्टमः
संसिद्धाऽखिललोहचूर्णवटकादीनां तथा सप्तमः।
यो दीयेत भिषग्वराय गदिभिर्निर्दिश्य धन्वन्तरिं
सर्वारोग्यसुखाप्तये निगदितो भागः स धन्वन्तरेः॥२॥

रोगी रोगनिवारण करने के लिये उपयोगी औषध का जो भाग धन्वन्तरि के उद्देश्य से तथा सब प्रकार की आरोग्यता और सुखप्राप्ति के लिये औषधनिर्माण कर्त्ता वैद्य के लिये देता है, वह धन्वन्तरि का भाग कहलाता है। उस भाग का प्रमाण इस प्रकार है–सिद्धरस का आधा भाग सिद्धतैल, सिद्धघृत् और अवलेह का आठवां भाग, तथा सिद्ध की हुई लोह आदि धातु, चूर्ण और गुटिका आदि का सातवां भाग वैद्य को देना चाहिये॥२॥

भैषज्यक्रीणितद्रव्य् भागोऽप्येकादशो हि यः।
वणिग्भ्यो गृह्यते वैद्यै रुद्रभागः स उच्यते॥३॥

व्यापारियों से औषधियाँ खरीद कर उसमें से जो वैद्य ग्यारहवाँ भाग लेते हैं, वह रुद्रभाग कहा जाता है॥३॥

प्रगृह्याधिकरुद्रांशं योऽसमीचीनमौषधम्।
दापयेल्लुब्धधीर्वैद्यः सः स्याद्विश्वासघातकः॥४॥

जो लोभी वैद्य रुद्रभाग को अधिक परिमाण में लेकर अयोग्य औषध (कम कीमती और अल्पगुणवाली) देता है, वह वैद्य विश्वासघाती होता है॥४॥

धातुर्भिगन्धकाद्यैश्च निर्द्रवैर्मर्दितो रसः।
सुश्लक्ष्णः कज्जलाभोऽसौ कज्जलीत्यभिधीयते॥५॥

गन्धक आदि धातुओं के साथ पारे को बिना किसी द्रव पदार्थों के खूब बारीक खरल करे। जब वह चिकना और कज्जल के समान हो जाता है तब उसको कज्जली कहते हैं॥५॥

सद्रवा मर्दिता सैव रसपंक इति स्मृतः॥६॥

उसी कज्जली को यदि किसी द्रव पदार्थ के साथ खरल किया जाता है तब उसको रसपंक कहते हैं॥६॥

अर्कांशतुल्याद्रसतोऽथ गन्धा-
न्निष्कार्धतुल्यात्कुटितोऽभिखल्वे।
अर्कातपे तीव्रतरे विमर्द्यात्
पिष्टी भवेत्सा नवनीतरूपा॥७॥

गन्धक आधा निष्क (१$\frac{१}{२}$ माशे) और पारा गन्धक से १२वाँ भाग लेकर दोनों को खरल में डालकर खूब तीक्ष्ण धूप में मर्दन करे। जब वह नैनीघी के समान चिकनी हो जाय तो उसे नवनीतपिष्टी कहते हैं॥७॥

खल्वे विमर्द्य गन्धेन दुग्धेन सह पारदम्।
पेषणात्पिष्टतां याति सा पिष्टीति मता परैः॥८॥

पारे और गन्धक को समान भाग लेकर कज्जली कर लें। फिर उसको खरल में डालकर दूध के साथ घोटे। घुटते-घुटते जब वह पिट्ठी के समान बारीक हो जाती है तब उसको पिष्टी कहते हैं॥८॥

चतुर्थांशसुवर्णेन रसेन कृतपिष्टिका।
भवेत्पातनपिष्टी सा रसस्योत्तमसिद्धिदा॥९॥

एक भाग पारे को चौथाई भाग सुवर्ण के साथ घोटकर जो पिष्टी (कज्जली) की जाती है उसको पातनपिष्टी कहते हैं। वह पारद को उत्तम सिद्धि प्रदान करती है॥९॥

रूप्यं वा जातरूपं वा रसगन्धादिभिर्हतम्।
समुत्थितं च बहुशः सा कृष्टी हेमतारयोः॥१०॥

पारा, गन्धक आदि के द्वारा भस्म किये हुए सुवर्ण अथवा रूपे का जो अनेक औषधियों के द्वारा पुनरुत्थापन किया जाता है, उसको सुवर्ण और रौप्य की कृष्टी कहते हैं॥१०॥

कृष्टीं क्षिपेत्सुवर्णान्तर्न वर्णो हीयते तथा।
स्वर्णकृष्ट्या कृतं बीचं रसस्य परिरंजनम्॥११॥

उत्तम प्रकार से की हुई कृष्टी को सुवर्ण में (अग्नि पर गलाकर) मिलाने से सुवर्ण का वर्ण कम नहीं होता है। इस स्वर्णकृष्टी के द्वारा सिद्ध किया हुआ बीज पारे का रंजक (रंगनेवाला) होता है॥११॥

ताम्रं तीक्ष्णसमायुक्तं द्रुतं निःक्षिप्य भूरिशः।
सगन्धलकुचद्रावे निर्गतं वरलोहकम्॥१२॥

तीक्ष्णलोह के साथ ताँबे को अग्नि में गला गलाकर उसको अनेक बार गन्धक मिले हुए बडहल के रस में बुझावे। इस प्रकार करने से लोहा वरलोह कहा जाता है॥१२॥

तेन रक्तीकृतं स्वर्णं हेमरक्तीत्युदाहृतम्।
निक्षिप्ता सा द्रुते स्वर्णे वर्णोत्कर्षविधायिनी॥१३॥
तारस्य रंजनी चापि बीजरागविधायिनी।
एवमेव प्रकर्त्तव्या ताररक्ती मनोहरा॥
रंजनी खलु रूप्यस्य बीजानामपि रंजनी॥१४॥

उस वरलोह के साथ गलाने से सुवर्ण रक्तवर्ण (लाल) हो जाता है, उसको हेमरक्ती कहते हैं। यह हेमरक्ती स्वर्ण को गलाकर उसमें मिलाने से सुवर्ण के वर्ण को उत्तम बनाती है। इसी प्रकार वरलोह के

साथ रूपे को गलाकर तारक्ती बनानी चाहिये। वह रूपे को रंगने वाली और रूपे के बीजों के रंग को भी बढ़ाने वाली है॥१३-१४॥

मृतेन वा बद्धरसेन वान्यल्लोहेन वा साधितमन्यलोहम्।
सितत्वपीतत्वमुपागतं तद्दलं हि चन्द्रानलयोः प्रसिद्धम्॥१५॥

मृत अथवा बद्ध पारे के साथ या किसी लोह आदि धातु के साथ सिद्ध की हुई कोई धातु जब श्वेतवर्ण की होती है तब उसको चन्द्रदल कहते हैं और जो पीतवर्ण होती है उसे अग्निदल कहते हैं॥१५॥

आवासकृतबद्धेन रसेन सह योजितम्।
साधितं वान्यलोहेन सितं पीतं च तद्दलम्॥१६॥

मृत अथवा बद्ध पारे के साथ या अन्य किसी धातु के साथ सिद्ध की हुई किसी भी धातु को श्वेतवर्ण की होने पर सितदल और पीतवर्ण भी होने पर पीतदल कहते हैं॥१६॥

माक्षिकेण हतं ताम्रं दशवारं समुत्थितम्।
तद्वद्द्विशुद्धनागं हि द्वितयं तच्चतुष्पलम्॥१७॥
नीलाञ्जनहतं भूयः सप्तवारं समुत्थितम्।
इति संशुद्धमेतद्धि शुल्बनागं प्रकीर्त्यते॥१८॥
साधितस्तेन सूतेन्द्रो वदने विधृतो नृणाम्।
निहन्ति मासमात्रेण मेहव्यूहं विशेषतः॥१९॥
पथ्याशनस्य वर्षेण पलितं बलिभिः सह।
गृध्रदृष्टिर्लसत्पुष्टिः सर्वारोग्यसमन्वितः॥२०॥

सोनामाखी के साथ तांबे की भस्म करे और फिर उत्थापित करे। इस प्रकार दस बार भस्म करे और दस बार उत्थान करे। इस प्रकार की हुई ताम्रभस्म और शुद्ध नाग (सीसा) दोनों को चार पल लेकर नीले सुरमे के साथ घोटकर सात बार भस्म करे और फिर सात बार उत्थापन करे। इस प्रकार शुद्ध किये हुए इस ताम्र और नाग को शुल्व नाग कहते हैं। इस शुल्वनाग के द्वारा सिद्ध किये हुए पारे की गोली बनाकर मुख में रखने से मनुष्यों के बीस प्रकार के प्रमेह एक महीने में ही नष्ट हो जाते हैं। इसी प्रकार जो मनुष्य एक वर्षपर्यन्त इस गोली को मुख में

धारण करे और पथ्य पदार्थों का भोजन करे तो उसके बली (असमय शरीर में झुर्रियों का पड़ना) और पलित (बिना समय बालों का पकना) रोग नाश को प्राप्त हो जाते हैं। एवं उस मनुष्य की गिद्ध के समान दूरदृष्टि हो जाती है, शरीर में कान्ति और पुष्टि होती है और वह मनुष्य सब प्रकार की आरोग्यता से सम्पन्न होता है।।१७-२०।।

लोहं लोहान्तरे क्षिप्तं ध्मातं निर्वापितं द्रवे।
पाण्डुपीतप्रभंजात पिंजरीत्यभिधीयते।।२१।।

एक धातु को किसी दूसरी धातु में मिलाकर अग्नि में फूँके फिर किसी द्रव (पतले) पदार्थ में डालकर बुझायें। इस प्रकार करने से जब वह धातु श्वेत और पीतवर्ण की कान्तिवाली हो जाती है तब उसको पिंजरी कहते हैं।।२१।

भागाः षोडश तारस्य तथा द्वादश भास्वतः।
एकत्रवर्त्तितास्तेन चन्द्रार्कमिति कथ्यते।।२२।।

रूपा (चांदी) १६ भाग और ताम्र १२ भाग लेकर दोनों को एकत्र गलाकर जो रस तैयार किया जाता है उसको चन्द्रार्क कहते हैं।।२२।।

साध्यलोहेऽन्यलोहं चेत्प्रक्षिप्तं वंकनालतः।
निर्वापणं तु तत्प्रोक्तं वैद्यैर्निर्वाहणं खलु।।२३।।
क्षिपेन्निर्वापणं द्रव्यं निर्वाह्योसमभागिकम्।
आवाह्यं चापनीये च भागे दृष्टे च दृष्टवत्।।२४।।

जब किसी एक धातु का संस्कार अथवा सिद्धि की जा रही हो; अर्थात् गलाई जा रही हो उसी समय दूसरी धातु को गलाकर वंकनाल के द्वारा उसमें मिला दें। इस प्रकार से एक धातु में दूसरी धातु के डालने को प्राचीन वैद्यों ने निर्वापण और जिस धातु में दूसरी धातु मिलाई जाती है उसको निर्वाहण कहा है। निर्वापण और निर्वाहण इन दोनों द्रव्यों का परिमाण समान भाग होना चाहिये। अथवा जिसने यह क्रिया करी हो वह मनुष्य यदि उचित समझे तो निर्वापण द्रव्य को निर्वाह्य द्रव्य से न्यूनाधिक परिमाण में भी डाल सकता है।।२३।।२४।।

मृतं तरति यत्तोये लोहं वारितरं हि तत्।।२५।।

जिस धातु की भस्म जल में तैरने लगती है, उसको वारितर भस्म कहते हैं।२५।।

अङ्गुष्ठतर्जनीस्पृष्टं यत्तद्रेखान्तरे विशेत्।
मृतलोहं तदुद्दिष्टं रेखापूर्णाभिधानतः।।२६।।

अँगूठा और तर्जनी अँगुली के द्वारा रगड़ने से जो भस्म उनकी रेखाओं के भीतर प्रविष्ट हो जाय उस धातु की भस्म को रेखापूर्ण कहते हैं।।२६।।

गुडगुञ्जासुखस्पर्शमध्वाज्यैः सह योजितम्।
नायाति प्रकृतिं ध्मानादपुनर्भवमुच्यते।।२७।।
तस्योपरि गुरु द्रव्यं धान्यं चोपनयेद्ध्रुवम्।
हंसवर्त्तीयते वारिण्युत्तमं परिकीर्तितम्।।२८।।

गुड, चोंटली, सुहागा, शहद और घी इनके साथ किसी भी धातु की भस्म को मिलाकर अग्नि में फूँकने से वह धातु फिर अपने पूर्व स्वरूप को प्राप्त नहीं होती अर्थात् जीवित नहीं होती। इसको अपुनर्भव भस्म कहते हैं। उस अपुनर्भव भस्म को पानी में डालकर उसके ऊपर धान्य आदि किसी गुरु द्रव्य को डाले, जब वह हंस के समान जल के ऊपर तैरने लगता है तब उसको उत्तम भस्म कहते हैं।।२७-२८।।

रौप्येण सह संयुक्तं ध्मातं रौप्ये न चेल्लगेत्।
तदा निरुत्थमित्युक्तं लोहं तदपुनर्भवम्।।२९।।

लोहभस्म को रूपे के पत्रों के साथ मूषा में रखकर अग्नि में फूँके, जब वह भस्म उक्त पत्रों के साथ न लगे तब उसको अपुनर्भव अथवा निरुत्थ भस्म कहते हैं।।२९।।

निर्वापणविशेषेण तत्तद्वर्णं भवेद्यदा।
मृदुलं चित्रसंस्कारं तद्बीजमिति कथ्यते।।
इदमेव विनिर्दिष्टं वैद्यैरुत्तरणं खलु।।३०।।

जब कि निर्वापण द्रव्य के डालने से निर्वापण और निर्वाहण इन दोनों धातुओं का वर्ण बदलकर एक रूप हो जाय और वह धातु मृदु (नरम) हो जाय तब इस प्रकार विचित्र संस्कार की हुई उस धातु को बीज कहते हैं। इसी बीज को वैद्यों ने उत्तरण कहा है।।३०।।

संस्पृष्टलोहयोरेकलोहस्य परिसाधनम्।
प्रध्मातं वंकनालेन तत्ताडनमुदाहृतम्।।३१।।

दो धातुओं को एकत्र मिलाकर उनमें से जब एक धातु को सिद्ध करना हो तो उनको मूषा में रखकर वंकनाल के द्वारा इस प्रकार फूंके कि दोनों धातुएं गलकर एकरूप हो जायें। इस क्रिया को ताडन कहते हैं।।३१।।

चूर्णाभ्रं शालिसंयुक्तं बस्त्रबद्धं हि काञ्जिके।
निर्यातं मर्दनाद्वस्त्राद्धान्याभ्रमिति कथ्यते।।३२।।

अभ्रक के चूर्ण को शालिधानों में मिलाकर एक वस्त्र में बांध कर पोटली बना लेवे, उस पोटली को काँजी में भिगोकर खूब कूटे। कूटने पर वस्त्र में से जो बारीक चूर्ण निकलता है उसको धान्याभ्र कहते हैं।।३२।।

क्षाराम्लद्रावकैर्युक्तं ध्मातमाकरकोष्ठके।
यस्ततो निर्गतः सारः सत्त्वमित्यभिधीयते।।३३।

क्षारवर्ग, अम्लवर्ग और द्रावणवर्ग की औषधियों के साथ किसी धातु की भस्म को मिलाकर उसको मूषा में रखकर अग्नि में फूंके। इस प्रकार फूंकने से उसमें से जो सार निकलता है उसको सत्त्व कहते हैं।।३३।।

कोष्ठिकाशिखरापूर्णैः कोकिलैर्ध्मानयोगतः।
मूषाकण्ठमनुप्राप्यैरेककोलीसको मतः।।३४।।

एक मूषा में अनेक पकाने योग्य द्रव्यों को भरकर उसको कण्ठपर्यन्त कोयलों की अग्नि में रखकर फूँके। इस प्रकार फूँकने से जब मूषागत द्रव्य मूषा के कण्ठ में जा लगे तब उस द्रव्य को एक कोलीसक कहते हैं।।३४।।

द्रावणे सत्त्वपाते च माधुकाः खादिराः शुभाः।
निर्द्रवे वंशजास्ते तु स्वेदने बादराः शुभाः।।३५।।

किसी धातु का द्रावण अथवा सत्त्वपातन करने में महुवे के अथवा खैर के कोयले उत्तम होते हैं। तथा द्रावण के बिना किसी पदार्थ को

फूंकना हो तो बांस के और स्वेदनसंस्कार करने में बेरी के कोयले उत्तम होते हैं॥३५॥

विद्याधराख्ययन्त्रस्थादार्द्रकद्रवमर्दितात्।
समाकृष्टो रसो योऽसौ हिंगुलाकृष्ट उच्यते॥३६॥

हिंगुल (सिंगरफ) को अदरक के रस में घोटकर विद्याधर नामक यन्त्रों में उसका लेप करके अग्नि में फूँके इस प्रकार से जो पारा निकाला जाता है उसको हिंगुलाकृष्ट रस कहते हैं॥३६॥

स्वल्पतालयुतं कांस्यं वंकनालेन ताडितम्।
मुक्तरंगं हि तत्ताम्रं घोषाकृष्टमुदाहृतम्॥३७॥

काँसा और ताँबा इन दोनों धातुओं को थोड़ी सी हरताल के साथ मिलाकर वंकनाल के द्वारा अग्नि में फूँके। जब काँसे को निकालने से वह वर्णरहित हो जाता है तब उस ताम्र को घोषाकृष्ट कहते हैं॥३७॥

तीक्ष्णं नीलाञ्जनोपेतं ध्मातं हि बहुशो दृढम्।
मृदु कृष्णं द्रुतद्रावं वरनागं तदुच्यते॥३८॥

तीक्ष्ण लोह को काले सुरमे के साथ मिलाकर बारम्बार अग्नि में फूँकने से जब वह अत्यन्त कोमल, काला और शीघ्र पिघलने वाला हो जाता है तब उसको वरनाग कहते हैं॥३८॥

मृतस्य पुनरुद्भूतिः संप्रोक्तोत्थापनाख्यया।
द्रवद्रव्यस्य निक्षेपो द्रवे तड्ढालनं मतम्॥३९॥

भस्म की हुई किसी स्वर्णादि धातु को जो फिर द्रावणवर्ग की औषधियों के साथ मिलाकर धातु बनाया जाता है, (अर्थात् उस भस्म को धातु के असली रूप में लाय जाता है) उसको उत्थापन कहते हैं। एवं अग्नि पर गलाई हुई किसी धातु को दूसरी पतली धातु में जो डाला जाता है, उसको ढालन कहते हैं॥३९॥

त्रिंशत्पलमितं नागं भानुदुग्धेन मर्दितम्।
विमर्द्य पुटयेत्तावद्यावत्कर्षावशेषितम्॥४०॥
न तत्पुटसहस्त्रेण क्षयमायाति सर्वदा।
चपलोऽयं समादिष्टो वार्तिकैर्नागसम्भवः॥४१॥

इत्थं हि चपलः कार्यो वंगस्यापि न संशयः।
तत्स्पृष्टहस्तसंस्पृष्टः केवलो बध्यते रसः॥४२॥
स रसो धातुवादेषु शस्यते न रसायने।
अयं हि खर्वणाख्येन लोकनाथेन कीर्त्तितः॥४३॥

तीस पल (१२० तोले) सीसे को लेकर आक के दूध में खरल करके गजपुट दें। फिर सीसा जलते-जलते जब एक तोला परिमाण शेष रह जाय तब तक बारम्बार आक के दूध में घोटकर बारम्बार गजपुट दें। इस प्रकार पुट देने से जो १ तोला सत्त्व शेष रहता है वह फिर हजार पुट देने से भी नष्ट नहीं होता है। वार्तिककारों ने इसी को नागजनित चपल कहा है। इसी प्रकार वंग का भी चपल बनाना चाहिये। इस चपल का ऐसा प्रभाव है कि इस चपल को हाथों से मलकर केवल पारे को स्पर्श करने से पारा बँध जाता है। नागचपल अथवा वंगचपल इनके द्वारा बद्ध किया हुआ पारा धातुवाद (कीमिया करने) में उपयोगी होता है, उसको रसायन कर्म में प्रयोग नहीं करना चाहिये। यह विधि खर्वण नामक लोकपाल ने कही है॥ ४०-४३॥

भूभुजङ्गशकृत्तोयैः प्रक्षाल्यापहृतं रजः।
कृष्णवर्णं हि तत्प्रोक्तं धौताख्यं रसवादिभिः॥४४॥
द्रव्ययोर्मर्दनाद् ध्मानाद् द्वन्द्वानं परिकीर्तितम्।
भागाद् द्रव्याधिके क्षेपमनुवर्णसुवर्णके॥४५॥
द्रवैर्वा वह्निकाह्रासो भञ्जनी वादिभिर्मता।
पतङ्गा कल्कतो जाता लोहे तारे च हेमता॥४६॥
दिनानि कतिचित्स्थित्वा यात्यसौ चुल्लिका मता।
रंजिताद्धि चिराल्लोहाद् ध्मानाद्वा चिरकालतः॥४७॥
विनिर्यासः स निर्दिष्ट पतंगीरागसंज्ञकः॥४८॥

केंचुओं की विष्ठा को बारम्बार जल में धोने से उसमें से जो काले रंग का चूर्ण निकलता है उसको रसशास्त्रविशारदों ने धौत कहा है। दो धातुओं को एकत्र मर्दन करने से अथवा एकत्र फूँकने से जो एकीकरण किया जाता है उसको द्वन्द्वान कहते हैं। सुवर्ण आदि धातुओं में जब किसी अन्य द्रव्य का भाग मिलाया जाता है तब उसको अनुवर्ण और सुवर्णक कहते

हैं। किसी धातु को अत्यन्त तीक्ष्ण अग्नि में तपाकर किसी द्रव (पतले) पदार्थ में बुझाये। इस क्रिया को रसवादियों ने भंजनी कहा है। किसी औषधि के कल्क से जब रौप्य अथवा लोहे में सुवर्ण का सा वर्ण आ जाता है तो वह पतङ्गी कहलाता है। इस प्रकार से उत्पन्न हुआ स्वर्ण वर्ण कुछ दिनों तक स्थित रहकर जब नष्ट हो जाता है तब उसको चुल्लिका (वल्लिका) कहते हैं। चिरकाल तक धातु को रंगने अथवा फूँकने से उसमें से जो प्रवाही सत्त्व निकलता है, उसको पतंगी राग कहते हैं।।४४-४८।।

द्रुते द्रव्यान्तरक्षेपो लोहाद्ये क्रियते हि यः।
स आवापः प्रतीवापस्तदेवाच्छादनं मतम्।।४९।।

लोह आदि धातु को अग्नि में गलाकर उसमें जो और कोई पदार्थ डाला जाता है, वह आवाप, प्रतीवाप अथवा आच्छादन कहा जाता है।।४९।।

द्रुतं वह्निस्थिते लोहे विरम्याष्टनिमेषकम्।
सलिलस्य परिक्षेपः सोऽभिषेक इति स्मृतः।।५०।।

किसी धातु को अग्नि पर गलाकर उसको भट्टी से नीचे उतार ले फिर आठ निमेष तक ठहर कर उसमें थोड़ा-थोड़ा जल डालें इसको अभिषेक कहते हैं।।५०।।

तप्तस्याप्सु विनिक्षेपो निर्वापः स्नपनं च तत्।
प्रतीवापादिकं कार्यं द्रुतं लोहे सुनिर्मलम्।।५१।।

तपाई हुई धातु को जल में अथवा औषधि के रस में जो बुझाया जाता है, उसको निर्वाप और स्नपन कहते हैं। जब किसी धातु में प्रतीवाप करना हो तो उस धातु को पहले अग्नि पर तपाकर उत्तम प्रकार से निर्मल कर लें, फिर उसमें प्रतीवाप आदि करे।।५१।।

यदा हुताशो दीप्तार्चिः शुक्लोत्थानसमन्वितः।
शुद्धावर्तस्तदा ज्ञेयः स कालः सत्त्वनिर्गमे।।५२।।

जब अग्नि अच्छे प्रकार से प्रज्वलित हो जाय और उसमें से स्वच्छ लपटें निकलने लगें तब उसको शुद्धावर्त कहते हैं। सत्त्व निकालने का वही उत्तम समय है।।५२।।

द्रावद्रव्यनिभा ज्वाला दृश्यते धमने यदा।
द्रावस्योन्मुखता सेयं बीजावर्तः स उच्यते।।५३।।

.जब द्रावण करने के लिये किसी धातु को अग्नि पर रखकर फूँका जाता है, उस समय उसी धातु के वर्णवाली अग्नि की जो ज्वाला दिखाई देती है उसको बीजावर्त्त कहते हैं। इसी समय द्रव्य का द्रावण होना शुरू होता है।।५३।।

वह्निस्थमेव शीतं यत्तदुक्तं स्वांगशीतलम्।।
अग्नेराकृष्य शीतं यत्तद्बहिः शीतमुच्यते।।५४।।

जो वस्तु अग्नि में पकाई जाय, वह अग्नि में ही रखी हुई अग्नि के साथ-साथ शीतल हो जाय तो उसको स्वांगशीतल कहते हैं। एवं अग्नि में से निकालकर या उतारकर जो वस्तु शीतल की जाती है उसको बहिःशीत कहते हैं।।५४।।

पारद संस्कार

क्षाराम्लैरौषधैर्वापि दोलायन्त्रे स्थितस्य हि।
पचनं स्वेदनाख्यं स्यान्मलशैथिल्यकारकम्।।५५।।

क्षार (जवाखार आदि) और अम्लवर्ग की औषधियों के साथ पारे को अथवा धातु उपधातु को दोलायन्त्र में रखकर जो पकाया जाता है, उसको स्वेदन संस्कार कहते हैं। यह स्वेदन उस पदार्थ के मल को शिथिल करता है।।५५।।

उदितैरौषधैर्वापि[1] सर्वाम्लैः काञ्जिकैरपि।
पेषणं मर्दनाख्यं स्याद्बहिर्मलविनाशनम्।।५६।।

उपर्युक्त औषधियों के साथ अथवा सब प्रकार के अम्ल पदार्थों के साथ या केवल काँजी के साथ पारे को भी घोटा जाता है उसको मर्दन संस्कार कहते हैं। इस संस्कार के द्वारा पारे का बाह्य मल नष्ट हो जाता है।।५६।।

मर्दनादिष्टभैषज्यैर्नष्टपिष्टत्वकारकम्।
तन्मूर्च्छनं हि वंगादिभुजकंचुकनाशनम्।।५७।।

मर्दन के लिये कही हुई औषधियों के साथ पारे को घोटकर पिष्टी अथवा कज्जली करके जो उसका सूक्ष्म चूर्ण किया जाता है, उसको मूर्च्छन संस्कार कहते हैं। इस संस्कार से पारद आदि पदार्थों में रहने वाले वंग सीसा आदि कंचुकी दोष नाश हो जाते हैं।।५७।।

स्वेदातपादियोगेन स्वरूपादनं हि यत्।
तदुत्थापनमित्युक्तं मूर्च्छाव्यापत्तिनाशनम्॥५८॥

अग्नि स्वेदन करके अथवा धूप में तपाकर मूर्च्छित किये हुए पारे को जो फिर उसके पूर्व रूप में लाया जाता है, उसको उत्थापन संस्कार कहते हैं। इसके द्वारा मूर्च्छा के कारण उत्पन्न हुए पारे के विकार दूर हो जाते हैं॥५८॥

स्वरूपस्य विनाशेन पिष्टत्वाद्बन्धनं हि यत्।
विद्वद्भिर्निर्जितः सूतो नष्टपिष्टिः स उच्यते॥५९॥

पारे की कज्जली करने पर प्रकृत स्वरूप के नष्ट हो जाने से बन्धन को प्राप्त हो जाता है। इस प्रकार जीते हुए पारद के विद्वान लोग नष्ट पिष्टी संस्कार कहते हैं॥ ५९॥

उक्तौषधैर्मर्दितपारदस्य
यन्त्रस्थितस्योर्ध्वमधश्च तिर्यक्।
निर्यातनं पातनसंज्ञमुक्तं
वंगादिसंपर्कजकंचुकघ्नम्॥६०॥

पूर्वोक्त औषधियों के साथ पारे को मर्दन करके उसको ऊर्ध्वपातन, अधःपातन और तिर्यक् पातन यन्त्रों में क्रम से लेप करके जो उड़ाया जाता है, उसको पातन कहते हैं। यह पातन संस्कार बंग, और सीसे के सम्पर्क से उत्पन्न हुए कंचुकी दोष को दूर करता है॥६०॥

जलसैन्धवयुक्तस्य रसस्य दिवसत्रयम्।
स्थितिरास्थापनीकुम्भेयाऽसौ रोधनमुच्यते॥६१॥

मिट्टी के घड़े में पानी और सैंधा नमक भरकर उसमें पारे को कपड़े की पोटली में बांधकर डाल देवे और उस घड़े को तीन दिन तक बराबर वैसे ही रक्खा रहने देवे । इसको रोधन संस्कार कहते हैं॥६१॥

रोधनाल्लब्धवीर्यस्य चपलत्वनिवृत्तये।
क्रियते पारदे स्वेदः प्रोक्त नियमनं हि तत्॥६२॥

रोधन संस्कार से शक्ति को प्राप्त हुए पारे की चपलता को निवारण

करने के लिए पारे में जो स्वेद दिया जाता है, (अर्थात् उसको पानी में पकाया जाता है) उसको नियमन संस्कार कहते हैं।।६२।।

धातुपाषाणमूलाद्यैः संयुक्तो घटमध्यगः।
ग्रासार्थं त्रिदिनं स्वेदो दीपनं तन्मतं बुधैः।।६३।।

धातु, उपधातु और वनस्पतियों के मूल आदि के साथ पारे को एक घड़े में भरकर तीन दिन तक स्वेद देवे (पकावे), इसको विद्वान् लोग दीपन संस्कार कहते हैं। इस संस्कार के द्वारा पारे में अन्य लोह आदि धातुओं के ग्रास करने की शक्ति उत्पन्न होती है।।६३।।

इयन्मानस्य सूतस्य भोज्यद्रव्यात्मिका मितिः।
इयतीत्युच्यते याऽसौ ग्रासमानं समीरितम्।।६४।।

इतना परिमाण वाला पारा इतने परिमाण वाले दूसरे धातु का ग्रास कर सकता है, इस प्रकार जो माप का निश्चय किया जाता है, उसको रस परिभाषा में इयती अथवा ग्रासमान कहते हैं।।६४।।

ग्रासस्य चारणं गर्भे द्रावणं जारणं तथा।
इति त्रिरूपा निर्दिष्टा जारणा वरवार्त्तिकैः।।६५।।
ग्रासः पिण्डः परीणामस्तिस्त्रश्चाख्याः पराः पुनः।
समुखा निर्मुखा चेति जारणा द्विविधा पुनः।।६६।।

पारे के गर्भ (बीच) में मिलाये जानेवाले पदार्थ को ग्रास कहते हैं।(१) उस ग्रास को जब बिना अग्नि के संयोग के पारे के गर्भ में मिलाया जाता है तब गर्भ चारण कहते हैं। (२) जब ग्रासपदार्थ को द्रावण करके द्रवीभूत पारे में मिलाया जाता है तब उसको गर्भद्रावण कहते हैं और (३) जब तपते हुए पारे में ग्रास पदार्थ को डालकर जलाया जाता है उसको गर्भजारण कहते हैं। इस प्रकार उत्तम वार्त्तिककारों ने तीन प्रकार का जारण संस्कार कहा है। इस जारण संकार के ग्रास, पिण्ड और परिणाम ये तीन नाम हैं। फिर जारण के संमुख जारणा और निर्मुख जारणा ये दो भेद हैं।। ६५-६६।।

निर्मुखा जारणा प्रोक्ता बीजाऽऽदानेन भागतः।
शुद्धं स्वर्णं च रूप्यं च बीजमित्यभिधीयते।।६७।।

पारा कहीं २ चौथाई भाग वाले बीज (सुवर्ण या रौप्य) को ही ग्रास कर सकता है इसको निर्मुखा जारणा कहते हैं। शुद्ध सुवर्ण और शुद्ध रौप्य (चांदी) को बीज कहते हैं।।६७।।

चतुःषष्ठ्यंशतो बीजप्रक्षेपो मुखमुच्यते।
एवं कृते रसो ग्रासलोलुपो मुखवान् भवेत्।।६८।।
कठिनान्यपि लोहानि क्षमो भवति भक्षितुम्।
इयं हि समुखा प्रोक्ता जारणा मृगचारिणा।।६९।।

पारे में ६४ भाग बीज (सुवर्ण, रौप्य) के मिलाने को पारे का मुख कहते हैं। ऐसा करने पर पारा जब मुखवाला होता है, तब वह धातुओं को ग्रास करने के योग्य होता है। ऐसा पारा कठिन लोहादि धातुओं के भक्षण करने का भी समर्थ होता है। मृगचारी नामवाले रसशास्त्र के विद्वान ने इसी को समुखा जारणा कहा है।।६८-६९।।

दिव्यौषधिसमायोगात्स्विन्नः [२]प्रकटकोटिषु।
भुंजीताखिललोहाद्यं योऽसौ राक्षसवक्त्रवान्।।७०।।

दिव्य वनस्पतियों के साथ मिलाकर खुली हुई मूषा में (अग्नि पर) रक्खा हुआ पारा यदि सर्व प्रकार की लोहादि धातुओं को भक्षण कर जावे तो उसे राक्षस मुख वाला कहते हैं। (यह जारणा का एक भेद है)।।७०।।

रसस्य जठरे ग्रासक्षेपणं चारणा मता।
ग्रस्तस्य द्रावणं गर्भे गर्भद्रुतिरुदाहृता।। ७१।।

पारे के उदर (बीच) में ग्रास (किसी धातु) के डालने को चारणा कहते हैं। ऐसे ग्रस्त अथवा मिश्रित पदार्थ का गर्भ में द्रावण होकर जब वह पारे में मिल जाता है तब उसको गर्भद्रुति कहते हैं।।७१।।

बहिरेव द्रुतिं कृत्वा घनसत्त्वादिकं खलु।
जारणाय रसेन्द्रस्य सा बाह्यद्रुतिरूच्यते।।७२।।

जो कठिन पदार्थ अथवा धातुओं के सत्त्व आदि को द्रावण करके पारे के बीच में जारणा करने के लिए मिलाया जाता है, उसको बाह्यद्रुति कहते हैं।।७२।।

निर्लेपत्वं द्रुतत्वं च तेजस्त्वं लघुता तथा।
असंयोगश्च सूतेन पञ्चधा द्रुतिलक्षणम्।।७३।।

१ पतलापन, २ चमकदारपन ३ हल्कापन ४ निर्लेपता अर्थात् अत्यन्त पतलापन होनें के कारण पात्र से न लिपटना और पारे के साथ संयोग न होना ये ५ पांच प्रकार के लक्षण उत्तम द्रुति होने के निदर्शक हैं।।७३।।

औसधाध्मानयोगेन लोहधात्वादिकं तथा।
सन्तिष्ठते द्रवाकारं द्रुतिः परिकीर्त्तिता।।७४।।

जब किसी विशेष औषधि और अग्निसंस्कार के द्वारा लोह आदि धातुयें द्रवीभूत (पिघलकर) होकर उसी रूप में रहती हैं तब उसको द्रुति कहते हैं।।७४।।

द्रुतग्रासपरीणामो विडयन्त्रादियोगतः।
जारणेत्युच्यते तस्याः प्रकाराः सन्ति कोटिशः।।७५।।

बिड यन्त्र आदि के योग से पारे के द्रुत होने पर ग्रास (लोहादि धातु) का जो टिकाऊ परिणाम होता है उसको जारणा कहते हैं। उसके करोड़ों प्रकार हैं।।७५।।

क्षारैरम्लैश्च गन्धाद्यैर्मूत्रैश्च पटुभिस्तथा।
रसग्रासस्य जीणार्थं तद्विडं परिकीर्त्तितम्।।७६।।

क्षार (जवाखारादि), अम्लपदार्थ, गन्धक आदि धातु गोमूत्र, और पंचलवण इनके सहयोग से पारे के ग्रास (पारे में मिलाई हुई धातु) को जारण करने के लिये प्रस्तुत किये हुए प्रयोग को बिड कहते हैं।।७६।।

सुसिद्धबीजधात्वादि जारेणेन रसस्य हि।
पीतादिरागजननं रञ्जनं परिकीर्त्तितम्।।७७।।

विशेष संस्कारों के द्वारा उत्तम प्रकार से सिद्ध किये हुए बीज स्वर्ण, रौप्य अथवा अन्य धातुओं के द्वारा पारे को जारण करके उसमें जो पीत, रक्त आदि वर्ण उत्पन्न किया जाता है उसको रञ्जन कहते हैं।।७७।।

सूते सतैलयन्त्रस्थे स्वर्णादिक्षेपणं च यत्।।
वेधाधिक्यकरं लोहे सारणा सा प्रकीर्त्तिता।।७८।।

तेल से भरे हुए यन्त्र (मूषा) में पारा डालकर उसमें पारे का पचन होने और धातुओं का वेध होने के लिये जो स्वर्ण आदि डाले जाते हैं, उसे सारण कहते हैं।।७८।।

व्यवायि भेषजोपेतो द्रव्ये क्षिप्तो रसः खलु।
वेध इत्युच्यते तज्ज्ञैः स चानेकविधः स्मृतः।।७९।।
लेपः क्षेपश्च कुन्तश्च धूमाख्यः शब्दसंज्ञकः।
लेपनात्कुरुते[३] लोहं स्वर्णं वा रजतं तथा।।८०।।
लेपवेधः स विज्ञेयः पुटमत्र च सौकरम्।
प्रक्षेपणं द्रुते लोहे वेधः स्यात्क्षेपसंज्ञितः।।८१।।
संदंशधृतसूतेन द्रुतद्रव्याहृतिश्च या।
सुवर्णत्वादिकरणं कुन्तवेधः स उच्यते।।८२।।
वह्नौ धूमायमानेऽन्तः प्रक्षिप्तरसधूमतः।
स्वर्णाद्यापादनं लोहे धूमवेधः स उच्यते।।८३।।
मुखस्थितरसेनाल्पलोहस्य धमनात्खलु।
स्वर्णरूप्यत्वजननं शब्दवेधः स कीर्त्तितः।।८४।।

व्यवायि (अफीम, भंग आदि) औषधियों के साथ अथवा योगवाही औषधियों के साथ पारे को मिलाकर जो किसी धातु में डाला जाता है, उसको वेध कहते हैं। वह वेध अनेक प्रकार का होता है, ऐसा रसशास्त्रज्ञों ने कहा है वेध के लेपवेध, कुन्तवेध, धूमवेध और शब्दवेध ये पाँच मुख्य नाम व प्रकार हैं। (१) **लेपवेध** जब किसी धातु के ऊपर पारे का लेप करके सुवर्ण अथवा रौप्य बनाया जाता है, उसको लेपवेध जानना चाहिये। इस लेपवेध में वाराहपुट देना चाहिये। (२) **क्षेपवेध**-किसी धातु को गलाकर उसमें (औषधमिश्रित) पारे का डालना क्षेपवेध कहलाता है। (३) **कुन्तवेध**-संडासी से पारे के पात्र को पकड़कर पारे में जो गलाई हुई धातु मिलाकर सुवर्ण आदि धातु बनाई जाती हैं, उसको कुन्तवेध कहते हैं। (४) **धूमवेध** अग्नि में पारे को रखने पर जब उसमें धुआँ निकलने लगे तब भट्टी पर गलाई हुई धातु को उसमें डालकर जो

स्वर्णआदि बनाया जाता है, उसको धूमवेध कहते हैं (५) **शब्दवेध**-किसी थोड़ी सी धातु को अग्नि पर गलाकर और मुख में पारा रखकर फूँकने से जो स्वर्ण, रौप्य धातु बनाई जाती हैं, उसको शब्दवेध कहते हैं।।७९-८४।।

सिद्धद्रव्यस्य सूतेन कालुष्यादिनिवारणम्।
प्रकाशनं च वर्णस्य तदुद्घाटनमीरितम्।।८५।।

पारे को सिद्ध करके उसके द्वारा सिद्ध पदार्थों की मलिनता को दूर कर उनमें जो स्वच्छवर्ण उत्पन्न किया जाता है, उसको उद्धघाटन कहते हैं।८५।।

क्षाराम्लैरौषधैः सार्द्धं भाण्डं रुद्ध्वाऽतियत्नतः
भूमौ निस्वन्यते यत्नात्स्वेदनं सम्प्रकीर्त्तितम्।।८६।।

क्षार, अम्ल तथा अन्यान्य औषधियों के साथ पारा और किसी धातु को एक घड़े में भरकर उसके मुँह को अच्छे प्रकार से बन्द करके भूमि में गाढ़ दें, इस क्रिया को भी स्वेदन कहते हैं।।८६।।

रसस्यौषधयुक्तस्य भाण्डरुद्धस्य यत्नतः।
मन्दाग्नियुतचूल्ल्यन्तः क्षेपः संन्यास उच्यते।।८७।।

पारे को औषधियों के कल्क में मिलाकर गोला सा बनाकर के एक मटके में रक्खे, फिर कपरौटी करके उसको मन्द-मन्द अग्नि से युक्त चूल्हे पर चढ़ायें। इसको संन्यास कहते हैं।।८७।।

द्वावेतौ स्वेदसंन्यासौ रसराजस्य निश्चितम्।
गुणप्रभावजनकौ शीघ्रव्याप्तिकरौ तथा।।८८।।

स्वेदन और संन्यास ये दोनों संस्कार पारे के गुण और प्रभाव को बढ़ाने वाले हैं उसके शरीर में शीघ्र व्याप्ति करने वाले हैं।।८८।।

रसनिगममहाब्धेः सोमदेवः समन्तात्
स्फुटतरपरिभाषानामरत्नानि हृत्वा।
व्यरचयदतियत्नात्तैरिमां कण्ठमालां
कलयति भिषगग्र्यो मण्डनार्थं सभायाम्।।८९।।

सोमदेव नामक रसशास्त्रज्ञ ने, रसशास्त्र रूप समुद्र में से बड़े यत्न

के साथ अत्यन्त स्पष्ट परिभाषा के नामरूप रत्नों को निकालकर उनकी यह कण्ठमाला (कण्ठ में धारण करने योग्य-कण्ठभूषण) तैयार की है। इस माला को सभा के बीच में अलंकृत होने (अर्थात् सिद्धान्तों का मण्डन करने) के लिये श्रेष्ठ वैद्य धारण करते हैं।।८९।।

भवेत्पठितवारोऽयमध्यायो रसवादिनाम्।
रसकर्माणि कुर्वाणो न स मुह्यति कुत्रचित्।।९०।।

रसशास्त्र के विद्वानों का कहा हुआ यह अध्याय जिस वैद्य को पढ़ते-पढ़ते कण्ठस्थ हो जाता है, वह वैद्य रसक्रियाओं को करता हुआ किसी प्रयोगों में भी मोहित नहीं होता, अर्थात् भूल नहीं कर सकता।।९०।।

इति श्रीवाग्भटाचार्यविरचिते रसरत्नसमुच्चयेऽष्टमोऽध्यायः।।८।।

संदर्भ :

१. सार्धमित्यपिपाठः।
२. स्थितः इत्यपि पाठः।
३. लेपनमेषोपपाठः।

नवमोऽध्यायः

यन्त्र

अथ यन्त्राणि वक्ष्यन्ते रसतन्त्राण्यशेषतः।
समालोच्य समासेन सोमदेवेन साम्प्रतम्॥१॥
स्वेदादिकर्म निर्मातुं वार्तिकेन्द्रैः प्रयत्नतः।
यन्त्र्यते पारदो यस्मात्तस्माद्यन्त्रमिति स्मृतम्॥२॥

श्री सोमदेव ने सम्पूर्ण रसशास्त्रों को अवलोकन करके जो यन्त्र बनाने की विधि कही है, वे यन्त्र यहां संक्षेप से कहे जाते हैं। स्वेदन आदि संस्कार करने के लिये बड़े प्रयत्न से पारे का जिससे नियन्त्रण किया जाता है, वार्तिककारों ने उसको यन्त्र ऐसा कहा है॥१-२॥

(१) दोलायन्त्र

द्रवद्रव्येण भाण्डस्य पूरिताधोंदकस्य च।
मुखस्योभयतो द्वारद्वयं कृत्वा प्रयत्नतः॥३॥
तयोस्तु निक्षिपेद्दण्डं तन्मध्ये रसपोटलीम्।
बध्वा तु स्वेदयेदेतद्दोलायन्त्रमिति स्मृतम्॥४॥

एक मिट्टी का घड़ा लेकर उसके मुख (अर्थात् कण्ठ के) के दोनों तरफ एक-एक छिद्र कर लें और उनमें लकड़ी का एक मजबूत डंडा अटका दें फिर उस डण्डे के बीच में पारे की पोटली को बांधकर नीचे को अधर लटका दें और उस घड़े को द्रवद्रव्य (क्षार, अम्लपदार्थ और कांजी आदि) से आधा भरकर, घड़े के मुँह पर ढक्कन ढक कर कपरौटी कर दें। फिर उसके नीचे मन्दमन्द अग्नि जलाकर स्वेद दें। इस प्रकार के यंत्र को दोलायंत्र कहते हैं॥३॥४॥

(२) स्वेदनी यंत्र

साम्बुस्थालीमुखाबद्धे वस्त्रे पाक्यं निवेशयेत्।
पिधाय पच्यते यत्र स्वेदनीयन्त्रमुच्यते॥५॥

जल से (अथवा किसी द्रव पदार्थ से) भरी हुई हांडी के मुख पर वस्त्र बांधकर उसके ऊपर स्वेद्य द्रव्य को रखे और उस पर ढक्कन ढक कर कपरौटी कर दें, फिर उस हांडी को चूल्हे पर चढ़ाकर पकायें। इस प्रकार से जिसमें स्वेद दिया जाता है उसे स्वेदनी यंत्र कहते हैं॥५॥

(३) पातना यंत्र

अष्टाङ्गुलपरीणाहमानाहेन दशाङ्गुलम्।
चतुरंगुलकोत्सेधं तोयाधारं गलादधः॥६॥
अधोभाण्डमुखे तस्य भाण्डस्योपरि वर्त्तिनः।
षोडशाङ्गुलविस्तीर्णपृष्ठस्यास्ये प्रवेशयेत्॥७॥
पार्श्वयोर्महिषीक्षीरचूर्णमण्डूरफाणितैः।
लिप्त्वा विशोषयेत्सन्धिं जलाधारे जलं क्षिपेत्।
चुल्यामारोपयेदेतत्पातनायन्त्रमुच्यते॥८॥

सोलह अँगुल विस्तृत जिसका पृष्ठ भाग हो ऐसा एक मिट्टी का घड़ा लेकर उसकी तली में आठ अँगुल चौड़ा, दस अंगुल लम्बा और चार अंगुल ऊँचा एक जल भरने का आधार (पाली या थामला) बनाये। फिर उस घड़े के मुँह को उसके नीचे रखे हुए एक दूसरे घड़े के मुंह में फंसा देवे। फिर उन दोनों घड़ों की संधियों को भैंस के दूध में घोटे हुए चूना लोहमण्डूर और काँजी के द्वारा लेस कर सुखा लें और उक्त जलाधार में जल भर दें (संधियों को बंद करने से यदि सिंगरफ में से पारा निकालना हो अथवा पारा उड़ाना हो तो प्रथम उसको औषधियों के साथ मिलाकर नीचे के घड़े की तली में लेप करके सुखा लें, फिर घड़ों के मुँह जोड़कर उनकी संधियों को बंद करे।) पश्चात् उसको चूल्हे पर चढ़ाकर अग्नि दें। इसको पातनायंत्र कहते हैं। (पाली में भरा हुआ पानी जब गरम हो जाय तब उसको निकालकर उसमें शीतल जल भरता जाय

ऐसा करने से पारा उड़कर ऊपर के घड़े की तली में जा लगता है, उसको स्वांगशीतल होने पर खुरच लेना चाहिये)।।६-८।।

4 अधःपातन यंत्र

अथोर्ध्वभाजने लिप्तस्थापितस्य जले सुधीः।
दीप्तैर्वनोपलैः कुर्यादधः पातं प्रयत्नतः।।९।।

इस यंत्र के लिये वैद्य मिट्टी के २ घड़े लेकर उनके मुख को इस प्रकार जोड़ें। पहले एक घड़े के भीतर पारे के औषधियों के रस में घोटकर, लेप कर दें और दूसरा घड़ा आधा पानी से भर दें, फिर पारद के लेप वाले घड़े के मुँह में फँसा दें और उनकी सन्धियों को बन्द करके सुखा लें। इसके पश्चात् ऊपर के घड़े की तली में पूर्वोक्त यन्त्र के समान पाली बनाकर उसमें आरने उपलों की अग्नि जलाकर यत्नपूर्वक पारे का अधःपातन करे। (इस प्रकार करने से पारा पानी वाले नीचे के घड़े में गिर पड़ता है) इसको अधःपातन यन्त्र कहते हैं।।९।।

(५) कच्छप यन्त्र

जलपूर्णपात्रगर्भे दत्त्वा घटखर्परं सुविस्तीर्णम्।
तदुपरि बिडमध्यगतः स्थाप्यः सूतः कृतः कोष्ठ्याम्।।१०।।
लघुलोहकटोरिकया कृतषन्मृत्सन्धिलेपयाऽऽच्छाद्य।
पूर्वोक्तघटखर्परमध्येऽङ्गारैः खदिरकालभवैः।।११।।
स्वेदनतो मर्दनतः कच्छपयन्त्रस्थितो रसो जरति।
अग्निबलेनैव ततो गर्भे द्रवति सर्वसत्त्वानि।।१२।।

एक बहुत बड़ा बर्तन (टब या नाद) लेकर उसमें जल भर दें। उसके बीच में खूब विस्तृत एक मिट्टी का खीपरा या कूँडा रखकर उसके ऊपर पारे की मूषा रखे। उस मूषा को हल्की लोहे की कटोरी से ढककर छः बार कपरौटी करे और सुखायें। फिर पूर्वोक्त खीपरे (या कूँड़े) में मूषा के चारों तरफ खैर के और बैरी के कोयलों को रखकर अग्नि दें। इस प्रकार स्वेदन और मर्दन करने से कच्छप यन्त्र में रखा हुआ पारा जीर्ण हो जाता है। इस जारण संस्कार के करने से पारे में एक

प्रकार का अग्नि बल आ जाता है। अतएव जारित पारे के गर्भ (बीच) में डालते ही सब प्रकार का सत्त्व इस अग्निबल के द्वारा पिघल जाते हैं। (इसको कच्छपयन्त्र कहते हैं। यह यन्त्र पारे के जारण करने और सत्त्वों को द्रावण करने के लिए उपयोगी होता है)॥१०-१२॥

(६) दीपिका यंत्र

कच्छपयन्त्रान्तर्गतमृण्मयपीठस्थदीपिकासंस्थः।
यस्मिन्निपतति सूतः प्रोक्तं तद्दीपिकायन्त्रम्॥१३॥

कच्छपयन्त्र में कही हुई विधि के अनुसार पानी से भरे हुए पात्र में मिट्टी का एक खीपरा या घड़ा रखे। उस घड़े में बारीक छिद्र कर दें और मूषा में पारा भरकर उसमें रख दें। फिर कपरौटी करके और खीपरे में कोयले भर कर अग्नि दें। इस प्रकार अग्नि की उष्णता से मूषा में से उड़ा हुआ पारा खीपरे के छिद्रों द्वारा निकलकर पानी में गिर पड़ता है। इसको दीपिका यन्त्र कहते हैं। (इसमें सब क्रियायें कच्छपयन्त्र के समान होती है, केवल इतना अन्तर होता है कि इसमें खीपरे में छिद्र होते हैं। यह एक अधःपातन करने का भी यन्त्र है)॥१३॥

(७) डेकी यन्त्र

भाण्डकण्ठादधश्छिद्रे वेणुनालं विनिक्षिपेत्।
कांस्यपात्रद्वयं कृत्वा सम्पुटं जलगर्भितम्॥१४॥
नलिकास्यं तत्र योज्यं दृढं तच्चापि कारयेत्।
यक्तद्रव्यैर्विनिक्षिप्तः पूर्व तत्र घटे रसः॥१५॥
अग्निना तापितो नालात्तोये तस्मिन् पतत्यधः।
यावदुष्णं भवेत्सर्वं भाजनं तावदेव हि।
जायते रससन्धानं डेकीयन्त्रमितीरितम्॥१६॥

एक बड़ा से घड़ा लेकर उसके गले के नीचे एक छेद करें, उसमें एक बांस की लम्बी नली लगा दें। फिर दो काँसे के कटोरे लेकर उनका सम्पुट बनायें और सम्पुट के ऊपर वाले कटोरे में एक छिद्र कर दें, उस छिद्र में घड़े के गले में लगी हुई नली के दूसरे मुँह को लगा दें। फिर

उस पर कपरौटी करके उस सम्पुट को पानी से भरे हुए एक बड़े पात्र में रख दें। इसके पश्चात् क्षार अम्ल आदि उपयुक्त द्रव्यों के साथ पारे को खरल करके उक्त घड़े के भीतर लेपकर सुखा लें और उसके ऊपर ढक्कन ढककर घड़े को चूल्ह पर रखकर धीरे-धीरे अग्नि जलायें। इस प्रकार से अग्नि के द्वारा तपा हुआ पारा नली में होकर जल में डूबे हुए सम्पुट में गिरता है। जब सारा घड़ा खूब अच्छे प्रकार से तप जाय तब समस्त पारा उड़ गया समझना चाहिये इसको डेकीयन्त्र कहते हैं।।१४-१६।।

(८) जारणायन्त्र

लोहमूषाद्वयं कृत्वा द्वादशाङ्गुलमानतः।
ईषच्छिद्रान्वितामेकां तत्र गन्धकसंयुताम्।।१७।।
मूषायां रसयुक्तायामन्यस्यां तां प्रवेशयेत्।।१८।।
तोयं स्यात्सूतकस्याध ऊर्ध्वाधो वह्निदीपनम्।
रसोनकरसं भद्रे यत्नतो वस्त्रगालितम्।।१९।।
दापयेत्प्रचुरं यत्नादाप्लव्य रसगन्धकौ।
स्थालिकायां पिधायोर्ध्वं स्थालीमन्यां दृढां कुरु।।२०।।
सन्धिं विलोपयेद्यत्नान्मृदा वस्त्रेण चैव हि।
स्थाल्यन्तरे कपोताख्यं पुटं कर्षाग्निना सदा।।२१।।
यन्त्रस्याधः करीषाग्निं दद्यात्तीव्राग्निमेव वा।
एवं तु त्रिदिनं कुर्यात्ततो यन्त्रं विमोचयेत्।।२२।।
तप्तोदके तप्तचुल्लयां न कुर्याच्छीतलां क्रियाम्।
न तत्र क्षीयते सूतो न गच्छति च कुत्रचित्।।२३।।
अनेन च क्रमेणैव कुर्याद्गन्धकजारणम्।।२४।।

१२ अंगुल परिणाम लम्बी चौड़ी लोहे की दो मूषा बनाकर दोनों को एकत्र जोड़ दें। उनमें से एक मूषा की तली में बारीक-बारीक छिद्र कर दें। मूषा का आकार इस प्रकार होना चाहिये कि एक मूषा के मुख में दूसरी छिद्रयुक्त मूषा की तली अच्छे प्रकार से आ जाय। फिर उन छिद्र वाली मूषा में लहसुन के रस में घोटी हुई गन्धक भरे और दूसरी

मूषा में लहसुन के रस में घौटा हुआ पारा भर दें। पारे की मूषा में गन्धक की मूषा अड़ा कर रखें। फिर एक मिट्टी की मजबूत हाँडी में उस मूषा के कपरौटी करके रख दें और उस हाँडी में इतना पानी भर दें जिसमें कि पारे की मूषा डूब जाय। पश्चात् उस हाँडी के ऊपर दूसरी हाँडी ढककर सन्धियों को बन्द करके कपरमिट्टी कर दें। फिर उसको चूल्हे पर चढ़ाकर नीचे आरने उपलों की अग्नि के द्वारा पुट दें। इसको कपोतपुट कहते हैं। इसी प्रकार हाँडी के बीच में आरने उपले भरकर अग्नि दें। उसमें खूब तीव्र अग्नि देने के लिये यदि उपलों से काम न चले तो लकड़ी जलायें। इस तरह तीन दिन तक बराबर अग्नि दें। फिर उस यन्त्र को खोल ले। हाँडी का जल और चूल्हे के गरम रहने पर उसको शीतल जल डालकर ठंडा नहीं करना चाहिये। ऐसा करने से पारा हाँडी में क्षीण नहीं होता और न वह कहीं उड़कर जा सकता है। इसी प्रकार से गन्धक का जारण करना चाहिये। इसको जारणा यन्त्र कहते हैं।।१७।।

(९) विद्याधर यन्त्र

यन्त्रं विद्याधरं ज्ञेयं स्थालीद्वितयसम्पुटात्।
चुल्लीं चतुर्मुखीं कृत्वा यन्त्रभाण्डं निवेशयेत्।।२५।।
तत्रौषधं विनिक्षिप्य निरुन्ध्याद्भाण्डकाननम्।
यन्त्रं विद्याधरं नाम तन्त्रज्ञैः परिकीर्तितम्।।२६।।

दो हाँडियों के सम्पुट को विद्याधर यन्त्र समझना चाहिये। चार मुँहवाला चूल्हा बनाकर (उसके चारों तरफ लकड़ी जलाकर समान अग्नि दें।) उस पर एक हाँडी रखकर उसमें औषधि भर देवे और उस हांडी के मुख को दूसरी हाँडी से ढक कर सन्धियों को बन्द करके कपरौटी कर दें। फिर अग्नि जलायें। इसको रसशास्त्रवेत्ताओं ने विद्याधर नामक यन्त्र कहा है।।२५-२६।।

१० सोमानल यन्त्र

ऊर्ध्वं वह्निरधश्चापो मध्ये तु रससंग्रहः।
सोमानलमिदं प्रोक्तं जारयेद्गन्धकादिकम्।।२७।।

जिसमें ऊपर अग्नि, नीचे जल और बीच में पारा भरा हो ऐसे यन्त्र को सोमानल यन्त्र कहते हैं। इसका उपयोग गन्धक आदि का जारण करने के लिये करना चाहिये। इस यन्त्र के बनाने की विधि यह है कि एक मटके में पानी भरकर उस मटके में एक अँगुल ऊँची मूषा पारा भरकर रखें, फिर उस मटके के ऊपर जारणा यन्त्र के समान दूसरी मटकी ढककर कपरौटी करके उसके ऊपर आरने उपलों की अग्नि जलायें।।२७।।

(११) गर्भयन्त्र

गर्भयन्त्रं प्रवक्ष्यामि पिष्टिकाभस्मकारकम्।
चतुरङ्गुलदीर्घाञ्च द्व्यङ्गुलोन्मितविस्तराम्॥२८॥
मृण्मयीं सुदृढां मूषां वर्तुलं कारयेन्मुखम्।
लोहस्यविंशतिर्भागा भाग एकस्तुगुग्गुलोः॥२९॥
सुश्लक्ष्णं पेषयित्वा तु वारं वारं प्रयत्नतः।
मूषालेपं दृढं कृत्वा लवणार्द्धमृदम्बुभिः॥३०॥
कर्षेत्तषाग्निना भूमौ स्वेदयेन्मृदुमानवित्।
अहोरात्रं त्रिरात्रं वा रसेन्द्रो भस्मतां व्रजेत्॥३१॥

अब पारा अथवा अन्य रसोपरस की पिट्टी की भस्म करने के लिये उपयोगी गर्भयंत्र को कहते हैं। चार अँगुल लम्बी और दो अँगुल चौड़ी मिट्टी की मजबूत मूषा बनवाकर उसका गोल मुख बनायें। पश्चात् २० भाग लोह का चूर्ण और १ भाग गूगल लेकर दोनों को एकत्र खरल करके मूषा के भीतर लेप कर दें। फिर उसमें औषधियों के साथ घोटा हुआ पारा भरकर मूषा के मुँह को ढककर बन्द कर दें। उसके ऊपर नमक और उससे आधी मिट्टी लेकर दोनों को जल में पीस कर गाढ़ा-गाढ़ा लेप कर दें और सुखा लें। इसके पश्चात् भूमि में एक गड्ढा खोदकर उसमें मूषा को रखकर आरने उपलों की मृदु अग्नि दें। इस प्रकार एक दिन रात अथवा तीन दिन रात बराबर स्वेद देने से पारे की भस्म हो जाती है।।२८-३१।।

(१२) हंसपाकयन्त्र

खर्परं सिकतापूर्णं कृत्वा तस्योपरि न्यसेत्।
अपरं खर्परं तत्र शनैर्मृद्वग्निना पचेत्॥३२॥

पञ्चक्षारैस्तथा मूत्रैर्लवणं च बिडं ततः।
हंसपाकं समाख्यातं यन्त्रं तद्वार्त्तिकोत्तमैः॥३३॥

एक बडासा खीपरा लेकर उसमें कण्ठपर्यन्त रेता भरकर उसके ऊपर दूसरा खीपरा ढक दें और उसमें जवाखार आदि क्षार, पाँचों नमक, विडनमक और गोमूत्र इनके साथ पारे को अथवा अन्य किसी धातु को मूषा में रखकर धीरे-धीरे मन्द-मन्द अग्नि से पकायें। उत्तम वार्तिककारों ने इसको हंस पाक यन्त्र कहा है॥३२-३३॥

(१३) वालुकायन्त्र

सरसां गूढवक्त्रां मृद्वस्त्राङ्गुलघनावृताम्।
शोषितां काचकलशीं त्रिभागं तु प्रपूरयेत्॥३४॥
भाण्डे वितस्तिगम्भीरे वालुकासु प्रतिष्ठिताम्।
तद्भाण्डं पूरयेत्त्रिभिरन्याभिरवगुण्ठयेत्॥३५॥
भाण्डवक्त्रं माणिकया सन्धिं लिम्पेन्मृदा पचेत्।
चुल्ल्यां तृणस्य चादाहान्मणिकापृष्ठवर्त्तिनः॥३६॥
एतद्धि वालुकायन्त्रं तद्यन्त्रं लवणाश्रयम्।
पञ्चाढवालुकापूर्णं भाण्डे निक्षिप्य यत्नतः।
पच्यते रसगोलाद्यं वालुकायन्त्रमीरितम्॥३७॥

एक कांच की आतसी शीशी लेकर उसमें औषधिमिश्रित पारा तीनों भाग भरकर उसके मुँह को ढक दें और उस पर एक अंगुल मोटी कपरौटी करके सुखा लें। पश्चात् एक बड़ी मटकी या नांद में तीन हिस्से रेता भरे और एक हिस्सा खाली रखें। फिर उस एक बालिश्त गहरे पात्र में उक्त शीशी को तीन भाग गाड दें और एक भाग बाहर को निकला रहने दें। इसके पश्चात् उस मटकी के ऊपर एक दूसरी मटकी या नाद ढककर सन्धियों को बन्द करके कपरौटी कर दें। फिर उसको चूल्हे पर चढ़ा कर मन्द, और तीक्ष्ण इस क्रम से अग्नि दें। जब ऊपर वाले मटके के ऊपर तिनका रखने से वह जल जाय तब अग्नि देना बन्द कर दें। इसको बालुकायन्त्र कहते हैं। इस यन्त्र में रेते की बजाय यदि नमक

भर दिया जाय तो इसी को लवण यन्त्र कहते हैं। पांच आढक परिमाण रेत से भरे हुए पात्र में रस (पारा या अन्य धातु) के गोले को शरावसम्पुट में यत्नपूर्वक रखकर जो पकाया जाता है, उसको भी बालुकायन्त्र कहते हैं।।३४-३७।।

(१४) लवणयन्त्र

एवं लवणनिक्षेपात्प्रोक्तं लवणयन्त्रकम्।
अन्तःकृतरसालेपताम्रपात्रमुखस्य च।।३८।।
लिप्त्वा मृल्लवणेनैव सधिं भाण्डतलस्य च।
तद्भाण्डं पटुनाऽऽपूर्य क्षारैर्वा पूर्ववत्पचेत्।।३९।।
एवं लवणयन्त्रं स्याद्रसकर्मणि शस्यते।।४०।।

उपर्युक्त बालुकायन्त्र में बालु की बजाय नमक भरकर उसमें जो औषधि रखकर पकाई जाय तो उसे लवणयन्त्र कहते हैं। अथवा तांबे के पात्र में औषधियों के रस में घोटे हुए पारे का लेप करके सुखा लें, फिर उस ताम्र पात्र को मिट्टी के एक बड़े पात्र में औंधा करके रख दे और ताम्रपात्र के मुख तथा मिट्टी के पात्र की तली इन दोनों की सन्धियों को नमक और मिट्टी मिलाकर उसे बंद कर दे। फिर उस मिट्टी के पात्र में ऊपर तक नमक अथवा कोई क्षार पदार्थ भरकर पूर्वोक्त यन्त्र के समान पकायें। यह लवण यन्त्र रसकर्म में विशेष उपयोगी होता है।।३८-४०।।

(१५) नालिकायन्त्र

लोहनालगतं सूतं भाण्डे लवणपूरितम्।
निरुद्धं विपचेत्प्राग्वन्नालिकायन्त्रमीरितम्।।४१।।

लोहे की १२ अंगुल लम्बी नली में औषधिमिश्रित पारा भरकर उसके मुख को बन्द करके उस पर कपरौटी कर दें। फिर उस नली को लवण यन्त्र में रखकर पूर्वोक्तविधि से पकायें इसको नालिकायन्त्र कहते हैं।।४१।।

(१६) भूधर यन्त्र

वालुकागूढ़सर्वाङ्गां गर्ते मूषां रसान्विताम्।
दीप्तोपलैः संवृणुयाद्यन्त्रं तद्भूधराह्वयम्॥४२॥

औषधि मिश्रित पारे को मूषा में रखकर कपरौटी करके सुखा लें। फिर भूमि में एक हाथ गहरा गड्ढा खोदकर उसमें मूषा को रख दें और उसको बिल्कुल रेत से ढक दें। फिर उस गड्ढे के ऊपर आरने उपलों की अग्नि जलायें। इसको भूधर यन्त्र कहते हैं॥ ४२॥

(१७) पुटयन्त्र

शरावसम्पुटान्तस्थं करीषेष्वग्निमानवित्।
पचेच्चुल्ल्यां द्वियामं वा रसं तत्पुटयन्त्रकम्॥४३॥

दो सकोरों के सम्पुट में औषधिमिश्रित पारा भरकर कपरमिट्टी करके सुखा लें। फिर अग्नि के प्रमाण को जानने वाला वैद्य उसको चूल्हे पर रखकर दो प्रहर तक उपलों की अग्नि में पकायें। इसको पुट यन्त्र कहते हैं॥४३॥

(१८) कोष्ठीयन्त्र

षोडशांगुलविस्तीर्णं हस्तमात्रायतं समम्।
धातुसत्त्वनिपातार्थं कोष्ठीयन्त्रमिति स्मृतम्॥४४॥

सोलह अँगुल चौड़ी और हाथ भर लम्बी ऐसी समान आकारवाली एक बड़ी सी मूषा तैयार करे, इसको कोष्ठीयन्त्र कहते हैं। यह यन्त्र धातुओं का सत्त्व निकालने के लिए उपयोगी है॥४४॥

(१९) बलभीयन्त्र

यत्र लोहमये पात्रे पार्श्वयोर्वलयद्वयम्।
तादृक् स्वल्पतरं पात्रं वलय प्रोतकोष्ठकम्॥४५॥
पूर्वपात्रोपरि यस्य स्वल्पपात्रे परिक्षिपेत्।
रसं सम्मूर्च्छितं स्थूलपात्रमापूर्य काञ्जिकैः।
द्वियामं स्वेदयेदेवं रसोत्थापनहेतवे।

एतत्स्याद्वलभीयन्त्रं रसषाड्गुण्यकारकम्।।
सूक्ष्मकान्तमये पात्रे रसः स्याद्गुणवत्तरः।४७।।

एक लोहे का गोल टब (यो गोलटा) बनवाकर उसके दोनों पार्श्वों में दो वलय (कडे) लगवावे और इसी प्रकार उससे छोटा एक और टब बनवाकर उसमें भी कड़े लगवाये। फिर छोटे टब को बड़े टब में रखकर दोनों के कड़ों में जंजीर डालकर बाँध देवे। पश्चात् उस छोटे लोहपात्र में मूर्छित पारा भर दे और बड़े पात्र में काँजी भरकर उस पर कपरौटी कर देवे। इस प्रकार तैयार किये हुए इस यन्त्र को चूल्हे पर रखकर दो प्रहर तक अग्नि देवे। यह यन्त्र पारे की मूर्च्छना को दूर कर पारे का उत्थापन करने के लिए उपयोगी है। इसको वलभीयन्त्र कहते हैं। इस यन्त्र के द्वारा स्वेदन करने से पारा ६ गुना अधिक गुणवान् हो जाता है। और साधारण लोह की अपेक्षा कान्तलोह के पात्र में स्वेदन करने से पारा और अधिक गुणवान हो जाता है।। ४७-५७।।

(२०) तिर्यक्पातन यन्त्र

क्षिपेद्रसं घटे दीर्घो तनधोनालसंयुते।
तन्नालं निक्षिपेदन्यघटकुक्ष्यन्तरे खलु।।४८।।
तत्र रुध्वा मृदा सम्यग्वदने घटयोरधः।
अधस्ताद्रसकुम्भस्य ज्वालयेत्तीव्रपावकम्।।४९।।
इतरस्मिन्घटे तोयं प्रक्षिपेत्स्वादु शीतलम्।
तिर्यक् पातनमेतद्धि वार्तिकैरभिधीयते।। ५०।।

मिट्टी का एक लम्बा सा घड़ा तैयार कराकर उसके पेट में एक छिद्र करके उसमें धातु की बनी हुई एक लम्बी और पोली नली आड़ी करके लगा देवे फिर एक दूसरा मिट्टी का छोटा घड़ा लेकर उसके पेट में भी छिद्र करके उसमें नली के दूसरे सिरे को लगा देवे पश्चात् लम्बे घड़े में औषधियों के साथ घोटा हुआ पारा भर देवे और छोटे घड़े में स्वादु तथा शीतल जल भरकर दोनों घड़ों की सन्धियों को और मुख को बन्द करके अच्छे प्रकार से कपरोटी कर सुखा लेवे फिर पारद वाले घड़े के नीचे तीव्र अग्नि जलाये इस प्रकार से उड़ाया हुआ पारा नली

के द्वारा पानी वाले घड़े में जाकर पड़ता है वार्तिककार इसको तिर्यक् पातन यन्त्र कहते हैं।। ४८-५०।।

(२१) पालिकायन्त्र

चषकं वर्तुलं लौहं विनताग्रोर्ध्वदण्डकम्।
एतद्धि पालिकायन्त्रं बलिजारणहेतवे।।५१।।

लोहे का एक गोल प्याला बनवावे, जिसमें आगे को झुका हुआ और ऊपर को उठा हुआ एक ठंडा लगावे। इसको पालिकायन्त्र कहते हैं। यह गन्धक को जारण करने के लिए उपयोगी होता है।।५१।।

(२२) घटयन्त्र

चतुष्प्रस्थजलाधारश्चतुरङ्गुलिकाननः।
घटयन्त्रमिदं प्रोक्तं तदाप्यायनकं स्मृतम्।।५२।।

जिसमें चार प्रस्थ पानी आ जाय और चार अँगुल लम्बा जिसका मुँह हो ऐसा एक मिट्टी का घड़ा बनावे। उसको घट यन्त्र अथवा आप्यायनक यन्त्र कहते हैं।।५२।।

(२३) इष्टिकायन्त्र

विधाय वर्तुलं गर्तं मल्लमत्र निधाय च।
विनिधायेष्टिकां तत्र मध्यगर्तवतीं शुभाम्।।५३।।
गर्तस्य परितः कुर्यात्पालिकामंगुलोच्छ्र्याम्।
गर्ते सूतं विनिक्षिप्य गर्तास्य वसनं क्षिपेत्।।५४।।
निक्षिपेद्गन्धकं तत्र मल्लेनास्यं निरुद्ध्य च।
मल्लपालिकयोर्मध्ये मृदा सम्यङ् निरुध्य च।।५५।।
वनोत्पलैः पुटं देयं कपोताख्यं न चाधिकम्।
इष्टिकायन्त्रमेतत्स्याद्गन्धकं तेन जारयेत्।।५६।।

जमीन में एक गोल गड्ढा खोदकर उसमें लोहे का एक गोल प्याला रक्खे और उस प्याले के ऊपर बीच में गड्ढा की हुई प्याले के बराबर की एक गोल ईंट ढक देवे। फिर उस ईंट के गड्ढे के चारों तरफ एक-एक अँगुल ऊँची पाली बनावे, अर्थात् मेंड बाँध देवे। पश्चात्

उस गड्ढे में पारे को भरकर गड्ढे के मुँह पर कपड़ा बांध दे और उस पर गन्धक को रखकर दूसरे लोहे के प्याले से गड्ढे का मुंह ढक देवे। फिर प्याला और पालि के बीच के सन्धियों को मिट्टी से अच्छी तरह बन्द करके उस पर आरने उपलों के द्वारा कपोत नामक पुट दें। कपोत पुट से अधिक अग्नि नहीं देनी चाहिये, कारण अधिक अग्नि के लगने से पारा और गन्धक के उड़ जाने की सम्भावना होती है। इसको इष्टिकायन्त्र कहते हैं। इसके द्वारा गन्धक को जारण करना चाहिये।। ५३-५६।।

(२४) सिंगरफसे पारा निकालने के लिए विद्याधरयन्त्र।

स्थालिकोपरि विन्यस्य स्थालीं सम्यङ् निरुध्य च।
ऊर्ध्वस्थाल्यां जलं क्षिप्त्वा वह्निं प्रज्वालयेदधः।।५७।।
एतद्विद्याधरं यन्त्रं हिंगुलाकृष्टिहेतवे।। ५८।।

अम्ल पदार्थों के रस के साथ हिंगुल को घोटकर एक हांडी के भीतर उसका लेप करके सुखा लेवे। फिर उस हांडी के ऊपर दूसरी हांडी तली की ओर से ढककर सन्धियों को अच्छे प्रकार से बन्द कर देवे। फिर उसको चूल्हे पर चढ़ाकर नीचे अग्नि जलावे। इसको विद्याधर यन्त्र कहते हैं। यह यन्त्र हिंगुल में से पारा निकालने के लिए विशेष उपयोगी है।। ५७-५८।।

(२५) डमरूयन्त्र

यन्त्रस्थाल्युपरि स्थालीं न्युब्जां दत्त्वा निरुन्धयेत्।
यन्त्रं डमरूकाख्यं तद्रसभस्मकृते हितम्।।५९।।

दस अँगुल लम्बी मुँहवाली एक हांडी में औषधि मिश्रित पारा रखकर उसके ऊपर नौ अँगुल लम्बी मुँहवाली दूसरी हांडी को उल्टा करके ढक देवे। फिर दोनों की सन्धियों को बन्द करके कपरौटी कर सुखा लेवे और चूल्हे पर चढ़ाकर अग्नि जलावे। इसको डमरू यन्त्र कहते हैं। यन्त्र पारे की भस्म करने के लिये उपयोगी है।।५९।।

(२६) नाभियन्त्र

मल्लमध्ये चरेद्गर्तं तत्र सूतं सगन्धकम्।
गर्तस्य परितः कुड्यं प्रकुर्यादङ्गुलोच्छ्रयम्।। ६०।।

ततश्चाच्छादयेत्सम्यग्गोस्तनाकारमूषया।
सम्यक् तोयमृदा रुध्वा सम्यगत्रोच्यमानया। ६१॥
लेहवत्कृतबब्बूलक्वाथेन परिमर्दितम्।
जीर्णकिट्टरजः सूक्ष्मं गुडचूर्णसमन्वितम्॥ ६२॥
इयं हि जलमृत्प्रोक्ता दुर्भेद्या सलिलैः खलु।
खटिका पटुकिट्टैश्च महिषीदुग्धमर्दितैः॥ ६३॥
वह्निमृत्स्ना भवेद्घोरवह्नितापसहा खलु।
एतया मृत्स्नया रुद्धो न गन्तुं क्षमते रसः॥ ६४॥
विदग्धवनिताप्रौढप्रेम्णा रुद्धः पुमानिव।
नन्दी नागार्जुनश्चैव ब्रह्मज्योतिर्मुनीश्वरः॥ ६५॥
वेत्ति श्रीसोमदेवश्च नापरः पृथिवीतले।
ततो जलं विनिक्षिप्य वह्निं प्रज्वालयेदधः॥ ६६॥
नाभियन्त्रमिदं प्रोक्तं नन्दिना सर्ववेदिना।
अनेन जीर्यते सूतो निर्धूमः शुद्धगन्धकः॥ ६७॥

कान्तलोह की अथवा मिट्टी की थाली के समान चार अंगुल ऊँचे कण्ठवाली प्याली बनाकर उसके बीच में गड्ढा करे। उस गड्ढे में पारे और गन्धक की कज्जली भरकर गड्ढे के चारों तरफ एक-एक अंगुल ऊँची पाली (मेंड) बनावे। फिर उस पाली में जो अच्छी तरह से फँस जाये ऐसी गौ के स्तन के समान आकारवाली लंबी और गोलमूषा को उलटा करके ढक देवे और नीचे कही हुई जल मृत्तिका से उसकी सन्धियों को अच्छे प्रकार से बन्द कर देवे। **जल मृत्तिका बनाने की विधिः**—पुराने लोहे का मैल अथवा पुरानी ईंट का बारीक चूर्ण (सुर्खी), गुड और चना इनको समान भाग लेकर लेही के समान गाढे बबूल के क्वाथ में १२ घंटे तक खूब अच्छे प्रकार से घोटे। इसको जलमृत्तिका कहते हैं। यह मृत्तिका सूख जाने पर चिरकाल तक जल में पड़े रहने से भी नहीं गलती। एवं खडिया मिट्टी, नमक और लोहे का मैल इन तीनों को भैंस के दूध के साथ खूब बारीक घोटकर सुखा लेवे। इसको

बह्निमृत्स्ना कहते हैं। यह मृत्तिका अत्यन्त तीव्र अग्नि के ताप को सहन कर सकती है। इन दोनों मिट्टियों के द्वारा कपरौटी करके अवरुद्ध किया हुआ पारा रसिक स्त्री के प्रगाढ़ प्रेम से रुके हुए पुरुष के समान कहीं नहीं जा सकता। इस यन्त्र की विधि को नन्दी, नागार्जुन, ब्रह्मज्योति, मुनीश्वर और श्री सोमदेव इन पांच रससिद्धों के सिवाय पृथ्वी पर दूसरा कोई नहीं जानता। फिर उस प्याली में पाली तक पानी भर कर और उसको चूल्हे पर रखकर नीचे अग्नि जलायें। इसको सर्वशास्त्रज्ञ नन्दी महाराज ने नाभियन्त्र कहा है इस यन्त्र के द्वारा पारे का जारण होता है। और शुद्धगन्धक निर्धूम हो जाता है।।६०-६७।।

(२७) ग्रस्तयन्त्र

मूषां मूषोदराविष्टामाद्यन्तसमवर्तुलाम्।
चिपिटां च तले प्रोक्तं ग्रस्तयन्त्रं मनीषिभिः।।
सूतेन्द्ररन्ध्रणार्थं हि रसविद्भिरुदीरितम्।। ६८।।

मुख से लेकर तली तक एकसमान लम्बी, चौड़ी, गोल और तली में चपटी ऐसी एक मूषा बनावे, उसमें औषधियों के साथ घोटा हुआ पारा भरकर उस मूषा के मुँह में दूसरी मूषा का मुँह फँसाकर ढक देवे और उपर्युक्त वह्निमृत्तिका से कपरौटी करके मूषा को चूल्हे पर रखकर अग्नि दे। इसको विद्वान लोग ग्रस्त यन्त्र कहते हैं। रसतत्वज्ञों ने इस यन्त्र को पारे को पाक करने के लिए कहा है। इस यन्त्र में पारा अग्नि में से उड़ता नहीं है। ६८।।

(२८) स्थालीयन्त्र

स्थाल्यां ताम्रादि निक्षिप्य मल्लेनास्यं निरुद्ध्य च।
पच्यते स्थालिकाधस्तात्स्थालीयन्त्रमिदंस्मृतम्।।६९।।

एक हांडी (या बटलोई) में ताम्र आदि धातुएं रखकर उसमें अम्ल पदार्थ भर दें। फिर हांडी के ऊपर बारीक छिद्रों वाली लोहे की कटोरी ढक कर कपरौटी करके सुखा लें फिर उसको चूल्हे पर चढ़ाकर उसके नीचे अग्नि जलायें। इसको स्थालीयन्त्र कहते हैं।।६९।।

(२९) धूपयन्त्र

विधायाष्टाङ्गुलं पात्रं लौहमष्टाङ्गुलोच्छ्रयम्।
कण्ठाधो द्व्यङ्गुले देशे जलाधारे हि तत्र च॥७०॥
तिर्यग्लोहशलाकाश्च तन्वीस्तिर्यग्विनिक्षिपेत्।
तनूनि स्वर्णपत्राणि तासामुपरि विन्यसेत्॥७१॥
पत्राधो निक्षिपेद्धूमं वक्ष्यमाणमिहैव हि।
तत्पात्रं न्युब्जपात्रेण च्छादयेदपरेण हि॥७२॥
मृदा विलिप्यसन्धिञ्च वह्निं प्रज्वालयेदधः।
तेन पत्राणि कृष्णानि हतान्युक्तविधानतः॥७३॥
रसश्चरति वेगेन द्रुतं गर्भे द्रवन्ति च।
गन्धालकशिलानां हि कज्जल्या वा मृताहिन॥७४॥
धूपनं स्वर्णपत्राणां प्रथमं परिकीर्तितम्।
तारार्थं तारपत्राणि मृतवङ्गेन धूपयेत्॥७५॥
धूपयेच्च यथायोग्यैरन्यैरुपरसैरपि।
धूपयन्त्रमिदं प्रोक्तं जारणाद्रव्यसाधने॥७६॥

आठ अँगुल ऊँचा और आठ अंगुल चौड़ा लोहे का पात्र बनवायें और उसके कण्ठ के नीचे दो अँगुल परिमाण स्थान में शलाका रखने के लिए आधार बनायें। फिर उस पात्र में पतली-पतली और तिरछी लोहे की शलाकाओं (सलाइयों) को तिरछी करके रख दें। उन शलाकाओं के ऊपर बारीक सोने के पत्र रखे और उन पत्रों के नीचे वक्ष्यमाण विधि से धुआँ दें। फिर उस पात्र के ऊपर दूसरा पात्र उलटा करके इस प्रकार ढके कि उसका धुआँ बाहर न निकल सके पश्चात् कपरमिट्टी से सन्धियों को बन्द करके सुखा लें और उसको चूल्हे पर चढ़ाकर नीचे अग्नि जलायें। इस विधि से सुवर्ण के पत्र काले पड़ जाते हैं और मृत हो जाते हैं। पारा उन पत्रों को शीघ्र भक्षण कर जाता है और वह भक्षण किया हुआ सुवर्ण पारे के गर्भ में शीघ्र द्रवीभूत हो जाता है, अर्थात् शीघ्र गर्भ द्रुति हो जाती है। गन्धक, हरताल और मैनसिल की कज्जली को अथवा सीसे की भस्म के द्वारा सुवर्ण पत्रों को धूप देनी चाहिये। प्रथम

इन सब चीजों को एकत्र पीस कर उपर्युक्त लोहपात्र में डाल देना चाहिये। चाँदी के पत्रों को धूप देने के लिये उन पत्रों को उक्त विधि से मृतवङ्ग के द्वारा धूप दें। इसी प्रकार अन्यान्य उपर्युक्त उपरसों के द्वारा भी धूप दी जा सकती है। इसको धूपयन्त्र कहते हैं। यह यन्त्र जारण करने योग्य द्रव्यों को सिद्ध करने के लिये उपयोगी है।।७०-७६।।

(३०) कन्दुक यन्त्र

स्थूलस्थाल्यां जलं क्षिप्त्वा वासो बध्वा मुखेदृढम्।
तत्र स्वेद्यं विनिनिक्षिप्य तन्मुखं प्रपिधाय च।।७७।।
अधस्ताज्ज्वालयेदग्निं यन्त्रं तत्कन्दुकाभिधम्।
स्वेदनीयन्त्रमित्यन्ये प्राहुरन्ये मनीषिणः।।७८।।
यद्वा स्थाल्यां जलं क्षिप्त्वा तृणं क्षिप्त्वा मुखापीर।
स्वेद्यद्रव्यं परिक्षिप्य पिधानं प्रपिधाय च।।७९।।
अधस्ताज्ज्वालयेदग्निं यन्त्रं तत्कन्दुकं स्मृतम्।।८०।।

एक बड़ी हाँडी में जल भरकर उसके मुँह को मजबूत कपड़े से बाँध दें। उस कपड़े के ऊपर स्वेद देने योग्य पदार्थों को रखकर हाँडी के मुख को दूसरे पात्र से ढककर कपरौटी कर दें। फिर चूल्हे पर चढ़ाकर उसके नीचे अग्नि जलायें। इस यन्त्र को कन्दुक यन्त्र कहते हैं-और कोई विद्वान् इसको स्वेदनीयन्त्र भी कहते हैं। अथवा कन्दुक यन्त्र की दूसरी विधि यह है कि-हाँडी में जल भरकर उसके मुँह के ऊपर तृण (घास) रखकर उन पर स्वेद्य द्रव्य को रख दें और ऊपर से दूसरी हाँडी औंधी करके ढक दें। फिर उसको चूल्हे पर चढ़ाकर नीचे अग्नि जलायें इसको भी कन्दुक यन्त्र कहते हैं।।७७-८०।।

(३१) खल्वयन्त्र

खल्वयोग्या शिला नीला श्यामा स्निग्धा दृढा गुरुः।
षोडशाङ्गुलकोत्सेधा नवाङ्गुलकविस्तरा।।८१।।
चतुर्विंशाङ्गुला दीर्घा घर्षणी द्वादशाङ्गुला।
खल्वप्रमाणं तज्ज्ञेयं श्रेष्ठं स्याद्रसकर्मणि।।८२।।

खल्वन्त्रं द्विधा प्रोक्तं रसादिसुखमर्दने।
निरुद्गारौ सुमसृणौ कार्यौ पुत्रिकया युतौ॥८३॥

खरल बनाने के लिये नीले अथवा काले रंग का चिकना, मजबूत और भारी (वजनदार) पत्थर लें। उसका १६ अंगुल ऊँचा, नौ अंगुल चौड़ा और २४ अंगुल लंबा खरल बनायें और १२ अंगुल लम्बी मूसली बनायें। अथवा दस अंगुल ऊंचा और २० अंगुल लम्बा खरल बनायें। पारदादि रसों के शोधन, मर्दन आदि संस्कारों में इसी प्रमाण के खरल श्रेष्ठ समझे जाते हैं। रसादिकों को सुखपूर्वक मर्दन करने के लिये दो प्रकार के खरल यन्त्र कहे हैं। उनमें एक निरुद्गार (जिसमें डाली हुई औषधि घोटते-घोटते बाहर निकल सके) और दूसरा अत्यन्त चिकना खरल बनवाना चाहिये। उन दोनों की मूसलियां भी इसी प्रकार चिकनी और सुन्दर बनवानी चाहिये॥८१-८३॥

अर्द्धचन्द्राकार खरल

उत्सेधे स दशाङ्गुलः खलु कलातुल्याङ्गुलायामवान्
विस्तारेण दशाङ्गुलो मुनिमितैर्निम्नस्तथैवाङ्गुलैः।
पल्यां द्व्यङ्गुलविस्तरश्च मसृणोऽतीवार्द्धचन्द्रोपमो।
घर्षो द्वादशकाङ्गुलश्च तदयं खल्वो मतः सिद्धये॥८४॥
अस्मिन्पञ्चपलः सूतो मर्दनीयो विशुद्धये।
तत्तदौचित्ययोगेन खल्वेष्वन्येषु योजयेत्॥८५॥

१० अंगुल ऊँचा, १६ अंगुल लम्बा, १० अंगुल चौड़ा और सात अंगुल गहरा, अत्यन्त चिकना और अर्द्धचन्द्र के समान आकार वाला खरल बनायें। उसकी पाली (अर्थात् किनारे) दो-दो अंगुल ऊंची और उसका मूसला १२ अंगुल का होना चाहिये। इसको अर्द्धचन्द्र खल्व कहते हैं। यह खरल पारदादि रसों की सिद्धि के लिये अत्यन्त उपयोगी है। इस खरल में शुद्ध करने के लिये पांच पल (२० तोले) पारा डालकर मर्दन करना चाहिये। इसी प्रकार से पारद के प्रमाणानुसार अन्य

खरल बनाकर उनमें जितना-जितना आ सके उतना पारा डालकर मर्दन करना चाहिये॥८४-८५॥

वर्तुल खरल

द्वादशाङ्गुलविस्तारः खल्वोऽतिमसृणोपलः।
चतुरङ्गुलविस्तारः मध्येऽतिमसृणीकृतः॥८६॥
मर्दकश्चिपिटोऽधस्तात्सुग्राहश्च शिखोपरि।
अयं तु वर्तुलः खल्वो मर्दनेऽतिसुखप्रदः॥८७॥

१२ अंगुल लम्बा चौड़ा, चिकने पत्थर का, चार अंगुल गहरा, गोल और बीच में अत्यन्त चिकना ऐसा जो खरल बनाया जाता है उसको वर्तुल खल्व कहते हैं। इस खरल का मूसला नीचे के भाग में चपटा और ऊपर के भाग में उत्तम प्रकार से पकड़ने योग्य होना चाहिये। यह खरल रसादिकों के मर्दन करने में अत्यन्त उपयोगी होता है॥८६-८७॥

तप्तखल्व

लौहो नवाङ्गुलश्चैव निम्नत्वे च षडङ्गुलः।
मर्दकोऽष्टाङ्गुलश्चैव तप्तखल्वाभिधोऽप्ययम्॥८८॥

९ अंगुल विस्तृत और ६ अंगुल गहरा ऐसा लोहे का खरल बनायें और उसका मूसला ८ अंगुल लम्बा बनवाना चाहिये। इसको तप्तखल्व कहते हैं॥८८॥

कृत्वा खल्वाकृतिं चुल्लीमङ्गारैः परिपूरिताम्।
तस्यां निवेश्य तं खल्वं पार्श्वे भस्त्रिकया धमेत्॥८९॥
तदन्तर्मर्दिता पिष्टिः क्षारैरम्लैश्च संयुता।
प्रद्रवत्यतिवेगेन स्वेदिता नात्र संशयः॥९०॥
कृतः कान्तायसा सोऽयं भवेत्कोटिगुणोरसः॥९१॥

जैसा खरल का आकार हो उसी के अनुसार लोहे का अथवा मिट्टी का चूल्हा बनाकर उसके ऊपर तप्तखल्व को रखे और चूल्हे में कोयले भरकर पास में बैठ करके धोंकनी से अग्नि को फूंके। फिर उस

खरल में औषधियों के साथ घोटी हुई पारे की पिट्ठी डालकर क्षार और अम्ल पदार्थों के साथ खूब अच्छे प्रकार से घोटे इस प्रकार से स्वेदन करने से प्रत्येक रस की पिट्ठी तत्काल द्रव रूप पतले होकर बहने लगती है। पारे के भिन्न-भिन्न संस्कार करने के लिए भी यह खरल उत्तम होता है। यदि यह तप्तखल्ब कान्तलोह का बनाया जाय तो उसमें सिद्ध किया हुआ रस पारदादि करोड़ गुना अधिक गुणवान् हो जाता है।।८९-९१।।

इति श्रीवाग्भटाचार्यविरचिते रसरत्नसमुच्चये नवमोऽध्यायः।।९।।

दशमोऽध्यायः

मूषा, पुट, औषधिग्रहण आदि की परिभाषा
मूषा शब्द की निरुक्ति व पर्यायशब्द

(१) मूषा

मूषा हि क्रौञ्चिका प्रोक्ता कुमुदी करहाटिका।
पाचनी वह्निमित्रा च रसवादिभिरीर्यते॥१॥
मुष्णाति दोषान्मूषे या सा मूषेति निगद्यते।

रसशास्त्रवेत्ताओं ने मूषा के क्रौञ्चिका, कुमुदी, करहाटिका, पाच और वह्निमित्रा इतने नाम कहे हैं। जो (औषधि, रसादि के) दोषों को न करती है उसको मूषा कहते हैं॥१॥

मूषा को तैयार करने के द्रव्य

उपादानं भवेत्तस्या मृत्तिका लोहमेव च॥२॥

मिट्टी और लोहा ये दोनों मूषा को तैयार करने के मुख्य उपाद द्रव्य हैं; अर्थात् इन्हीं के द्वारा मूषा बनाई जाती है॥२॥

मूषा मुखविनिष्क्रान्तावरमेकापि काकिनी।
दुर्जनप्रणिपातेन धिग्लक्षमपि मानिनाम्॥३॥

मूषा के मुख से निकली एक कौड़ी भी श्रेष्ठ है परन्तु दुर्जन व वन्दना से प्राप्त हुए लक्ष रुपये पर भी मनस्वी धिक्कारते हैं॥३॥

मूषापिधानयोर्बन्धे बन्धनं सन्धिलेपनम्।
अन्ध्रणं रन्ध्रणं चैव संश्लिष्टं सन्धिबन्धनम्॥४॥

मूषा और उसके ढक्कन की संधियों (जोड़ों व छिद्रों) के ब

करने को बन्धन, सन्धिलेपन, अन्ध्रण, रन्ध्रण, संश्लिष्ट और सन्धिबन्धन कहते हैं।।४।।

मूषा बनाने के लिए कैसी मिट्टी लेनी चाहिए

मृत्तिका पाण्डुरस्थूला शर्करा शोणपाण्डुरा।
चिराध्मानसहा सा हि मूषार्थमतिशस्यते।।
तदभावे च वाल्मीकी कौलाली वा समीर्यते।।५।।

मूषा बनाने के लिए मिट्टी कुछ पीली बारीक अथवा रेतीली और लाल, पीले रङ्ग की हो ऐसी मिट्टी चिरकाल तक अग्नि के ताप को सहन कर सकती है। इस प्रकार की मिट्टी मूषा बनाने के लिए अत्यन्त श्रेष्ठ होती है। यदि इस तरह की मिट्टी न मिले तो बँबई की अथवा कुम्हार के काम में आने वाली मिट्टी लें।।५।।

या मृत्तिका दग्धतुषैः शणेन
शिखित्रकैर्वा हयलद्दिना च।
लोहेन दण्डेन च कुट्टिता सा
साधारणा स्यात्खलु मूषिकार्थे।।६।।

तुष (भुस) की राख, सन, कोयले और घोड़े की लीद इन सब चीजों को समान भाग लेकर मिट्टी में मिलाकर लोहे के दण्ड से खूब कूटकर बारीक कर लें, फिर मूषा बनायें। इस प्रकार तैयार की हुई मिट्टी साधारण मूषा बनाने के लिये उपयोगी होती है।।६।।

श्वेताश्मानस्तुषा दग्धा शिखित्राः शणखर्परौ।
लद्दिः किट्टं कृष्णमृत्स्ना संयोज्या मूषिकामृदि।।७।।

सेलखडी, जला हुआ भुस, कोयले, सन, खीपरों का चूर्ण, घोड़े की लीद, लोहे की कीट और काली मिट्टी ये पदार्थ मूषा बनाने के लिये मिट्टी के बीच में मिलाने चाहिये।।७।।

(१) वज्रमूषा

मृदस्त्रिभागाः शणलद्दिभागौ
भागश्च निर्दग्धतुषोपलादेः।।
किट्टार्धभागं परिखण्ड्य वज्र
मूषां विदध्यात्खलु सत्त्वपाते।।८।।

मिट्टी ३ भाग, सन १ भाग, घोड़े की लीद १भाग, भुस की राख १ भाग, सेलखड़ी १ भाग, और लोहे की कीट आधा भाग इन सबको एकत्र खूब बारीक कूट पीसकर मूषा तैयार करे। इसको वज्र मूषा कहते हैं। यह मूषा धातु आदि का सत्त्व निकालने के लिये उपयोगी होती है।।८।।

(२) योगमूषा

दग्धाङ्गारतुषोपेता मृत्स्ना वल्मीकमृत्तिका।
तद्वद्विडसमायुक्ता तद्वद्विडविलेपिता।।९।।
तया या विहिता मूषा योगमूषेति कथ्यते।
अनया साधितः सूतो जायेते गुणवत्तरः।।१०।।

कोयलों की और भुस की राख, काली मिट्टी, बंबई की मिट्टी और बिड (क्षार, अम्ल, गन्धक, पाँचों नमक आदि पदार्थ) इन सबको एकत्र ओखली में बारीक कूटकर मूषा बना लें। फिर उसके भीतर और बाहर सब तरफ बिड के चूर्ण का लेप कर दें। इस प्रकार से जो मूषा बनाई जाती है उसको योगमूषा कहते हैं। इस मूषा में सिद्ध किया हुआ पारा अत्यन्त गुणवान् हो जाता है।।९-१०।।

(३) वज्रद्रावणी मूषा

गारभूनागधौताभ्यां शणैर्दग्धतुषैरपि।
समैः समा च मूषा मृन्महिषीदुग्धमर्दिता।।११।।
क्रौञ्चिका यन्त्रमात्रं हि बहुधा परिकीर्त्तिता।
तया विरचिता मूषा वज्रद्रावणिकेरिता।।१२।।

तालाब या नदी का चिकना गारा, केंचुओं का सत्त्व, सन, भूसी की राख इन सबको समान भाग लें और सबके बराबर मूषा बनाने की मिट्टी लेकर सबको एकत्र भैंस के दूध में घोटकर जिस यंत्र में वह मूषा रखनी हो उस यंत्र के माप के अनुसार लम्बी मूषा बनायें। इस प्रकार से तैयार की हुई मूषा वज्र (हीरा आदि कठिन पदार्थों) का द्रावण करने के लिये उपयोगी कही जाती है। इसको प्रायः क्रौञ्चिका भी कहते हैं।।११-१२।।

(४) गारमूषा

दुग्धं षड्गुणगाराढ्या किट्टाङ्गारशणान्विता।
कृष्णमृद्भिः कृता मूषा गारमूषेत्युदाहृता॥१३॥
यामयुग्मपरिध्मानान्नासौ द्रवति वह्निना।

लोहे की कीट १ भाग, कोयले १ भाग, सन १ भाग, और गारा ६ भाग लेकर सब को काली मिट्टी में मिलाकर भैंस के दूध के साथ खूब घोटे फिर उसकी मूषा बना लें। इसको गारमूषा कहते हैं। यह मूषा दो प्रहर तक अग्नि में फूँकने से भी नहीं पिघलती॥१३॥

(५) वरमूषा

वज्राङ्गारतुषास्तुल्यास्तच्चतुर्गुणमृत्तिका॥१४॥
गारश्च मृत्तिकातुल्यः सर्वैरेतैर्विनिर्मिता।
वरमूषेति निर्दिष्टा याममग्निं सहेत सा॥१५॥

थूहर की लकड़ी के कोयले, भूसी की राख ये दोनों समान भाग और इन दोनों से चौगुनी काली मिट्टी और मिट्टी के बराबर गारा इन सबको एकत्र मर्दन करके बनाई हुई मूषा को वरमूषा कहते हैं। यह मूषा एक प्रहर तक अग्नि को सहन कर सकती है॥१४-१५॥

(६) वर्णमूषा

पाषणरहिता रक्ता रक्तवर्गाम्बुसाधिता।
मृत्तया साधिता मूषा क्षितिखेचरलेपिता॥१६॥
वर्णमूषेति सा प्रोक्ता वर्णोत्कर्षविधायिनी।

कंकड़, पत्थर से रहित लाल रंग की मिट्टी को रक्त वर्ग की (कसूम के फूल, कत्था लाख, मजीठ आदि) औषधियों के रस अथवा क्वाथ में अच्छे प्रकार से घोंटकर उस मिट्टी का मूषा बनाये और उसके ऊपर बीरबहूटी के चूर्ण का लेप कर दें। इसको वर्णमूषा कहते हैं। यह मूषा सुवर्णादि धातु, उपधातु, रस, उपरस आदि के वर्ण की वृद्धि करने के लिये उपयोगी होती है॥१६॥

(७) रौप्यमूषा

पाषाणरहिता श्वेता श्वेतवर्गाम्बुसाधिता॥१७॥

मृत्तया साधिता मूषा क्षितिखेचरलेपिता॥
रौप्यमूषातु सा प्रोक्ता श्वेतवर्णाय शस्यते॥१८॥

कंकड़, पत्थर से रहित ऐसी सफेद मिट्टी लेकर उसको श्वेत वर्ग (तगर, कुडे की छाल, चमेली, सफेद घुंघुची आदि) की औषधियों के क्वाथ या रस में खूब घोटकर मूषा बना लें और उस पर वीरबहूटी के कल्क का लेप करके सुखा लें। इसको रौप्यमूषा कहते हैं। रौप्य आदि के श्वेतवर्ण को बढ़ाने के लिये यह मूषा उत्तम कही जाती है॥१७-१८॥

(८) बिडमूषा

तत्तद्भेदमृदोद्भूता[१] तत्तद्बिडविलेपिता।
देहलोहार्थयोगार्थं बिडमूषेत्युदाहृता॥१९॥

जिस भूमि में जिस प्रकार का बिड नमक उत्पन्न होता हो उस भूमि की मिट्टी के साथ अन्यान्य पदार्थ मिलाकर उसकी मूषा बनायें और उस मूषा पर उसी जमीन में उत्पन्न हुए बिड नमक का लेप कर दें इसको बिडमूषा कहते हैं। शरीर को लोहे के समान दृढ़ करने के लिये जो औषध तैयार करनी हो उसका संस्कार करने के लिये यही मूषा उपयोगी होती है॥१९॥

(९) दूसरी वज्रद्रावणी मूषा

गारभूनागधौताभ्यां तुषेणाष्टगुणेन च।
समैः समा च मूषा मृन्महिषीदुग्धमर्दिता॥२०॥
क्रौञ्चिका यन्त्रमात्रा हि बहुधा परिकीर्त्तिता।
तया विरचिता मूषा लिप्ता मत्कुणशोणितैः॥२१॥
बालाब्दध्वनिमूलैश्च वज्रद्रावणक्रौञ्चिका[२]।
सहतेऽग्निं चतुर्यामं द्रवेणापूरिता सती॥२२॥

गार एक भाग, केंचुओं का सत्त्व १ भाग, भूसी की राख ८ भाग और सबके बराबर भाग मूषा बनाने की मिट्टी लेकर सबको एकत्र भैंस के दूध के साथ खूब अच्छे प्रकार से घोटकर मूषा बना लें। यह मूषा जितने बड़े यन्त्रों में रखनी हो प्रायः उसी के प्रमाणानुसार बनानी चाहिये।

इस प्रकार से मूषा तैयार करके उसके ऊपर खटमल के रुधिर का लेप करके सुखा लें। फिर सुगन्ध वाला, नागरमोथा और आकाशबेल इन तीनों के क्वाथ को एकत्र मिश्रित करके लेपकर सुखा लें। इसको वज्रद्रावण क्रौञ्चिका अर्थात् हीरे को गलाने वाली मूषा कहते हैं। यह मूषा द्रव पदार्थों से भरी हुई चार प्रहर तक अग्नि को सहन कर सकती है।।२०-२२।।

(१०) वृन्ताकमूषा

वृन्ताकाकारमूषायां नालं द्वादशकांगुलम्।
धत्तूरपुष्पवच्चोर्ध्वं सुदृढं श्लिष्टपुष्पवत्।।२३।।
अष्टांगुलञ्च सच्छिद्रं सा स्याद्वृन्ताकमूषिका।
अनया खर्परादीनां मृदूनां सत्त्वमाहरेत्।।२४।।

बैंगन के आकार के समान लम्बी मूषा तैयार करके उसके पेट में १२ अँगुल लम्बी एक नली लगायें। वह धतूरे के फूल के समान ऊँची मजबूत और फूल के ही समान मिली हुई होनी चाहिये। मूषा के चौड़े भाग की ओर आठ अंगुल लम्बा छिद्र बनाना चाहिये। (उस छिद्र द्वारा औषधि भरकर और उसको बन्द करके उक्त नाल द्वारा उसको अग्नि में रखकर फूंके)। इसको वृन्ताकमूषा कहते हैं। इस मूषा के द्वारा खपरिया आदि मृदु पदार्थों का सत्व निकालना चाहिए।।२३-२४।।

(११) गोस्तनी मूषा

मूषा या गोस्तनाकारा शिखायुक्तपिधानका।
सत्त्वानां द्रावणे शुद्धौ मूषा सा गोस्तनी भवेत्।।२५।।

गो के स्तन के समान आकार वाली ऊँची, पतली और गोल मूषा तैयार कर उसके ऊपर ऐसा ढक्कन बनाकर ढके जो शिखादार चोटी के समान नीचे से मोटा और ऊपर से पतला हो, सत्त्वों को द्रावण करने और उनकी शुद्धि करने में यह मूषा उपयोगी होती है। इसको गोस्तनीमूषा कहते हैं।।२५।।

(१२) मल्लमूषा

निर्दिष्टा मल्लमूषा या मल्लद्वितयसम्पुटात्।
पर्पट्यादिरसादीनां स्वेदनाय प्रकीर्तिता।।२६।।

मिट्टी के दो प्याले तैयार करके उनमें से एक में रसादि औषधि रखकर दूसरा प्याला उस पर ढक दें, फिर कपरौटी करके चूल्हे पर रखकर पकायें। इसको मल्लमूषा कहते हैं। यह मूषा पर्पटी आदि रसों को स्वेदन करने (पकाने) के लिये निर्दिष्ट की गई है॥२६॥

(१३) पक्वमूषा

कुलालभाण्डरूपा या दृढा च परिपाचिता।
पक्वमूषेति सा प्रोक्ता पोटल्यादिविपाचने॥२७॥

कुम्हार के बनाये हुए मटके के समान मूषा बनाकर उसको अग्नि (कुम्हार के आंवे में) पका लें। इस प्रकार पकाई हुई और मजबूत मूषा को पक्वमूषा कहते हैं। यह मूषा पोटली आदि के रस को पकाने में उपयुक्त होती है॥२७॥

(१४) गोलमूषा

निर्वक्त्र गोलकाकारा पुटनद्रव्यगर्भिणी।
गोलमूषेति सा प्रोक्ता सत्वरं द्रव्यशोधिनी॥२८॥

मल्लमूषा के समान दो गोल सकोरे बनाकर, उनमें पुट देने योग्य औषधियां भरकर दोनों को जोड़ करके सम्पुट बना लें। यह सम्पुट बिल्कुल गोल और मुखरहित हो। इसको गोलमूषा कहते हैं। यह मूषा तत्काल द्रव्यों का शोधन करने वाली है॥२८॥

(१५) महामूषा

तले या कूर्पराकारा क्रमादुपरि विस्तृता।
स्थूलवृन्ताकवत्स्थूला महामूषेत्यसौ स्मृता।
सा चायोऽभ्रकसत्त्वादेः पुटाय द्रावणाय च॥२९॥

जो तली में कछुवे के आकार के समान पतली और ऊपर को उत्तरोत्तर क्रम से विस्तृत; अर्थात् चौड़ी और बीच में मोटे बैंगन के समान स्थूल ऐसी मूषा बनायें उसको महामूषा कहते हैं। यह मूषा लोह अभ्रक आदि धातुओं के सत्त्व को द्रावण करने और पुट देने के लिये प्रयोग की जाती है॥२९॥

(१६) मंडूक मूषा

मण्डूकाकारमूषा या निम्नतायामविस्तरा'
षडंगुलप्रमाणेन मूषा मण्डूकसंज्ञिका।
भूमौ निखन्य तां मूषां दद्यात्पुटमथोपरि।।३०।।

मेंढक के आकार के समान नीचे को लम्बी, चौड़ी, खोखली और ६ अंगुल परिमाण की जो मूषा बनाई जाती है उसको मण्डूकमूषा कहते हैं। उस मूषा को जमीन खोदकर उसमें गाढ़ दें, फिर उसके ऊपर अग्नि जलायें।।३०।।

(१७) मुसलाख्या मूषा

मूषा या चिपिटा मूले वर्तुलाष्टांगुलोच्छ्रया।
मूषा सा मुसलाख्या स्याच्चक्रबद्धरसे हिता।।३१।।

आठ अँगुल ऊँची, गोल और तली में चपटी ऐसी मूषा बनायें, उसको मुसलाख्य मूषा कहते हैं। यह मूषा पारे को चक्र के समान बाँधने का संस्कार करने के लिये उपयोगी होती है। इस प्रकार १७ प्रकार की मूषा कही गई हैं।।३१।।

द्रवे द्रवीभावमुखे मूषाया ध्मानयोगतः।
क्षणमुद्धरणं यत्तन्मूषाप्यायनमुच्यते।।३२।।

किसी धातु को मूषा में भरकर द्रावण करने के लिये अग्नि पर रखें। जब वह धातु फूँकते-फूँकते पिघलकर रस के समान पतली हो जाय तब उसको उसी समय अग्नि पर से उतार लें। इस क्रिया को विद्वान् लोग मूषाप्यायन कहते हैं।।३२।।

कोष्ठी

सत्त्वानां पातनार्थाय पतितानां विशुद्धये।
कोष्ठिका विविधाकारास्तासां लक्षणमुच्यते।।३३।।

धातुओं के सत्त्व को निकालने के लिये और निकले हुए सत्त्वों को शुद्ध करने के लिये विविध प्रकार की कोष्ठियाँ (कोठियाँ) प्रयोग की जाती हैं। उनके आकार और लक्षण नीचे कहे जाते हैं।।३३।।

(१) अँगारकोष्ठी

राजहस्तसमुत्सेधा तदर्धायामविस्तरा।
चतुरस्रा च कुड्येन वेष्टिता मृण्मयेन च॥३४॥
एकभित्तौ चरेद्द्वारं वितस्त्या भोगसंयुतम्।
द्वारं सार्धवितस्त्या च सम्मितं सुदृढं शुभम्॥३५॥
देहल्यधो विधातव्यं धमनाय यथोचितम्।
प्रादेशप्रमिता भित्तिरुत्तरङ्गस्य चोर्ध्वतः॥३६॥
द्वारं चोपरि कर्त्तव्यं प्रादेशप्रमितं खलु।
ततश्चेष्टिकया रुद्ध्वा द्वारसन्धिं विलिप्य च॥३७॥
शिखित्रैस्तां समापूर्य्य धमेद्भस्त्राद्वयेन च।
शिखित्रां धमनद्रव्यमूर्ध्वद्वारेण निक्षिपेत्॥३८॥
सत्त्वपातनगोलांश्च पञ्च पञ्च पुनः पुनः।
भवेदंगारकोष्ठीयं खराणां सत्त्वयातिनी॥३९॥

(सत्त्वपातन अथवा लोह आदि किसी धातु को शुद्ध करने व गलाने क लिये उसको मूषा में भरकर वह मूषा जिस भट्टी में या कोठी में रखकर तपाई जाती है उसको कोष्ठी कहते हैं। मूषा को रखकर और कोयले भरकर धौंकनी से फूँके। स्वर्ण, रौप्य, खपरिया आदि को तैयार करने से पहले भट्टी की कल्पना कर लेवे।) एक हाथ ऊँची और आधा हाथ लम्बी, चौड़ी तथा चौकोर ऐसी कोठी तैयार करे। उसके चारों तरफ मिट्टी की दीवारें बनावे। उनमें से एक दीवार में एक बालिश्त अथवा डेढ़ बालिश्त ऊँचाई छोड़कर एक मजबूत और सुन्दर दरवाजा बनवायें। इसको अँगारकोष्ठी कहते हैं। उस कोठी की देहली के नीचे फूँकने के लिए यथोपयुक्त द्वार बनाये। फिर उसी कोठी के उत्तर की ओर की एक बालिश्त ऊँची दीवार के ऊपर एक बालिश्त ऊँचा दरवाजा बनाये। उस दरवाजे को ईंट लगाकर और सन्धियों को मिट्टी से ल्हेसकर बन्द कर देवे। इसके पश्चात् कोयलों से उस कोठी को भरकर दो धौंकनियों से फूँके। जब कोयले अथवा सत्त्वपातन योग्य पदार्थ को डालना हो तो

ऊपर के द्वार से डाले। जिसका सत्त्वपातन करना हो उसके पाँच-पाँच गोले बारम्बार डाले। यह अँगार कोष्ठी कठिन पदार्थों के सत्त्व को निकालने के लिये उपयोगी होती है।। ३४-४९।।

(२) पातालकोष्ठी

दृढभूमौ चरेद्गर्तं वितस्त्या सम्मितं शुभम्।।
वर्तुलं चाथ तन्मध्ये गर्तमन्यं प्रकल्पयेत्।।४०
चतुरंगुलविस्तारनिम्नत्वेन समन्वितम्।
गर्ताद्धरणिपर्यन्तं तिर्यङ्नालसमन्वितम्।।४१।।
किञ्चत्समुन्नतं बाह्ये गर्ताभिमुखनिम्नगम्।
मृच्चकीं पञ्चरन्ध्राढ्यां गर्भगर्तोदरे क्षिपेत्।।४२।।
आपूर्य कोकिलैः कोष्ठीं प्रधमेदेकभस्त्रया।
पातालकोष्ठिका ह्येषा मृदूनां सत्त्वपातिनी।।४३।।
ध्मानसाध्यपदार्थानां नन्दिनां परिकीर्तिता।।४४।।

पक्की भूमि में एक बालिश्त परिमाण लम्बा चौड़ा और गोल गड्ढा बनावे। उसके बीच में चार अंगुल चौड़ा, उतना ही गहरा और गोल ऐसा एक छोटा सा गड्ढा और बनावे। उस गड्ढे में सत्त्व निकालने वाले अथवा पकाने वाले पदार्थों को भरकर उस गड्ढे के ऊपर पाँच छिद्रोंवाली मिट्टी की चक्री(चकई) बनाकर ढक देवे। उसमें,गड्ढे से लेकर जमीन तक एक तिरछी नाल लगायें, वह बाहर की तरफ की कुछ ऊँची और गड्ढे के सामने को झुकी हुई हो। फिर उस कोठी में कोयले भरकर एक धौंकनी से फूँके। इसको पातालकोष्ठिका कहते हैं। यह कोठी मृदु और साध्य पदार्थों के सत्त्वपातन करने के लिए अत्यन्त उपयोगी है, ऐसा नन्दीनामवाले सिद्ध ने कहा है।।४१-४४।।

(३) गारगोष्ठी

द्वादशांगुलनिम्ना या प्रादेशप्रमिता तथा।
चतुरंगुलतश्चोर्ध्वं वलयेन समन्विता।।४५।।

भूरिच्छिद्रवतीं कोष्ठीं वलयोपरि निक्षिपेत्।
शिखित्रांस्तत्र निक्षिप्य प्रधमेद्वंकनालतः॥४६॥
गारकोष्ठीयमाख्याता मृष्टलोहविनाशिनी।
मृषामृद्भिर्विधातव्यमरत्निप्रमितं दृढम्॥४७॥
अधोमुखं च तद्वक्त्रे नालं पञ्चांगुलं खलु।
बंकनालमिति प्रोक्तं दृढध्मानाय कीर्त्तितम्॥४८॥

१२ अँगुल गहरी और प्रादेशपरिमाण (११ अंगुल) लम्बी लोटे के समान आकारवाली एक कोष्ठी बनावे । उसका कण्ठ चार अँगुल ऊँचा बनावे और उसमें एक कड़ा लगावे। उस कड़े के ऊपर बहुत से छिद्रोंवाली (चलनी के समान) एक थाली ढक देवे। फिर उस कोठी में कोयले डालकर बंकनाल से फूँके। इसको गारकोष्ठी कहते हैं। यह कोठी धातुओं के मैल को अलग करने वाली और सत्त्व को निकालने वाली है। मूषा बनाने की मिट्टी की एक हाथ लम्बी फूँकने की मजबूत नली बनावे। उसके भट्टी की तरफ को झुके हुए मुख में पांच अँगुल लम्बी नीचे को झुकी हुई एक नाल और लगावे। इसे बंकनाल कहते हैं। कठिन पदार्थों को फूँकने के लिए इसका उपयोग करना कहा गया है॥४५-४८॥

४ मूषाकोष्ठी

कोष्ठी सिद्धरसादीनां विधानाय विधीयते।
द्वादशांगुलकोत्सेधा सा बुध्ने चतुरंगुला॥
तिर्यक्प्रधमना स्याच्च मृदुद्रव्यविशोधनी॥४९॥

सिद्ध रसों का विधान करने के लिये १२ अंगुल ऊँची और चार अँगुल विस्तृत ऐसी कोठी बनावे। उसको तिरछा रखकर फूँके। इसको मूषा कोष्ठी कहते हैं। यह कोठी मृदु पदार्थों का शोधन करने के लिये उपयोगी है॥४९॥

रसादिद्रव्यपाकानां प्रमाणज्ञापनं पुटम्॥

रस, उपरस, धातु, उपधातु आदि के पाक के प्रमाण को अच्छे प्रकार से जानना पुट कहा जाता है।

पुट की आवश्यकता

नेष्टो न्यूनाधिकः पाकः सुपाकं हितमौषधम्॥५०॥

ओषधि का परिपाक न कम हो और न अधिक हो। यथोचित प्रमाण के अनुसार उत्तम प्रकार से पकाई हुई औषध ही हितकारी होती है॥५०॥

पुट से होने वाले लाभ

लोहादेरपुनर्भावो गुणाधिक्यं ततोऽग्रत
अनप्सु मज्जनं रेखापूर्णता पुटतो भवेत्॥५१॥

पुट देने से लोह आदि धातुओं की भस्में निरुत्थ हो जाती हैं, उनमें गुण और योग्यता अधिक बढ़ जाती है, वे पानी में तैरने लगती हैं और अँगुलियों की रेखाओं में भरने योग्य बारीक हो जाती हैं॥५१॥

पुटाद् ग्राव्णो लघुत्वं च शीघ्रव्याप्तिश्च दीपनम्।
जारितादपि सूतेन्द्राल्लोहानामधिको गुणः॥५२॥
यथाश्मनि विशेद्वह्निर्बहिस्थपुटयोगतः।
चूर्णत्वाद्धि गुणावाप्तिस्तथा लोहेषु निश्चितम्॥५३॥

पुट देने से पत्थर जैसे गुरु पदार्थों में हल्कापन आ जाता है, वे शरीर में शीघ्र व्याप्त हो जाते हैं और उनमें अग्नि को दीपन करने का गुण आ जाता है। पुट दी हुई धातुओं में जारण किये हुए पारद से भी अधिक गुण होता है। जिस प्रकार बाह्य पुट देने से पत्थर में अग्नि प्रविष्ट हो जाता है उसी प्रकार उसका बारीक चूर्ण होने से उसमें गुण बढ़ जाते हैं। इसी प्रकार लोहादि धातुओं में पुट का उपयोग होता है॥५२-५३॥

(१) महापुट

निम्ने विस्तरतः कुण्डे द्विहस्ते चतुरस्त्रके॥५४॥
वनोत्पलसहस्त्रेण पूरिते पुटनौषधम्।
क्रौंच्यां रुद्धं प्रयत्नेन पिष्टिकोपरि निक्षिपेत्॥५५॥
वनोत्पलसहस्त्रार्धं क्रौंचिकोपरि विन्यसेत्।
वह्निं प्रज्वालयेत्तत्र महापुटमिदं स्मृतम्॥५६॥

दो हाथ परिमाण गहरा और इतना ही लम्बा चौड़ा एक चौकोर

गड्ढा खोदकर उसमें एक हजार आरने उपले भर दें। फिर पुट देने योग्य धातु को मूषा में भरकर उस पर कपरौटी करके सुखा लें और उस मूषा को उपलों के बीच में रख दें। पश्चात् उस मूषा के ऊपर पांच सौ आरने उपले और रखकर गड्ढा भर दें, फिर उसमें अग्नि जलायें। इसको महापुट कहते हैं।।५४-५६।।

(२) गजपुट

राजहस्तप्रमाणेन चतुरस्त्रं च निम्नकम्।
पूर्ण चोपलसाठीभिः कण्ठावध्यथ विन्यसेत्।।५७।।
विन्यसेत्कुमुदीं तत्र पुटनद्रव्यपूरिताम्।
पूर्वाच्छगणतोर्धानि गिरिण्डानि विनिक्षिपेत्।।५८।।
एतद्गजपुटं प्रोक्तं महागुणविधायकम्।।५९।।

एक हाथ परिमाण लम्बा चौड़ा और इतना ही गहरा एक चौकोर गड्ढा खोदे। उसको कण्ठपर्यन्त आरने उपलों से भर कर उनके बीच में पुट देने वाली धातु को मूषा में बन्द करके रख दें। फिर पहले जितने उपले रक्खे हों उनसे आधे उपले मूषा के ऊपर रखकर अग्नि लगा दें। इसको गजपुट कहते हैं। गजपुट के देने से औषधि अत्यन्त गुणवान् हो जाती है।।५७-५९।।

(३) वाराह पुट

इत्थं चारत्निके कुण्डे पुटं वाराहमुच्यते।।६०।।

इसी प्रकार एक बालिश्त परिमाण विस्तृत और गहरा गड्ढा खोदकर उसको आरने उपलों से भर दें और उनमें बीच में औषधि की मूषा को रखकर उसके ऊपर आधे उपले और रखकर अग्नि जलायें। इसको वाराह पुट कहते हैं।।६०।।

४ कुक्कुट पुट

पुटं भूमितले यत्तद्वितस्तिद्वितयोच्छ्रयम्।
तावच्च तलविस्तीर्णं तत्स्यात्कुक्कुटकं पुटम्।।६१।।

दो बालिश्त ऊँचा और उतना ही गहरा व विस्तृत भूमि में एक गड्ढा खोदकर उसमें उपर्युक्त विधि से उपले भरकर और मूषा रखकर अग्नि जलायें। इसको कुक्कुट पुट कहते हैं।।६१।।

(५) कपोत पुट

यत्पुटं दीयते भूमावष्टसंख्यैर्वनोत्पलैः।
बद्ध्वा सूतकभस्मार्थं कपोतपुटमुच्यते।।६२।।

भूमि में १ छोटा सा गड्ढा खोदकर उसमें आठ आरने उपलों की जो अग्नि दी जाती है, उसको कपोतपुट कहते हैं। इसमें मुख्यतः औषधियों के साथ पारे को खरल करके गोलासा बनाकर उसको ताम्र सम्पुट में बन्द करके रखे। इससे पारे की भस्म हो जाती है।।६२।।

६ गोबर पुट

गोष्ठान्तर्गोक्षुरक्षुण्णं शुष्कं चूर्णितगोमयम्।
गोबरं तत्समादिष्टं वरिष्टं रससाधने।।६३।।
गोबरैर्वा तुषैर्वापि पुटं यत्र प्रदीयते।
तद्गोबरपुटं प्रोक्तं सिद्धये रसभस्मनः।।६४।।

गोष्ठ (गौओं के रहने के स्थान) में गौओं के खुरों से खुदे हुए सूखे हुए और चूर्ण किये हुए गोमय को गोबर कहते हैं। वह पारद के सिद्ध करने में अत्यन्त उपयोगी होता है। भूमि में एक हाथ लम्बा चौड़ा और गहरा गड्ढा खोदकर उसमें गोबर अथवा धानों की भूसी भर दें और बीच में औषधि से भरी हुई मूषा रखकर उसके ऊपर भी गोबर या तुष रखकर पुट दें। इसको गोबर पुट कहते हैं। यह पुट पारे की भस्म करने के लिये विशेष उपयोगी है।।६३-६४।।

(७) भाण्डपुट

स्थूलभाण्डे तुषापूर्णे मध्ये मूषासमन्विते।
वह्निना विहिते पाके तद्भाण्डपुटमुच्यते।।६५।।

एक बहुत बड़े मटके में तुष (धानों की भूसी) को खूब दबादबा कर आधे मटके तक भर दें, फिर उसमें औषधि की मूषा रखकर उसके ऊपर इतना तुष रखे जिससे मटके का मुख भर जाय। फिर कपरौटी करके उसको चूल्हे पर चढ़ाकर अग्नि दें। इसको भाण्डपुट कहते हैं॥६५॥

(८) बालुकापुट

अधस्तादुपरिष्टाच्च क्रौंचिकाच्छाद्यते खलु।
बालुकाभिः प्रतप्ताभिर्यत्र दद्बालुकापुटम्॥६६॥

एक बड़ा सा मटका लेकर उसको आधा बालु (रेत) से भर और उसमें औषधि से युक्त मूषा को रख दें। फिर मटके के मुँह तक और बालु भरकर मूषा को ढक दें और कपरौटी करके सुखा लें।

पश्चात् मटके को चूल्हे पर रखकर नीचे अग्नि जलायें। इसको बालुका पुट कहते हैं॥६६॥

(९) भूधरपुट

वह्निमित्रां क्षितौ सम्यङ् निखन्याद्द्व्यंगुलादधः।
उपरिष्टात्पुटं यत्र पुटं तद्भूधराह्वयम्॥६७॥

जमीन में दो अंगुल गहरा एक गड्ढा खोदे, उसमें औषधि से भरी हुई और मजबूत कपरौटी की हुई मूषा रखकर उस पर औषधि के प्रमाण के अनुसार आरने उपले रखकर अग्नि जलायें। इनको भूधर पुट कहते हैं॥६७॥

(१०) लावकपुट

ऊर्ध्वं षोडशिकामात्रैस्तुषैर्वा गोबरैः पुटम्।
यत्र तल्लावकाख्यं स्यात्सुमृदुद्रव्यसाधने॥६८॥
अनुक्तपुटमाने तु साध्यद्रव्यबलाबलात्।
पुटं विज्ञाय दातव्यमूहापोहविचक्षणैः॥६९॥

जिनमें चौरस भूमि के ऊपर षोडशिकामात्र (१ तोल से ५ तोले) धानों की भूसी अथवा गोबर के बीच में पुट देने योग्य वस्तु की मूषा

को रखकर अग्नि दी जाती है। उसको लावकपुट कहते हैं। यह पुट मृदु पदार्थों की सिद्ध के लिये उपयोगी है। जहाँ पुटका प्रमाण और नाम न कहा हो वहां विचारशील विद्वान् वैद्यों को साध्य द्रव्य के बलाबल का विचार करके मृदु अथवा कठिन पुट देना चाहिये॥६८-६९॥

औषधि ग्रहण करने की परिभाषा

पिष्टकं छगणं छाणमुत्पलं चोपलं तथा।
गिरिण्डोपलसाठी च वराटी छगणाभिधाः॥७०॥

पिष्टक, छगण, छाण, उत्पन्न, उषल, गिरिण्ड, उपलसाठी और वराटी ये सूखे उपलों के नाम हैं॥७०॥

अष्टधातु

सुवर्णं रजतं ताम्रं त्रपु सीसकमायसम्।
षडेतानि च लोहानि कृत्रिमौ कांस्यपित्तलौ॥७१॥

सुवर्ण, रौष्य (चांदी), तांबा, राँग, सीसा और लोहा ये ६ अकृत्रिम धातुएँ हैं और कांसा, पीतल ये दो कृत्रिम धातुएँ हैं॥७१॥

षट्लवण

लवणानि षडुच्यन्ते सामुद्रं सैन्धवं बिडम्।
सौवर्चलं रोमकञ्च चूलिकालवणं तथा॥७२॥

समुद्रनमक, सेंधा नमक, बिरियासंचर नमक, काला नमक, सांभर नमक और खारी। ये ६ लवण कहे जाते हैं॥७२॥

क्षारत्रय

क्षारत्रयं समाख्यात यवसर्जिकटंकणम्॥७३॥

जवाखार, सज्जी और सुहागा ये तीन क्षार (खार) कहलाते हैं॥७३॥

क्षारपंचक

पलाशमुष्ककक्षारौ यवक्षारः सुवर्चिका।
तिलनालोद्भवः क्षारः संयुक्तं क्षारपंचकम्॥७४॥

ढाक का खार, मोखे का खार, जवाखार, सज्जी और तिलों की नाल (लकड़ियों) में से निकाला हुआ खार इन पांचों को क्षारपंचक कहते हैं।।७४।।

मधुरत्रय

घृतं गुडो माक्षिकं च विज्ञेयं मधुरत्रयम्।।७५।।

घी गुड और मधु (शहद) इन तीनों को मधुरत्रय जानना।।७५।।

तैलवर्ग

कंगुणी तुंबिनी घोषा करीरः श्रीफलोद्भवम्।
कटुवार्त्ताकसिद्धार्थसोमराजीविभीतजम्।।७६।।
अतसीजं महाकाली निम्बजं तिलजं तथा।
अपामार्गाद्देवदाली दन्ती तुम्बुरुविग्रहात्।।७७।।
अकोलोन्मत्तभल्लातपलाशेभ्यस्तथैव च।
एतेभ्यस्तैलमादाय रसकर्मणि योजयेत्।।७८।।

मालकाँगनी, कड़वी तोरई, चिकनी तोरई, करीर, बांस के अंकुर, बेल के अंकुर, कड़वे बैंगन, सरसों, बापची, बहेडे, अलसी, बकायन, नीम, तिल, चिरचिटा, देवदाली (वन्दाल), दन्ती, धनियां, अंकोल, धतूरा, भिलावें और ढाक इन प्रत्येक के तैल को लेकर रसकर्म (पारद के सिद्ध करने) में प्रयोग करना चाहिये।।७६-७८।।

वसावर्ग

जम्बूकमण्डूकवसा वसा कच्छपसम्भवा।
कर्कोटी शिशुमारी च गोसूकरनरोद्भवा।।
अजोष्ट्रखरमेषाणां महिषस्य वसा तथा।।७९।।

गीदड़, मेंढक, कछुआ, केंकड़ा, गोह, बैल, सूअर, मनुष्य, बकरा, ऊँट, गदहा,मेंढा और भैंसा इनकी वसा (चर्बी) रसकर्म में उपयोगी होती है।।७९।।

मूत्रवर्ग

मूत्राणि हस्तिकरभमहिषीखरवाजिनाम्।
गोऽजावीनां स्त्रियः पुंसां पुष्पं बीजं तु योजयेत्॥ ८०॥

हाथी, ऊँट, भैंस, गदहा, घोड़ा, गाय, बकरी और भेड़ इन पशुओं के मूत्र रसादि की सिद्धि करने में व्यवहार करने चाहिये मनुष्य का मूत्र भी कहीं कहीं प्रयोग किया जाता है। जहाँ रज वीर्य का उल्लेख हो वहाँ स्त्री का रज और पुरुष का वीर्य लेना चाहिये॥ ८०॥

माहिष पञ्चक

महिषाम्बु दधि क्षीरं साभिधारं शकृद्रसः।
तत्पञ्चमाहिषं ज्ञेयं तद्वच्छागलपञ्चकम्॥८१॥

भैंस का मूत्र, दही, दूध, घी और गोबर का रस इनको महिष पञ्चक कहते हैं। इसी प्रकार बकरी की पाँचों चीजों को छगल पञ्चक अथवा अजापञ्चक और गाय के उक्त पाँचों पदार्थों को पञ्चगव्य कहते हैं॥८१॥

अम्लवर्ग

अम्लवेतसजम्बीरनिम्बुकं बीजपूरकम्।
चाङ्गेरी चणकाम्लं च अम्लिकं कोलदाडिमम्।
अम्बष्ठा तिन्तिडीकञ्च नारङ्गं रसपत्रिका॥ ८२॥
करवन्दं तथा चान्यदम्लवर्गः प्रकीर्त्तितः॥
चणकाम्लञ्च सर्वेषामेक एवं प्रशस्यते॥ ८३॥
अम्लवेतसमकं वा सवेषामुत्तमोत्तमम् ।
रसादीनां विशुद्ध्यर्थं द्रावणे जारणे हितम्॥८४॥

अम्लवेत, जम्बीरी नींबू, बिजौरा नीबू, नोनिया का शाक, चने का शाक का खार, इमली, बेर, दाडिमी, अम्बाडा अथवा मोइया तिन्तिडीक, नारंगी, खट्टा पालक और करौंदा इन सबको तथा अन्यान्य अम्ल पदार्थों को अम्लवर्ग कहते हैं। समस्त अम्ल पदार्थों की अपेक्षा केवल चने के शाक का खार ही प्रयोग किया जाता है। अथवा सम्पूर्ण आम्ल पदार्थों में

अम्लबेंत अत्युत्तम आम्लपदार्थ माना जाता है। यही एक रसादिकों के शोधन, द्रावण और जारण करने में उपयोगी पदार्थ है।।।८२-८४।।

अम्लपञ्चक

कोलदाडिमवृक्षाम्लाचुल्लिकाचुक्रिकारसम्।
पञ्चाम्लकं समुद्दिष्टं तच्चोक्तं चाम्लपञ्चकम्।।८५।।

बेर, दाडिमी, विषांविल, चुल्लिका और चूके के शाक का रस इन पाँचों को पञ्चाम्ल अथवा अम्लपंचक कहते हैं।।८५।।

पञ्चमृत्तिका

इष्टिका गैरिका लोणं भस्म वल्मीकमृत्तिका।
रसप्रयोगकुशलैः कीर्त्तिताः पंचमृत्तिकाः।।८६।।

ईंट, गेरू, नोनिया, भस्म (राख) और बंबई की मिट्टी इन पाँचों को रसशास्त्रज्ञों ने पञ्चमृत्तिका कहा है।।८६।।

विषवर्ग

शृङ्गीकं कालकूटं च वत्सनाभं सकृत्रिमम्।
पीतं च विषवर्गोऽयं स वरः परिकीर्त्तितः।।८७।।
रसकर्मणि शस्तोऽयं तद्बन्धनविधावपि।
अयुक्त्या सेवितश्चायं मारयत्येव निश्चितम्।।८८।।

सिंगिया विष, कालकूट विष, मीठा तेलिया बनावटी विष और पीला विष इनके समुदाय को विषवर्ग कहते हैं। रसकर्म में और पारे के बन्धन कर्म में इसका प्रयोग करना उत्तम कहा गया है। यदि युक्ति और प्रमाण के बिना इसको सेवन किया जाय तो यह निस्सन्देह मनुष्य को मार देता है।।८९-८८।।

उपविषवर्ग

लाङ्गली विषमुष्टिश्च करवीरो जया तथा।
नीलकः कनकोऽर्कश्च वर्गो ह्युपविषात्मकः।।८९।।

कलिहारी, कुचला, कनेर, भाँग, नीलक (कचनोन) धतूरा और आक इनको उपविषवर्ग कहते हैं।।८९।।

दुग्धवर्ग

हस्त्यश्वी वनिता धेनुर्गर्दभी छागिकाविका।
उष्ट्रिकोदुम्बराश्वत्थभानुन्यग्रोधतिल्वकम्॥९०॥
दुग्धिका स्नुग्गणं चैतत्तथैवोत्तमकर्णिका।
एषां दुग्धैर्विनिर्दिष्टो दुग्धवर्गो रसादिषु॥९१॥

हथिनी, घोड़ी, स्त्री, गाय, गदही, बकरी, भेंड़ और ऊँटनी इन जंगम जीवों को तथा स्थावरों में गूलर, पीपल, आक, बड, लोध, दुद्धी, संहुंड और थूहर इन वृक्षों के दूधों को दुग्धवर्ग कहते हैं। यह रस की सिद्धि में विशेष उपयोगी होता है॥९०-९१॥

विड्वर्ग

पारावतस्य चाषस्य कपोतस्य कलापिनः।
गृध्रस्य कुक्कुटस्यापि विनिर्दिष्टो हि विड्गणः॥९२॥
शोधनं सर्वलोहानां पुटनाल्लेपनात्खलु।

पायरा, नीलकण्ठ, कबूतर, मोर, गिद्ध और मुर्गा इनकी विष्ठा को विड्वर्ग कहते हैं। इसमें से किसी एक को अथवा समस्त विड्वर्ग को काँजी के साथ पीसकर लेप करके पुट देने से समस्त धातुओं को शोधन होता है॥९२॥

रक्तवर्ग

कुसुम्भं खदिरो लाक्षा मंजिष्ठा रक्तचन्दनम्॥९३॥
अक्षी च बन्धुजीवश्च तथा कर्पूरगन्धिनी।
माक्षिकं चेति विज्ञेयो रक्तवर्गोऽतिरंजनः॥९४॥

कसूम के फूल, खैर (कत्था), लाख, मजीठ, लाल चन्दन, सहिंजना, गुलदुपहरिया, कपूरकचरी और मधु इन सबको रक्तवर्ग कहते हैं। यह धातुओं को रंगने वाला है॥९३-९४॥

पीतवर्ग

किंशुकः कर्णिकारश्च हरिद्राद्वितयं तथा।
पीतवर्गोऽयमादिष्टो रसराजस्य कर्मणि॥९५॥

ढाक के फल, गेंदे के फूल हल्दी और दारुहल्दी इन चारों को पीतवर्ग कहते हैं। यह भी पारद की सिद्धि में उपयोगी होता है।।९५।।

श्वेतवर्ग

तगरः कुटजः कुन्दो गुञ्जा जीवन्तिका तथा।
सिताम्भोरुहकन्दश्च श्वेतवर्ग उदाहृतः।।९६।।

तगर, कुडे की छाल, कुन्द के फूल, श्वेत चोंटली, जीवन्ती, श्वेत कलम और कमलकन्द इन सबको श्वेत वर्ग कहते हैं।।९६।।

कृष्णवर्ग

कदली कारवेल्ली च त्रिफला नीलिका नलः।
पंकः कासीसबालाम्रं कृष्णवर्ग उदाहृतः।।९७।।

केला, करेला, त्रिफला, नील का वृक्ष, नरसल, कींचड़, कसीस और कच्चा आम इन औषधियों को कृष्णवर्ग कहते हैं।।९७।।

रक्तवर्गादिवर्गैश्च द्रव्यं यज्जारणात्मकम्।
भावनीयं प्रयत्नेन तादृग्रागाप्तये खलु।।९८।।

जारण की हुई अथवा पुट दी हुई जिस किसी रसादि धातु को जैसा रंगना हो तो उसी प्रकार का रंग आने के लिये उपर्युक्त रक्तादि वर्गों में से किसी वर्ग की ओषधियों के क्वाथ में अथवा रस में उस धातु को यत्नपूर्वक बारम्बार भावना देवे। फिर उसको जारण करने अथवा पुट देने से धातु का वैसा ही वर्ण हो जाता है।।९८।।

शोधनीय गण

काचटंकणशिप्राभिः शोधनीयो गणो मतः।
सत्त्वानां बद्धसूतस्य लोहानां मलनाशनः।।
कापालिकगणध्वंसी रसवादिभिरुच्यते।।९९।।

काँच, सुहागा और मोती की सीप इनको शोधनीय गण कहते हैं। यह सत्त्वों में, बद्ध पारे में और धातुओं में रहने वाले मल को नष्ट करता है ओर धातु आदि पदार्थों में रहने वाले कंकड़, पत्थर, मिट्टी आदि कुष्ठ

रोगोत्पादक मैल को भी यह शोधनीयगण दूर करता है ऐसा रस शास्त्रज्ञ कहते हैं॥९९॥

मृदुकरवर्ग

महिषीमेढ्राण्डगर्भः कालिंगो धवबीजयुक्।
शशास्थीनि च वर्गोऽयं लोहकाठिन्यनाशनः॥१००॥

भैंस का गर्भ, भैंस के अण्डकोष, मेढा का गर्भ, मेढे के अण्डकोष, तरबूज, धौंके बीज और खरगोश की अस्थि इन सबको मृदुकरवर्ग कहते हैं। यह वर्ग धातुओं की कठिनता को दूर कर उनको नरम कर देता है॥१००॥

द्रावणवर्ग

गुडगुग्गुलुगुञ्जाज्यसारघैष्टंकणान्वितैः।
दुर्द्राविखिललोहादेर्द्रावणाय गणो मतः॥१०१॥

गुड, गूगल, घुंघुची, घी, शहद और सुहागा इन सब पदार्थों को द्रावण गण कहते हैं। यह अत्यन्त कठिन धातुओं को पिघलाकर रस के समान पतला कर देता है, इसलिये द्रुतिकर्म में यह गण विशेष उपयोगी होता है॥१०१॥

क्षाराः सर्वे मलं हन्युरम्लं शोधनजारणम्।
मान्द्यं विषाणिनिघ्नन्ति स्नैग्ध्यं स्नेहाः प्रकुर्वते॥१०२॥

क्षार पदार्थों के साथ धातुओं को मिलाकर फूँकने से उनका मैल दूर हो जाता है, अम्ल पदार्थों के द्वारा धातुओं का शोधन और जारण होता है। विषोक्त औषधियों के साथ मिलाकर पुट देने से धातुओं की मन्दता नष्ट होती है और घी, तेल आदि स्निग्ध पदार्थों के सहयोग से धातुओं की रुक्षता दूर होकर उनमें कोमलता और स्निग्धता आ जाती है॥१०२॥

परिमाण

षट्त्रुट्यश्चैकलिक्षा स्यात्षड्लिक्षा यूकमुच्यते।
षड्यूकास्तु रजःसंज्ञं निबोध त्वं च सुव्रते॥
षड्रजः सर्षपः स स्यात्सिद्धार्थः स च कीर्त्तितः॥१०३॥

षट्सिद्धार्थेन देवेशि यवस्त्वेकः प्रकीर्तितः।
षड्यवैरेकगुञ्जा स्यात्त्रिगुञ्जो वल्ल उच्यते॥१०४॥
षड्भिरेव तु गुञ्जाभिर्माष एकः प्रकीर्त्तितः।
माषाः षोडशतोलः स्याच्चतुस्तोलैः पलं भवेत्॥१०५॥

(सूर्य की किरणों में उड़ते हुए जो रजकण दिखाई देते हैं, उस एक कण के छठे हिस्से को अणु कहते हैं, उन ६ अणुओं की एक त्रुटि होती है)। ६ त्रुटि की बराबर एक लीख होती है। ६ लीख की एक जूँ और ६ जुओं का एक रज का कण होता है। छः रज की सरसों होती है उसी को सिद्धार्थ कहते है। छः सरसों का एक जौ की एक घुंघुची होती है। ३ घुंघुची का एक वल्ल और ६ घुंघुची का एक माशा होता है। १६ माशे का एक तोला और चार तोले का एक पल होता है॥१०३-१०५॥

इति श्रीवाग्भटाचार्यविरचिते रसरत्नसमुच्चयेभाषाटीकायां दशमोऽध्यायः॥१०॥

संदर्भ :

१. तत्तद्विडसमुद्भूता।

२. शणैर्दग्धतुषैरपि। कोचितेत्यपि पाठः।

एकादशोऽध्याय

रक्त के शोधन, मारण आदि १८ संस्कारों का वर्णन।

प्रथम मान परिभाषा

त्रुटिः स्यादणुभिः षड्भिस्तैर्लिक्षा पड्भिरीरिता।
ताभिः षड्भिर्भवेद्यूकः षड्यूकास्तद्रजः स्मृतम्।।१।।
षड्रजः सर्षपः प्रोक्तस्तैः षड्भिर्यव ईरितः।
एकागुञ्जा यवैः षड्भिर्निष्पावस्तु द्विगुञ्जकः।।२।।
स्याद्गुञ्जात्रितयं वल्लो द्वौ वल्लो माष उच्यते।
द्वौ माषौ धरणं ते द्वे शाणनिष्ककलाः स्मृताः।।३।।
निष्कद्वयन्तु वटकः स च कोल इतीरितः।
स्यात्कोलद्वितयं तोलः कर्षो निष्कचतुष्टयम्।।४।।
उदुम्बरं पाणितलं सुवर्णं कवलग्रहः।
अक्षं बिडालपदकं शुक्तिः पाणितलद्वयम्।।५।।
शुक्तिद्वयं पलं केचिदन्ये शुक्तित्रयं विदुः।
तदेव कथितं मुष्टिः प्रकुञ्चो बिल्वमित्यपि।।६।।

६ अणुओं की १ त्रुटि होती है, ६ त्रुटियों की १ लीख, ६ लीखों की एक जूं, ६ जुँओं का रज (१ कण), ६ रजकणों की एक सरसों और ६ सरसों की बराबर (वजन में)एक जौ होता है। ६ जौ की एक घुंघुची-घुंघुची की एक मटर ३ चोंटली का एक वल्ल और दो वल्ल का एक माशा होता है। दो माशे का एक धरण और दो धरण का एक निष्क होता है। निष्क को शाण और कला भी कहते हैं। दो निष्क का एक वटक होता

है। उसी को कोल कहते हैं। दो कोल का एक तोला होता है। तोले को ही कर्ष, निष्कचतुष्टय, उदुम्बर, पाणितल, सुवर्ण, कवलग्रह, अक्ष और बिडालपदक कहते हैं। दो तोले की एक शुक्ति होती है और दो शुक्ति का एक पल होता है। कोई-कोई विद्वान् तीन शुक्ति का पल मानते हैं। पल को ही मुष्टि, प्रकुञ्च और बिल्व भी कहते हैं।।१-६।।

पलद्वयं प्रसृतं तद्द्वयं कुडवोऽञ्जलिः।
कुडवौ मानिका तौ स्यात्प्रस्थो द्वे मानिके स्मृतः।।७।।
प्रस्थद्वयं शुभं तौ द्वौ पात्रकद्वयमाढकम्।
तैश्चतुर्भिर्घटीन्माननल्वणार्मणकुम्भकाः।।८।।
द्रोणस्य शब्दाः पर्यायाः पलानां शतकं तुला।
चत्वारिंशत्पलशतं तुला भारः प्रकीर्तितः।।९।।
रसार्णवादिशास्त्राणि निरीक्ष्य कथितं मया।
रसोपयोगि यत्किञ्चिद्दिङ्मात्रं तत्प्रदर्शितम्।।१०।।

दो पल का एक प्रसृत और दो प्रसृत का एक कुडव होता है। कुडव को ही अंजलि कहते हैं। दो कुडव की एक मानिका दो मानिका का एक प्रस्थ, दो प्रस्थ का एक शुभ, दो शुभ का एक पात्रक, दो पात्रक का एक आढक और चार आढक का एक द्रोण होता है। घट उन्मान, नल्वण अर्मण और कुम्भक ये सब द्रोण के पर्यायवाची शब्द हैं। १०० पल की एक तुला होती है और १४० पल तुला का एक भार होता है। मैंने रसार्णव आदि रसशास्त्रों को निरीक्षण करके जो कुछ तोल की परिभाषा कही है वह केवल दिग्दर्शन मात्र है, किन्तु रसों (पारद आदि) के संस्कार करने में विशेष उपयोगी है।।७-१०।।

पारे के अष्टादश संस्कार

स्यात्स्वेदनं तदनु मर्द्दनमूर्च्छनं च
उत्थापनं पतनरोधनियामनानि।
सन्दीपनं गगनभक्षणमानमत्र
संचारणा तदनु गर्भगता द्रुतिश्च।।११।।

बाह्यद्रुतिः सूतकजारणा स्यात्
ग्रासस्तथा सारणकर्म पश्चात्।
संक्रामणं वेधविधिः शरीरे
योगस्तथाष्टादशधात्र कर्म॥१२॥

२ स्वेदन, २ मर्दन, ३ मूर्च्छन, ४ उत्थापन, ५ पातन, ६ रोधन, ७ नियामन, ८ सन्दीपन, ९ गगनभक्षण (अभ्रजारण) का प्रमाण १० चारण, ११ गर्भद्रुति, १२ बाह्यद्रुति, १३ पारदजारण, १४ ग्रास, १५ सारण, १६ संक्रामण, १७ वेध और १८ शरीर योग, इस प्रकार पारे के अष्टादश संस्कार कहे गये हैं॥११-१२॥

पारे के दोष

संयोज्यो मर्मणि च्छिन्ने न च क्षाराग्निदग्धयोः।
शुद्धः स मृद्वग्निसहो मूर्च्छितो व्याधिनाशनः॥१३॥
निष्कम्पवेगस्तीव्राग्नावायुरारोग्यदो मृतः।
विषं वह्निर्मलश्चेति दोषा नैसर्गिकास्त्रयः॥१४॥
रसे मरणसन्तापमूर्छानां हेतवः क्रमात्॥१५॥

किसी मर्मस्थान के कट जाने से अथवा क्षार (तेजाब आदि) या अग्नि से जल जाने से घाव हो जाने पर पारे का सेवन नहीं कराना चाहिये। शुद्ध किया हुआ पारा मृदु अग्नि को सहन करता है, मूर्च्छित पारा सम्पूर्ण रोगों को नाश करता है और तीव्र अग्नि में भस्म किया हुआ पारा निष्कम्प हो जाता है, अर्थात् वह अग्नि में रखने से उड़ता नहीं है। ऐसे पारे का सेवन करने से आयु और आरोग्यता की वृद्धि होती है। विष अग्नि और मैल ये तीनों दोष पारे में स्वाभाविक रूप से रहते हैं। पारे को शोधन आदि संस्कार किये बिना सेवन करने से इन तीनों दोषों के द्वारा क्रम से मरण, सन्ताप और मूर्च्छा होती है॥१३-१५॥

यौगिकौ नागवंगौ द्वौ तौ जाड्याध्मानकुष्ठदौ।
औपाधिकाः पुनश्चान्ये कीर्तिताः सप्तकंचुकाः॥१६॥

भूमिजा गिरिजा वार्जा द्वे च द्वे नागवंगजे।
दशैते हि रसे दोषा प्रोक्ता रसविशारदैः॥१७॥
भूमिजाः कुर्वते कुष्ठं गिरिजा जाड्यमेव च।
वारिजा वातसंघातदोषाढ्यं नागवंगयोः॥१८॥

पारे में नाग (सीसा) और बंग को व्यापारी लोग मिला देते हैं, इसलिये नाग और बंग ये दोनों पारे के संयोगिक दोष कहे जाते हैं। इन दोषों से युक्त पारद को सेवन करने से शरीर में जड़ता, आध्मान (अफरा) और कुष्ठरोग उत्पन्न होता है। इसके सिवा पारे में सात कंचुकी (दोषों के सात परत) दोष रहते हैं। रसशास्त्रज्ञ विद्वानों के मत से पारे में मुख्य रूप से दो दोष पृथ्वी के, दो दोष पर्वत के, दो दोष जल के, दो दोष सीसे के और दो दोष बंग के इस प्रकार ये दश दोष रहते हैं। पारे के भूमिजनित दो दोष कुष्ठरोग को उत्पन्न करते हैं। पर्वत के दोनों दोष जड़ता को, जल के दोनों दोष वातव्याधि को और नाग तथा बंग के भिन्न भिन्न दोष प्रकार के समूह को उत्पन्न करते हैं॥१६-१८॥

पर्पटी पाटिनी भेदी द्रावी मलकरी तथा।
अन्धकारी तथा ध्वांक्षी विज्ञेयाः सप्त कंचुकाः॥१९॥
तस्मात्सूतविधानार्थं सहायैर्निपुणैर्युतः।
सर्वोपस्करमादाय रसकर्म समारभेत्॥२०॥
द्वे सहस्त्रे पलानां तु सहस्त्रं शतमेव वा।
अष्टाविंशत्पलान्येव दश पञ्चैकमेव वा॥२१॥
पलार्धेनैव कर्त्तव्यः संस्कारः सूतकस्य च।
सुदिने शुभनक्षत्रे रसशोधनमाचरेत्॥२२॥

पर्पटी, पाटिनी, भेदी, द्रावी, मलकरी, अन्धकारी और ध्वांक्षी ये पारे में सात कंचुक (परत) होते हैं। अतएव पारे को सर्वदोषरहित सिद्ध करने के लिये मनुष्य, रसकर्म में चतुर सहायकों के साथ पहले रस साधन के उपकरणों को सञ्चित करके फिर रस कर्म (पारे की सिद्धि) करना प्रारम्भ करे। अधिक से अधिक दो हजार पल, अथवा एक हजार

पल, सौ पल, २८ पल, १० पल ५ पल, और कम से कम १ पल अथवा आध पल, (२ तोले) पारे का संस्कार करना चाहिये। शुभ दिन और शुभ नक्षत्र में पारे का शोधन करना प्रारम्भ करे॥१९-२२॥

(१) स्वेदन संस्कार

त्र्यूषणं लवणासूर्यौ चित्रकार्द्रकमूलकम्।
क्षिप्त्वा सूतो मुहुः स्वेद्यः काञ्जिकेन दिनत्रयम्॥२३॥

सोंठ, मिर्च, पीपल, नमक, राई, चीता, अदरक और मूली इन सबको समान भाग मिश्रित पारे से आधा भाग लें। पारे को इन औषधियों के साथ खूब घोटकर गोला बना लें और उस गोले को एक सफेद कपड़े की पोटली में बाँधकर काँजी से आधे से आधे भरे हुए दोलायन्त्र में अधर लटका दें। इस प्रकार तीन दिन तक स्वेद देने से पारे का सब मैल दूर हो जाता है॥२३॥

(२) मर्दन संस्कार

गृहधूमेष्टिकाचूर्णं तथा दधि गुडान्वितम्।
लवणासुरिसंयुक्तं क्षिप्त्वा सूतं विमर्दयेत्॥२४॥
षोडशांशं प्रतिद्रव्यं सूतमानान्नियोजयेत्।
सूतं क्षिप्त्वा समं तेन दिनानि त्रीणि मर्दयेत्॥२५॥
जीर्णाभ्रकं तथा बीजं जीर्णसूतं तथैव च।
नैर्मल्यार्थं हि सूतस्य खल्वे धृत्वा विमर्दयेत्॥२६॥
गृह्णाति निर्मलो रोगान् ग्रासे ग्रासे विमर्दितः।
मर्दनाख्यं हि तत्कर्म सूतस्य गुणकृद्भवेत्॥२७॥

घर का धुआँसा, ईंट का चूरा, दही, गुड, सैंधा नमक और राई प्रत्येक औषधि को पारे से सोलहवाँ भाग लेकर सबके साथ पारे को मिलाकर तीन दिन तक खरल करे फिर पारे को निर्मल करने के लिये उसमें सोलहवाँ भाग अभ्रक, सोलहवाँ भाग सुवर्ण और चाँदी और सोलहवाँ भाग जीर्ण पारद मिलाकर सबको खरल में डाल करके एक दिन तक मर्दन करे। प्रत्येक ग्रास के अन्त में मर्दन करने से पारा निर्मल

हो जाता है और उत्तम वर्ण को धारण करता है। यह मर्दन संस्कार पारे को विशेष गुणवान् बना देता है॥२४-२७॥

(३) मूर्च्छन संस्कार

गृहकन्या मलं हन्यात् त्रिफला वह्निनाशिनी।
चित्रमूलं विषं हन्ति तस्मादेभिः प्रयत्नतः॥२८॥
मिश्रितं सूतकं द्रव्यैः सप्तवाराणि मूर्च्छयेत्।
इत्थं सम्मूर्च्छितः सूतो दोषशून्यः प्रजायते॥२९॥

घीम्वार के द्वारा पारे का मैल दूर होता है। त्रिफले से पारे की अग्नि नष्ट होती है और चीते की जड पारे के विष को नाश करती है, इसलिये इन औषधियों के क्वाथ अथवा रस के साथ विधिपूर्वक मिलाकर सात बार मूर्च्छित करे। इस प्रकार मूर्च्छित करने से पारा उपर्युक्त सम्पूर्ण दोषों से मुक्त हो जाता है॥२८-२९॥

(४) उत्थापन संस्कार

अस्माद्विरेकात्संशुद्धो रसः पात्यस्ततः परम्।
उद्धृतः काञ्जिकक्वाथात्पूतिदोषनिवृत्तये॥३०॥

मूर्च्छित हुआ पारा जब कल्क के समान हो जाय तब उसको एक हाँडी की तली में लेप कर डमरुयंत्र के द्वारा ऊपर को उड़ायें फिर कांजी में धोकर निकाल लें। इस संस्कार के करने से पारे में से पूतिदोष (त्वजा में कुष्ठ रोग को उत्पन्न करना) नष्ट हो जाता है॥३०॥

(५) पातन संस्कार

ऊर्ध्वपातन

ताम्रेण पिष्टिकां कृत्वा पातयेदूर्ध्व भाजने।
बंगनागौ परित्यज्य शुद्धो भवति सूतकः॥३१॥
शुल्बेन पातयेत्पिष्टीं त्रिधोर्ध्वं सप्तधा त्वधः॥

पारे से चौथाई भाग ताँबे का चूर्ण लेकर दोनों को नींबू के रस में घोटकर लुगदी बना लें उसको डमरूयन्त्र के नीचे के हिस्से में लेपकर और ऊपर के हिस्से में पानी भरकर १२ घंटे तक मध्यम अग्नि दें। इस

प्रकार पातन करने से पारा बंग और नाग इन दोनों दोषों से मुक्त होकर शुद्ध हो जाता है फिर डमरू यन्त्र के ऊर्ध्व भाग में लगे हुए पारे को छुटाकर पूर्वोक्त विधि से तांबे के साथ नींबू के रस में घोटकर पिष्टी बना लें और उक्त यन्त्र में लेपकर तीन बार ऊर्ध्व पातन करे और सात बार अधः पातन करे।।३१।।

अधःपातन

त्रिफला शिग्रुशिखिभिर्लवणासुरिसंयुतैः।।३२।।
नष्टपिष्टं रसं कृत्वा लेपयेच्चोर्ध्वभाजने।।
ततो दीप्तैरधः पातमुत्पलैस्तत्र कारयेत्।।३३।।

त्रिफला, सैंजना, चीता, नमक, और राई इन सब औषधियों को पारे से सोलहवाँ भाग लेकर इनमें पारे को मिलाकर कांजी के साथ इस प्रकार घोटे कि पारा घोटते घोटते बिल्कुल दिखाई न दे। फिर उस पिट्ठी का विद्याधरयन्त्र, अधःपातन यन्त्र अथवा सोमानल यन्त्र के ऊर्ध्वभाग में लेप करे और नीचे के भाग में पानी भर दें। पश्चात् उस यन्त्र के ऊपर आरने उपलों की अग्नि जलायें। अथवा अधःपातन यन्त्र में पारे का लेपकर यन्त्र को पृथ्वी में गड्ढा खोदकर गाढ़ दें और उस यन्त्र के ऊपर आरने उपलों की अग्नि जलायें। इस प्रकार करने से भी पारा उड़कर नीचे जल के पात्र में गिर पड़ता है। फिर स्वांग शीतल होने पर पारे को निकाल कर उपर्युक्त विधि से औषधियों के साथ कांजी में घोटकर अधःपातन करे। इस तरह सात बार करना चाहिये।।३२-३३।।

हरिद्रांकोलशम्याककुमारी त्रिफलाग्निभिः।
तण्डुलीयकवर्षाभूहिंगुसैन्धवमाक्षिकैः।।३४।।
पिष्टं रसं सलवणैः सर्पाक्ष्यादिभिरेव वा।
पातयेदथवा देवि व्रणघ्नीयक्षलोचनैः।।३५।।
इत्थं ह्यधोर्ध्वपातेन पातितोऽसौ यदा भवेत्।
तदा रसायने योग्यो भवेद्रव्यविशेषतः।।३६।।

हल्दी, अंकोल, अमलतास, घीग्वार, त्रिफला, चीता, चौलाई,

पुनर्वा, हींग, सैंधानमक और शहद इन सबको पारे से १६वां भाग लेकर इनके साथ पारे की नष्ट पिष्टी बनाकर उपर्युक्त विधि से सात बार अध:पातन करे। अथवा सैंधा नमक आदि पांचों नमक, सरफोका आदि औषधियों के साथ घोटकर पारे का सात बार अध:पातन करे। अथवा व्रणघ्नी (लघुकारली) और यक्षलोचन इन औषधियों के साथ पारे को घोंटकर पूर्वोक्त विधि से सात बार अध:पातन करे। इस प्रकार ऊर्ध्वपातन और अध:पातन संस्कारों के द्वारा उड़ाया हुआ पारा रसायन में प्रयोग करने योग्य होता है। विशेष-विशेष अनुपानों के साथ सेवन करना चाहिये।।३४-३६।।

तिर्यक् पातन

अथवा दीपकयन्त्रे निपातितः सर्वदोषनिर्मुक्तः।
तिर्यक्पातनविधिना निपातितः सूतराजश्च।।३७।।
श्लक्ष्णीकृतमभ्रदलं रसेन्द्रयुक्तं तथारनालेन।
खल्वे दत्त्वा मृदितं यावत्तन्नष्टपिष्टतामेति।।३८।।
कुर्यात्तिर्यक्पातनपातितसूतं क्रमेण दृढवह्निम्।
संस्वेद्यः पात्योऽसौ न पतति यावद्दृढ़श्चाग्नौ।।३९।।
तदासौ शुद्ध्यते सूतः कर्मकारी भवेद्ध्रुवम्।
मर्दनैर्मूर्च्छनैः पातैर्मन्दः शान्तो भवेद्रसः।।४०।।

इसके पश्चात् दीपक यन्त्र में तिर्यक्पातन विधि के द्वारा उड़ाने से पारा सम्पूर्ण दोषों से मुक्त हो जाता है पारे से चौथाई भाग अभ्रक का बारीक चूर्ण लेकर उसमें पारा मिलाकर दोनों को खरल में डालकर काँजी के साथ तब तक घोटे जब तक कि पारा घुटते-घुटते बिल्कुल अदृश्य न हो जाय। फिर पूर्वोक्त तिर्यक्पातन यन्त्र के द्वारा पारे को उड़ाकर क्रम से मन्द, मध्य और तीव्र अग्नि दें। फिर एक बार दोलायन्त्र में रखकर स्वेद दें और फिर तिर्यक्पातन करें। इस प्रकार करने से पारे में अग्नि को सहन करने की शक्ति आती है और पारा शुद्ध हो जाता है। इस प्रकार शुद्ध किया हुआ पारा रसायन कर्म में व्यवहार करने योग्य

होता है मर्दन और मूर्च्छन करने से मन्द हुआ पारा तीनों प्रकार के पातन संस्कार करने से शान्त हो जाता है।।३७-४०।।

(६) निराध संस्कार

सृष्ट्यम्बुजैर्निरोधेन ततो मुखकरो रसः।
स्वेदनादिवशात्सूतो वीर्यं प्राप्नोत्यनुत्तमम्।।४१।।

सृष्ट्यम्बुज (स्त्रीरज या मूत्र, अथवा गोमूत्र) से पारे का रोधन संस्कार करे तौ पारद के मुख होता है स्वेदनादि से पारद उत्तम वीर्य को प्राप्त होता है।।४१।।

(७) नियामन संस्कार

नियम्योऽसौ ततः सम्यक् चपलत्वनिवृत्तये।
कर्कोटी फणिनेत्राभ्यां वृश्चिकाम्बुजमार्कवैः।।
समं कृत्वारनालेन स्वेदयेच्च दिनत्रयम्।।४२।।
परिचैर्भूखगयुक्तैर्लवणासुरिशिग्रुटंकणापतः।
काञ्जिकयुक्तैस्त्रिदिनं ग्रासार्थी जायते स्वेदात्।।४३।।

रोधन संस्कार के पश्चात् पारे का चपलत्वदोष दूर करने के लिये नियामन संस्कार करे। बाँझककोडा, नागफन, बिछुआघास, कमल और भाँगरा इन सब औषधियों को पारे के बराबर लेकर कल्क कर लें। उस कल्क में पारे को रखकर गोला सा बनाकर काँजी से भरे हुए पात्र में अधर लटका करके तीन दिन तक स्वेद दें। इसके पश्चात् काली मिर्च, कैंचुए, नमक, राई, सैंजने की मूली और सुहागा इन सबका कल्क बनाकर काँजी में मिलाकर एक मटके में आधा भर दें और उपर्युक्त बाँझककोडा आदि पाँचों औषधियों के कल्क में पारा रखकर गोला बनाकर के मटके में अधर लटका दें और तीन दिन तक स्वेद दें। इस संस्कार के करने से पारा बुभुक्षित हो जाता है।।४२-४३।।

८ दीपन संस्कार

त्रिक्षारसिन्धुखगभूशिखिशिग्रुराजी-
तीक्ष्णाम्लवेतसमुखर्लवणोषणाम्लैः।

नेपालताम्रदलशोषितमारनाले
साम्लासवाम्लपुटितं रसदीपनं तत्॥४४॥

जवाखार, सज्जी, सुहागा, सैंधा नमक, कैंचुए, चीता, सैंजना, राई, वच, अम्लवेत, नमक, काली मिर्च इन सब औषधियों को पारे के बराबर लेकर सबको पारे के साथ नींबू के रस में और काँजी में क्रम से घोटे। फिर नेपाली ताँबे के पत्रों पर उस कल्क का लेप कर सुखा लें और अधर लटका करके तीन दिन तक स्वेद दें। इस प्रकार से पारे का दीपन संस्कार होता है।।४४।।

स्वेदयेदासवाम्लेन वीर्यतेजः प्रवृद्धये।
यथोपयोगः स्वेद्यः स्यान्मूलिकानां रसेचु च॥४५॥

पारे के वीर्य और तेज की वृद्धि होने के लिये पारे को खट्टे आसव में स्वेदन करे। अथवा जहाँ जैसा योग हो तदनुसार पारे को निम्नलिखित मूली आदि औषधियों के रस में स्वेद दें।।४५।।

सर्पाक्षी क्षीरिणी वन्ध्या मत्स्याक्षी शंखपुष्पिका।
काकजंघा शिखिशिखा ब्रह्मदण्ड्याखुकर्णिका॥४६॥
वर्षाभूः कंबुकी दूर्वा शैर्यकोत्पलशिम्बिकाः।
शतावरी वज्रलता वज्रकन्दाग्निकर्णिकाः॥४६॥
श्वेतार्कशिग्रुधत्तूरमृगदूर्वारसाङ्कुशाः।
रम्भा रक्तालु निर्गुण्डी लज्जालुः सुरदालिका॥४८॥
मण्डूकपर्णी पाताली चित्रकं ग्रीष्मसुन्दरा।
काकमाची महाराष्ट्री हरिद्रा तिलपर्णिका॥४९॥
जाती जयन्ती श्रीदेवी भूकदम्बः कुसुम्भकः।
कोशातकी नीरकणा लांगली कटुतुम्बिका॥५०॥
चक्रमर्दोऽमृताकन्दः सूर्य्यावर्तेषुपुंखिका।
वाराही हस्तिशुण्डी च प्रायेण रसमूलिका:॥५१॥

रसस्य भावने स्वेदे मूषालेपे च पूजिताः।
इत्यष्टौ सूतसंस्काराः समाद्रव्ये रसायने॥५२॥
कार्यास्ते प्रथमं शेषा नोक्ता द्रव्योपयोगिनः॥५३॥

सरहटी, दुद्धी, बाँझककोडा, मछेछी घास, शंखपुष्पी, मसी, काकजंघा, मोरशिखा, ब्रह्मदण्डी, मूषाकानी, पुनर्नवा, अन्धाहुली, श्वेत दूब, हरी कुशा, कमल, मुद्गपर्णी, शतावर, हडसंहारीलता, कडवा जिमीकन्द, अग्निकर्णी, सफेद आक, सैंजना, धतूरा, कालीदूब, रसांकुश (टंकण), केला, रतालु, सिंहालु, लज्जावन्ती, देवदालीलता, मण्डूकपर्णी (ब्राह्मी), पातलगरुडी, चीता, गूमा, मकोय, जलपीपल, हल्दी लालचन्दन, चमेली, अरणी, शिवलिंगी, भुईं कदम्ब, कसूम कड़वी तोरई, कालाजीरा, कलिहारी, कडवीतोंवी, चकबड, गिलोय, हुलहुल सरफोका, वाराहीकन्द हाथीशुण्डा और रसौत ये सब औषधियाँ पारे को भावना देने में, स्वेदन करने में और मूषा के ऊपर लेप करने में एवं पारद के अन्यान्य संस्कारों के करने में भी विशेष उपयोगिनी होती हैं। पारे के आठ संस्कार हुए। औषधि कर्म और रसायन कर्म में उक्त प्रकार से आठों संस्कार किया हुआ पारा लेना चाहिये। शेष दस संस्कारों के द्वारा सिद्ध किया हुआ पारा औषधोपयोग में नहीं लिया जाता, इसलिये वे संस्कार यहां नहीं कहे गये हैं। वशीकरण, मोहन, स्तंभन आदि प्रयोगों में और सुवर्ण, रौप्य आदि के बनाने में अठारह संस्कार वाला पारा लिया जाता है॥४६-५३॥

रसबन्धन

पञ्चविंशतिसंख्याकान्रसबन्धान्प्रचक्ष्महे।
येन येन हि चाञ्चल्यं दुर्ग्रहत्वं च नश्यति॥५४॥
रसराजस्य संप्रोक्तो बन्धनार्थो हि वार्तिकैः।
हठारोटौ तथा भासः क्रियाहीनश्च पिष्टिका॥५५॥
क्षारः खोटश्च पोटश्च कल्कबन्धश्च कज्जलिः।
सजीवश्चैव निर्जीवो निर्बीजश्च सबीजकः॥५६॥
शृंखलाद्रुतिबन्धौ च बालकश्च कुमारकः।
तरुणश्च तथा वृद्धो मूर्तिबन्धस्तथापरः॥५७॥

जलबन्धोऽग्निबन्धश्च सुसंस्कृतकृताभिधः।
महाबन्धाभिधश्चेति पञ्चविंशतिरीरिताः॥५८॥
केचिद्वदन्ति षड्विंशो जलकाबन्धसंज्ञकः।
स तावन्नेष्यते देहे स्त्रीणां द्रावेऽतिशस्यते॥५९॥

अब पारे को बांधने की २५ प्रकार की विधियों को कहते हैं। जिन क्रियाओं के करने से पारे की चञ्चलता और दुर्ग्राह्यता नष्ट हो जाती है, उसको वार्तिककारों ने रसबन्ध कहा है। १ हठ, २ आरोट, ३ आभास ४ क्रियाहीन, ५ पिष्टिका, ६ क्षार, ७ खोट ८ पोट, ९ कल्कबन्ध, १० कज्जलि, ११ सजीव, १२ निर्जीव, १३ निर्बीज, १४ सबीज, १५ शृंखलाबन्ध १६ द्रुतिबन्ध, १७ बालक, १८ कुमार, १९ तरुण, २० वृद्ध, २१ मूर्तिबन्ध, २२ जलबन्ध, २३ अग्निबन्ध, २४ सुसंस्कृतबन्ध और २५ महाबन्ध इस प्रकार पारे के २५ बन्धन कहे गये हैं। परन्तु कोई विद्वान् जलुकाबन्ध नामक क्रियासहित २६ प्रकार के रसबन्ध मानते हैं। किन्तु जलूकाबन्ध क्रिया का शरीर में उपयोग नहीं होता, यह केवल स्त्रियों के द्रावण करने में उपयोगी होती है॥५४-५९॥

हठो रसः स विज्ञेयः सम्यक्, शुद्धिविवर्जितः।
स सेवितो नृणां कुर्यान्मृत्युं वा व्याधिमुद्धतम्॥६०॥

जिस पारे की उत्तम प्रकार से शुद्धि नहीं होती, उसको हठ रस कहते हैं। उस पारे को सेवन करने से मनुष्यों की या तो मृत्यु हो जाती है अथवा भयंकर व्याधि उत्पन्न हो जाती है॥६०॥

सुशोधितो रसः सम्यगारोट इति कथ्यते।
स क्षेत्रीकरणे श्रेष्ठः शनैर्व्याधिविनाशनः॥६१॥

उत्तम प्रकार से शुद्ध किये हुए पारे को आरोट कहते हैं। उस पारे को सेवन करने से स्त्रियों का गर्भाशय शुद्ध होकर उसमें गर्भ धारण करने की शक्ति उत्पन्न होती है। और धीरे-धीरे रोगों का नाश होता है॥६१॥

पुटितो यो रसो याति योगं मुक्त्वा स्वभावताम्।
भावितो धातुमूलाद्यैराभासो गुणवैकृते॥६२॥

जो पारा पुट देने से दूसरे संयोगी पदार्थों को छोड़कर अपने प्राकृत स्वरूप को प्राप्त हो जाता है, उस समय जो धातुओं की अथवा वनस्पतियों के रस की भावना दी जाती है तब उसको आभास कहते हैं। वह पारा भिन्न-भिन्न औषधियों के संयोग से विशेष गुणकारी हो जाता है।।६२।।

असशोधतलोहाद्यैः साधितो यो रसोत्तमः।
क्रियाहीनः स विज्ञेयो विक्रियां यात्यपथ्यतः।।६३।।

बिना शुद्ध किये हुए लोहआदि धातुओं से जो पारा सिद्ध किया जाता है उसको क्रियाहीन कहते हैं। उस पारे को सेवन करने पर पथ्य पदार्थों का सेवन न करने से विकार उत्पन्न हो जाते हैं।।६३।।

तीव्रातपे गाढतरावमर्दात्पिष्टी भवेत्सा नवनीतरूपा।
स रसः पिष्टिकाबन्धो दीपनः पाचनस्तराम्[१]।।६४।।

शुद्ध पारे को खरल में डालकर तीक्ष्ण धूप में खूब अच्छी तरह घोटने से उसकी नैनी घी के समान चिकनी पिट्ठी हो जाती है तब उसकी पिष्टिकाबन्ध कहते हैं। वह पारा अत्यन्त अग्निदीपक और पाचक होता है।।६४।।

शंखशुक्तिवराटाद्यैर्योऽसौ संशोधितो रसः।
क्षारबन्धः परं दीप्तिपुष्टिकृच्छूलनाशनः।।६५।।

शंख, मोती की सीप, कौडी आदि के द्वारा जो पारा शुद्ध किया जाता है उसको क्षारबन्ध कहते हैं। वह पारा अत्यन्त अग्नि को दीपन करने वाला शरीर को पुष्ट करने वाला और शूल रोग नाशक होता है।।६५।।

बन्धो यः खोटतां याति ध्मातो ध्मातः क्षयं व्रजेत्।।
खोटबन्धः स विज्ञेयः शीघ्रं सर्वगदापहः।।६६।।

जो पारा बंधने से (पारे को बांधने की औषधियों के संयोग से) गोला सा बन जाय और बारम्बार फूँकने से क्षीण होता जाय उसको खोटबन्ध कहते हैं। उस पारे को सेवन करने से सब प्रकार के रोग शीघ्र नष्ट होते हैं।।६६।।

द्रुतकज्जलिका मोचापत्रके चिपिटीकृता।
स पोटः पर्पटी सैव बालाद्यखिलरोगनुत्॥६७॥

लोहे की कढ़ाई में घी लगाकर उसमें पारे और गन्धक की कज्जली को डालकर पिघलायें। जब वह पिघलकर रस के समान पतली हो जाय तब गाय के गोबर के ऊपर केले का पत्ता रखकर कज्जली ढाल दें। फिर उसके ऊपर दूसरा केले का पत्ता और पत्ते के ऊपर गोबर रखकर दबा दें, तब वह चपटी होकर जम जाती है। उसको पोटबन्ध या पर्पटीबन्ध रस कहते हैं। वह पर्पटी सेवन करने से बालक, युवा और वृद्ध मनुष्यों के सब रोगों को नष्ट करती है॥६७॥

स्वेदाद्यैः साधितः सूतः पंकत्वं समुपागतः।
कल्कबद्धः स विज्ञेयो योगोक्तफलदायकः॥६८॥

स्वेदन, मर्दन आदि संस्कारों के करने से जो पारा कीचड़ के समान गाढ़ा हो जाता है उसको कल्कबद्ध कहते हैं। वह भिन्न-भिन्न अनुपानों के साथ सेवन करने पर योगों में कहे हुए यथार्थ फल को प्रदान करता है॥६८॥

कज्जलीरसगन्धोत्था सुश्लक्ष्णा कज्जलोपमा।
तत्तद्योगेन संयुक्ता कज्जलीबन्ध उच्यते॥६९॥

शुद्ध पारा और शुद्ध गन्धक दोनों को समान भाग लेकर खूब बारीक खरल करें। जब उनकी घुटते-घुटते कज्जल के समान काली पिट्टी हो जाती है तब उसको कज्जलीबन्ध कहते हैं। कज्जली का उचित अनुपानों के साथ समस्त रोगों में व्यवहार करना चाहिये॥६९॥

भस्मीकृतो गच्छति वह्नियोगाद्
रसः सजीवः स खलु प्रदिष्टः।
संसेवितोऽसौ न करोति भस्म
कार्यं जवाद्रोगविनाशनंच॥७०॥

पारे की भस्म करने के बाद भी जो पारा अग्नि के संयोग से उड़ जाता है उसको सजीव कहते हैं। वह पारा सेवन करने पर भस्म के समान गुण नहीं करता और न शीघ्र रोगों को ही दूर करता है॥७०॥

जीर्णाभ्रको वा परिजीर्णगन्धो
भस्मीकृतश्चाखिललौहमौलिः।
निर्जीवनामा हि स भस्मसूतो
निःशेषरोगान्विनिहन्ति सद्यः॥७१॥

अभ्रक के द्वारा अथवा गन्धक के द्वारा जारण करके भस्म किया हुआ पारा सम्पूर्ण धातुओं से उत्तम गुण करता है। इसको निर्जीव बन्ध कहते हैं। निर्जीव पारे की भस्म सब प्रकार के रोगों को तत्काल नष्ट करती है॥७१॥

रसस्तु पादांशसुवर्णजीर्णः
पिष्टीकृतो गन्धकयोगतश्च।
तुल्यांशगन्धैः पुटितः क्रमेण
निर्बीजनामा सकलामयघ्नः॥७२॥

चौथाई भाग सुवर्ण के साथ जारण किये हुए पारे को गन्धक के साथ खरल करे। फिर मिलाकर बराबर भाग गन्धक मिलाकर पुट दें। इस प्रकार गन्धक के द्वारा तीन पुट देने से निर्बीजबन्ध नामक पारा सिद्ध होता है। निर्बीज पारा समस्त रोगों का नाश करने वाला है॥७२॥

पिष्टीकृतैरभ्रकसत्त्वहेम-
तारार्ककान्तैः परिजारितो यः।
हतस्ततः षड्गुणगन्धकेन
स बीजबद्धो विपुलप्रभावः॥७३॥

अभ्रक का सत्त्व, सुवर्णभस्म, रूपे की भस्म, तांबे की भस्म और कान्तलोह की भस्म इन सबको पारे के बराबर लेकर एकत्र खरल करके पारे का जारण करे। फिर छः गुनी गन्धक के साथ मिलाकर पारे की भस्म करे वह पारा अत्यन्त प्रभावशाली होता है, उसको बीज बद्ध कहते हैं॥७३॥

वज्रादिनिहितः सूतो हतः सूतसमोऽपरः।
शृङ्खलाबद्धसूतस्तु देहलोहविधायकः॥
चित्रप्रभावां वगेन व्याप्तिं जानाति शंकरः॥७४॥

हीरा आदि रत्ना के द्वारा भस्म किया हुआ पारा और धातु या वनस्पतियों के साथ भस्म किया हुआ पारा, दोनों को समान भाग लेकर एकत्र खरल कर लेवे। इसको श्रृंखलाबद्ध पारा कहते हैं। इस पारे को सेवन करने से शरीर लोहे के समान दृढ़ हो जाता है। इसकी वेग के साथ शरीर में फैलने वाली आश्चर्यजनक शक्ति को केवल शंकर भगवान् जानते हैं।।७४।।

युक्तोऽपि बाह्यद्रुतिभिश्च सूतो
बद्धंगतो वा भसितस्वरूपः।
स राजिकापादमितो निहन्ति
दुस्साध्यरोगान्द्रुतिबद्धनामा।।७५।।

पूर्वोक्त विधि के अनुसार पारे की बाह्यद्रुति करके फिर किसी औषधि के सहयोग से पारे को आबद्ध करे अथवा पारे की भस्म करे। इस प्रकार के पारे को द्रुतिबन्ध कहते हैं। द्रुतिबद्ध पारा, चौथाई राई के बराबर प्रतिदिन सेवन करने से कृच्छ्रसाध्य रोगों को भी नष्ट कर देता है।।७५।।

समाभ्र जीर्णः शिवजस्तु बालः
संसेवितो योगयुतो जवेन।
रसायनो भाविगदापहश्च
सोपद्रवारिष्टगदान्निहन्ति।।७६।।

पारे को समान भाग अभ्रक की भस्म के साथ जारण करे। इस क्रिया को बालबद्ध कहते हैं। बालबद्ध पारा विविध अनुपानों के साथ सेवन करने से रसायन के समान उत्तम गुण करता है। एवं सम्पूर्ण उपद्रव और अरिष्टकारक लक्षणों से युक्त व्याधियों को तथा भविष्य में होने वाले रोगों को शीघ्र नष्ट करता है।।७६।।

हरोद्भवो यो द्विगुणाभ्रजीर्णः
स स्यात्कुमारो मिततन्दुलोऽसौ।
त्रिःसप्तरात्रैः खलु पापयोग-
संघातघाती च रसायनं च।।७७।।

पारे को दुगुनी अभ्रक भस्म के साथ जारण करे। इस प्रकार जारण किये हुए उस को कुमारबद्ध कहते हैं। इस पारे को नित्य एक-एक चावल परिमाण २१ दिन तक सेवन करने से पापकर्मजन्य श्वेतकुष्ठादि रोग शीघ्र नष्ट होते हैं और स्वस्थ मनुष्य को इसके सेवन से रसायन के समान गुण प्राप्त होता है।।७७।।

चतुर्गुणव्योमकृताशनोऽसौ
रसायनाकग्र्यस्तरुणाभिधानः।
स सप्तरात्रात्सकलामयघ्नो
रसायनो वीर्यबलप्रदाता।।७८।।

चौगुनी अभ्रक की भस्म के साथ जारण किये हुए पारे को तरुण-बन्ध कहते हैं। वह समस्त रसायनों में उत्तम होता है। उसको सात दिन तक सेवन करने से सब रोग दूर हो जाते हैं। तरुण पारा शरीर में बलवीर्य की वृद्धि करने वाला और उत्तम रसायन है।।७८।।

यस्याभ्रकः षड्गुणितो हि जीर्णः
प्राप्तग्निसख्यः स हि वृद्धनामा।
देहे च लोहे च नियोजनीयः
शिवादृते कोऽस्य गुणान्प्रवक्ति।।७९।।

छः गुने अभ्रक के साथ जारण किया हुआ पारा अग्नि में नहीं उड़ता और वह अग्नि के समान प्रकाशमान हो जाता है। उसको वृद्धबन्ध कहते हैं। वृद्धबन्ध पारे को शरीरोपयोगी प्रयोगों में और धातुवाद (सोना, चाँदी बनाना) आदि कार्यों में व्यवहार करना चाहिये। इसके गुणों को शिवजी के बिना और कोई वर्णन नहीं कर सकता।।७९।।

यो दिव्यमूलिकाभिश्च कृतोऽत्यग्निसहो रसः।
विनाभ्रजारणात्स स्यान्मूर्त्तिबन्धो महारसः।।८०।।
अयं हि जार्यमाणस्तु नाग्निना क्षीयते रसः।
योजितं सर्वयोगेषु निरुपम्यफलप्रदः।।८१।।

जो पारा अभ्रक के बिना दिव्य वनौषधियों के द्वारा जारण किया जाता है, वह अत्यन्त तीक्ष्ण अग्नि को सहन करने वाला (अर्थात् अग्नि में न उड़ने वाला) होता है। उसको मूर्त्तिबन्ध कहते हैं। मूर्त्तिबन्ध पारे को

चाहे कितनी बार अग्नि में जारण किया जाय, परन्तु वह रत्तीभर भी क्षीण नहीं होता। यह महारस रोगों के नाश करने में आश्चर्यजनक गुण दिखाता है। इसलिये इसको सब प्रकार के योगों में प्रयोग करना चाहिये॥८०-८१॥

शिलातोयमुखैस्तोयैर्बद्धोऽसौ जलबद्धवत्।
स जरारोगमृत्युघ्नः कल्पोक्तफलदायकः॥८२॥

शिलोदक, विषोदक, अमृतोदक आदि रसों के द्वारा बद्ध किये हुए पारे को जलबद्ध कहते हैं। जलबद्ध पारा जरा (बुढ़ापा) सकल रोग और मृत्यु को दूर करता है तथा रसायन कल्प में कहे अनुसार फल प्रदान करता है॥८२॥

कवलो योगयुक्तो वा ध्मातः स्याद्गुटिकाकृतिः।
अक्षीणश्चाग्निबद्धोऽसौ खेचरत्वादिकृत्स हि॥८३॥

एक मात्र पारे को फूँकने से अथवा किसी औषधि के साथ मिलाकर अग्नि में फूँकने से जब पारे की गोली सी बन जाय और वह उड़े नहीं और न क्षीण हो तो उसे अग्निबद्धरस कहते हैं। उस पारे की गोली को मुख में रखने से आकाश में उड़ने की शक्ति प्राप्त होती है॥८३॥

विष्णुक्रान्ताशशिलताकुम्भीकनकमूलकैः।
विशाला नागिनीकन्दव्याघ्रपादीकुरुंटकैः॥८४॥
वृश्चिकालीभशुण्डीभ्यां हंसपाद्या सहासुरैः।
अप्रसूतगवां मूत्रैः पिष्टं वालुकके पचेत्॥८५॥
पक्वमेवं मृतैर्लोहैर्मर्दितं विपचेद्रसम्।
यन्त्रेषु मूर्च्छा सूतानामेष कल्पः सुसंस्कृतः॥८६॥

विष्णुक्रान्ता (कोयल), सोमलता, जलकुम्भी, धतूरे की जड़, इन्द्रायन, नागदौन का कन्द, बड़ी कटेरी, पीले फूल का पियाबाँसा, बिछुआ घास, हाथीशुण्डा, हंसपदी और राई इन सब औषधियों को समान भाग लेकर बिना व्याई (अर्थात् गर्भवती) गाय के मूत्र में खरल करके मूषा बना लें। उस मूषा के भीतर शुद्ध पारा भरकर सन्धियों को बन्द करके कपरौटी कर सुखा ले। फिर उसको बालुका-यन्त्र में रखकर पकायें। इसके पश्चात् पारे के बराबर सातों धातुओं की भस्म मिलाकर और उपर्युक्त औषधियों के रस में घोटकर उसको फिर पूर्वोक्त विधि से

बालुकायन्त्र में पकायें। इस प्रकार से अन्य यन्त्रों में भी पारे को मूर्च्छित किया जा सकता है। इस क्रिया को सुसंस्कृत अथवा सूतमूर्च्छा कहते हैं।।८४-८६।।

हेम्ना वा रजतेन वा सहचरो ध्मातो व्रजत्येकता-
मक्षीणो निबिडो गुरुश्च गुटिकाकारश्चदीर्घोज्वलः।
चूर्णत्वं पटुवत्प्रयाति निहतो घृष्टो न मुञ्चेन्मलं
निर्गन्धो द्रवति क्षणात्स हि महाबन्धाभिधानो रसः।।८७।।

जो पारा सुवर्ण के अथवा चाँदी के साथ मिलाकर फूँकने से एक रूप हो जाय और अग्नि में डालने से उड़े नहीं, तथा सूक्ष्म परमाणुओं से भी बंधन को प्राप्त हो जाय, वजन में भारी हो, गोली के समान गोल-गोल हो जाय अत्यंत उज्ज्वल हो, भस्म करने पर नमक के समान चूर-चूर हो जाय और जिसको घोटने पर मैल न निकले तथा गन्धरहित हो और अग्नि में तपाने से तत्काल पिघल जाय उसको महाबन्ध रस कहते हैं।।८७।।

जलूकाबन्ध (स्त्रीद्रावण)

सूते गर्भनियोजितार्धकनके पादांशनागेऽथवा
पञ्चांगुष्ठकशाल्मलीकृतमदश्लेष्मातबीजैस्तथा।।
तद्वत्तेजिनिकोलकाख्यफलजैश्चूर्णं तिलं पत्रकं
तप्ते खल्वतले निधाय मृदिते जाता जलूका वरा।।८८।।
सैषा स्यात्कपिकच्छुरोमपटले चन्द्रावती तैलके
चन्द्रे टंकणकामपिप्पलिजले स्विन्ना भवेत्तेजिनी।
तप्ते खल्वतले विमर्द्य विधिवद्यत्नाद्वटी याकृता
सा स्त्रीणां मददर्पनाशनकरी ख्याता जलूका वरा।।८९।।

शुद्ध पारे में आधा भाग सुवर्ण और चौथाई भाग सीसा मिलाकर गलायें। फिर उसको तप्त खल्व में डालकर और उसमें सफेद अण्डी के बीज, सेमल के फूल, अथवा गोंद, लसौडे के बीज, मालकाँगनी, बेरों की गुठली की गिरी, तिल और तमाल पत्र इन सब औषधियों को पारे के सोलहवाँ भाग डालकर खूब मर्दन करके उत्तम प्रकार की जलूका तैयार करे। उक्त विधि से तैयार की हुई जलूकम पारे से सोलहवाँ भाग कौंच के बीजों का रुआँ और छिलके सहित डालकर बावची के तेल में एक

दिन तक खरल करे। और दूसरे दिन कपूर के जल में खरल करे। फिर गोलासा बनाकर भोजपत्र में लपेट लें। पश्चात् एक हाँडी में सुहागा और छोटी पीपल का स्वरस वा क्वाथ भरकर उसमें उक्त गोले को अधर लटका कर तीन घंटे तक स्वेद दें। फिर तप्त खरल में डालकर मालकांगनी के रस में मर्दन करके वटिका बना लें। इस प्रकार से तैयार की हुई उत्तम जलूका स्त्रियों के कामदेव के मद को नाश करती है।।८८-८९।।

बाल्ये चाष्टांगुला योज्या यौवनेच दशांगुला।
द्वादशैव प्रगल्भानां जलौका त्रिविधा मता।।९०।।

बालास्त्री के आठ अँगुल की, युवतिस्त्री के दश अँगुल की और प्रौढ़ास्त्री के बारह अंगुल लम्बी जलूका योनिस्थान में रखे, फिर प्रसंग करे तो स्त्री तत्काल द्रवीभूत होती है। इस तरह तीन प्रकार की जलूका कही गई है।।९०।।

धृत्वा सूतमुखे पात्रं मेषीक्षीरं प्रदापयेत्।
स्थापयेदातपे तीव्रे वासराण्येकविंशतिः।।९१।।
द्वितीयात्र मया प्रोक्ता जलौका द्रावणे हिता।
पुरुषाणां स्थिता मूर्ध्नि द्रावयेद्वनिताकुलम्।।९२।।

मुख किये हुए पारे को एक मिट्टी के पात्र में रखकर उसमें भेड़ का दूध भरकर तीक्ष्ण धूप में रख दें। जब वह सूख जाय तब दुबारा दूध भर दें। इस प्रकार २१ दिन तक प्रतिदिन भेड़ के दूध की भावना दे फिर उसका गोलासा बनाकर जलूका बना लें। यह जलूका स्त्रियों के द्रावण करने में बहुत ही उपयोगी है। इसको पुरुष सिर पर रख कर प्रसंग करे तो सैकड़ों स्त्रियां द्रवीभूत हो जाती हैं। यह दूसरी जलूका है।।९१-९२।।

मुनिपत्ररसश्चैव शाल्मलीवृन्तवारि च।
जातीमूलस्य तोयञ्च शिंशपातोयसंयुतम्।।९३।।
श्लेष्मातकफलं चैव त्रिफलाचूर्णमेव च।
कोकिलाक्षस्य चूर्णं च पारदं मर्दयेद्बुधः।।९४।।
जलूका जायते दिव्या रामाजनमनोहरा।
सा योज्या कामकाले तु कामयेत्कामिनी स्वयम्।।९५।।

अगस्तिया के पत्तों का रस, सेमल की छाल का क्वाथ; चमेली

की जड़ का क्वाथ, सीसम की छाल का क्वाथ, लसौडे, त्रिफले का चूर्ण और तालमखाने का चूर्ण इन प्रत्येक के साथ पारे को खरल में डाल कर एक दिन तक मर्दन करे। फिर उसकी उपर्युक्त प्रमाण के अनुसार जलूका बना लें। यह जलूका अत्युत्तम और स्त्रियों के मन को प्रसन्न करने वाली है। इसको प्रसंग करने से पहले स्त्री की योनि में रखने से स्त्री स्वयं कामुकी हो जाती है।।९३-९५।।

त्रिफलाभृंगमहौषधमधुसर्पिश्छागदुग्धगोमूत्रे।
नागं सप्तनिषिक्तं समरसजारितं जलूकास्यात्।।९६।।

त्रिफले का क्वाथ, भाँगरे का स्वरस, सोंठ का क्वाथ, शहद, घी बकरी का दूध और गोमूत्र इन प्रत्येक में सीसे को अग्नि में तपा तपाकर एक एक बार बुझावे। फिर उस सीसे को समान भाग पारे में मिलाकर जारण करे। पश्चात् उसकी उपर्युक्त प्रमाण के अनुसार जलूका बनाकर व्यवहार करने से अपूर्व आनन्द होता है।। ९६।।

भानुस्वरदिनसंख्याप्रमाणसूत्रं गृहीतदीनारम्।
अंकोलराजवृक्षककन्यारसतश्च शोधनं कुर्यात् ९७।।
शशिलेखावरवर्णी सकोकिलापामार्गकनकानाम्।
चूणः सहैकविंशतिदिनानि संमर्दयेत्प्तसम्यक्।।९८।।
निशायाः काञ्जिकं यूषं दत्वा योनौ प्रवेशयेत्।
बालमध्यमवृद्धासु योज्या विज्ञायतत्क्रमात्।।९९।।
नीरसानामपि नणां योषा स्यात्संगमोत्सुका।। १००।।

१९ भाग में पारे में १ भाग सुवर्ण मिलाकर दोनों को खरल में डाल अंकोल के बीज, अमलतास का गूदा, और घीग्वार इन प्रत्येक के रस या क्वाथ में एक एक दिन तक खरल कर के शुद्ध करे। पश्चात् बाबची, मालकांगनी, तालमखाना, चिरचिटा और धतूरा इन सबके समान भाग मिश्रित चूर्ण के साथ तथा हल्दी के क्वाथ और काँजी के साथ पारे को २१ दिन तक खूब अच्छे प्रकार से घोटे, फिर उपर्युक्त प्रमाण अनुसार जलूका बनाकर सुखा लेवे और बाला, युवती, वृद्धा आदि स्त्रियों की योनि में क्रमानुसार प्रविष्ट करे तो स्त्रियां नीरस (विषयवासना से रहित) पुरुषों के साथ भी प्रसंग करने को उत्सुक होती हैं।।९७-१००।।

रसभागं चतुष्कं च वगंभागं च पंचमम्।
सुरसारससंयुक्तं टंकणेन समन्वितम्॥ १०१॥
त्रिदिनं मर्दयित्वा च गोलकं तं रसोद्भवम्।
लिंगाग्राद्योनिनिक्षिप्तं यावदायुर्वशंकरम्॥

चार भाग पारा, पाँच भाग बंग और पाँच भाग सुहागा तीनों को तुलसी के रस में तीन दिन तक घोटकर गोली बना लेवे। उस गोली का लिंग के अग्रभाग में लेष कर के प्रसंग करे तो स्त्री जीवनपर्यन्त वशीभूत हो जाती है॥ १०१-१०२॥

कर्पूरसूरणसभृङ्गसमेघनादै-
र्नागं निषिच्य तु मिथो वलयेद्रसेन।
लिंगस्थितेन वलयेन नितम्बिनीनां
स्वामी भवत्यनुदिनं स तु जीवहेतुः॥१०३॥

सीसे को अग्नि पर पिघलाकर कपूर, जिमीकन्द,भाँगरा और चौलाई इन प्रत्येक के रस में एक एक बार बुझावे। फिर सीसे की बराबर पारा मिलाकर उसका एक कड़ा बना लेवे। उस कड़े को लिंग में धारण कर यदि पुरुष स्त्री से प्रसंग करे तो स्त्रियों को अपना पति हमेशा प्राण समान प्रिय मालूम होता है॥१०३॥

टंकणपिप्पलिकाभिः सूरणकर्पूरमातुलुंगरसैः।
कृत्वा स्वलिंगलेपं योनिं विद्रावयेत्स्त्रीणाम्॥१०४॥

पारे की भस्म को सुहागा, पीपल, जिमीकन्द, कपूर और बिजौरा नींबू इन सबके रस में एक एक बार भावना देकर घोटे, जब वह घुटते-घुटते कज्जल के समान हो जाय तब अपने लिंग पर लेप करके प्रसंग करे। इससे स्त्रियों की योनि द्रवीभूत हो जाती है॥१०४॥

अग्न्यावर्त्तितनागे हरबीजं निक्षिपेत्ततो द्विगुणम्।
मुनिकनकनागवल्लीरसेन सिंच्याच्च तन्मध्यम्॥१०५॥
तक्रेण मर्दयित्वा तीक्ष्णेन मदनवलयं कुर्यात्।
रतिसमये वनितानां रतिगर्वविनाशनं कुरुते॥ १०६॥

सीसे को अग्नि पर गलाकर उसमें दुगुना पारा मिलाकर अगस्तिया, धतूरा, और पानों के रस में क्रम से एक एक बार बुझावे। फिर लोहे के खरल में डालकर तीक्ष्ण लोह के मुसल से तक्र के साथ अच्छे प्रकार से घोटकर उसका कड़ा बना लेवे। उस कड़े को प्रसंग के समय लिंग में पहरकर विषय करे तो स्त्रियों की कामेच्छा का मद नष्ट हो जाता है।।१०५-१०६।।

व्याघ्रीबृहतीफलरससूरणकन्दं च चणकपत्राम्लम्।
कपिकच्छुवज्रवल्लीपिप्पलिकामम्लिकाचूर्णम्।।१०७।।
अग्न्यावर्तितनागं नववारं मर्दयेदिमैर्द्रव्यैः।
स्मरवलयं कृत्वैतद्वनितानां द्रावण कुरुते।।१०८।।

सीसे को अग्नि में पिघलाकर कटेरी के रस में बुझावे और उसी के रस में एक दिन तक घोटे। फिर दूसरे दिन बड़ी कटेरी के फलों के रस में बुझाकर उसी रस में खरल करे। पश्चात् जिमीकन्द, चने के शाक का खार, कौंच के बीज, हडसंहारीलता, पीपल इमली और चूना इन औषधियों के रस अथवा क्वाथ में एक एक बार बुझावे और एक एक बार इन सबके रस या क्वाथ में खरल करे। इस प्रकार नौ औषधियों के रस में नौ बार बुझाकर नौ बार खरल करने के बाद उस सीसे का कड़ा बना लेवे। उस कड़े को उपस्थेन्द्रिय में पहरकर संगम करने से स्त्रियों के द्रावण होता है।।१०७-१०८।।

पारे को भस्म करने की विधि

पलाशबीजकं रक्तजम्बीराम्लेन सूतकम्।
सजीवं मर्दितं यन्त्रे पाचितं म्रियते ध्रुवम्।। १०९।।
खरमंजरिबीजान्वितपुष्करबीजैः सुचूर्णितैःकल्कम्।
कृत्वा सूतं पुटयेद् दृढमूषायां भवेद्भस्म।।११०।।
काकोदुम्बरिकाया दुग्धेन सुभावितो हिंगुः।
मदनपुटनविधानात्सूतं भस्मीकरोत्येव।। १११।।

सजीव पारा और ढाक के बीज (ढकपत्रा) दोनों को समान भाग लेकर लाल जम्बीरी नींबू (सन्तरे) के रस में घोटकर गोला सा बनाकर के सम्पुट में बन्दकर बालुका यन्त्र में पकावे तो पारा अवश्य भस्म हो जाता है। अथवा सफेद चिरचिटे के बीज और पोह कर मूल के बीज इन दोनों के चूर्ण को पारे के बराबर लेकर उसमें पारा डालकर कल्क बनावे। फिर उसका गोला सा बनाकर मजबूत मूषा के सम्पुट में बन्द करके पुट देवे तो पारे की भस्म हो जाती है। अथवा कठूमर के दूध में हींग का कल्क बनाकर उसकी दो मूषा बनायें। उन दोनों मूषाओं के सम्पुट में पारे को बन्दकर उसको मिट्टी की घड़िया में रखकर के कपरोटी कर हल्की अग्नि दे तो पारे की भस्म हो जाती है।। १०९-१११।।

देवदाली हरिक्रान्तामारनालेन पेषयेत्।
तद्रवैः सप्तधा सूतं कुर्यान्मर्दितमूर्च्छितम्।।११२।।
तत्सूतं खर्परे दद्याद्दत्त्वा दत्त्वा तु तद्रसम्।
चुल्योपरि पचेच्चाह्नि भस्म स्याल्लवणोपमम्।

देवदाली (बंदाल) और विष्णुक्रान्ता दोनों को कांजी में पीसकर स्वरस निकाल लेवे, उस स्वरस में पारे को सात बार मर्दन करके मूर्च्छित करे। पश्चात् उस पारे को मिट्टी के खीपरे में डालकर चूल्हे पर चढ़ाकर उसके नीचे अग्नि जलावे और खीपरे में उपर्युक्त दोनों औषधियों का थोड़ा-थोड़ा स्वरस डालता जाय। इस प्रकार बारह घण्टे तक अग्नि देने से नमक के समान सफेद रंग की पारे की भस्म होती है।।११२-११३।।

अपामार्गस्य बीजानि तथैरण्डस्य चूर्णयेत्।
तच्चूर्णं पारदे देयं मूषायामधरोत्तरम्।।११४।।
रुध्वा लघुपुटैः पच्याच्चतुर्भिर्भस्मतां नयेत्।
कुटुतुम्ब्युद्भवे कन्दे गर्भे नारीपयःप्लुते।।११५।।
सप्तधा स्वेदितः सूतो म्रियतै गोमयाग्निना।
अंकोलस्य शिफावारिपिष्टं खल्वे विमर्दयेत्।। ११६।।

सूतं गन्धकसंयुक्तं दिनान्ते तु निरोधयेत्।
पुटयेद्भूधरे यन्त्रे रात्र्येकेन मृतो भवेत्।। ११७।।
वटक्षीरेण सूताभ्रौ मर्दयेत्प्रहरत्रयम्।
पाचयेत्तेन काष्ठेन भस्मीभवति तद्रसः।। ११८।।

चिरचिटे के बीज और अण्ड के बीजों की मींग दोनों को समभाग लेकर चूर्ण कर ले फिर एक मूषा में नीचे ऊपर वह चूर्ण बिछाकर बीच में पारा रख दे और कपरौटी करके लघुपुट में पकावे। इस प्रकार चार बार पुट देने से पारे की भस्म हो जाती है। अथवा कडवी तोंबी लेकर उसके बीच में टांकी लगाकर एक छिद्र कर ले, उसमें पारे को भरकर ऊपर से इतना स्त्री का दूध भर दे जिससे पारा डूब जाय। फिर उस छिद्र को काटे हुए तोंबी के टुकड़े से ढककर कपरोटी करके पांच सात आरने उपलों की अग्नि देवे। इस प्रकार सात बार स्वेद देने से पारे की उत्तम भस्म हो जाती है।। या शुद्ध पारा और शुद्ध गन्धक दोनों को समभाग लेकर कज्जली कर ले, फिर उसको खरल में डालकर अंकोल की जड़ के रस या क्वाथ में एक दिन तक खरल करें और गोला बनाकर सम्पुट में बन्द करके कपरोटी कर सुखा लेवे। फिर उसको भूधरयन्त्र में रखकर एक रातभर पकावे तो पारे की उत्तम भस्म होती है। अथवा पारा और अभ्रकभस्म दोनों को समान भाग लेकर बड़ के दूध के साथ नौ घंटे तक खूब खरल करे फिर उसको मिट्टी के खीपरे में डालकर और चूल्हे पर चढ़ाकर बड की लकड़ियों के द्वारा पकावे और बड की लकड़ी से ही चलाता रहे तो पारा भस्म हो जाता है।।११४-११८।।

अथातुरो रसाचार्यं साक्षाद्देवं महेश्वरम्।
साधितं च रसं शंखदन्तवेण्वादिधारितम्।।११९।।
अर्चयित्वा यथाशक्ति देवगोब्राह्मणानपि।
पर्णखण्डे धृतं सूतमद्याद्योग्यानुपानतः।। १२०।।

इसके अनन्तर रोगी मनुष्य रसाचार्य साक्षाद्देव महादेवजी और शंख हाथीदाँत अथवा बाँस आदि के पात्रों में रक्खे हुए सिद्ध रस का यथाविधि

पूजन करके देवता, गौ और ब्राह्मणों का भी यथाशक्ति दान मानादिक द्वारा पूजन सत्कार करे। फिर पारे की भस्म को पान में रखकर अथवा अपने रोग, स्वभाव और बलाबल के अनुसार उचित अनुपान के साथ सेवन करे॥११९-१२०॥

पारद सेवन करने पर पथ्य

घृतसैन्धवधान्याकजीरकार्द्रकसंस्कृतम्।
तण्डुलीयकधान्याकपटोलालम्बुषादिकम्॥१२१॥
गोधूमजीर्णशाल्यन्नं गव्यं क्षीरं घृतं दधि।
हंसोदकं मुद्गरसः पथ्यवर्गः समासतः॥ १२२॥

पारे का सेवन करने वाले मनुष्य को घी, सैंधानमक, धनियां, जीरा, अदरख आदि मसालों के द्वारा संस्कार किये हुए पदार्थ, चौलाई का शाक, धनिया के शाक, परबल, रामतोरई आदि शाक, गेहूँ, पुराने शालिधानों के चावल, गाय का घी, दूध, दही, हंसोदक (धूप और चांदनी में रखा हुआ) और मूँग का यूष ये सब पदार्थ सेवन करने चाहियें। यह पथ्यवर्ग यहाँ संक्षेप से कहा गया है॥ १२१॥१२२॥

पारद सेवन करने पर अपथ्य

बृहती बिल्वकूष्माण्डं वेत्राग्रं कारवेल्लकम्।
माषं मसूरं निष्पावं कुलित्थं सर्षपं तिलम्॥१२३॥
लंघनोद्वर्तनस्नानताम्रचूडसुरासवान्।
आनूपमांसं धान्याम्लं भोजनं कदलीदले।
कांस्ये च गुरुविष्टम्भि तीक्ष्णोष्णं च भृशं त्यजेत्॥१२४॥

बड़ी कटेरी, बेल, पेंठा, बेंत के अंकुर, करेला, उडद, मसूर, मटर, कुलथी, सरसों, तिल ये सब पदार्थ, तथा लंघन, उद्वर्त्तन (उबटन) स्नान, मुर्गे का मांस, मद्य, आसव, अनूपदेश के जीवों का मांस, काँजी केले के पत्ते में और कांसी के बर्तन में भोजन करना गुरुपाकी (भारी), विष्टम्भकारक, अत्यन्त तीक्ष्ण और अत्यन्त गरम ये समस्त पदार्थ और क्रियायें पारद सेवन करने वाले मनुष्य को त्याग देनी चाहिए॥१२४॥

कंटारीफलकाञ्जिकञ्च कमठस्तैलं तथा राजिकां
निम्बूकं कतकं कलिंगकफलं कूष्माण्डकं कर्कटी।
केकी कुक्कुटकारवेल्लकफलं कर्कोटिकायाः फलं
वृन्ताकं च कपित्थकं खलु गणः प्रोक्तः ककारादिकः॥१२५॥
देवीशास्त्रोदितः सोऽय ककारादिगणो मतः।
शास्त्रान्तरविनिर्दिष्टः कथ्यतेऽन्यप्रकारतः॥१२६॥

कटेरी के फल, कांजी, सालई वृक्ष का शाक अथवा कछुए का मांस, तल, राई, नींबू, निर्मली, तरबूज, पेठा, ककड़ी, मोर और मुर्गे का मांस, करेला, बाँझककोडा, बैंगन और कैथ इन समस्त पदार्थों के समूह को ककारादिगण कहते हैं। यह ककारादि गण देवीशास्त्र में प्रतिपादन किया गया है। अब नीचे अन्यान्य शास्त्रों में कहे हुए ककारादि गण का अन्य प्रकार से वर्णन किया गया है॥१२५-१२६॥

कंगुः कन्दुककोलकुक्कुटकलक्रोडाः कुलत्थास्तथा
कंटारी कटुतैलकृष्णगलकः कूर्मः कलायः कणा।
ककारुं च कटिल्लकं च कतकं कर्कोटकं कर्कटी
काली कांजिकमेष कादिकगणः श्रीकृष्णदेवोदितः॥१२७॥
यस्मिन् रसे च कण्ठोक्त्या ककारादिर्निषेधितः॥
तत्र तत्र निषेद्धव्यं तदौचित्यमतोऽन्यतः॥१२८॥

कंगनी, कन्दूरी, बेर, मुर्गा, मोर और सुअर का मांस, कुलत्थ कटेरी के फल, सरसों का तेल, काली गलक नामक मछली, कछुए का मांस, मटर, पीपल, पेठा, करेला, निर्मली के फल, बाँझककोडा, ककडी अडहर और कांजी यह ककारादि गण श्री कृष्णदेव नामक आचार्य ने कहा है। जिस रस में ककारादि गण के पदार्थों के सेवन का निषेध किया गया हो, उस-उस रस पर उपर्युक्त ककरादि गण के पदार्थ सेवन नहीं करने चाहिये और उनके साथ अन्यान्य गुणहीन पदार्थों को भी त्याग देना चाहिये॥१२७-१२८॥

पारदजन्य विकारों को शमन करने के उपाय

उद्गारे सति दध्यन्नं कृष्णमीनं सजीरकम्।
अभ्यङ्गमनिलक्षोभे तैलैर्नारायणादिभिः॥१२९॥
आरतौ शीततोयेन मस्तकोपरि सेचनम्।
तृष्णायां नारिकेलाम्बु मुद्गयूषं सशर्करम्॥१३०॥
द्राक्षादाडिमखर्जूरकदलीनां फलं भजेत्।
रसवीर्यविवृद्ध्यर्थं दधिक्षीरेक्षुशर्कराः॥१३१॥
शीतोपचारमन्यच्च रसत्यागविधौ पुनः।
भक्षयेद्बृहतीं बिल्वं सकृत्साधारणो विधिः॥१३२॥

पारदभस्म सेवन करने वाले मनुष्य को यदि उबकाई या डकारें आती हों तो दही भात अथवा जीरे से बघारी हुई काली मछली भक्षण करनी चाहिये। शरीर में वातजनित कोई उपद्रव होने पर नारायण आदि तेलों की मालिस करनी चाहिये। अरुचि या किसी प्रकार की मन में ग्लानि होने पर शिर के ऊपर शीतल जल की धारा छोड़नी चाहिये। यदि तृषा और शोष हो गया हो तो नारियल का जल खाँड डालकर पीना चाहिये और मूँग का यूष सेवन करना चाहिये। पारे का सेवन करने पर दाख, अनार, खजूर, केला, दही, दूध, ईख का रस, खाँड आदि पदार्थों के सेवन और अन्यान्य शीतोपचार करने से पारे के वीर्य की वृद्धि होती है और रोगी को विशेष लाभ होता है। जब पारे का सेवन त्यागना हो तब एक बार बड़ी कटेरी के फल और बेल खाना चाहिये। फिर जो पदार्थ अपनी प्रकृति के अनुकूल पड़ता जाय उसी के अनुसार साधारण रूप से आहार विहार करे॥१२९-१३२॥

इति श्रीवाग्भटाचार्य विरचिते रससत्नसमुच्चये वैद्यराज शंकरलाल जैन कृत भाषाटीकायां एकादशोऽध्यायः॥११॥

इति पूर्वखण्डं समापितम्

संदर्भ :

१. ख्यातः स सूतः किल पिष्टिबद्धः संदीपनः पाचनकृद्विशेषात्। इति पाठः समीचीनः।

अथ उत्तरखण्डः

द्वादशोऽध्यायः

ज्वरचिकित्सा

रोगगणना

ज्वरस्य रक्तपित्तस्य कासस्य श्वासहिध्मयोः।
वैस्वर्यस्य क्षयस्यापि तथारोचप्रसेकयोः॥१॥
छर्दिहृद्रोगयोश्चैव तृष्णामद्योद्भवार्शसाम्।
उदावर्तातिसाराणां ग्रहण्यर्तिप्रवाहिणोः॥२॥
विषूच्या वह्निमान्द्यस्य मूत्रकृच्छ्राश्मरीरुजाम्।
मेहस्य सोमरोगस्य पिटिकानां च विद्रधेः॥३॥
वृद्धिगुल्मादिरोगाणां शूलानामुदरस्य च।
पाण्डुशोफविसर्पाणां कुष्ठश्वित्रनभस्वताम्॥४॥
वातास्रस्यावृतानां च वन्ध्यानां गर्भिणीरुजाम्।
सूतिकाबालरोगाणामुन्मादेऽपस्मृतावपि॥५॥
नेत्ररोगे कर्णरोगे नासारोगास्यरोगयोः।
शिरःसंजातरोगेषु व्रणे भङ्गे भगंदरे॥६॥
ग्रंथ्यादौ क्षुद्ररोगेषु गुह्यरोगे विषेषु च।
जरायास्त्वनपत्यानां बीज पोषणहेतवे॥७॥

परिपाट्याऽनया सर्वे रोगाणां हि चिकित्सनम्।
रसलोहविषैरत्र योगैर्वक्ष्ये यथागमम्॥८॥

ज्वर, रक्तपित्त, खाँसी, श्वास, हिचकी, स्वरभंग, क्षय, अरुचि, प्रसेक (मुँह में पानी का भर आना), वमन, हृदयरोग, तृषा, मद्यजनित विकार, बवासीर, उदावर्त, अतिसार, संग्रहणी, प्रवाहिका, विषूचिका मन्दाग्नि, मूत्रकृच्छ्र, पथरी, प्रमेह, सोमरोग, पिटिका, विद्रधि, अण्डवृद्धि, गुल्म, शूल, उदररोग, पाण्डुरोग, शोथ, विसर्प, कुष्ठ, श्वेतकुष्ठ, वातरोग, वातरक्त, बन्ध्यत्व दोष, गर्भिणी के रोग, प्रसूतरोग, बालरोग उन्माद, अपस्मार, नेत्ररोग, कर्णरोग, नासिका के रोग मुख के रोग, सिर के रोग, व्रण रोग, अस्थि का टूटना, भगन्दर, गलगण्ड, गण्डमाला आदि ग्रन्थिरोग, क्षुद्ररोग, उपदंश आदि गुह्यरोग, विषविकार वृद्धावस्था के रोग और सन्तान का न होना इत्यादि रोगों के उपचार तथा रसायन बाजीकरण आदि वीर्य की वृद्धि करने के उपाय, एवं रस, धातु और विष के प्रयोग शास्त्रोक्त विधि से क्रमशः आगे कहे जायेंगे॥१-८॥

ज्वरचिकित्सा

वातज्वर के लक्षण

रोमाञ्चकंपौ वदने मधुत्व-
मुज्जृंभणं मस्तकतोददाहौ।
वातज्वरस्योक्तमिदं हि लक्ष्म
भुक्तोत्तरः स्याद्यदि शश्वदेव॥९॥

शरीर में रोमांच और कम्प का होना, मुख में मधुरता होना, जमुहाइयों का आना, शिर में तोड़ने की सी पीड़ा और दाह का होना और भोजन करने के पश्चात् निरन्तर ज्वर का आना ये सब वातज्वर के लक्षण हैं॥९॥

पित्तज्वर के लक्षण

विरेकशोषास्यकटुत्वतीव्र-
तापप्रलापभ्रममूर्छनानि।

एतानि पित्तज्वरलक्षणानि
वमिः सतृष्णांगविदाहिता च॥१०॥

अतिसार (दस्तों) का होना, गले में शोष, मुख में कड़वापन, तीव्रज्वर, प्रलाप (बकवाद), भ्रम, मूर्च्छा, वमन, तृष्णा और अंगों में दाह होना ये सब पित्तज्वर के लक्षण हैं॥१०॥

कफज्वर के लक्षण

कासश्वासौ मुखे जाड्य माधुर्यं बहुनिद्रता।
प्रस्वेदः स्वल्पदाहश्च श्लेष्मजज्वरलक्षणम्॥११॥

खाँसी, श्वास, मुख में जड़ता और मधुरता, अधिक निद्रा का आना पसीने का अधिक आना और कुछ-कुछ दाह का होना ये कफजन्य ज्वर के लक्षण हैं॥११॥

मिश्रित दोषों के लक्षण

मिश्रितं लक्षणं यत्तु द्वयोस्त्रिषु भवेच्च तत्॥१२॥

जिसमें दो दो दोषों के लक्षण मिले हुए हों उसको द्विदोषज, यथा वातपित्तज्वर, वातकफज्वर और पित्तकफज्वर जानना एवं जिसमें तीनों दोषों के लक्षण परस्पर मिले हुए हों उसको त्रिदोषज अथवा सन्निपातज्वर जानना चाहिये॥१२॥

त्रैलोक्यसुन्दररस अथवा पर्पटीरस

विमर्दिताभ्यां रसगन्धकाभ्यां
नीरेण कुर्यादिह गोलकं तम्।
भाण्डे नवीने विनिवेश्य पश्चा-
त्तद्गोलकस्योपरि ताम्रपात्रम्॥१३॥
सार्धं मुहूर्तं विनिरुंध्यधीमा-
नुद्दीपयेद्दीप्तकृशानुनाऽस्य।
अधस्ततः सिद्ध्यति पर्पटीय
नवज्वरारण्यकृशानुमेघः॥१४॥

विलिप्य पूर्वं रसनां च तालु-
देशं च सिंधूद्भवजीरकार्द्रैः।
वल्लोन्मितां चार्द्रकतोयमिश्रा-
मेनां नियोज्य स्थगयेत्पटेन॥१५॥
घर्मोद्गमो यावदतः परं च
तक्रोदनं पथ्यमिह प्रयोज्यम्।
कुर्याद्दिनानां त्रितयं यदीत्थं
ज्वरस्य शंकाऽपि तदा भवेत्किम्॥१६॥

शुद्ध पारा और शुद्ध गन्धक दोनों का समान भाग लेकर कज्जली कर लें। उस कज्जली को पानी के साथ घोटकर गोलासा बनाकर मिट्टी की एक कोरी हाँडी में रख दें और ऊपर से एक तांबे का पात्र ढककर सन्धियों को बन्द करके कपरौटी कर दें फिर उसको चूल्हे पर चढ़ाकर तीन घड़ी तक तीव्र अग्नि दें। इस प्रकार से नीचे पर्पटी (पपड़ी) के समान सिद्ध किये हुए रस को लेकर बारीक पीस कर शीशी में भरकर रख लें। यह रस नवीनज्वर रूपी दावाग्नि को शमन करने के लिये मेघ के समान है। प्रथम सैंधा नमक जीरा अदरक ये तीनों चीजें एकत्र पीसकर चढ़ावे, फिर, एक वल्ल (१ रत्ती) परिमाण इस रस को अदरक के रस में मिलाकर सेवन करायें और गरम कपड़ा उढ़ा दें। जब रोगी को पसीना आकर ज्वर उतर जाय तब उसको मट्ठा मिलाकर भात का पथ्य दें। इस प्रकार तीन दिन तक इस रस को सेवन कराने से ज्वर की आशंका भी नहीं हो सकती॥१३-१६॥

त्रैलोक्यडम्बररस

सूतार्कगन्धचपलाजयपालतिक्ता-
पथ्यात्रिवृच्च विषतिंदुकजान्समांशान्।
म्भाव्य वज्रिपयसा मधुना त्रिवल्ल-
स्त्रैलोक्यडंबररसोऽभिनवज्वरघ्नः॥१७॥

शुद्ध पारा, गन्धक, ताम्रभस्म, चपल धातु की भस्म, शुद्ध जमालगोटे,

कुटकी, हरड, निसोत और कुचला इन सबको समान भाग लेकर एकत्र पीसकर छान लें। फिर थूहर के दूध में खरल करके तीन तीन रत्ती की गोलियाँ बना लें। इसको त्रैलोक्यडम्बर रस कहते हैं। इसकी एक गोली शहद में मिलाकर देने से ही नवीनज्वर दूर हो जाता है॥१७॥

मेघनादरस

पादांशकं साररविः समांश-
गंधो विपक्वः स्वकषायपिष्टः।
रसः क्रमान्माषमितोऽनिलादि-
ज्वरेषु नाम्ना किल मेघनादः॥१८॥

लोहभस्म १ भाग, ताम्रभस्म १ भाग, पारे की भस्म चौथाई भाग और शुद्ध गन्धक २ भाग लेकर तीनों को आक की जड़ के रस या क्वाथ में घोटकर एक-एक मासे की गोलियां बना लें। इस मेघनाद रस की एक एक गोली वातज्वर आदि नवीन ज्वरों में सेवन करने से आश्चर्यजनक फल होता है॥१८॥

ज्वरगजहरिरस अथवा ज्वरगजकेसरी।

दरदजलदयुक्तं शुद्धसूतं च गधं
प्रहरमथ सुपिष्टं बल्लयुग्मं च दद्यात्।
ज्वरगजहरिसंज्ञं शृंगवेरोदकेन
प्रथमजनितदाहे क्षीरभक्तेन भोज्यम्॥१९॥

सिंगरफ, नागरमोथा, शुद्ध पारा और शुद्ध गन्धक सबको समान भाग लेकर एक प्रहर (३ घंटे) तक खूब अच्छे प्रकार से घोटकर सुखा लें। इसको ज्वरगजहरि अथवा ज्वरगजकेसरी रस कहते हैं। इस रस को दो रत्ती परिमाण लेकर अदरक के रस में मिलाकर देने से नवीन ज्वर दूर होता है। इसके सेवन से शरीर में दाह होने पर दूध भात का भोजन करायें॥१९॥

दीपिकारस

संतप्तसीसभागं च पारदं गंधकं कणाम्।
समभागं पृथक् तत्र मेलयेच्च यथाविधि॥२०॥

जंबीरस्य रसे सर्वं मर्दयेच्च दिनत्रयम्।
मेघनादकुमार्योश्च रसे चापि दिनत्रयम्॥२१॥
दिनद्वयमजामूत्रे गवां मूत्रे दिनत्रयम्।
भावयेच्च यथायोग्यं तस्मिन्नेतानि दापयेत्॥२२॥
सैंधवं चित्रकं भागं सौवर्चलवणं तथा।
तेन संमेलनं कृत्वा भावयेच्च पुनः क्रमात्॥२३॥
अनेन विधिना सम्यक् सिद्धो भवति तद्रसः।
शर्कराघृतसंयुक्तं दद्याद्वल्लत्रयं रसम्॥२४॥
गोधूमश्चौदनं पथ्यं माषसूपं सवास्तुकम्।
धात्रीफलसमायुक्तं सर्वज्वरविनाशनम्।
दीपिकारस इत्येष तंत्रज्ञैः परिकीर्तितः॥२५॥

शुद्ध सीसे की भस्म, शुद्ध पारा, गन्धक और पीपल चारों को समान भाग लेकर प्रथम पारे और गन्धक की कज्जली कर ले, फिर सबको एकत्र मिलाकर जम्बीरी नींबू के रस में तीन दिन तक खरल करे। फिर चौलाई के रस और घीग्वार के रस में तीन-तीन दिन तक, बकरी के मूत्र में २ दिन और गाय के मूत्र में ३ दिन तक घोटे। इसके पश्चात् उसमें सैंधा नमक, चीता और काला नमक प्रत्येक के चूर्ण को सीसे की भस्म के बराबर मिलाकर फिर उपर्युक्त औषधियों के रस और गोमूत्र आदि में क्रम से भावना दें। इस प्रकार से यह रस सिद्ध होता है। इसको ३ रत्ती परिमाण लेकर खाँड और घृत में मिलाकर सेवन करायें। इस पर गेहूँ, भात, उड़द की दाल, बथुवे का शाक और आमले आदि पदार्थों का भोजन करना हितकर है। यह रस सब प्रकार के ज्वरों का नाश करने वाला है। तन्त्रशास्त्र के विद्वान् इसको दीपिका रस कहते हैं॥२०-२५॥

शीतभंजी रस

पारदं रसकं तालं तुत्थं गंधकटंकणम्।
सर्वमेतत्समं शुद्धं कारवल्ल्याद्रवैर्दिनम्॥२६॥

मर्दयेत्तेनकल्केन ताम्रपात्रोदरं लिपेत्।
अंगुलर्धार्धमानेन तं पचेत्सिकताह्वये॥२७॥
यंत्रे यावत्स्फुटंत्येवं ब्रीहयस्तस्य पृष्ठतः।
ततः सुशीतलं ग्राह्यं ताम्र पात्रोदराद्भिषक्॥२८॥
शीतभंजीरसो नाम चूर्णयेन्मरिचैः समम्।
माषैकं पर्णखण्डेन भक्षयेन्नाशयेज्ज्वरम्॥२९॥
त्रिदिनैर्विषमं तीव्रमेकद्वित्रिचतुर्थकम्॥३०॥

शुद्ध पारा, खपरिया, हरताल, तूतिया, शुद्ध गन्धक और सुहागा इन सबको समान भाग लेकर करेले के रस में एक दिन तक घोटे फिर उस कल्क का एक ताँबे के पात्र (कटोरे) के भीतर आध-आध अँगुल परिमाण ऊँचा लेप करके उसके ऊपर ताँबे का दूसरा पात्र ढक दें और कपरौटी करके सुखा लें। पश्चात् उस सम्पुट को बालुका यन्त्र में रखकर चूल्हे पर चढ़ाकर अग्नि दें। जब उस यन्त्र की पीठ पर धान रखने से फूट निकलें तब उसको पका हुआ जानकर स्वांगशीतल होने पर ताम्रपात्र में से औषध निकाल लें। फिर उसमें समान भाग मिर्चों का चूर्ण मिलाकर बारीक पीसकर रख लें। इसको शीतभंजी रस कहते हैं। यह रस एक एक मात्रा परिमाण पान में रखकर सेवन करे। इसके सेवन से एक तरा, दूसरे दिन आने वाला, तिजारी और चौथिया ये सब प्रकार के तीव्र विषम ज्वर तीन दिन में ही नष्ट हो जाते हैं॥२६-३०॥

दूसरा शीतभंजी रस

सूततालशिलास्तुल्या मर्दयेन्मर्कटीरसे।
ताम्रपात्रे विनिक्षिप्य तत्कल्कं कज्जलीकृतम्॥३१॥
विपचेद्वालुकायंत्रे यथोक्तविधिना ततः।
दद्यान्मरिचचूर्णेन माषमात्रं भिषग्वरः॥३२॥
प्रपिबेदुष्णतोयस्य चुलुकं शीतकज्वरे।
शीतभंजीरसः सोयं शीतज्वरनिवारणः॥३३॥

शुद्ध पारा, हरताल और मैनसिल तीनों को सम भाग लेकर कौंच के बीजों के रस में एक दिन तक खरल करे। फिर उस कल्क का उपर्युक्त विधि से ताँबे के पात्र में लेपकर बालुका यन्त्र में रख कर पूर्वोक्त रीति से पकायें। फिर उसमें समान भाग मिर्चों का चूर्ण मिलाकर बारीक पीस कर रख लें। वैद्य इस रस को शीत ज्वर में एक २ मासा परिमाण सेवन करायें। इस पर उष्ण जल का एक चुल्लू अनुपान करे। यह शीत भंजी नामक रस शीतज्वर को शीघ्र दूर करता है॥३१-३३॥

मृतजीवन रस

कूष्माण्डचूर्णतिलजैः प्रविशुद्धतालं
गाढं विमर्द्य सुषवीसलिलेन तुल्यम्।
सूतेन हिंगुलभुवा सिकताख्ययंत्रे
गोलं विधाय परिवृत्तक पालमध्ये॥३४॥
पत्रेण तं दिनपतेश्च पिधाय रुद्ध्वा
संधिं तयोर्गुडसुधाखटिकाशिवाभिः।
वह्नौ पचेन्मृदुनि पात्रशिरःस्थशाली-
वैवर्ण्यमात्रमवधिं प्रविधाय धीमान्॥३५॥
वल्लं ततः सुरसमिश्रममुष्य दद्यात्
सर्पिः सिताकणमधूनि पयोऽनुपेयम्।
जेतुं ज्वरान्प्रविषमानिह वांतिशांत्यै
मौलौ सुशीतलजलस्य ददीत धाराम्॥३६॥
अथामयांतं रसराजमौलिं
भूषामणिं तं मृतजीवनाख्यम्।
सुधारसेनेव रसेन येन
संजीवनं स्यात्सहसाऽऽतुराणाम्॥३७॥

पेठे का चूर्ण और तिलों के खार में उत्तम प्रकार से शुद्ध की हुई हरताल और सिंगरफ में से निकाला हुआ पारा दोनों को समान भाग लेकर करेले के रस में खरल करके गोलासा बना ले। उस गोले को सकोरे में अथवा हाँडी में रखकर उसके ऊपर ताँबे का पात्र ढक दें और

गुड, चूना, खडिया मिट्टी तथा हरड इनके कल्क से उन पात्रों की सन्धियों को बन्द करके सुखा लें। फिर उसको बालुका यन्त्र में रखकर मन्द मन्द अग्नि से पकायें। ताँबे के पात्र के ऊपर शालिधान रखने से जब वे फूट निकलें तब तक उसको पकाकर स्वांगशीतल होने पर औषध निकाल लें और बारीक पीसकर शीशी में भरकर रख लें। इस औषध को एक २ रत्ती परिमाण तुलसी के पत्तों के रस में मिलाकर दें। इसके ऊपर पीपल का चूर्ण, शहद, घी और मिश्री में मिलाकर चाटे तथा दूध का अनुपान करे। यह रस एकतरा, तिजारी, चौथिया आदि विषमज्वर तथा वमन को दूर करने वाला है, इसके सेवन से यदि शरीर में गर्मी मालूम हो तो शिर पर शीतल जल की धारा छोड़े। यह रस सर्व प्रकार के रोगों का नाश करने वाला और सम्पूर्ण रसों का शिरोभूषण है। वैद्य लोग इसको मृतजीवन कहते हैं। कारण यह अमृत के समान रोगियों को सहसा जीवन प्रदान करता है।।३४-३७।।

शुद्धज्वरांकुश रस अथवा हिंगुलेश्वर

रसहिंगुलजेपालैर्वृद्ध्या दंत्यंबुमर्दितः।
दिनार्धेन ज्वरं हन्याद्गुंजैकं सितया सह।।३८।।

शुद्ध पारा १ भाग, सिंगरफ २ भाग और शुद्ध जमालगोटे ३ भाग इन सबको दन्ती की जड़ के काढे में ६ घंटे तक मर्दन करके एक २ रत्ती की गोलियाँ बना लें इस रस की एक गोली मिश्री में मिलाकर देने से आधे दिन में आने वाला ज्वर शीघ्र दूर हो जाता है।।३८।।

महाज्वरांकुश रस

शुद्धं सूतं विषं गंधं धूर्तबीजं त्रिभिः समम्।
चतुर्भिश्च समं व्योषं चूर्णीकृत्य निधापयेत्।।३९।।
दतभाण्डेऽथ वा शार्ङ्गे काष्ठे नैव कदाचन।
वात श्लेष्मज्वरे देयं द्वंद्वजे वा त्रिदोषजे।।४०।।
रसेन श्रृंगवेरस्य जंबीरस्याऽथवा पुनः।
गुंजाद्वयं च जीर्णेऽस्मिन्दधिभक्तं प्रयोजयेत्।।४१।।

एकद्वित्रिदिनैर्हन्याज्ज्वरान्दोषक्रमेण तु।
महाज्वरांकुशो नाम रसोऽयं शंभुनोदितः॥४२॥

शुद्ध पारा १ तोला, शुद्ध गन्धक १ तोला, शुद्ध मीठा तेलिया १ तोला, धतूरे के बीज ३ तोले और त्रिकुटे का चूर्ण ६ तोले लेकर प्रथम पारे और गन्धक की कज्जली कर ले, फिर अन्य औषधियों को कूट पीस कर कज्जली में मिलाकर खूब बारीक खरल करे। पश्चात् उस चूर्ण को हाथी दाँत के अथवा सींग के बने पात्र में रखे। काष्ठ के पात्र में कदापि न रखे। वातकफजनितज्वर, द्विदोषज और सन्निपात ज्वर में अदरक के रस अथवा जम्बीरी नींबू के रस के साथ इस रस को दो रत्ती परिमाण सेवन करायें। इसके जीर्ण हो जाने पर रोगी को दही भात का भोजन करायें। यह रस दोषों के क्रम से अर्थात् एक दोष वाले ज्वर को एक दिन में, दो दोष वाले को २ दिन में और ३ दोष वाले ज्वर को ३ दिन में, इस प्रकार समस्त ज्वरों को नष्ट कर देता है। इस महाज्वरांकुश नामक रस को श्रीशिवजी महाराज ने कहा है॥३९-४२॥

मृत्युञ्जय रस

तालं ताम्ररजो रसश्च गगनं गंधश्च जेपालकं
दीनारप्रमितं तदर्धमुदितं टंकं शिलामाक्षिकम्।
दीनारद्वितयं विषस्य शिखिनः पिष्ट्वा रसैः पाचितो
यश्चिंतामणिवज्ज्वरौघविजयी नाम्नातु मृत्युंजयः॥४३॥

हरतालभस्म, ताम्रभस्म, शुद्ध पारा, गन्धक, अभ्रक भस्म और शुद्ध जमाल गोटे ये प्रत्येक एक २ तोला, सुहाना, मैनसिल और सोनामाखी ये प्रत्येक छः-छः मासे और शुद्ध वत्सनाभ विष २ तोले इन सब औषधियों को चीते की जड़ के क्वाथ में घोटकर गोला बना लें और उसको सम्पुट में बन्द करके बालुक यन्त्र में रखकर ३ घंटे तक पकाये। यह रस चिन्तामणि के समान समस्त ज्वरों को दूर करता है। इसको मृत्युञ्जय रस कहते हैं॥४३॥

सर्वज्वरारि अथवा सर्वज्वरान्तक रस

तालं ताम्रमयोरजश्च चपला तुत्थाभ्रकं कांतकं
नागं स्याच्च समांशकं सुमृदितं मूलं च पौनर्नवम्।

भृंगीका सहरी पुनर्नवमहामंदारपत्रोद्भवैः
कल्कं वालुकयंत्रपाचितमिदं सर्वज्वरस्यांतकृत॥४४॥

शुद्ध हरताल, ताम्रभस्म, लोहे की भस्म,चपल धातु, नीलाथोथा, अभ्रक की भस्म, कान्तलोह की भस्म, सीसे की भस्म और पुनर्नवा की जड़ का चूर्ण इन सबको समान भाग लेकर भाँगरा, कसौंदी, पुनर्नवा और फरहद के पत्ते इन प्रत्येक के रस में एक २ बार भावना देकर गोला बना लेवे। उसको विधिपूर्वक बालुकायन्त्र में रखकर ३ घंटे तक पकायें। फिर बारीक पीसकर शीशी में भरकर रख लेवे। यह रस सब प्रकार के ज्वरों का नाश करनेवाला है॥४४॥

चन्द्रसूर्य या चन्द्रसूर्योदय रस

तुत्थेन तुल्यः शिवजश्च गंधो
जंबीरनीरेण विमर्दनीयः।
दिनत्रयं मेलय तन तुल्य
व्योषं ततः सिद्ध्यति चंद्रसूर्यः॥४५॥
वल्लो विजेतु विषमावलंबी
दलेन देयो भुजगाख्यवल्ल्याः।
दुग्धं हितं स्यादिह श्रृंगवेर-
रसेन शत्येषु निषेवणीयः॥४६॥
तक्रं सगर्भोज्वरशूलयोस्तु
द्राक्षांबुना पथ्यमनंतरोक्तम्।
रोधं वरायाः सलिलेन शूलं
जंबीरनीरेण वराजलेन॥४७॥
अपस्मृतावत्र नियोजनीय-
मभ्यंजनं निंबपयोभवाभ्याम्।
घृतौदनं स्यादिह भोजनाय
जंबीरनीरेण निहंति गुल्मम्॥४८॥

हिंग्वम्लिकानिंबुरसेन देयं
प्लीहोदरे स्यादिह तक्रभक्तः।
स्तंभार्थमस्मिन्ससितं पयः स्याद-
गुडो नियोज्यो वमनप्रशांत्यै॥४९॥
अशीतिर्यस्य वर्षाणि वसुवर्षाणि यस्य वा।
विषौषधं न दातव्यं तत्तं चेद्दोषकारकम्॥५०॥

तूतिया, पारा, और गन्धक तीनों को समान भाग लेकर जम्बीरी नीबू के रस में ३ दिन तक खरल करे। फिर उसमें समान भाग त्रिकुटे का बारीक चूर्ण मिलाकर शीशी में भरकर रख लें। इस प्रकार यह चन्द्रसूर्य का चन्द्रसूर्योदय रस तैयार होता है। इस रस को एक-एक रत्ती परिमाण नागर बेल के पान में रखकर देने से एकतरा, तिजारी आदि सभी प्रकार के विषम ज्वर दूर हो जाते हैं। इस पर दुग्ध पान करना विशेष उपयोगी है। सब प्रकार के शीतज्वरों में अदरक के रस के साथ सेवन करे। और भोजन में तक्र (मट्ठा) पान करे। गर्भिणी स्त्री के ज्वर और शूल रोग में दाख के रस के साथ दें और स्त्री की प्रकृति के अनुकूल पदार्थों का भोजन करायें। मलावरोध में त्रिफले के काढ़े के साथ, शूल रोग में जम्बीरी नींबू के रस के साथ दें और अपस्मार रोग में त्रिफले के क्वाथ के साथ सेवन करायें तथा नीम के पत्तों का कल्क और घी में इस रस को मिलाकर नेत्रों में आँजे। इस पर घृत और भात का भोजन करायें। इसको जम्बीरी नींबू के रस में मिलाकर देने से वातगुल्म दूर होता है। प्लीहा और उदररोग में इसको हींग, चूक और नींबू के रस में मिलाकर दें और छाछ भात का पथ्य दें। वीर्य स्तम्भन के लिये इस पर मिश्री मिलाकर दुग्धपान करे और वमन को शमन करने के लिये इस रस को गुड़ में मिलाकर सेवन करे। ८० वर्ष की अवस्था वाले वृद्ध और आठ वर्ष की अवस्था वाले बालक को विषाक्त औषध सेवन नहीं करानी चाहिये। कारण उसके देने से उनकी विशेष हानि होती है॥४५-५०॥

मेघपारदगधाश्मविषव्योषपटूनि च।
जीरकद्वयमेतानि समभागानि कारयेत्॥५१॥
सिंदुवाररसेनापि लशुनस्य रसेन च।
अपामार्गरसेनापि सप्तरात्रं विमर्दयेत्॥५२॥
तत्पक्वं वालुकायन्त्रे गुंजामात्रं प्रयोजयेत्।
सनागवल्लीमरिचं ततः शीतांबु पाययेत्॥५३॥
उपाप्रसादनो नाम रसः शीतज्वरापहः।
चातुर्थिकंत्रिरात्रं वा नाशयेत्किमुताऽपरान्॥५४॥

अभ्रकभस्म, शुद्ध पारा, गन्धक, शुद्ध वत्सनाभ, त्रिकुटा, पाँचों नमक, सफेद जीरा और काला जीरा इन सबको समान भाग लेकर एकत्र पीस लें। फिर सिम्हालू का रस, लहसुन का रस और चिरचिटे का रस इन प्रत्येक में क्रम से सात-सात दिन तक खरल करके गोला बना लें। उस गोले को शरावसम्पुट में बन्द करके बालुकायन्त्र में रख कर पकायें। फिर बारीक पीसकर रख लें। इस रस को एक रत्ती परिमाण पान और मिर्चों के चूर्ण के साथ प्रयोग करे और शीतल जल का अनुपान करायें। यह उमाप्रसादन रस शीत ज्वर को नष्ट करने वाला है। चौथिया, तिजारी जैसे विषमज्वरों को भी यह रस शीघ्र नष्ट कर देता है, फिर साधारण ज्वरों की तो बात ही क्या है?॥५१-५४॥

ज्वरांकुश रस

टंकणं रसगंधौ च समभागान्प्रकल्पयेत्
जेपालं द्विगुणं तत्त्वा मर्दयेत्खल्वमध्यतः॥५५॥
श्लक्ष्णतां याति तद्यावत्तावत्तन्मर्दयेच्छनैः।
सैंधवं मरिचं शंखं चिंचाक्षारं समाक्षिकम्॥५६॥
तत्तुल्यमेतत्कृत्वाऽथ निंबूतोयेन मर्दयेत्।
चणप्रमाणवटिका भक्षयेद्दिवसत्रयम्॥५७॥
ऐकाहिकं द्व्याहिकं च त्र्याहिकं च चतुर्थकम्।
सर्वज्वरविनाशाय ज्वरांकुश इति स्मृतः॥५८॥

सुहागा, पारा और गन्धक ये प्रत्येक एक-एक तोला और जमालगोटे २ तोले सबको खरल में डालकर खूब बारीक पीसें फिर उसमें सैंधा नमक, मिर्च, शंख की भस्म, इमली का खार और सोना माखी की भस्म प्रत्येक को एक-एक तोला डालकर नींबू के रस के साथ घोटे और चने के बराबर गोलियाँ बना लें। इस रस को तीन दिन तक सेवन करने से एकतरा, द्व्याहिक, तिजारी और चौथिया आदि विषमज्वर दूर हो जाते हैं। यह सर्व प्रकार के ज्वरों को नाश करता है, इसलिये इसको ज्वरांकुश कहते हैं।।५५-५८।।

सर्वांगसुन्दरचिन्तामणिरस

अभ्रकं गंधकं सूतं तोलैकैकं पृथक्पृथक्।
गृहीत्वा विषतोलार्धं तोलार्धं तिन्तिडीफलम्।।५९।।
एतत्सर्वं समं कृत्वा मर्दयेत्खल्वमध्यतः।
श्लक्ष्णतां याति तद्यावत्ता वत्संमर्दयेच्छनैः।।६०।।
विस्तारे परिणाहे च गर्तो कृत्वा षडंगुलाम्।
फणिवल्लीदलान्यंतर्गर्तायां प्रक्षिपेन्नरः।।६१।।
पर्णेषु सूतकल्कं तं गर्तायां स्थापयेद्दृढम्।
कल्कादुपरि तत्पर्णैर्गर्तावक्त्रं प्रपूरयेत्।।६२।।
गर्तोपरि पुटं देयं तत आरण्यकोपलैः।
स्वांगशीतलतां ज्ञात्वा समाकर्षेत्ततः परम्।।६३।।
सूतलिप्तदलैः सार्धं कल्कं खल्वे विमर्दयेत्।
तोलार्धममृतं क्षिप्त्वा तोलाध तिंतिडीफलम्।।६४।।
स्थापयेत्खल्वितं कल्कं योजयेद्गुञ्जमात्रया।
शृंगवेरांभसा युक्तं तीक्ष्णचित्रकसैंधवैः।।६५।।
सन्निपाते तथा वाते त्रिदोषे विषमज्वरे।
अग्निमांद्ये ग्रहिण्यां च तथा देयोऽतिसारिणि।।६६।।

भोजनं दधिभक्तं च रसेऽस्मिन्संप्रयोजयेत्।
व्याध्यादिकं यथा कुर्यदुदकं ढालयेत्ततः॥६७॥
एष योगवरः श्रीमान्प्राणिनां प्राणदायकः।
चिन्तामणिरिति ख्यातो रसः सर्वांगसुंदरः॥६८॥

अभ्रक भस्म, शुद्ध गन्धक और पारा ये प्रत्येक एक-एक तोला, शोधित वत्सनाभ ६ मासे और इमली के बीजों की गिरी ६ मासे इन सबको एकत्र खरल में डालकर शनैः शनैः मर्दन करे। जब घुटते-घुटते खूब बारीक हो जाय तब गोला बना लें। फिर चौरसभूमि में ६ अंगुल लम्बा चौड़ा एक गड्ढा खोदकर उसमें आधे गढ़े तक नागर बेल के पानों को भर दें और पानों के ऊपर उस गोले को रखकर उसके ऊपर इतने पान रखे जिनसे गड्ढा ऊपर तक भर जाय। पश्चात् उस गड्ढे के ऊपर आरने उपले रखकर अग्नि दें। जब औषधि पक कर स्वांगशीतल हो जाय तब पानों सहित उस गोले को निकाल कर खरल में डालकर घोटे। फिर उसमें शुद्ध मीठा तेलिया ६ मासे और इमली के बीजों की गिरी ६ मासे डालकर खूब बारीक खरल करके रख लें। इसको एक एक रत्ती की मात्रा से, मिर्च, चीता और सैंधा नमक इनके समभाग चूर्ण और अदरक के रस में मिलाकर प्रयोग करे। वातज्वर, सन्निपातज्वर, विषमज्वर, अग्नि की मन्दता, संग्रहणी और अतिसार रोग में यह रस तत्काल गुण करता है। इस पर दही भात का भोजन करना चाहिये। यदि इस रस के सेवन से शरीर में या सिर में अधिक गरमी मालूम हो तो सिर पर जल की धारा छोड़ें या शर्बत पिलायें। इन उपचारों के करने से यह रस मृत प्राय रोगियों के शरीर में भी प्राणों का संचार कर देता है। इसको विद्वान् लोग सर्वाङ्ग सुन्दर चिन्तामणि रस कहते हैं।॥५९-६८॥

लोकनाथ गुटिका

सूतेंद्रं परिमर्द्य पंचपटुभिः क्षारैस्त्रिभिस्तं ततः
पिण्डे हिंगुमहौषधासुरिमये संस्वेद्य धान्योदके।
निर्गुण्ड्यंबुहुताशमंथ तिलपर्ण्युन्मत्तभृंगार्द्रकं
कामातागिरिकर्णिकाप्लवदलापंचांगुलोत्थैर्जलैः॥६९॥

सूतंद्रेण समैर्विमर्द्य सहजैः पित्तैस्ततो भावये-
द्दंष्ट्रिच्छागलुलायमत्स्यशिखिनां सा सन्निपाताञ्जयेत्।
विख्याता भुवि लोकनाथगुटिका मारीच मात्रा हिता
स्यादस्याः सहितं दधीक्षुशकलं वीर्यं भवेच्छीतलैः॥७०॥

शुद्ध पारा, पांचों नमक और जवाखार आदि तीनों खार सबको समान भाग लेकर एकत्र खरल करके गोला बना लें। उस गोले को हींग, सोंठ और राईक कल्क की बनाई हुई मूषा में बन्द करके एक कपड़े की पोटली में बांध कर काँजी से भरे हुए दोलायन्त्र में अधर लटका कर ६ घंटे तक स्वेदन करे। इसके पश्चात् मूषा में से गोले को निकाल कर निर्गुण्डी, सुगन्धवाला, अरणी, लाल चन्दन, धतूरा, भांगरा, अदरक, बाँझककोडा, विष्णुक्रान्ता, पाखर के पत्ते और अरण्ड के पत्ते इन प्रत्येक के रस या क्वाथ को पारे के बराबर लेकर उसमें क्रम से खरल करे, फिर सूकर, बकरा, भैंसा, मछली और मोर इन प्रत्येक के पित्त में क्रम से भावना देकर काली मिर्च के बराबर गोलियां बना लें। ये गोलियाँ सब प्रकार के सन्निपात ज्वर को शीघ्र दूर करती हैं। इस पर दही, ईख (गन्ने) का रस आदि शीतल पदार्थों के सेवन से इस रस के वीर्य की वृद्धि होती है। इस रस को लोकनाथगुटिका कहते हैं॥६९-७०॥

सूचिकाभरण अथवा मृतसंजीवनाख्य रस

वज्रवैक्रांतयोर्भस्म प्रत्येकं निष्कसंमितम्।
श्रृंगीविषं द्विनिष्कं च त्रिनिष्कं चूलीकापटु॥७१॥
पचंनिष्कोऽग्निजारश्च सर्वमेकत्र मेलयेत्।
तावद्भस्म रसं यावन्मर्दयेद्दिवसत्रयम्॥७२॥
शार्ङ्गेष्टादिकवर्गस्य क्षारनीरेण भावयेत्।
त्रयोविंशतिवाराणि विमर्द्य च विशोष्य च।
ततो विमर्द्य दिवसं क्षिपेद्दंतकरण्डके।
मृतसंजीवनाख्योऽयं सूचिकाभरणो रसः॥७४॥

सन्निपातेन तीव्रेण मुमूर्षोर्भूगतस्य च।
तालुनि वृश्चयित्वाऽथ रसमेनं विनिक्षिपेत्॥७५॥
सूच्यातिसूक्ष्मया तोयभिन्नयाऽतिप्रयत्नतः।
ततस्तैलेन संलिप्त्वा निर्वाते सन्निवेशयेत्॥७५॥
ततोऽर्धप्रहरादूर्ध्वं मुक्तमूत्रपुरीषकम्।
लब्धसंज्ञं प्रतापाढ्यं दोलयंतं शिरो मुहुः॥७७॥
आयुष्मंतं विजानीयादन्यथा चान्यथा खलु।
ततः शीतांबुसंपूर्णे कटाहे तं निवेशयेत्॥७८॥
तत्र चोत्क्वथितं तोयमपनीयापरं क्षिपेत्।
याचमानममुं पश्चात्पाययेत्ससितं पयः॥७९॥
दधि वा सितयोपेतं नारिकेलजलं तथा।
रंभाफलानि दद्याच्च म्रियते सोऽन्यथा खलु॥८०॥
लब्धसंज्ञं प्रभासंतं याचमानं फलादिकम्।
तस्मादाकृष्य तैलाक्तं तैलं पिष्ट्वापनीय च॥
लेपयेद्गंधकर्पूरैरापादतलमस्तके॥८१॥
इत्यादिशिशिरैर्द्रव्यैः सप्तरात्रमुपाचरेत्॥८२॥
कर्णाक्षिनासिकावक्त्रे क्षिपेत्पोताश्रयं मुहुः।
अष्टमेऽहनि संप्राप्ते दर्दुरीमूलजं रसम्॥
ससितं पाययेद्वेगमवतारयितुं रसम्॥८३॥
रसेऽवतारिते पश्चाद्यथेष्टं भोजनं दधि॥८४॥
श्वासोच्छ्वासयुतं चान्यैर्मुक्तजीवनलक्षणैः।
कटाहे जलसंपूर्णे निक्षिपेद्बोधलब्धये॥८५॥
लब्धबोधं तमाकृष्य पूर्ववत्समुपाचरेत्।
जीवित्वा यावदायुष्यं म्रियते तदनंतरम्॥८६॥
सन्निपाते महाघोरे मज्जंतं मृत्युसागरे।
उद्धरेत्तस्य धर्मस्य ब्रह्माप्यंतं न विंदति॥८७॥

सन्निपातमहामृत्युभयनिर्मुक्तमानवः।
अपि सर्वस्वदाने प्राणाचार्यं प्रपूजयेत्॥८८॥
अन्यथा नरके तावद्यावत्कल्पविकल्पना।
इत्याज्ञा शांकरी ज्ञेया नंदिना परिकीर्तिता॥८९॥
प्रकाशा नैव कर्तव्या रसोत्तारणमूलिका।
शस्त्रं विना प्रयुंजंते मंदा वित्ताभिकांक्षया।
गुरुप्रसादमासाद्य सन्निपाते प्रयुज्यताम्॥९०॥

हीरे की भस्म ४ मासे, वैक्रान्तमणि की भस्म ४ मासे, सिंगिया विष ८ मासे, नौसादर १२ मासे, अम्बर २० मासे, और सबके बराबर पारे की भस्म लेकर इन औषधियों के खरल में डालकर ३ दिन तक खूब अच्छे प्रकार से घोटे। फिर निम्नलिखित शार्ङ्गष्टादि वर्ग की औषधियों के निकले हुए खार के जल में २३ बार भावना देकर मर्दन करके सुखा लें। फिर एक दिन तक खूब बारीक खरल करके हाथी दांत की बनी हुई शीशी भरकर रख दें। इसको सूचिकाभरण अथवा मृतसंजीवन रस कहते हैं। जो मनुष्य भयंकर सन्निपात के द्वारा काल का ग्रास हुआ चाहता हो और पृथ्वी पर पड़ा हो उसके प्रथम शिर के बालों को उस्तरे से काटकर तालु में एक बहुत जरासा छिद्र करे, फिर बहुत बारीक सुई की नोंक को पानी में डुबोकर उस सुई की नोंक में जितना लग सके उतना यह रस लेकर तालु के छिद्र में भर दें। यह कार्य बड़ी सावधानी से करना चाहिये। फिर रोगी के सिर पर और समस्त शरीर में तेल की धीरे धीरे मालिश करके उसको ऐसे स्थान में रखे, जहां वायु न लग सकती हो। इसके डेढ़ घंटे बाद जब रोगी मल मूत्र का त्याग करे, कुछ चेतनता आवे और बारम्बार सिर को हिलाये तब औषध का प्रभाव और रोगी को मृत्यु के हाथ से बचा हुआ समझना चाहिये। इसके विपरीत यदि दो घंटे तक भी ये लक्षण दिखाई न दें तो रोगी को मरा हुआ जानना चाहिये। यदि उपयुक्त जीवन के लक्षण प्रतीत हों तो रोगी को शीतल जल से भरे हुए पात्र (टब या नाँद) में बैठा लें। जब उसकी गरमी से वह जल गरम हो जाय तब पात्र में से उस जल को निकाल कर उसमें और शीतल

जल भर दें। इस प्रकार से उसको १५-१५ मिनट तक शीतल जल में रखे। इसके पश्चात् जब रोगी को भूख लगे और वह खाने के लिये माँगे तो उसको मिश्री डालकर दूध पिलायें। अथवा दही और मिश्री मिलाकर खिलायें या नारियल का जल पिलायें और केले की फली खिलायें। इस प्रकार से रोगी को पथ्य न देने से उसकी अवश्य मृत्यु हो जाती है। जब रोगी अच्छे प्रकार से चैतन्य हो जाय बोलने लगे और फलादि की याचना करे तब उसको जल में से बाहर निकाल कर उसके तेल से भीगे हुए शरीर को औषधियों के चूर्ण से पोंछकर साफ कर दें, फिर उसके शरीर में सिर से लेकर पैर तक चन्दन, कपूर आदि का लेप करे। इस प्रकार सात दिन तक शीतल उपचार करे और सात दिन तक कान, आँख, नाक और मुख में बारम्बार कपूर को रखे। आठवें दिन इस सूचिकाभरण रस का वेग उतारने के लिये ब्राह्मी के रस को मिश्री मिला कर पिलायें। जब रस का वेग उतर जाय तब दही, भात आदि यथेच्छ पदार्थों का आहार करायें। जिस सन्निपात रोगी के श्वासोच्छ्वास के सिवाय जीवन का और कोई लक्षण दिखाई न दे तो उसको चेतनता आने के लिये जल से भरे हुए टब में बैठा लें। जब उसमें चेतनता आ जाय तब उसको जल में से निकाल कर पूर्वोक्त विधि से उपचार करे। इस प्रकार उपचार करने से रोगी उस समय अवश्य जीवित हो जाता है, फिर जब तक आयु शेष रहती है तब तक जीवित रहता है। अत्यन्त भयंकर सन्निपात रूपी मृत्यु के समुद्र में डूबते हुए रोगी का जो उद्धार करता है, उसके पुण्य प्रताप का ब्रह्मा भी पार नहीं पा सकता। सन्निपात रूप काल के भय से निर्मुक्त हुआ मनुष्य, जीवन संचार करने वाले प्राणचार्य (वैद्य) को अपना सर्वस्व अर्पण करके उनका पूजन, सत्कार करे। और जो मनुष्य ऐसा नहीं करता, अर्थात् वैद्य के किये हुए उपकार को भूलकर उसके साथ प्रत्युपकार नहीं करता, वह कल्प-कल्पान्त पर्यन्त घोर नरक में पड़कर दुःख भोगता है। ऐसी भी शंकर श्रीभगवान् की आज्ञा है। नन्दी नाम वाले रसाचार्य ने कहा है कि इस रस विद्या का प्रकाश नहीं करना चाहिये, कारण मन्दबुद्धि वाले मनुष्य धनप्राप्ति की इच्छा से शास्त्र ज्ञान और गुरु की कृपा के बिना ही इसको प्रयोग करने लगेंगे। ऐसा करना समुचित

नहीं है। इसलिये सद्वैद्य को चाहिये कि पूर्ण रूप से शास्त्र ज्ञान और गुरुदेव की कृपा को प्राप्त कर फिर इस रस को सन्निपात जैसी भयंकर व्याधि में व्यवहार करे॥७१-९०॥

शार्ङ्गष्टा च तथा व्याघ्री करीरस्तिलपर्णिका।
इंद्र वारुणिका मुस्ता हरिद्रांऽकोलमूलिका॥९१॥
अपामार्गः कणा स्वर्णः कटुतुंबी च तिंतिडी।
शार्ङ्गष्टादिकवर्गोयं सन्निपातहरः परः॥९२॥

इस रस के सिद्ध करने में काम आने वाले शार्ङ्गष्टादिवर्ग की ये औषधियाँ हैं:—बड़ी करंज, कटेरी, कनेर की जड़ लाल चन्दन, इन्द्रायन, नागरमोथा, हल्दी, अंकोल की जड़, चिरचिटा, पीपल, धतूरा, कड़वी तोंबी और इमली के बीज इन सब औषधियों के समूह को शार्ङ्गष्टादिवर्ग कहते हैं। यह सन्निपात ज्वर को नष्ट करने के लिये परमोपयोगी है॥९१-९२॥

सूचीमुखरस

सूतं गंधकतालकं मणिकशलां ताप्यं मृतं तुत्थकं
जेपालं विषटंकणं मधुफलं कृत्वा समांशं दृढम्।
कृत्वा कज्जलिकां विषोल्वणफणेः पित्तैश्च संभावयेत्
क्षिप्त्वा सीसककूपिके रसवरं सूचीमुखं नामतः॥९३॥
ब्रह्मद्वारि विकीर्णलोहितलवे गुंजैकमात्रं ददे-
द्दत्वा संपुटबद्धतंद्रिकधनुर्वाते सशाखाहिमे।
कासं श्वासमराचकं प्रलपनं कंपं च हिक्कातुरं
मूकत्वं बधिरत्वमुन्मदमपस्मारं जयेत्तत्क्षणात्॥९४॥

शोधित पारा, गन्धक, हरताल, मैनसिल, सोनामाखी की भस्म, नीलाथोथा, जमालगोटे, वत्सनाभ विष, सुहागा और महुवे इन सबको समान भाग लेकर खरल में डालकर खूब बारीक कज्जली करे, फिर अत्यन्त तीक्ष्णदिषवाले साँप के पित्त की एक बार भावना देकर शीशी में भरकर रख दें। जो रोगी घोर सन्निपात, वातविकार तथा धनुर्वात रोग

में अत्यन्त जकड़ गया हो, अर्थात् हाथ पाँव आदि अंगों को भी न हिलाता हो और ठंडा पड़ गया हो तो उसके तालु के बीच में जरासा छेद करके रक्त की बूँद निकालते ही उसमें, रत्ती भर यह रस भर दें। इस प्रकार यत्नपूर्वक उपचार करने से रोगी अवश्य काल के ग्रास से बच जाता है। यह रस खाँसी, श्वास, अरुचि, प्रलाप, कम्प, हिचकी, मूकता, बधिरता, उन्माद और अपस्मार इन सब रोगों को तत्काल, नष्ट करता है इसको सूचीमुख रस कहते हैं।।९३-९४।।

सन्निपातगजाकुंश रस

रसगंधकताम्राभ्रं लांगलीवह्निरामठम्।
वंध्यापटोलनिर्गुंडीसुगंधानिंबपल्लवाः।।९५।।
पागक्षारत्रयं क्ष्वेडबोलधत्तूरतंदुलैः।
श्रृंगीमधुकसारं च जंबीराम्लेन मर्दयेत्।।९६।।
कुर्याद्धि निष्कमानेन वटिका सा नियच्छति।
सस्वेददाहाभिन्यासः सन्निपातगजांकुशः।। ९७।।

पारा,गन्धक, ताँबा, अभ्रकभस्म, कलिहारी की जड़, चीता, हींग, बाँझककोडा, पटोलपात, निर्गुण्डी, सुगन्धवाला, नीम के पत्ते, काली पाढ, जवाखार, सज्जी, सुहागा, शुद्ध मीठा तेलिया, बोल, धतूरे के बीज, चौलाई की जड़, काकडासिंगी और मुलैठी का सत्त इन सब औषधियों को समान भाग लेकर एकत्र पीस लेवे, फिर जम्बीरी नीबू के रस में खरल करके तीन-तीन मासे की गोलियाँ बना लें।ये गोलियाँ यथोचित अनुपान के साथ सेवन करने से अत्यन्त पसीना लाने वाले और दाहयुक्त अभिन्यास नामक सन्निपात ज्वर को शीघ्र दूर करता है। इस रस को सन्निपात गजांकुश कहते हैं।। ९५-९७।।

चातुर्थिकहर रस

ससारा वैष्णवी सेना अचला कादिकं कणा।
रागरुद्रोपमोपेता प्रोढा मस्तकशालिनी।। ९८।।
त्रिभागं तालकं विंद्यादेकभागं तु पारदम्।
तदर्धं गंधकं चैव तदर्धा तु मनः शिला।। ९९।।

कारवल्लीदलरसैमर्दत्येत्प्रहरत्रयम्।
पाचितो वालुकायंत्रे चातुर्थिकहरो रसः॥ १००॥

हरताल भस्म ३ तोले, पारा १ तोला, गन्धक ३ मासे और मैनसिल ३ मासे इन सबको एकत्र खरल करके करेले के पत्तों के रस में तीन प्रहर (९ घंटे) तक घोटे, फिर गोली बनाकर शरावसम्पुट में बन्द करके बालुकायन्त्र में पकावे। स्वांग शीतल होने पर रस को निकालकर बारीक पीसकर रख लेवे। यह चातुर्थिकहर नामक रस चौथिया ज्वर को नष्ट करने के लिए परमोपयोगी है।।९८-१००।।

चातुर्थिक गजाकुंश रस

स्याद्रसेन समायुक्तो गंधकः सुमनोहरः।
हियावलित्रिगुणितो निर्गुंडीरसमर्दितः॥१०१॥
सप्तवाराणि तद्योज्यमार्द्रकस्वरसेन तु।
संततादिज्वरं हन्याच्चातुर्थिकगजांकुशः॥१०२॥

पारा १ तोला, गन्धक १ तोला और हरताल ३ तोले सबको एकत्र मर्दन करके निर्गुण्डी के रस की सात बार भावना दें। इस रस को एक या दो रत्ती की मात्रा से अदरख के रस में मिलाकर देने से संतत आदि विषमज्वर तत्काल दूर होता है। यह चातुर्थिक गजांकुश रस चौथिया ज्वर के लिए भी विशेष उपयोगी है।।१०१-१०२।।

मृत्युंजय अथवा महारस

ताप्यतालकजेपालवत्सनाभमनः शिलाः।
ताम्रगंधकसूतं च मुसलीरसमर्दितः॥१०३॥
मृत्युंजय इति ख्यातः कुक्कुटीपुटपाचितः॥१०४॥
वल्लद्वयं प्रयुंजीत यथेष्ट दधिभोजनम्।
नवज्वरं सन्निपातं हन्यादेष महारसः॥१०५॥

सोनामाखी की भस्म, शुद्ध हरताल, जमालगोटे, वत्सनाभ विष, मैनसिल, ताम्रभस्म, गन्धक और पारा सबको समभाग लेकर एकत्र खरल करके मुसली के रस में घोटे, फिर गोला बनाकर शरावसम्पुट में बन्द

करके कुक्कटपुट में पकावे। जब स्वांगशीतल हो जाय तब गोले को निकालकर बारीक पीसकर रख लेवे। इसको मृत्युञ्जय रस कहते हैं। इसको दो-दो रत्ती परिमाण सेवन कराये और इस पर दही भात का यथेच्छ भोजन कराये। यह महारस नवीन सन्निपातज्वर को शीघ्र नष्ट करता है॥१०३-१०५॥

पञ्चवक्त्र रस

शुद्धं सूतं विष गंध मरिचं टंकण कणाम्।
मर्दयेद्धूर्तजद्रावैर्दिनमेकं तु शोषयेत्॥
पंचवक्त्रो रसो नाम द्विगुंजः सन्निपातजित्॥१०६॥
अर्कमूलकषायं च सत्र्यूषमनुपाययेत्।
दध्योदनं हितं तत्र जलयोगं च कारयेत्॥१०७॥

शोधित पारा, मीठा तेलिया, गन्धक, कालीमिर्च, सुहागा और पीपल इन सबको समभाग लेकर धतूरे के पत्तों के रस में एक दिन तक खूब अच्छे प्रकार से खरल करके सुखा लेवे। इस रस का दो रत्ती परिमाण सेवन कराकर ऊपर से आक की जड़ के क्वाथ में त्रिकुटे का चूर्ण डालकर अनुपान करावे और भूख लगने पर दही भात का भोजन करायें। यदि इसके सेवन से अत्यन्त गरमी मालूम हो तो रोगी के सिर पर शीतल जल की धारा छोड़े। इन क्रियाओं के करने से यह रस सन्निपात ज्वर को तत्काल दूर करता है। इसको पंचवक्त्र रस कहते हैं॥१०६-१०७॥

उन्मत्तरस

रसगंधकतुल्यांशं धत्तूरफलजद्रवैः॥१०८॥
मर्दयेद्दिनमेकं तु तत्तुल्यं त्रिकटु क्षिपेत्।
उन्मत्ताख्योरसोनाम्रानस्येस्यात्संनिपातजित्॥१०९॥

शुद्ध पारा और गन्धक, दोनों को समान भाग लेकर कज्जली बना ले, फिर धतूरे के फलों के रस में एक दिन तक घोटकर उसमें समान भाग त्रिकुटे का चूर्ण बना लें। इसको उन्मत्तरस कहते हैं। सन्निपात रोगी को इस रस का नास देने से शीघ्र आरोग्यलाभ होता है॥१०८-१०९॥

सन्निपाताञ्जन रस

निस्त्वङ्नेपालकं बीजं दशनिष्कं प्रचूर्णयेत्।
मरिच पिप्पली सूतं प्रतिनिष्कं विमिश्रयेत्॥११०॥
भाव्यं जंबीरजैर्द्रावैः सप्ताहं तत्प्रयत्नतः।
सन्निपातं निहंत्याशु अंजनेऽयं शिवः स्मृतः॥१११॥
मदनफलं बिडलवणं सर्षपाः प्रतिनिष्कमितम्।
चूर्णयित्वा त्रिफलाक्वाथेन सटंकणं पिबेत्॥११२॥
कुष्ठे ज्वरे कामलायां कंठरोगे ह्यजीर्णके।
नस्येऽथ गिरिकर्ण्युत्थ बीजैकं शीतवारिणा॥११३॥

जमालगोटों के बीजों की गिरी १० निष्क परिमाण लेकर बारीक पीस लें। उसमें मिर्च, पीपल और पराये प्रत्येक एक-एक निष्क (४ मासे) मिलाकर जम्बीरी नींबू के रस में सात दिन तक भावना दें। यह रस नेत्रों में आँजने से सन्निपात ज्वर को शीघ्र नष्ट करता है। आँजने के लिये यह रस परमोपयोगी कहा जाता है। इसको आंजकर पीछे से रोगी को त्रिफले के काढ़े में मैनफल, विरियासंजर नमक सरसों और सुहागा ये प्रत्येक औषधि एक एक निष्क परिमाण मिलाकर पान करनी चाहिये। कुष्ठ, ज्वर, कामला, कण्ठगतरोग और अजीर्ण रोग में इन्द्रायन के बीज को शीतल जल के साथ पीसकर उसमें इस रस को मिलाकर नस्य देने से विशेष उपकार होता है॥११०-११३॥

प्रतापलंकेश्वररस

प्रत्येकं रसगंधयोर्द्विपलयोः कृत्वा मषीं शुद्धयो
रस्यां म्लेच्छलुलायलोचनमनोधात्रीप्रकुंचत्रयम्।
पथ्याया बदरत्रिकं त्रिकटु षट्शाणं बचा धर्मिणी
वेल्लांभोधरपत्रकद्विरदकिंजल्काऽश्वगंधाह्वयम्॥११४॥
पिष्ट्वैतत्समधूकसारमखिलं कर्षोन्मितं न्यस्य त-
त्रोन्मर्द्यार्धकरंजकामृतयुतं सागस्तिकत्र्यूषणैः।

भूधात्रीविजयासरित्पतिफलज्वालामुखीमार्कवैः
प्रत्येकं विदधीत निश्चलमतिः सप्त क्रमाद्भावनाः॥
पित्तैरथो पंच विधाय पञ्चभिः
करंजपत्रामृतधूपनं ततः।
दत्त्वाऽऽर्द्रकस्य स्वरसेन तंदुला-
कृतिं विदध्याद्गुटिकां भिषग्वरः॥११६॥
देयैका सन्निपाते प्रतिहतविषये मोहनेत्रप्रसुप्त्योः
स्याद्गुल्मे साजमोदा पवनविकृतिषु त्र्यूषणेन ग्रहण्याम्।
दातव्या जीरकेण द्विपतुरगनृणां प्राणसंरक्षणाय
कारुण्यांभोधिरेतद्रसकसमरसं वैद्यनाथोऽभ्यधत्त॥११७॥

शुद्ध पारा और शुद्ध गन्धक प्रत्येक को आठ-आठ तोले लेकर कज्जली कर लें, फिर उसमें हिंगुल ४ तोले, भैंसिया गूगल ४ तोले, मैनसिल ४ तोले, हरड २ तोले, तीनों प्रकार के बेर २ तोले, त्रिकुटा (सोंठ, मिर्च, पीपल) २ तोले, तथा वच, रेणुका, वायविडंग, नागरमोथा, तेजपात्र, नागकेशर, असगन्ध और महुवे का सार प्रत्येक औषधि एक २ कर्ष (१-१ तोला), करंज की जड़ ६ मासे और वत्सनाभ विष ६ मासे इन सबको मिलाकर एक दिन तक खरल करे। फिर अगस्तिया, त्रिकुटा, भुईं आमला, भाँग, समुद्रफल, चीता और भाँगरा इन प्रत्येक के रस में क्रम से सात-सात बार भावना दें। इसके पश्चात् सूअर, बकरा, भैंसा, मछली और मोर इन पाँचों जीवों के पित्तों की क्रम से ५ बार भावना देकर करंज के पत्ते और वत्सनाम विष की धूनी दें। फिर अदरक के स्वरस में घोटकर एक-एक चावल के बराबर गोलियाँ बना लें। जब कि सन्निपातज्वर में रोगी को किसी बात का होश न रहे, आँखें मुँद गई हों और सुषुप्त जैसी अवस्था हो गई हो तो उसको इस रस की एक गोली अदरक के रस में मिलाकर दें। वातगुल्म में इसको अजमोद के साथ, वातविकार में त्रिकुटे के चूर्ण के साथ और संग्रहणी में जीरे के साथ देना चाहिये। कृपासिन्धु भगवान् वैद्यनाथ (धन्वन्तरि) ने कहा है कि यह रस हाथी घोड़ा और मनुष्य

सर्वप्राणियों के प्राणों की रक्षा करने वाला है इसको प्रतापलंकेश्वर रस कहते हैं।।११४-११७।।

प्राणेश्वर रस

गंधकाभ्रसमः सूतो वाराहीरसमर्दितः।
पाचितो वालुकायंत्रे त्रिफलाव्योषचित्रकैः।।११८।।
त्रिक्षारं पंचलवणं हिंगुगुग्गुलुदीप्यकैः।
सजीरकैः सेंद्रयवैः पृथग्रससमैर्युतः।।११९।।
माषमात्रोऽनुपानेन द्विपलस्योष्णवारिणः।
अभिन्यासानलभ्रंशग्रहणीपाण्डुगुल्मिनाम्।।१२०।।
कुर्यात्प्राणपरित्राणमतः प्राणेश्वरः स्मृतः।
व्याधिवृद्धौ प्रयोगोऽस्य द्वौ वारौ वैद्यसंमतः।।१२१।।

गन्धक १ तोला, अभ्रकभस्म १ तोला, और पारा २ तोले तीनों को एकत्र खरल करके बाराहीकन्द के रस में घोटकर गोला बना लें, उसको शरावसम्पुट में बन्द करके बालुकायन्त्र में रखकर पकायें। फिर उसमें हरड, बहेड़ा, आमला, सोंठ, मिर्च, पीपल, चीता, जवाखार, सज्जी, सुहागा, पाँचों नमक, हींग, गूगल, अजवायन, जीरा और इन्द्रजौ इन सब औषधियों को दो-दो तोले लेकर बारीक चूर्ण करके मिला दें। इस रस को एक-एक मासा परिमाण लेकर दो पल गरम जल के साथ सेवन करायें। यह रस अभिन्यास सन्निपात, मन्दाग्नि, संग्रहणी, पाण्डुरोग और वातगुल्म इन सब रोगों को दूर कर रोगियों के प्राणों की रक्षा करता है, इसलिये इसको प्राणेश्वर रस कहते हैं। यदि रोग के उपद्रव बढ़ते हों तो इस रस को दिन में दो बार सेवन करायें। ऐसा वृद्ध वैद्यों का मत है।।११८-१२१।।

मृतसंजीवन रस

रसायोव्योषकंकुष्ठशिलातालाभ्रहिंगुलान्।
कुभ्यग्निभृंगमारीषतंडुलीयकमाक्षिकान्।।१२२।।

हस्तिशुंडीयुतांस्तुल्यांस्तदर्धशिवगंधकान्।
त्र्यहमार्द्राबुना पिष्ट्वा कूपिस्थं वालुकाऽग्निना॥१२३॥
जयाजंबीरनिर्गुण्डीचांगेरीवारि निक्षिपेत्।
पक्त्वा चतुर्दशाहानि पिष्ट्वार्द्राक्तं विशोषयेत्॥१२४॥
मृतसंजीवनाख्योयं रसो वल्लमितोऽशितः।
द्राग्जयेदौषधं सन्निपातादीन्सकलान्गदान्॥१२५॥

पारे की भस्म, लोहे की भस्म, त्रिकुटा, मुर्दासंग, मनसिल, हरताल, अभ्रक, सिंगरफ, जमालगोटे, चीता, भाँगरा, मरसा शाक विशेष, चौलाई की जड़, सोनामाखी की भस्म और हाथीशुण्डा ये प्रत्येक औषधि एक-एक तोलाः और इन समस्त औषधियों से आधी पारे गन्धक की कज्जली लें। सबको एकत्र मिलाकर अदरक के रस में तीन दिन तक खरल करके गोलियाँ बना लें, उनको आतसी शीशी में भरकर बालुकायन्त्र में पकायें। पकते समय शीशी का मुँह खुला रखे। उसमें अरणी, जम्बीरी नींबू, सिह्माल़ू और नोनिया का शाक इनके रस को एकत्र मिलाकर थोड़ा थोड़ा डालता जाय और मन्द मन्द अग्नि जलाता जाय। इस प्रकार से चौदह दिन तक इसको बराबर पकायें। फिर औषधि को निकालकर बारीक पीसकर अदरक के रस में खरल कर के सुखा लें और शीशी में भरकर रख दें। इसको मृतसंजीवन रस कहते हैं। इसको उपयुक्त अनुपान के साथ एक एक रत्ती परिमाण सेवन करे। यह सब प्रकार के सन्निपात आदि भयंकर रोगों को शीघ्र निर्मूल करता है॥१२२-१२५॥

द्वितीय मृतसंजीवन रस

रस भागो भवेदेको गंधको द्विगुणो मतः।
विषतालककंकुष्ठशिलाहिंगुललोहकम्॥१२६॥
वह्नित्रिकटुभृंगाह्वहेममाक्षिकमभ्रकम्।
हस्तिशुंडी विषं कुंभी तंडुलीयकताम्रकौ॥१२७॥
एषां प्रत्येकमेकैकं भागमादाय चूर्णयेत्।
आर्द्रकस्य द्रवेणैव मर्दयेच्च दिनत्रयम्॥१२८॥

जंबीरस्य रसो ग्राह्यः पलत्रयमितः शुभः।
त्रिफलायाश्च निर्गुण्ड्याः प्रत्येकं च पलत्रयम्॥१२९॥
रसस्य पलमात्रं तु चांगेर्याः परिकीर्तितम्।
काचकुप्यां विनिक्षिप्य यंत्रे पक्त्वा प्रयत्नवान्॥१३०॥
ऊद्धृत्यार्द्रकनिर्यासैर्मर्दयित्वा विशोषयेत्।
मृतसंजीवनो नाम रसोऽयं विदितो भुवि॥
गुंजाद्वयं ददीतास्य सन्निपातापनुत्तये॥१३१॥

शुद्ध पारा १ तोला, शुद्ध गन्धक २ तोले, तथा शुद्ध मीठा तेलिया, हरताल, मुर्दासंग, मैनसिल, शुद्ध सिंगरफ, लोहभस्म, चीता, त्रिकुटा, भाँगरा, सोनामाखी भस्म, अभ्रक भस्म, हाथीशुण्डा, अतीस, दन्ती की जड़ चौलाई और ताम्रभस्म ये प्रत्येक औषधि एक एक तोला लेकर बारीक पीसकर कपड़े में छान लें। फिर उस चूर्ण को अदरक के रस में ३ दिन तक खरल करके काँच की आतसी शीशी में भर दें। शीशी का मुँह खुला रखकर उसको यत्नपूर्वक बालुकायन्त्र में रखकर पकायें। पकते समय उस शीशी में जम्बीरी नींबू का रस ३ पल त्रिफले का काढ़ा ३ पल, निर्गुण्डी का रस ३ पल और नोनिया शाक का रस १ पल इनको क्रम से थोड़ा थोड़ा डालता जाय। जब सब रस सूख जायँ और औषधि भी शुष्क हो जाय तब उसको शीशी में से निकालकर बारीक पीस लें फिर अदरक के रस में घोटकर सुखा लें। इस रस को दो दो रत्ती परिमाण देने से सन्निपात ज्वर शीघ्र दूर होता है। इसको मृतसंजीवन रस कहते हैं॥१२६-१३१॥

सन्निपातकुठाररस

वंगं नागं च सूतं च नैपालं गंधकं तथा।
शुल्बं विषं समांशेन रसेनार्द्रेण मर्दयेत्॥१३२॥
पुनर्मर्द्येत निर्गुण्ड्याश्चांगेर्या रसमर्दितः।
एकवल्लप्रयोगेण रसोऽयं सन्निपातनुत्॥१३३॥

बंगभस्म, सीसे की भस्म, पारा, गन्धक, शुद्ध जमालगोटे, ताम्रभस्म,

और शुद्ध वत्सनाभ विष इन सबको समान भाग लेकर अदरक के रस में खरल करे, फिर निर्गुण्डी और अम्लनोनिया के रस में क्रम से एक-एक बार मर्दन करके एक एक रत्ती की गोलियाँ बना लें। इस रस की एक गोली देने से ही सन्निपातज्वर नष्ट हो जाता है॥१३२-१३३॥

नवज्वरारिरस या पर्पटिकारस

गन्धकं च रसं शुद्धं प्रत्येकंकर्षसंमितम्।
एकत्र कज्जलीं कृत्वा ततः कुर्वीत गोलकम्॥१३४॥
नवभाण्डे विनिक्षिप्य ताम्रपात्रेण गोपयेत्।
दृढं निरुध्य तत्पात्रमग्नावारोपयेत्ततः॥१३५॥
व्रीहिस्फुटनमात्रेण स्वांगशीते समुद्धरेत्
नवज्वरे प्रयुंजीत रसं पर्पटिकाह्वयम्॥१३६॥
अर्द्रकस्य रसेनैव त्रिवल्लं त्रिदिनं भिषक्।
ज्वरितं छादयेद्गाढं यावत्स्वेदः समुद्भवेत्॥१३७॥
तक्रभक्तं भवेत्पथ्यं ज्वरमुक्तस्य देहिनः॥१३८॥
नवज्वरारिरित्येष रसः परमदुर्लभः।
वातज्वरे विशेषेण रसः साधारणो मतः॥१३९॥

शोधित पारा और गन्धक को एक एक कर्ष लेकर एकत्र मिलाकर कज्जली कर लें, फिर गोलासा बनाकर मिट्टी की एक नई हाँडी में रखे और उसके ऊपर ताँबे का पात्र ढक दें। पश्चात् सन्धियों को उत्तम प्रकार से बन्द करके उस पात्र को चूल्हे पर चढ़ाकर उसके नीचे अग्नि जलायें। जब ताँबे के पात्र के ऊपर शालिधान को रखने से वे फूट निकलें तब तक अग्नि जलायें फिर स्वांगशीतल होने पर रस को निकालकर बारीक पीस लें। इसको पर्पटिका रस भी कहते हैं। वैद्य इस रस को नवीन ज्वर में तीन तीन रत्ती परिमाण अदरक के रस के साथ सेवन करायें और रोगी को गरम कपड़ा उड़ा दें। जब तक पसीना न आये तब तक कपड़ा उड़ाये रखे। इस प्रकार तीन दिन तक इसको

सेवन कराने से ज्वर दूर हो जाता है। जब रोगी का ज्वर दूर हो जाय तब उसको छाछ और भात का पथ्य दें। यह नवज्वरारि रस वात-ज्वर में विशेष उपयोगी है और सर्व साधारण के लिये परम दुर्लभ है।।१३४-१३९।।

जलमंजरी रस

टंकणं रसगंधौ च मरिचानि समांशकम्।
सर्वे जंबीरनीरेण दिनानि त्रीणि मर्दयेत्।।१४०।।
संशोष्य शर्करायुक्तं मत्स्यपित्तेन भावयेत्।
भावितं तद्रसं सिद्धमार्द्रकस्वरसैस्त्र्यहम्।।१४१।।
वल्लं वारत्रयं देयं पानार्थं वारि शीतलम्।
तक्रभक्तं भवेत्पथ्यं वृंताकफलसंयुतम्।।
सर्वान्नवज्वरान्हंति रसोऽयं जलमंजरी।।१४२।।

सुहागा, पारा, गन्धक, और मिर्च सब को समान भाग लेकर जम्बीरी नींबू के रस में तीन दिन तक खरल करे। फिर सुखाकर उसमें अर्द्धभाग खाँड मिलाकर एक बार मछली के पित्त में भावना दें, फिर अदरक के रस में तीन दिन तक भावना दें तो यह रस तैयार होता है। इस रस को दिन में तीन बार एक एक रत्ती परिमाण सेवन करायें और शीतल जल का अनुपान। इस पर बैंगन का शाक और मट्ठे भात का पथ्य दें। यह रस सब प्रकार के नवीन ज्वरों को नष्ट करता है। इसको जलमंजरी कहते हैं।।१४०-१४२।।

कान्तरस

कांतस्य कंटवेध्यानां पत्राणां भस्म कारयेत्।
तत्समश्च रसो गंधकष्टंकणो निंबवारिणा।।१४३।।
ततः संपेष्य तत्कल्कं मर्दयेत्त्रिदिनं पुनः।
रसतुल्येन मत्स्यस्य पित्तेन परिभावयेत्।।१४४।।
सिद्ध कांतरसो ह्येष प्रयोज्योऽभिनवज्वरे।
शृङ्गवेरानुपानेन मात्रया भिषगुत्तमैः।।१४५।।

कान्तलोह से कंटक वेधी पत्रों की भस्म, पारा, गन्धक और सुहागा इन सबको समान भाग लेकर नींबू के रस में तीन दिन तक खरल करे। फिर उस कल्क को रस के बराबर मछली के पित्त में तीन दिन तक भावना दें। इस प्रकार यह कान्त रस सिद्ध होता है। इसको उचित मात्रा से अदरक के रस के साथ नवीन ज्वर में प्रयोग करना चाहिये।।१४३-१४५।।

चन्द्रोदय रस

रसगंधौ तथा वंगमभ्रकं समभागतः।
मेलयित्वाथ वंगेन समं सूतं विमर्दयेत्।।१४६।।
तत्रैकीकृत्य गंधाभ्रे पेष्य जंबीरवारिणा।
सामान्यं पुटमादद्यात्सप्तधा साधितं रसम्।।१४७।।
कुमार्या चित्रकेणापि भावयित्वाऽथ सप्तधा।
गुडेन जीरकेणापि ज्वरे जीर्णे प्रयोजयेत्।।१४८।।
कासे श्वासे कुमार्याऽथ त्रिफलाक्वाथयोगतः।
उन्मादं च धनुर्वातममृताक्वाथसंयुत।
इत्येवं रोगतापघ्नो रसश्चन्द्रोदयाभिधः।।१४९।।

पारा, गन्धक, बंगभस्म और अभ्रकभस्म इन चारों को समान भाग लेकर प्रथम बंग के साथ पारे को खरल करे, फिर उसमें गन्धक और अभ्रक को मिलाकर जम्बीरी नींबू के रस में घोटे। पश्चात् गोला बना कर शरावसम्पुट में बन्द करके सामान्य कुक्कुटपुट दें। इस प्रकार नींबू के रस में घोट घोट कर सात बार पुट दें। फिर घीग्वार के रस में सात बार भावना देकर और चीते के रस में सात भावना देकर क्रम से सात सात बार पुट दें। इस तरह सिद्ध किये हुए इस रस को जीर्णज्वर में गुड़ और जीरे के साथ प्रयोग करे। खांसी में घीग्वार के रस के साथ और श्वास रोग में त्रिफले के काढ़े के साथ तथा उन्माद और धनुर्वात रोग में गिलोय के क्वाथ के साथ सेवन करे। इस प्रकार सेवन करने से यह चन्द्रोदय नामक रस रोग और उसकी पीड़ा, सन्ताप आदि सब को शीघ्र दूर करता है।।१४६-१४९।।

जीर्णज्वरारि रस-अथवा ज्वरविद्रावणरस

नागं वंगं रसं ताम्रं गंधकं टंकणं तथा।
सूतं विषं च नेपालं हरितालं समं तथा॥१५०॥
वटक्षीरेण संमर्द्य सर्वं कुर्यात्तु गोलकम्।
तं गोलकं भाण्डमध्ये पाचयेद्दीप्तवह्निना॥१५१॥
ततः संशीतलं कृत्वा भृंगराजेन मर्दयेत्।
आर्द्रकस्य रसेनापि मर्दयेच्च पुनः पुनः॥१५२॥
चणप्रमाणवटका रसनाऽऽर्द्रस्य दापयेत्।
गुंजाद्वयप्रयोगेण ज्वरं जीर्णे हरत्यसौ॥१५३॥

सीसे की भस्म, बंगभस्म, पारे की भस्म, ताम्र भस्म, गन्धक, सुहागा शुद्ध पारा, शुद्ध वत्सनाभ, शुद्ध जमालगोटे और हरताल इन सब औषधियों को समान भाग लेकर बड के दूध में खरल कर गोला बना लें। उस गोले को मिट्टी की एक नई हाँडी में लेप कर उसके ऊपर एक सकोरा ढक दें और सन्धियों को बन्द करके उस हाँडी को चूल्हे पर चढ़ा कर नीचे तीक्ष्ण अग्नि जलायें। इस प्रकार एक प्रहर तक पकायें। फिर स्वांग शीतल होने पर औषधि को निकाल कर भाँगरे के रस में और अदरक के रस में क्रम से बारम्बार मर्दन करे, पश्चात् चने की बराबर गोलियाँ बना लें। इस रस को दो-दो रत्ती की मात्रा से अदरक के रस के साथ देने से जीर्ण ज्वर शीघ्र नष्ट हो जाता है॥१५०-१५३॥

नवज्वरमुरारि रस

हरश्च गंधकं चैव कुनटी च समं समम्।
मर्द्यं कर्कोटिकायाश्च रसेन विनियोजयेत्॥१५४॥
नवज्वरमुरारिः स्याद्वल्लं शर्करया सह।
तंडुलीयरसश्चानुपानं शर्करयाऽपि वा॥१५५॥
गुंजाद्वयप्रमाणेन ज्वरान्हंति नवान्हठात्॥१५६॥

पारा, गन्धक, मैनसिल तीनों को समान भाग लेकर बांझ ककोडे के रस में उत्तम प्रकार से मर्दन करके सुखा लें। इसको नवज्वरमुरारिरस कहते हैं। इसको एक दो रत्ती परिमाण खाँड में मिलाकर सेवन करे और ऊपर से खाँड मिलाकर चौलाई के रस का अनुपान करे। अथवा दो-दो रत्ती की मात्रा से सेवन करे। यह रस नवीन ज्वरों को नष्ट करने की एक आश्चर्यजनक औषध है॥१५४-१५६॥

इति श्री वाग्भटाचार्य विरचिते रससत्नसमुच्चये
भाषाटीकायां द्वादशोऽध्यायः ॥१२॥

त्रयोदशोऽध्यायः

रक्तपित्त रोग

कट्वम्लतीक्ष्णलवणोष्णविदाहिरूक्षैः
पित्तं प्रदुष्टमशनैरतिसेवितैस्तैः,
संदुष्य रक्तममुनोभयमार्गवर्ति
निर्यात्यसृक्स्थलयकृत्प्लिहतोऽतिमात्रम्॥१॥

अत्यन्त चरपरे, खट्टे, तीक्ष्ण, नमकीन, गरम, दाहकारक और रूक्ष पदार्थों को अधिकतर खाने से अथवा इन पदार्थों का खाद्य पदार्थों के साथ निरन्तर उपयोग करने से पित्त दूषित हो जाता है। वह पित्त रक्त को दूषित कर देता है। दूषित हुआ रक्त जब रक्ताशय (फेफड़े) तथा यकृत, प्लीहा, मुख, नाक, गुदा और लिंगमार्ग के द्वारा बाहर निकलता है तब उसको रक्तपित्त रोग कहते हैं॥१॥

रक्तपित्तांकुश रस

पारदं हिंगुलूकं च पूर्वं यंत्रेण मेलयेत्।
कुक्कुटांडरसं भागं टंकणक्षारमेव च॥२॥
गंधकस्य तथा भागं घृतेन परिमर्दयेत्।
सिद्धं रसं समादाय जीरतोयेन दापयेत्॥३॥
दिनानि त्रीणि माषं च ग्रहणीरक्तदोषजित्।
ज्वरदाहविनाशी च रक्तपित्तविनाशनः॥
रक्तपित्तांकुशो नाम रसोऽयं मृडभाषितः॥४॥

पारा १ तोला और हिंगुल १ तोला लेकर दोनों को खरल में डालकर खूब घोटे। जब पारा अच्छे प्रकार से मिल जाय तब उसमें मुर्गी के अण्डे का रस १ तोला, सुहागा १ तोला और गन्धक १ तोला डाल कर सबको खूब बारीक खरल करे। फिर घी के साथ मर्दन करके एक २ माशे की गोलियाँ बना लें। इस प्रकार सिद्ध किये हुए इस रस की एक-एक गोली जीरे के क्वाथ के साथ सेवन करायें। इसके सेवन से संग्रहणी और रक्त विकार तीन दिन में दूर हो जाता है, यह रस, ज्वर दाह और रक्तपित्त रोग को शीघ्र नष्ट करने वाला है। इस रक्त पित्तांकुश नामक रस को श्रीशंकरभगवान ने कहा है॥२-४॥

चन्द्रकला रस

प्रत्येकं तोलमानेन सूतकं ताम्रभस्मकम्।
दिनानि त्रीणि गुटिकां कृत्वा चाग्नौ विनिक्षिपेत्॥५॥
ततः शुष्कं समादाय पुनरेव च मर्दयेत्।
समस्तैः समगंधैश्च कृत्वा कज्जलिकां च तैः॥६॥
मुस्तादाडिमदूर्वाभिः केतकीस्तनवारिभिः।
सहदेव्याः कुमार्याश्च पर्पटस्यापि वारिणा॥७॥
रामशीतलिकातोयैः शतावर्या रसेन च।
भावयित्वा प्रयत्नेन दिवसे दिवसे पृथक्॥८॥
तिक्तं गुडूचिकासत्त्वं पर्पटोशीरमागधीः।
शृंगाटं सारिवा चैषां समानं सूक्ष्मचूर्णकम्॥९॥
द्राक्षादिककषायेण सप्तधा परिभावयेत्।
ततः पोताश्रयं क्षिप्त्वा वट्यः कार्याश्चणोपमाः॥१०॥
अयं चंद्रकलानामा रसेंद्रः परिकीर्तितः।
सर्वपित्तगदध्वंसी वातपित्तगदापहः॥११॥
अन्तर्बाह्यमहादाहविध्वंसनमहाक्षमः।
ग्रीष्मकाले शरत्काले विशेषेण प्रशस्यते॥१२॥

कुरुते नाग्निमांद्यं च महातापज्वरं हरेत्।
श्रमं मूर्छां हरत्याशु स्त्रीणां रक्तमहास्त्रवम्॥१३॥
ऊर्ध्वाधो रक्तपितं च रक्तवांतिं विशेषतः।
मूत्रकृच्छ्राणि सर्वाणि नाशयेन्नात्र संशयः॥१४॥

पारा १ तोला ताम्रभस्म १ तोला दोनों को अडूसे के रस में तीन दिन तक घोटकर गोला बना लें। उसको दो तीन उपलों की सामान्य अग्नि में पकायें। जब वह अच्छे प्रकार से शुष्क हो जाय तब उसको लेकर बारीक पीस लें। फिर उसमें समान भाग शुद्ध गन्धक मिलाकर कज्जली कर लें पश्चात् उस कज्जली को नागरमोथा, दाडिमी, दूब, केवडा, दूध, सहदेई, घीग्वार, पित्तपापडा, आरामशीतला (शाक विशेष) और शतावर इन प्रत्येक के रस में क्रम से एक एक दिन तक भावना दें। फिर चिरायता, गिलोय का, सत्त्व, पित्तपापडा, खस, पीपल, सिंघाडे और सारिवा इन औषधियों को समान भाग लेकर सूक्ष्म चूर्ण करके उसको कज्जली के बराबर लें और द्राक्षादिगण की औषधियों के क्वाथ में मिलाकर उसमें कज्जली को सात बार भावना दें। फिर १ तोला भीमसेनी कपूर मिलाकर उसकी चने की बराबर गोलियाँ बना लें। इसको चन्द्र कला रस कहते हैं। यह सर्व प्रकार के पित्तज रोग, तथा वातपित्तजन्य रोग, शरीर की आन्तरिक दाह, बाह्यदाह और अत्यन्त भयंकर दाह को शमन करने के लिये परमोपयोगी है। ग्रीष्मऋतु और शरद्ऋतु में यह विशेष उपकार करता है। तथा अग्नि की मन्दता, अत्यन्त भयंकर ज्वर, श्रम, मूर्च्छा, स्त्रियों का रक्त प्रदर, ऊर्ध्वगत व अधोगत रक्तपित्त, रक्त की वमन और विशेषकर सब प्रकार के मूत्रकृच्छ्र इन सब रोगों को निस्संदेह नष्ट करता है॥५-१४॥

सामान्य उपचार

पटोलमायसं चूर्णं सूतेंद्रं समचारितम्।
लोहारिवर्गसंघृष्टं रक्तपित्तहरं परम्॥१५॥

परबल, लोहभस्म और पारे की भस्म तीनों को समान भाग लेकर एकत्र लोहारिवर्ग (अमलवेत, जम्बीरीनींबू, बिजौरानींबू, चने का खार,

बेर, अनार, आंवले, नारंगी, रसौत और करौंदा) की औषधियों रस में घोंट लेवे। यह औषध रक्तपित्त को नाश करने के लिये परमोपयोगी है।।१५।।

वृषादलानां स्वरसस्य कर्ष
रसेंद्रगुंजामधुशर्करायुतम्।
लिहन्प्रभाते मनुजो निहन्या-
दुःखाकरं दारुणरक्तपित्तम्।।१६।।

एक रत्ती पारे की भस्म को शहद और खांड में मिलाकर यदि मनुष्य प्रतिदिन प्रातः काल सेवन करे और ऊपर से एक कर्ष (१ तोला) परिमाण अडूसे का स्वरस पान करे तो अत्यन्त भयंकर और कष्टप्रद रक्तपित्त रोग शीघ्र नष्ट हो जाता है।।१६।।

सपटोलकहिंगूलः सक्षौद्रो रक्तपित्तजित्।
नवनीतं सिता लाजा द्राक्षया सह भक्षयेत्।।१७।।
मस्तके च घृतं दद्याद्रक्तपित्तहरं परम्।
द्राक्षावासायुतं ख्यातं शर्कराप्लावितं पिबेत्।।१८।।

परबल का चूर्ण और शुद्ध हिंगुल दोनों को एकत्र शहद में मिलाकर सेवन करने से रक्तपित्त दूर होता है। अथवा मिश्री, खीलें और दाख तीनों को समान भाग लेकर नैनी घी में मिलाकर भक्षण करे और सिर पर घी की मालिश करे तो नाक, मुँह आदि स्थानों से निकलने वाला रक्तपित्त शमन होता है। दाख और अडूसे के रस में खाँड मिलाकर पान करने से भी रक्तपित्त नष्ट होता है।।१७।।१८।।

वासारसं सिताक्षौद्रैर्लाजान्वा शर्करासमान्।
भक्षयन् रक्तपित्तार्तस्तृष्णादाहज्वरं जयेत्।।
धात्रीचूर्णं सितायुक्तं भक्षयेद्रक्तपित्तनुत्।।१९।।

अडूसे के रस में शहद और मिश्री मिलाकर पान करने से अथवा शालिधानों की खीलें और खाँड दोनों को समान भाग लेकर प्रतिदिन प्रातः सायंकाल सेवन करने से रक्तपित्त की पीड़ा, तृष्णा, दाह, ज्वर आदि सम्पूर्ण उपद्रव नष्ट होते हैं। आमलों के चूर्ण को मिश्री मिलाकर शीतल जल के साथ सेवन करने से भी रक्तपित्त दूर होता है।।१९।।

कास रोग (खाँसी)

दोषाः शोषमनोऽभितापकुपिताः कुर्वंति कासं ततः
पीतं पूतिकफं प्रतीपनयनः पूयोपमं ष्ठीवति।
शीतोष्णेच्छुरकारणेन बहुभुक्स्निग्धप्रसन्नाननः
पर्श्वावर्त्यल्पबलक्षयाकृतिरपि प्रादुर्भवत्यन्यथा॥२०॥

शोष, मन में सन्ताप, अधिक परिश्रम और रुक्ष पदार्थों का अत्यन्त सेवन इत्यादि अनेक कारणों से वातादि दोष कुपित हो जाते हैं। इस प्रकार दोषों के कुपित होने से कास रोग (खाँसी) उत्पन्न होता है। कास रोगी के नेत्र विकृत हो जाते हैं, वह पीले रंग का, दुर्गन्धित तथा पीब के समान कफ थूकता है। उसको कभी शीतल और कभी उष्ण पदार्थ खाने की इच्छा होती है। रोगी कभी-कभी बिना किसी कारण के ही अधिक भोजन कर लेता है उसके मुख पर स्निग्धता और प्रसन्नता मालूम होती है। पसलियों में पीड़ा होती है और थोड़ा थोड़ा बल क्षीण होता है। इसके अतिरिक्त रोगी की जैसी प्रकृति होती है, तदनुसार वैसे ही लक्षण प्रकट होते हैं॥२०॥

कासनाशन रस

सार्कतीक्ष्णाभ्रकोऽगस्त्य कासमर्दवरारसैः।
मर्दितो वेतसाम्लेन पिण्डितः कासनाशनः॥२१॥

तांबे की भस्म, लोहे की भस्म, अभ्रकभस्म इन तीनों की समान भाग लेकर अगस्तिया, कसौदि, चकबड, त्रिफला और अमलबेंत इन प्रत्येक के रस में क्रम से एक एक बार मर्दन करके दो-दो रत्ती की गोलियाँ बना लें। इन गोलियों को सेवन करने से सब प्रकार की खाँसी दूर हो जाती है॥२१॥

कासहर रस

तारे पिष्टशिलां क्षिप्त्वा हरितालाच्चतुर्गुणाम्।
वासागोक्षुरसाराभ्यां मर्दितः प्रहरद्वयम्॥२२॥
प्रस्विन्नो वालुकायंत्रे गुंजाद्वितयसंमितः।
कासं त्रिकटुनिर्गुंडीमूलचूर्णयुतो हरेत्॥२३॥

रूपे की भस्म १ तोला, हरताल १ तोला और मैनसिल ४ तोले सबको अडूसा और गोखुरू के रस में दो प्रहर (३-३ घंटे) तक खरल करे। फिर गोला बनाकर शरावसम्पुट में बन्द करके बालुकायन्त्र में पकायें। स्वांगशीतल होने पर औषधि को निकाल कर बारीक पीस लें। इस औषधि को दो रत्ती परिमाण लेकर त्रिकुटा (सोंठ, मिर्च, पीपल) और सिह्मालू की जड़ के चूर्ण में मिलाकर सेवन करने से खाँसी अवश्य दूर होती है॥२२-२३॥

रत्नकरण्ड रस

भूनागाभ्रकयोः सत्त्वं कांतहेमाऽर्करूप्यकम्।
मुक्तफलानि रत्नानि ताप्यं वैक्रांतमेव च॥२४॥
भस्मीकृतमिदं सर्वं पृथङ् माषमितं मतम्।
निष्कमात्रमितं शुद्धं राजावर्तरजस्तथा॥२५॥
एतत्सर्वं समं योज्यं मर्दयित्वाम्लवेतसैः।
रुद्ध्वा मूषोदरे कोष्ठ्यां धमेदाकाशदर्शनम्॥२६॥
शतवारं धमेदेवं मर्दयित्वाऽम्लवेतसैः।
ततः संचूर्णिते चास्मिन्मुक्ताभस्म द्विशाणकम्॥२७॥
मरिचं पंच शाणेयं क्षिप्त्वा संमर्द्य यत्नतः।
रम्ये करंडके क्षिप्त्वा स्थापयेत्तदनंतरम्॥२८॥
सोऽयं रत्नकरण्डको रसवरो मध्वाज्यसंक्रामितो
हन्याच्छूलगदं ज्वरं ग्रहणिकां कासं च हिध्मामयम्।
शूलं शोषमहोदरं बहुविधं कुष्ठं स हन्याद्गदान्
बल्यो वृष्यतमः प्रदीपनकरः स्वस्थोचितो वेगवान्॥२९॥

केंचुओं का सत्त्व, अभ्रक का सत्त्व, कान्तलोह भस्म, सुवर्ण भस्म, ताँबे की भस्म, चाँदी की भस्म, सच्चे मोती, हीरा, माणिक, प्रवाल, पन्ना, पुखराज, गोमेद मणि, वैदूर्य्य मणि, नीलम, सोनामाखी और वैक्रान्तमणि इन प्रत्येक की भस्म एक-एक माशा और शुद्ध राजावर्त्त (रेबटी) की

भस्म एक निष्क परिमाण (४ माशे) लेकर सबको एकत्र मिलाकर अमलबेंत के रस में खरल करके गोला बना लेवे। उस गोले को मूषा के सम्पुट में बन्द करके मूषा को अंगारकोष्ठी में रखकर फूँके। जब मूषा में से सफेद या आस्मानी रंग की ज्वाला निकलने लगे तब तक उसको पकावे। फिर स्वांग शीतल होने पर औषधि को निकाल कर अम्लवेत के रस में घोटे और फिर इसी प्रकार मूषा में बन्द करके फूँके। इस प्रकार से सौ बार अम्लबेंत के रस में घोटकर सौ बार फूँके फिर खूब बारीक पीसकर उसमें मोती की भस्म ८ माशे और मिरचों का चूर्ण २० माशे परिमाण डालकर खूब अच्छे प्रकार से खरल करे। इसके पश्चात् उसको एक उत्तम शीशी में भरकर रख देवे। इसको रत्नकरण्ड रस कहते हैं। यह सम्पूर्ण रसों में उत्तम रस है। इसको यथोचित मात्रा से मधु और घृत में मिलाकर सेवन करने से ज्वर, संग्रहणी, खाँसी, हिचकी, शूलरोग, धातुदोष, भयंकर उदररोग और अनेक प्रकार के कुष्ठ रोग शीघ्र नाश हो जाते हैं। यह रस अत्यन्त बलकारक, वीर्यवर्द्धक,जठराग्नि को दीपन करने वाला, स्वस्थ मनुष्य के लिये परम उपयोगी और वेगवान्(अर्थात् शरीर में तत्काल व्याप्त होने वाला) है।। २४-२९।।

भूतांकुश रस

शुद्धसूतस्य भागैकं भागैकं शुद्धगंधकम्।
भागत्रयं मृतं ताम्र मरिचं पंचभागिकम्।।३०।।
मृताभ्रस्य चतुर्भागं भागमेकं विषं भवेत्।
भूतांकुशस्य भागैकं सर्वं चाम्लेन मर्दयेत्।।३१।।
यामं भूतांकुशो नाम माषैकं बातकासजित्।
अनुपानं लिहेत्क्षौद्रैर्विभीतकफलत्वचः।।३२।।
स्वयमग्निरसो वाऽपि भक्ष्योऽनेन द्विशाणकः।
पित्तकासारुचिश्वासं क्षयं पाण्डुं च नाशयेत्।।३३।।

शुद्ध पारा १ तोला, शुद्ध गन्धक १ तोला, ताम्रभस्म ३ तोले, मिरच ५ तोले, अभ्रक की भस्म ४ तोले, शुद्ध वत्सनाभ विष १ तोला और

शंखभस्म १ तोला इन सबको एकत्र खरल करके अमलबेंत के रस में एक प्रहर तक घोटे। फिर सुखाकर शीशी में भरकर रख देवे। इस रस को माशे लेकर बहेडे के चूर्ण और शहद में मिलाकर सेवन करे अथवा एक एक माशा यह रस और एक माशा आगे कहा हुआ स्वयमग्निरस दोनों को शहद में मिलाकर सेवन करे। इसके सेवन से वातज और पित्तज खाँसी, अरुचि, श्वास, क्षय और पाण्डु ये सब रोग दूर होते हैं इसको भूतांकुश रस कहते हैं।।३०-३३।।

बालबद्धरस

रसभस्म विषं तुल्यं गंधकं द्विगुण मतम्।
बोलतालकबाह्लीककर्कोटीमाक्षिकं निशा।। ३४।।
कंटकारी यवक्षारं लांगलीक्षारसैंधवम्।
मधूकसारं संचूर्ण्य सप्ताहं चार्द्रकद्रवैः।३५।।
गुटिकां बदराकारां श्लेष्मकासापनुत्तये।
भक्षयेद्बोलबद्धोयं रसः सश्वासपांडुनुत्।।३६।।

पारे की भस्म १ तोला, शुद्ध वत्सनाभ १ तोला, गन्धक २ तोले तथा बोल, हरताल, हींग, ककोडा सोनामाखी की भस्म, हल्दी, कटेरी, जवाखार, कलिहारी की जड़, सज्जी, सैन्धानमक और मुलैठी का सत्त ये प्रत्येक औषधि एक एक तोला लेकर सबको एकत्र बारीक पीस लेवे फिर सात दिन तक अदरख के रस में घोंटकर बेर की समान गोलियां लेवे। यह रस कफजनित खाँसी को दूर करने के लिये परम उपयोगी है। तथा श्वास और पाण्डु रोग को शीघ्र नष्ट करता है। इसको बोलबद्ध रस कहते हैं।।३४-३६।।

अग्निरस

रसगंधकपिप्पल्यो हरीतक्यक्षवासकम्।
षडुत्तरगुणं चूर्णं बब्बूलक्क ाथभावितम्।।३७।।
एकविंशतिवाराणि शोषयित्वा विचूर्णयेत्।
भक्षयेन्मधुना हंति कासमग्निरसो ह्ययम्।।३८।।

पारा १ तोला, गन्धक २ तोले, पीपल ३ तोले, हरड ४ तोले, बहेड़ा

५ तोले और अडूसा ६ तोले इन सबको बारीक चूर्ण करके बबूल के क्वाथ में २१ बार भावना देकर २१ सुखावे। फिर बारीक पीसकर रख लेवे यह अग्निरस शहद में मिलाकर भक्षण करते ही खाँसी को नष्ट कर देता है।। ३७।।३८।।

स्वयमग्नि रस

त्रिकुट त्रिफला चैला जातीफललवंगकम्।
एतेषां समभागानां समपूर्वरसो भवेत्।।३९।।
सचूर्ण्याऽऽलोडयेत्क्षौद्रे भक्ष्यो निष्कद्वयं सदा।
स्वयमग्निरसो नाम क्षयकासनिकृंतनः।।४०।।

सोंठ, मिरच, पीपल, हरड, बहेड़ा, आमला, इलायची, जायफल और लौंग ये सब औषधियाँ समान भाग और सब के बराबर उपर्युक्त अग्निरस लें। सबको एकत्र खरल करके रख लेवे उसमें से प्रतिदिन दो दो निष्क परिमाण लेकर शहद में मिलाकर सेवन करे। यह स्वयंमग्निरस नामक रस क्षय और कास रोग (खाँसी) को समूल नष्ट कर देता है।।३९-४०।।

साधारण उपाय

भृंगराजस्य पत्राणि मधुना चूर्णितानि हि।
गोलकं धारयेद्वक्त्रे कासविष्टंभशांतये।।४१।।
अर्कैरण्डस्य पत्राणां रसं पीत्वा च कासजित्।
दंतीमूलस्या धूमं वा निर्गुंडया वा पिबेज्जयेत्।।४२।।
इंद्रवारुणिकामूल भृंगीकृष्णातिलैः सह।
भक्षयेत्क्षयकासार्तो निष्कमात्रं प्रशांतये।।४३।।
इंद्रवारुणिकामूलं देवदारु कटुत्रयम्।
शकरासहितं खादेदूर्ध्वश्वासप्रशांतये।।४४।।

भाँगरे के पत्तों को बारीक पीसकर शहद में मिलाकर गोली बना लेवे। उसको मुख में धारण करने से खाँसी और विष्टम्भ रोग दूर होता

है। आक और अण्ड के पत्तों के रस को पान करने से भी खाँसी दूर होती है। अथवा दन्ती की जड़ या निर्गुण्डी की जड़ का धूम्रपान करे तो खाँसी दूर हो जाती है। अथवा इन्द्रायन की जड़, भाँगरा,पीपल और तिल इन सबको समान भाग लेकर बारीक चूर्ण करके कपड छान कर लें। इस चूर्ण को चार-चार मासे परिमाण सेवन करने से क्षय की खाँसी और पीड़ा शान्त होती है। अथवा इन्द्रायन की जड़ देवदारु और त्रिकुटा (सोंठ, मिरच, पीपल) इन सब औषधियों के समान भाग चूर्ण को खाँड में मिलाकर सेवन करने से ऊर्ध्व स्वास और कास (खाँसी) दोनों रोग शमन होते हैं।।४१-४४।।

श्वासरोग (दमा)

श्लेष्मोपरुद्धगमनः पवनोऽतिदुष्टः
संदूषयन्ननु जलान्नवहाश्च नाड़ीः।
आमाशयोद्भवमिदं विदधात्युरस्थं
श्वासे वक्रगमनो हि शरीरभाजाम्।। ४५।।

कण्ठ में कफ में रुक जाने या जम जाने से वायु का संचार अच्छे प्रकार से नहीं हो सकता, इसलिये वायु दूषित हो जाती है। दूषित वायु अन्न और जल को बहाने वाली नाड़ियों को दूषित कर देती है और स्वयं वक्रगति वाला हो जाता है। इस प्रकार का मनुष्यों के आमाशय से उठा हुआ वायु वक्षः स्थल में आकर स्वास रोग उत्पन्न कर देता है।।।४५।।

सूर्यावर्त्त रस

सूतार्ध गंधकं मर्द्यं यामैकं कन्यकाद्रवैः।
द्वयोः समं ताम्रभस्म पूर्वकल्केन मेलयेत्।।४६।।
दिनैक हंडिकामध्ये पक्वमादाय चूर्णयेत्।
सूर्यावर्तरसो ह्येष द्विगुंजः श्वासजिद् भवेत्।।४७।।

शुद्ध पारा २ तोले और शुद्ध गन्धक १ तोला, दोनों को घीग्वार के रस में एक प्रहर तक खरल करके कल्क बना ले। उसमें तीन तोले

ताम्रभस्म मिलाकर गोला बनाकर के शरावसम्पुट में बन्द करके एक दिन तक भाण्डयन्त्र में पकायें। फिर स्वांगशीतल होने पर औषधि को निकाल कर बारीक चूर्ण कर लें। इसको सूर्यावर्त्त रस कहते हैं। यह रस दो रत्ती परिमाण सेवन करने से ही श्वासरोग को दूर कर देता है।।४६-४७।।

श्वासान्तक रस

सूतः षोडश तत्समो दिनकरस्तस्यार्धभागो बलिः
सिंधुस्तस्य समः सुसूक्ष्ममृदितः षट्पिप्पलीचूर्णितः
जबीरस्वरसेन मर्दितमिदं तप्तं सुपक्वं भवेत्।
कासश्वाससगुल्मशूलजठरंपाण्डुंलिहन्नाशयेत्।।४८।।

पारा १६ तोले, ताम्रभस्म १६ तोले, गन्धक ८ तोले, सैंधानमक ८ तोले और पीपल ६ तोले इन सबको एकत्र बारीक पीसकर जम्बीरी नींबू के रस में खरल करके गोला बना लेवे। उस गोले को शराव सम्पुट में बन्द करके एक दिन तक भाण्डपुट में पकायें। फिर बारीक खरल करके रख लें। इस रस को प्रतिदिन प्रातः सायंकाल एक या दो रत्ती परिमाण सेवन करने से खाँसी,श्वास, गुल्मरोग, शूल उदररोग और पाण्डुरोग समूल नष्ट हो जाते हैं।।४८।।

श्वासहर वटक

साधारणं तु वटकं वक्ष्यामि शृणु तत्त्वतः।
पारदं गंधकं चैव पलमेकं पृथक् पृथक्।।४९।।
पलत्रयं त्रिकटुकं वंगमेकपलं क्षिपेत्।
सर्वमेकत्र संयोज्य दिनानि त्रीणि मर्दयेत्।।५०।।
गोमूत्रेण तथा त्रीणि दिनानि परिमर्दयेत्।
अक्षप्रमाणवटकं छायाशुष्कं तु कारयेत्।।५१।।
नित्यमेकं तु वटक दिनानि त्रिंशदेव च।
श्वासकासज्वरहरमग्निमांद्याऽरुचिप्रणुत्।।५२।।

अब स्त्री, बालक, वृद्ध आदि सर्वसाधारण के लिए उपयोगी श्वासनाशक गोलियों का वर्णन करता हूँ, इस पर यत्नपूर्वक ध्यान देना चाहिए। पारा ४ तोले, गन्धक ४ तोले सोंठ, मिर्च, पीपल तीनों एक-एक पल और वंगभस्म ४ तोले इन सबको एकत्र ३ दिन तक खरल करे। फिर ३ दिन तक गोमूत्र में घोटकर एक-एक तोले की गोलियाँ बनाकर छाया में सुखा लेवे। उनमें से प्रतिदिन एक-एक गोली सेवन करे। इस रस को तीस दिन पर्यन्त नियमपूर्वक सेवन करने से श्वास, खांसी, ज्वर, मन्दाग्नि, अरुचि आदि रोग अवश्य नष्ट होते हैं।।४९-५२।।

सप्तामृतावटा

रसभागो भवेदेको गंधको द्विगुणो मतः।
त्रिभागा पिप्पली ग्राह्या चतुर्भागा हरीतकी।। ५३।।
विभीतः पंचभागस्तु वासा षड्गुणिता भवेत्।
भाङ्गी सप्तगुणा ग्राह्य सर्वं चूर्णं प्रकल्पयेत्। ५४।।
बब्बूलक्वाथमादाय भावयेदेकविंशतिः।
विभीतकप्रमाणेन मधुना गुटिकां चरेत्।
एकैकां भक्षयेत्प्रातर्वटी सप्तमृताऽभिधा।।
श्वासकासादिकं ब्याधिं तत्क्षणान्नाशयेदियम्।।५५।।

पारा १ तोले गन्धक २ तोले, पीपल ३ तोले, हरड ४ तोले, बहेड़ा ५ तोले, अडूसा ६ तोले और भारंगी सात तोले ले। सबको एकत्र चूर्ण करके बबूल के क्वाथ में २१ बार भावना दें। फिर शहद के साथ मिलाकर एक-एक तोले की गोलियाँ बना लें। इनको सप्तामृतावटी कहते हैं। इनमें से प्रतिदिन प्रातःकाल एक-एक गोली भक्षण करे। ये गोलियाँ, श्वास, खाँसी आदि व्याधियों को तत्काल नाश करती हैं।।५३-५५।।

नीलकण्ठ रस

सूत शुल्ब सुलोह बलिममृतयुत त्रित्रिंक रेणुकाब्दं
गंडीरं केसराग्निं द्विगुणगुडयुतं मर्दयित्वा समस्तम्।
कुर्यात्कोलास्थिमात्रांसुरुचिरवटकान्भक्षयेत्प्राग्दिनादौ
पथ्याशीसर्वरोगान्हरति च नितरां नीलकण्ठाभिधानः।।५६।।

पारा, तांबे की भस्म, कान्तलोहे भस्म, गन्धक, शुद्ध वत्सनाभ, त्रिकुटा, त्रिफला, त्रिजातक, रेणुका, नागरमोथा, शुण्ठिया शाक, केसर और चिता सब औषधियों को एकत्र कूटपीसकर कपड़छान कर लेवे। उस चूर्ण में दुगुना गुड़ मिलाकर खरल करे, फिर बेर की गुठली के बराबर उत्तम गोलियां बना लेवे। उनमें से प्रतिदिन प्रातःकाल एक-एक गोली भक्षण करे और पथ्य पदार्थों का भोजन करे। इस प्रकार निरंतर सेवन करने से यह रस श्वास कासादि सर्व प्रकार की व्याधियों को अवश्य नष्ट करता है।।५६।।

श्वासकासकरिकेसरी रस

तारताम्ररसपिष्टिका शिला
गंधतालसमभागिकं रसैः।
आटरूषसुरसाद्रसंभवै-
र्मर्दय प्रकुरू गोलकं ततः।। ५७।।
मृत्स्नया च परिवेष्ट्य गोलकं
यामयुग्ममथ भूधरे पचेत्।
गंधकेन कुरू तत्समं तत-
श्चाऽऽटरूषकटुकैर्विभावयेत्।।५८।।
श्वासकासकरिकेसरीरसो
वल्लमस्य परिसेवयेद्बुधः।।५९।।

चांदी की भस्म, ताँबे की भस्म, पारदपिष्टी, शुद्ध मैनसिल, गन्धक और हरताल इन सबको समान भाग लेकर अडूसा, तुलसी और अदरक प्रत्येक के रस में क्रम से एक एक बार खरल करके गोला बना लें। उस गोले को अण्ड के पत्तों में लपेट कर ऊपर से कपरौटी करके सुखा लें। फिर उसको भूधरयन्त्र में रखकर ६ घंटे तक पकाये। स्वांगशीतल होने पर गोले को निकालकर चूर्ण कर ले और समान भाग गन्धक मिलाकर अडूसा तथा त्रिकुटे के रस में एक एक बार भावना देकर सुखा लें। यह रस श्वास कासरूपी गजेन्द्र को दमन करने के लिए सिंह के समान है, इसलिये इसको श्वासकासकरिकेसरीरस कहते हैं। इसको एक से तीन रत्ती तक शहद के साथ सेवन करना चाहिए। ५७-५८।।

सूर्यरस

रसगंधकताम्राभ्र कणाशुण्ठ्यूषणं समम्
भूतमेकं विषं चैकं सूर्यः कासादिनाशनः॥६०॥

पारा, गन्धक, ताम्रभस्म, अभ्रकभस्म, पीपल, सोंठ, मिरच ये सब समान भाग और शुद्ध वत्सनाभ तथा बहेड़ा एक भाग, सबको बारीक चूर्ण करके एक में कर लें। इसको सूर्यरस कहते हैं। यह रस खांसी श्वास आदि रोगों को शमन करने के लिए विशेष उपयोगी है॥६०॥

सामान्य उपचार

गंधकं मरिचं साज्यं पिबेच्छ्वासकफापहम्।
शिला हिंगु विडंगं च मरिचं चं कुष्ठसैंधवम्॥६१॥
मध्वाज्याभ्यां लिहेत्कर्षं श्वासकासकफापहम्॥६२॥

शुद्ध गन्धक और मिरचों के चूर्ण को घृत में मिलाकर सेवन करने से श्वास और कफ के रोग दूर होते हैं। अथवा शुद्ध मैनसिल, हींग, वायविडंग, मिरच, कूठ और सैन्धा नमक इन औषधियों को समान भाग लेकर बारीक चूर्ण कर लें। इस चूर्ण को एक-एक तोला परिमाण लेकर घृत और शहद में मिलाकर प्रतिदिन सेवन करने से श्वास खांसी और कफ के विकार नाश को प्राप्त होते हैं॥६१॥

हिक्कारोग (हिचकी)

विदाहिगुरुविष्टंभिरूक्षाभिष्यंदिभोजनः।
शीतपानाशनस्थानरजोधूमाऽऽतपानिलैः॥
व्यायामकार्म भाराध्ववेगाघाताऽपतर्पणैः।
हिक्का श्वासश्च कासश्च नृणां समुपजायते॥६२॥

दाहकारक, गुरुपाकी, विष्टम्भ(अफराकब्ज) कारक, रूखे और अभिष्यन्द (कफ) कारक पदार्थों का भोजन करने से, तथा शीतल जलपान, शीतल आहार, शीतल स्थान में निवास, धूली, धूआँ, धूप और तीव्र वायु का सेवन, अधिक व्यायाम (परिश्रम),बोझा उठाना, मार्ग में चलना, मलमूत्रादि के वेग को रोकना, चोट लगना, अतृप्तिकर पदार्थों का भोजन आदि कारणों से मनुष्यों के हिक्का श्वास और कासरोग उत्पन्न होते हैं॥६२॥

हिकानाशन रस

रसगंधकधान्याभ्रं तालताप्योपलं क्रमात्।
भावृद्ध वचाकुष्ठहरिद्राक्षारचित्रकैः॥६३॥
सपाठा लांगली ब्योषसैंधवाक्षविषैः समम्।
भावितं भृंगनीरेण हिक्कावैस्वर्यकासनुत्॥ ६४॥

पारा १ तोला, गन्धक २ तोले, धान्याभ्रक ३ तोले, हरतोले ४ तोले और सोनामाखी की भस्म ५ तोले लेकर सबको बारीक खरल कर ले। फिर समस्त धातुओं के बराबर वच, कूठ, हल्दी, जवाखार,चीता, पाढल, कलिहारी की जड़ त्रिकुटा, सैंधानमक, बहेड़ा और शुद्ध वत्सनाभ इन सब औषधियों का समान भाग मिश्रित चूर्ण लेकर सबको एकत्र भांगरे के रस में भावना दें। इस रस को उचित अनुपान के साथ सेवन करने से हिचकी, स्वरभंग और खांसी से सब रोग नष्ट होते हैं।६३-६४॥

ताम्रभस्म का उपयोग

पक्वताम्रे रसः पिष्टो बलिना हिध्मिनां हितः॥६५॥

ताम्रभस्म, पारा और गन्धक तीनों को समान भाग लेकर प्रथम ताम्रभस्म में पारे को मर्दन करे, फिर गन्धक के साथ खरल करे। इस प्रकार सबको उत्तम प्रकार से घोटकर एक में एक कर लें। यह औषध हिध्म (हिचकी) रोगियों के लिए हितकारी है।॥६५॥

शिलापूत रस

चूर्णं पाठेन्द्रावारुण्योर्भाण्डे दत्त्वाऽथ कूनटीम्।
तत्पृष्ठे शुद्धसूतं च कुनट्यंशं प्रदापयेत्।
सूताध कुनटीचूर्णं तस्यार्धं पूर्वमूलिकाः॥६६॥
चूर्णं दत्त्वा पचेच्चुल्ल्यां यामाष्ट मृदुवह्निना।
शिलापूतो रसो नाम हंति हिक्का त्रिगुञ्जकः॥६७॥

पाढ का चूर्ण ४ तोले, इन्द्रायन की जड का चूर्ण ४ तोले और शुद्ध मैनसिल ४ तोले सबको एकत्र खरल कर ले, फिर उसमें १ तोला शुद्ध पारा मिलाकर पानी के साथ घोटकर गोला बना ले। उसको सुखाकर शराब संपुट में बन्द कर दे। बन्द करने से पहले गोले के ऊपर शुद्ध

मैनसिल का चूर्ण ६ मासे और रास्ना का चूर्ण ३ मासे डाल दे। फिर कपरौटी करके भाण्डपुट में रखकर चूल्हे पर चढायें और मन्द मन्द अग्नि के द्वारा ८ प्रहर तक पकायें स्वांगशीतल होने पर बारीक पीसकर रख लें इसको शिलापूत रस कहते हैं। यह रस ३ रत्ती परिमाण खाने से ही हिक्का रोग को नष्ट कर देता है।।६६-६७।।

मंथानभैरव रस

मृतं सूतं मृतं ताम्रं हिंगु पुष्करमूलकम्।
सैंधवं गंधकं तालं कटुकं चूर्णयेत्समान्।।६८।।
देवदालीपुनर्नव्योर्निर्गुण्डीमेघनादयोः।
तिक्तकोषातकीद्रावैर्दिनैकं मर्दयेद्दृढम्।।६९।।
माषमात्रं लिहेत्क्षौद्रे रसमंथानभैरवम्।
कफरोगप्रशांत्यर्थं निंबक्वाथं पिबेदनु।।७०।।

पारे की भस्म, ताम्र भस्म, हींग, पोहकरमूल, सेन्धानमक, गन्धक, हरताल और त्रिकुटा इन सबको समान भाग लेकर बारीक चूर्ण कर ले। फिर बंदाल, पुनर्नवा, सिह्मालू, चौलाई की जड़ और कडवी तोरई इन औषधियों के रस में क्रम से एक-एक दिन तक खूब अच्छे प्रकार से घोटे, फिर सुखाकर पीस कर रख ले। उसमें से प्रतिदिन एक-एक मासा परिमाण शहद में मिलाकर चाटे और ऊपर से नीम का क्वाथ पिये। यह मन्थानभैरवारस कफ के समस्त रोगों को शमन करने के लिए उपयोगी है।।६८-७०।।

श्वासकासघ्नी वटी

विश्वादित्रिकनिर्गतद्रवनिशाकीरप्रियोत्थं दलं
नीलग्रीवगलालयं सुरपतेस्तार्तीनेत्राभिधम्।
विद्वत्पुञ्जवती कृमिप्रतिभटं निर्गुण्डिकावारिणा
तुल्यांशाश्चणकप्रमाणवटिकाः सश्वासकासघ्निकाः।।७१।।

सोंठ, मिर्च, पीपल, सूखी हल्दी, सिरस के पत्ते, वत्सनाभ विष, चीता, ब्राह्मी और वायविडङ्ग सब औषधियों को समान भाग लेकर बारीक चूर्ण कर ले, फिर निर्गुण्डी के रस में घोट कर चने के बराबर

गोलियाँ बना लें। इन गोलियों के सेवन करने से स्वास, खाँसी, हिचकी आदि रोग शीघ्र दूर होते हैं।।७१।।

सामान्य उपचार

क्वाथं रास्नाबृहत्यग्निबलादुग्धैश्च पाययेत्।
हिक्किनं पाययेद्धूमं पत्रैः शिखिनिशोद्भवैः।।७२।।
कर्षैकं गंधकं शुद्धं घृतैश्चोष्णोदकैः पिबेत्।
कफ हत्यथ वा क्षौद्रैः पञ्चवक्त्ररसः खलु।।७३।।

जिस मनुष्य को हिचकी आती हो, उसको रास्ना, बड़ी कटेरी, चीता और खिरैंटी इनका क्वाथ दूध में मिलाकर पिलायें। अथवा चीता और हल्दी के पत्तों का धूमपान करायें। या एक कर्ष परमाण शुद्ध गन्धक को घृत में मिलाकर चाटे और ऊपर से गरम जल पिये। अथवा पंचवक्त्र रस को शहद में मिलाकर सेवन करे। इनमें से किसी एक प्रयोग को सेवन करने से कफ रोग, हिचकी, श्वास, खाँसी आदि सब रोग नष्ट होते हैं।।७२-७३।।

स्वर भंग रोग

"अत्युच्चभाषणविषाऽध्ययनाभिघात-
संदूषणैः प्रकुपिताः पवनादयस्तु।
स्त्रोतः सुते स्वरवहेषु गताः प्रतिष्ठां
हन्युः स्वरं भवति चापि हि षड्विधः सः।।"

बहुत जोर-जोर से बोलना, गाना, विष खाना, उच्चस्वर से पढ़ना, गले में किसी चीज का अटक जाना या चोट लग जाना अथवा प्रकृति विरुद्ध आहार विहार का सेवन आदि अनेक कारणों से वात, पित्त, कफ आदि तीनों दोष अथवा कोई एक दोष कुपित हो जाता है। कुपित हुए दोष स्वर को बहाने वाली नाड़ियों में प्राप्त होकर स्वर को नष्ट कर देते हैं, इसलिये स्वर (आवाज) बैठ जाता है, अर्थात् गला पड़ जाता है या स्वर विकृत हो जाता है। इसको स्वर भंग रोग कहते हैं। स्वर भंग ६ प्रकार का होता है।

पर्पटीरस

रसं द्विगुणगंधेन मर्दयित्वा सभृंगकम्।
लोहपात्रे घृताभ्यक्त द्रावितं बदराग्निना॥७४॥
ऊर्ध्वाधो गोमयं दत्त्वा कदल्याः कोमले दले।
स्निग्धया लोहदर्व्या च पर्पटाकारतां नयेत्॥७५॥
लोहपात्रै विनिक्षिप्ता लोहपर्पटिका भवेत्।
ताम्रपात्रे विनिक्षिप्ता ताम्रपर्पटिका भवेत्॥७६॥
विषपादं च युंजीत तत्साध्येष्वामयेषु च।
सुरसाया जयंत्याश्च कन्यकाऽऽटकरूषयोः॥७७॥
त्रिफलाया मुनेर्भाङ्गर्या मुंडयास्त्रिकटुचित्रयोः।
भृंगराजस्य वह्नेश्च प्रत्यहं द्रवभावितम्॥७८॥
आर्द्रकस्य रसेनापि सप्तधा भावयेत्पुनः।
अंगारैः स्वेदयेदीषत्पर्पटीरसमुत्तमम्॥७९॥
गुञ्जाष्टकं ददीतास्य तांवूलीपत्रसंयुतम्।
पिप्पलीदशकैः क्वाथं निर्गुण्ड्याश्चानुपाययेत्॥
स्वरभंगे कफे श्वासे प्रयोज्यः सर्वदा रसः॥८०॥

पारा १ भाग और गन्धक २ भाग लेकर दोनों भाँगरे के रस में घोट कर कज्जली कर ले। फिर लोहे की कढ़ाई में घी चुपड़ कर उसमें कज्जली को डालकर के बेरों की लकड़ी की अग्नि के द्वारा पिघलायें और लोहे की करछी में घी लगाकर उससे चलाता जाय। जब कज्जली रस के समान पतली हो जाय तब उसको गाय के गोबर के ऊपर केले का कोमल पत्ता रखकर उस पर करछी से लौट दें और तत्काल उस पर केले का दूसरा पत्ता ढक कर और पत्ते के ऊपर गोबर रखकर दाब दें। जब वह पपड़ी की समान जम जाय तब उसको ग्रहण कर ले। यह पर्पटी जो लोहे की कढ़ाई में और लोहे की करछी के द्वारा बनाई जाती है तो लोह पर्पटी-और जो ताँबे की करछी के द्वारा बनाई जाती है तो

ताम्र पर्पटी कहलाती है। इसके पश्चात् उस पर्पटी को बारीक पीस कर उसमें चतुर्थांश शुद्ध वत्सनाभ मिलाकर तुलसी, अरणी, घीग्वार अडूसा, त्रिफला, अगस्तिया, भारंगी, गोरख-मुण्डी, त्रिकुटा, चीता, भाँगरा और भिलावे इन प्रत्येक के रस में क्रम से एक-एक दिन तक खरल करे। फिर अदरक के रस में सात बार भावना दें। फिर उसको अँगारों पर कुछ एक तपाकर सुखा लें और शीशी में भर कर रख दें। इस प्रकार सिद्ध किया हुआ पर्पटी रस बहुत उत्तम होता है। इसको आठ-आठ रत्ती परिमाण पान में रख कर सेवन करायें और ऊपर से दशपीपलों का चूर्ण डालकर निर्गुण्डी का क्वाथ पान करायें। यह रस स्वरभंग, कफरोग, श्वास आदि व्याधियों में तत्काल गुण दिखलाता है। इसलिये इन रोगों में इसको सदैव व्यवहार करना चाहिये।।७४-८०।।

पथ्यापथ्य

त्रिकंटकस्य मूलानि शुंठीं संक्षुद्य निक्षिपेत्।
अजाक्षीरे सनीरार्धे यावत्क्षीरं विपाचयेत्।।८१।।
तत्क्षीरं पाययेद्रात्रौ सकणं भोजनेऽपि च।।८२।।
कूष्माण्डं वर्ज्जयेच्चिंचां वृंताकं कर्कटीमपि।
आरनालं च तैलं च संसर्गं च विवर्जयेत्।।
मासत्रयं च सेवेत कासश्वासनिवृत्तये।।८३।।
सजीरहिंगुकव्योषैः शमयेद्ग्रहणीं रसः।
दशमूलांऽभसा वातज्वरं त्रिकटुना कफम्।।८४।।
ज्वरं मधुकसारेण पंचकोलेन सर्वजम्।
यक्ष्माणं मधुपिप्पल्या गोमूत्रेण गुदांकुरान्।।८५।।
शूलमेरंडतैलेन पाण्डुशोफे सगुग्गुलुः।
कुष्ठानि भृंगभल्लातबाकुची पंचनिंबकैः।।८६।।
धत्तूरबीजसंयोगान्मेहोन्मादविनाशनः।
अपस्मारं निहंत्याशु व्योषनिंबुदलैः सह।।८७।।

स्तनंधयशिशूनां तु रसोऽयं नितरां हितः।
पथ्याक्षचूर्णादिवशाद्व्याधींश्चान्यान्सुदुस्तरान्॥८८॥

गोखुरू की जड़ और सोंठ को एक तोला परिमाण लेकर चूर्ण करके एक पाव बकरी के दूध और आध पाव जल में मिल.कर पकायें। जब पकते पकते पानी सब जल जाय और दूध मात्र शेष रह जाय तब उसको उतारकर छान लें। उसमें पीपल का चूर्ण डालकर पान करायें रात्रि में भोजन के बाद भी उस दूध को पान करना चाहिये। इस पर्पटी रस का सेवन करने वाले मनुष्य को पेठा, इमली, बैंगन, ककड़ी, काँजी, तेल आदि पदार्थ और स्त्रीसहवास ये सब त्याग देने चाहिये। तीन महीने तक इस रस को नियमानुसार सेवन करने से स्वरभंग खाँसी और श्वास रोग समूल नष्ट हो जाते हैं। जीरा, हींग और त्रिकुटा इनके समान भाग मिश्रित चूर्ण के साथ सेवन करने से यह रस संग्रहणी को दूर करता है। दशमूल के काढ़े के साथ सेवन करने से वातज्वर, त्रिकुटे (सोंठ, मिर्च, पीपल) के चूर्ण के साथ खाने से कफ विकार, मुलैठी के सत्त या क्वाथ के द्वारा साधारण ज्वर और पंचकोल के क्वाथ के साथ देने से अन्य प्रकार के ज्वरों को शमन करता है। तथा शहद और पीपल के साथ सेवन करने से राजयक्ष्मा, गोमूत्र के साथ अर्शरोग, अण्डी के तेल के साथ शूल रोग, गूगल के साथ पाण्डुरोग और सूजन को दूर करता है। एवं भाँगरा, भिलावे, बाबची और नीम की पंचाङ्ग इनके काढ़े के साथ सेवन करने से सब प्रकार के कुष्ठ, व त्वचा के रोग, धतूरे के बीजों के साथ देने से प्रमेह और उन्मादरोग, तथा त्रिकुटा और नीम के पत्तों के चूर्ण के साथ प्रयोग करने से अपस्मार (मृगी) रोग को बहुत शीघ्र नष्ट करता है। दूध पीने वाले छोटे-छोटे बालकों के लिये तो यह रस परम उपयोगी है। हरड और बहेडे के चूर्ण के साथ सेवन निरन्तर करने से यह रस सर्व प्रकार की दारुण व्याधियों को नाश कर देता है॥८१-८८॥

सजातीफलशीतोदं योजयेत्पर्पटीरसम्।
पित्ताजीर्णे शिरश्चास्य शीततोयेन सेचयेत्॥८९॥

नस्यं निष्ठीवनं धूमं तीक्ष्णं वमनरेचनम्।
अन्नं रूक्षाल्पतीक्ष्णोष्णं कटुतिक्तकषायकम्।।
चिरकालस्थितं मद्यं योजयेत्कफरोगिणे।।९०।।

पित्तजन्य अजीर्णरोग में रस को जायफल के चूर्ण में मिलाकर शीतल जल के अनुपान के साथ सेवन करे और सिर पर शीतल जल की धारा छोड़े। कफजनित रोग में रोगी को यह रस सेवन कराकर नस्य दें, मुख में से लार निकलवायें, धूम्रपान करायें, तीक्ष्ण औषधियों द्वारा वमन व विरेचन करायें। और इस पर रुक्ष (रूखे), तीक्ष्ण, गरम, चरपरे, कड़वे और कषैले पदार्थ अल्पपरिमाण में सेवन करायें तथा बहुत पुराने मद्य आसव अरिष्ठ आदि पान करायें।।८९।।९०।।

इति श्रीवाग्भटाचार्यविरचिते रस रत्नसमुच्चये त्रयोदशोऽध्यायः।।१३।।

चतुर्दशोऽध्यायः

राजयक्ष्मा (क्षय) रोग

अग्निमांद्यं ज्वरः शैत्यं वांतिः शोणितपूययोः।
सत्त्वहानिश्च दौर्बल्यं राजरोगस्य लक्षणम्॥१॥
"वेगरोधात्क्षयाच्चैव साहसाद्विषमाशनात्।
त्रिदोषो जायते यक्ष्मा गदो हेतुचतुष्टयात्॥
अतिव्यवायिनो वापि क्षीणे रेतस्यनंतराः।
क्षीयंते धातवः सर्वे ततः शुष्यति मानवः॥
असंपार्श्वाभितापश्च संतापः करपादयोः।
ज्वरः सर्वांगगश्चेति लक्षणं राजयक्ष्मणः॥"

अग्नि मन्द होना, हर समय ज्वर का रहना, शीत का लगना, रक्त और पीव की वमन होना, ओज आदिधातुओं तथा बाल का क्षय और दुर्बलता का होना, ये सब राजयक्ष्मा के लक्षण हैं॥१॥

मल मूत्रादि के वेगों को रोकना, रस रक्तादि धातुओं का क्षय होना अत्यन्त साहस करना और विषम पदार्थों का भोजन करना इन चारों कारणों से यक्ष्मा रोग उत्पन्न होता है। जिसमें वात, पित्त और कफ ये तीनों दोष कुपित हो जाते हैं। अत्यन्त विषय करने वाले मनुष्य का वीर्य नाश हो जाने पर उसकी रसादि सम्पूर्ण धातु में क्षय होने लगती हैं, इसलिए मनुष्य का शरीर सूखने लगता है। क्षयरोगी के कन्धे पार्श्वभाग (पसली), हाथ और पाँवों में पीड़ा तथा जलन होती है और समस्त शरीर में ज्वर रहता है। ये राजयक्ष्मा (क्षय) रोग के लक्षण हैं।

कनकसुन्दररस

रसस्य तुल्यभागेन हेमभस्म प्रकल्पयेत्।
तालकं गंधकं तुत्थं माक्षिकं रसकं शिलाम्॥२॥
रससाम्येन युंजीत तुत्थं भस्मीकृतं न्यसेत्॥३॥
किंचिट्टंकणकं दत्त्वा मार्जारस्य विशा युतम्।
प्रथमं पुटयेद्दघ्ना द्वितीयं मधुना सह॥
वह्नौ भस्मीकृतं चेत्थं मयूरकाख्यतुत्थकम्॥४॥
तालकं शोधयेदग्रे कूष्माण्डक्षारपाचनात्।
तैले पचेततः सम्यक् चूर्णे वा परिशोधयेत्॥५॥
गंधकं शोधयेद्दग्धे रसकं नरवारिरिणा।
माक्षिकं सिंधुसंयुक्त बीजपूररसे पचेत्॥
जयंतीद्रवसंपिष्टां शिलां सुपाचितां न्यसेत्॥६॥
एकीकृत्य ततः सर्वमर्कक्षीरेण मर्दयेत्।
जयंतीभृंगराजाभ्यां वासापाठाकृशानुभिः॥७॥
अगस्तिलांगलीभ्यां च प्रत्येकं दिवसं शनैः।
ततस्तु गोलकं बद्ध्वा पचेत्पूर्ववदाहृतः॥८॥
चूर्णयित्वा ततः सम्यक् भावयेदार्द्रकाम्बुना॥९॥
सप्तधा व्योषनिर्यासै रसः कनकसुन्दरः।
गुंजाद्वयं त्रयं वास्य राजयक्ष्मापनुत्तये॥१०॥
मधुना पिप्पलीभिश्च मरिचैर्वा घृतान्वितैः।
लेहयेद्रोगिणं वैद्यो बलावस्थाविशेषवित्॥११॥
जयपालरजोभिर्वा शुंठ्या गव्यघृताक्तया।
ददीत शूलिने प्राज्ञा गुल्मिने च विशेषतः॥१२॥
कादिवर्ज्यं चरेत्पथ्यं हृद्य बल्यं च पूर्ववत्।
सन्निपाते ददीतैनमार्द्रकद्रवसंयुतम्॥१३॥

गुडूचीत्रिफलाक्वाथैः संस्कृतो गुग्गुलुर्वरः॥१४॥

शुद्ध पारा, सुवर्ण भस्म, हरताल, गन्धक, तूतिया, सोनामाखी, खपरिया और मैनसिल इन सबको समान भाग ले, इनमें से तूतिया को नीचे लिखी विधि के अनुसार भस्म करके डाले। तूतिया में चौथाई भाग सुहागा और बिलाव की विष्ठा मिलाकर प्रथम दही में घोटकर पुट देवे, फिर शहद में घोटकर पुट देवे। इस प्रकार दो पुट देने से तूतिया की उत्तम भस्म हो जाती है। इसके पश्चात् हरताल को पठक क्षार के जल से भरे हुए दोला यन्त्र में अधर लटकाकर ३ घंटे तक शुद्ध करें। फिर तेल में और उसके बाद चूने के पानी में तीन-तीन घंटे तक दोलायन्त्र के द्वारा स्वेदित करे। गन्धक को दूध में शुद्ध करे। खपरिया को मनुष्य के मूत्र में २१ दिन तक स्वेद देकर शुद्ध करे। सोनामाखी में समान भाग सैंधानमक मिलाकर बिजौरा नीबू के रस में घोटकर तीन बार वाराह पुट दें। और मैनसिल को अरणी के रस में घोटकर कुक्कट पुट देकर सिद्ध करे। इस प्रकार तैयार की हुई ये सब औषधियों और पारा सुवर्ण भस्म सबको एकत्र मिलाकर आक के दूध में एक दिन तक मर्दन करे। फिर अरणी, भाँगरा, अडूसा, पाढ़, चीता, अगस्तिया और कलिहारी की जड़ इन प्रत्येक के रस में क्रम से एक-एक दिन तक उत्तम प्रकार से खरल करे। फिर गोला बनाकर सम्पुट में बन्द करके वाराह पुट दें। इसके पश्चात् गोले को निकाल कर बारीक पीसकर अदरक के रस में घोटे, फिर त्रिकुटे के क्वाथ में सात बार भावना देकर बारीक पीस लेवे। इस प्रकार यह कनक सुन्दर रस तैयार होता है। वैद्य इस रस को दो-दो अथवा तीन-तीन रत्ती की मात्रा से शहद और पीपल के चूर्ण में मिलाकर अथवा मिरचों के चूर्ण और घृत में मिलाकर क्षय रोगी को सेवन करायें। इसके सेवन करने से राजयक्ष्मारोग नाश को प्राप्त होता है। इस रस को वैद्य रोगी की अवस्था और बलाबल का विचार करके न्यूनाधिक परिमाण और अनुपान विशेष के साथ भी सेवन करा सकता है। शूल रोग में इस रस को जमालगोटे के चूर्ण में मिलाकर और गुल्मरोग में सोंठ के चूर्ण तथा घृत में मिलाकर सेवन करायें। इस रस के सेवन करने पर पूर्वोक्त ककारादि वर्ग को त्यागकर हृदयग्राही बलकारक और हितकारी पदार्थों का आहार विहार करे। सन्निपात में इस रस का अदरक के रस

में मिलाकर दें। गिलोय और त्रिफला इन दोनों के क्वाथ में शोधी हुई गूगल को अनुपान के साथ इस रस को प्रत्येक रोग में सेवन कराने से विशेष उपकार होता है।।२-१४।।

राजमृगांकर रस

रसभस्म त्रयो भागा भागैकं हेमभस्मकम्
मृतताम्रस्य भागैकं शिलागंधकतालकम्।।१५।।
प्रतिभागद्वयं शुद्धमेकीकृत्य विचूर्णयेत्।
वाराटान्पूरयेत्तेन अजाक्षीरेण टंकणम्।।१६।।
पिष्ट्वा तेन मुखं रूद्ध्वा मृद्भाण्डे तान्निरोधयेत्।
शुद्धं गजपुटे पच्याच्चूर्णयेत्स्वांगशीतलम्।।१७।।
रसो राजमृगांकोऽयंचतुर्गुंजः क्षयापहः।
दशपिप्पलिकाक्षौद्रैर्मरिचैकोनविंशतिः।।
सघृतैर्दापयेद्वैद्यो रोगराजप्रशांतये।।१८।।

पारे की भस्म ३ तोले, सुवर्णभस्म १ तोला, ताम्रभस्म १ तोला, मैनसिल २ तोले, गन्धक २ तोले और हरताल २ तोले इन सबको संशोधन करके एकत्र मिलाकर बारीक पीस लें। फिर उस चूर्ण को कौड़ियों में भरे और सुहागे को बकरी के दूध में पीसकर उससे कौडियों का मुख बन्द करके उनको एक मिट्टी की हांडी में रखे। उस हांडी का मुंह बन्द करके गजपुट में पकावे। स्वांगशीतल होने पर कौडियों को निकालकर बारीक चूर्ण कर ले। इस प्रकार वह राजमृगांक रस सिद्ध होता है। इसको चार-चार रत्ती परिमाण दस पीपल, २१ काली मिर्च, शहद और घी में मिलाकर सेवन कराने से राजयक्ष्मा रोग शीघ्र शमन होता है।।१५-१८।।

शंखेश्वर रस

शंखस्य वलयान्निष्कं चतुर्निष्कं वराटकम्।
निष्कार्धं नीलतुत्थस्य सर्वतुल्यं तु गंधकम्।।१९।।
गंधतुल्यं मृतं नागं नागतुल्यं मृतं रसम्।
टंकणं रसतुल्यं स्यान्मर्द्यं पाच्यं मृगांकवत्।।२०।।

राजयक्ष्महरः सोयं नाम्ना शंखेश्वरो मतः॥२१॥

शंखनाभि का चूर्ण १ निष्क (४ माशे) कौडियों का चूर्ण ४ निष्क (१६ माशे) नीलाथोथा आधा निष्क (२ माशे) गन्धक, सीसे की भस्म, पारे की भस्म और सुहागा ये प्रत्येक औषधि ५$\frac{1}{2}$-५$\frac{1}{2}$ निष्क (२२ माशे) परिमाण लें। सबको एकत्र मर्दन करके कोडियों में भरकर राजमृगांक रस के समान पकावे इसको शंखेश्वर रस कहते हैं। यह रस उपर्युक्त अनुपान के साथ सेवन करने से क्षय रोग को दूर करता है॥१९-२१॥

मृगांकपोटली रस

शंखनाभि गवां क्षीरः पेषयेन्निष्कषोडश।
तेन मूषा प्रकर्तव्या तन्मध्ये भस्मसूतकम्॥२२॥
निष्कार्धं गंधकात्त्रीणि चूर्णीकृत्य विनिक्षिपेत्।
रुद्धवातद्वेष्टयेद्वस्त्रे मृत्तिकां लेपयेद्बहिः॥ २३॥
शोष्यं गजपुटे पच्यान्मूषया सह चूर्णयेत्।
गुंजामात्रः क्षयं हंति मृगांकपोटलीरसः॥२४॥

१६ निष्क परिमाण शंखनाभि को लेकर। गाय के दूध में पीस कर उसकी १ मूषा बनायें। फिर पारे की भस्म २ माशे और गन्धक ३ निष्क लेकर दोनों की कज्जली करके उस मूषा में भर दे और मूषा का मुँह बन्द करके ऊपर से कपरौटी सुखा लें फिर गजपुट में रखकर पकायें। स्वांगशीतल होने पर औषधि को निकाल कर मूषा सहित बारीक चूर्ण कर लें। इसकी प्रतिदिन एक-एक रत्ती परिमाण शहद और पीपल के चूर्ण में मिलाकर सेवन करे। यह मृगाङ्कपोटली नामक रस एक महीने में ही क्षय रोग को नष्ट कर देता है॥२२-२४॥

हेमगर्भ पोटली रस

द्विनिष्कं भस्म सूतस्य निष्कैकं स्वर्णभस्मकम्।
शुद्धगंधकनिष्कौ द्वौ चूर्णित्वा चित्रकद्रवैः॥२५॥
द्वियामांते विशोष्याथ तेन पूर्या वराटिकाः।
वराटान्मृणमये भाण्डे रुद्धवा गजपुटे पचेत्॥२६॥

स्वांगशीतं विचूर्ण्याऽथ पोटलीं हेमगर्भिताम्।
मृगांकवच्चतुर्गुंजं भक्षितं राजयक्ष्मनुत्॥
स्वयमग्निरसं खादेत्त्रिनिष्कं राजयक्ष्मनुत्॥२७॥

पारे की भस्म २ निष्क (८ माशे) सोने की भस्म ४ माशे, शुद्ध गन्धक ८ माशे तीनों को चीते के रस में ६ घंटे तक घोटकर सुखा लें। फिर उसको कौड़ियों में भरकर दूध में पीसे हुए सुहागे से कौड़ियों का मुँह बन्द करके उनको मिट्टी की हाँडी में रख दे और उस पर मुद्रा करके गजपुट में पकायें। स्वांगशीतल होने पर कौडियों को निकाल कर औषधि सहित बारीक पीस लें। इस रस को मृगांक के समान चार-चार रत्ती परिमाण शहद और पीपल के साथ मिलाकर सेवन करने से राजयक्ष्मा रोग दूर होता है। इस रस के साथ तीन तीन निष्क परिमाण स्वयमग्निरस को सेवन करने से तो क्षय रोग समूल नष्ट हो जाता है॥२५-२७॥

पञ्चामृतरस

भस्मसूताभ्रलोहानां शिलाजतुविषं समम्।
गुडूचीत्रिफलाक्वाथैः शोधितं गुग्गुलं तथा॥२८॥
मृतं नेपालताम्रं च सूतस्थाने नियोजयेत्।
एकीकृत्य द्विगुंजं तद्भक्षयेद्राजयक्ष्मनुत्॥२९॥
पञ्चामृतरसो नाम ह्यनुपानं च पूर्ववत्।
हरेत्क्षीराजगंधाभ्यां जयंती वा क्षयापहा॥३०॥

पारदभस्म, अभ्रकभस्म, लोहभस्म, शिलाजीत, शुद्ध वत्सनाभ, गिलोय और त्रिफले के क्वाथ में शोधी हुई गूगल और नेपाली तांबे की भस्म सबको समभाग लेकर एकत्र बारीक पीस लें। इस रस को नित्य दो-दो रत्ती की मात्रा से भक्षण करे और पूर्ववत् शहद, पीपल का अनुपान करे। यह पञ्चामृत नामक रस दूध और वनतुलसी के रस के साथ अथवा अरणी की जड़ के चूर्ण के साथ सेवन करने से क्षय रोग को अवश्य दूर करता है॥२८-३०॥

क्षयशामंकरस

तुल्यं पारदगंधकं त्रिकटुकं ताभ्यां रजः कंबुजं
तैस्तुल्यं च भवेत्कपर्दभसितं स्यात्पारदाट्टंकणम्।

पादांशं सकलैः समानमरिचं लिह्यात्क्रमात्साज्यकं
यावन्निष्कमितं भवेत्प्रतिदिनं मासात्क्षयः शाम्यति॥३१॥

पारे और गन्धक की कज्जली २ तोले, त्रिकुटे (सोंठ, मिर्च पीपल) का चूर्ण २ तोले, शंख भस्म ४ तोले, कौडी की भस्म ८ तोले, सुहागा ३ माशे और मिरचों का चूर्ण १६ तोले लेकर सब को एकत्र करके एक दिन तक बारीक खरल करे। फिर प्रतिदिन क्रम से एक एक रत्ती मात्रा बढ़ाता हुआ एक निष्क (४ माशे) तक घृत में मिलाकर सेवन करे। इस प्रकार निरन्तर सेवन करने से यह रस एक मास में ही क्षय रोग को शमन कर देता है॥३१॥

लोकनाथ रस

रसस्य भस्मना हेम पादांशेन प्रकल्पयेत्।
गंधकं द्विगुणं दत्त्वा मर्दयेच्चित्रकांबुना॥३२॥
चराचरास्ये सम्पूर्य टंकणेन निरुध्य च।
भाण्डे चूर्णप्रलिप्तेऽथ क्षिप्त्वा रुंधीत मृत्स्नया॥३३॥
शोषयित्वा पुटेद्गर्तेऽरत्निमात्रेऽपराह्णके।
स्वांगशीतलमुद्धृत्य चूर्णयित्वाऽथविन्यसेत्॥३४॥
एष लोकेश्वरो नाम पुष्टिवीर्यविवर्धनः।
गुंजाचतुष्टयं साज्यं मरिचैश्च समन्वितम्॥
खादेत्परमया भक्त्या लोकेशे सर्वदर्शिनि॥३५॥
अंगकार्श्येऽग्निमांद्ये च रसोऽयं कासाहिक्कयोः।
मरिचैर्घृतसंयुक्तैः प्रदातव्यो दिनत्रयम्॥३६॥
लवणं वर्जयेत्तत्र साज्यं सदधि भोजनम्॥३७॥
एकविंशद्दिनं यावन्मरिचं सघृतं पिबेत्।
पथ्यं मृगांकवद्देयं शयीतोत्तानपादतः॥३८॥
वमने संप्रवृत्ते तु गुडूचीद्रवमाहरेत्।
मधुना पाययेत्सार्धं दग्धवृंताकमाशयेत्॥३९॥

स्नानं शीतलतोयेन मूर्ध्नि धारां विनिक्षिपेत्॥४०॥
जाते श्लेष्मविकारे तु कदलीफलमाहरेत्।
भृष्ट्वा तन्मरिचैः सार्धं भोजयेच्छ्लेष्मनुत्तये।
आर्द्रकं मधुमिश्रं वा गुडार्द्रकमथापि वा॥४१॥
भृष्ट्वा कुस्तुम्बुरूनीषन्निस्तुषांश्चूर्णयेत्ततः।
शर्कराघृतसंमिश्रान्ददीताऽरुचिशांतये॥४२॥
भृष्ट्वा कुस्तुम्बरीं सम्यग्घृते शर्करया पिबेत्।
एलां मरिचसंयुक्तां यावद्भ्रांतिः प्रशाम्यति॥४३॥
अजमोदां विडंगं च पिष्ट्वा तक्रेण पाययेत्।
कृमिकोपप्रशांत्यर्थं क्वाथं वातघ्नमुस्तयोः॥४४॥
संस्कृत्य दुग्धिकां वह्नौ विरेके च प्रयोजयेत्।
ईषद्भृष्ट्वा जयाचूर्णं मधुना खादयेन्निशि॥४५॥
अंगतोदे घृतेनांगं मर्दयित्वोष्णवारिणा।
स्नापयेद्रोगिणं वैद्यो लोकनाथं रसं स्मरन्॥४६॥

पारे की भस्म १ पल (४ तोले) सुवर्णभस्म १ तोला और गन्धक २ पल लेकर सबको एक दिन तक चीते के रस में खरल करके कौडियों में भर दे, फिर बकरी के दूध में घोटे हुए सुहागे से कौडियों का मुँह बन्द कर दे और एक हाँडी में चूने का लेप करके उसमें उन कौड़ियों को रख दे। पश्चात् हांडी के मुँह को सकोरे से ढक कर मिट्टी से सन्धियों को बन्द करके कपरौटी कर सुखा लें। फिर पौने हाथ लम्बे चौड़े गड्ढे में रखकर अपराह्णकाल में वाराहपुट दें। जब स्वांगशीतल हो जाय तब हाडी में से कौड़ियों को निकाल कर खूब बारीक खरल करे और शीशी में भरकर रख दें। इसको लोकेश्वर रस कहते हैं। यह रस शरीर की पुष्टि करने वाला और वीर्य की वृद्धि करने वाला है। सर्वदर्शी परमात्मा में परम शक्ति और श्रद्धा रखता हुआ मनुष्य इस रस को प्रतिदिन चार-चार रत्ती परिमाण घृत और मिर्चों के चूर्ण में मिलाकर

सेवन करे। शरीर की कृशता, मन्दाग्नि, खांसी और हिक्का रोग में भी इस रस को मिर्चों के चूर्ण और घृत में मिलाकर सेवन करे। इस रसका सेवन प्रारम्भ करने पर नमक त्याग देना चाहिये और दही में घी डालकर भोजन करना चाहिये। इस प्रकार इस रस को तीन दिन तक सेवन करे। फिर इस पर २१ दिन तक घृत में मिर्चों का चूर्ण डालकर पान करे। राजमृगांक के समान पथ्य सेवन करे और ऊपर को पैर करके, अर्थात् सिर के नीचे और पैरों के नीचे तकिया रखकर शयन करे। इस रस के सेवन करने से रोगी को वमन होने पर गिलोय के स्वरस में शहद डालकर पान करायें। बैंगनों का भुर्त्ता खिलायें। शीतल जल से स्नान करायें और शिर पर शीतल जल की धारा छोड़े। कफ का उपद्रव उत्पन्न होने पर केले की फली को घी में भून कर उसमें काली मिर्चों का चूर्ण डालकर भोजन करायें। इससे कफ का विकार दूर हो जाता है। अथवा अदरक के रस में शहद मिला कर या गुड और अदरक कल्क मिलाकर सेवन करायें। यदि रोगी को अरुचि हो जाय तो धनिये को भूनकर उसको साफ करके बारीक पीस लें, फिर खाँड और घृत में मिलाकर दें, इससे अरुचि दूर हो जाती है। वमन होती हो तो भी भुने हुए धनिये को खाँड और घृत में मिलाकर सेवन करे अथवा इलायची और मिरचों के चूर्ण को खाँड और घृत के साथ सेवन से वमन शमन हो जाती है। यदि कोई कृमि जनित उपद्रव हुआ हो तो उसको शान्त करने से लिये अजमोद और वायविडंग के चूर्ण को मट्ठे में मिलाकर पान करायें और अण्ड की जड़ तथा नागर मोथे का काढ़ा पिलायें। इस रस के सेवन से रोगी को दस्त होते हों तो दुद्धी के पत्तों को अग्नि पर गरम करके उनका रस निकाल कर पिलायें अथवा भाँग के चूर्ण को घी में भून कर और शहद में मिलाकर रात्रि के समय खिलायें। यदि रोगी के अंगों में तोड़ने सरीखी पीड़ा होती हो तो सम्पूर्ण शरीर में घी की मालिश कराकर उसको गरम जल से स्नान करायें। ये सब क्रियायें वैद्य लोकनाथ रस (अर्थात् रसेश्वर भगवान्) का स्मरण करता हुआ करे॥३२-४६॥

वैद्यनाथ रस

शंखस्य वलयं निष्कं चतुर्निष्कं वराटिकाः।
कर्षांशं नीलतुत्थं च तालगंधकटंकणम्।।४७।।
तारं नागरसं चार्धनिष्कांशं पूर्ववत्पुटेत्।
वराटपूर्णं मण्डूरकल्पितालेपने पचेत्।।४८।।
अस्यार्धमाषं मरिचार्धमाषं
तांबूलवल्लीरसमर्दितं च।
तत्पत्रलिप्तं मधुनाऽवलिह्या-
द्धैयंगवीनेन घृतेन वाऽपि।।४९।।
नाडीमार्गे निर्गतं चाल्पमल्पं
पथ्यं भोज्यं लोकनाथोपदिष्टम्।
यामे यामे चैवमामण्डलांतं
सेव्यं सद्यः शोषजिद्वैद्यनाथः।।५०।।

शंखनाभि ४ माशे, कौडियों का चूर्ण १६ माशे, नीला थोथा, शुद्ध हरताल, गन्धक, सुहागा, रोप्यभस्म और सीसे की भस्म और ये प्रत्येक चार-चार माशे और पारदभस्म २ माशे लें। सबको एकत्र खरल करके कौडियों में भर दें और दूध में मण्डूर को पीसकर उससे कौडियों का मुँह बन्द करके सुखा लें। फिर उसको हाँडी में रखकर पूर्वोक्त विधि से वाराहपुट दें। स्वांगशीतल होने पर कौड़ियों समेत औषधियों को बारीक पीसकर रख लें। इस रस को इस प्रकार सेवन करना चाहिये। यह रस ४ रत्ती और मिर्चों का चूर्ण ४ रत्ती लेकर दोनों को पान के रस में घोटकर पान के ऊपर लगाकर सेवन करें, ऊपर से शहद, माखन अथवा घृत का अनुपान करे। इस रस के जीर्ण हो जाने पर लोकनाथ रस में कहे हुए पथ्य पदार्थों का तीन तीन घंटे के बाद थोड़ा थोड़ा भोजन करे। इस प्रकार ४० दिन तक सेवन करने से यह रस धातुशोष, क्षय आदि रोगों को शीघ्र नष्ट करता है।।४७-५०।।

द्वितीय लोकनाथ रस

अध्यर्धनिष्कौ रसतुत्थभागौ
पृथक्पृथग्गंधकटंककर्षम्।

शंखस्य कर्षं मृतताम्रतो द्वौ
वराटिकानां नव संपुटस्थान्॥५१॥
पक्त्वा पचेदर्कदलद्रवार्द्रान्
भूयोऽर्धभागेन करीषकाणाम्।
अस्यार्धपादं मरिचार्धभागं
गंधाश्मनिष्कं च घृतेन लिह्यात्॥५२॥
अश्नीयात्पूर्ववत्पथ्यं वासराण्येकविंशतिः॥
लोकनाथरसो नाम्ना रोगराजनिकृन्तनः॥५३॥

पारा २ माशे, तूतिया २ माशे, गन्धक, सुहागा और शंख भस्म ये प्रत्येक एक-एक कर्ष, ताम्र भस्म २ तोले और कौडियों का चूर्ण ९ तोले लेकर सबको एकत्र खरल करके शरावसम्पुट में रखकर वाराह पुट दें। फिर औषधि को आक के पत्तों के रस में घोटकर पूर्व पुट से आधे उपलों की अग्नि में पकायें। स्वांगशीतल होने पर औषधि को बारीक पीसकर रख लें। फिर उसमें से यह रस ४ रत्ती, मिर्चों का चूर्ण २ माशे और गन्धक ४ माशे लेकर सबको घी में मिलाकर चाटे। इस रस पर पूर्व लोकनाथ रस के समान २१ दिन तक पथ्य पदार्थों का सेवन करे। यह लोकनाथ नामक रस राजयक्ष्मा को समूल नष्ट कर देता है॥५१-५३॥

प्राणनाथ रस

अयोरजो विंशतिनिष्कमानं
विभावितं भृंगरसाढकेन।
धत्तूर भार्ङ्गीत्रिफलारसार्द्रं
तुल्यांशताप्यं विपचेपचेत्पुटेषु॥५४॥
सूतस्य निष्कं समभागतुत्थं
गंधोपलौ द्वौ चतुरो वराटान्
पक्त्वा पुटाग्नौ समलोहचूर्णान्
पचेत्तथा पूर्वरसैर्विमिश्रान्॥५५॥

चूर्णेऽस्मिन्मरिचाः सप्त तुत्थटंकणयोर्दश।
संसृजेत्तत्पृथङ्निष्कान्प्राणनाथाह्वयोदितः॥५५॥
अर्धपादो रसाद् भक्ष्यो केवलाद्राजयक्ष्मिभिः।
शोषोदराऽर्शोग्रहणीज्वरगुल्माद्युपद्रुतैः॥५७॥

लोहभस्म को २० निष्क लेकर एक आढक परिमाण भाँगरे के रस में खरल करे। फिर उसमें २० निष्क परिमाण सोना माखी की भस्म मिलाकर धतूरे के रस में घोटकर वाराह पुट दें। फिर भारंगी के रस में और उसके बाद त्रिफले के रस में घोट कर एक-एक बार वाराह पुट दें। फिर बारीक चूर्ण करके रख लें इसके पश्चात् पारा ४ माशे, तूतिया ४ माशे, गन्धक ८ माशे, कौडियों का चूर्ण ४ निष्क और लोहभस्म ३२ माशे लेकर सबको भाँगरा, धतूरा, भारंगी और त्रिफला इन प्रत्येक के रस में क्रम से एक-एक बार भावना देकर ४ बार गजपुट में पकायें। स्वांगशीतल होने पर औषधि को निकालकर बारीक पीस लें। इस प्रकार सिद्ध किये हुए इन दोनों रसों को एकत्र मिलाकर उसमें मिरचों का चूर्ण ७ निष्क, तूतिया की भस्म १० निष्क और सुहागा १० निष्क परिमाण मिलाकर एक दिन तक खूब बारीक खरल करे। इस विधि से तैयार किये हुए रस को प्राणनाथ रस कहते हैं। क्षय के रोगियों को यह रस प्रतिदिन १ रत्ती से दो रत्ती तक सेवन करना चाहिए। धातुशोष, उदररोग, अर्श, संग्रहणी, ज्वर, गुल्म आदि रोगग्रस्त मनुष्यों को भी यह रस यथोचित अनुपान के साथ भक्षण करना चाहिये। इसके सेवन से उक्त समस्त रोग नाश को प्राप्त होते हैं। इस पर लोकनाथ रस के समान पथ्य करे॥५४-५७॥

वज्ररस

कर्षं खर्परसत्त्वस्य षणमषे हेम्नि विद्रुते।
षन्निष्कसूतं गंधाश्मन्यष्टनिष्के प्रवेशितम्॥५८॥
प्रवालमुक्ताफलयोश्चूर्णं हेमसमांशयोः।
क्रमादद्वित्रिचतुर्निष्कं मृतायः सीसभास्करम्॥५९॥

शांगेर्यम्लेन यामास्त्रीन्मर्दितं चूर्णितं पृथक्।
द्वो निष्कौ नीलकटकव्योमायस्कांततालकात्॥६०॥
अंकोलकंगुणीबीजतुत्थेभ्यश्चतुरः पृथक्।
अष्टौ च टंकणक्षाराद्वराटानां च विंशतिः॥६१॥
महाजंबीरनीरस्य प्रस्थद्वंद्वेन पेषयेत्।
एतदिष्टशरावस्थं शुद्धं खार्यास्तुषस्य च॥
करीषभारे च पचेदथ माषद्वयं ततः॥६२॥
एतावद्गंधकात्पादं मरिचाद्भावितादपि।
मधुनाऽऽलोडितं लिह्यात्तांबूलीपत्रलेपितम्॥६३॥
गतेस्य घटिकामात्रे प्रतियामं च पथ्यभुक्॥६४॥
नो चेदुद्दीपितो वह्निः क्षणाद्धातून्पचत्यतः।
दिनमेकं निषेव्यनं त्याज्यान्यामण्डलं त्यजेत्॥६५॥
ततः परं यथेष्टाशी द्वाद्वशाब्दं सुखी भवेत्।
एकमेकं दिनं भुक्त्वा वर्षे वर्षे महारसम्॥३६॥
वर्षादौ च त्यजेत्त्याज्यं द्वादशाब्दाज्जरां जयेत्।
एष वज्ररसो नाम क्षयपर्वतभेदनः॥६७॥

६ माशे सुवर्ण को अग्नि पिघलाकर उसमें १ कर्ष खपरिया का सत्त्व डालकर मिला लें,फिर खरल करके बारीक चूर्ण कर लें। फिर ८ निष्क परिमाण गन्धक में ६ निष्क पारा मिलाकर कज्जली करे। इसके पश्चात् ऊपर का चूर्ण और कज्जली दोनों को एकत्र मिलाकर उसमें मूँगा, मोती और सुवर्ण प्रत्येक का चूर्ण छः छः माशे लोहभस्म २ निष्क सीसे की भस्म ३ निष्क और ताम्रभस्म ४ निष्क डालकर अम्लोनिया के रस में ९ घंटे तक खरल करके सुखाकर चूर्ण कर ले। फिर उसमें काला खपरिया, अभ्रक भस्म, कान्तलोहभस्म और शुद्ध हरताल ये प्रत्येक दो-दो निष्क, अंकोल के बीज, मालकांगनी के बीज और तूतिया प्रत्येक

चार-चार निष्क, सुहागा ८ निष्क और कोडियों की भस्म २० निष्क परिमाण मिला कर दो प्रस्थ बिजौरा नीबू के रस में खरल करके गोला बना लें। उस गोले को ईंट के शराब सम्पुट में बन्द करके कपरौटी कर सुखा लें। उसको १ खारी (५१२ सेर) भुस के ढेर में रख कर उसके ऊपर एक भार (८ सेर) आरने उपले ढककर अग्नि लगा दें। स्वांगशीतल होने पर औषधि को निकालकर बारीक पीस लें और शीशी में भरकर रख दें। इसके पश्चात् २ माशे यह रस, २ माशे शुद्ध गन्धक और २ रत्ती मिर्चों का चूर्ण लेकर तीनों को एकत्र पीस कर ३ तोले शहद में मिला ले, फिर उसको एक पान के ऊपर लगाकर भक्षण करे। इस प्रकार औषध सेवन करके घड़ी भर के बाद भोजन करे। इस पर तीन घण्टे पीछे स्निग्ध, सात्म्य और लघुपादकी पदार्थों का आहार करना चाहिए। इस नियम के अनुसार पथ्य सेवन नहीं करने से प्रचण्ड हुई जठराग्नि रस, रक्तादि धातुओं को जलाकर सुखा देती है। इस रस को एक दिन सेवन ४० दिन तक पथ्य पदार्थों का सेवन करे और त्याज्य पदार्थों को त्याग दें, फिर यथेच्छरूप से आहार विहार करे तो मनुष्य १२ वर्ष तक आरोग्य रह सकता है। इस रस को प्रत्येक वर्ष के पहले दिन सेवन करके ४० दिन तक पथ्य करे। इस प्रकार से १२ वर्ष तक इसको खाने से वृद्धावस्था नहीं आती और न जन्मपर्यन्त कोई रोग होता है। यह वज्र रस क्षयरोग रूप पर्वत को भेदन करने के लिए इन्द्र के वज्र के समान है। इस रस को क्षयरोगी के बलाबल और अवस्था के अनुसार उचितमात्रा और उपर्युक्त अनुपान के साथ सेवन कराने से क्षयरोग अवश्य दूर होता है।।५८-६७।।

महावीर रस

निष्कौ द्वौ तुत्थभागस्य रसोदेकं सुसंस्कृतात्।
निष्कंविषस्यद्वौ तीक्ष्णात्कर्षांशं गंधमौक्तिकात्।।६८।।
अग्निपर्णीहरिलताभृङ्गार्द्रसुरसारसैः।
मर्दितं लांगलीकंदप्रलिप्ते सम्पुटे पचेत्।। ६९।।

अर्धपादं च पोटल्याः काकिण्यौ द्वे विषस्य च॥
लिहेन्मरिचचूर्णं च मधुना पोटलीरसम्॥७०॥
क्षयग्रहण्यतीसारवह्निदौर्बल्यकासिनाम्।
पाण्डुगुल्मवतामेष महावीरो हितो रसः॥ ७१॥
अतिस्थूलस्य पूयासृक्कफानुद्वमतः क्षये।
न योजयेत्क्षीररसान्विरुद्धक्रमतत्त्वतः॥ ७२॥

तूतिया २ निष्क, शुद्ध पारा १ निष्क, शुद्धवत्सनाभ १ निष्क (४ माशे), लोहभस्म २ निष्क, गन्धक ४ माशे और मोती की भस्म ४ माशे लेकर सबको एकत्र पीसकर अरणी, विष्णुक्रान्ता, भांगरा, अदरक और तुलसी इन प्रत्येक के रस में क्रमशः एक एक बार खरल करके गोला बना लेवे। फिर शराब सम्पुट के भीतर कलिहारी का जड़ के कल्क का लेपकर के उसमें गोले को रख दे और कपरौटी करके वाराहपुट दें। स्वांगशीतल होने पर औषधि को निकालकर बारीक चूर्ण कर लें। इसके पश्चात उसमें समस्त चूर्ण से चतुर्थांश मृगांक पोटली रस और ४ माशे शुद्ध वत्सनाभ मिलाकर ६ घंटे तक बारीक खरल करे तो यह महावीर रस सिद्ध होता है। इस रस को उपयुक्त मात्रा से मिरचों के चूर्ण और शहद में मिलाकर अथवा एक रत्ती यह रस और एक रत्ती मृगांकपोटलीरस दोनों को शहद और मिरचों के चूर्ण में मिलाकर सेवन करे। यह महावीर रस, क्षय ग्रहणी, अतिसार, मंदाग्नि, खांसी, पाण्डु और गुल्मरोगियों के लिये परमोपयोगी है। जो क्षयरोगी अत्यन्त स्थूल हो अथवा जिस क्षयरोगी के रक्त, कफ और पीब की वमन होती हो तो उसको दूध और मांसरस सेवन नहीं कराना चाहिये। कारण, ये पदार्थ उसकी प्रकृति के प्रतिकूल पड़ते हैं॥ ६८-७२॥

अरुचिरोग

'वातादिभिः शोकभयातिलोभ-
क्रोधैर्मनोघ्नाशनरूपगंधैः।
एतैः समस्तैश्च अरोचकाः स्युः, (?)

"हृच्छूलपीडनयुतं पवनेन पित्ता-
त्तृड्दाहचोषबहुलं सकफप्रसेकम्।
श्लेष्मात्मकं बहुरूजं बहुभिश्च विद्या-
द्वैगुण्यमोहजडताभिरथाऽपरं च॥

वात, पित्त आदि दोषों के कुपित होने से, अथवा अत्यन्त शोक, भय, अतिलोभ और अत्यन्त क्रोध करने से अथवा मन को अग्नि लगने वाले पदार्थों को खाने, देखने या सूंघने से अरुचि रोग उत्पन्न होता है। अरुचि में वात की अधिकता होने से हृदय में शूल और छाती में पीड़ा होती है। पित्त की अधिकता होने से अत्यन्त तृषा, अत्यन्त दाह और चूसने सरीखी पीड़ा होती है। और कफ के अधिक उपद्रव होने पर मुँह से कफ और लार अधिक निकलती है। दो दोषों अथवा तीनों दोषों की प्रबलता होने पर दो दोषों अथवा तीनों दोषों के मिश्रित लक्षण प्रकट होते हैं और पीड़ा अधिक होती है। एवं मन में विकार, मोह और शरीर में जड़ता होना आदि अनेक उपद्रव उत्पन्न हो जाते हैं॥

छर्दि (वमन) रोग

'अतिद्रवैरतिस्निग्धैरहृद्यैर्लवणैरति।
अकाले चातिमात्रैश्च तथाऽसात्म्यैश्च भोजनैः॥
श्रमाद्भयात्तथोद्वेगादजीर्णात्क्रिमिदोषतः।
नार्याश्चापन्नसत्त्वायास्तथादिद्रुतमश्नतः।
बीभत्सैर्हेतुभिश्चान्यैर्द्रुतमुत्क्लेशितो बलात्।
छादयन्नानं वेगैरर्दयन्नंगभंजनैः॥
निरुच्यते छर्दिरिति दोषो वक्त्रं प्रधावितः॥'

अधिक पतले, अत्यन्त चिकने, अप्रिय और अधिक नमक वाले पदार्थों को खाने से, तथा असमय में और अधिक मात्रा में या प्रकृति विरुद्ध आहार विहार करने से एवं अधिक परिश्रम, भय, उद्वेग, अजीर्ण, कृमिदोष आदि कारणों से तथा गर्भवती स्त्री, जल्दी-जल्दी भोजन करना, भयंकर पदार्थों का देखना आदि अनेक कारणों से एकदम उत्क्लेशित

(उछलता) हुआ उदरस्थ दोष जब मुँह के द्वारा बाहर निकलता है, और उसके वेग से शरीर के समस्त अंगों में तोड़ने सरीखी पीड़ा होती है तो उसको छर्दि (वमन) रोग कहते हैं।

साधारण उपाय

मातुलुंगस्य मूलानि लाजचूर्णससैंधवम्।
पिप्पलीमधुना युत्तं खादेद्वांतिप्रशांतये॥७३॥
रजनीशंखपूगं च निष्कैकं वांतिनाशनम्।
निष्कार्धं टंकणं वाऽथ काकमाचीद्रवैः पिबेत्॥७४॥
सुगंधां व पिबेत्खादेत्सर्ववांतिप्रशांतये।
अलक्तकरसं क्षौद्रै रक्तवांतिहरं परम्॥७५॥

बिजौरा नींबू की जड़, खीलों का चूर्ण, सैंधा नमक और पीपल इन सबको समान भाग लेकर बारीक चूर्ण करके शहद में मिलाकर सेवन करने से सब प्रकार की वमन शान्त हो जाती है। अथवा हल्दी, शंख भस्म और चिकनी सुपारी प्रत्येक को एक एक निष्क परिमाण लेकर एकत्र मिलाकर शीतल जल के साथ सेवन करने से वमन दूर होती है। या २ माशे सुहागे को मकोय के रस में मिलाकर पान करे तो भी वमन दूर हो जाती है। सोंफ के क्वाथ को पान करने से अथवा सोंफ के चूर्ण को भक्षण करने से सब प्रकार की वमन शमन हो जाती है। लाख के रस को शहद में मिलाकर पान करना रक्त की वमन को दूर करने के लिये परमोपयोगी है॥७३-७५॥

हृदयरोग

'अत्यूष्णगुर्वन्नकषायतिक्त-
श्रमाभिघाताध्यशनप्रसंगैः।
संचिंतनैर्वेगविधारणैश्च
हृदामयः पंचविधः प्रदिष्टः

अत्यन्त गरम, गुरुपाकी, कडवे, कषैले अन्नादि पदार्थों के खाने से, तथा अत्यन्त परिश्रम करना, चोट लगना, भोजन पर भोजन करना,

अधिक स्त्री प्रसंग, अतिचिन्ता और मलमूत्रादि के वेगों को धारण करना आदि कारणों से हृदय रोग उत्पन्न होता है। वह वात, पित्त, कफ, सन्निपात, कृमिदोष आदि भेदों से पाँच प्रकार का होता है।।

तृष्णारोग

'भयश्रमाभ्यां बलसंक्षयाद्वा
ऊर्ध्वं चितं पित्तविवर्धनैश्च।
पित्तं सवातं कुपितं नराणां
तालुप्रपन्नं जनयेत्पिपासाम्।।
स्त्रोतः स्वपांवाहिषु दूषितेषु
दोषैश्च तृट् संभवतीहजंतोः।।

पित्त को बढ़ाने वाले तीक्ष्ण, उष्ण, अम्ल (खट्टे) आदि पदार्थों को अधिक परिमाण में खाने से, अधिक क्रोध व उपवास करने से पित्ताशय में कुपित हुआ पित्त अत्यन्त भय और श्रम के करने से बल का ह्रास होने से कुपित हुए वायु के साथ मनुष्यों के तालु, क्लोमादि स्थानों में प्राप्त होकर पिपासा (प्यास-तृषा) उत्पन्न कर देता है। तथा वात, पित्त, कफ इन तीनों दोषों के द्वारा मलवाहिनी नाडियों के दूषित होने पर भी मनुष्य के तृषा उत्पन्न होती है। यह तृषा रोग वात, पित्तादि दोषों के भेद से सात प्रकार का होता है।

तृष्णाहर रस

युक्तं गन्धकपिष्ट्याऽयस्तालकं स्वर्णमाक्षिकम्।
युक्तया तद्भस्मतां नीतं तृष्णाच्छर्दिनिवारणम्।।७६।।

पारे, गन्धक की कज्जली में की हुई लोह भस्म, तथा कज्जली के ही द्वारा की हुई हरताल भस्म और स्वर्णमाक्षिक भस्म तीनों को समभाग लेकर एकत्र मिला लें। इस औषधि को उपयुक्त मात्रा से उचित अनुपान के साथ सेवन करने से तृषा और वमन रोग दूर होता है।।७६।।

मदात्यय रोग

"निर्भुक्तमेकांतत एव मद्यं
निषेव्यमाणं मनुजेन नित्यम्।

उत्पादयेत्कष्टतमान्विकारा-
नुत्पादयेच्चापि शरीर भेदम्॥
क्रुद्धेन भीतेन पिपासितेन
शोकाभितप्तेन बुभुक्षितेन।
व्यायाम भाराध्वपरिक्षितेन
वेगावरोधाभिहतेन चापि॥
अत्यम्लरूक्षावततोदरेण
साजीर्णभुक्तेन तथाऽबलेन।
उष्णाभितप्तेन च सेव्यमानं
करोति मद्यं विविधान्विकारान्
शरीरदुःखं बलवत्प्रमेहो हृदयव्यथा।
अरुचिः सततं तृष्णा ज्वरः शीतोष्णलक्षणः॥
शिरः पार्श्वास्थिसंधीनां वेदना विक्षते यथा।
जायतेऽतिबला जृंभा स्फुरणं वेपनं श्रमः॥
उरोविबंधः कासश्च हिक्का श्वासः प्रजागरः।
शरीरकंपः कर्णाक्षिमुखरोगास्त्रिकग्रहः॥
छर्दिविड्भेद उत्क्लेदो वातपित्तकफात्मकः।
भ्रमः प्रलापो रूपाणामसतां चैव दर्शनम्॥
तृणभस्मलतापर्णपांसुभिश्चावपूरणम्।
प्रधर्षणं विहंगैश्च भ्रांतचेताः स मन्यते॥
व्याकुलानामशस्तानां स्वप्नानां दर्शनानि च।
मदात्ययस्य रूपाणि सर्वाण्येतानि लक्षयेत्॥"

जो मनुष्य प्रतिदिन बिना भोजन किये अधिक मद्य पीता है उसके नाना प्रकार की भयंकर व्याधियाँ उत्पन्न हो जाती हैं, इससे मनुष्य की शीघ्र मृत्यु हो जाती है। क्रोध की अवस्था भयभीत होना, शोक और भूख-प्यास से व्याकुल होना, अधिक परिश्रम करने, बोझ के उठाने और

मार्ग के चलने से थक जाना, मल-मूत्रादि के वेगां को रोकने से पीड़ित होना, अत्यन्त अम्ल (खट्टे) और रुक्ष पदार्थों की पेट भरकर खाना, अजीर्ण होने पर भोजन करना, शरीर का निर्बल होना और गरम पदार्थों के अधिक खाने से शरीर का संतप्त होना इन सम्पूर्ण अवस्थाओं में जो मनुष्य मद्यपान करता है तो वह मद्य उसके विविध प्रकार की आधि-व्याधियों को तथा मदात्ययरोग को उत्पन्न कर देता है। मदात्ययरोगी के शरीर में अत्यन्त पीड़ा होती है तथा प्रमेह, हृदय में वेदना, अत्यन्त अरुचि, तृषा, शीत और उष्ण प्रधान ज्वर, मस्तक, पार्श्वभाग (पसली) अस्थि और सन्धियों में फोड़े के समान पीड़ा होना अत्यन्त जमुआइयों का आना, शरीर का फड़कना, शिथिलता होना, थकावट मालूम होना, छाती का जकड़ना एवं खांसी, श्वास, हिचकी, निद्राका न आना, शरीर का काँपना, तथा कान, आंख मुख के रोगों का उत्पन्न होना, पीठ के बांस में पीड़ा होना, वमना, अतिसार, उबकाई, भ्रम, प्रलाप आदि उपद्रवों का होना, वात, पित्त और कफ इन तीनों दोषों के भिन्न भिन्न रूप से अथवा मिश्रित रूप से विकार उत्पन्न होना, कुरूप और दुष्ट जीवों का देखना, अपने शरीर में घास-फूस, राख, बेल, पत्ते, धूल आदि लगी हुई मालूम होना, पक्षियों के द्वारा घसीटा जाना, अपने आपको भ्रमयुक्त समझना और चित्त को व्याकुल करने वाले बुरे बुरे स्वप्नों को दीखना ये सब मदात्यय (नशे) के रोग के लक्षण हैं।।

राजावर्त रस

राजवर्तो रसः शुल्बं माक्षिकं घृतपाचितम्।
मध्वाज्यशर्करायुक्तं हंति सर्वान्मदात्ययान्।।७७।।
राजावर्तरसः शुल्वं सूतगर्भे नियोजितम्।
यष्टीमधुरसैर्घृष्टं घृतमध्ये विपाचितम्।।७८।।
मध्वाज्यशर्करायुक्तं हंति सर्वान्मदात्ययान्।।७९।।

राजावर्त्त (रे वटी) की भस्म, पारे की भस्म, ताम्र भस्म और घी में की हुई सोनामाखी की भस्म, सबको समान भाग लेकर शहद, घी और

खांड में मिलाकर सेवन करने से सब प्रकार के मदात्यय रोग नष्ट होते हैं। अथवा राजावर्त रस और तांबे के द्वारा जारण किया हुआ पारा या पारे के द्वारा की हुई तांबे की भस्म दोनों को समान भाग लेकर मुलैठी के रस में खरल करके सुखा लें, फिर घी में मिलाकर कुक्कुट पुट दें। स्वांगशीतल होने पर बारीक चूर्ण कर लें। यह रस मधु घृत और खांड के साथ सेवन करने से सर्व प्रकार के मदात्यय रोगों का नाश कर देता है।।७७-७९।।

भैरवनाथी पंचामृतपर्पटी

सुवर्णं रजतं ताम्रं सत्त्वाभ्रं कांतलोहकम्।
क्रमवृद्धमिदं सर्वं शाणेयौ नागवंगकौ।।८०।।
द्रावयित्वैकतः सर्वं रेतयित्वा ततश्चरेत्।
पृथक्पलमितं गंधं शिलालं विनिधाय च।।८१।।
सर्वं खल्वे विनिक्षिप्य मर्दयेदम्लवर्गतः।
ताप्यं नीलांजनं तालं शिलागंधं च चूर्णितम्।
दत्त्वा दत्त्वा पुटेत्तावद्यावद्विंशतिवारकम्।।८२।।
लोहाद्द्विगुणसूतेन ततो द्विगुणगंधतः।
विधाय कज्जलीं श्लक्ष्णां क्षिप्त्वा तां लोहपात्रके।।८३।।
द्रावयेद्बदरांगारैर्मृदुभिश्चाथ निक्षिपेत्।
हेमादिपंचलोहानां भस्म चाथ विलोडयेत्।।८४।।
अथ तत्कदलीपत्रे गोमयस्थे विनिक्षिपेत्।
पत्रेणाऽन्येन संछाद्य कुर्याद्यत्नेन चिप्पिटीम्।।८५।।
तस्योपरि क्षिपेत्सद्यो सोमयं स्तोकमेव च।
स्वतः शीतं समाहृत्य पटचूर्णं विधाय च।।८६।।
निक्षिपेदूर्ध्वदण्डायां पालिकायां ततः परम्।।८७।।
पूर्ववद्बदरांगारैर्मृदुभिर्द्रावयेच्छनैः।
तुल्याऽऽलकशिलागंधं पलार्धं विषभावितम्।।८८।।
पूर्वपर्पटिकातुल्यं तस्मादल्पं मुहुर्मुहुः।
जारयेत्पलिकाम्मध्ये यथा दह्येन्न पर्पटी।।८९।।

जीर्णे तालादिके चूर्णं पटचूर्णं विधीयताम्॥९०॥
पूतीकरंजषट्कोलव्याघ्रीसौभांजनांघ्रिभिः।
एतैः पंचपलैः क्वाथं षोडशांशावशेषितम्॥९१॥
तेन क्वाथेन संस्वेद्य शोषयेत्सप्तधा हि ताम्।
विषतिंदुफलोद्भूतै रसैर्निर्गुण्डिकाभवैः॥९२॥
विभाव्य पलिकामध्ये क्षिप्त्वा बदरवह्निना।
ईषत्प्रस्वेदनं कृत्वा स्थापयेदतियत्नतः॥९३॥
उक्ता भैरवनाथेन स्यात्पंचामृतपर्पटी।
व्योषाज्यसहिता लीढा गुंजाबीजेन संमिता॥९४॥
सर्वलक्षणसंपूर्णं विनिहंति क्षयामयम्।
श्वासं कासं विषूचीं च प्रमेहमुदरामयम्॥९५॥
अरोचकं च दुःसाध्यं प्रसेकं च्छर्दिहृद्गदम्।
सर्वजं गुदरोगं च शूलकुष्ठान्यशेषतः॥९६॥
वातज्वरं च विड्बंधं ग्रहणी कफजान्गदान्।
एकद्वंद्वत्रिदोषोत्थान्रोगानन्यान्महागदान्॥९७॥
अग्निमांद्यं विशेषेण हंतीयं पर्पटी ध्रुवम्।
एवं समूह्य दातव्या रोगेषु भिषगुत्तमैः॥९८॥
तत्तद्रोगहरैर्योगैस्तत्तद्रोगानुपानतः।
क्षयादिसर्वरोगघ्नी स्यात्पंचामृतपर्पटी॥९९॥
तैलसर्षपबिल्वाम्लकार वेल्लकुसुंभकम्।
त्यजेत्पारावतं मांसं वृन्ताकं कुक्कुटं तथा॥१००॥

शोधित स्वर्ण १ तोला, चांदी २ तोले, तांबा ३ तोले, अभ्रक का सत्त्व ४ तोले, कान्तलोह ५ तोले, शुद्ध सीसा ४ माशे और बंग ४ माशे लेकर सबको मूषा में भरकर तीव्र अग्नि के द्वारा तपाकर गलायें। जब सब धातुयें पिघलकर एक में एक हो जायँ तब शीतल करके उनको रेती से रेत कर चूर्ण कर लें। फिर उसमें शुद्ध गन्धक ४ तोले, शुद्ध मैनसिल ४ तोले और

शुद्ध हरताल ४ तोले मिलाकर खरल में डालकर नींबू के रस के साथ एक दिन तक घोटे। फिर उसमें सोनामाखी, काला सुरमा, हरताल, मैनसिल और गन्धक का चूर्ण समान भाग मिश्रित पूर्वोक्त औषधि से अर्ध भाग मिलाकर नींबू के रस में घोटकर गोला बना लें। उसको शरावसम्पुट में बन्द करके गजपुट में पकायें। इस प्रकार २० बार गजपुट दें। प्रत्येक पुट में सुवर्ण माक्षिक आदि औषधियों का चूर्ण डालकर नींबू के रस में एक-एक दिन तक खरल करे और रात्रि में पुट दें। इस प्रकार पुट देने से उक्त धातुओं की उत्तम भस्म हो जाती है। इसके पश्चात् १० तोले पारा और २० तोले गन्धक की कज्जली करके उसको लोहे की कढ़ाई में घी चुपड़कर डाल दें और चूल्हे पर चढ़ाकर बेर की लकड़ियों की मन्द मन्द अग्नि के द्वारा तपायें। जब कज्जली पिघलकर रस रूप हो जाय तब उसमें उपर्युक्त सुवर्ण आदि पंच धातुओं की भस्म डाल कर अच्छे प्रकार से मिला दें। फिर गाय के गोबर के ऊपर केले का कोमल पत्ता रखकर उस पर कज्जली को ढाल दें और फिर तुरन्त उस पर दूसरा पत्ता ढककर और पत्ते के ऊपर थोड़ा सा गोबर रखकर दाब दें। स्वांगशीतल होने पर उसको निकाल कर बारीक चूर्ण करके कपड़े में छान लें। इसके अनन्तर उस पर्पटी को लम्बी और ऊँची डंडी वाली लोहे की गहरी पली में डालकर बेर की लकड़ियों की मन्द मन्द अग्नि में पूर्ववत् धीरे धीरे तपायें। पर्पटी के पिघल जाने पर उसमें वत्सनाभ विष के रस में भावना दिया हुआ हरताल, मैनसिल और गन्धक का चूर्ण दो दो तोले परिमाण लेकर थोड़ा थोड़ा डालता जाय और पली के रस को चलाता जाय। जब हरताल आदि का सब चूर्ण जारण हो जाय तब स्वांगशीतल होने पर बारीक चूर्ण करके कपड़े में छान ले। इस पर्पटी को पली में डाल कर हरताल आदि का चूर्ण जारण करते समय इस बात का ध्यान रखना चाहिये कि नीचे जलती हुई अग्नि की लपट से पर्पटी जल न जाय। (जिस यन्त्र में घी, तेल आदि स्नेह पदार्थ डालकर तपाये जाते हैं, उसको पलिका पली अथवा करछी कहते हैं।) फिर दुर्गन्ध करंज की जड़ ५ पल, षट्कोल (सोंठ, मिर्च, पीपल, पीपलामूल, चव्य और चीता) ५ पल कटेरी ५ पल और सैंजने की जड़

५ पल सबको एकत्र कूटकर सोलह गुने पानी में पकायें। षोडशांश जल शेष रहने पर उतार कर छान लें। उस क्वाथ को दोलायन्त्र में भरकर उसमें उपर्युक्त पर्पटी को कपड़े की पोटली में बाँध करके अधर लटकाकर स्वेद दें। जब वह अच्छे प्रकार से स्वेदित हो जाय तब निकालकर सुखा लें। इस प्रकार उसको सात बार स्वेदन करे और सात बार सुखायें। फिर इसी क्रम से उसको कुचले के रस और निर्गुण्डी के रस में एक एक भावना देकर सुखा लें। इसके पश्चात् फिर उस पर्पटी को पली में डालकर बेर की लकड़ियों की अग्नि के द्वारा कुछ एक तपायें। जब स्वांगशीतल हो जाय तब एक दिन तक खरल करके शीशी में भरकर रख दें। इस प्रकार यह पंचामृत पर्पटी तैयार होती है। इसको भैरवनाथ ने वर्णन किया है, इसलिये यह भैरवनाथी पंचामृत पर्पटी कहलाती है। इस रसको एक रत्ती परिमाण लेकर त्रिकुटे के चूर्ण और घृत में मिलाकर सेवन करने से सम्पूर्ण लक्षणों से युक्त क्षयरोग नाश को प्राप्त होता है। यह पर्पटी रस श्वास, खाँसी, विषूचिका (हैजा), प्रमेह, उदररोग अरुचि, मुँह में से पानी का निकलना, वमन, हृदयरोग, सब प्रकार का अर्शरोग, शूलरोग सर्व प्रकार के कुष्ठ, वातज्वर, मलविबन्ध, संग्रहणी, कफजन्य, रोग, तथा एक दोषज, द्विदोषज, त्रिदोषज रोग मन्दाग्नि और अन्यान्य अनेक प्रकार के भयंकर रोगों को अवश्य नष्ट करता है। सद्वैद्यों का यह रस भिन्न-भिन्न रोगों को हरने वाले प्रयोगों के साथ अथवा भिन्न-भिन्न रोगानुसार अनुपानों के साथ सेवन करना। यह पंचामृत पर्पटी रस क्षय आदि सब प्रकार के रोगों को नाश करने वाली है। इसका सेवन करने वाले मनुष्य को सरसों का तेल, बेल, खट्टे पदार्थ, करेला, कसूम के बीज या कत्था, कबूतर का मांस, बैंगन और मुर्गे का मांस ये सब पदार्थ त्याग देने चाहिये।।८०-१००।।

इति श्री वाग्भटाचार्य विरचिते रसरत्नसमुच्चये भाषाटी-कायां चतुर्दशोऽध्यायः।।१४।।

संदर्भ :

१. पलिकेति विनिर्दिष्टा स्नेहक्षेपणयंत्रिका।

पञ्चदशोऽध्यायः

अर्शरोग

गुदस्य बहिरन्तर्वा जायंते चर्मकीलकाः।
सर्वरोगकराः पुंसामर्शोसीति हि विश्रुताः॥१॥
रुधिरस्त्राविणस्तेषां पित्तजाः परिकीर्तिताः।
वातजा निः सहोत्थाना उदावर्तं प्रकुर्वते।
श्वयथुं श्लेष्मजाः कुर्युः सर्वं कुर्युस्त्रिदोषजाः॥२॥

जिस रोग में गुदा के बाहर अथवा भीतर कील के समान नुकीले मांस के अंकुर (मस्से) हो जाते हैं और उनके द्वारा मनुष्यों के नाना प्रकार के रोग उत्पन्न होते हैं, उसको अर्श (बवासीर) रोग कहते हैं। पित्तजनित अर्श में उन अंकुरों से रक्तस्राव होता है, इसलिये उसको रक्तार्श कहते हैं। वातजनित अर्श में असह्य दुःख और वेदना होती है तथा उदावर्त्त रोग उत्पन्न होता है। इसको वातार्श कहते हैं। कफजन्य अर्श में सूजन उत्पन्न होती है और त्रिदोषजनित अर्श में सब प्रकार के लक्षण होते हैं॥१-२॥

अर्शःकुठार रस

शुद्धसूतं पलैकं तु द्विपलं शुद्धगंधकम्॥३॥
मृतं ताम्रं मृतं लोहं प्रत्येकं तु पलत्रयम्।
त्र्यूषणं लांगली दंती चित्रकं तथा॥४॥
प्रत्येकं द्विपलं योज्यं यवक्षारं च टंकणम्।
उभौ पंचपलौ योज्यौ सैंधवं पलपंचकम्॥५॥

द्वात्रिंशत्पलगोमूत्रं स्नुहीक्षीरं च तत्समम्।
मृद्वग्निना पचेत्स्थाल्यां सर्वं यावत्सुपिण्डितम्॥६॥
माषद्वयं सदा खादेद्रसो ह्यर्शःकुठारकः।
तक्रेण दाडिमांभोभिः पक्वकन्देन वाऽथ तत्॥७॥

शुद्ध पारा ४ तोले, शुद्ध गन्धक ८ तोले, ताम्रभस्म १२ तोले, लोह भस्म १२ तोले, त्रिकुटा (सोंठ, मिर्च, पीपल) कलिहारी को जड़, दन्ती, पीलु वृक्ष और चीते की जड़ ये प्रत्येक आठ ८ तोले, जवाखार १० तोले, सुहागा १० तोले और सैंधा नमक २० तोले लेकर सबको एकत्र कूट पीस लें। फिर उस चूर्ण को लोहे की कढ़ाई में अथवा कलई के बर्त्तन में डालकर ३२ पल गोमूत्र और ३१ पल थूहर के दूध के साथ मन्द मन्द अग्नि से पकायें। जब पकते पकते सब जल शुष्क हो जाय और औषधि गाढ़ी हो जाय तब उनको नीचे उतारकर शीतल होने पर २ मासे की गोलियाँ बन लें। उनमें से प्रतिदिन प्रातः सायं काल एक २ गोली तक्र के साथ अथवा अनार के रस या पके हुए जिमीकन्द के साथ सदैव सेवन करे तो सब प्रकार का अर्श रोग (बवासीर) नष्ट हो जाता है। यह रस अर्श को विनाश करने के लिये कुठार (कुल्हाड़े) के समान है॥३-७॥

पित्तार्शोहर रस

मृतसूतार्कहेमाभ्रतीक्ष्णमुण्डं सगंधकम्।
मंडूरं माक्षिकं तुल्यं मर्द्यं कन्याद्रवैर्दिनम्॥८॥
अंधमूषागतं पाच्यं त्रिदिनं तुषवह्निना।
चूर्णितं सितया माषं खादेत्पित्तार्शसां जयेत्॥९॥

पारे की भस्म, ताम्र भस्म, सुवर्ण भस्म, अभ्रकभस्म, तीक्ष्ण लोह भस्म, मुण्डलोह भस्म, गन्धक, मण्डूरभस्म और सुवर्णमाक्षिक भस्म इन सबको समान भाग लेकर घीग्वार के रस में एक दिन तक खरल करे। फिर अन्धमूषा में भरकर उस पर कपरौटी तीन दिन तक भुस की अग्नि में पकायें। स्वांगशीतल होने पर औषधि को निकालकर बारीक चूर्ण कर

लें। उसमें से प्रतिदिन एक एक मासा लेकर मिश्री में मिलाकर सेवन करे तो पित्तजनित अर्श (खूनी बवासीर) रोग दूर होता है॥८-९॥

सर्वलोकाश्रय रस

शुद्धं सूतं पलं गंधं गंधार्धं तालताप्यकम्॥१०॥
अमृतं रसकं चैव तालकार्धविभागिकम्।
एतेषां कज्जलीं कुर्याद्दृढं संमर्द्य वासरम्॥११॥
त्रिदिनं मर्दयेच्चाथ दत्त्वा निंबुजलं खलु।
वटीकृत्य विशोष्याथ काचकुप्यां निधापयेत्॥१२॥
निष्कतुल्याऽर्कपत्रेण पिधायास्यं प्रयत्नतः।
सार्धांगुष्ठमितोत्सेधं मृत्स्नया तां विलिप्य च॥१३॥
ततो भाण्डतृतीयांशे सिकतापरिपूरिते॥
निधाय सिकता मूर्ध्नि सिकताभिः प्रपूरयेत्॥१४॥
रुद्धवास्यं तदधो वह्निं ज्वलयेत्सार्धवासरम्।
स्वांगशीतलितं काचकुप्या आकृष्य तं रसम्॥१५॥
पटचूर्णं विधायाथ ताम्रमभ्रं पलद्वयम्।
पलार्धममृतं चैव मरिचं च चतुष्पलम्॥
एकीकृत्य क्षिपेत्सर्वं नारिकेरकरण्डके॥१६॥
साज्यो गुंजाद्विमानो हरतिरसवरः सर्वलोकाश्रयोऽयं
वात श्लेष्मोत्थरोगान्गुदजनितगदं शोषपाण्ड्वामयं च
यक्ष्माणं वातशूलंज्वरमपिनिखिलंवह्निमांद्यंचगुल्मं
तत्तद्रोगघ्नयोगैः सकलगद चयंदीपनंतत्क्षणेन॥१७॥

शोधितं पारां ४ तोले, गन्धक ४ तोले, हरताल २ तोले, सोनामाखी की भस्म २ तोले, शुद्ध वत्सनाभ १तोला, और शुद्ध खपरिया १ तोला इन सबको एक दिन तक एकत्र खरल करके कज्जली कर लें। फिर उसको तीन दिन तक नींबू के रस में अच्छे प्रकार से खरल करके तोला-तोला भर की गोलियां बनाकर सुखा लेवे। उन गोलियों को काँच की आतशी

शीशी में भरकर उसके मुँह को ४ मासे ताँबे के पत्रों से ढककर बन्द कर देवे, फिर उसके ऊपर डेढ़-डेढ़ अँगुल ऊँची मिट्टी का लेप कर सुखा लेवे। इसके पश्चात् एक मटके में ३ हिस्से रेता भरकर उसमें शीशी को गाड़ देवे। फिर उसको गलेपर्यन्त रेते से भरकर मटके के मुँह को बन्द करके मिट्टी से सन्धियों को बन्दकर सुखा लेवे। उस मटके को चूल्हे पर चढ़ाकर उसके नीचे डेढ दिन (३६ घंटे) तक अग्नि जलावे। जब स्वांगशीतल हो जाय तब शीशी में से उस औषधि को निकाल खूब बारीक पीसकर कपड़छान कर लेवे। पश्चात् उसमें ताम्रभस्म १ पल, अभ्रक भस्म १ पल, शुद्ध मीठा तेलिया २ तोले और मिरचों का चूर्ण ४ पल मिलाकर सबको एक दिन तक खरल करके मिला लें, फिर शीशी में भरकर रख दें। इस रस को प्रतिदिन दो २ रत्ती परिमाण, घृत में मिलाकर सेवन करे। यह सर्वलोकाश्रय नामक रस वातज और कफज रोग, सब प्रकार के अर्शरोग, शोष, पाण्डुरोग, राजयक्ष्मा, वातजशूल, सब प्रकार के ज्वर, मन्दाग्नि, वातगुल्म आदि समस्त रोगसमूह को भिन्न भिन्न अनुपानों के साथ सेवन करने से शीघ्र नष्ट करता है। और तत्काल अग्नि को दीपन करता है॥१०-१७॥

अर्शोघ्न वटक

अशोघ्नं वटकं वक्ष्ये पुत्रक श्रृणु भद्रक।
पिप्पली पिप्पलीमूलवनसूरणचित्रकम्॥ १८॥
मरिचं कंटकारी च रक्तपुष्पी समांशकम्।
पलमेकं पृथक् सर्वं श्लक्ष्णं दृषदि पेषयेत्॥ १९॥
गजाजपशुमूत्रेषु शुभे भाण्डे विनिक्षिपेत्।
मृद्वग्निना पचेत्सर्वं चूर्णशेषं यथा भवेत्॥२०॥
लोणत्रयं च तत्रैव पलमेकं तु निक्षिपेत्।
अक्षप्रमाणवटकान्कुर्यादेवं पृथक्पृथक्॥२१॥
त्रिंशद्दिनानि मतिमानर्शोघ्नं दीपनं परम्।
घृततक्रसमायुक्तं भोजनं संप्रदापयेत्॥२२॥

हे भद्रक पुत्र, अब मैं अर्शनाशक वटक का वर्णन करता हूँ, उसको

सावधान होकर सुन। पीपल,पीपलामूल, कडवा जिमीकन्द, चीता, मिरच, कटेरी और गुड़हल के फूल ये प्रत्येक औषधि चार-चार तोले लेकर सबको एकत्र बारीक पीस लें। फिर उस चूर्ण को मिट्टी के बर्तन में भरकर उसमें हाथी, बकरी और गौ का मूत्र बत्तीस २ तोले परिमाण डालकर मन्द-मन्द अग्नि से पकायें। जब पकते-पकते सब मूत्र जल जाय और चूर्ण मात्र शेष रह जाय तब उसको उतारकर उसमें सैंधा नमक, समुद्रनमक और विरिया संचर नमक ये तीनों एक पल परिमाण मिलाकर एक-एक कर्ष की गोलियाँ बना लें। उनमें से बुद्धिमान वैद्य आधी गोली प्रातःकाल और आधी गोली सायंकाल में इस प्रकार ३० दिन तक रोगी को सेवन कराये और घृत तथा छाछ के साथ भोजन करायें। इससे अर्शरोग नष्ट होता है और जठराग्नि अत्यन्त दीपन होती है।।१८-२२।।

गुदजहर रस

गंधं तारं तथा ताम्रं कृत्वां चैकत्र पिष्टिकाम्।
तत्समं चाभ्रकं तीक्ष्णं गंधकात्पंचमांशकम्।।२३।।
विषं च षोडशांशेन द्वौ भागौ सूतकस्य च।
एकीकृत्त्य प्रयत्नेन जंबीरद्रवमर्दितम्।।२४।।
भाजने मृण्मये स्थाप्य वराक्वाथेन भावयेत्।
दशमूलशतावर्योः क्वाथे पाच्यः क्रमेण हि।।२५।।
अथोत्तार्य प्रयत्नेन वटिकां कारयेद् बुधः।
गुंजात्रयप्रमाणेन हंति शूलं गुदांकुरम्।।२६।।

गन्धक १ तोला, रौप्यभस्म १ तोला ताम्रभस्म १ तोला, अभ्रक भस्म १ तोला, लोहभस्म (गन्धक पंचमांश अर्थात् २$\frac{3}{4}$ मासे), वत्सनाभ विष गन्धक से षोडशांश (अर्थात् ६ रत्ती) और पारा २ तोले लेकर प्रथम पारे और गन्धक की कज्जली कर लें, फिर उसमें क्रम-क्रम से प्रत्येक औषधि को खरल करके पश्चात् जम्बीरी नींबू के रस में एक दिन तक घोटे फिर त्रिफले के क्वाथ की एक भावना देकर उसको मिट्टी के पात्र में भरकर दशमूल के क्वाथ में पकायें। जब वह सब क्वाथ जल जाय

तब शतावर का क्वाथ डालकर पकायें। फिर नीचे उतारकर शीतल होने पर तीन-तीन रत्ती की गोलियाँ बना लें। इनमें से प्रतिदिन एक-एक गोली सेवन करने से सब प्रकार का अर्श रोग और शूल रोग नष्ट होता है।।२३-२६।।

मूलकुठाररसः

वरनागं तथा व्योमसत्त्वं शुल्बं च तीक्ष्णकम्।
सर्वमेकत्र विद्राव्य क्षिप्त्वाऽऽलं चाल्पमल्पकम्।।२७।।
चालयेदनिशं यावत्तालकं त्रिगुणं खलु।
ततस्तेन विमर्द्याथ पिष्टीं कुर्याद्रसेन तु।।२८।।
ततो भल्लातकीवृक्षमूलांतस्थां खनेच्च ताम्।
मासादाकृष्य तां पिष्टीं गव्यदुग्धे विनिक्षिपेत्।।२९।।
ततो भल्लातकीतैलं हृतं पातालयंत्रतः।
आयसे भाजने स्निग्धे पिष्टिकां तां निवेश्य च।।३०।।
प्रस्थमात्रं हि तत्तैलं जारयेदतियत्नतः।
तत्तैलभावितैर्गंधैः पुटित्वा भस्मतां नयेत्।।३१।।
ततः कार्तिकमासोत्थकोरंटदलजै रसैः।
रसं संमर्द्य घर्मे संस्थाप्य मारयेत्।।३२।।
तद्भस्म मेलयेत्पूर्वभस्मना समभागिकम्।
वनसूरणनिर्गुण्डीमहाराष्ट्रीभकर्णिका।।३३।।
वज्रवल्ली शिल्ली शिखी चैषां रसैः पिष्ट्वा विशोषयेत्।
त्रिवारं माकवद्रावैर्भावयित्वा विशोषयेत्।।३४।।
चूर्णीकृत्य प्रयत्नेन क्षिपेत्काचकरण्डके।।३५।।
सोयं मूलकुठारको रसवरो दीप्याग्निवल्लोत्तमा-
संयुक्तः सघृतश्च वल्लतुलितः संसेवितो नाशयेत्।
अर्शांस्याननासिकाक्षिगुदजान्यत्युग्रपीडानि च
प्लीहानं ग्रहणीं च गुल्मयकृतौ मांद्यं च कुष्ठामयान्।।३६।।

(१) शुद्ध किया हुआ सीसा, अभ्रक का सत्त्व, शोधित ताँबा, और

लोहा इन चारों को एक-एक पल परिमाण लेकर मजबूत मूषा में रखकर अग्नि पर तपायें। जब सब धातुयें पिघलकर रस रूप हो जायँ तब उसमें शुद्ध हरताल का चूर्ण थोड़ा-थोड़ा डालता जाय और लोहे की करछी से चलाता जाय। इस प्रकार से जब उसमें १२ पल हरताल जारण हो जाय तब उसको अग्नि से नीचे उतार लें। शीतल होने पर उसमें समान भाग पारा मिलाकर बारीक पिट्ठी पीस लें। पश्चात् सब पिट्ठी का गोलासा बनाकर उसको, भिलावे के पेड़ की जड़ में गड्ढा खोदकर रख दें और वृक्ष की छिली हुई छाल से गड्ढे का मुँह बन्द कर दें। एक महीने के बाद उस गोले को निकाल कर गाय के दूध में १ भावना दें। फिर उसको लोहे की चिकनी कढ़ाई में डाल कर चूल्हे पर रखकर अग्नि जलायें और पाताल यन्त्र द्वारा खींचे हुए भिलावे का तेल उसमें थोड़ा थोड़ा डालता जाय, (अर्थात् कढ़ाई में डाला हुआ तेल जैसे-जैसे जलता जाय वैसे ही और थोड़ा-थोड़ा तेल डालता जाय) इस प्रकार से जब उसमें एक प्रस्थ (६४ तोले) तेल जारण हो जाय तब स्वांग शीतल होने पर उसमें भिलावों के तेल में भावना दी हुई चतुर्थांश गन्धक मिलाकर शरावसम्पुट में बन्द करके गजपुट में फूँक दें। स्वांगशीतल होने पर उसको निकालकर बारीक पीस कर रख दें। (२) उपर्युक्त भस्म तैयार करने के पश्चात् नीचे लिखी विधि से पारद भस्म तैयार करे। कार्तिक के महीने में फूलने वाले श्वेत पियाबाँसे के पत्तों के रस में पारे को बारम्बार मर्दन करके बारम्बार धूप में सुखावे। इस प्रकार से पारे की उत्तम भस्म हो जाती है। यह भस्म और पूर्वोक्त भस्म दोनों को समान भाग लेकर एकत्र मिलायें। फिर उसको जंगली जिमीकन्द, निर्गुण्डी, जल पीपल या मंठी शाक, हस्तिकन्द, (पलास का एक भेद), थूहर और चीता इन औषधियों के रस में क्रम-क्रम से घोटकर सुखाता जाय। फिर भाँगरे के रस में तीन बार भावना देकर सुखा लें। पश्चात् बारीक चूर्ण करके शीशी में भरकर रख दें। यह मूल कुठाररस एक-एक रत्ती परिमाण लेकर अजमोद, चीता, वायविडंग और चोंटली की जड़ इन सबके समान भाग मिश्रित ३ मासे चूर्ण और घृत में मिलाकर सेवन करने से सर्व प्रकार के अर्श रोग, मुख, नाक, नेत्र और गुदागत रोग तथा इनकी अत्यन्त उग्र

पीड़ा, एवं प्लीहा, संग्रहणी, वातगुल्म, यकृत् रोग, मन्दाग्नि और सब प्रकार के कुष्ठ रोगों को तत्काल दूर करता है॥२७-३६॥

महोदयप्रत्ययसार रस

रसग्रस्तसमुद्गीर्णगंधकस्य पलत्रयम्।
मृतसूताभ्रताम्रायः कर्षं कर्षं पृथक् पृथक्॥३७॥
पलं हिंगुलचूर्णस्य माक्षिकस्य पलत्रयम्।
पलं कंपिल्लकस्यापि विषस्यार्धपलं तथा॥३८॥
सप्ताहं मर्दयेत्सर्वं दत्त्वा चूर्णोदकं मुहुः।
ततस्तद्गोलकं कृत्वा सप्ताहं चातपे क्षिपेत्॥३९॥
गुडचूर्णं शिलाचूर्णं लिंपेदंगुलिकाघनम्।
त्रिपलं गंधकं दत्त्वा क्रौंच्यामथ च गोलकम्॥४०॥
गोलकस्योपरिष्टाच्च क्षिपेत्तालं पलत्रयम्।
संरुध्याऽतिप्रयत्नेन दद्याद्गजपुटं खलु॥४१॥
स्वांगशीतलमाहृत्य गोलकं लेपनैः सह।
विचूर्ण्य सप्तवारं हि विषतिंदुफलोद्भवैः॥४२॥
द्रवैरथाऽऽतपे शुष्कं क्षिपेद्रम्ये करंडके।
त्रिंशदंशेन वैक्रांतभस्म तस्मिन्विनिक्षिपेत्॥४३॥
अयं हि नंदीश्वरसंप्रदिष्टो
रसो विशिष्टः खलु रोगहंता।
निः शेषरोगेष्वहतप्रभावो
महोदयप्रत्ययसारनामा॥४४॥
हन्यात्सर्वगुदामयान्क्षयगदं कुष्ठं च मंदाग्नितां
शूलाध्मानगदं कफं श्वसनतामुन्मादकापस्मृती।
सर्वा वातरुजो महाज्वरगदान्नानाप्रकारांस्तथा
वात श्लेष्मभवं महामय चयं दुष्टग्रहण्यामयम्॥४५॥

पारे में जारण की हुई गन्धक १२ तोले, पारे की भस्म १ कर्ष,

अभ्रक भस्म १ कर्ष, ताँबे की भस्म १ कर्ष, लोहभस्म १ कर्ष, सिंगरफ ४ तोले, स्वर्णमाक्षिक भस्म १२ तोले, कबीला ४ तोले और वत्सनाभ विष २ तोले लें। सबको एकत्र चूर्ण करके चूने के पानी के साथ सात दिन तक घोटे, फिर उसका गोला बनाकर उसको मिट्टी की हाँडी में रखकर सात दिन तक तीक्ष्ण धूप में सुखायें। पश्चात् गुड और मैनसिल का एकत्र कल्क बनाकर उसका गोले के ऊपर एक-एक अँगुल ऊँचा लेप करके सुखा लें। फिर एक मूषा में १२ तोले गन्धक का चूर्ण डालकर उस पर गोले को रखे और गोले के ऊपर १२ तोले हरताल का चूर्ण डालकर मूषा के मुँह को अच्छे प्रकार से बन्द कर दें। फिर कपरौटी करके गजपुट की अग्नि दें। स्वांग शीतल होने पर गोले को निकाल कर प्रलिप्त कल्क के सहित उसका बारीक चूर्ण कर लें। फिर उस चूर्ण को कुचलों के रस की सात बार भावना देकर धूप में सुखा लें। पश्चात् उसमें ३०वाँ भाग वैक्रान्तमणि की भस्म मिलाकर खूब अच्छे प्रकार से खरल करके उत्तम शीशी में भरकर रख दें। यह नन्दीश्वर महाराज का कहा हुआ महोदय प्रत्ययसार रोगों में यह चमत्कृत प्रभाव दिखलाता है। एवं सब प्रकार के अर्श रोग (बवासीर), क्षय, सम्पूर्ण कुष्ठ, मन्दाग्नि, शूल, आध्मान, कफ, श्वास, उन्माद, सब प्रकार के वातरोग, सब प्रकार के भयंकर ज्वर, तथा वात और कफ इन दो दोषों से उत्पन्न हुई संग्रहणी इसी प्रकार अन्यान्य अनेक प्रकार के बड़े बड़े रोगों के समूह को भिन्न भिन्न अनुपानों के साथ सेवन करने से यह रस शीघ्र नष्ट कर देता है॥३७-४५॥

कनकसुन्दर रस

स्याद्रसं धौतमाक्षीकं कांताभ्रं नागहाटकम्।
पृथ्वीभटेन संतुल्यं सर्वतुल्यं च गन्धकम्॥४६॥
दत्त्वा विद्याधरे यंत्रे पुटेदारण्यकोत्पलैः।
स्वांगशीतलमुद्धृत्य त्र्यूषणेन विमिश्रयेत्॥४७॥
अर्शोव्याधौ कटीशूले चक्षुःशूले च दारुणे।
सन्निपाते क्षये कासे श्वासे मंदानले ज्वरे॥४८॥
कर्णशूले शिरःशूले दंतशूले प्रयोजयेत्।

पीनसे प्लीह्नि हृच्छूले ग्रंथिवाते च दारुणे॥४९॥
एकांगे वा धनुर्वाते कंपवाते च मूर्च्छिते॥
ज्वरांश्च विषमान्सर्वान्हंति रोगाननेकधा॥५०॥
सेवितः पथ्ययोगेन रसः कनकसुन्दरः॥
गुंजामात्रं ददीतास्य यथायुक्तानुपानतः॥५१॥
घृतेन संयुतो वाते मधुना पैत्तिके ज्वरे।
पिप्पल्या श्लैष्मिके देयं पित्तोद्भूते च चंदनम्॥५२॥
तक्रेण श्लेष्मवातोत्थे वातपित्ते घृतान्वितम्।
श्लेष्मपित्ते चार्द्रकेण निर्गुंड्या सान्निपातिके॥५३॥
फलत्रयेण शूलेषु विषमेषु ज्वरेष्वपि।
आर्द्रकेणाथ वा दद्याद्वह्निमांद्ये विशेषतः॥५४॥
अभिष्यंदे शिरः शूले गायत्रीबोलसंयुतम्।
पक्षिमांससमायुक्तं कफवाते च मूर्च्छिते॥५५॥
एकांगे च धनुर्वाते क्षीरयुक्तं च पीनसे।
पांडुरोगे क्षये कासे मरिचाज्यैश्च कामले॥५६॥
अजमोदाविडंगैश्च नाभिशूलेऽग्निमांद्यके।
रूक्षज्वरेऽरुचौ देयः कदलीफलसंयुतः॥
बोलेनाऽर्धकटीशूले भाषितं नागबोधिना॥५७॥

शुद्ध पारा, रूपामाखी की भस्म, कान्तलोह भस्म, अभ्रक भस्म सीसे की भस्म और सुवर्ण भस्म ये सब समान भाग और सबके बराबर शुद्ध गन्धक लेकर सबको एकत्र खरल कर लें। फिर पाढ के रस में घोटकर गोला बना लें, उसको शरावसम्पुट में बन्द करके विद्याधर यन्त्र में रखकर आरने उपलों की अग्नि दें। स्वांगशीतल होने पर गोले को निकाल कर बारीक कर लें। उसमें त्रिकुटे का चूर्ण समान भाग मिलाकर शीशी में भरकर रख दें। इस रस को सब प्रकार के अर्शरोग, कमर का दर्द, दारुणनेत्रशूल, सन्निपात, क्षय, खाँसी, श्वास, मन्दाग्नि, ज्वर, कर्णशूल, शिरःशूल, दन्तशूल, पीनस, प्लीहा, हृदयशूल, दारुण ग्रन्थिवात, एकांगवात,

धनुर्वात, कम्पवात और मूर्च्छा इन सब रोगों में प्रयोग करना चाहिये। इस रस को भिन्न भिन्न रोगों में यथोचित अनुपान के साथ एक-एक रत्ती परिमाण सेवन करायें और पथ्य पदार्थों का आहार करायें तो यह कनक सुन्दर रस सब प्रकार के विषम ज्वर तथा अन्यान्य नाना प्रकार के भयंकर रोगों को शीघ्र नष्ट कर देता है। इसको वात ज्वर में घृत के साथ, पित्तज्वर में मधु के साथ अथवा चन्दन के क्वाथ के साथ, कफज्वर में पीपल के साथ, वातकफजनित ज्वर में तक्र के साथ, वातपित्तजन्य ज्वर में घृत के साथ कफपित्तजन्य ज्वर में अदरक के रस के साथ, सन्निपात ज्वर में निर्गुण्डी के रस के साथ, शूल रोग और विषज्वर में त्रिफले के क्वाथ के साथ और मन्दाग्नि में विशेष कर अदरक के रस के साथ सेवन करायें। तथा नेत्राभिष्यन्द और शिरःशूल रोग में खैर सार के स्वरस और हीरा बोल के साथ, कफवातजन्य व्याधि और मूर्च्छा रोग में पक्षियों के मांस के साथ, एकाङ्ग वात (पक्षाघात) धनुर्वात और पीनस रोग में दूध के साथ, पाण्डु रोग, क्षय, खाँसी, श्वास और कामला रोग में मिर्चों के चूर्ण और घृत के साथ, नाभिशूल और अग्निमान्द्य रोग में अजमोद और वायविडंग के चूर्ण के साथ, रूक्षज्वर और अरुचि में पके केले के साथ और कमर के अर्धभाग में शूल होता हो तो हीरा बोल के साथ उपयुक्त मात्रा से दें। यह रस तथा अनुपान की कल्पना नागबोधिनाम वाले रस सिद्धाचार्य ने वर्णन की है।।४६-५७।।

तीक्ष्णमुखरस

नागं पारदगंधकं त्रिलवणं वार्यर्कजं मेलये-
देकैकं पलं पलं त्रयमतः पंच क्रमान्मर्दयेत्।
सर्वं तद्दिवसत्रयं तदनु तद्दत्त्वा पुटं भावनाः
कुर्यात्सत्रिफलाग्निवेतसरसैः पंचाधिका विंशतिः।।५८।।
पंचैतत् क्रमशस्ततो गुडभवैर्दत्तोस्य वल्लो जलै
र्हंत्याशांस्यखिलानि सूरणघृतैस्तस्यान्नमस्मिन्हितम्।
अर्केशः परिवर्ज्यतामिति मुनिः श्रीवासुदेवोऽवदत्
कूष्मांडीफलमाषपायसमतिव्यायाममर्कातपम्।।५९।।

नागभस्म, पारा, गन्धक ये प्रत्येक चार-चार तोले तथा सैंधा नमक समुद्र नमक और वि रियासंचर नमक ये तीनों समान भाग मिश्रित २० तोले लेकर सबको ए पीस लें। फिर आक के पत्तों के रस में ३ दिन तक खरल करके गोला बन लें। उसको सम्पुट में बन्द करके गजपुट की अग्नि दें। पश्चात् हरड, बहेडा, आमला चीता और अम्लबेंत इन प्रत्येक के रस में क्रम से पाँच पाँच बार भावना दें। फिर गुड के शर्बत में पाँच भावना देकर एक-एक रत्ती की गोलियाँ बना लें। इस रस की एक २ गोली जल के साथ सेवन करने से और इस पर जिमीकन्द और घृत के साथ भोजन करने से सब प्रकार के अर्श रोग नाश को प्राप्त हो जाते हैं। इस पर अर्केश मुनि और श्रीवासुदेव मुनि के मतानुसार पेठा, उडद, खीर ये सब पदार्थ तथा अत्यन्त व्यायाम (परिश्रम) और तीक्ष्ण धूप का सेवन ये सब त्याग देने चाहिये।।५८-५९।।

द्वितीय तीक्ष्णमुखरस

रसेन्द्रहेमार्कबिडाऽऽलगोल
सुरायसं लोहमलाभ्रगंधाः।
ताप्यं च कुन्यारसमर्दितोऽयं
पक्वः पुटे तीक्ष्णमुखोऽर्शसां स्यात्।।६०।।

शुद्ध पारा, सुवर्णभस्म, बिड नमक, हरताल, बोल, लोहभस्म, मण्डूरभस्म, अभ्रकभस्म, गन्धक और सुवर्णमाक्षिक की भस्म इन सबके समान भाग लेकर घीग्वार को रस में खरल करके वाराहपुट में पकायें। स्वांगशीतल होने पर बारीक चूर्ण कर लें। यह तीक्ष्णमुखरस सब प्रकार के अर्श रोग को समूल नष्ट करता है।।६०।।

अर्शः कुठाररस

श्रेष्ठादंत्यग्नियुग्मत्रिकटुकहलिनीपीलुकुंभ विपक्वं
प्रस्थेमूत्रस्य सस्नुक्पयसि रसपलं द्वे पले गंधकस्य।
लोहस्य त्रिणिताम्रात्कुडवमथरजः क्षारयोश्चापिपंच
क्षिप्त्वास्थाल्यांपचेत्तुज्वलतिदहनतश्चूर्णमर्शःकुठारः।

त्रिफला, दन्ती की जड़, चीता, लाल चीते की जड़, त्रिकुटा, कलिहारी की जड़, पीलुवृक्ष की जड़ और गोमूत्र में शुद्ध किये हुए जमाल गोटे सबको समान भाग लेकर बारीक चूर्ण कर लें। उस चूर्ण को एक प्रस्थ गोमूत्र, एक प्रस्थ थूहर का दूध, ४ तोले पारा और ८ तोले गन्धक की बनाई हुई कज्जली, लोहभस्म १२ तोले, ताम्रभस्म १६ तोले, जवाखार और सज्जीखार १०-१० तोले इन सब औषधियों के साथ अच्छे प्रकार से मिलाकर लोहे की कढ़ाई में डालकर मन्द मन्द अग्नि से पकायें। जब पकते-पकते सब जल शुष्क हो जाय और चूर्ण मात्र शेष रह जाय तब उतारकर बारीक खरल कर लें। यह अर्शः- कुठाररस सब प्रकार के अर्श रोग को सेवन करते ही शीघ्र दूर करता है।।६१।।

त्रैलोक्यतिलकरस

कृष्णाभ्रकस्य सत्त्वं च शोधितं काचटंकणम्।
रेतयित्वा रजः कृत्वा भर्जयित्वा घृतेन तत्।।६२।।
अष्टांशसस्यकोपेतं पुटेद्वारत्रयं ततः।
त्रिवारं नृपवर्तेन लुङ्गस्वरसयोगिना।।६३।।
चतुर्वारं च वर्षाभूवासमत्स्याक्षिकारसैः।
गुग्गुलुत्रिफलाक्वाथैस्त्रिंशद्वाराणि यत्नतः।।६४।।
तुल्यांशरसगंधोत्थकज्जल्याऽष्टांशभागया।
पुटेत्पंचाशतं वारान्मर्दयेच्च पुटे पुटे।।६५।।
शोधितं रेतितं कांतं तीक्ष्णं च घृतमर्दितम्।
पुटेदष्टांशदरदैः संयुक्तं लकुचांबुना।।६६।।
दशवारं तथा सम्यक् तालं शुद्धं मनोह्वया।
तथा विंशतिवाराणि बलिनामीनदृग्रसैः।
दशवाराणि ताप्येन कृष्णागोघृतयोगिना।।६७।।
उभयं समभागं तत्पुटेन्निगुण्डिकारसैः।।६८।।
रसगंधककज्जल्या दशवारं पुटेत्पुनः।

तास्मिन्नष्टांशभागेन क्षिपेद्वैक्रांतभस्मकम्॥६९॥
राजावर्तं कलांशेन समभागेन पर्पटी।
तत्सर्वं परिमर्द्याथ भावयित्वाऽऽर्द्रकांबुना॥७०॥
गडूच्याः स्वरसेनापि भूकदंबरसेन च।
भृंगराजरसेनापि चित्रमूलरसेन च॥७१॥
व्योषगंजाकिनीकंदैर्भूयोप्यार्द्रद्रवेण च।
पटचूर्णमतः कृत्वा क्षिपेच्छुद्धकरण्डके॥७२॥
त्रैलोक्यतिलकः सोयं ख्यातः सर्वरसोत्तमः।
सर्वव्याधिहरः श्रीमच्छंभुना परिकीर्तितः॥७३॥
उदावर्तं च विड्बंधं व्यथां च जठरोद्भवाम्।
लोहलं मंदबुद्धित्वं शूलित्वमपि वंध्यताम्॥७४॥
सूतिरोगानशेषांश्च शूलं नानाविधं तथा।
परिणामाख्यशूलं च तथा भिंद्यात्समुत्कटम्॥७५॥
रक्तगुल्मं च नारीणां रजःशूलं च दुःसहम्।
अनुपानं च पथ्यं च तत्तद्रोगानुरूपतः॥७६॥

(१) काली अभ्रक का सत्व, शोधित स्फटिकमणि और सुहागा तीनों को समान भाग लेकर प्रथम स्फटिकमणि को रेती से रेतकर बारीक चूर्ण कर लें, फिर सबको घी में मिलाकर भूनें। जब सब घृत जल जाय तब उस चूर्ण में आठवाँ भाग खपरिया मिलाकर गजपुट की अग्नि दें। इस प्रकार तीन बार गजपुट दें और प्रत्येक बार में अष्टमांश खपरिया मिलाता जाय। फिर उसमें चूर्ण से आठवाँ भाग राजावर्त का चूर्ण मिलाकर बिजौरे नींबू के रस में खरल करके ३ बार गजपुट दें। राजावर्त का चूर्ण भी पूर्ववत् प्रत्येक बार मिलाता जाय और नींबू के रस में घोटता जाय। इसके पश्चात् पुनर्नवा, अडूसा और मछैछीघास इन तीनों के स्वरस अथवा क्वाथ में घोटकर चार बार गजपुट दें। फिर गूगल और त्रिफले के काढ़े में प्रत्येक बार घोटकर ३० बार गजपुट में पकायें। पश्चात् समान भाग मिश्रित पारे और गन्धक की बनाई हुई कज्जली चूर्ण से आठवाँ

भाग मिलाकर ५० बार गजपुट दें और प्रत्येक पुट के अन्त में अष्टमांश कज्जली डालकर घोटता जाय। इस प्रकार इस भस्म को तैयार करे। इसके पश्चात्-(२) उत्तम प्रकार से शुद्ध किया हुआ कान्तलोह और तीक्ष्णलोह दोनों को समान भाग लेकर रेती से रेतकर बारीक चूर्ण कर लें। फिर घृत में खरल करके गजपुट की अग्नि दें। पश्चात् उसमें आठवाँ भाग सिंगरफ मिलाकर नींबू के रस में खरल करके गजपुट दें। फिर शुद्ध हरताल और शुद्ध मैनसिल का चूर्ण समान भाग मिश्रित लोह चूर्ण से अष्टमांश मिलाकर १० बार गजपुट दें। यह हरताल और मैनसिल का चूर्ण प्रत्येक पुट के अन्त में मिलाता जाय। फिर शुद्ध गन्धक का अष्टमांश चूर्ण मिलाकर और मछैछी घास के रस में घोट घोटकर २० बार गजपुट दें। फिर आठवाँ भाग स्वर्णमाक्षिक का चूर्ण मिला मिलाकर और काली गाय के घृत के साथ घोट घोटकर १० बार गजपुट दें। इस प्रकार लोहभस्म को सिद्ध करे। इस विधि से तैयार की हुई दोनों भस्मों को समान भाग लेकर निर्गुण्डी के रस में खरल करके जगपुट में पकायें। फिर पारे और गन्धक की अष्टमांश कज्जली मिलाकर १० बार गजपुट की अग्नि दें। इसके पश्चात् उसमें आठवाँ भाग वैक्रान्तमणि की भस्म तथा १६वाँ भाग राजा (रेवटी) वर्तकी भस्म और समभाग पारे गन्धक की पर्पटी मिलाकर बारीक खरल करे, फिर अदरक, गिलोय, भुईं कदम्ब, भाँगरा, चीते की जड़, त्रिकुटा और विजयकन्द इन सम्पूर्ण औषधियों के स्वरस या क्वाथ में क्रम से एक-एक बार भावना देकर फिर अदरक के रस में एक बार भावना दें। फिर सुखाकर बारीक चूर्ण करके कपड़े में छानकर बढ़िया शीशी में भरकर रख दें। इसको त्रैलोक्यतिलक रस कहते हैं। यह सब रसों में श्रेष्ठ और सम्पूर्ण व्याधियों को हरने वाला है। इसको श्रीशंकर भगवान् ने वर्णन किया है। यह रस उदावर्त, मलविबन्ध, उदर पीड़ा, जड़ता, बुद्धि की मन्दता, प्रसव की पीड़ा, बन्ध्यत्वदोष, सब प्रकार के प्रसूत रोग, नाना प्रकार के शूल रोग, उत्कट परिमाण शूल, रक्तगुल्म और स्त्रियों के रजःस्राव के समय होने वाला शूल इन सब रोगों को रोगानुसार अनुपानों के साथ सेवन करने और पथ्य पदार्थों का आहार करने से शीघ्र दूर करता है।।६२-७६।।

सामान्य उपाय

वचाहिंगुविडंगानि सैंधवं जीरनागरम्।
मरिचं पिप्पली कुष्ठं पथ्या वह्न्यजमोदकम्॥७७॥
क्रमोत्तरगुणं चूर्णं सर्वेषां द्विगुणं गुडम्।
कर्षं चोष्णजलेनानुपिबेद्वातार्शसां जये॥७८॥
मृतं लोहं चेंद्रयवं शुंठी भल्लातचित्रकम्।
बिल्वमज्जाविडंगानि पथ्यां तुल्यं विचूर्णयेत्॥७९॥
सर्वतुल्यं गुडं योज्यं कर्षं भुक्त्वाऽर्शसां जये।
श्लेष्मार्शसां प्रशांत्यर्थं देयमानंदभैरवम्।
मृतताम्रेण संतुल्यं देयं गुंजात्रयं हि तत्॥८०॥
कुसुंभमृदुपत्राणि कांजिकेनैव पाचयेत्।
शाकवद्भक्षयेन्नित्यमर्शोरोगप्रशांतये॥८१॥

वच, हींग, वायविडंग, सैंधानमक, जीरा, सोंठ, मिर्च, पीपल, कूठ, हरड, चीता और अजमोद इन सब औषधियों को उत्तरोत्तर क्रम से दुगुना लेकर बारीक चूर्ण करके कपड़े में छान लें। उस समस्त चूर्ण को दुगुने गुड़ में मिलाकर एक एक तोले की गोलियाँ बना लें। उनमें से प्रतिदिन आधी गोली प्रातःकाल और आधी गोली सायंकाल में मन्दोष्ण जल के साथ सेवन करने से वातजनित अर्श (बादी बवासीर) शीघ्र दूर होता है। लोहभस्म, इन्द्रजौ, सोंठ, भिलावे, चीता, वेलगिरी, वायविडंग और हरड सबको समान भाग लेकर बारीक चूर्ण करके कपड़े में छान लें। फिर उसमें समान भाग गुड़ मिलाकर प्रतिदिन एक-एक कर्ष परिमाण सेवन करे। यह औषध वातज अर्श को शीघ्र नष्ट करती है। कफजनित अर्श को शमन करने के लिये ३ रत्ती आनन्द भैरवरस और ३ रत्ती ताम्रभस्म दोनों को शहद में मिलाकर प्रतिदिन प्रातः सायंकाल सेवन करायें। अथवा कसूम के कोमल पत्तों का काँजी में शाक बनाकर प्रतिदिन भक्षण करे। ये प्रयोग वात और कफजनित अर्श को नष्ट करने के लिये परम उपयोगी हैं॥७७-८१॥

सामान्य प्रलेप

देवदाल्याश्च बीजानि सैंधवेन सुचूर्णयेत्।
आरनालेन लेपोऽयं मूलरोगनिकृन्तनः॥८२॥
कांचनीकुसुमं चूर्णं शंखचूर्णं मनः शिलाम्।
गजपिप्पलिकातोयैर्लेपो ह्यर्शः कुठारकः॥८३॥
देवदाल्याः कषायेण ह्यर्शोघ्नं शौचमाचरेत्।
गुदनिःसरणं चापि शांतिं नायाति चान्यथा॥८४॥
आरनालेन संपिष्टा सबीजा कटुतुंबिका।
सगुडा हंति लेपेन दुर्नामानि समूलतः॥८५॥
पीलुतैलेन संलिप्ता वर्तिका गुदमध्यगा।
घातयत्यर्शसां शीघ्रं सकलां वेदनां तथा॥८६॥
अर्कक्षीरं स्नुहीकांडं कटुकालाबुपत्रकम्।
करंजं छागमूत्रेण लेपः स्त्राव्यर्शसां हितः॥
शिग्रुमूलार्कजैः पत्रैर्लेपनं हितमर्शसाम्॥८७॥

देवदाली के बीज और सैंधा नमक दोनों को काँजी में पीसकर लेप करने से अर्श के अंकुर नष्ट हो जाते हैं। अथवा कचनार के फूलों का चूर्ण, चूना, शंख का चूर्ण और मैनसिल इन सबको समान भाग लेकर, गजपीपल के रस में खरल करके लेप करे। यह लेप अर्श को नष्ट करने के लिये कुठार के समान तीक्ष्ण है। या देवदाली के पंचांग के काढ़े से नित्य गुदा प्रक्षालन करने से अर्शरोग नष्ट होता है और गुदा का (काँच का) बाहर निकलना भी दूर होता है। अथवा कड़वी तोंबी को बीजों सहित काँजी में पीसकर उसमें गुड़ मिलाकर लेप करने से अर्श रोग (बवासीर) समूल नष्ट हो जाता है। किम्वा पीलु वृक्ष के बीजों के तेल में रुई की बत्ती को भिगोकर गुदा में रखने से अर्शरोग और उसकी सम्पूर्ण वेदनायें भी शीघ्र दूर होती हैं। अथवा आक का दूध, धूहर की

जड़, कड़वी तांबी के पत्ते और करंज सबको समान भाग लेकर बकरी के मूत्र में पीस कर लेप करे। यह लेप रक्तजनित अर्श के लिये अत्यन्त हितकारी है। एवं सैंजने की जड़ और आक के पत्तों को पीसकर लेप करना भी अर्श रोगियों के लिये परमोपयोगी है।।८२-८७।।

इति श्रीवाग्भटाचार्यविरचिते रसरत्नसमुच्चये भाषाटीकायां पंचदशोऽध्यायः।।१५।।

षोडशोऽध्यायः

उदावर्त्त रोग

रूक्षः कोद्रवजीर्णमुद्गचणकैः क्रुद्धोऽनिलोऽधो वहन्
रुद्ध्वा वर्त्म मलं विशोष्य कुरुते विण्मूत्रसंगं ततः।
हृत्पृष्ठोदरबस्तिमस्तकरुजः सश्वासकासज्वरं
गच्छन्नूर्ध्वमसौ हि तूर्णमनिशं कोपादुदावर्तयेत्॥१॥

कोदों, ज्वार, मूँग, चने आदि रूक्ष पदार्थों को अधिक सेवन करने से वायु कुपित होकर आमाशय, पक्काशय, मलाशय आदि अधोभागों में विचरण करता हुआ मल-मूत्र को शुष्क करके उक्त आशयों के मार्ग को रोक देता है। इसलिये मल और मूत्र का अवरोध हो जाता है। इस कारण हृदय, पीठ, उदर, वस्ति (पेडू) और मस्तक में अनेक प्रकार की पीड़ा होती है तथा श्वासरोग, खाँसी और ज्वर होता है। उस समय वायु अत्यन्त कुपित होने से बड़ी शीघ्रता से ऊपर को गमन करता हुआ बारंबार मलादि को वमन द्वारा बाहर निकालता है। इसको उदावर्त रोग कहते हैं। यह रोग मल, मूत्र, वमन, अपानवायु, क्षुधा, तृषा आदि के वेगों को रोकने से उत्पन्न होता है। जिस वेग को रोकने से उदावर्त्त हुआ हो उसमें उसी मल के लक्षणों को जानकर तदनुसार उदावर्त निर्धारित करना चाहिये॥१॥

उदावर्त्त हरघृत

कंकुष्ठहिंगुसिंधूत्थत्रिवृद्दंतीवचाऽभया।
चित्रकस्य तु मूलं चूर्णीकृत्य पचेद् घृतम्॥२॥

चतुर्गुणे गवां क्षीरे युक्तं स्नुक्क्षीरमात्रया।
उदावर्तोदरानाहान्हंति पानेन सर्वदा॥३॥

मुर्दासंग, हींग, सैंधानमक, निसोत, दन्ती, वच, हरड, चीते की जड़ और थूहर का दूध सबको समान भाग लेकर चूर्ण करके कल्क बना लें। उस कल्क से चौगुना गाय का घी, घी से चौगुना गाय का दूध और चौगुना पानी लेकर सबको एकत्रित करके यथाविध घृत को सिद्ध करे। जब पकते-पकते घृत मात्र शेष रह जाय तब उतार कर छान लें। यह घृत नियमानुसार प्रतिदिन सेवन करने से उदावर्त, उदररोग और आनाह (अफरा) रोग को शीघ्र नष्ट करता है॥२॥३॥

अतिसार (दस्तों का होना) रोग

अत्यंबुपानतिलपिष्टविरूढरूक्ष
शुष्कामिषाध्यशनबद्धमलग्रहाद्यैः।
क्रुद्धाऽनिलोऽतिसरणाय च कल्पतेऽग्निं
हत्वा मलं शिथिलयन्नपि तोयधातून्॥४॥

अत्यन्त जलपान करने से, तथा तिल वा तिलों की पिट्टी के बने हुए पदार्थ, नवीन और रूक्ष अन्न, शुष्क मांस, भोजन पर भोजन और मलबद्धता करने वाले गुरुपाकी पदार्थों को अधिक सेवन करने से इनके सिवा अन्य अनेक कारणों से वायु कुपित हो जाती है। वह वायु जठराग्निको मन्द करके जलवाहिनी नाड़ियों और आशयों को शिथिल करता हुआ मल को भेद कर बड़े वेग से गुदा के द्वारा बाहर निकालता है। इसको अतिसार (दस्तों का होना) रोग कहते हैं॥४॥

दर्दुररस

सु श्लक्ष्णतीक्ष्णचूर्णं तु रसेंद्रसम भागिकम्।
कांचनाररसैर्घृष्टं दिनमेकं प्रयत्नतः॥५॥
पुनस्तदेकं दिवसं जंबीरांबुविमर्दितम्।
पुटपक्कोऽतिसारघ्नः सूतोऽयं दर्दुराह्वयः॥६॥

तीक्ष्ण लोह की बारीक पिसी हुई भस्म और पारे की भस्म दोनों

को समान भाग लेकर कचनार के रस में एक दिन तक घोटे। फिर एक दिन तक जम्बीरी नींबू के रस में घोट कर गोला बना लें। उसको अण्ड के पत्तों में लपेट कर ऊपर से कपरौटी करके ८ आरने उपलों की अग्नि दें। इसको दर्दुररस कहते हैं। यह अतिसार को शीघ्र दूर करता है॥५-६॥

आनन्दभैरवरस

हिंगुलं वत्सनाभं च मरिचं टंकणं कणा।
मर्दयेत्समभागं च रसो ह्यानंदभैरवः॥७॥
गुंजैकां सार्धगुंजां वा वलं ज्ञात्वा प्रदापयेत्।
मधुना लेहयेच्चानु कुटजस्य फलं त्वचम्॥८॥
चूर्णितं कर्षमात्रं तु त्रिदोषोत्थातिसारजित्।
दध्यन्नं दापयेत्पथ्यं गवाज्यं तक्रमेव वा॥९॥
पिपासायां जलं शीतं विजया च हिता निशि॥१०॥

सिंगरफ, शुद्ध मीठा तेलिया, मिर्च, सुहागा और पीपल इन सबको समान भाग लेकर खूब बारीक पीसकर कपड़े में छान कर रख लें, अथवा जल के साथ खरल करके गोलियां बना लें। इस रस को प्रतिदिन एक दो रत्ती अथवा आधी आधी रत्ती परिमाण रोगी के बलाबल का विचार करके सेवन करायें और ऊपर से एक-एक तोला कुडे की छाल और इन्द्रजौ के चूर्ण को शहद में मिलाकर चटायें। यह आनन्द भैरवरस तीनों दोषों से उत्पन्न हुए अतिसार को नष्ट करने वाला है। इस पर दही भात, गाय का घी, मट्ठा आदि का पथ्य दें। प्यास लगने पर शीतल जल और रात्रि में थोड़ी सी भांग पीसकर सेवन करानी हितकर है॥७-१०॥

सुधासार रस

पृथक्पलिकगंधाश्मसूतसंजातकज्जलीम्।
प्रद्राव्य निक्षिपेद्व्योम पलैकं गतचंद्रिकम्॥११॥
काष्ठेनालोड्य तत्सर्वं क्षिपेत्कुटजपत्रके।
पुनः संचूर्ण्य यत्नेन भावयेत्तदनंतरम्॥१२॥

बालतिंदुफलद्रावैः क्षीरैरौदुंबरैस्तथा।
अरलुत्वग्रसैश्चापि दुग्धिनीस्वरसैस्तथा॥१३॥
पुटपक्वस्य बालस्य दाडिमस्य रसैःशुभैः।
कृष्णकांबोजिकामूलरसैः कुटजवल्कजैः॥१४॥
तुल्यांशविश्वगांधारीचूर्णं द्विपलिकं क्षिपेत्।
मुस्तावत्सकदीप्याग्निमोचसारं सजीरकम्॥१५॥
वत्सनाभं च कर्षांशं प्रत्येकं तत्र निक्षिपेत्।
विचूर्ण्य भावयेद्भूयः शुंठीक्वाथेन सप्तधा॥१६॥
इत्थं सिद्धो रसः पिष्टः करंडे विनिवेशयेत्।
सुधासार इति ख्यातः सुधारससमो गुणैः॥१७॥
दीपनः पाचनो ग्राही हृद्यो रुचिकरस्तथा।
दोषत्रयातिसारं च दुर्जयं भेषजांतरैः॥
आमं चैवामरक्तं च ज्वरातीसारमेव च॥१८॥
सातिसारां विषूचीं च प्रतिबध्नाति तत्क्षणात्।
मान्यमानव्यतिनक्रांतिरिव पुण्यफलोदयम्॥१९॥
पिष्टविश्वाब्दकल्केन विधाय खलु चक्रिकाम्।
निक्षिपेत्स्वेदनीयंत्रे पक्त्वार्धघटिकावधि॥२०॥
आकृष्य तज्जलैरेवं संप्रमर्द्याऽऽहरेद्रसम्॥२१॥
सुधासाररसं तत्र क्षिप्त्वा धान्यकसंमितम्।
पूर्वोदितेषु रोगेषु प्रददीत भिषग्वरः॥२२॥
गोतक्रेणाथ दध्ना वा पथ्यं देयं हितं मितम्।
बालरंभाफलं गुर्वीफलं विल्वफलं तथा॥
आम्रपेशी च मधुकं वृंताकं च प्रशस्यते॥२३॥
सर्वातिसारं ग्रहणीं च हिक्कां मंदाग्निमा-
नाहमरोचकं च। निहंति सद्योविहिता-
मपाक द्वित्रिप्रयोगेण रसोत्तमोऽयम्॥२४॥

सांबुस्थालीमुखाबद्धे वस्त्रे पाक्यं निधाय च।
पिधाय पच्यते यत्र स्वेदनीयंत्रमुच्यते॥२५॥

चार तोले गन्धक और चार तोले पारे की बनाई हुई कज्जली को लोहे की कढ़ाई में डालकर पिघलायें। जब वह पिघलकर खूब पतली हो जाय तब उसमें ४ तोले निश्चन्द्र अभ्रक की भस्म डालकर लकड़ी से घोटकर सबको कुडे के पत्तों पर ढाल दें। स्वांग शीतल होने पर बारीक चूर्ण करके उसको तेंदू के कच्चे फलों का रस, गूलर का दूध, सोनापाठे की छाल का क्वाथ, दुद्धी का स्वरस, पुटपाक के द्वारा पकाये हुए कच्चे अनार का स्वरस, काली घुँघुची की जड़ का रस और कुडे की छाल का क्वाथ इन सब में क्रम से एक-एक बार भावना दें। फिर उसमें सोंठ ४ तोले, जवासा ४ तोले तथा नागरमोथा, कुडे की छाल, अजमोद, चीता, मोचरस, जीरा और शुद्ध वत्सनाभ विष ये प्रत्येक औषधि एक-एक कर्ष परिमाण डालकर बारीक चूर्ण करके सोंठ के क्वाथ में फिर सात बार भावना देकर सुखा लें। इस प्रकार सिद्ध किये हुए रस को बारीक खरल करके शीशी में भरकर रख दें। इसको सुधासार रस कहते हैं। यह गुणों में अमृत के समान हितकारी है एवं जठराग्नि को अत्यन्त दीपन करने वाला, पाचक, ग्राही, हृदय को हितकारी और रुचिकारक है। यह रस विविध प्रकार की औषधियों के सेवन करने से भी दूर न होने वाला त्रिदोषजनित अतिसार, आमातिसार, आमरक्त, ज्वरातिसार और अतिसारयुक्त विषूचिका को इस प्रकार तत्काल नष्ट कर देता है, जैसे सत्कर्मों के फल का उदय, मान्य पुरुषों का अपमान करने से अस्त हो जाता है। वैद्य इस रस को उपर्युक्त रोगों में निम्नलिखित विधि से सेवन करायें। सोंठ और नागरमोथा दोनों को समान भाग लेकर कल्क करके टिकिया सी बना लें उसको स्वेदनीयन्त्र में रखकर आध घड़ी तक स्वेदन करे। फिर टिकिया को निकालकर उक्त यन्त्र में से रस को ग्रहण कर लें। उस २ तोले रस में सुधासार रस को उपयुक्त मात्रा से मिलाकर पूर्वोक्त रोगों में प्रतिदिन प्रातःसायं काल सेवन करायें। इस पर गाय का मट्ठा या दही, पकी हुई केले की फली, चिकनी

सुपारी, बेल, आम की गुठली, महुआ और बैंगन इन सब पदार्थों का परिमित रूप से पथ्य देना उपयोगी है। सब प्रकार के अतिसार, संग्रहणी, हिचकी, मन्दाग्नि, आनाह, अरुचि आदि सम्पूर्ण रोगों को यह रस दो तीन बार सेवन करने से ही नष्ट कर देता है और आमदोष को पकाता है। एक हांडी में पानी भर कर उसके मुख पर कपड़ा बाँधकर ऊपर स्वेद देने योग्य औषधि को रखे, फिर उसके ऊपर चौरस ढक्कन ढक कर उसको चूल्हे पर चढ़ाकर नीचे अग्नि जलायें। इसको स्वेदनयन्त्र कहते हैं॥११-२५॥

लोकेश्वर रस

द्वौ भागौ गंधकस्याष्टौ शंखचूर्णस्य योजयेत्।
एकमेव रसस्यांशमर्कक्षीरेण मर्दयेत्॥२६॥
चित्रकस्य द्रवैरेवं शोषयित्वा पुनः पुनः।
एकीकृत्य रसेनाथ क्षारं दत्त्वा तदर्धकम्॥२७॥
अर्कक्षीरेण कुर्वीत गोलकानथ शोषयेत्।
निरुध्य चूर्णलिप्तेथ भाण्डे दद्यात्पुटं ततः॥२८॥
लोकेश्वररसो ह्येष संग्रहण्यतिसारनुत्॥२९॥
गुंजाचतुष्टयं चास्य मरिचाज्यसमन्वितम्।
ददीत दधिभक्तं च पथ्यं लोकेश्वरे हितम्॥३०॥

शुद्ध गन्धक २ भाग, शंखचूर्ण ८ भाग और पारा १ भाग लेकर तीनों को आक के दूध में घोटकर सुखा लें फिर चीते की जड़ के क्वाथ में घोट घोटकर सात वार सुखायें पश्चात् समस्त औषधि से आधा भाग जवाखार मिलाकर आक के दूध में खरल करके छोटी छोटी २ गोलियाँ बना लें और सुखा लें। फिर एक मिट्टी की हाँडी के भीतर चूने का लेप करके उसमें गोलियों को रखकर हांडी का मुँह बन्द करके कपरौटी कर गजपुट दें। स्वांगशीतल होने पर औषधि को निकाल कर बारीक पीसकर के रख दें। यह लोकेश्वर रस सब प्रकार की संग्रहणी और

अतिसार को नष्ट करने वाला है। इसको चार-चार रत्ती परिमाण लेकर मिर्चों के चूर्ण और घृत में मिलाकर सेवन करे। इस पर दही भात का पथ्य देना उपयोगी है।। २६-३०।।

लोकनाथरस

मृतपारद भागैकं चत्वारः शुद्धगंधकात्।
यामैकं मर्दयेत्खल्वे तेन पूर्या वराटिकाः।।३१।।
टंकणं तु गवां क्षीरै पिष्ट्वा तेन मुखं लिपेत्।
वराटानां प्रयत्नेन रुद्ध्वा भाण्डे पुटे पचेत्।।३२।।
स्वांगशीतं समुद्धृत्य ततश्चूर्ण्या वराटिकाः।
लोकनाथरसो नाम्ना क्षाद्रैर्गुंजाचतुष्टयम्।।३३।।
नागरातिविषामुस्तादेवदारुवचान्वितम्।
कषायमनुपानं स्याद्वातातीसारनाशनः।।३४।।

पारे की भस्म एक भाग और शुद्ध गन्धक ४ भाग दोनों को एक प्रहर तक खरल करके कौडियों में भर दें। फिर सुहागे को गाय के दूध में पीस कर उससे कौडियों का मुँह बन्द करके सुखा लें। उन कौडियों शरावसम्पुट में रखकर कपरौटी करके गजपुट में पकायें। स्वांगशीतल होने पर कौडियों को निकालकर बारीक पीसकर रख लें। इसमें से प्रतिदिन चार-चार रत्ती परिमाण शहद में मिलाकर सेवन करे और सोंठ, अतीस, नागरमोथा, देवदारु और वच इन औषधियों के क्वाथ का अनुपान करे। यह लोकनाथ नामक रस वातजनित अतिसार को शीघ्र दूर करता है।।३१-३४।।

नागसुंदररस

नागभस्मरसव्योमगंधैरर्धपलोन्मितः।
कुर्वीत कज्जलीं श्लक्ष्णां प्रक्षिपेत्तदनंतरम्।।३५।।
द्विपलोन्मितरालायां द्रुतायां परिमिश्रिताम्।।३६।।
मृष्टैर्यक्षाक्षसिंधूत्थवचाव्योषद्विजीरकैः।
सपथ्याविजयादीप्यैस्तुल्यांशैरवचूर्णितैः।।३७।।

मेलयेत्प्राक्तनं कल्कं भावयेत्तदनंतरम्।
महानिंबत्वचासारैः कांबोजीमूलजद्रवैः॥३८॥
रसैर्नागबलायाश्च गुडूच्याश्च त्रिधा त्रिधा।
ततश्च गुटिकाः कार्या बदरास्थिप्रमाणतः॥३९॥
इन्यादेव हि नागसुन्दररसो वल्लोन्मितः सेवितो।
नानातीसरणामयं गुदपरिभ्रंशं तथा बिंबिशम्॥४०॥

सीसे की भस्म, पारा, गन्धक, और अभ्रक ये प्रत्येक दो दो तोले लेकर सबको एकत्र खरल करके खूब बारीक कज्जली कर लें। फिर ८ तोले राल को अग्नि पर अच्छे प्रकार से तपाकर उसमें उक्त कज्जली को मिला दें और खरल में डालकर खूब घोटे। पश्चात् बहेडा, सैंधा नमक, बच, सोंठ, मिर्च, पीपल, जीरा, काला जीरा, हरड, भाँग और अजवायन इन सबको समान भाग लेकर बारीक चूर्ण करके कपड़े में छान लें, उपर्युक्त कज्जली में यह चूर्ण समभाग लेकर मिला दें और बकायन की हरी छाल, माषपर्णी, गंगेरण और गिलोय इन प्रत्येक औषधियों के रस में क्रम से तीन-तीन बार भावना देकर छोटे बेर की बराबर गोलियाँ बना लें। इस रस को प्रतिदिन दो या तीन रत्ती परिमाण सेवन करने से अनेक प्रकार के अतिसार और सर्व प्रकार के गुदभ्रंश रोग नष्ट होते हैं।।३५-४०।।

षण्निष्कतैल

षण्निष्कं तिलतैलस्य निष्कं जंबीरजं रसम्।
लवणं पंचगुंजं च अंगुल्या मर्दयेद् दृढम्॥
आमवातातिसारघ्नं लिहेत्पथ्यं च पूर्ववत्॥४१॥

तिल का तेल ६ निष्क, जम्बीरी नींबू का रस १ निष्क और सैंधा नमक ५ रत्ती लेकर सबको एक काँच के बरतन में भरकर अँगुलियों से खूब अच्छे प्रकार से घोल करके सेवन करे। इस प्रकार इस तेल को

प्रतिदिन सेवन करने और पूर्ववत् पथ्य करने से आमवात और अतिसार रोग नष्ट होता है।।४१।।

संग्रहणी रोग

मलं संगृह्य संगृह्य कदाचिदतिरेचयेत्।
अरुचिः श्वयथुर्मांद्यं ग्रहणीरोगलक्षणम्।।४२।।

कभी मल का रुक रुक करके थोड़ा थोड़ा आना और कभी जुलाव के समान अधिक दस्तों का होना, भोजन में अरुचि, सूजन और अग्नि का मन्द होना; ये संग्रहणी रोग के लक्षण हैं।।४२।।

वज्रकपाट रस

मृतसूताभ्रकं गंधं यवक्षारं सटंकणम्।
वचा जया समं सर्वं जयंती भृंगजद्रवैः।।४३।।
सजंबी रैस्त्र्यहं मर्द्यं शोषयेत्तं च गोलकम्।
मंदवह्नौ शनैः स्वेद्यं यामार्धं लौहपात्रके।।४४।।
रससाम्ये प्रतिविशा देया मोचरसस्तथा।
भावयेद्विजयाद्रावैः शौष्यं पेष्यं च सप्तधा।।
रसो वज्रकपाटोऽयं निष्कार्धं मधुना लिहेत्।।४५।।

पारे की भस्म, अभ्रक भस्म, शुद्धगन्धक, जवाखार, सुहागा, वच और अरणी इन सबको समान भाग लेकर अरणी, भाँगरा और नींबू के रस में क्रम से तीन दिन तक खरल करके गोला बनाकर सुखा लें। पश्चात् उस गोले को लोहे की कढ़ाई में डालकर मन्द मन्द अग्नि के द्वारा शनैः शनैः आधे प्रहर तक स्वेद दें। फिर शीतल हो जाने पर उसका चूर्ण करके उसमें समभाग अतीस और मोच रस का चूर्ण मिलाकर भाँग के रस में भावना दें और सुखा लें। इस प्रकार सात बार भावना देकर ७ बार सुखायें तो यह वज्रकपाट रस सिद्ध होता है। इसको दो-दो मासे परिमाण मधु के साथ सेवन करने से संग्रहणी में विशेष लाभ होता है।।४३-४५।।

अग्निकुमार रस

दग्धां कपर्दिकां पिष्ट्वा त्र्यूषणं टंकणं विषम्।
गंधकं शुद्धसूतं च तुल्यं जंबीरजैर्द्रवैः॥४६॥
मर्दयेद् भक्षयेन्माषं मरिचाज्यं लिहेदनु।
निहंति ग्रहणीरोगं पथ्यं तक्रौदनं हितम्॥४७॥

कौडी की भस्म, सोंठ, मिर्च, पीपल, सुहागा शोधित, वत्सनाभ, पारा और गन्धक सबको समान भाग लेकर नींबू के रस में खरल करके एक-एक रत्ती की गोलियाँ बना लें। इसकी एक २ गोली मिर्चों के चूर्ण और घृत में मिलाकर सेवन करे और छाछ भात का भोजन करे तो संग्रणी रोग दूर होता है॥४६-४७॥

कनकसुन्दर रस

हिंगुलं मरिचं गंधं पिप्पली टंकणं विषम्।
कनकस्य च बीजानि सभांशं विजयाद्रवैः॥४८॥
मर्दयेद्यामममात्रं तु चणमात्रं वटीकृतम्।
भक्षयेद् ग्रहणीं हंति रसः कनकसुन्दरः॥४९॥
अग्निमांद्यं ज्वरं तीव्रमतिसारं च नाशयेत्।
दध्यन्न दापयेत्पथ्यं गव्याजं तक्रमेव च॥५०॥

सिंगरफ, मिर्च, गन्धक, पीपल, सुहागा, शुद्ध वत्सनाभ ओर धतूरे के बीज इन सबको समान भाग लेकर भाँग के रस में एक प्रहर तक खरल करके चने की बराबर गोलियाँ बना लें। फिंर प्रतिदिन एक-एक गोली भक्षण करे। यह रस-संग्रहणी, मन्दाग्नि, ज्वर और प्रबल अतिसार रोग को नाश करता है। इस पर दही, भात और गाय का अथवा बकरी का तक्र पथ्यरूप से दें॥४८-५०॥

ग्रहणीहर रस

रसाभ्रगंधाः क्रमवृद्धभागा जयारसेन
त्रिदिनं विमर्द्याः। गद्याणकार्धं मधुना
समेतं ददीत पथ्यं दधिभक्तकं च॥५१॥

पारा १ भाग, अभ्रक २ भाग और गन्धक ३ भाग लेकर तीनों को भाँग के रस में तीन दिन तक खरल करे। फिर सुखाकर बारीक चूर्ण कर लें। इस चूर्ण को प्रतिदिन दो-दो मासे शहद में मिलाकर दें और दही, भात का पथ्य सेवन करायें तो संग्रहणी रोग दूर होता है।।५१।।

चण्डसंग्रहगदैककपाट रस

हिंगुलस्थितमहेश्वरबीजं पातयंत्रविधिना
हरणीयम्। गंधटंकणमृताभ्रकतुल्यं
कोकिलाक्षमथ चाऽऽयसखल्वे।।५२।।
मर्दनीयमभिधारणयुक्ते धूमहीनदहनो-
परि संस्थे। यावदेष जलशोषणदक्षो
जीरकार्द्रकयुतेन स वल्लः।।५३।।
संग्रहज्वरमतिसृतिगुल्मानर्शसां च
विनिहंति समूहम्। वासुदेवकथितो
रसराजश्चंडसंग्रहगदैककपाटः।।५४।।

ऊर्ध्वपातन यंत्र की विधि से सिंगरफ में से निकाला हुआ पारा, गन्धक सुहागा, अभ्रक और तालमखाना इन सबको समान भाग लेकर एकत्र खरल कर लें। फिर उस औषधि को लोहे के तप्त खल्व में डालकर और उसको निर्धूम अग्नि पर रखकर लोहे की मुसली से जल के साथ मर्दन करे। जब घोटते २ जल बिल्कुल शुष्क हो जाय तब अग्नि से नीचे उतारकर स्वांगशीतल होने पर चूर्ण कर लेवे। यह रस एक-एक रत्ती परिमाण जीरे के चूर्ण और अदरक के रस के साथ सेवन करने से संग्रहणी, ज्वर, अतिसार, गुल्म, अर्श आदि रोगों के समूह को शीघ्र नष्ट करता है। इस रस का श्रीवासुदेव आचार्य ने वर्णन किया है।।५२-५४।।

लघुसिद्धाभ्रक रस

समांशं रसगंधाभ्रदरदं च विशोधितम्
लोहखल्वे विनिक्षिप्य गव्याज्येन समन्वितम्।।५५।।

द्रोणीचुल्ल्यां न्यसेत्खल्वं सांगारायां प्रयत्नतः।
मर्दकेनापि लौहेन मर्दयेद्दिवसद्वयम्॥५६॥
इति सिद्धो रसेंद्रोऽयं लघुसिद्धाभ्रको मतः।
वल्लतुल्यो रसो जीरवारिणा सहितः प्रगे॥५७॥
पीतो हरति वेगेन ग्रहणीमतिदुर्धराम्
अतिसारं महाघोरं सातिसारं ज्वरं तथा॥५८॥
पाचनो दीपनो हृद्यो गात्रलाघवकारकः।
नागार्जुनेन कथितः सद्यः प्रत्ययकारकः॥५९॥

शुद्ध पारा, गन्धक, अभ्रक, और शुद्ध हिंगुल इन चारों को समान भाग देकर गाय के घी में मिला लें। फिर लोहे के खरल में डालकर उसको द्रोणी के समान आकार वाले चूल्हे पर रखकर उसके नीचे निर्धूम अंगारों की अग्नि जलावे और लोहे की मुसली से औषधि को खूब खरल करें। इस प्रकार दो दिन तक मर्दन करे तो यह लघुसिद्धाभ्रक रस सिद्ध होता है। इस रस को प्रतिदिन प्रातः काल एक-एक रत्ती परिमाण लेकर जीरे के क्वाथ के साथ सेवन करे। इसके सेवन से अत्यन्त भयंकर संग्रहणी, अत्यन्त प्रबल अतिसार और ज्वरातिसार ये सब रोग अल्पकाल में ही दूर हो जाते हैं। यह रस अत्यन्त पाचक अग्निप्रदीपक हृदय को हितकारी और शरीर में लघुता करने वाला है। इस तत्काल फलप्रद रस को श्रीनागार्जुन ने कहा है॥ ५५-५९॥

सर्वारोग्य रस, अथवा सर्वारोग्यवटी।

रसं पलमितं तुल्यं शुद्धनागेन संयुतम्।
द्रावयित्वाऽऽयसे पात्रे सतैले निक्षिपेत्क्षितौ॥६०॥
ततो द्रुते विनिक्षिप्य गंधके तद्विलोड्य च।
पुनरायसपात्रे तत्क्षिप्त्वा प्रद्राव्य निक्षिपेत्॥६१॥
तत्तुल्यं जारयेत्तालं पुनः संचूर्ण्य पूर्ववत्।
तत्तुल्यां जारयेत्सम्यक्कुनटीं परिशोधिताम्॥६२॥

तत्तुल्यं चूर्णितं तस्मिन्क्षिपेन्नागं निरुत्थकम्॥
तावदेव मृंत ताप्यं सर्वमन्यच्च तत्समम्॥६३॥
तीक्ष्णायः खर्पर व्योम हिंगुलं च शिलाजतु।
पृथक्कर्शांशमानेन षट्कोलं कट्फलं मिशी॥ ६४॥
दीप्यकं च चतुर्जातं रेणुकोशीरवेल्लकम्।
तुंबरूं भार्ङ्गिकां रास्नां कंकोल्लं चारेपुष्करम्॥
रिङ्गिगणीं चिरतिक्तं च बीजान्युन्मत्तकस्य च॥ ६५॥
पलद्वयं च लांगल्या सर्वेषां द्वादशांशकम्॥६६॥
वत्सनाभं सितं भूरि विनिक्षिप्य ततः परम्।
त्रिफलानां दशांघ्रीणां कषायेण ततः परम्॥६७॥
जयंत्यार्द्रकवासानां मार्कवस्य रसैस्तथा।
भावयित्वा च कर्तव्या वटकाश्चणकोपमाः॥६८॥
एकैका वटिका सेव्या कुर्यात्तीव्रतरां क्षुधाम्।
विषूचीमरतिं हिक्कां सेव्यं स्वादु च शीतलम्॥ ६९॥
सामां च ग्रहणीं सदांगतुदनं शोषोत्कटं पाण्डुता-
मार्तिं वातकफत्रिदोषजनितां शूलं च गुल्मामयम्।
हिक्काध्मानविषूचिकां च कसनं श्वासार्शसां विद्रधिं
सर्वारोग्यवटीक्षणाद्विजयतेरोगांस्तथान्यानपि॥७०॥

शुद्ध पारा ४ तोले और शुद्ध सीसा ४ तोले, दोनों को लोहे की कढ़ाई में डालकर तपाये। जब दोनों पिघलकर मिल जाएँ, तब तेल में डालकर बुझाये। फिर तेल में से निकालकर जमीन पर रखे, और शीतल होने पर उसको खरल कर ले। पश्चात् ८ तोले गन्धक की अग्नि पर पिघलाकर उसमें उक्त औषधि को डालकर करछी से चलाकर अच्छे प्रकार से मिला दें और पूर्ववत् तेल में डालकर पर्पटी तैयार कर लें। इसके पश्चात् उसको खरल करके फिर अग्नि पर तपायें और उसमें ८ तोले हरताल डालकर जारण करे। फिर चूर्ण करके और अग्नि पर तपाकर उसमें ८ तोले शुद्ध मैनसिल जारण करे फिर उसमें पूर्ववत् ८ तोले निरुत्थ सीसे की भस्म, ८ तोले सुवर्ण माक्षिक की भस्म, ८ तोले

लोहभस्म, ८ तोले शुद्ध खपरिया, ८ तोले अभ्रकभस्म, ८ तोले शिंगरफ, ८ तोले शिलाजीत और षट्कोल (सौंठ, मिरच, पीपल, पीपलामूल, चव्य और चीता) कायफल, सौंफ, अजमोद, चातुर्जात(दालचीनी, इलायची, तेजपात, नागकेशर), रेणुका, खस, वायविडंग, तुम्बरू, भारंगी, रास्ना, कंकोल, भटेउर, पोहकरमूल, कटेरी, चिरायता और धतूरे के बीज ये प्रत्येक औषधि एक-एक तोला कलिहारी की जड ८ तोले, और सम्पूर्ण औषधियों का १२वाँ भाग शोधित श्वेत वत्सनाभ डालकर एक दिन तक खरल करे। फिर त्रिफला, दशमूल, अरणी, अदरक, अडूसा, और भांगरा इन प्रत्येक के रस में एक एक भावना देकर चने के बराबर गोलियाँ बनावे उनमें से प्रतिदिन एक-एक गोली सेवन करे। इन गोलियों के सेवन से अत्यन्त तीव्र क्षुधा लगती है और विषूचिका, अरुचि, आदि रोग दूर होते हैं। इन पर मधुर, स्वादिष्ट और शीतल पदार्थों का आहार करना चाहिए ये सर्वारोग्य नामक वटी-आमयुक्त संग्रहणी, सम्पूर्ण अंगों की पीड़ा उत्कट धातुशोष, पाण्डुरोग, वात, पित्त, कफ इन तीनों भिन्न भिन्न दोषों से अथवा त्रिदोष से उत्पन्न हुई पीड़ा, शूलरोग, वात गुल्म, हिचकी, आध्मान, विषूचिका, खाँसी, श्वास, अर्श, विद्रधि आदि रोगों को अन्यान्य सम्पूर्ण व्याधियों को क्षण भर में नष्ट कर देती हैं।। ६०-७०।।

ग्रहणीगजकेसरी रस

रसगंधकयोः कृत्वा कज्जलीं तुल्यभागयोः।
द्रावयित्वायसे पात्रे रसतुल्यं विनिक्षिपेत्।।७१।।
चराचरभवं भस्म तत्र माक्षिकसंभवम्।
गंधपाषाणसहितं पात्रे लोहमये क्षिपेत्।।७२।।
तत्काष्ठेन विलोड्याथ निक्षिपेत्कदलीदले।
सर्वं समांशकं कृत्वा रसे चार्धांशिकं क्षिपेत्।।७३।।
चराचरभवं भस्म गंधपाषाणसाधितम्।
तत्काष्ठेन विलोड्याथ निक्षिपेत्कदलीदले।।७४।।
तत आच्छाद्य संचूर्ण्य विधायाऽऽयसभाजने।।७५।।

अक्षमात्रं क्षिपेद्भस्मे तत्र माक्षिकसंभवम्।
सम्यङ्निश्चंद्रतां नीतंव्योमभस्म पलोन्मितम्॥७६॥
विषं विषा च गांधारी मोचसारं सजीरकम्।
सर्वं समांशिकं कृत्वा रसे चार्धांशिकं क्षिपेत्॥ ७७॥
सर्वमेतन्मर्दयित्वा भावयेदतियत्नतः।
जयंत्या च महाराष्ट्र्या गुंजाकिन्याऽश्वगंधया॥ ७८॥
पंचकोलकषायैश्च कुर्याच्चूर्णं ततः परम्।
इत्थं सिद्धो रसः सोऽयं ग्रहणीगजकेसरी॥७९॥
नामतो नंदिनो प्रोक्तः कर्मतश्च सुधासमः।
वल्लेन प्रमितश्चायं रसः शुंठ्या घृताक्तया॥८०॥
सेवितो ग्रहणीं हंति सत्संग इव विग्रहम्।
पथ्यमत्र प्रदातव्यं स्वल्पाज्यं दधितक्रयुक्॥८१॥
हितं मितं च विशदं लघु ग्राहि रुचिप्रदम्।
पाचनो दीपनोऽत्यर्थमामघ्नो रुचिकारकः॥८२॥
तत्तदौषधयोगेन सर्वातीसारनासनः।
बध्यात्यपि मलं शीघ्रं नाध्मानं कुरुते नृणाम्॥८३॥

पारा और गन्धक दोनों को समान भाग लेकर कज्जली कर लें। उसको लोहे की कढ़ाई में पिघलाकर उसमें कौड़ी की भस्म सुवर्णमाक्षिक भस्म और शुद्ध गन्धक ये प्रत्येक पारे की बराबर डालकर लकड़ी के डंडे से मिला देवे। जब सब औषधियाँ मिलकर एकमएक हो जायें तब उसको गोबर के ऊपर रखे हुए केले के पत्ते पर ढालकर उसके ऊपर दूसरा पत्ता ढक दें। जब वह पर्पटी के समान जम जाय तब उठाकर बारीक चूर्ण कर लें। फिर उस चूर्ण से आधा भाग गन्धक के द्वारा सिद्ध की हुई कौडी की भस्म उसमें मिलाकर फिर लोहे के पात्र में डालकर तपायें और लकड़ी के डंडे से चलाकर पूर्ववत् केले के पत्ते पर ढालकर पर्पटी कर लें। पश्चात् खरल करके उस भस्म में स्वर्णमाक्षिक भस्म १ तोला, निश्चन्द अभ्रक की भस्म ४ तोले, एवं शुद्धवत्सनाभ विष,

अतीस, जवासा, मोचरस और जीरा ये सब समान भाग मिश्रित पूर्वोक्त रस से वजन में आधा भाग लेकर चूर्ण करके डाल दें और अच्छे प्रकार से खरल करे। फिर अरणी, जलपीपल, घुंघुची, असगन्ध, और पंचकोल (सौंठ, मिरच, पीपल, चव्य, चीता) इन औषधियों के क्वाथ में क्रम से एक एक बार भावना देकर सुखा लें और बारीक चूर्ण करके शीशी में भरकर रख देवे इस प्रकार यह ग्रहणीगजकेसरी सिद्ध होता है। यह सेवन करने पर अमृत के समान गुण करता है, ऐसा भी नन्दिमहाराज ने कहा है। यह रस एक-एक रत्ती परिमाण लेकर सोंठ के चूर्ण और घृत में मिलाकर सेवन करने से संग्रहणी को इस भाँति शीघ्र नष्ट करता है, जैसे सत्संगति से सम्पूर्ण विग्रह तत्काल दूर हो जाते हैं, इस रस के सेवन करने पर थोड़ा-थोड़ा घृत, दही, छाछ, हितकारी, परिमित, स्वच्छ, लघुपाकी ग्राही और रुचिकारक पदार्थों का आहार करना चाहिये। यह रस अत्यन्त पाचक, अग्नि को दीपन करने वाला, आमनाशक और रुचिकारक है, भिन्न भिन्न अनुपानों के साथ इसको व्यव्हार करने से यह सब प्रकार के अतिसार को दूर करता है। यह मल को शीघ्र बांध देता है और अफरा भी नहीं करता है।। ७१-८३।।

शीघ्रप्रभावरस

पारदं गंधकं व्योम तीक्ष्णं तालं मनःशिला।
सौवीरमंजनं शुद्धं विमलं च समांशकम्।।८४।।
एभिः कज्जलिकां कृत्वा स्वल्पतैलेन भर्जयेत्।
ग्रंथिकं जीरकं चित्रं दीप्यकं मुस्तकं विषम्।।८५।।
बालाम्रं बालबिल्वं च मोचसारं समांशकम्।
विचूर्ण्य पूर्ववत्कल्कं तदर्धेन विनिक्षिपेत्।।८६।।
पुनर्विमर्दयेद्यत्नादेकरूपं भवेद्यथा।
भावयेत्सप्तवाराणि पंचकोलकषायतः।।८७।।
अरलुत्वग्रसेनापि दशवाराणि भावयेत्।
प्रोक्तेन क्रमयोगेन रसो निष्पद्यते ह्ययम्।।८८।।

जग्धो विश्वघनांबुना स हि रसः शीघ्रप्रभावाभिधो
निष्कार्धप्रमितो महाग्रहणिकारोगेऽतिसारामये।
आध्माने ग्रहणीभवे रुचिहते वाते च मंदानले
मुक्ते चापिमले पुनश्चलमलाशंकासु हिक्कासुच॥८९॥

पारा, गन्धक, अभ्रक भस्म, तीक्ष्णलोहभस्म, हरताल, मैनसिल, शुद्ध सुरमा और रूपामाखी की भस्म इन सबको समान भाग लेकर एकत्र कज्जली करके उसको थोड़े से तेल में भून लें। फिर पीपलामूल, जीरा, चीता, अजवायन, नागरमोथा, शुद्ध वत्सनाभ, कच्चे आम का सूखा चूर्ण और कच्चे बेल का सूखा गूदा, और मोचरस इन सबको समान भाग लेकर बारीक चूर्ण कर लें। इस चूर्ण को पूर्वोक्त औषधि से आधा भाग लेकर मिला दें और प्रकार मर्दन करे जिससे सब घुटकर एकरूप हो जाय फिर उसको पंचकोल के क्वाथ में सात बार और शोनापाठे की छाल के काढ़े में दश बार भावना देकर सुखा लें। इस प्रकार यह शीघ्र प्रभाव नामक रस सिद्ध होता है इसको दो-दो मासे परिमाण लेकर सोंठ और नागरमोथे के क्वाथ के साथ सेवन करे यह रस अत्यन्त भयंकर संग्रहणी, अतिसार, अफरा, अरुचि, वातव्याधि, शूल, मन्दाग्नि, विरेचन होने पर फिर मलस्राव होने की आशंका होना और हिचकी आदि रोगों में विशेष उपकार करता है।। ८४-८९।।

पोटलीरस

कपर्दतुल्यं रसगंधकल्कं लोहं मृतं टंकणकं च तुल्यम्।
जयारसेनैकदिनं विमर्द्य चूर्णेन संपेष्यपुटेत भाण्डे॥
ददीत तां पोटलिकां च दोषत्रयप्रधानग्रहणी निवृत्त्यै॥९०॥

चार तोले पारा और ४ तोले गन्धक की बनाई हुई कज्जली में कौडी की भस्म लोहभस्म और सुहागा ये प्रत्येक आठ-आठ तोले डाल कर खूब खरल करे फिर भांग के रस में एक दिन तक घोटकर दूसरे दिन चूने के पानी में खरल करके फिर गोलासा बना लें और उसको सम्पुट में बन्द करके भाण्ड पुट में पुट दें स्वांगशीतल होने पर बारीक चूर्ण कर लें इसको रोगी के बलाबल के अनुसार उपयुक्त मात्रा और

उचित अनुपान के साथ सेवन करायें यह रस त्रिदोष से उत्पन्न हुई भयंकर संग्रहणी को शमन करने के लिये परम उपयोगी है।।९०।।

वह्निज्वालावटी रस

नष्टपिष्टं चतुर्माषमेकैकं रसगंधयोः।
अभ्रकं माषमानं च मातुलुंगांबुमर्दितम्।।९१।।
शोधितं सप्तधा चैव द्विमाषं त्र्यूषणं पृथक्।।९२।।
त्रिशूली भृंगशार्ङ्गेरी सातला तीक्ष्णपर्णिका।
श्वेताऽपराजिता कन्या मत्स्याक्षी ग्रीष्मसुन्दरा।।९३।।
करिणी कर्णमोटी च रुदंती चित्रकाऽऽर्द्रकात्।
धत्तूरकाकमाचीभ्यां मुसल्याश्च पृथग्रसैः।।९४।।
मर्दितं द्विपलैः कुर्याद्वटिका माषसंमिताः।
ग्रहण्यां पर्णखण्डेन व्योषयुक्ता निषेविता।।९५।।
अरुचिं राजयक्ष्माणं मंदाग्निं सूतिकागदान्।
शमयेद्वटिका नाम्ना वह्निज्वालेति गीयते।।९६।।

पारा और गन्धक दोनों को चार-चार मासे लेकर कज्जली कर लें फिर उसमें अभ्रक भस्म १ मासा और सोंठ, मिर्च, पीपल इन प्रत्येक का चूर्ण बिजौरे नींबू के रस में सात बार भावना देकर शुद्ध किया हुआ दो-दो मासे परिमाण डालकर सबको एकत्र खरल करे फिर उस चूर्ण को शिवलिंगी, भाँगरा, बड़ी करंज, सातला (थूहर का भेद), तुम्बरू वृक्ष के पत्ते, श्वेत कोयल की जड़, घीग्वार, मछेछी, घास, गूमा, नखी, कर्णमोटी लताविशेष, रुद्रवन्ती, चीते की जड़, अदरक, धतूरा, मकोय और मुसली इन औषधियों के आठ-आठ तोले रस अथवा क्वाथ में क्रम से अलग-अलग भावना देकर एक-एक मासे की गोलियां बना लेवे। एक-एक गोली पान में रख कर खाने से संग्रहणी में लाभ होता है और त्रिकुटे के चूर्ण के साथ सेवन करने से ये गोलियाँ अरुचि, राजयक्ष्मा, मन्दाग्नि और प्रसूतसम्बन्धी सम्पूर्ण उपद्रवों को अत्यन्त शीघ्र नष्ट करती हैं इनको वह्निज्वालावटी कहते हैं।।९१-९६।।

वज्रधर रस

रसगंधकताम्राभ्रं क्षारांस्त्रीन्वरुणावृषम्।
अपामार्गस्य च क्षारं लवणं द्विद्विमाषकम्॥९७॥
शार्ङ्गेर्या हस्तिशुंड्याश्च रसे पिष्टं पचेत्पुटे।
भक्षयित्वा ततो गुजां ग्रहण्यां कांजिकपिबेत्॥९८॥
पक्तिशूले च कासे च मंदाग्नावर्द्रकद्रवम्।
अम्लपित्ते च धारोष्णं क्षीरं वज्रधरो ह्ययम्॥९९॥

पारा, गन्धक, ताँबा,अभ्रक, जवाखार, सज्जी, सुहागा, वरना वृक्ष की छाल, अडूसा, चिरचिटे का खार और सैंधानमक ये प्रत्येक औषधी दो-दो मासे परिमाण लेकर सबको एकत्र खरल करे फिर बड़ी करंज और हाथी शुंडा के रस में क्रम से एक एक वार मर्दन करके कुक्कुट पुट दें इस रस को संग्रहणी में एक-एक रत्ती की मात्रा से सेवन करा कर कांजी का अनुपान करायें किंतु पक्तिशूल, खांसी और मन्दाग्नि में अदरक के रस के साथ सेवन करायें और अम्लपित्त रोग में धारोष्ण दूध के साथ सेवन करायें तो शीघ्र लाभ होता है॥९७-९९॥

ग्रहणीकपाट रस

रसेंद्रगंधाऽतिविषाऽभयाऽभ्रं क्षारद्वय
मोचरसो वचा च। जया च जंबीररसेन
पिष्टं पिण्डीकृतं स्याद्ग्रहणींकपाटः॥१००॥
तस्यार्धमाषं मधुना प्रभाते शंबूकभस्मा-
ज्यमधूनि लिह्यात्। सक्षीरिणीजरिक-
माणिमंथतिक्ष्णानि चादौ दधिभोजनं च॥१०१॥

पारा, गंधक, अतीस, हरड, अभ्रक भस्म, जवाखार, सज्जी, मोचरस, वच और भाँग इन सबको समान भाग लेकर जम्बीरी नींबू के रस में खरल करके चार-चार रत्ती की गोलियाँ बना लें। इनमें से प्रतिदिन प्रात:काल एक एक गोली शहद के साथ सेवन करे और पीछे से घोंघे

की भस्म को एक रत्ती परिमाण लेकर घी और शहद में मिलाकर चाटे। इसके सेवन करने पर भोजन करने से पहले वंशलोचन जीरा, सैंधा, नमक और मिर्च इनके समान भाग मिश्रित चूर्ण को खाकर फिर दही भात का भोजन करे यह रस संग्रहणी रोग की उत्तम औषध है॥१००-१०१॥

सौवर्चलादिचूर्ण

सौवर्चलं जीरकयुग्मधान्यजयायवानी
कणनागरं च। कपित्थसारेण समं प्रगृह्य
ददीत चूर्णं निशि तीव्रपित्तैः॥१०२॥
गद्याणमात्रं मधुखण्डयुक्तं तक्रेण युक्तं त्वरु-
चिप्रशांत्यै। वातप्रधाने च कफप्रधाने रात्रौ
कषायं कुटजस्य दद्यात्॥१०३॥

काला नमक, जीरा, काला जीरा, धनियाँ, भांग, अजवायन, पीपल और सोंठ इन सब औषधियों का चूर्ण समान भाग और समस्त चूर्ण के बराबर कैथ के सूखे गूदे का चूर्ण लेकर सबको एकत्र पीसकर कपड़े में छान लें इस चूर्ण को प्रतिदिन रात्रि के समय छः-छः मासे परिमाण शहद और खाँड में मिलाकर सेवन करायें तो अत्यन्त तीव्र पित्त शीघ्र शान्त हो जाता है। तक्र के साथ सेवन कराने से अरुचि दूर होती है। और वातजन्य अथवा कफजनित विकारों में इस चूर्ण को रात्रि के समय कुड की छाल के काढ़े के साथ दें तो विशेष लाभ होता है॥१०२-१०३॥

ग्रहणीहर-मुस्तादिचूर्ण

मुस्तावत्सकपाठाग्निव्योषप्रति विषाविषम्।
धातकीमोचनिर्यासश्चूतास्थिग्रहणीहरम्॥१०४॥

नागरमोथा, कुडे की छाल, पाढ, चीता, सोंठ, मिरच, पीपल, अतीस शुद्ध मीठा, तेलिया, धाय के फूल, मोचरस और आम की गुठली इन सबको समभाग लेकर बारीक चूर्ण कर लें फिर प्रतिदिन प्रातः सायंकाल दो मासे चूर्ण जल के साथ सेवन करें। यह चूर्ण संग्रहणी को दूर करने के लिये विशेष उपयोगी है॥१०४॥

सामान्य उपाय

वह्निशुंठीबिडं लवणं पेषयेत्समम्।
पिबेदुष्णांभसा चानु वातोत्थां ग्रहणीं जयेत्।।१०५।।
दग्धशंबूकसिंधूत्थं तुल्यं क्षौद्रेण लेहयेत्।
निष्कैकैकं निहंत्याशु ग्रहणीरोगमुत्कटम्।।१०६।।
कृशान्वजाजीद्वयमाक्षिकेण कटुत्रयेणापि
युतं त्वनुष्णम्। शार्ङ्गेरिकाजीरकयुग्मधान्यं
दुग्धींदुशाकाय ददीत दध्ना।।१०७।।

चीते की जड़, सोंठ, विरियासंचर नमक, बेल का गूदा और सैंधा नमक सबको समान भाग लेकर बारीक चूर्ण करके कपड़े में छान लें। इस चूर्ण को प्रतिदिन मन्दोष्ण जल के साथ सेवन करने से वातज संग्रहणी दूर होती है। घोंघे की भस्म और सैंधे नमक का चूर्ण दोनों को चार-चार मासे परिमाण लेकर शहद में मिलाकर सेवन करे, यह प्रयोग अत्यन्त भयंकर संग्रहणी को शीघ्र नष्ट करता है अथवा चीते की जड़, जीरा काला जीरा, स्वर्णमाक्षिक भस्म, सोंठ, मिर्च और पीपल इन सबको समान भाग लेकर एकत्र बारीक चूर्ण करके उसको प्रतिदिन प्रातः सायंकाल दो-दो मासे परिमाण शीतल जल के साथ सेवन करे या बड़ी करंज, जीरा, काला जीरा, धनियाँ और दुद्धी इनके समभाग चूर्ण को शीतल जल के साथ सेवन करे और इन्दुशाक (तरातेज) के पत्तों का शाक दही आदि का पथ्य सेवन करे ये प्रयोग संग्रहणी रोग में बड़े ही उपयोगी हैं।।१०५-१०७।।

अजीर्ण रोग

विरेको जठरे शूलं वमनं च मुहुर्मुहुः।
हस्तपादादिसंकोचः सर्वाजीर्णस्य लक्षणम्।।१०८।।

दस्तों का होना, पेट में पीड़ा होना, बारम्बार वमन होना और हाथ पाँव आदि अङ्गों में ऐंठन होना ये सब अजीर्ण रोग के लक्षण हैं। अधिक जलपान, अनियमित आहार, विहार, मलमूत्रादि के वेगों का अवरोध, दिन में सोना, रात में जागना आदि अनेक कारणों से अजीर्ण रोग उत्पन्न होता है।।१०८।।

अजीर्णकंटकरस

शुद्धसूतं विषं गंधं समं सर्वं विचूर्णितम्।
मरिचं सर्वतुल्यांशं कंटकार्या फलद्रवैः॥१०९॥
मर्दयेद् भावयेत्सर्वमेकविंशतिवारकम्।
वटीं गुञ्जात्रयीं खादेत्सर्वाजीर्णप्रशांतये॥११०॥
अजीर्णकंटकः सोऽयं रसो हंति विषूचिकाम्।
वारिणा तिलपर्ण्युत्थमूलं पिष्ट्वा पिबेदनु॥१११॥

शुद्ध पारा, शुद्ध मीठा तेलिया और शुद्ध गन्धक, तीनों को समान भाग लेकर एकत्र खरल करके कज्जली कर लें। फिर उसमें मिरचों का चूर्ण समान भाग मिलाकर कटेरी के फलों के रस में २१ बार भावना देवे और २१ बार सुखाये। फिर तीन-तीन रत्ती की गोलियाँ बनाकर रख लें। यह अजीर्णकंटकरस सब प्रकार के अजीर्ण और विषूचिका रोग को अत्यन्त शीघ्र नष्ट करता है। इस रस की एक-एक गोली खाकर ऊपर से लाल चन्दन को पानी में घिसकर उसका अनुपान करे॥१०९-१११॥

विध्वंसरस

विमर्द्य गंधोपलटंकणेन
संभाव्य वारानथ सप्तजात्याः।
तोयैः फलानामथ सिद्धसूतो
विध्वंसनामा शमनो विषूच्याः॥११२॥
अमुष्य गुंजा नव दापनीया
हंतुं विषूचीं सितया समेताः।
तक्रौदनं स्यादिह भोजनाय
पथ्यं च शाकं किल वास्तुकस्य॥११३॥

शुद्ध गन्धक और सुहागा दोनों को समभाग लेकर एकत्र खरल करके जायफल के रस और त्रिफले के काढ़े में क्रम से सात २ बार भावना देकर प्रत्येक बार सुखा लें। इस प्रकार यह विध्वंसनामक रस सिद्ध होता है। यह विषूचिका को विध्वंस करने के लिये परम उपयोगी है। इसको नौ २ रत्ती परिमाण मिश्री में मिलाकर सेवन करना चाहिये।

और भोजन के लिये छाछ, भात, बथुए का शाक आदि पथ्य देना चाहिये॥११२-११३॥

विषूचिकाविजय रस

रसगंधटंकभसितं समांशकं परि-
मर्द्य जातिफलसप्तभावितम्।
सितयोपयुज्य नवरक्तिकोन्मितं
मथितान्नभुग्विजयते विषूचिकाम्॥११४॥

पारा, गन्धक और सुहागे की खील तीनों को समान भाग लेकर एकत्र खरल करके जायफल के रस में सात बार भावना देकर ७ बार सुखायें, फिर बारीक चूर्ण करके शीशी में भरकर रख लें। इस चूर्ण को नौ २ रत्ती परिमाण मिश्री में मिलाकर प्रयोग करे तथा छाछ के साथ भात का भोजन करे तो विषूचिका रोग (हैजा) अवश्य दूर होता है॥११४॥

अग्निकुमाररस

हंसपादीर सैः पिष्टं रसगंधकयोः पलम्।
कोलं च विषचूर्णस्य वालुकायंत्रपाचितम्॥११५॥
शाणं विषस्यार्धपलं मरिचस्य विमिश्रयेत्।
दीपनोऽग्निकुमारोऽयं ग्रहण्यां च विशेषतः॥११६॥
सवात श्लेष्मजान्रोगान्क्षणादेवापकर्षति।
सन्निपातज्वरश्वासक्षयकासांश्च नाशयेत्॥११७॥

पारा और गन्धक दोनों को दो २ तोले लेकर कज्जली कर लें फिर उसको लाल लज्जालु लता के रस में घोटे। पश्चात् ६ मासे शुद्ध वत्सनाभ का चूर्ण मिलाकर उसको शरावसम्पुट में बन्द करके २४ घंटे तक वालुकायंत्र में पकायें। स्वांगशीतल होने पर औषधि को निकालकर उसमें शुद्ध वत्सनाभ ४ मासे और मिर्चों का चूर्ण २ तोले डालकर एक दिन तक खरल करे। यह अग्निकुमार रस अग्नि को अत्यन्त दीपन करता है इसलिये संग्रहणी में विशेष हितकारी है। यह वात और कफ के रोगों को क्षण भर में दूर कर देता है तथा सन्निपातज्वर, श्वास, खाँसी और क्षय इन सबको नष्ट करता है॥११५-११७॥

बडवाग्निरस

टंकणं मरिचं तुत्थं पृथक् कर्षत्रयं भवेत्।
सुंदरं निष्कद्वादशकं त्रिंशन्निष्कमयोमलम्॥११८॥
चूर्णान्येतानि संयोज्य स्थापयेच्छुद्धभाजने।
शुद्धदेहो नरस्तस्य पानं यद्भोजनोत्तरम्॥११९॥
अद्यात्पथ्यं ततः स्वल्पं ततस्तांबूलभाग्भवेत्।
उदराग्निरस्यास्य वडवाग्निसमो भवेत्।
बहुनात्र किमुक्तेन रसायनमयं नृणाम्॥१२०॥
कांतं पद्मरसे घृष्टे पुटपक्वं वरारसे।
मार्कवस्वरसे घृष्टे सप्तकृत्वस्त्वयोमलम्॥१२१॥

सुहागा, मिर्च और तूतिया ये प्रत्येक तीन २ तोले, कान्तलोह भस्म १२ निष्क (४ तोले) और मंडूर भस्म ३० निष्क (१० तोले) परिमाण लेकर सबको एकत्र खूब बारीक खरल करके उत्तम और स्वच्छ शीशी में भरकर रख दें। प्रथम वमन विरेचनादि के द्वारा शरीर की शुद्धि करके मनुष्य इस रस को यथोचित मात्रा से भोजन के पश्चात् सेवन करे फिर थोड़ा और हल्का पथ्य पदार्थों का आहार करे और ताम्बूल भक्षण करे। इस प्रकार इस रस को सेवन करने वाले मनुष्य की जठराग्नि बडवानल के समान अत्यन्त तीव्र हो जाती है। अधिक क्या यह रस मनुष्यों के रसायन के समान गुण करता है। इस रस में कान्तलोह भस्म को डालने से प्रथम कमल के रस में घोट घोटकर १५ बार गजपुट दें, फिर त्रिफले के काढ़े में १५ बार घोटकर १५ बार गजपुट दें। एवं मण्डूर भस्म को भाँगरे के रस में ७ बार घोटकर ७ बार गजपुट दें। इस प्रकार दोनों भस्मों को सिद्ध करके फिर इस रस में मिलाना चाहिये॥११८-१२१॥

वैश्वानरपोटली रस

शुद्धौ सूतबली चराचररजः कर्षांशतः कज्जलीं
कृत्वा गोपयसा विमर्द्य दिवसं रुद्ध्वा च मूषोदरे।
सिद्धं कुंभपुटे स्वतश्च शिशिरः पिष्टः करण्डे स्थितः।
स्याद्वैश्वानरपोटलीति कथितस्तीव्राग्नि दीप्तिप्रदः॥१२२॥

एकोनविंशतां चूर्णैर्मरिचानां घृतान्वितैः।
देयोयं वल्लमानेन वयोबलमवेक्ष्य च॥१२३॥
गिलेद्गलविशुद्ध्यर्थं दधिभक्तमनुत्तमम्॥
कवलत्रयमानेन दुर्गंधोद्गारशान्तये॥१२४॥
मध्यंदिने ततो भोज्यं घृततक्रौदनं सिता।
रात्रौ च पयसा सार्धं यद्वा रोगानुसारतः॥१२५॥
विदाहि द्विदलं भूरिलवणं तैलपाचितम्।
बिल्वं च कारवेल्लं च वृंताकं कांजिकं त्यजेत्॥१२६॥
इयं हि पोटली प्रोक्ता सिंघणेन महीभृता।
मंदाग्निप्रभवाशेषरोगसंघातघातिनी॥१२७॥
सिंघणस्य विनिर्दिष्टा भैरवानंदयोगिना।
लोकनाथोक्तपोटल्या उपचारा इह स्मृताः॥१२८॥
पोटल्यो दीपनाः स्निग्धा मंदाग्नौ नितरांहिताः॥१२९॥
पीतवर्णा गुरु स्निग्धा पृष्ठतो ग्रंथिलाऽमलाः।
चराचरेति सा प्रोक्ता वराटी नंदिना खलु॥१३०॥
सार्धनिष्कमिता श्रेष्ठा मध्यमा निष्कमानिका।
पादोननिष्कमाना च कनिष्ठात्र वराटिका॥१३१॥
निष्फलाश्च ततो न्यूनाः पुंवराटाश्च पित्तलाः।
दत्त्वा दत्त्वा गुणान्भूयो विकारन्कुर्वते हि ते॥१३२॥

शुद्ध पारा गन्धक और कौडी की भस्म तीनों को एक २ कर्ष परिमाण लेकर कज्जली कर लें। उस कज्जली को एक दिन तक गाय के दूध में खरल करके गोला बनाकर उसको शरावसम्पुट में बन्द करके और सम्पुट को मूषा में रखकर १ दिन तक कुम्भपुट में पकायें। स्वांगशीतल होने पर गोले को निकालकर बारीक चूर्ण कर लें और शीशी में भरकर रख दें। इसको वैश्वानर पोटलीरस कहते हैं। यह अग्नि को अत्यन्त दीपन करता है। रोगी की अवस्था और बलाबल का विचार करके इस रस को दो २ रत्ती परिमाण लेकर २१ मिर्चों के चूर्ण और

घृत में मिलाकर सेवन करायें। इस रस को खाकर तुरन्त मुख की बिरसता और दुर्गन्धित डकारों को दूर करने के लिये तीन ग्रास दही और भात खाय। इससे गला साफ हो जाता है। फिर मध्याह्नकाल में घृत, मिश्री और तक्र, मिलाकर भात का हल्का भोजन करे। रात्रि में दूध के साथ, अथवा अपनी प्रकृति और रोग के अनुसार पथ्य पदार्थों का आहार करे। इस रस का सेवन करने पर दाहकारक, दो दल वाले (दाल आदि) अन्न, अधिक नमक, क्षार तेल में पकाये हुए पदार्थ बेल, करेला, बैंगन और काँजी इन सबको त्याग दें। इस पोटली रस को श्रीसिंघण महाराज ने वर्णन किया है और सिंघण महाराज से श्री भैरवानन्द योगी ने कहा यह रस मन्दाग्नि के द्वारा उत्पन्न सम्पूर्ण रोगों के समूह को विनाश करने वाला है इस पर लोकनाथोक्त पोटली के समान समस्त उपचार करने चाहिये प्रायः सभी प्रकार के पोटली रस विशेषकर अग्नि को दीपन करनेवाले, स्निग्ध और मन्दाग्नि में अत्यन्त उपयोगी होते हैं। रसयोग्य कौडी- पीले रंग की, वजनदार, स्निग्ध, पीठ के ऊपर गाँठवाली और स्वच्छ ऐसी कौड़ी को श्री नंदी नाम वाले आचार्य ने चराचर नाम से प्रतिपादन किया है। कौड़ियों में ६ मासेभर वजन की कौड़ी उत्तम, ४ मासे की मध्यम और ३ मासे की कौडी कनिष्ठ होती है, इससे कम वजन वाली कौडियाँ गुणहीन होती हैं और पुरुषजाति के बड़े-बड़े कौडे पित्तकारक होते हैं वे कौड़े प्रथम गुण उत्पन्न करके फिर अनेक विकार उत्पन्न करते हैं।।१२२-१३२।।

बड़वा मुखी गुटी

शुल्बायोघनभस्म वेल्लहलिनीव्योषांबुनिंबुच्छंदैः
संयुक्तश्च हरिद्रया समलवैः सार्धं सशुभ्रामृतैः।
भृंगांभोविषतिंदुकार्द्रकरसैः संपिष्य गुंजामिता
संशुष्का वडवामुखीति गुटिका नाम्नोदिता तारया।।१३३।।
क्षिप्रं क्षुत्परिबोधिनी खलु मता सर्वामयध्वंसिनी
श्लेष्मव्याधिविधूननी कसनहृच्छ्वासापहा शूलनुत्।
क्षुद्वैषम्यहरा च गुल्मशमनी शूलार्तिमूलंकषा
शाफव्याधिहराऽत्रकिं बहुगिरासर्वामयोत्सादिनी।।१३४।।

ताँबा, लोहा, अभ्रक, वायविडङ्ग, कलिहारी, सोंठ, मिर्च, पीपल, सुगन्धवाला, नीम के पत्ते, हल्दी और शोधित श्वेत वत्सनाभ इन सब औषधियों को समान भाग लेकर एकत्र बारीक चूर्ण कर लें फिर उसको भाँगरा कुचला और अदरक इन तीनों के रस में क्रम से एक २ दिन तक भावना देकर एक २ रत्ती की गोलियाँ बना लें और सुखा कर रख लें इस बडवामुखी गुटिका को तारा नाम वाली विदुषी ने वर्णन किया है। इन गोलियों के सेवन करने से तत्काल भूख लगती है और सब प्रकार के रोग नाश होते हैं अधिक कहने से क्या ये गोलियाँ कफरोग, खाँसी, श्वास, हृदयरोग, शूल, क्षुधा की विषमता, गुल्भ, शूल की पीड़ा शोध आदि सम्पूर्ण व्याधियों को नष्ट करती हैं और भूख को नियमबद्ध करके भोजन को पचाती हैं।।१३३-१३४।।

क्रव्याद रस

द्विपलं गंधकं शुद्धं द्रावयित्वा विनिक्षिपेत्।
पारदं पलमानेन मृतशुल्बायसं पुनः।।१३५।।
तोलमानेन संक्षिप्य पंचांगुलदले क्षिपेत्।
ततो विचूर्ण्य यत्नेन निक्षिप्यायसभाजने।।१३६।।
चुल्ल्यां निवेश्य यत्नेन ज्वालयेन्मृदुवह्निना।
पात्रमात्रं हि जंबीररसं सम्यग्विजारयेत्।।१३७।।
संचूर्ण्य पंचकोलोत्थैः कषायैः साम्लवेतसैः।
भावनाः खलुकर्तव्याः पंचाशत्प्रमितास्ततः।।१३८।।
भृष्टटंकणचूर्णेन तुल्येन सह मेलयेत्।
तदर्धं कृष्णलवणं सर्वतुल्यं मरीचकम्।।१३९।।
सप्तधा भावयेन्पश्चाच्चणकक्षारवारिणा।
ततः संशोष्य संपिष्य कूपिकाजठरे क्षिपेत्।।१४०।।
अत्यर्थं गुरुमांसानि गुरुभोज्यान्यनेकशः।
भुक्त्वा च कंठपर्यंतं चतुर्वल्लमितं रसम्।।१४१।।
पम्ट्वलतक्रसहितं पिबेत्तदनुपानतः।
क्षिप्रं तज्जीर्यते भुक्तं जायते दीपनं पुनः।।१४२।।

रसः क्रव्यादनामायं प्रोक्तो मंथानभैरवैः।
सिंघणक्षोणिपालस्य भूरिमांसप्रियस्य च॥
दिष्टो ग्रामं समासाद्य भैरवानंदयोगिना॥१४३॥
कुर्याद्दीपनमुद्धतं च पचनं दुष्टामसंशोषणं
तुंदस्थौल्यनिबर्हणं गरहरं मूलार्तिशूलापहम्।
गुल्मप्लीहविनाशनं ग्रहणिका विध्वंसनं स्रंसनं
वातग्रंथिमहोदरापहरणं क्रव्यादनामा रसः॥१४४॥

आठ तोले शुद्ध गन्धक को अग्नि पर पिघलाकर उसमें पारा ४ तोला, ताम्र भस्म १ तोला और लोह भस्म १ तोला डालकर सबको करछी से मिला करके अण्ड के पत्ते के ऊपर ढालकर पर्पटी बना लें फिर शीतल होने पर उसको पीसकर लोहे की कढ़ाई में डालकर चूल्हे पर चढ़ायें और नीचे मन्द मन्द अग्नि जलायें पश्चात् कढ़ाई में जम्बीरी नींबू का थोड़ा थोड़ा रस डालकर जारण करे इस प्रकार जारण करते करते जब १२८ तोले रस शुष्क हो जाय तब उसको उतार कर बारीक पीस लें फिर उसको त्रिकुटा, पीपलामूल, चीता और अम्लवेत इन औषधियों के क्वाथ में ५० बार भावना दें और प्रत्येक बार सुखायें इसके पश्चात् उसमें समान भाग भुना हुआ सुहागा, सुहागे से आधा काला नमक और सब औषधियों की बराबर मिर्चों का चूर्ण मिलाकर चनों के खार के जल में ७ बार भावना दें और सुखाकर बारीक चूर्ण करके शीशी में भरकर रख दें। अत्यन्त गुरुपाकी पदार्थ, मांस अथवा अन्यान्य अनेक प्रकार के गुरुपाके खाद्य पदार्थों को कण्ठपर्यन्त खाकर फिर इस रस को चार २ रत्ती परिमाण सेवन करे और ऊपर से सैंधा नमक मिलाकर खट्टे तक्र का अनुपान करे इसका सेवन करते ही खाया हुआ भोजन तत्काल जीर्ण हो जाता है और फिर अग्निदीपन होकर तुरन्त भूख लगती है क्रव्यादनामक रस को अत्यन्त मांसप्रिय सिंघण राज से मन्थान भैरव ने और उसके ग्राम में आये हुए भैरवानन्द योगी ने कहा था। यह रस जठराग्नि को अत्यन्त दीपन करता है, अत्यन्त गुरुपाकी पदार्थों को पचाने वाला और दुष्ट आम को शोषित करने वाला है एवं स्थूलता, विष के विकार, मूलरोग, शूल की पीड़ा, गुल्म, प्लीहा, संग्रहणी, रक्तस्राव, वातकी ग्रन्थि और भयङ्कर उदररोग इन सब व्याधियों को समूल नष्ट करता है॥१३५-१४४॥

राजशेखरवटी

भागो मृतरस्यैको वत्सनाभांशकद्वयम्।
रसतुल्यं शिवाचूर्णं गंधकं त्र्यूषणं तथा॥१४५॥
विचूर्ण्यातिप्रयत्नेन भावयेत्सप्तवासरम्।
तांबूलीपत्रतोयेन स्वर्णधत्तूरजद्रवैः॥
पिष्ट्वा चणमिताः कुर्याच्छायाशुष्कास्तु गोलिकाः॥
उष्णांभोयुतराजशेखरवटी मंदाग्निनिर्णाशिनी
नानाकारमहाज्वरार्तिशमनी शूलांतकृतत्पाचिनी
पाण्डुव्याधिमहोदरार्तिशमनी निःशेषशूलापहा।
शोफघ्नी पवनार्तिनाशनपटुः श्लेष्मामयध्वंसिनी॥१४७॥

रससिन्दूर १ भाग, शुद्ध मीठा तेलिया २ भान, एवं हरड का चूर्ण गन्धक और त्रिकुटा ये प्रत्येक एक २ भाग लें सबको एकत्र चूर्ण करके पानों के रस में और धतूरे के रस में क्रम से सात २ दिन तक भावना देकर चने की बराबर गोलियाँ बनाकर छाया में सुखा लें। ये गोलियाँ मन्दोष्ण जल के साथ सेवन करने से अग्नि की मन्दता को अवश्य नष्ट करती हैं, तथा अनेक प्रकार के भयंकर ज्वरों की पीड़ा पाण्डुरोग, अत्यंत प्रबल उदररोग की पीड़ा सब प्रकार के शूल, शोथ, वात की पीड़ा और सब प्रकार के कफ के रोगों को शीघ्र दूर करती हैं और अत्यन्त पाचक हैं॥१४५-१४७॥

अग्निकुमार रस

शुद्धं सूतं विषं गंधं द्विक्षारं पटुपंचकम्।
दशकं तुल्यतुल्यांशं भर्जिता विजया नवा॥१४८॥
दशानां तुल्यभागा सा तस्यार्धं शिग्रुमूलकम्।
तत्सर्वं विजयाद्रावैः शिग्रुचित्रकभृंगजैः॥१४९॥
द्रावैर्दिनत्रयं मर्द्यं रुद्ध्वा भांडे पचेल्लघु।
दीपाग्निना तु य मैकं शुष्कं यावत्समुद्धरेत्॥१५०॥

सप्तधा चार्द्रकद्रावैर्भावयेच्चूर्णयेद्भिषक्।
दीपकोऽग्निकुमारोयं निष्कैकं मधुना लिहेत्॥१५१॥
प्रतिकर्षं गुडं शुंठी ह्यनुपानं च दीपनम्॥१५२॥

शुद्ध पारा, गन्धक, वत्सनाभ, जवाखार, सज्जी, सैंधानमक, काला नमक, समुद्र नमक, विरियासंचर नमक साँभर नमक इन दसों औषधियों को समान भाग लेकर बारीक चूर्ण कर लें। फिर इस चूर्ण के बराबर घी में भुनी हुई नई भाँग और भाँग से आधा भाग सैंजने की जड़ का चूर्ण लेकर सबको एकत्र खरल करके भाँग के रस, सैंजने की जड़ के क्वाथ, चीते की जड़ के क्वाथ और भाँगरे के रस में क्रम से तीन २ दिन तक भावना देकर गोला बना लें। उस गोले को शराव सम्पुट में बन्द करके भाण्ड यन्त्र में रखकर एक प्रहर तक दीपक की अग्नि के द्वारा लघुपुट दें। जब गोला सूख जाय तब उसको निकाल कर चूर्ण कर लें फिर उसको अदरक के रस में ७ बार भावना देकर सुखाकर चूर्ण कर ले। इस रस को प्रतिदिन चार २ मासे परिमाण शहद में मिलाकर सेवन करे और एक २ तोला गुड़ तथा सोंठ को मिलाकर अनुपान करे यह रस अग्नि को अत्यन्त दीपन करने वाला है॥१४८-१५२॥

अमृतवटी

कुष्ठगंधविषव्योमत्रिफलापारदैः समैः।
मृगांबुमर्दिता मुद्गमानाऽमृतवटी शुभा॥
अजीर्ण श्लेष्मवातघ्नी दीपनी रुचिवर्धिनी॥१५३॥

कूठ, गन्धक, वत्सनाभ, अभ्रकभस्म, त्रिफला और पारा इन सबको समान भाग लेकर प्रथम पारे गन्धक की कज्जली कर ले फिर उसमें अभ्रक भस्म आदि अन्यान्य औषधियों को मिलाकर खरल कर लें पश्चात् भांगरे के रस में घोटकर मूँग की बराबर गोलियाँ बना लें। ये गोलियाँ अजीर्ण कफ और वातजनित रोगों को शीघ्र नष्ट करती हैं, जठराग्नि को दीपन करती हैं और रुचि को बढ़ाती हैं॥१५३॥

राक्षसनामा रस

ताम्रं पारदगंधकौ त्रिकटुकं तीक्ष्णं च सौवर्चलं
खल्वे मर्द्य दृढं निधाय सिकताकुंभेऽष्टयामं ततः।

स्विन्नं तस्य च रक्तशाकिनिभवं क्षारं समं मेलये-
त्सर्वं भावितमातुलुंगजरसैर्नाम्ना रसो राक्षसः॥१५४॥
मंदाग्नौ सततं ददीत मुनये प्रातः पुरा शंकरः
सख्येऽस्मैं च्यवनाय मंदहुतभुग्वीर्याय नष्टौजसे।
तेनाऽऽदाय समस्तलोकगुरवे सूर्याय तस्मै नमो
मर्त्यानामपि चास्यदानसमयेगुंजाष्टकंवर्धयेत्॥१५५॥

ताम्रभस्म, पारा, गन्धक, सोंठ, मिर्च, पीपल, तीक्ष्ण लोह भस्म और काला नमक सबको समान भाग लेकर बारीक खरल करके एक आतसी शीशी में भरे। उस पर कपरोटी करके शीशी को बालुकायन्त्र में रखकर आठ प्रहर तक मन्द मन्द अग्नि देवे। स्वांगशीतल होने पर औषधि को निकालकर बारीक चूर्ण करके उसमें समान भाग लाल शाकिनी (औषधिविशेष) का खार मिलाकर बिजौरे नींबू के रस में भावना देकर सुखा लें और सूक्ष्म चूर्ण करके रख लें। इस प्रकार यह राक्षस नामक रस सिद्ध होता है। इसको मन्दाग्नि रोग में प्रतिदिन प्रातः काल सेवन कराना चाहिए यह रस पूर्वकाल में शंकर भगवान ने, मन्दाग्नि से नष्ट ओज और नष्ट वीर्य वाले अपने मित्र च्यवन मुनि को दिया था उन्होंने संसार के हित के लिए इस रस को प्रकाशित किया है। ऐसे जगद्गुरू सूर्यरूप उस शंकर के लिए नमस्कार है। आधुनिक मनुष्यों को यह रस सेवन कराना हो तो प्रथम प्रतिदिन एक रत्ती की मात्रा बढ़ाकर आठ रत्ती तक सेवन करायें, फिर क्रम २ से एक २ रत्ती की मात्रा घटाता चला जाय॥१५४-१५५॥

जीवननामा रस

रसगंधो सिंधुकणाटंकणम भयाग्निहियावलिकतकफलम्।
क्रमशोत्तरभागविचूर्णितया बृहतीरससंयुतभावनया॥ १५६॥
आर्द्रकहिंगुपुनर्नवपूतिच्छिन्नरसैः क्रमशो भावनया।
तत्र कलांशविषं च विमिश्रंतद्रसमाष समानवटी या।१५७॥

सर्वमजीर्णं कफमारुतपाण्डुरशोफहलीमककामलशूलम्।
नाशयते ह्युदराग्निकरोऽयं दीपनजीवननामरसेंद्रः १५८॥

पारा १ तोला, गन्धक, २ तोले, सैंधानमक ३ तोले, पीपल ४ तोले सुहागा ५ तोले, हरड ६तोले, चीते की जड ७ तोले, हैयाबेल ८ तोले और निर्मली के बीज ९ तोले इस क्रम से इन औषधियों को बढ़ाकर लें फिर सबको एकत्र चूर्ण करके, कपडछान कर लेवे। उस चूर्ण को बड़ी कटेरी, अदरख, हींग, विषखपरा, करंज और गिलोय इन औषधियों के रस अथवा क्वाथ में क्रम से एक २ बार भावना देकर उस समस्त चूर्ण का सोलहवाँ भाग शुद्ध वत्सनाभ मिलाकर एक २ मासे की गोलियाँ बना लें। यह जीवन नामक रस सब प्रकार के अजीर्ण कफ और वातजनित रोग, पाण्डुरोग, शोथ, हलीमक, कामला, शूल मन्दाग्नि आदि सम्पूर्ण रोगों को विनाश करता है और जठराग्नि को अत्यन्त दीपन करता है।।१५६-१५८।।

बडवानल रस

शुल्बं तालकगंधकौ जलनिधेः फेनाग्निगर्भाशयं।
कांतायोलवणानि हेमपवयो नीलांजनं तुत्थकम्।
भागो द्वादशको रसस्य तु दिनं व्रज्यंबुघृष्टं शनैः
सिद्धोऽयं वडवानलो गजपुटे रोगानशेषाञ्जयेत्१५९॥

ताम्रभस्म,हरताल, गन्धक, समुद्रफेन, चीता, कान्तलोह भस्म, पाँचों नमक, सुवर्णभस्म, अभ्रकभस्म, शुद्ध काला सुरमा और तूतिया ये सब औषधियाँ समान भाग और समस्त औषधियों का १२ वाँ भाग पारा लेकर प्रथम पारे और गन्धक की कज्जली कर ले फिर सबको एकत्र खरल करके थूहर के दूध में एक दिन तक घोटकर गजपुट में पकावे। इस प्रकार सिद्ध हुआ यह बड़वानल रस भिन्न भिन्न अनुपानों के साथ सेवन करने से सम्पूर्ण रोगों को दूर करता है।।१५९।।

अग्निजननीवटी

कणनागरगंधकपारदकं गरलं मरिचं समभागयुतम्।
लकुचस्य रसैश्चणकप्रमितागुटिका जनयत्यचिरादनलम्॥१६०॥

पीपल, सोंठ, गन्धक, पारा, वत्सनाभ और मिरच सबको समान भाग लेकर बडहल के रस में खरल करके चने की बराबर गोलियाँ बना लें। इन गोलियों के सेवन करने से अल्पकाल में ही अग्नि अत्यन्त दीपन होती है॥१६०॥

सर्वरोगान्तक वटी

शुद्धसूतं विषं गंधमजमोदं फलत्रयम्।
सर्जीक्षारं यवक्षारं वह्निसैंधवजीरकम्॥१६१॥
सौवर्चलं विडंगानि सामुद्रं त्र्यूषणं समम्
विषमुष्टिः सर्वतुल्या जंबीराम्लेन मर्दितम्॥१६२॥
मरिचाभां वटीं खादेद्वह्निमांद्यप्रशांतये।
पथ्या शुंठी गुडं चानु पलार्धं भक्षयेत्सदा।
अग्निमांद्ये वटी ख्याता सर्वरोगकुलांतका॥१६३॥

शुद्ध पारा, शुद्ध वत्सनाभ, शुद्ध गन्धक, अजमोद, त्रिफला, सज्जी जवाखार, चीता, सैंधानमक, जीरा, काला नमक, वायविंडग समुद्र-नमक और त्रिकुटा ये सब औषधियों समान भाग लेकर एकत्र चूर्ण कर ले। इसमें समस्त चूर्ण के बराबर कुचले का चूर्ण मिलाकर जम्बीरी नींबू के रस में खरल करके मिरच के बराबर गोलियाँ बना लें। इनमें से प्रतिदिन एक २ गोली सेवन करके ऊपर से हरड़ सोंठ और गुड इन तीनों को दो तोले परिमाण सेवन करे। ये गोलियाँ मन्दाग्नि को नष्ट करने के लिये अत्यंत प्रसिद्ध हैं और सम्पूर्ण रोगों को समूल नष्ट करती हैं॥१६१-१६३॥

सामान्य उपाय

मृतं ताम्रं कणातुल्यं चूर्णं क्षौद्रविमिश्रितम्।
निष्कार्धं भक्षयेन्नित्यं नष्टवह्निप्रदीप्तये॥१६४॥
आर्द्रकस्वरसः क्षौद्रं पलमात्रं पिबेदनु।
यथेष्टं घृतमांसाशी शक्तो भवति पावकः॥१६५॥

ताम्रभस्म और छोटी पीपल का चूर्ण दोनों को समान भाग लेकर

एकत्र खरल कर ले उसमें से प्रतिदिन दो २ मासे परिमाण लेकर शहद में मिलाकर सेवन करे और ऊपर से अदरक के दो तोले स्वरस में दो तोले शहद मिलाकर अनुपान करे। इस पर यथेच्छ रूप से घृत, मांस आदि गुरूपाकी पदार्थों का आहार करे तो उसको भी पचाने के लिए अग्नि समर्थ हो जाती है। यह प्रयोग अग्नि की मन्दता को दूर करके अग्नि को दीपन करने के लिए विशेष उपयोगी है।।१६४-१६५।।

इति वाग्भटाचार्यविरचिते रसरत्नसमुच्चये भाषाटीकायां षोडशोऽध्यायः समाप्तः।।१६।।